SCHÜLER DUDEN

Biologie

Rechtschreibung und Wortkunde
Vom 4. Schuljahr an

Grammatik
Vom Aktiv bis zum zweiten Futur

Wortgeschichte
Sprachgeschichte und Etymologie für den modernen Sprachunterricht

Bedeutungswörterbuch
Weil viele Wörter mehrdeutig sind

Fremdwörterbuch
Von relaxed bis marginal

Die richtige Wortwahl
Auf einen Schlag den inhaltlich und stilistisch treffenden Ausdruck

Lateinisch-Deutsch
Auf der Grundlage des »Taschen-Heinichen«

Kunst
Von der Farbenlehre bis zur Aktionskunst

Musik
Bach und Beatles, gregorianischer Gesang und Hip-Hop

Literatur
Absurdes Theater, Naturalismus, Jambus: die Literatur in ihrer Vielseitigkeit

Chemie
Von der ersten Chemiestunde bis zum Abiturwissen

Ökologie
Klassische Ökologie und moderne Umweltpolitik

Pflanzen
Vom Gänseblümchen bis zum Mammutbaum: Antwort auf Fragen, die im Unterricht offen bleiben

Biologie
Auf dem neuesten Stand der Forschung

Tiere
Rötelfalken und Rötelmäuse. Für kleine und große Biologen

Physik
Die wichtigsten Begriffe und Methoden der Physik

Astronomie
Von hellen Sternen und schwarzen Löchern

Geographie
Von den Klimazonen bis zur Sozialgeographie

Geschichte
Die wichtigsten historischen Begriffe aus der gesamten Geschichte

Wirtschaft
Vom Break-even-Point bis zur Schattenwirtschaft

Politik und Gesellschaft
Vom Bruttosozialprodukt bis zur Pressefreiheit

Religionen
Aberglaube, Christentum, Zwölfgöttersystem: die Welt der Religionen auf einen Blick

Philosophie
»Logik des Herzens« und kategorischer Imperativ: die wichtigsten Modelle und Schulen

Psychologie
Das Grundwissen der Psychologie unter Berücksichtigung aktueller Themen

Pädagogik
Alles zum Thema Schule, Ausbildung und Erziehung

Informatik
Algorithmen und Zufallsgenerator: das Informationszentrum für Anfänger und Fortgeschrittene

Mathematik I
5.–10. Schuljahr: das Grundwissen

Mathematik II
11.–13. Schuljahr: das Abiwissen

Sexualität
Umfassende Informationen zur Sexualität des Menschen

SCHÜLER DUDEN

Biologie

4., neu bearbeitete Auflage
Herausgegeben und bearbeitet
von der Redaktion Schule und Lernen
in Zusammenarbeit mit
Alfred Dörrenbächer, Studienrat

DUDENVERLAG
Mannheim · Leipzig · Wien · Zürich

Redaktionelle Leitung:
Dipl.-Biol. Franziska Liebisch

Herstellung:
Petra Moll

Redaktion:
Dipl.-Biol. Elke Brechner
Dr. Andreas Sendtko

Visuelle Didaktik, Illustration:
Sonja Schadwinkel, Bremen

Illustration, Grafik:
Frank Wohlgemuth, Bremen

Umschlaggestaltung:
Sven Rauska, Wiesbaden

Die Deutsche Bibliothek – CIP-Einheitsaufnahme
Schülerduden Biologie/4., neu bearb. Aufl./
hrsg. und bearb. von der Redaktion Schule und Lernen. –
[red. Leitung: Franziska Liebisch]. –
Mannheim; Leipzig; Wien; Zürich: Dudenverl., 2000
ISBN 3-411-05424-7

Das Werk wurde in neuer Rechtschreibung verfasst.

Satz: Grafische Ateliergemeinschaft, Mannheim
Druck: kro druck GmbH, Karlsruhe
Bindearbeit: Graphische Betriebe Langenscheidt KG,
Berchtesgaden
Printed in Germany
ISBN 3-411-05424-7

Wie bauen Lebewesen Traubenzucker zur Energiegewinnung ab? Aus welchen Teilen besteht eine Nervenzelle? Durch welche ausgeklügelten Überlebenstricks setzen sich Pflanzen und Tiere im Kampf ums Dasein durch?

Auf solche und ähnliche Fragen gibt der Schülerduden »Biologie« die passenden Antworten. Die vorliegende vierte Auflage wurde sehr sorgfältig überarbeitet und wird den fachwissenschaftlichen und pädagogischen Anforderungen gerecht, die ein moderner Biologieunterricht stellt. Der Schülerduden »Biologie« umfasst den gesamten Schulstoff der Mittel- und Oberstufe und vermittelt diesen in schülergerechter Weise. Er kann unterrichtsbegleitend eingesetzt werden und dient als schnelle und verlässliche Informationsquelle sowohl für Schülerinnen und Schüler als auch für Eltern, Lehrerinnen und Lehrer.

Gleichzeitig werden der Biologie aber auch ungewöhnliche Einblicke abgewonnen: Durch einen grünen Rand sind die »Blickpunkte« gekennzeichnet, ausgewählte Artikel zu besonders interessanten (z. B. »Schutzanpassung«, »Wasser«) und auch aktuellen Themen (»Aids«, »BSE«, »Drogen« u. a.). Diese Sonderseiten laden ein zum Lesen und Nachdenken und schließen jeweils mit Tipps und Literaturhinweisen für diejenigen ab, die sich noch etwas mehr mit einem Thema weiterbeschäftigen möchten.

Auf den Lexikonteil folgen rund 350 Kurzbiografien, die einen Einblick in die wichtigsten Arbeitsgebiete und Leistungen ausgesuchter Forscherpersönlichkeiten geben.

Folgende Benutzungshinweise sollen das Nachschlagen vereinfachen:

Der Text ist nach fett gedruckten Hauptstichwörtern alphabetisch geordnet. Die Alphabetisierung ordnet Umlaute wie die einfachen Selbstlaute ein, also ä wie a, ö wie o usw. Mehrteilige Hauptstichwörter werden ohne Rücksicht auf Wortgrenzen durchalphabetisiert: z. B. steht **biologische Selbstreinigung** zwischen **biologische Schädlingsbekämpfung** und **biologisches Gleichgewicht.** Gibt es für einen Sachverhalt mehrere Begriffe, so werden diese nach dem Stichwort in runden Klammern angegeben: z. B. **Fangarme** (Tentakel). Begriffe oder Bezeichnungen, die mit dem Stichwort in enger inhaltlicher Verbindung stehen, sind als Unterstichwörter halbfett hervorgehoben, z. B. **Gallensäuren** unter **Gallensaft.** Der Verweispfeil (↑) besagt, dass ein Begriff unter einem anderen Stichwort behandelt wird oder dass weitere ergänzende Informationen in einem anderen Artikel zu finden sind. Besitzt ein Stichwort gleichzeitig verschiedene Bedeutungen, so wird dies durch das Symbol ◆ angezeigt, z. B. **Haare** als Begriff der Botanik und der Zoologie. Betonungen sind im Stichwort durch einen untergesetzten Strich (betonter langer Vokal) oder einen untergesetzten Punkt (betonter kurzer Vokal) gekennzeichnet. Sofern auch Aussprachehilfen gegeben werden, erfolgen diese in der gebräuchlichen internationalen Lautschrift.

Die Schreibung vieler Fachausdrücke folgt der C-Schreibweise (z. B. Carotinoide, Cytoplasma) statt der K- und Z-Schreibweise sowie der F-Schreibweise (z. B. Fotosynthese) statt der Ph-Schreibweise. Die im Text verwendeten Abkürzungen sind am Ende des Bands zusammengestellt.

Wir würden uns freuen, wenn es uns mit dieser neu bearbeiteten 4. Auflage gelungen ist, Schülerinnen und Schüler sowie allen anderen Interessierten nicht nur ein verlässliches Nachschlagewerk an die Hand zu geben, sondern auch Freude und Interesse an der Biologie zu vermitteln. Für Anregungen und Kritik sind wir daher sehr dankbar.

Mannheim, im Januar 2000 — Redaktion und Bearbeiter

A

Aalstrich: ein dunkler, schmaler Haarstreifen auf dem Rücken von Säugetieren (Wildtieren und wildfarbenen Haustieren, wie Eseln, Pferden, Ziegen).

AAM: Abk. für **a**ngeborener ↑**A**uslöse**m**echanismus.

AAR: Abk. für ↑**A**ntigen-**A**ntikörper-**R**eaktion.

Aasfresser (Nekrophagen): A. erfüllen in der Natur eine wichtige Aufgabe, indem sie Aas beseitigen und so die Ausbreitung von Krankheiten verhindern. Reine A., wie Geier und einige Aaskäfer, greifen lebende Tiere in der Regel nicht an.

Abart: die ↑Varietät.

Abdomen:

◆ die Bauchregion der Wirbeltiere und des Menschen.

◆ der Hinterleib der Gliederfüßer, z.B. von Spinnen und Insekten. In ihm liegen die Verdauungs-, Geschlechts-, Kreislauf- und Atmungsorgane. Er ist in der Regel aus einzelnen Segmenten (Abdominalsegmente) aufgebaut.

Abduktoren: Muskeln, die Gliedmaßen vom Körper wegbewegen. Ein Teil des dreieckigen Schultermuskels ist Abduktor des Arms; er hebt die Arme seitlich. Mittlerer und kleiner Gesäßmuskel sind die entsprechenden Muskeln des Beins. – Gegensatz ↑Adduktoren.

Aberration:

◆ *Allgemeine Biologie:* die Abweichung eines Lebewesens von einem bestimmten Arttypus. Sie ist den üblichen Variationen innerhalb einer ↑Art zuzurechnen.

◆ *Optik:* ein Abbildungsfehler in den lichtbrechenden Teilen des Auges (Hornhaut, Linse). Er entsteht, wenn Lichtstrahlen, die von einem Punkt ausgehen, durch die kugelförmige Linse nicht in einem Punkt abgebildet werden. Randnahe Strahlen werden stärker gebrochen als achsennahe **(sphärische A.)**. Weißes Licht wird in die Spektralfarben zerlegt, wobei rotes Licht weniger stark gebrochen wird als violettes **(chromatische A.)**.

◆ *Genetik:* ↑Chromosomenaberration.

Ableger (Absenker): Ein- oder mehrjährige Triebe einer Pflanze (meist Holzgewächse) werden in feuchter Erde befestigt und bleiben mit der Mutterpflanze in Verbindung, bis sie bewurzelt sind. Die abgetrennten Jungpflanzen dienen der ungeschlechtlichen Vermehrung von Gewächsen.

AB0-System: die vier klassischen, 1901–02 von K. LANDSTEINER entdeckten menschlichen ↑Blutgruppen A, B, AB und 0.

Abort: die ↑Fehlgeburt.

Abschlussgewebe (Hautgewebe): Gewebeart bei landbewohnenden Pflanzen. Im einfachsten Fall besteht es aus einer Zellschicht (Oberhaut = Epidermis). Die Epidermis überzieht die ganze Pflanze und wird beim ↑Dickenwachstum zunächst durch Korkgewebe (↑Kork) und dann durch ↑Borke ersetzt. Das A. soll vor Wasserverlusten, Verletzungen und zu hoher Erwärmung schützen. Daher bildet es häufig Haare, eine Cuticula und Wachsschichten aus. Die ↑Endodermis ist ein inneres Abschlussgewebe.

Abscisinsäure: ↑Wuchsstoffe.

Absenker: der ↑Ableger.

Absonderung: die ↑Sekretion.

Absorptionsgewebe: zur Aufnahme von Wasser und gelösten Nährstoffen dienendes pflanzliches Gewebe. Seine Zellen haben dünne Wände und weisen hohe osmotische Werte auf. Das A. verfügt über eine große Oberfläche und gute Quellbarkeit sowie starke Kapillarkräfte. Typische A. sind die ↑Rhizodermis der Wurzeln und die ↑Luftwurzeln der ↑Epiphyten sowie die ↑Haustorien der ↑Vollschmarotzer und

A

↑Halbschmarotzer. Im Getreidekorn ist die Spitze des Keimblatts als A. ausgebildet mit der Aufgabe, die Reservestoffe aus dem Nährgewebe aufzusaugen.

Abspreizer: ↑Muskeln.

Abstammungslehre: die ↑Deszendenztheorie.

Abstoßungsreaktion: ↑Transplantation.

Abteilung: eine Einheit der botanischen ↑Systematik.

Abundạnz: in der Ökologie die auf eine Flächen- oder Raumeinheit bezogene Individuenzahl einer Art **(Individuendichte)** oder die **Artendichte** einer Pflanzen- oder Tiergesellschaft.

Abwasserreinigung: Abwasser umfasst das aus Haushaltungen und Gewerbebetrieben ablaufende verunreinigte Wasser sowie das Niederschlagswasser, das von Dächern und Straßen Schmutz in die Kanalisation einbringt. Das *häusliche Abwasser* besteht meist aus Spül- und Waschwasser, ferner aus Abflüssen sanitärer Anlagen (Harn- und Kotanteil bis 60%). Im *gewerblichen Abwasser* finden sich darüber hinaus z.T. auch giftige Chemikalien.

Die Selbstreinigungskraft natürlicher Gewässer reicht nicht aus, um den Schmutz der eingeleiteten Abwässer abzubauen. Daher ist vor der Rückführung der Wassermengen in die Flüsse eine künstliche Reinigung in meist dreistufigen Kläranlagen notwendig.

Die *dreistufige Kläranlage* besitzt eine mechanische und eine biologische Reinigung sowie eine chemische Fällung. Bei der *mechanischen Reinigung* hält ein Rechen zunächst grobe Verunreinigungen zurück. Im Sandfang können sich mineralische Bestandteile absetzen. Von dort gelangt das Abwasser in das Vorklärbecken. Hier werden die sonstigen absetzbaren Stoffe ausgefällt und mit einer Abschöpfeinrichtung Schwimmstoffe entnommen. Oft ist auch ein Ölabscheider eingebaut.

Die anschließende *biologische Reinigung* findet im Belebungsbecken und Nachklärbecken statt. Die Vorgänge verlaufen ↑aerob, d.h. offene Belebungsbecken werden zusätzlich stark belüftet und geschlossene mit Sauerstoff begast. Das Belebungsbecken wird von den verschiedensten Mikroorganismen besiedelt, deren Vergesellschaftung von der Art des Abwassers abhängt. Durch die Mikroorganismen werden die abbaubaren Verunreinigungen in Schlammstoffe umgewandelt, die mit dem gereinigten Abwasser das Belebungsbecken verlassen und im anschließenden Nachklärbecken (Absetzbecken) entfernt werden. Bei mit Chemikalien belastetem Abwasser ist noch eine *chemische Fällung* zur Entfernung gelöster chemischer Verbindungen (v.a. Phosphate) erforderlich. Eine solche Kläranlage hat eine Reinigungsleistung von bis zu 90%; das gereinigte Abwasser wird danach in einen Vorfluter (Bach, Fluss) eingeleitet.

Der Schlamm aus Vor- und Nachklärbecken wird in Faulbehältern durch ↑anaerobe Bakterien ausgefault. Dabei bildet sich hauptsächlich Methan (↑Biogas), das nach Speicherung in einem Gasbehälter zur Energieversorgung verwendet werden kann. Der ausgefaulte Schlamm wird durch Pressen bzw. Zentrifugieren entwässert und dann weiterverarbeitet.

A̲cari: die ↑Milben.

Acetylcholịn: eine Verbindung aus Essigsäure und Cholin, die ein im Tierreich allgemein vorkommender Überträgerstoff ist. A. wirkt bei der ↑Erregungsleitung im parasympathischen Nervensystem (↑vegetatives Nervensystem) und an den neuromuskulären ↑Synapsen. Es wird in den motorischen Endplatten während der Erregungsübertragung von den Nervenfasern auf die Muskelzellen freigesetzt. Da A. hier in größeren Konzentrationen durch Dauererregung Krämpfe hervorruft, muss es sofort wieder abgebaut werden. Das Enzym ↑Cholinesterase spaltet A.

Abwasserreinigung

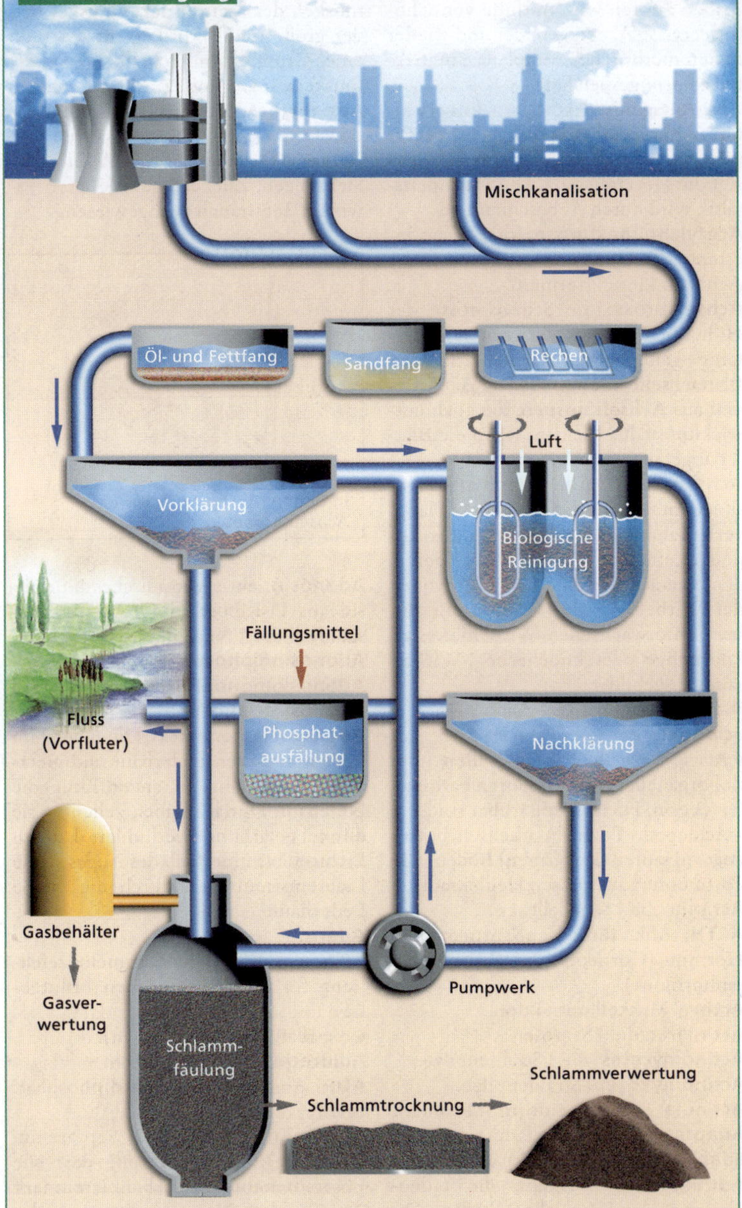

A

in Essigsäure und Cholin. Aus diesen beiden Stoffen wird mithilfe von Cholinacetylase A. neu gebildet und wieder in den motorischen Endplatten in inaktiver Form gespeichert.
Als ↑Antagonist des ↑Adrenalins erweitert A. die peripheren Blutgefäße (wirkt daher blutdrucksenkend) und erniedrigt die Herzfrequenz. Die Darmperistaltik wird durch A. beschleunigt.

Acetylcholinesterase: die ↑Cholinesterase.

Achäne: ↑Fruchtformen.

Achselspross: die Seitensprosse der Höheren Pflanzen, die von teilungsfähig gebliebenem Gewebe in den Blattachseln erzeugt werden. A. entstehen aus **Achselknospen**, die auch entwicklungsfähig bleiben, wenn die Blätter abgefallen sind.

Achsenskelett: Alle ↑Chordatiere besitzen im Bereich des Rückens ein längs verlaufendes Stützelement ihres Innenskeletts. Es ist bei den Manteltieren, den Schädellosen und den Embryonen der Wirbeltiere als ↑Chorda dorsalis, bei den erwachsenen Wirbeltieren als knorpelige oder knöcherne ↑Wirbelsäule ausgebildet.

Achsenzylinder: das ↑Axon.

acidophil:

◆ Als a. bezeichnet man Zellen oder Zellorganellen, die mit sauren Farbstoffen (Eosin, Fuchsin) anfärbbar sind.

◆ Acidophile Pflanzen wachsen bevorzugt auf sauren (kalkarmen) Böden, z.B. Torfmoose, Sauergräser, Heidekraut.

Acrania: die ↑Schädellosen.

ACTH, Abk. für **a**drenocorti**c**o**t**ropes **H**ormon (Corticotropin): ↑Hypophysenhormone).

Actin: ↑Muskelkontraktion.

Actiniaria: die ↑Seerosen.

Actinomycetes: die ↑Strahlenpilze.

Actinomykose: ↑Strahlenpilze.

Actinula: eine Larvenform (↑Planula).

Adaptation: die ↑Anpassung.

adaptive Radiation: ↑Darwinfinken.

Adduktoren: Muskeln, die Gliedmaßen an den Körper heranziehen. Für den Arm sind dies der große Brustmuskel, der breite Rückenmuskel und der große runde Muskel, für das Bein eine Gruppe von Schenkelanziehermuskeln. – Gegensatz: ↑Abduktoren.

Adenin (6-Aminopurin): Es kommt als Baustein in den ↑Nucleinsäuren vor. Als freie Purinbase wurde A. in Hefe, Steinpilzen, Zuckerrüben, Hopfen sowie im Teestrauch nachgewiesen.

Achselspross

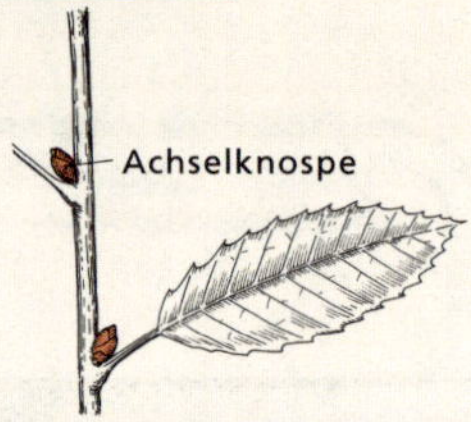

In den Blattachseln stehende Achselknospen

Adenosin: ein glykosidisches Nucleosid aus D-Ribose und ↑Adenin; Bestandteil der ↑Nucleinsäuren.

Adenosindiphosphat: ↑ATP.

Adenosinmonophosphat: ↑ATP.

Adenosintriphosphat: das ↑ATP.

Aderhaut (Chorioidea): Die A. liegt im ↑Auge zwischen Lederhaut und Netzhaut; sie ernährt in erster Linie die Netzhaut. Durch Pigmentzellen ist sie dunkel gefärbt und verhindert dadurch Lichtreflexe innerhalb des Auges sowie Lichteinstreuungen durch die weiße Lederhaut.

Adern:

◆ Gemeinsprachliche Sammelbezeichnung für die verschiedenen ↑Blutgefäße

◆ die Blattadern (↑Laubblatt).

Adiuretin: das ↑Vasopressin.

ADP, Abk. für **A**denosin**d**i**p**hosphat: ↑ATP.

Adrenalin (Epinephrin, Suprarenin, Vasotonin): ein Hormon, das wie ↑Noradrenalin im Nebennierenmark und an den Nervenendigungen des

Sympathikus von Wirbeltieren und einigen Wirbellosen gebildet wird. A. mobilisiert den Stoffwechsel in Gefahren- und Stresssituationen. Es steigert den ↑Grundumsatz, den Blutzuckerspiegel (↑Blutzucker), die Durchblutung der Bewegungsmuskulatur und der Herzkranzgefäße sowie die Leistung des Herzens (Erhöhung von Blutdruck, Herzfrequenz, Herzminutenvolumen). Es hemmt dagegen die Darmperistaltik und wirkt verengend auf die Kapillaren der Haut und der Muskulatur der Bronchien (Asthma auslösend!). An bestimmten sympathischen Nerven sind A. und Noradrenalin ↑Transmitter.

adrenocorticotropes Hormon: ↑Hypophysenhormone.

adult, Abk. ad.: erwachsen (und damit geschlechtsreif).

Adventivpflanzen (Ansiedler): in einem Gebiet ursprünglich nicht vorkommende Pflanzen. Sie wurden durch den Menschen absichtlich als Kulturpflanzen eingeführt oder unabsichtlich eingeschleppt. Geschah dies in vorgeschichtlicher Zeit, so spricht man von **Altbürgern** (z.B. Weizen oder Kornrade); geschah dies erst nach der Entdeckung der Neuen Welt nennt man sie **Neubürger** (z.B. Kartoffel oder Wasserpest). In neuerer Zeit wird die Verschleppung und Neuansiedlung von Pflanzen durch den weltweiten Verkehr begünstigt.

Adventivwurzeln: neu angelegte Wurzeln, die sich an abgeschnittenen oder verletzten Sprossteilen oder Blättern bilden.

Aecidiosporen: kettenweise abgeschnürte, paarkernige, rostbraune Sporen der ↑Rostpilze. Sie werden in Behältern **(Aecidien)** gebildet und nach dem Aufplatzen der Epidermis mithilfe des Windes verbreitet.

Aerenchym: ↑Interzellularen.

aerob: Bezeichnung für Lebensvorgänge, die in Gegenwart von Sauerstoff ablaufen. A. lebende Organismen heißen **Aerobier (Aerobionten).** – Gegensatz: ↑anaerob.

Aerosole: fein verteilte flüssige (Nebel) und feste (Rauch) Schwebstoffe in einem gasförmigen Stoff, z.B. Luft. Ein wichtiges Merkmal ist die Teilchengröße, die zwischen 10^{-8} und 10^{-4}cm liegt. Es gibt natürliche A. (z.B. Wasserdampf, Bakterien, Pflanzensporen, Pollen) und durch den Menschen freigesetzte, häufig schädliche Aerosole.

Affen (Anthropoidea): hoch entwickelte, maus- (Tamarins) bis über menschengroße (Gorilla) ↑Säugetiere (Ordnung ↑Herrentiere), die überwiegend auf Bäumen in Wäldern der Tropen und Subtropen leben. An das Baumleben sind A. durch ihre Greiffüße bzw. -hände sowie in vielen Fällen durch einen Rollschwanz, den sie als fünftes Greifinstrument um Äste wickeln können, gut angepasst. Dennoch sind einige Gruppen, wie Paviane und Rhesusaffen, zum Bodenleben übergegangen, wo sie Herden mit ↑Rangordnung bilden. Die ↑Menschenaffen leben zeitweise am Boden und haben eine deutliche Tendenz zum aufrechten Gang.

A. sind Tagtiere, die sich teils durch Laute, teils durch lebhaftes Mienenspiel untereinander verständigen. Ihr Großhirn ist gut entwickelt. Die am besten ausgebildeten Sinnesorgane sind die Augen, die stets nach vorn gerichtet sind und daher zu räumlichem Sehen befähigen.

Abgesehen von ausgeprägten Pflanzenfressern (wie Brüllaffen, Schlankaffen und Gorilla), ernähren sich die meisten A. von Mischkost; einige A., wie Paviane und Schimpansen, erbeuten zuweilen auch kleinere Säugetiere.

Affen gebären (Ausnahme: Krallenaffen) i. A. nur ein Junges, das zwar schon mit offenen Augen, jedoch in sehr unbeholfenem Zustand zur Welt kommt. Es wird von der Mutter oft längere Zeit herumgetragen.

Die A. unterteilt man heute in Neuwelt- und Altweltaffen. Zu den **Neuweltaffen**, die eine breite Nasenscheidewand haben und daher auch als

»Breitnasenaffen« bezeichnet werden, gehören z.B. Kapuziner- und Krallenaffen. Die **Altweltaffen** haben eine schmale Nasenscheidewand, weswegen sie auch »Schmalnasenaffen« heißen. Zu ihnen rechnet man alle übrigen hier erwähnten Affen. – Früher zählten zu den A. auch noch die **Halbaffen,** eine Gruppe, in der v.a. Lemuren und Koboldmakis zusammengefasst werden.

Affenfurche (Vierfingerfurche): Beugefalte am Handteller quer vom Zeige- bis zum Kleinfinger, bei Menschenaffen charakteristische Hauptbeugefalte der Hand; selten beim Menschen.

Affenlücke (Diastema): Bei allen Menschenaffen und vielen anderen Säugern befindet sich in den Zahnreihen eine Lücke, in die der Eckzahn des gegenüberliegenden Kiefers eingreift. Die A. fehlt in der Regel bei den fossilen und rezenten Menschen, sie kann jedoch als ↑Atavismus vorkommen.

afferẹnte Fasern (zentripetale F., sensorische F.): Nervenfasern, die Erregungen von reizaufnehmenden Nervenzellen (↑Rezeptoren) zum ↑Zentralnervensystem leiten, z.B. die Tastsinnesempfindungen von den Fingerspitzen über das Rückenmark bis zum Gehirn. – Gegensatz: ↑efferente Fasern.

Aflatoxịne: hochgiftige Stoffwechselprodukte von Schimmelpilzen, insbesondere von Aspergillus flavus. A. finden sich in verschimmelten Lebensmitteln und verursachen Leberschäden, Leberkrebs und genetische Schäden.

After: ↑Darmkanal.

Agameten: die ↑Sporen bei Pflanzen.

Agar-Agar: Trockenprodukt aus den Zellwandschleimstoffen verschiedener Rotalgenarten. A.-A. ergibt nach Aufkochen und Abkühlen eine steife Gallerte, die u.a. als Bindemittel verwendet wird. Unter Zusatz von Nährlösung stellt man hieraus Nährböden für Bakterien- und Gewebekulturen her.

Agglutinatio̱n: die Zusammenballung roter Blutkörperchen in einem fremden Serum aufgrund der Reaktion zwischen den ↑Antigenen der Blutkörperchen **(Agglutinogene)** und den blutgruppenspezifischen ↑Antikörpern des fremden Serums **(Agglutinine)**. Diese Reaktion macht man sich für die Blutgruppenbestimmung (z.B. vor Bluttransfusionen) zunutze.

Eine entsprechende ↑Antigen-Antikörper-Reaktion ist die A. von Bakterien im Serum, nachdem nach einer Infektion oder aktiven Impfung im Körper Antikörper gegen diese Bakterien ge-

Ährchen

Schema eines Grasährchens

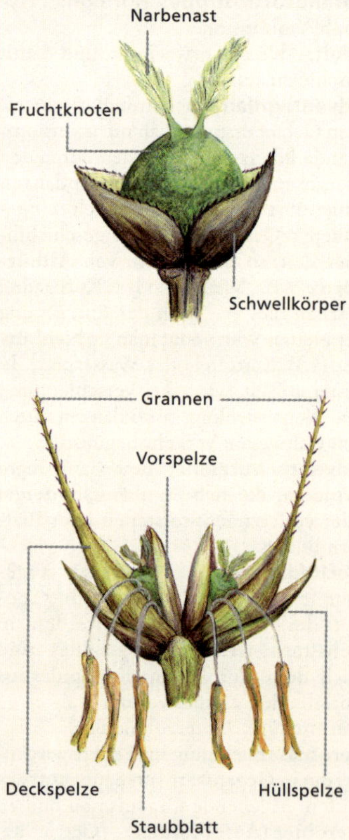

bildet worden sind. – ↑auch Lektine, ↑Immunreaktion.

Aggression: nach K. LORENZ ein angeborener Trieb mit innerer Erregungsproduktion. Das Angriffsverhalten wird durch einen entsprechenden ↑Schlüsselreiz ausgelöst. Fehlt dieser Reiz, staut sich die Erregung auf, bis das Tier ein Ersatzobjekt gefunden hat, an dem es seine A. abreagieren kann. Der **Aggressionstrieb** verändert sich häufig im Wechsel der sexuellen Aktivität der Tiere. Die A. zwischen Angehörigen der gleichen Art läuft meist nach festen Regeln ab, die schwere Verletzungen weitgehend ausschließen (↑Kommentkämpfe, ↑Imponiergehabe, ↑Drohgebärde, ↑Beschwichtigungsgebärde).
Zwischen Mitgliedern einer Gruppe wird die **innerartliche A.** unterdrückt. Die A. zwischen Angehörigen verschiedener Arten **(zwischenartliche A.)** findet man bei Tieren, die in einer Räuber-Beute-Beziehung zueinander stehen. Wird eine Aggressionshandlung durch Erfolg belohnt, wächst die Bereitschaft zu solchem Verhalten. Beim Menschen wird jedes, besonders jedoch das affektbedingte Angriffsverhalten, das auf einen Machtzuwachs des Angreifers und eine Machtminderung des Angegriffenen zielt, als A. bezeichnet. Die A. äußert sich hierbei als Reaktion auf eine wirkliche oder vermeintliche Bedrohung der eigenen Machtsphäre.

AGM: Abk. für ↑**a**ngeborener **g**estaltbildender **M**echanismus.

agonistisches Verhalten: Verhaltensweisen, die mit der kämpferischen Auseinandersetzung zwischen Lebewesen zusammenhängen. Dabei geht es um den Zugang zu begrenzten Ressourcen, z.B. zu Nahrung und zu Geschlechtspartnern.
Man unterscheidet die innerartliche (intraspezifische) Aggression, d.h. die Auseinandersetzungen zwischen Vertretern der gleichen Art, und die zwischenartliche (interspezifische) Aggression, die Auseinandersetzungen zwischen Vertretern verschiedener Arten).
A. V. kann sich auch in unterwürfigem Verhalten äußern.

Agranulocytose: Fehlen der körnchenhaltigen weißen Blutkörperchen (Granulocyten) im Blut, meist aufgrund einer Arzneimittelallergie; führt zu oft lebensgefährlicher Abwehrschwäche.

Agrobacterium tumefaciens: Das aerobe bodenbewohnende Bakterium besitzt ein tumorinduzierendes ↑Plasmid, das, in ein pflanzliches Genom eingebaut, Wucherungen bei der Wirtspflanze (Pflanzenkrebs) verursacht. In der Gentechnologie werden die Plasmide als Genvehikel zur Übertragung fremder Gene genutzt.

Ährchen: ein Teil des ↑Blütenstandes bei Gräsern. Jedes Ä. trägt am Grund 2 Hüllspelzen. Auf diese folgen die meist zwittrigen Blüten, die aus der Achsel einer Deckspelze (häufig mit Granne) entspringen. Eine Einzelblüte ist aus einer Vorspelze, den Schwellkörpern, 3 Staubblättern und dem mit 2 fedrigen Narbenästen versehenen Fruchtknoten aufgebaut.

Ähre: ↑Blütenstände.

Aids: siehe S. 14

Akarizide: ↑Schädlingsbekämpfung.

Akklimatisation: Lebewesen vermögen sich an veränderte Klimabedingungen anzupassen. Dies führt z.B. zu Veränderungen am Haar- und Federkleid, in der Lebensweise oder bei der Fortpflanzung. – ↑auch Anpassung.

Akkommodation: das Scharfstellen des Bildes auf der ↑Netzhaut des ↑Auges. Hierzu verändern Amphibien, Fische und Wirbellose den Abstand der Linse zur Netzhaut. Die meisten Reptilien, alle Vögel und Säuger dagegen verändern die Krümmung ihrer Linse.

akropetal: ↑basipetal.

Akrosom: ↑Samenzelle.

Aktionspotenzial: die plötzliche, etwa 1 ms (Millisekunde) dauernde Änderung des ↑Membranpotenzials, die durch Zellreizung erfolgt und eine La-

Aids (AIDS), Abk. für **a**cquired **i**mmune **d**eficiency **s**yndrome: Übersetzt heißt das so viel wie **erworbenes Immunschwächesyndrom.** Aids gehört zu den sexuell übertragbaren Krankheiten. Die Immunschwäche wird durch die so genannten HI-Viren (Abk. HIV, von **h**uman **i**mmunodeficiency **vi**rus) ausgelöst, die die Abwehrfähigkeit des Körpers gegenüber Krankheitserregern stark vermindern; d.h. das Virus befällt die Zellen (T-Lymphocyten), die das Abwehrsystem in Gang halten, und legt diese lahm, sodass andere, sonst eher harmlose und überall verbreitete Krankheitserreger oder auch Tumoren nicht mehr bekämpft werden können. Die Folge ist, dass der HIV-Infizierte im Verlauf der Krankheit immer stärker unter verschiedenen Infektionskrankheiten (auch als opportunistische Infektionen bezeichnet) und Tumoren leidet, die letztlich zum Tode führen können.

Die Übertragung der HI-Viren erfolgt durch bestimmte Körperflüssigkeiten: Blut, Sperma, Scheidenflüssigkeit und auch Muttermilch. In diesen Körperflüssigkeiten ist eine hohe Konzentration von Viren vorhanden, die die Ansteckung auslösen können, wenn sie direkt in die Blutbahn eines Menschen gelangen.

Zwar wurden HIV auch in Harn, Kot, Speichel, Schweiß und Tränenflüssigkeit nachgewiesen, jedoch in so geringen Mengen, dass es für eine Ansteckung nach derzeitigem Wissensstand nicht ausreicht. Zumindest ist bisher weltweit kein einziger Fall bekannt. HIV sind sehr empfindlich. Sie können außerhalb des menschlichen Körpers nicht überleben. Es besteht also bei gewöhnlichen Kontakten wie Händedruck, Küssen, Umarmen, Anniesen, gemeinsamer Benutzung von Toiletten, Bädern oder Sauna *keine* Ansteckungsgefahr.

Ohne Schutz durch Kondome besteht bei folgenden sexuellen Kontakten zwischen Infizierten und nicht Infizierten das Risiko einer Ansteckung: Das Glied wird in die Scheide eingeführt und es kommt zu einem Samenerguss (Vaginal- oder Scheidenverkehr), beim Mundverkehr (Oralverkehr) kommt Sperma oder Scheidenflüssigkeit in den Mund, hier ist die Ansteckungsgefahr gering, aber durchaus vorhanden; das Glied wird in den After eingeführt und es kommt zu einem Samenerguss (Analverkehr). Zur Vermeidung einer Übertragung von HIV beim Geschlechtsverkehr ist die Verwendung von Kondomen erforderlich.

Bei Drogenabhängigen ist ein weiterer Übertragungsweg neben dem sexuellen Kontakt der gemeinsame Gebrauch von Injektionsbestecken (Spritzen) beim Fixen. Schutz kann nur durch alleinigen Gebrauch des Spritzbestecks erreicht werden. Bei HIV-infizierten Schwangeren besteht die Gefahr, dass das Virus auf das Kind übertragen wird. Dies erfolgt statistisch betrachtet bei etwa einem Fünftel der Schwangeren. Bei Bluttransfusionen besteht heute weitgehend Sicherheit vor einer HIV-Infektion, da sie routinemäßig auf HIV-Antikörper getestet werden.

Durch einen HIV-Test kann das Virus im Körper nachgewiesen werden.

Die Immunschwäche Aids äußert sich zu Beginn der Erkrankung in Erscheinungen, wie sie auch bei anderen Krankheiten vorkommen, z.B. Lymphknotenschwellungen, Fieber, Durchfall und Gewichtsverlust. Im weiteren Verlauf treten dann jedoch viele unterschiedliche Folgekrankheiten auf, da der Körper nicht mehr in der Lage ist, sich gegen Krankheitserreger (Viren, Bakterien, Pilze) zu schützen bzw. sie anzugreifen. Folgekrankheiten sind z.B. Lungenentzündung, Geschwulstkrankheiten, Haut- und Darminfektionen, Tuberkulose und andere Infektionskrankheiten. Das Virus kann jahrelang im Körper »schlummern«, bevor es zu Krankheitserscheinungen führt. Zehn Jahre nach der Infektion weist etwa die Hälfte der Infizierten noch keine Symptome auf. Ist Aids einmal ausgebrochen, verläuft die

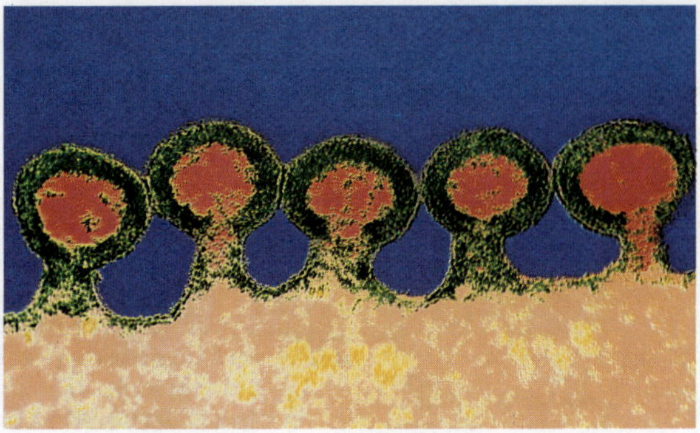

HI-Viren knospen auf dieser elektronenmikroskopischen Falschfarbenaufnahme gerade aus einem T-Lymphozyten aus und erhalten ihre hier grüne Virenmembran

unterschiedlich lange dauernde Krankheit tödlich. Ein Heilmittel ist trotz intensiver Forschung bis heute nicht gefunden.

Das Krankheitsbild wurde Anfang der 1980er-Jahre erstmals in den USA beschrieben und bekam 1982 den Namen Aids. Im Jahre 1984 wurde das Aids auslösende HI-Virus entdeckt. In Deutschland haben sich bis Ende 1998 etwa 37 000 Menschen mit dem HI-Virus infiziert, 21 000 Menschen sind an Aids erkrankt, 16 000 Menschen an Aids verstorben. ■

Informationen über Aids erhält man über das Aids-Telefon der Bundeszentrale für gesundheitliche Aufklärung in Köln (0621/892031). Dachorganisation der zahlreichen Selbsthilfegruppen ist die Deutsche AIDS-Hilfe e. V. in Berlin.

DUNDE, SIEGFRIED R.: *Positiv weiterleben. Seelische Selbsthilfe bei HIV-Infektion.* Frankfurt am Main (Fischer-Taschenbuchverlag) 1988 ▪ HAWKES, NIGEL: *AIDS. Illustrationen von der Ron Hayward Association.* Nürnberg u. a. (Tessloff) 1988 ▪ *Hoffmann, Alice: Wo bleiben Vögel im Regen. Roman.* München (Goldmann) 1992 ▪ JOHNSON, EARVIN: *Was du tun mußt, damit du es nicht kriegst, wenn du es tust.* Hamburg (Carlsen) 13.–17. Tsd. ^{2}1993 (Buch des HIV-infizierten US-amerikanischen Basketballstars (»Magic Johnson«) ▪ ARRIC, FRAN: *Diagnose: positiv.* München (Schneider) ^{3}1995 ▪ FORD, MICHAEL T.: *Viren sind nicht wählerisch. AIDS – Fragen, Antworten, Erfahrungen.* München (dtv) ^{3}1996 ▪ SCHMIDT, PETER: *Ein kurzes Leben lang. Kinder und Aids.* Düsseldorf (Patmos) 1996.

A

Aktionspotenzial

Zeitlich stark gedehnte Darstellung eines einzelnen Nervenaktionspotenzials

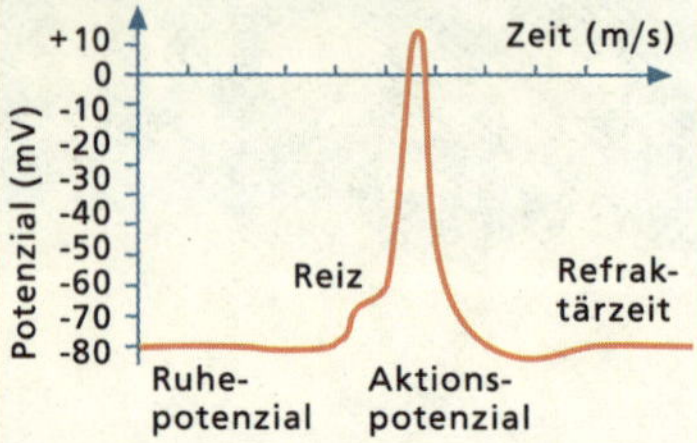

dungsumkehr an der Oberfläche der Zellmembran bewirkt. An Nerven- und Muskelzellen kennzeichnet das A. den Ort einer Erregung. Der Weiterleitung des A. entspricht die Erregungsleitung, die z.B. in markhaltigen Neuriten der Bewegungsmuskulatur 100 m pro Sekunde betragen kann.

Ein A. tritt als Folge einer plötzlichen Änderung der Durchlässigkeit der semipermeablen Zellmembran für Natrium- und Kaliumionen auf. Hierbei strömen zuerst Natriumionen schlagartig ins Zellinnere (steil ansteigende und abfallende Phase des A. bei der die Membranoberfläche negativ gegenüber dem Zellinnern geladen wird = **Spitzenpotenzial**); darauf strömen Kaliumionen aus dem Zellinneren nach außen, wodurch die Höhe des A. wieder abklingt (Repolarisation). Danach wird wieder die Ausgangsspannung mit positiv geladener Membranoberfläche und negativ geladenem Zellinnern hergestellt. Die Differenz zwischen diesem **Ruhepotenzial** und dem Spitzenpotenzial **(Aktionspotenzialamplitude)** beträgt bei Warmblütern etwa 110–130 mV. – A. und Erregungsleitung gibt es auch bei *Pflanzen.* Die Ladungsumkehr erfolgt jedoch durch Ausströmen von Chlorionen aus der Zelle; die Aktionspotenzialamplitude beträgt 100–200 mV, die Repolarisation benötigt mehrere Sekunden.

aktives Zentrum: Bereich eines Enzym-Moleküls, an den ein Molekül des ↑Substrats durch relativ schwache chemische Wechselwirkungen reversibel gebunden wird (↑auch Enzyme).

Aktivierungsenergie: Energiebetrag, der notwendig ist, um eine chemische Reaktion in Gang zu bringen. Den Ausgangsstoffen muss zunächst Energie zugeführt werden, damit die Reaktion in Richtung der Endstoffe ablaufen kann. Enzymreaktionen benötigen eine geringere A. als Reaktionen ohne Enzyme. Die A. wirkt sich nicht auf die Reaktionswärme aus, da sie im Verlauf der Reaktion zurückgewonnen wird.

Alanin: eine der ↑Aminosäuren.

Albinismus: das angeborene, i.A. rezessiv vererbbare Fehlen der Pigmentierung bei Tieren und beim Menschen. Die Ursache hierfür ist ein Fehler im Phenylalanin-Tyrosin-Stoffwechsel, der die für die Pigmente benötigten Melaninverbindungen liefert. Bei **totalem A.** fehlen sämtliche Pigmente, die Iris schimmert infolge der durchscheinenden Blutgefäße rot. Ein teilweiser Pigmentmangel führt zur **Weißscheckung** (Teilalbinismus).

Albumine: einfache Eiweiße, die v.a. Glutaminsäure, Asparaginsäure, Leucin und Isoleucin enthalten. Meist kommen sie zusammen mit den wasserun-

Aktivierungsenergie

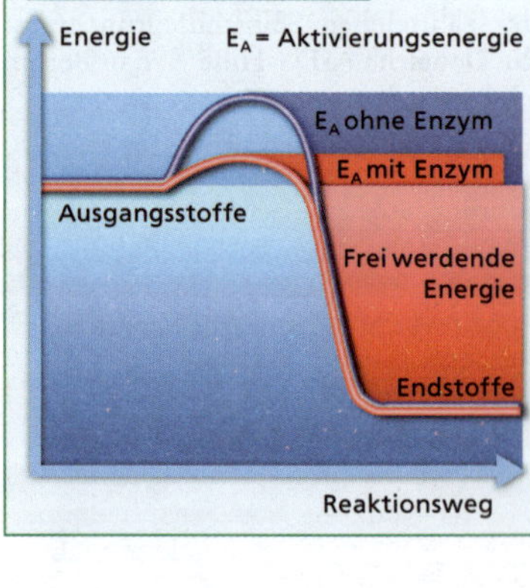

löslichen ↑Globulinen vor. Weit verbreitete A. sind **Eialbumin** (Hühnerei), die **Serumalbumine** (Blutserum, Lymphe) und **Milchalbumin** (Milch), weitere A. sind Leucosin (Weizen), das giftige Rizin (Rizinussamen) und Legumelin (Erbse).

Aldosen: ↑Kohlenhydrate.

Aldosteron: ↑Nebennierenhormone.

Aleuronschicht (Kleberschicht): Zellschicht zwischen Mehlkörper und Fruchtsamenschale des Getreidekorns, die **Aleuronkörner** (fette Öle und Eiweiß, keine Stärke) enthält. Die für die Ernährung wichtige A. ist nur in Vollkornerzeugnissen enthalten.

Algen: Abteilung des Pflanzenreichs mit ca. 26 000 Arten, die zu den ↑Lagerpflanzen zählen und im Meer, Süßwasser oder (seltener) an feuchten Orten (nasse Wände, Baumstümpfe, Erdboden) vorkommen. A. haben wie alle sich ↑autotroph ernährenden Pflanzen ↑Chlorophyll, das jedoch durch gelbe, braune, rote oder blaue Farbstoffe überdeckt sein kann. Einige Arten bestehen nur aus einer einzigen Zelle, andere aus verzweigten oder unverzweigten Zellfäden. Die Vermehrung der A. erfolgt geschlechtlich und ungeschlechtlich (↑Generationswechsel). – Bekannte Klassen sind Euglenophyceae (↑Euglena), Dinoflagellaten, Goldbraune Algen mit ↑Kieselalgen, ↑Grünalgen mit Volvox, den ↑Armleuchteralgen und ↑Jochalgen, ferner ↑Braunalgen und ↑Rotalgen; nicht zu den A. gehören die Blaualgen (↑Cyanobakterien). – Als Hauptnahrungsquelle vieler Wassertiere sind A. unersetzlich; sie werden auch vom Menschen genutzt (Alginsäure, ↑Agar-Agar, Futter- und Düngemittel). – Bild S. 18.

Algenpilze (Oomycota): niedere, algenähnliche Pilze mit Zellwänden aus Cellulose (statt aus Chitin wie bei den Echten Pilzen) und einem Mycel aus querwandlosen Hyphen, in denen nur zur Abgrenzung von Fortpflanzungszellen Querwände angelegt werden. Die Fortpflanzung erfolgt geschlechtlich durch Oogamie (↑Befruchtung) und ungeschlechtlich durch ↑Sporen. Zu den Algenpilzen gehören die Wasserschimmelpilze und die Falschen ↑Mehltaupilze. Viele der A. sind gefährliche Schädlinge an Kulturpflanzen. – Früher wurden die weiter gefassten A. auch Phycomycetes genannt.

Alkalireserve: Die im Blutplasma gelöst vorkommenden Alkalihydrogencarbonate ($NaHCO_3$, $KHCO_3$) sowie Natriumdihydrogenphosphat und Natriumhydrogenphosphat (NaH_2PO_4, Na_2HPO_4) bilden ein Puffersystem, das den pH-Wert des Blutes, der durch den Kohlensäuregehalt verändert wird, konstant hält. Die A. ist das Maß dafür, wie viel Kohlensäure bei einem Kohlensäurepartialdruck von 40 mm Hg von 100 ml Plasma gebunden werden kann.

Alkaloide: basische Stickstoffverbindungen aus einem oder mehreren heterozyklischen Ringen.

Im *Pflanzenreich* sind ca. 7 000 A. aus rund 100 Familien bekannt. A. sind Stoffwechselendprodukte, die als Gemische in allen Pflanzenteilen, besonders in Blättern, Rinde und Früchten, vorkommen können. Sie sind dort salzartig an organische Säuren (z.B. Oxalsäure, Essigsäure, Milchsäure, Citronensäure) gebunden. Die Biosynthese der A. in der Pflanze erfolgt aus ↑Aminosäuren und Aminen. Die Bedeutung der A. für die Pflanze ist unklar; bei einigen Arten können sie als Fraßschutz aufgefasst werden (z.B. Demissin und Solanin in der Wildkartoffel).

Die A. haben meist eine sehr spezifische Wirkung auf bestimmte Zentren des Nervensystems und sind häufig schon in geringen Mengen tödliche Gifte. Andererseits finden viele A. eine weite pharmazeutische Anwendung (z.B. ↑Chinin, Morphin). Doch gibt es auch hier Nebenwirkungen, und der häufige medikamentöse Gebrauch kann zur Sucht führen (↑Nicotin).

A

Algen

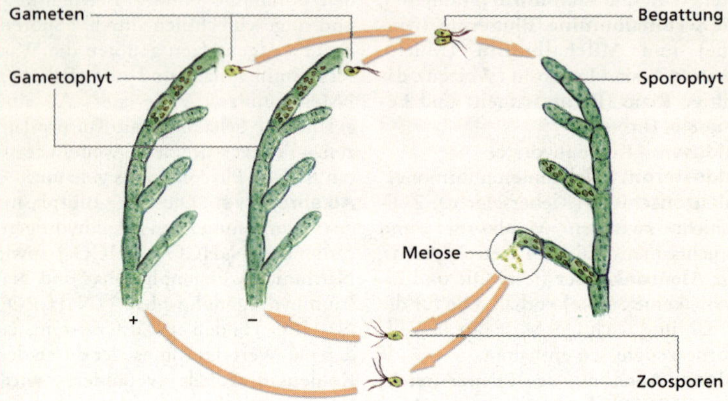

Isomorpher, heterophasischer Generationswechsel

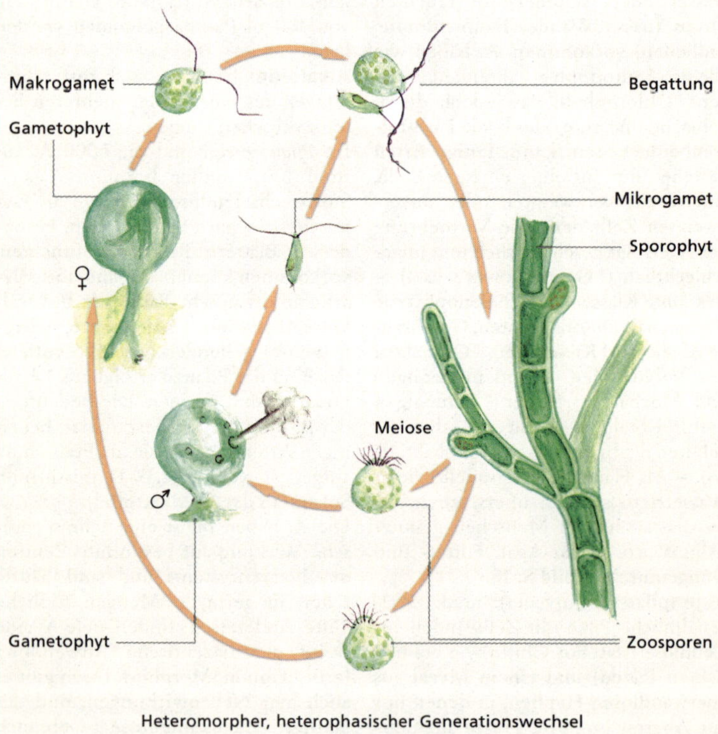

Heteromorpher, heterophasischer Generationswechsel

Im *Tierreich* kommen A. nur vereinzelt vor. Bekannt sind das Bufotenin in der Rückenschleimhaut von Kröten und das Tetrodotoxin in Kugelfischen.

Alkohol: ↑Ethylalkohol.

alkoholische Gärung: die wichtigste und am längsten bekannte ↑Gärung. Hierbei werden Kohlenhydrate wie D-Glucose, D-Fructose und D-Mannose durch ↑Enzyme, die in ↑Hefen enthalten sind, zu ↑Ethylalkohol und Kohlenstoffdioxid unter Energiegewinn abgebaut. Bruttogleichung: $C_6H_{12}O_6 \rightarrow 2C_2H_5OH + 2CO_2$.

Der Prozess der alkoholischen Gärung verläuft über zahlreiche Zwischenprodukte, die unter Einwirkung eines Enzymkomplexes aus rund 20 Enzymen gebildet werden **(Zymase)**. Neben diesen Enzymen sind noch eine Reihe von Aktivatoren (wie Magnesiumionen) und Coenzymen beteiligt.

Zunächst wird Glucose über die ↑Glykolyse bis zu Pyruvat (↑Brenztraubensäure) abgebaut. Danach wird dieses unter Mitwirkung einer Decarboxylase zu Acetaldehyd decarboxyliert (Entzug von CO_2), der durch Hydrierung mithilfe von Alkoholdehydrogenase in ↑Ethylalkohol überführt wird.

Die a. G. hat große wirtschaftliche Bedeutung, da heute fast alle alkoholischen Getränke durch die Vergärung von Kohlenhydraten mit verschiedenen Heferassen (↑Bierhefe) hergestellt werden.

Allantoin: Abbauprodukt der ↑Harnsäure.

Allantois (Harnsack): eine der ↑Embryonalhüllen.

Allel: Kommt ein ↑Gen in mehreren, sich im äußeren Erscheinungsbild (↑Phänotyp) unterschiedlich auswirkenden Formen (sozusagen Schalterstufen) vor, so nennt man diese durch ↑Mutationen bedingten Variationen eines Gens **allele Gene** oder Allel. So kann z.B. das Gen für die Größe der Blattspreite bei einer Pflanzenart in Form von zwei Allelen vorkommen.

Da bei Organismen mit doppeltem Chromosomensatz jedes Gen zweimal vorhanden ist, kann auch jeder Zellkern zwei Allele eines Gens besitzen. Welches A. im Phänotyp in Erscheinung tritt, hängt davon ab, welches der beiden Allele dominant ist. Tritt der Phänotyp beider A. auf, so sind sie codominant.

Allelopathie: die gegenseitige Beeinflussung von Pflanzen durch das Ausscheiden wachstumsfördernder oder -hemmender oder die Fruchtreife beschleunigender Substanzen. ↑Antibiotika sind wachstumshemmende Ausscheidungsprodukte von Mikroorganismen; wachstumsfördernd wirken Gibberelline (↑Wuchsstoffe). Das gasförmige ↑Ethylen der Höheren Pflanzen beschleunigt die Fruchtreife.

Allen-Regel (Proportionsregel): Die A.-R. besagt, dass Körperanhänge wie Schwanz, Ohren und Beine bei gleichwarmen Tieren (hauptsächlich Säugern) in wärmeren Klimaten länger sind als bei ihren Verwandten in kälteren Zonen. Herausragende Körperteile kühlen wegen ihrer relativ großen Oberfläche leicht ab, was zu einem größeren Wärmeverlust führt.

Allergie: siehe S. 20.

Allesfresser (Omnivoren): A. sind weder auf tierische noch auf pflanzliche Nahrung spezialisiert sondern fressen beides. Zu den Allesfressern gehören z.B. Schweine, Bären und Landschildkröten. Auch der Mensch ernährt sich omnivor. Selbst reine ↑Pflanzenfresser verzehren hin und wieder tierische Nahrung.

Alles-oder-nichts-Gesetz, Abk. ANG, AoN-Gesetz: eine Aussage über das Verhalten reizbarer Gewebe. Auf einen Reiz, der die ↑Reizschwelle erreicht hat, erfolgt die volle Reaktion der Zelle (das ↑Generatorpotenzial wird zum ↑Aktionspotenzial: Erregung der Nervenzelle oder der einzelnen Muskelfaser), unabhängig davon, ob der Reiz andauert, stärker oder schwächer wird.

Der von dem österreichischen Kinderarzt CLEMENS FREIHERR VON PIRQUET im Jahr 1906 geprägte Begriff »Allergie« bezeichnet eine spezifische Änderung der Reaktionsfähigkeit des Immunsystems gegenüber körperfremden, eigentlich unschädlichen Stoffen *(Allergene)*.

Entstehungsursachen und Wirkungsprinzipien

Allergien können angeboren oder erworben sein. Das Immunsystem hat drei Möglichkeiten, auf den Kontakt mit einem beliebigen Stoff zu reagieren:

Tierhaare und **Blütenpollen** sind wichtige Allergieauslöser. Oft bleibt es nicht bei einem relativ harmlosen Heuschnupfen.

- *Anergie:* der Einflussfaktor wird toleriert, es kommt zu keiner Abwehrreaktion
- *Normergie:* der Fremdstoff wird gezielt abgewehrt und vernichtet
- *Allergie:* die Reaktion des Immunsystems ist stärker als erforderlich, neben der eigentlichen Abwehr des Allergens treten allergische Reaktionen auf

Den Kontakt mit einem Allergen, das als ↑Antigen wirkt, beantwortet der Körper durch die Bildung spezieller Antikörper (*IgE:* **I**mmun**g**lobuline der Klasse **E**; sog. hautsensibilisierende Antikörper). Allergiker scheinen durch eine überstarke IgE-Bildung zu reagieren. IgE-Antikörper sind maßgeblich an Allergien vom sog. *Sofort-Typ (Typ 1-Allergie)* beteiligt. Allergische Symptome bei der Typ 1-Form treten innerhalb von Sekunden (z.B. nach einem Insektenstich) bis Minuten (z.B. Hausstaub- und Nahrungsmittelallergie) auf. Die IgE-Antikörper werden von speziellen Oberflächenrezeptoren von ↑Mastzellen gebunden. Die Mastzellen enthalten in ihrem Innern zahlreiche körnchenartige Einschlüsse (Granula) mit aggressiven Vermittlersubstanzen (Mediatoren), wie z.B. Histamin und Serotonin. Nach der Phase der Sensibilisierung, in deren Verlauf viele solcher Mastzellen mit potenziellen Andockstellen für Allergene angelegt werden, folgt die eigentliche allergische Reaktion.

Das Immunsystem schießt sozusagen über. Neu eingedrungene Allergene werden durch die IgE-Antikörper auf der Oberfläche der Mastzellen gebunden und vernetzt. Daraufhin schütteln die Mastzellen die gespeicherten Mediatoren aus mit der Folge, dass allergische Schleimhautreaktionen in Gang gesetzt werden.

Blutkapillaren werden lokal erweitert, Schleimdrüsen zur vermehrten Sekretbildung angeregt. Die Bronchialmuskulatur verkrampft sich. Als Krank-

heitssymptome können Nasenlaufen, Augentränen, Bronchialasthma, Nesselfieber, Heuschnupfen u.a. auftreten.
Da Allergiker viel mehr IgE-Antikörper gegen das betreffende Allergen besitzen als Normalpersonen, wird bei Kontakt mit dem Antigen mehr davon an die Mastzellen gebunden und mehr von den Mediatoren abgegeben. Allergische Reaktionen wie Juckreiz, Rötung, Schwellung und Bildung von Quaddeln sind die Folge.
Die *Typ 2-Allergie* wird ausgelöst durch zellabtötende Antikörper. Sie wird manchmal durch bestimmte Medikamente verursacht, die das Immunsystem nicht als eigentlich körperfremde Stoffe erkennt. Derartige Substanzen werden als *Haptene* bezeichnet. Sobald Haptene an die Oberflächeneiweiße von Blutzellen (Erythrocyten, Granulocyten, Thrombocyten) gebunden werden, wirken sie als Antigene und regen den Körper zur Bildung von *IgE-* oder *IgM-Antikörpern* (**I**mmun**g**lobuline aus der Klasse der **G**ammaglobuline bzw. **M**akroglobuline) an. Die Antikörper heften sich an die Hapten-beladenen Blutzellen an und aktivieren einen Zerstörungsmechanismus. Es kommt also zu einem Zellmangel, der sich beispielsweise bei Thrombocytenzerstörung in schweren Blutgerinnungsstörungen, bei Granulocytenverlusten in selektiver Immunschwäche äußert.
Auslöser der *Typ 3-Allergie* sind bestimmte Antigen-Antikörper-Komplexe *(Immunkomplexe)* bei hohen Konzentrationen von Antigen- bzw. Antikörpermolekülen im Blutserum. Dieser Fall kann eintreten, wenn eine Person sehr oft mit demselben Allergen in Kontakt kommt. Die Immunkomplexe lagern sich an den Wänden der Blutgefäße ab, und über komplizierte Zwischenschritte entstehen Gefäßentzündungen, z.B. in den Nieren, im Herzen, in der Lunge sowie in anderen reich durchbluteten Bereichen.
Allergien vom Typ 3 findet man insbesondere bei Personen, die – meist berufsbedingt – bestimmte Allergene auf Dauer inhalieren (z.B. Winzer, Landwirte, Mälzer und Bäcker). Entsprechende Allergene sind bei Winzern der Erreger der Edelfäule auf Trauben, bei Landwirten bestimmte Pilzsporen auf feuchtem Heu, bei Mälzern Malz und bei Bäckern Mehl.
Die *Typ 4-Allergie* wird auch als *Kontaktallergie* bezeichnet. Im Gegensatz zur Typ 1-Allergie stellt sie den *Spät-Typ* dar. Die allergischen Reaktionen gehen aus einem komplizierten Wechselspiel zwischen T-Lymphocyten, Granulocyten und Entzündungsmediatoren hervor. Bekannteste Allergene sind Metallionen (Allergie gegen Modeschmuck) sowie Desinfektionsmittel und aggressive Farbstoffe. Kontaktallergien findet man häufig bei bestimmten Berufsgruppen, die mit derartigen aggressiven Verbindungen zwangsläufig in Berührung kommen (z.B. Friseure, Maurer, Krankenpfleger, Textilarbeiter, Hausfrauen).
Sowohl berufsbedingte Allergien vom Typ 3 als auch solche vom Typ 4 werden oft als Berufskrankheit anerkannt.

■ Diagnosemöglichkeiten

Die Häufigkeit von Allergien hat in den letzten Jahren sehr stark zugenommen. Mehr als 10% der Menschheit leidet unter allergischen Erkrankungen. Eine der wichtigsten Voraussetzungen zur Diagnose einer eventuell bestehenden Disposition (Veranlagung) zur allergischen Reaktion oder einer bereits ausgeprägten Allergie ist das Patientengespräch.
Hierbei können sowohl erbliche Komponenten (z.B. aus der Krankheitsgeschichte innerhalb der Verwandtschaft des Allergikers) als auch erworbene Fehlfunktionen des Immunsystems (z.B. aus der beruflichen Tätigkeit des Patienten) ausfindig gemacht werden. Nach dem Erfassen der genannten

Krankheitsgeschichte (Anamnese) und bei Verdacht auf eine möglicherweise bestehende Allergie führt der Arzt einen Allergietest durch.
Zur Identifizierung von Allergenen werden unterschiedliche Verfahren eingesetzt:

- Beim *Eliminationstest* versucht der Patient, das eventuell infrage kommende Allergen zu meiden. Im Falle einer Besserung seiner Beschwerden sind die Diagnose und Therapie verhältnismäßig einfach.
- Beim *Expositionstest* wird der Patient mit verdächtigen Allergenen in Berührung gebracht. In der Praxis werden hierzu Kratz-, Spritz-, Reibe- und Pflastertests eingesetzt. Man prüft dabei auf Hautreaktionen (Quaddelbildung, Rötung, Juckreiz) als Folge des verabreichten Allergens.
- Unter besonderen Umständen können *Labortests (In-vitro-Tests)* erforderlich sein. Man bestimmt hierbei die Menge an vorhandenen allergenspezifischen IgE-Antikörpern im Blut des Patienten.
- Beim sog. *Provokationstest* wird das zu prüfende Allergen z.B. in den Bindehautsack im unteren Augenbereich, auf die Nasenschleimhaut oder in die Lunge gebracht (Aufträufeln, Einsprühen, Inhalieren). Eine Aufnahme durch den Mund bietet sich insbesondere bei Verdacht auf Nahrungsmittelallergie an.

Therapiemöglichkeiten

Es gibt verschiedene Möglichkeiten, eine Allergie zu behandeln.
Die wohl beste Methode besteht darin, das Allergen ganz zu meiden oder seinen Einfluss zumindest auf ein erträgliches Maß zu reduzieren. Manchen Allergikern mit bestimmten Allergien hilft schon der Verzicht auf einen Teppichboden im Schlafzimmer, auf Plüschtiere und auf Daunenfüllungen im Bettzeug (z.B. bei der Hausstauballergie).
Insbesondere Pollenallergikern kommen spezielle Filter in der Belüftungsanlage ihres Autos (Pollenfilter) zugute. Die völlige Vermeidung des Allergens ist jedoch in der Mehrzahl der Fälle nicht möglich.
Im Rahmen der medikamentösen Therapie gibt es mehrere Ansatzmöglichkeiten mit unterschiedlichen Wirkungsprinzipien. Im Wesentlichen sind dies:

- Entzündungshemmung (Corticosteroide)
- Herabsetzung bzw. Blockierung der Histaminwirkung (Antihistaminika)
- Hemmung der Freisetzung von Mediatoren (Chromoglycinsäure)
- Erweiterung der Bronchien (Theophyllinpräparate)
- Membranstabilisierung bei den Mastzellen (Calciumverbindungen)

Zur Therapie werden in bestimmten Fällen auch alternative Methoden, wie z.B. Akupunktur und homöopathische Behandlung, angewandt. Einen besonderen Stellenwert hat die sog. Hyposensibilisierung, früher auch als Desensibilisierung bezeichnet. Bei diesem Verfahren wird das Allergen in definierten Mengen und unter ärztlicher Kontrolle in regelmäßigen Abständen über einen relativ langen Zeitraum injiziert. Während dieser Behandlung steigt die Konzentration an IgG-Antikörpern stark an. Diese fangen in den Körper eingedrungene Allergene ab und verhindern auf diese Weise, dass IgE-Antikörper zur Wirkung kommen. Somit treten keine allergischen Symptome auf. Auch die zukünftigen immunologischen Therapieverfahren zielen auf die IgE-Antikörper ab.

Allergiefördernde Einflüsse

Bemerkenswert ist auch die Tatsache,

dass bestimmte Einflüsse Allergien fördern können.

■ Ursachen von Immunschwächen

Lebens- und Essgewohnheiten

- Rauchen
- Alkohol(missbrauch)
- Kaffeekonsum (literweise)
- Bewegungsmangel
- Übergewicht
- falsche Ernährung
- Medikamentenmissbrauch (Schmerzmittel, Schlafmittel)
- Hochleistungssport
- UV-Strahlung

Psychische Probleme

- Dauerstress
- Angst
- Mobbing
- Trauerfall

Umweltstoffe

- Abgase (Auto, Industrie)
- Rußpartikel – (Allergiestudie Japan)
- Schwermetalle (Blei, Quecksilber, Cadmium)
- Lösungsmittel (Benzol, Dichlorethan)
- Gifte (Dioxin, Pentachlorphenol [PCP], Lindan, perchlorierte Biphenyle [PCP], Formalin)

Medikamente und Behandlungen

- Antibiotika
- Chemotherapie (Krebs)
- Bestrahlungen
- Immunsuppressiva (Organtransplantation, Autoimmunkrankheiten)

Krankheiten

- rheumatoide Arthritis
- Allergien
- Diabetes
- Morbus Crohn
- schwere Infektionskrankheiten
- chronische Infektionen

■

Für Kinder, die an allergischen Krankheiten leiden, gibt es eine eigene Selbsthilfegruppe: Arbeitsgemeinschaft Allergiekrankes Kind in Herborn, Telefon: 02772/9287-0.

BERGMANN, KARL-CHRISTIAN: *Heuschnupfen – Wenn Pollen krank machen.* Baierbrunn (Wort- und Bild-Verlag) 1995 ■ KLEINE-TEBBE, JÖRG: *Pollen, Milben und Co. – Was tun bei Allergien.* Stuttgart (Medpharm) 1996 ■ RAKOSKI, JÜRGEN: *Allergien – Erkennen, Behandeln, Vorbeugen.* Baierbrunn (Wort- und Bild-Verlag) 1997 ■ RASS, HARALD: *Allergie-Lexikon.* München (MD-Verlag) 1998 ■ SCHMICKL, GERALD: *Reizende Welt. Wie man mit Allergien leben kann.* Reinbek (Rowohlt) 1999.

Eine **Hausstaubmilbe** umgeben von Staub und Staubschuppen

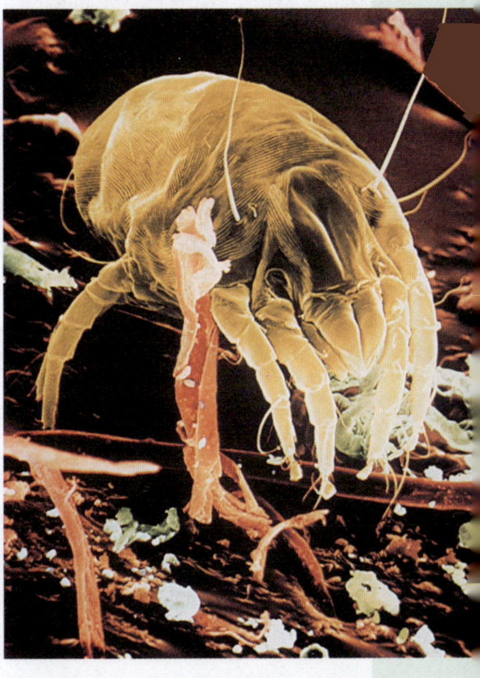

A

Andererseits erfolgt auf einen unterschwelligen Reiz keine Reaktion.

Alligatoren (Alligatoridae): Krokodile der tropischen und subtropischen Flüsse Amerikas und Südostasiens. Im Gegensatz zu den Echten Krokodilen ist bei Alligatoren der vierte Unterkieferzahn bei geschlossenem Maul nicht sichtbar. Außer von Fischen ernähren sich A. (Länge bis zu 6 m) auch von Säugetieren und Vögeln, die sie unter Wasser ziehen und ertränken. Zur Gewinnung von hochwertigem Leder werden A. in Nordamerika auf Alligatorfarmen gezüchtet.

Allorhizie: ↑Bewurzelung.

Allopolyploidie: ↑polyploid.

Alpenpflanzen: ↑Hochgebirgspflanzen.

Alphatier: ↑Rangordnung.

Altbürger: ↑Adventivpflanzen.

Altern: ein Urphänomen des Lebens. Bei diesem Vorgang, der sich über das ganze Leben erstreckt, verlangsamen sich allmählich die biologischen Prozesse durch Um- und Abbau von Organen. Die Hauptveränderungen finden im ↑Bindegewebe statt, in dessen Zellen es zur Verfestigung von ↑Kollagenen kommt. Weiterhin können Zellen die Fähigkeit zur ↑DNA-Reparatur und zur Steuerung der Eiweißsynthese verlieren; Zelleiweiße werden nicht mehr oder fehlerhaft ersetzt. Dadurch fangen die Zellen an zu altern und sterben schließlich ab. So beginnt das Absterben der Gehirnzellen etwa ab dem 25.–30. Lebensjahr. Das A. von Organen führt zu Stoffwechselstörungen mit einer Anhäufung von unbrauchbaren Stoffwechselendprodukten und einer Zunahme von Kalium, Calcium und Lipoiden. Alle Faktoren zusammen bewirken eine ungenügende Versorgung der Zellen mit Sauerstoff- und Stoffwechselprodukten.

Das Alterungstempo kann individuell verschieden sein, sodass z.B. der eine

Ameisen

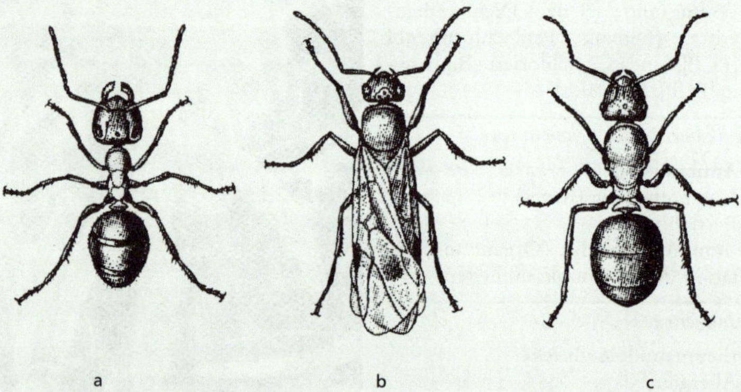

Große Rote Waldameise:
a Arbeiterin, b Männchen, c Weibchen

Mensch relativ jugendlicher bleibt als ein anderer. Deswegen sollte man zwischen **biologischem** und **kalendarischem Alter** unterscheiden. Die äußerste Lebensspanne für den Menschen dürfte bei einem Alter von 120 Jahren liegen. – ↑auch Lebensdauer.

Alternanzregel: ↑Blattstellung.

Altwasser: ein stehendes Gewässer, das früher Teil eines strömenden Flusses war. Die Fauna eines Altwassers ist der eines Weihers ähnlich.

Alveolen:

- Die ↑Zähne sind mit ihren Wurzeln in den Zahnfächern des Zahnhalteapparates, den A., verankert.
- die Lungenbläschen, ↑Lunge.
- Einige Drüsenzellen sondern ihr Sekret in kleine Bläschen (die A.) ab, von denen ein Ausführungsgang ausgeht. Drüsen dieser Art nennt man **alveoläre Drüsen**.

AM: der ↑**A**uslöse**m**echanismus.

Amboss: ein ↑Gehörknöchelchen.

Ameisen (Formicoidae): kleine, vorwiegend schwarz oder rotbraun gefärbte und zu den Hautflüglern gehörende Insekten, die in umfangreichen, als *Staaten* bezeichneten Nestern leben (↑Tierstaaten). Diese Staaten können am Boden (z.B. bei der Roten Waldameise) oder aus Pflanzenmaterial in Baumkronen (bei verschiedenen fremdländischen A.) angelegt werden.

Man unterscheidet 3 ↑Kasten: Die *Männchen* leben nur sehr kurze Zeit. Sie sterben kurz nach der Befruchtung eines Weibchens.

Die geschlechtlich aktiven Jungweibchen sind, wie die Männchen, zunächst geflügelt. Wenn diese *Weibchen* im Frühjahr ausfliegen, folgen ihnen die Männchen, um sie in der Luft zu begatten. Danach werfen beide Geschlechtstiere die Flügel ab. Jedes befruchtete Weibchen sucht nun eine ihm zusagende Stelle auf, um einen neuen Staat zu gründen. Es wird zur *Königin*, deren einzige Aufgabe darin besteht, Eier zu legen. Jedes Weibchen wird nur ein einziges Mal befruchtet und speichert die Samen in einer kleinen Samentasche im Hinterleib. Die Königin kann dadurch entscheiden, welche Eier befruchtet werden und welche nicht. Aus den Eiern entwickeln sich zunächst fußlose, madenförmige Larven, die sich nach einigen Häutungen verpuppen. Letztlich entstehen aus unbefruchteten Eiern Männchen, aus befruchteten Weibchen (bzw. Arbeiterinnen).

Die 3. Kaste besteht aus den *Arbeiterinnen,* die geschlechtlich unterentwickelte Weibchen sind und die Hauptmasse eines Ameisenstaates bilden. Sie haben für Nahrungserwerb zu sorgen, Brut und Königin zu pflegen sowie den Staat zu verteidigen. Die Arbeiterinnen können bis zu 6 Jahre alt werden.

Viele A. können ein abschreckendes Sekret aus dem Hinterleib spritzen, das ↑Ameisensäure enthält.

A. ernähren sich überwiegend von Insektenlarven, darunter vielen Schädlingen, weswegen sie für den Menschen nützlich sind und zur ↑biologischen Schädlingsbekämpfung eingesetzt werden. Daneben nehmen sie auch gern zuckerhaltige Ausscheidungen (↑Honigtau) von Pflanzenläusen auf. Dabei werden die Läuse durch Betrillern mit Fühlern und Vorderbeinen »gemolken«.

Einige tropische A., wie z.B. **Blattschneiderameisen**, können auch sehr schädlich werden. Innerhalb kürzester Zeit vermögen sie Bäume und Kulturpflanzen zu entlauben. Sie schneiden größere Teile aus Blättern heraus und tragen sie in ihre Nester. Dort zerkauen sie die Blattteile zu einem Brei, um ihn als Nährboden für die Anlage von Pilzgärten zu verwenden. Von den sprießenden Pilzen ernähren sich die Tiere. – Sehr gefürchtet sind die tropischen **Wanderameisen**, die in über 100 m langen und mehrere Meter breiten Kolonnen durch Urwald, Busch und Savanne ziehen. Sie vermögen selbst eingesperrte bzw. angepflockte Haustiere zu töten und zu skelettieren. – Bild S. 24.

Ameisengäste: Insekten, die aus Drüsen Stoffe abscheiden, die bei Ameisen sehr begehrt sind. Dafür füttern und schützen die Ameisen ihre Gäste in ihren Ameisenbauten und versorgen deren Brut. A. sind verschiedene Käfer (wie bestimmte Keulen- und Fühlerkäfer) sowie einige Hautflügler, z.B. die Zehrwespen. Ihnen werden kurz nach dem Schlüpfen die Flügel von den Ameisen abgebissen, damit diese besser an die Drüsen gelangen können. Manche A. leben auch räuberisch von Ameisen oder deren Nahrungsresten. Sie sind häufig besonders klein und sehen ameisenähnlich aus.

Ameisensäure (Methansäure): als einfachste Monocarbonsäure (H–COOH) eine farblose, stechend riechende, brennend schmeckende Flüssigkeit, die mit Wasser, Alkohol und Ether mischbar ist. Sie wirkt stark ätzend und verursacht Reizungen der Haut und Schleimhäute. A. findet sich in den Giftdrüsen der Ameisen und Bienen sowie in Raupenhaaren und Brennnesselhaaren. Die Salze und Ester der A. heißen Formiate oder Methanoate.

6-Aminopurin: das ↑Adenin.

Aminosäuren: die Bausteine der ↑Eiweiße. A. besitzen zwei funktionelle Gruppen, die Aminogruppe ($-NH_2$) und die Carboxy(l)gruppe (–COOH). Sie haben einen salzartigen Charakter, sind fest, kristallin und in Wasser leicht löslich. In Eiweißen steht die Aminogruppe der A. stets in α-Stellung zur Carboxygruppe.

Die einfachste Aminosäure ist das Glycin ($NH_2–CH_2–COOH$); bei den anderen A. ist ein Wasserstoff der CH_2-Gruppe durch einen aliphatischen oder aromatischen Rest (R) ersetzt. Alle A. (mit Ausnahme von Glycin) sind optisch aktiv. In der Natur kommt nur die L-Form vor.

Man kennt als Bausteine der Eiweiße 20 Aminosäuren. Diese lassen sich nach der Art ihres Restes (R) in 4 Gruppen einteilen: 1. *Monoaminocarbonsäuren* (R = unpolar): Dazu gehören Glycin, Alanin, Valin, Leucin, Isoleucin, Phenylalanin und Prolin. 2. *Aminodicarbonsäuren* (**saure A.**). Sie besitzen eine weitere Carboxygruppe im Rest (Glutaminsäure und Asparaginsäure). 3. *Diaminomonocarbonsäuren* (**basische A.**). Sie enthalten eine zweite basische Gruppe (Lysin, Arginin und Histidin). 4. A. mit *polar wirkenden Gruppen*: Dazu gehören Tyrosin, Tryptophan, Serin, Threonin, Cystein, Cystin und Methionin.

Die A. bilden über die Peptidbindung verknüpfte Riesenmoleküle, die Proteine (↑Eiweiße), ohne die kein Leben denkbar wäre. Während die Pflanzen und viele Mikroorganismen (Bakterien, Hefen, Schimmelpilze) alle A. aus einfachen Grundbausteinen synthetisieren können, vermag der tierische Organismus nur 12 A. aus α-Ketosäuren aufzubauen. Die restlichen 8 A. müssen durch die Nahrung zugeführt werden, es sind die **essenziellen** (»unentbehrlichen«) **Aminosäuren.** Für den Menschen sind Valin, Leucin, Isoleucin, Lysin, Methionin, Threonin, Phenylalanin und Tryptophan essenziell. Fehlen solche A. in unserer Nahrung, so kommt es zu Störungen der Eiweißsynthese in den Zellen, was zu schweren Stoffwechselschäden (und dadurch z.B. zur Wachstumsverzögerung) führt. Aminosäuregemische werden in der Medizin auch als Kraftnahrung verwendet. – ↑auch Bild S. 155

Aminosäuresequenz: die Reihenfolge der Aminosäuren im Eiweißmolekül bzw. die Primärstruktur des ↑Eiweißes (Proteins). Die A. von zahlreichen Proteinen ist bekannt. Alle Moleküle desselben Proteins besitzen die gleiche Sequenz, die genetisch festgelegt ist. Ändert sich in der Sequenz eines Eiweißes nur eine Aminosäure, so wird damit bereits die Eigenschaft des gesamten Moleküls verändert, z.B. beim Sichelzellenhämoglobin (↑Anämie). –

Vom Grad der Übereinstimmung von Aminosäuresequenzen lassen sich stammesgeschichtliche Verwandtschaften zwischen Organismengruppen ableiten.

Amitose: Art der Kernteilung, bei der weder ↑Chromosomen noch Spindelapparat (wie bei der ↑Mitose) sichtbar werden: Der Zellkern wird einfach durchgeschnürt. A. kommt nur bei Protozoen (z.B. beim Makronucleus der Wimpertierchen) und polyploiden Kernen vor (z.B. in der Leber des Menschen).

Ammoniten. Steinkern eines Ammonitengehäuses

Ammoniten: zu den ↑Kopffüßern zählende, wichtige Leitfossilien der Jura- und Kreidezeit (Erdmittealter). Ihre meist in einer Ebene in 4–12 Windungen aufgerollten Gehäuse erreichen einen Durchmesser zwischen 1 cm und 2 m und sind durch zahlreiche, charakteristisch angeordnete Scheidewände in Kammern aufgeteilt.

Amnion: eine der ↑Embryonalhüllen.

Amnionhöhle: ↑Keimesentwicklung.

Amnioten (Amniota): Wirbeltiere, die bei der ↑Keimesentwicklung die Embryonalorgane Amnion, Serosa und Allantois ausbilden. Es sind dies die Reptilien, Vögel und Säugetiere (also auch der Mensch). Alle übrigen Wirbeltiere ohne diese ↑Embryonalhüllen, d.h. Schädellose, Rundmäuler, Fische und Amphibien, werden entsprechend als **Anamnier** (Anamnia) bezeichnet.

Amöben (Wechseltierchen): einzellige, wasserlebende Tiere vom Stamm der ↑Wurzelfüßer. Ohne feste Gestalt, ändern sie durch die Ausbildung von ↑Scheinfüßchen dauernd ihre Körperform. Die Scheinfüßchen dienen auch der Nahrungsaufnahme und Fortbewegung **(amöboide Bewegung).** Neben frei lebenden Formen (z.B. Amoeba proteus im Süßwasser) gibt es viele parasitisch lebende Arten, z.B. die Erreger der Amöbenruhr im menschlichen Darm.

amöboide Bewegung: Die a. B. kommt außer bei ↑Amöben auch bei Leukocyten und Schleimpilzen vor.

AMP, Abk. für **A**denosin**m**ono**p**hosphat: ↑ATP.

Amphibia: die ↑Lurche.

amphibische Pflanzen: Pflanzen, die eine Mittelstellung zwischen Schwimmpflanzen und Sumpfpflanzen einnehmen. A. P. (z.B. Wasserknöterich und Tannenwedel) bilden eine Wasserform aus, sie leben jedoch gleichzeitig mit einem Teil ihrer Sprosse als sog. Landform über dem Wasser.

Amphioxus: das ↑Lanzettfischchen.

amphitrich: ↑peritrich.

Amplifikation: die Vervielfachung einzelner Gene. Herrscht ein großer Bedarf an Proteinen, ist es der Zelle durch eine große Zahl von Gen-Kopien möglich, viel Messenger-RNA (↑RNA) für die Proteinsynthese herzustellen. Auch die Gene für die RNA der ↑Ribosomen sind dann amplifiziert. – ↑Riesenchromosomen.

Ampulle: ein kolbenartiger Behälter oder kolbenartig erweiterter Teil eines röhrenförmigen Organs. Als A. bezeichnet man z.B. die Sammelbläschen der kontraktilen Vakuole des Pantoffeltierchens, die Ausgleichsbläschen der Saugfüßchen des Seesterns, die Erweiterungen der Bogengänge im ↑Ohr und die Erweiterung des Mastdarms, die den Kot sammelt.

Amylasen (Diastasen): zu den ↑Hydrolasen gehörende Enzyme. A. spalten

A

Stärke (**Amylose** und **Amylopektin**) und Glykogen in Maltose- und Glucosemoleküle auf. Man unterscheidet die α-**Amylasen**, die im Speichel, in der Bauchspeicheldrüse und im Malz vorkommen, von den β-**Amylasen**, die fast nur in Pflanzen zu finden sind. Während die α-Amylasen das Riesenmolekül in der Mitte angreifen (Endoglykosidasen), beginnen die β-Amylasen die Stärke von ihrem Ende her zu zerlegen (Exoglykosidasen).

Amyloplasten: ↑ Leukoplasten.

Amylose: ↑ Amylasen.

Anabiose: Zustand scheinbarer Leblosigkeit bei Dauerformen.

Anabolika (anabole Steroide): Gruppe von künstlichen Steroiden, die den Aufbaustoffwechsel (Anabolismus), insbesondere von Eiweiß, fördern. A. leiten sich von androgenen Hormonen (z.B. Testosteron) ab, die neben einer geschlechtsspezifischen Wirkung auch eine allgemeine aufbauende (anabole) Wirkung haben.

A. werden medizinisch v.a. bei starkem Körpergewichtsverlust sowie bei Entwicklungs- und Wachstumsstörungen eingesetzt. Verboten ist die Anwendung bei Sportlern, da u.a. dem angestrebten Muskelaufbau Überbelastungsschäden in Sehnen und Gelenken sowie Störungen des Hormonhaushalts gegenüberstehen können (verringerte Spermienbildung bzw. Vermännlichung, bei Jugendlichen und Kindern vorzeitiger Entwicklungsabschluss).

Anabolismus: der aufbauende ↑ Stoffwechsel.

anaerob: Als a. bezeichnet man Lebensvorgänge, die ohne Sauerstoff ablaufen. Unter den a. lebenden Organismen **(Anaerobier, Anaerobionten)** können sich einige auch bei Anwesenheit von Sauerstoff entwickeln (**fakultative Anaerobier**; z.B. Milchsäurebakterien, Hefepilze), für andere ist Sauerstoff absolut giftig (**obligate Anaerobier**; z.B. die Erreger des Wundstarrkrampfs, Buttersäurebakterien und ↑ Methanbakterien). ↑ Bandwürmer, ↑ Leberegel und Spulwürmer können ebenfalls als fakultative Anaerobier bezeichnet werden. – Gegensatz: ↑ aerob.

Analdrüsen: ↑ Raubtiere.

Analogie: Anpassungsähnlichkeiten, z.B. bei verschiedenen Lebewesen die Organe, die die gleiche Funktion haben, stammesgeschichtlich aber nicht auf einen gemeinsamen Grundtyp zurückzuführen sind. Beispiele sind Insekten- und Wirbeltierbeine, Insekten- und Fledermausflügel, Speicherknollen von Kartoffel und Dahlie. – Gegensatz: ↑ Homologie.

Anämie (Blutarmut): die Verminderung des roten Blutfarbstoffs, die meist mit einer Abnahme der roten Blutkörperchen einhergeht. Dadurch ist der Transport von Sauerstoff im Blut behindert. A. entsteht u.a. durch Blutverlust, verringerte Blutbildung im Knochenmark oder gesteigerten Abbau der roten Blutkörperchen in der Milz. Mangel an Vitaminen oder Eisen, das in ↑ Hämoglobin eingebaut wird, führen ebenfalls zur A. (↑ auch Extrinsic Factor).

Die **Sichelzellenanämie** (sichelförmige rote Blutkörperchen) beruht auf einer fehlerhaften Aminosäuresequenz des Hämoglobins, in dem eine einzige falsche Aminosäure, nämlich Valin anstelle von Glutaminsäure, eingesetzt ist. Die Krankheit wird rezessiv vererbt; der Sauerstofftransport wird bei reinerbigen Individuen stark behindert. Sichelzellträger besitzen eine gewisse Resistenz gegen Malariainfektionen.

Anamnier (Anamnia): ↑ Amnioten.

Anaphase: Während der A. der ↑ Mitose und der ↑ Meiose wandern die Chromosomen aus der ↑ Äquatorialplatte zu den Spindelpolen.

Anatomie: Lehre vom Bau der Lebewesen, der Lage und dem Bau ihrer Organe und Gewebe. Für die Entwicklungsgeschichte ist die **vergleichende A.** wichtig, die durch den Vergleich von Lage und Bau der Organe verwandtschaftliche Beziehungen aufdeckt.

A

Ancylostomidae: die ↑Hakenwürmer.

Androeceum: ↑Blüte.

Androgene: Steroidhormone aus der Gruppe der ↑Geschlechtshormone. Ihre chemische Grundsubstanz ist der zyklische Kohlenwasserstoff **Androstan**. Die beiden wichtigsten A. sind **Testosteron** und **Androsteron**.

A. kommen bei beiden Geschlechtern vor, beim weiblichen Geschlecht allerdings in weit geringerer Menge. Sie werden in der Nebennierenrinde und in den ↑Leydig-Zwischenzellen bzw. in den Zwischenzellen des Eierstocks unter dem Einfluss des ↑luteinisierenden Hormons gebildet (im männlichen Geschlecht auch als interstitielle Zellen stimulierendes Hormon, ICSH, bezeichnet). A. steuern die Ausbildung der männlichen Geschlechtsorgane sowie der sekundären ↑Geschlechtsmerkmale und wirken auf die Spermienreifung. Zu hohe Androgenmengen führen beim weiblichen Geschlecht zur Vermännlichung (Haarbildung, tiefe Stimme). A. bewirken außerdem eine allgemeine Wachstumsförderung und -beschleunigung (anaboler Effekt).

Die A. werden in der Leber abgebaut und mit dem Harn ausgeschieden.

Aneuploidie: das Fehlen oder die Überzähligkeit von Chromosomen im Zellkern. Aufgrund ihrer fehlerhaften Verteilung während der Kernteilung ist nicht die normale Anzahl von Chromosomen in die Tochterzellen gelangt. Ein bekanntes Beispiel für A. ist die Trisomie 21 des Menschen (↑Trisomie).

Aneurin: ↑Thiamin.

ANG: Abk. für ↑Alles-oder-nichts-Gesetz.

angeborener gestaltbildender Mechanismus, Abk. AGM: Man nimmt an, dass ein Mechanismus im Nervensystem aus verschiedenen Sinneseindrücken jeweils bestimmte Reize herausfiltert und daraus eine »Gestalt« bildet, die als ↑Schlüsselreiz den ↑Auslösemechanismus einer Verhaltensweise (Instinkthandlung) in Gang setzt. Die Arbeitsweise des AGM und seine Zuordnung zu einer Instinkthandlung sind angeboren; sein Inhalt, die »Gestalt« dagegen muss erst erlernt werden. Dieses Lernen ist oft unwiderruflich (↑Prägung) und lebensnotwendig. Nestflüchtende Vögel z.B. lernen die »Gestalt« ihrer Eltern während der Aufzucht oder die des Artgenossen für die Paarungszeit.

Angiospermae: ↑Samenpflanzen.

Angriffsverhalten: ↑Aggression.

animaler Pol: der Hauptbildungsort des Embryos in der ↑Eizelle.

Animalia: die ↑Tiere.

Anisogameten: ↑Geschlechtszellen.

Anisogamie: ↑Befruchtung.

Anisophyllie: unterschiedlich große Blätter einer erwachsenen Pflanze in einer Höhe auf verschiedenen Seiten des Sprosses. Mit der A. ist oft eine Asymmetrie der Blätter verbunden. A. kommt u.a. bei dem Moosfarn Selaginella vor. – ↑auch Heterophyllie.

Annelida: die ↑Ringelwürmer.

Annuelle (einjährige Pflanzen): Pflanzen, deren Lebenzyklus höchstens eine Vegetationsperiode dauert. **Sommerannuelle** keimen im Frühjahr und fruchten im Sommer desselben Jahres (Sommergetreide), **Winterannuelle** keimen im Herbst und fruchten im darauf folgenden Sommer (Wintergetreide). – ↑hapaxanthe Pflanzen.

Anosmaten: ↑Geruchssinn.

Anpassung (Adaptation): die Einstellung des Organismus auf die jeweiligen Umweltbedingungen. Sie erfolgt beim Einzelindividuum relativ kurzfristig (individuelle A.) oder bei Arten und Gattungen im Laufe der Erdgeschichte (phyletische A.).

Individuelle A. findet man bei den Einstellungsmechanismen der Blüte (Öffnen und Schließen je nach Licht und Temperatur) und des Auges (↑Akkommodation je nach Entfernung und Dunkeladaptation je nach Lichtintensität). Hierzu gehören z.B. auch die Fähigkeit der gleichwarmen Organismen, mithil-

A

fe eines ↑Regelkreises die Körpertemperatur konstant zu halten, ferner die Vermehrung der roten Blutkörperchen mit abnehmendem Sauerstoffpartialdruck in großen Höhen sowie die Farb- und Helligkeitsanpassungen an den Untergrund (Fische, Kopffüßer).
Beispiele **phyletischer A.** liefern ↑Schutzanpassungen wie Mimese und Mimikry sowie die Umgestaltung von Organen für bestimmte Leistungen (z.B. Flügelbildung aus Vordergliedmaßen der Wirbeltiere).

Ansiedler: die ↑Adventivpflanzen.

Ansteckung: ↑Infektion.

Antagonisten: gegen andere Komponenten wirkende Gegenspieler. In der Muskelphysiologie z.B. ist ein Antagonist der einem Muskel mechanisch entgegenwirkende Muskel, etwa Strecker und Beuger eines Gelenks. – Bei den höheren Wirbeltieren wirken Sympathikus und Parasympathikus (↑vegetatives Nervensystem) oder viele ↑Hormone untereinander als A. (z.B. Acetylcholin als Antagonist zu Adrenalin). – Bei enzymatischen Reaktionen sind A. (hier als ↑Inhibitoren bezeichnet) zur Steuerung der Reaktionsgeschwindigkeit unerlässlich.

Antennen (Fühler): die fühlerförmigen Anhänge von Stummelfüßern, Krebsen, Tausendfüßern und Insekten. Sie tragen Organe für den ↑Tastsinn und den ↑Geruchssinn.

Antennenpigmente: Farbstoffe (aus Chlorophyll a-, Chlorophyll b- und Carotinoidmolekülen) des Fotosystems, die zu einem Licht sammelnden »Antennenkomplex« zusammengelagert sind. Durch die große Zahl und Vielfalt der Pigmentmoleküle wird die Licht einfangende Oberfläche vergrößert. Außerdem wird ein breiterer Wellenlängenbereich erfasst als bei einzelnen Pigmentmolekülen. Die durch absorbierte Fotonen aufgenommene Energie wird einem besonderen Reaktionszentrum zugeleitet, in dem die 1. Lichtreaktion abläuft.

Anthere: ↑Staubblatt.

Antheridium: bei Algen, Moosen und Farnpflanzen das männliche Organ, in dem Spermatozoiden (= Schwärmer) gebildet werden.

Anthocyane: rote und blaue Blütenfarbstoffe im Zellsaft der Epidermis. A. finden sich auch in anderen Pflanzenteilen (Blätter, Früchte). Verschiedene Färbungen kommen durch Mischung der A., durch unterschiedliche pH-Werte des Zellsafts (Rottöne in saurem Milieu, Blautöne in alkalischem Milieu) oder Komplexverbindungen mit Eisen- oder Aluminiumionen zustande.

Anthophyta: ↑Samenpflanzen.

Anthozoa: die ↑Blumentiere.

Anthropogenese (Anthropogenie): die Entstehung und Abstammung des ↑Menschen. Einzige direkte Zeugnisse über die Menschwerdung (**Hominisation**, A. im engeren Sinne) sind Fossilfunde, die die Aufstellung eines menschlichen Stammbaums ermöglichen. Die Umwandlung von affenähnlichen frühen hominiden Arten bis zur menschlichen Form hat sich nach den Gesetzen der Evolution vollzogen. Darüber hinaus haben sich jedoch typisch »menschliche« Eigenschaften wie Sprache, Werkzeuggebrauch und sozialer Zusammenhalt (Familie und Sippe) herausgebildet. Um die Hominisation besser zu verstehen, ist z.B. auch der Vergleich mit den heute lebenden äffischen Primaten notwendig. Dabei sind nicht nur ihre körperlichen Eigenschaften (wie Fortbewegung, Haltung oder Gehirngröße) maßgebend, sondern auch ihre soziale Organisation und ihr Gruppenverhalten. In der A. spielen neben der Paläontologie, Morphologie und Anatomie auch die Genetik, Verhaltensforschung, Völkerkunde und Psychologie eine wichtige Rolle.

Anthropoidea: die ↑Affen.

Anthropologie: die Wissenschaft vom ↑Menschen. Ihre wichtigsten naturwissenschaftlich-biologischen Teilgebiete sind außer der Anatomie, Morphologie

A

und Physiologie des Menschen die ↑Anthropogenese, Rassenkunde (Lehre von den Menschenrassen), Humangenetik (↑Genetik), Konstitutions- und Wachstumsforschung und menschliche ↑Ontogenese. Die A. arbeitet mit vielen anderen Wissenschaften (insbesondere Medizin, Psychologie, Verhaltensforschung, Soziologie und Völkerkunde) eng zusammen.

Eine wichtige praktische Tätigkeit des Anthropologen ist die Früherkennung von Erbkrankheiten und das Erstellen erbbiologischer Gutachten (z.B. Vaterschaftsnachweis).

Antibiose: die Wachstumshemmung oder Abtötung einer (Mikro-)Organismenart durch eine andere.

Antibiotika: Stoffwechselprodukte von Mikroorganismen (Schimmelpilze und Bakterien, v.a. Strahlenpilze), die andere Mikroorganismen hemmen oder abtöten. Ihre Entdeckung geht auf A. FLEMING (1928) zurück, der beobachtete, dass Bakterien in der Umgebung eines Schimmelpilzes der Gattung Penicillium nicht wachsen. Nach dem ↑Penicillin wurden bald andere A. bekannt wie Streptomycin aus dem Strahlenpilz Streptomyces griseus, Aureomycin aus Streptomyces aureofaciens.

A. wirken durch Enzymblockierung (z.B. bei der DNA-, RNA-, Eiweiß-, Zellwandsynthese) oder Blockierung der Atmungskette in den Mitochondrien auf bestimmte, auch krankheitserregende Viren, Bakterien, Pilze und Protozoen. Auch in kleinsten Konzentrationen besitzen sie eine große Wirkung. Außerdem kann ihre Wirkung spezifisch sein, d.h., ein bestimmter Krankheitserreger wird durch geringe Gaben eines Antibiotikums abgetötet, während ein anderer auch durch hohe Gaben desselben Antibiotikums nicht beeinflusst wird.

Zurzeit finden von den etwa 7 000 isolierten A. rund 180 als Arzneimittel gegen Bakterien- und Pilzinfektionen sowie als Cytostatika oder Immunsuppressiva (unterdrücken das Immunsystem) Verwendung. Da viele Krankheitserreger gegen die herkömmlichen A. resistent geworden sind (↑Resistenz), werden heute vielfach Antibiotikakombinationen oder A. mit breitem Wirkungsspektrum (**Breitband-** oder **Breitspektrum-A.**) verwendet. Eine unangenehme Folge von oralen Antibiotikagaben ist die Vernichtung der ↑Darmflora. Manche Menschen reagieren im Verlauf einer Antibiotikatherapie mit einer ↑Allergie.

A. werden auch zur Konservierung von Lebensmitteln, im Pflanzenschutz zur Pilzbekämpfung und in der Tierernährung bei der Aufzucht von Jungtieren verwendet. Rückstände im Fleisch können zur Resistenzbildung führen.

Anticodon: eine Sequenz aus drei Basen der spezifischen Transfer-RNA (↑RNA). Sie ist komplementär zur Sequenz des Codons (Triplett; ↑genetischer Code). Durch das Zusammenwirken von A. und Codon wird bei der Eiweißsynthese im ↑Ribosom die richtige Sequenz der Aminosäuren gebildet.

Antigen-Antikörper-Reaktion, Abk. AAR: die wichtigste Immunreaktion (↑Immunsystem). Sie wird ausgelöst, wenn im Blutserum ein freies ↑Antigen mit seinem spezifischen ↑Antikörper zusammentrifft. Da an der Oberfläche der Antikörper mindestens zwei Haftstellen existieren, die gegen das polyvalente Antigen gerichtet sind, bildet sich ein Antigen-Antikörper-Geflecht. Eine solche AAR kann zu einer Agglutination (Verklumpung durch ↑Agglutinine) oder Präzipitation (Fällung durch ↑Präzipitine) führen.

Antigene: spezielle Moleküle, die eine spezifische Antikörperbildung (↑Antikörper) auslösen. Als A. können körperfremde Proteine (Bakterien, Viren), aber auch Polysaccharide und kleinere Moleküle, sog. Haptene, wirken. Die ↑Immunreaktion erfolgt nur nach Bindung an ein Eiweiß.

Antihistaminika: ↑Histamin.

A

Antikörper: Abwehrstoffe, die in Plasmazellen und in den ↑Lymphocyten gegen ↑Antigene gebildet werden. Es handelt sich um eine bestimmte Art von Proteinen (↑Gammaglobuline) mit einem Molekulargewicht von rund 140 000. – ↑auch Immunreaktion, ↑Blutgruppen, ↑monoklonale Antikörper.

Antipoden: ↑Samenanlage.

Anulus:

◆ bei Hutpilzen ein ringförmiger Hautlappen am Stiel des Pilzes, der beim Wachstum des Fruchtkörpers durch das Zerreißen der Hülle zurückbleibt.

◆ bei Farnsporangien eine ringförmig angeordnete Reihe von Zellen mit stark verdickten Innen- und Zwischenwänden, die sich beim Austrocknen unterschiedlich stark zusammenziehen. Durch die entstehenden Zugspannungen reißt das Sporangium auf und die Sporen werden herausgeschleudert.

Anura: die ↑Froschlurche.

Anus: ↑Darmkanal.

AoN-Gesetz: Abk. für ↑Alles-oder-nichts-Gesetz.

Aorta (Aorta descendens, Hauptschlagader): die stärkste Schlagader der Wirbeltiere. Sie führt von der linken Herzkammer aus zunächst kopfwärts, biegt dann um und verläuft im Körper abwärts. In der Biegung **(Aortenbogen)** entspringen die Kopf-, Hals- und Armschlagadern. Durch ihre hohe Elastizität mildert die A. die harten Druckstöße

Archaeopteryx

des vom Herzen ausgetriebenen Bluts (sog. Windkesselfunktion). – ↑auch Blutgefäße.

Aortenklappe: ↑Herz.

Äpfelsäure (Monohydroxybernsteinsäure): eine optisch aktive Hydroxydicarboxysäure. Sie kommt in der Natur nur in der linksdrehenden L-Form vor, z.B. in unreifen Äpfeln, Quitten, Stachel- und Johannisbeeren und Kirschen. Die Ä. tritt als Zwischenprodukt im ↑Citronensäurezyklus und ↑diurnalen Säurerhythmus auf.

Aphidina: die ↑Blattläuse.

Apikaldominanz: bei einer Pflanze die wachstumshemmende Wirkung der spitzenständigen (apikalen) Endknospe auf die Achselknospen.

Apis mellifica (Apis mellifera): ↑Honigbiene.

Apoenzym: ↑Enzyme.

Apoidea: die ↑Bienen.

Apothecium: ein becher- oder schüsselförmiger Fruchtkörper bei Flechten und Schlauchpilzen. Die Schläuche (↑Ascus), in denen die Sporen (Ascosporen) gebildet werden, liegen offen an der Oberfläche des Apotheciums.

Appendix: ↑Darmkanal.

Appetenzverhalten: die Suche eines Tiers nach einem bestimmten Reiz, der ihm erlaubt, über einen ↑Auslösemechanismus eine Instinkthandlung (↑Erbkoordination) ablaufen zu lassen. Das Tier ist in einer Stimmung oder hat den Drang nach einer Handlung, die es vielleicht schon lange nicht mehr ausführen konnte (z.B. Jagdstimmung). Nach deren Ablauf (z.B. Töten der Beute) ist der Trieb durch die ↑Endhandlung befriedigt.

Appetit: ↑Hunger.

Appetitzentrum: ↑Hunger.

Appositionsauge: ein Bautyp des ↑Facettenauges.

Appositionswachstum: die Verdickung einer ursprünglich dünnen Pflanzenzellwand durch Anlagerung (=Apposition) feiner, cellulosehaltiger Lamellen vom Plasma her. Das A. findet im Rahmen des Differenzierungswachstums statt.

Äquationsteilung: die ↑Mitose.

Äquatorialplatte: der Bereich in der Zellmitte, in dem die Chromosomen sich während der ↑Mitose oder der ↑Meiose zwischen den Spindelpolen in einer Ebene anordnen.

Äquidistanzregel: ↑Blattstellung.

Arachnida: die ↑Spinnentiere.

Arachnoidea: ↑Hirnhäute.

Arbeiterin: die Angehörige einer bestimmten ↑Kaste bei verschiedenen Staaten bildenden Insekten (↑Ameisen, ↑Honigbiene). Es sind i.d.R. geschlechtlich unterentwickelte Weibchen, die die Hauptarbeit im Staat, z.B. Nestbau, Futtersuche und Brutpflege, zu leisten haben.

Arbeitskern (Interphasekern): ein Zellkern, der sich nicht in ↑Mitose oder ↑Meiose befindet. In diesem Zustand produziert er Messenger-RNA (↑RNA) für die Eiweißsynthese und verdoppelt seinen eigenen DNA-Gehalt. Die ältere Bezeichnung **Ruhekern** ist irreführend, da der A. aktiv den Stoffwechsel der Zelle steuert.

Archaebakterien (Archaea): extreme Standorte (Salzseen, heiße Schwefelquellen) besiedelnde, früher den Bakterien zugeordnete Prokaryoten; A. unterscheiden sich von den Bakterien durch andersartige ribosomale RNA-Sequenzen, besondere Protein- und Polysaccharidhüllen sowie durch das Fehlen von Murein (spezifischer, in der Bakterienzellwand vorkommender Polysaccharid-Peptid-Komplex). Bekannte Vertreter sind die ↑Methanbakterien.

Archaeopteryx: vor 150 Millionen Jahren im Erdzeitalter Jura lebende, tauben- bis hühnergroße Urvögel mit Reptilienmerkmalen. Die Merkmale lassen den Schluss zu, dass sich die Vögel aus den Kriechtieren entwickelt haben und dass A. als »Urvogel« ein Bindeglied zwischen diesen beiden Gruppen war. A. vermochte noch nicht im Horizontalflug zu fliegen, sondern

A

Archaeopteryx: Deutlich sind die Federabdrücke an den Flügeln und am Schwanz zu erkennen

nur über kurze Strecken zu gleiten. Versteinerungen von A. fanden sich bei Solnhofen und Eichstätt. – Bild S. 32.

Archanthropine: ↑Mensch.

Archegonium: bei Moosen und Farnpflanzen flaschenförmiges weibliches Organ, in dem die Eizelle gebildet wird.

Areal: das Verbreitungsgebiet einer Pflanzen- oder Tiersippe, z.B. einer Art, Gattung oder Familie.

Areole: ↑Kaktusgewächse.

Arginin: die stärkste basisch wirkende ↑Aminosäure. Sie nimmt eine Mittelstellung zwischen essenziellen und nichtessenziellen Aminosäuren ein, da sie im jugendlichen Organismus nicht in genügender Menge aufgebaut werden kann. A. ist ein wichtiges Zwischenglied bei der Harnstoffsynthese und ist außerdem an der Kreatinsynthese beteiligt. Das Enzym **Arginase** bewirkt die Spaltung von A. in Ornithin und Harnstoff in der Leber.

Arillus: der ↑Samenmantel.

Armfüßer (Brachiopoda): Meerestiere, die durch die Ausbildung einer chitinigen Rücken- und einer meist stärker gewölbten Bauchschale an kleine Muscheln erinnern. A. gehören zum Stamm der Tentakelträger, zu dem z.B. auch die ↑Moostierchen zählen. Sie werden etwa 1 mm bis 8 cm groß und setzen sich auf dem Boden oder auf Felsen fest. Charakteristisch für die A. sind lange, spiralig eingerollte Mundarme, die zum Herbeistrudeln von Mikroorganismen, ihren Beutetieren, dicht mit Wimpern versehen sind.

Armleuchteralgen (Characeae): eine Familie der ↑Grünalgen mit ca. 300 Arten. Die schachtelhalmähnlichen A. werden etwa 15 cm hoch und leben im Süßwasser. Ihr Körper gliedert sich in lange Internodien (↑Internodium) und kurze Knoten. An der Knotenbasis sitzen quirlförmig angeordnete Kurztriebe. Auf dem Untergrund haften die A. mit farblosen ↑Rhizoiden fest.

Die geschlechtliche Vermehrung erfolgt durch Oogamie (↑Befruchtung) die ungeschlechtliche durch Bildung von ↑Ausläufern. Die Zellwände sind oft stark verkalkt; fossile A. waren an der Bildung der Kalktuffe beteiligt.

Art (Species): die wichtigste Einheit im System der Tiere und Pflanzen (↑Systematik). Als Grundeinheit umfasst sie die Gesamtheit der Individuen, die in allen wesentlich erscheinenden Merkmalen miteinander übereinstimmen. Die Fähigkeit zweier Individuen, unter natürlichen Bedingungen fruchtbare Nachkommen zu erzeugen, ist ein zuverlässigeres Kennzeichen für ihre Zugehörigkeit zu einer A. **(Biospecies)** als ihr Aussehen.

Nur wenige Arten sind weltweit verbreitet. Alle anderen bewohnen ein größeres oder kleineres Verbreitungsgebiet (↑Areal). Innerhalb dieses Gebietes unterteilt sich die A. in einzelne ↑Populationen.

Artbastard: das Ergebnis einer ↑Kreuzung zwischen Angehörigen verschiedener Arten. Eine derartige Kreuzung ist selten möglich. Bei Tieren sind Artbastarde meist unfruchtbar, z.B. Löwe x Tiger, Pferdehengst x Eselstute. Bei Pflanzen ist man auf diesem Weg zu erfolgreichen Neuzüchtungen gekommen, z.B. Weizen x Quecke, Rettich x Kohl.

Artbildung: die Entstehung einer oder mehrerer neuer Arten aus einer Stammart. A. ist nicht zu verwechseln mit der grundsätzlichen Annahme der Wandelbarkeit der Arten im Laufe der Zeit.

Ursprünglich nahm man an, dass neue Arten spontan durch Mutation entstehen; die A. würde danach also ganz plötzlich ablaufen und von einem Einzelindividuum ausgehen. Gegen diese Annahme einer A. durch eine solche sprunghafte Mutation spricht jedoch jegliche Erfahrung in der Biologie. Neuere Einsichten ergaben, dass die weitaus überwiegende Form der A. (zumindest im Tierreich) ein langsamer, andauernder Vorgang ist und auf dem allmählichen Wandel ganzer Populationen (also Individuengruppen, nicht Einzelindividuen) beruht. Dies geschieht freilich als Folge von Mutationen, von denen jedoch jede meist nur einen winzigen Schritt in Richtung auf die Bildung einer neuen Art bedeutet. Man unterscheidet allopatrische und sympatrische A. Die **allopatrische A.** setzt voraus, dass eine Stammart durch äußere Einflüsse in 2 oder mehr geographisch isolierte Gruppen aufgeteilt wird. Eine solche Trennung geschieht meist durch klimatische Einflüsse, indem sich in das Verbreitungsgebiet einer Stammart durch Umweltveränderungen Zonen einschieben, die für die betreffende Art nicht bewohnbar sind und von dieser nicht überschritten werden können. Dies war (hauptsächlich auf der nördlichen Halbkugel) während der Eiszeiten der Fall, im tropischen Bereich v.a. durch die Entstehung von Trockengürteln zwischen Regenwaldgebieten. Verdriftung von Individuengruppen auf isolierte Inseln ist ebenfalls häufig Ausgangspunkt für die Bildung neuer Arten gewesen. Die räumlich getrennten Populationen stehen somit nicht länger im Genaustausch miteinander und entwickeln sich unabhängig voneinander gemäß ihren durch Mutation erworbenen Veränderungen. Wird die geographische Isolation später wieder aufgehoben, können durch die zuvor getrennte Entwicklung der Populationen Bastardierungssperren entstanden sein, die eine Vermischung z.B. mit der Stammart verhindern.

Die **sympatrische A.** ohne eine räumliche Isolation von Populationen wird heute als sehr unwahrscheinlich angesehen.

Artendichte: ↑Abundanz.

Artenschutz: der durch verschiedene, v.a. behördliche Maßnahmen angestrebte Schutz vieler vom Aussterben bedrohter Tier- und Pflanzenarten in der freien Natur (↑Naturschutz). Der

Armleuchteralgen

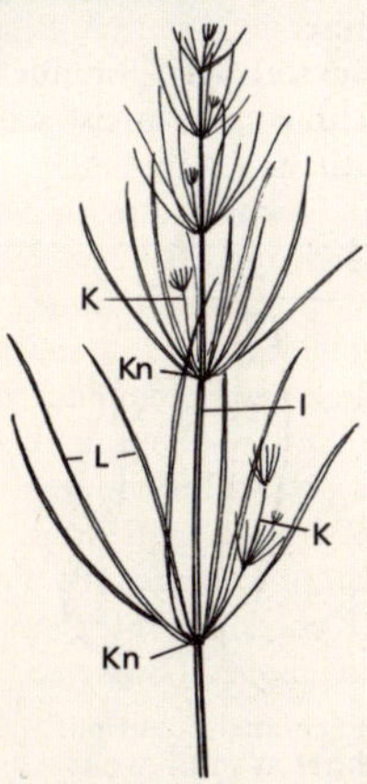

Habitus; I Internodium, K Kurztrieb mit Seitenästen 2. Ordnung, Kn Knoten, L Langtriebe

A. strebt die Erhaltung der Artenvielfalt durch Sicherung eines möglichst breit gestreuten Genpotenzials an. Da die Arten in vielfältigen Beziehungen zueinander und zur unbelebten Umwelt stehen, ist der A. ohne die Erhaltung von funktionsfähigen Lebensräumen **(Biotopschutz)** nicht denkbar.
International sind gefährdete Tier- und Pflanzenarten in dem »Red Data Book« der International Union for Conservation of Nature (IUCN) aufgeführt, für Deutschland in der Roten Liste der gefährdeten Tiere und Pflanzen in der Bundesrepublik Deutschland. Möglichkeiten zum Schutz gefährdeter Arten in aller Welt bietet das Washingtoner Artenschutzübereinkommen, durch das der gewerbsmäßige Handel mit und den Andenkenerwerb von Exemplaren gefährdeter Arten frei lebender Tiere und Pflanzen verboten und kontrolliert werden. – In der Bundesartenschutzverordnung über besonders geschützte Tiere und Pflanzen ergingen detaillierte Bestimmungen für einheimische Arten. (↑geschützte Pflanzen, ↑geschützte Tiere).

Arterenol: das ↑Noradrenalin.

Arterien (Schlagadern, Pulsadern): alle vom Herzen wegführenden ↑Blutgefäße. Ihre Wandungen sind hoch elastisch. Dadurch mildern sie die Druckstöße des vom Herzen ausgeworfenen Blutvolumens. Unter bestimmten Bedingungen (z.B. zu hoher Cholesterinspiegel) werden in die Arterienwandungen Fremdstoffe eingelagert, die zu einem Elastizitätsverlust führen. Dadurch erhöht sich der Blutdruck.

Arteriolen: die kleinsten ↑Arterien, von denen die ↑Kapillaren abgehen. Die A. sind z.T. von unwillkürlichen Muskeln umgeben, die den Blutstrom drosseln oder freigeben können. Dadurch wird die Verteilung der Gesamtblutmenge auf die Gewebe und Organe reguliert.

Arthropoda: die ↑Gliederfüßer.

Articulata: die ↑Gliedertiere.

Articulatio: das ↑Gelenk.

Arzneipflanzen: die ↑Heilpflanzen.

Aschelminthes: die ↑Rundwürmer.

Aschoff-Tawara-Knoten: ↑Herzautomatie.

Ascidiacea: die ↑Seescheiden.

Ascomycetes: die ↑Schlauchpilze.

Ascorbinsäure (Vitamin C): Der Mensch ist (außer im ersten Lebensjahr) auf die Zufuhr von A. mit der Nahrung angewiesen. Säuglinge und die meisten Tiere können es aus Glucose (↑Traubenzucker) herstellen. Der Tagesbedarf liegt beim Menschen bei etwa 75 mg, er kann aber bei starken Belastungen (z.B. Krankheit) bis auf das 10fache ansteigen. Ein Mangel an A. führt zu Blutungen der Haut und der Schleimhäute sowie zu schmerzhaften Schwellungen der Gelenke (Skorbut). Außerdem wird die Anfälligkeit für Infektionskrankheiten erhöht. A. wird im Dünndarm resorbiert und in der Leber, der Nebennierenrinde und der Hypophyse gespeichert.
A. ist v.a. in Frischgemüse und Obst enthalten. Da es aber durch Oxidation abgebaut wird, ist sein Anteil in gekochten, getrockneten oder eingeweichten Nahrungsmitteln geringer. – ↑auch Vitamine.

Ascus: der sackförmige Sporenbehälter der ↑Schlauchpilze, der meist acht **Ascosporen** enthält.

Ascus

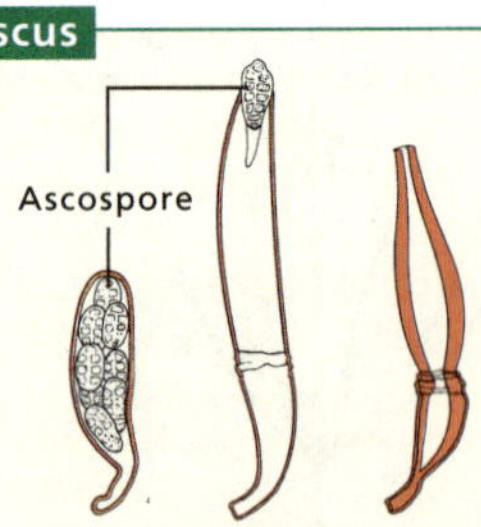

Ascus eines Schlauchpilzes mit zweischichtiger Wand.
Von links nach rechts: reifer Ascus, geplatzter Ascus mit zurückgestreifter äußerer Wand, leerer Ascus

asexuelle Fortpflanzung: die ↑ungeschlechtliche Fortpflanzung.

Asseln (Isopoda): zu den Krebsen (Zehnfußkrebse) gehörende Ordnung mit ca. 4 000 Arten. Der Körper der A. ist stark segmentiert und etwa 1–3 cm lang. A. kommen häufig an feuchten Plätzen vor (Kellerasseln) und fressen vorwiegend an Obst und Gemüse. Andere Gruppen leben im Süß- und Salzwasser. Einige Arten sind zu Fleischfressern geworden, die Jagd auf kleinere Fische und Krebse machen.

Assimilation:

◆ *Pflanzenphysiologie:* der Aufbau körpereigener organischer Substanzen **(Assimilate)** aus anorganischen unter Verbrauch von Energie. Man unterscheidet:

A. des **Kohlenstoffs,** die entweder als ↑Fotosynthese oder als ↑Chemosynthese abläuft.

A. des **Schwefels** und **Phosphors:** die Elemente werden als Sulfate bzw. Phosphate von der Pflanze aus dem Boden aufgenommen und für den Aufbau der ↑Aminosäuren, der ↑DNA und ↑RNA sowie von Adenosintriphosphat (↑ATP) u.a. benötigt.

A. des **Stickstoffs:** Vor allem Höhere Pflanzen decken ihren Stickstoffbedarf zum Aufbau der Aminosäuren aus Nitraten und Ammoniumverbindungen, die sie aus dem Boden aufnehmen

◆ *Sinnesphysiologie:* die Angleichung von Wahrnehmungs- und Bewusstseinsinhalten an bereits vorhandene; dies geschieht aufgrund der Spuren (Engramme), die diese im ↑Gedächtnis bereits hinterlassen haben.

Assimilationsgewebe: ↑Laubblatt.

Assoziation:

◆ *Psychologie:* das gedankliche Verknüpfen von Vorstellungen, Erinnerungen und Wahrgenommenem. So kann z.B. der Anblick eines Urlaubsfotos eine ganze Reihe von Erinnerungen assoziieren. Auch die Lösung eines Problems versucht man durch Verbinden von bekannten Lösungswegen zu finden.

◆ *Pflanzensoziologie:* die Grundeinheit des pflanzensoziologischen Systems. Sie bezeichnet eine Pflanzengesellschaft, die durch eine bestimmte Artenzusammensetzung mit einheitlichen Standortbedingungen und gleichem Erscheinungsbild gekennzeichnet ist. Eine oder mehrere ↑Charakterarten kennzeichnen die A., z.B. Waldgersten-Buchen-Wald mit der Waldgerste als Charakterart.

◆ *Tierökologie:* die Ansammlung von Tieren gleicher oder unterschiedlicher Art, wenn sie auf eng begrenzten Stellen zu finden sind. Tierassoziationen verlangen meist gleiche Lebensbedingungen.

Assoziationsfelder: Bezirke auf der Großhirnrinde, die sich weder als Ursprungsorte motorischer Nervenbahnen noch als Endstätten sensorischer Nervenbahnen deuten lassen. Sie stehen durch viele Bahnen mit anderen ↑Rindenfeldern in Verbindung. Man vermutet, dass sie die stoffliche Grundlage der ↑Assoziationen (gedankliche Verknüpfungen) und der höheren seelischen und geistigen Funktionen bilden.

Astaxanthin: ↑Xanthophylle.

Asteraceae: die ↑Korbblütler.

Asteroidea: die ↑Sterne

Astrocyten: ↑Gliazellen.

Atavismus: bei einem Lebewesen die Ausbildung von Merkmalen, die eigentlich für seine Ahnen typisch waren. Beim Menschen vorkommende Atavismen sind z.B. Ohrfisteln, Schwanzbildung, überzählige Schneide- oder Backenzähne, eine vermehrte Anzahl Rückenwirbel, ein Darwin-Ohrhöcker (knotige Verdickung am hinteren Innenrand der Ohrmuschel) oder eine extrem starke Körperbehaarung. – Bild S. 38.

Atemfrequenz: ↑Atmung.

Atemgifte: Stoffe, die die innere oder äußere ↑Atmung hemmen. A. wirken entweder durch Blockierung der Atemwege (Stickgase wie Stickstoff und Helium, Reizgase wie Schwefeldioxid, Stickstoffoxide, Chlor und Phosgen, die

A

das Lungengewebe schädigen), durch Lähmung des ↑ Atemzentrums (Narkose- und Schlafmittel), durch Hemmung des Sauerstofftransports im Blut (*Blutgifte,* z.B. Kohlenstoffmonoxid) oder durch Blockierung der Atmungskette (Enzymgifte, z.B. Blausäure).

Atemhöhle:
◆ bei vielen Krebsarten der vom Rückenpanzer seitlich umschlossene Raum, in dem die Kiemen liegen. Die Kiemen sitzen an den Beinen, die durch ständige Bewegung einen Wasserstrom durch die A. treiben.
◆ die ↑ Mantelhöhle der Weichtiere.

Atemmuskulatur: ↑ Atmung.

Atemöffnungen: ↑ Tracheen.

Atemtaschen: ↑ Tracheenlungen.

Atemvolumen: ↑ Atmung.

Atemwurzeln: Organe tropischer Sumpfpflanzen (z.B. Mangrovepflanzen), die der zusätzlichen Sauerstoffversorgung dienen. A. wachsen aus dem Schlamm senkrecht empor, sind oft unberindet oder haben große Atemporen. Der Luftsauerstoff gelangt so auch in die unterirdischen Teile der Wurzeln, die im sauerstoffarmen Sumpf liegen.

Atemzentrum: ein Netzwerk von Nervenzentren, das die ↑ Atmung bei Wirbeltieren und beim Menschen steuert. Es ist kein einheitliches »Zentrum«, sondern liegt weit verteilt im verlängerten Mark und in der ↑ Formatio reticularis. Die Steuerung von Ein- und Ausatmungsbewegungen erfolgt getrennt und wird u.a. vom Kohlensäurepartialdruck im Blut und vom Dehnungszustand der Lungenbläschen beeinflusst.

Atlas: der erste Halswirbel, der den Schädel trägt. Er hat oben 2 Gelenkflächen für die Verbindung zum Hinterhauptsbein und unten 2 für die Verbindung zum zweiten Halswirbel (Axis, Dreher) der mit einem Zapfen in den Atlas hineinragt.

Atmung: Bezeichnung für den Gasaustausch der Lebewesen mit ihrer Umgebung (äußere A.) bzw. für den energieliefernden Stoffwechselprozess in den Zellen (innere A.).
Die *äußere Atmung (Respiration)* ist die A. im engeren Sinn, bei der Sauerstoff vom Organismus aufgenommen und Kohlenstoffdioxid abgegeben wird. Dieser Gasaustausch erfolgt durch besondere ↑ Atmungsorgane oder, bei niederen Tieren, ausschließlich durch die Haut. ↑ Hautatmung gibt es auch beim Menschen (ca. 1,5 % der Gesamtrespiration)

Atavismus

Beispiele für Atavismen

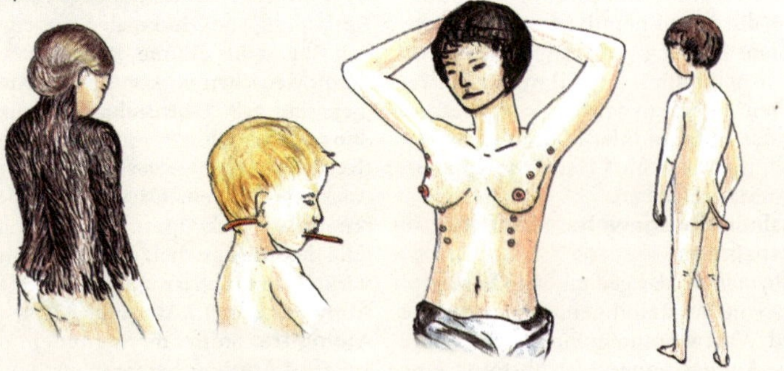

Fell — Haarfistel (zusätzliche Kiemenspalte) — zusätzliche Brustwarzen — Schwanz

und z.B. beim Frosch (ca. 35%). Beim Menschen (und bei anderen Säugetieren) erfolgt die Sauerstoffaufnahme durch die **Einatmung** (Inspiration) der atmosphärischen Luft über Nase oder Mund, Luftröhre, Bronchialsystem (↑Bronchien) in die ↑Lunge. Die Lunge füllt sich aufgrund von Druckunterschieden zwischen Außen- und Innenluft, hervorgerufen durch Kontraktionen der **Atemmuskulatur** (Rippen-A. und Zwerchfell-A.). Die abzugebende verbrauchte Luft wird aus der Lunge beim Entspannen der Atemmuskulatur ausgepresst. Der Gasaustausch zwischen Sauerstoff und Kohlenstoffdioxid vollzieht sich in den beim Menschen rund 400 Millionen Lungenbläschen und in den Lungenkapillaren. Die gesamte für den Austausch zur Verfügung stehende Membranoberfläche beträgt über 100 m^2. Der Sauerstoff diffundiert aus den mit Luft angefüllten Bläschen durch die feuchte Membran in das Blut, das in Haargefäßen an der Bläschenwand vorbeifließt; der Sauerstoff wird im Blut an das ↑Hämoglobin (Hb) gebunden, was dem Blut eine hellrote Farbe verleiht (arterielles Blut). Das Hb-O_2-haltige Blut gelangt über die Lungenvene in die linke Herzkammer und erreicht von dort aus über das Arteriensystem die Körperzellen, in denen sich die innere Atmung unter Energiegewinn und Entstehung des Stoffwechselproduktes Kohlenstoffdioxid abspielt. – Das CO_2 diffundiert in das Blut, wo es hauptsächlich im Blutplasma gelöst wird; ein Teil des CO_2 ist an das Globin des Hämoglobins gebunden (venöses Blut). Das venöse Blut enthält noch etwa 14% O_2. In der Lunge diffundiert der größte Teil des CO_2 in die Lungenbläschen, wo es ausgeatmet wird (**Ausatmung**, Exspiration). – ↑auch Blutkreislauf.

Pro Atemzug werden von einem erwachsenen Menschen ca. 0,5 l Luft bewegt **(Atemvolumen)**; bei intensiver Einatmung kann dies auf 2,5 l (Atemvolumen + Einatmungsreservevolumen) erhöht werden. Bei maximaler Ausatmung können noch etwa 1,5 l (Ausatmungsreserveluft) zusätzlich ausgeatmet werden. Das maximale Atmungsvolumen **(Vitalkapazität)** ist die Luftmenge, die zwischen völliger Einatmung und völliger Ausatmung bewegt wird. Sie beträgt 4–5 l. Als Restluft bezeichnet man die Luftmenge von 1,2 l, die ständig in den Lungenbläschen verbleibt und nur beim Lungenkollaps entweicht.

Die Zahl der Atemzüge pro Minute **(Atemfrequenz)** hängt vom Alter, von der Größe und der Konstitution ab. Beim Erwachsenen beträgt sie in Ruhe 10 bis 15. Daraus errechnet sich das sog. Minutenvolumen (Atemvolumen x Atemfrequenz), das 5–7 l beträgt. Die Größe des respiratorischen Quotienten (RQ) lässt Rückschlüsse auf die Zusammensetzung der aufgenommenen Nahrung zu. Man versteht unter dem RQ das Verhältnis des abgegebenen CO_2 (in Volumen-%) zum aufgenommenen O_2 (in Volumen-%). Werden vom Organismus nur Kohlenhydrate verarbeitet, beträgt er 1,0; bei Fett- und Eiweißumsatz liegen die Werte bei 0,7 bzw. 0,8. Ist der RQ kleiner als 0,7, so werden im Organismus die Nahrungsstoffe nicht vollständig zu CO_2 und H_2O abgebaut (Zuckerkrankheit). – ↑auch Assimilation, ↑Chemosynthese, ↑Fotosynthese.

Die auch als A. im weiteren Sinn bezeichnete *innere A.* baut auf den Stoffwechselprozessen der ↑Glykolyse (den nichtoxidativen Abbau von Kohlenhydraten), des ↑Citronensäurezyklus (dem zentralen oxidativen Abbauweg energieliefernder Stoffe) und der ↑Atmungskette (für den Aufbau des energiereichen ↑ATP) auf.

Atmungsfermente: die Enzyme der ↑Atmungskette. Sie sind an der schrittweisen Oxidation des Wasserstoffs beteiligt, indem sie als Elektronentransportpartikel wirksam sind. Zu den A. gehören die Flavoproteine und die ↑Cytochrome.

A

Atmungskette

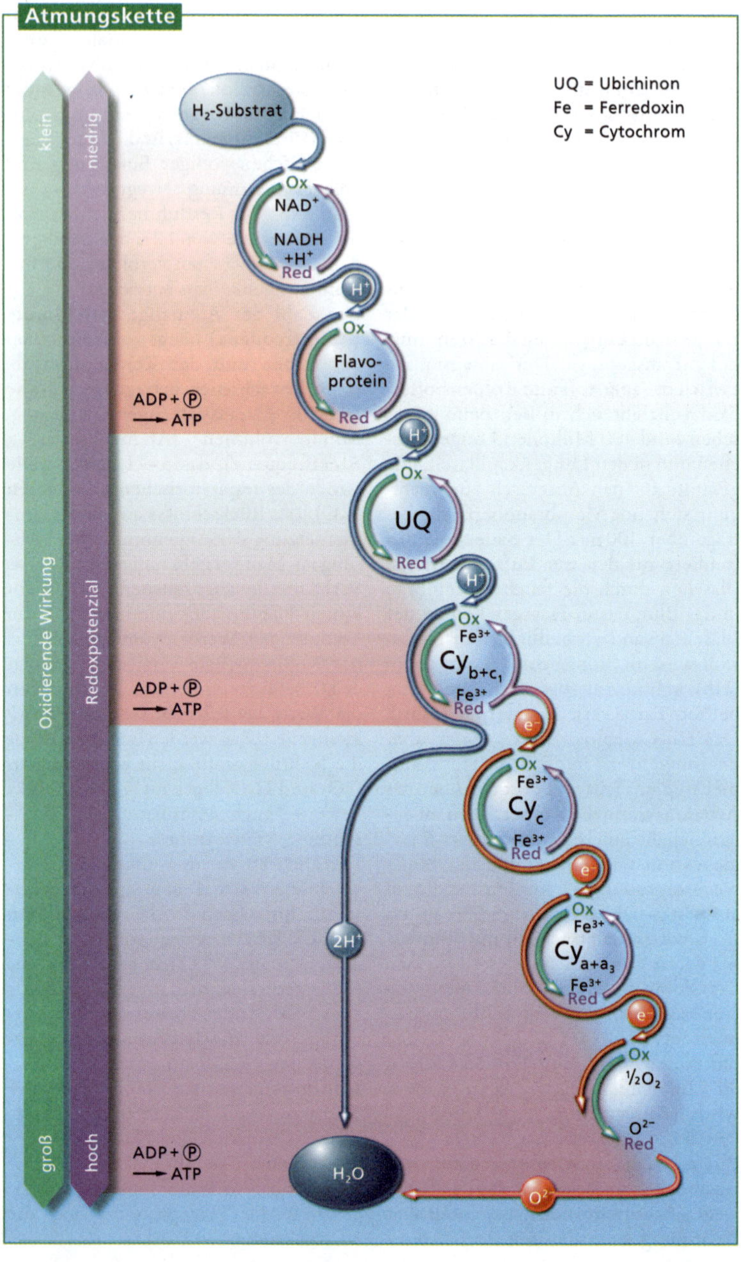

A

Atmungskette: eine Reihe von enzymatischen Redoxreaktionen, aus denen die lebenden Zellen unter aeroben Bedingungen den größten Teil der von ihnen benötigten Energie gewinnen.

In der A. vollzieht sich die Wasserbildung. Sie erfolgt zwischen dem Wasserstoff, den das NAD^+ (↑NAD) von den Substraten aus der ↑Glykolyse und dem ↑Citronensäurezyklus überträgt, und dem aufgenommenen Sauerstoff.

Atmungskette

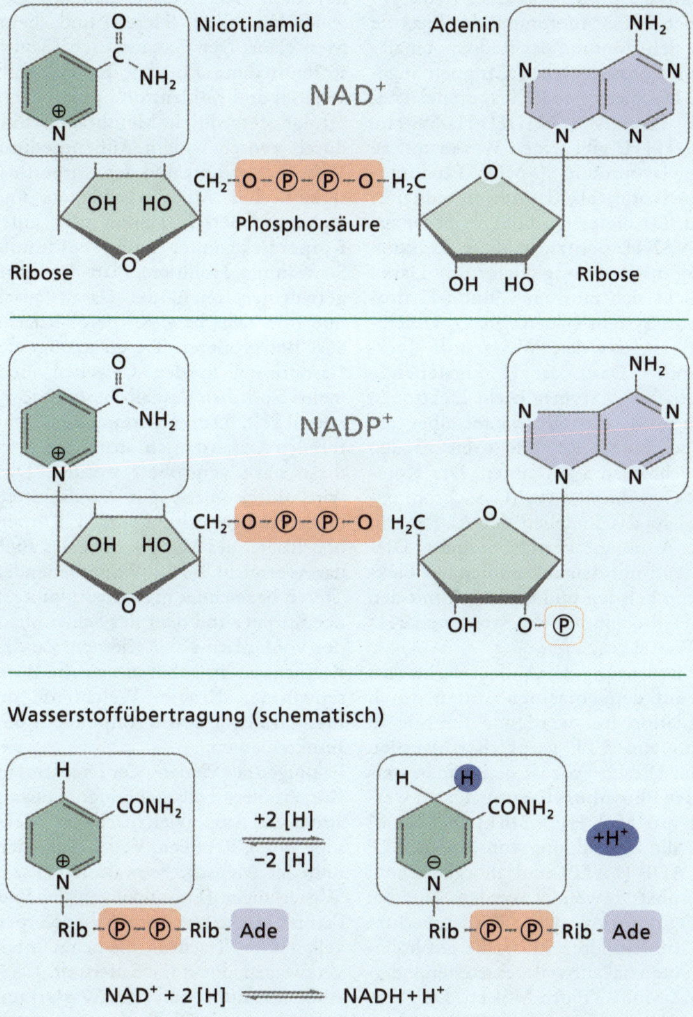

Die A. wird deshalb auch als **biologische Oxidation** bezeichnet.
Die Energie wird in mehreren Stufen, bei denen jeweils ein besonderer Katalysator (Enzym) mitwirkt, abgegeben. Auf diese Weise kann sie in Form von ↑ATP gespeichert und für die Zelle wieder nutzbar gemacht werden. In der A. sind die Enzyme in einer Reihe geordnet. Diese Anordnung der Enzyme lässt sich aufgrund der Redoxpotenziale ihrer prosthetischen Gruppen angeben. Das niedrigste Redoxpotenzial besitzt das $NAD^+/NADH+H^+$-System. $NADH+H^+$ gibt seinen Wasserstoff an ein Flavoprotein (FMN, Flavinmononucleotid) ab, das somit reduziert wird. Da dieses ein höheres Potenzial als $NADH_2$ besitzt, ist diese Reaktion exergonisch (energieliefernd). Daran schließt sich nun ein Chinon-Hydrochinon-System (Coenzym Q, Ubichinon) an, das den Wasserstoff übernimmt. Das dabei entstehende Hydrochinon vermag leicht Elektronen abzugeben, die nun weiter über die Cytochrome $b+c_1$ und c bis zu den Cytochromen $a+a_3$ laufen. Der Komplex Cytochrom $a+a_3$ (Cytochromoxidase) ist das Endglied der A., das mit dem Atmungssauerstoff reagiert. Dieser wird mit den ankommenden Elektronen beladen und kann nun mit den am Hydrochinon frei gewordenen $2\,H^+$ zu Wasser reagieren.
Die Bedeutung der A. liegt darin, dass die auf den einzelnen Stufen durch Oxidation frei werdende Energie in Form von ATP gespeichert werden kann. Diesen Prozess nennt man **oxidative Phosphorylierung**. Dabei werden pro Mol H_2O 218 kJ (= 52 kcal) frei, die zur Bildung von 3 Mol ATP aus ADP (↑ATP) und anorganischem Phosphat verwendet werden. Nur bei der Oxidation von Bernsteinsäure (↑Citronensäurezyklus), die ein höheres Potenzial aufweist, entstehen lediglich 2 Mol ATP pro Mol H_2. Der Vorgang der Atmung in der Zelle ist also eng mit der Phosphorylierung verknüpft. Die Enzyme, die die biologische Oxidation steuern, findet man ausschließlich in der inneren Membran der ↑Mitochondrien bzw. in der Cytoplasmembran bei Prokaryoten. – Bilder S. 40 und 41.

Atmungsorgane (Respirationsorgane): dem Gasaustausch dienende Organe bei allen Tieren und beim Menschen. Der Gasaustausch (Sauerstoffaufnahme für den Energiestoffwechsel und Kohlenstoffdioxidabgabe) erfolgt stets durch Membranen hindurch zwischen dem Außenmedium Wasser oder Luft und der Körperflüssigkeit. Bei Mikroorganismen und vielen niederen Tieren mit einer Körperdicke unter 1 mm (bestimmte Schwämme, Hohltiere, Platt- und Ringelwürmer) reicht der Gasaustausch über die Zell- bzw. Körperoberfläche aus. Bei größeren Tieren genügt die Gasdiffusion in den Geweben nicht mehr. Sie haben deshalb besondere A. entwickelt. Damit deren Oberfläche für den Gasaustausch ausreicht, muss diese stark vergrößert werden. Dies wird durch meist gut durchblutete, dünnwandige Faltungen der Körperoberfläche, des Vorder- oder des Enddarms erreicht. Bei im Wasser lebenden Tieren bezeichnet man Ausstülpungen der Körperwand oder der Schleimhaut des Vorderdarms als ↑Kiemen. Zu den Kiemenatmern gehören manche Borstenwürmer, Krebse, Weichtiere, die meisten Fische sowie Amphibien- und Insektenlarven.
Faltungen des Vorder- oder Enddarms im Körperinnern heißen ↑Lunge. Lungenatmer sind Amphibien (nach der ↑Metamorphose), Reptilien, Vögel, Säugetiere und der Mensch. Seewalzen besitzen Wasserlungen (Einstülpungen des Enddarms). Insekten versorgen ihre Körperzellen über ↑Tracheen, die sich sehr fein verzweigen, direkt mit Sauerstoff.
Außenmedium (Luft oder Wasser) und Innenmedium (Blut) werden an den

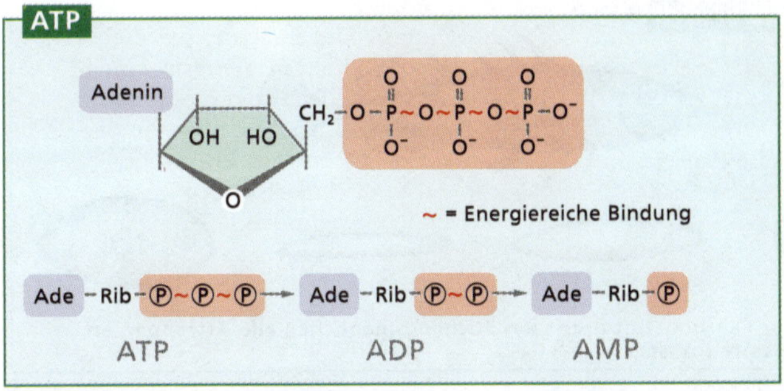

Membranen ständig entlangbewegt. Wasseratmer müssen eine größere Arbeitsleistung vollbringen, weil der Sauerstoffgehalt des Wassers nur ca. 1/30 des Sauerstoffgehalts der Luft beträgt.

Atmungsquotient: ↑Atmung.

ATP, Abk. für **A**denosin**tri**phosphat: ein Mononucleotid aus ↑Adenin, ↑Ribose und 3 linear aneinander gereihten Phosphatresten, die durch Säureanhydridbindungen miteinander verknüpft und mit der OH-Gruppe in 5-Stellung der Ribose verestert sind.

Die Verbindung von Adenosin mit einer Phosphorsäure heißt **Adenosinmonophosphat** (abgekürzt: **AMP); cyclo-AMP (cAMP)** ist der Vermittler der Hormonwirkung an Zellmembranen, z.B. von Insulin, Glucagon und Adrenalin. Ist noch eine weitere Phosphorsäure anhydridartig verknüpft, so erhält man **Adenosindiphosphat** (abgekürzt: **ADP**).

ADP kommt vermutlich in allen Lebewesen vor, wo es in einer Vielzahl von Stoffwechselreaktionen als Überträger von Energie und Phosphat wirkt (z.B. bei der ↑Glykolyse und der ↑Atmungskette). So wird bei einem energieliefernden Prozess aus ADP energiereiches ATP aufgebaut. Die dabei unter Aufwendung von aus dem Nährstoffabbau stammender (freier) Energie neu gebildete Diphosphatbindung zwischen den 2 Phosphatresten ist die wichtigste energiereiche Bindung. Die im ATP gespeicherte Energie (29 kJ/Mol = 7 kcal/Mol) wird bei der Hydrolyse (d.h. der Spaltung durch Einlagerung von Wasser) von ATP, bei der ADP entsteht, wieder freigesetzt und bei energieverbrauchenden, synthetischen Prozessen verwendet.

ATP spielt außerdem eine wesentliche Rolle bei der Aktivierung von ↑Aminosäuren, ↑Nucleotiden und ↑Fettsäuren für deren Auf- oder Abbau. Diese Vielseitigkeit von ATP wird möglich, da es die Phosphatreste auf Stoffe mit alkoholischen Hydroxygruppen, Säuregruppen oder Amidgruppen übertragen kann. Die dabei neu entstehenden Verbindungen sind nun ihrerseits wieder energiereich oder aktiviert.

Diese Transferreaktionen werden von besonderen ↑Enzymen, den Kinasen, gesteuert. Am häufigsten kommt die Übertragung einer Phosphatgruppe von ATP auf alkoholische Hydroxygruppen vor, wobei ADP frei wird. Bei der Aminosäure- und Fettsäureaktivierung hingegen wird Adenosinmonophosphat übertragen, wobei ein Pyrophosphat frei wird.

Wegen seiner gruppenübertragenden Eigenschaft wird ATP auch zu den Coenzymen gezählt. Außerdem ist ATP auch wirksam bei der katalytischen Funktion einiger ↑Vitamine, ferner bei der Muskelkontraktion und der ↑Erregungsleitung sowie beim aktiven Stofftransport und bei der ↑Fotosynthese.

A

Attrappenversuch

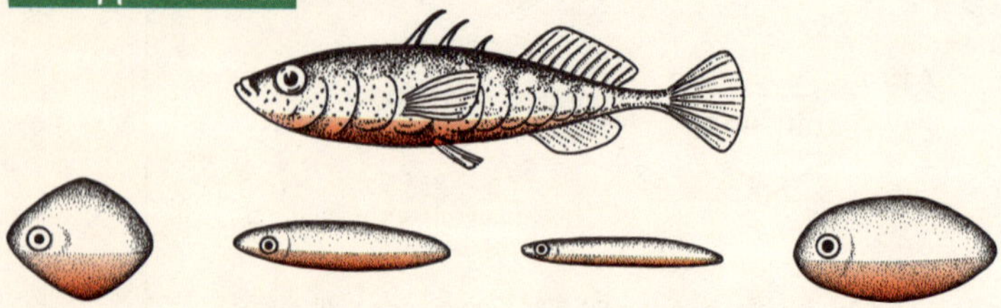

Während der Paarungszeit greift das Stichlingsmännchen alle Attrappen an, deren Unterseite rot ist.

Atrioventrikularknoten: ↑ Herzautomatie.

Atrium: ein Vorhof des Herzens (Herzvorkammer). Die Atrien sammeln das Blut und geben es bei der Ausdehnung der Herzkammern an diese ab. Ziehen sich die Herzkammern zusammen, dehnen sich die Vorhöfe aus. Dabei strömt sauerstoffarmes Blut aus dem Körper durch die obere und untere Hohlvene in den rechten Vorhof und sauerstoffreiches Blut durch die Lungenvene in den linken Vorhof. – ↑ auch Herz.

Atropin: ein ↑ Alkaloid, das sich in sehr vielen Nachtschattengewächsen (Tollkirsche, Stechapfel) findet. Als Antagonist von ↑ Acetylcholin wirkt es lähmend auf das parasympathische Nervensystem (↑ vegetatives Nervensystem). – A. findet als Medikament vielseitige Anwendung, da es z.B. die Speichel- und Schweißdrüsensekretion hemmt oder bei Bronchialasthma krampflösend wirkt. A. erweitert ferner die Pupillen und wird als Gegenmittel u.a. bei Vergiftungen mit Fingerhut und Morphin angewandt.

Attrappenversuch: ein Versuch, bei dem festgestellt werden kann, welcher Reiz ein bestimmtes Verhalten beim Tier auslöst. Man wählt künstliche, oft stark vereinfachte Attrappen, um das wirksame Merkmal von der Fülle der natürlichen Reizkombinationen abzutrennen. Stichlingsmännchen z.B. bekämpfen als Rivalen heftig alle Attrappen, die eine rote Unterseite haben, auch wenn sie nicht der normalen Fischgestalt entsprechen. Für eine naturgetreue Nachbildung ohne roten Bauch interessieren sie sich weniger.

Aufgusstierchen (Infusorien): eine veraltete Sammelbezeichnung für meist einzellige Organismen, die sich entwickeln, wenn Wasser auf tierische oder pflanzliche Reste gegossen wird und dort längere Zeit verbleibt **(Heuaufguss)**. A. sind in erster Linie Geißel- und Wimpertierchen.

Auflösungsvermögen: bei einem optischen Gerät (↑ Mikroskop) der reziproke Wert des Abstands, den zwei Gegenstandspunkte mindestens haben müssen, damit sie als deutlich getrennte Bildpunkte abgebildet werden können.

Aufsitzerpflanzen: die ↑ Epiphyten.

Augen: die Lichtsinnesorgane von Tieren und des Menschen (↑ Gesichtssinn). Ihre ↑ Sehzellen enthalten Farbstoffe, die das Licht absorbieren (↑ Sehpurpur) und dadurch eine Erregung auslösen. Auch Pflanzen und augenlose Tiere beantworten Lichtreize, obwohl sie keine Lichtsinnesorgane besitzen. Die einfachsten Sehorganellen besitzen Geißeltierchen (z.B. Euglena). Nahe der Geißelbasis haben sie einen roten **Augenfleck (Stigma)**, mit dem Licht wahrgenommen werden kann (und der in seltenen Fällen eine Linse aus Plasma besitzt). Die einfachsten Sehorgane der Mehrzeller sind einzelne Lichtsinneszellen ohne Abschirmung, die in oder unter der Haut liegen und ein Helldunkelsehen ermöglichen. Sie enthalten eine Vakuole mit Sehfarbstoff (z.B. beim Regenwurm). Einen Entwicklungsfortschritt stellen einzelne Sehzellen dar, die auf einer Seite von einer Pigmentzelle gegen das Licht abgeschirmt werden. Diese Zellen enthalten einen lichtundurchlässigen Farbstoff, ein Pigment. Auf diese Weise kann die Lichtrichtung festgestellt werden (**Pigmentbecherozellen** der Würmer, Egel und des Rückenmarks beim Lanzettfischchen). Liegen die Sehzellen in Gruppen in der Haut, spricht man von **Flachaugen** (**Plattenaugen**; z.B. bei Quallen).

Oft werden auch Gruppen von Sehzellen von einem Becher aus Pigmentzellen umhüllt. Lichtstrahlen, die aus verschiedenen Richtungen durch die Becheröffnung eintreten, erregen verschiedene Sehzellen. So ist ein einfaches Richtungssehen möglich (z.B. bei Strudelwürmern; ↑Plattwürmer).

Einige Schnecken und Ringelwürmer besitzen **Grubenaugen (Napfaugen)**: In einer grubenförmigen Einsenkung der Haut liegt eine Schicht Sehzellen. Diese Netzhaut ist nach hinten durch Pigment abgeschirmt. Oft wirkt eine Schleimabsonderung der Haut, die in der Grube liegt, wie eine Sammellinse. Trotzdem erlauben diese A. nur ein einfaches Bewegungssehen. Eine Weiterentwicklung stellt das **Lochauge (Lochkameraauge)** dar: Die Grube ist blasenförmig unter der Haut eingesenkt, die Grubenränder treten näher zusammen und lassen vorne nur ein kleines Loch frei. Das Innere des so entstandenen Hohlraums ist mit Sekret gefüllt. Lochaugen arbeiten nach dem Prinzip der Lochkamera: Auf der Netzhaut entsteht ein umgekehrtes Bild. Je kleiner die Öffnung ist und je mehr Sehzellen das Auge enthält, umso schärfer wird das Bild. Lochaugen besitzen z.B. der Kopffüßer Nautilus und einige Schnecken.

Bei manchen Schnecken hat sich der Hohlraum zu einer Blase geschlossen und wird von der Oberhaut bedeckt **(Blasenauge)**. Der in der Blase enthaltene Schleim kann sich bei einigen Schnecken auch zu einer lichtbrechenden **Linse** verfestigen (einfaches Linsenauge bei Landschnecken).

Loch- und Blasenauge sind sehr lichtschwach. Erst die Weiterentwicklung zum **Linsenauge** mit regelbarem Lichteinfall brachte scharfes Bildsehen auch bei wenig Licht. Die sehr leistungsfähigen Linsenaugen der Kopffüßer erreichen Durchmesser von 40 cm. In ihrer Netzhaut sind die Sehzellen dem Licht zugewandt (*everse* Retina). Die wesentlich kleiner bleibenden Wirbeltieraugen haben eine *inverse* Retina, bei der die Sehzellen vom Licht abgewandt sind; das Licht muss hier, bevor es auf die Sehzellen trifft, die Nervenzellschicht mit den Nervenfasern durchdringen.

Das *Auflösungsvermögen* eines Linsenauges hängt – von der Güte des optischen Apparates abgesehen – von der Zahl der Sehzellen je mm² an der Stelle des schärfsten Sehens ab (Mensch: 165 000/mm²; Bussard 1 000 000/mm²). Insekten besitzen ↑Facettenaugen. Bei diesen aus vielen Einzelaugen (Ommatidien) zusammengesetzten Sehorganen hängt die Bildschärfe von der Zahl dieser Einzelaugen ab (70–20 000!).

Räumliches Sehen ist nur in dem Bereich des Gesichtsfeldes möglich, das von beiden Augen zugleich wahrgenommen werden kann. Bei pflanzenfressenden Steppentieren sitzen die A. z.B. seitlich am Kopf. Der Bereich, in dem sie räumlich sehen, ist außerordentlich gering. Raubkatzen, alle Affen, der Mensch und - besonders ausgeprägt – die Eulen haben ein flacheres Gesicht mit großem räumlichem Sehfeld.

↑Farbensehen ist dann möglich, wenn mehrere Sehzellentypen mit unterschiedlicher spektraler Empfindlichkeit am Bau des Auges beteiligt sind (z.B.

viele Wirbeltiere, Krebse, Insekten). Die Bienen verfügen wie der Mensch über ein trichromatisches Farbensehen; darüber hinaus können sie wie viele Insekten ultraviolettes Lich wahrnehmen. Das *menschliche Auge* hat einen Durchmesser von etwa 24 mm. Der kugelige **Augapfel** (Bulbus) wird in 3 Schichten von der weißen Augenhaut (↑Lederhaut), der ↑Aderhaut und der ↑Netzhaut ausgekleidet. Das vorn liegende Sehloch (↑Pupille), das durch die glasklare ↑Hornhaut verschlossen ist, gewährt dem Licht Eintritt. Die dahinter liegende Linse entwirft auf der Netzhaut ein kopfstehendes, seitenverkehrtes Bild. Die Menge des einfallenden Lichtes wird von der ↑Regenbogenhaut (Iris) geregelt. Das Zusammenfallen des Hohlraums verhindert der gallertige ↑Glaskörper (Corpus vitreum).

Augen

Querschnitt durch den menschlichen Augapfel

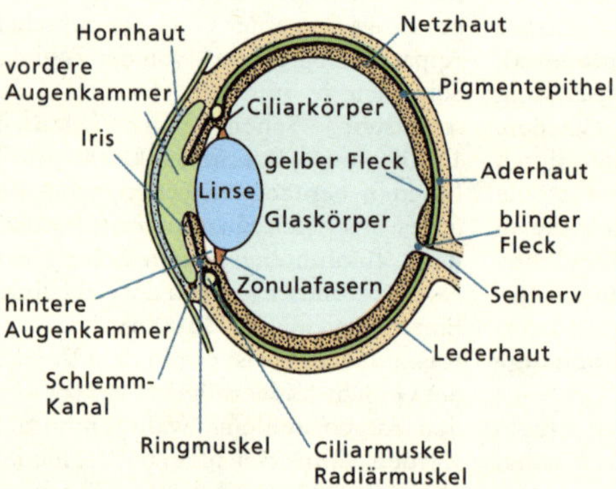

Der Augapfel liegt in der **Augenhöhle** (Orbita). Seine Beweglichkeit erhält er durch 6 **Augenmuskeln**. Die gut durchblutete **Aderhaut** versorgt die Zellen der Netzhaut mit Nährstoffen. Dunkle Pigmente in bzw. vor der Aderhaut absorbieren das Licht, das die Netz- oder die Lederhaut durchdringt (Lichthofschutz). Das Bild wird dadurch kontrastreicher. Bei nachtaktiven Tieren liegt zwischen Pigmentschicht und Netzhaut eine Zellschicht mit Guaninkristallen. Sie werfen das Licht, das von der Netzhaut kommt, auf die Sehzellen zurück. Dadurch erhöht sich die Lichtempfindlichkeit des Auges (das Leuchten z.B. der Katzenaugen).

Die **Sehzellen** der Netzhaut wandeln das einfallende Licht in elektrische Impulse um, die noch in der Netzhaut von Nervenzellen aufbereitet und dann vom **Sehnerv** zum Gehirn (↑Sehzentrum) weitergeleitet werden. Sehzellen sind lang gestreckte Zellen mit großem Kern. Der lichtabsorbierende Farbstoff (z.B. ↑Sehpurpur) liegt in Membransäckchen im äußeren Zellausläufer (»Außenglieder«). In unserer Netzhaut liegen die farbempfindlichen **Zapfen** und die helldunkelempfindlichen **Stäbchen**. Die Stäbchen sind etwa 10 000-mal lichtempfindlicher als die Zapfen und überwiegen am äußeren Rand der Netzhaut. Sie sind für das Dämmerungssehen verantwortlich. Im Zentrum der Netzhaut überwiegen die Zapfen, deren drei Typen für die Farbeindrücke Rot, Grün oder Blauviolett ihre höchste Empfindlichkeit besitzen. Die übrigen Farben kommen durch Mischung zustande: Gelb reizt rot- und grünempfindliche Zapfen. Exakt in Richtung der optischen Achse liegt in der Netzhaut die leicht vertiefte Stelle des schärfsten Sehens, der **gelbe Fleck** (Fovea centralis). Hier wird das Sehen nur durch Zapfen bewirkt. Die gelbe Färbung des Flecks geht auf Xanthophyll zurück, das die Sehzellen gegen Blendung schützt. Rund 100 Millionen Stäbchen und 3–6 Millionen Zapfen liegen in der Netzhaut des menschlichen Au-

ges. An der Stelle, an der der Sehnerv das Auge verlässt, hat die Netzhaut keine Sehzellen **(blinder Fleck).**
Der bildentwerfende optische Apparat (dioptrischer Apparat) des menschlichen Auges mit Hornhaut, Linse, vorderer Augenkammer und Glaskörper besitzt eine Gesamtbrechkraft von 58 dpt (Dioptrien). Das Scharfstellen des Bildes **(Akkommodation)** auf der Netzhaut wird durch Krümmungsänderung (bei Fischen und Amphibien durch Abstandsänderung) der Linse vorgenommen. Naheinstellung bedeutet stärkere Krümmung der Linse. Um dies zu ermöglichen, ist die elastische Linse an etwa 80 Haltefäden, den **Zonulafasern**, aufgehängt. Sie verringern durch ihre Spannung die Wölbung der Linse (Ferneinstellung). Die Zonulafasern sind außen an einem Ringmuskel, dem **Ciliarmuskel**, befestigt. Bei Naheinstellung zieht er sich zusammen. Die sich entspannenden Zonulafasern gestatten es der Linse dann, sich durch ihre eigene Elastizität stärker zu wölben. Da mit dem Alter die Elastizität nachlässt, verschlechtert sich auch die Fähigkeit zur Nahakkommodation (Alterssichtigkeit).
Die Sehzellen arbeiten in einem bestimmten Helligkeitsbereich optimal. Deshalb wird der Lichteinfall durch die Regenbogenhaut geregelt (**Adaptation**, ↑Anpassung). Bei Helligkeit zieht sich ein Ringmuskel in der Iris zusammen und verkleinert das Sehloch (↑Pupille). Die durch Pigmente eingefärbte Iris verschluckt außerhalb der Sehöffnung einfallendes Licht. Lässt die Helligkeit nach, ziehen sich strahlig angeordnete Muskelfasern zusammen und erweitern so die Pupille. Beim Menschen ist sie rund, bei Katzen und einigen Reptilien, z.B. Krokodilen, ein schmaler senkrechter Spalt.
Zwischen Linse und Hornhaut liegt die **vordere Augenkammer**, zwischen Linse und Ciliarkörper die **hintere Augenkammer**. Beide sind mit Kammerwasser gefüllt. Landwirbeltiere produzieren in **Tränendrüsen** eine salzhaltige Flüssigkeit. Sie verhindert Austrocknung und Trübung der Hornhaut. Durch den Lidschlussreflex wird die Hornhaut immer wieder gereinigt und angefeuchtet. Die überschüssige Tränenflüssigkeit läuft durch den Tränen-Nasen-Gang vom inneren Lidwinkel zur Nasenhöhle. Die **Augenlider** wehren auch mit ihren **Wimpern** Fremdkörper ab und schützen das Auge im Schlaf. Die **Augenbrauen** leiten Regenwasser und Schweiß seitlich am Auge vorbei.
In einigen Wirbeltierklassen (Rundmäuler, Fische, Amphibien, Reptilien) treten zusätzliche **Scheitelaugen** (Scheitelorgane, Parietalorgane; ↑auch Zirbeldrüse) auf. Sie liegen unter dem Schädeldach und sind nicht zu sehen. Wahrscheinlich steuern sie die Tages- und Jahresperiodik.

Augenfarbe: Die Farbe der ↑Augen wird durch die zweischichtige ↑Regenbogenhaut bestimmt. Ihre innere Schicht ist durch einen dunkelbraunen Farbstoff (Pigment) gefärbt und schimmert durch die äußere Schicht hindurch. Viel Pigment bewirkt braune, wenig dagegen blaue Augenfarbe. Alle Neugeborenen besitzen zunächst eine blaue Augenfarbe, die sich später jedoch zur bleibenden Augenfarbe wandeln kann.

Augenfleck:
◆ Manche Schmetterlinge (Tag-, Nachtpfauenauge, Augenspinner u.a.) haben auf ihren Flügeln Flecke, die der Regenbogenhaut oder der Pupille eines Wirbeltierauges ähneln. Sind diese Flecke nur auf den Hinterflügeln, werden sie in Ruhestellung von den Vorderflügeln verdeckt. In Schreckstellung werden sie durch Nachvornziehen der Vorderflügel sichtbar, was z.B. Insekten fressende Vögel meist abschreckt.
◆ (Stigma): Einige Geißeltierchen (z.B. Euglena) haben an der Geißelbasis einen kleinen, durch Carotinoide rot gefärbten Augenfleck (↑auch Augen).

A

Augenlid: ↑Augen.

Augenmuskelnerv: Bezeichnung für 2 Hirnnerven, den A. (Nervus occulomotorius) und den seitlichen A. (Nervus abducens).

Augentierchen: die Gattung ↑Euglena.

Auroravarietät: ↑Buntblättrigkeit.

ausdauernde Pflanzen (perennierende Pflanzen): Bäume, Sträucher und Stauden sind ausdauernde Pflanzen, weil sie viele Jahre lang in jedem Jahr blühen und fruchten. Pollakanthe Pflanzen (v.a. Bäume) benötigen mehrere Jahre oder Jahrzehnte, bis sie zum ersten Mal blühen und fruchten. Blüten- und Fruchtbildung wiederholen sich viele Jahre. – Gegensatz: ↑hapaxanthe Pflanzen.

Ausdrucksverhalten: A. dient dazu, den Artgenossen oder auch artfremden Tieren Stimmungen und Absichten mitzuteilen. A. wird oft unterstützt durch besondere körperliche Merkmale, z.B. Federn, Mähnen. – ↑auch Demutsgebärde, ↑Imponiergehabe, ↑Balz, ↑Bienensprache, ↑Mimik.

Ausläufer (Stolonen): Manche Pflanzen vermehren sich vegetativ durch ober- oder unterirdische Seitensprosse, die sich bewurzeln und neue Individuen bilden können.

Auslese: die ↑Selektion.

Auslesezüchtung: ältestes Züchtungsverfahren, das ähnlich arbeitet wie die natürliche ↑Selektion. Nur die widerstandsfähigsten und ertragreichsten Individuen werden zur Fortpflanzung zugelassen. Die A. wird besonders in der (landwirtschaftlichen) Tier- und Pflanzenzucht angewendet.

Auslösemechanismus, Abk. AM: ein noch unaufgeklärter neurosensorischer Mechanismus bei Tieren, der aus der Fülle von ganz bestimmten Reizen, den ↑Auslösern und ↑Schlüsselreizen, diejenigen herausfiltert, die ein bestimmtes Verhaltensprogramm in Gang setzen. Besteht der AM seit der Geburt, heißt er **angeborener AM (AAM).** Müssen die Eigenschaften der auslösenden Reize dagegen erst erlernt werden, spricht man von **erworbenem AM (EAM).** Ein durch Erfahrung **ergänzter angeborener AM (EAAM)** ist ein AM, der zwar eine ererbte Basis hat, jedoch durch Lernen vervollständigt wird.

Auslöser: alle Formen von ↑Ausdrucksverhalten und von körperlichen Merkmalen mit Signalcharakter. – ↑auch Schlüsselreiz.

Ausscheidungsgewebe: pflanzliche Gewebe, deren Zellen bestimmte Stoffe ansammeln und ausscheiden. Als **Exkretionsgewebe** sammeln sie z.B. Schleime, Harze, Gummi, etherische Öle, Gerbstoffe, Alkaloide oder Oxalate in den Zellen. Als **Drüsengewebe** sondern sie z.B. Verdauungssäfte, Nektar, Schleime oder etherische Öle aktiv durch die Zellwand ab.

Ausscheidungsorgane: die ↑Exkretionsorgane.

Aussterben: das Erlöschen von Tier- und Pflanzenarten. Im Laufe der Erdgeschichte sind viele Arten ausgestorben; unter den Wirbeltieren z.B. die Meerechsen, die zahlreichen Dinosaurier, die Flugsaurier und ganze Huftiergruppen, unter den Wirbellosen die Ammoniten. Von manchen Gruppen

Auslösemechanismus

Wassertankmodell nach K. Lorenz zur Erläuterung des Zusammenspiels von außen einwirkender Reize und innerer Handlungsbereitschaft

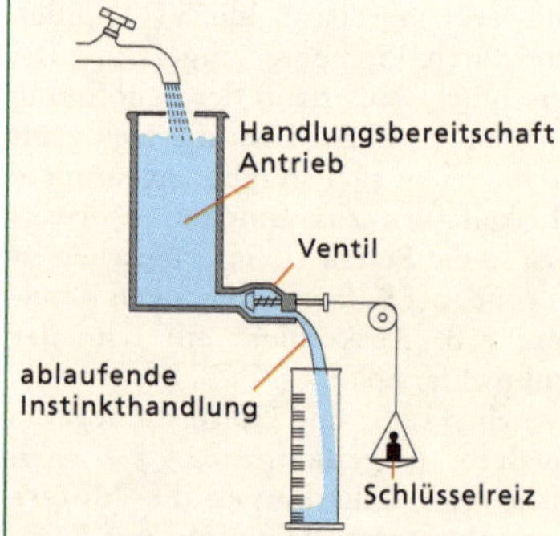

haben sich einzelne Arten als **lebende Fossilien** bis heute erhalten; z.B. eine Art der ↑Quastenflosser oder der Ginkgo-Baum. – Die Ursachen des Aussterbens sind umstritten. Heute ist in vielen Fällen der Mensch für die Ausrottung zahlreicher Arten verantwortlich.

Australide: ↑Mensch.

Australopithecus: ↑Mensch.

Auswärtsdreher: ↑Muskeln.

Autogamie: die ↑Selbstbefruchtung.

Autolyse (Selbstauflösung): eine enzymatisch bedingte Selbstverdauung der Zelle, wobei die Struktureiweiße (durch die hydrolytischen Enzyme der ↑Lysosomen) bis zu den Aminosäuren abgebaut werden. A. tritt ein bei Verletzungen des Gewebes (z.B. bei Verbrennungen) und im Verlauf der Metamorphose (wie bei Insektenlarven), aber z.B. auch, wenn man Zellen vorsichtig (ohne Beschädigung der Enzyme) aus dem Zellverband herauslöst.

Automatismen: spontan ablaufende, oft rhythmische Vorgänge und Bewegungsabläufe, die aufgrund von Stoffwechselprozessen (z.B. im Nervensystem) zustande kommen und nicht vom Bewusstsein oder Willen beeinflusst werden. Die A. sind angeboren (z.B. ↑Herzautomatie, ↑Atmung, ↑Instinktverhalten), oder sie stellen erlernte Handlungsweisen dar (z.B. Gehen, Laufen). Die meisten A. werden zusätzlich durch ↑Reflexe gesteuert (z.B. Erhöhung des Herzschlags). Die Erregung tritt i.A. spontan auf, kann aber auch durch Außenreize ausgelöst werden (↑Auslösemechanismus).

autonom: Vorgänge, die durch innere Ursachen bedingt sind, nennt man autonom (z.B. ↑Biorhythmus).

autonomes Nervensystem: das ↑vegetative Nervensystem.

Autosomen: alle Chromosomen mit Ausnahme der ↑Geschlechtschromosomen (Heterosomen). Der Mensch besitzt 44 Autosomen und 2 Heterosomen.

Autotomie (Selbstverstümmelung): bei Tieren die Fähigkeit, Körperteile bei Verletzung oder Gefahr abzuwerfen. Krabben können ein verletztes Bein durch extreme Beugung selbst abbrechen. Eidechsen und Geckos werfen ihren Schwanz aktiv an einer vorgebildeten Stelle ab, wenn sie an diesem festgehalten werden.

autotroph: Als a. bezeichnet man Organismen, die in der Lage sind, aus anorganischen Substanzen körpereigene organische aufzubauen. Alle grünen Pflanzen ernähren sich a. durch ↑Fotosynthese; sie sind **fotoautotroph**. Sie decken dabei ihren Energiebedarf aus der Strahlung der Sonne. – Einige niedere Organismen sind in der Lage, anorganische Substanzen zu oxidieren und die so gewonnene Energie zum Aufbau organischer Substanzen zu verwenden; sie sind **chemoautotroph** (↑Chemosynthese). – Gegensatz: ↑heterotroph.

Auwald (Auenwald): ein Wald im Überschwemmungsgebiet eines Flusses. In unmittelbarer Flussnähe (Weichholzauen) findet man Weiden, Pappeln und Erlen, in größerer Entfernung und auf höher gelegenen Flächen (Hartholzauen) Eschen, Stieleichen und Ulmen.

Auxine: ↑Wuchsstoffe.

auxotroph: Als a. bezeichnet man heterotrophe Organismen, die neben den üblichen Nährstoffen auf zusätzliche Wirkstoffe oder Vitamine in ihrer Nahrung angewiesen sind.

Aves: die ↑Vögel.

Axolemm: die Zellmembran einer ↑Nervenzelle im Bereich des ↑Axon der Nervenfaser. Über das A. läuft die ↑Erregungsleitung.

Axolotl: ↑Neotenie.

Axon (Achsenzylinder): der zentrale Cytoplasmastrang einer Nervenfaser. Mit dem ↑Axolemm und den umgebenden Hüllen entspricht es dem Neuriten einer ↑Nervenzelle. A. und Axolemm leiten Erregungen vom Zellkörper des Neurons weg (↑Erregungsleitung).

B

B

Babesien: eine Gruppe der ↑Sporentierchen.

Bachflohkrebse: eine Gruppe der ↑Flohkrebse.

Bacillus: die ↑Bazillen.

Bahnung: Treffen mehrere unterschwellige Reize (Impulse) aus der gleichen Nervenbahn kurz hintereinander oder aus verschiedenen Nervenbahnen gleichzeitig auf eine Nervenzelle, können sich die Impulse in dieser Nervenzelle summieren, sodass eine Erregung (Depolarisation) und eine Erregungsfortleitung erfolgen. Die Erregung ist dann »gebahnt«. Die Impulssummation kann aber auch in anderen dafür besonders determinierten Nervenzellen eine Hemmung der ↑Erregungsleitung verursachen, indem das ↑Membranpotenzial negativer als das Ruhepotenzial wird (Hyperpolarisation). Das Phänomen der B. ist für die Ausbildung von bedingten ↑Reflexen und damit auch für das ↑Lernen wichtig.

Bakterien (Schizomycetes): einzellige Mikroorganismen, die zusammen mit den ↑Archaebakterien und ↑Cyanobakterien (Blaualgen) als ↑Prokaryoten (ohne typischen Zellkern) den Pflanzen und Tieren als selbstständige systematische Einheit gegenübergestellt werden. Sie haben gewöhnlich eine mittlere Größe von 0,5 bis 10 µm. Ihre ↑DNA ist als nackter ringförmiger Faden an der Zellmembran angeheftet. Weiter sind ↑Ribosomen, Reservestoffeinschlüsse und bei B., die zur ↑Fotosynthese befähigt sind, Membranstapel (Thylakoide) zu finden, die Chlorophylle, sog. Bakteriochlorophylle, und ↑Carotinoide tragen.

Viele B. sind von einer Kapsel aus Polysacchariden umgeben. Einige können sich mithilfe von ↑Geißeln oder auch gleitend fortbewegen, manche sind verzweigt (↑Strahlenpilze). Die Vermehrung der B. erfolgt stets ungeschlechtlich durch Querteilung; zwischen 2 Teilungen liegen meist nur 15 bis 40 Minuten. Ein Austausch von genetischer Information ist möglich durch ↑Konjugation, ↑Transformation oder ↑Transduktion.

Die Systematik der B. (man kennt bisher rund 3 000 Arten) beruht auf einem künstlichen System. Sie werden u.a. eingeteilt nach ihrer Färbbarkeit (↑Gram-Färbung), nach ihrer Gestalt (z.B. kugelförmig = ↑Kokken, stäbchenförmig, kommaförmig; ↑auch Spirillen), nach ihrer Beweglichkeit bzw. Art der Begeißelung, nach ihrer Fähigkeit, ↑Sporen zu bilden, und nach der Art der Energiegewinnung. Danach werden unterschieden (als Ordnungen): Pseudomonaden, Eubakterien, Chlamydobakterien, Strahlenpilze, Myxobakterien, Spirochäten, Rickettsien, Mykoplasmen.

Wenige B. sind ↑autotroph (durch ↑Fotosynthese). Fäulnisbakterien z.B. verwerten organische Materialien, andere oxidieren anorganische Materialien (z.B. Eisen, Stickstoff, Schwefelwasserstoff). Einige B. benötigen Sauerstoff **(aerobe B.)**, andere leben ganz oder teilweise ohne Sauerstoff **(anaerobe B.)**.

Die B. bevölkern in unermesslich großer Zahl den Boden, die Gewässer und den Luftraum. Oft sind sie lebensnotwendige Symbionten (↑Symbiose) bei Tier und Pflanze (z.B. die Verdauung fördernde Darmbakterien beim Menschen und bei Wiederkäuern, als Nitratlieferanten die ↑Knöllchenbakterien). Seltener findet man unter ihnen ↑Parasiten (z.B. die Rickettsien) oder Erreger von Infektionskrankheiten (z.B. Syphilis, Tuberkulose, Typhus).

Einige B. werden wirtschaftlich genutzt bei der Herstellung von Nahrungsmitteln (z.B. Käse, Joghurt, Sauerkraut) oder von Arzneimitteln (z.B. Antibiotika, Enzyme). – ↑auch Bakteriologie, ↑Gentechnologie.

Bakteriengifte (Bakteriotoxine): Stoffwechselprodukte der Bakterien, die ausgeschieden (Ektotoxine; ↑Toxine) oder beim Absterben der Bakterienzellen frei werden (Endotoxine). So bilden z.B. die Botulinusbakterien, die in verdorbenem Fleisch oder Fisch leben, das **Botulin.** Es verhindert die Freisetzung von ↑Acetylcholin an den motorischen Endplatten, was zur Lähmung (insbesondere der Atemmuskulatur) führt. Botulin wirkt in äußerst geringer Konzentration: schon 0,001 mg wirken beim Menschen tödlich.

Bakteriologie: Teilgebiet der ↑Mikrobiologie, das sich mit der systematischen Einteilung und den Lebensbedingungen von Bakterien beschäftigt. Da viele Krankheiten bei Mensch, Tier und Pflanze von Bakterien hervorgerufen werden, müssen Mittel zu ihrer Bekämpfung gefunden werden. Die **medizinische B.** entwickelt hierfür neue Impfseren (↑Impfung), ↑Antibiotika und ↑Interferon. Viele Bakterien werden in großem Maßstab industriell gezüchtet, da bestimmte Stoffe (z.B. Aminosäuren, Enzyme) nur auf diese Weise und/oder billiger hergestellt werden können. Bakterien werden auch bei der ↑Abwasserreinigung, Abfallbeseitigung, Luftreinigung, biologischen Schädlingsbekämpfung oder als ↑Bioindikatoren eingesetzt.

Bakteriophagen (Phagen): ↑Viren, die sich in Bakterien vermehren. Sie enthalten als Erbsubstanz meist DNA, aber auch RNA, die doppel- oder einzelsträngig, linear oder ringfömig vorliegen kann. Die Kenntnisse über Viren wurden hauptsächlich durch die Untersuchung derjenigen Phagen gewonnen, die ↑Escherichia coli befallen (z.B. der Lambda-Phage).

Man unterscheidet **virulente** bzw. **lytische Phagen** von **temperenten Phagen.** Erstere lösen nach ihrer Vermehrung die befallenen Bakterien auf und infizieren neue. Letztere verbleiben nach der Infektion als sog. inaktive **Prophagen** im Bakterieninnern und werden bei der Teilung der Bakterienzelle auf die Tochterzellen verteilt. Bakterienstämme, die B. beherbergen, heißen lysogen. – In der Molekularbiologie werden B. als Vektoren zum Klonieren eingesetzt. Bis jetzt gelang es noch nicht, B. zur Bekämpfung von bakteriellen Infektionskrankheiten einzusetzen.

bakteriostatisch: B. wirken Stoffe, die das Wachstum und die Vermehrung von Bakterien hemmen (z.B. ↑Antibiotika). Nach Absetzen der Substanzen können die Bakterien wieder wachsen. B. Substanzen wirken in hohen Konzentrationen oft zugleich ↑bakterizid.

Bakteriotoxine: die ↑Bakteriengifte.

bakterizid: B. wirken Substanzen, die Bakterien abtöten. Sterilisationsverfahren, die große Hitze (ca. 120°C), UV- oder Röntgenstrahlen benutzen, sind ebenfalls bakterizid. – ↑auch bakteriostatisch.

Balbiani-Ringe: ↑Puffs.

Balg: das abgezogene Fell von Nagetieren, Kleinsäugern, niederem Raubwild sowie das Federkleid der Vögel.

Balgfrucht: ↑Fruchtformen.

Balken: ↑Gehirn.

Ballaststoffe: Nahrungsbestandteile, die nicht oder nur teilweise vom Organismus verwertet werden können. Für den Menschen sind dies z.B. Cellulose, Horn, Pektine und Lignin. B. fördern positiv die Sekretion von Verdauungssäften und regen die Darmperistaltik an. Vollkornbrot, Gemüse und Obst sind besonders reich an B. und sollten bevorzugt aufgenommen werden. – Bei den Pflanzen werden B., z.B. Silicium, auch **Rekrete** genannt. Sie werden durch Einlagerung in die Zellwände aus dem Stoffwechsel entfernt.

Balz: die Liebesspiele der Vögel, Fische, Reptilien und Amphibien, die der ↑Begattung vorausgehen. Die Männchen versuchen den Weibchen zu imponieren (↑Imponiergehabe), indem sie kräftig gefärbte Körperstellen oder Federn zur Schau stellen, sich auffallend bewegen oder besondere Laute **(Balzgesang)** von sich geben. Fische tragen z.B.

B

Bandwürmer

Der Rinderbandwurm

1.) Kopf und Gliederkette

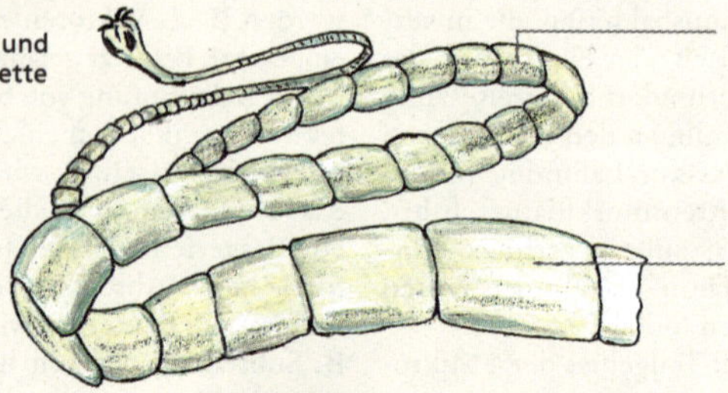

2.) Kopf

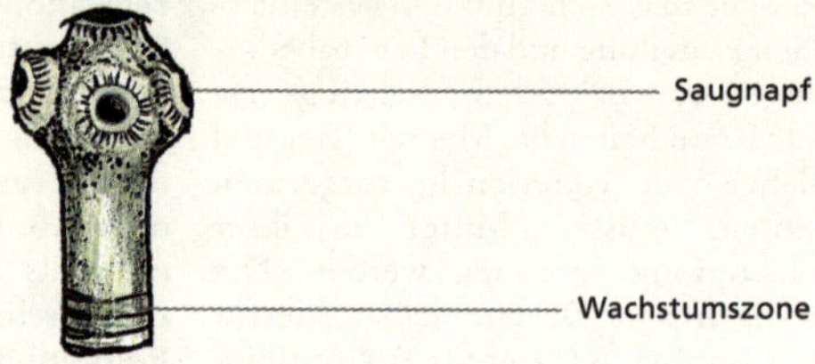

3.) Reifes Endglied

4.) Ei mit Eihüllen

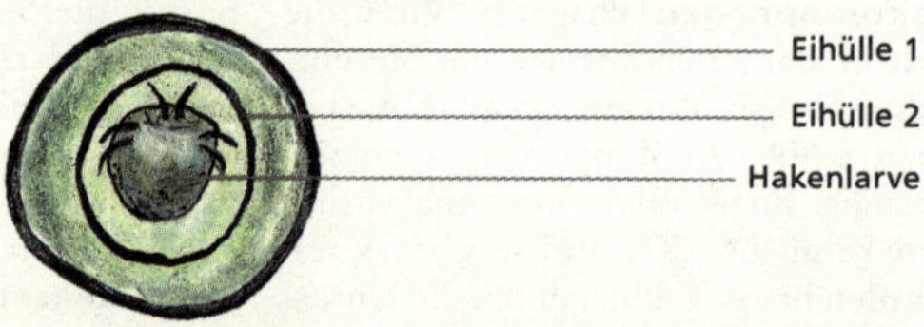

5.) Finne

während dieser Zeit oft eine außergewöhnliche Färbung (↑Hochzeitskleid). Dieses Verhalten ruft als ↑Schlüsselreiz beim Weibchen Reaktionen hervor, die seine Paarungsbereitschaft zeigen (außerhalb der Paarungszeit löst Imponiergehabe nur den Fluchttrieb aus).

Die B. ist hormonell bedingt. Bei Vögeln setzt die zunehmende Tageslänge einen Mechanismus im ↑Hypothalamus und in der ↑Hypophyse in Gang, der zu vermehrter Produktion von ↑Geschlechtshormonen führt und die Partner begattungsbereiter macht.

Der B. entspricht die ↑Brunst der Säugetiere.

Bänder: die ↑Ligamente.

Bandscheiben (Zwischenwirbelscheiben): zwischen den Wirbelkörpern der ↑Wirbelsäule liegende, elastisch-knorpelige Scheiben; ihr gallertiger Kern ist der Rest der ↑Chorda dorsalis. B. fangen harte Stöße auf und ermöglichen die Gelenkigkeit der Wirbelsäule. Bei zu hohen einseitigen Belastungen der Wirbelsäule können sie sich dauerhaft verformen **(Bandscheibenschaden)** und Gewebeanteile in die Umgebung austreten lassen **(Bandscheibenvorfall).**

Bandwürmer (Cestodes): zu den Plattwürmern zählende Tierklasse. B. sind Darmparasiten in Wirbeltieren, z.T. auch im Menschen. Manche Arten werden über 15 m lang, andere nur wenige Millimeter bis Zentimeter.

Die flachen, farblosen Tiere besitzen keine Mundöffnung und keinen Darm. Sie sind in Körperabschnitte **(Proglottiden)** gegliedert. Am Kopf **(Scolex)** sind besondere Haftorgane ausgebildet. Es sind dies meist Saugnäpfe und häufig endständige Hakenkränze. Damit kann sich der Bandwurm in der Darmschleimhaut seines Wirtes festheften, um Nahrungsstoffe aus dessen Darminhalt über die Hautoberfläche (↑Mikrovilli) aufzunehmen. Dieser Entzug von Nahrung ist jedoch für den Wirtsorganismus weniger schädlich als die giftigen Exkretstoffe, die der Parasit ausscheidet und die zu einem Abbau des roten Blutfarbstoffs und somit zu einer ↑Anämie führen können.

Die Körperglieder enthalten die zwittrigen Geschlechtsorgane und sprossen vom Vorderende nach hinten aus. Zuerst reifen die männlichen Organe, dann die weiblichen. Die hintersten und ältesten Proglottiden enthalten nur noch die mit reifen Eiern prall gefüllte und stark verzweigte Gebärmutter. Sie werden abgestoßen und mit dem Kot des Wirts ausgeschieden. So können die Eier von einem Zwischenwirt, z.B. einem Säugetier, mit der kotverseuchten Nahrung aufgenommen werden. Die dann ausschlüpfende Larve gelangt über die Darmschleimhaut und die Blutbahn des Zwischenwirts z.B. in die Muskulatur oder auch (was besonders gefährlich ist) in die Leber und ins Gehirn und wird hier zur blasenartigen **Finne.** Diese ist meist sehr klein, kann aber auch (beim Kleinen Hundebandwurm) kindskopfgroß werden. Durch Sprossung bilden sich an der Finne Bandwurmköpfe aus. Nach dem Genuss von rohem, finnigem Fleisch wandelt sich die Finne im Darm zum erwachsenen Bandwurm.

Bären: eine Gruppe großer Landraubtiere, die hauptsächlich Fleischfresser (z.B. der arktische **Eisbär**), aber auch Allesfresser (z.B. die Braunbären) sind. **Braunbären** (in Deutschland seit 1835 ausgerottet) leben in Wäldern und Steppen. Es sind Einzelgänger, deren Geschlechter sich nur zur Fortpflanzungszeit (Hochsommer) zusammenfinden. Wenn sie gereizt werden, richten sich Braunbären auf ihren Hinterbeinen auf und können durch Prankenhiebe sehr gefährlich werden. Der größte Braunbär ist der **Alaska-** oder **Kodiakbär** mit einer Körperlänge von 3 m und einem Gewicht von 700 kg.

Bärlappgewächse: eine seit dem Mitteldevon bekannte Klasse der ↑Farnpflanzen, zu der die Bärlappe, Moosfarne, Brachsenkräuter und die ausgestorbenen Bärlappbäume gehören. Die heutigen Vertreter sind kleine, immergrüne Pflanzen mit einem dünnen, meist kriechenden, gabelig verzweigten Stämmchen und vielen kleinen, schuppenformigen Blättchen. Die ährenförmigen Sporangienständer stehen an den Enden der Sprosse. Die B. besitzen einen heterophasischen ↑Generationswechsel; der haploide Gametophyt lebt symbiontisch mit Pilzen in der Erde.

Barr-Körperchen (Geschlechtschromatin, Sexchromatin): Bei fast allen weiblichen Säugetieren (auch bei Frauen) findet man in den Kernen der meisten Körperzellen nahe der Kernmembran die Chromatinsubstanz des einen der beiden X-Chromosomen, das bereits während der frühen Embryonalentwicklung inaktiv geworden ist. Tritt nun Polysomie mit überzähligen X-Chromosomen auf, so werden alle X-Chromosomen bis auf eines zu solchen Barr-Körperchen.

B.-K. können durch besondere Färbemethoden sichtbar gemacht werden. Mit ihrer Hilfe ist es deshalb möglich, das tatsächliche Geschlecht einer Person festzustellen. Dies ist v.a. bei ↑Intersexen von Bedeutung. Zur vorgeburtlichen Geschlechtsdiagnose und zur frühzeitigen Erkennung von Anomalien in Bezug auf die Geschlechtschromosomen werden Zellen aus dem Fruchtwasser nach B.-K. untersucht.

Barteln: fadenförmige Hautorgane im Bereich des Mauls bei Fischen, die ihre Nahrung vorwiegend am Gewässergrund suchen, sowie bei einigen Wasserschildkröten. Auf den B. sitzen Tast- und Geschmackssinneszellen.

Barten: bei Bartenwalen lang gestreckt-dreieckige Hornplatten, die vom Gaumen herab in die Mundhöhle hängen. Ihre innere Plattenkante ist federartig aufgefasert. Mithilfe der B. seihen die Bartenwale ihre Nahrung (↑Krill) aus dem Meerwasser. Als sog. Fischbein wurden die B. früher für Schirmgestelle und Korsettstangen verwendet.

Bartholin-Drüsen: zwei etwa erbsengroße Drüsen, die im Scheideneingang der Frau liegen. Bei sexueller Erregung sondern sie auf der Innenseite der kleinen Schamlippen Schleim ab.

Basalganglien: ↑Gehirn.

Basalkorn (Basalkörper, Kinetosom): an der Basis von Geißeln und Wimpern liegendes Zellorganell, das deren Bildungsort darstellt und diese im Zellkörper verankert. Es ist dem ↑Centriol homolog und besteht aus 9×3 strahlig angeordneten Mikrotubuli, die in der Mitte zwei weitere umschließen können.

Basalmembran: eine dünne, kollagenhaltige Zellauflagerung an der Basis tierischer Epithelzellen. Sie ist bei der Haut von Wirbellosen (z.B. Insekten und Würmer) besonders stark ausgebildet.

Basaltemperaturmessung: ↑Empfängnisverhütung.

Basenpaarung: Die ↑DNA bildet bei allen Organismen und bei einem Teil der ↑Bakteriophagen ein charakteristisches Molekül aus zwei Polynucleotidsträngen (↑Nucleotide). Die beiden Einzelstränge sind durch Wasserstoffbrücken zwischen jeweils einer Purinbase (Adenin oder Guanin) und einer Pyrimidinbase (Thymin oder Cytosin) aneinander gebunden. Diese Basen sind also jeweils zueinander »komplementär«. Dabei bilden sich zwischen dem Basenpaar Cytosin–Guanin drei und zwischen dem Basenpaar Adenin–Thymin zwei Wasserstoffbrücken aus.

Diese B. ist nicht nur für den Aufbau des Moleküls von Bedeutung, sondern sie spielt auch eine wichtige Rolle bei der Eiweißsynthese, bei der Vererbung und bei der Zellteilung, denn sie ermöglicht eine identische sog. ↑DNA-Replikation sowie die Abgabe der Information an die m-RNA (↑RNA). Dieser Aufbau hat zur Folge, dass die eine Polynucleotidkette eine »Matrize« für die andere Kette ist, indem ihre

B

↑Basensequenz die der ergänzenden Kette eindeutig bestimmt.
B. findet man in geringem Umfang noch in den helikalen Bereichen der r-RNA und in der t-RNA, wobei hier Thymin durch Uracil ersetzt ist.

Basensequenz: die Reihenfolge der Basen Adenin, Thymin, Cytosin und Guanin in der ↑DNA. Der B. kommt eine große Bedeutung zu: Bei der DNA, auch bei der Viren-RNA, sind die B. und die Anzahl der Basen entscheidend für den Informationsgehalt des Gens. Die Anordnung der Basen ist schriftartig, d.h., sie ist eine sinnvolle Folge, die in einer verständlichen Sprache die ↑genetische Information der Organismen wiedergibt. Die B. stellt also einen verschlüsselten Text mit allen Syntheseanweisungen für die Zelle dar. Diese Nucleinsäureschrift aus den 4 Basen zu »übersetzen« ist die Aufgabe des ↑genetischen Codes. Da in der DNA-Doppelhelix eine bestimmte ↑Basenpaarung vorliegt, wird gewährleistet, dass bei der ↑DNA-Replikation die genaue B. weitergegeben wird.

Basentriplett: ↑genetischer Code.

Basidien: keulenförmige oder zylindrische Hyphenendteile der ↑Ständerpilze. In der B. verschmelzen die zwei haploiden Kerne. Auch die Reduktionsteilung findet hier statt. Daran anschließend werden meist vier dünnwandige Exosporen, die **Basidiosporen,** abgegliedert.

Basidiomycetes: die ↑Ständerpilze.

Basilarmembran: ↑Ohr.

basipetal: Als b. bezeichnet man eine Verzweigungs- oder Entwicklungsfolge bei Pflanzen, bei der die unten stehenden Auszweigungen die jüngsten sind. Den Gegensatz bildet die normale **akropetale** Entwicklung, bei der die jüngsten Anlagen dem Vegetationspunkt am nächsten liegen.

basophil: bestimmte Gewebe, Zellen und Zellteile, die sich mit basischen Farbstoffen (Malachitgrün, Methylenblau) leicht anfärben lassen.

Bast:
◆ *Botanik:* (sekundäre Rinde), ein vom Kambiumring nach außen abgegebenes Gewebe mit sekundärem ↑Dickenwachstum. Er besteht aus Siebröhren, Parenchymstreifen (Bastparenchym) und Sklerenchymfasern (Bastfasern). B. erhöht die Festigkeit und Dehnbarkeit der Pflanzen. Die jüngsten, an den Kambiumring angrenzenden Bastteile übernehmen den Transport von organischen Substanzen zu den Verbrauchsorten.
◆ *Zoologie:* die weiche Haut des wachsenden ↑Geweihs.

Bastarde (Hybriden): Individuen, die aus einer Kreuzung zwischen Eltern hervorgegangen sind, deren Erbgut sich in einem oder mehreren ↑Allelen unterscheidet. Kreuzt man verschiedene Arten, entstehen ↑Artbastarde.

Bastardierung (Hybridisierung): eine Kreuzung zwischen erbmäßig unterschiedlichen Eltern. Nicht immer sind die entstehenden ↑Bastarde lebens- bzw. fortpflanzungsfähig (↑Artbastard). In der Züchtung kann man diese Kreuzung jedoch auch benutzen, um besonders widerstandsfähige und ertragreiche heterozygote Pflanzen herzustellen (↑Bastardwüchsigkeit).

Bastardwüchsigkeit (Heterosis): die Erscheinung, dass nach Kreuzung zweier durch Inzucht entstandener homozygoter Pflanzen oder Tiere die heterozygoten Nachkommen der 1. Generation üppiger als die Eltern wachsen **(Luxurieren).** Die folgenden Generationen sind wieder weniger leistungsfähig. Diese Züchtungsmethode wird unter anderem bei Mais und landwirtschaftlich wichtigen Nutztieren angewandt.

Bastteil: ↑Leitbündel.

Bauchatmung: Atmung, bei der zum Einatmen vorwiegend das Zwerchfell benutzt wird (Zwerchfellatmung); es drückt dabei die Eingeweide zusammen, sodass sie zur frei beweglichen Bauchdecke ausweichen. Die Bauchdecke hebt und senkt sich dadurch. Die

B

B. ergänzt zu etwa einem Drittel die ↑Brustatmung.

Bauchfell: eine zarte Schleimhaut, deren äußeres Blatt den Bauchraum innen auskleidet. Sein inneres Blatt überzieht die in der Bauchhöhle liegenden Organe, die an seinen Falten **(Mesenterien)** aufgehängt sind. Äußeres und inneres Blatt des Bauchfells bilden einen geschlossenen Sack; beide Blätter liegen aufeinander und sind nur durch Flüssigkeit voneinander getrennt.

Bauchganglien: paarig angeordnete Nervenknoten (Ganglien) in der Bauchregion von Ringelwürmern, Glieder- und Stummelfüßern. Sie sind längs und (durch Brücken) quer miteinander verbunden und bilden so ein sog. **Strickleiternervensystem** (Bauchganglienkette, Bauchmark). Die B. sind bei Insekten und Krebsen z.T. zu mehreren großen Ganglienknoten, bei den Spinnen zu einem einheitlichen Komplex verschmolzen.

Bauchhöhle: der zwischen Zwerchfell und Becken liegende Raum. Er enthält u.a. Magen, Darm, Leber, Milz, Bauchspeicheldrüse, Nieren und Harnleiter.

Bauchmark: ↑Bauchganglien.

Bauchpilze: mehrere Ordnungen der ↑Ständerpilze, bei denen die Sporen in knolligen, geschlossenen Fruchtkörpern gebildet werden. Die Fruchtkörper sind außen von einer oder mehreren Hüllschichten umgeben, die sich bei der Reife öffnen. Das Innere enthält entweder unregelmäßig verteilte ↑Basidien oder in Kammern liegende Basidiosporen. Nach der Sporenreife zerfällt dieser Innenteil zu einer pulverigen Masse (beim Flaschenbovist) oder verschleimt (bei der Stinkmorchel).

Bauchspeicheldrüse (Pankreas): die Hauptverdauungsdrüse bei fast allen Wirbeltieren und beim Menschen. Sie ist beim erwachsenen Menschen etwa 15 cm lang, wiegt 70–110 g und liegt hinter dem Magen quer zur Wirbelsäule. Täglich sondert sie etwa 1 l Pankreassaft **(Bauchspeichel)** durch ihren Ausführungsgang in den Zwölffingerdarm ab. Der hohe Gehalt des Saftes an Natriumhydrogencarbonat neutralisiert die Magensäure und macht den Nahrungsbrei neutral bis leicht alkalisch. Erst dadurch können die Verdauungsenzyme von Pankreas und Darm wirken. Die im Bauchspeichel enthaltenen Enzyme spalten Stärke (Amylase) in Dextrin und Malzzucker und die vom Gallensaft zu Tröpfchen zerteilten (emulgierten) Fette in Glycerin und Fettsäuren (Lipasen). Außerdem sondert die B. inaktive Vorformen Eiweiß spaltender Enzyme ab (Trypsinogene und Chymotrypsinogene). – In das Drüsengewebe der B. sind sehr gut durchblutete Zellgruppen, die **Langerhans-Inseln,** eingelagert. In ihnen werden die Hormone **Insulin** und **Glucagon** produziert. Beide sind Gegenspieler und beeinflussen den Kohlenhydratstoffwechsel und damit den Zuckergehalt des Blutes (↑Blutzucker). Da sowohl die genannten Hormone als auch Enzyme Proteine (Eiweiße) sind, zählt die B. zu den Organen mit der höchsten Eiweißsynthese und ist folglich auch reich an ↑RNA.

Baumgrenze: eine in polaren und alpinen Gebieten der ↑Waldgrenze vor-

Bauchspeicheldrüse

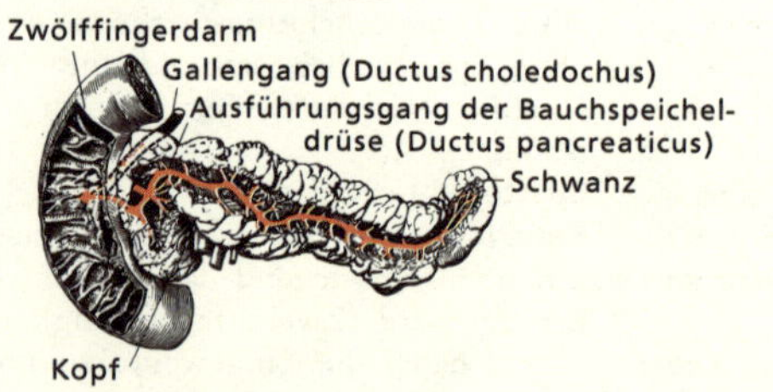

Schematischer Aufriss der Bauchspeicheldrüse und des angrenzenden Zwölffingerdarms beim Menschen

Becken

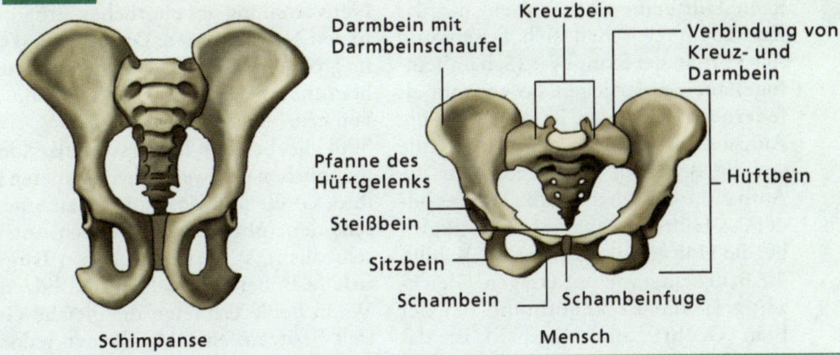

gelagerte Zone, in der vereinzelt Bäume anzutreffen sind; in nördlichen Ländern sind es Birken und Lärchen, in den Nordalpen Fichten, in den Zentralalpen auch Lärchen und Zirbelkiefern. Die B. liegt in den Alpen bei 1 700–2 300 m.

Bauplan: die Zusammenfassung aller gemeinsamen Baumerkmale einer Gruppe von Organismen (z.B. Insekten, Vögel, Säuger). Die einzelnen Arten zeigen Abwandlungen dieses Bauplans, die durch Anpassungen an die Umwelt bedingt sind. Durch Vergleich von Bauplänen lassen sich auch Fragen der Abstammung klären.

Bazillen:

◆ (Bacillus), eine Gattung der ↑Eubakterien. B. sind stäbchenförmig, grampositiv (↑Gramfärbung), bilden hitzebeständige ↑Sporen und tragen meist peritrich angeordnete ↑Geißeln. Die meisten B. sind ↑aerob und Bodenbewohner. Einige sind Krankheitserreger, z.B. der Milzbranderreger (Bacillus anthracis), oder werden in der ↑biologischen Schädlingsbekämpfung eingesetzt (Bacillus thuringiensis).

◆ Im alltäglichen Sprachgebrauch werden oft sämtliche Bakterien als Bazillen bezeichnet.

Becherkeim (Gastrula): diejenige Phase der ↑Keimesentwicklung, in der der ↑Blasenkeim durch Zellbewegungen (häufig durch einfache Einstülpung) zu einem zweischichtigen Becher wird.

Becherzellen: becherförmige Drüsenzellen, die zwischen den zylindrischen Epithelzellen der Verdauungs- und Atmungsorgane liegen und Schleim absondern, der unter Zerreißen der Zelloberfläche abgegeben wird.

Becken (Pelvis): bei höheren Wirbeltieren und beim Menschen ein Knochengürtel **(Beckengürtel),** der die unteren Gliedmaßen mit dem Rumpfskelett verbindet. Er setzt sich

Becken

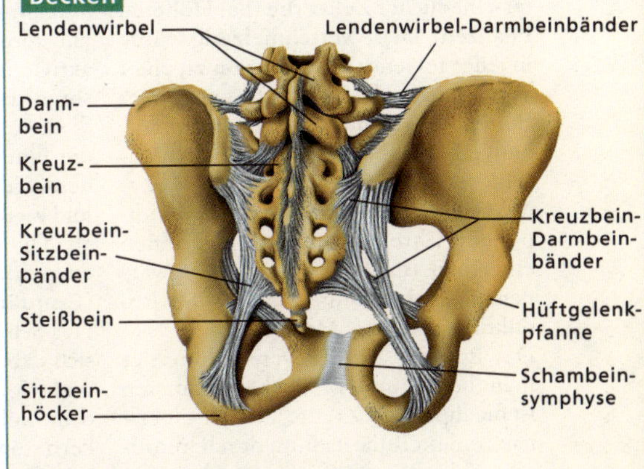

Knöchernes Becken des Menschen

beim Menschen aus den beiden dreiteiligen Hüftbeinen zusammen, die das Kreuzbein zwischen sich fassen und sich vorn in der Symphyse (Schambeinfuge) aneinander legen. So entsteht als federnder Ring das Becken, das die Aufgabe hat, die Last der Wirbelsäule auf die Beine zu übertragen. Für die Aufnahme des Oberschenkelkopfes bildet das Hüftbein eine tiefe Gelenkgrube, die Hüftgelenkspfanne. Das B. hilft, die Baucheingeweide zu tragen. Gleichzeitig ist die Beckenöffnung bei der Frau Geburtskanal. Deshalb ist das **weibliche B.** niedriger und breiter gebaut als das des Mannes und besitzt eine weit größere Beckenöffnung. Während der Schwangerschaft lockern Hormone die recht feste Verbindung der Hüftbeine zum Kreuzbein und der Schamfuge, was den Geburtsvorgang erleichtert. Der aus Muskeln und Bindegewebe gebildete **Beckenboden** verschließt die Beckenöffnung; nur enge Öffnungen für den Darm, die Harn- und Geschlechtswege bleiben frei. – Bilder S. 57.

Bedecktsamer: ↑ Samenpflanzen.

Beere: ↑ Fruchtformen.

Befruchtung: die Vereinigung einer männlichen und einer weiblichen ↑ Geschlechtszelle oder zweier sexuell unterschiedlicher Zellkerne (bei Höheren Pflanzen). Diese Verschmelzung würde in jeder folgenden Generation zu einer Verdopplung des Chromosomensatzes führen (↑ geschlechtliche Fortpflanzung). Deshalb muss vor jeder Befruchtung bei der Bildung der Gameten bzw. der Geschlechtskerne der doppelte (diploide) Chromosomensatz auf einen einfachen (haploiden) reduziert werden. Dies geschieht während der Reduktionsteilung (↑ Meiose).

Das Produkt aus der Vereinigung der männlichen und weiblichen Gameten ist die diploide ↑ Zygote, aus der oft erst nach einem Ruhestadium durch mitotische Zellteilungen die Entwicklung des neuen Lebewesens einsetzt.

Die Bedeutung der B. liegt in einer Neuverteilung des elterlichen Erbgutes in den Nachkommen. Dadurch wird eine große Variabilität erreicht, die für die Stammesentwicklung (↑ Phylogenese) von erheblicher Bedeutung ist.

Sind die bei der B. verschmelzenden männlichen und weiblichen Gameten in ihrer Größe und Gestalt nicht zu unterscheiden (physiologisch jedoch unterschiedlich), so spricht man von **Isogamie** (z.B. bei ↑ Grünalgen und Pilzen). Wenn beide Gameten die gleiche Gestalt besitzen, einer der beiden jedoch (meist der männliche) wesentlich kleiner als der andere ist, nennt man diesen Vorgang **Anisogamie** (z.B. bei Algen). Ist bei den verschieden gestalteten Gameten der größere weibliche bewegungsunfähig und nur der kleinere männliche beweglich (»Schwärmer«, Spermatozoid, Spermium), liegt **Oogamie** vor. – ↑ auch Konjugation, ↑ Selbstbefruchtung.

Beim *Menschen* (hier auch **Konzeption** genannt) und allen *Wirbeltieren* liegt Oogamie vor. Die B. wird durch das Eindringen der ↑ Samenzelle in die ↑ Eizelle (↑ Besamung) eingeleitet. Dazu werden die Hüllschichten der Eizelle durch das Enzym Hyaluronidase, die aus der Kopfkappe des Spermiums stammt, lokal aufgelöst. Sobald das erste Spermium eingedrungen ist, setzt im Ei die sog. Eiaktivierung ein. Hierbei wird dafür gesorgt, dass kein weiteres Spermium in die Eizelle gelangt. Außerdem hebt sich die Eimembran ab: Vakuolen der Rindenschicht des Eiplasmas geben ein Kolloid zwischen Eioberfläche und Eihülle ab. Die Eioberfläche wölbt sich dem eingedrungenen Spermium entgegen **(Empfängnishügel)** und nimmt es auf. Der Schwanzfaden des Spermiums löst sich dabei ab. Der Spermienkopf quillt und wird zum männlichen Vorkern, der dann auf den aktiven weiblichen Vorkern stößt und sich dort kappenartig anlegt. Das aus dem Spermienmittelstück stammende ↑ Centrosom teilt sich. Die

B

Tochtercentrosomen wandern unter Bildung der Plasmastrahlen zu den Zellpolen und lösen die Prophase der ersten Furchungsteilung aus. Die eigentliche Kernverschmelzung (Auflösung der Kernmembranen) findet kurz vor der Prophase statt.
Bei blütenlosen *Pflanzen* (Algen, Moose, Farne u.a.) findet man bewegliche ↑Spermatozoiden, die die Eizellen befruchten. Bei Bedecktsamern findet eine doppelte B. statt, indem die durch den Pollenschlauch wandernden beiden Kerne im Embryosack den Eikern und den Endospermkern befruchten.

Begattung (Kopulation, Paarung): bei höheren Tieren die körperliche Vereinigung, bei der durch das Männchen die männlichen Samenzellen in den weiblichen Körper übertragen werden und dort zur ↑Befruchtung der weiblichen Eizelle führen. – Bei im Wasser lebenden niederen Tieren können die Samenzellen durch das Umgebungswasser zum Ei gelangen. Um eine Befruchtung sicherzustellen, sind bei dieser äußeren ↑Besamung jedoch große Mengen an Samenzellen und Eizellen nötig. Sparsamer ist eine Befruchtung der Eier im Körper des Weibchens (innere Besamung) und die Verlegung der Embryonalentwicklung dorthin: Nur ein Bruchteil an Samenzellen ist dann zur sicheren Befruchtung des Eies nötig. Diese B. ist bei allen höheren Tieren (einschließlich des Menschen; ↑Geschlechtsverkehr) für die Entstehung neuen Lebens notwendig.
Viele Tiere (Fische, Lurche, Kriechtiere, Vögel) pressen bei der B. die Kloaken aufeinander. Die meisten männlichen Tiere aber haben ein Begattungsorgan entwickelt, das tief in die Kloake oder die ↑Scheide der Weibchen eingeführt werden kann. Die Fähigkeit, das Glied mithilfe des Blutdrucks zu versteifen, erleichtert bei Säugern diesen Vorgang wesentlich. Die Begattungsorgane sind in der Regel so gebaut, dass nur die Geschlechtsorgane einer Art zusammenpassen. Auf diese Weise wird auch der Weg, den die Samenzellen zurückzulegen haben, stark verkürzt. Der Samenausstoß wird fast immer durch bestimmte Reize auf das Glied ausgelöst.

Begattungsorgane: ↑Geschlechtsorgane.

Bein:
◆ Gliedmaße, die dem Körper zur Fortbewegung dient.

Befruchtung

Diese Darstellung zeigt den Weg der Eizelle vom Eierstock durch den Eileiter, wo sie befruchtet wird, zur Einnistungsstelle der Blastocyste in der Gebärmutterschleimhaut. Keimzellen und Furchungsstadien sind zur besseren Darstellung stark vergrößert.

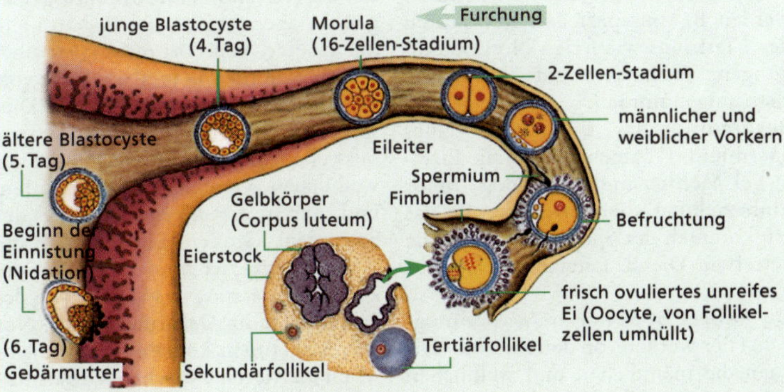

B

◆ veraltete Bezeichnung für Knochen, z.B. in Gebein, Schienbein usw.

Beinerv: ↑Hirnnerven.

Beischlaf: der ↑Geschlechtsverkehr.

Belemniten: fossile, 1–5 m lange, räuberisch in den Meeren lebende Kopffüßer mit zehn Fangarmen. Der lang gestreckte Körper besaß ein kalkiges Innenskelett, dessen hinterer kegelförmiger Abschnitt massiv war und der versteinert als Donnerkeil bezeichnet wird. Die B. kamen vom Unterkarbon bis zur Oberkreide vor; sie sind Leitfossilien für Jura und Kreide.

Bergmann-Regel: Der deutsche Anatom und Physiologe CARL BERGMANN stellte 1847 die These auf, dass unter den Vögeln und Säugern nahe verwandte Arten von den wärmeren geographischen Zonen zu den Polen hin an Größe zunehmen. Große Tiere erleiden danach einen geringeren Wärmeverlust, da das Verhältnis aus Oberfläche und Volumen günstiger als bei kleinen Tieren ist (der Alaskabär ist größer als der europäische Braunbär).

Beriberi: bei ausschließlicher Ernährung mit poliertem Reis auftretende Vitamin-B_1-Mangelkrankheit (↑Thiamin).

Berührungsgifte: die ↑Kontaktgifte.

Berührungsreize:

◆ Reize, die bei ↑Kletterpflanzen die Windebewegungen auslösen.

◆ Bei Wirbeltieren und Wirbellosen werden B. von speziellen Rezeptoren des ↑Tastsinns wie freien Nervenendigungen, Tasthaaren und Tastkörperchen aufgenommen.

Besamung: das Eindringen eines Spermiums (↑Samenzelle) in die Eizelle bei Mensch und Tier, meist unter Einbeziehung aller Vorgänge, die das Hinkommen der Spermien zur Eizelle betreffen. Die B. leitet die ↑Befruchtung ein.

Die **äußere B.** ist nur im Wasser möglich. Hier werden von den Elternindividuen die männlichen und weiblichen ↑Geschlechtszellen gleichzeitig nach außen abgegeben (Hohltiere, Stachelhäuter, Muscheln, viele Fische u.a.). Die gleichzeitige Entleerung der Geschlechtsprodukte wird meist hormonal gesteuert. Auch bei Landtieren sorgen innere biologische Rhythmen dafür, dass die Geschlechtspartner gleichzeitig ihre Fortpflanzungsphase erreichen und ihre Laichgewässer aufsuchen (Frösche, Kröten).

Bei der **inneren B.** bleiben die Eier im Weibchen und werden dort besamt und befruchtet. Sie kommt außer bei allen Säugern (und damit auch beim Menschen), Vögeln und Kriechtieren auch bei Schnecken, Insekten, manchen Würmern, lebend gebärenden Fischen und bei den meisten Schwanzlurchen vor. Die Spermien gelangen meist aktiv über die weiblichen Geschlechtsgänge zu den Eizellen. Die innere B. erfordert spezielle Einrichtungen und Verhaltensweisen. Meist wird mithilfe des männlichen Kopulationsorgans die Samenflüssigkeit übertragen (↑Begattung). Bei der Bienenkönigin z.B. können die Spermien nach der Begattung in einem Samenbehälter (Samentasche) der weiblichen Geschlechtswege für das ganze Leben gespeichert werden. Molche und Skorpione setzen feste Samenpakete (↑Spermatophoren) auf den Boden, wo sie das Weibchen mit der Geschlechtsöffnung aufnimmt.

Bei *Säugern* und beim *Menschen* gelangen die Spermien bei der Begattung in die Scheide. Von dort müssen sie über die Gebärmutter bis in den Eileiter vordringen, um auf das Ei zu treffen. Dieser Transport erfolgt durch Kontraktionswellen, die über die Muskulatur der weiblichen Geschlechtswege laufen, und durch die Eigenbewegung der Spermien. Großen Einfluss auf die Wanderungsgeschwindigkeit hat die Zusammensetzung des Schleims in der Scheide und im Gebärmutterhals. Nur aktive Spermien können die mechanischen Barrieren zwischen Gebärmutterhals und Gebärmutter und am Eingang zum Eileiter überwinden. Dadurch findet auf dem Transportweg eine fortlaufende Dezimierung und qualitative Auslese der Spermien statt. – ↑auch künstliche Befruchtung).

Beschwichtigungsgebärde: eine tierische Verhaltensweise, die ↑Aggressionen seitens eines Artgenossen verhindern soll. Hierzu gehören u.a. das deutliche Wegsehen, die ↑Demutsgebärde, das Verbergen der eigenen Waffen (Schnabel, Gebiss) oder das Anbieten von Nahrung.

Bestäubung (Pollination): bei Bedecktsamern die Übertragung von Blütenstaub auf die Narbe der Fruchtblätter bzw. bei Nacktsamern auf die Mikropyle der Samenanlage. Bei B. innerhalb derselben zwittrigen Blüte spricht man von **Selbstbestäubung,** bei B. zwischen Blüten verschiedener Individuen einer Art von **Fremdbestäubung.** Da diese meist einen größeren Erfolg aufweist, wird die Selbstbestäubung oft durch verschiedene Einrichtungen verhindert oder gehemmt. Die Pollenkörner bilden z.B. keinen oder nur einen verkümmerten Pollenschlauch auf der Narbe derselben Blüte oder die Staubblätter und Narben einer Blüte reifen nicht zur gleichen Zeit. Werden die männlichen Blütenteile früher bestäubungsreif, nennt man sie vormännig (Korbblütler), im anderen Fall vorweibig (Wegerich). Oft verhindert auch der Blütenbau eine Selbstbestäubung: Bei der Schwertlilie z.B. überdecken die Griffeläste die Staubblätter.

Die *Übertragung des Pollens* kann mithilfe von Wasser, Wind oder Tieren erfolgen. **Wasserbestäubung** findet man bei einigen Wasserpflanzen (Wasserpest, Seegras). Bei **Windbestäubung** muss viel trockener Pollen produziert werden, und die Blüten sind meist duftlos und unscheinbar. Staubblätter und Narben liegen exponiert und leicht zugänglich. Viele Windblütler kommen in großen Beständen vor (z.B. Gräser und Nadelhölzer), in denen die Nähe der Pflanzen untereinander eine Fremdbestäubung wahrscheinlich macht. Für die **Tierbestäubung** kommen in erster Linie Insekten, in tropischen Gebieten auch Vögel infrage. Bestäubende Insekten sind v.a. Hautflügler, Zweiflügler und Schmetterlinge. Die B. erfolgt hierbei meist als Nebenerscheinung beim Sammeln von Nektar und Pollen. Der klebrige Pollen bleibt an den Körperhaaren des Insekts hängen und wird zur nächsten Blüte transportiert. Insektenblüten zeigen Anpassungen an ihre Bestäuber: Mit Duftstoffen und Farben locken sie Insekten an. Manche Blüten lassen ihre Bestäuber erst wieder frei, wenn der Bestäubungsvorgang vollzogen ist (Kesselfallenblumen beim Aronstab). Für die **Vogelbestäubung** kommen v.a. Kolibris, Honigsauger und Honigfresser infrage. Die Vogelblüten (z.B. der Strelitzien) haben meist grelle Farben, dünnflüssigen Nektar und klebrigen Pollen.

Bestockung: die ober- oder unterirdische Seitentriebbildung aus tief stehenden Knospen, z.B. bei Getreide.

Beta-Indolylessigsäure: ↑Wuchsstoffe.

Betaoxidation: wichtiger Stoffwechselweg zum Abbau von Fettsäuren. Im Fettsäurezyklus wird die Fettsäure A in eine β-Ketosäure, aus der durch Abspaltung von Essigsäure die um zwei Kohlenstoffatome kürzere Fettsäure B entsteht, umgewandelt. Bei diesem Umwandlungsvorgang erfährt das β-Kohlenstoffatom eine Oxidation (β-Oxidation). Der dabei entstehende Wasserstoff wird in der ↑Atmungskette unter Bildung von ATP oxidiert. Die abgespaltene Essigsäure wird in den ↑Citronensäurezyklus eingeschleust.

Bettelverhalten: Verhaltensform bei vielen Tierarten (von den Insekten bis zu den Säugetieren), die die Eltern dazu bewegen soll, die Jungtiere zu füttern. So betteln z.B. junge Vögel um Futter, indem sie seitlich gegen den Schnabel der Eltern klopfen. Taucht die

B

gleiche Bewegung bei Erwachsenen auf, ist sie ein Signal für Kontaktbereitschaft.

Beugemuskeln (Flexoren): Muskeln, die eine Beugebewegung bewirken. So beugen z.B. der zweiköpfige Oberarmmuskel **(Bizeps)** und der Oberarmmuskel den Arm im Ellbogengelenk. Gegenspieler der B. sind die ↑Streckmuskeln.

Beuteltiere: Springende Kängurus im offenen Grasland

Beuteltiere (Marsupialia): die nach den ↑Kloakentieren ursprünglichste Unterklasse der Säugetiere mit rund 250 Arten von Maus- bis etwa Menschengröße. B. kommen v.a. in Australien, auf Tasmanien und Neuguinea vor.

Die Keimlinge der B. entwickeln sich (mit ganz wenigen Ausnahmen) ohne echte Placenta in der Gebärmutter. Sie werden mit einer Größe von etwa 0,5 bis 3 cm geboren und suchen dann aktiv die Zitzen in einem besonderen ↑Brutbeutel der Mutter auf. Während der Zeit des Säugens bleiben die heranwachsenden Tiere fest mit der mütterlichen Zitze verbunden.

Der Formenreichtum der B. entspricht beinahe dem der Placentatiere. So gibt es z.B. Beutelspringmäuse, Beutelratten (Opossum), Raubbeutler (Beutelmäuse, Beutelmarder, Beutelwolf u.a.), Beutelmaulwürfe, Beuteldachse, Kletterbeutler (u.a. mit den Kusus, Koalas, Gleithörnchenbeutlern) und Wombats. Die bekanntesten B. sind jedoch die verschiedenen Arten ratten- bis mannsgroßer Kängurus.

Bewegungsapparat: die Gesamtheit der Organe, die der Bewegung des Körpers dienen. Hierzu gehören die durch Gelenke verbundenen Knochen des ↑Skeletts ebenso wie die sie bewegenden Muskeln und Sehnen. Der B. besitzt besonders bei jüngeren Organismen eine große Regenerationsfähigkeit (z.B. Heilung von Knochenbrüchen).

Bewegungsnerven (motorische Nerven): Nerven, die die Muskeln des ↑Bewegungsapparats steuern. Ein Großteil beginnt in den Bewegungszentren des Großhirns (↑Rindenfelder) und läuft über die Pyramidenbahn des Rückenmarks zu den Muskeln.

Bewegungssehen: das Wahrnehmen der Ortsveränderung von Gegenständen. Das Bild bewegter Gegenstände wandert bei ruhig stehenden Augen nacheinander über benachbarte Netzhautstellen. Die dadurch hervorgerufenen Sinneseindrücke werden zentralnerval mit dem stillstehenden räumlichen Bezugssystem abgestimmt und verarbeitet, sodass der Eindruck der Bewegung bewusst wird.

Bewegungssinn: alle Sinne mit den entsprechenden reizaufnehmenden Organen, die die Lage und Lageveränderungen eines Organismus bzw. seiner einzelnen Teile im Raum registrieren; z.B. Strömungssinn, Schweresinn, Tastsinn, Drehsinn (↑auch mechanische Sinne).

Bewurzelung: Bei den Pflanzen unterscheidet man zwei Arten von Bewurzelung: 1. **Allor[r]hizie** (bei Samenpflanzen): Beim Embryo liegen sich Sprosspol und Wurzelpol gegenüber; er ist bipolar. Bei der Keimung bildet der Wurzelpol die Primärwurzel. Durch ihre Verzweigung kann ein Wurzelsystem entstehen.

2. **Homor[r]hizie** (bei Farnpflanzen und einkeimblättrigen Pflanzen): Der Embryo hat nur einen Sprosspol; er ist unipolar. Die Wurzel wird seitlich am Sprosspol angelegt. Bei der Keimung wächst gleichzeitig mit dem Primär-

spross die (sprossbürtige) erste Wurzel aus.

Bienen (Apoidea): über die ganze Erde verbreitete Gruppe blütenbesuchender Hautflügler (↑ Insekten). Ihr goldgelber oder schwarzer Körper ist fast stets reich behaart. Nur die weiblichen Tiere fast aller Bienenarten besitzen einen Giftstachel. Die weitaus meisten Bienen leben einzeln **(solitäre B., Einsiedlerbienen)**, nur wenige bilden Staaten (**soziale B.;** ↑ auch Tierstaaten), z.B. die ↑ Honigbiene. Zwischen beiden Lebensweisen gibt es Übergänge. Zu den B. gehören auch die **Hummeln.** Die meisten Bienen kennen keine ↑ Brutpflege (ausgenommen z.B. die Honigbiene). Sie versorgen die Brutzelle mit einer für die heranwachsende Larve ausreichenden Menge an Honig

Bienensprache

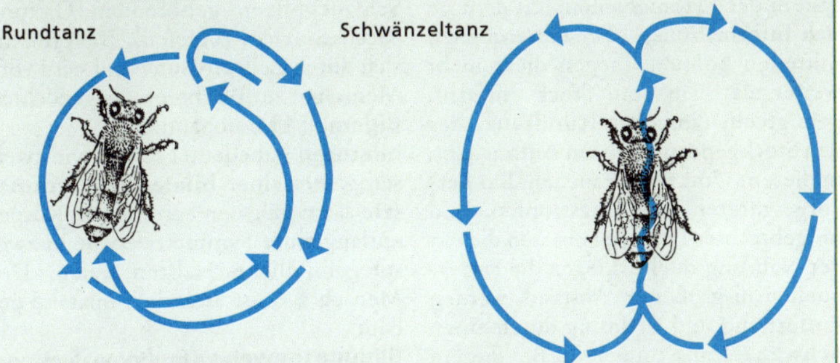

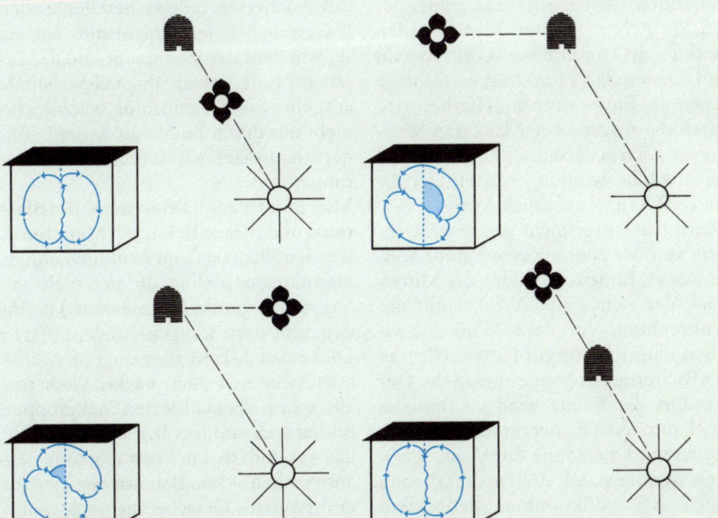

Richtungsweisung der Honigbienen beim Schwänzeltanz nach dem Sonnenstand

und Pollen. Rund ein Viertel aller Bienen sind Brutschmarotzer (↑Brutparasiten), die ihre Eier in fertige Nester anderer Bienen legen. Die Nester der B. sind z.B. Brutröhren im Mark abgestorbener Pflanzen oder mit Speichelsekret verkittete Lehmzellen oder kunstvolle Wachswaben. Alle sozialen Bienen kennen Formen der Benachrichtigung ihrer Nestgenossen über aufgefundene Futterplätze (↑Bienensprache).

Bienensprache: das Verständigungssystem der ↑Honigbienen, mit dem sie sich Informationen über Futterquellen mitteilen können. Liegen diese nicht weiter als 80 m vom Stock entfernt, genügt ein einfacher **Rundtanz,** der den Stockgenossinnen den Auftrag gibt, in diesem Umkreis zu suchen. Ein hervorgewürgter Nahrungstropfen und mitgebrachter Duft signalisieren die Art der Nahrungsquelle. Liegen die Futterquellen in größerem Abstand, werden Entfernung und Richtung durch einen **Schwänzeltanz** mitgeteilt. Bei diesem Tanz läuft die Biene auf der senkrecht stehenden Wabe eine zusammengedrückte Acht, auf deren Mittelgeraden sie mit dem Hinterleib wackelt. Anzahl und Dauer der Hinterleibsausschläge geben die Entfernung an. Hierbei wird durch die Angabe einer längeren Wegstrecke auch ein erhöhter Kraftaufwand bei der Überwindung von Hindernissen (z.B. Hügeln) berücksichtigt.

Wenn das Futter nicht genau in Richtung von der Sonne weg oder zur Sonne hin zu finden ist, bildet das Mittelstück der Acht einen Winkel mit der Senkrechten, der dem Winkel zwischen Flugrichtung zur Futterstelle und der Richtung zur Sonne entspricht. Der Standort der Sonne wird im dunklen Stock durch die Schwerkraft ersetzt; im Freien wird die Sonne direkt angepeilt. Den Sonnenstand stellen die Bienen (auch bei vollkommen bedecktem Himmel) anhand der Schwingungsebene (Polarisation) des Himmelslichtes fest. Tanzt die Biene längere Zeit (z.B. beim Schwärmen), passt sie die Richtung ihres Schwänzeltanzes mithilfe ihrer inneren Uhr (↑biologische Uhr) dem veränderten Sonnenstand an. Auch andere Staaten bildende Bienen haben eine Bienensprache entwickelt. – Bild S. 63.

Bienenwachs: ↑Honigbiene.

Biẹnne: ↑hapaxanthe Pflanzen.

Bierhefe (Saccharomyces cerevisiae, Saccharomyces carlsbergensis): Name einiger Zuchtformen der zu den Schlauchpilzen gehörenden Gattung Saccharomyces (↑Hefen). B. vermehrt sich durch Zellsprossung und wird vom Menschen zur Bierbereitung gezüchtet.

Bigamie: ↑Monogamie.

bilateral: B. bedeutet so viel wie zweiseitig. Bei einer **bilateralen Symmetrie** lässt sich der betreffende Körper entlang einer Symmetrieebene in zwei spiegelbildliche Hälften teilen. Der Mensch z.B. ist äußerlich bilateral gebaut.

Bildungsgewebe (Embryonalgewebe, Teilungsgewebe): ein Verband wenig differenzierter, teilungsbereiter Zellen (↑Gewebe). Jeder Organismus hat ein B., von dem das Wachstum und der Ersatz für funktionsunfähige Gewebeteile ausgeht. Ein Organismus wächst also nicht nur durch Zellvergrößerung, sondern hauptsächlich durch Zellvermehrung.

Man unterscheidet **tierisches B. (Blastem)** und **pflanzliches B. (Meristem).** Bei den Pflanzen sind es dünnwandige, plasmareiche Zellen, die sich meist am Vegetationspunkt **(primäres B.)** befinden und dem Längen- und primären Dickenwachstum dienen. Ein Meristem kann sich auch nachträglich neu aus schon spezialisierten Zellgruppen bilden **(sekundäres B.);** es ist dann für das sekundäre Dickenwachstum verantwortlich. – Das Blastem der Tiere ist embryonales Gewebe aus noch undifferenzierten Zellen, aus dem sich schrittweise die Körpergestalt entwickelt.

Bilharziose: ↑ Pärchenegel.
Bilirubin: ↑ Gallenfarbstoffe.
Bilis: der in der Leber produzierte ↑ Gallensaft.
Biliverdin: ↑ Gallenfarbstoffe.
Bindegewebe: ein Stütz- und Füllgewebe, das aus dem ↑ Mesenchym entstanden ist; es verbindet Gewebe, Organe und Organsysteme untereinander und mit dem Körper und besitzt einen hohen Anteil an Zwischenzellräumen. Diese enthalten eine salz- und eiweißreiche Flüssigkeit oder auch eine gallertige, faserige oder fibrilläre Grundsubstanz, die von den Bindegewebszellen ausgeschieden wird. Die **Bindegewebszellen** (z.B. Fibrocyten, Retikulocyten) können sich noch teilen und bilden sog. **Wanderzellen** (z.B. Makrophagen, Mastzellen), die geformte Fremdstoffe aufnehmen und speichern bzw. vernichten können (↑ retikuloendotheliales System).
Das B. baut u.a. Milz, Knochenmark und Lymphknoten auf, bildet die Umhüllung von Muskeln und speichert Fett (Unterhautfettgewebe) in seinen Zellen oder Wasser in der Interzellularflüssigkeit. Es verschließt ferner Wunden und bildet ↑ Antikörper. Schließlich baut es nach Einlagerung von Knorpelsubstanz und anorganischen Salzen Knorpel und Knochen sowie das Dentin der Zähne, ferner bei Einlagerung von elastischen Kollagenfasern die Lederhaut der Wirbeltiere oder die Sehnen und Bänder auf.
Bindehaut: ein sackartiger Schleimhautüberzug am ↑ Auge, der von den Wimpern des Oberlids über den vorderen Teil des Augapfels bis zu den Wimpern des Unterlids reicht. Die zartrosa und durchsichtige B. lässt nur die Hornhaut frei und verhindert, dass Fremdkörper hinter das Auge gelangen.
binokulares Sehen: das Sehen mit zwei Augen, das räumliches Sehen ermöglicht. Hierbei wird ein mit beiden Augen fixierter Gegenstand auf der linken bzw. rechten Netzhaut etwas nach rechts bzw. links verschoben abgebildet. Die Unterschiede der beiden flächigen, gegeneinander verschobenen Netzhautbilder werden im Gehirn in eine räumliche Wahrnehmung umgesetzt.
Bioakkumulation: ein Vorgang, bei dem (Schad)substanzen aus Luft, Wasser oder Boden in Lebewesen bzw. in Ökosystemen angereichert werden können.
Biochemie: eine Wissenschaft, die die Lebenserscheinungen mittels chemischer Methoden erforscht. Die **deskriptive B.** befasst sich mit der Strukturaufklärung der belebten Materie (wie Eiweiße), die **dynamische B.** beschäftigt sich mit den Stoffwechselprozessen und der Wirkung der Enzyme und Hormone.
biochemischer Sauerstoffbedarf, Abk. BSB: die von Mikroorganismen benötigte Sauerstoffmenge, um im Wasser enthaltene organische Substanzen bei 20°C oxidativ abzubauen (innerhalb von 5 Tagen: BSB_5). Der BSB ist ein Maß für die Fähigkeit zur ↑ biologischen Selbstreinigung.
Biofeedback: ↑ Rückkopplung.
Biogas (Faulgas): bei der bakteriellen Zersetzung organischer Stoffe (Faulschlamm, Mist usw.) durch Methangärung entstehendes Gas. B. enthält 60–90% Methan und kann als Heizgas verwendet werden.
biogenetisches Grundgesetz: eine nur mehr als eingeschränkt gültig angesehene Theorie, die von dem deutschen Zoologen ERNST HAECKEL 1866 zum Gesetz erhoben wurde. Sie besagt, dass die Individualentwicklung eines jeden Lebewesens eine kurze Wiederholung seiner Stammesentwicklung darstellt (also die ↑ Ontogenese als verkürzte Rekapitulation der ↑ Phylogenese). Sogar noch beim Menschen werden z.B. Kiemenspalten bzw. -taschen embryonal angelegt.
Bioindikatoren: Lebewesen, die besondere Ansprüche an ihr Biotop stellen, sodass ihr Vorkommen und ihr

B

Verhalten sich mit bestimmten Umweltverhältnissen in Beziehung setzen (korrelieren) lässt. Sie reagieren z.B. auf Umweltbelastungen mit Vitalitätseinschränkungen oder sogar mit Tod. So dienen z.B. ↑Saprobionten, ↑Escherichia coli und Wasserflöhe zur Beurteilung der Wasserqualität; Flechtenwachstum ist Bioindikator für Luft- und Niederschlagsqualität; Tabakpflanzen reagieren empfindlich auf Ozon.

Biokatalysatoren: ursprünglich Bezeichnung für jene Substanzen (Enzyme, Hormone, Vitamine), die in der Tier- und Pflanzenzelle sämtliche Stoffwechselvorgänge steuern. Heute verwendet man den Begriff B. nur noch für die ↑Enzyme.

Biokonversion: ↑Biotransformation.

Biokybernetik: eine Form der Beschreibung biologischer Abläufe, bei der der Organismus v.a. durch ineinander greifende ↑Regelkreise in seinen Funktionen verstanden werden soll. – ↑auch Bionik.

Biologie: die Wissenschaft, die sich mit den Erscheinungsformen lebender Systeme (Pflanzen, Tiere, auch der Mensch) befasst. Sie gliedert sich in die großen Teilgebiete ↑Botanik und ↑Zoologie, der sich die Wissenschaft vom Menschen (↑Anthropologie) eng anschließt. Im Einzelnen unterscheidet man v.a. folgende Teilgebiete: ↑Anatomie und ↑Morphologie, ↑Histologie, ↑Cytologie, ↑Molekularbiologie, ↑Physiologie, ↑Verhaltensforschung, ↑Genetik, ↑Systematik, ↑Phylogenese, ↑Paläontologie, ↑Ökologie, Biogeographie (↑Pflanzengeographie und ↑Tiergeographie). Besondere Wissenschaften sind die ↑Biochemie, die ↑Biophysik, die ↑Biokybernetik und die Molekularbiologie (mit Molekulargenetik). – Zur angewandten B. gehören u.a. Human- und Tiermedizin (Veterinärmedizin), ↑Pflanzenzüchtung und Tierzucht, Gartenbau, Land- und Forstwirtschaft, ↑Schädlingsbekämpfung, ↑Gentechnologie, ↑Biotechnologie.

biologische Schädlingsbekämpfung: die Bekämpfung von Schädlingen (Tiere, Pflanzen) durch Nützlinge (meist Tiere) oder Krankheitserreger und durch sog. Selbstvernichtungsverfahren (s.u.); dabei sind die Begriffe »Schädling« und »Nützling« relativ zu sehen, da sie sich auf den Menschen beziehen. Unter den *Nützlingen* gibt es Räuber, die Schädlinge fressen, Parasiten, die an Schädlingen schmarotzen, und Krankheitserreger, die bei Schädlingen Krankheiten verursachen. Zu den räuberischen Nützlingen zählen Eidechsen, Greifvögel, Fledermäuse, Katzen, viele Insekten (Laufkäfer, Marienkäfer, Raubwanzen, Larven von Schwebfliegen u.a.). Parasitische Nützlinge sind die Schlupfwespen; die Blattlausschlupfwespe z.B. legt je ein Ei in eine Blattlaus. Die aus dem Ei hervorgehende Larve frisst in wenigen Tagen die Blattlaus von innen her auf, verpuppt sich in dieser und entschlüpft später der leeren Blattlaushülle als Schlupfwespe. Durch die hohe Vermehrungsrate kann in kurzer Zeit eine Blattlauspopulation vernichtet werden.

Zur b. Sch. genutzte *Krankheitserreger* sind viele Viren und Mikroorganismen (Pilze, Bakterien, Einzeller). Beispielsweise wurde die Kaninchenplage in Australien in den 1950er-Jahren durch die künstliche Verbreitung des Myxomatosevirus, das bei Haus- und Wildkaninchen eine tödlich verlaufende Infektionskrankheit **(Myxomatose)** hervorruft, eingedämmt. Schadinsekten können sehr spezifisch mit Bacillus thuringiensis bekämpft werden: Der Bazillus besitzt ein Endotoxin (↑Toxine), das für den Menschen und andere Warmblüter ungefährlich ist, jedoch bei Insektenlarven die Darmzellen zerstört.

Selbstvernichtungsverfahren stützen sich v.a. auf die Massenaussetzung von Männchen des betreffenden Schädlings, die künstlich herangezogen und durch ionisierende Strahlen steril (sog. **Sterilmännchen**) gemacht wurden. – Der

Vorteil der b. Sch. liegt darin, dass sie die Lebensmittel nicht mit Pestizidrückständen beeinträchtigt und Nützlinge weder vermindert noch ausrottet. Außerdem sind krankheitserregende und schmarotzende Nützlinge wirtsspezifisch und deswegen dem Menschen und anderen Lebewesen gegenüber neutral. Die Anwendung b. Sch. setzt jedoch detaillierte Kenntnisse des jeweiligen ↑Ökosystems voraus (↑Volterra-Gesetze).

biologische Selbstreinigung: Selbstreinigungsvorgänge in oberirdischen Gewässern (Bäche, Flüsse, Seen), die mehr auf biologischen Vorgängen (durch Organismen) und weniger auf chemischen Prozessen (z.B. durch Oxidations- und Reduktionsvorgänge) beruhen. Dabei spielen physikalische Faktoren wie die Fließgeschwindigkeit, das Verhältnis zwischen Schmutz- und Frischwasser sowie Wassertemperatur und Verteilungsgrad der Abfallstoffe eine erhebliche Rolle.

Die *Organismen,* die zur Selbstreinigung beitragen, sind Pilze, Algen, Bakterien, Krebse, Muscheln, Würmer, Insektenlarven, Schnecken, Fische und Wasservögel. Die Mikroorganismen bauen die im Wasser fein verteilten organischen und anorganischen Komponenten mithilfe ihres Stoffwechsels in körpereigene Substanz um oder zu Kohlenstoffdioxid und Wasser ab. Sie werden von Krebsen, Schnecken und Würmern als Nahrung aufgenommen. Diese werden von größeren Krebsen und Insektenlarven gefressen, die schließlich Fische und Wasservögel ernähren (↑Nahrungskette).

Der *Stoffwechsel der Wasserorganismen* verbraucht Sauerstoff, der durch die autotrophen Algen bei der ↑Fotosynthese nachgeliefert wird. Wird das Gewässer eutrophiert (↑eutroph), d.h. mit stickstoff- und phosphorhaltigen Stoffen belastet (überdüngt), so kommt es zu einer explosionsartigen Vermehrung der Algen, deren gesteigerte Sauerstoffproduktion das Wasser wegen baldiger Sättigung nicht aufnehmen kann. Da in der Nacht von allen Organismen mehr Sauerstoff verbraucht wird, als bei Tag vom Wasser gespeichert werden kann, tritt in einem solchen eutrophierten Gewässer rasch Sauerstoffarmut auf, was sich auf den Bestand aller an der Selbstreinigung beteiligten Organismen negativ auswirkt.

biologisches Gleichgewicht: ein Zustand, der sich in einer ungestörten ↑Biozönose eingestellt hat. Die Individuenzahl der einzelnen Arten verändert sich in dieser Lebensgemeinschaft nur noch innerhalb enger Grenzen (↑auch ökologisches Gleichgewicht; ↑Fließgleichgewicht).

biologische Uhr (physiologische Uhr, innere Uhr): ein rhythmisch ablaufender, autonomer physiologischer Mechanismus, nach dem die Stoffwechselvorgänge, Wachstumsleistungen und Verhaltensweisen bei Tieren, Pflanzen und Einzellern festgelegt werden (meist durch den Hell-Dunkel-Wechsel im 24-Stunden-Rhythmus). Da schon einzelne Zellen dazu fähig sind, vermutet man, dass die molekularen Vorgänge für das Funktionieren der biologischen Uhr in der Zelle lokalisiert sind. Werden die Organismen künstlich bei gleich bleibenden Außenbedingungen gehalten, geht der Tag-Nacht-Rhythmus allmählich verloren; die innere Uhr muss also durch Außenreize »nachgestellt« werden. Jahreszeitliche Rhythmen (z.B. ↑Winterschlaf, ↑Vogelzug, Laubfall) werden von Klimafaktoren und der Tageslichtlänge bestimmt. Auch die Sekretion der Hormone unterliegt der biologischen Uhr.

Biolumineszẹnz: eine besondere Art der **Chemilumineszenz,** die zum Eigenleuchten bei Pflanzen und Tieren führt. Das Leuchten beruht auf der Oxidation bestimmter Leuchtstoffe **(Luciferine)** unter katalysatorischer Wirkung des Enzyms Luciferase. Die

Luciferine sind meist Stoffwechselendprodukte und gehören verschiedenen Stoffklassen an.

Bei der *intrazellulären B.* befinden sich Leuchtzellen im Körper eines Tiers, die das Licht durch die Haut ausstrahlen (z.B. bei Fischen und Leuchtkäfern).

Die *extrazelluläre B.* wird durch Oxidation des Leuchtstoffs außerhalb des Körpers hervorgerufen. Dabei werden sowohl das Luciferin als auch Luciferase in besonderen Hautdrüsen gebildet und nach außen abgestoßen, wobei Leuchtwolken entstehen (v.a. bei Tiefseetintenfischen).

B. kann schließlich durch Symbiose mit Leuchtbakterien (s. u.) verursacht werden, deren blaues bis grünes Leuchten meist auf einen Reiz hin erfolgt (besonders bei Würmern, Hohltieren und Stachelhäutern).

Außer bei Tieren findet man B. auch bei einigen Bakterien und Pilzen. **Leuchtbakterien** z.B. kommen frei im Meer vor, aber auch als Symbionten oder Parasiten von Tieren. Sie verursachen das Leuchten von moderndem Holz, Fleisch und Fisch. Selbsttätig leuchten das Mycel des Hallimaschs und der Dinoflagellat Noctiluca (↑Meeresleuchten).

Biomasse: die Gesamtheit aller lebenden und toten Organismen und der von ihnen stammenden Substanz. Jährlich entstehen weltweit auf dem Festland rund $2 \cdot 10^{11}$ t Biomasse (zu 99% pflanzlichen Ursprungs).

Biometrie: die Anwendung mathematischer Methoden, besonders der Statistik, um die Variabilität von Organismen zu untersuchen. Mithilfe der B. werden Messverfahren festgelegt, Experimente geplant, ausgeführt und ausgewertet. Es handelt sich fast stets um eine große Zahl von Messergebnissen, die durch statistische Berechnungen auf wenige wichtige Werte reduziert werden, wobei u. U. zu entscheiden ist, ob ermittelte Werte zufällig oder gesetzmäßig sind. Beispiel: Eine neu gezüchtete Lupinenrasse soll auf den Gehalt an Alkaloiden (Gifte) untersucht werden und darauf, wie stark dieser Gehalt schwankt.

Bionik: eine von der ↑Biokybernetik abgeleitete biologische Wissenschaft, die versucht, die biologischen Funktionsweisen von Organen in die Technik zu übertragen oder in Verbindung mit den Ingenieurwissenschaften Geräte zu entwickeln, die biologische Aufgaben übernehmen können. So entwickelt die B. z.B. nervengesteuerte Prothesen oder Muskelkraftverstärker oder nach dem Vorbild der menschlichen Niere arbeitende Meerwasserentsalzungsanlagen.

Biophysik: eine wissenschaftliche Disziplin, die mit physikalischen Methoden biologische Erscheinungen untersucht, die nur physikalisch erklärbar sind. Hierzu gehört z.B. die Untersuchung der Luftströmungen am Vogelflügel oder der Einsatz des Elektronenmikroskops, der in der Biologie völlig neue Erkenntnisse brachte.

Biorhythmus: bei Organismen das wiederkehrende Auftreten von durch innere und/oder äußere Einflüsse gesteuerten Erscheinungen. Manche Lebensvorgänge laufen in einem bestimmten Rhythmus ab, z.B. im besonders gut untersuchten 24-Stunden-Rhythmus der ↑biologischen Uhr. Einen gezeitenabhängigen B. von etwa 12,4 Stunden besitzen viele Meereslebewesen; ein 28-tägiger B. **(Lunarperiodik)** kommt bei der Fortpflanzung meeresbewohnender Borstenwürmer und Braunalgen vor. Man nimmt an, dass die Menstruation ursprünglich an die Mondphasen gekoppelt war.

Biospecies: ↑Art.

Biosphäre: die Gesamtheit der von Lebewesen besiedelten Teile der Erde. Die B. reicht aus dem Boden des Festlandes über den Bereich der Gewässer bis hinein in die unteren Luftschichten der Atmosphäre. Sie wird unterteilt in einzelne ↑Ökosysteme, z.B. Wälder, Wüsten, Meeresküsten.

Biosynthese: der Aufbau von chemischen Verbindungen durch Stoffwechselvorgänge in den Zellen lebender Organismen.
Biotechnologie: der Gentechnologie übergeordnetes Gebiet – siehe S. 200.
Biotop (Lebensraum): der anorganische Anteil, d.h. die physikalischen und chemischen Gegebenheiten einzelner ↑Ökosysteme (z.B. See, Meeresküste), als Bestandteil der ↑Biosphäre. Die Lebewesen darin (der organische Anteil) werden unter dem Begriff ↑Biozönose zusammengefasst. In der Botanik gebraucht man statt B. häufig die Bezeichnung **Standort.** Arten, die an ein B. besonders angepasst sind und hauptsächlich dort vorkommen, nennt man ↑Charakterarten.
Biotopschutz: ↑Artenschutz.
Biotransformation (Biokonversion): in der Biotechnologie angewandte Verfahren, um mithilfe von Mikroorganismen, isolierten Zellen oder Enzymen Substanzen enzymatisch um-, ab- oder aufzubauen. Auch die Umwandlung körperfremder Substanzen (z.B. Arzneimittel) in ausscheidungsfähige Stoffe wird als B. bezeichnet.
Biozide: Substanzen, die zur ↑Schädlingsbekämpfung eingesetzt werden.
Biozönose: eine Gemeinschaft von Pflanzen- und Tierarten, die sich aufgrund ähnlicher Ansprüche an Boden- und Klimaverhältnisse in typischer Artenzusammensetzung in einem ↑Biotop zusammengefunden haben und in Wechselwirkung miteinander stehen.
Die grünen Pflanzen bauen durch ↑Fotosynthese aus anorganischen Stoffen und dem Sonnenlicht hochmolekulare organische Verbindungen auf. Sie liefern die Nahrung für ↑Pflanzenfresser, die anderen Tieren als Beute dienen. Am Ende der ↑Nahrungskette stehen die ↑Bakterien und ↑Pilze, die organische Verbindungen in die anorganischen Bestandteile zerlegen und den Kreislauf schließen. In einer ausgewogenen B. sind die Mengen der auf- bzw. abgebauten Stoffe gleich groß. Gut untersucht sind bisher nur Pflanzengesellschaften.
Bipedie: die vorwiegend zweibeinige Fortbewegungsart von Wirbeltieren. B. laufen u.a. die Strauße, Pinguine, Kängurus und der Mensch.
Bivalvia: die ↑Muscheln.
Bizeps: ↑Muskeln.
Bläschendrüse (Samenbläschen, Glandula vesiculosa): Im Unterschied zur ↑Samentasche der wirbellosen Tiere ist die B. des Menschen ein paariger, vielfach gewundener, eng zusammengedrängt liegender, etwa 10–20 cm langer Drüsenschlauch am unteren Ende der männlichen Harnblase. Ihr alkalisches Sekret regt im Samenleiter die Samenzellen zu Eigenbewegungen an.
Blasenkeim: ein Stadium der ↑Keimesentwicklung.
Blasensprung: ↑Geburt.
Blasteme: ↑Gewebe.
Blastocoel (Furchungshöhle): das Innere des Blasenkeims, das zur primären Leibeshöhle wird (↑Keimesentwicklung).
Blastocyste: ↑Keimesentwicklung.
Blastoderm: das einschichtige Epithel der Wand des Blasenkeims (↑Keimesentwicklung).
Blastomere: Zellen, die durch Teilung (↑Mitose) aus der tierischen Eizelle hervorgehen. Sie wachsen zunächst nicht, sondern werden durch die Teilungen immer kleiner. Erst wenn sie eine bestimmte Größe unterschritten haben, beginnt ihr Wachstum (↑Keimesentwicklung).
Blastula: ↑Keimesentwicklung.
Blatt: seitliches Anhangsorgan an der Sprossachse der Samenpflanzen, in dem i.d.R. die ↑Fotosynthese abläuft. Die Gestalt des Blattes ist entsprechend der Pflanzenart sehr unterschiedlich. Nach der Entwicklungsfolge unterscheidet man ↑Keimblätter, ↑Niederblätter, ↑Laubblatt, ↑Nadelblatt, ↑Hochblätter und die Blätter im Blütenbereich (↑Blüte).

B

Blattachsel: der Winkel, der zwischen Blatt bzw. Blattstiel (↑Laubblatt) und dem Stängel einer Pflanze liegt. In der B. sitzen die Seitenknospen (↑Achselspross).

Blattadern: Leitungsbahnen (Adern) in der Blattspreite eines ↑Laubblattes, die dem Wassertransport und der Festigung der Blattspreite dienen. Bei den ↑Zweikeimblättrigen Pflanzen sind die B. verzweigt und fieder- oder netznervig, bei den ↑Einkeimblättrigen Pflanzen laufen sie parallel.

Blattdornen: ↑Dornen, die durch die Umwandlung von Blättern oder Blattteilen entstehen. Sie schützen die Pflanze gegen Tierfraß und sind besonders häufig bei Pflanzen zu finden, die an trockenen Standorten wachsen (z.B. Disteln, Berberitze). – ↑auch Blattmetamorphosen.

Blattentwicklung: ↑Laubblatt.

Blättermagen: ein Teil des Magens der ↑Wiederkäuer.

Blattfall: der ↑Laubfall.

Blattformen: ↑Laubblatt.

Blattgrün: das ↑Chlorophyll.

Blattgrund: der unterste am Spross sitzende Teil des ↑Laubblattes.

Blatthäutchen (Ligula): ein kleiner, häutiger Auswuchs, der sich bei Gräsern an der Grenze zwischen Blattscheide und Blattspreite des ↑Laubblatts bildet. Es ist eine Verlängerung der Blattscheidenepidermis und liegt eng am Halm an. Das B. dient auch als Bestimmungsmerkmal.

Blattkiemen: eine für viele Muscheln typische Kiemenform, die entwicklungsgeschichtlich aus ↑Fadenkiemen hervorgegangen ist, welche an den Enden verwachsen sind. Muscheln besitzen vier geschlitzte B., die in den Mantelraum hineinragen. Milliarden von Cilien erzeugen eine Flüssigkeitsströmung, die durch die Schlitze und über die schleimig-klebrige Fläche der ↑Kiemen führt. Kleine Nahrungs- und Abfallpartikel bleiben dort hängen. Der Schleim wird von weiteren Cilien zum Mund befördert, wo die Nahrungspartikel abgetrennt und der Schleim resorbiert wird. Austern filtern bis zu 12 l Wasser/Std. und gewinnen dabei bis zu 0,02 g Nahrung.

Blattöhrchen

Blattläuse (Aphidina): kleine, an Pflanzen saugende Insekten, die ihre Flügel in Ruhestellung dachartig zusammenlegen. Häufig sind die Weibchen ungeflügelt. Charakteristisch für die B. ist ihr komplizierter, oft mit Wirtswechsel verbundener ↑Generationswechsel mit mehreren parthenogenetisch entstehenden Weibchengenerationen. B. scheiden zuckerhaltige Exkrete (↑Honigtau) aus, die von ↑Ameisen sehr geschätzt werden. Aufgrund der Saugschäden und als Überträger von pflanzlichen Viruskrankheiten können B. sehr schädlich werden.

Blattmetamorphosen: bei Blättern die Gestaltabwandlungen gegenüber einem normalen ↑Laubblatt. Blätter können spezielle Aufgaben übernehmen und verändern dabei ihr Aussehen: **Speicherblätter** sind dick und fleischig. Bei der Zwiebel stehen sie dicht gedrängt, einander überdeckend an der Sprossachse. Pflanzen an wasserarmen Standorten (↑Sukkulenten) bilden Blätter, die Wasser speichern können. ↑Fleisch fressende Pflanzen wandeln die Blattspreite so um, dass sie zum Fang von Insekten geeignet ist (z.B. **Kannenblätter,** die klebrig-drüsigen Blätter des heimischen Sonnentaus oder die **Klappblätter** der Venusfliegenfalle). – ↑Blattdornen und ↑Blattranken sind ebenfalls durch B. entstanden. Bei Akazien ist die Blattspreite zurückgebildet; ihre Aufgaben übernimmt der verbreiterte Blattstiel **(Blattstielblätter** oder **Phyllodien).** Bei ↑Wasserpflanzen sehen Blätter, die unter Wasser liegen, manchmal anders aus als die, die als Luftblätter aus dem Wasser ragen (↑Heterophyllie).

Blattnekrose: Abbau von Blattgewebe (insbesondere bei Bäumen und Sträuchern), z.B. infolge übermäßigen Streusalzeinsatzes.

Blattöhrchen: bei manchen Pflanzen vorhandener zweilappiger, grundständiger Teil der Blattspreite, der den Blattstiel beidseitig umwächst, dient als Bestimmungsmerkmal.

Blattpolster: Verdickungen des Blattstiels (↑Laubblatt) an der Übergangsstelle zum Stängel, die wie ein Gelenk wirken und dem Blatt (große) Beweglichkeit verleihen (z.B. Mimose).

Blattränder: der Umriss eines Laubblattes bzw. einer Blattspreite. Er kann ganzrandig, gesägt, doppelt gesägt, ge-

Blattränder

zähnt, gesägt-gezähnt, dornig gezähnt, gekerbt, gebuchtet oder schrotsägerandig sein. – Bild S. 71.

Blattranken: ↑Laubblätter oder Teile davon, die zu fadenförmigen Gebilden umgewandelt sind. Mit B. können Kletterpflanzen Gegenstände oder andere Gewächse umschlingen und so ohne eigene stützende Bildungen (↑Festigungsgewebe) in größere Höhen zum Licht gelangen. Bei Kürbisgewächsen sind die Blätter oft bis auf die Mittelrippe zurückgebildet. Bei Erbse und Wicke sind nur die vordersten Teile des Fiederblattes als B. ausgebildet.

Blattscheide: der stängelumfassende, untere Teil eines ↑Laubblatts, der z.B. bei den ↑Gräsern den Stängel zusätzlich stützt. Auch der Blattstiel kann zur B. ausgebildet sein, die dann manchmal noch Nebenblätter (↑Laubblatt) trägt.

Blattspindel: ↑Laubblatt.

Blattspreite: ↑Laubblatt.

Blattstellung: die Anordnung der Blätter an der Sprossachse. Da die Laubblätter für die ↑Fotosynthese Sonnenlicht benötigen, sind die Blätter am Stängel so angeordnet, dass die oberen die unteren nicht beschatten. Die B. an einer Pflanze beschreibt man mit einem Diagramm, bei dem die Blätter auf Kreisen liegen, deren Mittelpunkt der Stängel bildet.

Grundsätzlich gibt es 2 Arten der B.: Entspringen an einem Knoten 2 oder mehr Blätter, nennt man ihre Stellung *gegenständig* oder *wirtelig*. Sind es, was sehr häufig der Fall ist, nur 2 Blätter pro Knoten, stehen sie *kreuzständig (dekussiert)*, d.h. von Knoten zu Knoten jeweils um 90° versetzt. Aber auch wenn mehrere Blätter gebildet werden, stehen diese immer auf Lücke **(Alternanzregel).** Entspringt an einem Knoten nur ein Blatt, stehen die Blätter der Pflanze *wechselständig* oder *schraubig* (z.B. bei vielen Einkeimblättrigen Pflanzen). Dann liegen die Blätter eines Stängels oft genau gegenüber, oder sie sind auf einer Schraubenlinie um den Stängel angeordnet. Dabei bleibt der Winkel, um den die Ansatzstelle des oberen gegenüber der des darunter liegenden Blattes verrückt ist, immer der gleiche **(Äquidistanzregel).** Dieser Winkel kann von Art zu Art verschieden sein.

Blattstiel: ↑Laubblatt.

Blaualgen: die ↑Cyanobakterien.

Blinddarm: bei vielen Wirbeltieren ein blind endendes Darmstück an der Mündung des Dünndarms in den Dickdarm. Einige Reptilien und die meisten Säuger besitzen einen B., Vögel zwei. Fleischfresser haben einen sehr kurzen, Pflanzenfresser dagegen einen besonders langen B. (beim Rind ist er z.B. 50–60 cm lang). – Bei den Pflanzen fressenden Hasen und Nagetieren ist der B. der größte Darmabschnitt (30–40 % des gesamten Darmtraktes). Auf der unverdaulichen Cellulose vermehren sich Mikroorganismen, mit denen diese Tiere ihren Eiweiß- und Vitaminbedarf (v.a. B- und K-Vitamine) decken, indem sie den Blinddarmkot erneut fressen, wobei die Mikroorganismen mit verdaut werden. – Bei den Menschenaffen und beim Menschen ist der hintere Abschnitt des Blinddarms zum **Wurmfortsatz (Appendix)** zurückgebildet. Er ist 6–8 cm lang und liegt beim Menschen rechts im Unterbauch.

blinder Fleck: die Austrittsstelle des Sehnerves aus dem ↑Auge. Im b. F. befinden sich keine Sehzellen, sodass das Auge hier vollständig blind ist.

Blinzhaut: ↑Nickhaut.

Blühhormon: ein Gemisch aus zwei verschiedenen chemischen Substanzen **(Florigen, Vernalin),** die sich nur aufgrund der etwas anderen Reaktion der Pflanze unterscheiden und bis jetzt mit biochemischen Methoden noch nicht isoliert werden konnten. Man kann eine nicht blühwillige Pflanze durch Aufpfropfen einer anderen blühenden Pflanze (das B. ist nicht artspezifisch!) zum Blühen bringen. Die zu den

↑ Wuchsstoffen zählenden Gibberelline bringen zwar manche Pflanzen zur Blüte, sie stellen jedoch keine Blühhormone im eigentlichen Sinne dar.

Blume: bestäubungsbiologisch-funktionelle Einheit der Samenpflanzen. Die B. entspricht meist der Blüte. B. können aber auch aus mehreren Blüten bestehen (z.B. bei den Blütenköpfchen von Korbblütlern).

Blumentiere (Anthozoa): eine Klasse oft Kolonien bildender, in allen Meeren verbreiteter Nesseltiere. Sie kommen nur als Polypen vor, die sich sehr stark kontrahieren können. Ihr Körper ist durch dünne Scheidewände (Septen) gekammert. Der Durchmesser ihrer Tentakelkrone, die oft einer prachtvoll bunten Blume (z.B. einer Anemone oder einer Rose) ähnlich sieht, kann wenige Millimeter bis etwa 1,5 m betragen. Viele B. haben ein Kalkskelett, v.a. die ↑ Korallen.

Blut: Kleine Tiere können ihre Zellen noch direkt mit Nährstoffen und Sauerstoff versorgen. Bei größeren reichen Diffusionsvorgänge dazu nicht mehr aus. Sie müssen deshalb einen Weg finden, Nährstoffe und Sauerstoff im Körper zu verteilen. Diese Aufgabe übernimmt das Blut.

Bei Tieren mit *offenem Blutgefäßsystem* (Weichtiere, Gliederfüßer) entspricht das B. in seiner chemischen Zusammensetzung dem Körpersaft und wird ↑ Hämolymphe genannt. Tiere mit *geschlossenem Blutgefäßsystem* (Ringelwürmer, Chordatiere) haben das B. in Adern, aus denen in den Kapillaren ↑ Lymphe in das Gewebe austritt. Sie wird wieder gesammelt und dem B. über besondere Lymphgefäße zugeführt. Für den Sauerstofftransport besitzt das B. oxygenierbare Farbstoffe (↑ Blutfarbstoffe). Bei den Wirbeltieren übernimmt das eisenhaltige ↑ Hämoglobin die Aufgabe des Sauerstofftransports.

Mit die wichtigste Aufgabe des B. ist der *Transport,* v.a. von Sauerstoff von den Atmungsorganen zu den Geweben und von Kohlenstoffdioxid von den Geweben zu den Atmungsorganen. Weiterhin transportiert es Nährstoffe von den Verdauungs- und Speicherorganen in die Gewebe, Abfallstoffe zu den Ausscheidungsorganen, Hormone und andere Wirkstoffe zur Steuerung des Organismus, Wärme zur Körperoberfläche, wo sie abgestrahlt wird, Gerinnungsstoffe, Wasser, das vom Dickdarm aufgenommen und von den Nieren ausgeschieden wird.

B. bildet *Schutzstoffe* (z.B. ↑ Antikörper), die Krankheitserreger, Gifte oder Fremdstoffe (↑ Antigene) zusammenballen oder ausfällen. Diese Stoffe werden dann von farblosen Blutzellen, den Leukocyten (↑ weiße Blutkörperchen) bzw. den ↑ Phagocyten, aufgenommen und verdaut. Auch gegen fremde Blutzellen können Stoffe gebildet werden, die diese verklumpen (↑ Blutgruppen, ↑ Agglutinine).

Das B. der Wirbeltiere dient darüber hinaus dem *Wundverschluss* durch ↑ Blutgerinnung. Bei den Gliederfüßern, Weichtieren und Stachelhäutern wird der Wundverschluss durch einen Pfropf agglutinierter Blutzellen und örtlich begrenzte Muskelkontraktionen bewirkt.

Bei wirbellosen Tieren erfüllt das B. durch seinen Flüssigkeitsdruck *Stützfunktionen.* Diese Aufgabe übernimmt es beim Menschen beim Versteifen des männlichen ↑ Gliedes.

Das B. sorgt für ein *gleich bleibendes chemisches Milieu* mit möglichst konstantem Ionengleichgewicht und pH-Wert (7,35–7,4). Die wichtigsten Puffersubstanzen sind die Plasmahydrogencarbonate, das Hämoglobin und die Plasmaeiweiße. Die Leber sowie die Ausscheidungs- und Atmungsorgane unterstützen die chemische Wirkung des Blutes.

Das **Blutvolumen** des Menschen macht etwa 7–8 % des Körpergewichtes aus. Ein Mensch von 70 kg Gewicht hat

also ein Blutvolumen von etwa 5–5,5 Liter. Ein Verlust von 10% wird gut vertragen, ein Verlust von 30% ist gefährlich (Gefahr eines Schocks) und von über 50% tödlich.
Lässt man ungerinnbar gemachtes B. (↑Blutgerinnung) etwas stehen, so sinken die festen Bestandteile nach unten (↑Blutsenkung). Die überstehende, trübe Flüssigkeit ist das **Blutplasma.** Es macht 56% des B. aus und enthält im frischen Zustand das für die Blutgerinnung wichtige Fibrinogen. Blutplasma ohne Fibrinogen heißt **Blutserum.** Es dient dem Transport von Hormonen, Nährstoffen (Glucose, Fette) und Abfallstoffen (Harnstoff) und besteht zu 90% aus Wasser. Der Rest sind gelöste Stoffe wie Eiweiße (↑Albumine, ↑Globuline), Glucose, Fette, Enzyme, Hormone, Salze. Die geformten Bestandteile, die **Blutzellen,** machen 44% des B. aus. Es sind dies die roten und die weißen Blutkörperchen (Blutzellen) und die Blutplättchen.
Die *roten Blutkörperchen (Erythrocyten)* dienen dem Sauerstofftransport. Sie sind verformbare, beiderseitig eingedellte Scheibchen, bei den Säugern und damit auch beim Menschen sekundär ohne Zellkern, und enthalten den Blutfarbstoff Hämoglobin. Sie werden beim ungeborenen Kind vorwiegend in Leber, Milz und Knochenmark, nach der Geburt nur noch im roten Knochenmark hauptsächlich der flachen Knochen (Rippen, Brustbein, Schädel u.a.) gebildet. Ihre Lebensdauer beträgt höchstens 4 Monate. Dann werden sie von Milz und Leber abgebaut (↑Blutmauserung; ↑retikuloendotheliales System). Ganz junge rote Blutkörperchen nennt man **Retikulocyten.** Sie zeigen nach Anfärbung kleine Körner, die z.T. durch netzartige Strukturen verbunden sind. Die Gesamtoberfläche aller roten Blutkörperchen eines Menschen beträgt etwa 3 000 m²; dies entspricht der Fläche eines halben Fußballfeldes. Alle in einer Reihe aneinander gelegt, ergäben eine Strecke von 175 000 km!
Die *weißen Blutkörperchen (Leukocyten)* dienen der Abwehr von Krankheitserregern. Sie kommen im Knochenmark, B., Lymphgefäßsystem, in der Gewebsflüssigkeit, in der Flüssigkeit der Körperhöhlen und in der Gehirn-Rückenmarks-Flüssigkeit (↑Cerebrospinalflüssigkeit) vor. Sie sind farblos. Einige lassen sich anfärben und zeigen dann im Innern feine Körnchen, weshalb man sie **Granulocyten** nennt. Eine weitere Art, die **Monocyten,** gehören zu den großen Fresszellen (Makrophagen). Sie haben einen gelappten Kern. Granulocyten und Monocyten werden im Knochenmark gebildet. Sie leben etwa 10 Tage. Beide bewegen sich amöboid auch entgegen dem Blutstrom und können in den Kapillaren die Blutbahn verlassen und durch die Zellzwischenräume kriechen. Sie nehmen Bakterien und kleine Fremdkörper durch ↑Phagocytose auf und verdauen sie. Eine besondere Form der Granulocyten ist den ↑Mastzellen des Bindegewebes vergleichbar. Durch ihren Gehalt an Heparin, Histamin und Serotonin vermindern sie die Gerinnungsfähigkeit des Blutes und erhöhen die Durchlässigkeit der Gewebe. Sie spielen bei Entzündungen eine Rolle. – V.a. in den Lymphknoten und der Milz entstehen die **Lymphocyten,** eine weitere Form der weißen Blutkörperchen, deren Zahl bei chronischen Infektionen ansteigt. Sie leben etwa 4 Monate.
Die *Blutplättchen (Thrombocyten)* sind für die Blutgerinnung wichtig. Sie werden im Knochenmark durch Abschnürung gebildet, leben etwa 2–10 Tage und haben keinen Zellkern. 1 mm³ B. enthält rund 250 000–400 000 Blutplättchen, 4,5–5 Millionen rote und 5 000–10 000 weiße Blutkörperchen.
In Bezug auf die Blutbeschaffenheit unterscheidet man verschiedene Blutfaktoren. Von diesen müssen besonders die ↑Blutgruppen (A, B, AB und 0) und der

↑Rhesusfaktor (Rh-Faktor) bei einer ↑Bluttransfusion beachtet werden. – ↑auch Blutdruck, ↑Blutgefäße, ↑Blutkreislauf.

Blutadern: die ↑Venen.

Blutarmut: die ↑Anämie.

Blutausstrich: Verfahren zur mikroskopischen Untersuchung der Zellen im ↑Blut. Hierzu wird ein Tropfen Blut auf dem Objektträger mithilfe eines schräg dagegengehaltenen Deckglases ausgezogen.

Blutbild: die Zusammenfassung von Ergebnissen der verschiedenen Bluntuntersuchungen. Zum B. gehören u. a. die Anzahl der roten und weißen Blutkörperchen, die Hämoglobinbestimmung und die Blutsenkungsgeschwindigkeit (↑Blutsenkung). Das Blut wird der Fingerkuppe, dem Ohrläppchen oder auch einer Vene entnommen.

Blutbildung: die Bildung von Blutzellen in speziellen Organen. ↑Blut besteht aus geformten und flüssigen Bestandteilen. Erstere sind die Blutkörperchen und die Blutplättchen. Beide haben nur eine beschränkte Lebensdauer und müssen deshalb ständig neu gebildet werden. Die ↑roten Blutkörperchen werden beim ungeborenen Kind von Milz, Leber und Knochenmark hergestellt. Nach der Geburt entstehen sie nur noch im roten Knochenmark, also in allen flachen Knochen (Rippen, Brustbein, Schädel u. a.) und den Gelenkenden (Epiphysen) der Röhrenknochen. Täglich werden etwa $25 \cdot 10^{12}$ (=25 Billionen) neu gebildet. Von den ↑weißen Blutkörperchen stammen die Granulocyten und ein Großteil der Monocyten ebenfalls aus dem Knochenmark, die Lymphocyten hingegen v. a. aus den Lymphknoten und der Milz. – Die Blutplättchen werden im Knochenmark von den Knochenmarksriesenzellen abgeschnürt.

Blutdepot: der ↑Blutspeicher.

Blutdruck: der durch die Tätigkeit des ↑Herzens erzeugte Druck des strömenden ↑Bluts im Gefäßsystem. Das Herz pumpt das Blut mit sehr hohem Druck stoßartig in die ↑Arterien, die dabei gedehnt werden. In den Pausen zwischen zwei Herzschlägen ziehen sie sich wieder zusammen und drücken das Blut weiter. Es wird so bei ständig abnehmendem B. in die ↑Kapillaren gepresst, von den ↑Venen gesammelt und von ihnen wieder zum Herzen zurückgeleitet (↑auch Blutkreislauf). Der B. im Lungenkreislauf (rechte Herzkammer, Lunge, linker Vorhof) ist etwa fünfmal geringer als der des Körperkreislaufs (linke Herzkammer, Körper, rechter Vorhof). Die *Blutdruckregulation* übernimmt das Nervensystem. Bestimmte Sinneszellen **(Pressorezeptoren),** u. a. in der ↑Aorta, im rechten Vorhof und in der linken Herzkammer, messen den Druck und melden ihren Messwert an den Hirnstamm. Er regelt den B., indem er die Häufigkeit des Herzschlags und damit die Menge des beförderten Blutes beeinflusst. Er kann aber auch das Nebennierenmark zur Ausschüttung des Hormons ↑Adrenalin anregen, das den Herzschlag beschleunigt und die kleinsten Arterien (↑Arteriolen) verengt. Dadurch steigt der Blutdruck.

Der B. im Körperkreislauf unterliegt Schwankungen, die auch krankhaft sein können. Deshalb wird beim Arzt eine **Blutdruckmessung** durchgeführt: Eine Gummimanschette wird um den Oberarm gelegt und so lange voll Luft gepumpt, bis sie den Blutstrom völlig unterbricht. Langsam wird dann der Manschettendruck vermindert. Dabei kann man durch ein in der Ellbogenbeuge aufgesetztes Stethoskop (Hörrohr) das Geräusch des wieder in die Armarterie einströmenden Blutes hören. Sobald der Puls hörbar ist, wird das Manometer, das den Druck in der Manschette anzeigt, abgelesen. Dieser Wert, der **systolische B.,** wird zuerst genannt. Der Druck in der Manschette wird weiter verringert, bis schließlich das Pulsgeräusch nicht mehr zu hören ist. In diesem Augenblick wird der zweite Wert für den **diastolischen B.** abgelesen. Der normale B. des Menschen liegt bei etwa systolisch 120 mm Hg (≈ 16 kPa), diastolisch 80 mm Hg (≈ 11 kPa).

Blüte: ein Spross begrenzten Wachstums, der mit Blättern besetzt ist, die im Dienste der (geschlechtlichen) Fortpflanzung stehen. Blüten sind ein charakteristisches Erkennungsmerkmal der ↑ Samenpflanzen, Vorläuferformen kommen aber auch bei Bärlapp- und Schachtelhalmgewächsen vor.

Die **Blütenachse** ist gestaucht; an ihr stehen schraubig oder wirtelig (quirlig) die Blütenglieder. Schraubige Anordnung kommt bei primitiven Blüten vor (Magnolie, Nacktsamer). Bei den Bedecktsamern ist eine wirtelige Stellung der Blütenglieder am häufigsten. ln der Regel liegen fünf Wirtel vor, die sich aus zwei Kreisen von (sterilen) **Blüten[hüll]blättern** (↑ Perianth), zwei Kreisen von ↑ Staubblättern (männliche Organe) und einem Kreis von ↑ Fruchtblättern (weibliche Organe) zusammensetzen. Bei den zweikeimblättrigen Pflanzen findet man i. A. vier oder fünf Glieder, bei den einkeimblättrigen drei Glieder in jedem Wirtel. Die Gesamtheit aller Staubblätter nennt man **Androeceum,** die Gesamtheit aller Fruchtblätter **Gynoeceum.** Die Fruchtblätter sind bei den Bedecktsamern immer zu einem Gehäuse, dem **Fruchtknoten,** verwachsen, der die ↑ Samenanlagen enthält. Er bildet zusammen mit dem Griffel (der auch fehlen kann) und der klebrigen Narbe (die den ↑ Blütenstaub aufnimmt) den **Stempel.** Sind alle Blütenblätter der schützenden Blütenhülle **(Perianth)** gleich gestaltet und gefärbt, so spricht man von **Perigon** (z. B. Tulpe). Bei ungleicher Ausbildung unterscheidet man den äußeren grünen **Kelch** aus Kelchblättern und die oft lebhaft gefärbte **Krone** aus Kronblättern, die bestäubende Insekten anlocken soll. Eine B. wird **Zwitterblüte** (oder zwittrig) genannt, wenn sie Staub- und Fruchtblätter enthält.

Eingeschlechtige Blüte heißt sie, wenn in ihr entweder nur Staubblätter oder nur Fruchtblätter vorhanden sind. Hinsichtlich ihrer Symmetrie unterscheidet man: **radiäre Blüten** mit mehreren Symmetrieebenen (Tulpe); **bilaterale Blüten** mit zwei Symmetrieebenen (Tränendes Herz); **dorsiventrale Blüten** mit einer Symmetrieebene (Lippenblütler); **asymmetrische Blüten** ohne Symmetrieebene (Canna). – ↑ auch Blütendiagramm.

Die größten B. hat mit 1 m Durchmesser die Riesenrafflesie auf Sumatra, eine Schmarotzerpflanze.

Blutegel: ↑ Ringelwürmer.

Blütendiagramm

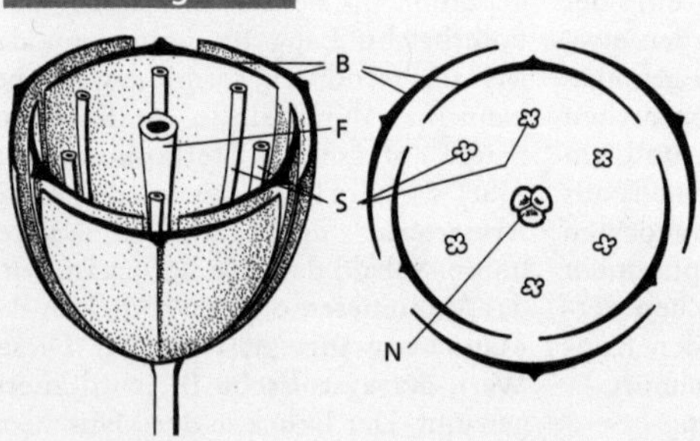

Schematischer Blütenbau der Tulpe; B Blütenblätter, F Fruchtknoten, N Narbe, S Staubblätter

Blütenbewegungen: Bewegungen der Blüte oder einzelner Blütenteile. Sie werden hervorgerufen durch Schwankungen des ↑ Turgors einiger Zellen oder durch verschieden starkes Wachstum entgegengesetzter Seiten eines Organs. – ↑ auch Nastie.

Blütenblätter: ↑ Blüte.

Blütendiagramm: eine schematisierte Zeichnung, die die Symmetrie einer Blüte und die Stellungsverhältnisse der

Blütenglieder zeigt. – ↑auch Blattstellung.

Blütenfarbstoffe: verschiedene chemische Substanzen, die einzeln oder kombiniert die Färbung der Blüten bewirken. ↑Flavone, die gelöst im Zellsaft vorliegen, bewirken eine Gelbfärbung. Diese kann auch durch fettlösliche ↑Carotinoide (Xanthophylle), die in die ↑Chromoplasten eingelagert sind, hervorgerufen werden. Rotfärbung wird durch Carotin oder im Zellsaft gelöste ↑Anthocyane verursacht, Gelbfärbung durch Xanthophyll. Fehlen die Farbstoffe in den Blütenblättern, so erscheinen diese weiß, da sie das gesamte einfallende Licht reflektieren.

blütenlose Pflanzen (Kryptogamen, Sporenpflanzen): in der Systematik die Niederen Pflanzen (Algen, Pilze, Flechten, Moose, Farne), die keine Blüten und Samen bilden, sondern deren Vermehrung meist durch einzellige Keime (z.B. Sporen) erfolgt. Den Gegensatz bilden die ↑Samenpflanzen, die früher auch als Blütenpflanzen bezeichnet wurden.

Blütenpflanzen: ↑Samenpflanzen.

Blütenstände (Infloreszenzen): bei Samenpflanzen die für die Blütenbildung umgestalteten Sprosssysteme, die mehrere bis viele Blüten tragen. Die einzelnen Blüten stehen in den Achseln von Tragblättern (oft Schuppenblätter). Ein B. heißt **geschlossen,** wenn seine Haupt- und Nebenachsen mit einer Blüte enden, **offen** hingegen, wenn der Sprossscheitel am Ende erhalten bleibt. Man unterscheidet einfache und zusammengesetzte Blütenstände.

Die Grundform des **einfachen Blütenstands** ist die *Traube* (z.B. bei der Lupine), die auch einseitswendig sein kann, d.h. alle Blüten sind in einer Richtung orientiert. Bei der *Doldentraube* nimmt die Länge der Seitenachsen von unten nach oben ab, sodass die Blüten in eine Ebene liegen (Rainfarn). Die *Dolde* ist eine »Traube« mit gestauchter Hauptachse (Efeu und alle Doldengewächse), bei der die Seitenachsen (an deren Grund kleine Blätter sitzen: Hülle) scheinbar von einem Punkt ausgehen. Bei der *Ähre* sitzen die Einzelblüten ungestielt an der unverzweigten Hauptachse (Wegerich). Ist diese Hauptachse fleischig verdickt, spricht man von *Kolben*; ein verholzter Kolben heißt *Zapfen*. *Kätzchen* sind hängende Ähren oder Trauben aus unscheinbaren Blüten, die als Ganzes abfallen (Haselnussstrauch). Beim *Köpfchen* ist die Hauptachse verdickt und gestaucht (Teufelskralle), beim *Körbchen* scheibenförmig mit flachem oder gewölbtem Blütenboden, der auch Spreublätter enthalten kann (Korbblütler).

Zu den **zusammengesetzten Blütenständen** rechnet man die *Rispe* (= mehrfach verzweigte Traube; Weinrebe), die *Doppelähre* (= aus Ährchen zusammengesetzte Ähre; Roggen), die *Doppeldolde* (= zusammengesetze Dolde mit Hülle und Hüllchen; Doldengewächse) und die *Doppeltraube* (= einfach verzweigte Traube). Bei der *Doldenrispe* (Eberesche) und der *Doldentraube* (Birne) stehen die Blüten der Rispe bzw. Traube in einer Ebene oder nach oben gewölbten Fläche. Bei der *Spirre* (Binsengewächse) liegen die äußeren Blüten höher als die inneren, sodass eine Trichterform entsteht. Beim *Quirl* liegen mindestens drei Blüten auf gleicher Sprossachsenhöhe (Salbei). Der *Knäuel* ist ein mehr oder weniger kugeliger B. (Knäuelgras). Beim *Dichasium* übernehmen zwei seitliche Blütenstandsteile die Fortsetzung der Mutterachse (Feldsalat). – Ein recht komplizierter B. tritt bei monochasialer Verzweigung auf. Zu diesem Typus zählen *Wickel* (Beinwell), *Schraubel* (Taglilie), *Fächel* (Iris) und *Sichel* (Binse). Eine Sonderform stellt die *Trugdolde (Scheindolde)* dar, bei der alle Seitenachsen gestaucht bleiben und so einer Dolde ähnlich sehen (Linde). – Bild S. 78.

Blütenstaub (Pollen): die Gesamtheit der Pollenkörner, die sich in den

Blütenstände

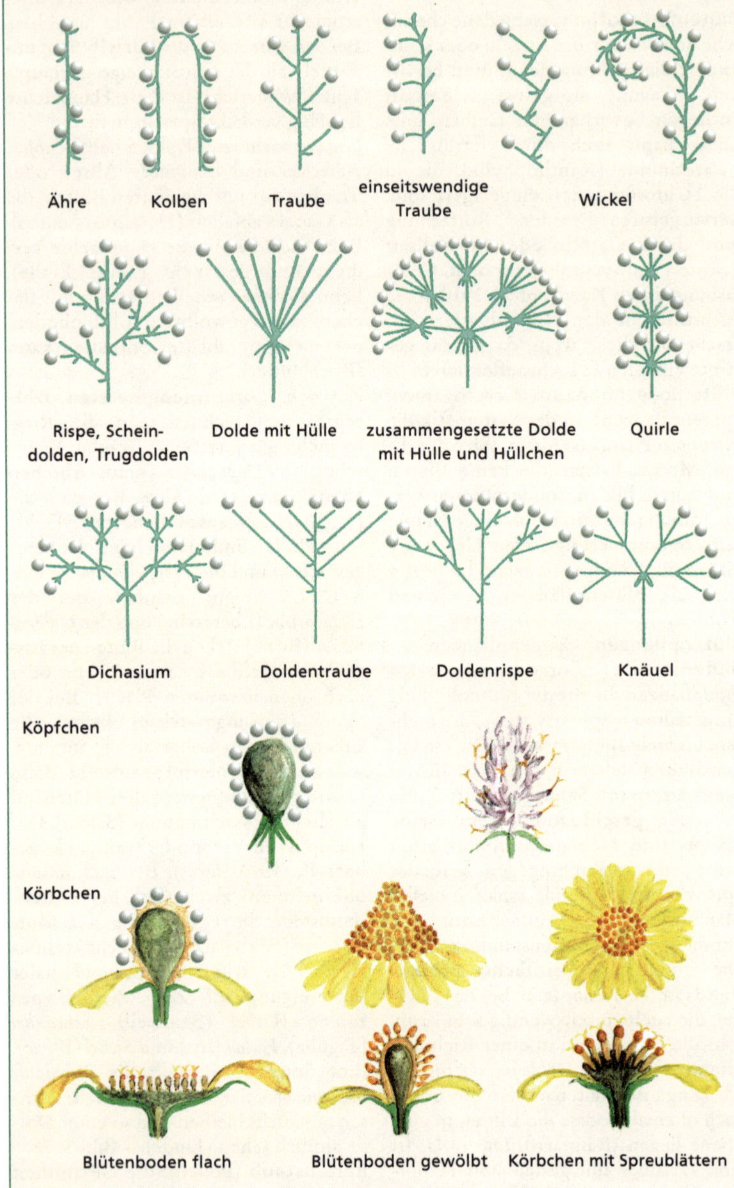

Pollensäcken der Staubblätter bilden. Das Pollenkorn ist durch die Reduktionsteilung der diploiden Pollenmutterzellen haploid. Das auf die Narbe der Fruchtblätter übertragene Pollenkorn (↑Bestäubung) wächst zum Pollenschlauch aus. Im Pollenkorn entsteht der männliche Gametophyt, der die Geschlechtszellen bildet, die im Pollenschlauch in die ↑Samenanlage zur Eizelle wandern.
Vor allem der trockene Pollen der Gräser kann während der Blütezeit im Sommer beim Menschen sehr unangenehme ↑Allergien erzeugen.

Bluterkrankheit (Hämophilie): das Fehlen von Gerinnungsstoffen im Blut. Die B. beruht darauf, dass anlagemäßig im Blut ein Gerinnungsfaktor (↑Blutgerinnung) fehlt, dessen Gen auf dem X-Chromosom liegt (↑Geschlechtschromosomen). Die B. tritt fast nur bei Männern in Erscheinung, während Frauen fast immer nur Überträger der (rezessiven) Erbanlage sind. Bei der kleinsten blutenden Verletzung droht den äußerlich gesund erscheinenden Blutern ein lebensgefährlicher Blutverlust. Eine Heilung der B. ist nicht möglich.

Blutersatzmittel: ↑Bluttransfusion.

Blutfaktoren: durch Antikörper nachweisbare erbliche Eigenschaften des Blutes. B. sind neben den vier klassischen ↑Blutgruppen sämtliche bisher bekannten erblichen Blutgruppensysteme, wie z.B. der ↑Rhesusfaktor und die nur klinisch bedeutsamen M-, N-, P-, Q- und R-Systeme.

Blutfarbstoffe: als sog. Atmungspigmente dem Sauerstofftransport in den Körperflüssigkeiten dienende Substanzen. Am bekanntesten ist der rote B. (↑Hämoglobin), der bei Wirbeltieren an besondere Zellen, die roten Blutkörperchen, gebunden ist.
Manche Muscheln, einige Krebse, einige Schnecken, Kopffüßer, manche Spinnen und Skorpione haben einen kupferhaltigen Farbstoff, das **Hämocyanin,** das, im Blutplasma gelöst, in oxidiertem Zustand blau und in reduziertem Zustand farblos ist. Daneben gibt es noch andere Farbstoffe in Körperflüssigkeiten, wie z.B. das in oxidiertem Zustand violette **Hämerythrin** (Ringelwürmer, Armfüßer) und das im Blut gelöste grüne **Chlorocruorin** (Borstenwürmer).

Blutgefäße (Adern): Bei Tieren mit offenem ↑Blutkreislauf (Weichtiere, Gliederfüßer, Manteltiere) sind die Blut führenden Gefäße noch sehr einfach und stehen in offener Verbindung mit den Hohlräumen (Lakunen) der Leibeshöhle. Bilden die Gefäße ein geschlossenes Röhrensystem, also einen geschlossenen Blutkreislauf, so müssen sich die B. bis in feinste Haargefäße (↑Kapillaren) mit zahlreichen Querverbindungen verzweigen. Nur hier erfolgt der Stoffaustausch zwischen den Geweben und dem Blut. Blutadern (↑Venen) sammeln das Blut aus den Haargefäßen und führen es zum Herzen, das es erneut in die B. pumpt. Alle vom Herzen wegführenden B. heißen ↑Arterien, ihre feinen Verästelungen Arteriolen (Ø 0,02 mm). Letztere sind mit glatter Muskulatur umgeben und können den Blutstrom drosseln und damit den ↑Blutdruck beeinflussen. – Die Hauptschlagader, die das Herz in einem Bogen verlässt, heißt ↑Aorta (Ø 10 mm). Alle Arterien haben hochelastische Wandungen, mit denen sie die harten Druckstöße des Herzens auffangen und den Blutstrom gleichmäßig machen. Sie besitzen eine glatte Innenhaut aus plattenförmigen Zellen, die bei den mittleren und kleinen Arterien von spiralig angeordneten Muskelfasern umgeben ist. Die äußere Schicht enthält elastische Fasern.

Blutgefäßsystem: die Gesamtheit aller ↑Blutgefäße, also der Arterien, Arteriolen, Kapillaren, Venolen und Venen. – ↑auch Blutkreislauf.

Blutgerinnung: ein Mechanismus zur kurzfristigen Blutstillung. Tritt ↑Blut

B

nach einer Verletzung aus der Wunde aus, so erstarrt es bald zu einer gallertartigen, zähen Masse, die eine klare, gelbliche Flüssigkeit, das Blutserum, abscheidet. Der auf diese Weise entstehende ↑Blutkuchen zieht sich dann unter Einwirkung des Fibrins weiter zusammen und bildet im letzten Schritt des Gerinnungsvorgangs den **Wundschorf,** der die Wunde verschließt.

Die B. ist ein komplizierter, in mehreren Phasen ablaufender Vorgang, an dem ca. 30 Gerinnungsfaktoren beteiligt sind. Ausgelöst wird sie durch den Kontakt des Blutes mit der verletzten Gefäßinnenwand **(intravasale B.)** oder mit dem Gewebssaft verletzter Gewebe **(extravasale B.).** Hierbei zerfallen die Blutplättchen. Die dabei frei werdende ↑Thrombokinase wird unter Mitwirkung verschiedener anderer Faktoren (antihämophiles Globulin, Christmas-Faktor, Plättchenfaktor, Calciumionen und Vitamin K) aktiviert. Die aktivierte Thrombokinase wandelt nun das im Blutplasma vorhandene **Prothrombin** in Thrombin um. **Thrombin** wiederum reagiert mit dem im Blut gelösten Eiweiß **Fibrinogen** zu Fibrin. Das fadenförmige, kontraktile **Fibrin** verklebt mit den Blutkörperchen, bildet ein Fadennetz und zieht sich unter Serumabscheidung zusammen.

Durch den Ausfall (↑Bluterkrankheit) bzw. durch die künstlich hervorgerufene Hemmung einzelner Gerinnungsfaktoren kann die B. verhindert werden: Die Ausfällung von Calcium durch Natriumcitrat, Zugabe von Heparin, Hirudin oder Cumarinabkömmlingen hemmen die Blutgerinnung. Außer dem Menschen besitzen die Wirbeltiere und die Gliederfüßer die Fähigkeit zur Blutgerinnung.

Blutgruppen: in den roten Blutkörperchen und im Blutserum vorkommende, spezifisch wirkende Stoffe, die die Zusammenballung (↑Agglutination) von (art)fremden roten Blutkörperchen bewirken können. Die Voraussetzung zur Agglutination sind spezifische ↑Antigene (Agglutinogene der roten Blutkörperchen) und ↑Antikörper (Agglutinine im Serum).

Heute sind vom Menschen eine Vielzahl dieser als ↑Blutfaktoren bezeichneten Antigene und Antikörper bekannt. Die Blutfaktoren sind erblich

Blutgruppen

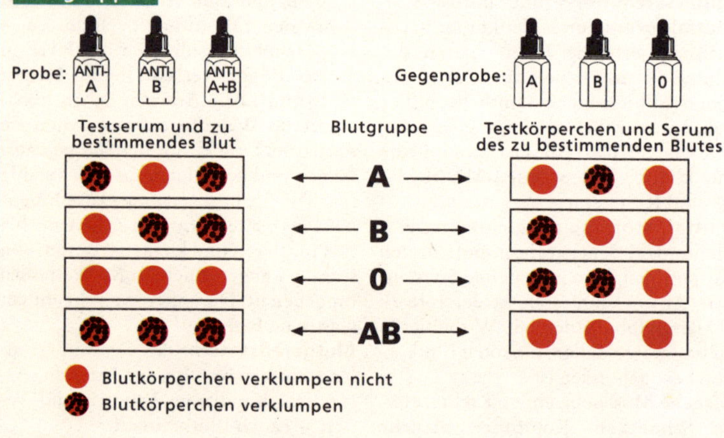

Schema der Blutgruppenbestimmung

und legen die individuellen Bluteigenschaften fest. Sie werden nach ihren Ähnlichkeiten untereinander zu Blutgruppensystemen zusammengefasst. Die bekanntesten und wichtigsten Blutgruppensysteme sind das AB0-System und der ↑Rhesusfaktor.

Das *AB0-System* enthält die Blutgruppen A, B, AB und 0 mit den Agglutinogenen A und B und den Agglutininen Anti-A (oder α) und Anti-B (oder β). Diese vier B. und ihre Untergruppen werden nach dem Gehalt und der Eigenschaft der Agglutinogene (die ja namengebend sind) und der Agglutinine unterschieden: **Blutgruppe A** enthält A und Anti-B, **Blutgruppe B** enthält B und Anti-A, **Blutgruppe AB** enthält nur A und B, aber keine Agglutinine, **Blutgruppe 0** enthält keine Agglutinogene, aber Anti-A und Anti-B. Jedem Agglutinogen entspricht ein Agglutinin. Kommen ein entsprechendes (komplementäres) Agglutinogen und ein Agglutinin zusammen, z.B. Blutkörperchen der Blutgruppe A mit Anti-A-Serum der Blutgruppe B, so verklumpen die roten Blutkörperchen, sie agglutinieren.

Bei ↑Bluttransfusionen ist es lebensnotwendig zu wissen, welche B. miteinander agglutinieren und welche nicht. Daher werden vor jeder Transfusion eine Blutgruppenbestimmung sowie eine Kreuzprobe des Empfängerblutes gemacht. Früher wurden die Träger der Blutgruppe 0 als Universalspender, diejenigen der Blutgruppe AB als Universalempfänger angesehen, da i.A. der Gehalt an Agglutinin[en] im Spenderblut zu gering ist, um wirksam zu sein. Heute verwendet man nur blutgruppengleiches Blut.

Die *Häufigkeit* der vier B. beträgt in Mitteleuropa ungefähr: 40% Gruppe A, 40% Gruppe 0, 10% Gruppe B, 5% Gruppe AB; die Gruppe 0 kommt zu 90–95% bei der Urbevölkerung Amerikas, die Gruppe B zu 20–30% bei der Urbevölkerung Zentralasiens vor.

Blut-Hirn-Schranke: ↑Blut-Liquor-Schranke.

Blutkonserve: ↑Bluttransfusion.

Blutkörperchen (Blutzellen): Im ↑Blut befinden sich frei bewegliche Blutzellen. Diese B. transportieren Sauerstoff und Kohlenstoffdioxid (↑rote Blutkörperchen) oder wehren Krankheitserreger und Fremdkörper ab (↑weiße Blutkörperchen).

Blutkreislauf: der Umlauf des Blutes in einem offenen oder geschlossenen System. Dadurch werden Sauerstoff, Nährstoffe und Hormone im Körper verteilt und Abfallstoffe beseitigt. Der Antrieb erfolgt durch die allgemeine Körperbewegung sowie durch kontraktile (zusammenziehbare) Gefäßabschnitte und durch das Herz. Ventilklappen in den Gefäßen und im Herzen zwingen dem ↑Blut eine bestimmte Fließrichtung auf.

Einen **offenen B.** besitzen *Weichtiere, Gliederfüßer* und *Manteltiere.* Ihr Herz verfügt nur über einige zu- und ableitende Gefäße, die in den Geweben enden. Das Blut (↑Hämolymphe) strömt dann durch Gewebslücken **(Lakunen)** weiter. Das Herz der *Gliederfüßer* ist schlauchförmig, liegt auf der Rückenseite und durchzieht alle Körpersegmente. Es ist von einer Membranhülle umgeben, die die aus dem Körper kommende Hämolymphe sammelt. Durch seitliche Schlitze **(Ostien)** tritt das Blut ins Herz und wird abwechselnd oder ständig in Kopf- und Hinterleibsrichtung oder nur in eine Richtung gepumpt.

Ringelwürmer besitzen einen **geschlossenen B.** Er besteht aus einem Rücken- und einem Bauchgefäß. Beide sind in den Körpersegmenten durch Ringgefäße verbunden, die im vorderen Körperabschnitt kontraktile Bereiche enthalten. Im Rückengefäß strömt das Blut von hinten nach vorn, im Bauchgefäß entgegengesetzt.

Das Blutgefäßsystem der *Wirbeltiere* ist geschlossen und wird von mehreren (beim Lanzettfischchen) oder einem Herzen angetrieben. Das im Prinzip einkammerige Herz der *Fische* pumpt das venöse Blut, das aus dem Körper kommt, durch die Kiemen. Dort gibt es Kohlenstoffdioxid ab und nimmt Sauerstoff auf. Ein Teil des Blutes fließt dann zum Kopf und von dort zurück zum Herzen. Der größte Teil fließt über die auf der Rückenseite liegende Körperschlagader **(Aorta)** zum Körper und wird von der bauchwärts liegenden **Abdominalvene** zum Herzen zurückgeführt. Das Blut des hinteren Rumpfbereichs wird erst durch die Niere geleitet, ehe es zum Herzen kommt **(Nierenpfortadersystem).** Ein weiterer Teil des Blutes gelangt von der Aorta entweder zur Leber und versorgt sie mit Sauerstoff oder fließt durch die Kapillaren des Darms, nimmt Nährstoffe auf und bringt sie über die Pfortader zur Leber **(Pfortaderkreislauf).** Die Lebervene sammelt das Blut und bringt es zum Herzen.

Die *Landwirbeltiere* bilden Lungen aus, deren Blutversorgung vom Körperkreislauf im Laufe der Entwicklung unabhängig gemacht wird. Dazu wird das Herz zweigeteilt: Die linke Hälfte versorgt den **Körperkreislauf,** die rechte den **Lungenkreislauf.** Bei den *Amphibien* (Lurchen) ist diese Trennung erst angedeutet. Ihr Herz pumpt eine Mischung sauerstoffreichen (arteriellen) und sauerstoffarmen (venösen) Blutes in Körper und Lungen. Der B. ähnelt dem der Fische noch weitgehend, doch übernehmen die Kiemenarterien neue Aufgaben: Die vorderste versorgt den Kopf, die beiden folgenden bilden paarige Aortenwurzeln, die hintere wird zur Lungenarterie.

Das Herz der *Reptilien* hat bereits eine Kammerscheidewand, die aber noch nicht völlig geschlossen ist. Die dritte Kiemenarterie fällt weg. Die Kopfarterie verschmilzt an ihrer Basis mit der übrig gebliebenen zweiten Kiemenbogenarterie zu einem gemeinsamen Aortenbogen. Er ist bei den Reptilien noch paarig.

Bei den *Vögeln* ist der linke, bei den *Säugern* der rechte Aortenbogen völlig zurückgebildet. Ihr Herz besitzt eine vollständige Scheidewand, wodurch die Trennung von ↑Lungenkreislauf und ↑Körperkreislauf endgültig vollzogen ist. Auch im Bereich der Venen gibt es Veränderungen: Die wichtigste ist, dass die Nieren direkt von der Körperschlagader (Aorta) versorgt werden. Jetzt gelangt auch das Blut der hinteren Rumpfbereiche durch die untere Hohlvene direkt zum Herzen.

Der B. des *Menschen* entspricht dem der Säuger. Das ↑Herz pumpt das Blut durch elastische, dickwandige ↑Blutgefäße, die Schlagadern (↑Arterien), in den Körper bzw. die Lunge. Die Arterien verzweigen sich immer feiner bis zu den Haargefäßen (↑Kapillaren). Nur in ihnen findet der Stoffaustausch statt. Die Haargefäße vereinigen sich wieder

Blutkreislauf

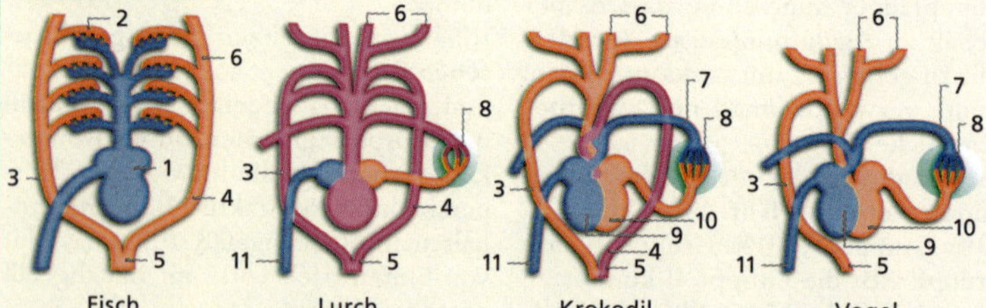

1 Herzkammer, 2 Kiemenkapillaren, 3 rechte Aortenwurzel, 4 linke Aortenwurzel, 5 Aorta, 6 Kopfarterie, 7 Lungenarterie, 8 Lungenkapillaren, 9 rechte Kammer, 10 linke Kammer, 11 Körpervene

Blutkreislauf

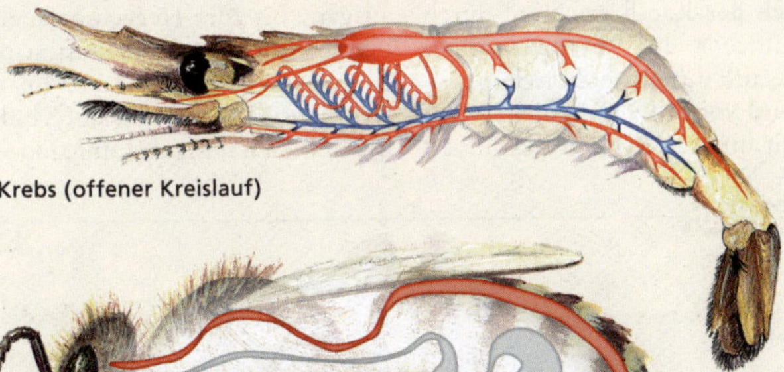

Krebs (offener Kreislauf)

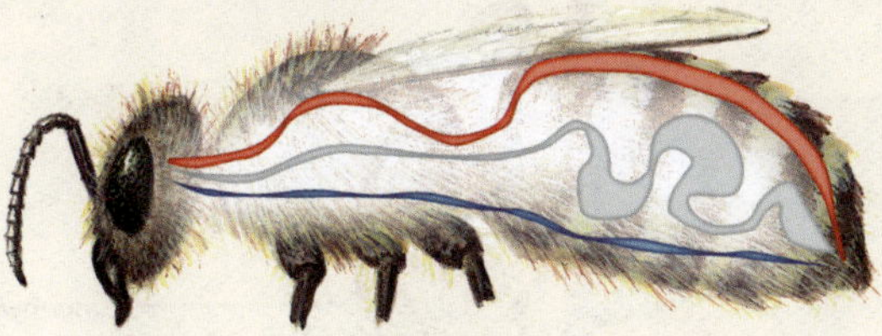

Insekt (offener Kreislauf)

Fisch (geschlossener Kreislauf)

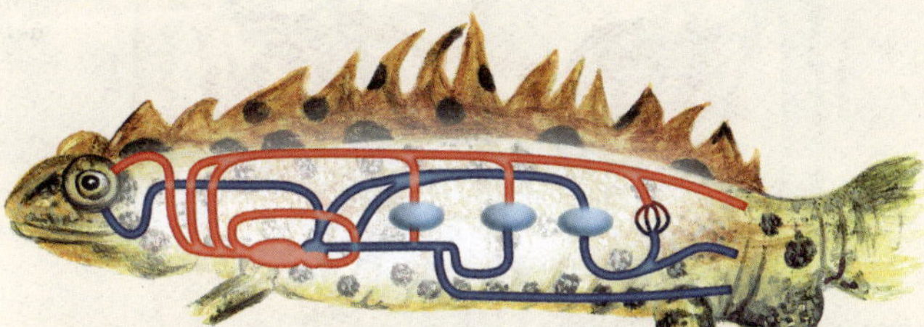

Lurch (geschlossener Kreislauf)

Wurm (geschlossener Kreislauf)

B

zu immer größeren Blutadern (↑Venen), die das Blut zum Herzen zurückführen.
Im Bereich der Kapillaren wird durch den ↑Blutdruck die ↑Lymphe abgepresst. Sie läuft durch die Zwischenzellräume, wird vom ↑Lymphgefäßsystem gesammelt und im Bereich des linken Schlüsselbeins wieder dem venösen Blut beigemischt.
Nur weil ein Druckgefälle vom Herzausgang bis zum Herzeingang eines jeden Kreislaufs vorhanden ist, strömt das Blut. Sein Druck ist daher im großen Kreislauf (Körperkreislauf) höher als im kleinen Kreislauf (Lungenkreislauf).

Blutkreislauf

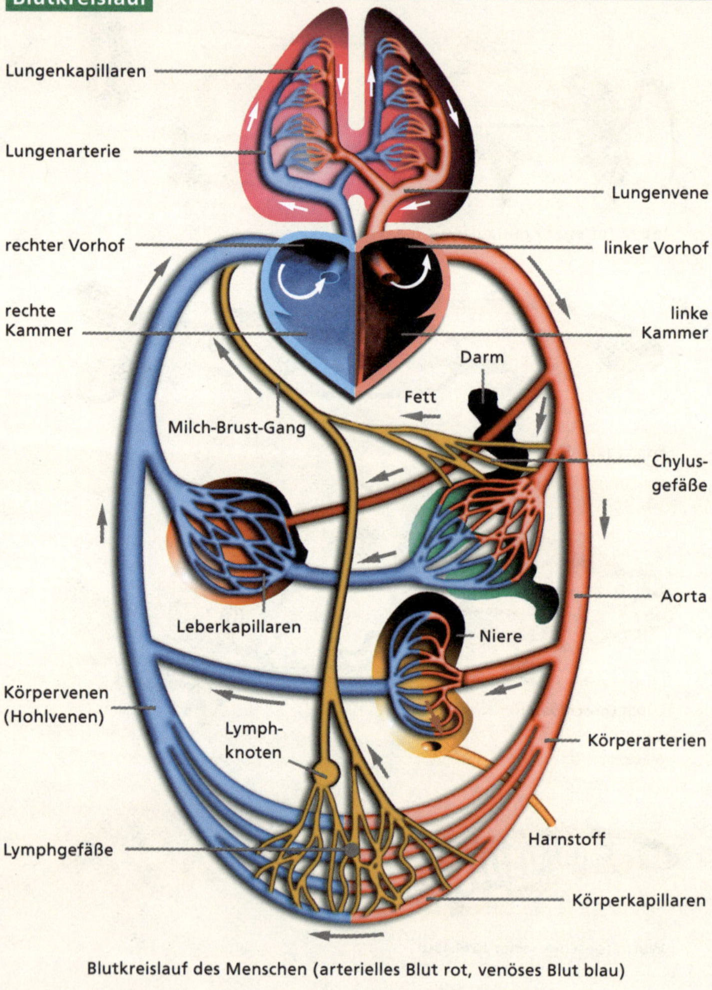

Blutkreislauf des Menschen (arterielles Blut rot, venöses Blut blau)

Um diesen hohen Druck erzeugen zu können, muss die Muskelwand der linken Herzkammer auch bedeutend kräftiger ausgebildet sein. – Blutdruck, Herzschlag und Verteilung des Blutes auf die einzelnen Organe werden vom vegetativen Nervensystem gesteuert.

Blutkuchen: eine gallertige Masse aus einem Geflecht von Fibrinfäden, in das Blutkörperchen eingelagert sind. Der B. entsteht bei der ↑Blutgerinnung unter Abscheidung von Serum.

Blut-Liquor-Schranke: Alle Stoffe, die aus dem Blut in die Nervenzellen des Gehirns übertreten, müssen die **Blut-Hirn-Schranke** (zwischen Blut und Hirngewebe) und die B.-L.-Sch. (zwischen Blut und Cerebrospinalflüssigkeit) überwinden. Diese Schranke wird v.a. von den Gliazellen und dem Endothel der Haargefäße des Gehirns gebildet. Blutzucker, Blutgase und fettlösliche Stoffe (z.B. auch Nicotin, Ethanol und Heroin) können ungehindert die Barriere passieren. Dagegen können z.B. Enzyme und Hormone sowie wasserlösliche Giftstoffe und Medikamente die Schranke nicht überwinden. Bei Verletzungen, Sauerstoffmangel und Vergiftungen werden beide Barrieren stark durchlässig; dies führt zur Schwellung der Gliazellen und somit zum Ödem.

Blutmauserung: ständige Erneuerung des ↑Blutes. Die ↑roten Blutkörperchen besitzen nur eine begrenzte Lebensdauer von etwa vier Monaten. Dann werden sie von Milz und Leber (↑retikuloendotheliales System) abgebaut, während das rote Knochenmark gleichzeitig neue rote Blutkörperchen bildet.

Blutparasiten (Blutschmarotzer): frei im Blut oder in Blutzellen von Mensch und Tier lebende ↑Parasiten. Es handelt sich in erster Linie um Einzeller (↑Plasmodium, ↑Trypanosoma) und um Faden- und Saugwürmer (↑Pärchenegel). Neben Krankheitserregern gibt es auch harmlose Schmarotzer in der Blutbahn. B. werden meist von stechenden und Blut saugenden Insekten übertragen.

Blutplasma: ↑Blut.

Blutplättchen (Thrombocyten): Blutzellen, die bei der ↑Blutgerinnung eine Rolle spielen (↑Blut). Sie sind ohne Zellkern und werden im roten Knochenmark aus sog. Knochenmarkriesenzellen gebildet.

Blutschmarotzer: die ↑Blutparasiten.

Blutsenkung: Lässt man durch Zusatz von Natriumcitrat (↑Blutgerinnung) ungerinnbar gemachtes ↑Blut stehen, setzen sich die roten Blutkörperchen ab, weil sie spezifisch schwerer sind als das Plasma. Man kann die **Blutsenkungsgeschwindigkeit** (BSG) messen, indem man in einem Standardröhrchen die Höhe (in mm) der klaren Plasmasäule über den roten Blutkörperchen nach 1 und 2 Stunden bestimmt. Der 1-Stunden-Wert beim Mann beträgt 3–8 mm, bei der Frau 6–12 mm. Abweichungen von diesen Werten lassen Rückschlüsse auf Erkrankungen zu; z.B. ist die B. bei Fieber und Entzündungen erhöht.

Blutserum: ↑Blut.

Blutspeicher (Blutdepot): Lunge und Leber speichern etwa 0,5–1 l Blut und auch die Milz dient als Blutspeicher. Der B. wird bei Bedarf (z.B. beim Aufstehen oder bei körperlicher Anstrengung) entleert, um den ↑Blutdruck konstant zu halten. Die Speicherung von Blut wird durch Erweitern der Venen und Arteriolen unterstützt.

Bluttransfusion (Blutübertragung): die Übertragung von Blut eines Spenders (Blutspender) auf einen Empfänger. Bei der B. ist zu beachten, dass beide der gleichen ↑Blutgruppe angehören müssen, möglichst auch hinsichtlich des ↑Rhesusfaktors. Meist dient eine B. dem Blutersatz nach größeren Blutverlusten, etwa bei Operationen oder nach Verletzungen.

Bei der (häufigeren) **indirekten B.** wird das Spenderblut zunächst als **Blutkonserve** gelagert und erst im Bedarfs-

B

fall übertragen. – Die Gefahren einer B. liegen in der Unverträglichkeit verschiedener Blutgruppen und des Rhesusfaktors sowie in der möglichen Übertragung von Krankheiten wie ↑Aids, Hepatitis (virale Leberentzündung) oder Syphilis.

In vielen Fällen reicht es aus, den Volumenmangel mit der nach einem Blutverlust fehlenden Flüssigkeitsmenge durch **Blutersatzmittel** wie Blutplasma, Plasmaexpander (salzhaltige Dextran- oder Gelatinelösungen) oder ↑physiologische Kochsalzlösung auszugleichen, um ein Zusammenbrechen des Kreislaufs zu verhindern.

Blutvarietät: ↑Buntblättrigkeit.

Blutvolumen: die Menge des im Blutgefäßsystem befindlichen ↑Blutes.

Blutzellen: die ↑Blutkörperchen.

Blutzucker: der im Blut gelöste Traubenzucker, dessen Konzentration durch einen komplizierten hormonellen Regelmechanismus konstant gehalten wird. *Blutzuckersteigernd* durch Abbau des ↑Glykogens zu Traubenzucker wirken die Hormone Glucagon der α-Zellen der Langerhans-Inseln in der ↑Bauchspeicheldrüse und das ↑Adrenalin des Nebennierenmarks. *Blutzuckersenkend* durch Aufbau des Glykogens aus Glucose wirkt das ↑Insulin, das als Gegenspieler des Glucagons in den β-Zellen der Langerhans-Inseln produziert wird.

Der **Blutzuckerspiegel** liegt im nüchternen Zustand bei 70–120 mg%, d.h., 100 ml Blut enthalten 70–120 mg Traubenzucker. Wird dieser Wert überschritten **(Hyperglykämie),** liegt Zuckerkrankheit vor.

Wird der normale Blutzuckerwert unterschritten, spricht man von Unterzuckerung **(Hypoglykämie),** die z.B. durch zu hohe Insulingaben hervorgerufen werden kann. Sinkt der Blutzuckerspiegel unter 40 mg%, kommt es nach Kopfschmerzen, Schwächegefühl, Abnahme der Konzentrationsfähigkeit, Schläfrigkeit und Sehstörungen über Zittern, Heißhunger und Schwitzen schließlich zu Krämpfen und Bewusstlosigkeit. Dieser Prozess kann speziell bei Diabetikern in wenigen Minuten vor sich gehen und darf nicht verwechselt werden mit dem diabetischen Koma infolge Insulinmangels, das sich viel langsamer entwickelt.

B-Lymphocyten (B-Zellen): im Blut und ↑lymphatischen Gewebe vorkommende Lymphocyten, die für die humorale Immunabwehr verantwortlich sind. Auf ihrer Oberfläche tragen sie ↑Immunglobuline. Unter Mithilfe von Makrophagen und ↑T-Lymphocyten entwickeln sie sich nach Kontakt mit einem Antigen zu Plasmazellen, die Antikörper bilden. Gleichzeitig entstehen langlebige Gedächtniszellen, die nach erneutem Antigenkontakt eine schnelle Immunantwort des Organismus gewährleisten.

Bodenanzeiger (bodenanzeigende Pflanzen, Indikatorpflanzen): Pflanzen, die durch ihr gehäuftes Auftreten einen bestimmten Bodentyp anzeigen. Sie treten ausschließlich oder vorzugsweise auf diesem Boden auf und bilden dort eine charakteristische Pflanzengesellschaft. Bekannte B. sind ↑Kalkpflanzen, ↑Kalkflieher, ↑Nitratpflanzen und ↑Salzpflanzen. Einige B. sind zugleich ↑Leitpflanzen.

Bodenbrüter: Vögel, die ihre Eier in einem Nest mehr oder weniger kunstvoll angefertigten am Boden oder in Bodennähe ausbrüten. Zu den einheimischen B. gehören u.a. die Möwen, Lerchen, Fasanen und Rebhühner.

Bodenorganismen: vorzugsweise im Erdboden lebende tierische und pflanzliche Organismen, die durch ihre Tätigkeit eine wichtige Rolle im Stoffkreislauf der Natur spielen. In ihrer Gesamtheit (allerdings ohne die Wirbeltiere) werden sie auch **Edaphon** genannt.

Zur **Bodenfauna** gehören Vertreter fast aller Tiergruppen, vom Einzeller bis zum Säugetier. Einige verbringen ihr gesamtes Leben im Boden (z.B. Regenwürmer), andere halten sich dort nur während bestimmter Lebensabschnitte auf (z.B. als Eier, Larven oder, wie der Siebenschläfer, nur zum Winterschlaf). – Charakteristische Merkmale vieler Bodentiere sind: geringe Beweglichkeit (fehlende Flügel), rückgebildete Augen, gut entwickelte Tastorgane, geringe Widerstandsfähigkeit gegen Austrocknung, schwache Pigmentierung, Lichtscheu, das Ablegen nur weniger, großer Eier, vielfach ↑Brutpflege und häufig Ausbildung von ↑Spermatophoren.

Die bekanntesten bodenbewohnenden Tiere sind die Regenwürmer, die auch landwirtschaftlich von Bedeutung sind. Sie leben von Pflanzenresten und sorgen für die Durchmischung und Durchlüftung des Bodens.

Zur **Bodenflora** gehören v. a. ↑Bakterien, ↑Pilze, ↑Algen und ↑Flechten. Die überaus wichtige Tätigkeit der Bakterien und Pilze besteht im Abbau der organischen Bestandteile des Bodens (die z.T. bereits vorher von anderen Organismen zerkleinert wurden) zu anorganischen Stoffen. Die autotrophen Bakterien fördern den Gehalt des Bodens an Mineralstoffen, indem sie Luftstickstoff, Schwefel oder Eisen oxidieren und so in Salzen binden, die von den Höheren Pflanzen aufgenommen werden können. Die Cellulose und das Lignin verholzter Pflanzenteile werden zum größten Teil von Pilzen abgebaut. Der Hallimasch ist ein wichtiger Ligninzersetzer.

Bogenflug: ↑Fortbewegung.

Bogengänge: Die Bogengänge des ↑Ohrs mit Utriculus und Sacculus stellen das ↑Gleichgewichtsorgan der Wirbeltiere dar. Es besteht aus drei senkrecht aufeinander stehenden Bögen, die mit einer Flüssigkeit (Endolymphe) gefüllt sind. In drei kleinen Erweiterungen (Ampullen) jeweils am Grunde der Bogengänge sitzen die Sinneszellen für den ↑Drehsinn.

Bombycidae: die ↑Seidenspinner.

Bombykol: ein für den Menschen geruchloser, doppelt ungesättigter Alkohol mit 16 Kohlenstoffatomen. Er ist der Sexuallockstoff des weiblichen Seidenspinners und wirkt in äußerst geringen Konzentrationen (200 Moleküle/cm³ Luft).

Borke: der außen liegende, abgestorbene Teil der Rinde bei Holzpflanzen (↑auch Abschlussgewebe). Diese Schicht aus verkorkten Zellen ist wasserundurchlässig, sie kann also keine Nährstoffe und kein Wasser aufnehmen. Die B. wächst beim ↑Dickenwachstum nicht mit, sondern reißt auf oder blättert ab.

Borstenhaare:

◆ *Zoologie:* die haarähnlichen Hautborsten unterschiedlicher Gestalt bei den Borstenwürmern (Chaetae) und die starren, mit dicken Schäften versehenen Haare einiger Säugetiere (Setae; z.B. bei Schweinen).

◆ *Botanik:* bei einigen Höheren Pflanzen (z.B. Sonnenblume) steife, mit einer stechenden Spitze versehene Epidermisanhänge.

Borstenwürmer: ↑Ringelwürmer.

Botalli-Gang (Ductus Botalli): beim menschlichen Fetus eine Gefäßverbindung zwischen der Lungenarterie und der Aortenwurzel, wodurch die noch funktionslose Lunge umgangen wird. Der B.-G. schließt sich normalerweise in den ersten 3 Monaten nach der Geburt.

Botanik (Pflanzenkunde): die Wissenschaft von den Pflanzen und als solche ein Teilgebiet der ↑Biologie.

botanische Gärten: meist öffentlich zugängliche Einrichtungen mit Freianlagen und Gewächshäusern, in denen einheimische und ausländische Pflanzen gezogen werden. Die Aufgaben der B. G. liegen heute in den Bereichen Schutz von vom Aussterben bedrohter Pflanzen sowie Information, Weiterbildung und Erholung der Bevölkerung. Außerdem beliefern sie die Universitäten mit Anschauungs- und Untersuchungsmaterial für botanische Vorlesungen und

B

Übungen. – Der erste deutsche b. G. wurde 1580 in Leipzig gegründet.

Botulin: ↑Bakteriengifte.

Bowman-Kapsel: ein in der Rinde der ↑Niere gelegenes kleines Knäuel feinster Kapillaren.

Brachiatoren: Bezeichnung für die ↑Menschenaffen, die sich auf die charakteristische Fortbewegungsart als »Schwing-Hangel-Kletterer« bezieht. Mit ihren langen Armen sind sie an das Leben auf Bäumen besonders gut angepasst. B. sind z.B. Orang-Utan und Gibbons.

Brachydaktylie: die ↑Kurzfingrigkeit.

Brachiopoda: die ↑Armfüßer.

Brachycera: die zu den ↑Zweiflüglern zählenden ↑Fliegen.

Brachyura: die ↑Krabben.

Branchien: die ↑Kiemen.

Branchiostoma: das ↑Lanzettfischchen.

Brandpilze: zwei Ordnungen der ↑Ständerpilze mit rund 1 000 Arten; ohne Fruchtkörperbildung. Die B. sind die Erreger von Brandkrankheiten an Pflanzen. Sie schmarotzen interzellulär in Höheren Pflanzen und bilden ihre braunen bis schwarzen Sporen in der Blüte oder im Stängel. Das zweikernige Mycel zerfällt in **Brandsporen,** aus denen je eine ↑Basidie hervorgeht. Die Basidien bilden nach der Reduktionsteilung die Basidiosporen. Die Keimlinge der Basidiosporen verschmelzen dann wieder zu einem zweikernigen Mycel. – Brandpilzinfektionen an Getreidearten werden u.a. mit speziellen Fungiziden bekämpft.

Brassicaceae: die ↑Kreuzblütler.

Braunalgen (Phaeophyceae): eine Klasse der ↑Algen mit rund 2 000 Arten. B. kommen hauptsächlich in gemäßigten und kalten Meeren vor, nur wenige Arten leben im Süßwasser. Die Braunfärbung kommt durch die Überlagerung des Chlorophylls mit dem Farbstoff Fucoxanthin zustande.

B. sind vielzellige, derbe, lederartige Pflanzen, die fast immer am Untergrund festsitzen. Ihre Vermehrung erfolgt ungeschlechtlich durch Zoosporen und geschlechtlich durch Zygotenbildung begeißelter Geschlechtszellen. In vielen Fällen kommt es auch zum ↑Generationswechsel. Eine bekannte Art der B. ist der in der Nord- und Ostsee vorkommende Blasentang. Er wird etwa 1 m lang und besitzt gasgefüllte Schwimmblasen. – Aus der Asche einiger anderer Arten wird Jod gewonnen. Laminariaarten dienen in Asien als Nahrungs- und Düngemittel.

Bei den B. tritt zum ersten Mal im Pflanzenreich echtes Gewebe und gleichzeitig eine Differenzierung des Gewebes in Assimilations-, Speicher- und Leitgewebe auf.

Bremsen (Tabanidae): Familie der ↑Fliegen, bei der nur die Weibchen einen großen, dolchartigen Stechrüssel haben, mit dem sie an Säugetieren, auch beim Menschen, Blut saugen. Die Männchen sind Blütenbesucher. Die relativ großen B. sind meist unauffällig grauschwarz bis bräunlich gelb gefärbt und besitzen einen besonders breiten Kopf mit sehr großen, meist metallisch glänzenden Augen. Sie sind z.T. sehr schnelle Flieger.

Brennhaare:

◆ *Botanik:* speziell aufgebaute Drüsenzellen auf dem Abschlussgewebe mancher Pflanzen (z.B. Brennnessel). Die B. bestehen aus einem angeschwollenen Fuß, der von Epidermiszellen umgeben ist und in eine lange Spitze ausläuft. Am Ende sitzt ein kleines, schräg gestelltes Köpfchen, das bei Berührung abbricht und seinen Inhalt (Gemisch aus Acetylcholin, Histamin, Natriumformiat u.a.) in die Wunde ergießt. Die schräg stehende Spitze wirkt dabei wie eine Injektionsnadel.

◆ *Zoologie:* Drüsenhaare, die eine nesselnde Flüssigkeit absondern (z.B. bei einigen Schmetterlingsraupen). Dringen diese B. in die Haut ein, kann das Sekret starkes Brennen und Entzündungen hervorrufen.

Brennwert: Die Nährstoffe werden im Körper oxidiert, wobei Energie (u.a. auch Wärmeenergie) entsteht. Dieser Prozess ist einer Verbrennung vergleichbar; daher spricht man vom physiologischen oder biologischen Brennwert der Nährstoffe und misst ihn in ↑Joule. – ↑auch Kalorie.

Brenztraubensäure (Ketopropansäure): die einfachste α-Ketocarbonsäure (CH_3–CO–COOH). Sie ist eine farblose, stechend riechende Flüssigkeit, die sich an der Luft gelb färbt. Ihre Salze und Ester sind die **Pyruvate.** Die Ester der B. sind das wichtigste Zwischenprodukt zahlreicher Stoffwechselvorgänge. So bildet Pyruvat z.B. bei der ↑alkoholischen Gärung, bei der Buttersäure- und Milchsäuregärung die entscheidende Zwischenstufe. Bei ihm trennen sich auch die Wege des anaeroben und des aeroben Kohlenhydratabbaus. Durch enzymatische Transaminierung geht es in L(r)-Alanin über und verknüpft somit Kohlenhydrat- und Eiweißstoffwechsel miteinander. – ↑Glykolyse, ↑Citronensäurezyklus.

Bries: die ↑Thymusdrüse.

Bronchien: die stärkeren Äste der sich gabelnden ↑Luftröhre bei Landwirbeltieren (auch beim Menschen). Die B. verästeln sich in immer feinere und feinste **Bronchiolen,** die dann in die Lungenbläschen überleiten. Luftröhre und Bronchien sind durch Knorpelstangen (bei Säugern) oder Knorpelringe (bei Vögeln) verstärkt. Die Bronchiolen sind knorpelfrei. Das Innere der B. ist von einer Schleimhaut ausgekleidet, die Staub aus der Luft filtert und durch einen Cilienstrom nach außen befördert. – Die glatte Muskulatur der B. kann deren Weite verändern.

Bruchfrucht: ↑Fruchtformen.

Brunst (Brunft, Östrus): den durch Sexualhormone (↑Geschlechtshormone) gesteuerten, periodisch auftretenden Zustand geschlechtlicher Erregbarkeit und Paarungsbereitschaft bei Säugetieren. Die B. tritt bei einigen Tieren nur einmal jährlich, bei anderen mehrmals jährlich in bestimmten Abständen auf. Haustiere haben unter dem Einfluss der Domestikation mehrmals im Jahr Brunstzeit, während bei ihren wild lebenden Stammformen im Wechsel der Jahreszeiten nur einmal B. auftritt.

Die B. ist u.a. von der Reifung der Geschlechtszellen abhängig und äußert sich in besonderen Ausprägungen der sekundären Geschlechtsmerkmale (z.B. Verlagerung der Hoden aus der Bauchhöhle in den Hodensack, u.a. bei Nagetieren) sowie in besonderen Verhaltensweisen (z.B. Rivalenkämpfe), Paarungsrufen oder in der Produktion stark duftender Locksubstanzen (z.B. Moschusdrüse).

In der Jägersprache wird die B. des Raubwildes Ranzzeit, des Schwarzwildes Rauschzeit, der Hasen und Kaninchen Rammelzeit genannt. – ↑auch Balz.

Brust:

◆ (Mamma): die sich unter dem Einfluss von Hormonen in der Pubertät bildende Brustdrüse. Sie besteht aus Drüsen-, Fett- und Bindegewebe. Während der Schwangerschaft sorgen die Hormone Östron (Follikulin; ↑Östrogene) und ↑luteotropes Hormon (↑auch Geschlechtshormone) für eine stärkere Entwicklung des Drüsengewebes. Nach der Geburt eines Kindes bildet die Brust zunächst die stark eiweißhaltige Vormilch **(Kolostrum),** einige Tage später dann die eigentliche ↑Milch.

◆ (Thorax, Brustabschnitt): der mittlere Körperabschnitt der Insekten und Wirbeltiere.

Bei den *Insekten* besteht die B. aus drei Segmenten, die an der Bauchseite fast immer deutlich voneinander abgesetzt sind. An der B. sind bei den Imagines (↑Imago) alle Organe der Fortbewegung befestigt: Jedes der drei Segmente trägt je ein Paar Beine, die beiden hinteren oft zusätzlich noch je ein Paar Flügel.

Bei den *Wirbeltieren* jener auch als **Brustkorb** bezeichnete kopfwärts gelegene Teil, der von den Brustwirbeln, den Rippen und – falls vorhanden – vom Brustbein gebildet wird. Er umschließt Herz und Lungen. Zum Einatmen vergrößert sich der Brustraum, indem die Rippen angehoben werden (↑Brustatmung).

Brustatmung: Bei der B. werden zum Einatmen die Rippen angehoben, indem sich viele kurze Muskeln zusammenziehen, die schräg von Rippe zu Rippe verlaufen. Dadurch vergrößert sich der Brustraum: Luft wird durch die Luftröhre in die Lungen eingesaugt. – Gegensatz: ↑Bauchatmung.

Brustbein (Sternum): bei höheren Wirbeltieren ein platter Knochen, der im Bereich des Brustkorbs der Wirbelsäule gegenüberliegt. Mit den 7 Paar echten Rippen ist es gelenkig verbunden (nur das erste Rippenpaar ist ohne Gelenk); die übrigen 5 Rippenpaare (8–12) stehen über den Rippenbogen ebenfalls mit dem B. in Verbindung. Am oberen Teil des B. setzen die Schlüsselbeine an. Dadurch gehört es zum Schultergürtel. – Das B. ist ein wichtiges Organ der ↑Blutbildung. Vögel haben auf dem B. einen Knochenkamm, an dem die sehr kräftige Flugmuskulatur ansetzt. Fische, Lurche, Schlangen und Schildkröten besitzen kein Brustbein.

Brustfell: ↑Lunge.

Brustflossen: ↑Flossen.

Brusthöhle: Die B. gehört zur sekundären Leibeshöhle und entsteht durch eine Hohlraumbildung im mittleren Keimblatt (Mesoderm). Der von den Rippen umgebene und vom Zwerchfell nach unten abgeschlossene obere Teil dieser sekundären Leibeshöhle ist die B., in der Herz und Lungen liegen.

Brustkorb: ↑Brust.

Brutbeutel (Marsupium): eine mehr oder weniger tiefe Hautfalte bei den Beuteltieren. Diese bringen ihre Jungen in fast embryonalem Zustand zur Welt und locken sie nach der Geburt durch eine geleckte Schleimspur in den Brutbeutel. Hier saugen sich die Jungen an der Zitze fest und wachsen, ständig mit ihr verbunden, heran. Für eine sehr lange Zeit finden sie im B. Schutz.

Brüten: bei Vögeln das Wärmen des Geleges mit dem Körper eines der Elterntiere (meist des Weibchens). Die Eier der Vögel benötigen höhere Temperaturen (36–41 °C), als in der Umgebung herrschen, damit sich die Embryonen richtig entwickeln können. Vielen Vögeln fallen während der Brutzeit am Bauch Federn aus. Es entsteht eine nackte, gut durchblutete Hautstelle **(Brutfleck),** die die Eier direkt der Körperwärme aussetzt. Einige Vögel, so der Kuckuck, besorgen das Brutgeschäft nicht selbst; sie legen ihre Eier in die Nester anderer Vögel (↑Brutparasiten). – ↑auch Brutpflege, ↑Brutfürsorge.

Brutfürsorge: Vorsorgemaßnahmen der Elterntiere für ihre Nachkommenschaft, die mit dem Zeitpunkt der Eiablage oder dem Absetzen der Jungen beendet sind. Alle weiteren pflegerischen Verhaltensweisen werden als ↑Brutpflege bezeichnet. Die wichtigste Form der B. ist die Eiablage an geeigneten Orten. Manche Tiere müssen dazu ein ungewohntes ↑Biotop aufsuchen, wie z.B. die Grasfrösche, deren Eier sich nur im Wasser entwickeln können, oder die Lachse, die vom Meer zu ihrem Heimatbach wandern müssen. Zum Schutz werden die Eier an versteckten Stellen oder in selbst gebauten Erdhöhlen, Blatttüten u.Ä. abgelegt oder mit Hüllen umgeben (z.B. Eikokons bei Spinnen, Sekrethüllen bei Fröschen). Nach dem Schlüpfen der Jungen muss sofort ausreichend Nahrung vorhanden sein. Daher legen z.B. Fliegen ihre Eier in Tierkadaver oder Schlupfwespen die ihren in eine gelähmte Raupe ab.

Bei aller Vielfalt sind die Brutfürsorgehandlungen immer ↑Erbkoordinationen.

Brutkleid: das ↑Hochzeitskleid.

Brutknospen (Bulbillen): eine Art der vegetativen Vermehrung bei Pflanzen, z.B. durch die Bildung von B. in

Blattachseln, am Spross, in der Blüte und an den Blatträndern. Die mit Reservestoffen gefüllten Knospen lösen sich von der Mutterpflanze, bewurzeln sich und wachsen zu einer neuen Pflanze heran. Nach der Art der Speicherung unterscheidet man zwischen **Brutknöllchen** (die Mutterpflanze oder die erste Wurzel übernehmen die Speicherfunktion) und ↑Brutzwiebeln. Als **Brutkörper** werden die vegetativen Fortpflanzungseinheiten bei Algen und Moosen bezeichnet.

Brutkolonie: Viele Seevögel versammeln sich zur Aufzucht ihrer Jungen von Jahr zu Jahr in großer Zahl an bestimmten Orten. In solchen manchmal riesigen B. können sie sich gemeinsam besser gegen Feinde verteidigen.

Brutkörper: ↑Brutknospen.

Brutparasiten (Brutschmarotzer):

◆ *Vögel* (z.B. der Kuckuck), die das Ausbrüten ihrer Eier und die Aufzucht ihrer Jungen Vertretern anderen Vogelarten überlassen. Ihre Eier sind in Form und Farbe den Eiern des Wirtes angepasst. Nach dem Schlüpfen wirft der junge Kuckuck die Eier oder Jungtiere seiner Pflegeeltern oft aus dem Nest.

◆ die Brut von *Insekten,* die im Körper anderer Insekten oder in deren Larven (z.B. Schlupfwespenlarven in Raupen) schmarotzt. In den Bauten Staaten bildender Insekten (Bienen, Ameisen) verzehren B. die Vorräte oder lassen ihre Nachkommen vom Wirt großziehen, z.B. Schmarotzerhummeln.

Brutpflege: alle angeborenen Verhaltensweisen, die der Aufzucht, Pflege und Beschützung der Nachkommenschaft dienen. Die B. beginnt nach der Eiablage bzw. nach dem Absetzen der Jungen (↑dagegen Brutfürsorge). Die Eier bzw. die Brut werden oft bis zur Selbstaufopferung bewacht und versorgt. Das *Stichlingsmännchen* z.B. wedelt mit den Brustflossen ständig Frischwasser (mit Sauerstoff) über das aus Pflanzenteilen erbaute Nest. Manche Elterntiere tragen die Brut am Körper. So führt die *Geburtshelferkröte* ihr Gelege als um die Beine geschlungene Eiketten mit sich. Bei *Skorpionen* findet man oft den gesamten Körper mit Jungtieren bedeckt. Die männlichen *Seepferdchen* tragen Eier und Junge in einer ↑Bruttasche am Bauch. Diese Erscheinung bildet den Übergang zum Brutpflegeverhalten der lebend gebärenden Tiere, bei denen sich der Embryo im Körper der Mutter entwickelt. Eine besondere Art der B. findet sich bei den ↑Beuteltieren, wo sich das Neugeborene in einem ↑Brutbeutel weiterentwickelt.
Zu den Brutpflegehandlungen zählen auch das Wärmen der Jungtiere (bei *Vögeln* und *Säugern*), das Herbeischaffen von Nahrung durch die Eltern, das Füttern der Larven durch Arbeiterinnen, wie z.B. bei Staaten bildenden *Insekten,* das Sauberhalten und schließlich auch der Unterricht in typischen Verhaltensweisen des Nahrungserwerbs.

Brutschmarotzer: die ↑Brutparasiten.

Bruttasche:

◆ bei *Seepferdchen* und *Seenadeln* am Bauch der Männchen ein Behälter, der aus Falten der Bauchhaut besteht und in den die Weibchen die Eier legen.

◆ auf der Bauchseite der Weibchen einiger *Krebstiere* ein Raum zur Aufnahme von Eiern oder Embryonen.

Brutzwiebeln: zwiebelartige ↑Brutknospen. Die Blattorgane der Knospen nehmen die Reservestoffe auf und speichern sie. Brutzwiebeln kommen u.a. beim Knoblauch und bei manchen Farnen vor.

Bryophyta: die ↑Moose.

Bryozoa: die ↑Moostierchen.

BSB: Abk. für ↑biochemischer Sauerstoffbedarf.

BSE: siehe S. 92.

Buchlungen: die ↑Tracheenlungen.

Bufonidae: die ↑Kröten.

Bulbillen: die ↑Brutknospen.

Bulbus: ↑Zwiebel.

Buntblättrigkeit: von der normalen Blattfarbe abweichende Färbung, die

BSE ist eine Abkürzung für die in der Umgangssprache als »Rinderwahnsinn« bezeichnete so genannte **b**ovine (= bei Rindern auftretende) **s**pongiforme (= schwammartige) **E**ncephalopathie (= Rückbildung von Gehirnsubstanz). Eine ähnliche, auch äußerst dramatische Erkrankung mit ebenfalls tödlichem Ausgang ist die beim Menschen sehr selten vorkommende Creutzfeldt-Jakob-Krankheit (CJK, engl. CJD von Creutzfeldt-Jakob desease; benannt nach den deutschen Neurologen HANS-GERHARD CREUTZFELDT und ALFONS JAKOB).

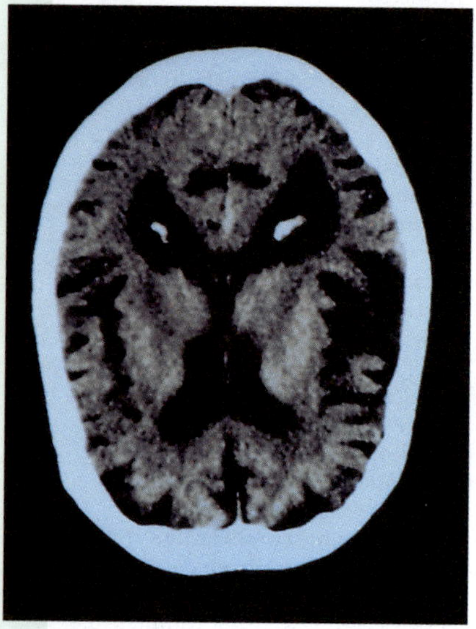

Löcher im Hirngewebe

Obwohl bislang kein eindeutiger wissenschaftlicher Beweis für die Entstehung einer neuartigen Form von CJK als Folge der Übertragung des BSE-Erregers vom kranken Rind auf den gesunden Menschen durch den Verzehr von infiziertem Rindfleisch erbracht werden konnte, führte das Gefühl der Ungewissheit doch zu einem erheblichen Aufruhr in den Medien. Es gibt leider eine Reihe von Indizien dafür, dass der Mensch selbst für die Auslösung einer Infektionskette und ihre unglaubliche Dynamik verantwortlich ist.

BSE-Krankheitsbild

Die ersten Krankheitssymptome von BSE treten in der Regel vier bis sechs Jahre nach der Infektion auf. Es sind jedoch auch Fälle bekannt, in denen sich die ersten Anzeichen der Erkrankung wesentlich früher oder später zeigten.

Die Krankheit ist durch folgende Symptome gekennzeichnet: ungewöhnliche Angstreaktion bei Berührung der Tiere, Zähneknirschen und aggressives Verhalten, extrem häufiges Belecken von Nase und Flanken, atypische Haltung von Kopf und Ohren, starkes Zittern des Körpers, Bewegungsstörungen der Hinterbeine, zunehmende Fallhäufigkeit, Lähmungserscheinungen.

Die oben genannten Krankheitssymptome können von Fall zu Fall unterschiedlich deutlich ausgeprägt sein. Dies ist davon abhängig, welche Gehirnregion besonders stark degeneriert. Die nebenstehende Abbildung zeigt die schwammartige Struktur des Hirngewebes mit Löchern bei einem CJK-Patienten. Bei BSE-Rindern ergibt sich ein ähnliches Bild.

Steckbrief: BSE – Entstehungsgeschichte und ihre Folgen

vor 250 Jahren

In England wird eine BSE-ähnliche Gehirnerkrankung bei Schafen beobachtet und wegen der typischen, juckreizbedingten Kratzbewegungen der Tiere als »Scrapie« bezeichnet (engl. to scrape = kratzen).

1981/1982

Britische Tierkörperverwertungsanstalten ändern das Herstellungsverfahren zur damals üblichen Futtermehlproduktion aus den Kadavern von scrapieinfizierten Schafen. Der Scrapie-Erreger wird nicht mehr abgetötet.

1983

In England verendet das erste Rind an den Folgen von BSE.

1986

Die englischen Epidemiologen Gerald A. H. Wells und John W. Wilesmith entdecken neuartige Krankheitssymptome beim Rind (BSE).

1987

Die Zahl von BSE-Fällen steigt dramatisch an. Das Bindeglied zwischen BSE und Scrapie, nämlich infiziertes Futter, wird identifiziert.

1988

In England wird die Anzeigepflicht für BSE eingeführt und die Verfütterung von Tiermehl an Wiederkäuer verboten. Herstellung und Export von Fleischmehl bleiben jedoch erlaubt.

1989

Die Verwendung bestimmter Körperteile (Gehirn, Rückenmark, Mandeln, Thymus, Milz und Darmtrakt) von über sechs Monate alten Rindern für die Lebensmittelproduktion wird untersagt. Die deutsche Bundesregierung stoppt den Import von britischem Tiermehl. Die Europäische Kommission beschließt ein Ausfuhrverbot für britische Rinder, die vor Juli 1988 geboren wurden.

1990

Der Import lebender Rinder aus England in andere EU-Staaten wird grundsätzlich verboten, jedoch dürfen bis zu sechs Monate alte Kälber gesund erscheinender Muttertiere weiterhin importiert werden. Für BSE besteht EU-weit Meldepflicht.
Die oben genannten Körperteile (z.B. Gehirn und Rückenmark) dürfen nicht mehr aus England exportiert werden. BSE-Fälle werden bei Hauskatzen und Zootieren nachgewiesen. Vereinzelte Fälle von Rinderwahnsinn treten auch in der Schweiz, Irland, Frankreich, Portugal und Dänemark auf.
Erstmals befürchtet man, dass der BSE-Erreger nicht nur auf andere Tierarten, sondern vielleicht auf Menschen übertragen werden kann.

1994

Es gibt erste Verdachtsmomente bezüglich des Zusammenhangs zwischen BSE und einer neuartigen, varianten CJK (vCJK). In Deutschland wird das Verfüttern von Tierkörpermehl an Wiederkäuer (Rinder, Schafe, Ziegen) verboten. Noch im selben Jahr werden in ganz Europa die Tiermehlverfütterung an Wiederkäuer und die Verwendung von Körpergewebe englischer Rinder bei der Produktion von Arzneimitteln und Kosmetika untersagt. Das Marktverhalten der Verbraucher ändert sich drastisch, der Rindfleischabsatz geht massiv zurück.

1995

Der Verdacht auf die Übertragbarkeit von BSE auf den Menschen erhärtet sich. Es kommt zu diversen Unstimmigkeiten auf bürokratischer Ebene zwischen den verschiedenen Ländern.

bis heute

Bei der Durchführung flächendeckender Rindertötungsaktionen in England ergeben sich viele organisatorische und finanzielle Probleme.
Zwischenzeitlich gibt es eine Reihe von CJK-Opfern, deren Krankheitssymptome von denen der klassischen CJK abweichen.

In den Jahren 1992 bis 1993 befinden sich unter den CJK-Todesfällen zehn englische Landwirte. Von 1993 bis 1994 erkranken auch sechs deutsche Bauern an dieser seltsamen Form der CJK.
Die Meinungen der Experten bezüglich der Übertragbarkeit von BSE auf den Menschen gehen weit auseinander. Manche glauben an eine Übertragungsmög-

lichkeit nur in Einzelfällen, andere prognostizieren eine epidemiähnliche Ausbreitung, vergleichbar mit der von Aids. Der amerikanische Mikrobiologe STEPHEN DEALLER hält sogar eine Zahl von zehn Millionen CJK-Opfern bis zum Jahr 2010 denkbar – ein Horrorszenario. Folgende Fragen sind u.a. Gegenstand laufender Forschungsarbeiten:

- Auf welche Weise kann der BSE-Erreger in zu untersuchenden Proben nachgewiesen werden?
- Welche Erregerdichte ist für eine krank machende Infektion erforderlich?

BSE-Opfer in Zahlen – Verbreitung der Seuche

Bis zum Frühjahr 1996 waren in England 162 000 BSE-Fälle gemeldet worden. Forscher der Oxford-Universität erwartet bis zum Jahr 1999 weitere 15 000 bis 24 000 erkrankte Tiere. Als besonders problematisch galten Hochleistungsbetriebe mit intensiver Tiermehlfütterung. Statistischen Angaben zufolge breitete sich BSE von Südengland über ganz Großbritannien aus. Angeblich sollen im Januar 1991 20 %, im April 1993 sogar knapp 42 % der Milchviehbestände infiziert gewesen sein.

Auch außerhalb Großbritanniens wurden BSE-Erkrankungen registriert: bis Mai 1996 offiziell ungefähr 400 Fälle, davon 213 in der Schweiz, 105 in Irland (bis Mai 1995), 20 in Frankreich und 4 in Deutschland.

Der BSE-Erreger – von der Hypothese zur Theorie

Für viele Experten kommen die »üblichen« Erreger von Infektionskrankheiten, nämlich Bakterien oder Viren, nicht infrage, da der BSE-Erreger offensichtlich kein Erbmaterial zu haben scheint. Experimentelle Befunde sprechen vielmehr dafür, dass es sich bei dem Verursacher von Scrapie, CJK und BSE um infektiöse hochresistente (und daher schwer bekämpfbare) Proteine, sog. Prionen (von engl. proteinaceous infectious particle), handelt. Derartige Proteinpartikel besitzen einen Durchmesser von 4–6 nm und kommen auch natürlicherweise in relativ hoher Konzentration in Gehirn und Nervensystem vor. Diese sog. »gesunden Prionen« stehen wahrscheinlich im Dienste der Signalübertragung. Interessanterweise ist die Prionendichte bei verschiedenen Tieren der gleichen Art unterschiedlich. Es gibt also Tiere mit wenigen und solche mit vielen gesunden Prionen. Wahrscheinlich ist die Prionendichte genetisch festgelegt.

Die von dem englischen Molekularbiologen J. S. GRIFFITH begründete und von dem kalifornischen Forscher STANLEY B. PRUSINER maßgeblich weiterentwickelte Prionen-Hypothese geht davon aus, dass neben der normalen, gesunden Form der Prionen eine mutierte, infektiöse Variante existiert. Der Unterschied zwischen den beiden Prionenformen besteht lediglich in der räumlichen Struktur.

Kommt ein infektiöses Prion in die Nähe eines gesunden Prions, so dockt es an dieses an und prägt ihm – bildlich gesprochen – nach dem Prinzip eines Stempels die Falschstruktur auf. Das ursprünglich gesunde Prion mutiert und wirkt dann ebenfalls als »Prägestempel«. Auf diese Weise kommt es zu einer lawinenartigen Kettenreaktion, in deren Verlauf viele mutierte Prionen entstehen. Diese verklumpen schließlich. Als Folge hiervon treten die spongiformen Encephalopathien auf. Die ursprüngliche Prionen-Hypothese wurde aufgrund zahlreicher tierexperimenteller Nachweise zur Prionen-Theorie. Sie gibt eine plausible Erklärung sowohl für die genetisch bedingte CJK wie auch für die erworbene (?) vCJK. Ursache für die erstgenannte Form ist die Mutation im zellulären Prion-Gen des Patienten. Die zweite Form wird hervorgerufen durch infektiöse Prionen. Beim systematischen Vergleich der das gesunde Prion codierenden Genstellen unterschiedlicher

Tierarten wurde festgestellt, dass nur zwischen den entsprechenden Genstellen bei Mensch und Rind eine verblüffende Übereinstimmung in der genetischen Information für das Prion vorliegt. Vielleicht können gerade wegen dieser großen Übereinstimmung mutierte, infektiöse Rinder-Prionen besonders leicht von Menschen aufgenommen werden und mit seinen gesunden Prionen in Wechselwirkung treten.

Des Weiteren konnte durch Experimente gezeigt werden, dass speziell gezüchtete Tiere mit sehr wenigen oder gar keinen gesunden Prionen nach absichtlicher Infektion nicht erkrankten, während Vergleichstiere mit hoher Prionendichte krank wurden. Offensichtlich spielt die natürliche Prionenzahl (Zahl potenzieller Andockstellen) eine Rolle für die Höhe des Erkrankungsrisikos.

Schwierig gestaltet sich die Entwicklung einer wirksamen und praktikablen Bekämpfungsmethode, denn Prionen sind extrem widerstandsfähig gegenüber üblichen Abtötungsverfahren für Krankheitserreger.

Als wirksame Verfahren erwiesen sich 20-minütiges Erhitzen bei einer Temperatut von 133°C und einem Druck von 3 bar in Autoklaven sowie eine Halbstundenbehandlung mit dem neuen Desinfektionsmittel LpH.

Diese wirksamen Bekämpfungsmethoden sind jedoch selbstverständlich beim lebenden Rind nicht anwendbar. Eine Infektion bereits vor Krankheitsausbruch zu erkennen ist auch nicht möglich, da das natürliche Immunsystem des Körpers den Erreger nicht erkennt und daher auch keine Antikörper (wie bei anderen Infektionen) bildet. Eine »Züchtung« des Erregers gelingt nur mithilfe von Versuchstieren (Mäuse, Hamster), nicht in Zellkulturen. Der Erreger wird verfüttert oder direkt ins Gehirn injiziert.

■ BSE-Infektionsquellen

Ob tatsächlich eine Zeitbombe für den Rindfleischesser tickt, lässt sich zum jetzigen Zeitpunkt noch nicht mit Bestimmtheit sagen. Die Centrale Marketinggesellschaft der deutschen Agrarwirtschaft (CMA) propagiert die Unbedenklichkeit von Rindfleisch aus deutscher Herkunft. Doch selbst wenn Rindfleisch (Muskelfleisch) unbedenklich sein sollte, wie sieht es mit Folgeprodukten aus, die aus Rinderteilen verschiedenster Art hergestellt wurden oder werden?

Eigentlich beginnt die Gefahr schon bei der Fleischbearbeitung im Schlachtbetrieb, beim Zerlegen des Rindes. Dabei kann (eventuell hochinfektiöses) Rückenmark als dünner Film auf das Bratfleisch gelangen und dort haften bleiben.

Folgeprodukte mit unterschiedlichem Risiko sind bestimmte Arzneimittel, die vom Rind (bzw. Schaf oder Ziege) stammen (wie z.B. Frischzellen, Kollagen, Heparin, Insulin, Antikörper, Milchzucker, Wollfett, Rindergelatine, Nahtmaterial), aber auch Kosmetikprodukte, die Elastin, Glykogen, Thymus-, Placenta- oder Milzextrakt enthalten. Die BSE-Übertragung durch Blut gilt mittlerweile als sehr unwahrscheinlich. Milch und Käse scheinen völlig unbedenklich zu sein. Die Infektion der Kälber von BSE-Kühen konnte bisher nicht nachgewiesen werden.

Es gibt eine Vielzahl denkbarer Infektionsmöglichkeiten. Das Rindersteak ist vielleicht (!) noch das kleinere Übel. Die Geschichte von BSE führt zur Feststellung, die sich etwas provokant wie folgt formulieren lässt:

Dadurch, dass der Mensch einen Pflanzenfresser vorsätzlich zum Kannibalen gemacht hat, an ihn also auch eigene Artgenossen in Mehlform verfüttert hat, wurde der Mensch zum Täter und (vielleicht) Opfer zugleich. ■

HACKER, ALOIS: *Stichwort BSE.* München (Heyne) 1996 ■ VEIT, BARBARA: *Heller Wahnsinn.* Düsseldorf (Patmos) 1997.

B

durch Ausfall von Blattfarbstoffen oder durch die bevorzugte Ausbildung bestimmter Blattfarbstoffkomponenten entsteht, z.B. ↑Panaschierung, gelbblättrige **Auroravarietäten** bei Chlorophyllmangel, **Blutvarietäten** durch Anthocyananreicherung.

Bürzeldrüse: auf der Schwanzwurzel der Vögel liegende Drüse, die ein öliges Sekret zum Einfetten des Gefieders liefert. Das Sekret hält das Gefieder geschmeidig und schützt es vor Durchnässung.

Buttersäure (Butansäure): zu den gesättigten Monocarbonsäuren gehörende (C_3H_6–COOH), ölige, ranzig riechende Flüssigkeit. An Glycerin gebunden, kommt B. im Milchfett vor, wo sie beim Ranzigwerden der Butter frei wird. In geringen Spuren ist sie auch im Schweiß enthalten. Sie entsteht außerdem beim Faulen von Eiweißstoffen und bei der ↑Buttersäuregärung aus Kohlenhydraten.

Buttersäuregärung: eine typische anaerobe Gärung, die durch die weit verbreiteten Buttersäurebakterien bewirkt wird. Diese sind in der Lage, Hexosen zu Buttersäure zu vergären; dabei werden die Hexosen wie bei der ↑alkoholischen Gärung über die ↑Glykolyse bis zur ↑Brenztraubensäure (bzw. Pyruvat) abgebaut, die dann mittels einer Decarboxylase in Acetaldehyd überführt wird. Daraufhin lagern sich 2 Acetaldehydmoleküle unter Wassereinlagerung und anschließender Oxidation (H-Entzug) zu Acetessigsäure zusammen, die dann durch Wasserentzug, verbunden mit einer Reduktion, in Buttersäure umgewandelt wird.

Byssus (Muschelseide): bei Muscheln ein fädiges, zähflüssiges Sekret, das sie aus einer Drüse im Fuß absondern und das im Wasser schnell erhärtet. Mithilfe des B. heften sich die Muscheln an feste Unterlagen an. – Aus den goldschillernden Fäden kann man feine Gewebe herstellen.

B-Zellen: die ↑B-Lymphocyten.

C

Cactaceae: die ↑Kaktusgewächse.

Calcitonin (Thyreocalcitonin): ein in der Schilddrüse gebildetes Peptidhormon (Gegenspieler des ↑Parathormons). Es senkt den Calcium- und Phosphatspiegel des Blutes und vermindert den durch das Parathormon gesteuerten Knochenabbau.

Calcium: chemisches Element, das gemeinsam mit Magnesium und Phosphor im Knochenstoffwechsel eine wichtige Rolle spielt, dessen überragende biologische Bedeutung jedoch v.a. in der Mitwirkung bei der Erregungsleitung, der Muskelkontraktion und der Blutgerinnung liegt.

Die normale Calciumionenkonzentration des Plasmas beträgt 2,45 mmol/l Blutplasma. Die Hälfte des Plasmacalciums liegt in ionisierter, diffusibler Form vor, der andere, indiffusible Teil ist an Eiweiß gebunden. Der **Calciumspiegel** des Blutes wird durch verschiedene Faktoren konstant gehalten: zum einen durch das Gleichgewicht zwischen Knochengewebe und extrazellulärer Flüssigkeit; zum anderen durch Hormone; Parathormon erhöht den Calciumspiegel auf Kosten des Kalkgehaltes der Knochen; Calcitonin (aus den C-Zellen der Schilddrüse) wirkt dieser Erhöhung entgegen. Androgene bewirken eine Steigerung des Calciumumsatzes, ebenso das Schilddrüsenhormon Thyroxin. Weitere Faktoren sind die D-Vitamine (Calciferole), deren Überdosierung zur Erhöhung des Calciumspiegels führt, sowie die Calciumaufnahme mit der Nahrung bzw. die Calciumausscheidung durch die Nieren. Alle Faktoren wirken in einem fein abgestimmten Regelkreis.

Typische Folgen eines **Calciummangels** (Hypocalcämie) sind die **Rachitis** (Vitamin-D-Mangel-Krankheit mit mangelhafter Verkalkung des Knochengewebes) sowie die **Tetanie,** die sich in einer erhöhten Erregbarkeit des Ner-

vensystems und der Muskulatur (tetanische Krämpfe!) äußert.
C. wird v.a. im Dünndarm resorbiert und mit Kot und Harn ausgeschieden. Der Bedarf an C. liegt beim Erwachsenen bei ca. 0,5 g, bei Kindern bei 1 g und bei Schwangeren bei 1,5–2 g/Tag. Die wichtigsten Calciumquellen in der Nahrung sind die Milch mit etwa 120 mg/100 ml, außerdem Käse und Gemüse.

Calmodulin: ein Calcium bindendes Eiweiß, das in allen eukaryotischen Zellen vorkommt. Es reguliert über konzentrationsabhängige Ca^{2+}-Bindung und Ca^{2+}-Freisetzung die Aktivierung mehrerer Enzyme sowie Zellprozesse und steuert den intrazellulären Calciumstoffwechsel.

Calvin-Zyklus: ↑ Fotosynthese.

Calyptra:
- haubenartiger Rest des Archegoniums auf der Sporenkapsel der Laubmoose (↑ Moose).
- die Wurzelhaube (↑ Wurzeln).

c-AMP: ↑ ATP.

CAM-Pflanzen, Abk. für **c**rassulacean **a**cid **m**etabolism: meist sukkulente Pflanzen, die ihre Fotosynthese an die Bedingungen ihres extrem trockenen bzw. salzreichen Standorts angepasst haben: Neben der Kohlenstoffassimilation am Tag können sie auch nachts zusätzlich zur Assimilation von atmosphärischem Kohlenstoffdioxid respiratorisch entstandenes Kohlenstoffdioxid assimilieren. – ↑ auch diurnaler Säurerhythmus.

cancerogene Stoffe: ↑ Krebs.

Canini: die Eckzähne (↑ Zähne).

carcinogene Stoffe: ↑ Krebs.

Carcinom: ↑ Krebs.

Carnivora: die ↑ Fleischfresser, in der Systematik die ↑ Raubtiere.

Carotin: ein im Pflanzen- und Tierreich weit verbreiteter gelbroter Farbstoff ($C_{40}H_{56}$), der ein Gemisch der drei Isomeren α-, β- und γ-Carotin darstellt. C. findet man neben Chlorophyll in allen Blättern, außerdem in vielen Blüten und Früchten. Im tierischen Organismus kommt es z.B. im Blutserum, im Fett und in der Milch vor. β-Carotin ist das eigentliche Provitamin A, das fast rein im Spinat enthalten ist.

Carotinoide: im Pflanzen- und Tierreich häufig vorkommende aliphatische oder alicyclische Verbindungen, d.h. Substanzen mit offenen oder geschlossenen, dann jedoch nicht aromatischen Kohlenstoffketten. C. gehören zu den Tetraterpenen. Es sind gelbrote bis violette ↑ Pflanzenfarbstoffe, die sich durch ihre gute Fettlöslichkeit auszeichnen und deshalb auch **Lipochrome** genannt werden. Sie sind ausnahmslos pflanzlichen Ursprungs und wichtige Begleitfarbstoffe des Chlorophylls, die dieses vor fotooxidativen Schäden schützen und dem Chlorophyll die Energie in der Lichtreaktion der Fotosynthese zuleiten. Zu den C. gehören das ↑ Carotin und die ↑ Xanthophylle.

Carrier: ↑ Cytoplasma.

Casein (Milcheiweiß): ein zusammengesetztes ↑ Eiweiß (Proteid) aus einem reinen Eiweiß (Protein) und der Phosphorsäure als Nichteiweißanteil. – Kuhmilch enthält (neben anderen Eiweißen) ca. 3 % C., das dort an Calcium gebunden ist. Es liegt kolloidal vor, kann aber durch Säurezusatz (Milchsäure, die beim »Sauerwerden« durch Milchsäurebakterien aus dem Milchzucker entsteht) oder Enzyme (Labferment) als Gel ausflocken (Dickmilch). C. ist Grundsubstanz von Quark und Käse.

Cauliflorie: die Entwicklung von Blüten und Früchten aus Ruheknospen (»schlafende Knospen«) am Hauptstamm oder dicken Seitenästen (z.B. Kakaobaum).

Cellulose: ein makromolekulares Polysaccharid, das aus Glucoseeinheiten aufgebaut ist. Pro Molekül sind rund 8 000–12 000 Glucoseeinheiten verknüpft (Molekulargewicht etwa 1,3 bis 2 Millionen). C. ist das im Pflanzenreich am weitesten verbreitete Polysaccharid und bildet die Gerüstsubstanz

C

der Zellwand. Reine C. findet man in der Zellwand von Baumwollsamenhaaren.

Centriol (Zentralkörperchen): ein Zellorganell, das stets in doppelter Ausführung in der Nähe des Zellkerns von Einzellern, Tieren und Niederen Pflanzen zu finden ist. Die C. bilden zusammen mit dem ↑Centrosom den Ausgangspunkt für die Bildung des Spindelapparates in der ↑Mitose. C. sind Hohlzylinder, deren Wand aus 9 Gruppen mit je 3 Filamenten besteht, ähnlich den Basalkörperchen von Cilien (↑Wimpern). Sie enthalten ↑DNA und verdoppeln sich im Laufe der Kernteilung, nachdem sie vor der Mitose an gegenüberliegende Pole der Zelle gewandert sind.

Centromer: unter dem Lichtmikroskop eine Einschnürung, die jedes Chromosom in zwei nicht unbedingt gleich lange Schenkel teilt. Am C. setzten die Spindelfasern an, die für eine geordnete Bewegung der ↑Chromosomen in der ↑Mitose und ↑Meiose sorgen. Nach der Lage der C. auf den Chromosomen (in der Mitte, an einem Ende oder unterhalb eines Endes) unterscheidet man meta-, telo- und akrozentrische Chromosomen.

Centrosom: ein Zellorganell, das zusammen mit den ↑Centriolen das Kinetozentrum bildet, von dem in der ↑Prophase der ↑Mitose die Spindelfasern ausstrahlen.

Cephalopoda: die ↑Kopffüßer.

Cephalothorax: Bei vielen ↑Krebsen und allen ↑Spinnentieren ist der Kopf mit der Brust zum C. verwachsen.

Cercarie: zweites Larvenstadium der endoparasitischen Saugwürmer (z.B. der ↑Leberegel), das durch einen Ruderschwanz gekennzeichnet ist. Einen gegabelten Schwanz **(Gabelschwanzcercarie)** hat die zweite, frei lebende Larvenform anderer, im Körperinneren parasitierender ↑Saugwürmer (z.B. des Pärchenegels).

Cerebralganglion: ↑Gehirn.

Cerebrospinalflüssigkeit (Liquor cerebrospinalis, Gehirn-Rückenmarks-Flüssigkeit): Zwischen der unter der Dura mater liegenden Spinnwebhaut und der Pia mater des Gehirns und Rückenmarks (↑Hirnhäute) sowie im Inneren des Gehirns (Hirnkammern, ↑Ventrikel) und Rückenmarks (Zentralkanal, Rückenmarkskanals) liegen freie Räume. Sie enthalten als Stütze und Schutzhülle für das Zentralnervensystem eine in ihnen zirkulierende klare, farblose Flüssigkeit, die C. (beim erwachsenen Menschen etwa 120–200 cm^3). Sie ist fast zellfrei, eiweißarm und enthält v.a. Chloride und sehr geringe Mengen anderer Mineralien sowie Glucose.

Cerebrum: das ↑Gehirn.

Cestodes: die ↑Bandwürmer.

Chalaza: grundständiger Bereich der Samenanlage.

Chalone: zell- und gewebsspezifische, nicht artspezifische Glykoproteine, die in Säugetierzellen (Blutzellen, Haut, Leber, Lunge, Niere) vorkommen; diese Ch. beeinflussen als sog. endogene Mitosehemmer den Zellzyklus. Die Ch. hemmen somit die Zellvermehrung und verlangsamen die Alterung der Zellen.

Chamaephyten (Zwergsträucher): Pflanzen, deren Überdauerungsorgane (Knospen) nahe über dem Erdboden liegen und im Winter durch Schnee geschützt sind. Zu den Ch. zählen z.B. das Heidekraut und die Heidelbeere.

Characeae: die ↑Armleuchteralgen.

Charakterart (Kennart, Leitform): eine Tier- oder Pflanzenart, die ausschließlich in einem bestimmten ↑Biotop vorkommt.

Cheliceren: das vorderste Gliedmaßenpaar bei den Schwertschwänzen und Spinnentieren (Skorpione, Spinnen, Milben), das zum »Oberkiefer« umgewandelt ist. Mit diesen zwei- oder dreigliedrigen Ch. werden Beutetiere gefangen, festgehalten und zerkleinert oder angestochen und ausgesaugt (Milben). Die Spinnen spritzen mit ihnen Gift in die Beute, die Afterskorpione benutzen sie als Spinnorgan.

Chemilumineszenz: ↑Biolumineszenz.

chemische Empfängnisverhütungsmittel: ↑Empfängnisverhütung.

chemische Sinne: der ↑Geruchssinn und der ↑Geschmackssinn bei Tier und Mensch. Mithilfe von erregbaren Sinneszellen (↑Chemorezeptoren) werden chemische Reize aufgenommen. Die Erregung wird zum Gehirn weitergeleitet, wo die entsprechende Sinnesempfindung bewirkt wird.

Chemorezeptoren: Sinneszellen oder Sinnesorgane, die der Aufnahme chemischer Reize dienen. Dabei können nur solche Stoffe die Ch. reizen, die in gelöster Form vorliegen. Ch. sind v.a. die Geschmacksorgane und die Geruchsorgane. Man kennt aber auch Ch., die die Sauerstoffkonzentration und die Kohlenstoffdioxidkonzentration des Blutes messen. Dies sind Zellen, die im Bereich des Glomus caroticum, einer Abzweigung der Halsschlagader, und im Aortenbogen als Ch. nachgewiesen werden konnten. Bei Abnahme der Sauerstoffkonzentration und Zunahme der Kohlenstoffdioxidkonzentration bewirken sie eine Steigerung der Atemfrequenz und des Blutdrucks. Weitere Ch. liegen in der Nähe des Atemzentrums im Gehirn.

Chemosynthese: der Aufbau der zur Assimilation von CO_2 notwendigen Energie durch Oxidation anorganischer Substanzen. Diese besondere Art der chemoautotrophen Ernährung können bestimmte farblose Bakterien durchführen. Der Unterschied zur ↑Fotosynthese besteht nur in der anderen Art der Energiegewinnung, während die übrigen Prozesse gleich ablaufen. Je nachdem, welches Substrat oxidiert wird, kann man verschiedene Bakteriengruppen unterscheiden. So verwenden die *farblosen Schwefelbakterien* (z.B. Thiothrix), die in Schwefelquellen und Sümpfen vorkommen, als Ausgangsstoff Schwefelwasserstoff (H_2S), der bei Fäulnisprozessen frei wird, und oxidieren ihn mithilfe von Sauerstoff zu Schwefel und Wasser:

$2\,H_2S + O_2 \rightarrow 2\,H_2O + 2S + 493\,kJ.$

Die *Nitritbakterien* (z.B. Nitrosomonas) oxidieren das durch Fäulnis von organischen Substanzen entstehende Ammoniak (NH_3):

$2NH_3 + 3O_2 \rightarrow 2\,HNO_2 + 2\,H_2O + 481\,kJ.$

Nitratbakterien (z.B. Nitrobacter) verwerten das entstehende Nitrit (NO_2^{2-}) weiter und oxidieren es zu Nitrat (NO_3^{3-}):

$2\,HNO_2 + O_2 \rightarrow 2\,HNO_3 + 150\,kJ.$

Knallgasbakterien vereinigen H_2 und O_2 zu H_2O, wobei 477 kJ Energie frei werden.

Die Oxidation erfolgt nicht nur durch eine Verbindung des Substrats mit Sauerstoff, sondern auch durch Abgabe von Wasserstoff bzw. durch Abgabe von Elektronen. Die *Eisenbakterien* z.B. oxidieren $Fe^{2+} \rightarrow Fe^{3+} + \ominus$, wobei 67 kJ frei werden.

Diese Energie liefernden Prozesse sind stets gekoppelt mit dem Syntheseprozess, bei dem aus Kohlenstoffdioxid und Wasserstoff organische Substanz (Glucose) aufgebaut wird. Dabei dienen, wie bei der Fotosynthese, $NADPH + H^+$ als Reduktionsmittel, Ribulose-1,5-bisphosphat als CO_2-Akzeptor und Wasser als Wasserstoffspender.

Von großem theoretischen Interesse ist die Tatsache, dass die normalerweise fotoautotrophe Grünalge Scenedesmus unter bestimmten experimentellen Bedingungen im Dunkeln H_2 zu H_2O verbrennt, also eine Ch. durchführt. Hier werden die engen Beziehungen zur Fotosynthese besonders deutlich.

Chiasma: die Überkreuzung väterlicher und mütterlicher (=homologer) Chromatiden in der Prophase I der ↑Meiose. Die Kreuzfigur des Ch. ist die cytologisch sichtbare Folge eines ↑Crossing-over.

C

Chinin: ein wichtiges ↑Alkaloid ($C_{20}H_{24}O_2N_2$), das farblose, in Wasser wenig lösliche Kristalle bildet. Es ist das Hauptalkaloid der **Chinarinde.** Ch. war ein wichtiges chemotherapeutisches Mittel, das v.a. bei der Bekämpfung der Malaria eingesetzt wurde. Heute ist es noch häufig Bestandteil von schmerzlindernden und fiebersenkenden Arzneimitteln. Auf die Uterusmuskulatur wirkt es schwach stimulierend, weshalb es auch zur Geburtseinleitung angewendet wird. Andererseits ist Ch. ein starkes Plasmagift, das in höheren Dosen zu Seh- und Hörstörungen, Herzrhythmusstörungen, allergischen Reaktionen sowie im Vergiftungsfall zu ↑Hämolyse führt.

Chiroptera: die ↑Fledertiere.

Chitin: ein stickstoffhaltiger Vielfachzucker (Polysaccharid) mit unverzweigten Kettenmolekülen (N-Acetylglucosamin). Es baut das recht feste Außenskelett der Gliederfüßer auf und ist so starr, dass es nicht mitwachsen kann. Tiere mit einer **Chitincuticula** müssen sich deshalb mehrfach häuten. Ch. kommt in Hummerschalen und Maikäferflügeln besonders rein vor. Im Pflanzenreich findet es sich in den Zellwänden von Pilzen.

Chitinskelett: das Außenskelett der ↑Gliederfüßer, das aus ↑Chitin besteht. Wegen der Starrheit dieses Stoffes sind Körper und Gliedmaßen der Gliederfüßer stark gegliedert. Die einzelnen Teile sind durch dünne, chitinige Gelenkhäute miteinander verbunden. Muskeln setzen von innen am Ch. an und bewegen es.

Chlamydobakterien (Scheidenbakterien): eine Ordnung im Wasser lebender Bakterien, die in von einer gemeinsamen Scheide umgebenen Fäden wachsen, z.B. der »Abwasserpilz« Sphaerotilus. Einige Arten werden zu den ↑Eisenbakterien gezählt.

Chlorocruorin: ↑Blutfarbstoffe.

Chlorophyceae: die ↑Grünalgen.

Chlorophyll (Blattgrün): ein grüner Farbstoff, der bei allen höheren Pflanzen in den ↑Chloroplasten enthalten ist. Die Ch. sind die fotosynthetisch aktiven Pigmente (↑Fotosynthese). Man kennt eine ganze Reihe von Ch., die man mit a, b, c usw. bezeichnet.

Der Grundbaustein des **Chlorophyllmoleküls** ist das Pyrrol. Im Ch. vereinigen sich vier Pyrrolkerne über Methinbrücken (–CH=) zu dem ringförmigen Porphingerüst (↑Porphyrine).

Chlorophyll

Struktur des Chlorophylls a/b

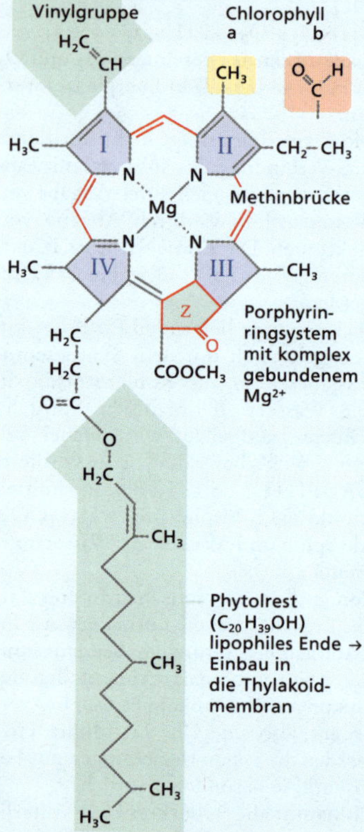

Legende: $-CH_3$ = Methylgruppe
$-C{=}O\,(H)$ = Aldehydgruppe
Z = Cyclopentanonring
I,II,III,IV = Pyrrolringe

Das Zentrum des Porphyrinrings ist von einem komplexgebundenen Magnesiumatom besetzt. Am dritten Pyrrolring setzt ein fünfgliedriger, isocyclischer Ring an, dessen Carboxygruppe (–COOH) mit Methylalkohol (CH_3OH) verestert ist. Als Seitenketten sind vier Methyl-(–CH_3), eine Ethyl-(C_2H_5–) und eine Vinylgruppe (CH_2=CH–) sowie ein Propionsäurerest (–C_2H_4COO) vorhanden. Der Propionsäurerest ist mit einem langkettigen Alkohol verestert.

Bei **Chlorophyll b** tritt an die Stelle der Methylgruppe eine Aldehydgruppe (CHO–). Das in allen fotosynthetisch aktiven Pflanzenzellen vorhandene **Chlorophyll a** kommt oft (z.B. bei allen Samenpflanzen, bei Moosen, Farnen, Grünalgen) zusammen mit Ch. b im Verhältnis 3 : 1 vor.

Durch den Besitz von zahlreichen konjugierten Doppelbindungen sind die Chlorophyllmoleküle befähigt, das sichtbare Licht zu absorbieren. Hauptsächlich wird rotes und blaues Licht aufgenommen. Zusammen mit verschiedenen ↑Carotinoiden bilden die Ch. die Pigmentsysteme I und II (↑Fotosynthese). Ch. b ist für die Fotosynthese nicht unbedingt notwendig: Es gibt Algen und Cyanobakterien, die auch ohne Ch. b die Fotosynthese normal durchführen können.

Chloroplasten: ausschließlich in der pflanzlichen Zelle vorkommende und für die ↑Fotosynthese zuständige Organellen. Ch. sind die Träger der fotosynthetisch aktiven Pigmente (↑Chlorophyll, ↑Carotinoide). – ↑auch Plastiden.

Choanen: paarige innere Verbindungsgänge zwischen Nasen- und Mundhöhle bei Vierfüßern, dem Menschen und den Quastenflossern.

Cholesterin: ein Alkohol des Sterins. Ch. wurde schon im 18. Jh. als Bestandteil von Gallensteinen entdeckt. Außer in der Galle findet man Ch. im Blutplasma, wo es meist mit Fettsäuren verestert ist. Ch. ist auch Bestandteil vieler tierischer Zellmembranen. Eine große Bedeutung hat Ch. als Ausgangsstoff für die Synthese anderer ↑Steroide. Der Wirbeltierorganismus ist in der Lage, Ch. selbst zu synthetisieren und damit auch seinen Bedarf an Ch. zu decken. Ein zu hoher **Cholesterinspiegel** im Blut, d.h. über 250–290 mg Ch. pro 100 ml Blut (z.B. durch zu fettreiche Ernährung), kann die Entstehung von Arterienverkalkung fördern.

Cholinesterase (Acetylcholinesterase): ein Enzym, das ↑Acetylcholin, welches bei der Erregung freigesetzt wird und auslösend für das ↑Aktionspotenzial wirkt, in Essigsäure und Cholin spaltet und dadurch inaktiviert. Dem Enzym Ch. kommt daher eine wichtige Funktion bei der Erregungsleitung zu. Ch. findet sich im Gehirn und in den motorischen Nerven, v.a. an den Synapsen.

Chondrocyten: ↑Knorpel.

Chondroklasten: spezielle ↑Phagocyten (auch ↑Knochen)

Chorda dorsalis: bei den ↑Chordatieren ein im Rückenbereich längs verlaufendes Stützelement. Entwicklungsgeschichtlich ist die Ch. d. die erste Längsstütze bei Tieren (↑auch Achsenskelett). Sie wird embryonal bei allen Chordatieren angelegt, wird aber bei den erwachsenen umso weiter zurückgebildet, je höher sie entwickelt sind. An ihre Stelle tritt die ↑Wirbelsäule. Nur bei den Schädellosen bleibt die Ch. d. vollständig erhalten. Beim Menschen sind ihre Reste in den Bandscheiben als gallertige Masse zu finden. Die Ch. d. besteht aus blasigen Zellen, deren hoher Innendruck die Festigkeit dieser Achse bewirkt.

Chordatiere (Chordata): ein Tierstamm, der ↑Schädellose, ↑Manteltiere und ↑Wirbeltiere umfasst. Daher gehört auch der Mensch zu den Chordatieren. Es sind ↑Deuterostomier, die zeitlebens oder nur in frühen Entwicklungsstadien ein längs im Körper verlaufendes Stützorgan, die ↑Chorda dorsalis, besitzen. Alle Ch. entwickeln einen Kiemendarm

C

(↑Kiemenbögen), meist allerdings nur als Embryonalanlage.

Chordotonalorgane: Sinnesorgane bei Insekten, die zwischen zwei Bereichen ihres Außenskeletts aufgespannt sind. Dort messen die Ch. die Verschiebung der Bereiche gegeneinander. In den Insektenbeinen dienen sie als hoch empfindliche Vibrationsempfänger, in den ↑Antennen als **Johnston-Organe** zur Registrierung der Luftströmung (Geschwindigkeitsmesser) und bei den männlichen Stechmücken als ↑Tympanalorgane zur Wahrnehmung des Flugtons der Weibchen.

Chorioidea: die ↑Aderhaut.

Chorion (Zottenhaut): beim Menschen diejenige ↑Embryonalhülle, die sich mit Zotten in die Gebärmutter einnistet und den Stoffaustausch zwischen mütterlichem und kindlichem Blut ermöglicht.

Choriongonadotropin: ein ↑Geschlechtshormon, das während der ersten Schwangerschaftsmonate von der Placenta gebildet wird. Es wirkt ähnlich wie das luteinisierende Hormon: Erhaltung des Gelbkörpers durch Östrogen- und Progesteronbildung im Gelbkörper, wodurch sekundär das Wachstum der Gebärmutter gefördert wird.

Chromatiden: die lichtmikroskopisch sichtbaren, fadenförmigen Spalthälften eines ↑Chromosoms, bestehend aus dem DNA-Doppelstrang mit den begleitenden Proteinen.

Chromatin: ein Sammelbegriff für die Bausteine des ↑Chromosoms, also für Protein und DNA. Innerhalb eines Chromosoms unterscheidet man nach ihrer Färbbarkeit Abschnitte aus **Euchromatin** und **Heterochromatin**. Die stark färbbaren Abschnitte bezeichnet man als heterochromatisch, die schwach färbbaren als euchromatisch. Im Euchromatin wird RNA synthetisiert, im Heterochromatin sind die Chromosomen stark spiralisiert und weisen neben dem spezifischen Querscheibenmuster der Chromomerenanordnung noch stark anfärbbare Histoneiweiße (zur genetischen Blockade) auf.

Chromatophoren (Farbstoffträger):
◆ Zellorganellen im Plasma der Pflanzenzelle, die mit Farbstoffen angereichert sind. Zu ihnen zählen die Chloroplasten und Chromoplasten (↑Plastiden).
◆ farbstoffhaltige Zellen in der Haut mancher Tiere, z.B. bei Krebsen (unter dem Chitinpanzer), bei Tintenfischen, Fischen, Amphibien und Reptilien. Die Ch. können sich durch die Kontraktion von Muskelzellen stark verbreitern, sodass der Farbstoff großflächig sichtbar wird. Sie können aber auch weit verästelt sein. Dann können die Pigmente entweder im Zentrum der Zelle auf kleinem Raum angehäuft liegen oder sich in die Verästelungen hinein ausbreiten, sodass die Haut dunkler wird. Diese Ausbreitung und Zusammenballung der Farbstoffe führt zum physiologischen ↑Farbwechsel der Tiere.

Chromomeren: Verdichtungen, die in der Prophase der ↑Mitose oder ↑Meiose sichtbar werden, wenn sich die ↑Chromosomen durch Spiralisierung verkürzen. Die Ch. stellen Transkriptionseinheiten (↑Eiweißsynthese) für mehrere Gene dar.
Die Ch. treten in vergleichbaren Teilungsstadien immer an den gleichen Stellen des Chromosoms auf und sind wohl der Beginn weiterer Spiralisierung. Auf diese Weise wird wahrscheinlich immer wieder die gleiche Chromosomenmorphologie hervorgerufen. Homologe Chromosomen stimmen in Lage, Länge und Ort ihrer Ch. überein und paaren sich im ↑Pachytän so, dass die gleichen Ch. nebeneinander zu liegen kommen. Diese dabei auftretenden Chromomerenmuster werden zur Charakterisierung der Chromosomen herangezogen.

Chromonema: ein Doppelfaden aus 2 ↑Chromatiden, der in den ↑Chromosomen sichtbar wird, wenn diese sich zu Beginn der ↑Prophase (in ↑Mitose oder

↑Meiose) verkürzen. Das Ch. bildet sich während der Interphase durch Verdopplung der DNA.

Chromoplasten: Zellorganellen der pflanzlichen Zelle, die durch Carotinoide gelb, orange oder rötlich gefärbt sind. Sie sind in entsprechend gefärbten Blüten (z.B. Stiefmütterchen, Kapuzinerkresse), Früchten (z.B. Tomate) oder Wurzeln (z.B. Karotte) zu finden. Da sie kein Chlorophyll enthalten, sind sie fotosynthetisch inaktiv. – ↑auch Plastiden.

Chromosomen: fadenförmige Gebilde im Kern jeder ↑Zelle von Tieren und Pflanzen (nur bei ↑Eukaryoten), die durch Färbung unter dem Mikroskop sichtbar gemacht werden können und aus ↑Nucleinsäuren und Proteinen (↑Eiweiße) bestehen.

Der als *Träger der Erbinformation* (↑Gene) wichtige chemische Bestandteil ist die Desoxyribonucleinsäure (↑DNA), deren Moleküle bei den Eukaryoten in einem Doppelstrang vorliegen. Der Doppelstrang ist, vergesellschaftet mit Eiweißen, im Ch. in mindestens 4 übereinander gelagerten Verpackungsordnungen untergebracht: Die DNA bindet salzartig an **Histone** (an Arginin und Lysin reiche Eiweiße) und windet sich an diesen zum **Nucleosom** auf; mehrere Nucleosomen bilden je ein Supernucleosom oder **Solenoid,** aus denen Chromatinschleifen unterschiedlicher Länge gebildet werden, die während der Zellteilung dichter und kondensiert werden. Außerdem gibt es Enzyme, z.B. DNA-Polymerase.

Bakterien und *Cyanobakterien* (↑Prokaryoten) besitzen keine Ch.; ihre meist kleinere, ringförmige bzw. fadenförmige DNA-Doppelspirale liegt ohne umgebende Histone frei im Protoplasma (↑Cytoplasma). Vor der Querteilung der Zelle verdoppelt sich der an der Zellwand angeheftete DNA-Strang (↑DNA-Replikation) und die beiden entstandenen Ringe werden auf die beiden Tochterzellen aufgeteilt. Bei *Eukaryoten* haben die Ch. als Träger der Erbinformation ebenfalls die Fähigkeit, sich auf ähnliche Weise selbst zu verdoppeln.

Für die *Verteilung der Ch.* auf die Tochterzellen gibt es den Mechanismus der Kernteilung (↑Mitose, ↑Meiose). Während der einzelnen Phasen der Kernteilung durchlaufen die Ch. gesetzmäßige Veränderungen ihrer Gestalt (Bild S. 104); trotzdem behalten sie über alle Generationen hin ihre Individualität, d.h., jedes Chromosom trägt immer die gleichen Gene, wenn auch andere Allele (↑dagegen Chromosomenaberration).

Während der Zeit der Teilungsruhe (↑Interphase) sind die Ch. stark aufgelockert; im Kern ist nur ein Knäuel von Fäden zu erkennen (↑Arbeitskern). In der Kernteilungsphase verkürzen und verdichten sich die Ch. durch mehrfache Spiralisation (schraubige Kontraktion) zu deutlich sichtbaren, anfärbbaren Gebilden, die für die verschiedenen Ch. von jeweils charakteristischer Länge (etwa zwischen 1 μm und 30 μm) und Gestalt sind. Sie erreichen so in Mitose und Meiose ihre Transportform, in der an einem Längsspalt die vorangegangene Verdopplung zu erkennen ist. Die Längseinheiten (↑Chromatiden) werden bei der Kernteilung voneinander getrennt und exakt auf die beiden Tochterkerne verteilt (↑dagegen Chromosomenanomalien).

Die Gesamtheit der Ch. eines Kerns bzw. einer Zelle heißt **Chromosomensatz.** Die Zahl der Ch. bei verschiedenen Tier- und Pflanzenarten schwankt zwischen zwei und einigen Hundert (z.B. Pferdespulwurm 2, Taufliege 8, Mais 20, ein Farn ca. 500). Verwandte Arten haben oft eine ähnliche Chromosomenzahl, z.T. ganzzahlige Vielfache einer Grundzahl. Sie sind ↑polyploid. Gesetzmäßigkeiten für die Evolution hoher oder niedriger Chromosomenzahlen lassen sich nicht erkennen.

Man unterscheidet Autosomen und Heterosomen (↑Geschlechtschromoso-

C

Chromosomen

Aufbau eines Chromosoms

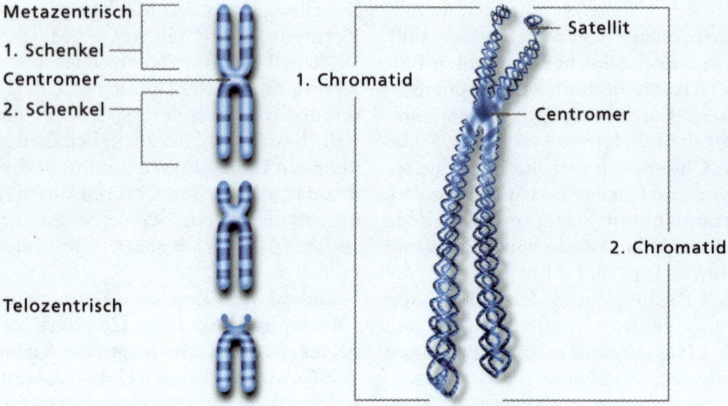

Formwandel eines Chromosoms

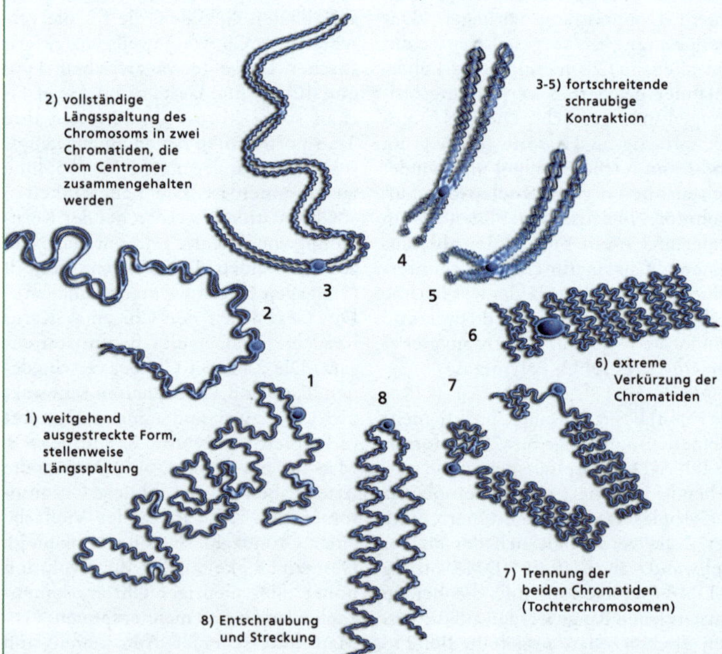

men). Die (diploiden) *Körperzellen des Menschen* enthalten 46 Ch., die sich nach Form und Genbestand in 22 Autosomenpaare (Chromosom 1–22, aufgeteilt in die Gruppen A –G) und ein Paar Geschlechtschromosomen (XX bei der Frau, XY beim Mann) unterteilen lassen. Die in der Meiose entstehenden (haploiden) Keimzellen enthalten 22 Autosomen und ein Geschlechtschromosom (X oder Y).

Nach der Vereinigung der Kerne von Ei und Spermium bei der Befruchtung hat die ↑Zygote je ein Ch. von jedem Elter. Diese beiden einander in Form, Gestalt und Genbestand jeweils entsprechenden Ch. in diploiden Zellen nennt man **homologe Ch.** Sie besitzen meist verschiedene ↑Allele derselben Gene. Homologe Ch. dürfen nicht verwechselt werden mit den ↑Chromatiden, die aus einem Ch. hervorgegangen und daher vollkommen identisch sind.

Einzelne **Chromosomenabschnitte** (oder auch ganze Ch.) verhalten sich je nach Spiralisationsgrad gegenüber Färbungsmitteln unterschiedlich, sodass man in der Interphase zwischen gut anfärbbarem Heterochromatin und weniger gut anfärbbarem Euchromatin unterscheidet (↑Chromatin). – Im ↑Pachytän bei normalen Ch. sowie an ↑Riesenchromosomen und ↑Lampenbürstenchromosomen lassen sich besonders gut anfärbbare Strukturen, sog. Banden- oder Querscheibenmuster, erkennen (↑Chromomeren), die nach Anzahl, Größe und nach den Abständen untereinander für jedes Ch. charakteristisch sind.

Die Ch. der Metaphase zeigen das sog. ↑Centromer (↑auch Mitose). Es erscheint als Einschnürung und ist die Spindelfaseransatzstelle des Ch. Für eine geordnete Teilung und das Auseinanderweichen der Chromatiden ist es unbedingt nötig. Seine Lage am jeweiligen Ch. bestimmt dessen gleich- bzw. ungleichschenkelige, auch einschenkelige Gestalt.

Ch., an deren Schenkel ein Abschnitt (Satellit, Trabant) wie abgeschnürt erscheint, werden als **Satellitenchromosomen** bezeichnet; diese Satelliten enthalten die Information für die Nucleoli (↑Kernkörperchen).

Chromosomenaberration (Chromosomenmutation): Veränderung in der Chromosomenstruktur durch Verlust, Austausch oder Verdopplung eines Chromosomenstückes (Bild S. 106) oder eines Chromatidenstückes. Eine Ch. entsteht durch ↑Crossing-over zwischen falschen Abschnitten der ↑Chromosomen. Durch eine Ch. werden die Reihenfolge, die Anzahl oder die Art (bei Austausch zwischen nicht homologen Genen) der Gene auf einem Chromosom verändert. Diese Chromosomenmutationen können spontan entstehen oder durch ↑Mutagene (z.B. UV-Licht) ausgelöst werden. – ↑auch Chromosomenanomalien.

Chromosomenanomalien: Veränderungen bei den Chromosomenzahlen pro Zellkern (Genommutation) oder den Chromosomenstrukturen (Chromosomenmutation: ↑Mutation; ↑Chromosomenaberration).

Genommutationen mit einer Vervielfachung des ganzen Chromosomensatzes entstehen durch Vereinigung zweier diploider Kerne oder durch Ausbleiben der Kernteilung nach der Verdopplung der Chromosomen (experimentell hervorzurufen z.B. durch Colchicin). Diesen Zustand bezeichnet man als **Euploidie.** Man findet ihn hauptsächlich bei vielen Pflanzen, die in kälteren Regionen wachsen, wo er offenbar von Vorteil ist. Eine andere Genommutation entsteht durch fehlerhafte Verteilung der Chromosomen in der ↑Mitose oder ↑Meiose. Daraus resultiert eine **Monosomie** (Fehlen eines von zwei homologen Chromosomen) oder **Trisomie** (ein überzähliges Chromosom). Sehr selten sind mehrere Chromosomen betroffen. Dieser Zustand (↑Aneuploidie) ist für die Zelle

meist tödlich, wenn die Zahl der Autosomen verändert worden ist.
Monosomie eines X-Chromosoms (XO) führt beim Menschen zum **Turner-Syndrom** (phänotypisch Frauen von kleinem Wuchs, die nicht geschlechtsreif werden und praktisch keine sekundären Geschlechtsmerkmale ausbilden). Trisomie der Geschlechtschromosomen (XXY) führt zum **Klinefelter-Syndrom** (phänotypisch Männer mit sehr großem Wuchs, weiblicher Erscheinung und geringem geistigem Entwicklungsrückstand). Beim **Triple-X-Syndrom** liegen drei X-Chromosomen vor (Frauen mit gelegentlichen Störungen der intellektuellen Entwicklung). Überzählige Y-Chromosomen wirken sich meist nicht auffällig aus.
Eine relativ häufige Störung der Zahl der Autosomen (↑Chromosomen) ist die **Trisomie 21,** bei der das Chromosom Nr. 21 dreimal vorhanden ist. Dies führt zum **Down-Syndrom** (sog. Mongolismus; u. a. geistige Behinderung unterschiedlichen Ausmaßes, gedrungener Wuchs, Muskelschwäche, rundliche Gesichtszüge, offener Mund mit vorstehender Zunge, stumpfe Finger).
Die geschilderten Beispiele sind Ch., die schon früh im Leben eines Organismus oder sogar während der Meiose bei der Bildung der elterlichen Keimzellen auftreten. Ch. erscheinen aber auch später bei der mitotischen Teilung von Körperzellen, allerdings mit weitaus geringeren Auswirkungen.
Chromosomenkarte: grafische Darstellung der Reihenfolge der ↑Gene auf einem ↑Chromosom und ihrer relativen Abstände voneinander. Die Werte für genetische Ch. erhält man u. a. aus

Chromosomenaberration

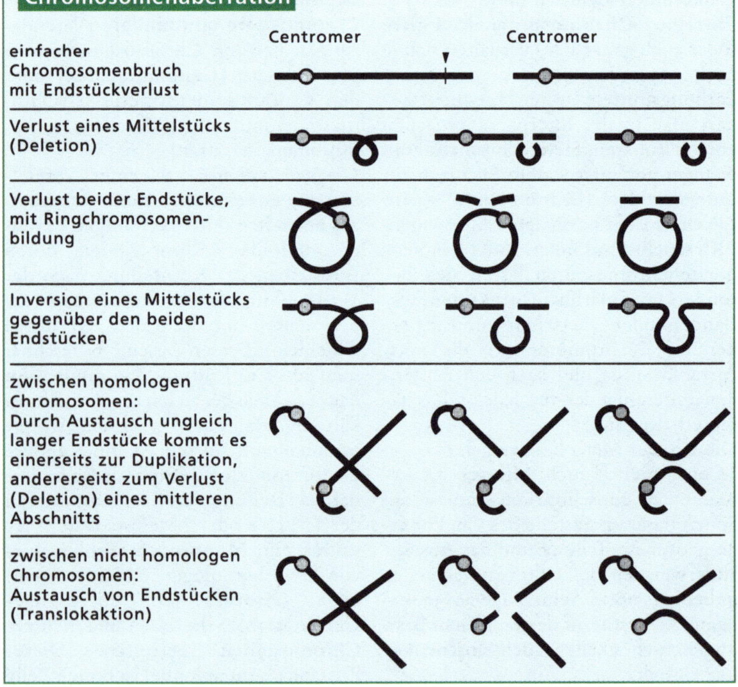

C

der Häufigkeit des Faktorenaustauschs zwischen gekoppelten Genen (↑Crossing-over). An ↑Riesenchromosomen lassen sich nach ↑Chromosomenaberrationen aufgrund des veränderten Bandenmusters oder aufgrund von Schleifenbildungen einzelne Gene cytologisch lokalisieren.

Chromosomenpaarung: die parallele Aneinanderlagerung homologer ↑Chromosomen in der Prophase der ↑Meiose. Die Ch. ist Voraussetzung für den Faktorenaustausch (↑Crossing-over).

Chromosomensatz: ↑Chromosomen.

Chylus: die ↑Lymphe der Lymphgefäße in den Darmeingeweiden. Sie ist bei der Verdauung fettreicher Speisen durch Fetttröpfchen getrübt, sonst von gleicher Beschaffenheit wie normale Lymphe und wird auch wie diese durch den Milch-Brust-Gang zum Blut zurückgeführt.

Chymus: der im Mund zerkleinerte und vom Mundspeichel vorverdaute saure Speisebrei (pH-Wert 3–4) im Magen (oder Darm).

Ciliarmuskel: Ringmuskel, an dem über die Zonulafasern die Augenlinse (↑Augen) aufgehängt ist.

Ciliata: die ↑Wimpertierchen.

Cilien: die ↑Wimpern.

Cistron: meist synonym zu ↑Gen verwendeter Ausdruck. – Als C. bezeichnet man auch den Abschnitt eines Ribonucleinsäure- oder Desoxyribonucleinsäurefadens, der die Information für die Synthese eines Polypeptids (↑Peptide) enthält.

Citratzyklus: der ↑Citronensäurezyklus.

Citronensäure (2-Hydroxypropan-1,2,3-tricarbonsäure): eine α-Hydroxypropantricarbonsäure. Ihre Ester und Salze heißen Citrate. C. ist in der Natur weit verbreitet, v.a. in Citrusfrüchten, aber auch in Preiselbeeren, Himbeeren und zu 0,2 % in Kuhmilch. In geringem Prozentsatz ist sie in allen Zellen vorhanden, da sie im Stoffwechsel (z.B. ↑Citronensäurezyklus) eine wesentliche Rolle spielt.

Citronensäurezyklus (Citratzyklus, Krebs-Zyklus, Tricarbonsäurezyklus): ein in den Mitochondrien der tierischen und pflanzlichen Zellen ablaufender Teilprozess der zur Energiegewinnung dienenden inneren Atmung. Im C. laufen die Abbauwege aller Energie liefernden Stoffe (Kohlenhydrate, Fette, Proteine) zusammen, wobei das Prinzip des C. die Abspaltung von Wasserstoffatomen (mithilfe der Coenzyme NAD^+ und FAD^+), die zur Energiegewinnung (unter aeroben Bedingungen) der Atmungskette zugeführt werden, und die Abspaltung des Stoffwechselendprodukts Kohlenstoffdioxid ist. Der C. dient aber auch (ausgehend von einigen Zwischenprodukten des C.) dem Aufbau von z.B. Aminosäuren, Fettsäuren, Glucose und Häm; er nimmt daher im Zellstoffwechsel eine zentrale Stellung ein. Er schließt an die (nicht oxidative) ↑Glykolyse an und geht von der ↑Brenztraubensäure aus.

Für den C. muss die *Brenztraubensäure* zunächst aktiviert werden. Dies geschieht, indem von dem C_3-Körper der Brenztraubensäure Kohlenstoffdioxid und Wasserstoff abgespalten werden, wobei *Essigsäure* entsteht, die sich sofort in einer energiereichen Bindung an das sog. Coenzym A (Abk. CoA; A = Acylierung: Ersatz eines H-Atoms durch einen Säurerest bei einer organischen Verbindung) anhängt. Dadurch entsteht die im Stoffwechsel der Organismen wichtige Substanz *Acetyl-Coenzym A* (Abk. Acetyl-CoA), die auch als »aktivierte Essigsäure« bezeichnet wird. Dieses Acetyl-CoA geht als Ausgangssubstanz in den C. ein.

Für den C. stellt der Acetylrest, der an das CoA gebunden ist, den eigentlichen Betriebsstoff dar. Der C. ist ein Kreislauf von C_4- und C_6-Körpern, bei denen pro Umlauf ein C_2-Körper (Acetyl-CoA) hinzukommt und jeweils ein C_1-Körper (Kohlenstoffdioxid) abge-

C

spalten wird. Dabei wird das Acetyl-CoA beim Eintritt in den Zyklus an die aus 4 C-Atomen bestehende *Oxalessigsäure* gebunden. Dadurch entsteht *Citronensäure.* Diese wird intramolekular, durch das Enzym Aconitase katalysiert, in *Isocitronensäure* umgewandelt, worauf in einem folgenden Reaktionsschritt 1 CO_2 abgespalten wird. Gleichzeitig werden in einem Energie liefernden Prozess 2 Wasserstoffatome abgetrennt, wodurch ein Molekül Nicotinamid-adenin-dinucleotid (↑NAD) in reduziertes Nicotinamid-adenin-dinucleotid ($NADH+H^+$) übergeht. Dadurch ensteht *α-Ketoglutarsäure,* von der ein zweites Molekül Kohlenstoffdioxid abgetrennt wird. Beide Vorgänge werden durch Isocitrat-Dehydrogenase katalysiert. Gleichzeitig wird wieder aus einem Molekül NAD^+ ein Molekül $NADH+H^+$ gebildet. Über eine durch das CoA vermittelte Reaktion entsteht nun *Bernsteinsäure.*

Aus dieser Bernsteinsäure entsteht unter Bildung von reduziertem Flavin-adenin-dinucleotid ($FADH_2$), einem ebenfalls Energie speichernden Molekül, *Fumarsäure.* Diese geht unter Wasseraufnahme in *Äpfelsäure* über, die dann unter nochmaliger Bildung von $NADH+H^+$ in das ursprüngliche Produkt, die *Oxalessigsäure,* umgewandelt wird. Der Kreislauf beginnt nun von neuem, indem an diese Oxalessigsäure wieder ein neues Acetyl-CoA gebunden wird.

Cnidaria: die ↑Nesseltiere.

Cnidoblasten: ↑Nesselkapseln.

Cocain (Erythroxylin): ein Alkaloid aus den Blättern des in Südamerika heimischen Cocastrauchs, das als ↑Droge zu meist lebenslanger psychischer Abhängigkeit führt. C. wird geschnupft oder die Cocablätter werden gekaut. C. wirkt kurzfristig; es betäubt das Hungergefühl, vertreibt Müdigkeit, euphorisiert, regt das Zentralnervensystem an und ist lokal betäubend. Nach dem Ende der Drogenwirkung besteht die Neigung zu Angstzuständen und Aggressionen.

Codein: ein Opiumalkaloid mit der Formel $C_{18}H_{21}O_3$. Es bildet farblose, geruchlose, bitter schmeckende Kristalle, die in Wasser schwer löslich sind. C. ist zu etwa 0,3 % in Opium enthalten. Seine beruhigende und schmerzstillende Wirkung ist geringer als die des Morphins. C. findet in erster Linie als hustenstillendes Mittel Verwendung.

Code-Sonne

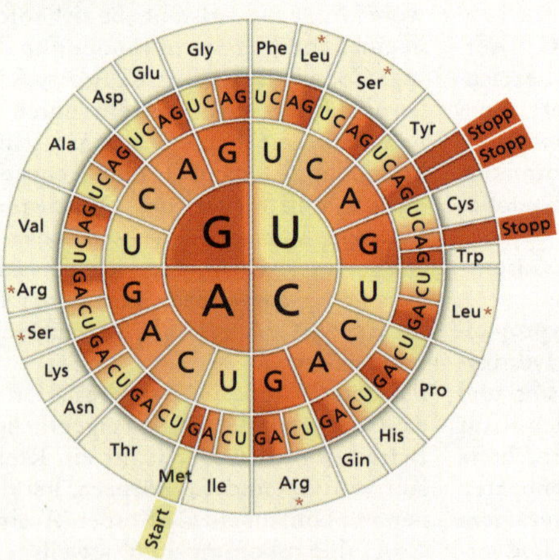

Code-Sonne: Übersichtsschema, mit dessen Hilfe ermittelt werden kann, welches Codon der m-RNA in welche Aminosäure »übersetzt« wird.

codominanter Erbgang: ein Erbgang, bei dem beide elterlichen Allele eines Merkmals im Phänotyp in Erscheinung treten; z.B. entsteht die Blutgruppe AB, wenn das Allel A des einen Elters mit dem Allel B des anderen Elters kombiniert wird.

Codon: ↑genetischer Code.

Coelenterata: die ↑Hohltiere.

Coelom: ↑Leibeshöhle.

Coenzym: Viele ↑Enzyme besitzen eine an der Reaktion beteiligte ↑prosthetische Gruppe, die nur mehr oder weniger fest oder vorübergehend kovalent mit dem Enzym verbunden ist. Diese nicht eiweißartige Gruppe wird C. genannt. Das Protein allein wird als Apoenzym, seine Verbindung mit dem C. als Holoenzym bezeichnet. C. sind keine echten Katalysatoren, da sie verändert aus der Reaktion hervorgehen. Dabei übernehmen sie die Rolle von Wasserstoff- oder Molekülgruppenüberträgern. Dem gegenüber werden die durch kovalente oder starke nicht kovalente Bindungen an das Enzym gebundenen niedermolekularen, nicht eiweißartigen Bestandteile, die unverändert aus der Reaktion hervorgehen, als **Cofaktoren** bezeichnet (z.B. Metallionen).
Das bekannteste C. ist das ↑ATP. Oft sind auch Vitamine (z.B. Vitamin B_1 in der Carboxylase) Bestandteile von C. Weitere bekannte C. sind NAD^+, $NADP^+$, FAD und GTP.

Coffein (Thein): ein Purinalkaloid, das sich zu etwa 1,2 % in gerösteten Kaffeebohnen, zu 1–5 % in Teeblättern und zu 3 % in der Kolanuss findet. C. hat eine belebende, anregende Wirkung und findet deshalb v.a. als Kreislaufmittel Verwendung. Seine therapeutische Dosis liegt bei etwa 0,1 g, was 8–10 g gemahlenem Bohnenkaffee entspricht. In höherer Menge ruft es Herzklopfen, Unruhe und Kopfschmerz hervor.

Colchicin: ein sehr giftiges Alkaloid der Herbstzeitlose, das bei Erwachsenen bereits in Mengen von 20 mg zum Tode führt. Es ist ein bekanntes Mitosegift, das bei der Kernteilung die Ausbildung der Kernspindel stört und damit die Verteilung der Chromosomen verhindert. C. findet deshalb in der Pflanzenzüchtung zur Erzeugung polyploider Rassen Anwendung.

Coleoptera: die ↑Käfer.

Coleoptile: scheibenförmiges Hüllorgan der Graskeimlinge, das die ersten Blätter umgibt und bei der Keimung mit harter Spitze die Bodenoberfläche durchbricht. Gleichzeitig ist die C. der Syntheseort für ↑Wuchsstoffe.

Colon (Grimmdarm): ↑Darmkanal.

Colubridae: die ↑Nattern.

Columella:

- säulenartige, sterile Verlängerung des Stiels der Sporangien bei ↑Schleimpilzen.
- zentrale Gewebesäule der Sporenkapsel bei ↑Laubmoosen, die als Nährstoffleiter und Wasserspeicher für die sich entwickelnden Sporen dient.
- senkrechte, säulenartige Erhebung im Kalkskelett der ↑Korallen.
- ↑Gehörknöchelchen.

Compositae: die ↑Korbblütler.

Coniferae: die ↑Nadelbäume.

Conipherophytina: ↑Nacktsamer.

Cor: das ↑Herz.

Corium: die Lederhaut (↑Haut).

Cormophyta: die ↑Sprosspflanzen.

Cornea: die ↑Hornhaut.

Corpora allata: bei Insekten in der Schlundregion ein Paar rundlicher Hormondrüsen zu beiden Seiten des Rückengefäßes. Die C. a. können sekundär durch Vereinigung unpaarig geworden sein. Sie sind mit den **Corpora cardiaca** (paarige oder unpaare rundliche Drüsen am Aortenvorderende) durch ein Nervenpaar verbunden. Die C. a. erzeugen das sog. Juvenilhormon (↑Häutungshormon). Ihr Einfluss nimmt von Häutung zu Häutung ab.

Corpus luteum: der ↑Gelbkörper.

Corpus-luteum-Hormone: die ↑Gelbkörperhormone.

Cortex: die äußere Schicht oder ↑Rinde eines Organs insbesondere des Großhirns (↑Gehirn).

Corticoide (Corticosteroide): ↑Nebennierenhormone.

Corticotropin: ↑Hypophysenhormone.

Corti-Organ: die Schallschwingungen aufnehmendes Organ im ↑Ohr.

C

Cortison: die Vorstufe des ↑Nebennierenhormons **Cortisol** (Hydrocortison). Es beeinflusst als Glucocorticoid den Kohlenhydratstoffwechsel im Sinne einer Erhöhung des Blutzuckerspiegels (↑Blutzucker). – Da C. und Cortisol auch Entzündungsvorgänge und die Wirkung des ↑Histamins hemmen, werden ihre Derivate in der Medizin v.a. zur Behandlung von rheumatischen und allergischen Erkrankungen eingesetzt.

Cotyledonen (Keimblätter): die ersten bereits an der Keimachse des pflanzlichen Embryos im Samen angelegten Blattorgane.

Cowper-Drüsen: beim Mann ein Paar erbsengroßer Drüsen, die beiderseits der Harnröhre in der Muskulatur des Beckenbodens liegen. Der 3–5 cm lange Ausführungsgang der C.-D. mündet in die Harnröhre. Ihr fadenziehendes, schwach basisches Sekret neutralisiert Harnreste und bereitet den Samenzellen den Weg.

C_3-Pflanzen: Pflanzen, die in der Dunkelreaktion der ↑Fotosynthese Kohlenstoffdioxid an Ribulosebisphosphat fixieren; erstes stabiles Produkt ist dann die drei Kohlenstoffatome enthaltende Phosphoglycerinsäure, die darauf im Calvin-Zyklus weiterverarbeitet wird. Die meisten Pflanzen sind C_3-Pflanzen.

C_4-Pflanzen: Pflanzen mit strukturellen und funktionellen Anpassungen der Fotosynthese an die ökologischen Bedingungen trocken-heißer oder salzreicher Standorte mit hohem Lichtangebot. – Durch Vorschalten eines zusätzlichen, sehr wirksamen, rasch ablaufenden Kohlenstoffdioxid-Fixierungsprozesses, der Salze von C_4-Carbonsäuren (Malat, Aspartat) als erste stabile Produkte liefert, wird Kohlenstoffdioxid im Blatt angehäuft und dem Calvin-Zyklus zugeführt. Hohe Lichtstärken können so voll zur Fotosynthese ausgenutzt werden. C_4-P. nutzen dabei das vorhandene (aus der ↑Lichtatmung stammende) Kohlenstoffdioxid viel besser als C_3-Pflanzen. Dadurch müssen sie ihre Spaltöffnungen weniger weit öffnen als diese und halten so die Wasserverluste gering. Ihre Stoffproduktion ist daher besonders hoch. Zu den C_4-P. gehören u.a. Mais, Zuckerrohr, Hirse.

Cranium: der ↑Schädel.

Cristae:

◆ kamm- oder kielartige Erhebungen im Außenskelett der Gliederfüßer oder an den Knochen der Wirbeltiere. Sie dienen in der Regel als Muskelansatzstelle. Beispiel: Crista sagittalis (Scheitelkamm) auf dem Schädel des Gorillas und anderer Säuger oder Crista sterni (Brustbeinkamm) als Ansatzstelle der Flugmuskeln bei den meisten Vögeln.

◆ Struktur in den ↑Mitochondrien.

Crocodylia: die ↑Krokodile.

Crossing-over (Cross-over): ein Stückaustausch zwischen ↑Chromatiden homologer ↑Chromosomen, der in der Prophase I der ↑Meiose stattfindet. Vor dem eigentlichen Austausch treten an identischen Stellen Brüche in den Chromatiden auf; nach Überkreuzung (↑Chiasma) verheilen die Bruchenden miteinander, sodass das väterliche Chromosom ein mütterliches Chromatidenstück trägt und umgekehrt. Dadurch werden Gene neu kombiniert (↑Rekombination). Die Überkreuzung tritt als Zufallsereignis mit gleicher Wahrscheinlichkeit an beliebigen Stellen des Chromosoms auf. Daher ist die Häufigkeit des C.-o. zwischen zwei Genen als Maß für ihren Abstand voneinander zu benutzen (↑Chromosomenkarte).

Crossopterygii: die ↑Quastenflosser.

Crotalus: die ↑Klapperschlangen.

Cruciferae: die ↑Kreuzblütler.

Crustacea: die ↑Krebse.

Cupula: Gallertkörper im ↑Ohr.

Cuticula:

◆ *Botanik:* von der Epidermis nach außen abgeschiedenes wachsartiges Häutchen, das hauptsächlich aus ↑Cutin besteht. Es überzieht das Abschlussgewebe vieler Höherer Pflanzen, ist wasserabstoßend und hemmt die Verdunstung.

◆ *Zoologie:* bei vielen Tieren eine nichtzellige äußere Schicht auf der Epidermis (von der die C. abgeschieden wird). Als dickere Schicht aus Kalk bildet sie das Außenskelett der Weichtiere, aus Chitin das der Gliedertiere.

Cutin: Bestandteil der pflanzlichen ↑Cuticula, der aus wachsartigen Estern gesättiger und ungesättigter Fettsäuren besteht.

Cutis: die ↑Haut.

Cuvier-Gang: der ↑Ductus cuvieri.

Cyanobakterien (Cyanophyta, Blaualgen): einzellige, fadenförmige Pflanzen, die extreme Standorte zu besiedeln vermögen. Sie lagern sich meist zu Kolonien oder Zellfäden zusammen, die von Schleim oder Gallerte umgeben sind. Die Zellen der C. haben keinen echten Zellkern und keine Chlorophyllkörner. Sie werden deshalb zusammen mit den Bakterien zu den ↑Prokaryoten gezählt. Das für die Fotosynthese wichtige Blattgrün kommt zusammen mit blauem (Phycocyan) oder rotem Farbstoff (Phycoerythrin) vor (die irreführende Bezeichnung Blaualgen bezieht sich auf ihre fotosynthetische Aktivität, sollte wegen der eukaryotisch organisierten »echten« Algen vermieden werden). Als Assimilationsprodukt wird Cyanophyceenstärke, die dem ↑Glykogen im chemischen Aufbau ähnelt, gebildet.

Die Vermehrung der hauptsächlich im Süßwasser lebenden C. erfolgt nur durch Zweiteilung, geschlechtliche Fortpflanzung ist nicht bekannt. – Eine Fortbewegung ist wegen der fehlenden Geißeln i. d. R. nicht möglich. Nur wenige der ca. 2 000 Arten können mithilfe ihres verquellenden Schleims auf feuchtem Untergrund Kriechbewegungen ausführen. Einige Arten sind Symbiosepartner bei Flechten, Palmfarnen (Cycas) und Algenfarnen (Azolla).

Man nimmt an, dass C. die einfachsten und auch ältesten Lebewesen der Erde sind. – Bekannte Gattungen sind die Gallertalge (Nostoc) auf feuchter Erde und die Schwingalge (Oscillatoria) im Schlamm verschmutzter Gewässer.

Cycadales: die ↑Palmfarne.

Cycadophytina: die ↑Nacktsamer.

cyclo-AMP: ↑ATP.

Cyclostomata: die ↑Rundmäuler.

Cysten: ↑Dauerformen.

Cytochrome: Enzyme der ↑Atmungskette, die ebenso wie die ↑Flavoproteine zur Gruppe der Oxidoreduktasen zählen. Es sind Hämoproteide, die aufgrund ihrer Lichtabsorption entdeckt wurden. Sie kommen in allen lebenden Zellen vor und sind v. a. an Mitochondrien gebunden.

Die biologische Funktion der C. besteht in der Elektronenübertragung bei der Zellatmung, wobei ihr zentral liegendes Eisenatom reversibel oxidiert bzw. reduziert wird: $Fe^{2+} \rightleftarrows Fe^{3+} + \ominus$.

Nach ihren Absorptionsspektren unterscheidet man die Cytochrome a, b und c. **Cytochrom a** wird auch Warburg-Atmungsferment oder Cytochromoxidase genannt. In den Mitochondrien aller Zellen bildet es das Endglied der Atmungskette. Es bindet den vom Hämoglobin in die Gewebe gebrachten Sauerstoff. – **Cytochrom b** findet man ebenfalls in den Mitochondrien und im endoplasmatischen Reticulum, z. B. der Leber, wo es am Elektronentransport beteiligt ist. – **Cytochrom c** kann nur Elektronen übertragen, aber nicht selbst mit Sauerstoff reagieren.

Cytokine: von Makrophagen und T-Helferzellen freigesetzte Substanzen zur Stimulierung anderer Lymphocyten. Bei Aufnahme eines Antigens wird ein Makrophage zur Produktion von **Interleukin-1** angeregt. Dadurch werden T-Helferzellen aktiviert und setzen **Interleukin-2** frei, das seinerseits die Aktivierung der im Dienst der humoralen Immunabwehr stehenden B-Lymphocyten bewirkt. Es gibt noch weitere C., die beim Aufbau der zellvermittelten Immunität helfen. – ↑auch Immunreaktion.

C

Cytokinine: ↑Wuchsstoffe.

Cytologie (Zellenlehre): ein Zweig der allgemeinen Biologie, der Bau, Strukturen und Funktionen der Zelle erforscht.

Cytolysine: ↑Schlangengifte.

Cytoplasma (Zellplasma): die lebende Substanz in den Zellen von Tier, Mensch und Pflanze ist das **Protoplasma** (Plasma). Es setzt sich aus ↑Kernplasma und C. zusammen. Im Lichtmikroskop erkennt man bei einer Amöbe zwei optisch verschiedene Cytoplasmaschichten: das äußere, klare und zähflüssige **Ektoplasma** (Außenplasma) sowie das innere, körnige **Endoplasma** (Innenplasma) mit Strömungsbewegungen.

Durch elektronenmikroskopische und physikalisch-chemische Untersuchungen ist bekannt, dass das **Grundplasma** (Hyaloplasma; im Lichtmikroskop ohne erkennbare Strukturen), das v.a. Wasser, Eiweiße, Aminosäuren, Glucose, Salze und Enzyme enthält, noch submikroskopische Bestandteile aufweist. Es sind Mikrofibrillen und röhrenartige Mikrotubuli **(Cytoskelett),** die an Bewegungsvorgängen im Plasma beteiligt sind.

Nach außen ist das C. der Zelle durch die **Cytoplasmamembran (Zellmembran,** Plasmalemma) abgegrenzt (Dicke etwa 7,5–10 nm). Diese Elementarmembran (↑Einheitsmembran) besteht aus 2 monomolekularen Lipoproteidschichten. Wie das C. selbst sind auch alle in ihm eingeschlossenen Zellorganellen durch solche Membranen abgegrenzt, deren Grundaufbau weitgehend ähnlich ist. Alle Membranen sind semipermeabel. Sie sollen den Stoffaustausch zwischen den verschiedenen Reaktionsräumen (Kompartimente) im C. einschränken. Der Transport durch eine solche biologische Membran erfolgt dabei entweder passiv (durch ↑Osmose) oder aktiv mit spezifischen, membrangebundenen Transportproteinen **(Carrier),** wodurch bestimmte Substanzen auch gegen ein chemisches Konzentrationsgefälle transportiert werden können. Zusätzlich besitzt die Zellmembran Rezeptoren für Antikörper, Hormone u.a. Moleküle; bei Prokaryoten ist in ihr die Atmungskette lokalisiert. – ↑auch Membranpotenzial, ↑Aktionspotenzial.

Cytosin: eine organische Base, die sich vom Pyrimidin ableitet. In der Natur spielt C. eine bedeutende Rolle als Baustein der Nucleinsäuren ↑DNA und ↑RNA.

Cytoskelett: ↑Cytoplasma.

Cytostatika: Substanzen, die das Zellwachstum und die Zellteilung hemmen. Sie greifen meist in den Nucleinsäurestoffwechsel der Zellen ein. *Alkylierende Substanzen*, z.B. Dimethylnitrosamin, machen Nucleinsäuren funktionsunfähig, indem sie einen Alkylrest auf die DNA übertragen. Andere Substanzen sind dem natürlichen Molekül so ähnlich, dass sie in die DNA eingebaut werden (Antimetaboliten). Deren Funktionen werden dadurch jedoch blockiert. – ↑Colchicin verhindert die Bildung der Kernteilungsspindel und damit die mitotische ↑Anaphase.

Zu den C. sind auch *radioaktive Substanzen* zu zählen, die, in den Körper eingebracht, die Zellen in ihrer Umgebung durch Strahlung schädigen, sodass keine Zellteilungen mehr möglich sind; z.B. wird radioaktives Iod von Tumoren der Schilddrüse gespeichert.

C. werden v.a. zur medikamentösen Behandlung von Krebs eingesetzt. Dabei müssen Nebenwirkungen in Kauf genommen werden, da außer den wuchernden Krebszellen auch gesunde Zellen betroffen werden, z.B. im Blut bildenden Knochenmark. Zur Verminderung der ↑Immunreaktion nach einer Transplantation von Organen setzt man ebenfalls C. ein.

cytotoxische Zellen: C. Z. greifen durch Krankheitserreger bereits infizierte Zellen an und zerstören sie. – ↑Immunsystem.

Cytostom: der Zellmund der ↑Pantoffeltierchen.

D

dämmerungsaktiv: Dämmerungsaktive Tiere haben besonders leistungsfähige Augen, damit sie auch bei geringer Lichtstärke noch ausreichend sehen können. Orientierungshilfe bieten meist noch gut entwickelte Tastsinnes- und Gehörorgane. Typische Vertreter einheimischer dämmerungsaktiver Tiere sind Mäuse, Ratten und Kaninchen.

Darm: das Stück des Verdauungskanals (↑ Darmkanal), das vom Magen bis zum After reicht. Bei niederen Tieren ist der D. oft ein glattes, durchgängiges Rohr. Er ist bei Fleisch fressenden höheren Tieren weniger, bei Pflanzenfressern stärker gewunden.

Darmbakterien: ↑ Darmflora.

Darmfauna: die im Darm mancher Tierarten regelmäßig vorkommenden tierischen Organismen (z.B. Panseninfusorien im Magen der ↑ Wiederkäuer). Die tierischen Darmparasiten (z.B. Bandwürmer, Fadenwürmer, parasitische Einzeller) sind keine ständigen Vertreter einer bestimmten Darmfauna.

Darmflora: Die D. besiedelt v.a. den Dickdarm und besteht aus Hefepilzen und v.a. verschiedenen Bakterienarten. Als Darmbakterium bekannt ist ↑ Escherichia coli.

Die Zusammensetzung der D. wird durch den Zustand der Darmschleimhaut, Sekretion der Darmzellen, immunologische, medikamentöse (Antibiotika) und Stressreaktionen sowie von der Art der Nahrung bestimmt. Säuglinge haben z.B. fast nur Milch verdauende Bakterien wie Bifidobakterium bifidus bei Brustkindern, Lactobacillusarten bei Flaschenkindern.

Die wichtigsten Funktionen der D. sind die Lieferung der Vitamine B_{12} und K, die Unterdrückung von Krankheitserregern (z.B. Cholera, Ruhr) durch Konkurrenz und die Hilfe beim Aufspalten mancher Nahrungsbestandteile (z.B. Cellulose bei Pflanzenfressern).

Darmkanal (Darmtrakt): Mehrzellige Tiere haben ein Verdauungssystem entwickelt, das aufgenommene Nahrung zerkleinert und umwandelt. Dieses Darmsystem geht entwicklungsgeschichtlich zum größten Teil aus dem inneren Keimblatt (Entoderm) des Becherkeims (Gastrula) hervor (↑ Urdarm).

Einen afterlosen D. besitzen die *Strudel-* und *Saugwürmer.* Sie scheiden Unverdauliches durch den Mund wieder aus, der bei den Strudelwürmern auf dem Bauch liegt. Von ihm aus ziehen ein Darmast nach vorn und zwei oft reich verzweigte Darmäste nach hinten **(Gastrovaskularsystem).**

Alle *höheren Tiere* haben einen durchgängigen Darmkanal. Sein vorderer und hinterer Abschnitt gehen aus dem Ektoderm, sein mittlerer aus dem Entoderm hervor. Der vordere Bereich ist so gestaltet, dass er die Nahrung ergreifen, zerkleinern und vorverdauen kann. Im mittleren Bereich wird die Nahrung in einfachere Bausteine gespalten, die hier auch resorbiert (aufgenommen) werden. Im Enddarm wird Wasser resorbiert und der unverdauliche Rest des Nahrungsbreis gesammelt, bevor er dann durch den After ausgeschieden wird.

Die **Darmwand** besteht bei höheren Tieren aus dem einschichtigen Darmepithel und einer bindegewebigen Zwischenschicht, die gemeinsam die Darmschleimhaut (Mukosa) bilden, sowie einer äußeren Muskelschicht mit Ring- und Längsmuskeln. Letztere erweitern die Darmwand, die Ringmuskeln verengen sie. Im Zusammenspiel »schaukeln« die Muskeln den Nahrungsbrei in einzelnen Darmabschnitten hin und her und bewegen ihn durch wellenförmige, von vorn nach hinten laufende Kontraktionen weiter **(Darmperistaltik).**

Der **Vorderdarm** wird zum **Mund** mit Zähnen, Zunge und ↑ Speicheldrüsen. Letztere können zu Giftdrüsen (z.B. bei

Spinnen und Insekten) oder Spinndrüsen (Schmetterlingsraupen) umgewandelt sein. An den Mund schließt sich die ↑Speiseröhre an, die die Nahrung in den Magen bringt. Bei einigen Vögeln z.B. hat sich die Speiseröhre zum Kropf erweitert und nimmt dadurch an der Verdauung teil. Einige Insekten besitzen einen Vor-, Kau- bzw. Saugmagen als Bildung des Vorderdarms.
Zum **Mitteldarm** gehören bei höheren Tieren ↑Magen und Dünndarm mit den Anhangsdrüsen ↑Leber und ↑Bauchspeicheldrüse. Im Magen erfolgt der Hauptteil der Vorverdauung, im Dünndarm die Endverdauung in Form der Aufnahme (Resorption) der Nährstoffe aus dem Nahrungsbrei. Um diese Aufgabe zu erleichtern, ist der **Dünndarm** zur Oberflächenvergrößerung mit Spiralen (Knorpelfische), Falten und ↑Darmzotten (Mensch: bis 3 000 Zotten/cm^2) versehen, verlängert und in Schlingen gelegt. Die Darmzotten enthalten ein reiches Kapillarnetz für die Zucker- und Aminosäureresorption und eine Lymphkapillare zur Aufnahme der Fette (Transport im ↑Chylus).
Niedere Tiere haben an der Grenze zwischen Magen und Darm die recht unterschiedlich großen **Mitteldarmdrüsen.** Bei Krebsen übernehmen sie die Verdauung und Resorption allein. Der Mitteldarm der Insekten ist ein weites, ungegliedertes Rohr. Sein Epithel besitzt keine Schleimdrüsen. Deshalb wird der Nahrungsbrei von spezialisierten Zellen in einer Membran verpackt. Bei *Wirbeltieren* und beim *Menschen* wird der Teil des Darmkanals zwischen Magen und After ↑Darm genannt. Der Nahrungsbrei gelangt beim Menschen vom Magen durch den Pförtner in den

Darmkanal

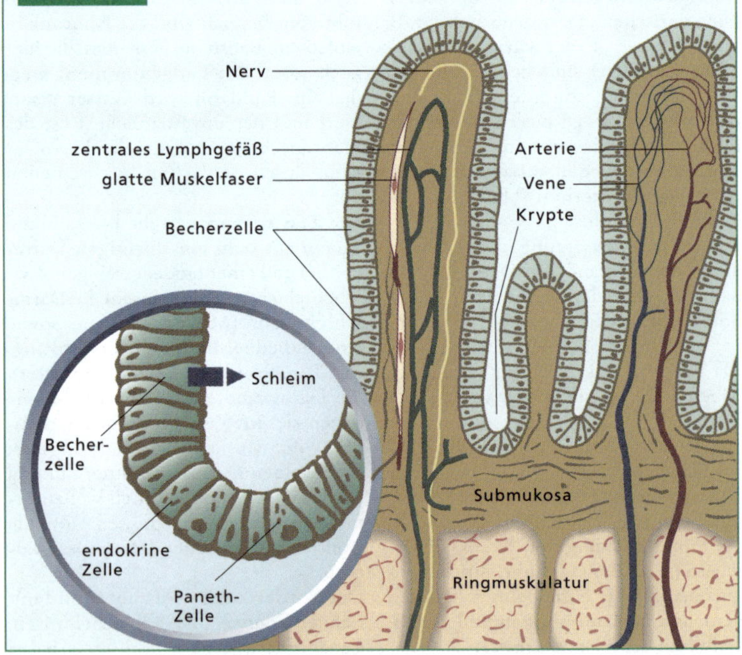

Zwölffingerdarm (Duodenum). Hier münden die durch Schließmuskeln regulierbaren Ausführungsgänge von Leber (bzw. Gallenblase) und Bauchspeicheldrüse. Ihre Sekrete setzen die im Mund und Magen begonnene ↑Verdauung fort. Im anschließenden **Dünndarm** erfolgt durch den ↑Darmsaft die Endverdauung. Hier werden dem Nahrungsbrei die Nährstoffe entzogen und dem Blut (Zucker und Aminosäuren) oder der Lymphe (Fette) übergeben. Die Darmauskleidung wird alle 1–2 Tage völlig erneuert.

Der Dünndarm mündet etwas seitlich in den **Dickdarm,** sodass ein blinder Abschnitt des Dickdarms, der **Blinddarm,** entsteht. Dieser kommt bei *Reptilien* und den meisten *Säugern* vor; Vögel besitzen zwei. Bei Fleischfressern ist er sehr kurz, bei Pflanzenfressern jedoch besonders groß. Bei Hasen und Nagetieren macht er ca. 30–40% des gesamten D. aus. Beim Pferd hat er ein Volumen von 90 l, beim Rind ist er 50–60 cm lang. Im Blinddarm der Pflanzenfresser wachsen auf der unverdaulichen Cellulose Mikroorganismen, die verdaut werden, um den Eiweiß- und Vitaminbedarf (v.a. B- und K-Vitamine) zu decken. Die Tiere fressen deshalb den Blinddarmkot noch einmal. Beim *Menschen* ist der Blinddarm im hinteren Abschnitt zum 6–8 cm langen **Wurmfortsatz (Appendix)** zurückgebildet (reduziert), der praktisch ohne Bedeutung ist, sich jedoch entzünden kann (Appendizitis).

Der Dickdarm heißt zwischen Blinddarm und folgendem Mastdarm **Grimmdarm (Colon).** Beim Menschen ist er ca. 1,5–2 m lang; er resorbiert aus den Nahrungsresten Wasser sowie darin gelöste Salze und Vitamine. Bakterien entwickeln bei der Vergärung von unverdauten Pflanzenzellen die giftigen Gase Ammoniak und Schwefelwasserstoff sowie das ungiftige Methan. Der Dickdarm steigt beim Menschen auf der rechten Seite auf, verläuft dann quer bis zur linken Seite, steigt dort ab und krümmt sich nach hinten, wo er sich zum **Mastdarm (Rectum)** erweitert (Dickdarm, Blinddarm und Mastdarm werden auch als **Enddarm** be-

Darmkanal (Oberfläche)

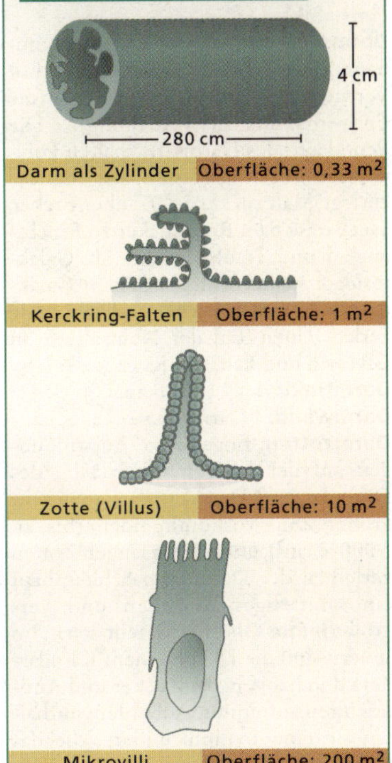

zeichnet). Der Mastdarm sammelt in ampullenförmigen Auftreibungen den Kot und formt ihn, bis dieser schließlich durch den folgenden **After (Anus)** ausgeschieden wird. Bei ↑Kloakentieren mündet der After in die ↑Kloake.

Darmlymphe: der ↑Chylus.

Darmnervensystem: ↑vegetatives Nervensystem.

Darmparasiten: Endoparasiten (↑Parasiten), die besonders an das Leben im sauerstoffarmen Darmrohr angepasst sind. Sie leben anaerob im Nahrungs-

D

brei. Daher verbrauchen sie große Nahrungsmengen und scheiden unvollständig abgebaute, giftige Stoffwechselprodukte aus. Bekannte Vertreter der D. sind ↑Bandwürmer und ↑Fadenwürmer.

Darmperistaltik: ↑Darmkanal (↑auch Peristaltik).

Darmsaft: die von der Darmschleimhaut abgegebene Flüssigkeit mit Verdauungsenzymen. Sie vollzieht die Endverdauung (↑Verdauung). Die Peptidasen des Darmsafts spalten Polypeptide in Aminosäuren, die Maltase zerlegt Malzzucker in Traubenzucker, Saccharase baut Rohrzucker zu Fruchtzucker und Traubenzucker ab, Galaktosidase spaltet Milchzucker in Galaktose und Traubenzucker und die Lipase zerlegt einen Teil der Neutralfette in Glycerin und Fettsäuren.

Darmtrakt: der ↑Darmkanal.

Darmwand: ↑Darmkanal.

Darmzotten: fingerartige Ausstülpungen auf der faltigen Oberfläche des Dünndarms (↑Darmkanal). Die in sehr großer Zahl vorkommenden (bis zu 3 000 je cm^2), etwa 1 mm langen Zotten verleihen der Dünndarm-Schleimhaut ein samtartiges Aussehen und vergrößern ihre Oberfläche sehr stark. Im Innern sind die D. von einem Kapillarnetz durchzogen, das Zucker und Aminosäuren aufnimmt. Außerdem enthalten sie eine Lymphkapillare, die das resorbierte Fett abführt. Die D. ziehen sich rhythmisch zusammen und pressen dabei die Kapillaren leer.

Darwinfinken: eine zu den Finkenvögeln gehörende Gruppe von Gattungen, die auf den westlich von Ecuador gelegenen Galápagosinseln (13 Arten) und der ca. 800 km nördlich davon liegenden Kokosinsel (eine Art) heimisch ist. Die D. unterscheiden sich in Größe, Schnabelbau und Lebensweise und gehen auf eine Stammart zurück, von der wahrscheinlich im späten Tertiär (vor ca. 10 Millionen Jahren) ein kleiner Trupp vom Festland auf die Inseln gelangte. Die D. bilden ein Musterbeispiel zum einen für die **adaptive Radiation,** d.h. die vielfältige Abwandlung eines Grundbauplanes infolge intensiver Artbildung, und zum anderen für die Ausbildung ↑ökologischer Nischen(bei den D. die Nutzung unterschiedlicher Lebensräume und Nahrungsspektren). Die Beobachtungen von CH. DARWIN an den D. trugen wesentlich zur Begründung seiner Evolutionstheorie bei (↑Deszendenztheorie; ↑auch Darwinismus).

Darwinismus: von CH. R. DARWIN mit seinem 1859 erschienenen grundlegenden Werk »On the origin of species by means of natural selection, or preservation of favoured races in the struggle for life« begründete Theorie, die die wissenschaftlichen Argumente für die ↑Deszendenztheorie lieferte und dieser zu weltweiter Anerkennung verhalf. Die prinzipiellen Überlegungen Darwins, auf denen die von ihm erstellte **Selektionstheorie** beruht, sind folgende:

1. Die Lebewesen auf der Erde produzieren eine gewaltige Menge an Nachkommen; davon müssen viele vor Erlangung der Geschlechtsreife zugrunde gehen.
2. Die Nachkommen der Lebewesen weisen Unterschiede auf, die sich manchmal positiv, manchmal negativ auswirken; manche dieser Variationen sind erblich. Die Gründe für die Erblichkeit hat man erst später erkannt. Es sind die Mutationen und die Neuverteilung der Gene (↑Rekombination der Gene), wie sie die Mendel-Regeln lehren und wie es der im Verlauf der ↑Meiose erfolgende Faktorenaustausch (↑Crossing-over) bewirkt.
3. Im ständigen Konkurrenzkampf (struggle for life, »Kampf ums Dasein«) bleiben diejenigen Individuen am Leben und können sich vermehren, die besser an die jeweils herrschenden Bedingungen angepasst, d.h. den anderen überlegen sind. Es kommt zu einer

(natürlichen) ↑Selektion (Auslese) unter den Individuen einer Population.
4. Durch räumliche (geographische) Barrieren (z.B. Wasserflächen, Gebirgsketten, nahrungsarme Zonen) zwischen verschiedenen Populationen einer Art kann sich deren Erbgut nicht mehr mischen. Eine solche ↑Isolation führt dementsprechend zu isolierten Entwicklungsabläufen. Es bilden sich besondere Rassen aus, die zu neuen, nicht mehr untereinander fortpflanzungsfähigen Arten werden können.
5. Im Verlauf der Weiterentwicklung der Lebewesen kann auch der Zufall Bedeutung erlangen. So können rein zufällige Ereignisse, wie z.B. ein Steppenbrand oder ein Vulkanausbruch, das biologische Gleichgewicht innerhalb eines bestimmten Lebensraums erheblich stören. Die Population kann schwere Verluste erleiden; kleine Populationen können mit ihrem spezifischen Genbestand sogar völlig vernichtet werden, während nach Ausschaltung der Konkurrenten andere Arten in ihrer Ausbreitung sehr begünstigt sein können.
Einer der eifrigsten Verfechter des D. unter Einbeziehung des Menschen war E. Haeckel. Er stellte das ↑biogenetische Grundgesetz auf und ist der Begründer eines natürlichen Systems der Tiere (↑Systematik). Der heutige **Neodarwinismus** hat den ursprünglichen D. weiter ausgebaut und neben den Selektionsfaktoren v.a. die Veränderun-

Darwinfinken

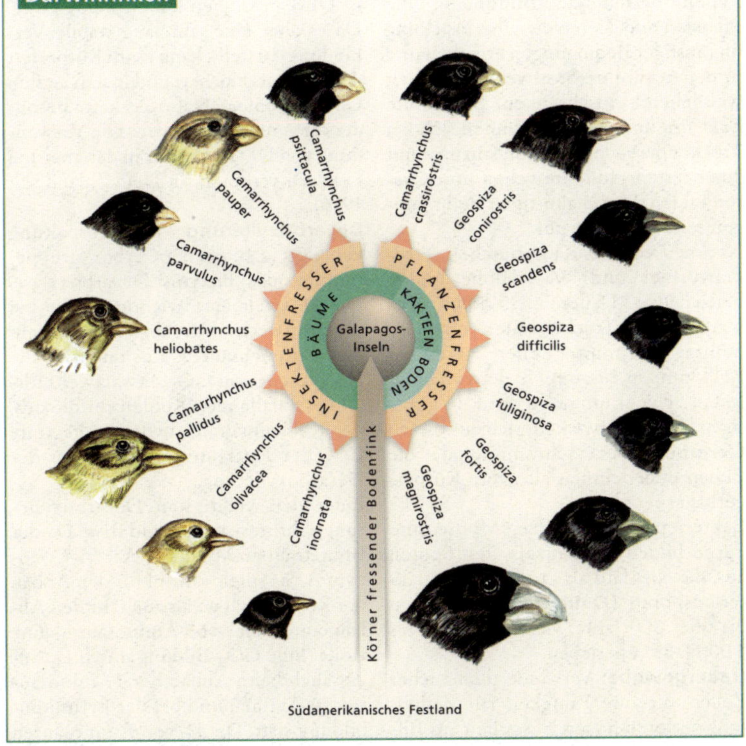

gen des Erbguts durch ↑Mutationen und durch die Rekombination der Gene als die entscheidenden Evolutionsfaktoren erkannt. Lamarckistische bzw. neolamarckistische Gedanken werden dabei entschieden abgelehnt (↑Deszendenztheorie).

Dauerehe: ↑Paarbindung.

Dauereier (Latenzeier): bei manchen Tieren (Rädertierchen, Strudelwürmer, Wasserflöhe) hartschalige, befruchtete Eier, die als Anpassung an besonders ungünstige Umweltbedingungen gebildet werden (im Gegensatz zu den weichschaligen Sommereiern: **Subitaneier**). Die D. der Salinenkrebse vermögen jahrelang in völliger Trockenheit zu überdauern. – ↑auch Dauerformen.

Dauerformen: aus einer oder wenigen Zellen bestehende Bildungen, die Pflanzen und Tieren die Überbrückung ungünstiger Bedingungen erlauben und in denen sie ihre Stoffwechseltätigkeit weitgehend einschränken. Bestimmte *Bakterien* und *Einzeller* können sich bei Trockenheit oder Nahrungsmangel mit einer festen Hülle umgeben und **Cysten** bilden. Unter günstigen Bedingungen reißt die Cyste auf.

Niedere Tiere wie Rädertierchen, Strudelwürmer und Wasserflöhe bilden hartschalige ↑Dauereier. In *Schwämmen* wandern in Trockenzeiten oder im Winter bestimmte Zellen zu einem Zellklumpen zusammen, der von einer festen Schicht umgeben wird. In günstigen Zeiten entwickeln sich aus diesen **Gemmulae** neue Schwämme oder die Zellen besiedeln das alte, tote Körpergerüst erneut.

Bakterien, Algen, Pilze, Moose und Farne bilden aus Einzelzellen Sporen aus, die ebenfalls als D. fungieren. Bakteriensporen **(Dauersporen)** können bis über 300 Jahre, vielleicht sogar bis 1 000 Jahre überleben.

Dauergewebe: Verbände pflanzlicher Zellen, die ihre Fähigkeit zur Zellteilung verloren haben. Sie gehen aus Bildungsgeweben (Meristeme) durch Zellteilung hervor und differenzieren sich während ihres Wachstums. Von Meristemzellen unterscheiden sie sich durch Größe, Form und Wandstruktur, den nur noch wandständigen Plasmabelag und das Vorhandensein von Vakuolen (z.B. Palisadenzellen). Zellen des D. können auch abgestorben sein (z.B. Holz, Kork).

Dauersporen (Dauerzellen): ↑Dauerformen.

Daunen: ↑Gefieder.

DDT, Abkürzung für **D**ichlor**d**iphenyl**t**richlorethan: ein Berührungs- und Fraßgift zur Bekämpfung von Insekten. Es wurde erfolgreich gegen Krankheitsüberträger (v.a. die Malariamücke) und Fraßschädlinge eingesetzt. Für größere Lebewesen (Mensch, Säuger) ist DDT in kleinen Dosen wenig giftig. Da es aber eine jahrelang stabile Verbindung darstellt, kann es im Körperfett der Tiere gespeichert und in den letzten Gliedern einer ↑Nahrungskette besonders angereichert werden. Die Verwendung von DDT ist daher in den meisten Ländern verboten (in Deutschland seit 1976).

Decarboxylierung: die Abspaltung von CO_2 (z.B. aus der Carboxygruppe) mithilfe des Enzyms Decarboxylase. Die D. spielt eine wichtige Rolle bei den Stoffwechselvorgängen. So entsteht im ↑Citronensäurezyklus durch D. die Hauptmenge an CO_2. Etwa zwei Drittel des anfallenden Kohlenstoffdioxids, der Kohlenhydrate sowie das gesamte CO_2 der Fettsäuren entstammen der Decarboxylierung.

Einer der wichtigsten Decarboxylierungsschritte ist die **oxidative D.** der Brenztraubensäure zu Acetyl-Coenzym A. Sie spielt sowohl für den Abbau der Kohlenhydrate als auch für den Abbau einer Reihe von Aminosäuren eine Rolle. Eine CO_2-Bildung durch D. findet auch beim Abbau der ↑Aminosäuren zu Aminen und bei der Pyrimidinbildung statt. Die D. von Aminosäuren

liefert auch Histamin u.a. biogene Amine.
Durch D. entsteht bei der ↑alkoholischen Gärung aus Brenztraubensäure der Wasserstoffakzeptor Acetaldehyd. – Das durch die D. frei werdende CO_2 ist für die tierische Zelle nicht mehr verwertbar, sondern wird als Stoffwechselendprodukt ausgeschieden. Die pflanzliche Zelle dagegen kann dieses CO_2 für neue aufbauende Prozesse nutzen (↑Fotosynthese).

Decidua: die oberste Schicht der Gebärmutterschleimhaut (Endometrium). Für den eventuell sich einnistenden Keim speichert sie Glykogen und bildet vermehrt Blutgefäße sowie tiefe Drüsenschläuche, die sich mit Sekret füllen. Vor diesem Prozess wird die Schleimhaut **Funktionalis** genannt.

Deckepithel: das ↑Deckgewebe.

Deckfedern: ↑Gefieder.

Deckgewebe (Epithel, Deckepithel): flächige, in sich geschlossene Zellverbände, die Körperoberflächen bedecken oder Körperhohlräume auskleiden. Sie haben keine Interzellularen.
Nach der *Strukturierung* lassen sich die folgenden Formen unterscheiden: Aus **einschichtigem D.** besteht bei Wirbellosen die Epidermis (Oberhaut), bei Wirbeltieren z.B. die Darmauskleidung. Dabei sind alle Zellen etwa gleich groß und berühren die ↑Basalmembran. – Im **mehrreihigen D.** berühren ebenfalls alle Zellen die Basalmembran (es ist deshalb einschichtig), nicht alle jedoch erreichen die Oberfläche. Dadurch liegen die Zellkerne in verschiedenen Schichten. Solche D. kleiden bei Säugern die Atemwege aus. – **Mehrschichtige D.** werden von mehreren Zellschichten gebildet. Bei Wirbeltieren bauen sie die Epidermis auf, deren oberste Zellschichten verhornt sind. Sie kleiden außerdem Mundhöhle, Speiseröhre, After und Scheide aus.
Nach der *Form* der Zellen unterscheidet man folgende Arten: Das **Plattenepithel** wird aus flachen, plattenförmigen Zellen aufgebaut. Einschichtig kleidet es Blut- und Lymphgefäße aus **(Endothel)** und ist das D. von Bauch- und Brustfell. – Zum **Pflasterepithel** schließen sich würfelförmige Zellen zusammen. Die Nierenkanälchen sind damit ausgekleidet. Bei Wirbellosen bildet es die Epidermis. Das **Zylinderepithel** wird von langen, quaderförmigen Zellen gebildet. Das Innere des Magen-Darm-Kanals der meisten Tiere und der Gebärmutter der Säuger ist damit belegt.
Von der *Funktion* her lassen sich folgende D. unterscheiden: Die Zellen der **Flimmerepithelien** tragen außen ↑Geißeln. Mit ihrem koordinierten (gleich gerichteten) Schlag bewegen sie Flüssigkeiten, Schleime und Partikel (Auskleidung der Bronchien und Eileiter). Sie können z.B. einen Atemwasserstrom an den Kiemen der Muscheln erzeugen, Nahrungsteilchen in der Hypobranchialrinne des Lanzettfischchens transportieren oder, außen am Körper angebracht, der Fortbewegung dienen (Rippenquallen, Strudelwürmer). – **Drüsenepithelien** besitzen Zellen mit besonders stark entwickeltem ↑endoplasmatischem Reticulum und starker Sekretausscheidung. – **Resorbierende Epithelien** dienen der Stoffaufnahme. Dieser Aufgabe sind sie durch eine stark gegliederte Oberfläche (Mikrovilli) angepasst. Man findet sie z.B. im Dünndarm und in den Nierenkanälchen. Außen liegende D. scheiden besonders bei Innenparasiten (Würmern) und Gliederfüßern nach außen die ↑Cuticula ab.

Deckhaar: der äußere Abschluss des Haarkleides von Säugern (↑Haare). Das D. besteht i.d.R. aus den langen Grannenhaaren, die über die Wollhaare hinausragen, und den steifen, tastempfindlichen Leithaaren.

Deckknochen (Hautknochen): direkt aus skelettbildenden Zellen der Haut entstehende ↑Knochen (z.B. der größte Teil des Schädeldachs). Im Gegensatz

D

dazu bilden sich bei der Entwicklung von **Ersatzknochen** embryonal zunächst knorpelige »Platzhalter«, die später durch Knochen ersetzt werden.

Deckspelze: ↑Ährchen.

Defloration: das Einreißen des ↑Jungfernhäutchens.

Degeneration: Als D. bezeichnet man die Abweichung von der Norm im Sinne einer Verschlechterung in der Leistungsfähigkeit und im Erscheinungsbild eines Lebewesens, von Organen, Geweben oder Zellen. Die D. kann beruhen auf ↑Mutationen, ↑Inzucht (z.B. Anfälligkeit gegenüber Krankheiten), ↑Domestikation (z.B. Verlust natürlicher Verhaltensweisen) oder Abbauerscheinungen (durch natürlichen Verschleiß, Nichtgebrauch bestimmter Organe).

degenerierter Code: ↑genetischer Code.

Dehydrasen (Dehydrogenasen): mit ca. 200 Vertretern die umfangreichste Gruppe der ↑Enzyme. D. katalysieren mit der Wasserstoffübertragung (↑Dehydrierung) in der ↑Atmungskette eine der wichtigsten Reaktionen und sind deshalb v.a. im Hyaloplasma aller Zellen (↑Cytoplasma) zu finden. Da sie auch die Substrate oxidieren, ermöglichen sie zahlreiche Wechselbeziehungen im Zwischenstoffwechsel. Als Oxidoreduktasen sind die D. Vermittler (Apoenzyme) zwischen einem Wasserstoffdonator (Substrat) und einem Wasserstoffakzeptor (Coenzym), d.h., sie müssen für jeden von beiden ein aktives Zentrum besitzen. Hinsichtlich ihrer Coenzyme sind die D. äußerst einseitig: Die meisten übertragen den abgespaltenen Wasserstoff auf NAD^+ und $NADP^+$, wobei hier allerdings eine hohe Stereospezifität vorliegt. So kann man die D. in zwei Gruppen einteilen, je nachdem ob sie NAD^+ oder $NADP^+$ als H_2-Akzeptor bevorzugen; dabei können auch zwei Enzyme mit verschiedenen Coenzymen die Reaktion am gleichen Substrat katalysieren. Welche D. mit ihrem Coenzym welches Substrat angreift, hängt von ihrer Lokalisation in der Zelle ab: NAD^+ kommt vorwiegend im Hyaloplasma, $NADP^+$ und ein NAD^+ in den Mitochondrien vor. Allgemein spielt NAD^+ vorwiegend im oxidativen Abbau eine Rolle, während $NADP^+$ in den reduktiven Aufbauwegen mitwirkt.

Dehydrierung: der Entzug von Wasserstoff (H_2), d.h. von zwei Protonen und zwei Elektronen. Dabei wird häufig der eine Wasserstoff gemeinsam mit dem Elektronenpaar als H^-, der zweite als H^+ abgegeben. Diese Reaktion wird von den ↑Dehydrasen katalysiert, die gleichzeitig die Übertragung des Wasserstoffmoleküls (H_2) auf Coenzyme wie NAD^+ oder $NADP^+$ steuern. Die H_2-Abgabe aus den Substraten ist der erste Schritt der biologischen Oxidation und die D. spielt somit im Zellstoffwechsel (↑Atmungskette, ↑Glykolyse, ↑Citronensäurezyklus) eine bedeutende Rolle. Es lassen sich 3 Grundtypen der D. unterscheiden: 1. D. von gesättigten zu ungesättigten Verbindungen, wobei Doppelbindungen entstehen, z.B. von Bernsteinsäure zu Fumarsäure im Citronensäurezyklus. – 2. D. von Alkoholen zu Aldehyden (↑Essigsäurebakterien). – 3. Übergang von Aldehyden zu Carbonsäuren: Bei dieser Reaktion erfolgt zunächst eine Hydratisierung (Wasseranlagerung) des Aldehyds und eine anschließende D. (↑Essigsäurebakterien).

Dehydrogenasen: die ↑Dehydrasen.

Dekrement: die Verringerung der Erregungsintensität im Verlauf der Erregungsleitung.

dekussiert: ↑Blattstellung.

Deletion: eine ↑Chromosomenaberration, bei der Basenpaare aus der Mitte oder dem Ende des Chromosoms bzw. einer Halbchromatide fehlen.

Demutsgebärde: eine Geste, die als ↑Schlüsselreiz im Rivalenkampf besonders bei wehrhaften Tieren ernsthafte Schädigungen des Artgenossen verhindert. Viele Fische legen z.B. ihre Flossen an, um kleiner zu erscheinen. Wölfe und Hunde bieten dem überlegenen Gegner die ungeschützte Kehle dar oder legen sich wie Jungtiere auf den Rücken (↑auch Beschwichtigungsgebärde).

Demutsgebärde bei Hunden: Der Unterlegene liegt auf dem Rücken

Denaturierung: ↑Eiweiße.

Dendriten: die kurzen, stark verzweigten Fortsätze einer ↑Nervenzelle.

Dendrochronologie: die Altersbestimmung mithilfe der ↑Jahresringe.

Denitrifikation: ein wichtiger Prozess im Stickstoffkreislauf, bei dem es zu einer Reduktion von Nitraten zu Ammoniak oder bis zu freiem Stickstoff kommt. An der D. sind sog. denitrifizierende Bakterien wesentlich beteiligt. Meist sind es fakultativ anaerobe, in vernässten (sauerstoffarmen) Böden und in Gewässern lebende Arten, die statt des atmosphärischen Sauerstoffs den Sauerstoff von Nitraten, Nitriten oder Stickstoffoxiden zur Oxidation von organischen Verbindungen (zwecks Energiegewinnung) verwenden. In schlecht durchlüfteten Böden verursacht die D. einen Stickstoffverlust von 15 bis 30% zulasten der höheren (Nutz)pflanzen. – (↑auch S. 466)

Dentes: die ↑Zähne.

Dentin: das ↑Zahnbein.

Deplasmolyse: ↑Plasmolyse.

Depolarisation: die Abnahme des ↑Membranpotenzials gegenüber dem Ruhepotenzial, d.h. die Änderung in Richtung weniger negativer bzw. positiver Potenzialwerte. Erreicht die D. einen bestimmten Spannungswert (↑Schwellenwert), so wird ein ↑Aktionspotenzial ausgelöst. Bei einer Zunahme des Membranpotenzials über den Ruhewert (d.h. in negativer Richtung) spricht man dagegen von einer **Hyperpolarisation.** Bei ihr ist die Auslösung eines Aktionspotenzials erschwert.

Depressoren: ↑Muskeln.

Dermaptera: die ↑Ohrwürmer.

Descensus testis: ↑Hoden.

Desinfektion: Maßnahmen zur Abtötung oder Behinderung des Wachstums von krankheitsübertragenden Kleinlebewesen (z.B. Läuse, Wanzen), aber auch Bakterien, Viren und Pilzen.
Bei der *chemischen D.* werden z.B. Chlorkalk, Wasserstoffperoxid, Kaliumpermanganat, Ozon oder Schwefeldioxid eingesetzt. Auch Sulfonamide, ↑Antibiotika und Quecksilberverbindungen werden verwendet sowie Ethanol (30–40%ig) und Phenolverbindungen.
Für die *physikalische D.* bieten sich große Hitze, Bestrahlung mit ultraviolettem Licht oder Ultraschall an.

Desoxyribonucleinsäure, Abk. DNS: die ↑DNA.

Desoxyribose: ↑Ribose.

Destruenten: das letzte Glied einer ↑Nahrungskette, wobei insbesondere Bakterien, Pilze und viele bodenbewohnende Tiere zu den D. zählen.

Deszendenztheorie (Abstammungslehre): die Theorie, dass alle heutigen

D

Lebewesen aus früheren Lebewesen hervorgegangen sind. Die D. schließt auch den Gedanken an eine Weiter- und Höherentwicklung **(Evolution)** der Lebewesen ein, d.h. die Annahme, dass die heutigen unterschiedlichen Pflanzen- und Tierarten und auch der Mensch im Verlauf der erdgeschichtlichen Entwicklung aus sehr einfach organisierten, primitiven Vorfahren entstanden sind **(Evolutionstheorie).** Über die Entstehung des Lebens selbst vermag die D. nichts auszusagen. Die D. steht im Gegensatz zur Vorstellung von der Unveränderlichkeit bzw. der **Konstanz der Arten,** die von einem einmaligen oder mehrmaligen Schöpfungsakt ausgeht.

Der Gedanke, dass die Lebewesen über eine kontinuierliche Entwicklung voneinander abstammen, ist schon sehr alt. Bereits griechische Naturphilosophen des Altertums waren dieser Meinung.

Als eigentlicher Begründer der D. gilt jedoch J.-B. DE LAMARCK. Der nach ihm benannte **Lamarckismus** schreibt den Tieren einen inneren Vervollkommnungsdrang zu. Nach LAMARCK bilden sich bei einem Lebewesen ungebrauchte Organe zurück, während sich gebrauchte durch den verstärkten Zustrom von Körpersäften weiterentwickeln sollen. Ein bekanntes Beispiel soll nach dieser Theorie die Giraffe darstellen: Um an das Laub der Bäume heranzukommen, mussten deren Vorfahren ihren Hals strecken. Durch den inneren Vervollkommnungsdrang und den dauernden Gebrauch wurde der Hals immer länger, was sich dann auf die Nachkommen vererbt haben soll.

LAMARCKS Theorie von der Vererbbarkeit von Reaktionen des Organismus auf Umweltbedingungen, wie sie unter verstärkter Einbeziehung psychischer Faktoren auch noch bis ins 20. Jh. hinein vom Neolamarckismus vertreten wurde, ist heute widerlegt.

Die D. war um 1830 Gegenstand heftiger Diskussionen (Pariser Akademiestreit). Ein Gegner der durch E. GEOFFROY SAINT-HILAIRE (1772–1844) vertretenen D., der Anatomieprofessor und Mitbegründer der Paläontologie G. BARON DE CUVIER, entwickelte eine eigene sog. **Katastrophentheorie.** Danach würden die Lebewesen periodisch durch Weltkatastrophen vernichtet und anschließend wieder neu erschaffen.

Mitte des 19. Jh. konnte sich die D. jedoch durchsetzen. Es war das Verdienst von CH. DARWIN, der mit seiner Selektionstheorie die D. wissenschaftlich untermauern konnte (↑Darwinismus). Durch mannigfache Forschungsergebnisse aus Erdgeschichte, vergleichender Anatomie (auch von Fossilien), Embryonalentwicklung, Genetik, Physiologie und Biochemie wird die D. heute nicht mehr infrage gestellt.

Determination: in der ↑Keimesentwicklung die Festlegung einer bestimmten Entwicklungsrichtung für einen bestimmten Teil des Keims. Sie erfolgt für diese Teile zu unterschiedlichen Zeitpunkten. Nach der D. verpflanzte Zellen entwickeln sich auch an ihrem neuen Ort zu dem Gewebe, für das sie determiniert sind. Vorher verpflanzt, fügen sie sich nahtlos in ein neues Gewebe ein. Verpflanzt man z.B. bei Molchlarven einige für die zukünftige Augenblase determinierte Zellen in die Bauchregion, so bilden sie herkunftsgemäß ein Auge.

Detritus: frei im Wasser schwebende, allmählich absinkende, unbelebte Stoffe. **Anorganischer D.** besteht aus fein verteilten mineralischen Sinkstoffen (z.B. Ton, Sand). **Organischer D.** entsteht aus abgestorbenen, sich zersetzenden Pflanzen oder Tieren. Er dient **Detritusfressern** als Nahrung (z.B. Muscheln).

Deuterocoel: ↑Leibeshöhle.

Deuterostomier (Deuterostomia): Bei den Tieren dieser Stammgruppe wird während der ↑Keimesentwicklung der Urmund zum After, während am anderen Ende des Urdarms eine Mundöffnung durchbricht. Sie heißen daher auch Neumünder oder Zweitmünder. Ein weiteres Merkmal ist, dass die Hauptnervenlängsstränge auf der Rückenseite liegen. Hierzu zählen mehrere Tierstämme, z.B. die ↑Chordatiere und die ↑Stachelhäuter. – ↑auch Protostomier.

Dextrose: ↑Traubenzucker.

Diacetylmorphin: das ↑Heroin.

Diakinese: ↑Meiose.

Diapause: bei der Entwicklung vieler Tiere eine oft ausgeprägte Ruhepause (Embryonal-, Larven-, Puppen-, Imaginalruhe) mit vermindertem Stoffwechsel. Die D. unterliegt in der Regel einer inneren Steuerung, die oft von äußeren Bedingungen (Abnahme der Tageslichtlänge, Temperaturänderung, Feuchtigkeit u.Ä.) ausgelöst wird. Beispiele sind die Ruhe des Eies kurz nach der Befruchtung (bewirkt bei Säugern verlängerte Tragzeit), das Puppenstadium der Schmetterlinge oder die Ausbildung von ↑Dauerformen.

Diaphragma:
- ↑Empfängnisverhütung.
- das ↑Zwerchfell.

Diaphyse: ↑Röhrenknochen.

Diastasen: die ↑Amylasen.

Diastema: die ↑Affenlücke.

Diastole: Stadium der Erschlaffung des Herzmuskels (↑Herz; ↑Blutdruck).

Diatomeae: die ↑Kieselalgen.

Diatomeenerde: die ↑Kieselgur.

Dichasium: ↑Blütenstände.

Dichotomie: eine gabelige Verzweigung der Sprossachse, bei der sich der Vegetationspunkt in zwei neue gleichwertige Vegetationspunkte aufteilt. D. kommt z.B. bei Bärlappgewächsen und einigen Farnen vor. Bei allen übrigen höheren Pflanzen erfolgt die Verzweigung seitlich in den Blattachseln.

Dickdarm: ↑Darmkanal.

Dickenwachstum: bei den Sprosspflanzen nach dem Längenwachstum die Achsenverdickung von Spross und Wurzeln. Man unterscheidet zwei Arten: Beim **primären D.** erfolgen zeitlich begrenzte Zellteilungen, die vom Vegetationspunkt ausgehen und die Sprossachse verbreitern.

Das **sekundäre D.** setzt stets nach dem primären Dickenwachstum ein und endet erst mit dem Absterben der Pflanze. Es erfolgt durch Zellteilungen im ↑Kambium. Neue Zellen werden nach innen und außen abgegeben. Die nach innen abgegebenen Zellen verholzen und bilden das ↑Festigungsgewebe (sekundäres Holz, sekundäres Xylem). Zellen, die nach außen abgegeben werden, bilden den ↑Bast (sekundäre Rinde). Sekundäres D. kommt hauptsächlich bei Nacktsamern und ↑Zweikeimblättrigen Pflanzen vor.

Dicotyledonae: die ↑Zweikeimblättrigen Pflanzen.

Diencephalon: das ↑Zwischenhirn.

Differenzierung: ein entwicklungsphysiologischer Vorgang während des Wachstums eines Lebewesens, bei dem sich zwei Zellen, Gewebe oder Organe (bzw. Organellen) in morphologischer und physiologischer Hinsicht in verschiedene Richtungen entwickeln (↑Ontogenese, ↑auch Determination) und es damit zu einer Spezialisierung kommt. Die D. wird durch die unterschiedliche Aktivitat der ↑Gene gesteuert und von der Umwelt beeinflusst.

Die Zellen spezialisieren sich durch die D. für bestimmte Aufgaben im Organismus. Entsprechend der größeren Zahl von Zelltypen nimmt der Diffe-

Dichotomie

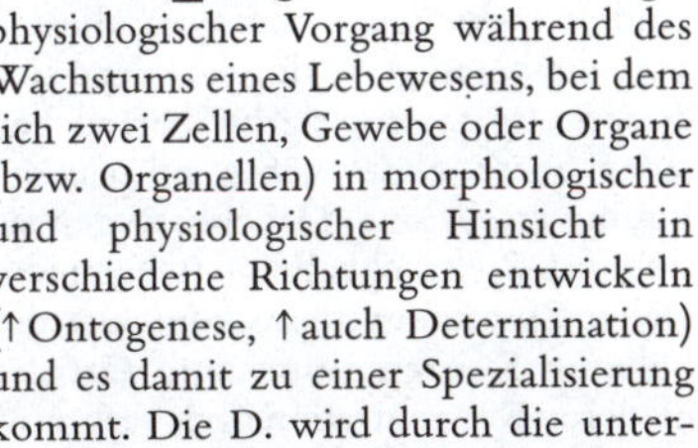

Scheitelzelle in dichotomer Teilung

D

renzierungsgrad von niederen zu höheren Lebewesen zu. Hohltiere z.B. haben weniger unterschiedliche Zelltypen als Säugetiere.
Bei Tieren sind die einzelnen Differenzierungsschritte nur in sehr jungen Entwicklungsstadien rückgängig zu machen. Die meisten Pflanzenzellen hingegen können, wenn sie aus dem Pflanzenkörper herausgelöst werden, wieder zu normalen Pflanzen heranwachsen **(Totipotenz).**

Diffusion: ein Verteilungsprozess, bei dem die Teilchen eines Gases (Moleküle, Atome) oder eines gelösten Stoffs (Moleküle, Ionen, Kolloidteilchen) den gesamten zur Verfügung stehenden Raum ausfüllen. Dies wird durch die Eigenbewegung der kleinsten Teilchen (Wärmebewegung, brownsche Molekularbewegung) erreicht. Sind verschiedene Stoffe an diesem Vorgang beteiligt, so durchdringen sich diese Stoffe gegenseitig, bis die Teilchen jeder Sorte gleichmäßig im ganzen Raum verteilt sind. Dabei bewegen sie sich auf Zickzackbahnen (wegen der vielen Zusammenstöße) vom Ort der höheren Konzentration zum Ort der niederen Konzentration nach bestimmten physikalischen Gesetzen. Die Temperatur spielt für die Diffusionsgeschwindigkeit eine erhebliche Rolle.
Eine einseitige D. durch eine semipermeable Membran bezeichnet man als ↑Osmose. Im lebenden Organismus werden Stoffaufnahme oder -abgabe (Wasseraufnahme bei Pflanzen, Sauerstoffaufnahme und CO_2-Abgabe in der Lunge) sowie Stofftransport oft durch D. bzw. Osmose bewerkstelligt.

Diffusionspotenzial: Da verschiedene Ionenarten unterschiedlich schnell durch eine Membran (z.B. Biomembran) wandern (diffundieren), kann es zu unsymmetrischen Ionenverteilungen an dieser Membran kommen. Als Folge hiervon baut sich zwischen den beiden Membranseiten eine elektrische Spannung, das D., auf. D. treten beispielsweise an Nervenmembranen auf und ermöglichen die Erregungsübertragung durch das Axon. – ↑auch Nervenzellen.

Digestion: die ↑Verdauung.

Dilatation: ↑Kambium.

Dinoflagellaten (Dinoflagellata): zu den Algen zählende Gruppe der ↑Flagellaten mit zwei langen Geißeln, Schwebefortsätzen und rötlichen Chromatophoren (mit Chlorophyll a und c sowie Carotinoiden); D. sind von einem (meist) vielflächigen Cellulosepanzer umgeben. In einer Quer- und einer Längsfurche schwingen je eine Geißel, die der Fortbewegung dienen. Die D. sind (besonders im Meer) Bestandteil des ↑Planktons. Einige verursachen ↑Meeresleuchten, andere bilden auch für den Menschen gefährliche Gifte.

Dinosaurier (Drachenechsen): ausgestorbene Riesenkriechtiere aus dem Mesozoikum (Erdmittelalter). D. waren Bewohner des Festlands, wurden bis zu 35 m lang und waren häufig gepanzert. Als räuberische Fleischfresser bewegten sie sich auf den Hinterbeinen. Die kurzen Vorderbeine hatten Greifhände. Später entwickelten sich viele Arten zu Pflanzenfressern und bewegten sich auf zwei Paar Gliedmaßen. Die D. starben aus noch ungeklärten Gründen am Ende der Kreidezeit aus.

diözisch: ↑zweihäusig.

diploid: In den Zellen ist i.d.R. jedes Chromosom doppelt (diploid) vorhanden (als mütterliches und väterliches). Außer den Gameten (↑Geschlechtszellen), die ↑haploid sind, haben die meisten tierischen Zellen einen diploiden Chromosomensatz (beim Menschen sind es 46 Chromosomen). – ↑auch Generationswechsel, ↑Meiose.

Diplonten: Individuen mit doppeltem Chromosomensatz in ihren Körperzellen. Sie gehen aus einer befruchteten Eizelle durch einfache Zellteilung (↑Mitose) hervor. Zu den D. zählen fast alle tierischen Mehrzeller und die Samenpflanzen.

Diplophase: Entwicklungsphase, in der die Zellen eines Lebewesens den doppelten Chromosomensatz enthalten (Gegensatz: ↑Haplophase). Die D. dauert von der Befruchtung bis zur Bildung der haploiden ↑Gameten in der ↑Meiose. Tiere verbringen ihre Entwicklung fast ausschließlich in der D. Bei Pflanzen wechseln D. und Haplophase miteinander im ↑Generationswechsel ab.

Diplotän: ↑Meiose.

Diptera: die ↑Zweiflügler.

Disproportionierung: ↑Enzyme.

Dissimilation: der Energie liefernde Abbau körpereigener Stoffe (wie Fette, Eiweiße und Kohlenhydrate) in niedermolekulare Endprodukte mithilfe von Enzymen. Läuft die D. in Gegenwart von Sauerstoff ab, so bezeichnet man sie auch als innere ↑Atmung, ohne Sauerstoff dagegen als ↑Gärung. Die bei der D. gewonnene Energie wird für zahlreiche Lebensprozesse (wie Bewegung, Wärmeerzeugung) oder Syntheseprozesse benötigt. In der Pflanzenphysiologie werden D. und Atmung meist gleichgesetzt, d.h., die D. ist der Umkehrprozess der ↑Assimilation.

Distanztiere: unter den gesellig lebenden Tieren diejenigen Arten, die einen arttypischen Abstand zum Nachbarn einhalten (z.B. Stare und Schwalben, die nie dicht beieinander auf einem Telegrafendraht sitzen). Der Gegensatz sind ↑Kontakttiere, die den engen körperlichen Kontakt zum Artgenossen suchen. – Ungesellige Tiere sind extreme Distanztiere.

diurnaler Säurerhythmus: die im Tag-Nacht-Rhythmus wechselnden Malatkonzentrationen in den Zellen der ↑CAM-Pflanzen. Bei ihnen liegt der Säure- bzw. Malatgehalt nachts höher als am Tage, da nachts das Kohlenstoffdioxid als Malat fixiert und in Vakuolen gespeichert wird. Bei beginnender Belichtung bei Tagesanbruch wird Malat ins Cytoplasma transportiert, zu Pyruvat decarboxyliert und in den Calvin-Zyklus (↑Fotosynthese) eingeschleust.

Divergenz:

◆ als **evolutive D.** das Sichauseinanderentwickeln zweier Arten von einer gemeinsamen Stammform aus.

◆ als **genetische D.** der Grad der Unterschiedlichkeit des Erbgutes nahe verwandter Tiere oder Pflanzen. Verhindert sie deren Kreuzung, handelt es sich um verschiedene Arten.

◆ als **morphologische D.** ein Maß für die Unterschiede äußerlicher Merkmale. Wenn die Unterschiede nur auf Rassenbildungen zurückzuführen sind (z.B. bei Hunden), kann eine große morphologische D. dennoch die Kreuzung zulassen.

◆ als **ökologische D.** das Resultat des langsamen Auseinanderweichens der Umweltansprüche nahe verwandter Populationen. Sie wird durch gegenseitige Konkurrenz im Überschneidungsgebiet begünstigt und stellt eine gute Kreuzungsbarriere dar.

DNA, Abk. für **D**eoxyribo**n**ucleic **a**cid (DNS, Abk. für Desoxyribonucleinsäure): der chemische Träger der Erbinformation, der im Zellkern lokalisiert ist. DNA fand man außerdem in den ↑Mitochondrien, ↑Centriolen und ↑Chloroplasten. Die DNA ist ein Polynucleotid, wobei die einzelnen Nucleotide aus einer organischen Base, aus dem Zucker Desoxyribose und Phosphorsäure (Phosphatrest) bestehen. Am Aufbau der DNA sind 4 verschiedene Basen beteiligt: Adenin und Guanin, die Abkömmlinge des Purins sind, sowie Cytosin und Thymin, die sich vom Pyrimidin ableiten.

Die Verbindung zwischen dem Zucker und der jeweiligen Base erfolgt unter Abspaltung von Wasser. Die Phosphorsäure verbindet die Nucleotide miteinander, indem sie sich mit der primären Alkoholgruppe am C-5-Atom der einen Desoxyribose und der Hydroxygruppe am C-3-Atom der zweiten verestert. Auf diese Weise entsteht ein DNA-Strang, der aus über 1 Million Nucleotiden bestehen kann. Die DNA tritt immer als Doppelstrang auf, wobei zwei DNA-Fäden durch Wasserstoffbrücken zwischen den komplementären Basen verknüpft sind (↑Basenpaarung). Der Doppelstrang ist sekundär zu einer Spirale aufgerollt **(Doppelhelix),** die mit einer verdrillten Strickleiter vergleichbar ist (die Entschlüsselung der DNA-Struktur geht auf die Forschungen von J. D. Watson und

Desoxyribonucleinsäure

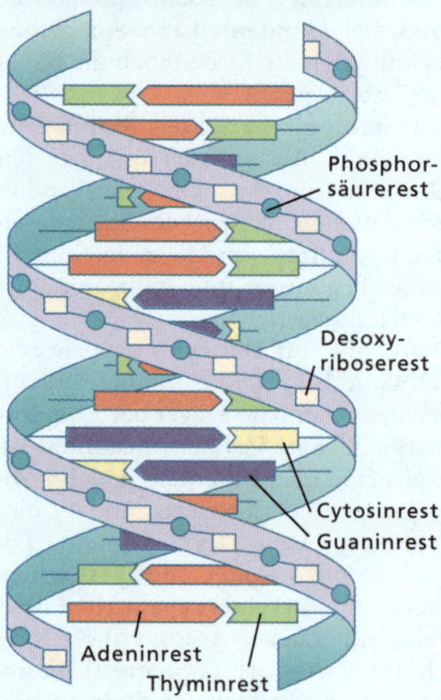

Doppelspirale des DNA-Moleküls

F. H. C. Crick zurück). Die Reihenfolge der Basen im DNA-Molekül (↑Basensequenz) ist von ausschlaggebender Bedeutung für den Informationsgehalt der ↑Gene.

Die DNA wird im Zellkern aus Triphosphonucleotiden aufgebaut, die im Zellplasma synthetisiert werden und die sich unter der Energie liefernden Abspaltung von Diphosphat (Diphosphorsäurereste) verknüpfen. Diese Biosynthese wird durch das Enzym ↑DNA-Polymerase gesteuert.

Neue DNA wird stets im Arbeitskern gebildet, in dem die Verdopplung der Chromosomen erfolgt. Dabei muss der neue DNA-Strang eine genaue Kopie des alten Strangs werden, denn nur so ist ein unverändertes Übertragen der Erbanlagen gewährleistet. Dies wird erreicht durch die identische ↑DNA-Replikation. Einzelsträngige DNA kommt nur bei bestimmten DNA-Bakteriophagen vor; während der Phagenvermehrung tritt sie doppelsträngig auf.

DNA-Polymerase: zur Gruppe der Replikasen gehörendes Enzym, das eine entscheidende Rolle bei der Replikation der Desoxyribonucleinsäure spielt (↑DNA-Replikation). Die Replikasen sind nur dann wirksam, wenn die Nucleotidtriphosphate aller 4 Basen, die in der DNA vorkommen, gleichzeitig vorhanden sind. Die DNA-P. tritt nach der Aufspaltung des DNA-Doppelstrangs in Aktion und wandert an ihr entlang, wobei sie die Verknüpfung der Nucleotidtriphosphate unter Abspaltung von Diphosphat katalysiert. Dabei ist sie gleichzeitig für die richtige ↑Basensequenz des neuen Strangs mitverantwortlich, d. h., sie wählt das jeweils zu der am Strang vorliegenden Base komplementäre Nucleotid aus. So entstehen an den beiden ursprünglichen Strängen neue DNA-Fäden, deren Basensequenz komplementär zu ihrer eigenen Sequenz ist. – Die DNA-P. wird bei der ↑Polymerase-Kettenreaktion eingesetzt und ist auch an der ↑DNA-Reparatur beteiligt.

DNA-Reparatur: Die ↑DNA als Träger der Erbinformation ist im Prinzip stoffwechselstabil, d. h. über viele Generationen hinweg unverändert. Chemikalien oder UV-Licht können jedoch die Gene schädigen, was zu schweren Stoffwechselstörungen führen kann. So kommt es als Folge von UV-Bestrahlung zur Bildung von Thymindimeren, d. h. zur Verschmelzung benachbarter

D

oder gegenüberliegender Thymine. Damit fehlt bei der ↑DNA-Replikation die komplementäre Base. Weitere Schäden sind: fehlende oder fehlerhafte Basen bzw. Basenpaarungen, DNA-Einzelstrangbrücken u.a.

Aus Versuchen mit Bakterienkulturen ist bekannt, dass die Zelle solche Schäden reparieren kann. Die folgenden Mechanismen spielen auch in den Zellen höherer Organismen eine Rolle:

Fotoreaktivierung: Werden UV-geschädigte Bakterien mit blauviolettem Licht bestrahlt, so werden ihre Überlebenschancen um ein Vielfaches erhöht. Dies ist auf die Wirkung eines Enzyms zurückzuführen, das sich vermutlich an die entstandenen Dimeren anlagert. Erst durch die Einwirkung des blauvioletten Lichts wird die Bindung unter gleichzeitiger Freisetzung der beiden Thymine und des Fotoreparaturenzyms (ein Flavoprotein) aufgelöst.

Exzisionsreparatur: Bestrahlt man Bakterien mit UV-Licht, so beobachtet man nach einer Ruhephase plötzlich freie DNA-Abschnitte unterschiedlicher Länge (bis 100 Nucleotide), die Thymindimere enthalten. Das bedeutet, dass das defekte DNA-Stück herausgeschnitten und in das Medium abgegeben wurde. Eine solche Reparatur setzt das Zusammenwirken mehrerer Enzyme voraus: Eine Endonuclease muss den Schaden auf der DNA »erkennen« und in deren Nachbarschaft den Strang »aufschneiden«. Ferner wird eine Exonuclease benötigt, die die Ansatzpunkte für den Abbau der Nucleotide erkennt. Schließlich ist eine Polymerase erforderlich, die den ausgeschnittenen Abschnitt neu synthetisiert, und eine Ligase, die die Lücke zwischen zwei benachbarten Nucleotiden schließt.

DNA-R. durch Rekombination: Von einem Strang mit einem defekten dimeren Bereich kann keine vollständige Kopie gebildet werden; diesem Abschnitt gegenüber verbleibt eine Lücke. Die fehlende Information existiert jedoch auf dem anderen Strang der Replikationsgabel noch einmal. Mit seiner Hilfe kann die fehlende Kopie hergestellt und eingebaut werden.

DNA-Replikation (DNA-Reduplikation): Da die Erbanlagen von einer Zellgeneration zur nächsten weitergegeben werden, muss vor jeder Zellteilung, der eine Verdopplung der ↑Chromosomen vorausgeht, eine genaue Kopie der ↑genetischen Information erstellt werden. Die DNA besitzt die Fähigkeit, sich identisch zu replizieren. Dabei weicht zunächst der Doppelstrang auseinander, indem die Wasserstoffbrücken zwischen den Basen aufgelöst werden. An jedem Einzelstrang wird ein neuer Strang aufgebaut. Hierbei wandern aus der Zelle Nucleotidtriphosphate in den Zellkern und werden dort durch die Wirkung der ↑DNA-Polymerase an der richtigen Stelle in der Basenfolge eingefügt, wobei Diphosphat frei wird. Die komplementäre ↑Basenpaarung bei der Verdopplung der DNA gewährleistet eine genaue Kopie der Ausgangs-DNA.

Die DNA reißt, bevor sie sich verdoppelt, vermutlich stückweise auf, wobei der Doppelstrang um eine Zentralachse rotiert, deren beide Enden auf der einen Seite festgehalten werden. Die Verdopplung der Chromosomen erfolgt mit großer Geschwindigkeit. Wahrscheinlich werden gleichzeitig viele DNA-Moleküle repliziert.

Dolde: ↑Blütenstände.

Doldenrispe: ↑Blütenstände.

Doldentraube: ↑Blütenstände.

Domestikation: Der Mensch hält zu seinem Nutzen Tiere seit Jahrtausenden als ↑Haustiere. Der Hund (ältester Fund im Siebengebirge) war das erste Haustier (12. Jahrtausend v. Chr.); es folgten Schaf, Ziege (9. Jahrtausend v. Chr.), Schwein, Rind (7./6. Jahrtausend v. Chr.) und Pferd (4. Jahrtausend v. Chr.). Der Beginn der Domestikation fällt also in etwa in die Jungsteinzeit (Neolithikum), als der Mensch von der

jagenden zur sesshaften Lebensweise überging.
Durch die veränderten Lebensbedingungen der Tiere, z.B. durch die Ernährung oder die Beeinflussung der sexuellen Partnerwahl, ersetzt der Mensch die natürliche ↑Selektion durch eine künstliche, nach bestimmten Richtlinien vorgenommene Auslese. Die bei Wildtieren eingeschränkte, bei Haustieren aber voll zur Geltung kommende Variationsbreite innerhalb einer ↑Art führt zu einer großen Formenmannigfaltigkeit, die das Ausgangsmaterial für eine gezielte Züchtung liefert. Mit der D. sind typische morphologische, physiologische und verhaltensmäßige Veränderungen an den Tieren verbunden. So sind bei vielen Haustieren z.B. Schädelverkürzungen (Boxer), Hängeohrigkeit, Verringerung des Hirngewichts und eine gesteigerte Paarungsbereitschaft zu finden.

Dominanz:
◆ *Genetik:* die vorherrschende Wirkung eines als **dominant** bezeichneten ↑Allels gegenüber der Wirkung eines anderen, **rezessiv** genannten Allels (↑Rezessivität). Das dominante Allel wird somit weitgehend merkmalsbestimmend. So ist z.B. bei der ↑Taufliege die rote Augenfarbe des Wildtyps dominant über die weiße Augenfarbe einer ↑Mutante. Aus der Kreuzung zwischen einer rotäugigen und einer weißäugigen Fliege gehen daher rotäugige Nachkommen hervor.
Beim Menschen werden u.a. die Allele für ↑Nachtblindheit und Kurzfingrigkeit dominant vererbt. – D. und ↑Rezessivität eines Allels sind Extremfälle. Daneben gibt es die Vermischung (↑intermediärer Erbgang) und gleichwertige Kombination (↑codominanter Erbgang) von Allelen.
◆ *Verhaltensforschung:* das Verhalten eines Ranghöheren gegenüber einem Rangniederen.
◆ *Ökologie:* das Vorherrschen einer Art in einer ↑Biozönose, die durch ihre Tätigkeit die ↑Nahrungskette in bestimmte Bahnen lenkt.

Dopamin (Hydroxytyramin): biogenes Amin, das aus Dopa (↑Tyrosin) durch ↑Decarboxylierung entsteht. D. ist ein ↑Transmitter und die direkte Vorstufe von ↑Noradrenalin, aus dem wiederum ↑Adrenalin entsteht.

Doppelhelix: ↑DNA.

Dornen: Im Unterschied zu den ↑Stacheln, die Bildungen der Epidermis sind, sind D. umgewandelte Pflanzenorgane (wie Blätter, Blattteile, Sprosse oder, selten, Wurzeln). Sie sind zu ihrer Festigung verholzt. D. sind nicht nur bei Wüsten- und Steppenpflanzen, sondern auch bei Pflanzen der gemäßigten Zonen (z.B. Berberitze) als Schutzeinrichtungen gegen Tierfraß angelegt.

dorsiventral: Pflanzen oder Tiere oder Teile von ihnen, die nur eine Symmetrieebene in Richtung der Längsachse besitzen. D. Organismen haben verschiedene Rücken- und Bauchseiten und sind an den Flanken spiegelgleich. Viele Laubblätter und Blüten (Schmetterlingsblüten, Lippenblüten) sind d. gebaut.

Dotter: bei allen Tieren eine im Ei (↑Eizelle) befindliche Nährsubstanz, die der Ernährung des Embryos dient. Zusammensetzung, Menge und Verteilung des D. sind bei den einzelnen Eitypen verschieden. Man unterscheidet nach
1. dem *Dotteranteil* am Zellvolumen: dotterfrei sowie dotterarm bis -reich (a-, oligo-, meso- und polylecithale Eitypen),
2. der *Lage des Dotters* innerhalb (endolecithal) oder außerhalb (ektolecithal) der Eizelle sowie
3. der *Dotterverteilung* innerhalb der Eizelle: gleichmäßige Verteilung (isolecithal), Hauptmasse im Zentrum (von Periplasma umgeben: centrolecithal) und Annäherung an den vegetativen Eipol (telolecithal).

Dottergang:
◆ ein Kanal im Innern des Dottersackstiels, der sich während der Embryonal-

entwicklung der Wirbeltiere als stielartige Verbindung zwischen Darm und ↑Dottersack bildet.

◆ bei Plattwürmern der Ausführungsgang der teilweise zu paarigen Dotterstöcken umgewandelten Eierstöcke. Der D. mündet in den Uterus und leitet die nährstoffreichen Dotterzellen zu den befruchteten Eizellen, die von diesen umhüllt werden.

Dottersack: ein sackförmiger Anhang des Embyros, der den Dotter bei Fischen, Lurchen, Kriechtieren, Vögeln, Kloaken- und Beuteltieren sowie einigen Wirbellosen (z.B. höhere Krebse, Borstenschwänze, Kopffüßer) umgibt. Er steht über den ↑Dottergang mit dem Darm des Embryos in Verbindung. Die Nährstoffaufnahme erfolgt jedoch über den **Dotterkreislauf.** Der D. wird im Laufe der Embryonalentwicklung zurückgebildet. Manchmal ist beim Schlüpfen aus dem Ei noch ein Rest davon vorhanden. – Bei den Vögeln übernimmt der D. mithilfe des Dotterkreislaufs gleichzeitig den Gasaustausch. Beim Menschen ist der D. noch rudimentär vorhanden.

Dottersackplacenta: ein placentaartiges Organ, das sich bildet, wenn der ↑Dottersack Verbindung mit der Uteruswand aufnimmt, um Nährstoffe aus dieser zu übernehmen. Die D. hat keine Zotten, die sich in die Uterusschleimhaut einsenken. Eine D. findet man bei einigen lebend gebärenden Haien (Glatthai, Sandhai), manchen Reptilien (Tannenzapfenskink) und einigen Beuteltieren (Opossum). Auch Säuger bilden vor der echten Placenta oft eine D. aus.

Down-Syndrom: eine angeborene Form der geistigen Behinderung (Mangelbegabung), die von bestimmten körperlichen Merkmalen begleitet ist. Ursache ist die Trisomie des Chromosoms 21, eine Form der ↑Chromosomenanomalien.

Drachenechsen: andere Bezeichnung für die ausgestorbenen ↑Dinosaurier.

Drang: ↑Trieb.

Dreher: ↑Atlas.

Drehgelenk: ↑Gelenke.

Drehsinn: der im Bogengangapparat des Labyrinths (↑Ohr) lokalisierte ↑mechanische Sinn für Drehbewegungen und Rotationsbeschleunigungen.

Dreifarbentheorie: ↑Farbensehen.

Dreilappkrebse: die ↑Trilobita.

Dressur: das Abrichten von Tieren mit dem Ziel, das diese auf bestimmte Reize mit bestimmten Bewegungsabläufen reagieren. Bei der D. wird die gewünschte Leistung belohnt und die unerwünschte bestraft. Die mehr oder minder komplexe Lernleistung besteht in der Umwandlung von unbedingten in bedingte ↑Reflexe. Bei höheren Tieren spielen daneben noch Nachahmung und einsichtiges Lernen (bei Affen) eine Rolle.

Drillingsnerv: ↑Hirnnerven.

Drogen: siehe S. 130.

Drogenabhängigkeit: ↑Drogen.

Drogenpflanzen: die ↑Heilpflanzen.

Drohgebärde: angeborene und arttypische Geste, mit der Tiere ihre Angriffsbereitschaft, u.U. auch gleichzeitig ihren Drang zur Flucht ausdrücken.

Drohgebärde: Knurrender Timberwolf mit gefletschten Zähnen

Gewöhnlich wird bei der D. zugleich die Körpergröße betont (z.B. Abspreizen der Flossen bei Fischen). Auch drohende Laute oder das Präsentieren der Geschlechtsorgane (wie bei Affen) gehören zu den Drohgebärden. – ↑auch Imponiergehabe.

Drogen sind sowohl auf natürliche Weise (aus Pflanzen) gewonnene als auch synthetisch hergestellte Substanzen, die früher als Heil- oder Anregungsmittel sowie als Gewürze verwendet wurden. Zu den D. werden heute insbesondere jene Rausch-, Genuss- und Arzneimittel gezählt, deren Einnahme zu Drogenabhängigkeit führt.

Drogenabhängigkeit

Unter Drogenabhängigkeit versteht man das körperliche und/oder seelische Angewiesensein auf den Konsum von Drogen. Der Definition der Weltgesundheitsorganisation (WHO) zufolge ist zwischen physischer (körperlicher) und psychischer (seelischer) D. zu unterscheiden.

Physische Drogenabhängigkeit ist durch eine eintretende physische Toleranz gegenüber der Wirkung der Droge nach wiederholtem Konsum gekennzeichnet. Die Dosis wird immer mehr gesteigert und beim Absetzen der Droge kommt es zu Entzugserscheinungen.

Merkmale einer *psychischen Drogenabhängigkeit* sind ein starkes seelisches Bedürfnis nach fortgesetztem Drogenkonsum, ein wachsender Stellenwert der Droge in Wahrnehmung, Denken und Erleben des/der Abhängigen und eine Tendenz zu selbstschädigendem Verhalten (Interessenverlust, Vernachlässigung sozialer Kontakte bis hin zur tödlichen Drogeninjektion, im Jargon als »goldener Schuss« bezeichnet) sowie zu kriminellen, der Beschaffung des »Stoffes« dienenden Handlungen.

Physische Abhängigkeit beinhaltet immer auch psychische Abhängigkeit, während Letztere auch ohne körperliche Symptome auftreten kann.

Alltagsdrogen Nicotin und Alkohol

Nicotin und Alkohol sind zwei legale Drogen, die wohl von der Gesellschaft allgemein akzeptiert werden, deren zerstörerische Wirkungen jedoch nicht unterschätzt werden sollten. Der regelmäßige Genuss von Tabak und Alkohol ist keineswegs nur eine schlechte Angewohnheit. Vielmehr kommt es mit der Zeit zur psychischen und physischen Abhängigkeit. Entzugserscheinungen nach Nicotinmissbrauch sind z.B. erhöhte Reizbarkeit, Angst, innere Unruhe, Konzentrationsschwäche und gesteigerte Esslust mit Gewichtszunahme. Dadurch, dass Nicotin Gefäße verengt, ergeben sich typische Folgewirkungen, wie z.B.:

- Erhöhung des Blutdrucks
- Schädigung der inneren Gefäßwand mit Verkalkungserscheinungen
- Bildung von Blutgerinnseln
- Entstehung von Infarkten (Herz, Gehirn, Extremitäten)

Die Skala alkoholbedingter Krankheitssymptome reicht von leichteren Formen (z.B. Übelkeit, »Kater«) bis hin zu schwerwiegenden, irreversiblen und chronischen Folgen. Dies sind beispielsweise:

- Schleimhautschäden (Mundhöhle, Schlund, Speiseröhre, Magen, Darm)
- Leberschäden (Leberverfettung, Alkoholhepatitis, Leberzirrhose)
- Entzündung der Bauchspeicheldrüse
- zentralnervöse Krankheiten (Delirium tremens, Halluzinationen, Gedächtnis-, Orientierungs- und Bewegungsstörungen, alkoholbedingte Epilepsie, Zittern, verstärktes Schwitzen)
- Beeinträchtigung von Blutkreislauf, Immun- und Hormonsystem
- Krebs (Speiseröhre, Kehlkopf, Atemwege, Leber, Darm)

Bei vielen der o.g. Erkrankungen verstärken sich die Wirkungen von Alkohol und Nicotin gegenseitig. Besonders problematisch ist auch der Genuss von Alkohol und Nicotin während der Schwangerschaft.

Alkoholbedingte Schäden, die im Wesentlichen auf Intelligenzminderung und Verhaltensstörungen beschränkt bleiben, bezeichnet man als Alkoholeffekte. Weitergehende Schädigungen, wie z.B. Wachstumsverzögerung, Fehlbildungen und Intelligenzdefekte fasst man unter dem Oberbegriff Alkoholembryopathie (AE) zusammen. Im Jahr 1990 wurde eine amerikanische Studie veröffentlicht, die zeigt, dass auch relativ mäßiger Alkoholkonsum während der Schwangerschaft – wenn auch geringfügige – Intelligenzminderungen verursachen kann. Ansonsten bleiben die untersuchten Kinder körperlich gesund, hatten jedoch einer anderen Studie zufolge ein geringeres Geburtsgewicht als die Kinder einer Vergleichsgruppe.

AE tritt als Folge exzessiv-krankhaften Alkoholmissbrauchs während der Schwangerschaft auf.

Auch Nicotingenuss während der Schwangerschaft führt zu krankhaften Störungen beim werdenden Kind. Statistiken zeigen, dass leider fast die Hälfte aller Frauen im gebärfähigen Alter Raucherinnen sind. Zigarettenrauch enthält eine Vielzahl problematischer Stoffe, wie z.B. Nicotin, Kohlenstoffmonoxid, Stickstoffoxide und Teerprodukte. Nicotin verengt die Blutgefäße. Folgen für den Raucher sind Tachykardie (Erhöhung der Herzschlagfrequenz auf über 100 Schläge pro Minute) und Erhöhung des Blutdrucks. Bei Raucherinnen kommt es eventuell zu einer Kontraktion der Gebärmuttermuskulatur, die eine Mangeldurchblutung der Placenta und des Feten bedingt. Kinder von Raucherinnen haben ein statistisch niedrigeres Geburtsgewicht als die Kinder von Nichtraucherinnen. Die deutlich erhöhte perinatale Mortalität (Sterblichkeit zwischen der 28. Schwangerschaftswoche und dem 7. Lebenstag) findet wahrscheinlich ihre Ursache im verminderten Geburtsgewicht im Zusammenhang mit der erhöhten Frühgeburtsrate und den genannten Placentastörungen. Die perinatale Mortalität ist bei Frauen, die bis zu 20 Zigaretten pro Tag rauchen, um 20% erhöht, bei Frauen, die mehr als 20 Zigaretten täglich rauchen, sogar um 35%. Wenn werdende Mütter in den ersten drei Schwangerschaftsmonaten aufhören zu rauchen, sind ihre Kinder nicht mehr durch eine erhöhte perinatale Mortalität gefährdet. Experten raten Schwangeren, den Zigarettenkonsum während der Schwangerschaft möglichst ganz einzustellen oder wenigstens auf unter 10 Zigaretten pro Tag zu reduzieren. Da auch Passivrauchen die Schwangere und ihr Kind gefährdet, sollte das Rauchen in Gegenwart schwangerer Frauen grundsätzlich unterlassen werden.

■ Drogenkonsum und Verkehrssicherheit

Neben Alkohol gefährden insbesondere Cannabisprodukte (Haschisch und Marihuana), Heroin, Cocain sowie synthetische Drogen (LSD, Amphetamine und ihre Abkömmlinge wie z.B. Ecstasy) die Verkehrssicherheit in beträchtlichem Ausmaß. Es muss an dieser Stelle unbedingt darauf hingewiesen werden, dass die irrtümlicherweise als relativ harmlos eingestuften Designerdrogen (z.B. Ecstasy) sowohl den Körper des Abhängigen als auch die Verkehrssicherheit in erheblichem Maß gefährden. Die Übersicht zeigt auf S. 132 fahrrelevante, subjektive und objektive Wirkungen des akuten Drogenkonsums.

■ Drogenberatung

Die starke Zunahme der Drogenabhängigkeit auch in Deutschland hat im letzten Jahrzehnt zur Entwicklung gezielter vorbeugender und therapeutischer (insbesondere sozialpsychiatrischer) Konzepte und zur Einrichtung spezieller Präventions-, Beratungs-, Rehabilitations- und Nachsorgeangebote geführt. Besonderer Stellenwert kommt dabei der Prävention und Beratung im Schul- und Jugendbereich zu, da Drogenabhängigkeit verstärkt auch bei Schülern und Jugendlichen auftritt. Neueren Untersuchungen zufolge beginnen Schüler in zunehmendem Maße bereits zwischen 9 und 11 Jahren mit dem Drogenkonsum,

Fahrrelevante, subjektive Wirkung des akuten Drogenkonsums

Wirkung	Fahrrelevanz
gewünschte Wirkung ▪ positive Stimmung, Fröhlichkeit ▪ Gefühl der Leistungssteigerung ▪ Gefühl der Überlegenheit und ▪ Euphorie (speziell bei Amphetaminen) ▪ Aktivitätssteigerung, aggressives Verhalten (speziell bei Amphetaminen) ▪ soziale Aufgeschlossenheit, Enthemmung	▪ Sorglosigkeit gegenüber Gefahren ▪ leichtsinnige Fahrweise (Überholen, Vorfahrt) ▪ überhöhte Geschwindigkeit ▪ Verantwortungslosigkeit, »Angeben« (Disco-Unfälle) ▪ mangelnde Rücksichtnahme
unerwünschte Nebenwirkung ▪ körperliche Beschwerden (Schwindel, Blutdruckveränderungen, »Herzrasen«, Kreislaufstörungen) ▪ Müdigkeit ▪ subjektive Einschätzung der Leistungsfähigkeit	▪ unmittelbare Unfallgefahr ▪ Unaufmerksamkeit, verlangsamte Reaktionen ▪ erhöhte Bereitschaft zum Wagnis ▪ Überschätzung der eigenen Leistungsfähigkeit ▪ falsche Einschätzung der Gefahr

Fahrrelevante, objektive Wirkung des akuten Drogenkonsums

negative Wirkungen auf	Fahrrelevanz
▪ visuelle Funktionen u.a. Sehschärfe, Adaption, Pupillenmotorik, komplexe Wahrnehmungsleistungen	▪ riskante Überholvorgänge ▪ verspätetes Erkennen von Situationen und Gefahren ▪ zu dichtes Auffahren ▪ Sehschwierigkeit bei Lichtumstellung ▪ falsche Einschätzung von Entfernungen ▪ Blickfeldeinengung ▪ falsche Reaktionen
▪ Aufmerksamkeit, Konzentration	▪ leichtere Ablenkbarkeit ▪ Fehlreaktionen bei monotonen Fahrten ▪ Konzentration auf nur ein Objekt bzw. nicht relevantes Objekt
▪ Reaktion Einfachreaktionen, Wahlreaktionen	▪ verlängerte Reaktionszeiten
▪ Psychomotorik u.a. Feinmotorik, Grobmotorik, motorisches Tempo, Tremor	▪ Gleichgewichtsstörungen ▪ Verschlechterung der Auge-Hand- und Arm-Hand-Koordination
▪ Einhalten der Spur	▪ Abweichen von der Fahrspur ▪ Schlangenlinien
▪ Informationsverarbeitung, Gedächtnis	▪ verlängerte Erkennungs- und Entscheidungszeit
▪ Aggressionsverhalten, soziales Verhalten	▪ aggressive Fahrweise ▪ erhöhte Geschprächsbereitschaft mit gleichzeitiger Ablenkbarkeit

sodass schon bei Zwölf- bis Vierzehnjährigen latente oder gar offenkundige Abhängigkeit von Nicotin oder anderen Drogen festzustellen ist.

Eine erfolgreiche Drogenprävention sollte nach übereinstimmender Auffassung von Experten bei Kindern und Jugendlichen physische und psychische Gesundheit erhalten und verbessern, ihnen die Festigung ihrer Persönlichkeit erleichtern, sie zu selbstverantwortlichen sozialen Kontakten befähigen und so die Drogengefährdung weitgehend ausschließen. Seit Ende der 1970er-Jahre haben die (alten) deutschen Bundesländer Programme bzw. Erlasse zu Maßnahmen der Suchtprophylaxe und der Verringerung des Drogenkonsums bei Kindern und Jugendlichen herausgegeben. Die Konzepte sehen durchgängig die Beauftragung zusätzlich (meist in den Fortbildungslehrgängen) qualifizierter Lehrkräfte (sog. *Drogenberatungs-* und *Drogenkontaktlehrer*) mit Aufgaben der drogenbezogenen Information, Beratung und Intervention sowie der Zusammenarbeit mit Eltern und außerschulischen Einrichtungen wie Beratungsstellen, Gesundheits- und Jugendämtern sowie der Kriminalpolizei vor. In etlichen Bundesländern bestehen darüber hinaus spezielle Schulen bzw. kombinierte Therapie-Schul-Einrichtungen für Jugendliche (und junge Erwachsene), die wegen ihrer Drogenabhängigkeit keinen Abschluss an einer Regelschule erreichen konnten oder können. ■

Drogenberatung vor Ort leistet die Straßenarbeit (»Streetwork«), bei der Mitarbeiter von Drogenberatungsstellen an Szenetreffpunkten direkten Kontakt mit den Drogenabhängigen suchen und Hilfe anbieten.

Missbildungen bei Neugeborenen nach starkem Alkoholgenuss während der Schwangerschaft.

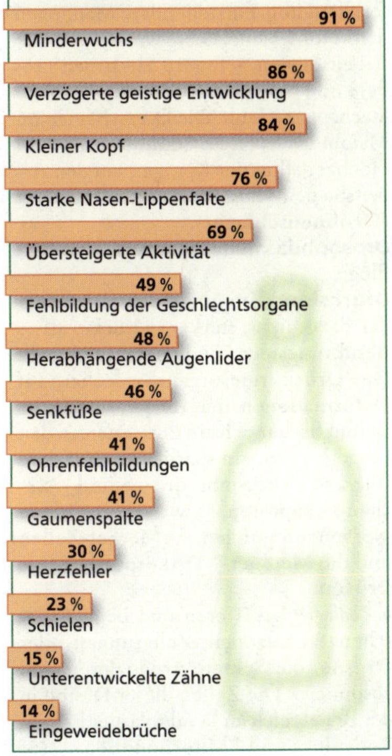

TÄSCHNER, KARL-LUDWIG: *Harte Drogen – weiche Drogen?* Stuttgart (Trias) 1997 ■ SCHMID, MARKUS, SCHULER, JÜRGEN: *Drogen.* Ravensburger Buchverlag 1999.

Drohlaute: ↑Lautäußerungen.

Drohnen (Einzahl: die Drohne, fachsprachlich: der Drohn): die durch ↑Jungfernzeugung entstehenden Männchen der ↑Honigbiene. Diese werden von den Arbeitsbienen gefüttert. Sie haben größere und plumpere Körper als diese, ein Stechapparat fehlt. Die D. erscheinen im Mai und werden im Sommer nach dem Hochzeitsflug der Königin von den Arbeitsbienen vertrieben und z.T. getötet **(Drohnenschlacht).**

Drosophila melanogaster: die ↑Taufliege.

Drucksinn: ein ↑mechanischer Sinn, der dazu dient, stärkere Drücke, als es Berührungsreize sind, wahrzunehmen. Die Drucksinnesorgane sprechen auf Deformationen der Körperoberfläche an und finden sich am dichtesten an den Fingerbeeren, am spärlichsten auf dem Rücken. Drucksinnesorgane sind ↑Mechanorezeptoren, wie z.B. freie Nervenendigungen, Merkel-Zellen und die Meißner-↑Tastkörperchen.

Drüsen:

◆ *Zoologie:* bei Tieren und beim Menschen Einzelzellen, Zellgruppen oder Organe, die Sekrete produzieren und absondern. Die Zellen dieser D. sind in der Regel reich an ↑endoplasmatischem Reticulum und ↑Mitochondrien.

Nach der *Art der Sekretion* unterscheidet man drei Typen: Bei den **ekkrinen D.** (z.B. Speicheldrüsen) werden die produzierten Sekrete in Golgi-Vesikel (↑Golgi-Apparat) verpackt, zur Zellmembran transportiert und dort ausgestoßen. Bei den **apokrinen D.** (z.B. Duftdrüsen) sammeln sich die Sekrete an einer Seite der Zelle und werden mit deren oberem Teil abgeschnürt. Apokrine und ekkrine D. bezeichnet man gemeinsam als **merokrine D.** Bei **holokrinen D.** wandeln sich ganze Zellen in Sekret um und werden danach abgestoßen (z.B. vielzellige Talgdrüsen).

Vom *Bau* her unterscheidet man **tubulöse** (schlauchförmig), **alveoläre** (weitlumig und ballonförmig) und **azinöse Drüsen** (englumig und beerenförmig). Sie können einfach tubulös (Schweißdrüsen der Säuger), verzweigt tubulös (Verdauungsdrüsen des Magens), einfach alveolär (Schleimdrüsen der Amphibien), verzweigt alveolär (Milchdrüsen der Säuger) oder verzweigt azinös (Talgdrüsen der Säuger) gebaut sein.

Nach der *Art des Sekrets* unterscheidet man **seröse D.,** die eiweißhaltige Stoffe (Enzyme) absondern, **muköse D.,** die Schleime abgeben, und **gemischte Drüsen.**

Exokrine D. sondern ihr Sekret nach außen oder in Körperhohlräume ab (z.B. Speicheldrüsen), **endokrine D.** bilden Hormone und geben sie in die Blutbahn oder in die Lymphe ab (↑Hormondrüsen).

◆ *Botanik:* einzellige oder vielzellige pflanzliche Ausscheidungssysteme (Drüsengewebe, Absonderungsgewebe, ↑Drüsenhaare). Sie geben ihr Sekret aktiv durch die Zellwände hindurch nach außen oder in Zwischenzellräume (Interzellularen) ab. Die D. der Oberhaut (Epidermis) werden nach ihren Absonderungsprodukten **Schleim-, Harz-, Öl-** oder **Salzdrüsen** genannt. **Verdauungsdrüsen** scheiden Verdauungsenzyme aus (↑Fleisch fressende Pflanzen), ↑Nektarien bilden Nektar und ↑Duftdrüsen geben Duftstoffe ab.

Die von ↑Parenchym umschlossenen Drüsenzellen grenzen stets an Interzellularräume, in die sie Öle, Harze, Schleim oder Gummi absondern. Eine besondere Form stellen die **Hydathoden (Wasserspalten)** dar, umgewandelte ↑Spaltöffnungen, die es den Pflanzen ermöglichen, bei sehr hoher Luftfeuchtigkeit Wasser aktiv auszuscheiden, um den aufwärts gerichteten Transport von der Wurzel in den Spross aufrechtzuerhalten (↑Guttation).

Drüsenepithel: ↑Deckgewebe.

Drüsengewebe: ↑Ausscheidungsgewebe.

D

Drüsenhaare: die aus Köpfchen, Stiel und den in die Epidermis eingesenkten Fußzellen bestehenden Ausscheidungsorgane (↑Exkretionsorgane) der Pflanzen. Die in die Köpfchenzellen abgeschiedenen Sekrete sind etherische Öle, Harze, Enzyme, Schleime, klebrige oder zuckerreiche Stoffe.

Drüsenschuppen (Duftschuppen): an den Flügeln, Beinen oder am Hinterleib einiger Schmetterlinge sitzende Schuppen, die mit Duftdrüsen in Verbindung stehen. Dank der durch die D. vergrößerten Oberfläche werden die Duftstoffe schneller verdunstet.

Ductus Botalli: der ↑Botalli-Gang.

Ductus Cuvieri: Vene des embryonalen Körpers, die durch Kombination der oberen und unteren Kardinalvene gebildet wird und ins Herz mündet.

Ductus deferens: der ↑Samenleiter.

Duftdrüsen:

◆ *Botanik:* Drüsen an den Blüten, die durch Ausscheidung von ↑Duftstoffen der Anlockung von Insekten dienen. Die Insekten sollen die Bestäubung der Blüten vornehmen oder als »Futtertiere« verdaut werden (bei ↑Fleisch fressenden Pflanzen).

◆ *Zoologie:* Drüsen, deren ↑Duftstoffe der Abschreckung (Stinktier), Orientierung (Insekten) oder sozialen Verständigung dienen. Insekten haben oft zusätzliche Gebilde, die die Verdunstung der Geruchsstoffe beschleunigen sollen (↑Drüsenschuppen, Duftbeine). Andere Tiere markieren mit ihren D. ihr Revier. Derartige Drüsen liegen vorwiegend an den Augen (Hirsche, Antilopen), am oder im After (Analdrüsen) und an den Geschlechtsorganen.

Auch der Mensch verfügt über Duftdrüsen. Sie bilden sich während der Pubertät aus Talg- oder Schweißdrüsen. Man findet sie u.a. an den Nasenflügeln, in der Achselhöhle, am After und an den Geschlechtsorganen.

Duftmarken: Markierungen, mit denen Tiere Artgenossen ihre Anwesenheit signalisieren. Duftmarken dienen u.a. zur Anlockung des Sexualpartners oder zur Abgrenzung eines Reviers. Zur Markierung dienen Substanzen aus ↑Duftdrüsen bzw. Kot (Huftiere) und Harn (Hunde).

Duftschuppen: die ↑Drüsenschuppen.

Duftstoffe (Riechstoffe): Substanzen von Lebewesen, die in äußerst geringer Menge (oft durch ↑Duftdrüsen) an die Umgebung abgegeben und von Tier und Mensch durch den ↑Geruchssinn wahrgenommen werden. D. sind häufig Gemische verschiedener chemischer Verbindungen (z.B. Alkohole, Aldehyde, organische Säuren und deren Ester).

Pflanzliche D. sind sekundäre Pflanzenstoffe, die in besonderen Drüsenzellen produziert werden. Häufig sollen sie Insekten zur Bestäubung oder (bei ↑Fleisch fressenden Pflanzen) als Beutetiere anlocken. Viele Heil- und Gewürzpflanzen enthalten charakteristische D. Auch Pilze und Flechten erzeugen Duftstoffe.

Tierische D. dienen häufig der Verständigung unter Artgenossen. Bienen markieren mit ihnen eine nicht duftende Futterquelle und Ameisen setzen auf ihrer »Straße« Duftmarken aus Ameisensäure. D. dienen auch der Anlockung des anderen Geschlechts **(Lockstoffe):** bei Schmetterlingen werden die Männchen oft kilometerweit durch D. der Weibchen angelockt (z.B. ↑Bombykol des Seidenspinners). Auch die sexuelle Erregung des Geschlechtspartners wird oft durch D. erreicht.

Dunen: ↑Gefieder.

Düngung: Pflanzen entnehmen dem Boden unterschiedlich große Mengen Mineralsalze, v.a. von Stickstoff, Phosphor, Schwefel, Kalium, Calcium, Magnesium, Eisen und noch einigen anderen Spurenelementen. Im ungestörten ↑Ökosystem gelangen diese Stoffe bei der Zersetzung der abgestorbenen Pflanzen oder durch den Kot (Mist, Dung) der Tiere über die ↑Nahrungskette wieder in den Boden.

E

In der modernen Landwirtschaft mit ihren intensiven Anbaumethoden (=starker Nährstoffentzug) muss diese **natürliche D.** durch Handelsdünger **(=künstliche D.)** ersetzt werden. Bei der **Gründüngung** werden Hülsenfrüchtler (z.B. Lupinen), die mithilfe ihrer Wurzelknöllchen Luftstickstoff binden können, als grüne Pflanzen untergepflügt.

Dunkeladaptation: die ↑Anpassung des Auges an eine abnehmende Lichtstärke beim Übergang vom Tag- zum Nachtsehen. Die D. beruht auf der Änderung der Lichtempfindlichkeit der Sehzellen, die beim menschlichen Auge auf das 1 500- bis 8 000fache gesteigert werden kann. Dabei beträgt die Gesamtzeit für die vollständige D. knapp eine Stunde. Die D. kann durch Vergrößerung der Pupille (Säuger) oder durch Zurückziehen von Pigment aus den Räumen zwischen den Sehzellen (Fische; ↑Retinomotorik) unterstützt werden.

Dunkelkeimer: Pflanzenarten, deren Samenkeimung durch bestimmte Spektralbereiche des Lichts (z.B. Dunkelrot, 720–750 nm) gehemmt wird. Zu den Dunkelkeimern gehören Fuchsschwanz, Kürbis, Taubnessel und Tomate. – Gegensatz: ↑Lichtkeimer.

Dunkelreaktion: der lichtunabhängige Reaktionsweg der ↑Fotosynthese.

Dünndarm: der mittlere Teil des ↑Darmkanals.

Duodenum: der an den Magen anschließende Teil des ↑Darmkanals.

Duplikation: die Verdopplung eines Chromosomenabschnittes. D. werden als Grundlage für die Bildung neuen genetischen Materials angesehen. Sie haben daher eine große Bedeutung für die ↑Evolution. Unmittelbar nach dem Ablauf einer Duplikation sind die nun doppelt vorliegenden Regionen identisch. Durch ↑Mutationen kann eine dieser Regionen ihre biologische Aktivität verlieren. Die nicht mutierte Region übt ihre Funktion jedoch noch voll aus. Als mögliche Konsequenz ergibt sich eine Anreicherung mutativer Veränderungen in dem funktionslosen Chromosomenabschnitt. Wird dieser infolge von weiteren Mutationen zufällig wieder aktiviert, so können sich völlig neue biologische Funktionen ergeben, die für den betreffenden Organismus entweder von Vorteil oder von Nachteil sein können.

Dura mater: die äußere der ↑Hirnhäute.

Durchlasszellen: ↑Endodermis.

Durst: eine Empfindung mit dem Verlangen, Flüssigkeit aufzunehmen. D. tritt normalerweise auf, wenn durch Wasserverluste (z.B. Schwitzen, Durchfall) oder durch die Erhöhung des osmotischen Drucks des Blutes (z.B. hohe Kochsalzaufnahme) die Sekretion der Speicheldrüsen und Mundschleimhautdrüsen nachlässt und der Mund- und Rachenraum trocken werden. Das übergeordnete Zentrum, das den Wasserbedarf des Körpers kontrolliert, ist das **Durstzentrum** im Hypothalamus, dessen Osmorezeptoren auf Änderungen des osmotischen Drucks des Blutes ansprechen.

Der tägliche Wasserbedarf des Menschen beträgt normalerweise ca. 2 Liter, den er in Form von Trinkflüssigkeit oder mit der Nahrung aufnehmen kann. Während der Mensch einige Monate ohne feste Nahrung überleben kann, stirbt er bei Wasserentzug schon nach wenigen Tagen.

Dyschromatopsie: die ↑Farbenfehlsichtigkeit.

E

EAM: Abk. für **e**rworbener ↑**A**uslöse**m**echanismus.

Ecdysis: die ↑Häutung.

Ecdyson: das ↑Häutungshormon.

Echinodermata: die ↑Stachelhäuter.

Echinoidea: die ↑Seeigel.

Echsen: Hautschuppen tragende Kriechtiere von etwa 3 cm bis 3 m Län-

ge. Sie kommen v.a. in wärmeren Zonen vor (z.B. Geckos, Leguane, Chamäleons). In Eurasien leben z.B. die unter 30 cm langen Eidechsen.
Die E. haben meist vier Gliedmaßen, leben von tierischer, teils auch pflanzlicher Nahrung und pflanzen sich eierlegend fort. Viele können bei Gefahr einen Teil des Schwanzes abwerfen (Autotomie), der später mit einem ungegliederten Knorpelstab als Stütze nachwächst.

Ecstasy ['ekstasi]: eine künstlich hergestellte ↑Droge zur Steigerung der Leistungsbereitschaft. E. zählt als sog. »Designerdroge« zu einer Gruppe von Substanzen, die durch Veränderung der Molekülstruktur aus bekannten Verbindungen (z.B. aus Arzneimitteln) hergestellt werden. Designerdrogen werden wegen ihrer starken Wirkung und dem niedrigen »Marktwert« zur Zeit bevorzugt. Als Vergiftungserscheinungen können bei E. Überhitzung des Körpers, Krämpfe, Schock und Nierenversagen auftreten. Bei dauerhafter Einnahme werden bestimmte Nervenrezeptoren geschädigt.

Edaphon: ↑Bodenorganismen.

EEG: Abk. für ↑**E**lektro**e**ncephalo**g**ramm.

Effektoren:
- (Erfolgsorgane): Gewebe, Drüsen oder Organe, die mit efferenten Nerven verknüpft sind und die auf die vom Gehirn kommenden Erregungen reagieren oder die Rezeptoren für bestimmte Hormone besitzen und auf die Ausschüttung dieser Hormone reagieren. Wird z.B. ein Muskel durch einen Nerv angeregt, sich zusammenzuziehen, so ist der Muskel ein E. (↑Erregungsleitung). ↑Noradrenalin z.B. regt die glatten Muskeln (=Effektor) der kleinsten Arterien an, sich zu verengen, ↑Adrenalin lässt sie erschlaffen, wodurch die Muskeln stärker durchblutet werden.
- ↑Enzyme.

efferente Fasern: Nervenfasern, die vom Zentralnervensystem wegführen. Sie übertragen dessen Befehle zu den peripheren ↑Erfolgsorganen (Muskeln). – Gegensatz: ↑afferente Fasern.

Ehelosigkeit: ↑Paarbindung.

Eichel:
- die Frucht der Eiche.
- vorderer, besonders berührungsempfindlicher Teil des männlichen Penis (↑Glied) und der weiblichen Klitoris (↑Kitzler).

Eier: in der Alltagssprache Bezeichnung für die Gelege v.a. von Vögeln, Reptilien und Insekten.

Eierstöcke (Ovarien): die Keimdrüsen weiblicher Tiere und der Frau. In ihnen erfolgt die Bildung der ↑Eizellen. Die E. sind in fast allen Fällen paarig vorhanden, zumindest paarig angelegt; unter Umständen bildet sich ein Teil des Eierstocks in einen Dotterstock um. – Alle wirbellosen Tiere besitzen einen E.; bei Schwämmen fehlt er vollständig. Die E. der Frau sind bei Erreichen der Geschlechtsreife etwa pflaumengroß. Sie liegen der seitlichen Wand des kleinen Beckens an. In den E. werden bis zur Geburt ca. 500 000 Eizellen angelegt, von denen zu Beginn der Pubertät nur noch etwa 40 000 erhalten sind. Da während des gebärfähigen Alters der Frau (etwa vom 13. bis 50. Lebensjahr) monatlich ein Ei reift, werden insgesamt nur 350 bis 500 reife Eizellen gebildet (↑Eireifung).
Im Innern der E., dem Mark, werden auch Hormone produziert: Östrogen entsteht im Follikel, Progesteron im Gelbkörper (↑Geschlechtshormone).

Eihüllen: ↑Embryonalhüllen, ↑Eizelle.

Eikern: der Kern der ↑Eizelle.

Eiklar: ↑Eizelle.

Eileiter (Tuben): bei der Frau zwei bleistiftstarke, 8–10 cm lange Kanäle. Ihr trichterförmiges Anfangsstück (Eitrichter) legt sich so auf den ↑Eierstock, dass es das reife Ei aus dem platzenden Follikel (Eibläschen) sicher auffängt. Durch Eigenbewegungen des Eileiters und ein Flimmerepithel, das ihn innen auskleidet, wird das befruchtete Ei in

E

5–6 Tagen zur ↑Gebärmutter befördert (↑auch Befruchtung).
Bei Tieren mündet der E. entweder direkt nach außen (fast alle Knochenfische) oder in eine Kloake oder auch (bei den Säugern) in die Gebärmutter.

Einehe: die ↑Monogamie.

Einfachzucker: ↑die Kohlenhydrate.

Ein-Gen-ein-Enzym-Hypothese: ↑Gene.

Ein-Gen-ein-Polypeptid-Hypothese: ↑Gene.

Eingeweide: die in Brust- und Bauchhöhle untergebrachten Organe des Kreislaufs, der Atmung, der Verdauung, der Fortpflanzung und Ausscheidung, einschließlich ihrer zu- und abführenden Kanäle (Herz mit Aorta, Lungen, Luft- und Speiseröhre, Magen, Darm, Leber, Bauchspeicheldrüse, Milz, Nieren, Harnleiter, Harnblase, Geschlechtsorgane).

Eingeweidenerv: ↑Hirnnerven.

Eingeweidenervensystem: das ↑vegetative Nervensystem.

Eingeweidesack: eine dorsale Aussackung des Körpers bei Schnecken und Kopffüßern. Er liegt unter der Gehäuseschale (soweit vorhanden) und enthält den größten Teil des Darmtrakts, des Blutgefäßsystems und die Geschlechts- und Exkretionsorgane. Oft ist der E. spiralig eingerollt.

einhäusig (monözisch): Als e. bezeichnet man Pflanzen mit getrenntgeschlechtigen (eingeschlechtigen) Blüten: männliche und weibliche Blüten sind auf einer Pflanze vorhanden. Eine Blüte hat entweder nur Staubblätter oder nur Fruchtblätter.

Einheitsmembran (unit membrane): eine ca. 10 nm dünne Grenzschicht, die jede pro- und eukaryotische Zelle als flexible Hülle (Zellmembran) umgibt und ihren Inhalt schützt (↑Cytoplasma). Die E. besteht aus einer Doppelschicht von ↑Phospholipiden, die ihrerseits aus einem Wasser anziehenden (hydrophilen) Kopf und zwei Wasser abstoßenden (hydrophoben) Schwänzen aufgebaut sind. In der E. stehen die Phospholipidmoleküle so einander gegenüber, dass die Schwänze nach innen gerichtet sind und die Köpfe der Moleküle die E. nach außen begrenzen.
Die E. enthält noch Tunnelproteine, die über feine Kanälchen die Innen- und Außenseite der Membran miteinander verbinden. An der Außenseite befinden sich zellspezifische ↑Rezeptoren, die verschiedene Botenstoffe (z.B. ↑Hormone) erkennen können.
Der Aufbau der E. ermöglicht einen regulierten Durchtritt von Stoffen (selektive Permeabilität; ↑Osmose), der im Wesentlichen von der Molekülgröße (sehr kleine Moleküle können die E. ungehindert passieren, größere nicht), der Fettlöslichkeit (gut fettlösliche Stoffe passieren die E. besser), der elektrischen Ladung (geladene Teilchen können die E. nur durch Tunnelproteine überwinden) und dem Vorhandensein von spezifischen ↑Carriern abhängt.

Einhufer: die ↑Pferde.

einjährige Pflanzen: die ↑Annuellen.

Einkeimblättrige Pflanzen (Monocotyledoneae, Liliatae): eine Klasse der Blütenpflanzen (↑Samenpflanzen); ihre Keimlinge bilden nur ein Keimblatt aus. Die geschlossenen Leitbündel haben kein Kambium, sodass sekundäres ↑Dickenwachstum fehlt. Weitere Kennzeichen sind die unregelmäßig verteilten Leitbündel im Stängelquerschnitt, die parallelnervigen, meist länglichen Blätter und die sprossbürtigen sekundären Wurzeln. Zu den E. P. gehören die Gräser, Liliengewächse (Tulpe, Spargel, Zwiebel), Orchideen und Palmen.

Einnistung (Nidation): das Einwachsen des Embryos (↑Befruchtung) in die Schleimhaut der ↑Gebärmutter. Diese wird durch die ↑Gelbkörperhormone auf die E. vorbereitet. Bei Bären, Mardern, Robben und Rehen erfolgt die E. erst nach einer längeren Ruhepause (↑Diapause), was zu einer Verlängerung der Tragzeit führt.

Die E. kann im Zentrum der Gebärmutter erfolgen **(zentrale E.;** bei Raubtieren, Kaninchen, Huftieren) oder in einer Uteruseinbuchtung **(exzentrische E.;** bei Maus und Ratte). Beim Menschen nistet sich das befruchtete Ei in der vorderen oder hinteren Gebärmutterwand ein (in sehr seltenen Ausnahmefällen auch im ↑Eileiter).

Einsicht: ↑Lernen.

Einwärtsdreher: ↑Muskeln.

Eingeweidesack

Körperbau der Weinbergschnecke

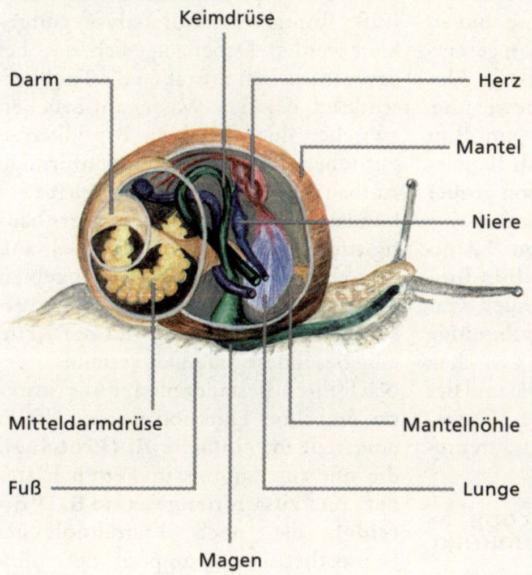

Einzeller (Protista): Lebewesen, die aus nur einer Zelle bestehen. Sie können pflanzlicher Art (↑Protophyten) oder tierischer Art (↑Protozoen) sein. Die Aufgaben der Organe der Vielzeller übernehmen bei ihnen ↑Organellen. Die Artenzahl der Einzeller ist sehr groß. Ihre ältesten Vertreter lebten schon vor etwa 3 Milliarden Jahren.

Eiplasma (Ooplasma): ↑Eizelle.

Eireifung (Oogenese): die Veränderungen der ↑Eizelle während der ↑Meiose. Dabei erfolgt der erste Teilungsschritt noch im Eifollikel, der zweite erst nach dem ↑Follikelsprung. Im ↑Eierstock der Frau werden zwischen 500 000 und 2 Millionen weibliche ↑Urkeimzellen angelegt. Während des gebärfähigen Alters vom 13. bis 50. Lebensjahr reift etwa alle 28 Tage ein Ei heran.

Viele der Urkeimzellen umgeben sich schon vor der E. mit einer einfachen Lage von Hilfszellen; sie werden zum **Primärfollikel.** Die Hilfszellen bilden dann mehrere Schichten, wodurch aus dem Primärfollikel der **Sekundärfollikel** wird. In ihm entsteht bei der E. ein Hohlraum, dessen Flüssigkeit die Hormone Östrogen und Östradiol enthält (↑Östrogene). Dieser **Tertiärfollikel (Graaf-Follikel)** rückt allmählich zur Oberfläche des Eierstocks und wird durch den inneren Flüssigkeitsdruck bis zu Kirschgröße aufgebläht. Etwa am 14. Tag nach Einsetzen der letzten Regelblutung platzt bei der Frau das Eibläschen (Follikel), und die Eizelle wird von der Follikelflüssigkeit in den Eileiter gespült. Die Eizelle ist jetzt befruchtungsfähig (↑Befruchtung). Der Follikelrest wird zum ↑Gelbkörper.

Eirollbewegung: ↑Instinktverhalten.

Eisenbakterien: nicht systematische Bezeichnung für mehrere Arten von autotrophen ↑Bakterien, die CO_2 assimilieren. Sie gewinnen die dazu nötige Energie aus der Oxidation von Eisen-II-Verbindungen zu Eisen-III-Verbindungen. Andere Bakterien, sog. **Eisenorganismen,** setzen keine Eisenverbindungen im Stoffwechsel

E

um, sondern lagern Eisenhydroxid in ihrer Hülle ab (z.B. Chlamydobakterien).

Eisprung: der ↑Follikelsprung.

Eiter: grüngelbliche oder bräunliche Flüssigkeit, die aus Blutserum, weißen Blutkörperchen und abgestorbenem Gewebe besteht. Die Eiterbildung bei Entzündungen ist eine Abwehrreaktion des Körpers gegen Krankheitserreger, die von den weißen Blutkörperchen aufgesucht und vernichtet werden.

Eiweiße: E. gehören zu den wichtigsten Bausteinen aller pflanzlichen und tierischen Zellen. Als ↑Enzyme und als ↑Hormone beeinflussen sie den gesamten Stoffwechsel, als kontraktile Elemente ermöglichen sie die Bewegung. Außerdem übernehmen sie im Blut Transportfunktion und sind als Bauelemente aller Biomembranen von großer Bedeutung.

E. bestehen aus Ketten von ↑Aminosäuren, die über sog. **Peptidbindungen** (–CO–NH–) miteinander verknüpft sind. Eine solche Peptidbindung entsteht durch eine Reaktion zwischen der Carboxygruppe (–COOH) und der Aminogruppe (–NH_2) unter Wasseraustritt (R = Rest der Aminosäuremoleküle):

$$NH_2{-}CHR{-}COOH + NH_2{-}CHR{-}COOH$$
$$\rightarrow NH_2{-}CHR{-}CO{-}NH{-}CHR{-}COOH + H_2O$$

E. unterscheiden sich untereinander in ihrer Kettenlänge und in der Reihenfolge (Sequenz) ihrer Aminosäuren. Die ↑Aminosäuresequenz bezeichnet man als **Primärstruktur** des Eiweißes. Das Grundskelett jeder Peptidkette zeigt die Folge NH–CHR–CO–, wobei die Reste der Aminosäuremoleküle seitlich aus der Kette herausragen. Diese Seitenketten sind je nach der Art der Aminosäure unterschiedlich lang. Sie haben polaren oder unpolaren, sauren oder basischen Charakter.

Außer durch die Aminosäuresequenz wird die Spezifität der E. durch ihre unterschiedliche räumliche Struktur bestimmt. Dabei gibt die **Sekundärstruktur** die Zusammenfügung einzelner geordneter Kettenabschnitte an, die **Tertiärstruktur** den Zusammenschluss dieser Abschnitte zu globulären Proteinen. Außerdem können fertig gefaltete und in sich beständige Proteine als Untereinheiten durch Knüpfung von Disulfidbindungen (= Dithioetherbindungen) und Nebenvalenzen zu einer **Quartärstruktur** zusammengelagert werden.

Sekundär- und Tertiärstruktur können nur mithilfe physikalischer Methoden (z.B. Röntgenstrukturanalyse) aufgeklärt werden. Dabei zeigt sich, dass bei den natürlichen Eiweißen die Faltblattstruktur, bei der Wasserstoffbrücken zwischen den einzelnen Peptidketten entstehen, und der schraubenförmige Aufbau der Peptidkette bevorzugte Sekundärstrukturen sind. Besonders häufig tritt die **α-Helix** (α-Schraube) auf, da sich auch zwischen den einzelnen Windungen der Kette Wasserstoffbrücken bilden können, was der Kette eine besondere Stabilität verleiht.

Nach ihren Bestandteilen, ihrer Struktur und ihrer Funktion werden die E. eingeteilt in: **einfache E. (Proteine),** die nur aus Aminosäureketten bestehen, und **zusammengesetzte E. (Proteide),** die noch Fremdmoleküle (= prosthetische Gruppen) einschließen. Die Proteine lassen sich ihrerseits in Histone (z.B. Thymushiston), ↑Albumine, ↑Globuline und Skleroproteine (z.B. Kollagene) einteilen. Bei den Proteiden unterscheidet man je nach der Art des Fremdmoleküls z.B. Glykoproteide (z.B. Mucin), Phosphoproteide (z.B. Pepsin), ↑Lipoproteide und Chromoproteide (z.B. das Chlorophyll).

E. bilden keine echten, sondern stets kolloidale Lösungen. Durch Erhitzen, aber auch durch Behandeln mit Säuren oder Alkalien koagulieren die E., was gleichzeitig ein Anzeichen ihrer **Dena-**

turierung ist. Darunter versteht man die Strukturänderung eines Eiweißes, die eine Änderung seiner biologischen Eigenschaften bedingt. So sind denaturierte E. weitgehend entfaltet. Der Vorgang ist meist irreversibel.
Um E. zu isolieren und zu identifizieren, werden vor allem chromatographische und elektrophoretische Methoden angewendet. Die empfindlichste Methode zu ihrer Identifizierung ist neben der Untersuchung ihres Sedimentationsverhaltens die serologische, wobei man eine Eiweißlösung mit bestimmten Serumproteinen eines Versuchstiers reagieren lässt. – Unter E. versteht man in einer anderen Bedeutung bei Vogeleiern auch das Eiklar (↑Eizelle).

Eiweißsynthese (Protein[bio]synthese): siehe S. 332.

Eizelle (Ovum): die i.d.R. unbewegliche weibliche ↑Geschlechtszelle bei Pflanze, Tier und Mensch. E. sind meist sehr viel größer als die männlichen ↑Samenzellen; sie sind z.B. beim Mensch 0,12–0,2 mm, beim Haushuhn 30 mm, beim Strauß 105 mm, beim Riesenhai 220 mm und bei Saugwürmern 0,012–0,017 mm groß.
Die *Bildung* der E. erfolgt bei *Pflanzen* in ↑Oogonien, ↑Archegonien oder ↑Samenanlagen, beim *Menschen* und bei *mehrzelligen Tieren* in ↑Eierstöcken.
Der Aufbau tierischer E. ist sehr einheitlich: Das **Eiplasma (Ooplasma)** ist von der Dotterhaut umgeben. Es enthält bei den einzelnen Arten recht unterschiedliche Mengen an Reservestoffen, ↑Dotter genannt (u.a. Proteine, Fette, Glykogen). Im Eiplasma befindet sich der **Eikern (Keimbläschen).** Er besitzt nur einen einfachen (haploiden) Chromosomensatz.
Die Eizelle wird oft von mehreren **Eihüllen** umgeben, die Hafteinrichtungen (Insekten) besitzen und hornartig (Hai, Rochen), gallertig (Amphibien) oder äußerst fest (↑Dauereier) sind. Auch das **Eiklar (Eiweiß)** der Vogeleier mit den Hagelschnüren, das Schalenhäutchen und die Kalkschale stellen Eihüllen dar. Viele Eizellen (Ringelwürmer, Weichtiere, Stachelhäuter, Wirbeltiere) haben einen **animalen** und einen **vegetativen Pol.** Die Menge der Reservestoffe nimmt zum vegetativen Pol hin zu. Der animale Pol ist der Hauptbildungsort des Embryos. Ein medianer Bereich (Gradient, **grauer Halbmond**) zwischen beiden Polen legt bei Fischen bereits den Bauch und Rücken, bei Amphibien die Vorder- und Hinterseite fest.
Eier, die fast ausschließlich von Dotter erfüllt sind und nur am animalen Pol etwas Eiplasma enthalten (telolecithale E.; ↑Dotter), bilden an diesem Pol eine kleine ↑Keimscheibe (Diskus) aus.

Ejakulation: der ↑Samenerguss.

EKG: Abk. für ↑**E**lektro**k**ardio**g**ramm.

Ektoderm: das äußere der drei ↑Keimblätter.

Ektohormone: die ↑Pheromone.

Ektoparasiten: auf der Körperoberfläche des Wirts lebende Schmarotzer (↑Parasiten).

Ektoplasma: ↑Cytoplasma.

Ektosporen: die ↑Exosporen.

Elateren: lang gestreckte Zellen mit schraubigen Wandverdickungen in der Sporenkapsel der Lebermoose. Sie liegen zwischen den Sporen und lockern diese nach dem Öffnen der Kapsel aus.

elektrische Organe: den elektrischen Fischen (Zitterfische) zum Beuteerwerb, zur Verteidigung und zur Orientierung dienende Organe.
E. O. stellen umgewandelte quer gestreifte, nicht mehr funktionstüchtige Muskulatur dar. Sie bestehen aus zahlreichen nebeneinander liegenden Säulen flacher, übereinander geschichteter Muskelzellen, die durch gallertiges Bindegewebe gegeneinander isoliert sind. Die einzelne Muskelfaser liefert bei der Aktivierung eine Spannung von 0,06 bis 0,15 V. Da diese elektrischen Elemente in Reihe geschaltet sind, summieren sich die Teilspannungen, sodass Werte von bis zu 800 V erreicht werden kön-

E

nen. Der Zitteraal z.B. erzeugt zu seiner Orientierung bei einer Spannung von 600 bis 800 V rd. 400 elektrische Impulse und registriert die reflektierten Impulse.
Man findet e. O. beim Zitterrochen an den Seiten des Kopfes und des Vorderkörpers, beim Zitterwels entlang der Körperseiten und beim Zitteraal und Nilhecht im Schwanzbereich.
Chemisch betrachtet handelt es sich bei e. O. sozusagen um lebende Brennstoffzellen. Die bei der Oxidation des Brennstoffs (hier: der Nahrung) frei werdende chemische Energie wird in elektrische Energie umgewandelt. Dabei fungiert z.B. der Kopf des Zitteraals als Kathode, der Schwanz als Anode. Beim Zitterwels ist es umgekehrt.

Elektroencephalogramm, Abk. EEG: ein Kurvenbild, das entsteht, wenn die langsamen elektrischen Potenzialschwankungen, die die Gehirntätigkeit begleiten, durch ein geeignetes Gerät aufgezeichnet werden. Das EEG wird außen am Hirnschädel mit 15–25 Elektroden gleichzeitig gemessen. Die Größe und Frequenz der Potenzialschwankungen lässt Rückschlüsse auf den Aktivitätszustand (z.B. Wachen, Schlafen) oder auf Erkrankungen des Gehirns zu, obwohl die Herkunft dieser Spannungsschwankungen noch nicht geklärt ist.

Elektrokardiogramm, Abk. EKG: die Messung und Aufzeichnung der Aktionsströme der Herzmuskelfasern (↑ Herzautomatie) mithilfe von Elektroden an der Körperoberfläche. Das Kurvenbild weist charakteristische Zacken und Wellen auf, die mit den Buchstaben P, Q, R, S, T bezeichnet werden. Die Abstände zwischen ihnen und ihre Form lassen Rückschlüsse auf die Erregungsbildung, die Erregungsleitung und auf den Erregungsrückgang im Herzen und damit auf dessen regelrechte oder gestörte Funktion zu. So können z.B. Herzrhythmusstörungen und Herzinfarkte erkannt werden.

Elektronenmikroskop: ein Mikroskop, das anstelle von Licht Elektronen zur Abbildung benutzt. Als Linsen dienen rotationssymmetrische elektrische und magnetische Felder. Die Anordnung dieser Linsen entspricht derjenigen beim Lichtmikroskop. Die als Kondensor wirkende Elektronenlinse konzentriert den von der Glühkathode kommenden Elektronenstrahl auf das Objekt. Dieses wird je

Elektrokardiogramm

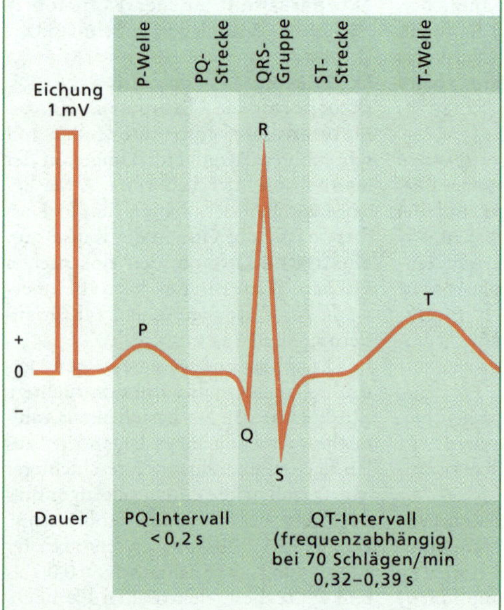

Aufzeichnung eines normalen Elektrokardiogramms des Menschen

nach seiner Struktur von den Elektronen verschieden stark durchstrahlt, sodass eine entsprechende Intensitätsverteilung im Elektronenbild die Struktur wiedergibt. Das Elektronenbild wird als vergrößertes reelles Bild von der Projektionslinse auf einem Leuchtschirm oder auf fotografischem Material aufgefangen.

Die Bedeutung des E. liegt in seinem großen ↑Auflösungsvermögen, das das des Lichtmikroskops bei weitem übertrifft (praktisch etwa 500fach). Ein großer Nachteil gegenüber dem Lichtmikroskop ist darin zu sehen, dass man nur tote Objekte, die außerdem extrem dünn geschnitten sein müssen (unter 0,0003 mm dick), vergrößern kann, da der Elektronenstrahl nur im Vakuum erzeugt werden kann.

Beim **Rasterelektronenmikroskop** wird das Objekt zeilenweise mit einem Elektronenstrahl abgetastet und die Intensität des Elektronenstrahls einer Oszillographenröhre (Bildröhre) durch die an den einzelnen Objektpunkten verschieden stark ausgelösten Sekundärelektronen gesteuert. Das Verhältnis der Bildzeilenlänge zur Objektzeilenlänge nennt man seine Vergrößerung.

Elektronentransportkette, Abk. ET: für die biologische Energiegewinnung bedeutende Elektronenübertragung (Shuttle-Transfer) über eine Stufenfolge mehrerer Redoxsysteme mittels bestimmter chemischer Verbindungen (Coenzyme, prosthetische Gruppen), die als Elektronendonatoren bzw. -akzeptoren fungieren (z.B. in der ↑Atmungskette). – ↑auch Fotosynthese.

Elementarpartikel: ↑Mitochondrien.

Elle (Ulna): derjenige Knochen des Unterarms, der auf der Kleinfingerseite liegt und zusammen mit der **Speiche** das Skelett des Unterarms bildet. Die E. steht über das **Ellbogengelenk** (Scharniergelenk) mit dem Oberarm in Verbindung, während das Handgelenk vorwiegend von der Speiche gebildet wird.

Elter: v.a. in der Genetik verwendete Bezeichnung für ein Elternteil.

Elterngeneration (Parentalgeneration): in der Genetik Bezeichnung für die beiden Eltern, die die erste ↑Tochtergeneration hervorbringen.

Elytren: ↑Käfer.

Embryo:

◆ *Botanik:* bei Höheren Pflanzen der nach der Befruchtung der Eizelle gebildete junge Organismus (Keimling). Der E. entsteht bei Moosen und Farnen innerhalb der weiblichen Geschlechtsorgane (↑Archegonium), bei Samenpflanzen im Samen, wo er sich nach der Keimung zur Keimpflanze weiterentwickelt.

◆ *Zoologie:* der aus der befruchteten ↑Eizelle (bei Parthenogenese auch aus der unbefruchteten) hervorgehende Organismus, solange er noch von den ↑Embryonalhüllen umgeben ist oder sich noch im mütterlichen Körper befindet. – Beim *Menschen* spricht man nur während der ersten drei Schwangerschaftsmonate vom Embryo, danach vom ↑Fetus (↑auch Leibesfrucht).

Embryoblast: ↑Keimesentwicklung.

Embryonalentwicklung: die Entwicklung der Leibesfrucht bis zum Verlassen der Eihüllen oder bis zur Geburt; ↑Keimesentwicklung.

Embryonalgewebe: das ↑Bildungsgewebe.

Embryonalhüllen (Fruchthüllen): den Embryo umgebende Hüllen, die seinem mechanischen Schutz, seiner Ernährung und dem Gasaustausch dienen. Die ursprünglichen schützenden Eihüllen (↑Eizelle) bleiben erhalten, während die ernährenden Eihüllen (Eiklar) aufgezehrt werden.

Der menschliche Embryo ist außen von dem von ihm selbst gebildeten **Chorion (Zottenhaut)** umgeben, das sich mit Zotten in die Gebärmutterschleimhaut einnistet und deren Gefäße mithilfe von Enzymen auflöst. Auf diese Art wird der Stoffaustausch zwischen mütterlichem und kindlichem Blut ermöglicht.

E

Das Chorion bildet zusammen mit der Gebärmutterschleimhaut, die nach der Einnistung Siebhaut (Decidua) genannt wird, die ↑Placenta. Die zottenfreien Bereiche des Chorions werden zur äußeren Embryonalhülle, der **Serosa.**

Embryonalhüllen

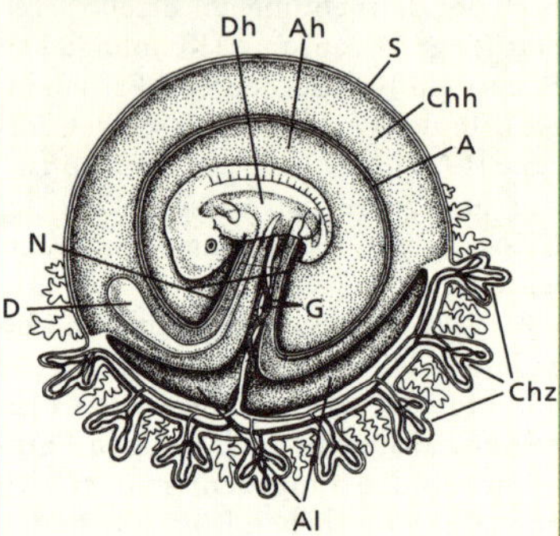

Säugetierembryo:
A Amnion, Ah Amnionhöhle mit Fruchtwasser, Al Allantois, Chz Chorionzotten mit Blutgefäßen (Placentaanteil), D Dottersack, Dh Darmhöhle, G Nabelblutgefäße, N Nabelstrang, S Serosa (Chorion)

Der Embryo wird außerdem vom **Fruchtwassersack (Amnion, Schafhaut)** umgeben. Sie legt sich im Laufe der Embryonalentwicklung an die Serosa an. Der Raum zwischen Amnion und Embryo ist vom ↑Fruchtwasser erfüllt. Auf der Bauchseite des Keims bildet sich der ↑Dottersack. Der Urdarm schnürt außerdem nach hinten den **Harnsack (Allantois)** ab. Aus dem Bauchstiel des Embryos entwickelt sich die ↑Nabelschnur.

Embryosack (Embryosackzelle): bei Samenpflanzen ein Zellverband, der durch Reduktionsteilung (↑Meiose) aus der Embryosackmutterzelle (↑Samenanlage) hervorgeht und in dem die Eizelle gebildet wird. Der E. ist mit der Makrospore der Farne vergleichbar.

Embryotransfer (Embryonentransfer): die Implantation eines durch künstliche Befruchtung erhaltenen Embryos in die Gebärmutter.

Emission: das Ablassen oder Ausströmen fester, flüssiger oder gasförmiger Stoffe aus technischen Anlagen oder natürlichen Quellen (z.B. Vulkane), die Luft, Wasser oder Boden verunreinigen und das ökologische Gleichgewicht gefährden können.

Empfängnis: die ↑Konzeption.

Empfängnishügel: eine während der ↑Besamung bzw. ↑Befruchtung der Eizelle entstehende Aufwölbung der Eioberfläche. Der E. bildet sich, wenn das Spermium in die Eimembran eingedrungen ist. Unter Zurücklassung seines Schwanzfadens gelangt es danach in das Innere der Eizelle. Bei den Säugetieren wird das gesamte Spermium (einschließlich seines Schwanzfadens) durch Mikrovilli auf der Oberfläche der Eizelle in die weibliche Keimzelle gezogen.

Empfängnisverhütung: Sammelbezeichnung für die Anwendung von Mitteln und Methoden mit dem Ziel, beim ↑Geschlechtsverkehr den Befruchtungsvorgang, d.h. das Zusammentreffen von Eizelle und Spermium, oder die ↑Einnistung der befruchteten Eizelle zu verhindern. Bei der E. kann man vier Gruppen von Methoden unterscheiden, die jeweils ihre Vor- und Nachteile haben. Sie sollten in einer bestehenden Partnerschaft miteinander besprochen und gegeneinander abgewogen werden.

Natürliche Methoden: Die **Basaltemperaturmessung** ist eine Methode zur Bestimmung der fruchtbaren und unfruchtbaren Tage. Hierbei misst die Frau über einen Zeitraum von 3 bis 6 Monaten allmorgendlich zur gleichen Zeit vor dem Aufstehen ihre Körpertemperatur (Basaltemperatur: normalerweise ca. 36,7–36,8°C). Hieraus ergibt sich eine Temperaturkurve: 1–2 Tage nach dem Eisprung erhöht sich die

Basaltemperatur um 0,4–0,8°C und bleibt bis zur nächsten Regelblutung erhöht. Nur bis zum 2. Tag nach dem Temperaturanstieg ist wegen der geringen Lebensdauer der Eizelle mit einer Befruchtung zu rechnen. Bis dahin muss von der Regelblutung an auf ungeschützten Geschlechtsverkehr verzichtet werden. Da die Basaltemperaturmessung sehr empfindlich gegenüber äußeren Einflüssen (z.B. Stress, wenig Schlaf) ist, sollte sie unbedingt mit der Billingsmethode kombiniert werden. Diese als **symptothermale Methode** bezeichnete Kombination bezieht die Beobachtung des in die Scheide abgegebenen Gebärmutterhalsschleimes mit ein.

Barrieremethoden: Hierzu zählt das **Kondom (Präservativ),** eine Gummihülle, die vom Mann vor dem Eindringen des Glieds in die Scheide über den steifen Penis gerollt wird. Das Kondom fängt das ejakulierte Sperma auf. Danach sollte der Geschlechtsverkehr nicht fortgesetzt werden, da sich das Kondom unbemerkt abstreifen kann. Kondome schützen in geringem Umfang auch gegen Ansteckung durch Geschlechtskrankheiten und Aids. Sie sollten jedoch nicht mit chemischen Verhütungsmitteln und fetthaltigen Cremes kombiniert werden, da sie von diesen angegriffen werden.

Auch das **Diaphragma** soll das Zusammentreffen von Eizelle und Spermien verhindern. Es ist eine weiche, kuppelförmige Gummihaut mit einem nach außen federnden Ring. Das Diaphragma wird von der Frau in die Scheide eingeführt und auf den Muttermund gesetzt. Es muss jedoch zunächst individuell von einem Frauenarzt angepasst werden. Das Diaphragma wird frühestens 2 Stunden vor dem Geschlechtsverkehr eingesetzt und darf erst 8 Stunden danach wieder entfernt werden. Vor dem Einsetzen wird es mit einer Creme bestrichen, die die Spermien abtötet.

Chemische Empfängnisverhütungsmittel werden kurz vor dem Geschlechtsverkehr möglichst tief in die Scheide eingeführt und bilden nach einigen Minuten eine schaumige oder cremige Masse vor dem Muttermund. Diese tötet die Spermien ab oder macht sie bewegungsunfähig. Chemische Mittel zur E. werden in Form von Cremes (Vaginalcreme), Sprays, Kapseln oder Tabletten (Vaginaltabletten) angeboten und dürfen i.d.R. nicht mit Kondomen kombiniert werden, da diese spröde werden können.

Hormonelle Methoden: Besonders zuverlässig ist die E. mit der **Pille.** Darunter versteht man Kombinationspräparate aus künstlich hergestellten Östrogenen und Gestagenen. Sie verhindern – bei einmal täglicher Einnahme – den Eisprung und verändern den Aufbau der Gebärmutterschleimhaut, sodass sich das befruchtete Ei nicht einnisten kann. Außerdem bleibt unter ihrem Einfluss der Schleimpfropf, der den Gebärmuttermund verschließt, so zäh, dass Spermien ihn kaum durchdringen können. Weil die Pille in den Hormonhaushalt des Körpers eingreift, ist mit Nebenwirkungen (Zwischenblutungen, Kopfschmerzen) zu rechnen.

Die **Minipille** enthält im Unterschied zur Pille statt Östrogenen Gestagene, die nicht den Eisprung hemmen, sondern nur bewirken, dass sich der Gebärmutterhalsschleim nicht verflüssigt und somit keine Spermien eindringen können. Die Minipille ist besser verträglich als die Pille, muss jedoch äußerst pünktlich eingenommen werden.

Sonstige Methoden: **Spiralen** (Intrauterinpessare) sind Kunststoff- oder Kupfergebilde, die zum einen zu Veränderungen der Gebärmutterschleimhaut führen. Dadurch wird die Einnistung des befruchteten Eies verhindert. Zum anderen können sie Kupfer bzw. Progesteron abgeben, das die Beweglichkeit eindringender Spermien herabsetzt

E

bzw. ähnlich wie die Minipille wirkt. Die Spiralen werden vom Frauenarzt in die Gebärmutter eingelegt und können auch während der Regelblutung an ihrem Platz bleiben. Ihr Sitz sollte regelmäßig vom einem Arzt kontrolliert werden, da Spiralen von der Gebärmutter ausgestoßen werden können.
Fast unwiderruflich ist die **Sterilisation**. Dabei werden der Frau durch einen chirurgischen Eingriff in einer Klinik die Eileiter durchtrennt oder unterbunden und die offenen Enden verschlossen. Beim Mann werden durch einen ambulanten kurzen Eingriff die Samenleiter unterbrochen (Vasektomie). Bei beiden Geschlechtern werden hierdurch weder der Hormonhaushalt noch das sexuelle Erleben beeinträchtigt. Eine Sterilisation sollte nicht vor dem 30. Lebensjahr und bei kinderlosen Paaren nicht vor dem 35. Lebensjahr durchgeführt werden.
Eine ungeeignete Methode ist der Coitus interruptus (»Rückzieher«, »aufpassen«), bei dem der Mann kurz vor dem Samenerguss sein Glied aus der Scheide der Frau herauszieht. Diese Methode ist sehr unsicher, da bereits vorher Sekret mit Spermien austreten kann.
Um die Sicherheit der einzelnen Empfängnisverhütungsmethoden vergleichen zu können, ermittelt man die Zahl der ungewollten Schwangerschaften für den Fall, dass die jeweilige Methode von 100 Paaren ein Jahr lang ausschließlich angewandt wird. So würden z.B. bei Anwendung der Basaltemperaturmethode 1–5, bei Einnahme der Pille 0,4 ungewollte Schwangerschaften auftreten.

Encephalon: das ↑Gehirn.

Enddarm: ↑Darmkanal.

endemisch: kommen bestimmte Pflanzen oder Tiere in nur einem einzigen, meist kleinen und natürlich abgegrenzten Gebiet vor (z.B. auf einer Insel), bezeichnet man ihre Art oder Sippe als endemisch. Beuteltiere sind z.B. in Australien endemisch.

Endhandlung: In der Verhaltensforschung wird das Gesamtverhalten eines Tiers aufgeteilt in das variable ↑Appetenzverhalten und die meist starre Endhandlung. Kann eine ↑Erbkoordination oder Instinkthandlung bis zum Ende ablaufen und wird sie durch eine E., z.B. das Fangen und Töten der Beute, abgeschlossen, ist der ↑Trieb des Tiers befriedigt.

Endhirn (Telencephalon): entwicklungsgeschichtlich aus dem ↑Vorderhirn hervorgehender Abschnitt des Gehirns, der beim Menschen zum Großhirn wird (↑Gehirn).

Endobiose: eine Sonderform der ↑Symbiose, bei der ein Organismus **(Endobiont)** im Inneren des anderen Organismus lebt (z.B. Bakterien im Darm der Tiere). Oft wird die E. zum Endoparasitismus (↑Parasiten).

Endocytose: die Aufnahme von makromolekularen Stoffen in die Zelle. Dabei dienen bestimmte Bereiche des Plasmalemmas (z.B. ↑Scheinfüßchen) zum Einschließen des aufzunehmenden Materials (↑auch Phagocytose, ↑Pinocytose). Anschließend werden diese Plasmalemmabereiche in Form von Bläschen (Vesikeln) ins Zellinnere abgeschnürt. – Gegenteil: ↑Exocytose.

Endodermis: die innerste, meist einzellige Grenzschicht zwischen der ↑Rinde der Wurzeln und dem Zentralzylinder (↑Wurzeln). In älteren Wurzeln bilden die Zellen der E. durch Verkorkung einen nach innen abgedichteten Zylinder. Auf diese Weise wird eine physiologische Steuerung des Durchtritts von Wasser und gelösten Stoffen erreicht. Diese können nur noch durch einige spezielle Zellen **(Durchlasszellen)** wandern.

endogen: im (Körper-)Inneren entstehend oder befindlich, z.B. e. Substanzen. – Gegensatz: ↑exogen.

endokrine Drüsen: die ↑Hormondrüsen. – ↑auch Drüsen.

Endolymphe: die Flüssigkeit im häutigen Labyrinth des Innenohrs; ↑Ohr.

Endometrium: ↑Gebärmutter.

Endomitose: eine Chromosomenteilung im Kern, die in der Prophase der ↑Mitose abgebrochen wird und bei der keine Spindel angelegt und die Kernhülle nicht abgebaut wird. Da dieser Vorgang meist mehrmals wiederholt wird, entsteht ein polyploider Kern mit vervielfachtem DNA-Gehalt (↑auch Riesenchromosomen). Die Zellen können nur noch selten eine normale Mitose durchführen und übernehmen besondere Aufgaben in Organen mit hoher Stoffwechselaktivität, z.B. in der Leber der Säugetiere oder in den Speicheldrüsen der Taufliege.

Endopeptidasen: ↑Hydrolasen.

Endoplasma: ↑Cytoplasma.

endoplasmatisches Reticulum, Abk. ER: ein stark gegliedertes Membransystem in allen tierischen und pflanzlichen Zellen. In elektronenmikroskopischen Aufnahmen erscheint es wie ein Röhrensystem, das von der äußeren Kernmembran ausgeht und sich in vielen Schleifen und Windungen bis hin zur Zellmembran erstreckt.

Man unterscheidet ein **raues (granuläres)** und ein **glattes (agranuläres) Reticulum**. Das raue ER hat an seiner Außenseite kleine Partikel angelagert, die ↑Ribosomen, die als Orte der Eiweißsynthese dienen.

Das ER stellt v.a. ein Transportsystem der Zelle dar, in dem die außerhalb der Innenräume (Zisternen) produzierten Stoffe ungehindert längs der »gebahnten Wege« befördert werden können. Dadurch, dass das ER die äußere Zelloberfläche gewissermaßen ins Zellinnere fortsetzt, d.h., dass durch das ER eine beträchtliche Oberflächenvergrößerung erreicht wird, werden die Reaktionsräume für die Stoffumsetzungen an Grenzflächen (äußere und innere Oberflächen) erheblich vergrößert.

Endopolyploidie: ↑polyploid.

Endoskelett: ↑Skelett.

Endosperm: ein ↑Nährgewebe, das den Embryo der ↑Samenpflanzen umhüllt und ernährt. Bei den Bedecktsamern ist es triploid und entsteht nach der Befruchtung **(sekundäres E.)** im Embryosack (↑Samenanlage). Bei den Nacktsamern ist es haploid und schon vor der Befruchtung vorhanden **(primäres E.)**.

Samen ohne E. (z.B. Orchideensamen) haben somit keine Reservestoffe. Bei den Hülsenfrüchtlern und der Rosskastanie, die ebenfalls kein E. haben, werden die Reservestoffe direkt in den Keimblättern des Embryos gespeichert.

Endosporen: ↑Sporen, die im Innern einer Zelle bzw. eines Sporenbehälters gebildet werden. Dazu gehören auch die Ascosporen der ↑Schlauchpilze.

Endosymbiontentheorie (Endosymbiontenhypothese): Die E. versucht die Entstehung der eukaryotischen Zelle, die u.a. durch den Besitz von Zellorganellen wie Plastiden und Mitochondrien charakterisiert ist, zu erklären. Danach sollen gärende zellwandfreie Bakterien im Verlauf der Evolution symbiontisch Cyanobakterien und aerobe Bakterien aufgenommen haben, die sich dann zu Plastiden und Mitochondrien entwickelten. Für die E. sprechen die eigenständige Vermehrung (Autoreduplikation) der Zellorganellen, ihre hinsichtlich der »Wirtszelle« andersartige DNA und Eiweißsynthese sowie die Doppelmembran der Organellen.

Endothel: ↑Deckgewebe.

Endoxidation: der letzte Abschnitt der biologischen Oxidation, der identisch mit der ↑Atmungskette ist.

Endwirt (Hauptwirt): ein Wirtsindividuum oder eine Wirtsart, in der ein Parasit nach einem ↑Wirtswechsel geschlechtsreif wird. Schweine-, Rinder- und Fischbandwurm haben u.a. den Menschen als Endwirt.

engelmannscher Bakterienversuch: Bereits im vorigen Jahrhundert wurde von T. W. ENGELMANN der Zusammenhang zwischen der Fotosyntheserate – ausgedrückt als Menge an freige-

E

setztem Sauerstoff – und der Wellenlänge des absorbierten Lichts untersucht. ENGELMANN projizierte ein Lichtspektrum auf einen Grünalgenfaden. Die Ansammlungstärke von durch die fotosynthetische Sauerstoffentwicklung angelockten Bakterien zeigte die fotosynthetische Wirksamkeit der verschiedenen Spektralbereiche (Wirkungsspektrum).

engelmannscher Versuch

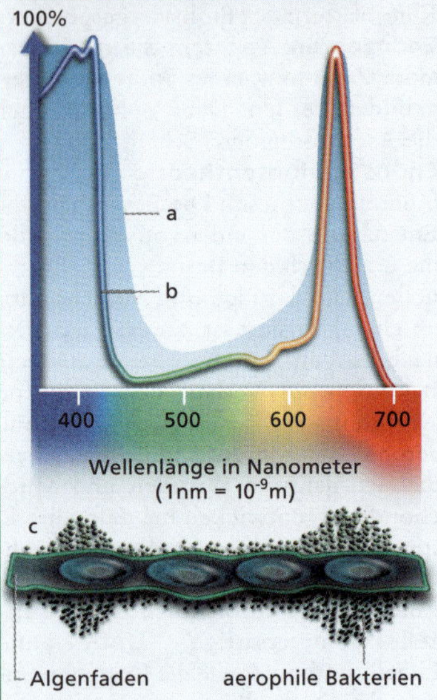

(a) Wirkungsspektrum und
(b) Absorptionsspektrum von Chlorophyll a
(c) engelmannscher Bakterienversuch

Engerlinge: bauchwärts gekrümmte, weichhäutige, meist weiße Larven vieler Käferarten; sie besitzen brustständige Beine. Am bekanntesten ist die Larve des ↑Maikäfers. Sie wird durch Wurzelfraß schädlich.

Engramm: eine von dem deutschen Zoologen R. SEMON (1859–1918) im Jahre 1904 entwickelte Theorie, die besagt, dass die Gedächtnisinhalte als »Gedächtnisspur« (Engramm) in das Gehirn eingeschrieben werden. Spätere ähnliche Reize hätten dann die gleiche Wirkung wie der Originalreiz. Alle Engramme zusammen bildeten dann das Gedächtnis.

Nach dem amerikanischen Psychologen K. S. LASHLEY (1890–1958) resultiert ein E. nicht aus einer festen Verbindung einzelner Neuronen (Nervenzellen), sondern aus dem Zusammenspiel einiger Hunderttausend bis Millionen von ihnen.

Heute untersuchen Neurowissenschaftler die Veränderungen, die mit Lernvorgängen und Gedächtnis zusammenhängen, auf der Ebene einzelner Nervenzellen.

Entbindung: die ↑Geburt eines Kindes. Sie ist meldepflichtig, wenn beim lebend geborenen Kind die Lungenatmung eingesetzt hat oder wenn die tot geborene, d.h. nicht spontan atmende Leibesfrucht eine Körperlänge von mindestens 35 cm hat.

Entjungferung: ↑Jungfernhäutchen.

Entoderm: das innere der drei ↑Keimblätter.

Entwicklungsgeschichte: ein Teilgebiet der Biologie, das den Ablauf der Einzelentwicklungen verschiedener Organismen oder Organismengruppen beschreibt und vergleicht.

Entwicklungsphysiologie: ein Teilgebiet der Biologie, das untersucht, auf welche Weise und warum sich die Erbanlagen im Laufe der ↑Ontogenese entfalten. Bahnbrechend waren die Arbeiten des deutschen Zoologen H. SPEMANN, der an Amphibienkeimen Transplantationsexperimente vornahm. Er versetzte z.B. Zellen der Augenanlage unterschiedlicher Entwicklungsstadien in die Bauchhaut. Erfolgte diese Transplantation spät, also nach der ↑Determination, so wurden daraus Teile des Auges.

Entziehungserscheinungen: ↑Drogen.

Entzündung: ↑Immunität.

Enzymaktivität: ein Maß für die Menge der Moleküle eines Substrats, die von einem Molekül des ↑Enzyms in einer bestimmten Zeit umgesetzt wird. Bei der **Wechselzahl** z.B. wird die Anzahl der umgesetzten Substratmoleküle pro Minute angegeben. Sie beträgt z.B. bei der Katalase 5 Millionen und bei der Acetylcholinesterase 3 Millionen. Die Wechselzahlen der meisten Enzyme liegen häufig bei einigen 1 000–10 000 Molekülen. – Die E. ist u.a. abhängig von der Temperatur und vom pH-Wert.

Enzyme (Fermente): die biologisch wichtigste Gruppe der ↑Eiweiße. Sie sind Katalysatoren, die alle Stoffwechselprozesse der lebenden Zelle beschleunigen und auf ein Gleichgewicht einstellen. Man nennt sie deshalb auch ↑Biokatalysatoren. Bisher sind rund 3 000 E. bekannt.

E. setzen in erster Linie die Aktivierungsenergie der von ihnen katalysierten Reaktionen herab. Dadurch ist es einer größeren Anzahl von Teilchen möglich, miteinander zu reagieren, wodurch die Reaktionsgeschwindigkeit erhöht wird. Die Enzymarbeit ist mit einem Fließband zu vergleichen. Während der Reaktion bindet das Enzym sein **Substrat** (Enzym-Substrat-Komplex) und gibt es dann verändert an das nächste Enzym weiter. Ein Maß für die Menge der dabei umgesetzten Substratmoleküle ist die Wechselzahl (↑Enzymaktivität).

Ein großer Teil der E. benötigt für seine katalytische Wirkung niedermolekulare Komponenten (↑prosthetische Gruppe; ↑Coenzym), die zusammen mit der inaktiven Eiweißkomponente, dem **Apoenzym,** das aktive Enzym, das **Holoenzym,** bilden. Man neigt heute dazu, als prosthetische Gruppe die Moleküle zu bezeichnen, die fest mit ihrem Apoenzym verbunden sind, während die Coenzyme leicht abdissoziieren und mit mehreren Apoenzymen Holoenzyme bilden können.

Ein Enzym ist hochspezifisch, d.h., es vermag nur mit einer ganz begrenzten Anzahl von Substraten zu reagieren **(Substratspezifität)** und nur bestimmte Reaktionen zu katalysieren **(Wirkungsspezifität).**

Jedes Enzym besitzt einen spezifischen Bereich, das sog. **aktive Zentrum,** in das sich ein Molekül des Substrats (S) mit seiner bestimmten Struktur einlagern kann und durch relativ schwache chemische Wechselwirkungen (Komplexbindung) reversibel an das E. gebunden wird. Es entsteht ein Enzym-Substrat-Komplex (ES) und daraus in der eigentlichen Reaktion ein Enzym-Produkt-Komplex (EP). Dieser zerfällt dann in Enzym und Produkt (Bild S. 150). Damit ist das Enzym regeneriert und kann erneut mit einem Substrat reagieren.

Das aktive Zentrum besitzt zwei **Wirkorte:** eine Haftstelle, die das Substrat festhält, und eine Wirkstelle, an der die eigentliche chemische Reaktion stattfindet.

Der *Name eines Enzyms* wird gebildet aus dem Substrat, dessen Umsetzung es katalysiert, und der Endung »ase«; z.B. Lipase, Glykosidase, RNase, DNase, Maltase, Amylase. Er weist also auf die Substratspezifität des Enzyms hin.

Die Einteilung in *Hauptklassen* erfolgt dagegen nach der Wirkungsspezifität:

1. **Oxidoreduktasen:** Enzyme der biologischen Oxidation und Reduktion (z.B. Lactatdehydrogenase, Alkoholdehydrogenase)
2. **Transferasen:** Gruppen übertragende Enzyme (z.B. Hexokinase, Methyltransferase)
3. **Hydrolasen:** Enzyme, die hydrolytische Spaltungen katalysieren (z.B. Amylase, Maltase, Pepsin)
4. **Lyasen:** Enzyme, die Eliminierungsreaktionen unter Ausbildung von Doppelbindungen (z.B. Aldolase, Fumarase) oder Additionsreaktionen unter Spaltung von Doppelbindungen katalysieren **(Synthasen)**

E

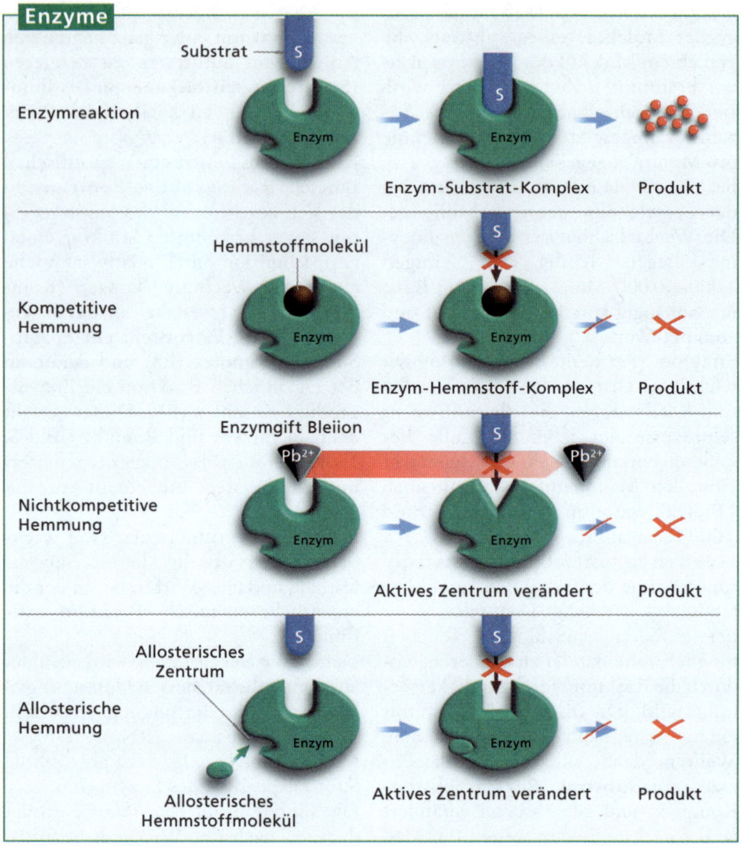

5. **Isomerasen:** Enzyme, die Molekülumlagerungen katalysieren (z.B. Triosephosphat-Isomerase)
6. **Ligasen:** Enzyme, die unter Energieverbrauch (ATP-Spaltung) Bindungen knüpfen (z.B. **Synthetasen**)

Inaktive Apoenzyme können, wie schon erwähnt, nur zusammen mit einem Coenzym eine katalytische Wirkung ausüben. Nur wenn Coenzym und Substrat gleichzeitig mit dem Apoenzym verbunden sind, kann eine chemische Reaktion stattfinden. Danach besitzt das Apoenzym zwei aktive Zentren.

In einer zweiten Reaktion, die durch ein anderes Apoenzym katalysiert wird, gibt das Coenzym die Gruppe an ein anderes Substrat wieder ab. Die Substrat- und Wirkungsspezifität liegt also beim Apoenzym. Auf diese Weise vermitteln Coenzyme zwischen verschiedenen E., was für den gesamten Stoffwechsel von großer Bedeutung ist. Als Beispiel für eine solche Enzymkopplung durch ein Coenzym sei die **Disproportionierung** (Dismutation) angeführt: Darunter versteht man einen chemischen Vorgang, bei dem ein Element von einer mittleren in eine niedrigere und höhere Oxidationsstufe übergeht. Die E. Alkoholdehydrogenase (ADH) und Aldehyddehydrogenase (AldDH) haben das NAD-$NADH_2$-System als gemeinsames Coenzym.

Die ↑Enzymaktivität ist von verschiedenen Faktoren abhängig: 1. Vom *pH-Wert:* Pepsin erreicht sein Aktivitätsoptimum bei pH=2, Trypsin bei pH=6, Erepsin bei pH=10, Saccharase bei pH=7. Es kommt auch vor, dass ein E. mit geringer Substratspezifität ein unterschiedliches pH-Optimum gegenüber verschiedenen Substraten aufweist. – 2. Von der *Temperatur:* Auch die E. verhalten sich im Sinne der ↑RGT-Regel, d.h., bei einer Temperaturerhöhung um 10°C verdoppelt sich ungefähr die Reaktionsgeschwindigkeit. – 3. Von der *Anwesenheit verschiedener Schwermetalle* (Hg^{2+}, Ag^{+}, Cu^{2+}) oder von *Oxidationsmitteln.* Einen wesentlichen Einfluss auf die **Enzymwirkung** hat die Substratkonzentration. Unter sonst gleichen Bedingungen wird bei einem Substratüberschuss eine Proportionalität zwischen Enzymkonzentration und Reaktionsgeschwindigkeit festgestellt. Eine Verdopplung der Anzahl von Enzymmolekülen bewirkt eine Verdopplung der Substratumsetzung. Außerdem wird die Geschwindigkeit enzymatischer Reaktionen durch verschiedene Hemmstoffe beeinflusst (v.a. Peptide, die sich an die E. binden; ↑Enzymhemmung).

Für ein reibungsloses Funktionieren der Stoffwechselprozesse ist es notwendig, deren Geschwindigkeit zu regulieren. Dies erreicht die Zelle, indem sie die Möglichkeit besitzt, die katalytische Wirksamkeit der verschiedenen E. variabel einzusetzen. Diese Rolle übernehmen die **Kontrollenzyme.** Ihre Aktivität vergrößert, ihre Hemmung dagegen verringert den Stoffumsatz. Diese Kontrollenzyme werden von Metaboliten aktiviert oder gehemmt, die Zwischen- oder Endprodukte der betreffenden Stoffwechselkette sind. Sie werden auch als **Effektoren** bezeichnet, die als Bestandteile von ↑Regelkreisen nach dem Prinzip der Rückkopplung wirken (↑Enzymhemmung).

Die *Verteilung der E.* in der Zelle ist eng verknüpft mit der Feinstruktur der Zelle. Die E. wirken dort nur unter ganz bestimmten Bedingungen. Ihre Wirkung unterliegt einer intrazellulären Regulation, die durch die Eigenschaft von Reaktionsketten, in denen eine Vielzahl von E. zusammenwirken, bestimmt wird. Häufig liegen E. in »inaktiver« Form, also abrufbereit vor und müssen erst durch andere E. oder Moleküle aktiviert werden. Die räumliche Zuordnung der E. kann dadurch bedingt sein, dass sie mit bestimmten Bausteinen der Zelle verknüpft sind. So sind z.B. die E. der ↑Atmungskette fest an die Mitochondrienmembran fixiert. Andere E. sind in besonderen Reaktionsräumen (Kompartimenten) der Zellen lokalisiert; man nennt sie dann **lösliche E.**

Die Synthese der E. erfolgt bei der Eiweißsynthese und unterliegt der Kontrolle der Gene. Es findet in der Zelle immer gleichzeitig sowohl eine Synthese als auch ein Abbau von Enzymmolekülen statt, wodurch der Enzymspiegel in der Zelle einer ständigen Veränderung unterliegt.

Enzymhemmung: Die Reaktionsgeschwindigkeit einer enzymgesteuerten Reaktion wird durch verschiedene Hemmstoffe (↑Inhibitoren) gesteuert, indem diese mit dem ↑Enzym einen Komplex bilden können. Man unterscheidet dabei im Wesentlichen zwischen kompetitiver, nicht kompetitiver, allosterischer E. und Substratüberschusshemmung.

1. Bei der **kompetitiven E.** konkurrieren Inhibitor und Substrat um das aktive Zentrum eines Enzyms. Die Inhibitoren haben also eine große Ähnlichkeit mit dem Substrat. Die Stärke der Hemmung ist damit abhängig vom Konzentrationsverhältnis der beiden Stoffe.

E

Bei der **nichtkompetitiven E.** bevorzugt der Inhibitor eine Verbindung mit dem bereits vorhandenen Enzym-Substrat-Komplex. Solange der Inhibitor seine Bindestelle besetzt hält, kann sich das Produkt nicht vom Enzym trennen. Bei der **allosterischen E.** verbindet sich der Inhibitor mit dem freien Enzym an einer Bindungsstelle, die in der Nähe des aktiven Zentrums für das Substrat liegt. Dadurch wird dieses verformt, und das Substrat kann nicht katalytisch umgesetzt werden.

Von **Substratüberschusshemmung** spricht man, wenn sich überschüssige Moleküle des enzymeigenen Substrats an ein Enzym anlagern und mit ihm einen inaktiven Komplex bilden.

Von allen diesen Mechanismen wird die ↑Enzymaktivität nicht beeinflusst.

Eohippus: Stammform der ↑Pferde.

Epidermis:

◆ *Botanik:* das wichtigste primäre Abschlussgewebe der Pflanzen. Die E. ist i.d.R. einschichtig und ihre Zellen sind zur Erhöhung der Reißfestigkeit ähnlich wie die Bausteine eines Puzzlespiels durch wellenförmige oder gezackte Zellwände miteinander verzahnt. Die Außenwände sind meist verdickt und mit einer ↑Cuticula, manchmal zusätzlich noch mit einer Wachsschicht überzogen. Sie macht die Zellwände wasserabstoßend und undurchlässig für Wasser und Gase; über die ↑Spaltöffnungen werden der Gasaustausch und die Transpiration geregelt.

◆ *Zoologie:* ↑Haut.

Epididymis: der ↑Nebenhoden.

Epinephrin: das ↑Adrenalin.

Epiphyse:

◆ das Gelenkende eines ↑Röhrenknochens.

◆ die ↑Zirbeldrüse.

Epiphyten (Aufsitzerpflanzen): Pflanzen, die auf anderen Pflanzen (z.B. Bäumen) wachsen und keine Verbindung mit dem Erdboden haben. Die Trägerpflanzen werden aber nicht parasitisch ausgenutzt, sondern dienen den E. nur als Wuchsort mit einer besseren Lichtversorgung. Zu den E. gehören u.a. Flechten und Moose sowie in den Tropen viele Orchideen.

Epithel: das ↑Deckgewebe.

Epithelkörperchen: andere Bezeichnung für die ↑Nebenschilddrüse.

ER: Abk. für ↑**e**ndoplasmatisches **R**eticulum.

Erbanlagen: die in einem Individuum angelegten Möglichkeiten, die sein spezifisches Erbgut phänotypisch (also im äußeren Erscheinungsbild und im Wesen) entstehen lassen.

Im Hinblick auf die Ausprägung bestimmter erblicher Merkmale ist der Begriff E. gleichbedeutend mit ↑Gene. – ↑auch Vererbung.

Erbhygiene: die ↑Eugenik.

Erbkoordination (Instinktbewegung): die angeborenen, arttypischen Bewegungsweisen bei Tieren. Sie werden durch entsprechende Reize ausgelöst (↑Auslösemechanismus) und laufen in immer gleicher Weise ab, auch wenn sie in unnatürlichen Situationen sinnlos sind. E. sind also endogene Automatismen. So drehen sich z.B. Hunde einige Male auf einer Stelle im Kreis, bevor sie sich im Zimmer hinlegen, obwohl es dort kein Gras gibt, das niedergetreten werden müsste.

Will man nachweisen, dass bestimmte Verhaltensweisen angeboren sind, zieht man die Tiere isoliert auf und hält alle Erfahrungen von ihnen fern, durch die sie die typischen Bewegungen lernen könnten (↑Kaspar-Hauser-Versuch).

Viele Erbkoordinationen entwickeln sich erst spät im Leben eines Tiers, wie z.B. die gut untersuchten Balzbewegungen bei Enten oder die Eirollbewegung bei Graugänsen.

Erbkoordinationen werden gewöhnlich durch Orientierungsbewegungen ergänzt zur **Instinkthandlung.**

Erbkrankheiten: ↑Mutationen können die Erbanlagen so verändern, dass der genetische Defekt sich im ↑Phänotyp als Erkrankung des Organismus auswirkt. Die mutierten ↑Gene werden gewöhnlich nach den ↑Mendel-Regeln an die Nachkommen vererbt. Rezessive, krank machende Anlagen bleiben oft lange unerkannt, weil sie erst im homozygoten Zustand die Krankheit hervorrufen, d.h. wenn sie von beiden Eltern weitervererbt wurden.

Seltene dominante ↑Allele führen bei den Betroffenen immer zur Erkrankung. In vielen Fällen wird nur eine vermehrte Bereitschaft für eine bestimmte Krankheit vererbt. Eindeutig als E. anzusehen sind z.B. Farbenblindheit (↑Farbenfehlsichtigkeit), Sichelzellenanämie (↑Anämie), ↑Kurzfingrigkeit, ↑Bluterkrankheit (eine geschlechtsgebundene Erbkrankheit) und geistige Behinderung aufgrund von Stoffwechselstörungen (z.B. ↑Phenylketonurie).

In Deutschland sind Zwangsmaßnahmen zur Eindämmung von E. nicht zulässig. Sind sich Eltern unklar darüber, ob bei ihren Kindern mit dem Auftreten von E. zu rechnen ist, etwa weil in ihren Familien eine Krankheit häufig vorkommt, können sie sich in der **genetischen Familienberatung** Rat holen.

Erdpflanzen: die ↑Geophyten.

Erdzeitalter: die Großabschnitte der Erdgeschichte. E. werden in die Unterabschnitte System (Periode; früher Formation) und Abteilung gegliedert, die die Grundlage für die Aufstellung geologischer Systeme sind. Diese beschreiben die in einem größeren erdgeschichtlichen Zeitraum aufgrund geologischer Vorgänge entstandene Schichtenfolge mit ihren jeweiligen ↑Leitfossilien.

Erektion: die Vergrößerung, Aufrichtung und Versteifung des männlichen ↑Glieds und des weiblichen ↑Kitzlers bei sexueller Erregung. An der E. sind v.a. die oberen paarigen Schwellkörper des Glieds beteiligt. Sie werden durch den Blutdruck prall gefüllt. Gleichzeitig heben Muskeln am Penisschaft das Glied empor. Der untere Harnröhrenschwellkörper bleibt auch auf der Höhe der E. zusammendrückbar. Auf diese Weise wird die Harn-Samen-Röhre bei der E. durchgängig gehalten.

Erfolgsorgane: die ↑Effektoren.

Ernährung: die Aufnahme von Nahrungsstoffen, die der Organismus zum Aufbau des Körpers, zu seiner Erhaltung und Fortpflanzung braucht. *Pflanzen* sind in der Lage, aus anorganischen Stoffen (CO_2, Wasser, Mineralsalze) ihre körpereigenen organischen Substanzen aufzubauen. Ihre Energiequelle ist dabei die Sonne. Diese Ernährungsweise bezeichnet man als ↑autotroph. Die *Tiere* und der *Mensch* dagegen ernähren sich ↑heterotroph, d.h., sie können nur organische Substanzen aufnehmen, die sie dann in körpereigene Stoffe umwandeln. – ↑auch Stoffwechsel.

Ernährungsphysiologie: ein Zweig der ↑Physiologie, der untersucht, in welcher Menge und Zusammensetzung die Lebensmittel dem menschlichen Organismus zugeführt werden müssen, damit er je nach Alter, Geschlecht und Lebensbedingungen optimal ernährt wird. So benötigt z.B. ein Schwerarbeiter eine joulereichere Kost als ein Mensch mit vorwiegend sitzender Lebensweise. Kinder benötigen eiweißreiche, vitamin- und mineralstoffhaltige Nahrung, da sie noch wachsen.

Erregung: ↑Reiz.

Erregungsleitung: die Ausbreitung einer Erregung entlang einer erregbaren Struktur (Nerv, Muskel). Meist erfolgt sie von einem ↑Rezeptor über afferente und efferente Bahnen über eine oder mehrere Schaltstellen auf einen ↑Effektor.

Die Erregung kann durch einen ↑Reiz oder selbsttätig (autonom, z.B. im Sinusknoten des Herzens) entstehen. Da Erregung gleichbedeutend ist mit der Auslösung eines ↑Aktionspotenzials, »wandert« bei der E. das Aktionspotenzial an der elektrisch leitenden Nerven- oder Muskelfaser entlang.

E

An Muskelfasern und marklosen Nervenfasern erfolgt eine **kontinuierliche E.** (0,5–15 m/s). An markhaltigen Nervenfasern treten die Aktionspotenziale nur an den Ranvier-Schnürringen auf (die dazwischen liegende Strecke wird durch Stromschleifen überwunden; **saltatorische E.**). Die Leitungsgeschwindigkeit beträgt dann bei Wirbeltieren 70–120 m/s.

An den ↑Synapsen erfolgt die E. folgendermaßen: Die Erregung verursacht in den Endaufzweigungen der zuleitenden Nervenfaser zunächst einen Einstrom von extrazellulären Ca^{2+}-Ionen durch die präsynaptische Membran. Die Ca^{2+}-Ionen wiederum bewirken die Ausschüttung von intrazellulärem ↑Acetylcholin (parasympathische und präganglionäre sympathische Synapsen, motorische Endplatte) oder ↑Adrenalin (postganglionäre sympathische Synapsen). Acetylcholin und Adrenalin wirken als Überträgerstoffe (↑Transmitter), die den synaptischen Spalt zwischen der präsynaptischen Membran der afferenten Faser und der postsynaptischen (genauer: subsynaptischen) Membran der efferenten Faser überbrücken, dadurch die Permeabilität der postsynaptischen Membran im Spaltenbereich für extrazelluläre Na^{+}-Ionen erhöhen und somit eine lokale ↑Depolarisation hervorrufen. Erreichen die lokalen Depolarisationen im postsynaptischen Bereich durch Summation einen gewissen ↑Schwellenwert, entsteht in der efferenten Faser ein fortgeleitetes Aktionspotenzial, d.h., die Erregung läuft weiter. Der Übertragungsvorgang in der zentralnervösen Synapse benötigt 0,5 ms, in vegetativen Synapsen 2–5 ms.

Die Summation der lokalen Depolarisationen mit nachfolgender Auslösung eines Aktionspotenziales in der efferenten Faser wird als ↑Bahnung bezeichnet. Eine ↑Hemmung erfolgt dagegen, wenn die Bildung der lokalen Depolarisationen (enzymatisch) verzögert ist. Jede Nerven- oder Muskelfaser ist einige Zeit nach der Auslösung eines Aktionspotenzials unfähig zur Erregungsleitung (↑Refraktärstadium).

Auch bei *Pflanzen* (z.B. Mimose) erfolgt eine Erregungsleitung vom Ort der Reizaufnahme zum Reaktionsort. Die Reizaufnahme und E. erfolgen durch stoffliche Leitung oder Auslösung von Aktionspotenzialen.

Ersatzknochen: ↑Deckknochen.

Erschütterungssinn: ein ↑mechanischer Sinn, der sich nur schwer vom Tast-, Druck- und Gehörsinn trennen lässt, da seine zuständigen Rezeptoren ebenfalls auf Schwingungen in gasförmigen, flüssigen und festen Medien reagieren. Der E. kommt bei fast allen Tieren und beim Menschen vor.

Erythrocyten: die ↑roten Blutkörperchen.

Erythroxylin: das ↑Cocain.

Escherichia coli (Kolibakterium): einzige Art der Bakteriengattung **Escherichia.** Es ist ein gramnegatives und je nach Typ (Stamm) bewegliches oder unbewegliches Bakterium. E. c. ist weltweit verbreitet und kommt im Wasser, im Kot und im Darm der Wirbeltiere (einschließlich Mensch) vor. Das Bakterium kann Durchfälle und Harnwegsinfektionen hervorrufen und ist ein Indikatororganismus für verschmutztes (Ab)wasser. Kolibakterien vergären (unter Gasbildung) Glucose und Milchzucker; sie stellen ein häufiges Forschungsobjekt, v.a. der Biochemie, Genetik und Molekularbiologie, dar.

essenzielle Aminosäuren: eine Gruppe von ↑Aminosäuren, die der tierische und menschliche Organismus nicht (jedoch der pflanzliche Organismus) allein zu erzeugen vermag, sondern die ihm mit der Nahrung zugeführt werden müssen.

Essigsäurebakterien: zu den Gattungen Acetobacter und Acetomonas gehörige Bakterienarten. Es sind gramnegative, bewegliche oder unbewegliche Stäbchen. Sie leben hauptsächlich auf Früchten, Gemüse und in Pflanzensäften. Auf Flüssigkeiten bilden sie eine zusammenhängende sog. Kahmhaut.

Charakteristisch für die E. ist ihre Fähigkeit zu unvollständigen Oxidationen, bei denen Alkohol in Essigsäure umgewandelt wird (fälschlicherweise wird dieser Stoffwechselweg gelegentlich auch **Essigsäuregärung** genannt, doch verläuft er aerob und ist damit keine Gärung). Bruttogleichung:

$CH_3{-}CH_2OH + O_2$
$\rightarrow CH_3{-}COOH + H_2O.$

Zunächst wird der Alkohol (Ethanol) zu Acetaldehyd (Ethanal) dehydriert (Wasserstoffentzug):

$CH_3{-}CH_2OH$
$\rightarrow CH_3{-}CHO + 2H$

Der dabei frei werdende Wasserstoff wird von Coenzymen übernommen und über das Cytochromsystem auf den Sauerstoff übertragen, wobei Acetaldehyd oxidiert wird:

$CH_3{-}CHO + 2H + O_2 \rightarrow$
$CH_3{-}COOH + H_2O$

Der Alkohol ist ein energiereicher Stoff, und die Energieausbeute bei der E. ist entsprechend hoch. Sie beträgt 494 kJ (≈ 118 kcal) pro Mol Alkohol. Die Reaktion wird mithilfe der Bakterien auch zur industriellen Herstellung der Essigsäure aus Wein oder anderen alkoholischen Getränken genutzt.

Estradiol: ↑Östrogene.

Estrogene: die ↑Östrogene.

ET: Abk. für ↑**E**lektronen**t**ransportkette.

Ethanol: der ↑Ethylalkohol.

Ethen: das ↑Ethylen.

Ethologie: die ↑Verhaltensforschung.

Ethylalkohol (Ethanol): zu den einwertigen, aliphatischen, gesättigten Alkoholen zählende, klare Flüssigkeit mit der Bruttoformel C_2H_5OH. E. ist auch unter dem Trivialnamen **(Trink-)Alkohol** oder Weingeist bekannt und ist das Endprodukt der ↑alkoholischen Gärung. Er kommt auch in faulendem Obst vor. Bei der Aufnahme in den Körper gelangt E. z.T. direkt über die Mund-, Speiseröhren- und besonders Magenschleimhäute ins Blut (↑Blutalkohol; ↑Drogen).

Ethylen (Ethen): der einfachste ungesättigte Kohlenwasserstoff ($H_2C{=}CH_2$). E. kommt als gasförmiges Stoffwechselprodukt in vielen Früchten (hauptsächlich Äpfeln) vor. Durch E. wird der Reifevorgang beschleunigt; es

essenzielle Aminosäuren

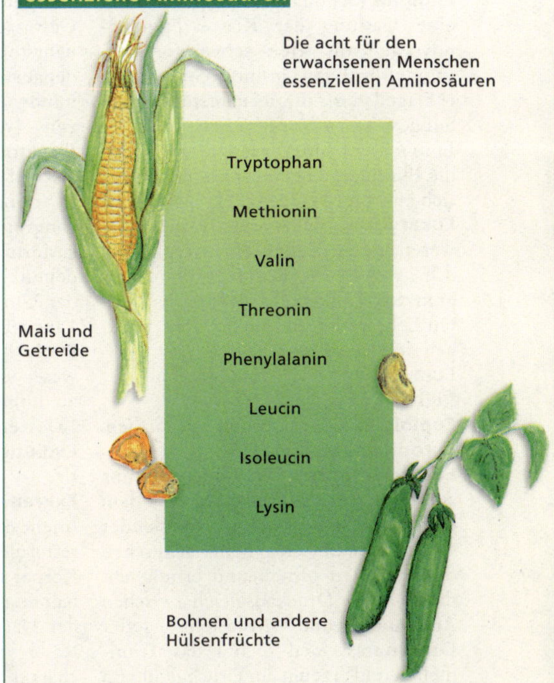

E

kann aber auch ein vorzeitiger Blattfall ausgelöst werden. E. wird daher zu den Phytohormonen (↑Wuchsstoffe) gezählt.

Etiolement: die ↑Vergeilung.

Eubakterien: Ordnung der ↑Bakterien mit stäbchen- oder kugelförmigen, meist peritrich begeißelten, aeroben bzw. anaeroben sowie sporenbildenden oder sporenlosen Arten. E. sind die größte Gruppe der Bakterien.

Euchromatin: ↑Chromatin.

Eugenik (Erbhygiene): eine Wissenschaft, die die Erkenntnisse der Vererbungslehre (↑Genetik) auf den Menschen anwenden will. Dabei sollen erwünschte ↑Gene verbreitet und Erbfehler an ihrer Verbreitung gehindert werden. Dieses Ziel erreicht man durch genetische Familienberatung (↑Erbkrankheiten).

Euglena (Schönauge, Augentierchen): eine Gattung der Klasse Euglenophyceae mit frei schwimmenden, spindelförmigen, grünen Geißelalgen (↑Flagellaten), die in nährstoffreichen Süßgewässern vorkommen. In einer Einbuchtung am Vorderende, wo auch die Flimmergeißel entspringt, befindet sich ein roter ↑Augenfleck.

Eukaryoten (Eukaryonten): alle Lebewesen, deren Zellen einen typischen, d.h. von einer Kernmembran umgrenzten Zellkern besitzen. Die meisten Lebewesen sind Eukaryoten. – Gegensatz: ↑Prokaryoten.

Eumycotina: eine Unterabteilung der ↑Pilze.

Euploidie: ↑Chromosomenanomalien.

Europide: ↑Mensch.

Eustachi-Röhre (Ohrtrompete, Tuba auditiva): ein das Mittelohr mit dem oberen Rachenraum verbindender Gang. Er kann sich beim Schlucken oder Gähnen öffnen und ermöglicht dadurch den Druckausgleich zwischen Außenluft und Mittelohr. Jeder Druckunterschied spannt das Trommelfell und erzeugt ein Druckgefühl im Ohr; Schlucken beseitigt es. – Bei Erkältungen können Bakterien durch die E.-R. ins Mittelohr gelangen und eine Mittelohrentzündung hervorrufen.

Euter: die ↑Milchdrüsen weiblicher Unpaarhufer, Kamele und Wiederkäuer. Im Drüsengewebe erzeugen sie ↑Milch für die Aufzucht der Jungen. Diese gelangt durch Milchkanäle in Sammelräume und beim Saugen der Jungen durch Zitzenkanäle der Saugwarzen **(Zitzen)** nach außen. Ringmuskeln verschließen die Zitzenkanäle. Sie öffnen sich erst durch das Saugen. Kühe haben auf jeder Seite zwei Zitzen; Ziegen, Kamele, Schafe und Pferde besitzen nur eine Zitze auf jeder Seite.

eutroph: E. heißen Gewässer, die reich an Nährstoffen, v.a. an Stickstoff und Phosphor, sind. Typisch sind sehr geringe Sichttiefe und ein besonders in der Tiefe stark abnehmender Sauerstoffgehalt. Die **Eutrophierung** von Gewässern wird durch Einleiten von nährstoffreichen Abwässern oder Bodenauswaschungen und das damit verbundene starke Wachstum von Pflanzen (v.a. Algen) und tierischem Plankton sehr gefördert. - ↑auch biologische Selbstreinigung.

Evaporation (Verdunstung): der Übergang eines Stoffs vom flüssigen zum gasförmigen Zustand unterhalb des Siedepunktes. Dabei sinkt die Temperatur der Umgebung (Verdunstungskälte). – ↑auch Transpiration.

Evolution: die Entwicklung der Lebewesen von niederen, einfachen Formen zu höheren bis hin zum Menschen; ↑Deszendenztheorie.

Evolutionstheorie: ↑Deszendenztheorie.

Exkremente (Kot): die unverdaulichen (mehr oder weniger festen) Nahrungsreste, die der menschliche oder tierische Körper wieder ausscheidet. Die E. enthalten außerdem abgeschilferte Zellen der Darmschleimhaut, Bakterien und Reste von Verdauungsenzymen. Ihre charakteristische Färbung erfolgt meist durch die ↑Gallenfarbstoffe Urobilin und Sterkobilin. Die E. werden im Dickdarm eingedickt, im Mastdarm gesammelt und häufig zu Kotballen geformt (↑ Darmkanal).

Exkrete: alle Stoffe, die der Organismus nicht mehr verwerten kann und die mithilfe von **Exkretionsorganen** (Nieren, Haut) ausgeschieden oder gespeichert werden. Auch Stoffe, die vom Körper aufgenommen, von ihm aber nicht verwertet werden können, zählen zu den E. (z.B. DDT, das im Fettgewebe gespeichert, jedoch kaum ausgeschieden wird).

E. der Pflanzen sind beispielsweise etherische Öle, Harze, Schleime, Pflanzengummi, Milchsäfte, Wachse, Kiesel- und Oxalsäurekristalle. Exkrete der Tiere sind v.a. Harnstoff, Harnsäure (v.a. bei Vögeln, Reptilien), Guanin, Ammoniak, Kohlenstoffdioxid, Wasser u.a.

Häufig ist es schwierig zu entscheiden, ob eine ausgeschiedene Substanz nicht mehr verwertet werden kann. Im Fall der Ausscheidung von Stoffwechselendprodukten, die noch eine bestimmte Funktion erfüllen, spricht man auch von ↑ Sekreten.

Exkretion (Ausscheidung):

◆ *Botanik:* Pflanzen scheiden Stoffwechselendprodukte (↑ Exkrete) aus, jedoch in viel geringerem Maße als Tiere, da sie einen Teil dieser Stoffe entweder wieder verwenden (z.B. Kohlenstoffdioxid) oder auch innerhalb ihrer Organe ablagern können. Durch ↑ Guttation geben Pflanzen direkt Wasser ab. Die Produkte ihrer E. sind die ↑ Exkrete.

◆ *Zoologie:* Tiere scheiden über ↑ Exkretionsorgane die Endprodukte ihres Stoffwechsels (Wasser, Salze und Gifte) aus. Hierzu gehört auch das Kohlenstoffdioxid, das von der Lunge ausgeatmet wird. Wichtigstes Organ der E. ist bei höheren Tieren die ↑ Niere, die die Exkretionsstoffe in Wasser gelöst zur Ausscheidung bringt. Gleichzeitig werden durch die Abgabe von Wasser und Salzen die osmotischen Verhältnisse im Körper konstant gehalten **(Osmoregulation).**

Es gibt Stoffe, die unabhängig von ihrer Konzentration im Blut ausgeschieden werden **(Nichtschwellenstoffe)** und solche, die nur dann abgegeben werden, wenn ihre Menge im Blut einen bestimmten Wert übersteigt **(Schwellenstoffe).** Zu Letzteren gehört z.B. der Traubenzucker.

Stoffe, die nicht ausgeschieden werden können (z.B. DDT), werden meist im Fettgewebe gespeichert. Manche Tiere haben dafür sog. Fettnieren entwickelt.

Exkretionsgewebe: ↑ Ausscheidungsgewebe.

Exkretionsorgane (Ausscheidungsorgane): Einrichtungen, die flüssige Stoffwechselendprodukte ausscheiden, die für den Organismus nicht mehr verwertbar oder sogar schädlich sind (↑ Exkretion). Fast alle Tiere (ausgenommen Schwämme, Hohltiere und Stachelhäuter) und auch der Mensch besitzen Exkretionsorgane. Bei den wirbellosen Tieren sind dies die ↑ Nephridien, bei den Insekten die ↑ Malpighi-Gefäße, bei den Wirbeltieren und beim Menschen die ↑ Nieren. Den Exkretionsorganen der Mehrzeller entsprechen bei den Einzellern z.B. die ↑ pulsierenden Vakuolen. Bei den Pflanzen sind Exkretionsgewebe (↑ Ausscheidungsgewebe) ausgebildet.

Exocoetidae: die ↑ Fliegenden Fische.

Exocytose: die Sekretion makromolekularer Stoffe durch die Verschmelzung von Vesikeln mit dem Plasmalemma; – Gegenteil: ↑ Endocytose.

Exodermis: sekundäres Abschlussgewebe der Wurzel, das nach dem Zugrundegehen der Epidermis (↑ Rhizodermis) aus dem Rindengewebe gebildet wird. Die E. besteht aus einer oder mehreren Schichten verkorkter Zellen und einigen ↑ Durchlasszellen (↑ Endodermis).

exogen: nicht im (Körper-)Inneren entstehend oder befindlich, d.h. von außen einwirkend, z.B. e. Substanzen. – Gegensatz: ↑ endogen.

Exon: ↑Mosaikgene.

Exopeptidasen: eine Gruppe der ↑Hydrolasen.

Exoskelett: ↑Skelett.

Exosporen (Ektosporen): ↑Sporen, die nach außen abgeschnürt werden. Sie werden im Gegensatz zu den ↑Endosporen nicht in Sporenbehältern gebildet. Zu den E. gehören die Basidiosporen der Ständerpilze und die ↑Konidien.

Extensoren: ↑Muskeln.

Extinktion:

◆ *Pflanzenphysiologie:* die Schwächung des Lichtes durch Absorption (sowie Streuung und Reflexion) in oder an Materie. Untersucht man die E. von Licht verschiedener Wellenlängen durch ↑Chlorophyll, so zeigt sich, dass diese bei bestimmten Wellenlängen besonders hoch ist (Maximum). Der Wechsel aus den Maxima und Minima der E. ergibt das für jeden Chlorophyll-Typ charakteristische Absorptionsspektrum.

◆ *Verhaltensforschung:* das Auslöschen einer durch Lernen entstandenen bedingten Verknüpfung, z.B. einer bedingten Appetenz.

extraintestinale Verdauung: ↑Verdauung.

extrapyramidales System: die im Rückenmark neben den ↑Pyramidenbahnen liegenden, absteigenden Bahnen, die aus dem Hirnstamm kommen und wie die Pyramidenbahnen zu den motorischen Vorderhornzellen führen. Sie leiten die unwillkürlichen Bewegungsimpulse für die Körperstellung und -haltung, Impulse für reflektorische und automatisierte Bewegungsabläufe, für Ausdrucksbewegungen und für die Regulation der Stärke der Muskelgrundspannung (↑auch Muskeltonus).

Extremitäten: die ↑Gliedmaßen.

Extremitätengürtel: ↑Gliedmaßen.

Extrinsic Factor [eks'trinsik 'faekta]: das auch als äußerer Faktor bezeichnete Vitamin B_{12}, das mit der Nahrung zugeführt werden muss. Vitamin B_{12} ist für die normale Entwicklung der roten Blutkörperchen notwendig. Dabei ist die Wechselbeziehung zwischen dem Vitamin und einem körpereigenen **Intrinsic Factor** von Bedeutung. Er wurde im Magensekret gefunden und verbindet sich mit dem E. f. zu einem Vitamin-Protein-Komplex, wodurch Letzterer resorbiert werden kann. Fehlt einer der Faktoren, so kommt es zur **perniziösen Anämie.** Diese tritt auch dann auf, wenn Vitamin B_{12} in verschiedenem Maße in der Nahrung vorhanden ist, aber die Fähigkeit, den Intrinsic Factor zu bilden, verloren gegangen ist.

Exuvialdrüsen: die ↑Häutungsdrüsen.

Exzisionsreparatur: ↑DNA-Reparatur.

F

F, Abk. für **F**ilialgeneration: die ↑Tochtergeneration, ↑Mendel-Regeln.

Fabaceae: die ↑Schmetterlingsblütler.

Fächel: ↑Blütenstände.

Facettenaugen (Komplexaugen): bei Krebsen und Insekten vorkommende Sehorgane. F. bestehen aus zahlreichen keilförmigen Einzelaugen, den **Ommatidien,** von denen 700 (Laufkäfer) bis 10 000 (Libellen) zu einem Facettenauge zusammengefasst sind. Jedes Ommatidium besitzt außen eine Cornealinse, die von der Cuticula gebildet wird. Darunter liegt der **Kristallkegel,** der von vier Zellen abgeschieden wird. Er wirkt lichtsammelnd. Unter der Linse befinden sich 8–9 lang gestreckte Sehzellen. Sie sind strahlenförmig um die optische Achse angeordnet. Ihre Achse zugewandte Seite trägt einen feinen, lichtempfindlichen Stäbchensaum. Die einzelnen Stäbchensäume bilden zusammen das **Rhabdomer.**

Die Lichtstrahlen werden von Linse und Kegel auf das Rhabdomer gelenkt. Beim **Appositionsauge** sind die einzelnen Ommatidien durch Pigmentzellen optisch voneinander getrennt. Ihre Sehfelder überdecken sich nur wenig. Wahrscheinlich werden auch alle Sehzellen eines Ommatidiums gleich stark vom auftreffenden Lichtstrahl gereizt. Allerdings scheinen die Sehzellen unterschiedliche spektrale Empfindlichkeit zu besitzen (bei Schmeißfliegen wurden Grün- und Blaurezeptoren nachgewiesen) und auch auf die Schwingungsrichtungen polarisierten Lichts anzusprechen.

Die Einzelaugen rastern das Bild sehr stark. Je mehr ein Facettenauge davon besitzt, umso größer wird das Auflösungsvermögen und desto schärfer wird das Bild. Appositionsaugen sind verhältnismäßig lichtschwach.

Im **Superpositionsauge** liegen die Sehzellen etwas tiefer und sind bei Dunkelanpassung nicht durch Pigmente vom nächsten Einzelauge getrennt. So können Lichtstrahlen, die von einem Punkt ausgehen, von mehreren Kristallkegeln auf einen Punkt gelenkt werden. Dadurch erhöht sich die Lichtempfindlichkeit sehr stark. Bei Hellanpassung wandert Pigment in die Ommatidiengrenzen. Dann wird das Superpositionsauge zum Appositionsauge. Höhere Krebse und Insekten, die in der Dämmerung aktiv sind, besitzen Superpositionsaugen.

Während der Mensch nur ca. 16 Lichtreize pro Sekunde auflösen kann, liegt diese Grenze bei schnell fliegenden Insekten bei 200–300 Reizen pro Sekunde. Das menschliche Auge kann zwei Punkte getrennt voneinander wahrnehmen, wenn sie mit dem Auge einen Winkel von 50° einschließen, bei der Taufliege (Drosophila) mit 700 Ommatidien beträgt dieser Winkel 9,17°.

Facettenaugen

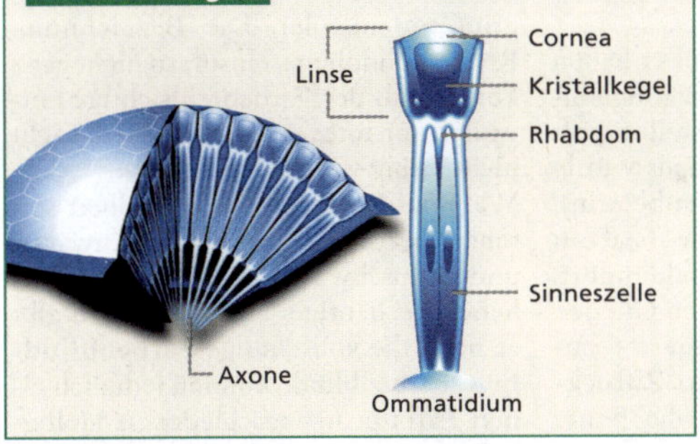

Fächerlungen: die ↑Tracheenlungen.

FAD, Abk. für: **F**lavin**a**denin**d**inucleotid: zu der von O. Warburg und W. Christian 1932 entdeckten Gruppe der gelben Enzyme gehörende Substanzen. Es sind gelbe, fluoreszierende Stoffe, die bei Wasserstoffaufnahme in farblose Verbindungen übergehen. FAD ist als Coenzym in den meisten Flavoproteinen enthalten und wirkt als Wasserstoffüberträger. Seine Hydrierung und Dehydrierung lassen sich aufgrund der Änderung der Lichtabsorption im Fotometer verfolgen. Im Gegensatz zu anderen Coenzymen ist FAD während der Wasserstoffübertragung fest mit seinem Enzym verbunden, weswegen es auch als prosthetische Gruppe betrachtet wird.

FAD dehydriert im ↑Citronensäurezyklus als Coenzym die Bernsteinsäure zur Fumarsäure. Eine wichtige Rolle spielt es auch bei der Wasserstoffübertragung in der ↑Atmungskette.

Fadenkiemen: bei einigen Muscheln vorkommende fadenförmige ↑Kiemen, die in die Mantelhöhle herabhängen. Ihre Kiemenfäden sind manchmal haarnadelförmig gebogen. – ↑auch Blattkiemen.

Fadenwürmer (Nematoda): Diese fadenartig dünnen, weniger als 1 cm langen ↑Rundwürmer sind weltweit verbreitet. Ihr Körper ist als ↑Hautmuskelschlauch ausgebildet. F. leben

F

frei im Boden oder Wasser oder als Parasiten in Pflanze, Tier oder Mensch. Parasiten sind z.B. ↑Hakenwürmer, ↑Madenwürmer, ↑Spulwürmer und ↑Trichine.

Fahne:

◆ Teil der ↑Federn.

◆ Teil der Blüte der ↑Schmetterlingsblütler.

Fallgrubenfänger: ↑Fleisch fressende Pflanzen.

Falter: die ↑Schmetterlinge.

Familie: eine Kategorie der ↑Systematik.

Fangarme (Tentakel): meist in der Umgebung der Mundöffnung befindliche Körperanhänge bei niederen Tieren. Viele Wirbellose haben F. zum Beuteerwerb entwickelt. Hohltiere besitzen F., die mit ↑Nesselkapseln bewehrt sind. Bei zehnarmigen Kopffüßern sind zwei Arme zu Fangarmen verlängert, bei achtarmigen dienen alle Arme als Fangarme. Sie sind mit Saugnäpfen ausgerüstet und haben eine kräftige Muskulatur. Die F. der zehnarmigen Riesentintenfische können bis 12 m lang werden.

Fangbeine: Einige Gliederfüßer haben ein Beinpaar zu Fangbeinen umgebildet. Diese werden in Lauerstellung oft so gehalten, dass es aussieht, als würde das Tier beten (z.B. Gottesanbeterin). Zum Beutefang werden die F. dann blitzschnell nach vorn geschleudert. Dabei öffnen sich die vorderen Glieder, die sonst wie ein Taschenmesser zusammengeklappt sind. Beim Zurückziehen halten spitze Zähne die Beute zwischen den Fangbeingliedern fest.

F. kommen vor bei Fangschreckenkrebsen (Ordnung Stomatopoda), Fangschrecken (Ordnung Mantodea; z.B. Gottesanbeterin), Fanghaften (Familie Mantispidae; gehört zu den Netzflüglern) und manchen Raubwanzen.

Fangfäden:

◆ Viele *Spinnen* benutzen zum Fang ihrer Beute klebrige F., die sie aus den Spinndrüsen ihres Hinterleibs absondern. Die F. können in einem Netz oder frei versponnen werden. Meist führen Signalfäden zum Warteplatz der Spinne und geben ihr an, wann sich Beute in den F. verfangen hat.

◆ Die Nährpolypen von *Staatsquallen* tragen lange, dünne, sehr stark zusammenziehbare Fäden, die mit ↑Nesselkapseln bewehrt sind. Diese F. dienen zum Lähmen und Festhalten der Beute.

Fangzähne: die stark vergrößerten Eckzähne der Raubtiere; ↑Zähne.

Farbenfehlsichtigkeit (Farbensinnstörung, Dyschromatopsie): Unter F. versteht man Ausfallserscheinungen des ↑Farbensehens.

Eine Reihe von Farbensinnstörungen besteht darin, dass eine der drei Komponenten (rot, grün, blau) fehlt. Meist betrifft dies die Rot- oder Grünkomponente und man spricht dann von **Rotblindheit** bzw. **Grünblindheit.**

Da dann jeweils nur noch zwei Komponenten sehtüchtig sind, nennt man eine solche Farbensinnstörung auch Dichromasie. Rot- und Grünblinde verwechseln Rot, Orange, Gelb und Gelbgrün miteinander. Die Bezeichnung Rotgrünblindheit ist insofern nicht ganz korrekt, als der Farbenfehlsichtige entweder nur rotes oder nur grünes Licht nicht farbig wahrnehmen kann.

Während Rot- und Grünblindheit seltener vorkommen, treten Rotschwäche und Grünschwäche als leichtere F. ähnlicher Art häufiger auf. Schließlich gibt es noch die vollständige **Farbenblindheit.** Farbenblinde können lediglich einen Farbton in verschiedenen Helligkeitsabstufungen sehen. Ist die totale Farbenblindheit (Achromasie) angeboren, so handelt es sich meist um einen Funktionsausfall der Zapfen **(Zapfenblindheit).**

Solche Farbenblinde haben mittels der funktionstüchtigen Stäbchen nur eine Hell-Dunkel-Empfindung.

Farbensinnstörungen sind recht häufig und deshalb von Bedeutung im Verkehr und unter Umständen bei der Berufswahl. Männer sind wesentlich häufiger betroffen als Frauen, da zumindest bei Rot- und Grünblindheit ein an die Geschlechtschromosomen gebundener rezessiver Erbgang nachgewiesen wurde.

Farbensehen: Der Sehapparat ist befähigt, verschiedene Frequenzen der elektromagnetischen Strahlung als verschiedenfarbig zu unterscheiden. F. findet man beim Menschen, bei Wirbeltieren und auch bei vielen Wirbellosen (Krebse, Insekten). Träger dieser Eigenschaft sind die für das Tagessehen bestimmten Zapfen in der ↑Netzhaut des (Wirbeltier)auges, die sich durch ihre körnige und faserige Struktur und ihren spektralen Hellempfindlichkeitsgrad von den ebenfalls in der Netzhaut liegenden Stäbchen, die für Hell-Dunkel-Sehen verantwortlich sind, unterscheiden. Dämmerungs- und nachtaktive Wirbeltiere besitzen nur sehr wenige oder gar keine Zapfen in der Netzhaut und sind daher wenig oder überhaupt nicht farbentüchtig.

Das menschliche Auge kann innerhalb eines bestimmten Wellenlängenbereichs (380 nm bis 780 nm) der elektromagnetischen Strahlung (sichtbarer Spektralbereich) etwa 160 reine Farbtöne und 600 000 Farbnuancen unterscheiden. Bei der Honigbiene, vielen Vögeln, Fischen, Kriechtieren und Lurchen sowie bei einigen Nagetieren ist der sichtbare Spektralbereich in den Ultraviolettbereich (300 nm bis 650 nm) verschoben.

Eine Farbempfindung kommt nur zustande, wenn folgende Bedingungen erfüllt sind: Zum einen muss der Reiz eine Mindestintensität besitzen. Unterhalb dieser Schwelle gibt es nur farblose Helligkeitsempfindungen, d. h., es können unterhalb einer bestimmten Lichtintensität nur die Stäbchen gereizt werden **(Farbschwelle).** Zum andern muss der zur Farbempfindung führende Lichtreiz eine Minimalzeit andauern **(Farbenzeitschwelle),** und schließlich muss das auf die Netzhaut fallende Licht zur Reizauslösung eine bestimmte Netzhautfläche treffen **(Farbenfeldschwelle).**

Die verschiedenen *Farbempfindungen* können durch Mischung der drei Grundfarben Rot, Grün und Blauviolett hervorgerufen werden. Das lässt sich am Farbendreieck zeigen, in dessen Ecken die drei Grundfarben angeordnet sind. Jetzt lassen sich alle Mischungsverhältnisse herstellen, z. B. aus Rot und Grün die Farben Orange, Gelb, Gelbgrün. Wenn für die drei Grundfarben ein bestimmtes Mischungsverhältnis gegeben ist, wird Weiß empfunden. Weiß kann auch aus zwei Farben gegenüberliegender Seiten im Farbendreieck gemischt werden, wenn ihre Verbindungslinie durch den Weißpunkt geht; solche Farbpaare nennt man **Komplementärfarben.**

Über das Zustandekommen der Farbempfindung gibt es bis heute noch keine in allen Einzelheiten befriedigende Erklärung. THOMAS YOUNG stellte bereits 1801 die Hypothese auf, dass das Auge drei verschiedene Typen von Rezeptoren besitze, von denen jeder auf eine der drei Grundfarben Blauviolett, Grün, Rot reagiere (Trichromasie), und dass die übrigen Farbqualitäten durch additive Mischung unterschiedlicher Grundfarben erzeugt werden. Diese Hypothese wurde von H. VON HELMHOLTZ zur **Dreifarbentheorie** (Dreikomponententheorie) ausgebaut. Danach werden drei verschiedene Zapfentypen postuliert, die als unabhängige Empfängersysteme arbeiten, deren Signale jedoch gemeinsam in einem neuronalen Helligkeitssystem und einem neuronalen Farbensystem verarbeitet werden. Die **Vierfarbentheorie** (Gegenfarbentheorie) von KARL HERING postuliert zwei antagonistische physiologische Systeme, die auf vier Urfarben (Rot, Gelb, Blau, Grün) aufbauen: Ein Grün-Rot-System und ein Gelb-Blau-System. Entsprechende neuronale Me-

F

chanismen sorgen dafür, dass, wenn z.B. Gelb eine Erregung an den farbspezifischen Neuronen auslöst, Blau (als Komplementärfarbe) diese Neuronen hemmen müsste. Für die gesamte Skala zwischen Schwarz und Weiß wird ein drittes antagonistisches Schwarz-Weiß-System angenommen. Diese beiden Theorien werden mittlerweile als sich ergänzende Deutungen des Farbensehens angesehen, wobei die Dreifarbentheorie auf die Zapfen der Netzhaut und die Vierfarbentheorie auf die nachgeschalteten Neuronensysteme angewandt wird.

Farbensinnstörung: die ↑Farbenfehlsichtigkeit.

Farbstoffträger: die ↑Chromatophoren.

Farbwechsel: die Änderung der Körperfärbung bei Tieren. Bei dem langsam ablaufenden **morphologischen F.** kommt es durch Veränderung der Zahl der pigmenthaltigen Zellen (↑Chromatophoren) oder durch Einlagerung neuer, anderer ↑Pigmente (wie bei der ↑Mauser) zu einem relativ lange andauernden Farbwechsel. Dieser dient u.a. der Tarnung durch farbliche Anpassung an die wechselnde Umgebung (z.B. Winter- oder Sommerkleid).
Der **physiologische F.** hingegen beruht auf einer Wanderung schon vorhandener Pigmente in den Chromatophoren. Er erfolgt relativ schnell (innerhalb von Sekundenbruchteilen bis zu einigen Minuten) und kann sich rasch wieder umkehren. Diese Form des F. findet sich bei vielen wirbellosen Tieren und einigen wechselwarmen Wirbeltieren. Bei manchen Tieren wird ein physiologischer F. nerval (z.B. beim Tintenfisch), bei anderen hormonell (z.B. das Hochzeitskleid bei Fischen) gesteuert. Er tritt oft auf bei Erregung während der Balz, bei der Paarung oder bei Kampf und Beutefang, kann aber auch der Tarnung dienen.

Farne (Pteridopsida): eine rund 10 000 Arten umfassende Klasse der Farnpflanzen. Die F. sind erdgeschichtlich sehr alte Pflanzen, die schon im Mitteldevon (vor rund 380 Millionen Jahren) auftraten und im Karbon und Perm ihre größte Verbreitung erreichten. Der Pflanzenkörper der F. ist in Wurzel, Sprossachse und Blätter gegliedert.
Charakteristisch für die *Fortpflanzung* der F. ist der Wechsel von zwei Generationen (↑auch Generationswechsel). Beide Generationen, Gametophyt und Sporophyt, leben selbstständig. Aus einer Spore entwickelt sich der haploide ↑Gametophyt (=Prothallium oder Vorkeim); auf ihm bilden sich die männlichen (Antheridien) und weiblichen (Archegonien) Geschlechtsorgane. Die Befruchtung der Eizellen durch die Spermazoide ist nur in Wasser (z.B. feuchter Untergrund, Tautropfen) möglich. Aus der befruchteten Eizelle entsteht der ungeschlechtliche diploide ↑Sporophyt, die eigentliche Farnpflanze. Der Sporophyt hat echte Wurzeln, einen echten Stamm und meist gefiederte Blätter (Wedel), die auf der Unterseite Sporangien (Sporenkapseln) mit Sporen tragen. Aus den Sporangien lösen sich die Sporen, die wieder zu Gametophyten auswachsen.
Nach dem Bau der Sporangien unterscheidet man **Eusporangiate Farne** mit mehrschichtigen Sporangienwänden (wie Natternzunge, Mondraute) und **Leptosporangiate Farne** mit einschichtigen Sporangienwänden (wie Wurm-, Adler- und Tüpfelfarn) sowie die **Wasserfarne** (u.a. Schwimmfarn).

Farnpflanzen (Pteridophyta): Die F. bilden eine Abteilung des Pflanzenreichs, die die ↑Farne, die ↑Schachtelhalme und die ↑Bärlappgewächse umfasst.

Faulgas: das ↑Biogas.

Fäulnis: Zersetzen Bakterien oder Pilze stickstoffhaltige Verbindungen, insbesondere Eiweiße bei ungenügendem Sauerstoffzutritt nicht vollständig, spricht man von F. Als Endprodukte entstehen u.a. Ammoniak, Schwefelwasserstoff und Methan, das bei dem Abbau von Klärschlamm aus der ↑Abwasserreinigung in Behältern aufgefangen und als Energiequelle genutzt werden kann. – ↑ auch Gärung.

Faulschlamm (Sapropel): eine tiefschwarz gefärbte, sehr unangenehm riechende Bodenschicht in besonders nährstoffreichen Gewässern. Bakterien bauen die organischen Stoffe des Faulschlamms anaerob v.a. zu Schwefelwasserstoff (Dihydrogensulfid, H_2S) sowie zu Methan (↑Biogas) ab. F. lässt kaum Bodenfauna zu, da praktisch kein Sauerstoff vorhanden ist und H_2S als sehr starkes Gift wirkt.

In den Kläranlagen entsteht bei der ↑Abwasserreinigung ebenfalls Faulschlamm. – Das heutige Erdöl ist vermutlich aus Faulschlammbildungen im Laufe der Jahrmillionen hervorgegangen.

Fauna: Als F. wird die Tierwelt eines (geographisch) begrenzten Gebiets bezeichnet.

Federn: eine spezielle Bildung der Außenhaut der Vögel und deren typisches Kennzeichen. F. bestehen aus Horn, sind fest, elastisch, leicht und wasserabstoßend. Entwicklungsgeschichtlich lassen sie sich von der Reptilienschuppe ableiten.

Zur Bildung der F. wölbt sich die Oberhaut vor, senkt sich dann taschenförmig ein und bildet den **Federbalg.** An dessen Grund formen Gefäße, Nerven und Bindegewebe den **Federkeim** (Papille), der die entstehende Feder zunächst ernährt, nach ihrer Ausbildung jedoch abstirbt und dann die sog. »Seele« des Federkiels bildet. Im Federbalg entsteht die Feder. Darin steckt sie mit dem unteren Teil des Federkiels, der **Spule.** Der aus der Haut herausragende Teil der F., der **Federschaft,** trägt die **Fahne.** Ihre Äste sitzen am Kiel und verzweigen sich nach unten in die Bogenstrahlen, nach oben hin in die Hakenstrahlen, die sich in die Bogenstrahlen verhaken. – ↑ auch Gefieder.

Federwechsel: die ↑Mauser.

Fehlgeburt (Abort): die Ausstoßung der Leibesfrucht innerhalb der ersten 28 Schwangerschaftswochen, bevor der ↑Fetus 35 cm lang ist.

Als frühe F. bezeichnet man die Ausstoßung der Frucht bis zum Ende der 16. Schwangerschaftswoche, also bis zum Abschluss der Organentwicklung. In dieser Phase sind F. relativ häufig, weil auf diese Weise Schwangerschaften mit schwer missgebildeten Embryonen und ungünstiger Einnistung in die Gebärmutter frühzeitig beendet werden. Eine frühe F. beginnt meist mit Blutungen, später kommen wehenartige Schmerzen hinzu.

Als späte F. bezeichnet man die Ausstoßung des Feten in der 17. bis 28. Schwangerschaftswoche. In dieser Zeit der Schwangerschaft sind F. eher selten. Sie können durch ungenügenden Verschluss des Muttermundes oder Infektionen des Feten verursacht werden. Die späte F. beginnt meist mit Wehen.

Fell: die behaarte Oberhaut von Säugetieren.

Fermẹnte: die ↑Enzyme.

Ferredoxi̱n: ein eisenhaltiges Protein, das pro Molekül Protein zwei Eisenatome enthält, die als Fe^{2+} oder Fe^{3+} vorliegen können. F. spielt bei den Primärvorgängen der ↑Fotosynthese als ↑Redoxsystem eine wichtige Rolle.

Fertilitä̱t: die ↑Fruchtbarkeit.

Festigungsgewebe: pflanzliches Dauergewebe, das dem Pflanzenkörper Festigkeit verleiht. Die dünnen Zellwände und der ↑Turgor können größere Pflanzen nicht aufrecht halten. Besonders bei Wassermangel würden die welkenden Pflanzen schnell zusammenfallen. Daher besitzen sie Gewebe mit Zellen, die besonders dicke Zellwände haben. Man unterscheidet zwei Typen: Im **Kollenchym** sind die Wände der Zellen nur teilweise (z.B. in den Ecken) verstärkt; durch die übrigen, dünneren Wandteile ist Stoffaustausch mit der Umgebung möglich. Die Zellen leben und wachsen

F

noch. Kollenchym kommt als F. in jungen, krautigen Pflanzen vor.
In älteren Pflanzenorganen überwiegt hingegen das **Sklerenchym**. Durch die ringsum stark verdickten Wände ausgewachsener, abgestorbener Zellen ist der Stofftransport unterbunden, und das Zellinnere ist auf einen kleinen Rest zusammengeschrumpft. Wird das Gewebe durch Druck beansprucht, findet man rundliche Steinzellen (z.B. in Samenschalen); soll es Zugkräften standhalten, sind es lang gestreckte Fasern (wie bei Hanf oder Lein). Deren Zugfestigkeit ist mit der von Stahl vergleichbar, ihre Elastizität ist aber vielfach größer.

Fette: die Ester des dreiwertigen Alkohols Glycerin mit ↑ Fettsäuren. Die meisten Fette enthalten zwei oder drei verschiedene Fettsäurereste.
Die in natürlichen Fetten vorkommenden Fettsäuren sind unverzweigt und enthalten nur gerade Zahlen von Kohlenstoffatomen, weil bei ihrem Auf- und Abbau stets C_2-Einheiten auftreten (↑ Betaoxidation).
In den *tierischen F.* überwiegen Palmitin- Stearin- und Ölsäure, in *pflanzlichen F.* sind zudem noch mehrfach ungesättigte Fettsäuren enthalten, die der tierische Organismus nicht herstellen kann, z.B. Linolsäure und Linolensäure.
Ein großer Anteil ungesättigter Fettsäuren erniedrigt den Schmelzpunkt eines Fettes. F., die bei Zimmertemperatur flüssig sind, bezeichnet man als **fette Öle.** Die Dichte der F. und fetten Öle liegt zwischen 0,9 und 0,97 g/cm³. Sie lösen sich nicht in Wasser, wohl aber in organischen Lösungsmitteln. Beim Kochen mit Laugen kommt es zur Verseifung, d.h., es bilden sich die Alkalisalze (Seifen) der Fettsäuren.
In reinem Zustand sind F. geruch- und geschmacklos, unter ungünstigen Bedingungen können sie jedoch ranzig werden, wobei dieser Prozess durch Autoxidation, durch im Fett enthaltene Lipasen oder durch Mikroorganismen in Gang gesetzt werden kann. Beim Ranzigwerden des Fettes entstehen immer unangenehm riechende Verbindungen. – Der charakteristische Geruch und Geschmack unserer Speisefette ist hingegen auf natürliche Aromastoffe zurückzuführen.
Zur *Gewinnung* der tierischen F. kann man das Fett nach dem Trockenschmelzverfahren durch bloßes Erhitzen oder nach dem Nassschmelzverfahren unter Zuhilfenahme von Wasserdampf aus dem Fettgewebe ausschmelzen. – Die pflanzlichen Fette werden durch Kaltpressen, Heißpressen oder Extraktion gewonnen. Die ernährungsphysiologisch hochwertigsten Öle liefert die Kaltpressung, während die Heißpressung (70° bis 90°C) entsprechend niedere Qualitäten liefert. Die Extraktion erfolgt meist mit Hexan oder Trichlorethen (organische Lösungsmittel), wobei das Lösungsmittel nach der Extraktion durch Destillation entfernt wird.
F. sind in allen pflanzlichen und tierischen Zellen enthalten. Wegen ihrer Unlöslichkeit in Wasser und ihres hohen ↑ Brennwertes (9,3 kcal/g ≈ 38,7 kJ/g) sind sie ein ideales Nähr- und Reservematerial. In Pflanzen finden sich F. daher v.a. in Samen, im Tierkörper vorzugsweise im Fettgewebe. Als Träger der fettlöslichen ↑ Vitamine haben die F. für den Organismus große Bedeutung.

Fettgewebe: zur Fettspeicherung umgewandeltes Bindegewebe, das aus zahlreichen **Fettzellen** besteht, in denen das Fett in Einschlüssen gespeichert ist: bei weißem F. in einer großen Fettvakuole, die schließlich fast die gesamte Zelle ausfüllt, bei braunem F. in vielen kleinen Fetteinschlüssen. Das **weiße F.** hat die Aufgabe, Fettreserven zu speichern und als Unterhautfettgewebe (↑ Haut) den Körper vor Wärmeverlusten zu schützen. F. umhüllt auch Organe (z.B. Nieren), um sie zu schützen und zu stützen. In Gelenken, am

Gesäß und an den Füßen bildet F. druckelastische Polster. Dieses sog. Baufett bleibt selbst bei starker Abmagerung erhalten. – Die Verteilung des Unterhaut-F. ist alters- und geschlechtsabhängig. Bei Kindern ist Fett gleichmäßig im Unterhautbindegewebe verteilt. Bei Frauen überwiegt F. an Hüften, Oberschenkeln und Brüsten und bei Männern an Bauch und Nacken. Die Zahl der Fettzellen wird schon in der Kindheit festgelegt und ändert sich auch bei starkem Fettansatz nicht; dann ist lediglich die Menge des eingelagerten Fettes erhöht.

Braunes F. spielt eine wichtige Rolle bei der Wärmeproduktion der Säugetiere. Die Fettzellen des braunen F. enthalten viele Mitochondrien und weisen dementsprechend einen intensiven, Energie bereitstellenden Stoffwechsel auf. Die Braunfärbung wird durch die in den Mitochondrien enthaltenen eisenhaltigen Cytochrome verursacht. Zudem ist es gut durchblutet und wird durch Fasern des Sympathikus (↑ vegetatives Nervensystem) innerviert. Braunes F. kommt v.a. bei Winterschlaf haltenden und jungen Säugern (auch beim menschlichen Säugling) vor.

Fettsäuren: Monocarbonsäuren, die in der Natur, v.a. an Glycerin gebunden, in Form tierischer und pflanzlicher ↑ Fette vorkommen. Man unterscheidet gesättigte F. und ungesättigte F., d.h. solche mit einer, zwei oder mehr Kohlenstoffdoppelbindungen.

Die niederen **gesättigten F.,** wie Buttersäure und Valeriansäure, kommen meist als Ester vor und bilden Aromastoffe in vielen Früchten. Die höheren gesättigten und ungesättigten F. liefern als Ester des Glycerins die Fette und fetten Öle sowie als Ester einwertiger höherer Alkohole die Wachse (Bienenwachs, Walrat). Unter den gesättigten F. kommen die Stearinsäure ($C_{17}H_{35}COOH$) und die Palmitinsäure ($C_{15}H_{31}COOH$), unter den **ungesättigten F.** die Ölsäure ($C_{17}H_{33}COOH$), die Linolsäure ($C_{17}H_{31}COOH$) und die Linolensäure ($C_{17}H_{29}COOH$) am häufigsten vor. Die mehrfach ungesättigten F. riechen unangenehm und neigen in Gegenwart von Sauerstoff zur Autoxidation. Sie lassen sich katalytisch hydrieren , d.h., an die Doppelbindungen wird Wasserstoff angelagert **(Fetthärtung),** wobei die flüssigen Öle verfestigt und geruchlos werden (dieses Verfahren wird z.B. bei der Margarineherstellung angewandt). Einige mehrfach ungesättigte F. haben für den tierischen Organismus eine besondere Bedeutung und werden deshalb auch als **essenzielle F.** (für den Organismus unentbehrliche F.) bezeichnet. Es sind dies Linolsäure, Linolensäure und Arachidonsäure. Sie müssen ähnlich den Vitaminen regelmäßig in geringen Mengen aufgenommen werden, um Mangelkrankheiten zu vermeiden. Besonders reichlich finden sich essenzielle F. in Sonnenblumenöl, Rapsöl, Maisöl, dagegen sehr wenig in tierischen Fetten.

Fettzellen: ↑ Fettgewebe.

Fetus (Fötus): Vom Beginn des 4. Schwangerschaftsmonats an nennt man den menschlichen Embryo Fetus (↑ Leibesfrucht).

Feuchtgebiete: unter Natur- oder Landschaftsschutz stehende Landschaftsteile, deren pflanzliche und tierische Lebensgemeinschaften an das Vorhandensein von Wasser gebunden sind; z.B. natürliche Gewässer, Moore, Feuchtwiesen, Küsten, Wattflächen. Großflächige F. in Deutschland sind u.a. Ostfriesisches Wattenmeer, Dümmer, Steinhuder Meer, Ammersee, Donauauen und Donaumoos.

Feuchtpflanzen: die ↑ Hygrophyten.

Fibrin: ein Eiweißkörper im Blut, der bei der ↑ Blutgerinnung aus ↑ Fibrinogen entsteht und an der Bildung des ↑ Blutkuchens beteiligt ist.

Fibrinogen: ein im Blut gelöster Eiweißkörper (Globulin), der bei der ↑ Blutgerinnung durch Thrombin in das

F

ein feinfädiges Netz bildende ↑Fibrin umgewandelt wird.

Fichte: ↑Nadelbäume.

Fieber: eine Erhöhung der Körpertemperatur über 38°C; ein Anstieg der Körpertemperatur bis 38°C wird als erhöhte Temperatur bezeichnet. Im Gegensatz zur Wärmestauung ist für F. eine Erhöhung des Sollwertes des Temperaturzentrums im ↑Hypothalamus kennzeichnend. Die Empfindlichkeit des Reglers gegen Wärme ist herabgesetzt, und es kommt durch verminderte Wärmeabgabe (Hautblässe, »Gänsehaut«) und vermehrte Wärmebildung (Kältezittern, »Schüttelfrost«) zur Aufheizung über die normale Körpertemperatur von 37°C hinaus, während man das Gefühl hat zu frieren. Ist der neue Sollwert (z.B. 40°C) erreicht, wird die Temperatur (im Unterschied zu den Verhältnissen bei Wärmestauung) konstant gehalten. Fällt die Ursache für das Fieber weg, werden die Regelzentren wieder auf eine niedrige Temperatur eingestellt. Da der Körper sich aber nur allmählich abkühlt, kommt es einige Zeit lang zum Hitzegefühl.

Auslösende Faktoren für F. sind meist Fieber erzeugende Stoffe, die bei Infektionskrankheiten (Krankheitserreger, Bakterientoxine) oder Immunreaktionen gebildet werden. Mitunter wird F. auch durch körpereigene Abbauprodukte aus absterbendem Gewebe (z.B. nach Erfrierungen, Verbrennungen oder Sonnenbrand) verursacht. Selten sind Schädigungen oder Reizungen des Hypothalamus die Ursache.

F. ist eine natürliche Abwehrreaktion des Körpers, die nur Schäden verursacht, wenn das F. zu hoch steigt oder zu lange anhält. In diesen Fällen wird es mit kühlenden Umschlägen oder Fieber senkenden Medikamenten behandelt.

Filament: Teil des ↑Staubblatts.

Filialgeneration: die ↑Tochtergeneration.

Filtrierer: die ↑Mikrophagen.

Fingerabdruck: ↑Hautleistenmuster.

Finne: die Larve der ↑Bandwürmer.

Fische (Pisces): F. sind Wasser bewohnende, durch Kiemen atmende, wechselwarme Wirbeltiere. Ihr meist lang gestreckter Körper trägt ↑Flossen und ist unter einer schleimdrüsenreichen Oberhaut mit Schuppen oder Knochenplatten bedeckt. Das Skelett der F. ist knorpelig (↑Knorpelfische) oder knöchern (↑Knochenfische). Die meisten F. legen Eier, einige sind lebend gebärend.

Fischechsen: die ↑Ichthyosaurier.

Fitness: Als F. eines Organismus wird seine besonders gute Anpassungsfähigkeit an die Umwelt angesehen; kennzeichnend ist eine hohe Vermehrungsrate. Der Begriff wird hauptsächlich in der Haustierzucht verwendet und geht zurück auf das aus der Evolutionstheorie Darwins stammende »Survival of the fittest«, was mit »Überleben des Bestangepassten« übersetzt werden kann.

Flagellaten (Geißelträger): Sammelbezeichnung für kleine, einzellige, sehr unterschiedlich gebaute Lebewesen, die sich mit einer oder mehreren ↑Geißeln fortbewegen. F. sind teils kugelig, teils spindelförmig oder ellipsoid geformt, viele besitzen einen (oft bedornten) Cellulosepanzer. Zahlreiche Arten verharren zeitweise in einem geißellosen Ruhezustand. Manche leben einzeln, andere bilden ganze Zellverbände.

Die F. pflanzen sich überwiegend ungeschlechtlich durch Längsteilung fort. Ein Teil der F. besitzt ↑Plastiden, durch die sie zur Assimilation befähigt sind. Diese zu den **Geißelalgen** zählenden F., wie z.B. ↑Euglena oder die ↑Dinoflagellaten sind grün, gelb, braun oder rot gefärbt. Die restlichen F. sind farblos und auf organische Nahrung angewiesen. Man nennt sie **Geißeltierchen** (z.B. ↑Trypanosoma, ↑Trichomonas). Die F. besiedeln Gewässer, feuchte Orte und sogar Schnee. Einige befallen als

Parasiten Mensch oder Tier und rufen gefährliche Erkrankungen hervor, so z.B. die Arten von Trypanosoma.

Flagellen: die ↑Geißeln.

Flaumfedern: die Dunen (↑Gefieder).

Flavinadenindinucleotid: das ↑FAD.

Flavine: eine Gruppe natürlicher, stickstoffhaltiger Farbstoffe, die in der Tierwelt weit verbreitet sind und meist nur in geringen Mengen vorkommen, so z.B. ↑Riboflavin. – ↑auch Flavoproteine.

Flavinenzyme: die ↑Flavoproteine.

Flavinmononucleotid: ↑Flavoproteine.

Flavone: eine Gruppe von gelben Blütenfarbstoffen, die sich zu ↑Anthocyanen reduzieren lassen. Der Grundkörper der F., das **Flavon,** ist farblos; es bildet nadelartige Kristalle und ist in Wasser fast unlöslich. Flavon kommt als mehlartiger Belag auf Blättern und Blütenstielen von Primeln vor und soll für die Hautreizungen, die von Primeln verursacht werden, verantwortlich sein.

Flagellaten

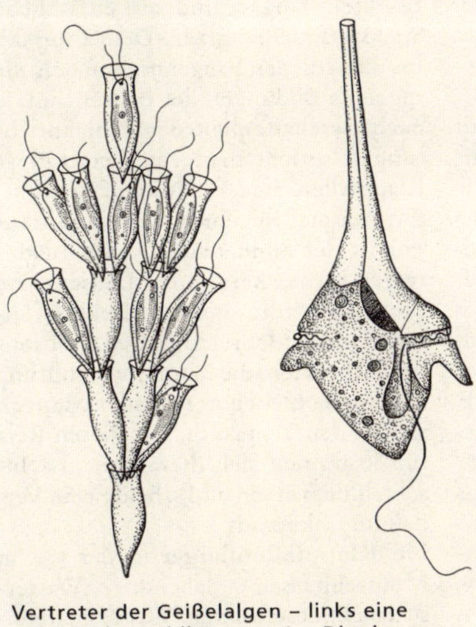

Vertreter der Geißelalgen – links eine Kolonie der goldbraunen Art Dinobryon sertularia, rechts der Dinoflagellat Ceratium hirundinella

Flavoproteine (Flavoproteide, Flavinenzyme): zur Gruppe der Oxidoreduktasen (↑Enzyme) gehörende Chromoproteine, d.h. Substanzen, die nicht proteinhaltige Gruppen mit Farbstoffcharakter enthalten. Einige dieser F. enthalten Metalle (z.B. Eisen-, Kupfer- oder Manganatome), deren Bedeutung für den Enzymmechanismus noch nicht völlig geklärt ist. Die häufigsten Coenzyme der F. sind **Flavinmononucleotid** (Abk.: FMN) und **Flavinadenindinucleotid** (Abk.: ↑FAD).

Die F. dienen in den Stoffwechselvorgängen der Zelle als Wasserstoffüberträger. In der ↑Atmungskette stehen sie zwischen den Pyridinnucleotidenzymen und den Cytochromen. Sie vermögen aber auch direkt mit den Substraten ohne Vermittlung der Pyridinenzyme zu reagieren. Als an der biologischen Oxidation beteiligte Enzyme kommen sie in den Zellen aller Organismen vor.

Man teilt die F. nach ihrer biologischen Hauptreaktion in verschiedene Gruppen ein: 1. **Oxidasen,** die mit Sauerstoff als Elektronenakzeptor reagieren; 2. **Reduktasen,** zu denen die F. der Atmungskette zählen, die Cytochrome als Elektronenakzeptor bevorzugen; 3. **Dehydrogenasen** (↑Dehydrasen) wie die Bernsteinsäuredehydrogenase, die im ↑Citronensäurezyklus Bernsteinsäure unter Wasserstoffentzug in Fumarsäure überführt.

Flechten (Lichenes): Die F. bilden mit rund 20 000 Arten eine Abteilung der Lagerpflanzen. Sie stellen einen aus Grünalgen oder Cyanobakterien (Blaualgen) und Schlauchpilzen (seltener auch Ständerpilzen) bestehenden Verband (↑Symbiose) dar, der eine physiologische und morphologische Einheit bildet. Die Alge versorgt den Pilz mit organischen Nährstoffen (Kohlenhydrate), während die Pilzfäden der Alge

als Wasser- und Mineralstoffspeicher dienen. Der Pilzpartner ist ohne Alge nicht selbstständig lebensfähig.
Die *Fortpflanzung* der F. erfolgt ungeschlechtlich durch abgeschnürte, Algen enthaltende Pilzhyphen **(Soredien)** und seltener geschlechtlich durch Ausbildung von Fruchtkörpern des Pilzes. Bei der Sporenkeimung kann sich eine neue Flechte aber nur entwickeln, wenn die Alge dazukommt.
Nach der Gestalt unterscheidet man die flach auf der Unterlage haftenden **Krustenflechten**, weiterhin die **Laubflechten** mit einem blattartigen Thallus sowie die **Strauchflechten,** die mit ihrem verzweigten Thallus den höheren Pflanzen ähneln. F. sind über die ganze Erde verbreitet. Sie wachsen oft dort, wo anderes Leben nicht mehr möglich ist. In Gebieten mit sehr wenig anderem Pflanzenwuchs (z.B. Arktis) stellen die F. eine wichtige Nahrungsquelle für die dort lebenden Tiere dar.
Da fast alle Flechtenarten schadstoffarme Luft benötigen, werden sie als ↑Bioindikatoren für die Beurteilung der Luftqualität in Ballungsräumen benutzt. Bekannte F. sind Mannaflechte, Rentierflechte und Isländisch Moos.

Fledermäuse (Microchiroptera): zur Ordnung der Fledertiere gehörende, weltweit verbreitete, kleine, fliegende Säugetiere mit auffallend großen Ohrmuscheln. Zwischen den Vordergliedmaßen mit stark verlängertem Mittelhand- und Fingerknochen und dem Leib mit Schwanz und Hintergliedmaßen sind zarte Flughäute ausgespannt, mit deren Hilfe sich die F. flatternd fortbewegen. F. sind fast ausschließlich nachtaktiv, wobei der Zeitpunkt des abendlichen Flugs artspezifisch ist. Beutetiere und Hindernisse werden auch bei völliger Dunkelheit wahrgenommen. F. stoßen fortgesetzt vom Kehlkopf erzeugte (für den Menschen unhörbare) Ultraschalllaute aus, die von Gegenständen und Beutetieren zurückgeworfen werden und dem Tier wie ein Echolot ein »gehörtes Raumbild« vermitteln. Die Ernährungsweisen der F. sind sehr vielfältig, einige Arten haben sich spezialisiert, z.B. auf kleine Wirbeltiere (↑Vampire), Fische oder Früchte, Nektar und Pollen; insgesamt jedoch überwiegen die Insektenfresser. Während des Tages und des Winterschlafes halten sich die Tiere in hohlen Bäumen, Höhlen, Felsspalten oder an ähnlichen Orten auf, wo sie angekrallt, nach unten hängend verharren.

Fledertiere (Chiroptera): besonders in den Tropen und Subtropen verbreitete Säugetierordnung. F. sind als einzige Säuger zu aktivem Flug befähigt. Die F. werden in die beiden Unterordnungen ↑Fledermäuse und **Flughunde** (Pteropidae), meist Früchte fressende Tiere mit hundeähnlichem Kopf und großen Augen, unterteilt.

Fleisch fressende Pflanzen (tierfangende Pflanzen): vorwiegend auf nährstoffarmen, insbesondere stickstoffarmen Böden wachsende Pflanzen, die Insekten fangen und als zusätzliche Stickstoffquelle nutzen. Dem Fang der Insekten dienen Fangeinrichtungen, die spezielle Bildungen der Blätter sind. Je nach Beschaffenheit der Fangeinrichtungen spricht man von Leimruten-, Klappfallen- und Fallgrubenfängern.
Ein Beispiel für einen **Leimrutenfänger** ist der Sonnentau. Dessen Blätter tragen kleine, karminrote Drüsenhaare (Tentakel), die einen Insekten anlockenden, klebrigen Schleim absondern. Insekten, die damit in Berührung kommen, kleben fest und verfangen sich in den Tentakeln. Auf diesen Reiz hin krümmen sich diese über das Insekt, hüllen es ein und scheiden ein Verdauungssekret aus.
Ein **Klappfallenfänger** ist der v.a. in Moorschlenken lebende Wasserschlauch, dessen unter Wasser befindliche Blätter etwa 2 mm große, nach innen gespannte Fangblasen besitzen. Eine mit Borsten besetzte Klappe am Ende des

Bläschens öffnet sich bei Berührung (z.B. durch ein Kleintier wie ein Krebschen) nach innen. Durch den im Bläschen herrschenden Unterdruck wird Wasser und mit diesem das Tier hineingesaugt und daraufhin die Klappe geschlossen. Die innere Blasenwand sondert Enzyme ab, und die Lösungsprodukte werden resorbiert. Ebenfalls ein Klappfallenfänger ist die Venusfliegenfalle, deren oberseits mit Verdauungsdrüsen versehene, seitlich gezähnte Blattspreitenhälften bei Berührung durch ein Insekt so plötzlich zusammenklappen, dass dieses keine Zeit zur Flucht mehr hat. Auch hier wird das Insekt erst verdaut und dann resorbiert.

Zu den **Fallgrubenfängern** zählt die in feuchten Urwäldern sich an Bäumen hochrankende Kannenpflanze. Ihre Blattspreiten sind zu tütenförmigen, meist überdachten Fangorganen ausgebildet. Auf den glatten Innenwänden rutschen die angelockten Insekten ins Innere der Kanne, wo sie in dem Verdauungssaft ertrinken und verdaut und resorbiert werden.

Fleischfresser (Carnivora): Tiere, die sich von tierischer Nahrung ernähren. Die Beute kann ganz (bei Schlangen, Echsen, Zahnwalen) oder zerrissen geschluckt werden. Unverdauliche Teile werden z.T. wieder ausgewürgt, z.B. von Schlangen oder auch von Eulen, bei denen die ausgewürgten Reste als Gewölle bezeichnet werden. Einige F. jagen ihre Beute selbst (z.B. Hyänen, Katzen), andere sind auf Aas angewiesen (Geier).

Flexoren: ↑ Muskeln.

Fliegen (Brachycera): eine weltweit verbreitete Unterordnung der ↑ Zweiflügler. F. sind meist gedrungen gebaut und haben kurze Fühler sowie saugendleckende oder saugend-stechende ↑ Mundwerkzeuge. F. leben von pflanzlichen Säften, sind räuberisch oder schmarotzen.

Bei ihrer Entwicklung durchlaufen die F. eine ↑ Metamorphose. Die Larven werden ↑ Maden genannt. Nach der Ausbildung der ↑ Puppen unterscheidet man Spaltschlüpfer (z.B. ↑ Bremsen) und Deckelschlüpfer (z.B. ↑ Taufliegen und Echte Fliegen). Der Körper der **Echten Fliege** hat viele Borsten und ist meist einfarbig grau.

Viele Fliegenarten sind für Mensch und Tier Krankheitsüberträger, z.B. die **Tsetsefliege,** die die Schlafkrankheit (↑ Trypanosoma) überträgt. Die **Stubenfliege** vermehrt sich sehr rasch (in Deutschland bis zu 8 Generationen jährlich), wobei jedes Gelege 600 bis 1 000 Eier haben kann.

Fliegende Fische (Exocoetidae): eine Familie der ↑ Knochenfische mit heringsähnlichen Arten, die überwiegend Hochseebewohner sind und in den Tropen und Subtropen vorkommen. Sie schnellen nach raschem Schwimmen durch Schlagen mit der Schwanzflosse meist in ganzen Schwärmen aus dem Wasser und gleiten bis zu etwa 50 m (selten bis 100 m) durch die Luft. Dazu befähigen sie die tragflächenartig vergrößerten Brustflossen.

Fließgleichgewicht (Steadystate): F. nennt man ein stationäres Gleichgewicht in einem offenen System, in dem dauernd Substanzen ein- und ausgeschleust werden. Das F. darf nicht mit dem dynamischen Gleichgewicht in einem geschlossenen System verwechselt werden. Beide haben gemeinsam, dass sowohl das System als Ganzes als auch seine Teilsysteme erhalten bleiben. Sie unterscheiden sich jedoch z.B. darin, dass Fließgleichgewichte nicht umkehrbar sind, da die Reaktionsprodukte das System verlassen können. Dynamische Gleichgewichte dagegen sind stets umkehrbar; denn hier laufen gleichzeitig Bildungs- und Zerfallsreaktionen ab. Ein weiterer wesentlicher Unterschied liegt in der Energiebilanz. Während ein dynamisches Gleichgewicht in einem geschlossenen System zu seiner Erhaltung keine Zufuhr von Energie (auch nicht von Materie) braucht, kann ein F.

F

Fließgleichgewicht

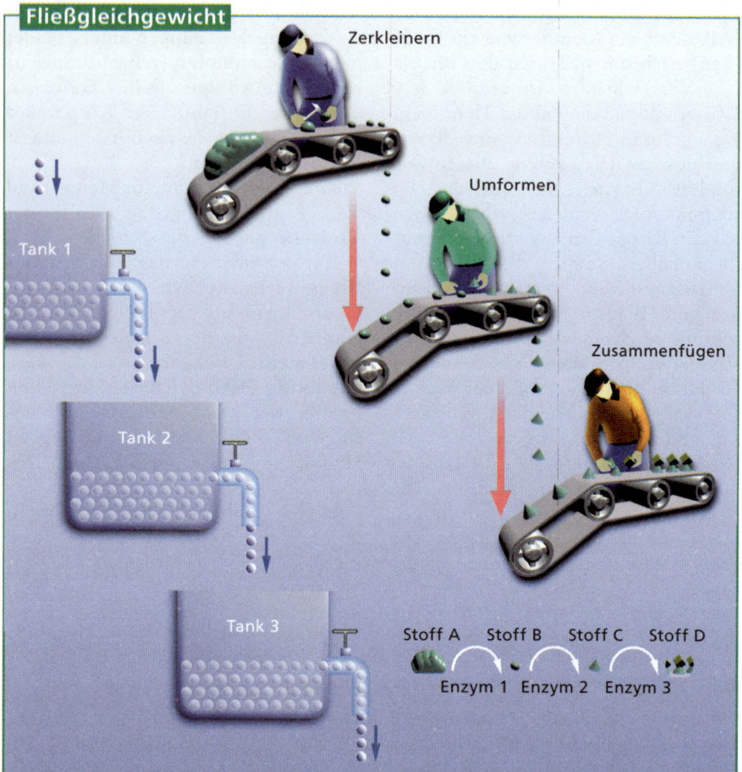

Modellhafte Darstellung der Arbeitsweise von Enzymen

seinen stationären Zustand nur erhalten, wenn Energie zugeführt wird. Daher kann aus dem Gleichgewicht in einem geschlossenen System keine Energie gewonnen werden; dauernde Arbeitsleistungen sind nur in einem offenen System möglich.

Wichtig ist es auch noch, die Rolle des Katalysators (Enzym) in beiden Gleichgewichten zu vergleichen. Während ein Katalysator in einem geschlossenen System die Gleichgewichtslage nicht verändert, sondern nur die Gleichgewichtseinstellung beeinflusst, wird ein Katalysator in einem offenen System die stationäre Konzentration der Reaktionspartner sehr wohl ändern können, da einer der Reaktionspartner weiterreagiert und somit dem F. entzogen wird (Absinken der Substratkonzentration bei Überproduktion von Enzym).

Das Vorhandensein eines F. ist eines der wesentlichen Kennzeichen lebender Organismen; z.B. werden Nahrung und Sauerstoff aufgenommen, Kohlenstoffdioxid und andere Stoffwechselprodukte ausgeschieden, wobei das System Organismus erhalten bleibt. Die ↑Atmungskette ist ein Beispiel für ein

F. auf kleinstem Raum. Die F. im Stoffwechsel der Organismen hängen eng mit dem Transport von Substanz durch Membranen (Zellmembran u.a.) zusammen. Beispielsweise kann eine Zelle eine bestimmte Größe nicht überschreiten, da bei weiterem Wachstum das Verhältnis zwischen Oberfläche und Inhalt so ungünstig würde, dass die zum Volumenwachstum notwendige Stoffversorgung (Sauerstoff, Nährstoffe) nicht mehr gewährleistet wäre. Damit wird auch verständlich, warum die innere Oberfläche von Zellen (↑endoplasmatisches Reticulum, ↑Mitochondrien) vergrößert werden musste und warum bei höher organisierten Organismen Transportmedien »erfunden« werden mussten, Beispiele dafür, wie F. und differenzierte Form einander bedingen.

Flimmerepithel: eine Form des ↑Deckgewebes.

Flöhe (Siphonaptera): Ordnung flügelloser Insekten, die als Parasiten auf Säugetieren und Vögeln Blut saugen. Viele Arten sind auf bestimmte Wirtstierarten spezialisiert. Zu den in Mitteleuropa bekanntesten Arten gehören der Menschenfloh, der Hundefloh und der Katzenfloh, die alle auch an den jeweils anderen Wirtsarten Blut saugen.

Der Körper der F. ist seitlich zusammengedrückt und braun bis gelb gefärbt. F. haben kurze Fühler, reduzierte Augen und auffallend lange Hinterbeine (Sprungbeine). Die Mundgliedmaßen sind zu Stechborsten umgebildet. Die Entwicklung der F. zu fertigen Insekten erfolgt über madenartige Larven, die sich in Gespinstkokons verpuppen. Die frei lebenden Larven ernähren sich von organischen Abfällen in den Nestern oder Lagerstätten ihrer Wirte, die des Menschenflohs etwa leben z.B. in Dielenritzen. F. sind z.T. Überträger gefährlicher Krankheiten, wie Fleckfieber.

Flohkrebse (Amphipoda): seitlich flach zusammengedrückte, v.a. in Gewässern lebende Ordnung der höheren Krebse. Die vorderen drei Beinpaare dienen zum Schwimmen, die hinteren drei zur Fortbewegung durch Springen. Die etwa 2 cm großen F. ernähren sich von abgestorbenen, sich zersetzenden pflanzlichen und tierischen Resten (Detritus). Manche Arten haben große Bedeutung als Fischnahrung, z.B. die **Bachflohkrebse.**

Flora: Als F. bezeichnet man die Gesamtheit aller in einem bestimmten Gebiet vorkommenden Pflanzen. – ↑auch Darmflora.

Florigen: ↑Blühhormon.

Flossen: meist breitflächige oder saumartige Bewegungsorgane von Wassertieren. Die F. der *Fische* sind durch hornige oder knöcherne ↑Flossenstrahlen gestützte Hautsäume, die paarig (Brust- und Bauchflossen) oder unpaarig (Rücken-, Fett-, Schwanz- und Afterflossen) angelegt werden. Sie wirken als Ruder-, Steuer- und Stabilisierungsorgane.

Wale und *Seekühe* haben eine waagrecht ausgebreitete Schwanzflosse entwickelt und auch die Vordergliedmaßen zu F. umgebildet. Ihre Hinterextremitäten sind verkümmert. *Robben* haben alle vier Extremitäten zu F. umgebildet, wobei die hinteren ganz ans Körperende gerückt und nach hinten gerichtet sind.

Flossenstrahlen: die Stützelemente der ↑Flossen von Fischen, wobei diese bei Knorpelfischen Hornstrahlen und bei Knochenfischen meist knöcherne Strahlen sind. Die F. können als Weichstrahlen gegliedert und verzweigt sein, als Hartstrahlen (Stachelstrahlen) sind sie immer ungegliedert und unverzweigt. In ihren Spitzen können Giftdrüsen enden (z.B. Rotfeuerfisch).

Fluchtdistanz: Wenn ein Feind sich einem Tier bis auf eine bestimmte Distanz nähert, ergreift es i. A. die Flucht. Besteht keine Möglichkeit zur Flucht oder wird die F. unterschritten, so erfolgt, besonders bei wehrhaften Tieren, ein Angriff. Gut getarnte oder wehrhaf-

F

te Tiere haben i.A. eine kleine Fluchtdistanz. – Die an sich artspezifische F. wird durch individuelle Erfahrungen vergrößert (z.B. bei starker Verfolgung) oder verringert (z.B. durch Gewöhnung).

Flügel:

◆ In der *Botanik* werden als F. die beiden kleinen, seitlichen Blütenblätter bei ↑Schmetterlingsblütlern bezeichnet. Auch einige Samen und Früchte, z.B. beim Ahorn, sind geflügelt.

◆ Die *Zoologie* kennt zwei verschiedene Bauprinzipien für F. Das eine ist bei *Vögeln* und bei den *Fledertieren* verwirklicht. Die vorderen Gliedmaßen sind zu F. umgebildet. Bei den Fledertieren spannt sich die lebende, mit Blutgefäßen versorgte Flughaut zwischen den langen Fingern aus und zieht sich manchmal bis zu den hinteren Extremitäten.

Der Vogelflügel dagegen besteht aus den sehr leichten, toten ↑Federn, die tragende Funktionen übernehmen.

Ganz anders entstehen die F. flugfähiger *Insekten.* Bei ihnen entwickeln sie sich als Ausstülpungen der Haut des 2. und 3. Brustsegmentes. Es handelt sich also nicht um abgewandelte Extremitäten. Bei einigen Arten werden nur 2 der ursprünglichen 4 F. direkt zum Fliegen benutzt, die anderen beiden sind zu Schwingkölbchen (Halteren) zurückgebildet oder in mehr oder weniger harte Deckflügel (Elytren) umgewandelt (z.B. bei Käfern). Die F. der Insekten werden meist in entsprechenden Gelenken indirekt durch Bewegungen der einzelnen Teile des Brustpanzers gehoben und gesenkt. – ↑auch Fortbewegung.

Flughaut (Patagium): Manche Wirbeltiere haben F. entwickelt, die sie zum Gleitflug oder zum aktiven Fliegen befähigen. Diese F. sind durch das Extremitätenskelett oder besondere Skelettbildungen gestützt. Die F. kann ausgespannt sein zwischen Fingern bzw. Zehen (z.B. Flugfrösche), zwischen Vorder- und Hinterextremitäten (z.B. Flugbeutler), zwischen Hals, Extremitäten und Schwanz (z.B. Flughörnchen und Fledertiere), zwischen Ober- und Unterarm oder Oberarm und Körper (Vögel). Bei Flugdrachen (Echsen) wird sie durch besondere Skelettbildungen gespreizt.

Flughunde: Unterordnung der ↑Fledertiere.

Fluktuation: der ↑Massenwechsel.

Fluor: F. ist ein chemisches Element aus der Gruppe der Halogene, das aufgrund seiner Reaktivität in der Natur nur in Verbindungen vorkommt. Es ist als Fluorid am Aufbau der Knochensubstanz und des Zahnschmelzes beteiligt und kann die Kariesanfälligkeit der Zähne vermindern; es führt jedoch bei zu großen Gaben zu Störungen in der Zahnentwicklung.

Follikel: In der Anatomie werden im weiteren Sinne bläschen- oder balgförmige Gebilde im Organismus als F. bezeichnet (z.B. Haarfollikel). – Im engeren Sinne versteht man unter F. gewöhnlich den Eifollikel (↑Eierstock, ↑Eireifung).

Follikelhormone: veraltete Bezeichnung für die bei der Frau v.a. in den Eifollikeln im ↑Eierstock gebildeten ↑Östrogene.

Follikelsprung (Eisprung, Ovulation): das Platzen eines Follikels im Eierstock. Der im Laufe der ↑Eireifung gebildete reife Graaf-Follikel wölbt die Rinde des Eierstocks. Durch Einfluss des ↑follikelstimulierenden Hormons und des ↑luteinisierenden Hormons erhöht sich sein Innendruck so, dass der Follikel platzt und die Eizelle ausgestoßen und vom Eileitertrichter aufgefangen wird. Der F. erfolgt in der Mitte des ↑Menstruationszyklus, also etwa am 14. Tag. Dann ist für wenige (maximal 24) Stunden eine ↑Befruchtung und damit eine Empfängnis als Beginn einer Schwangerschaft möglich, falls sich Spermien im Eileiter befinden. Findet keine Befruchtung statt, stirbt die Eizelle ab, und der nächste F. erfolgt etwa 4 Wochen später, meist im jeweils anderen Eierstock. In seltenen Fällen können auch mehrere Follikel je eine Eizelle oder ein Follikel mehrere Eizellen entlassen, sodass es zu einer Mehrlingsschwangerschaft kommen kann.

follikelstimulierendes Hormon, Abk.: FSH (Follitropin): ein ↑Geschlechtshormon, das vom Hypophysenvorderlappen ausgeschieden wird, also ein Gonadotropin. Unter seinem Einfluss werden die Eireifung in den Follikeln des Eierstocks und die Samenreifung in den Samenkanälchen angeregt, ohne dass es jedoch bei der Frau die Gelbkörper- und Östrogenbildung bzw. beim Mann die Androgenbildung direkt veranlasst.

Foramen ovale: beim Fetus die Öffnung in der Vorhofscheidewand des Herzens, die sich normalerweise nach der Geburt schließt. Auch Bezeichnung für eine Öffnung an der Schädelbasis, durch die einer der Äste des Nervus trigeminus tritt.

Foraminiferen (Kammerlinge): seit dem Kambrium bekannte Ordnung der ↑Wurzelfüßer, deren Arten kriechend am Grund oder schwebend in größerer Tiefe der Meere leben. Ihre ein- oder mehrkammerigen Gehäuse bildeten im Karbon und Perm (auch im Tertiär) mächtige Kalksteinlager. Die heutigen Ablagerungen ihrer Schalen bilden den **Foraminiferensand** mit bis zu 50 000 Gehäusen je 1 g Sand.

Formaldehyd (Methanal): die einfachste Verbindung in der homologen Reihe der Aldehyde mit der Formel HCHO.

F. ist ein stechend riechendes, giftiges Gas, das sich in Wasser löst (↑Formalin). Es neigt zu Polymerisation und Polykondensation und ist ein gutes Reduktionsmittel. In der Biologie und der Medizin wird F. zum Desinfizieren, Fixieren und Konservieren verwendet.

Formalin (Formol): F. ist eine 35- bis 40%ige wässrige Lösung von ↑Formaldehyd, die genau wie dieses desinfizierende und konservierende Wirkung hat.

Formatio reticularis: ein Gebiet zwischen verlängertem Mark und Zwischenhirn, das den ganzen Hirnstamm durchzieht. Hier liegen das ↑Atemzentrum sowie das Kreislaufzentrum, das u.a. die Häufigkeit des Herzschlags (Herzfrequenz) und seine Schlagkraft regelt. Die F. r. steuert den Aufmerksamkeitsgrad, die Bewusstseinslage sowie den Schlaf-wach-Rhythmus und beeinflusst Großhirn, Thalamus und Kleinhirn.

Formicoidea: die ↑Ameisen.

Fortbewegung (Lokomotion): Fast alle nicht festsitzenden Tiere sind zu aktivem Ortswechsel, meist durch Muskelarbeit (↑Muskeln), fähig. Aktive F. kommt auch (jedoch selten) bei Niederen Pflanzen sowie bei Keimzellen vor.

Foraminiferen

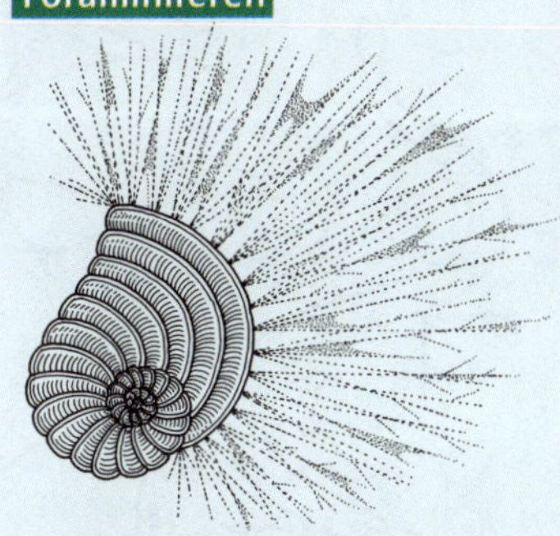

Tier mit vielkammeriger Schale, aus deren Öffnungen Pseudopodien austreten

Fortbewegung ohne Gliedmaßen: Weit verbreitet beim Schwimmen, vielfach aber auch an Land, ist das **Schlängeln** des Körpers oder eines Körperteils, so z.B. bei Aalen, Schwanzlurchen, Schlangen und manchen im Wasser lebenden Säugetieren wie Ottern, Robben und Delphinen.

F

Wechselseitige Kontraktion von Längsmuskeln erzeugt eine Verbiegung des Körpers nach den Seiten oder nach oben und unten, die wellenförmig nach hinten läuft. Die Verbiegung erzeugt eine seitwärts gerichtete und eine nach hinten gerichtete Kraft. Die nach den Seiten gerichteten Komponenten heben sich jeweils auf, die nach hinten gerichteten summieren sich.

Häufig schlängelt nur ein Teil des Körpers, wie z.B. bei den Fischen, die sich nur durch Seitwärtsschlängeln des Schwanzes mit der breiten Schwanzflosse vorantreiben (die anderen Flossen dienen nur als Steuerorgane und Stabilisatoren). Bei Rochen schlängeln die flügelartigen Seitenflossen. Die Schwinggeißeln vieler Einzeller und Spermatozoen erzeugen nach demselben Prinzip einen Vortrieb. Andere Einzeller (z.B. das Pantoffeltierchen) führen mit ihren Wimpern oder Geißeln Ruderbewegungen (Flimmerbewegungen) aus.

Bei der **peristaltischen Bewegung** des Regenwurms läuft zunächst durch Zusammenziehen der Ringmuskulatur eine Verdünnungswelle nach rückwärts über den Körper, die die Segmente streckt. Ihr folgt eine Verdickungswelle durch Kontraktion der Längsmuskeln. Die Körperabschnitte können dabei nur in Kopfrichtung zusammengezogen werden, da nach hinten gerichtete Borsten an der Bauchseite ein Rückgleiten verhindern. Ähnlich verläuft die Spannerbewegung bei Spannerraupen und Blutegeln, nur dass sich der gesamte Körper abwechselnd streckt und zusammenzieht und die Tiere sich unter Hochwölben des Körpers abwechselnd mit dem Hinter- und Vorderende anheften.

Fortbewegung

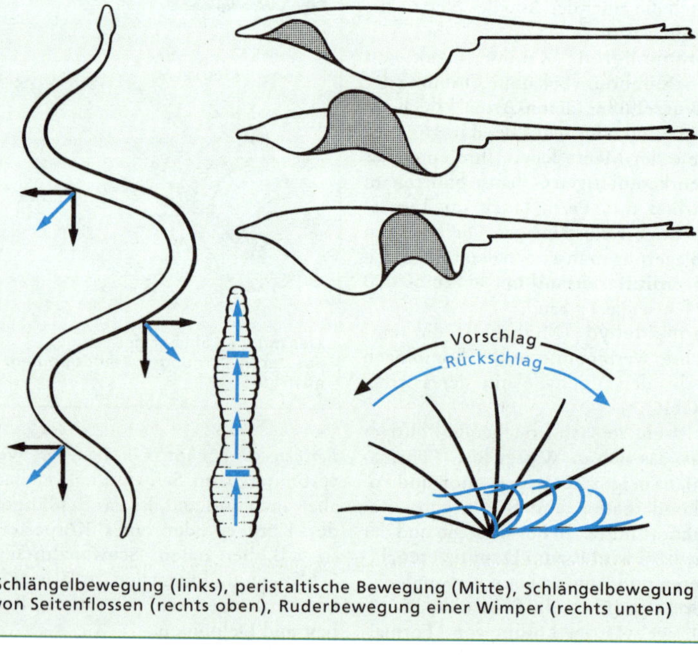

Schlängelbewegung (links), peristaltische Bewegung (Mitte), Schlängelbewegung von Seitenflossen (rechts oben), Ruderbewegung einer Wimper (rechts unten)

Das **Kriechen** der Landschnecken erfolgt durch quer liegende, von vorn nach hinten verlaufende Kontraktionswellen über die Fußunterseite. Dabei gleitet die Sohle auf einem Schleimfilm, der aus einer Fußdrüse abgesondert wird.
Bei einigen Einzellern (Amöben) fließt das Zellplasma in die gewünschte Richtung (↑Scheinfüßchen). Bei Kieselalgen wird die F. durch Schleimausscheidung bewirkt.
Fortbewegung mittels Gliedmaßen: Diese Form der F. funktioniert nach dem Hebelprinzip. Die Gliedmaßen dienen zum Schwimmen, Gehen, Laufen, Springen, Klettern und Fliegen.
Das **Schwimmen** erfolgt nach dem Ruderprinzip, d.h., im Wasser schlagen die Gliedmaßen mit großer Kraft nach hinten, wodurch der Körper gegen den Wasserwiderstand nach vorn bewegt wird. Wichtig ist, dass das »Ruder« eine breite Fläche besitzt. Bei Gliederfüßern werden die Beinabschnitte verbreitert oder mit Borstenbesätzen versehen. Auf dem Wasser bzw. im Wasser lebende Vögel und Säugetiere haben ähnlich wie die Frösche Schwimmhäute zwischen den Zehen. Beim Vorziehen der Beine werden zur Verringerung des Reibungswiderstands die zuvor gespreizten Zehen geschlossen, d.h. die Schwimmhäute zusammengefaltet. – Manche niederen Krebse (z.B. der Wasserfloh) verwenden die Antennen zum Rudern.
Gehen und Laufen sind an Land die am weitesten verbreiteten Fortbewegungsarten. Das primitivste Bewegungsmuster ist der Diagonal- oder **Kreuzgang.** Dabei werden die Beine in der Reihenfolge links vorn, rechts hinten, rechts vorn, links hinten usw. eingesetzt. Bei schnellem Lauf fallen die Schritte von Vorderbein und gegenüberliegendem Hinterbein zeitlich zusammen (z.B. Trab beim Pferd).
Daneben gibt es noch den **Passgang** (z.B. bei Kamelen), bei dem Vorder- und Hinterbein derselben Seite gleichzeitig eingesetzt werden, und den Galopp (↑Gangarten), der durch wechselnden Einsatz beider Vorder- und Hinterbeine zustande kommt. Die Bewegungskoordination wird bei Wirbeltieren teils reflektorisch, teils zentralnerval durch Zentren im Rückenmark gesteuert. Für Insekten, aber auch für Spinnen und Krebse gilt grundsätzlich, dass sowohl gegenüberliegende Beine eines Körpersegments als auch Beinpaare aufeinander folgender Segmente miteinander abwechseln.
Eine Abart des Laufens ist das **Springen** mit den Hinterbeinen. Dementsprechend sind die Oberschenkelmuskeln besonders kräftig entwickelt. Ebenfalls aus dem Laufen hat sich das **Klettern** entwickelt. Meist werden Krallen oder Lamellen und Bürstenbesätze an den Sohlen (z.B. beim Gecko) in Unebenheiten des Untergrunds verankert. Auch Klebsubstanzen und Schleim werden zum Anheften benutzt. Bei anderen Tieren sind Finger und Zehen zum Umgreifen von Ästen geeignet.
Sehr viele Tiere können fliegen. Beim *passiven Flug* wird aus dem Fallen ein **Gleiten.** Als Gleitflächen dienen ausgestreckte Körperanhänge, wie Flughäute, Flossen (Fliegende Fische) oder echte ↑Flügel.
Der *aktive Flug* wurde viermal unabhängig in der Stammesgeschichte entwickelt, und zwar bei Insekten, Reptilien (ausgestorbene Flugsaurier), Vögeln und den Säugetieren (den Fledertieren). Die Flügel sind zugleich Tragflächen und Antriebsorgane. Die Flügelkonstruktion ist immer gleich: Es ist eine versteifte Vorderkante und eine mehr oder weniger elastische Tragfläche ausgebildet (Flughäute, Federn, Chitinflächen).
Für den aktiven Tierflug gelten im Wesentlichen dieselben aerodynamischen Prinzipien wie für den Gleitflug. Beim **Ruderflug** (Schlagflug) wird beim Ab-

F

schlag der Armteil des Flügels von vorn angeblasen, der Handteil von unten. Beim Übergang zum Aufschlag ändern sich die Anstellwinkel der Hand und des Arms; derjenige der Hand wird annähernd null, der des Arms wird etwas stumpfer, sodass der Arm von unten angeströmt wird (starker Auftrieb, leichter Rücktrieb). Beim Abschlag ist somit nur der Handteil belastet, der allein den Vortrieb erzeugt. Beim Aufschlag ist er ohne Bedeutung: Viele Kleinvögel (z.B. Sperling, Bachstelze) legen ihn in dieser Phase dem Körper an: **Bogenflug** (Bolzenflug).

Beim **Rütteln,** wie es z.B. nach Beute ausschauende Turmfalken oder Blüten besuchende Kolibris zeigen, steht der Körper nahezu senkrecht. Der beim Flügelvorschlag und -rückschlag erzeugte Auftrieb lässt den Vogel in der Luft »stehen«. Auch kurz vor dem Landen wird von den meisten Vögeln durch eine kurze Rüttelphase die Horizontalgeschwindigkeit abgebremst.

Beim *Insektenflug* entstehen die tragenden und vorwärts treibenden Kräfte prinzipiell in gleicher Weise wie beim Vogelflug. Jedoch gibt es charakteristische Unterschiede zu den Vögeln: Die meisten Insekten besitzen vier Flügel, was für den Flug hinderlich ist. Daher tritt, wie die Stammesentwicklung zeigt, zunehmend eine Tendenz zur Zweiflügeligkeit auf (↑Flügel). Die Kleinheit der Insekten und ihrer Flügel verlangt eine wesentlich höhere Schlagfrequenz zur Erzeugung ausreichenden Vor- und Auftriebs (z.B. Stechmücken: 300 Schläge in der Sekunde). Die hohe Flügelschlagfrequenz kann nicht mehr durch einen Nervenimpuls für jede Muskelkontraktion ausgelöst werden, sondern gelegentliche Impulse stoßen die Schwingung immer wieder an.

Schließlich besitzen manche im Wasser lebende Tiere die Fähigkeit, sich durch Rückstoß fortzubewegen. So stoßen z.B. Tintenfische Wasser aus der Atemhöhle durch einen Trichter aus, Quallen durch Kontraktion des Schirms aus der Höhlung der Glocke.

Fortpflanzung (Reproduktion): Bei der F. werden von Elternindividuen Nachkommen erzeugt oder (wie bei der ↑Konjugation) lediglich Erbgut ausgetauscht. Durch F. wird in der Regel die Zahl der Individuen erhöht **(Vermehrung)** und die Art erhalten. Man unterscheidet ungeschlechtliche und geschlechtliche F. Zur ↑ungeschlechtlichen Fortpflanzung entwickeln sich aus Körperzellen des mütterlichen Organismus durch Zellteilungen (Mitosen) neue Individuen, die den gleichen Chromosomensatz und damit gleiche Erbanlagen wie der Mutterorganismus erhalten. Bei der ↑geschlechtlichen Fortpflanzung werden durch Verschmelzung geschlechtlich unterschiedlicher Einzelzellen (meist Ei- und Samenzelle; ↑Geschlechtszellen, ↑Befruchtung) neue Individuen gebildet.

Manchmal entstehen auch aus unbefruchteten Eizellen neue Individuen. Diesen Vorgang bezeichnet man als Parthenogenese (↑Jungfernzeugung).

Fortpflanzungsorgane: die ↑Geschlechtsorgane.

fossil: Als Versteinerung aus vergangenen Erdzeitaltern erhalten gebliebene Lebewesen oder Teile von ihnen bezeichnet man als f. Lebewesen oder als **Fossilien.** – Gegensatz: ↑rezent.

Fotolyse: ↑Fotosynthese.

Fotomorphogenese: ein lichtgesteuerter pflanzlicher Entwicklungsprozess, der bestimmte Gestaltausprägungen bewirkt. – ↑auch Morphose.

Fotoperiodismus: der Einfluss der Tageslänge auf Wachstum und Entwicklung. Viele Pflanzen sind in ihrer Entwicklung, besonders hinsichtlich der Blütenbildung, von der Länge der täglichen Hell-Dunkel-Periode abhängig. Man unterscheidet ↑Langtagpflanzen und ↑Kurztagpflanzen. Die Ausbildung der Blüten wird vermutlich von noch unbekannten ↑Blühhormonen ausgelöst, wobei die Länge ununterbrochener

F

Dunkelheit von entscheidender Bedeutung ist und nicht etwa die Länge der Helligkeit. Bei *tagneutralen Pflanzen* (z.B. Sonnenblume) hat die Tageslänge keinen Einfluss auf die Blütenbildung.

Fotophoren: die ↑Leuchtorgane.

Fotophosphorylierung: ↑Fotosynthese.

Fotoreaktion: die ↑Lichtreaktion.

Fotoreaktivierung: eine Art der ↑DNA-Reparatur.

Fotorespiration: die ↑Lichtatmung.

Fotorezeptoren: Stoffe, die Lichtquanten absorbieren und energetisch umsetzen können. Hierher gehören die F. der tierischen Lichtsinneszellen (↑Lichtsinn), die durch Licht gereizt werden sowie die Licht absorbierenden Pigmente der Pflanzen (↑Chlorophyll und ↑Carotinoide), die bei der Fotosynthese Lichtenergie aufnehmen.

Fotosynthese: Bezeichnung für eine Reihe von fundamentalen Stoffwechselreaktionen, bei denen Lichtenergie in chemische Energie umgewandelt wird, und mit deren Hilfe das in der Luft und im Wasser vorhandene CO_2 organisch in Form von Glucose gebunden wird. Diese wird zunächst in Form von Stärke in den Chloroplasten gespeichert (↑Assimilation). Bruttogleichung:

$$6CO_2 + 6H_2O \xrightarrow{\text{Licht}} C_6H_{12}O_6 + 6O_2$$

Wie aus der Gleichung ersichtlich, werden CO_2 und Wasser mit Hilfe von Lichtenergie in Kohlenhydrat überführt. Dabei laufen folgende Vorgänge ab: Bei den Lichtreaktionen werden in zwei miteinander gekoppelten Reaktionen (Lichtreaktion I = LRI und Lichtreaktion II = LRII) Energieäquivalente bereitgestellt, indem das im Pigmentsystem I (Fotosystem I oder PI, Absorptionsmaximum 700 nm) und im Pigmentsystem II (Fotosystem II, PII, Absorptionsmaximum 680 nm) lokalisierte Chlorophyll a aktiviert (angeregt) wird. Bei dieser Aktivierung werden die Elektronen des Chlorophyll-a-Moleküls auf ein höheres Elektronenniveau gehoben und erhalten dabei ein unterschiedlich hohes Redoxpotenzial. Die angeregten Elektronen werden von PI in einer **Elektronentransportkette** (Redoxsystem) unter Beteiligung von FRS (Ferredoxin-reduzierende-Substanz), Ferredoxin und Flavoprotein auf $NADP^+$ übertragen. Das $NADP^+$ wird dabei unter Aufnahme von H^+ (aus dem Wasser) reduziert. In der LRII werden die angeregten Elektronen von PII über eine weitere Elektronentransportkette auf Plastochinon (PQ) und über dieses auf Cytochrom b und f, dann auf Plastocyanin und endlich auf Chlorophyll aI übertragen. Dadurch erhält Chlorophyll a wieder sein ursprüngliches Redoxpotenzial. Chlorophyll aII ersetzt seine abgegebenen Elektronen auf bis jetzt unbekannte Weise aus der **Fotolyse**, d.h. der lichtinduzierten Spaltung des Wassers; diese vollzieht sich nach der Summengleichung:

$$2H_2O \rightarrow 2H^+ + 2e^- + H_2O + \tfrac{1}{2}O_2$$

Der Reaktionsablauf von Plastochinon zu Chlorophyll aI führt zu einem Energiegewinn. Die gewonnene Energie wird durch Synthese von ↑ATP gespeichert (azyklische oder **nicht zyklische Fotophosphorylierung;** ↑Atmungskette). Insgesamt laufen also in den Lichtreaktionen, die von der Fotolyse gelieferten Elektronen zum $NADP^+$, das mithilfe der $2e^-$ (Elektronen) und der $2H^+$ zu $NADPH + H^+$ reduziert wird. Gleichzeitig wird ATP geliefert.

In einem zweiten Weg, der bei relativem Überschuss von NADPH eingeschlagen wird und bei dem nur PI beteiligt ist, werden die Elektronen von Ferredoxin nicht auf $NADP^+$ übertragen, sondern kehren zum ursprünglichen Elektronendonator zurück. Auch hierbei wird ATP gebildet **(zyklische Fotophosphorylierung).**

Ein weiterer Weg zur Bildung von ATP besteht nach der chemiosmotischen Hypothese darin, dass es durch H^+-Transport des Plastochinons zu einer Verschiebung der Wasserstoffionenkonzentration und damit zur Ausbildung eines Membranpotenzials kommt, was an

F

bestimmten Stellen der Membran durch die Tätigkeit des Enzyms ATPase (unter Bildung von ATP) wieder ausgeglichen wird.
Die Endprodukte der Primärreaktion sind also gespeicherte Energie in Form von ATP und $NADPH + H^+$ (als Energie- und Reduktionsäquivalente), die nun in die Sekundärprozesse eingeschleust werden. Die Sekundärreaktionen, die auch im Dunkeln ablaufen und daher **Dunkelreaktionen** genannt werden, bestehen in einer Reihe chemischer Umsetzungen. Sie laufen in einem als **Calvin-Zyklus** bezeichneten Kreisprozess ab, bei dem das CO_2 zunächst an das aus Ribulose-5-phosphat und ATP entstandene Ribulose-1,5-bisphosphat zu einer noch unbekannten C_6-Zwischenverbindung angelagert wird. Diese zerfällt in zwei Moleküle Phosphoglycerinsäure, die durch $NADPH + H^+$ und ATP zu 3-Phosphoglycerinaldehyd (Triosephosphat), die erste Kohlenhydratsubstanz, reduziert wird. Aus dem Triosephosphat entsteht einerseits (über Fructose-1,6-bisphosphat, Fructose-6-phosphat und Glucose-6-phosphat) Glucose, andererseits bildet sich in komplizierten enzymatischen Prozessen das Ribulose-5-phosphat zurück.
Wie die Summengleichung der F. zeigt, werden 6 Moleküle CO_2 assimiliert; für ihre Anlagerung sind daher 6 Moleküle Ribulose-1,5-bisphosphat erforderlich, aus denen 12 Moleküle Triosephosphat entstehen. Von diesen werden 2 Moleküle für den Aufbau der Glucose verbraucht, während die restlichen 10 Moleküle wieder in Ribulose-5-phosphat umgewandelt werden. Insgesamt werden für die Reduktion der 6 Moleküle CO_2 zu einem Molekül Fructose-6-phosphat 18 Moleküle ATP und 12 Moleküle $NADPH + H^+$ verbraucht. Der Nutzeffekt beträgt 36,7 %.

Frauschema

1
Weibliche Figur

2
Betonung weiblicher Merkmale durch Kleidung (nach einer Statuette aus Knossos, Kreta; 2. Jahrtausend v. Chr.)

3
Betonung weiblicher Merkmale durch Kleidung (18. Jh.)

Fötus: der ↑Fetus.

Fraßgifte: F. sind chemische Verbindungen, die zur ↑Schädlingsbekämpfung eingesetzt werden und die vom Schädling über den Verdauungstrakt aufgenommen werden. Es handelt sich dabei um Verbindungen aus chemisch sehr verschiedenen Stoffklassen, wie z.B. ↑DDT, Phosphorsäureester (z.B. E 605) sowie quecksilber- und arsenhaltige Stoffe. F. werden wegen ihrer Giftigkeit für Warmblüter sowie der Bildung von Rückständen kaum mehr eingesetzt.

Frauschema: bestimmte körperliche Schlüsselreize bei Frauen (schmale Schultern, breite Hüften, gerundete Körper- und Gesichtsformen) wirken auf Männer besonders anziehend. Die Gesamtheit dieser Merkmale wird als F. bezeichnet (früher auch Weib- oder Weibchenschema genannt).

Fresspolypen: ↑Staatsquallen.

Fresszellen: die ↑Phagocyten.

Frösche (Ranidae): artenreiche Familie der ↑Froschlurche mit glatter Haut, horizontal stehender Pupille und breitem, in Oberkiefer und Gaumen bezahntem Maul. Dem Beutefang (v.a. Insekten) dient eine lange, zweilappige, klebrige Zunge, die blitzschnell aus dem Maul geschnellt wird.

Die Männchen vieler F. besitzen zur Verstärkung ihrer Paarungsrufe ausstülpbare ↑Schallblasen. Bekannte Arten der F. in Mitteleuropa sind z.B. Wasserfrosch und Grasfrosch.

Froschlurche (Anura): eine seit der Jurazeit bekannte Ordnung der ↑Lurche, zu der u.a. ↑Frösche und ↑Kröten gehören. F. haben einen schwanzlosen Körper mit einem halslosen Kopf und vier Gliedmaßen. Die meist langen Hinterbeine dienen zum Springen. Die meisten F. ernähren sich überwiegend von Insekten. Ihre Entwicklung verläuft i.A. über eine ↑Metamorphose; ihre Larven sind die ↑Kaulquappen.

Frostkeimer: Pflanzen, deren Samen ohne vorhergehende Frosteinwirkung nicht oder nur sehr schlecht keimen. Zu den Frostkeimern gehören u.a. viele Waldbäume aber auch Judenkirsche, Trollblume und Lupine.

Frucht:

◆ in der *Botanik* das nach der Befruchtung aus dem ↑Fruchtknoten hervorgehende Organ, das die Samen bis zur Reife umschließt und meist auch der Samenausbreitung dient. An der Bildung der F. der Bedecktsamer sind manchmal auch noch andere Blütenteile (z.B. der Kelch) beteiligt. Die in der F. befindlichen Samen haben sich aus der ↑Samenanlage gebildet. Die Fruchtwand kann fest oder fleischig sein und Hafteinrichtungen oder Flügel bzw. Flughaare zur Ausbreitung durch Tiere oder durch den Wind besitzen. – ↑auch Fruchtformen.

◆ in *Zoologie* und *Medizin* die ↑Leibesfrucht.

Fruchtbarkeit (Fertilität): die Fähigkeit von Pflanzen, Tieren und Menschen, (viele) Nachkommen hervorzubringen. Die F. ist erblich festgelegt und bei parasitischen Tieren mit Wirtswechsel besonders groß, weil die Eier oder Larven nur eine sehr geringe Chance haben, auf einen passenden Zwischenwirt zu treffen. Je intensiver Brutvorsorge oder gar Brutpflege betrieben werden, umso geringer ist die Zahl der Nachkommen. Die F. der Pflanzen ist abhängig von der Bestäubung ihrer Blüten, von Witterungsbedingungen, von der Größe und damit auch von der Menge der erzeugten Samen (bzw. Früchte) sowie von deren Keimungsbedingungen.

Fruchtblase: der von den ↑Embryonalhüllen gebildete Fruchtwassersack, in dem der Embryo während der ↑Keimesentwicklung im ↑Fruchtwasser schwimmt.

Fruchtblatt: Teil der ↑Blüte. Die Gesamtheit der Fruchtblätter, die einzeln angeordnet oder zum Fruchtknoten verwachsen sein können, bilden die weiblichen Organe **(Gynoeceum)** der Blüten der Bedecktsamer. An den

F

Fruchtformen

1-4 Öffnungsfrüchte: 1 Balgfrucht, 2 Hülse, 3 Schote, 4a Spaltkapsel, 4b Porenkapsel; 5-9 Schließfrüchte: 5 Beere, 6 Nuss, 7 Steinfrucht, 8 Spaltfrucht, 9 Bruchfrucht; 10-12 Sammelfrüchte: 10a Sammelnussfrucht mit fleischiger Blütenachse, 10b Sammelnussfrucht mit becherförmiger Blütenachse, 11 Sammelsteinfrucht, 12 Sammelbalgfrucht, 13 Nussfruchtstand

Fruchtblättern werden aus einem speziellen Bildungsgewebe, der Placenta, die ↑ Samenanlagen gebildet.

Fruchtformen: Die Früchte der bedecktsamigen Samenpflanzen können verschieden ausgebildet und angeordnet sein: *Einzelfrüchte* gehen nur aus einem einzigen Fruchtknoten hervor. Wenn sie sich öffnen und den Samen freigeben, nennt man sie **Streufrüchte.** Zu diesen gehört die **Balgfrucht** (Rittersporn), die aus einem Fruchtblatt besteht und sich an dessen Verwachsungsnaht (Bauchnaht) öffnet. Die Streufrucht der Schmetterlingsblütler nennt man **Hülse.** Diese besteht auch aus einem Fruchtblatt, öffnet sich jedoch an zwei Nähten (Bauch- und Rückennaht). Eine weitere Streufrucht ist die **Kapsel,** die aus mindestens zwei verwachsenen Fruchtblättern aufgebaut ist. Spaltet sich die Fruchtwand der Kapsel der Länge nach ganz oder teilweise auf, spricht man von Spaltkapseln (Iris, Tulpe, Herbstzeitlose). Springt ein Teil des Gehäuses als Deckel ab, nennt man sie Deckelkapsel (Gauchheil), werden in der Fruchtwand Löcher gebildet, Porenkapsel (Mohn). Die Frucht der Kreuzblütler, die **Schote,** ist ebenfalls eine Streufrucht; sie besteht aus zwei Fruchtblättern, die häufig durch eine »falsche« Scheidewand getrennt sind.

Einzelfrüchte, die sich nicht öffnen, nennt man **Schließfrüchte.** Zu den trockenen Schließfrüchten gehört die **Nuss,** die meist nur einen Samen enthält (Haselnussstrauch) und bei der die Fruchtwand verholzt ist. Bei den Gräsern ist die Frucht eine »Nuss«, deren Fruchtwand mit der Samenschale verwachsen ist und **Karyopse** genannt wird. Bei den Korbblütlern nennt man die Nussfrucht **Achäne** (meist mit Haarkelch als Flugorgan; z.B. Löwenzahn).

Als **Spaltfrucht** wird eine mehrsamige Schließfrucht bezeichnet, wenn sie in meist einsamige Teilfrüchte zerfällt (entsprechen ganzen Fruchtblättern; z.B. bei den Doldenblütlern).

Eine **Bruchfrucht** ist eine trockene Schließfrucht, die in einsamige Bruchstücke (Teile von Fruchtblättern) zerfällt (Gliederhülse bei der Klauenschote und Gliederschote beim Hederich).

Schließfrüchte mit fleischiger Fruchtwand findet man bei der **Beere** (Johannisbeere, Weinstock, Tollkirsche, Tomate, Gurke, Kürbis) und solche mit teilweise fleischiger und teilweise verholzter Fruchtwand bei der **Steinfrucht** (Kirsche, Pfirsich, Pflaume, Kokosnuss).

Sammelfrüchte setzen sich zusammen aus Einzelfrüchten, die sich aus den einzelnen Fruchtblättern einer Blüte entwickelt haben, die unter Mitwirkung anderer Blütenteile (z.B. der Blütenachse) einen einheitlichen Verband bilden und so eine Einzelfrucht **(Scheinfrucht)** vortäuschen. Eine Sammelfrucht löst sich nach der Reife als Ganzes ab. Nach der Ausbildung der Früchtchen werden Sammelnussfrucht (Erdbeere, Rose), Sammelsteinfrucht (Himbeere) und Sammelbalgfrucht (Apfel) unterschieden.

Fruchtstände entstehen aus Blütenständen und können bei der Reife das Aussehen einer Einzelfrucht annehmen; sie werden als Ganzes ausgebreitet (Scheinfrucht). Fruchtstände können als Nussfruchtstand (Maulbeere), Beerenfruchtstand (Ananas) oder als Steinfruchtstand (Feige) ausgebildet sein.

Fruchthüllen: die ↑Embryonalhüllen.

Fruchtknoten: Teil der ↑Blüte.

Fruchtkörper: ein vielzelliges Geflecht aus verzweigten und miteinander verwachsenen Pilzfäden bei ↑Pilzen und ↑Flechten. In seinem inneren Hohlraum oder an seiner Oberfläche trägt er die ↑Sporen. Die Fruchtkörper der Pilze werden in der Umgangssprache »Pilze« genannt.

Fruchtwasser: die Flüssigkeit, die vom Amnion (↑Embryonalhüllen) gebildet wird, und in der das Kind innerhalb der ↑Fruchtblase schwimmt. Das F. ist zunächst klar und gelblich, in den späteren Monaten wird es durch abgeschilferte Hautzellen, Hautschmiere und Haare trüb. Die bis zu 2 Liter F. bieten Schutz gegen Druck und Stoß und gewährleisten freie Wachstums- und Bewegungsmöglichkeiten innerhalb der Gebärmutter.

Fruchtwassersack: eine der ↑Embryonalhüllen.

Fruchtzucker (Fructose): ein zu den Ketohexosen gehörendes Monosaccharid. Er ist Bestandteil des ↑Rohrzuckers und kommt in reiner Form in vielen Früchten und im Honig vor. F. besitzt wie der ↑Traubenzucker eine D-Konfiguration und dreht die Ebene des polarisierten Lichts nach links (daher die frühere Bezeichnung Lävulose von lateinisch laevus = links). – Da F. insulin-

Fruchtzucker

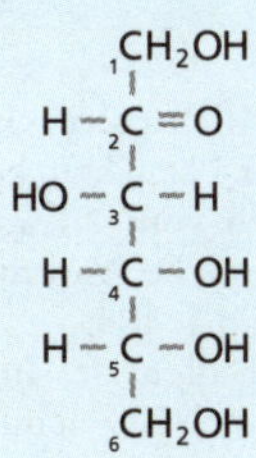

F

Funktionskreis

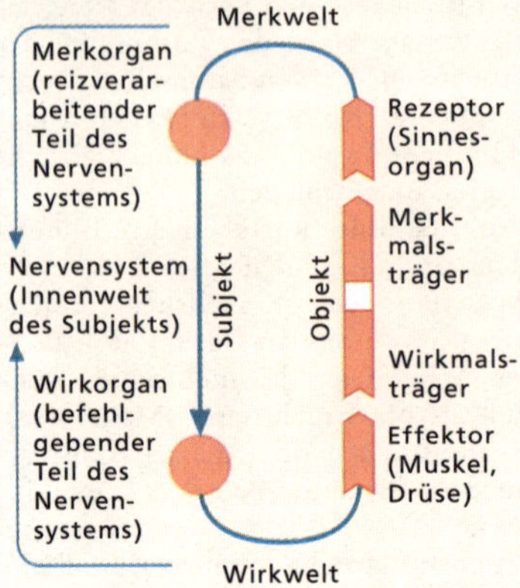

Modell nach J. von Uexküll, 1921

unabhängig im Stoffwechsel abgebaut und verwertet wird, kann er von Zuckerkranken als Süßmittel verwendet werden.

Fructivoren: ↑Pflanzenfresser.

FSH: Abk. für ↑**f**ollikel**s**timulierendes **H**ormon.

Fühler:

- die ↑Antennen.
- ↑Regelkreis.

Führungsgröße: ↑Regelkreis.

Fungizide: ↑Schädlingsbekämpfung.

Funktionskreis: Bezeichnung für die Wechselwirkung bestimmter Organe und Verhaltensweisen eines Tieres zu Teilen seiner Umgebung. Tiere können mit ihren Sinnesorganen nur einen Ausschnitt ihrer Umwelt wahrnehmen. In ihm gibt es einige Eigenschaften (Merkmale), die für das Tier bei der Bewältigung seines Lebens von Bedeutung sind. Diese Reize werden als Wirkmale mit dem passenden Verhalten beantwortet. Das Wirkmal löscht das Merkmal aus, indem das Merkmal objektiv als Nahrung vertilgt wird oder subjektiv durch das Sieb der Sinnesorgane nicht mehr wahrgenommen wird. Das Tier wirkt also aus seiner Innenwelt auf die Umwelt ein und umgekehrt. Jedem Tier stehen mehrere solcher F. zur Verfügung (z.B. für Ernährung, Sexualität), die ihm die entsprechenden Handlungen vorschreiben. Die Lehre von den Funktionskreisen und die damit zusammenhängende Umweltlehre von J. VON UEXKÜLL wurde mit Einschränkungen und Erweiterungen von der vergleichenden ↑Verhaltensforschung übernommen.

Furchung: die ersten mitotischen Teilungen des befruchteten Eies (Zygote) bis zur Ausbildung des Blasenkeims (↑Keimesentwicklung). Sie kann das ganze Ei erfassen **(totale F.;** bei Säugern und beim Menschen) oder nur Teile von ihm **(partielle F).** Die partielle F. kann sich auf eine Keimscheibe am animalen Pol beschränken **(diskoidale F.;** Vögel, Fische, Reptilien). Entstehen durch Teilung des Kerns lediglich viele Kerne, die sich mit Plasma umgeben, nach außen wandern und dort dann eine Zellschicht (Keimhaut) bilden, spricht man von **superfizieller F.** (Insekten). – ↑auch Dotter.

Furchungshöhle: ↑Keimesentwicklung.

Fuß: ↑Gliedmaßen.

Fußsohlenreflex: Streicht man über die Fußsohle mit einem harten, spitzen Gegenstand, werden die Zehen automatisch (unbedingter ↑Reflex) gekrümmt oder gar das ganze Bein gebeugt. Der Arzt überprüft so die Funktion von Nervenbahnen.

G

Galactose (Milchspaltzucker): G. ist Bestandteil des ↑Milchzuckers. Sie unterscheidet sich vom ↑Traubenzucker durch die räumliche Anordnung am 4. C-Atom. – Bild S. 184.

Galle: der ↑Gallensaft. In der Umgangssprache auch Bezeichnung für die ↑Gallenblase.

Gallen (Pflanzengallen): Gestaltsänderungen an pflanzlichen Organen, her-

Furchung

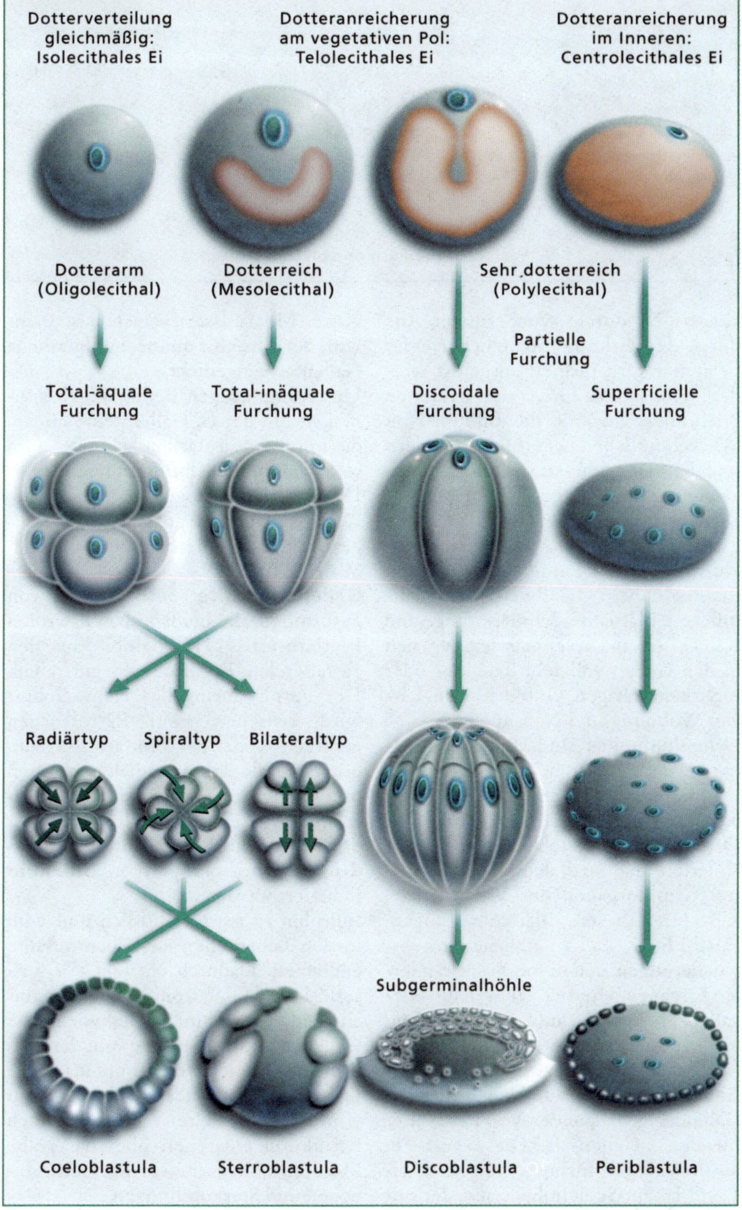

Dotterverteilung gleichmäßig: Isolecithales Ei
Dotteranreicherung am vegetativen Pol: Telolecithales Ei
Dotteranreicherung im Inneren: Centrolecithales Ei
Dotterarm (Oligolecithal)
Dotterreich (Mesolecithal)
Sehr dotterreich (Polylecithal)
Partielle Furchung
Total-äquale Furchung
Total-inäquale Furchung
Discoidale Furchung
Superficielle Furchung
Radiärtyp
Spiraltyp
Bilateraltyp
Subgerminalhöhle
Coeloblastula
Sterroblastula
Discoblastula
Periblastula

G

Galactose

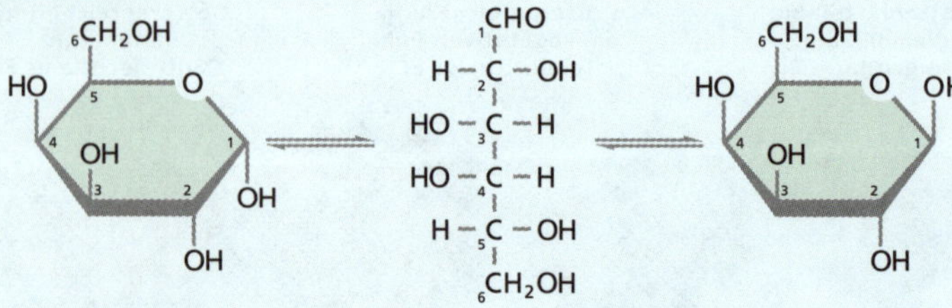

Verschiedene Formen von Galactose

vorgerufen durch Wucherungen, die durch Einwirkung pflanzlicher oder tierischer Organismen ausgelöst werden. – *Pflanzliche Erreger* sind Bakterien oder Pilze, die u.a. die Bildung von Wurzelknöllchen bei Hülsenfrüchtlern und die ↑Hexenbesen als abnorme Verzweigung bei Holzgewächsen verursachen.

Tierische Erreger sind Älchen (Fadenwürmer), Milben und viele Insekten (hauptsächlich Gallwespen, Gallmücken, Blattläuse, Schmetterlinge und Käfer), deren Larvenentwicklung sich in den Gallen vollzieht. Die ein- oder mehrkammerigen G. bieten den Larven Wohnung und Nahrung.

Gallenbildungen sind als Schutzmaßnahme der befallenen Pflanze aufzufassen, die damit die Eindringlinge gegen das übrige Gewebe abgrenzt.

Organoide G. bestehen aus zwar veränderten, aber noch deutlich erkennbaren Grundorganen der Wirtspflanze, z.B. Hexenbesen, Blattanhäufungen. **Histoide G.** sind zusätzliche Gewebswucherungen an den sonst unveränderten Organen. Hierher gehören die Filzgallen, die Beutel- und Faltengallen und die völlig geschlossenen Markgallen (Galläpfel und Deckelgallen).

Gallenblase (Vesica fellea): seitlich am Gallengang hängender Vorratsbehälter für den ↑Gallensaft. Die G. ist ein dünnwandiger birnenförmiger, 8 bis 12 cm langer Schleimhautsack, der mit glatten Muskelfasern versehen ist. In ihr wird der zunächst dünne, honigfarbene Gallensaft eingedickt.

Unter ungünstigen Bedingungen können sich in der G. Gallensteine bilden, die mitunter zu starken Schmerzen im rechten Oberbauch führen können.

Die G. fehlt bei einigen Vögeln (Strauß, Kolibris, Tauben, Papageien) und Säugern (Hirsch, Pferd, Ratte, Elefant, Wal).

Gallenfarbstoffe: eine Gruppe von Farbstoffen, die beim Abbau des roten Blutfarbstoffs ↑Hämoglobin aus den zerfallenden Erythrocyten entstehen. Der Porphyrinring des Hämoglobins wird zwischen zwei Pyrrolkernen geöffnet, wobei der Blutfarbstoff zum grünen Verdoglobin (enthält noch Eisen und Globin) oxidiert wird. Durch Abspaltung von Eisen und Globin entsteht der blaugrüne Pyrrolfarbstoff **Biliverdin,** der zum orangeroten **Bilirubin** reduziert werden kann.

Bilirubin ist wasserunlöslich und wird in den Leberzellen an Glucuronsäure gekoppelt. Dadurch entsteht ein wasserlösliches Glucuronid (Bilirubinglucuronid). Bilirubin ist der wichtigste Gallenfarbstoff. Es gelangt mit der Galle in den Darm, wo die Kopplung durch Darmbakterien gelöst wird. Im Darm wird Bilirubin weiter verändert: Durch Reduktion entstehen über das gelbe Mesobilirubin farbloses Mesobilirubinogen und Sterkobilinogen.

Durch eine weitere von der Darmflora bewirkte Oxidation entstehen zuletzt orangefarbenes **Urobilin** und goldgelbes **Sterkobilin.** Diese beiden werden zum größten Teil ausgeschieden und bedingen die normale Braunfärbung des Kots. Ein Teil der G. wird resorbiert und erneut der Leber zugeführt.

Gallengang: ↑Leber.

Gallenkapillaren: ↑Leber.

Gallensaft (Galle, Bilis): eine dünne, honiggelbe Flüssigkeit, die stark bitter schmeckt, leicht alkalisch bis schwach sauer ist und Wasser, Cholesterin, Harnstoff, Schleim, Salze, ↑Gallenfarbstoffe und Gallensäuren (z.B. Cholsäure, Desoxycholsäure und Lithocholsäure) enthält. Der für die Fettverdauung unentbehrliche G. wird ständig von der Leber produziert.

Die **Gallensäuren** sind der wichtigste Bestandteil des Gallensafts. Sie emulgieren das in der Nahrung enthaltene Fett, d.h., sie zerlegen es in kleine Tröpfchen. Dadurch vergrößert sich die Oberfläche der Fette sehr stark, und sie können von den fettverdauenden Enzymen besser angegriffen werden. Die Gallensäuren aktivieren außerdem die Lipasen (↑Hydrolasen). Sie werden vom Dünndarm größtenteils wieder aufgenommen und über die Pfortader erneut zur Leber gebracht. Der G. ist für die Fettverdauung unentbehrlich.

Die Leber des Menschen produziert täglich 800–1 000 ml Gallensaft; die Gallenblase kann 30–50 ml speichern.

Gallmücken: ↑Zweiflügler.

Galopp: ↑Gangarten.

Gametangium: die Bildungsstätte der Geschlechtszellen bei Pflanzen.

Gameten: die ↑Geschlechtszellen.

Gametophyt: im Fortpflanzungszyklus der Pflanzen die haploide Generation, die die geschlechtlichen Fortpflanzungszellen (↑Geschlechtszellen) bildet. Im Entwicklungsgang der meisten Pflanzen folgt auf den haploiden Gametophyten ein diploider ↑Sporophyt (↑auch Generationswechsel). Bekannte Beispiele für G. sind das grüne Moospflänzchen der ↑Moose und das ↑Prothallium der Farnpflanzen. Bei ↑Samenpflanzen besteht der G. nur noch aus wenigen Zellen des Embryosacks und des Pollenkorns.

Gammaglobuline, Abk. IgG (γ-Globuline): Trennt man die einzelnen Eiweiße des Blutplasmas elektrophoretisch voneinander, erhält man als eine

Gallen

Organoide Galle (links) mit Verlaubung des Blütenstandes und Blattvermehrung durch Gallmilben; histoide Gallen: durch eine Mottenart hervorgerufene Markgalle (Deckelgalle) an der Rinde (Mitte) und Beutelgalle durch Blattläuse (rechts)

G

der Fraktionen die G. (↑Antikörper). Sie sind die am besten erforschten und häufigsten ↑Immunglobuline und Bestandteil des Immunsystems.

Gamone: Befruchtungsstoffe, die von den weiblichen und männlichen Geschlechtszellen (v.a. von Pflanzen und niederen Tieren) gebildet werden.
Sie fördern die Aktivität der männlichen Keimzellen und dienen dem Ei (↑Eizelle) als Lockstoff. Andere G. lockern die Oberfläche des Eies auf, sodass die ↑Samenzelle eindringen kann.

Gangarten: Tiere bewegen sich i.A. in einer jeweils typischen Gangart fort (↑auch Fortbewegung).
Bekannt sind u.a. die verschiedenen G. der *Pferde:* Bei der langsamsten G., dem **Schritt,** werden die Beine nacheinander gehoben, und zwar in der Reihenfolge links vorn, rechts hinten, rechts vorn, links hinten usw. Beim **Trab** werden Vorderfuß und gegenüberliegender Hinterfuß gleichzeitig bewegt. Bei der springenden Fortbewegung des **Galopps** werden abwechselnd Vorder- und Hinterbeine eingesetzt.

Ganglienzellen: die ↑Nervenzellen.

Ganglion: Verdickung des ↑Nervensystems, in der die Zellkörper der ↑Nervenzellen konzentriert sind. Bei den Gliedertieren liegt ursprünglich in jedem Segment auf jeder Körperseite ein kleines G.; diese sind untereinander durch Quer- und Längsfasern verbunden (Strickleiternervensystem, ↑Bauchganglien).
Bei den Wirbeltieren finden wir Ganglien außerhalb des Rückenmarks. – ↑auch peripheres Nervensystem, vegetatives Nervensystem, Zentralnervensystem.

Ganzrosette: ↑Spross.

Gärung: der Energie liefernde anaerobe Abbau einiger Kohlenhydrate zu Ethanol und Kohlenstoffdioxid (↑alkoholische Gärung), zu Milchsäure (↑Milchsäuregärung), zu Buttersäure oder zu Butanolaceton durch Mikroorganismen. Als G. bezeichnet man fälschlicherweise auch den aeroben Umbau von Ethanol in Essigsäure (↑Essigbakterien) oder von Glucose in Citronensäure.

Gasaustausch: ein Vorgang, bei dem durch feuchte Membranen oder durch regulierbare Öffnungen, wie die Spaltöffnungen bei Pflanzen, Gase wie Sauerstoff und Kohlenstoffdioxid (auch Wasserdampf) diffundieren.
Bei der äußeren ↑Atmung liegt ein solcher G. vor: in der Lunge oder anderen Atmungsorganen wird Kohlenstoffdioxid aus dem Körper ausgeschieden und Sauerstoff aufgenommen, während im Körperinnern Kohlenstoffdioxid aus dem Gewebe in die Transportflüssigkeit (Blut) und Sauerstoff vom Blut in das Gewebe übertritt. Fehlt eine entsprechende Transportflüssigkeit, kann der G. nur an der Körperoberfläche, die durch Einstülpungen vergrößert sein kann (↑Tracheen), stattfinden.
Bei Pflanzen muss man den G. aufgrund der ↑Fotosynthese (nur bei Licht) und der Atmung (im Dunkeln) unterscheiden. Im ersten Fall diffundiert Kohlenstoffdioxid in das Blatt, während Sauerstoff ab-

Gangarten

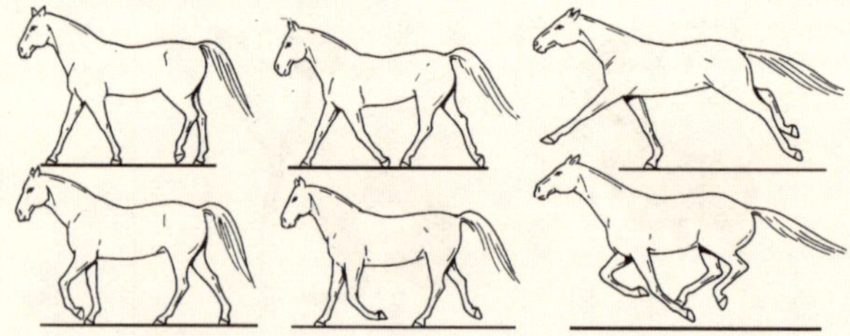

Verschiedene Phasen des Bewegungsablaufs beim Schritt (links), Trab (Mitte) und Galopp (rechts)

gegeben wird. Im zweiten Fall ist der Diffusionsweg der beiden Gase entgegengesetzt, da sich bei Wegfall der Assimilation Kohlenstoffdioxid im Blatt anreichert. Die treibenden Kräfte des G. sind die Partialdrücke der diffundierenden Gase.

Gastrocoel: ↑ Keimesentwicklung.

Gastropoda: die ↑ Schnecken.

Gastrovaskularsystem: ↑ Darmkanal.

Gastrula: ↑ Keimesentwicklung.

Gastrulation: das Einstülpen des Blasenkeims zum Becherkeim während der ↑ Keimesentwicklung.

Gattung: eine systematische Kategorie, in der verwandtschaftlich einander sehr nahe stehende Arten zusammengefasst werden. Diese Arten tragen dieselbe Gattungsbezeichnung. In der binären ↑ Nomenklatur bezeichnet der erste Name die Gattung. – ↑ auch Systematik.

Gebärmutter (Uterus): ein dickwandiges Hohlorgan, in dem sich bei allen Säugern und vielen anderen Tieren im mütterlichen Körper die ↑ Keimesentwicklung vollzieht (bei Kloakentieren jedoch nur die Furchungsteilungen). Die G. nimmt die sich entwickelnden Eier auf und ernährt sie unter Umständen auch. In die G. münden die beiden ↑ Eileiter, und durch die ↑ Scheide besitzt sie eine Verbindung nach außen. Bei den Säugern sind verschiedene Gebärmutterformen bekannt. Ursprünglich sind zwei weniger oder mehr verwachsene Uteri vorhanden (z.B. bei den Beuteltieren). Bei Faultieren, Gürteltieren, bei den höheren Primaten und beim Menschen sind beide Uteri vollständig zu einer einzigen G. verschmolzen.

Die G. des *Menschen* ist 6–9 cm lang und birnenförmig. Sie ist außen vom Bauchfell überzogen und besteht fast völlig aus einer kräftigen, äußerst dehnbaren Muskulatur. Die zwischen zwei Menstruationen maximal 3–5 mm dicke Gebärmutterschleimhaut **(Endometrium)** kleidet sie aus. Deren innere Schicht (Funktionalis) wird in jedem ↑ Menstruationszyklus neu aufgebaut und bis zum möglichen Eisprung stark verdickt. Gleichzeitig wachsen die in der G. liegenden Drüsen stark und produzieren ein glykogenhaltiges Sekret, das die G. für die ↑ Einnistung des Embryos vorbereitet. Zur Uterushöhle hin wird die Schleimhaut von einem einschichtigen Flimmerepithel begrenzt. Kommt es nicht zur Einnistung werden mit der Menstruationsblutung etwa zwei Drittel der Schleimhaut abgestoßen und diese danach wieder neu aufgebaut. Die G. ragt mit dem **Muttermund** in die Scheide.

Gebiss: die Gesamtheit der ↑ Zähne eines Tieres. Das G. ist meist aus gleichartigen Zähnen aufgebaut und dient dem Ergreifen und Zerkleinern der Beute sowie der Verteidigung. Außerdem hat eine Funktion im Rahmen des ↑ Imponiergehabes.

Erst im G. der Säuger übernehmen die einzelnen Zahngruppen bestimmte Aufgaben: Schneide- und Eckzähne dienen dem Festhalten und Zerreißen oder Abrupfen der Nahrung, Vorbacken- und Backenzähne (Mahlzähne) zerkleinern die Nahrung.

Das G. wird durch eine **Gebissformel** charakterisiert: Die obere Zahlenreihe steht für die Anzahl der jeweiligen Zähne im linken Oberkiefer, die untere für die des linken Unterkiefers. Die Zahlen stehen in der Reihenfolge: Schneidezähne (Incisivi), Eckzähne (Canini), Vormahlzähne (Prämolaren) und Mahlzähne (Molaren). Da nur die linke Gebisshälfte dargestellt wird, müssen für die Gesamtzahl der Zähne die Zahlen in der Formel verdoppelt werden.

Beispiel:

Mensch (Dauergebiss) $\frac{2\quad 1\quad 2\quad 3}{2\quad 1\quad 2\quad 3} = 32$

Geburt: Die Ausstoßung der ↑ Leibesfrucht aus der ↑ Gebärmutter. Junge Säugetiere verlassen den mütterlichen Körper bei der G. in noch embryonalem Zustand (Beuteltiere) oder erst, nach-

dem sie sich so weit entwickelt haben, dass sie auch außerhalb lebensfähig sind (Säugetiere mit Placenta). Sie können dann noch nackt, blind und hilflos sein (↑ Nesthocker wie z.B. Raubtiere, Mäuse) oder bewegungsfähig, behaart und sehend (↑ Nestflüchter wie z.B. Huftiere, Feldhase). Einige Lebewesen gebären gewöhnlich nur ein Junges (z.B. Pferde, Rinder, Affen, Menschen), andere hingegen bringen bei einer Geburt mehrere Junge zur Welt (z.B. Nagetiere, Schweine, Katzen, Hunde).
Beim *Menschen* beginnt die G. entweder mit ↑ Wehen oder mit dem **Blasensprung,** d.h. die Fruchblase platzt und das Fruchtwasser fließt ab.
In der *Eröffnungsperiode* wird das Gewebe des Geburtskanals vom Muttermund bis zur Scheide gedehnt und gelockert, der Muttermund öffnet sich innerhalb von 4 bis 10 Stunden vollständig, d.h. bis zu einem Durchmesser von etwa 10 cm. Die Wehen, die bisher nur in größeren Abständen auftraten, werden jetzt stärker und wiederholen sich während der nun folgenden *Austreibungsperiode,* die etwa eine halbe bis zwei Stunden dauert, im Abstand von 5 bis 2 Minuten. Bei der normalen Geburt wird zuerst der Kopf des Kindes, mit dem Hinterkopf nach vorne zum Schamberg der Mutter gerichtet, geboren. Der Kopf des Kindes hat durch die Schädelknochen den im Vergleich zum übrigen Körper größten, kaum verformbaren Durchmesser; deshalb geht nach der G. des Kopfes die G. der Schultern und des restlichen Körpers i.A. leichter vonstatten. Nach der G. des Kindes wird die Nabelschnur abgebunden und durchtrennt. Das Ausstoßen des Mutterkuchens (↑ Placenta) mit den Resten der Nabelschnur **(Nachgeburt)** erfolgt etwas später als die G. des Kindes.
Gedächtnis: die Fähigkeit, Informationen abrufbar zu speichern. Grundlage des Gedächtnisses ist bei Mensch und Tier die Gesamtheit der Nervenzellen. Das menschliche G. arbeitet in zwei Stufen: Im **Ultrakurzzeitgedächtnis** werden Eindrücke etwa einige Sekunden bzw. maximal einige Stunden bis

Geburt

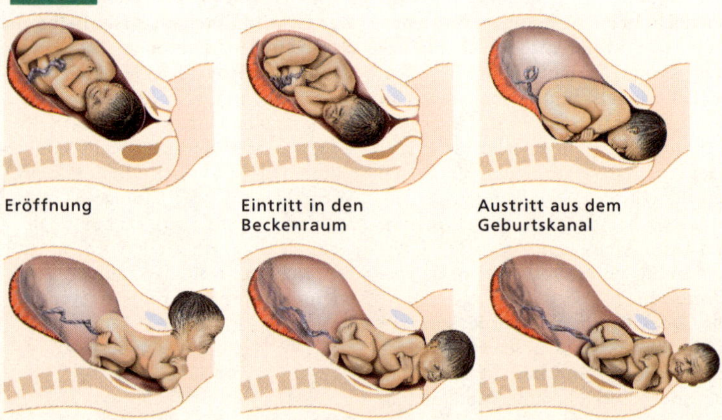

Eröffnung

Eintritt in den Beckenraum

Austritt aus dem Geburtskanal

Geburt des Kopfes

äußere Drehung des Kopfes, Geburt der vorderen Schulter

äußere Drehung des Kopfes vollendet, Geburt der hinteren Schulter

Gedächtnis

	Geschwindigkeit der Informationsaufnahme	Speicherkapazität	Speicherdauer
Sinnesorgane	10^{9}–10^{11} bit/s		
Ultrakurzzeitgedächtnis	15–20 bit/s	180–200 bit	10–20 s
Kurzzeitgedächtnis	0,5–0,7 bit/s	10^{3}–10^{4} bit	Stunden/Tage
Langzeitgedächtnis	0,05 bit/s	10^{10} bit	Jahre

Die verschiedenen Gedächtnisstufen können Informationen zunehmend länger speichern, während die Geschwindigkeit bei der Informationsaufnahme bzw. -verarbeitung deutlich abnimmt.

wenige Tage lang festgehalten. Dort wird z.B. eine Telefonnummer, die man gerade nachgeschlagen hat und nun wählt, gespeichert. Wird die Telefonnummer aus unserem Beispiel häufiger gewählt, so wird sie im **Langzeitgedächtnis** dauerhaft gespeichert. Die Übertragung der Informationen aus dem Kurzzeit- in das Langzeitgedächtnis wird besser durch Übung, durch Aufmerksamkeit und Motivation sowie dann, wenn neue Informationen mit bereits im Langzeitgedächtnis gespeicherten in Verbindung gebracht werden können.

Auf welche Weise die Speicherung der Gedächtnisinhalte erfolgt, ist bislang noch nicht genau bekannt. Eine wichtige Struktur für Lern- und Gedächtnisstrukturen ist der Hippocampus, ein Teil des limbischen Systems (↑Gehirn). Hier wurden im Zusammenhang mit Lernvorgängen funktionelle Veränderungen an Synapsen gefunden **(Langzeit-Potenzierung).** An einer solcherart veränderten Synapse hat ein einzelnes Aktionspotenzial einen sehr viel stärkeren Effekt als vorher, und die Veränderung kann in Abhängigkeit von der Zahl und Frequenz der Aktionspotenziale für Stunden, Tage oder sogar Wochen bestehen bleiben. Es spricht einiges dafür, dass dies der synaptische Mechanismus ist, der dem Lernen und dem G. zugrunde liegt.

Gedächtniszellen: langlebige Lymphocyten, die während der primären Immunantwort entstehen und in den Lymphknoten verbleiben, bis sie durch das gleiche Antigen aktiviert werden, das ihre Bildung hervorrief. Bei erneuter Konfrontation mit einem Antigen kann das ↑Immunsystem schneller reagieren.

Gefäßbündel: ↑Leitbündel.

Gefäßteil: ↑Leitbündel.

Gefieder: die Gesamtheit der ↑Federn eines Vogels. Das G. der Jungvögel besteht zunächst aus den flaumigen **Dunen** (Flaumfedern). Diese bilden durch die vielen Luftzwischenräume ein ausgezeichnet wärmendes Polster. Sie ermöglichen den Vögeln, ihre hohe Körpertemperatur von ca. 41°C zu halten. Die Dunen sind die Spitzen der späteren Deck- oder Konturfedern, deren Fahne durch die engen Federbälge zusammengehalten wird. Deshalb entspricht die Gesamtzahl der Dunen derjenigen des späteren Gesamtgefieders.

Aus einem Teil der Dunen entwickeln sich die **Deckfedern** (Konturfedern). Sie bedecken bei den Altvögeln die restlichen Dunen, bilden die Schwanz- und Schwingenfedern und geben dem Vogel die Gestalt. Sie sind sehr fest und an den Rändern scharf begrenzt. Nur die

Deckfedern der Eulen besitzen einen weichen, unscharfen Rand, wodurch der lautlose Flug dieser Tiere möglich wird.

Oft unterscheidet sich das G. der flüggen Jungvögel von dem der Altvögel oder das der Weibchen von dem der Männchen. Außerdem kann das G. zu verschiedenen Jahreszeiten auch unterschiedlich sein.

Die Federn des G. sind nicht gleichmäßig verteilt, sondern bilden dicht befiederte Stellen (Federfluren) und federfreie bzw. lediglich Dunen tragende Bereiche (Federraine). – ↑ auch Mauser.

Gehirn

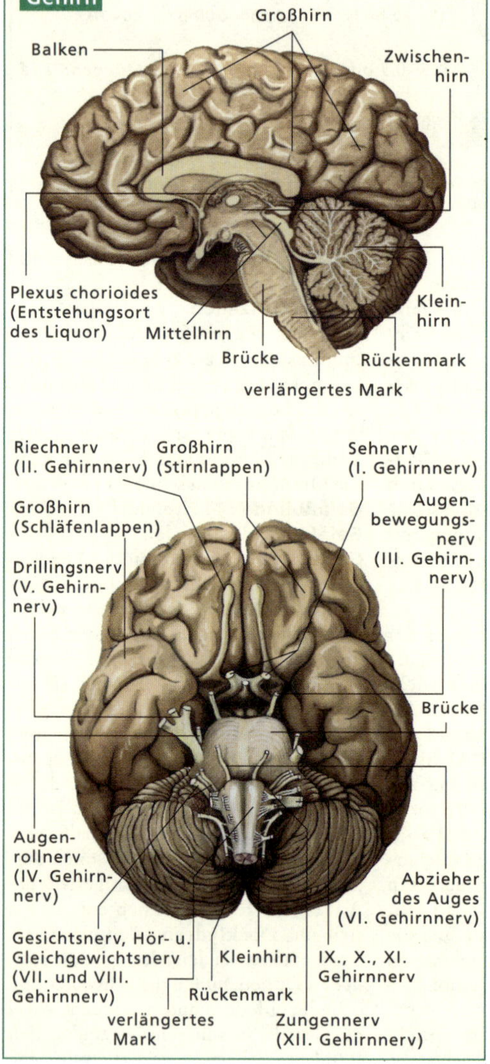

Gehirn (Hirn, Cerebrum, Encephalon): jener Abschnitt des Nervensystems, in dem sich die wichtigsten Schalt- und Steuerungszentren des Körpers befinden. Je höher Tiere entwickelt sind, desto notwendiger wird es für sie, Meldungen der Sinnesorgane zentral auszuwerten und die Körpertätigkeiten entsprechend zentral zu steuern. Zu diesem Zweck werden am Vorderende, wo die Sinnesorgane zunehmend konzentriert sind, Nervenzellen angehäuft, die diese Aufgabe übernehmen. Sie bilden bei einfachen Tieren Nervenknoten (Ganglien), bei höheren Tieren schließlich das Gehirn.

Unter den *Wirbellosen* besitzen Strudelwürmer das primitivste G. Es wird als Hirnganglion **(Cerebralganglion)** bezeichnet und stellt eine Verdichtung von Nervenzellen am vorderen Ende des Körpernervengeflechts dar.

Weichtiere haben durch das Zusammenrücken mehrerer Nervenknotenpaare bereits ein gut aus-

gebildetes G. – Bei den Tintenfischen stellt das Cerebralganglion einen einheitlichen Ganglienkomplex dar. Es steht über paarige Nervenstränge mit den Augen, dem Geruchssinn und dem statischen Sinn in Verbindung.
Bei den *Wirbeltieren* entwickelt sich das G. aus der Endblase des embryonalen Neuralrohrs. Später bilden Aussackungen des Neuralrohrs 4 Gehirnkammern (Ventrikel). Im Bereich der vorderen Ventrikel entsteht zunächst das ↑Vorderhirn, in dem des 4. Ventrikels das ↑Rautenhirn und aus diesem wiederum ↑Mittelhirn, ↑Hinterhirn und ↑Nachhirn. Aus dem Vorderhirn entwickeln sich ↑Endhirn und ↑Zwischenhirn. Als jüngste Abschnitte bilden sich schließlich Groß- und Kleinhirnrinde heraus, denen funktionell eine besondere Bedeutung zukommt.
Die einzelnen Bereiche des G. sind bei den verschiedenen Wirbeltieren unterschiedlich entwickelt.
Der für das Gehirn des *Menschen* kennzeichnendste Teil ist das **Großhirn** (Endhirn, Telencephalon), das aus zwei stark gefurchten Halbkugeln (Hemisphären) besteht, die durch einen tiefen Einschnitt (Längsspalte) voneinander getrennt sind. Die Verbindung zwischen beiden Hälften erfolgt durch den sog. **Balken** (Corpus callosum), einen plattenförmigen Nervenstrang am Grund der Längsspalte. Die Großhirnrinde überdeckt die beiden Großhirnstammganglien **(Basalganglien, Streifenhügel),** die für den Muskeltonus, d.h. die Muskelspannung, verantwortlich sind.
Die nur 3 mm dicke Großhirnrinde (Cortex cerebri), die aus ↑grauer Substanz besteht, enthält rund 14 Milliarden Nervenzellen. Diese stehen über zahlreiche Nervenbahnen, die v.a. im Großhirnmark (↑weiße Substanz) verlaufen, in Verbindung. Jede Nervenzelle kann viele Kontakte zu anderen knüpfen.
Kommissurbahnen laufen durch den Balken und verbinden gleichartige Hirnteile der Hemisphären miteinander. Assoziationsbahnen verknüpfen verschiedene Bereiche einer Hirnhälfte. Projektionsbahnen laufen vom Großhirn zu anderen Bereichen des ↑Zentralnervensystems. Eine dieser Projektionsbahnen ist die ↑Pyramidenbahn (Tractus corticospinalis). Sie verläuft von den motorischen Bereichen der Großhirnrinde bis in die Vorderhörner des ↑Rückenmarks.
Die Großhirnrinde lässt sich in verschiedene Bereiche (Felder) aufteilen, die unterschiedliche Aufgaben erfüllen (↑Rindenfelder). Weil die Zahl der Nervenzellen der Großhirnrinde über die geistige Leistungsfähigkeit der einzelnen Arten entscheidet, wird diese mit zunehmender Intelligenz immer mehr vergrößert. Dies geschieht auch durch Furchung der Großhirnrinde, die beim Menschen und bei den Zahnwalen am stärksten ausgeprägt ist.
Das Großhirn ist Sitz von Bewusstsein, Wille, Intelligenz, Gedächtnis und Lernfähigkeit. Zum Großhirn gehört auch das **limbische System,** das sich um das Stammhirn legt. Es ist an allen neuronalen Vorgängen beteiligt, die das Verhalten bestimmen und bei Gefühlsreaktionen ablaufen. Es steuert u.a. Angst, Freude, Lust, Schmerz, Lachen, Weinen und Agressivität und ist an der hormonellen Steuerung beteiligt.
Das **Kleinhirn** (Cerebellum) hat außen eine dicke, graue Rinde aus grauer Substanz mit sehr engen Furchen. Im Längsschnitt durch das Kleinhirn sieht man im Innern den »Lebensbaum«, eine Anhäufung von Nervenbahnen. Das Kleinhirn ermöglicht die Orientierung im Raum. Zugleich ist es die Meldesammelstelle für den Tastsinn und stimmt bei einem Bewegungsbefehl des Großhirns die Einzelbewegungen der Muskeln genau aufeinander ab. Dazu verarbeitet es die aus den Muskeln kommenden Erregungsmeldungen.

G

Wird das Kleinhirn geschädigt, sind koordinierte, d.h. geordnete Bewegungen, eingeschränkt bzw. gar nicht mehr möglich.

Im **verlängerten Mark** (Medulla oblongata), das ventral vom Kleinhirn liegt, kreuzen sich v.a. die Nervenbahnen des Pyramidenstrangs. In ihm liegen die Steuerungszentren für die automatisch ablaufenden Vorgänge, wie Herzschlag, Atmung, Stoffwechsel und Wasserhaushalt. Außerdem liegt hier das Reflexzentrum für Kauen, Speichelfluss, Schlucken sowie die Schutzreflexe Niesen, Husten, Lidschluss und Erbrechen. Vom verlängerten Mark gehen die meisten Gehirnnerven ab. Es geht in das ↑Rückenmark über.

Das Gewicht des Gehirns beträgt beim Mann rund 1 375, bei der Frau 1 245 g. Das Gehirngewicht steht jedoch in keinem Zusammenhang mit dem Grad der Intelligenz (das Hirngewicht des Elefanten z.B. beträgt rund 5 400 g). – Bild S. 190.

Gehirn-Rückenmarks-Flüssigkeit: die ↑Cerebrospinalflüssigkeit. – auch ↑Rückenmark.

Gehörgang (äußerer Gehörgang): Der G. ist ein Verbindungsgang im äußeren ↑Ohr zwischen Ohrmuschel und Trommelfell. Er ist beim Menschen im ersten Drittel knorpelig, 2,5–3,5 cm lang und hat einen Durchmesser von 6 bis 8 mm. Er verläuft leicht spiralig gekrümmt und ist mit Haaren, Talg- und Ohrenschmalzdrüsen versehen. Die Haare dienen zum Abfangen von Fremdkörpern. Die Drüsen produzieren das ↑Ohrenschmalz.

Gehörknöchelchen (Hörknöchelchen): Als G. bezeichnet man die in der Paukenhöhle des Mittelohrs der Säugetiere (↑Ohr) liegenden, gelenkig aneinander gefügten drei Knöchelchen: **Hammer, Amboss** und **Steigbügel.** Hammer und Amboss lassen sich aus dem primären Kiefergelenk der niederen Wirbeltiere herleiten. Amphibien, Reptilien und Vögel besitzen nur ein einziges, als **Columella** bezeichnetes Gehörknöchelchen.

Die G. übertragen die Schallschwingungen vom Trommelfell auf das ovale Fenster des inneren Ohrs.

Gehörorgane (Hörorgane): bei Gliederfüßern (↑Chordotonalorgane, ↑Tympanalorgane) und Wirbeltieren ausgebildete Organe, die der Aufnahme von akustischen Reizen (mechanische Längsschwingungen) dienen. – ↑auch Ohr.

Gehörsinn (Hörsinn): G. nennt man den Sinn mit der Fähigkeit, Schallwellen wahrzunehmen. Ein solcher G. ist bislang nur für Wirbeltiere (einschließlich Mensch) und Gliederfüßer nachgewiesen. Voraussetzung für den G. sind hoch entwickelte Gehörorgane, in denen die Schallwellen rhythmische Berührungsreize auf Sinneszellen ausüben, deren Erregung auf nervalem Weg dem Zentralnervensystem zugeleitet wird und dort eine Schallempfindung, die Hörempfindung, auslöst.

Die meisten Tiere, die einen G. besitzen, sind auch befähigt, Laute zu erzeugen (z.B. zur Anlockung des Geschlechtspartners bei Insekten, das Aussenden und der Empfang von Ultraschall zum Aufspüren von Beute und Hindernissen bei Fledermäusen).

Bei Insekten kann der G. Schallwellen im Frequenzbereich von 2 kHz (Grillen) bis 250 kHz (Nachtschmetterlinge), bei Wirbeltieren von einigen Hz bis 100 kHz wahrnehmen. Die menschlichen ↑Hörgrenzen liegen bei ca. 16 Hz nach unten und maximal 40 kHz nach oben.

Geißelalgen: die autotrophen ↑Flagellaten.

Geißeln (Flagellen): fadenförmige, bewegliche Zellorganellen, die bei Einzellern der ↑Fortbewegung, bei Vielzellern dem Stofftransport (Schwämme) dienen. Sie entspringen stets an einem Basalkorn und haben im Prinzip den gleichen Bau wie ↑Wimpern (Cilien): Um zwei in der Mitte liegende Fibrillen sind 9 (auch zwei- oder dreimal 9) weitere Fibrillen angeordnet. Sie sind in eine Grundsubstanz (Matrix) eingebettet und von einer dünnen Membran umgeben. Bakteriengeißeln bestehen aus einem gewendelten Eiweißfaden, der mit dem Basalkorn in der Zellwand und Cytoplasmamembran verankert ist.

Geißeltierchen: die heterotrophen ↑Flagellaten.

Geißelträger: die ↑Flagellaten.

gelber Fleck: die Stelle des schärfsten Sehens (↑Augen).

Gelbkörper (Corpus luteum): eine Hormondrüse, die im Eierstock nach dem Ausstoßen des reifen Eies beim ↑Follikelsprung aus dem im Eierstock zurückbleibenden Teil des Graaf-Follikels entsteht und die ↑Gelbkörperhormone erzeugt. Nistet sich in der Gebärmutterschleimhaut ein Embryo ein, so trägt die Hormonsekretion des G. zur Erhaltung der Schwangerschaft bei, bis die ↑Placenta selbst ihre schwangerschaftserhaltenden Hormone bildet. Wird die Eizelle nicht befruchtet, so bildet sich der G. zurück und wird während der Menstruation (↑Menstruationszyklus) zusammen mit der Gebärmutterschleimhaut abgestoßen.
Die Farbe des G. stammt von der Einlagerung gelber, fettähnlicher Stoffe. Die Theka-Zellen, das sind Zellen, die im Eierstock um den Follikel herum gelagert sind, produzieren ↑Östrogene. – ↑auch Schwangerschaft.

Gelbkörperhormone (Corpus-luteum-Hormone): Bezeichnung für vorwiegend im ↑Gelbkörper, aber auch in der Placenta gebildete Hormone, von denen das physiologisch wichtigste das ↑Progesteron ist. G. wirken mit den ↑Östrogenen zusammen bei der Befruchtung der Eizelle, beim Eitransport, bei der Vorbereitung der Gebärmutterschleimhaut für die Einnistung des Embryos. Darüber hinaus haben sie eine wichtige schwangerschaftserhaltende Wirkung und steuern im Wesentlichen den zyklischen Auf- und Abbau der Gebärmutterschleimhaut während des ↑Menstruationszyklus.

Gelée royale: spezieller Futtersaft für Bienenköniginnenlarven, der u.a. Eiweiße, Kohlenhydrate, B-Vitamine und Spurenelemente enthält.

Gelenke (Articulatio): bewegliche Verbindung zwischen Körperteilen, die selber mehr oder weniger starr sind.

◆ *Pflanzen* besitzen keine frei beweglichen G., doch haben einige von ihnen krümmungsfähige Gewebe entwickelt (z.B. Mimosen, Venusfliegenfalle). In ihnen kann durch Veränderung des Zellinnendrucks (Turgor) eine Bewegung von angrenzenden Pflanzenteilen erfolgen. Die Knoten der Gräser gestatten ein einseitiges Streckungswachstum, wodurch sich ein niedergetretener Halm wieder aufrichten kann. Man nennt die Knoten auch **Wachstumsgelenke.**

◆ Die Außen- und Innenskelette von *Tieren* bestehen aus recht starren Einheiten. Diese sind durch G. beweglich miteinander verbunden und werden durch Muskeln, Sehnen und Bänder bewegt. Die G. des Außenskeletts von Gliederfüßern sind dünne Chitinhäute **(Gelenkhäute),** die die Glieder verbinden.
Die G. bei *Wirbeltieren* und auch beim *Menschen* sind im Prinzip gleich gebaut: Das Gelenk besteht aus zwei Teilen. Das vorgewölbte Gelenkteil wird als **Gelenkkopf,** das ausgehöhlte als **Gelenkpfanne** bezeichnet. Die Gelenkflächen sind mit Knorpel überzogen. Das ganze Gelenk wird von der bindegewebigen **Gelenkkapsel** umhüllt. Die zwischen Kapsel und Gelenk entstehende Gelenkhöhle ist mit **Gelenkschmiere** (↑Schleimbeutel) ausgefüllt.
Es gibt verschiedene Gelenkformen: **Kugelgelenke** gestatten die Bewegung und Drehung eines Gliedes nach allen Seiten. Schulter- und Hüftgelenk sind Kugelgelenke. – **Eigelenke** erlauben die Bewegung in zwei Richtungen, je-

G

Gelenke

1.) Kugelgelenk

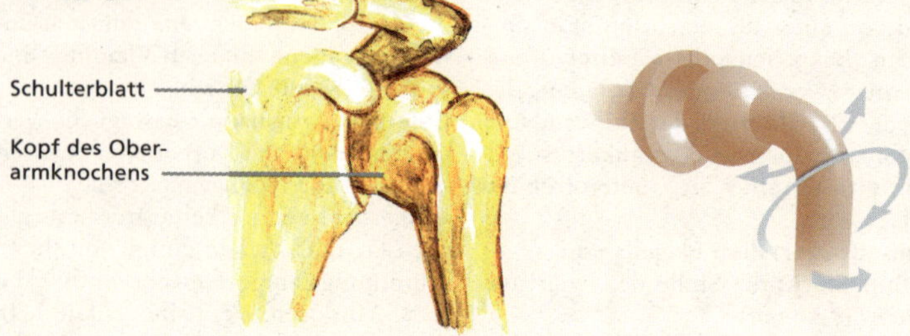

2.) Scharniergelenk

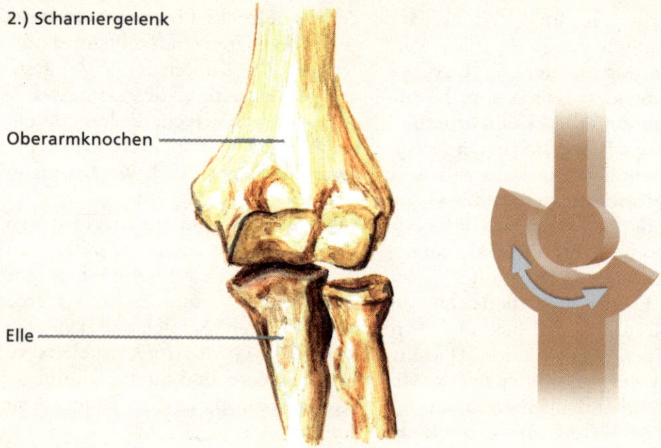

3.) Drehgelenk

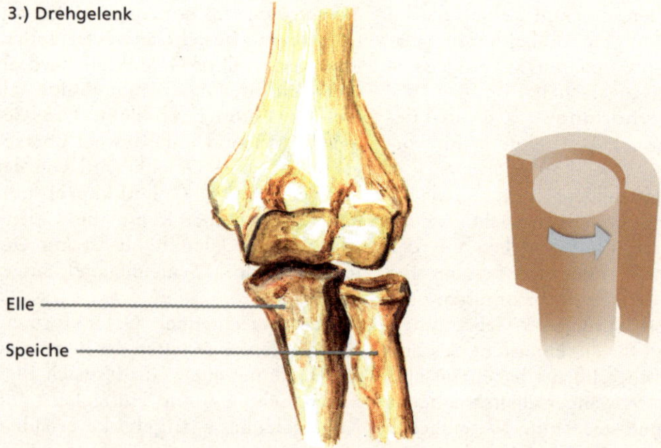

doch keine Drehung. Ein Eigelenk ist z.B. das Gelenk zwischen Handwurzel und Speiche. – **Scharniergelenke,** wie sie am Knie oder Ellbogen zu finden sind, ermöglichen nur eine Bewegungsrichtung. – Das **Sattelgelenk** zwischen dem Mittelhandknochen des Daumens und seinem Handwurzelknochen bietet wie das Eigelenk Bewegungsfreiheit in zwei Richtungen. – Beim **Drehgelenk** zwischen Atlas und Dreher bzw. Elle und Speiche am Ellenbogen dreht sich ein Knochen um den Zapfen eines anderen Knochens.

Gelenkschmiere: ↑Schleimbeutel (↑auch Gelenk).

Gemmula: eine ↑Dauerform der ↑Schwämme.

Genbank: ↑Genpool.

Gendrift (genetische Drift): die Veränderung in der Gen- oder Allelenhäufigkeit einer Population. Die zufälligen Fluktuationen in der Allelenhäufigkeit einer Population kommen dadurch zustande, dass die Verteilung der Allele auf die Gameten und die Kombination der Gameten zu Zygoten den Wahrscheinlichkeitsgesetzen folgen.

Gene: ursprünglich die letzten, unteilbaren, zur Selbstverdoppelung (↑DNA-Replikation) befähigten Einheiten der Erbinformation. Die Gesamtheit aller G. eines Organismus bilden das **Genom.**

Die G. (↑Genotyp) bestimmen in Wechselwirkung mit der Umwelt die Ausbildung der sichtbaren Merkmale, den ↑Phänotyp. Sie werden erkannt am Auftreten alternativer Formen (↑Allel) eines Merkmals, die durch ↑Mutation entstehen. Neue Allele werden nach demselben Vererbungsmechanismus an die Nachkommen weitergegeben wie das »normale« Allel des Wildtyps.

In der klassischen ↑Genetik werden G. definiert als Einheiten der Merkmalsausbildung (genetische Funktion), der Mutation und der freien Kombinierbarkeit mit anderen Genen (↑Rekombination).

Mit der steigenden Zahl von bekannten G. wurde entdeckt, dass die vielen G. zu wenigen **Kopplungsgruppen** zusammengefasst werden müssen. Bei der Bildung von ↑Geschlechtszellen werden nicht einzelne elterliche G., sondern Kopplungsgruppen verteilt (↑Meiose). Alle Nachkommen erhalten zwar ein vollständiges Genom. Welche Erbanlagen jedoch vom Vater bzw. von der Mutter stammen, ist dem Zufall überlassen. Man sagt: In der ↑Zygote werden die Erbanlagen frei kombiniert bzw. rekombiniert. In der Meiose kommt es zusätzlich noch mit arttypisch unterschiedlicher Häufigkeit zu einem Austausch von Genen zwischen homologen Kopplungsgruppen (↑Crossing-over). Die Wahrscheinlichkeit für einen Austausch ist proportional den Abständen der G. in den Kopplungsgruppen, d.h., sind 2 Gene auf einem Chromosom weit voneinander entfernt, so ist die Wahrscheinlichkeit, dass sie durch ein Crossing-over getrennt werden, größer, als wenn sie eng beieinander lägen. Daraus hat man geschlossen, dass die G. wie Perlen in einer Kette linear in den Kopplungsgruppen angeordnet sind mit einem festen, an der richtigen Funktion maßgebend beteiligten Platz **(Genort, Genlocus).**

Die auf diese Weise gefundenen Kopplungsgruppen wurden mit den ↑Chromosomen, die G. selbst mit den ↑Chromomeren gleichgesetzt.

Die molekulare Genetik definierte nach den Ergebnissen der Feinstrukturanalyse G. als einzelne Abschnitte in einem viele G. umfassenden Nucleinsäuremolekül (meist ↑DNA), die jeweils die Information für die Bildung eines einheitlichen, vollständigen Genprodukts, eines Enzyms, enthalten **(Ein-Gen-ein-Enzym-Hypothese).**

Bald musste dieser Abschnitt noch enger gefasst werden; nicht alle Proteine sind Enzyme, und ein Protein besteht oft aus mehreren Polypeptiden, von de-

G

nen jedes durch ein Gen codiert wird. Daher wurde der Begriff modifiziert zur **Ein-Gen-ein-Polypeptid-Hypothese.** Aber auch diese Definition musste weiter angepasst werden, da eukaryotische G. lange nichtcodierende Abschnitte (↑Introns) enthalten sowie funktionelle Einheiten, die nicht in ein Protein umgesetzt werden, sondern in Form von RNA bei der Proteinsynthese wichtige Aufgaben erfüllen (z.B. die Transfer-RNA). Die zurzeit gültige Definition für ein Gen lautet daher: Ein Gen ist ein Abschnitt der DNA, der zur Synthese eines RNA-Moleküls notwendig ist.

Bei einigen (kleinen) Viren wurde darüber hinaus nachgewiesen, dass ihre G. nicht hintereinander auf dem DNA-Faden angeordnet sind, sondern sich z.T. überlappen, sodass hier nicht ein einzelnes Gen Informationsträger für ein einziges Genprodukt darstellt.

Grundsätzlich ist damit die Definition der G. als Einheiten der Funktion beibehalten worden. Als Einheit der Mutation **(Muton)** und der Rekombination **(Recon)** wird heute das einzelne Nucleotidpaar der DNA angesehen (↑genetischer Code).

Am Genom von Bakterien, die zwar keine echten Chromosomen haben, deren DNA-Faden aber die gleichen Aufgaben wie diese erfüllt, konnten die Mechanismen der Steuerung der einzelnen Genfunktionen **(Genregulation)** aufgeklärt werden. Danach sind einzelne G. zu einem **Operon** zusammenzufassen. Ein Operon enthält mehrere **Strukturgene,** die die Aminosäuresequenz eines zu synthetisierenden Polypeptids bestimmen, zusätzlich noch an einem Ende **Kontrollgene** für den Beginn der Transkription (enthält den **Promotor,** der die RNA-Polymerase als Voraussetzung des Synthesebeginns bindet) sowie am anderen Ende eine DNA-Sequenz als **Terminator** für die Beendigung des »Ablesevorgangs«, d.h. der Synthese.

Außer auf den Chromosomen im Zellkern gibt es noch einige extrachromosomale G. (plasmatische G., Plasmafaktoren), z.B. in Chloroplasten und Mitochondrien, die einen Teil der Information für diese Zellorganellen tragen. – ↑auch Plasmide.

Beim Menschen wird die Anzahl der G. in einem Zellkern auf 100 000 bis 200 000 geschätzt, von denen bislang 3 000 bekannt sind. Von 120 G. weiß man, auf welchen Autosomen sie liegen; hinzu kommen noch 96 G. auf dem X- und zwei auf dem Y-Chromosom.

Generation: alle Lebewesen einer ↑Population, die etwa im gleichen Zeitraum geboren wurden. Als G. bezeichnet man auch die Einzelglieder der Geschlechterfolge (↑Elterngeneration, ↑Tochtergeneration bzw. Eltern, Kinder usw.).

Generationswechsel: Ein G. ist der i. A. regelmäßige Wechsel zwischen verschiedenen Generationen eines Tiers oder einer Pflanze, wobei sich die eine Generation geschlechtlich, die andere ungeschlechtlich fortpflanzt.

Den typischen *primären G.* zeigen nur die Pflanzen. Hier sehen die beiden Generationen äußerlich unterschiedlich aus: Die ungeschlechtliche Generation besteht aus einer Pflanze, die sich durch ↑Sporen fortpflanzt. Dieser Sporophyt, der bei ↑Pilzen und ↑Moosen noch ein hinfälliges, selbstständig nicht lebensfähiges Gebilde ist, entfaltete sich im Laufe der Stammesentwicklung über die ↑Farne schließlich zu dem kräftigen Körper der ↑Samenpflanzen. Andererseits wurde der Gametophyt, die Generation, die die Gameten bildet, in der gleichen Reihenfolge immer kleiner, bis er im Pollenkorn und im Embryosack der Samenpflanzen auf ganz wenige Zellen zusammengeschrumpft war, die vom Sporophyten umgeben sind. Bei den meisten Pflanzen besitzt der Gametophyt nur den einfachen Chromosomensatz, er ist haploid (↑Haplophase). Der Sporophyt hingegen ist diploid (↑Diplophase). Der G. ist also mit einem ↑Kernphasenwechsel verbunden und wird daher als **heterophasischer G.** bezeichnet. V.a. bei Einzellern und Algen gibt es den **homophasischen G.,** bei dem in allen Generationen der Zellkern dieselbe Chromosomenzahl enthält.

Beim *sekundären G.* wechseln eine normale Geschlechtsgeneration und eine vegetativ oder parthenogenetisch entstandene Generation miteinander ab. Bei Hohltieren (z.B. Schirmqualle) entstehen am festsitzenden Polypen durch Knospung mehrere Quallen, die die geschlechtliche Generation darstellen. Diese Form des sekundären Generationswechsels nennt man **Metagenese.** Hier ist der G. auch mit Gestaltwechsel verbunden.

Einen anderen Weg (↑Heterogonie) gehen z.B. Wasserflöhe und Pflanzenläuse, die sich während der warmen Jahreszeit enorm schnell durch Parthenogenese (↑Jungfernzeugung) vermehren können. – ↑Parasiten, die einen G. durchmachen müssen, wechseln dabei meist ihren Wirt (↑Wirtswechsel).

Generatorpotenzial (Rezeptorpotenzial): Bezeichnung für die Potenzialänderung, die an einem ↑Rezeptor durch einen Reiz ausgelöst wird.

Genetik (Vererbungslehre): ein Teilgebiet der Biologie. Die **klassische G.** beschäftigt sich u.a. mit Vererbungsgängen von Merkmalen (z.B. ↑Mendel-Regeln) und mit der Untersuchung der ↑Chromosomen, während die **Molekulargenetik** mit biochemischen Methoden u.a. ↑Nucleinsäuren und Genfunktionen (↑Gene) v.a. bei Bakterien und Bakteriophagen erforscht. Hauptziel der **angewandten G.** ist die Züchtung von ertragreichen Pflanzen und Tieren. Genetisches Forschungsobjekt der **Humangenetik** ist der Mensch. Ein Anwendungbereich ist z.B. die genetische Familienberatung (↑ Eugenik).

genetische Drift: die ↑Gendrift.

genetische Familienberatung: ↑Erbkrankheiten, ↑Eugenik.

genetische Information: die in den Nucleinsäuren gespeicherte Information (↑genetischer Code).

genetischer Code: Der genetische Code ist der Schlüssel für die Übertragung der genetischen Information von den Nucleinsäuren (↑DNA, ↑RNA) auf die Proteine bei der ↑Eiweißsynthese. Dabei müssen die Basensequenzen der DNA und RNA in die ↑Aminosäuresequenz des Eiweißes umgesetzt werden (↑auch Anticodon).

Die Elemente für den Aufbau des genetischen Codes bei der DNA sind die organischen Basen Thymin (T), Adenin (A), Cytosin (C) und Guanin (G), bei der RNA tritt an die Stelle von Thymin das Uracil (U; ↑auch Nucleotide). Da die Nucleinsäuren nur diese 4 verschiedenen Bausteine haben, die Proteine jedoch bis zu 20 verschiedene Aminosäuren enthalten können, werden für die Spezifizierung einer Aminosäure 3 Basen benötigt. Durch jeweils 3 Basen **(Codon, Basentriplett)** werden $4^3 = 64$ Kombinationsmöglichkeiten gebildet. Von diesen 64 möglichen Codons determinieren 3 keine Aminosäure, sondern steuern als Stopcodons den Abbruch der Eiweißsynthese.

Heute weiß man, dass eine Aminosäure durch mehr als ein Codezeichen verschlüsselt sein kann, man bezeichnet diesen Sachverhalt auch als »degenerierten (genetischen) Code«. Es hat sich gezeigt, dass die Tripletts, die für die gleiche Aminosäure stehen, sich stets nur in einem Nucleotid voneinander unterscheiden. So stehen z.B. die Basentripletts GCU, GCC, GCA u. GCG für die Aminosäure Alanin. Alle Organismen »übersetzen« die ↑Basensequenz in gleicher Weise. Man spricht deshalb auch von der Universalität des genetischen Codes.

Genitalorgane (Genitalien): die ↑Geschlechtsorgane.

Genklonierung: ↑Klonieren.
Genlocus: ↑Gene.
Genom: die Gesamtheit aller ↑Gene eines Organismus.
Genort: ↑Gene.
Genotyp: die Summe der in den ↑Genen enthaltenen genetischen Information eines Organismus. Der G. bildet zusammen mit den extrachromosomalen Genen in den Mitochondrien und Plastiden den **Idiotyp.** Bei diploiden Organismen muss man zwischen G. und ↑Phänotyp unterscheiden.
Genpool: die Gesamtheit aller ↑Gene und damit der genetischen Variationen innerhalb einer Population von Tieren oder Pflanzen zu einem bestimmten Zeitpunkt. V.a. bei den Getreidearten führt der fortgesetzte Anbau nur weniger Sorten dazu, dass der G. verarmt und die Gefahr besteht, dass kaum noch angebaute Sorten mit der Zeit verschwinden. Man legt daher vorsorglich sog. **Genbanken** an, in denen der Samen seltener Sorten und v.a. von Wildformen aufbewahrt wird.
Genregulation: ↑Gene.
Gentechnologie: siehe S. 200.
Geophyten (Erdpflanzen, Kryptophyten): Als G. bezeichnet man mehrjährige krautige Pflanzen, die ungünstige Jahreszeiten mithilfe von unterirdischen Erneuerungsknospen und Speicherorganen überdauern können. Zu ihnen gehören z.B. die Schwertlilie (Rhizom), die Küchenzwiebel und die (Zwiebel), die Kartoffel (Knolle), die Dahlie (Wurzelknolle) und die Möhre (Rübe).
Geradflügler (Orthoptera): seit dem Karbon bekannte Überordnung der Landinsekten mit rund 17 000 Arten (z.B. Heuschrecken, Ohrwürmer), die überwiegend Pflanzenfresser sind. G. haben kauende ↑Mundwerkzeuge und meist zwei Paar häutige Flügelpaare. Die Hinterbeine sind oft zu Sprungbeinen verlängert. Die Männchen vieler Arten bringen Zirplaute hervor.
Gerstenkorn: ↑Meibom-Drüsen.
Geruchsorgane: Mit Riechzellen ausgestattete Organe im tierischen Organismus und beim Menschen, die Geruchsreize vermitteln (↑Geruchssinn).
Die Riechzellen liegen bei *Wirbellosen* z.T. über den ganzen Körper verstreut, sind i.d.R. aber an bestimmten Stellen gehäuft: bei Spinnen und Krebsen befinden sie sich an den Extremitäten, bei Insekten vorwiegend an den ↑Antennen.
Wirbeltiere haben die Geruchsorgane immer am Kopf, meist in der mit einer Riechschleimhaut ausgekleideten ↑Nase.
Kriechtiere besitzen als besonderes Geruchsorgan das **Jacobson-Organ** im Gaumendach, dem die Geruchsstoffe durch die Zungenspitze zugeführt werden (bei Schlangen durch Züngeln).
Beim *Menschen* nimmt die Riechschleimhaut nur einen kleinen Teil (ca. 2,5 cm^2) der Nasenschleimhaut ein. Zwischen Stützzellen stehen die Ausläufer (Riechstäbchen) der Geruchssinneszellen. Sie tragen 6–8 Riechhärchen. Insgesamt hat der Mensch wohl 10–20 Millionen Riechzellen.
Geruchssinn (Riechsinn): mit dem ↑Geschmackssinn zu den ↑chemischen Sinnen gehörender Sinn, bei dem bestimmte gas- oder dampfförmige oder (hauptsächlich bei Wassertieren) gelöste chemische Verbindungen einen Reiz auf die Riechzellen ausüben können. Die Reizschwelle des Geruchssinns liegt sehr niedrig.
Bei den Wirbeltieren ist der G. gewöhnlich in Nasenorganen (↑Nase) lokalisiert, die durch paarige Geruchsnerven mit dem Gehirn in Verbindung treten. Mithilfe des Geruchssinns erkennen die Tiere Nahrung, Artgenossen und Feinde. Auch zur räumlichen Orientierung und gegenseitigen Verständigung (↑Duftmarken) kann der G. von Bedeutung sein. Oft lässt sich der G. nicht eindeutig vom Geschmackssinn trennen (so bei den meisten Wirbellosen).

Tiere mit schwachem G. werden als **Mikrosmaten** (z.B. Mensch, Affen, Robben, Fledermäuse, Vögel, Amphibien), solche mit besonders gutem G. als **Makrosmaten** (viele Säuger, wie z.B. Huftiere, viele Raubtiere, Hund und Reh sowie viele Insekten) bezeichnet. Manche Schmetterlingsmännchen können über mehrere Kilometer hinweg durch den Sexualduftstoff der Weibchen angelockt werden (↑Duftstoffe). Man nimmt an, dass die Riechzellen solcher Schmetterlinge bereits durch wenige Moleküle des Geruchsstoffs gereizt werden können. Wale hingegen besitzen z.B. überhaupt keinen G. und werden daher als **Anosmaten** bezeichnet.

Zur Unterscheidung verschiedener Düfte sind mehrere Typen von Rezeptoren notwendig. Der Mensch kann mehrere Tausend Düfte unterscheiden. Eine befriedigende Klassifizierung der Geruchsqualitäten beim Menschen ist noch nicht gelungen. Am bekanntesten sind die 6 Kategorien *würzig* (Ingwer, Pfeffer), *blumig* (Jasmin), *fruchtig* (Fruchtester, z.B. Apfel), *harzig* (Räucherharze), *faulig* (Schwefelwasserstoff) und *brenzlig* (Teer).

Der G. dient dem Menschen zur Prüfung von Speisen und Getränken und signalisiert schädigende Stoffe.

Bei Dauerreizung durch einen bestimmten Geruchsstoff erlischt die Geruchsempfindung für diesen Stoff, ohne die Empfindlichkeit für andere Stoffe zu beeinflussen.

Ein und derselbe Stoff kann je nach Konzentration ganz verschiedene Geruchsempfindungen hervorrufen, z.B. kann das in höherer Konzentration als übel riechend empfundene Skatol bei starker Verdünnung als jasminähnlich riechend empfunden werden.

Gesang: ↑Lautäußerungen.

geschlechtliche Fortpflanzung: Form der Fortpflanzung, bei der aus zwei meist geschlechtlich unterschiedlichen Keimzellen (↑Geschlechtszellen) durch deren Verschmelzung (↑Befruchtung) und anschließende mitotische Teilung (↑Mitose) ein neues Individuum entsteht. Hierbei kommt es zu einer Neukombination der Erbanlagen, was ein wichtiger Evolutionsfaktor ist. Um das Zustandekommen der Befruchtung zu sichern, zeigen Lebewesen mit g. F. häufig ein artspezifisches Verhalten.

Die Keimzellen besitzen stets einen einfachen Chromosomensatz, sind also haploid. Nach ihrer Verschmelzung entsteht die ↑Zygote mit doppeltem Chromosomensatz; sie ist diploid. Aus ihr geht im Verlaufe der ↑Keimesentwicklung ein neues Individuum hervor. Bei Individuen mit einfachem Chromosomensatz in allen Körperzellen (Haplonten) erfolgt in der Zygote bereits die Reifeteilung (↑Meiose). Dadurch wird aus dem doppelten Chromosomensatz ein einfacher.

Hingegen findet bei Individuen mit doppeltem Chromosomensatz in den Körperzellen (Diplonten) die Reifeteilung, meist in besonderen Geschlechtsorganen, erst bei der Bildung der Keimzellen statt. Die ↑Eizellen entstehen dann im ↑Eierstock, die ↑Samenzellen im ↑Hoden.

Eine besondere Form der g. F. haben ↑Wimpertierchen entwickelt. Sie tauschen während der ↑Konjugation Wanderkerne aus, die mit dem stationären weiblichen Kern verschmelzen. Die Wanderkerne entsprechen deshalb den männlichen Keimzellen.

Bei einigen Einzellern wechseln sich geschlechtliche und ungeschlechtliche Fortpflanzung regelmäßig ab. Dieser ↑Generationswechsel ist z.B. bei den Malariaerregern (↑Plasmodium) mit einem ↑Wirtswechsel verbunden. – Einen typischen primären Generationswechsel zeigen Moose und Farne.

Unter bestimmten Bedingungen entwickeln sich auch die unbefruchteten Eier mancher Lebewesen zu vollständigen Individuen. Diesen Vorgang nennt man ↑Jungfernzeugung.

Schon vor etwa 10 000 Jahren begann der Mensch mit der Züchtung von Pflanzen und Tieren, um bei diesen die Ausbildung besonders erwünschter Merkmale und Leistungen (z.B. hoher Ernteertrag bei Nutzpflanzen, hohe Milchleistung bei Kühen) zu fördern. Ohne davon zu wissen, nahm man bereits zur damaligen Zeit indirekt Einfluss auf die genetische Information, denn die körperlichen Eigenschaften von Organismen sind im Wesentlichen auf den Informationsgehalt des Erbmaterials (↑DNA) zurückzuführen. Durch Züchtung versucht man bewusst, nur Organismen mit für den Menschen nützlichen Merkmalen und entsprechenden Erbinformationen zur Fortpflanzung zu bringen und unerwünschte Eigenschaften zu eliminieren.

Dies ist vom Prinzip auch die Grundidee der Gentechnologie, bei der jedoch unmittelbar am Erbgut selbst Veränderungen (»Genmanipulationen«) vorgenommen werden.

Grundlagen der Gentechnologie

Nachdem Gregor Mendel seine Vererbungsregeln (↑Mendel-Regeln) aufgestellt hatte, setzte die Phase der auf klassischer Genetik basierenden Genmanipulation ein. Durch die Identifizierung der DNA als Erbsubstanz durch O. T. Avery und die Entschlüsselung ihrer chemischen Struktur (Doppelhelix) durch J. D. Watson und F. H. C. Crick wurde der Grundstein gelegt für molekulargenetische Forschungen.

Die Gentechnologie ist ein Teilgebiet der Molekularbiologie, das sowohl die theoretischen Aspekte als auch die praktischen Methoden (Gentechnik, Genmanipulation, Genchirurgie, genetic-engineering) umfasst, durch die Gene und deren Regulatoren (Signalstrukturen) isoliert, analysiert, nach Wunsch verändert und wieder in Organismen eingebaut werden. Die Gentechnologie schließt auch Zellfusion (Verschmelzung von Zellen) zur Herstellung von ↑monoklonalen Antikörpern mit ein, ist jedoch abzugrenzen von den sog. Reproduktionstechnologien, d.h. der Fusion von Spermium und Eizelle.

Die Gentechnologie hat ihre schnelle Entwicklung und heutige Bedeutung durch die Möglichkeit erlangt, die DNA eines Organismus gezielt zu verändern. Dies geschieht durch mehrere aufeinander folgende Schritte:

1. Schritt: Isolierung des Gens

Zunächst wird die DNA mithilfe von Restriktionsenzymen (Restriktionsendonucleasen) aufgeschnitten. Diese Enzyme greifen selektiv (mit gezieltem Auswahlvermögen) bestimmte Basenfolgen (↑auch Purine, Pyrimidin, Basenpaarung) an. Durch eine spezielle Technik kann nach der Spaltung der DNA in Fragmente (Bruchstücke) das erwünschte Gen isoliert werden.

2. Schritt: Strukturaufklärung des Gens

Durch verschiedene Methoden der Sequenzanalyse der ↑Nucleinsäuren (= Bestimmung der Reihenfolge, d.h. der Anordnung der organischen Basen innerhalb der Nucleinsäuremoleküle) lässt sich die Struktur des Gens ermitteln. Die Strukturaufklärung ist heute bereits automatisiert.

3. Schritt: Einschleusung des Gens in eine Zelle (z.B. Bakterium)

Um das isolierte Gen in eine Zelle einzuschleusen, muss es zunächst auf ein Transportvehikel, einen sog. Vektor übertragen werden. Als Vektoren werden bakterielle ↑Plasmide (oder auch Viren) eingesetzt. Ein solches Plasmid wird durch ein Restriktionsenzym aufgeschnitten. Anschließend wird das aus der DNA isolierte Gen als Fremdgen in das aufgeschnittene Plasmid eingebaut.

Das Einfügen des fremden Gens erfolgt unter dem katalytischen Einfluss des Enzyms DNA-Ligase (In-vitro-Rekombination). Der Vektor mit neu kombinier-

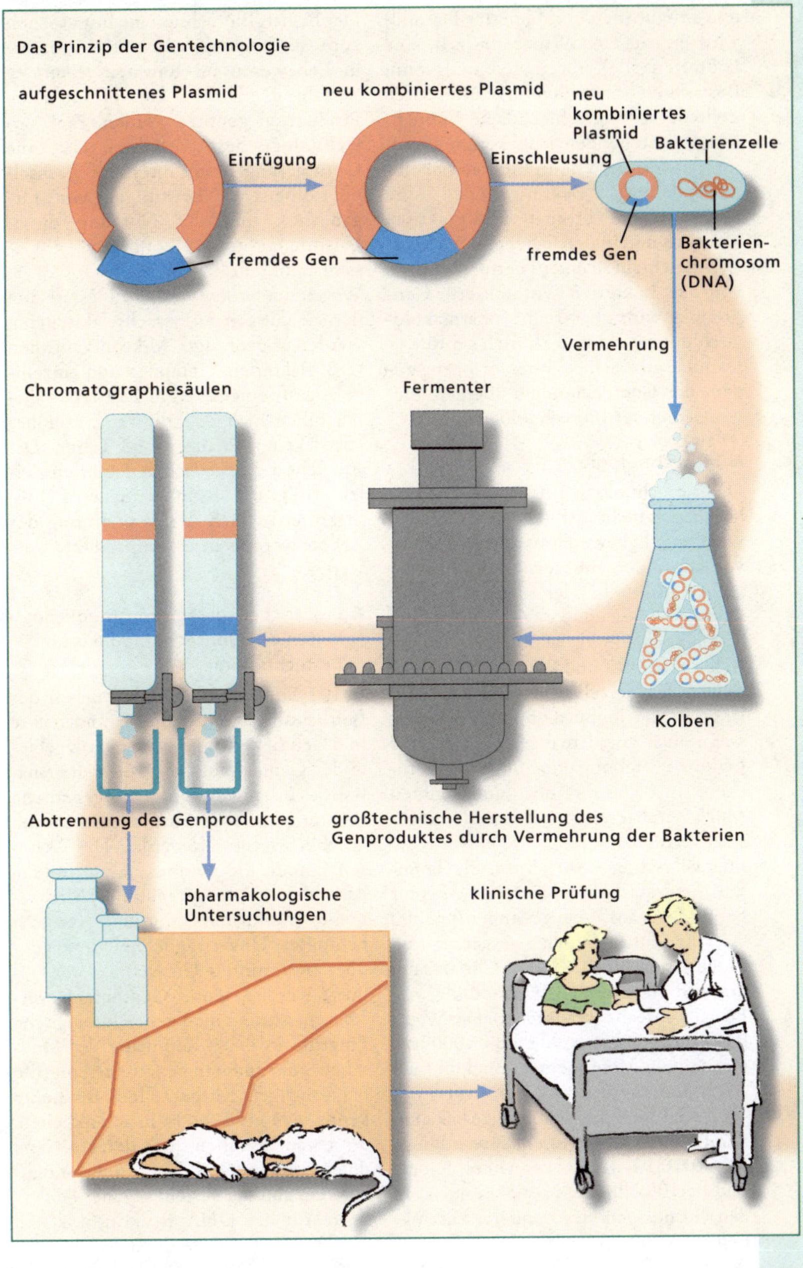
Das Prinzip der Gentechnologie
aufgeschnittenes Plasmid
Einfügung
fremdes Gen
neu kombiniertes Plasmid
Einschleusung
neu kombiniertes Plasmid
Bakterienzelle
fremdes Gen
Bakterien-chromosom (DNA)
Vermehrung
Chromatographiesäulen
Fermenter
Kolben
Abtrennung des Genproduktes
großtechnische Herstellung des Genproduktes durch Vermehrung der Bakterien
pharmakologische Untersuchungen
klinische Prüfung

tem Erbgut (neu kombiniertes Plasmid) wird nun in eine Wirtszelle (z.B. eine Bakterienzelle) übertragen und somit Bestandteil ihres Genoms. Alle durch Zellteilung (ungeschlechtliche Vermehrung) entstehenden Nachkommen dieser transformierten (im Erbmaterial umgewandelten) Bakterienzelle sind bezüglich des Erbmaterials praktisch identisch und bilden daher einen ↑Klon. Dies geschieht in einem Fermenter . Das von den Bakterien synthetisierte Genprodukt wird abgetrennt, pharmakologisch untersucht und klinisch geprüft. Damit ergibt sich ein direkter Bezug zudem der Gentechnologie übergeordneten Gebiet der Biotechnologie.

Biotechnologie

Die Biotechnologie findet vom Prinzip her jedoch nicht erst neuerdings Anwendung. Lebewesen wurden schon vor langer Zeit zur Herstellung von Nahrungsmitteln oder zu ihrer Konservierung eingesetzt.
Schon vor mehr als 3 000 Jahren v. Chr. stellte man Brot und Bier unter Verwendung von Hefezellen her. Etwa genauso lange ist die Joghurtbereitung bekannt, wenn auch zur damaligen Zeit die zur Joghurtherstellung unbedingt erforderlichen, als solche aber noch unbekannten Milchsäurebakterien nur intuitiv eingesetzt wurden.
Ebenfalls schon 3 000 Jahre v. Chr. konnten Assyrer, Babylonier und Ägypter bereits Essig aus Wein gewinnen, um 300 v. Chr. auch durch Vergären von Fruchtsäften. Etwa 1350 n. Chr. begann die »großtechnische« Herstellung von Essig in Orleans (Frankreich). Die Weinbereitung erfolgte wohl schon 5 000 Jahre v. Chr. in Mesopotamien und im Iran. Auch Sauerkraut und Salamiwurst mit Weißschimmel sind schon lange bekannt.
Die Biotechnologie ist ein anwendungsorientiertes Teilgebiet der Mikrobiologie und der Biochemie, baut aber auch auf den Grundlagen vieler anderer Disziplinen auf.
Der Begriff Biotechnologie bringt schon zum Ausdruck, dass *biologische* Prozesse in Lebewesen im Rahmen *technischer* Verfahren bis hin zur industriellen Produktion genutzt werden. Ziel biotechnologischer Verfahren ist die Optimierung bestimmter stoffwechselphysiologischer Leistungen von Organismen und die Nutzung dieser Leistungen unter ökonomischen Gesichtspunkten.
Wegen der hohen Vermehrungsrate und der vielfältigen Stoffwechselaktivitäten werden bevorzugt Mikroorganismen (z.B. Bakterien, Hefepilze und einzellige Algen) eingesetzt, in Zukunft wahrscheinlich auch Zellkulturen von höher entwickelten Pflanzen und Tieren. Die Anzucht der genetisch veränderten Zellen erfolgt i. d. R. in Fermentern (Bioreaktoren). Nach der Vermehrung der Zellen werden ihre Genprodukte verwertet.

Praktische Anwendungsmöglichkeiten der Gentechnologie und Biotechnologie

In der Humanbiologie sind neben der Befruchtungsbiologie die Genomanalyse und Gentherapie mögliche Einsatzgebiete der Gentechnologie. Durch die Analyse des Erbgutes könnten die genetische Beratung und vorgeburtliche Diagnostik erheblich verbessert werden. Des Weiteren könnte die Genomanalyse für die Auswahl patientengerechter(er) Medikamente und für die Ermittlung genetisch bedingter Unverträglichkeiten gegenüber bestimmten Umweltfaktoren genutzt werden. Unter Gentherapie versteht man zum einen gentechnologische Eingriffe in die ↑Keimbahn des Menschen, zum anderen genetische Eingriffe bei sonstigen Körperzellen. Bis heute kennt man etwa 2 000 Erbkrankheiten, die darauf beruhen, dass defekte Gene defekte Proteine codieren; eine mögliche Behandlung besteht in einer Fehlerkorrektur der DNA-Struktur, d.h., ein defektes Gen müsste durch ein anderes in allen, auch differenzierten Zellen des Organismus ausgetauscht werden. Bislang ist dies jedoch nicht zu realisieren. Gentherapeutische Behandlungen beim Menschen blieben bisher leider ohne Erfolg.

Im Folgenden wird ein exemplarischer Überblick über die gegenwärtigen und zukünftigen Anwendungsmöglichkeiten der Gen- und Biotechnologie gegeben:

- Klonen menschlicher Zellen zur Züchtung von Organen, Knochen- und Knorpelgewebe für Transplantationszwecke
- Klonen menschlicher Embryonen als Schlüssel zur Therapie rätselhafter Krankheiten, wie z.B. Alzheimer-Krankheit (Gedächtnisschwund) und Parkinson-Krankheit (Schüttellähmung)
- Gentests auf Veranlagung zu Brustkrebs, Dickdarmkrebs und Veitstanz (einem mit geistigem Verfall einhergehenden Leiden)
- Entwicklung von Getreide mit hoher Schädlingsresistenz und hoher Ertragsleistung zum Lösen des Welthungerproblems
- Ermöglichung der Fixierung molekularen Stickstoffs (N_2) zur Vermeidung der ökologisch bedenklichen Folgen des Einsatzes von Kunstdüngern
- Produktion von Arzneimitteln auf gentechnischer Basis
- bakterielle Produktion von Insulin
- Einsatz genmanipulierter Mikroorganismen bei Abwasser- und Abluftreinigung, Bodensanierung und Beseitigung organischer Abfälle
- Gewinnung von Kupfer, Uran, Arsen und Zinn durch mikrobielle Auslaugung von Magererzen
- Energiegewinnung durch Methangas produzierende Bakterien
- Produktion einer Vielzahl weiterer Stoffe (z.B. Nahrungs- und Futtermittel, alkoholische Getränke, Säuren, Lösemittel, Enzyme, Aminosäuren, Aromastoffe, Impfpräparate, Vitamine, Antibiotika, biologische Pflanzenschutzmittel, Wuchsstoffe) durch »lebende Fabriken«.

Chancen und Risiken

Trotz der zweifellos großen Vorteile des gen- bzw. biotechnologischen Knowhows für den Menschen stellt sich natürlich auch die Frage nach dem Risikopotenzial dieser Verfahrenstechniken. Ein von scharfen Kritikern der Gentechnologie gefordertes weltweites Verbot der Gentechnologie dürfte aufgrund des großen wissenschaftlichen und wirtschaftlichen Interesses unrealistisch sein. Da jedoch mittelfristig keine Grenze des methodisch Machbaren bei Veränderung des Erbguts aller Lebewesen zu erwarten steht, ist eine intensive Diskussion zwischen Wissenschaftlern, Politikern, Juristen, Philosophen und der breiten Öffentlichkeit über den Einsatz, die Gefahren und die ethischen Grenzen sowie deren rechtliche Festschreibung erforderlich. Die 1984 durch die Regierungschefs der Staaten des Weltwirtschaftsgipfels ins Leben gerufene Bioethik-Konferenz empfahl u.a. die Ablehnung des Gentransfers in die menschliche Keimbahn, hohe Sicherheitsauflagen beim Einsatz von Retroviren als Plasmide und die Beschränkung auf den Einsatz von Mikroorganismen, die außerhalb von Kulturen nicht zu überleben vermögen.

In Deutschland trat 1990 das Gentechnikgesetz in Kraft, das bereits 1993 novelliert wurde. Es legt über Rechtsverordnungen u.a. verschiedene Zwischenstufen für gentechnologische Arbeiten und entsprechende Sicherheitsmaßnahmen bezüglich der Arbeitsbedingungen und der Freisetzung gentechnisch veränderter Organismen fest. ■

BROWN, TERENCE A.: *Gentechnologie für Einsteiger.* Heidelberg (Spektrum Akadem. Verlag) ²1996 ■ *Gentechnologie. Fakten und Meinungen zum Kernthema des 21. Jahrhunderts.* Hg. von Dirk Harrens. Berlin (Ullstein) 1999

G

Die Keimzellen der Pflanzen werden in Gametangien (↑Gametangium) gebildet. Bei den ↑Samenpflanzen sind es die Fruchtblätter bzw. die Pollenkörner (↑Blütenstaub), die die Geschlechtszellen ausbilden.

Geschlechtlichkeit: die ↑Sexualität.

Geschlechtsbestimmung: die (meist irreversible) Festlegung des Geschlechts bei der Befruchtung oder im Verlauf der Keimesentwicklung. Die meisten Tiere und einige Pflanzen sind getrenntgeschlechtig. Häufig wird das künftige Geschlecht durch Gene **(genotypische G.)** auf besonderen ↑Geschlechtschromosomen schon bei der ↑Befruchtung festgelegt.

Beim Menschen, bei fast allen Säugetieren, aber auch u.a. bei Fliegen und Mücken findet man X- und Y-Chromosomen; die Zusammenstellung XX im diploiden Organismus führt zu Weibchen, die Kombination XY zu Männchen. Die Männchen bilden im Verhältnis 1:1 Gameten mit X- bzw. mit Y-Chromosomen. Theoretisch sollten also immer gleich viele weibliche und männliche Individuen geboren werden. Beim Menschen beispielsweise werden i.A. mehr Jungen als Mädchen geboren. Ursache dafür sind die beweglicheren, »leichteren« Y-Chromosomen, die daher öfter zur Befruchtung kommen.

Häufig werden während der Entwicklung eines Lebewesens sowohl weibliche als auch männliche Geschlechtsorgane angelegt (auch beim Menschen); später aber wird durch die Wirkung der Gene unter dem Einfluss von Hormonen das eine Geschlecht unterdrückt bzw. das andere gefördert.

Die Art der Geschlechtsbestimmung kann abgewandelt sein: So kann z.B. die Kombination XX für Weibchen, X0 für Männchen (0 heißt kein Geschlechtschromosom) vorkommen. Manchmal, u.a. bei Vögeln und Schmetterlingen, sind die Weibchen heterozygot Z0 (X0) und die Männchen homozygot ZZ (XX).

Wird das Geschlecht nicht durch Gene bestimmt, sondern von Umwelteinflüssen, spricht man von **phänotypischer Geschlechtsbestimmung.** So werden z.B. die Nachkommen bestimmter Meeresringelwürmer nur zu Männchen, wenn sie mit dem Rüssel eines Weibchens, auf dem sie dann als Parasiten leben, in Kontakt kommen. Junge Napfschnecken sind männlich, ältere werden zu Weibchen.

Um das Geschlecht eines Individuums festzustellen, kann man z.B. mithilfe eines Schleimhautabstrichs einige Zellen entnehmen. Teilen sich die Zellen in einem geeigneten Kulturmedium, erkennt man in der Metaphase der ↑Mitose die typischen Geschlechtschromosomen.

Geschlechtschromatin: ↑Barr-Körperchen.

Geschlechtschromosomen: in Beziehung zur Geschlechtsbestimmung stehende ↑Chromosomen, die in Struktur und Funktion von den übrigen Chromosomen (Autosomen) abweichen und daher auch als **Heterosomen** bezeichnet werden. Sie tragen die Gene für die ↑Geschlechtsbestimmung (wobei diese auf Y-Chromosomen auch ganz fehlen können, z.B. bei der Taufliege). Darüber hinaus enthalten sie meist noch andere Gene, die dann zu einer **geschlechtsgebundenen Vererbung** der entsprechenden Merkmale führen, so z.B. im Fall der ↑Bluterkrankheit beim Menschen.

Frauen haben in ihren Körperzellen zwei **X-Chromosomen,** von denen im Normalfall eines nicht aktiv ist (↑Barr-Körperchen). Männer haben ein X-Chromosom und ein (kleineres) **Y-Chromosom.**

Geschlechtsdimorphismus (Sexualdimorphismus): Als G. bezeichnet man das z.T. sehr unterschiedliche Aussehen von weiblichen und männlichen Tieren. Primär sind Weibchen und Männchen natürlich schon aufgrund der verschiedenen Geschlechtsorgane unterschiedlich gebaut. Sekundär aber haben sich, als sekundäre ↑Geschlechtsmerkmale, weitere Unterschiede herausgebildet: Unterschiedliche Körpergröße ist sehr häufig. Ein besonders eindrucksvolles Beispiel hierfür ist das Männchen **(Zwergmännchen)** des Tiefseeanglerfischs, das im Vergleich zum Weibchen winzig ist. Es beißt sich am Weibchen fest, verwächst mit ihm und wird über dessen Blutkreislauf ernährt.

Weitere Merkmale im Rahmen eines G. sind Hilfsorgane für die Begattung, so z.B. Daumenschwielen männlicher Kröten und Frösche, ein farbenprächtiges Gefieder bei männlichen Vögeln, die Mähne bei Löwenmännchen und eine Reihe weiterer besonderer Bildungen (z.B. auch das Geweih bei Hirschen), die oft im Zusammenhang mit Rivalität bzw. Wettbewerb mit anderen Männchen, ↑Imponiergehabe sowie dem Balz- und Paarungsverhalten stehen. Bei den Nachtfaltern z.B. haben die Männchen in den Antennen besondere Sinnesorgane zum Auffinden der Weibchen entwickelt.

Geschlechtsdrüsen: die ↑Keimdrüsen.

geschlechtsgebundene Vererbung: ↑Geschlechtschromosomen.

Geschlechtsglocken: ↑Staatsquallen.

Geschlechtshormone (Sexualhormone): G. sind im weiteren Sinne sämtliche Hormone, die die Entwicklung und Funktion der Keimdrüsen sowie der Geschlechtsorgane bestimmen und steuern, im engeren Sinne die Hormone der ↑Keimdrüsen. Sie sind ebenso verantwortlich für die Ausbildung der sekundären ↑Geschlechtsmerkmale und somit z.B. beim Menschen notwendig für das Wachstum und die geschlechtliche Entwicklung zum Mädchen und zur Frau bzw. zum Jungen und zum Mann. Darüber hinaus steuern sie alle Prozesse im Rahmen der Fortpflanzung, d.h. die Bildung der Keimzellen, Schwangerschaft, Geburt und Stillen.

Grundsätzlich kommen G. bei allen Wirbeltieren und auch bei Wirbellosen (höhere Krebse, einige Insekten) vor. Stets scheint ein übergeordnetes Hormonzentrum vorhanden zu sein. Regelkreise sind für alle bekannten Beispiele anzunehmen.

Die wichtigsten G. des Menschen sind die im männlichen Geschlecht überwiegenden ↑Androgene (Testosteron und Dihydrotestosteron), die beim weiblichen Geschlecht überwiegenden ↑Östrogene (Östron, Östradiol und Östriol) sowie die ↑Gelbkörperhormone, die die Schwangerschaft vorbereiten und erhalten (↑Progesteron und das ↑Placentahormon HCG). Androgene und Östrogene werden bei beiden Geschlechtern schon in der Embryonalzeit und dann wieder ab der Pubertät in Hoden und Eierstöcken gebildet, in geringerer Menge auch in der Nebennierenrinde.

Alle genannten G. (außer HCG) sind chemisch miteinander verwandte Steroidhormone. Deren *Biosynthese* beginnt mit der Abspaltung der Seitenketten des ↑Cholesterins und mit der Bildung von Pregnenolon, das zu Progesteron, der Stammsubstanz der Steroidhormone dehydriert wird. Die einzelnen Steroidhormone unterscheiden sich voneinander durch unterschiedliche Seitenketten und Doppelbindungen.

Zu den G. im weiteren Sinne zählen auch die ↑Gonadotropine, denn sie sti-

Geschlechtsdimorphismus

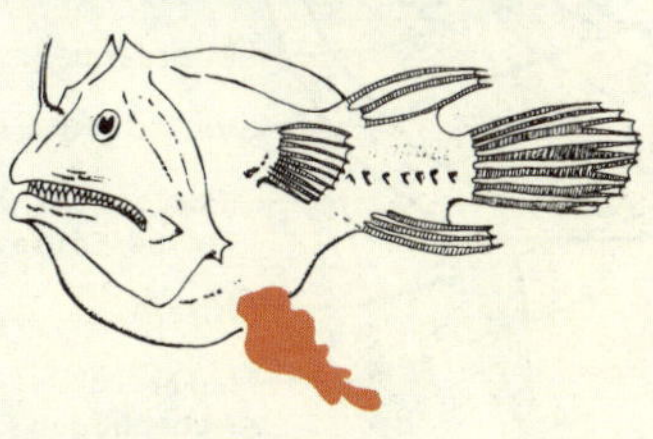

Das kleine Männchen des Tiefseeanglerfischs verwächst mit dem Weibchen

G

Geschlechtsorgane

Innere und äußere Geschlechtsorgane von Frau und Mann

Die Lage der Organe in der Schemazeichnung stimmt nicht mit der Realität überein; Bei der Frau liegen Harnröhre Scheide und Darm enger beieinander und beim Mann liegt die Vorsteherdrüse dichter beim Mastdarm.

Frau

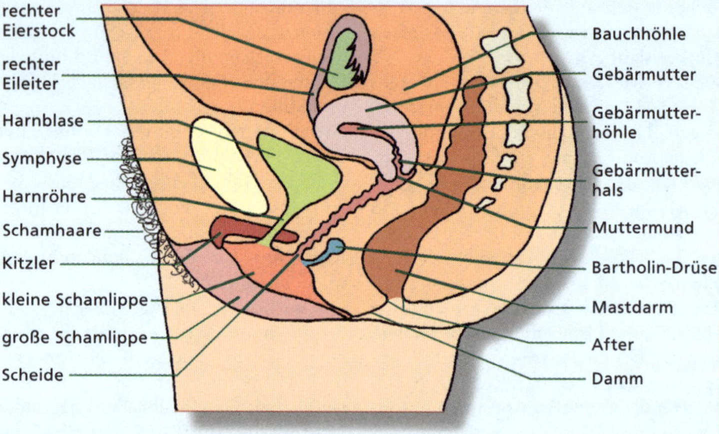

Mann

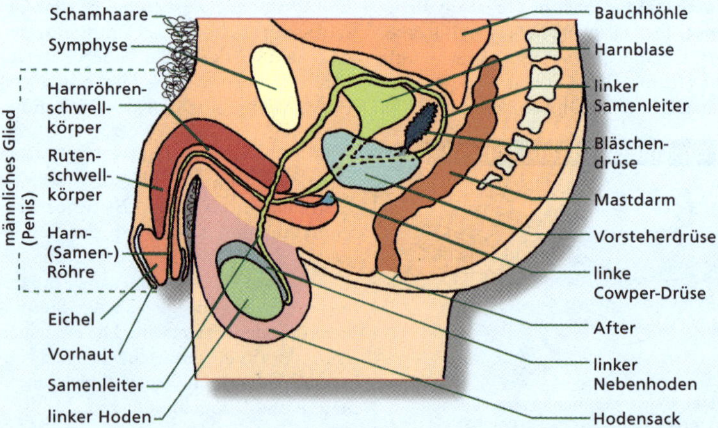

mulieren die Keimdrüsen zur Bildung und Reifung der Keimzellen und zur Hormonproduktion.

Geschlechtsmerkmale: alle Merkmale, die die beiden Geschlechter v.a. biologisch unterscheiden und somit die Geschlechtsunterschiede beschreiben. Diese bilden sich bei höheren Tieren und beim Menschen bereits während der ↑Keimesentwicklung heraus.

Weil die ↑Geschlechtsorgane das wichtigste Unterscheidungsmerkmal der Geschlechter sind, bezeichnet man sie, einschließlich ihrer Anhangsdrüsen, als **primäre Geschlechtsmerkmale.**

Die Unterschiede zwischen den Geschlechtern hinsichtlich Gestalt, Färbung und Verhalten gehören zu den **sekundären Geschlechtsmerkmalen.** Diese fehlen natürlich zwittrigen Organismen (z.B. den meisten Hohltieren, Plattwürmern, Ringelwürmern und Weichtieren). Die sekundären G. werden – außer bei den Insekten – durch die Hormone der ↑Keimdrüsen ausgeprägt. Die sekundären G. sind oft bei der Partnersuche von Bedeutung. Hierher gehören z.B. Prachtkleider, Paarungsrufe und besondere ↑Duftstoffe, also etwa die rote Bauchfärbung des Stichlingsmännchens, die Lockrufe der männlichen Singzikaden und die Duftstoffe der weiblichen Seidenspinner. Sekundäre G. sind auch Organe zum Ergreifen und Festhalten des Geschlechtspartners, so z.B. die Saugscheiben an den Vorderbeinen der männlichen Wasserkäfer, die Brunstschwielen an den Vordergliedmaßen männlicher Froschlurche.

Besonders die männlichen Tiere tragen als sekundäre G. oft besondere Körperanhänge wie ↑Hörner, ↑Geweihe oder verlängerte Zähne, die der Abwehr von Rivalen oder der Anlockung von Weibchen dienen sollen. Die sekundären G. der Weibchen sind demgegenüber v.a. besondere Organe zur ↑Brutpflege (z.B. der Beutel der Kängurus, die Milchdrüsen).

Die sekundären G. des *Menschen* entwickeln sich erst während der Pubertät. Es sind dies bei der Frau v.a. die Brustdrüsen, die scharf waagrecht begrenzte Schambehaarung, die typisch schwache Körperbehaarung, das breitere Becken, die schmaleren Schultern und die insgesamt abgerundeteren Körperformen. – Beim Mann sind es die unscharf begrenzte Schambehaarung, stärkere Behaarung des Körpers (v.a. im Bereich des Gesichts, der Brust, der Arme und Beine), breitere Schultern und schmaleres Becken.

Unterschiede in Körpergröße, Knochenbau, Herz- und Atemtätigkeit und im seelischen Bereich werden manchmal auch als **tertiäre G.** bezeichnet.

Geschlechtsorgane (Fortpflanzungsorgane, Genitalien, Genitalorgane): Dies sind die unmittelbar der ↑geschlechtlichen Fortpflanzung dienenden Organe der Lebewesen. Bei den Tieren und beim Menschen stellen sie gleichzeitig die primären ↑Geschlechtsmerkmale dar.

Bei den *Pflanzen* besitzen die Blütenpflanzen ↑Staubblätter als männliche und ↑Fruchtblätter mit ↑Samenanlagen als weibliche G. Bei Moosen und Farnen werden die männlichen Keimzellen in den ↑Antheridien, die weiblichen in den ↑Archegonien gebildet.

Die G. der *Tiere* und des *Menschen* lassen sich in äußere und innere G. gliedern. Die **äußeren G.** des Mannes umfassen ↑Glied und ↑Hodensack (mit ↑Hoden und ↑Nebenhoden), die der Frau ↑Schamspalte, ↑Schamlippen und ↑Kitzler. – Zu den **inneren G.** gehören beim Mann der ↑Samenleiter nebst Anhangsorganen wie der ↑Vorsteherdrüse und bei der Frau ↑Eierstock, ↑Eileiter, ↑Gebärmutter und ↑Scheide nebst den ↑Bartholin-Drüsen.

Zusammenfassend werden Glied und Scheide samt Schamlippen auch als **Begattungsorgane** bezeichnet.

Einige Tiere haben sekundäre Begattungsorgane entwickelt: Bei den Männ-

G

chen einiger Kopffüßer (z.B. beim Papierboot) löst sich ein Fangarm zur Begattung vom Tierkörper ab und transportiert den Samenbehälter (Spermatophore) in das Weibchen. Spinnenmännchen pumpen mithilfe eines besonderen Kopulationsorgans seitlich am Endglied der einen Extremität des zweiten Gliedmaßenpaars (Pedipalpen) die zuvor von diesem aufgesaugte Samenflüssigkeit (Sperma) in das Weibchen.

Bei allen Wirbeltieren besteht eine enge Verbindung zwischen den Geschlechts- und den ↑Exkretionsorganen, die deshalb zusammenfassend als **Urogenitalsystem** bezeichnet werden.

Geschlechtsreife: Als G. bezeichnet man das Lebensalter, in dem die Fortpflanzungsfähigkeit eines Lebewesens einsetzt. Dieser Zeitpunkt ist von Art zu Art verschieden und hängt von klimatischen, physiologischen (z.B. Ernährung, Krankheiten), soziologischen und genetischen Bedingungen ab. Beim Menschen führt die Phase der Pubertät zur G., die beim Jungen ab dem ersten ↑Samenerguss und beim Mädchen ab dem ersten ↑Follikelsprung, dem etwa vierzehn Tage später die erste Menstruation folgt, erreicht ist.

Geschlechtsverkehr (Beischlaf, Koitus): im weiteren Sinne jede Form des intimen sexuellen Kontakts zwischen zwei (oder mehr) Personen, die dazu dient, einen oder beide (bzw. alle beteiligten) Partner sexuell zu erregen und zu befriedigen. Im engeren Sinne versteht man unter G. die Vereinigung der männlichen und weiblichen ↑Geschlechtsorgane. Dabei führt der Mann sein versteiftes Glied in die Scheide der Frau ein und bewegt es bis zum Höhepunkt der Lustempfindung (↑Orgasmus) rhythmisch, wodurch es beim Mann i.A. zum ↑Samenerguss, bei der Frau zu Kontraktionen der Scheiden-, Gebärmutter- und Beckenbodenmuskulatur und zur Erschlaffung des Muttermundes kommt. Die Frau kann ebenfalls ihr Becken bewegen. Weil der Mann aufgrund der anatomischen Gegebenheiten auf diese Weise oft leichter und schneller den Höhepunkt erreicht als die Frau, und darüber hinaus psychische Einflüsse sowie die unterschiedli-

Geschlechtsorgane

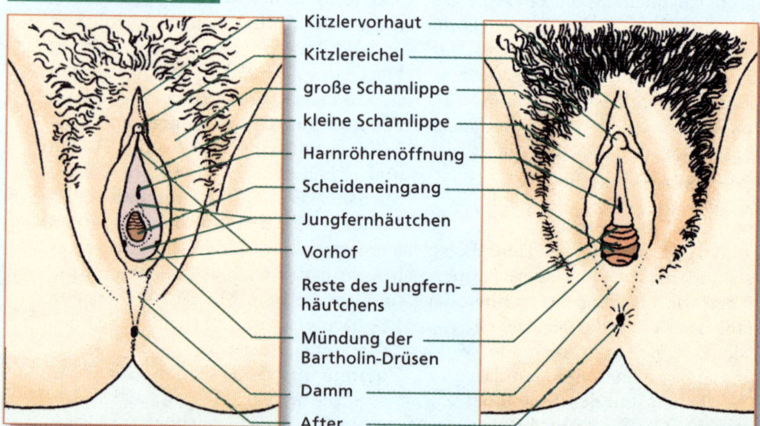

Die äußeren Geschlechtsorgane eines jungen Mädchens mit noch erhaltenem Jungfernhäutchen (links) und einer erwachsenen Frau (rechts)

chen Erregungskurven von Mann und Frau eine große Rolle spielen, haben die vorbereitende Einstimmung und die Steigerung der Erregung durch Zärtlichkeiten und Reizung der erogenen Zonen große Bedeutung. Die Stellungen, die die Partner beim G. bevorzugen, sollten sich nach den Wünschen beider richten. Regeln lassen sich darüber ebenso wenig aufstellen wie über die Häufigkeit des sexuellen Verkehrs.

Die *biologische Funktion* des G. besteht in der möglichen ↑Befruchtung und ↑Schwangerschaft. Nach heutigem Sexualverständnis dient der G. jedoch in erster Linie dazu, die Partner durch das gemeinsam beim G. erlebte Glücksgefühl aneinander zu binden und den Geschlechtstrieb zu befriedigen. Um nicht ungewollt beim G. ein Kind zu zeugen, haben die Menschen seit frühen Zeiten verschiedene Methoden der ↑Empfängnisverhütung entwickelt.

Geschlechtszellen (Keimzellen, Gameten): die bei der ↑Befruchtung miteinander verschmelzenden, als männlich oder weiblich unterschiedenen Zellen. G. werden bei tierischen Vielzellern in den ↑Geschlechtsorganen gebildet und dienen der ↑geschlechtlichen Fortpflanzung.

Die **männlichen G.,** die am Ende der Reifeteilung ↑haploid vorliegen, nennt man Spermien, Spermatozoen oder ↑Samenzellen. Sie sind frei beweglich und werden bei der ↑Besamung vom weiblichen Ei chemisch angelockt. Die ebenfalls am Ende der Reifeteilung haploid vorliegenden weiblichen ↑Eizellen **(weibliche G.)** sind i. A. größer und meist unbeweglich.

Bei den Einzellern und den Niederen Pflanzen (Algen) kommen neben der Fortpflanzung über bewegliche Samenzellen und unbewegliche Eizellen (Oogamie) sehr häufig auch Isogamie und Anisogamie vor. Bei der Isogamie sind die Gameten anatomisch gleich gebaut **(Isogameten),** unterscheiden sich jedoch physiologisch. Bei der Anisogamie kommt noch ein deutlicher Größenunterschied der Gameten **(Anisogameten)** hinzu. Sowohl Isogameten als auch Anisogameten verschmelzen bei der geschlechtlichen Fortpflanzung miteinander und bilden wie bei der Oogamie eine diploide ↑Zygote. Bei Samenpflanzen befindet sich die Eizelle im Embryosack; der männlichen G. entspricht die Spermazelle des Pollenschlauchs (↑Samenanlage).

Geschmacksorgane: mit besonderen Rezeptoren (wie Geschmacksknospen) ausgestattete Organe, die der Geschmackswahrnehmung dienen, z.B. bei den Wirbeltieren die ↑Zunge, bei Wirbellosen Geschmacksrezeptoren im Mundbereich, an den Mundanhängen sowie den Tarsen.

Geschmackssinn (Schmecksinn): Der G. gehört zu den ↑chemischen Sinnen und dient der Wahrnehmung gelöster Substanzen. Er ist ein Nahsinn mit relativ hohen Reizschwellen.

Bei den meisten *Wirbellosen* ist der G. nicht an die Mundregion gebunden und häufig nicht vom ↑Geruchssinn zu unterscheiden. Bei den Ringelwürmern sind die Geschmacksrezeptoren über die ganze Körperoberfläche verstreut. Bei der Weinbergschnecke sitzen sie auf den Mundlappen; Spinnen »schmecken« ihre Beute zunächst durch Berühren mit den Vorderbeinen, dann durch Betasten mit den Pedipalpen (Kiefertaster) und schließlich beim Biss. Die Insekten besitzen Geschmackssinneszellen auf den Antennen, den Mundgliedmaßen und den Fußgliedern der Vorderbeine. Es handelt sich hier meist um in Gruben versenkte, dünnwandige, kegelförmige oder haarartige Chitinbildungen **(Schmeckhaare),** in die die Sinneszelle hineinragt. – Fliegen können zumindest die Geschmacksqualitäten süß, salzig und bitter unterscheiden.

Bei den *Wirbeltieren* und dem Menschen liegen die Geschmacksrezeptoren fast ausschließlich im Bereich der Mundhöhle (bei Fischen auch auf Barteln, Flossen und dem Rumpf), ohne ein einheitliches Organ zu bilden. So sitzen z.B. auf der Froschzunge pilzförmige bzw. abgeplattet kolbenförmige Papillen, deren Endflächen die Geschmackssinneszellen tragen. Bei Säugetieren (also auch beim Menschen) stehen die Sinneszellen in **Geschmacksknospen** zusammen.

Alle Wirbeltiere können die menschlichen **Geschmacksqualitäten** süß, sauer, salzig und bitter unterscheiden, wobei bitter meist abgelehnt wird, da es häufig Giftstoffe wie ↑Alkaloide anzeigt. Die Aufnahme solcher Stoffe kann reflexartig in Form einer gezielten Schutzreaktion des Körpers zum Ausspucken oder Erbrechen führen. Andererseits können positive Geschmacksempfindungen reflektorisch die Sekretion von Speichel und Magensaft anregen.

Geschmackssinn

Verteilung der Geschmackssinneszellen für süß, salzig, sauer und bitter auf der menschlichen Zunge

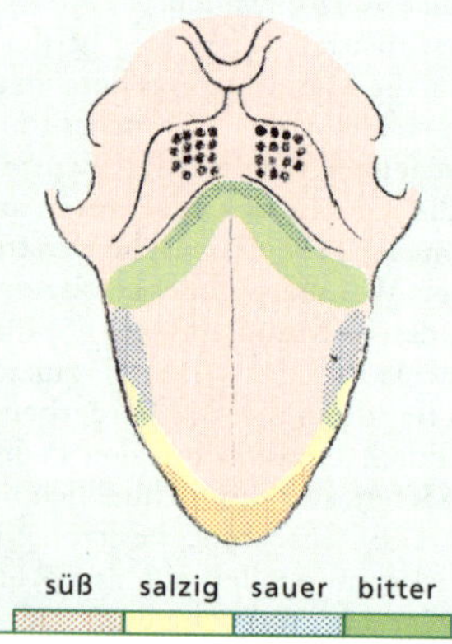

Derselbe Stoff kann bei verschiedenen Tierarten zu unterschiedlichen Geschmacksempfindungen führen. So schmeckt z.B. der Süßstoff Saccharin in geringer Konzentration für den Menschen süß, für die Ratte vermutlich bitter, da er abgelehnt wird. Die Geschmacksqualitäten können sich auch mit der Konzentration eines Stoffs ändern, z.B. schmeckt Kaliumbromid mit steigender Konzentration zuerst süß, dann bitter und schließlich salzig. Saccharin schmeckt in höherer Konzentration bitter. Bei Dauerreizung der entsprechenden Sinneszellen erlischt eine Geschmacksempfindung.

Die Verteilung der verschiedenen **Geschmacksrezeptoren** auf der menschlichen Zunge ist nicht gleichmäßig. *Süß* wird an der Spitze, salzig am vorderen Rand (Pilzpapillen), *sauer* am mittleren Rand (Blattpapillen) und *bitter* am Zungengrund (Wallpapillen) empfunden (daher auch der »bittere Nachgeschmack«). Die oft fein nuancierten Sinnesempfindungen, die beim Essen und Trinken auftreten, beruhen auf dem Zusammenwirken von Geschmacks- und Geruchsempfindungen (Duftstoffe aus der Speise gelangen über die Choanen in die Nase; bei Schnupfen ist der »Geschmack« stark beeinträchtigt). Dabei spielen auch der ↑Tastsinn (knusprig), ↑Temperatursinn (Wärme bei Alkohol, Kälte bei Menthol) und der Schmerzsinn (scharfe Gewürze) eine Rolle.

geschützte Pflanzen: alle diejenigen wild wachsenden Pflanzen, deren Beschädigung und Entfernung vom Standort aufgrund ihrer Seltenheit oder Schönheit verboten (z.B. alle Orchideen- und alle Teichrosenarten) oder nur beschränkt zugelassen ist.

Als wild wachsend werden diejenigen Pflanzen bezeichnet, die nicht durch Anbau gewonnen werden wie die Kulturpflanzen (Waldbäume werden sowohl als Natur- als auch als Kulturpflanzen angesehen).

Der gesetzliche Schutz besteht im Wesentlichen im Rahmen des Bundesnaturschutzgesetzes, v.a. durch die Bundesartenschutz-Verordnung (↑Artenschutz) und den Biotopschutz. Da die Artenschutz-Verordnung nur einheimischen Arten zugute kommt und z.B. eingeführte Arten nicht berücksichtigt, werden diese Schutzbestimmungen ergänzt durch internationale Vereinbarungen, denen sich Deutschland angeschlossen hat. – ↑auch Naturschutz.

geschützte Tiere: alle wild lebenden Tiere, die nicht getötet, gefangen und verwertet werden dürfen (z.B. mit wenigen Ausnahmen alle nicht jagdbaren Vogelarten). Eingeschlossen in diese Definitionen sind Entwicklungsformen (z.B. bei Vögeln die Eier), Lebensstätten (z.B. Nester, Brutstätten), Lebensräume und Lebensgemeinschaften. Wild lebende Tierarten sind alle in Freiheit vorkommenden Tierarten, wobei auch solche eingeschlossen sein können, die als »Wild« dem Jagdrecht unterliegen. Die gesetzlichen Regelungen sind prinzipiell die gleichen wie für die ↑geschützten Pflanzen. – ↑auch Artenschutz, Biotopschutz, Naturschutz.

Gesichtsnerv: einer der ↑Hirnnerven.

Gesichtssinn: die Fähigkeit des Menschen und der Tiere, sich mithilfe der ↑Augen als Lichtsinnesorganen in der Umwelt zu orientieren. Bei den höheren Wirbeltieren sind die Sehorgane im Gesicht lokalisiert. Dies führte zur Bezeichnung Gesichtssinn. Die Leistungsfähigkeit der Augen ist bei den einzelnen Tierarten sehr unterschiedlich; sie hängt zudem auch von der Ausbildung der übrigen Fernsinne (Nase und Ohr) ab. Der G. des *Menschen* ist sehr gut entwickelt. Wir sehen Farben (↑Farbensehen), Formen und Bewegungen bei guter Bildschärfe.

Nachttiere haben einen G., der fast ausschließlich auf dem Stäbchensehen (Hell-Dunkel-Wahrnehmung) beruht. Ihre Sehschärfe in der Dunkelheit ist nicht sehr gut, weil die weit geöffnete Pupille die Abbildungsfehler der Linse voll zur Wirkung kommen lässt. Die hinter der Netzhaut liegende Schicht aus Guaninkristallen reflektiert bei diesen Tieren außerdem das Licht, das durch die Netzhaut fällt, wodurch sich die Sehschärfe verschlechtert, die Lichtempfindlichkeit hingegen größer wird. Für *Fluchttiere* (v.a. Steppentiere), die schon bei großer Entfernung vor einem möglichen Feind fliehen, ist der G. lebenswichtig. Sie haben deshalb ein Gesichtsfeld von mehr als 270°. – Bei Tieren, für die gutes räumliches Sehen notwendig ist (Affen, Raubkatzen, Eulen und auch der Mensch), ist das Gesichtsfeld kleiner (ca. 180°), weil beide Augen den räumlich zu sehenden Gegenstand gleichzeitig fixieren müssen.

Gestagene: Bezeichnung für das ↑Progesteron und eine Stoffklasse von künstlich hergestellten Hormonen, die nur z.T. ähnliche Eigenschaften haben wie das natürliche Gelbkörperhormon Progesteron. Die synthetischen G. werden als Medikamente bei gynäkologischen Störungen sowie als Verhütungsmittel in der Minipille bzw. als zweiter Bestandteil neben einem Östrogen in der Pille (↑Empfängnisverhütung) angewandt.

Gestaltlehre: die ↑Morphologie.

Getreide: Sammelbegriff für die aus verschiedenen Arten von Gräsern gezüchteten landwirtschaftlichen Kulturpflanzen Roggen, Weizen, Gerste, Hafer, Reis, Mais und Hirse. Die Getreidekörner werden als Nahrungsmittel und Viehfutter verwendet sowie zur Herstellung von Branntwein, Malz und Stärke benutzt. Die Halme dienen als Futter, Streu, Flecht- und Verpackungsmaterial und zur Cellulosegewinnung.

Gewebe: ein Verband von Zellen, die annähernd gleiche Aufgaben zu erfüllen haben und etwa gleich aufgebaut sind **(einfaches G.).** Besteht ein solcher Verband aus unterschiedlich gebauten Zellen, spricht man von einem **komplexen Gewebe.** Mit der Bildung von G. geht stets eine Arbeitsteilung einher; deshalb besteht ein Organismus aus verschiedenen Geweben. Durch den Zusammenschluss unterschiedlicher G. zu einer höheren Funktionseinheit ent-

Gewebe

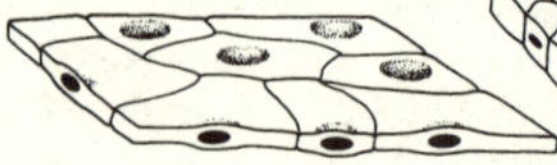

Plattenepithel

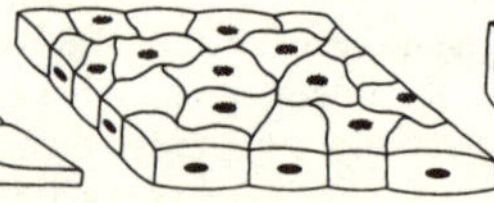

Pflasterepithel

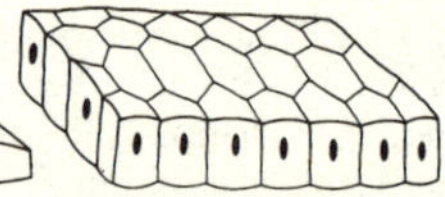

kubisches Epithel

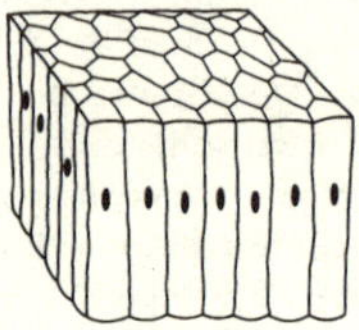

Zylinderepithel

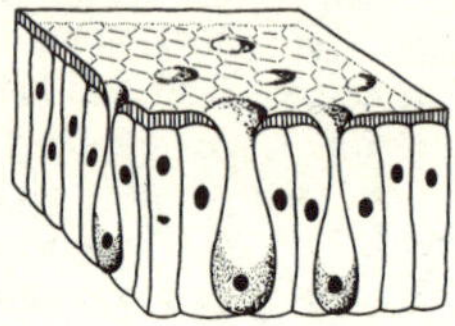

Drüsenepithel

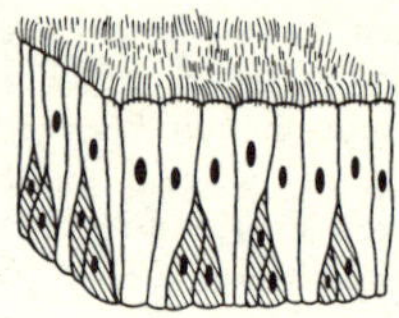

Flimmerepithel

fibrilläres Bindegewebe

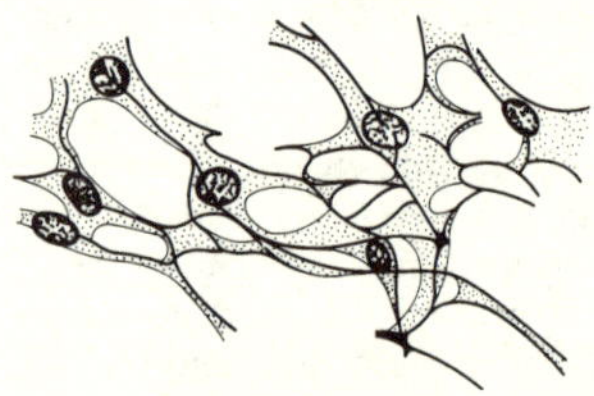

retikuläres Bindegewebe

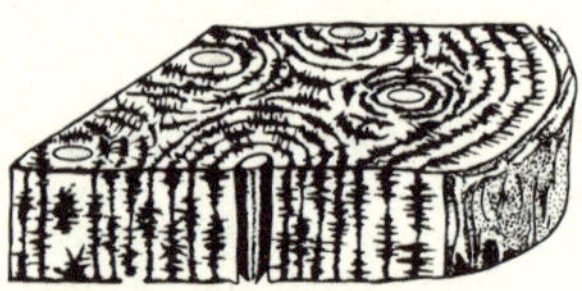

Knochengewebe

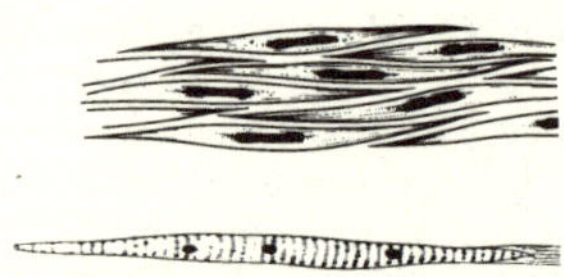

Muskelgewebe

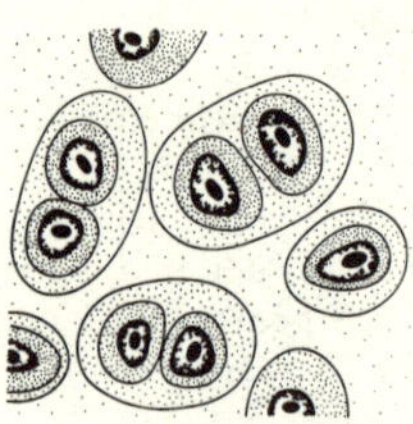

Knorpelgewebe

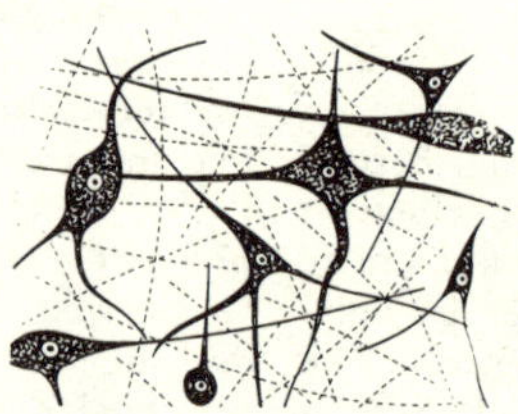

diffuses Nervengewebe

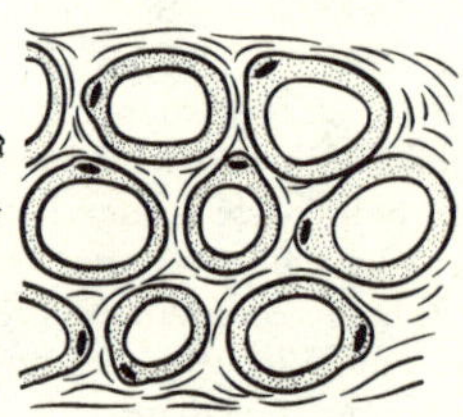

Fettgewebe

stehen ↑Organe und Organsysteme. Grundsätzlich unterscheidet man pflanzliche und tierische Gewebe.

Die einfachsten G. unter den *pflanzlichen G.* sind die bei vielen Algen und Pilzen vorkommenden **Scheingewebe** oder **Plektenchyme,** die aus miteinander verflochtenen Zellfäden bestehen. – Moose und höhere Algen bilden ihren band- bis blattförmigen Gewebethallus von einzelnen Scheitelzellen und nicht von einem Bildungsgewebe aus. – Farne und Samenpflanzen sind immer aus echten G. aufgebaut. Sie entstehen i.d.R. aus ↑Bildungsgewebe, das von den Vegetationspunkten bzw. den ↑Vegetationskegeln ausgeht. Durch Zellteilung, Zellstreckung und Zelldifferenzierung entstehen aus dem Meristem ↑Dauergewebe.

Echte *tierische G.* finden sich bei den Eumetazoa, zu denen alle Vielzeller zählen mit Ausnahme der Schwämme. Ihre G. entwickeln sich aus den ↑Keimblättern bzw. aus tierischen Bildungsgeweben, den **Blastemen.** Im Wesentlichen werden folgende G. unterschieden: ↑Deckgewebe (Epithele), ↑Bindegewebe, ↑Stützgewebe, Muskelgewebe (↑Muskeln), Nervengewebe (↑Nervensystem), ↑Fettgewebe.

Gewebelehre: die ↑Histologie.

Gewebsverträglichkeit (Histokompatibilität): die Verträglichkeit zwischen Empfänger- und Spendergewebe bei einer ↑Transplantation. Damit das fremde transplantierte Gewebe nicht abgestoßen wird, müssen außer der Verträglichkeit der Blutgruppen auch bestimmte Eigenschaften zwischen Spender- und Empfängergewebe übereinstimmen.

Maßgeblich für diese G. sind spezifische Proteine (überwiegend Glykoproteine) auf den Zelloberflächen fast aller Körperzellen, insbesondere jedoch auf der Oberfläche von Lymphocyten und Makrophagen: Sie werden als **Histokompatibilitätsantigene** bzw. speziell beim Menschen als **HLA-System** (Abk. für **h**uman **l**ymphocyte **a**ntigen system) bezeichnet. Die molekulare Struktur dieser Antigene ist genetisch verankert und wird durch 4 eng benachbarte Genorte auf Chromosom 6, dem **MHS** (Abk. für **m**ajor **h**istocompatibility **s**ystem), gesteuert. MHS bzw. HLA-System sind somit für die Tolerierung bzw. die Abstoßung des Transplantats verantwortlich; je besser die einzelnen Erbmerkmale übereinstimmen, im Idealfall bei eineiigen Zwillingen, desto größer ist die G. zwischen Spender und Empfänger.

Geweih: die paarig ausgebildete Stirnwaffe der Hirsche (Cervidae). Das (mit Ausnahme des Rens) nur bei männlichen Tieren wachsende G. dient Brunst- und Abwehrkämpfen.

Im Unterschied zum Gehörn (↑Hörner) der Rinder ist das G. eine Hautknochenbildung. Es ist während seines Wachstums von einer samtig behaarten, blutgefäßreichen Haut, dem **Bast,** überzogen. Diese stirbt schließlich ab und wird an Bäumen und Sträuchern abgescheuert (»Fegen«). Beim Rothirsch geschieht dies im Juli und August, beim Rehbock im April und Mai, beim Damhirsch im August und September und beim Elch v.a. von Juni bis August. Gerbstoffe aus der Baumrinde des Fegebaums färben das G. mehr (z.B. bei Eichen und Erlen) oder weniger dunkel (z.B. bei Birken, Buchen, Weiden).

Beim Abklingen der Brunst wird das G. durch Einwirkung von Geschlechtshormonen abgeworfen (Rothirsch: Februar/März; Rehbock: Oktober/Dezember; Damhirsch: April/Mai; Elch: Oktober/November). Die Neubildung erfolgt unter Einwirkung des Schilddrüsenhormons. – Abb. S. 214.

Gewölle: unverdauliche, in Klumpen ausgewürgte Nahrungsreste (Haare, Federn, Knochen, Muschelschalenreste, Chitinreste von Insekten) v.a. der Eulen und Greifvögel, aber auch von Würgern, Krähen, Möwen, Störchen, Rei-

G

hern, Eisvögeln, Bienenfressern und Kormoranen. Da Greifvögel im Gegensatz zu den Eulen Knochen ganz oder teilweise verdauen, enthalten ihre G. **(Speiballen)** keine oder bestenfalls angedaute Knochenreste. Das Auswürgen der G. dient dem Schutz der Darmwand vor Verletzungen.

Geweih: Rothirschmännchen mit starkem Stangengeweih

Durch Untersuchung der G. lassen sich die Beutetiere ermitteln. Die Untersuchung von Eulen-G. gibt zudem einen guten Überblick über die Kleinsäugerfauna des jeweiligen Lebensraums der Eulen.

Gibberelline: ↑Wuchsstoffe.

Gibbons (Hylobatidae): in Südostasien heimische Familie der ↑Herrentiere mit pflanzlicher Ernährungsweise. Sie werden auch als **Kleine Menschenaffen** bezeichnet, da sie mit den Großen ↑Menschenaffen und dem Menschen zur Überfamilie der Menschenartigen gehören. Ihr Kopf ist klein und ohne vorspringende Schnauze. Mit den bis auf den Boden reichenden Armen sind die bis höchstens 90 cm großen, schwanzlosen Tiere auf das Baumleben spezialisiert (↑Brachiatoren). Sie leben monogam und gesellig in Horden in abgegrenzten Revieren.

Giftnattern: ↑Giftschlangen.

Giftpflanzen: Bezeichnung für Pflanzen, die Substanzen enthalten, die durch Berührung (selten) oder Aufnahme in den Körper bei Mensch und Tier (mitunter tödliche) Vergiftungserscheinungen hervorrufen. Die giftig wirkenden Inhaltsstoffe sind sekundäre Pflanzenstoffe, hauptsächlich ↑Alkaloide sowie ↑Glykoside. Art und Stärke der Giftwirkung sind abhängig von der Dosierung, von der chemischen Zusammensetzung der Giftstoffe und von der Verteilung und dem Angriffsort im Organismus. G. können auch Heilpflanzen sein, wenn ihre Inhaltsstoffe (in geringer Dosierung) zu medizinischen Heilzwecken genutzt werden können.

Der Giftgehalt der einzelnen Pflanzenteile ist unterschiedlich und hängt von Klima, Standort, Jahreszeit und Alter ab. So enthalten z.B. grüne, am Licht gewachsene Kartoffelknollen Solanin und sind somit giftig; die unter der Erde gewachsenen Knollen dagegen sind ungiftig. Manche Gifte werden durch Trocknen oder durch Kochen unwirksam, so z.B. das Darmstörungen hervorrufende Phasin in den Samen der Gartenbohne.

Wichtige einheimische oder kultivierte nichteinheimische G. sind: Alpenveilchen, Aronstab, Bilsenkraut, Buchsbaum, Drachenwurz, Eibe, Einbeere, Eisenhut, Fingerhut, Germer, Giftlattich, Giftprimel, Giftsumach, Gnadenkraut, Goldregen, Heckenkirsche, Herbstzeitlose, Hundspetersilie, Kirschlorbeer, Kornrade, Lebensbaum, Liguster, Maiglöckchen, Nachtschatten, Nieswurz, Oleander, Osterluzei, Sadebaum, Scharfer Hahnenfuß, Schierling, Schlafmohn, Schöllkraut, Schwalbenwurz,

Seidelbast, Stechapfel, Stechpalme, Tabak, Taumellolch, Tollkirsche, Wasserschierling, Wolfsmilch, Zaunrübe.

Giftpilze: Bezeichnung für ↑ Pilze, deren Fruchtkörper bestimmte Substanzen in so hohen Anteilen enthalten, dass nach ihrem Genuss bei Menschen und Tieren Vergiftungserscheinungen auftreten. Diese Substanzen sind in den Fruchtkörpern als Stoffwechselbestandteile enthalten.

Nach der Wirkung der Gifte auf den Organismus werden drei Gruppen der G. unterschieden.

G. mit *Protoplasmagiften* (Phalloidin, Amanitin) rufen schwere, lebensgefährliche Vergiftungen hervor. Die Wirkung des Gifts tritt erst nach etwa 6–48 Stunden ein. Der Tod wird durch Kollaps und Herzlähmung oder durch Leberversagen hervorgerufen (z.B. Knollenblätterpilze).

G. mit *Nervengiften* (Muscarin, Muscaridin) bewirken zwar schwere Vergiftungen, jedoch nur selten mit tödlichem Ausgang. Die Wirkung tritt schon nach etwa 15–30 Minuten ein (z.B. Fliegenpilz, Ziegelroter Risspilz).

G. mit *lokal wirkenden Giften* bewirken weniger starke Vergiftungen und sind selten tödlich (z.B. Giftreizker).

Von den rund 200 bekannten Giftpilzarten der Nordhalbkugel sind etwa 10 Arten tödlich giftig und etwa 40 Arten gefährlich giftig.

Auch nach dem Verzehr zu alter, durch Frost, unsachgemäße Lagerung oder Zubereitung verdorbener Speisepilze können Vergiftungserscheinungen auftreten.

Die wichtigsten *einheimischen* G. sind: Dickfußröhrling, Fliegenpilz, Frühlorchel, Giftreizker, Kartoffelbovist, Grüner und Weißer Knollenblätterpilz, Koralle, Pantherpilz, Riesenrötling, Satanspilz, Schwefelkopf, Speitäubling, Tigerritterling, Gelber Wulstling, Ziegelroter Risspilz.

Giftschlangen: zusammenfassende Bezeichnung für Schlangen, die ihre Beute oder auch Angreifer durch Gift lähmen oder töten. Das in Oberlippendrüsen gebildete Gift wird beim Biss durch ↑ Giftzähne in das Opfer eingespritzt und dient gleichzeitig einer schnell einsetzenden chemischen Aufschließung der großen Beutestücke in der Mundhöhle oder bereits außerhalb derselben. Viele G. ziehen sich nach dem tödlichen Biss zurück und warten den Todeskampf des Beutetiers ab. Beim Schlingen werden oft weitere Giftmengen in das Beutetier eingespritzt. Der Biss vieler G. ist auch für den Menschen ohne rechtzeitige Hilfe tödlich.

Wichtige G. sind die **Giftnattern** in Amerika und Asien (z.B. Kobras und Mambas), die **Seeschlangen** im Stillen und Indischen Ozean sowie die weit verbreiteten **Vipern** und die **Grubenottern,** zu denen u.a. die 60–85 cm lange heimische **Kreuzotter** gehört. Letztere besitzt ein Paar Röhrengiftzähne, die beim Biss aufgerichtet werden.

Giftstoffe: ↑ Toxine.

Gifttiere: Sammelbezeichnung für Tiere, die zum Beutefang und/oder zur Verteidigung Giftstoffe abgeben. Das von Giftdrüsen abgesonderte Gift wird durch besondere Organe ausgeschieden, z.B. durch ↑ Giftzähne bei Giftschlangen und Krustenechsen, durch einen Giftstachel bei Skorpionen und Stechimmen (z.B. Bienen, Wespen, Ameisen), durch Giftklauen bei Giftspinnen, durch einen Schenkelsporn bei Schnabeltier und Ameisenigel (als einzigen Säugetieren) und bei Giftfischen durch besonders ausgebildete Flossenstrahlen (z.B. Petermännchen) oder einen Giftstachel (z.B. Stechrochen).

Als Giftfische gelten auch solche mit giftigen Organen oder giftigem Blut, z.B. Aale (Entgiftung durch Kochen oder Räuchern). Die mittel- und südamerikanischen Pfeilgiftfrösche sowie die ↑ Kröten scheiden über Hautdrüsen an der ganzen Körperoberfläche Gift aus, ↑ Nesseltiere entladen ihr Gift

G

durch Nesselfäden. Einziger giftiger Vogel ist der Pitohui in Papua-Neuguinea, der ein giftiges Gefieder besitzt.

Giftzähne: besonders ausgebildete, mit einer Giftdrüse in Verbindung stehende Zähne. Sie befinden sich bei ↑Giftschlangen vorn (aufrichtbar) oder hinten im Oberkiefer, bei Krustenechsen im Unterkiefer. Die G. sind über einen geschlossenen Kanal oder eine bzw. zwei Rinnen mit den Giftdrüsen verbunden.

Gigantịsmus: der ↑Riesenwuchs.

Glandula thyreoịdea: die ↑Schilddrüse.

Glanzstreifen: ↑quer gestreifte Muskeln.

Glashaare: ↑Moose.

Glaskörper: durchsichtige, gallertige Masse, die den Hohlraum der ↑Augen zwischen Linse und Netzhaut ausfüllt und seine Form festigt. Der von der Hülle des Augapfels umgebene G. nimmt beim Menschen etwa 65% des Augeninhalts ein. Der G. besteht aus einem glasklaren Gerüstwerk und der Glaskörperflüssigkeit (ca. 98%).

glatte Muskeln: Die ↑Muskeln der Hohlorgane (Ausnahme: Herz) und der Gefäße enthalten glatte, spindelförmige Zellen, beim Menschen von ca. 0,02 mm (Blutgefäße) bis 0,5 mm (Gebärmutter während der Schwangerschaft) Länge. Sie besitzen im Unterschied zu den ↑quer gestreiften Muskeln jeweils nur einen Zellkern. Die ↑Muskelkontraktion erfolgt durch feine, unterschiedlich dicke Eiweißfäden, die Myofibrillen. Sie wird durch ↑Acetylcholin und ↑Adrenalin ausgelöst.

G. M. arbeiten meist recht langsam und können die Kontraktion ohne großen Energieverbrauch oft längere Zeit aufrechterhalten (z.B. Schließmuskel der Muscheln). Sie unterliegen nicht dem Willen **(unwillkürliche Muskeln).** Bei Wirbellosen besteht auch die Körperdecke z.T. aus glatten Muskeln.

Gleichgewichtsorgane: bei vielen Tieren und beim Menschen vorkommende Organe, die der Wahrnehmung der Lage des Körpers im Raum, meist mithilfe der Schwerkraftwirkung, dienen. Zu diesem Zweck sind diese G. mit ↑Statolithen ausgestattet. Beim Menschen und überhaupt bei den Säugetieren sind Sacculus und Utriculus sowie die 3 Bogengänge im ↑Ohr die Organe des Gleichgewichtssinns; die Bogengänge sind zusätzlich auch Organe des Drehsinns. – ↑auch Statocysten.

gleichwarm (homöotherm, homoiotherm): Bei g. Tieren (↑Warmblüter) bleibt die Körpertemperatur unabhängig von der Umgebungstemperatur stets fast gleich hoch (Gegensatz: ↑wechselwarm). Ein Wärmeregulationszentrum im Gehirn reguliert diesen Vorgang. Die Temperaturhöhe ist

Giftzähne

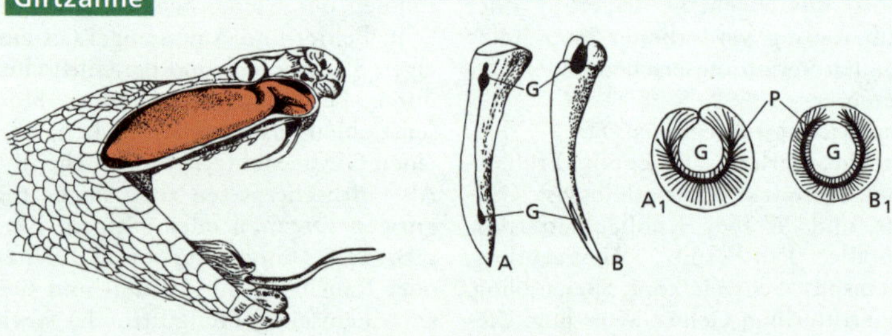

Kopf einer Klapperschlange mit freigelegter Giftdrüse (links) und Giftzähnen (rechts) in Aufsicht und Querschnitt; A und A_1 Furchenzahn, B und B_1 Röhrenzahn, G Giftkanal, P Pulpahöhle

artspezifisch unterschiedlich und beträgt bei Vögeln 40–43°C, bei den meisten Säugetieren 36–39°C (Mensch 37°C). Durch Schlaf und Bewegung beeinflusst, zeigt die Körpertemperatur einen gewissen Tagesrhythmus. – ↑auch Fieber.

Gleiten: ↑Fortbewegung.

Gleitspeichel: ↑Speicheldrüsen.

Gliazellen: Zellen, die im Nervengewebe ein bindegewebsähnliches Stützgewebe, die **Neuroglia (Glia),** bilden, das von Blutkapillaren und Lymphgefäßen durchzogen ist. G. sind zwar nicht unmittelbar an der Weiterleitung der Nervenimpulse beteiligt, haben aber wichtige Funktionen bei allen Transportvorgängen im Nervensystem, bei der Ernährung der Nervenzellen sowie der Isolierung. Zu den G. des Zentralnervensystems (ZNS) gehören u.a. die **Astrocyten,** die ein wichtiger Bestandteil der ↑Blut-Liquor-Schranke sind und die **Oligodendrocyten,** die eine isolierende Markscheide um die Axone der meisten Zellen des ZNS bilden. Die Axone vieler Nervenzellen des ↑peripheren Nervensystems werden ebenfalls von speziellen G., den **Schwann-Zellen** umhüllt.

Glied (männliches Glied, Penis): das männliche Begattungsorgan (↑Geschlechtsorgane), das der Übertragung der ↑Samenzellen in die Scheide der Frau dient. Es hängt beim Menschen wie bei allen Primaten mit dem größeren Teil, dem **Schaft** (Corpus penis) frei am Unterbauch, ist aber mit seiner Wurzel am knöchernen Becken befestigt.

Das G. besteht im Wesentlichen aus drei schwammartigen **Schwellkörpern** aus Bindegewebe, glatter Muskulatur und elastischen Fasernetzen, die sich bei sexueller Erregung prall mit Blut füllen. Dabei richtet sich das G. auf (↑Erektion) und lässt sich so zum ↑Geschlechtsverkehr in die Scheide einführen.

Durch den unteren Schwellkörper zieht die Harn-Samen-Röhre. Diese mündet am Ende des G. nach außen.

Die stark durchblutete, reizempfindliche Spitze des G., die **Eichel** (Glans) wird von der zurückziehbaren **Vorhaut** (Präputium) geschützt. Die Oberhaut der Eichel sondert ein talgartiges Sekret, das **Smegma,** ab. Weil es Bakterien als Nährboden dient und sich das G. dadurch entzünden kann, sollte das G. regelmäßig gewaschen werden. Das Smegma ist vermutlich Krebs erzeugend.

Gliederfüßer (Arthropoda): höchstentwickelter und mit über 1 Million Arten artenreichster Stamm der Gliedertiere. Zu den G. zählen neben den fossilen ↑Trilobita u.a. Krebse, Spinnentiere, Tausendfüßer und Insekten (also fast drei Viertel aller Tierarten). Die ursprünglichen Körpersegmente (↑Gliedertiere) sind bei den meisten G. zu größeren Körperabschnitten (Kopf, Brust, Hinterleib), die eine gemeinsame Leibeshöhle haben, verschmolzen. Der Körper der G. ist von einem starren Chitinpanzer als Außenskelett umgeben (↑Häutung). Die äußeren Anhänge sind zu langen, gegliederten Beinen, teils zu Flügeln, Antennen und Mundwerkzeugen, Borsten usw. entwickelt. Die Sinnesorgane und das Nervensystem mit Gehirn sind hoch entwickelt. Die Atmung erfolgt durch Kiemen (viele Wasserbewohner) oder durch Tracheen.

Gliedertiere (Articulata): eine Gruppe von Tierstämmen der Wirbellosen (Protostomier), der rund 80% aller Tierarten angehören. Ihnen allen gemeinsam ist die Gliederung des Körpers in mehrere, hintereinander gereihte Abschnitte (Glieder, Segmente, Metamere); diese sind entweder gleichartig (↑Ringelwürmer) oder ungleichartig (z.B. bei ↑Gliederfüßern).

Die urtümlichsten dieser Tiere traten schon im Proterozoikum (vor rund 650 Millionen Jahren) auf. Bei ihnen war jedes Segment (mit Ausnahme des ersten und letzten) von den benachbarten durch eine häutige Scheidewand ge-

G

trennt und besaß je zwei Nervenknoten (Strickleiternervensystem: ↑Bauchganglien), Leibeshöhlensäcke (Coelomsäcke), Exkretions- und Geschlechtsorgane sowie paarige äußere Anhänge zur Fortbewegung. Die gleichartige Organausstattung (↑Metamerie) änderte sich im Laufe der Entwicklung. Oft sind mehrere Segmente zu Funktionseinheiten verschmolzen, wie bei Gliederfüßern.

Gliederwürmer: die ↑Ringelwürmer.

Gliedmaßen (Extremitäten): Die beweglichen, paarigen Körperanhänge von Gliederfüßern und Wirbeltieren (einschließlich Mensch). G. dienen v.a. der ↑Fortbewegung. Abgewandelte G. sind die ↑Mundwerkzeuge der Insekten. Bei den *Wirbeltieren* unterscheidet man Vorder- und Hinterextremitäten. Zu den Vorderextremitäten zählen die Brustflossen der Fische, die Vorderbeine von Lurchen, Kriechtieren und Säugern (bei Affen und beim Menschen als Arme bezeichnet) und die Flügel der Vögel. Hinterextremitäten sind die Bauchflossen der Fische, die Hinterbeine von Lurchen, Kriechtieren und Säugern (bei den Affen und beim Menschen die Beine im engeren Sinne) und die Laufbeine (Beine) der Vögel.

Die G. sind bei höheren Wirbeltieren über gürtelförmig angeordnete Knochenelemente, die **Extremitätengürtel,** mit der Wirbelsäule verbunden: Der Beckengürtel trägt die hinteren, der Schultergürtel die vorderen Extremitäten.

Die G. der *Vierfüßer* (Tetrapoden) bestehen aus Oberarm bzw. Oberschenkel, Unterarm mit Elle und Speiche bzw. Unterschenkel mit Schienbein und Wadenbein sowie Hand bzw. Fuß. Die **Hand** enthält die Handwurzel-, Mittelhand- und Fingerknochen, der **Fuß** Fußwurzel-, Mittelfuß- und Zehenknochen. Finger und Zehen sind mehrgliedrig. Hand und Fuß sind ursprünglich fünfstrahlig. Durch Anpassungen sind sie jedoch z.T. sehr stark abgewandelt. Im Vogelflügel sind die Handwurzelknochen, die Mittelhandknochen und die Fingerknochen teilweise verkümmert. Die Laufbeine der Vögel entstanden durch Verschmelzung der Mittelfußknochen und einiger Fußwurzelknochen. – ↑auch Skelett.

Bei den Sohlengängern (Dachs, Bär, Mensch) und den Hanglern (Affen, v.a. die Menschenaffen) sind die G. nur sehr wenig abgewandelt. Die G. der Zehengänger (Katzen, Hunde, Marder) zeigen etwas stärkere Abweichungen vom Grundbauplan. Sehr stark sind diese Abwandlungen bei den Zehenspitzengängern (Paar- und Unpaarhufer). Hier sind die Zehen bis auf 4, 3, 2 oder eine einzige zurückgebildet.

Globuline: Proteine (↑Eiweiße), die in den meisten tierischen und pflanzlichen Zellen und Körpersäften vorkommen. Zu den G. gehören u.a. die ↑Gammaglobuline und das ↑Fibrinogen im Blut sowie ↑Myosin im Muskel. In Pflanzenzellen kommen G. meist als Reservestoffe im Samen vor. Die G. haben oft kugelige Gestalt, die schraubig angeordneten Polypeptidketten sind dabei aufgefaltet. Sie sind nicht in Wasser löslich, aber in verdünnten Salzlösungen und Alkalien (z.B. verdünnte Natron-, Kalilauge). G. sind Träger wichtiger physiologischer Funktionen, in Körperflüssigkeiten sind sie u.a. Energielieferanten und Transportvehikel.

Gloger-Regel: eine ↑Klimaregel, die sich auf die unterschiedliche Färbung von Lebewesen (hauptsächlich Vögel, Säugetiere) in Abhängigkeit vom Klima bezieht. Danach ist die Melaninbildung in feuchtwarmen Gebieten bei den dortigen Rassen stärker ausgeprägt als bei den in trockenkühlen Gebieten lebenden.

Glomerulus: Als G. bezeichnet man feine Gefäßknäuel in der ↑Niere. Durch ihre Gefäßwandungen wird der sog. Primärharn in die Bowman-Kapsel abgepresst. Auch ↑Vorniere und ↑Urniere besitzen Glomeruli.

Glucagon: ein Peptidhormon der α-Zellen der Langerhans-Inseln in der Bauchspeicheldrüse; bei erniedrigtem Blutzuckerspiegel wird es ausgeschüttet und bewirkt dessen Anstieg. Es ist somit ein Gegenspieler des ↑Insulins.

Glucose: der ↑Traubenzucker.

Glühwürmchen: ↑Leuchtkäfer.

Glutamin: eine α-Aminosäure (↑Aminosäuren), die Bestandteil vieler (v.a. pflanzlicher) Eiweiße ist.

G. wird im menschlichen und tierischen Organismus besonders in Gehirn und Leber aus ↑Glutaminsäure und Ammoniak unter Energieeinsatz synthetisiert und in der Niere hydrolytisch gespalten. G. dient als NH_2-Donator bei Transaminierungsreaktionen des Stoffwechsels und ist die wichtigste Transport-, Entgiftungs- und Speicherform des giftig wirkenden Ammoniaks.

Glutaminsäure: eine α-Aminosäure, die in fast allen Proteinen enthalten ist, besonders im Eiweiß des Quarks und des Getreidekorns (bis 45%).

G. spielt im Zellstoffwechsel eine große Rolle. Sie ist ist die einzige Aminosäure, die im Gehirn oxidiert, transaminiert, amidiert und decarboxyliert wird. Durch sie wird die Verwertung von Kohlenhydraten im Gehirn gefördert. Im Nervensystem hat G. von allen Aminosäuren die höchste Konzentration; sie ist der wichtigste erregende Transmitter im Zentralnervensystem.

Clycerinphosphatide: ↑Phospholipide.

Glykogen: ein ↑Polysaccharid, das aus α-D-Glucose (↑Traubenzucker) durch Polykondensation in der Leber und im Muskel aufgebaut wird. Das verzweigte, dem Amylopektin (in der Stärke) ähnliche Riesenmolekül hat Molekülmassen zwischen 1 000 000 (Muskel) und 5 000 000 (Leber). Es wird auch als »tierische Stärke« oder »Leberstärke« bezeichnet. G. färbt sich mit Iod rotbraun im Gegensatz zur pflanzlichen Stärke, die sich blau färbt.

G. ist ein schnell mobilisierbares Reservekohlenhydrat. Sein Auf- und Abbau wird durch einen Regelkreis über Hormone gesteuert. Das Hormon ↑Insulin ist für den Glykogenaufbau aus ↑Traubenzucker, sein Gegenspieler ↑Glucagon für den Glykogenabbau verantwortlich. An der Regulierung des Blutzuckerspiegels (↑Blutzucker) sind darüber hinaus noch andere Steuermechanismen beteiligt.

Glykolyse: der in lebenden Organismen ablaufende enzymatische Abbau von Glucose oder ihren Speicherformen (z.B. ↑Glykogen). Die G. ist eine Energie liefernde Reaktion, deren Bedeutung in der Nutzung der frei werdenden Energie durch den Organismus liegt:

In der ersten Phase der G. wird die Glucose in 2 mol Triosephosphat umgewandelt (Triose = Zucker mit C-Atomen pro Molekül). Unter Verbrauch von ATP wird zunächst Glucose-6-phosphat gebildet, das durch die Glucosephosphatisomerase (Phosphohexoseismerase) in Fructose-6-phosphat umgewandelt wird. Dieses wird mittels der Phosphofructose-Kinase durch ATP zu Fructose-1,6-bisphosphat phosphoryliert, das nun von der Aldolase in 2 verschiedene Moleküle Triosephosphat gespalten wird, nämlich in Dihydroxyacetonphosphat und Glycerinaldehyd-3-phosphat. Während dieser ersten Phase der G. wird Energie verbraucht.

In der zweiten Phase werden die *Triosephosphate* mit NAD zu Glycerinsäurephosphat dehydriert. Dies geschieht unter Abgabe von Energie, die in ATP gespeichert wird: Aus dem Triosegleichgewicht wird Glycerinaldehydphosphat weiter verbraucht. Dabei wird die Aldehydgruppe von Glycerinaldehydphosphat zur Carboxygruppe oxidiert. Glycerinaldehydphosphat wird durch NAD dehydriert (unter Mitwirkung der Glycerinaldehydphosphat-Dehydrogenase). Das so gebildete Glycerinsäure-1,3-biphosphat ist äußerst energiereich und zerfällt deshalb sehr schnell. So entsteht schließlich unter

gleichzeitiger ATP-Bildung Glycerinsäure-3-phosphat.
In der nun folgenden dritten Phase wird *Glycerinsäure-3-phosphat* über mehrere Zwischenstufen schließlich zu Brenztraubensäure umgewandelt.
Zunächst bewirkt Phosphoglycerat-Mutase die Bildung von Glycerinsäure-2-phosphat. Dieses wird durch Phosphopyruvat-Hydratase (Enolase) in Phosphoenolbrenztraubensäure überführt, die äußerst energiereich ist. Erst wenn die Enolform (Molekül mit einer C=C-Doppelbindung und einer Hydroxygruppe) in Brenztraubensäure umgewandelt ist, wird die Energie des Gesamtvorgangs freigesetzt und erneut ATP gebildet. Diese Reaktion wird von dem Enzym Pyruvatkinase katalysiert.
Im letzten Abschnitt der G. trennen sich der anaerobe und der aerobe Abbauweg. Unter anaeroben Bedingungen wird Brenztraubensäure mittels der Lactatdehydrogenase durch $NADH_2$ zu Milchsäure reduziert. Beim aeroben Abbau hingegen wird die gebildete Brenztraubensäure nach einer oxidativen ↑Decarboxylierung in den ↑Citronensäurezyklus eingeschleust.
Um den Nutzen der G. für den Organismus erkennen zu können, muss man eine Gesamtbilanz aufstellen. Da bei der Bildung von 1 mol Glucose-1,6-biphosphat 2 mol ATP verbraucht werden, beträgt der Gewinn nur 2 mol ATP und 2 mol $NADH_2$ pro 1 mol Glucose, d.h. rund 60 kJ verwertbare Energie. Der Nutzeffekt der G. beträgt also rund 35 %.

Glykosidasen: ↑Hydrolasen.

Glykoside: eine Gruppe von zusammengesetzten Verbindungen aus einem Kohlenhydratanteil und einem als Aglykon bezeichneten Nichtkohlenhydratanteil, die entweder als **O-Glykoside** durch Bindung eines Zuckers an eine alkoholische oder phenolische Komponente (z.B. in Oligo- und Polysacchariden) oder als **N-Glykoside** durch Bindung eines Zuckers an eine NH-Gruppe einer organischen Base zustande kommen (z.B. ↑Nucleoside). Die Bindung zwischen Kohlenhydrat und Aglykon wird als **glykosidische Bindung** bezeichnet. G. ist der Oberbegriff. Wird Glucose glykosidisch gebunden, spricht man von G.; liegt ein Abkömmling der Galactose vor, nennt man das entsprechende G. Galactosid.

Golgi-Apparat: ein submikroskopisches Membransystem im Zellplasma von Organismen. Er dient v.a. den Sekretionsleistungen der ↑Zelle und ist in Drüsenzellen demgemäß besonders ausgeprägt. Die Grundeinheit des G.-A. ist die Golgi-Zisterne, ein scheibenförmiger, von einer einfachen Membran umschlossener Hohlraum. Stapel von meist 4–8 solcher Zisternen bilden ein **Dictyosom** und die Gesamtheit aller Dictyosome einer Zelle bildet den Golgi-Apparat.
Am Rande der Zisternen werden kleine, bläschenförmige Gebilde mit den abgabebereiten Sekretionsprodukten abgeschnürt **(Golgi-Vesikel).**

Gonaden: die ↑Keimdrüsen.

Gonadotropine (gonadotrope Hormone): auf die Keimdrüsen (Gonaden) wirkende Hormone. Hierzu gehören zum einen die Hormone des Hypophysenvorderlappens (↑Hypophyse), dies sind ↑follikelstimulierendes Hormon und ↑Prolactin, die das Wachstum und die Funktion der Eierstöcke und Hoden beeinflussen sowie das durch den Hypophysenhinterlappen ins Blut ausgeschüttete ↑Oxytocin. Zum anderen gehören zu den G. die ↑Placentahormone HCG und HPL, die die Erhaltung der Schwangerschaft regulieren.

Gorilla: Der in tropischen Urwäldern Afrikas heimische G. ist mit einer Größe von 1,25–1,75 m und 70–275 kg Körpergewicht der größte der ↑Menschenaffen, wobei das Weibchen stets kleiner und leichter als das Männchen ist. G. ernähren sich ausschließlich von Pflanzen und leben in Familienverbänden am Boden. Sie laufen meist, auf

Fußsohlen und Handknöchel gestützt, meist auf allen vieren. Nackenmuskulatur und Arme sind stark entwickelt. Das Gesicht hat starke Überaugenwülste, eine vorspringende Schnauze und eine wulstige Nase. Für die Nacht bauen sich G. ein Schlafnest am Boden oder in den Bäumen. Die Geschlechtsreife tritt mit 8–11 Jahren ein; die Weibchen bringen alle vier Jahre nach meist neunmonatiger Tragzeit ein Junges zu Welt. Die Lebenserwartung kann bis zu 50 Jahren betragen.

G_1-Phase: ↑Zellteilung.

G_2-Phase: ↑Zellteilung, ↑Meiose.

Graaf-Follikel (Tertiärfollikel): der Eifollikel in seinem letzten Reifestadium (↑Eireifung).

Grabwespen: ↑Hautflügler.

Gramfärbung: eine Färbemethode zur Unterscheidung von Bakterien. Der Bakterienausstrich wird mit einem basischen Farbstoff (Gentianaviolett, Kristallviolett, Methylviolett) gefärbt und anschließend mit einer Iod-Iodkalium-Lösung gebeizt. Dabei bildet sich in der Zelle ein blauer Farblack. Bei langsamem Entfärben des Präparats mit Alkohol oder Aceton entfärben sich die **gramnegativen** Bakterien schneller als die **grampositiven.** Durch eine abermalige Färbung (Gegenfärbung) mit rot färbendem Fuchsin oder Safranin können im fertigen Präparat die gramnegativen, zuvor völlig entfärbten Bakterien deutlich erkennbar gemacht werden. Die grampositiven Bakterien dagegen erscheinen noch in ihrer ursprünglichen blauen Färbung. Gramnegative Bakterien sind z.B. Kolibakterien, Salmonellen, grampositive z.B. Streptokokken, Staphylokokken und Strahlenpilze.

Gramineae: die Pflanzenfamilie ↑Gräser.

Granulocyten: Form der ↑weißen Blutkörperchen.

Gräser (Süßgräser, Gramineae, Poaceae): weltweit verbreitete Familie der ↑Einkeimblättrigen Pflanzen mit rund 8 000 Arten. In vielen Gebieten (Steppen, Prärien, Savannen, Pampas) stellen sie den Hauptanteil der Vegetation.

G. sind krautige Pflanzen mit schmalen, spitzen, parallelnervigen Blättern, röhrenförmiger, halmumfassender Blattscheide sowie ↑Blatthäutchen und hohlen, runden Stängeln (Halme), die in Knoten und Internodien gegliedert sind. Die einfachen Blüten stehen in Ähren und Ährchen (↑Blütenstände) und werden mithilfe des Windes bestäubt. Die Grasfrucht wird Karyopse genannt. Viele G. haben eine große wirtschaftliche Bedeutung. Wichtig sind v.a. die Kohlenhydrate liefernden Getreidearten (↑Getreide) und die als Futterpflanzen verwendeten Gräser. Bekannte einheimische Gräsergattungen sind Rispengras, Schwingel, Perlgras, Trespe und Straußgras.

grauer Halbmond: ↑Eizelle.

graue Substanz: Teil des ↑Gehirns und des ↑Rückenmarks der Wirbeltiere, in dem die Zellkörper der Nervenzellen gehäuft vorkommen (im Gegensatz zur ↑weißen Substanz).

Im Gehirn bildet die g. S. besonders die beim Menschen etwa 6 Zellschichten dicke Rinde des Großhirns, daneben u.a. auch die Kleinhirnrinde. Im Rückenmark liegt die g. S. innen und zeigt einen H-förmigen bis schmetterlingsförmigen Querschnitt. Ihre Vorderhörner enthalten motorische, ihre Hinterhörner sensorische Nervenzellen. In der Mitte der g. S. des Rückenmarks befindet sich der bis ins Gehirn verlaufende Zentralkanal.

Gravidität: die ↑Schwangerschaft.

Greifreflex: während der ersten beiden Lebensmonate beim Säugling durch Berühren seiner Innenhand auftretendes reflektorisches Schließen der Finger zur Faust, sodass er daran hochgehoben werden kann; auch die Füße führen einen G. aus. Der G. ist angeboren und verschwindet normalerweise spätestens im 4. Lebensmonat. – Bild S. 222.

G

Greifreflex

Der Säugling greift reflexhaft zuerst mit dem Mittelfinger, dann mit den anderen Fingern und zuletzt mit dem Daumen. Auch schon bei einer Frühgeburt (Siebenmonatskind) sind die Greifreflexe ausgebildet (nach I. Eibl-Eibesfeldt 1970).

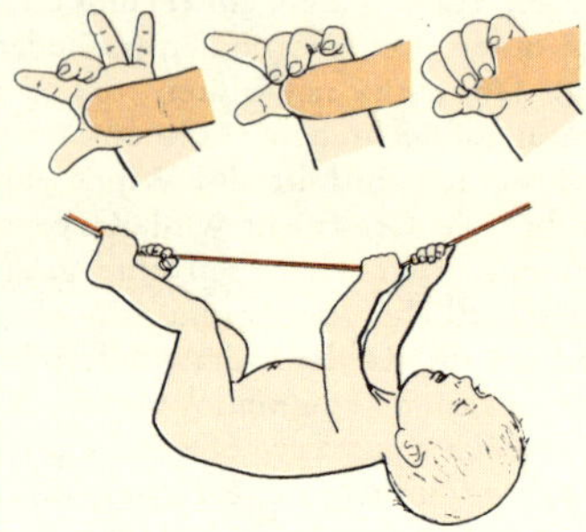

Greifvögel (Greife, Falconiformes): mit etwa 280 Arten weltweit verbreitete Ordnung der Vögel. Zu den G. zählen u.a. Habichte, Adler und Falken. Ihr Schnabel ist besonders kräftig. Charakteristisch ist der hakenförmige Oberschnabel, der zum Zerreißen der Beutetiere dient. Die Zehen der G. tragen starke, spitze Krallen zum Ergreifen und häufig auch zum Töten der Beutetiere (Amphibien, Reptilien, Vögel, kleine Säuger und Insekten). G. haben große Flügel, können gut fliegen und häufig ausgezeichnet segeln. Gesichts- und Gehörsinn der G. sind besonders gut ausgebildet.

G. leben meist ungesellig und bauen ihre Nester auf Bäumen und Felsen oder in Baum- oder Felshöhlen. Das Gelege der kleineren Arten (besonders der Falken) besteht aus bis zu sechs, das der großen Arten meist aus zwei bis drei Eiern. – Alle G. sind international geschützt.

Grenzstrang: Beiderseits der Wirbelsäule liegt eine Kette von mit dem Rückenmark in Verbindung stehenden Ganglien, die zusammen den G. bilden. In ihm entspringen fast alle Ganglien des Sympathikus (↑ vegetatives Nervensystem).

Griffel: ↑ Blüte, ↑ Samenanlage.

Grimmdarm: Teil des Dickdarms, ↑ Darmkanal.

Großhirn: ein Teil des ↑ Gehirns.

Grubenottern: ↑ Giftschlangen.

Grubenwurm: eine Art der ↑ Hakenwürmer.

Grünalgen (Chlorophyceae): eine schon im Kambrium nachgewiesene Klasse der ↑ Algen. Ihre rund 10 000 Arten leben vorwiegend am Boden oder im Plankton des Süßwassers. Die Grünfärbung wird durch Chlorophyll a und b in den Chloroplasten bewirkt. Als Reservestoff werden Stärke und Fett gebildet. – Die einfachsten Formen sind mikroskopisch klein und einzellig und können sich mit Geißeln fortbewegen. Vielzellige Formen haben eine äußere Ähnlichkeit mit Höheren Pflanzen. Die ↑ ungeschlechtliche Fortpflanzung der G. erfolgt durch Zellteilung, Zerfall des Pflanzenkörpers oder Zoosporen, die ↑ geschlechtliche Fortpflanzung durch Isogamie oder Anisogamie (↑ Befruchtung). Zu den G. gehören ↑ Armleuchteralgen und ↑ Jochalgen.

Grünblindheit: ↑ Farbenfehlsichtigkeit.

Grundgewebe: das ↑ Parenchym der Pflanzen.

Grundplasma: ↑ Cytoplasma.

Grundumsatz: die Energieproduktion des Organismus bei völliger geistiger und körperlicher Entspannung im nüchternen Zustand. Der G. ist abhängig von Alter und Geschlecht, aber auch von Gewicht und Körpergröße des Individuums. So treten bei Männern höhere Werte auf als bei Frauen, bei Kindern höhere als bei Erwachsenen.

Viele Faktoren beeinflussen den G., aber in erster Linie wirken sich Störungen der Schilddrüsenfunktion aus. Bei Schilddrüsenüberfunktion kommt es zur Steigerung bis zu 80%, wogegen eine Unterfunktion eine Senkung von bis zu 40% vom Normalwert bewirken kann.

Zur Bestimmung des G. werden meist der Sauerstoffverbrauch oder die Menge des ausgeatmeten Kohlenstoffdioxids gemessen, um den respiratorischen Quotienten (↑Atmung) und damit den Energieumsatz, seltener die vom Körper abgegebene Energie in Form von Wärme zu bestimmen.

GTP, Abk. für **G**uanosin**tri**phosphat: eine Verbindung aus ↑Guanin, ↑Ribose und 3 linear aneinander gereihten Phosphatresten, die durch Säureanhydridbindungen miteinander verbunden sind und mit der OH-Gruppe in 5-Stellung der Ribose verestert sind. GTP ist von großer Bedeutung im Zellstoffwechsel. Es entsteht als energiereiche Verbindung in zwei Phosphorylierungsschritten aus Guanosin-5-monophosphat (GMP) über Guanosin-5-diphosphat (GDP). G. wird im ↑Citronensäurezyklus gebildet und dient bei der Eiweißsynthese und bei der Gluconeogenese als Energiedonator.

Guanin: eine organische Base, die in der Zelle eine wichtige Rolle als Baustein der Nucleinsäuren ↑DNA und ↑RNA spielt. Der charakteristische perlmutterartige Glanz in der Haut bzw. in den Schuppen von Fischen, Lurchen und Kriechtieren beruht auf eingelagertem kristallinem Guanin. Freies G. ist in Teeblättern und Hefen enthalten. G. ist ein Abkömmling des Purins.

Guanosintriphosphat: das ↑GTP.

Guttation: eine aktive tropfenförmige Wasserausscheidung durch zu Wasserspalten (Hydathoden) umgewandelte Spaltöffnungen oder Drüsen an den Blatträndern und Blattspitzen verschiedener Pflanzen (z.B. Kapuzinerkresse, Frauenmantel, Fuchsie). Die G. dient wahrscheinlich zur Aufrechterhaltung des Wasser- und Nährstofftransports in der Pflanze bei behinderter ↑Transpiration, besonders nach feuchtwarmen Nächten.

Gymnospermae: die ↑Nacktsamer.

Gynoeceum: die Gesamtheit aller Fruchtblätter einer ↑Blüte.

H

Haarbalgdrüsen: ↑Talgdrüsen.

Haare: ein- oder mehrzellige, meist fadenförmige Bildungen der Epidermis.

◆ *Botanik:* Die ein- bis mehrzelligen H. der Pflanzen werden **Trichome** genannt. Sie entstehen meist aus einer einzigen Epidermiszelle. **Einzellige H.** sind z.B. ↑Borstenhaare und ↑Brennhaare, **mehrzellige H.** die Schuppenhaare (↑Schuppen). Meist sterben die Zellen der H. ab, sind dann lufterfüllt und erscheinen deshalb weiß; seltener bestehen H. aus lebenden Zellen, so beispielsweise die Zellen der Kürbishaare, die Wurzelhaare von Wasserpflanzen oder die Staubfadenhaare von Tradescantia. Lebende Pflanzenhaare fördern durch die Oberflächenvergrößerung die Transpiration; tote H. hingegen verringern sie durch Schaffung windstiller Räume. Harte H. und Brennhaare schützen gegen Tierfraß.

◆ *Zoologie:* **Echte H.** sind mehrzellig, gehen aber aus einer einzigen Zelle (Schaftzelle, trichogene Zelle) hervor. Von den Wirbeltieren tragen nur die Säuger echte H. Zur ihrer Bildung senkt sich die Epidermis tief in die Lederhaut ein und bildet den **Haarbalg,** in dem die **Haarwurzel** steckt. Der unterste Wurzelabschnitt ist verdickt **(Haarzwiebel, Haarbulbus).** In ihn ragt von unten her eine zapfenförmige, bindegewebige Lederhautpapille **(Haarpapille)** hinein. Sie enthält ein reiches Blutgefäßnetz und Pigmentzellen und versorgt die noch teilungsfähigen Zellen der Haarzwiebel, wo das H. wächst. Nach oben zu sterben die Haarzellen ab und verhornen. Die äußeren Haarzellen bilden die **Haarrinde,** die inneren das Mark. Pigmente in der Rinde färben das H. Haarquerschnitt und Dicke der Rinde bestimmen die Eigenschaften des H. (dicke Rinde: steifes Haar; stark ovaler Querschnitt: gekräuseltes H.). Außen umgeben verhornte Zellen eines

einfachen Plattenepithels das H. dachziegelartig.
Die H. sitzen meist schräg in der Haut. Sie können durch einen kleinen glatten Muskel (**Haarbalgmuskel,** Haaraufrichter) aufgerichtet werden (Gänsehaut!). Zwischen Muskel und Haar liegen ein bis zwei Talgdrüsen, die in den Haarbalg münden. Ihr öliges Sekret hält das Haar geschmeidig.
Ein Mensch hat rund 300 000–500 000 H., ein Viertel davon auf dem Kopf. Ihr Durchmesser liegt zwischen 0,04 und 0,1 mm. Täglich wachsen die H. um 0,25–0,4 mm (Augenbrauen 0,1–0,2 mm). Dicke H. wachsen schneller als dünne. Die Wachstumsgeschwindigkeit ist nachts größer als tags.
Das **Haarkleid** von Säugern der gemäßigten Breiten besitzt zwischen 200 (Sommerkleid) und 900 (Winterkleid) H. je Quadratzentimeter. Sie liegen in der Regel in bestimmten Richtungen **(Haarstrich).** Folgende Haartypen lassen sich unterscheiden:
Wollhaare sind gekräuselt und bilden eine dichte, wärmeisolierende Unterwolle **(Unterhaar).** Mithilfe des Haarmuskels lassen sie sich aufrichten, wodurch die isolierende Luftschicht dicker wird. **Grannenhaare** ragen über die Wollhaare hinaus, sind fest und unterhalb ihrer Spitze verdickt. Leithaare sind sehr steif und tastempfindlich. Sie überragen die Grannenhaare und bilden zusammen mit diesen das **Deckhaar.**
Sinushaare sind sehr lang und steif; ihr Haarbalg wird reichlich von freien Nervenendigungen umsponnen. Innerhalb des Haarbalgs liegt eine Blutzone (Blutsinus). Die Sinushaare dienen als Tasthaare und befinden sich bei manchen Tieren (z.B. Katzen) in der Nähe des Mundes als **Schnurrhaare.** Sie sind bei nächtlich lebenden Tieren besonders ausgeprägt. **Schmuckhaare** sind besonders lang und bilden Mähnen (Löwe). Manche Säugetiere haben spitze und stark verhornte H. entwickelt, die der Verteidigung dienen (↑Stachel).
Die H. der *Insekten* sind entweder **unechte H.,** also Auswüchse der Cuticula, oder echte H. und gehen damit auf besondere Haarbildungszellen zurück. Echte Insektenhaare sind, zumindest ursprünglich, gelenkig mit der Körperoberfläche verbunden.

Haargefäße: die ↑Kapillaren.

Haarwechsel: ↑Mauser.

Habitus: das Gesamterscheinungsbild (Aussehen und Verhalten) von Lebewesen einschließlich ihrer individuellen Besonderheiten.

Hackordnung: Die H. bei Hühnern war die erste gut untersuchte Form einer ↑Rangordnung. Am Futterplatz darf jeweils die ranghöhere Henne alle rangniedrigeren »weghacken«. Die am unteren Ende der H. stehende Henne wird i.A. von der ranghöchsten nicht belästigt, weil diese ihre Stellung v.a. gegen die Nächstniederen behaupten muss. Der Hahn steht meist an der Spitze der H., muss sich diese Stellung aber ebenfalls erst erkämpfen.

Haftlaicher: ↑Laich.

Haftorgane: Bildungen, mit denen einige Pflanzen und Tiere an glatten Flächen durch Reibung, Adhäsion bzw. Saugkraft Halt finden können.
Bei *Pflanzen* unterscheidet man folgende H.: **Hapteren** sind wurzelartige Ausstülpungen an der Basis des Vegetationskörpers bei einigen Algen, Flechten und Moosen. **Haftscheiben** hingegen sind scheibenförmige Haftorgane, z.B. an der Basis einiger großer Rot- und Braunalgen sowie beim Wilden Wein. **Haftwurzeln** schließlich sind umgebildete, auf Berührungsreize ansprechende, negativ fototrope, sprossbürtige Wurzeln mancher Kletterpflanzen (z.B. Efeu). Zu den pflanzlichen Haftorganen zählen auch die Haar- und Borstenbildungen an den Früchten von Korbblütlern (z.B. Kletten) und Doldenblütlern, die der Festheftung an Tieren dienen.
Noch mannigfaltiger sind die H. bei *Tieren.* Nesseltiere besitzen ↑Nessel-

Haftorgane

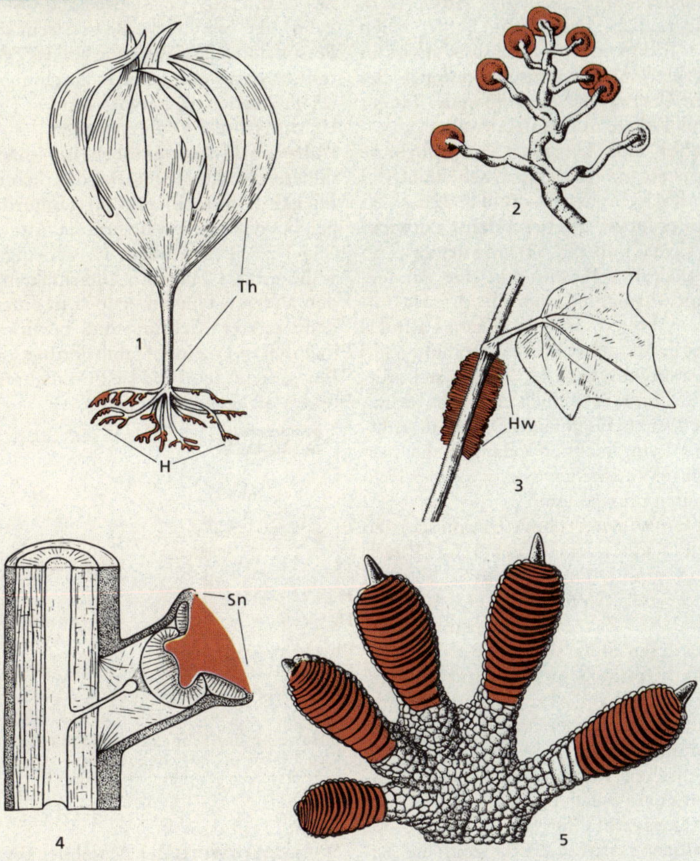

Haftorgane bei Pflanzen: 1 als Hapteren ausgebildete Rhizoide des Palmtangs; 2 Haftscheiben an den Ranken des Wilden Weins; 3 Haftwurzeln am Spross des Gemeinen Efeus. – Haftorgane bei Tieren: 4 Schnitt durch den Saugnapf eines Fangarms eines Kraken; 5 Haftlamellen an den Fingerunterseiten eines Geckos; H Hapteren, Hw Haftwurzeln, Sn Saugnapf, Th Thallus

kapseln. – Manche Insekten haben zwischen den Krallen der Füße paarige **Haftlappen** (z.B. Fliegen) oder eine unpaare **Haftblase** (die Blasenfüße). – Heuschrecken besitzen verbreiterte Sohlenflächen an den Fußgliedern, viele Käfer eine **Sohlenbürste** aus feinen Härchen.

Bekannte H. sind die Saugnäpfe (↑ Saugnapf) oder Sauggruben der Saug- und Bandwürmer, Egel und Kopffüßer. Die Stachelhäuter haben ↑ Saugfüßchen zwischen den Stacheln, einige Fische (v.a. Saugschmerlen, Schiffshalter) besondere Saugscheiben, die Neunaugen ein Saugmaul.

H

Bei Laubfröschen, Molchen, Siebenschläfern und manchen Affen (z.B. Meerkatzen) besitzen die Sohlenballen die Fähigkeit zur Adhäsion, meist in Verbindung mit Drüsensekreten. – Bei den Geckos sind die Sohlen der Finger und Zehen mit **Haftlamellen** ausgestattet und feinste, häkchenförmige Borsten können jede Unebenheit der Unterlage erfassen. – Bild S. 225.

Hakenlarve: ein besonderes Entwicklungsstadium bei ↑Bandwürmern. So enthalten z.B. die Eier des Rinderbandwurms eine Larve, die drei Hakenpaare besitzt. Im Darm eines Rindes löst der Bauchspeichel die Eihüllen auf und die nun freie H. arbeitet sich mithilfe ihrer beweglichen Haken durch die Darmschleimhaut. Durch die Blut- und Lymphbahnen gelangen die Larven ins Muskelgewebe, wo sie sich zu Finnen umwandeln.

Hakenwürmer (Ancylostomidae): zu den ↑Fadenwürmern gehörende Parasiten v.a. im Dünndarm von Säugetieren und des Menschen. H. besitzen cuticuläre Zähne an der Mundkapsel, mit deren Hilfe sie sich in der Darmwand festbeißen und Blut saugen. Hierdurch kann es zu schweren Krankheitserscheinungen bei den Wirtstieren kommen. – In Bergwerken arbeitende Menschen werden häufig vom **Grubenwurm** befallen.

Halbrosette: ↑Spross.

Halbschmarotzer: Pflanzen, die bezüglich ihres Kohlenstoffhaushalts ↑autotroph sind (besitzen grüne Blätter), jedoch ihrem Wirt Wasser und Nährsalze entnehmen; ein H. ist z.B. die auf Bäumen lebende Mistel. Sie treibt zapfenartige Senker zu den Leitungsbahnen des Wirts, die in dessen Holz durch das Dickenwachstum eingeschlossen werden.

Einige Kräuter, die durch kleine ↑Haustorien mit ihrem Wirt verbunden sind, werden ebenfalls zu den Halbschmarotzern gezählt (z.B. Augentrost und Wachtelweizen).

Halluzinogene: verschiedene Substanzen (z.B. ↑LSD, ↑Haschisch und ↑Meskalin), die bei vollem Bewusstsein der Person durch ihre Wirkung auf das Zentralnervensystem Sinnestäuschungen (Halluzinationen) hervorrufen.

Halophyten: die ↑Salzpflanzen.

Halteren (Schwingkölbchen): umgebildete Insektenflügel. Bei den Echten Fliegen (Dipteren) sind die Hinterflügel, bei den Fächerflüglern die Vorderflügel zu H. geworden. H. schwingen während des Flugs im Gleichtakt mit den anderen Flügeln, jedoch in entgegengesetzter Richtung und bewirken dadurch v.a. eine Stabilisierung des Flugs; außerdem sind sie Stimulations- und Gleichgewichtsorgane.

Halteren

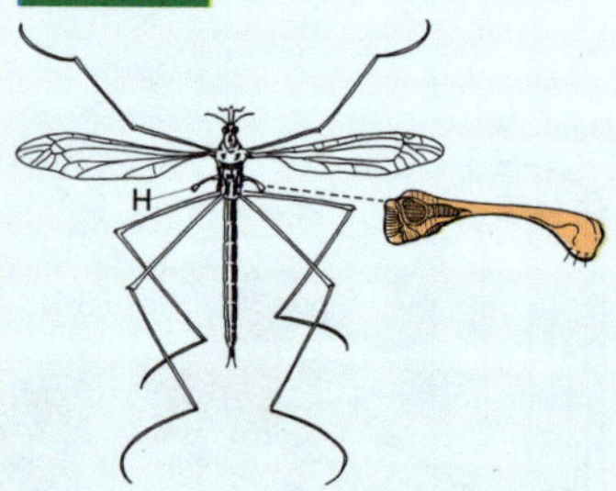

Halteren der Schnake Tipula maxima, rechts vergrößert gezeichnet

Häm: ↑Hämoglobin.

Hämatokritwert: der Anteil der Blutzellen am gesamten Blutvolumen. Abweichungen von der Norm (beim Mann ca. 40–54 %, bei der Frau ca. 37–47 %) dienen der Krankheitserkennung.

Hammer: ein ↑Gehörknöchelchen.

Hämoglobin: ein Proteid (↑Eiweiße), das aus dem Protein Globin und einer prosthetischen Gruppe, dem Häm, besteht. H. ist der rote Blutfarbstoff der Erythrocyten, der den Sauerstoff zu den Geweben transportiert, dort abgibt und Kohlenstoffdioxid aufnimmt, das zu den Atmungsorganen transportiert

wird. – H. besteht aus vier Untereinheiten, wobei jede Untereinheit wiederum aus einer Peptidkette besteht, die ein Häm trägt. In das Innere eines Moleküls reichen tiefe Spalten, die die Hämgruppen aufnehmen.
Das **Häm** selbst ist eine Eisenporphyrinverbindung, in der das Eisen (Fe^{2+}) als Zentralatom vier Liganden besitzt. Der Hämkomplex trägt keine Ladung, die oxidierte Form, das Hämin, enthält hingegen Fe^{3+} und ist positiv geladen. Das sauerstofffreie H. (Hb) wird auch als »reduziertes« H. bezeichnet, das bei Aufnahme von Sauerstoff (O_2) in Hb-O_2 **(Oxyhämoglobin)** übergeht. Seine Bedeutung als Sauerstoffträger beruht auf der Reversibilität der Hb-O_2-Bindung in Abhängigkeit vom Sauerstoffpartialdruck. – In analoger Weise kann auch Kohlenstoffmonoxid (CO) an das H. gebunden werden, dessen Affinität zu CO wesentlich höher ist als zu O_2; darauf beruht der sehr langsame Zerfall von Hb-CO (Vergiftung durch Kohlenstoffmonoxid). – H. wird vorwiegend in der Leber zu den ↑Gallenfarbstoffen abgebaut. – ↑auch Atmung.

Hämolymphe: die Körperflüssigkeit von Tieren mit offenem Blutkreislauf (z.B. Weichtiere, Gliederfüßer). In der H., die durch Körperbewegung oder das Herz bewegt wird, sind Blut und Lymphe nicht durch Gefäße getrennt.
H. enthält neben Wasser frei bewegliche Blutzellen (Amöbocyten, Leucocyten), Salze, viele organische Stoffe und Sauerstoff übertragende Farbstoffe (z.B. Hämoglobin bei Regenwürmern, Tellerschnecken und niederen Krebsen). In ihrer Funktion entspricht die H. dem ↑Blut der Wirbeltiere.

Hämolyse: Von H. spricht man, wenn durch eine Schädigung der Erythrocytenmembran ↑Hämoglobin austritt, wobei i.A. drei verschiedene Formen unterschieden werden: Bei der im hypotonischen Milieu auftretenden **osmotischen H.** tritt Wasser in die Zelle ein, die schließlich platzt. Können z.B. Saponine und Fettlösungsmittel die Membran unmittelbar schädigen, spricht man von **Membranhämolyse.** Schließlich kann ATP-Abnahme sowie eine Herabsetzung von Glutathion eine Gestaltänderung der Erythrocyten bewirken, wobei es zur **Stoffwechselhämolyse** kommt.

Hämolysine: ↑Schlangengifte.

Hämophilie: die fast immer nur bei Männern auftretende ↑Bluterkrankheit.

Hämorrhagine: ↑Schlangengifte.

Hand: ↑Gliedmaßen.

hapaxanthe Pflanzen: Bezeichnung für Pflanzen, die nach einmaliger Blüte und Fruchtreife absterben. Je nach Zahl der zur vollen Entwicklung notwendigen Vegetationsperioden unterscheidet man monozyklische (↑Annuelle) und dizyklische Kräuter **(Bienne, zweijährige Pflanzen)** sowie polyzyklische Pflanzen **(Plurienne, mehrjährige Pflanzen),** wobei Letztere ein Alter von 50 bis 60 Jahren (Agaven) erreichen können. Gegensatz: pollakanthe Pflanzen. – ↑auch ausdauernde Pflanzen.

haploid: Bezeichnung für Zellen oder Organismen mit nur einem Chromosomensatz (n). – Gegensatz: ↑diploid.

Haplonten: Organismen, deren Zellen stets einen haploiden Chromosomensatz enthalten. Nur die befruchtete Eizelle (Zygote) dieser Lebewesen besitzt einen doppelten Chromosomensatz, ist also diploid. Die erste Zellteilung ist aber bereits eine ↑Meiose, in deren Verlauf die Zellen wieder haploid werden.

Haplophase: Stadium im Lebenszyklus eines Lebewesens, in dem die Zellen nur einen haploiden Chromosomensatz besitzen. Die H. wird im Kernphasenwechsel von der ↑Diplophase abgelöst (↑Generationswechsel).

Hapteren: eine Form der ↑Haftorgane.

Harn (Urin): die von den Nieren durch die Harnwege ausgeschiedene Flüssigkeit bei Wirbeltieren und beim Menschen. H. enthält, in Wasser gelöst, anorganische Salze, ↑Harnsäure und

H

↑ Harnstoff. In der ↑ Niere wird aus dem Blut der stark wässrige, ionen- und glucosehaltige **Primärharn** abgepresst, von dem der größte Teil (beim Menschen ca. 99%) wieder zurückgewonnen wird. Der übrig bleibende H. wird in der ↑ Harnblase gesammelt und von Zeit zu Zeit ausgeschieden.
Tiere trockener Klimazonen (Echsen, Schlangen) und Vögel scheiden kristalline Harnsäure als pastenartige Masse aus und sparen damit Flüssigkeit.
Die Zusammensetzung des H. schwankt von Art zu Art und hängt auch von Ernährung und Gesundheitszustand ab.
Veränderungen der Harnzusammensetzung bei Erkrankungen helfen dem Arzt, die entsprechenden Krankheiten zu erkennen.

Harnblase (Vesica urinaria): stark dehnbares Hohlorgan zur Speicherung des Harns bei vielen Wirbeltieren (außer Schlangen, Krokodilen, Vögeln) und beim Menschen. Der Harn gelangt aus den Nieren durch die ↑ Harnleiter in die H. Den Blasenausgang versperrt ein vegetativ innervierter Schließmuskel. Bei bestimmtem Füllungsgrad erschlafft dieser und die glatte Muskulatur der Harnblasenwand zieht sich zusammen, der Harn wird ausgepresst. Die H. des Menschen fasst unter normalen physiologischen Bedingungen etwa 0,3–0,5 l Harn.

Harnleiter (Ureter): bei Wirbeltieren und dem Menschen Verbindungsgang zwischen Niere und Harnblase bzw. Kloake (bei Schlangen, Krokodilen, Vögeln). Die beim Menschen 30 cm langen H. sind innen mit einer dehnbaren Schleimhaut ausgekleidet. Durch peristaltische Bewegungen befördern sie den Harn tropfenweise in die Blase (38 Tropfen je Minute).

Harnröhre (Urethra): Die H. führt den ↑ Harn im Allgemeinen aus der ↑ Harnblase nach außen. Bei den Wirbeltieren (mit Ausnahme der Knochenfische und der Säuger) mündet sie in die ↑ Kloake. Die H. der Fische endet in einer Papille.
Die Harnröhrenöffnung weiblicher Säuger und der Frau liegt im Scheidenvorhof zwischen den ↑ Schamlippen. Die H. männlicher Säuger und des Mannes führt durch das ↑ Glied und mündet an dessen Spitze (Eichel) nach außen. Die H. der Frau ist 2,5–4 cm, die des Mannes 20–25 cm lang. Da auch die Samenflüssigkeit durch die H. nach außen gelangt, nennt man sie zwischen ↑ Vorsteherdrüse und Ausgang auch **Harn-Samen-Röhre.**

Harnsack: ↑ Embryonalhüllen.

Harnsäure: ein Stoffwechselprodukt beim Abbau der Purinbasen, das bei der Hydrolyse der Nucleotide Guanosin und Adenosin freigesetzt wird. Während bei den meisten Säugetieren die H. weiter zu **Allantoin** abgebaut wird, wird sie beim Menschen und bei den Menschenaffen unverändert im Harn ausgeschieden.
Bei der Gicht liegt eine Erhöhung des Harnsäurespiegels im Blut vor. Dabei kommt es zu kristallinen Ablagerungen in den Gelenken, was zu Gelenkverformung und -versteifung führt und äußerst schmerzhaft ist oder zur Bildung von Nierensteinen.

Harnstoff: wasserlösliche Substanz, die in der Leber aus dem Zellgift Ammoniak als relativ ungiftiges Endprodukt des Eiweißstoffwechsels aufgebaut wird (**Harnstoffzyklus,** Ornithinzyklus). Das Ammoniak stammt hauptsächlich aus der ↑ Glutaminsäure.
H. wird mit ↑ Harnsäure zusammen bei Säugetieren über die Nieren im Harn ausgeschieden. Beim Menschen werden täglich 30–40 g H. auf diese Weise aus dem Körper entfernt. Großtechnisch synthetisierter H. dient als Düngemittel sowie u. a. als Ausgangsstoff für Aminoplaste (Kunststoffe).

Harze (Naturharze): organische Verbindungen ohne einheitlichen Aufbau. Häufig sind sie aus Terpenen (ungesättigte Kohlenwasserstoffe, die auf

Isopren, $CH_2=CH-C(CH_3)=CH_2$, zurückgehen) oder Esterharzen (veresterte Harzalkohole oder Phenole) zusammengesetzt. Sie besitzen keinen festen Schmelzpunkt (ähnlich Glas) und können als unterkühlte Schmelzen oder Lösungen aufgefasst werden. Sie lösen sich nur in organischen Lösungsmitteln, z.B. in etherischen Ölen (Balsame).

H. werden sowohl von Nacktsamern als auch von Bedecktsamern produziert. Am bekanntesten sind die H. der Nadelhölzer, die H. in den Harzgängen des Holzes und der Nadeln produzieren. Bernstein ist fossiles Harz.

Haschisch: ein weit verbreitetes Rauschmittel (Halluzinogen), das in dem harzartigen Sekret von Drüsenhaaren an Blüten, Blättern und Stängeln v.a. der weiblichen Pflanzen des Indischen Hanfs enthalten ist. Die berauschende Wirkung wird durch ätherische Öle, v.a. Tetrahydrocannabinol, verursacht. Getrocknete, gehackte Pflanzenteile werden als **Marihuana** bezeichnet.

H. ruft je nach der Stimmungslage, der Umgebung sowie den seelischen und körperlichen Anlagen des Konsumenten unterschiedliche Rauscherlebnisse hervor: Entspanntsein, Apathie, Glücksgefühl oder Niedergeschlagenheit, intensivere Sinneswahrnehmungen, ängstliche Unruhe, aggressive Gereiztheit; häufig kommt es auch zu Übelkeit und Erbrechen. Haschischgenuss führt zwar nicht zur körperlichen Abhängigkeit (es treten also keine Entzugserscheinungen auf), wohl aber zu einer seelischen Abhängigkeit. – siehe Seite 130.

Hauptschlagader: die ↑ Aorta.

Hauptwirt: der ↑ Endwirt.

Haustiere: vom Menschen zur Nutzung ihrer Produkte oder Arbeitsleistungen oder aus Liebhaberei gezüchtete und gehaltene Tiere. Seit mindestens 14 000 Jahren hält und züchtet der Mensch Tiere (↑ Domestikation). Sie liefern ihm Nahrung und Kleidung, helfen bei der Jagd und beim Ackerbau oder transportieren Lasten. Zu den ältesten Haustieren gehören Schaf, Ziege, Rind und Hund.

Die Zahl der H. ist recht gering. Von den rd. 5 000 bekannten Säugetierarten z.B. wurden nur etwa 20 zu H. (Schaf, Ziege, Rind, Balirind, Büffel, Gayal, Jak, Trampeltier, Dromedar, Lama, Alpaka, Schwein, Esel, Pferd, Ren, Katze, Hund, Frettchen, Kaninchen, Meerschweinchen).

Streng genommen sind auch die Labortiere (z.B. Ratte, Weiße Maus, Goldhamster) und gezüchtete Pelztiere (Nutria, Waschbär, Nerz, Silberfuchs, Chinchilla u.a.) Haustiere.

H. stammen immer nur von einer Wildform ab, von der sie sich aber meist in Aussehen und Verhalten unterscheiden.

Haustorien: zapfenförmige Saugorgane von parasitisch oder halbparasitisch lebenden Pflanzen. Mit den H. dringen die Schmarotzerpflanzen in die Wirtspflanzen ein und entziehen diesen Nährstoffe und Wasser.

Haut (Cutis): die äußere Körperbedeckung bei Wirbeltieren und beim Menschen; sie setzt sich zusammen aus der oberflächlichen Oberhaut und der tiefer liegenden Lederhaut sowie der ohne scharfe Abgrenzung darunter liegenden Unterhaut.

Die **Oberhaut (Epidermis)** des Menschen, die vom Ektoderm gebildet wird (↑ Keimblätter), ist zweischichtig. Die äußere Schicht ist die **Hornschicht (Stratum corneum, Hornhaut).** Sie ist am Körper nur 10–20 Zellschichten (ca. 0,015 mm) dick. Ihre Zellen sind tot und verhornt. Sie werden ständig nach außen abgeschilfert und müssen deshalb von der darunter liegenden **Keimschicht (Stratum germinativum)** ersetzt werden. Diese bildet die Hautfarbstoffe (Pigmente) und ist durch finger- oder leistenförmige **Papillen** mit der Lederhaut verzahnt. – An besonders stark beanspruchten Stellen der H.

können sich sog. Hornhautschwielen bilden.

Die **Lederhaut (Corium)** wird vom Mesoderm gebildet. Sie besteht aus sehr festen Faserbündeln und -netzen aus Kollagen. Ein feines Adernetz durchzieht sie. Die sehr kleinen zuführenden Arterien (Arteriolen) sind von glatten Muskeln umgeben und können die Hautdurchblutung verändern. Dadurch kann die H. erröten oder erblassen und in geringem Maße auch Blut speichern.

Unter der Lederhaut liegt die **Unterhaut (Subcutis).** Das in sie eingebettete **Unterhautfettgewebe** (Corpus adiposum) dient in erster Linie der Wärmeisolation des Körpers, daneben aber auch als Druckpolster (z.B. am Gesäß) und zur Speicherung von Reservestoffen.

Die H. schützt gegen eine Reihe von Umweltfaktoren: Durch ihre Reißfestigkeit und Dehnbarkeit schützt sie vor mechanischen, thermischen und chemischen Schäden sowie u.a. durch ihren Säureschutzmantel vor vielen Krankheitserregern. In begrenztem Umfang können Stoffe durch die H. in den Körper eindringen, was man sich bei medizinischen Anwendungen (Einreibungen) zunutze macht. Die Pigmente der Keimschicht, die auch in den verhornten Zellen verbleiben, absorbieren Licht und UV-Strahlung. Außerdem ist die H. das wichtigste Organ für die Wärmeregulation und hat Anteil an der Regulation des Wasserhaushalts. Darüber hinaus ist sie ein wichtiges Immunorgan (↑ Immunität). Da die H. einen elektrischen Widerstand besitzt, kann sie sich elektrostatisch aufladen. Der elektrische Widerstand ist u.a. abhängig von der Sekretion der Hautdrüsen und kann sich z.B. bei seelischer Belastung messbar ändern.

In die H. sind *Hautorgane* eingesenkt, die sie bei ihren Aufgaben unterstützen. ↑ Haare, die tief in die Lederhaut eingesenkt sind, dienen der Wärmeisolation oder als Sinneshaare. Nägel oder ↑ Krallen helfen beim Beutefang. ↑ Talgdrüsen machen die Haare wasserabstoßend und schützen gegen Pilzbefall und Bakterien. ↑ Schweißdrüsen erzeugen den

Haut

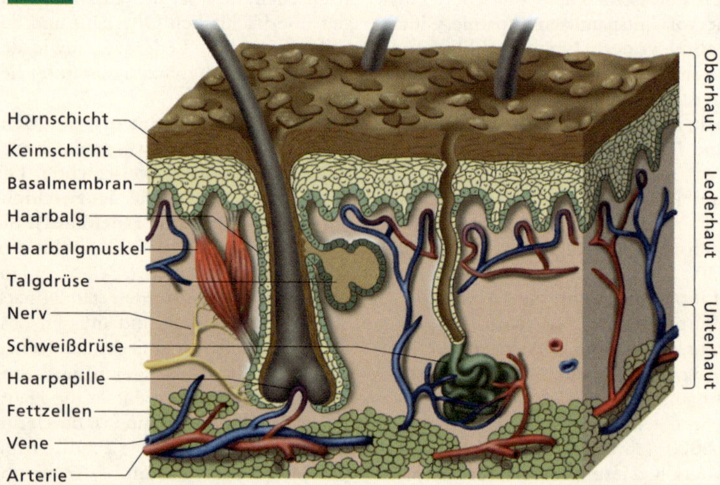

Säureschutzmantel und stehen durch Schweißabgabe im Dienst der Wärmeregulierung.

In der Lederhaut bzw. in der Unterhaut liegen eine Reihe von Sinneszellen, durch die die H. zum *Sinnesorgan* wird. Hierzu gehören ↑Tastkörperchen, ↑Thermorezeptoren, ↑Kälterezeptoren sowie freie Nervenendigungen, die die Schmerzempfindung vermitteln (↑Schmerzsinn).

Hautatmung: Tiere, deren Körperoberfläche im Verhältnis zum Volumen groß ist und deren Körperbedeckung immer feucht ist, können bei fehlenden speziellen Atmungsorganen ausschließlich durch die Körperoberfläche den bei der ↑Atmung wichtigen ↑Gasaustausch (Kohlenstoffdioxid und Sauerstoff) vornehmen. Dies trifft für Einzeller, Hohltiere, Würmer (Platt- und Ringelwürmer) zu. Daneben spielt die H. aber auch bei manchen Tieren mit speziellen Atmungsorganen, wie z.B. dem Wasserfrosch, eine Rolle, dessen H. so stark ausgeprägt ist, dass er bis zu 10 Tage auch ohne Lungen leben kann.

Hautfarbe: der Farbton der Haut, insbesondere des Menschen. Bei diesem erzeugen ↑Pigmente in der Keimschicht der Oberhaut und in den Bindegewebszellen der Lederhaut die H. Durch die Haut hindurchschimmernde Haargefäße verleihen ihr darüber hinaus die charakteristische rötliche Farbe.

Hautflügler (Hymenoptera): weltweit verbreitete Ordnung der Insekten mit etwa 110 000 Arten. H. tragen ihren Namen wegen der zwei durchsichtighäutigen Flügelpaare. Sie besitzen beißende oder leckend-saugende ↑Mundwerkzeuge und einen Legestachel (nur die ♀♀).

Zu den Hautflüglern gehören neben den ↑Bienen und ↑Ameisen auch die **Schlupfwespen,** die ihre Eier in andere, meist als Schädlinge angesehene Insektenlarven ablegen. Letztere werden von den sich entwickelnden Schlupfwespenlarven von innen ausgefressen. Die **Grabwespen** lähmen durch einen Stich Insekten (ebenfalls oft Schädlinge) und tragen sie als Nahrung für die Brut in Sandnester. – Ebenfalls zu den H. gehören die mit einem Stachel bewehrten **Wespen,** deren größte europäische Art die **Hornisse** ist.

Hautgewebe: das ↑Abschlussgewebe.

Hautknochen: die ↑Deckknochen.

Hautleistenmuster: auf der Oberfläche der Haut sichtbares, durch Erhebungen **(Hautleisten)** gebildetes Muster, das dadurch zustande kommt, dass die Lederhaut durch feine Papillarleisten mit der Oberhaut verzahnt ist.

Besondere Bedeutung hat das H. der Fingerbeeren. Dieses wird in der Grundform zwar vererbt, ist aber in den Einzelheiten bei jedem Menschen anders ausgeprägt. Es kann deshalb in der Kriminalistik als Erkennungszeichen **(Fingerabdruck)** verwendet werden.

Hautmuskelschlauch: bei Plattwürmern, Fadenwürmern, Schnurwürmern und Ringelwürmern unter der Haut liegende Ring- und Längsmuskelschichten, die der Fortbewegung dienen. Die außen liegenden Ringmuskeln strecken das Tier, die darunter liegenden Längsmuskeln verkürzen es. Zusätzliche schräg verlaufende Muskeln helfen bei Krümmungsbewegungen. Der Flüssigkeitsdruck im Innern versteift das Tier (Hydroskelett). Die Muskeln des H. haben keine Gegenspieler, sondern arbeiten gegen den Flüssigkeitsdruck.

Hauttalg: ↑Talgdrüsen.

Häutung (Ecdysis): das periodische Abstoßen und Erneuern der äußeren Schichten der Körperdecke bei Tieren. Das chitinige Außenskelett der *Gliederfüßer* kann nicht mitwachsen. Deshalb wird es i.d.R. bis zur Geschlechtsreife durch H. mehrfach abgestreift. Das darunter liegende noch weiche Außenskelett dehnt sich nach der H. und erhärtet dann. Alle Ektodermbildungen, also auch Tracheen, Vorder- und Enddarm, häuten sich mit. Die H. wird

H

durch Hormone gesteuert (↑Häutungshormon).
Reptilien häuten sich unter dem Einfluss des Schilddrüsenhormons Thyroxin auch noch als geschlechtsreife Tiere. Schlangen streifen ihre alte Haut meist als Ganzes ab (»Natternhemd«). Die Haut der Echsen löst sich in Fetzen. Schildkröten häuten sich meist nur im Bereich der Weichteile, in Ausnahmefällen auch im Bereich des Panzers. Krokodile werfen nur einzelne Schilder oder Schuppen ab. Lurche häuten sich mehrmals im Jahr, wobei sich die Haut als Ganzes (Froschlurche) oder in Fetzen (Schwanzlurche) löst.
Auch die Haut der *Wirbeltiere* und des Menschen wird ständig erneuert. Ihre Oberfläche löst sich in kleinen Hautschüppchen ab.

Häutungsdrüsen (Exuvialdrüsen): Bezeichnung für die kleinen, ein- bis dreizelligen Hautdrüsen der Gliederfüßer, die zur Einleitung der ↑Häutung Enzyme absondern. Diese lösen die Cuticula von ihrer Unterlage und ermöglichen dadurch die Häutung. Weil i.A. alle Epidermiszellen diese Enzyme bilden können, die Häutung aber von Hormonen gesteuert wird, werden heute die entsprechenden Hormondrüsen als H. bezeichnet.
H. sind bei Insekten v.a. die **Prothorakaldrüsen.** Sie liegen seitlich zwischen Kopf und Brust (Thorax) und bilden das ↑Häutungshormon. Nach der letzten Häutung zum geschlechtsreifen Tier (Imago) werden sie zurückgebildet. Bei Krebsen sind die X- und Y-Organe in den Augenstielen die Häutungsdrüsen.

Häutungshormon (Ecdyson): ein Hormon, das die Häutung von Insekten, Krebsen und wahrscheinlich Spinnen steuert. Es wird bei Insekten in den Prothorakaldrüsen und bei Krebsen im Y-Organ (Carapaxdrüsen) gebildet.
Ecdyson steuert die Häutung zusammen mit dem **Juvenilhormon** (Jugendhormon), das in den Corpora allata, den in der Nähe der Speiseröhre liegenden Hormondrüsen, gebildet wird und als sein Gegenspieler die Metamorphose blockiert.

Havers-Kanäle ['heivaz-]: ↑Knochen.

Hefen (Hefepilze): eine Unterklasse der ↑Schlauchpilze. H. sind mikroskopisch kleine, einkernige Zellen, die sich meist durch ↑Sprossung vermehren. Sie bewirken u.a. die ↑alkoholische Gärung.

Heilpflanzen (Arzneipflanzen, Drogenpflanzen): Pflanzen, deren ober- oder unterirdische Teile zur Herstellung von Arzneien oder zu anderen medizinischen Heilzwecken verwendet werden. Bei unsachgemäßer Anwendung (z.B. Überdosierung) kann die Heilwirkung in eine schädliche Wirkung umschlagen. – ↑auch Giftpflanzen.

Helixstruktur: schrauben- bzw. wendelförmige räumliche Anordnung der Bausteine (niedrigmolekulare Molekülreste) von Makromolekülen, die durch intramolekulare, zwischen benachbarten Windungen auftretende Bindungskräfte (z.B. Wasserstoffbrückenbindungen) stabilisiert ist. Sie tritt u.a. bei den Polynucleotidketten der Nucleinsäuren und den Polypeptidketten der ↑Eiweiße als Sekundärstruktur auf (↑DNA).

Hemikryptophyten (Oberflächenpflanzen): Pflanzen, deren Erneuerungsknospen sich an der Erdoberfläche befinden und im Winter durch Schnee geschützt sind, z.B. viele Gräser (auch Wintergetreide), Rosettenpflanzen (z.B. Löwenzahn) und Hochstauden (z.B. Brennnessel).

Hemimetabolie: Entwicklungform bei vielen Insekten (z.B. Heuschrecken), bei der die Larve dem erwachsenen Tier (Vollinsekt oder Imago) ähnelt, jedoch kleiner ist und andere Körperproportionen hat. Die Larve häutet sich mehrmals, wächst heran und wird dem erwachsenen Tier immer ähnlicher. Die H. ist eine unvollständige Umwandlung (↑Metamorphose).

Hemmstoffe: die ↑ Inhibitoren.

Hemmung: die Unterdrückung eines Zustandes oder die Verhinderung, Verlangsamung bzw. Unterbrechung eines Vorganges.

◆ In der *Verhaltenslehre* hemmen z.B. bestimmte ↑ Schlüsselreize (z.B. ↑ Demutsgebärde) die Aggressionshandlung des Artgenossen.

◆ In der *Neurophysiologie* versteht man unter H. eine vorübergehende Aktivitätsminderung von Nervenzellen (↑ auch Bahnung).

H. spielen bei der Koordination aller Muskelbewegungen eine entscheidende Rolle. Schon beim einfachen ↑ Kniesehnenreflex wird gleichzeitig mit der Erregung für den Streckmuskel ein hemmender Impuls an seinen Antagonisten, den Beugemuskel, vom Rückenmark abgegeben.

◆ Im *Stoffwechselgeschehen* wird die Aktivität der Enzyme durch Hemmungsvorgänge (↑ Enzymhemmung) den Bedürfnissen der Zelle angepasst.

Henle-Schleife: ↑ Niere.

Heparin: ein Polysaccharid, das die ↑ Blutgerinnung hemmt, indem es die Umwandlung von Prothrombin in Thrombin und dessen Wirkung auf das Fibrinogen hemmt. H. wird in der Leber gebildet.

Herbarium: eine Sammlung gepresster, getrockneter und auf Papierbögen aufgeklebter Pflanzen oder Pflanzenteile. Da die Pflanzen eines H. alle anatomischen und morphologischen Merkmale der frischen Pflanzen besitzen, können sie für wissenschaftliche Untersuchungen genutzt werden.

Herbivoren: ↑ Pflanzenfresser.

Herbizide: synthetisch hergestellte chemische Stoffe, die entweder jeglichen Pflanzenwuchs vernichten **(Totalherbizide)** oder nur unerwünschte Pflanzen **(selektive H.)** in land- und forstwirtschaftlichen Kulturen ausschalten. Die Aufnahme der H. erfolgt durch Blätter und/oder Wurzeln. – ↑ auch Schädlingsbekämpfung.

Herbst-Körperchen: die ↑ Tastkörperchen der Vögel.

Hermaphrodit: ↑ Zwitter.

Heroin (Diacetylmorphin): halbsynthetisch aus ↑ Morphin hergestelltes ↑ Opiat, das schon nach kurzer (unter Umständen einmaliger) Anwendung zur lebenslangen Sucht führt. Seine medizinische und sonstige Anwendung ist daher verboten.

H. wird geschnupft oder, wie es zumeist der Fall ist, unter die Haut bzw. in die Vene gespritzt. Die Rauschwirkung tritt fast blitzartig (»Flash«) nach der Injektion, dem »Schuss«, auf und führt zu einem überschwänglichen Glücksgefühl. Der Wunsch, dieses Glücksgefühl immer wieder zu erleben, führt den Betroffenen in eine starke seelische Abhängigkeit. Da der Heroingebrauch außerdem den Stoffwechsel verändert, d.h., ihn auf die Heroinzufuhr einstellt, entsteht zugleich eine sehr starke körperliche Abhängigkeit. Wird dem Süchtigen das H. vorenthalten, kommt es zu schweren Entzugserscheinungen: Schlaflosigkeit, starkes Schwitzen, Zittern, Erbrechen, Schmerzen und Angst. Die Furcht vor den Entzugserscheinungen bewirkt nun, dass der Süchtige nur noch nach der Beschaffung des H. strebt, sämtliche sozialen Bindungen aufgibt und körperlich völlig verfällt. Eine Heilung der Sucht ist in den wenigsten Fällen erfolgreich. – siehe S. 130.

Hepaticae: die ↑ Lebermoose.

Herrentiere (Primates): Zu den Herrentieren, die v.a. in Bezug auf das Großhirn die höchstentwickelten Lebewesen der Erde darstellen, gehört neben den Halbaffen und den ↑ Affen auch der ↑ Mensch. H. sind aus bestimmten Insektenfressern, den Vorfahren der heutigen Spitzhörnchen, hervorgegangen. Heute gibt es noch rund 170 Arten, die (wenn man vom Menschen absieht) in Südasien, Afrika, Mittel- und Südamerika verbreitet sind. In Europa, vermutlich durch den Menschen dorthin gebracht, kommt nur der **Magot** auf Gibraltar vor, ein mit den Meerkatzen verwandter Makake.

Im Unterschied zu den meisten anderen Säugetieren sind die H. im Körperbau und in ihrem Verhalten noch wenig spezialisiert. Eine Anpassung an das Baumleben – sie waren ursprünglich alle Baumbewohner – sind ihre in der Regel fünfgliedrigen Greifhände und Greiffüße mit den bei den höheren Primaten platten Nägeln.

Weitere *typische Merkmale* der H. sind die nach vorn gerichteten, von einem geschlossenen Knochenring gebildeten Augenhöhlen, das stets vorhandene Schlüsselbein, das wie beim Menschen ausgebildete Gebiss, die brustständigen Milchdrüsen, die (zumindest zeitweilig) außerhalb der Leibeshöhle in einem Hodensack gelegenen männlichen Keimdrüsen (Hoden) sowie der frei hängende Penis (↑ Glied).

Die H. sind maus- bis gorillagroß und leben hauptsächlich von Pflanzen und Früchten, auch von Mischkost. Sie bilden bis auf wenige Ausnahmen Sozialverbände, in der Regel Familiengruppen unterschiedlicher Größe und Struktur.

Herz (Cor, Kardia): zentrales Organ des Blutgefäßsystems des Menschen und der Tiere; es bewirkt als spezialisierter, kontraktiler Gefäßabschnitt oder als muskuläres Hohlorgan durch rhythmische Pumpbewegungen das Strömen des Blutes.

Unter den Wirbellosen besitzen *Ringelwürmer* erstmals wie Druckpumpen arbeitende »Herzen« in Form von kontraktilen Gefäßabschnitten innerhalb ihres geschlossenen Blutkreislaufs.

Gliederfüßer haben einen offenen Blutkreislauf, sodass ihr H. als Saug-Druck-Pumpe arbeiten muss. Ihr H. liegt auf der Rückenseite und ist ein Schlauch mit seitlichen Einlassschlitzen **(Ostien),** die sich beim Pumpvorgang verschließen. Das Blut wird meist kopfwärts gepumpt.

Weichtiere besitzen ebenfalls einen offenen Blutkreislauf. Ihr sackförmiges H. liegt in einem Herzbeutel. Das sauerstoffreiche Blut gelangt aus den Kiemen in die seitlichen Vorhöfe des Herzens. Ihre Zahl entspricht meist der Zahl der Kiemen (1, 2 oder 4). Von den Vorhöfen fließt das Blut in die Herzkammer und wird von dort in die Aorta gepresst. – Der Blutkreislauf der Tintenfische ist fast geschlossen. Sie besitzen in der Kiemenregion zusätzlich venöse Kiemenherzen.

Den *Schädellosen* (z.B. Lanzettfischchen) fehlt ein zentrales H.; sie besitzen venöse Kiemenherzen.

Das H. der *Fische* besteht aus vier hintereinander liegenden Abschnitten, die durch Herzklappen getrennt sind: Der Venensinus (Sinus venosus) nimmt das Blut aus dem Körper auf und leitet es durch die Vorkammer (Atrium) in die Kammer (Ventrikel) und dann in den Conus arteriosus bzw. Bulbus aortae. Von hier aus wird es in die Kiemen gepumpt.

Gleichzeitig mit der Entwicklung der Lungenatmung werden Sinus venosus und Conus arteriosus zurückgebildet und das H. zunehmend vierkammerig angelegt.

Das H. der *Amphibien* ist noch dreikammerig: In die rechte Vorkammer fließt das sauerstoffarme Blut aus dem Körper, in die linke das sauerstoffreiche der Lunge. Aus den Vorkammern gelangt es zwar in die gemeinsame Herzkammer, bleibt aber wegen der Ausbildung von Falten und Taschen innerhalb der Herzwand weitgehend getrennt: Sauerstoffarmes Blut wird in die Lungen, sauerstoffreiches in den Kopf und Mischblut in den Körper gepumpt.

Bei den *Reptilien* beginnt die Trennung der Herzkammer in eine rechte und linke Hälfte. Die vollständige Trennung ist erst bei Vögeln und Säugern erreicht.

Das H. des *Menschen* ist ungefähr faustgroß und hat eine stumpfkegelige Gestalt. Es liegt etwas links von der Mitte

Herz

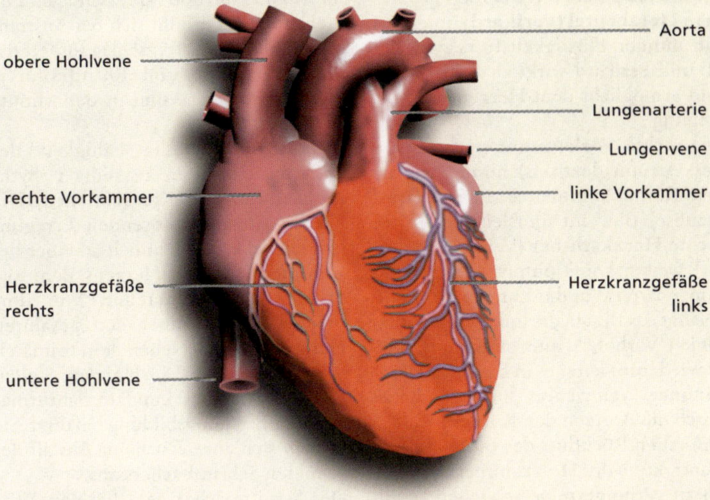
Aorta
obere Hohlvene
Lungenarterie
Lungenvene
rechte Vorkammer
linke Vorkammer
Herzkranzgefäße rechts
Herzkranzgefäße links
untere Hohlvene

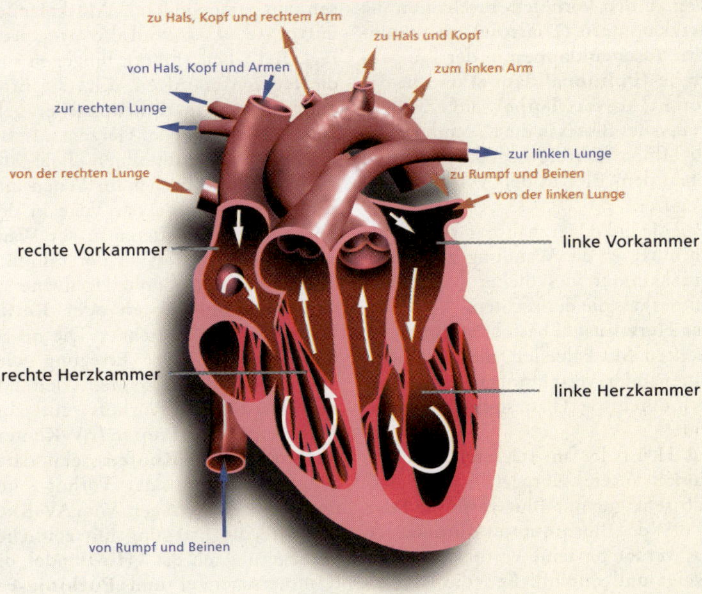
zu Hals, Kopf und rechtem Arm
zu Hals und Kopf
von Hals, Kopf und Armen
zum linken Arm
zur rechten Lunge
zur linken Lunge
von der rechten Lunge
zu Rumpf und Beinen
von der linken Lunge
rechte Vorkammer
linke Vorkammer
rechte Herzkammer
linke Herzkammer
von Rumpf und Beinen

unter dem Brustbein zwischen den beiden Lungenflügeln. Seine Spitze liegt etwa unter der linken Brustwarze. Es ist, wie das H. aller Wirbeltiere, von einem **Herzbeutel (Perikard)** umgeben. Ein dünner Flüssigkeitsfilm zwischen H. und Perikard wirkt als Schmierfilm und ermöglicht dem Herzen freie Bewegung.

Die rechte **Vorkammer** (rechter Vorhof, Atrium dextrum) nimmt das aus dem Körper kommende sauerstoffarme (venöse) Blut auf und leitet es in die rechte **Herzkammer** (Ventriculus dexter) weiter. Diese pumpt es durch die Lungenarterie in die Lungen. Von dort gelangt das Blut in die linke Vorkammer (linker Vorhof, Atrium sinistrum). Diese wiederum leitet es in die linke Herzkammer (Ventriculus sinister), die es durch die Aorta in den Körper presst.

Um einen Rückfluss des Blutes bei der Kontraktion der Herzkammern **(Systole)** zu verhindern, verschließen Segelklappen (Atrioventrikularklappen) den Weg zu den Vorhöfen. Erschlaffen die Herzkammern **(Diastole),** so verhindern **Taschenklappen** in der Lungenarterie **(Pulmonalklappe)** und in der Aorta **(Aortenklappe)** ein Zurückfließen des Blutes in die Kammern. Dabei öffnen sich die Segelklappen und geben dem Blut in den Vorhöfen den Weg frei.

Weil die linke Herzhälfte stärker arbeiten muss, ist die Wandung der linken Herzkammer viel dicker (d.h. muskulöser) als die der rechten.

Der **Herzmuskel** besteht aus quer gestreiften Muskelzellen, die aber nicht miteinander verschmolzen sind, sondern durch sog. Glanzstreifen getrennt sind.

Das H. ist der am stärksten belastete Muskel unseres Körpers. Es wird deshalb sehr gut mit Blut versorgt: Etwa 5–10% des Blutstroms im Körperkreislauf werden für seine Versorgung abgezweigt und durchfließen die ↑Herzkranzgefäße.

Das H. des Erwachsenen schlägt bei leichter Tätigkeit 60- bis 70-mal in der Minute **(Herzfrequenz),** das sind am Tag etwa 100 000 Herzschläge. Die Herzfrequenz erhöht sich bei Anstrengung. Bei jedem Herzschlag fördert das H. zwischen 70 und 100 ml Blut je Herzkammer; das sind in der Minute 5–7 Liter.

Herzautomatie: die Fähigkeit des Herzmuskels zu eigenständiger rhythmischer Tätigkeit (Kontraktionen). Die Kontraktionen auslösenden Erregungen entstehen gewöhnlich an einer bestimmten Stelle des Herzens, dem sog. primären **Schrittmacher.** Von dort breiten sie sich über den gesamten Herzmuskel aus. Neben dem primären Schrittmacher sind auch andere Stellen des Herzens als sekundäre Schrittmacher zur Erregungsbildung befähigt. Sie wirken sich aber erst beim Ausfall des primären Schrittmachers aus.

Der Schrittmacher geht bei den Wirbeltieren, Weichtieren und Manteltieren aus umgebildeten Muskelzellen hervor – das Herz wird also myogen erregt. Bei Gliederfüßern hingegen sind die Herzen neurogen, d.h., die Erregungsbildung im Schrittmacher geht von Nervenzellen des Herzens aus. Bei Fischen und Amphibien liegt der primäre Schrittmacher im Venensinus (Einmündungsstelle der Vene in den Vorhof), bei Säugetieren in der Wand des rechten Vorhofs an der Einmündungsstelle der oberen Hohlvene; er wird als **Sinusknoten** oder **Keith-Flack-Knoten** bezeichnet. Die im Sinusknoten gebildete Erregung wird über besonders schnell leitende Muskulatur des Vorhofs auf den **Atrioventrikularknoten** (AV-Knoten, **Aschoff-Tawara-Knoten,** sekundärer Schrittmacher) an der Vorhof-Kammer-Grenze übertragen. Vom AV-Knoten wird die Erregung mit zeitlicher Verzögerung auf das ↑His-Bündel, die Kammerschenkel und **Purkinje-Fasern** (fibrillenarme, sarkoplasmareiche

Fasern, die die Erregung leiten) der Kammermuskulatur weitergeleitet und diese kontrahiert sich. – Die rhythmische Tätigkeit des Herzmuskels wird vom Vagus (vermindert die Herzfrequenz) und Sympathikus (erhöht die Herzfrequenz) beeinflusst (↑vegetatives Nervensystem).

Herzklappen: Ventile im ↑Herz die dem Blut eine bestimmte Fließrichtung aufzwingen.

Herzkranzgefäße (Koronargefäße): das ↑Herz umgebende Gefäße, die den Herzmuskel mit Sauerstoff und Nährstoffen versorgen. Verschließt ein Blutgerinnsel eines dieser Gefäße, kommt es zum Herzinfarkt.

Herzmuskel: ↑quer gestreifte Muskeln.

Herzschlag: die rhythmischen Pumpbewegungen des Herzens, die von außen an der linken Seite des Brustkorbs zu fühlen und zu sehen sind.

Herztöne: durch die Herztätigkeit erzeugte und über dem Herzen hörbare Töne. Bei jedem Herzschlag hört man zwei Töne. Der erste Ton entspricht dem Geräusch der sich kontrahierenden Herzmuskulatur (Anspannungston) und der sich schließenden Segelklappen, der zweite hellere Ton entsteht, wenn sich die Taschenklappen schließen.

Heterogonie: eine Form des ↑Generationswechsels bei vielzelligen Tieren, bei der eingeschlechtliche (↑Jungfernzeugung) und zweigeschlechtliche Fortpflanzung einander abwechseln: So vermehren sich z.B. Wasserflöhe oder Blattläuse als Weibchen, die ihrer Mutter lebend entschlüpfen (vivipar), während der warmen Jahreszeit enorm schnell; erst mit Eintritt ungünstiger Perioden werden widerstandsfähige Dauereier gelegt, die bisexuell entstanden sind, d.h., befruchtet wurden. – ↑auch Leberegel.

Heterometabolie: ↑Metamorphose.

Heterophyllie: die Erscheinung, dass eine Pflanze unterschiedlich gestaltete Laubblätter in verschiedener Höhe des Sprosses (Blattfolge) hat. Man findet H. häufig zwischen Primär- und Folgeblättern oder z.B. beim Wasserhahnenfuß, der zerschlitzte Wasserblätter und ganzrandige Schwimmblätter ausbildet. – ↑auch Anisophyllie.

Heteroptera: die ↑Wanzen.

Heterosis: die ↑Bastardwüchsigkeit.

Heterosomen: die ↑Geschlechtschromosomen.

heterotroph: Als h. bezeichnet man alle Organismen (Tiere, Pilze und die meisten Bakterien), die zur Energiegewinnung und zum Aufbau ihrer Körpersubstanz auf die Zufuhr organischer Stoffe angewiesen sind. – Gegensatz: ↑autotroph.

heterozygot: fachsprachliche Bezeichnung für ↑mischerbig.

Heuaufguss: ↑Aufgusstierchen.

Hexapoda: die ↑Insekten.

Hexenbesen: eine besen- oder nestförmige pflanzliche Missbildung an Ästen von Laub- und Nadelbäumen. Die Erreger des H. sind Schlauchpilze, selten auch Rostpilze. Durch eine Infektion wird ein Massenaustreiben von »schlafenden« Augen oder zusätzlich gebildeten Knospen während der gesamten Vegetationsperiode ausgelöst.

Hexosen: ↑Kohlenhydrate.

Hill-Reaktion: eine chemische Reaktion, mit der sich die Fotolyse des Wassers als Teilreaktion der Fotosynthese nachweisen lässt: Aus pflanzlichen Zellen isolierte Chloroplasten (auch Chloroplastenbruchstücke) bei Belichtung Sauerstoff bilden, wenn geeignete, leicht reduzierbare Substanzen (z.B. Eisen(III)-oxalat) als Wasserstoffakzeptoren der Lösung zugefügt werden (bei der Fotosynthese selbst ist $NADP^+$ der Wasserstoffakzeptor). Die H.-R. zeigt, dass bei der Fotosynthese der Sauerstoff nicht unmittelbar durch Reduktion des Kohlenstoffdioxids entsteht.

Hinterhauptsbein: ↑Schädel.

Hinterhirn (Metencephalon): entwicklungsgeschichtlich aus dem ↑Rautenhirn hervorgehender Abschnitt des

H

↑Gehirns. Sein dorsaler (oberer) Anteil wird im Verlaufe der Embryonalentwicklung zum Kleinhirn, sein ventraler (unterer) Anteil bildet zusammen mit dem entsprechenden Anteil des ↑Nachhirns das verlängerte Mark.

Hinterhorn: ↑Rückenmark.

Hirn: das ↑Gehirn.

Hirnanhangsdrüse: die ↑Hypophyse.

Hirnhäute (Meningen): Gehirn und Rückenmark werden bei Säugern von drei Häuten geschützt. Die außen liegende **harte Hirnhaut (Dura mater)** ist im Schädelbereich fest mit dem Knochen verwachsen. Gehirn und Rückenmark werden von der **weichen Hirnhaut (Pia mater)** fest umschlossen. Der harten H. liegt die **Spinnwebhaut (Arachnoidea)** verschieblich an. Sie ist durch feine bindegewebige Fäden mit der weichen Hirnhaut verbunden, die den Abstand zwischen den Häuten konstant halten. Der Raum zwischen den Fäden ist mit Cerebrospinalflüssigkeit ausgefüllt.

Hirnnerven: die 12 direkt am Gehirn entspringenden Hauptnervenpaare der höheren Wirbeltiere. Die H. werden nach der Reihenfolge ihres Austritts von vorn nach hinten mit römischen Ziffern bezeichnet:

I Der **Riechnerv** (Nervus olfactorius) geht aus vom Riechkolben oder Riechlappen (Ausstülpung des Vorderhirns) und zieht zum Riechepithel der Nase. II Der **Sehnerv** (Nervus opticus) führt vom Zwischenhirn zur Netzhaut des Auges.

III Der **Augenmuskelnerv** (Nervus oculomotorius) kommt aus dem Mittelhirn. Er versorgt z.B. die Augenmuskeln sowie die Ringmuskeln in der Iris (Pupillenverengung) und im Ciliarkörper (Scharfstellen = Akkomodation). IV Der **Rollnerv** (Nervus trochlearis) führt zum äußeren Augenmuskel und entspringt im Mittelhirn. V Der **Drillingsnerv** (Nervus trigeminus) leitet die Empfindungen von Gesichtshaut, Gaumen, Mund- und Nasenhöhle und der Zunge zum Gehirn und versorgt die Kaumuskulatur. VI Der **seitliche Augenmuskelnerv** (Nervus abducens) führt zum äußeren geraden Augenmuskel. VII Der **Gesichtsnerv** (Nervus facialis) enthält motorische Bahnen für die mimische Gesichtsmuskulatur, sensorische für die Geschmacksempfindung im vorderen Zungenbereich und parasympathische für Unterkiefer- und Unterzungenspeicheldrüse sowie die Tränendrüsen. VIII Der **Hör- und Gleichgewichtsnerv** (Nervus statoacusticus, Nervus vestibulocochlearis) leitet Reize vom Ohr zur Brücke des Nachhirns. IX Die im **Zungen-Schlund-Nerv** (Nervus glossopharyngeus) liegenden sensorischen Bahnen versorgen die seitliche und hintere Rachenschleimhaut, das hintere Zungendrittel, die Paukenhöhle und die Eustachi-Röhre. Seine motorischen Fasern innervieren die Schlundmuskulatur, seine parasympathischen die Ohrspeicheldrüse. X Der **Eingeweidenerv** (Nervus vagus) führt zu den Atmungsorganen, zum Herzen und zum Verdauungstrakt und enthält motorische Fasern für die Kehlkopfmuskulatur. Bei den Fischen versorgt er alle Kiemenbögen hinter der ersten Kiemenspalte. In der Reihe der Wirbeltiere wird er zum Hauptbestandteil des parasympathischen Systems (↑vegetatives Nervensystem). XI Der **Beinerv** (Nervus accessorius) ergänzt den X. Hirnnerv und führt zum Kopfdrehmuskel und dem Trapezmuskel des Schulterblatts. Er fehlt Fischen und Amphibien. XII Der **Zungenmuskelnerv** (Nervus hypoglossus) kommt aus dem verlängerten Mark und versorgt die zungeneigene Muskulatur mit motorischen Fasern. Er fehlt bei Fischen und Amphibien. – Bild S. 190

Hirnstamm (Stammhirn): Dieser entwicklungsgeschichtlich älteste Teil des Gehirns umfasst Nachhirn, ventrales Hinterhirn, Mittelhirn, Zwischenhirn und die Basalganglien. Über dem H. liegen Groß- und Kleinhirn (↑Gehirn).

Hirudin: in den Speicheldrüsen von Blutegeln produziertes Eiweiß, das die ↑Blutgerinnung hemmt.

His-Bündel: fibrillenarme, sarkoplasmareiche Fasern, die sich vom Herzmuskelgewebe ableiten. Das H.-B. dient im Warmblüterherzen zur Leitung der Erregung (↑Herzautomatie) vom Atrioventrikularknoten bis zu den Kammerschenkeln, die die rechte bzw. linke Herzkammer versorgen.

Histamin: ein Gewebshormon, das besonders in den Gewebsmastzellen von Haut, Muskulatur und Lunge gespeichert ist. Es entsteht durch enzymatische Decarboxylierung (d.h. Abspaltung von Kohlenstoffdioxid) aus der Aminosäure Histidin.

H. bewirkt eine rasche Kontraktion glatter Muskeln, wie der Gebärmutter und der Bronchien, und eine Erweiterung der Blutgefäße der Haut. H. regt die Magensaftsekretion und die Darmperistaltik an. Eine vermehrte Histaminausschüttung erfolgt bei allergischen Reaktionen, Sonnenbestrahlung, Verbrennungen und anderen Gewebszerstörungen. Es kommt zu lokal besserer Durchblutung (Hautrötung). Im Gewebe wird H. durch Enzyme unwirksam gemacht. Therapeutische Substanzen, die die Wirkung des H. hemmen, heißen **Antihistaminika.**

Histiocyten: ↑Phagocyten.

Histokompatibilitätsantigene: ↑Gewebsverträglichkeit.

Histologie (Gewebelehre): Teilgebiet der Biologie und der Medizin, das mithilfe (elektronen)mikroskopischer Techniken Bau und Funktion der menschlichen, tierischen und pflanzlichen Gewebe untersucht.

Histone: ↑Chromosomen.

HIV, Abk. für **h**uman **i**mmunodeficiency **v**irus [»humanes, d.h. den Menschen befallendes Immunschwächevirus«]: HI-Viren infizieren die menschlichen T-Helferzellen und zerstören somit das ↑Immunsystem. Die HI-Viren gehören zur Gruppe der RNA-Viren, die ihre genetischen Informationen in der Wirtszelle mithilfe eines speziellen Enzyms, der reversen Transkriptase, in DNA umschreiben (Retroviren) und diese in das Genom der Wirtszelle als »Provirus« einbauen. Dort kann das Virus lange Zeit in einer Art Ruhezustand verbleiben, bevor es aktiviert wird und die Wirtszelle zur Produktion und Freisetzung einer großen Zahl neuer HI-Viren veranlasst. Durch die Infektion werden im Laufe der Zeit praktisch alle T-Helferzellen vernichtet und der Zusammenbruch des gesamten Immunsystems herbeigeführt. – Bisher wurden die Virusstämme HIV-1 und HIV-2 entdeckt; von beiden gibt es mehrere Unterstämme. Ein wirksamer Impfstoff konnte bisher für keines der beiden Viren gefunden werden, da sich die molekulare Struktur auf der Virushülle, die das Antigen darstellt, immer wieder verändert. – siehe S. 14.

H-Ketten: ↑Immunglobuline.

HLA-System: ↑Gewebsverträglichkeit.

Hochblätter: umgewandelte Laubblätter (↑Laubblatt) im Bereich der Blüte und des Blütenstandes. Typische H.

HIV

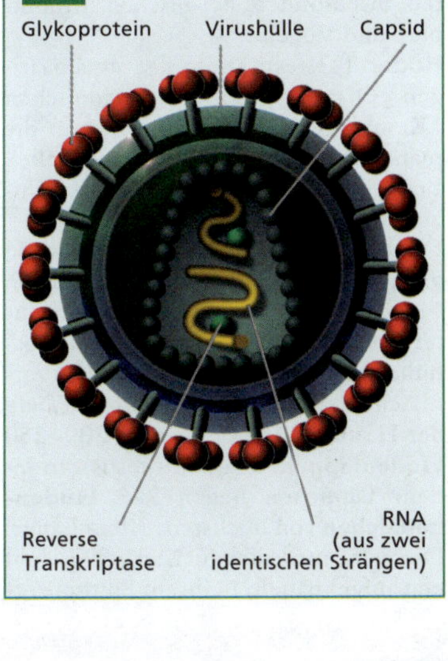

sind die **Tragblätter** (Brakteen) der Blüte. Häufig findet man Übergangsformen zwischen normalen Laubblättern und Hochblättern. Bei einigen Pflanzenarten sind die H. blütenblattähnlich ausgebildet und prächtig gefärbt, z.B. bei der Flamingoblume.

Hochgebirgspflanzen: oberhalb der Baumgrenze und in den Schneegebieten der Hochgebirge lebende Pflanzen, es sind überwiegend Lagerpflanzen sowie wenige krautige und strauchige Samenpflanzen. Die Samenpflanzen (in den Alpen **Alpenpflanzen**) sind gekennzeichnet durch eine kurze Vegetationszeit, starke Wurzeln, kleinen Wuchs, starke Abschlussgewebe (Dickblättrigkeit), dichte Behaarung und leuchtende Blütenfarben. Der Polster- und Rosettenwuchs einiger H. wirkt einer Abtragung des Bodens (Bodenerosion) durch Wind und Wasser entgegen.

Hochzeitskleid (Brutkleid, Prachtkleid): durch Hormone gesteuerte, v.a. bei Männchen während der ↑Balz auftretende auffallende Färbung oder Bildungen der Körperdecke (z.B. bunte Federn oder Flossen, Hautkämme). Ein H. findet sich bei vielen Wirbeltierarten, insbesondere bei Fischen, Amphibien und Vögeln.

Hoden (Testes): Diese fast stets paarigen Organe sind die männlichen ↑Keimdrüsen. In ihnen entstehen die männlichen Keimzellen (↑Samenzelle). Bei Wirbeltieren und Insekten produzieren sie auch Hormone.

Die beiden H. des *Mannes* sind etwa so groß wie kleine Pflaumen. Sie sind im ↑Hodensack außerhalb des Körpers untergebracht. Eine derbe Bindegewebshülle umgibt sie. Von ihr aus ziehen zarte Scheidewände (Septen) in die Tiefe der H. und teilen sie in etwa 200–250 **Hodenläppchen** (Lobuli testis). In jedem Läppchen liegen 2–3 **Hodenkanälchen** von höchstens 30 cm Länge. Diese 0,2 mm dicken Kanälchen sind eng aufgeknäuelt. In ihrem Epithel entstehen aus diploiden Urkeimzellen (den Spermatogonien; ↑Keimbahn) die haploiden Samenzellen (↑Samenreifung).

Die Hodenkanälchen münden zunächst ins sog. **Hodennetz** (Rete testis) und von dort in die ausführenden Kanälchen des ↑Nebenhodens. Zwischen den Hodenkanälchen liegen die **Leydig-Zwischenzellen.** Sie erzeugen das männliche Geschlechtshormon Testosteron, das sie direkt in die Blutbahn abgeben. Ihre Hormonproduktion wird von ICSH (↑luteinisierendes Hormon) gesteuert.

Hoden

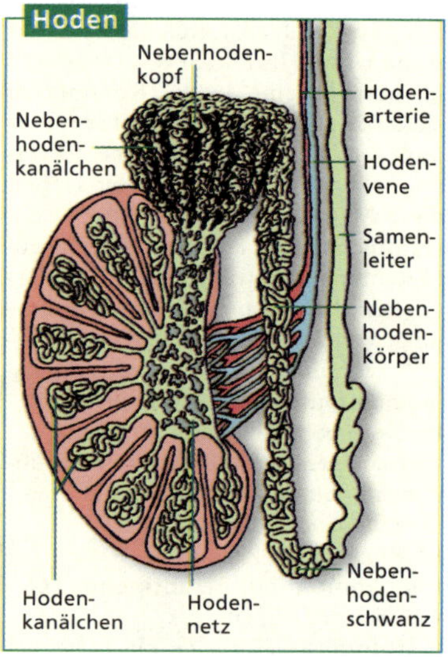

Die H. entstehen während der ↑Keimesentwicklung in der Bauchhöhle und wandern noch vor der Geburt in den Hodensack **(Descensus testis).** Bei fehlendem Descensus sollte unbedingt ein Arzt um Rat gefragt werden. – Bei einigen Tieren (z.B. bei vielen Nagern und bei Fledertieren) steigen die H. nur während der Fortpflanzungszeiten zur Samenzellbildung in den Hodensack.

Hodensack (Scrotum): Der H. ist ein Hautbeutel, der die paarigen ↑Hoden aufnimmt. Er liegt bei Beuteltieren vor, bei den meisten Säugern und beim Menschen hinter dem ↑Glied. In seiner Wandung liegen glatte Muskelbündel. Sie verkürzen sich v.a. bei Kälte und machen die Haut des H. runzelig. So wird eine gewisse Wärmeregulierung der Hoden erreicht; denn Hoden können nur bei Temperaturen, die unterhalb der normalen Körpertemperatur liegen, ↑Samenzellen bilden.

Höhenadaption: ↑rote Blutkörperchen.

Höhere Pflanzen: Sammelbezeichnung für die Farnpflanzen und Samenpflanzen (↑auch Niedere Pflanzen).

Höhlenbewohner: Lebewesen, die v.a. an die Dunkelheit, aber auch an die konstante Temperatur und Feuchtigkeit in einer Höhle gut angepasst sind (z.B. Grottenolm). Höhlentiere sind oft völlig blind und bilden keine Pigmente aus. Als Ersatz für das fehlende Sehvermögen ist der Tastsinn gut ausgebildet. Höhlentiere leben entweder räuberisch oder ernähren sich von Höhlenpflanzen, z.B. von Algen und Moosen, die als extreme Schattenpflanzen auch noch bei ganz geringen Lichtintensitäten existieren können. Auch ↑heterotrophe Bakterien und Pilze können ohne Licht und somit auch in Höhlen gedeihen.

Höhlenbrüter: Zu den einheimischen Vögeln, die in Höhlen, meist in alten Bäumen, brüten, gehören Spechte, Kleiber, Meisen und Rotschwänzchen. Nur die Spechte bauen ihre Bruthöhlen selbst. In Wäldern mit vorwiegend jungen Bäumen kann die Ansiedlung solcher für die Schädlingsbekämpfung wichtiger Vogelarten durch das Aufhängen von Nistkästen gefördert werden. Die Uferschwalbe baut horizontale Brutröhren in steil abfallende Erdwälle (Ufer, Kiesgruben).

Hohltiere (Coelenterata): Gruppe wasserlebender, meist radiärsymmetrischer Vielzeller mit über 10 000 Arten. Ihr Körper ist aus zwei Schichten aufgebaut, dem äußeren Ektoderm und dem inneren Entoderm. Dieses schließt den einzigen Hohlraum ein, der der Vorverdauung dient und um dessen Mund (als einzige Körperöffnung) Fangarme angeordnet sind. Zwischen Ektoderm und Entoderm liegt eine zellfreie Stützlamelle oder eine gallertige **Mesogloea.** Die Fangarme dienen dem Beutefang und sind bei den ↑Nesseltieren mit zahlreichen ↑Nesselkapseln versehen. H. sind getrenntgeschlechtig oder zwittrig und haben häufig einen Generationswechsel. Sie sind meist koloniebildend und leben im Süß- und Meerwasser.

Hohlvenen: Venen, die das verbrauchte (sauerstoffarme, kohlenstoffdioxidreiche) Blut zur rechten Herzvorkammer führen. Die **obere Hohlvene** transportiert das Blut aus Kopf, Hals, Armen und Brust zur Vorkammer, die **untere Hohlvene** verläuft neben der Bauchaorta zum Vorhof.

Holometabolie: Entwicklungsform bei Insekten (z.B. Schmetterlingen), bei der die Larve völlig anders aussieht als das erwachsene Tier. Die Larven besitzen meist besondere Namen (z.B. Made, Raupe, Engerling). Die H. ist eine vollständige Umwandlung (↑Metamorphose).

Holonẹphros: ↑Niere.

Holothuroịdea: die ↑Seewalzen.

Holz: ein Dauergewebe des Stamms, der Äste und der Wurzeln von Holzgewächsen. Es wird durch die nach innen gerichtete Tätigkeit des ↑Kambiums gebildet. Die Zellwände sind meist durch Lignineinlagerungen verstärkt, wodurch die Festigkeit erhöht wird. – H. dient den Landpflanzen zur Wasserleitung, zur Erhöhung der Festigkeit des Spross- und Wurzelsystems und zur Speicherung organischer Substanz. Die beteiligten Gewebearten sind dementsprechend als Leitgewebe (↑Leitbündel) mit Gefäßen, als ↑Festigungsgewebe mit Holzfasern und als ↑Parenchym mit Speicher- und Leitparenchymzellen ausgebildet.

H

Den Aufbau des H. kann man schon makroskopisch an einem Stammquerschnitt erkennen. Im Zentrum liegt das Mark, das von einem breiten Holzkörper umschlossen wird. Dieser setzt sich bei den meisten Holzarten aus ↑Jahresringen zusammen.

Das weitlumige **Frühholz** dient der Leitung, das englumige, dichtere **Spätholz** der Festigung. Das Kambium umschließt als dünner Mantel aus teilungsfähigen Zellen den gesamten Holzkörper. Von diesem Kambium geht das ↑Dickenwachstum des Stamms aus. Es bildet nach innen neues H. und nach außen ↑Bast. Im Bast erfolgt die Leitung der Assimilate von der Baumkrone abwärts zu den ↑Wurzeln. Vom Bast in den Holzkörper hinein verlaufen zahlreiche Markstrahlen. Sie bestehen vorwiegend aus Speicher- und Parenchymzellen. Die Markstrahlen dienen der Leitung und Speicherung des Wassers und der organischen Substanzen. Den Stammabschluss nach außen bildet die ↑Borke aus toten Korkzellen und abgestorbenem Bast.

Holz

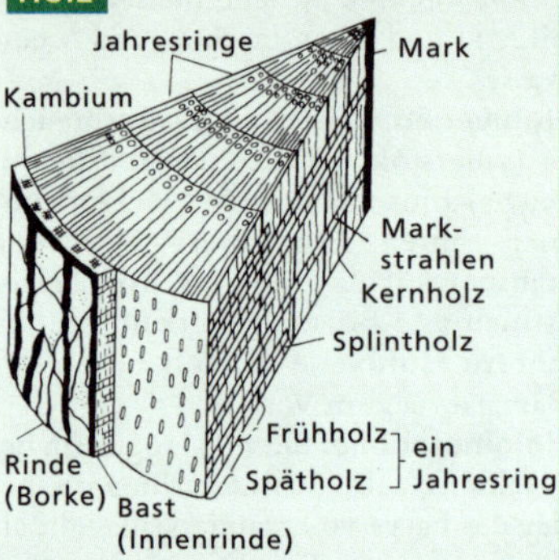

Schemadarstellung eines Stammausschnitts

Betrachtet man einen Stammquerschnitt unter dem Mikroskop, so zeigt sich folgender Aufbau: Die *Gefäße* erscheinen in zwei Ausbildungsformen, als großlumige Tracheen und als englumige Leitungsbahn aus Tracheiden. Die **Tracheen** durchziehen meist als Rohr die ganze Länge der Pflanze. Sie sind durch Zellfusionen entstanden, indem die Querwände zwischen je zwei übereinander liegenden Zellen durchbrochen oder fast aufgelöst wurden. Von der ursprünglichen Querwand bleibt nur noch ein Ringwulst übrig. Die **Tracheiden** dagegen bestehen nur aus einer Zelle und sind meist an beiden Enden zugespitzt. Untereinander sind sie durch ↑Tüpfel verbunden. Bei Nadelhölzern sind nur Tracheiden vorhanden, bei Laubhölzern sowohl Tracheiden als auch Tracheen. Beide leiten das Bodenwasser mit den darin gelösten Nährsalzen zu den Zentren des Verbrauchs, den Blättern (↑Laubblatt).

Die *Holzfasern* bestehen aus winzig kleinen, an beiden Enden zugespitzten Zellen mit starker Wandverdickung und engem Lumen. Sie bilden das Stützgewebe des Holzkörpers. Auf ihnen beruht die Trag-, Zug-, Bruch- und Biegungsfestigkeit der Hölzer.

Das *Holzparenchym* bildet die lebenden Bestandteile des Holzkörpers. Gefäße und Holzfasern sind tote Zellelemente und haben kein Plasma mehr. Die Holzparenchymzellen übernehmen die Speicherung der organischen Reservestoffe. Sie sind meist in Längsreihen angeordnet. Im Herbst sind die Parenchymzellen der Laubhölzer (hauptsächlich der Harthölzer) mit Reservestärke gefüllt; diejenigen der Nadel- und weichen Laubhölzer speichern dagegen fettes Öl.

Das aus lebenden parenchymatischen Zellen bestehende **Markstrahlgewebe** dient der Stoffspeicherung und Stoffleitung. Die Markstrahlen verbinden die Rinde mit dem Holzkörper und transportieren die in den Blättern gebildeten und in die Rinde gebrachten Assimilate zu den Holzparenchymzellen, wo sie dann gespeichert werden.

Die meisten Hölzer lassen mit zunehmendem Alter eine Differenzierung des Holzkörpers in eine hellere, äußere Zone und einen dunkler gefärbten Kern erkennen. Die hellere Zone entspricht dem Zuwachs der letzten Jahre. Dieses jüngere H. bezeichnet man als **Splint-** oder **Weichholz.** Es allein enthält die lebenden Zellen, denn das **Kernholz** ist tot und hat nur noch mechanische Funktionen. Kernholz ist fester, härter, wasserärmer und durch Einlagerung von Farbstoffen dunkler gefärbt als das Splintholz. Das Kernholz ist wirtschaftlich wertvoller, da es durch bestimmte Stoffeinlagerungen (Gerbstoffabkömmlinge) vor Zersetzung geschützt ist (z.B. Teakholz, Ebenholz, Mahagoni, Palisander). Bei manchen Bäumen (z.B. Pappel, Platane, Weide) unterbleibt die Verkernung. Sie werden deshalb leichter durch Fäulnis hohl.

Holzteil: ↑Leitbündel.

Hominide: ↑Mensch.

Hominisation (Menschwerdung): Dieser Begriff bezeichnet den körperlich-geistigen Entwicklungsgang von dem affenartigen Vorfahren des Menschen bis zum heutigen Menschen.

Homo: die Gattung Menschen mit der einzigen rezenten Art ↑Mensch.

homoiotherm: ↑gleichwarm.

Homologie: die Ähnlichkeit in Merkmalen aufgrund gemeinsamer Abstammung. Homologe Organe können einander sehr ähnlich sein oder durch Funktionswechsel im Verlaufe der stammesgeschichtlichen Entwicklung sehr unterschiedlich ausgeformt sein. Homologe Strukturen kommen in etwa gleicher Anzahl und gleicher relativer Lage vor, stimmen in speziellen Merkmalen überein und können durch gestaltliche Übergangsformen nachgewiesen werden. Beispiele sind u.a. die Blutkreisläufe der Wirbeltiere sowie deren einander homologe Vordergliedmaßen, die als Flossen, Laufbeine, Flügel, Grabwerkzeuge oder Arme ausgebildet sein können. Ebenfalls homologe Organe sind die Schwimmblase der Fische und die Lunge der übrigen Wirbeltiere. – Gegensatz: ↑Analogie.

Homöobox: ↑homöotische Gene.

Homöostase: die Erhaltung des normalen Gleichgewichtes der Körperfunktionen durch physiologische Regulationsprozesse. H. umfasst u.a. die Konstanthaltung des Blutdrucks und der Blutzusammensetzung sowie der Körpertemperatur durch Regelmechanismen des vegetativen Nervensystems und der (Neuro)hormone.

homöotherm (homoiotherm): ↑gleichwarm.

homöotische Gene: erstmals bei der Taufliege entdeckte Gene, die während der Embryonalentwicklung durch ihre Aktivität die typischen Grundmuster der Körperform bestimmen. Die h. G. besitzen eine gleichartige DNA-Sequenz von etwa 180 Basenpaaren, die sog. **Homöobox,** die auch bei anderen Tieren (Ringelwürmer, Frösche, Vögel, Maus), Pflanzen (u.a. Hefen) und beim Menschen nachgewiesen werden konnte.

Homo sapiens: der ↑Mensch.

homozygot: ↑reinerbig.

Honig: von Bienen hergestelltes Nahrungsmittel mit hohem Zuckergehalt. H. besteht je nach Herkunft aus wechselnden Mengen ↑Traubenzucker (30 bis 35%), ↑Fruchtzucker (30 bis 40%), ↑Rohrzucker (maximal 5%), Wasser (ca. 20%) und Dextrinen, ferner aus Enzymen, Vitaminen, Aromastoffen, Eiweißen, Wachsteilen und Säuren (zusammen ca. 5%).

Zur *Honigbereitung* saugen die Sammelbienen Nektar oder andere süße Pflanzensäfte in ihren Honigmagen auf. Der Nektar besitzt noch bis zu 90% Wasser und v.a. viel Rohrzucker. Die Stockbienen übernehmen von den Sammelbienen diesen Nektar, wobei der Rohrzucker durch Enzyme überwiegend in Invertzucker (Mischung aus Traubenzucker und Fruchtzucker) umgewandelt und der Wassergehalt vermindert

H

wird. Die Eindickung des H. bis auf einen Endwassergehalt von ca. 20% geschieht durch dauerndes Übertragen von Zelle zu Zelle und durch Bearbeiten mit den Mundwerkzeugen.

H. ist ernährungsphysiologisch sehr wertvoll und wird als leicht verdauliches, energiehaltiges Lebensmittel verwendet. Zu beachten ist jedoch die Karies fördernde Wirkung des H. aufgrund des hohen Zuckergehalts.

Honigbiene (Apis mellifica, Apis mellifera): Blüten besuchende Insekten, deren Beine als Pollensammelapparat ausgebildet sind. H. sind äußerst nützliche Insekten im Dienste der Blütenbestäubung.

Die H. bildet Stöcke, die als »Staaten« (↑Tierstaaten) bezeichnet werden und bis zu 70 000 Individuen beherbergen können. Zum Nestbau verwenden H. aus Drüsen abgesondertes Wachs **(Bienenwachs)**, aus dem sie sechskantige Zellen in Form von senkrechten **Waben** bauen. In diesen Zellen wird die Brut aufgezogen oder es werden Vorräte (↑Honig und Pollen) gespeichert.

Wie bei den Ameisen unterscheidet man bei der H. 3 ↑Kasten: Arbeiterin, Drohne und Königin.

Die Königin (**Weisel**) ist ausschließlich zum Eierlegen (bis zu 3 000 Eier pro Tag) befähigt; sie wird von den Arbeiterinnen gefüttert. Jeder Stock darf nur eine einzige Königin enthalten. Bemerkt die alte Königin, dass im Stock eine größere Zelle **(Weiselwiege, Weiselzelle)** zur Aufzucht einer Jungkönigin gebaut wird, so muss sie (um nicht von der Jungkönigin totgestochen zu werden) mit einem Teil ihres Volks etwa eine Woche vor dem Schlüpfen der Jungkönigin den bisherigen Stock verlassen (Schwärmen). Sie bildet in der Nähe des alten Stocks (z.B. an einem Baumast) zusammen mit den Arbeiterinnen eine große Traube **(Schwarmtraube).** Von hier fliegen Spurbienen aus, um eine neue Unterkunft zu suchen.

Es liegt im Belieben jeder Königin, ob sie die Eier befruchten will oder nicht. Aus befruchteten Eiern entstehen Weibchen, und zwar je nach Nahrungsqualität Arbeiterinnen oder eine Königin (↑Gelée royale); aus unbefruchteten Eiern entstehen Drohnen. – ↑Bienensprache.

Honigbiene

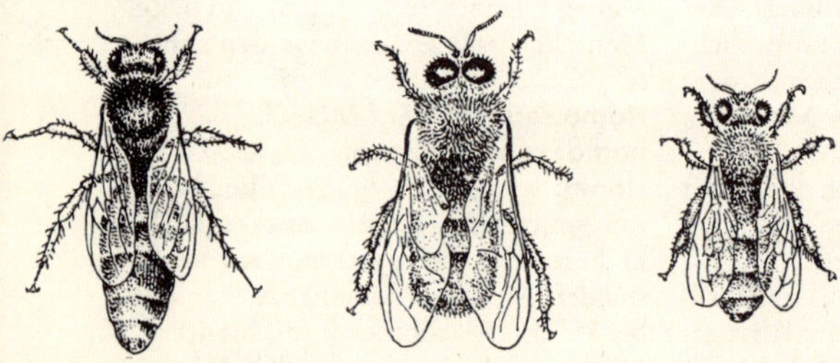

Die drei Formen der Honigbiene

Honigtau:

◆ die Ausscheidungen von Blatt- und Schildläusen, die gern von ↑Ameisen aufgenommen werden.

◆ Pflanzlicher H. besteht aus zuckerhaltigen, oft gelblich gefärbten Tropfen an Blättern und Blüten.

Hörgrenzen: die vom ↑Gehörsinn gerade noch wahrnehmbaren Grenzfrequenzen der Schallwellen. Bei jeder mit einem Gehörsinn ausgestatteten Tierart sind die H. unterschiedlich.

Beim *Menschen* kann eine Schallfrequenz von 16 Hz als tiefster Ton und eine von 20 000 Hz, nach neuen Untersuchungen sogar 40 000 Hz, als höchster »Ton« empfunden werden. Dabei rückt die **obere H.** im Verlauf des Alterungsprozesses nach unten (z.B. mit 35

Hörgrenzen

Hörflächen, -schwellen und Frequenzbereiche bei der Geräuschwahrnehmung

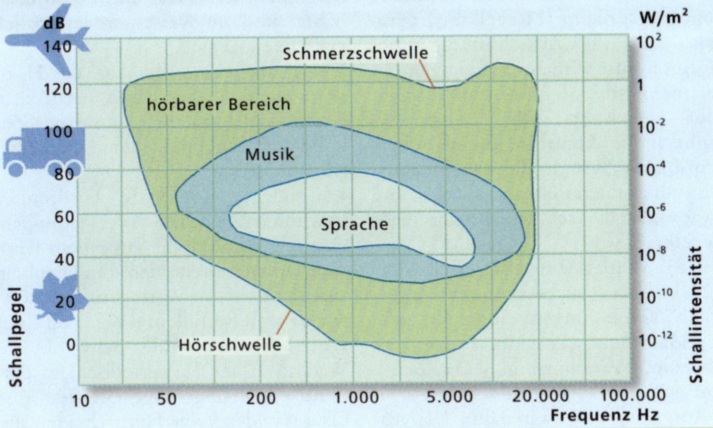

Jahren auf ca. 15 kHz, mit 50 Jahren auf ca. 12 kHz und im Greisenalter auf 5 kHz). Die Empfindlichkeit des menschlichen Ohres ist nicht über das gesamte Frequenzband gleich gut. Die größte Empfindlichkeit liegt bei 2 000 bis 2 300 Hz und beträgt 10–18 Watt.

Bei anderen *Säugetieren* sind die Hörgrenzen häufig in den Bereich höherer Frequenzen verschoben. Beim Hund, bei der Fledermaus und beim Delphin liegt die obere H. weit im Bereich des Ultraschalls, z.B. bei der Fledermaus bei 175 kHz und beim Delphin sogar bei 200 kHz. – Bei *Fischen* findet man durchweg niedrigere Frequenzwerte als beim Menschen. Die obere H. des Aals liegt z.B. bei 0,5 kHz, diejenige der Elritze bei 7 kHz. Bei den hörenden *Insekten* liegt die obere H. weit im Ultraschallbereich (z.B. Heuschrecke bei 90 kHz, Nachtschmetterlinge bei bis zu 250 kHz).

Hörknöchelchen: die ↑Gehörknöchelchen.

Hormondrüsen (inkretorische, innersekretorische oder endokrine Drüsen): Drüsen, die der Bildung bzw. der Speicherung von ↑Hormonen dienen und diese ins Blut oder in die Lymphe abgeben. H. kommen bei allen Tieren und beim Menschen vor.

Hormone: chemische Substanzen im tierischen und menschlichen Organismus, die in kleinsten Mengen wirksam sind. Sie werden von besonderen Drüsen (Hormondrüsen) gebildet, von diesen als Inkrete durch innere Sekretion ins Blut abgegeben. Über das Blut werden sie im Körper verbreitet, sodass sie an ihrem spezifischen Wirkungsort bei der Regulation des Stoffwechsels mitwirken können. Die H. beeinflussen damit das Wachstum, die Entwicklung und den emotionalen Bereich eines Individuums. Alle H. werden sehr schnell im Körper abgebaut und haben fast immer ein ihnen entgegenwirkendes H. **(antagonistisches H.).** So erniedrigt z.B. ↑Insulin den Blutzuckerspiegel (↑Blutzucker), indem es den Blutzucker für die Zellen verfügbar macht, Glucagon (aus der Bauchspeicheldrüse) dagegen erhöht den Blutzuckerspiegel, wenn er den Normwert unterschritten hat.

H

Damit die Hormonwirkung einzelner Hormondrüsen nicht überschießt, wird die *Hormonausschüttung* nach dem Rückkopplungsprinzip (↑Regelkreis) geregelt, d.h., die Ausschüttung einer Hormondrüse wird durch das eigene H. ab einer bestimmten Konzentration im Blut gehemmt. Die ↑Hypophysenhormone kontrollieren als übergeordnetes System die Hormonausschüttung anderer Hormondrüsen, und zwar ebenfalls nach dem Prinzip eines Regelkreises.
Die H. werden entweder nach ihrer Zugehörigkeit zu bestimmten chemischen Verbindungen eingeteilt, z.B. Peptidhormone (Proteohormone; z.B. ↑Insulin, ↑Parathormon, ↑Oxytocin), von Aminosäuren abgeleitete H. (↑Adrenalin, ↑Noradrenalin, ↑Thyroxin) und Steroidhormone (↑Androgene, ↑Östrogene), oder sie werden nach ihrem Produktions- bzw. Wirkungsort benannt: ↑Neurohormone, ↑Hypophysenhormone, ↑Schilddrüsenhormone, Nebenschilddrüsenhormone, Thymusdrüsenhormone, Bauchspeicheldrüsenhormone, ↑Nebennierenhormone, ↑Geschlechtshormone, oder nach ihrer Funktion wie die Verdauungshormone sowie bei bestimmten Tieren das ↑Häutungshormon und Farbwechselhormone.
Neben den in Hormondrüsen gebildeten H. gibt es noch sog. **Gewebshormone,** die in Zellen mit nicht typischer sekretorischer Tätigkeit gebildet werden und in unmittelbarer Umgebung der Zellen wirksam werden (↑Histamin).
H. sind außer bei den Wirbeltieren auch bei Insekten, Krebsen und Ringelwürmern gefunden und eingehend erforscht worden. – Bei Pflanzen kommen ebenfalls hormonähnliche Substanzen vor (↑Wuchsstoffe, z.B. Auxine und Gibbereline).

Horn (Hornsubstanz, Keratin): die von der Epidermis gebildete Substanz, aus der u.a. Oberhaut, Haare, Federn, Nägel, Hufe und Hörner aufgebaut sind. H. gehört zu den **Skleroproteinen.** Das sind Eiweiße, die eine Faserstruktur haben und in Wasser weder löslich noch quellbar sind.
Hervorstechendes Merkmal des H. ist seine starke Dehnbarkeit. Haare z.B. lassen sich durch Zug in nassem Zustand auf die doppelte Länge strecken.

Hörner:

◆ (Gehörn): Kopfwaffe bestimmter Paarhufer (Ziegen, Schafe, Antilopen, Gämsen, Rinder), die aus einem Knochenzapfen besteht, der vom Stirnbein ausgeht. Er ist zur Verringerung des Gewichts oft lufterfüllt und wird von einer **Hornscheide** umhüllt. Schwankt das Wachstum der H. periodisch, so entsteht eine Ringelung. Giraffen und Okapis bilden keine Hornscheiden aus. Ihre H. bleiben fellüberzogen.
H. werden im Gegensatz zum ↑Geweih nicht jährlich abgeworfen (Ausnahme: Gabelantilope). Häufig tragen beide Geschlechter H., doch sind die der Männchen meist kräftiger ausgebildet.

◆ Allgemein bezeichnet man auch andere Hornbildungen am Kopf von Tieren als Hörner; z.B. Nasenhörner von Nashörnern, Hornfortsätze von Hornfröschen, Nashornvögeln, Nashornkäfern und manchen Sauriern.

Hör- und Gleichgewichtsnerv: ↑Hirnnerven.

Hornhaut:

◆ (Cornea), *Zoologie:* Im ↑Auge gewährt die vor der ↑Pupille liegende, glasklare H. dem Licht Einlass. Durch ihre Wölbung wirkt sie stark lichtbrechend und trägt damit zur Bildentstehung auf der ↑Netzhaut bei.

◆ in der *Umgangssprache* Bezeichnung für die oberste Schicht der Epidermis (↑Haut).

Hornisse: die größte europäische Wespenart (↑Hautflügler).

Hornscheide: ↑Hörner.

Hornschicht: die äußere Schicht der ↑Haut.

Hörorgane: die ↑Gehörorgane.

H

Hörsinn: der ↑ Gehörsinn.

Hörzentrum: seitlich auf dem oberen Schläfenlappen der Großhirnrinde gelegener Bereich, der Hörempfindungen verarbeitet. Dieses H. arbeitet mit anderen ↑ Rindenfeldern eng zusammen.

Huf: der Hornschuh, der das Endglied der einzehigen Gliedmaßen der ↑ Unpaarhufer (z.B. Pferd und Esel) umgibt. Er besteht aus der weichen Hornsohle, dem elastischen Hornstrahl und den festen Hornwänden. Das Horn wird von der Huflederhaut erzeugt.

Huftiere (Ungulata): seit dem Eozän bekannte, Pflanzen fressende Säugetiere mit meist langen, schlanken Gliedmaßen. Sie treten nur mit der Spitze der hornumkleideten Zehenendglieder auf **(Zehenspitzengänger),** und zwar ↑ Unpaarhufer mit der dritten, ↑ Paarhufer mit der dritten und vierten Zehe. Die übrigen Zehen sind reduziert und z.T. funktionslos.

Hülse: ↑ Fruchtformen.

Hülsenfrüchte: die charakteristischen Früchte mit den darin eingeschlossenen Samen der ↑ Hülsenfrüchtler. Durch den hohen Anteil an Stärke und Eiweiß werden die H. zur menschlichen (z.B. Erbse, Bohne, Linse) und tierischen Ernährung (z.B. Sojabohne) verwendet.

Hülsenfrüchtler (Leguminosae): eine Ordnung der Zweikeimblättrigen Pflanzen, die die Familien der ↑ Schmetterlingsblütler, der ↑ Mimosengewächse und der Caesalpiniengewächse (z.B. Johannisbrotbaum, Judasbaum) umfasst. Die rund 12 000 Arten sind über die ganze Erde verbreitet. Es sind holzige oder krautige Pflanzen mit fiedrig zusammengesetzten Blättern und fünfzähligen Blüten, die nur ein Fruchtblatt besitzen. Aus diesem entsteht eine vielsamige Hülsenfrucht.

Humanbiologie: ↑ Mensch.

Humanethologie: ↑ Zweig der Verhaltensforschung.

Huminstoffe: ↑ Humus.

humoral: die Körperflüssigkeiten betreffend.

Humus: die Gesamtheit der durch mikrobiologische und biochemische Vorgänge zersetzten abgestorbenen tierischen und pflanzlichen Substanz auf oder im Boden. H. ist einem ständigen Ab-, Um- und Aufbau unterworfen und für die Fruchtbarkeit des Bodens von großer Bedeutung.

H. ist ein Stoffgemisch, das aus den ursprünglich organischen Stoffen (in kolloidaler Form vorliegend), kohlenstoffreichen Zwischenprodukten und einfacheren organischen Verbindungen, wie Umsetzungsprodukten des ↑ Lignins bzw. den Huminsäuren besteht.

Man unterscheidet beim H. die nicht dunkel gefärbten Anteile wie Kohlenhydrate, Hemicellulosen u.a., die sich rasch zersetzen und der Ernährung der im Boden lebenden Mikroorganismen dienen, und die dunkel gefärbten **Huminstoffe** (Huminsäure, Humoligninsäure, Humuskohle u.a.).

Hunger: ein Gefühl, das bei Nahrungsbedarf bzw. -mangel des Organismus entsteht und das keinem bestimmten Sinnesorgan zuzuordnen ist. H. gehört zu den komplizierten Regulationsvorgängen, die für die ausreichende Energie-, Mineralstoff- und Vitaminversorgung des Körpers verantwortlich sind.

H. muss von Appetit unterschieden werden: **Appetit** ist das Verlangen nach bestimmten Nahrungsmitteln, die durch Aussehen, Geruch und Geschmack bei entsprechender Stimmung zur Nahrungsaufnahme reizen, auch wenn kein Hungergefühl vorhanden ist. H. dagegen ist relativ unabhängig von der Art der Nahrungsmittel.

Im Zentralnervensystem wird H. durch zwei Faktoren ausgelöst: erstens durch reflektorische rhythmische Kontraktionen des leeren, schlaffen Magens, die auf nervösem Weg einem sog. **Appetitzentrum (Hungerzentrum)** im Hypothalamus gemeldet werden, zweitens durch Reizung von bestimmten Zellen (Glucostaten) im sog. **Sättigungszentrum** des Hypothalamus, die den (bei

H

Hunger

Schema zur Entstehung des Hungergefühls (nach R.F. Schmidt, G. Thews 1976)

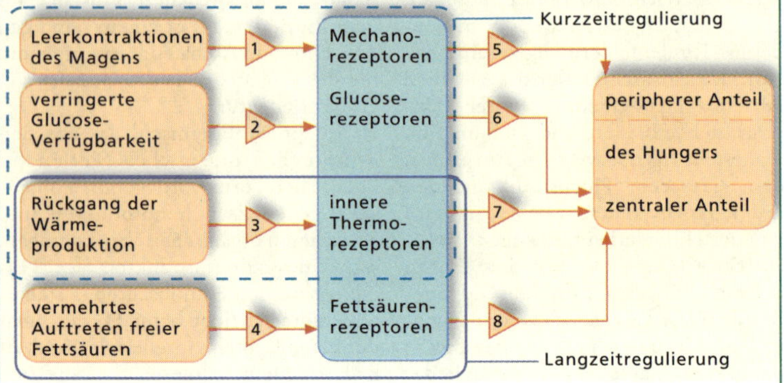

Nahrungsmangel) erniedrigten Blutzuckerspiegel registrieren.
Zum kurzfristigen Stillen des H. braucht seltsamerweise keine Füllung des Magens zu erfolgen; es genügen dazu schon eine gewisse Anzahl von Kau- und Schluckbewegungen (z.B. Kaugummi kauen).
Ein Mensch kann bei ausreichender Wasserzufuhr unter optimalen äußeren Bedingungen ohne Nahrung etwa 50 Tage überleben. Bei länger andauerndem H. reduziert sich der Grundstoffwechsel um 10–20%. Die Glykogenreserven werden abgebaut, der Fettabbau wird verstärkt und die Eiweißsynthese eingeschränkt; im fortgeschrittenen Stadium werden die Struktureiweiße abgebaut, was bei fortdauerndem H. zum Tode führt.

Hybriden: die ↑Bastarde.

Hybridisierung:

◆ in der *Genetik* die Kreuzung zwischen erbungleichen Partnern; veraltet auch als Synonym zur ↑Bastardierung verwendet.

◆ In der *Molekularbiologie* die experimentell herbeigeführte Zusammenlagerung komplementärer Nucleinsäureeinzelstränge unter Bildung eines Nucleinsäuredoppelstranges, und zwar entweder von jeweils zwei DNA- bzw. zwei RNA-Strängen oder von einem DNA-Strang mit einem RNA-Strang **(molekulare H.).** – Die H. ist eine wichtige Methode in der modernen Genetik und v.a. der Gentechnologie, da sie u.a. Aussagen ermöglicht über Verwandtschaftsgrade von Nucleinsäuren, über die Lage bestimmter Gene oder auch Nucleotidsequenzen oder der Identifizierung unbekannter DNA- oder RNA-Stücke dient.
Die **somatische H. (Zell-H.)** ist eine Verschmelzung von genetisch verschiedenen Zellen. Durch Zugabe agglutinierender Substanzen können tierische Zellen verschiedener genetischer Herkunft oder unterschiedlicher Entwicklungsstadien zur Verschmelzung der Zellmembranen gebracht werden. Bei der nächsten Mitose können dann auch die Zellkerne miteinander verschmelzen und **Hybridzellen (Hybridomzelle, Hybridom)** entstehen.
Bei pflanzlichen Zellen muss vor der H. die Zellwand aufgelöst werden. Die entstehenden hybriden Protoplasten können in vielen Fällen zur Regeneration einer ganzen Pflanze angeregt werden, sodass auf diese Weise Hybriden aus verschiedenen (sonst nicht kreuzba-

ren) Arten gezüchtet werden können. – Die H. von Tumorzellen und normalen Zellen wird zur Herstellung ↑monoklonaler Antikörper angewendet.

Hybridome: ↑monoklonale Antikörper.

Hydathoden: ↑Drüsen.

Hydrenchym: ↑Sukkulenten.

Hydrokultur (Hydroponik): Methode der Kultivierung von Pflanzen, bei der diese statt in natürlichen Nährböden in Nährlösungen wachsen. Diese enthalten die wichtigsten Mineralsalze und Spurenelemente in gelöster Form.

Hydrokultur

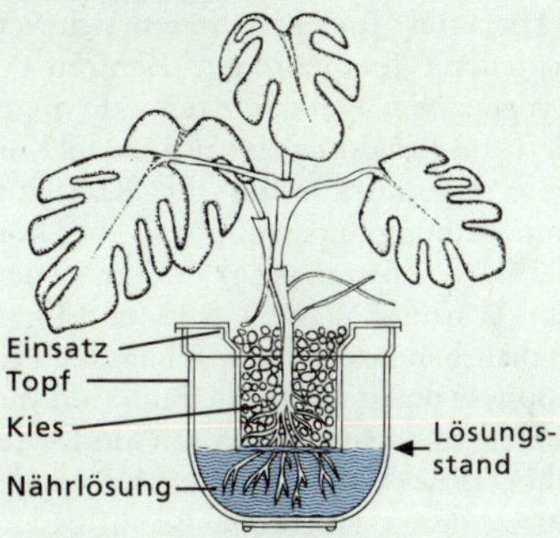

Pflanzgefäß (Schnitt)

Hydrolasen: Enzyme, die hydrolytische Reaktionen katalysieren. Die wichtigste Gruppe der H. sind die **Proteasen,** die die Spaltung der Peptidbindung durch Einlagerung von Wasser bewirken. Die meisten Proteasen sind Verdauungsenzyme, die entweder extrazellulär im Magen-Darm-Kanal oder intrazellulär wirken. Sie können bei manchen Tieren (z.B. Spinnen) aber auch nach außen abgegeben werden (extraintestinale Verdauung).

Die Proteasen werden nochmals unterteilt in **Exopeptidasen,** die eine Peptidkette vom Ende her auflösen, und in die **Endopeptidasen,** die die Kette zuerst in der Mitte spalten. Zur ersten Gruppe gehören Dipeptidase und Aminopeptidase; sie spalten bevorzugt kleinere Peptidketten. Zu den Endopeptidasen oder auch Proteinasen gehören z.B. Pepsin, Trypsin, Papain. Ebenfalls eine wichtige Gruppe der H. sind die **Lipasen,** die zur Untergruppe der Esterasen gehören. Sie spalten die Esterbindung unter Wasseraufnahme, wobei freie Fettsäuren und Glycerin entstehen. Die dritte Untergruppe der H. bilden die **Glykosidasen,** die eine Spaltung der glykosidischen Bindung der Di- und Polysaccharide katalysieren, wie z.B. Maltase, Amylase, Invertase. Oft sind Glykosidasen auch Transferasen, die den Zuckerrest auf andere Moleküle mit OH-Gruppen übertragen.

Hydrophyten: die ↑Wasserpflanzen.

Hydroponik: die ↑Hydrokultur.

hydrostatischer Druck: ↑Osmose.

Hygrophyten (Feuchtpflanzen): Landpflanzen, die an Standorten mit gleichmäßig guter Wasserversorgung bei gleich bleibend hoher Boden- und Luftfeuchtigkeit wachsen. Durch besondere Baueigentümlichkeiten sind sie an diese Standorte angepasst. Dazu gehören zur Vergrößerung der Oberfläche und Förderung der Transpiration große, zarte Blattspreiten, über die Epidermis herausgehobene ↑Spaltöffnungen und lebende Haare. H. kommen hauptsächlich in tropischen Regenwäldern vor. Bekannte H. sind Farne, Aronstabgewächse und Begonien.

Hylobatidae: die ↑Gibbons.

Hymen: das ↑Jungfernhäutchen.

Hymenoptera: die ↑Hautflügler.

Hyperpolarisation: ↑Depolarisation.

Hypervitaminosen: ↑Vitamine.

Hyphen: Pilzfäden, die aus lang gestreckten, oft verzweigten Zellen bestehen. Die Gesamtheit der H. bildet den Vegetationskörper (↑Mycel) der Pilze.

Hypocotyl: bei Samenpflanzen das unterste Sprossglied des Keimlings, welches zwischen Wurzelhals und Keimblättern liegt. Das H. kann zusammen mit der Wurzel (Rübe) oder allein verdickt sein (Radieschen).

H

Hypophyse (Hirnanhangsdrüse): eine wichtige Hormondrüse der Wirbeltiere. Sie ist beim Menschen etwa erbsengroß und hängt an der Basis des ↑Zwischenhirns. Die H. besteht aus zwei funktionell und histologisch verschiedenen Teilen, dem **Hypophysenhinterlappen,** der durch zahlreiche Nervenfasern in enger Verbindung zum Hypothalamus steht, und dem **Hypophysenvorderlappen,** der vom Rachendach abgefaltet wird. Der Vorderlappen bildet noch den Hypophysenzwischenlappen (nicht bei Vögeln und Walen). Hypophysenvorderlappen und -hinterlappen sind die Bildungsstätten unterschiedlicher Hormone.

Hypophyse

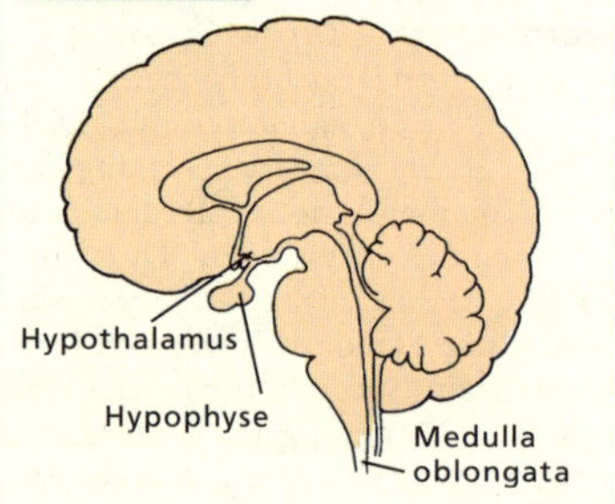

Hypophysenhormone: alle Hormone, die von den histologisch und funktionell verschiedenartigen Teilen der Hypophyse ausgeschüttet werden.

Hypophysenvorderlappenhormone sind die ↑Gonadotropine (follikelstimulierendes Hormon, luteinisierendes Hormon, luteotropes Hormon), außerdem ↑Somatotropin, ↑thyreotropes Hormon und ACTH (adrenocorticotropes Hormon, Corticotropin), das die Ausschüttung von Corticoiden (↑Nebennierenhormone) bewirkt.

Die Hormonproduktion des Hypophysenvorderlappens unterliegt dem Einfluss des ↑Hypothalamus. Er bewirkt durch ↑Neurohormone, sog. **Releasing-Hormone** (Freisetzungshormone), die Ausschüttung der Hypophysenvorderlappenhormone. Jedem dieser Hormone ist ein Releasing-Hormon (Abk. RH) zugeordnet, z.B. follikelstimulierendes-Hormon-Releasing-Hormon (Abk. FSH-RH).

Hypophysenhinterlappenhormone sind Neurohormone, die im Hypothalamus gebildet und im Hypophysenhinterlappen nur gespeichert werden, also eigentlich keine echten Hypophysenhormone sind. Hierzu gehören ↑Oxytocin und ↑Vasopressin.

Hypothalamus: basaler (unterer) Wandteil des ↑Zwischenhirns, Teil des ↑Thalamus. Im H. befinden sich verschiedene übergeordnete Zentren des ↑vegetativen Nervensystems. Er reguliert die Erhaltung der normalen Körpertemperatur, ferner die Kreislauf- und Atmungsanpassung (z.B. bei körperlicher Anstrengung) und er steuert den Wärme-, Wasser-, Salz- und Energiehaushalt des Körpers. Über die ↑Hypophyse regelt der H. die Funktion verschiedener Hormondrüsen und wird über Rückkopplung selbst wieder durch deren Hormone beeinflusst. – Der H. ist für Hunger, Sättigungsgefühl und Durst verantwortlich und am Schlaf-wach-Rhythmus sowie am Menstruationszyklus beteiligt.

I

Ichthyosaurier (Fischechsen, Fischsaurier): Die I. sind ausgestorbene fischähnliche Reptilien (Saurier), die in den Meeren der Trias und Kreidezeit weltweit verbreitet waren. Sie hatten einen langen, zugespitzten, stark bezahnten Kopf, flossenförmige Gliedmaßen, eine Rückenflosse (Rückenfinne) und eine Schwanzflosse. Wahrscheinlich waren sie ovovivipar.

Idealgewicht: ↑Körpergewicht.

Idiotyp: ↑Genotyp.

Ig-Klassen: ↑ Immunglobuline.

Imaginalscheiben: ↑Metamorphose.

Immunglobuline

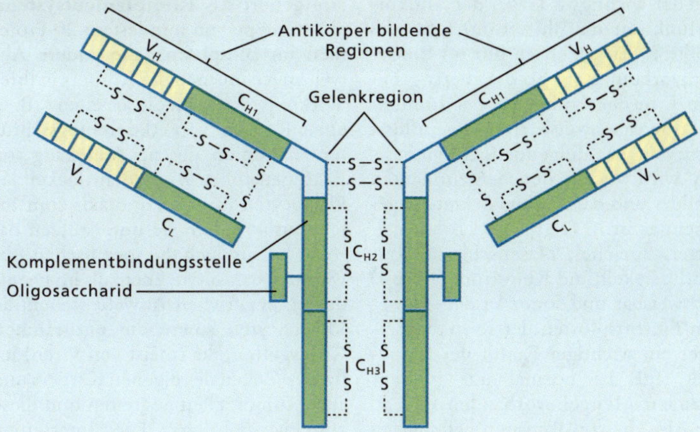

Schematische Darstellung eines IgG-Antikörpermoleküls; V_H hypervariable Bereiche der schweren Kette, V_L hypervariable Bereiche der leichten Kette, C_{H1}, C_{H2}, C_{H3} konstante Bereiche der schweren Kette, C_L konstante Bereiche der leichten Kette

Imago (Vollinsekt): das geschlechtsreife und voll entwickelte Insekt (Mehrzahl: Imagines), das durch wiederholte Häutungen entsteht (↑Metamorphose).

immergrün: ↑Laubbäume.

Immission: die Einwirkung von Luftverunreinigungen, Geräuschen, Erschütterungen, Licht, Wärme, Strahlen und vergleichbarer Faktoren auf Menschen, Tiere, Pflanzen und Gegenstände.

Immunglobuline, Abk. Ig: von Plasmazellen synthetisierte Proteine, die meist Antikörperaktivität haben und deren Bildung durch Antigene ausgelöst wird; sie werden auch als Gammaglobuline im weiteren Sinne bezeichnet. I. werden von B-Lymphocyten gebildet. Sie sind für die humorale (hier: durch das Blut vermittelte) Abwehr verantwortlich und für die Infektabwehr von großer Bedeutung.

Alle I. besitzen gemeinsame *Strukturmerkmale.* Sie bestehen aus zwei »schweren« Polypeptidketten, den H-Ketten (mit relativen Molekülmassen von rd. 50 000), und zwei »leichten« Polypeptidketten (**L-Ketten** mit relativen Molekülmassen um 25 000), die über symmetrisch angeordnete Disulfidbrücken (Dithioetherbrücken) miteinander verbunden sind. Jede der Ketten besteht aus einem Teil, dessen Aminosäuresequenz unveränderlich und für die jeweilige Art charakteristisch ist (konstante Region), und einem Abschnitt, in dem die Aminosäuresequenz für jeden spezifischen Antikörper verschieden ist (variable Region). Die variablen Regionen bilden die Bindungsstellen für die ↑Antigene. Die für die variablen Regionen codierende DNA ist in viele Abschnitte, die beliebig miteinander kombiniert werden können, über das gesamte Genom der Zelle verteilt, sodass Millionen verschiedener Antikörpergene gebildet werden können und somit die Produktion von Antikörpern gegen fast jedes Makromolekül ermöglicht wird.

Beim Menschen sind bisher fünf Klassen von I. **(Ig-Klassen)** beschrieben worden, die mit IgG, IgM, IgA, IgD und IgE bezeichnet werden. IgG, die

↑Gammaglobuline im engeren Sinne, sind der wichtigste Träger der Antikörperfunktion im Blutserum. IgM, das größte I., das praktisch nur im Blutserum vorkommt, ist als das zuerst gebildete I. in der Frühphase der Immunreaktion nachweisbar; es beeinflusst positiv die nachfolgende IgG-Synthese. IgA wird v.a. in den Schleimhäuten gebildet und dann in die Sekrete abgegeben; es ist in Darm- und Bronchialsekret, Speichel, Nasenschleim, Tränenflüssigkeit und Kolostrum (↑Brust) nachweisbar und somit an den häufigsten Eintrittspforten der Krankheitserreger ein wichtiger Faktor der Immunität. IgE ist normal nur in sehr geringen Mengen vorhanden und an der Abwehr von Parasiten beteiligt; es kann an Mastzellen und basophile Granulocyten binden und diese nach Antigenkontakt zur Ausschüttung von Histamin veranlassen; es ist somit u.a. von Bedeutung für das Entstehen von Allergien. Die Funktion des IgD ist bislang ungeklärt. – siehe S. 20.

Immunisierung: das künstliche Herbeiführen einer Immunität des Körpers zum Schutz vor Krankheiten oder Vergiftungen, auch zu deren Behandlung (↑Impfung).

Immunität: die Widerstandsfähigkeit eines Organismus gegen Krankheitserreger oder deren Stoffwechselprodukte. Der Körper wehrt sich gegen das Eindringen von Krankheitsorganismen auf drei Ebenen: An erster Stelle stehen die Haut und die Schleimhäute als mechanischer und mit ihren Sekreten als chemischer Schutz im Dienst der unspezifischen Abwehr. In den verschiedenen Körpersekreten (wie Tränen, Nasenschleim, Speichel und Blutplasma) befinden sich ↑Lysozyme, die verschiedenartige Bakterien auflösen können. Auf der zweiten Ebene stehen die unspezifischen Abwehrmechanismen und auf der dritten Ebene die spezifischen Abwehrreaktionen des ↑Immunsystems.

Zu den *unspezifischen Abwehrmechanismen* gehört das **Komplementsystem,** eine Gruppe von mindestens 20 Proteinen im Blutplasma, die andere Abwehrmechanismen des Körpers in ihrer Wirkung ergänzen. Sie arbeiten z.B. in einer Kaskade von Aktivierungsschritten zusammen, die zur Auflösung von Bakterien führt. Außerdem locken sie Phagocyten über Chemotaxis zum Infektionsherd, und sie unterstützen darüber hinaus auch die spezifischen Abwehrmechanismen. Ebenfalls im Dienst der unspezifischen Abwehr stehen die ↑Phagocyten sowie die **natürlichen Killerzellen,** die (meist von Viren) infizierte Zellen des eigenen Körpers und auch Tumorzellen angreifen und diese zum Platzen bringen. Die ↑Interferone vermitteln (neben der Antikörperbildung) eine erworbene Resistenz gegen Viren und manche Bakterien.

Auch die z.B. durch Verletzung oder eingedrungene Mikroorganismen ausgelöste **Entzündung** zählt zu den unspezifischen Abwehrmechanismen. Meist rufen Kapsel, Zellinhalt und Zellwand von Bakterien lokale Wirkungen hervor: Frei werdende Enzyme greifen das Gewebe an, gleichzeitig treten Stoffwechselstörungen im betroffenen Gewebe auf. Die geschädigten Zellen setzen ↑Histamin frei, das die Blutgefäße erweitert, die Wände der ↑Kapillaren durchlässiger macht und so den Phagocyten den Zutritt zur Entzündungsstelle erleichtert. Die Phagocyten sind das wichtigste Element einer Entzündungsreaktion, da sie die Keime vertilgen sowie Zelltrümmer und tote Zellen beseitigen. Dehnt sich eine Entzündung auf den ganzen Körper aus, so steigt die Zahl der Leukocyten dramatisch an und es können **Pyrogene**, Fieber erzeugende Stoffe, freigesetzt werden.

Die Widerstandsfähigkeit eines Organismus kann durch viele Faktoren geschwächt werden, so z.B. durch chronische Infektionen und Erkrankungen

(↑HIV, ↑Aids), Stress, Mangelernährung und Umweltgifte. Man spricht in solchen Fällen von erworbenen Immundefekten im Unterschied zu den angeborenen, die v.a. auf Störungen in der Entwicklung und Differenzierung der B- und T-Lymphocyten zurückzuführen sind.

Immunreaktion: die Auseinandersetzung des Organismus mit körperfremden Substanzen bzw. Krankheitserregern (↑Immunität, ↑Immunsystem).

Immunsystem: die Gesamtheit der spezifischen Abwehrreaktionen, die dem Organismus gegen Krankheitserreger, deren Toxine oder fremde Gewebe zur Verfügung stehen, wobei das I. gegen jeden dieser als ↑Antigen bezeichneten auslösenden Faktoren eine spezifische Reaktion entwickelt. Hierbei gibt es zwei Untersysteme, die unterschiedlich auf die Antigene reagieren; man spricht von humoraler Immunität und zellvermittelter Immunität.

Die **humorale Immunität** besteht im Wesentlichen darin, dass von bestimmten Lymphocyten, den B-Lymphocyten, als ↑Antikörper bezeichnete ↑Immunglobuline produziert werden, die frei im Blut zirkulieren. Sie dient dementsprechend zur Bekämpfung von frei im Blut zirkulierenden Antigenen. Auslöser für die Antikörperproduktion ist entweder die Bindung eines Antigens an die Oberfläche eines B-Lymphocyten oder eine Reaktionskette, die in Gang gesetzt wird, wenn ein Makrophage (↑Phagocyten) ein Antigen phagocytiert hat. Dann präsentiert er auf seiner Oberfläche eine das Antigen repräsentierende Struktur, die von T-Helferzellen erkannt wird. Diese vermehren sich zu Klonen und bilden ↑Cytokine, durch die wiederum B-Lymphocyten aktiviert werden und Antikörper produzieren. Die meisten Antigene rufen die über Makrophagen und T-Helferzellen vermittelte Reaktion hervor.

Die Antikörper machen die Eindringlinge auf unterschiedliche Weise unwirksam: Sie neutralisieren sie, indem bestimmte Stellen blockiert werden, verklumpen sie (Agglutination) oder vernetzen sie (Präzipitation) und machen sie damit unbeweglich. In allen Fällen werden die Eindringlinge anschließend von Phagocyten verschlungen. Solche Antigen-Antikörper-Komplexe können auch das Komplementsystem (↑Immunität) aktivieren, dessen Reaktionen die fremden Zellen zum Platzen bringen.

Die **zellvermittelte Immunität** hat die Aufgabe, solche Krankheitserreger zu bekämpfen, die bereits in Zellen eingedrungen sind (v.a. Viren und intrazelluläre Parasiten). Hauptkomponenten der zellvermittelten Immunität sind die T-Helferzellen und die cytotoxischen Zellen. Diese Zellen können keine frei zirkulierenden Antigene erkennen, sondern nur in körpereigenen Zellen enthaltene, wobei die körpereigenen Zellen das Antigen repräsentierende Strukturen tragen (sog. antigenpräsentierende Zellen). Die **T-Helferzellen** aktivieren über Cytokine die B-Lymphocyten und damit die humorale Abwehr, also die Produktion von Antikörpern. **Cytotoxische Zellen** hingegen binden an die antigenpräsentierende Zelle und zerstören sie mitsamt dem Krankheitserreger. Auf die gleiche Weise zerstören cytotoxische Zellen auch Krebszellen, die sich immer wieder im Körper bilden. Daraus wird z.B. auch verständlich, warum es bei einer Schwächung des I. oder bei nachlassender Immunität im Alter häufiger zu Krebserkrankungen kommt.

Wird der Organismus einige Zeit nach dem ersten Kontakt mit einem Antigen diesem erneut ausgesetzt, so ist die dann erfolgende sekundäre Immunantwort wesentlich schneller. Dies ist darauf zurückzuführen, dass das I. eine Art »Gedächtnis« in Form der langlebigen ↑Gedächtniszellen besitzt. Auf

I

diese Art und Weise führen manche Erkrankungen (z.B. Windpocken) zu einer lebenslangen Immunität.
Die Fähigkeit des I. zwischen Selbst und Fremd zu unterscheiden führt zu den Abstoßungsreaktionen bei Organtransplantationen und zu den Agglutinationsreaktionen bei ↑Bluttransfusionen (↑auch Blutgruppen). Fehlfunktionen des I. können zu Autoimmunkrankheiten (das I. richtet sich gegen körpereigene Strukturen) und zu Allergien (überschießende Reaktionen des I. auf bestimmte Antigene aus der Umwelt; siehe S. 20.) führen. – ↑auch Immunität.

Impfung:
◆ *Immunologie:* Grundlage aller Schutzimpfungen ist die ↑Antigen-Antikörper-Reaktion. Bei der **aktiven I.** führt man dem Körper mit dem Impfstoff bestimmte ↑Antigene zu, um die Bildung körpereigener ↑Antikörper anzuregen. Man imitiert also den Vorgang der Infektion. **Lebendimpfstoffe** enthalten lebende, für den Menschen jedoch unschädliche Erreger. Beim Pockenimpfstoff z.B. sind es Kuhpockenerreger, zur Tuberkuloseschutzimpfung werden lebende Rindertuberkelbakterien verwendet.
Zu den **Totimpfstoffen,** die abgetötete Erreger enthalten, gehören die Impfstoffe gegen Grippe, Tollwut, Keuchhusten, Typhus, Cholera und bestimmte Impfstoffe gegen Masern und Kinderlähmung. Mit abgeschwächten Giften von Krankheitserregern **(Toxoidimpfstoffe)** wird gegen Wundstarrkrampf und Diphtherie geimpft.
Bei der **passiven I.** werden dem Organismus fertige Antikörper menschlichen oder tierischen Ursprungs zugeführt. Vorteilhaft ist dabei der rasche Wirkungseintritt, nachteilig die kurze Dauer des Impfschutzes, die bei Tierseren nur 8–14 Tage beträgt. Ein weiterer Nachteil besteht darin, dass das tierische Eiweiß ebenfalls als Antigen im menschlichen Körper wirkt. Daher werden seit einigen Jahren neben Tierseren antikörperhaltige Menschenseren und gentechnisch hergestellte Seren verwendet. Die ↑Immunglobuline sind in ihnen 40fach angereichert.
Hyperimmunglobuline enthalten außer den normalerweise im Erwachsenenblut vorkommenden Immunglobulinen zusätzliche Antikörper gegen einige Krankheitserreger.
◆ *Bakteriologie:* die Übertragung von Mikroorganismen auf feste oder flüssige Nährmedien.

Imponiergehabe: im Tierreich weit verbreitete Form des Drohverhaltens. I. dient z.B. dazu, einen Rivalen durch Bewegungen einzuschüchtern, die mit betontem Kraftaufwand durchgeführt werden und die eigene Körpergröße hervorheben. Häufig imponieren Männchen auch den Weibchen, um »Eindruck zu schinden«. Die Weibchen sehen dieses Verhalten als Werbezeremonie an, wenn sie selbst in Paarungsstimmung sind (↑Balz), andernfalls reagieren sie wie ein eingeschüchterter Rivale mit Flucht.

Indianerfalte: die ↑Mongolenfalte.

Imponiergehabe: Künstliche Betonung von Körpergröße und Schulterbreite.

Indianide: ↑Mensch.

Indikatorpflanzen: die ↑Bodenanzeiger.

Individualdistanz: der unbewusst eingehaltene Abstand zu nicht vertrauten Objekten oder fremden Individuen. Kommt ein Tier einem Artgenossen zu nahe, löst dies eine Abwehrreaktion bei dem Bedrängten aus. Die I. ist bei den verschiedenen Arten unterschiedlich groß und situationsabhängig, so ist sie z.B. bei der Paarung völlig abgebaut.

Individualentwicklung: die ↑Ontogenese.

Individuendichte: ↑Abundanz.

Induktion:

◆ In der *Ontogenese* versteht man unter I. das Auslösen bestimmter Entwicklungs- oder Differenzierungsstadien während der ↑Keimesentwicklung. Bei der Ausbildung eines Organs wirken viele **Induktoren** zusammen und bilden eine **Induktionskette.** So induziert z.B. das Chordamesoderm der Kopfregion (als primärer Induktor) die Gehirnbildung. Aus dem gebildeten Zwischenhirn entsteht eine Augenblase, die wiederum (als sekundärer Induktor) die Epidermis des Kopfes zur Linsenbildung veranlasst. Die Linse als tertiärer Induktor schließlich bewirkt die Ausbildung einer Hornhaut. Die Induktionswirkung ist nicht artgebunden. So lässt sich z.B. ein Induktor erfolgreich von einem Froschkeim auf einen Molchkeim übertragen.

◆ In der *Genetik* spricht man ebenfalls von Induktion. Hier wird im Rahmen der Genregulation die Genaktivität von bestimmten, Induktoren genannten, Enzymen gesteuert. – ↑auch Gene.

Infektion (Ansteckung): das Eindringen von Krankheitserregern (Viren, Bakterien, Pilze, Parasiten) in einen lebenden Organismus, in dem sie sich vermehren. Krankheitserreger können auf unterschiedlichen Wegen übertragen werden, so durch Berührung, über den Kontakt mit Körperflüssigkeiten, durch Nahrungsmittel, durch Biss, Stich u.a. Verletzungen sowie über die Einatmung; bei Pflanzen findet eine I. meist über natürliche Öffnungen (z.B. Spaltöffnungen) oder über Wunden statt.

Je nach Erreger und Abwehrlage des Organismus kommt es nach einer I. zu einer mehr oder weniger schweren Erkrankung oder auch zu einem stummen Infekt ohne Krankheitszeichen.

Infloreszenzen: die ↑Blütenstände.

Infusorien: die ↑Aufgusstierchen.

Initialzellen: ↑Vegetationskegel.

Inhibitoren (Hemmstoffe): Eiweiße, die mit Enzymen Verbindungen eingehen und dadurch deren katalytische Wirkung blockieren (↑Enzymhemmung). – Auch Cytostatika, Antibiotika oder Gifte können als I. wirken. So hemmt z.B. Curare die Erregungsübertragung an den ↑Synapsen. Bei den Pflanzen spielen sog. Antiwuchsstoffe als Gegenspieler der Phytohormone (↑Wuchsstoffe) eine Rolle.

Ingluvies: der ↑Kropf.

Inkompatibilität (Unverträglichkeit):

◆ In der *Genetik* spricht man bei Hemmungen der Gametenvereinigung innerhalb eines Fortpflanzungssystems von I., wenn diese Hemmungen nicht auf Kerndefekten beruhen. Diese I. ist ein genetisch gesteuerter, selektiver Mechanismus. Beruht die Störung bei der Befruchtung auf einer Unverträglichkeit der Protoplasmen, wird dies als **protoplasmatische I.** bezeichnet.

◆ In der *Medizin* versteht man unter I. einerseits die Unverträglichkeit von transfundiertem Blut oder transplantiertem Gewebe mit dem Empfängerblut bzw. -gewebe und andererseits die Unverträglichkeit von Arzneimitteln in Bezug auf andere (eingenommene) Arzneimittel.

Inkrete: im engeren Sinne die ↑Hormone, im weiteren Sinne sämtliche vom körpereigenen Stoffwechsel gebildeten und ins Blut (oder in die Lymphe) abgegebenen Stoffe.

Inkretion: die ↑innere Sekretion.

Inkubationszeit: die mehr oder weniger große Zeitspanne zwischen dem Eindringen von Erregern in den Organismus und dem Auftreten der ersten Anzeichen der Krankheit.

innere Sekretion (Inkretion): die Abgabe von Drüsensekreten direkt in die Körperflüssigkeiten (Blut, Hämolymphe) oder in Gewebslücken (↑Drüsen, ↑Hormone).

Instinktverhalten

1.) Eirollbewegung bei der Graugans:

Anblick eines Eies außerhalb der Nestmulde (Reiz) beim Betrachten der Nestumgebung

Rollen des Eies zum Nest (Instinktbewegung) durch pendelndes Balancieren (Taxis)

Die Starrheit der Instinktbewegung lässt sich experimentell durch Darbietung einer übergroßen Attrappe zeigen. Die Bewegung bleibt stecken

Instinkthandlung
- → Orientierungsbewegung (Taxis)
  - Stimmung ↓ Appetenz
- \+
- → Instinktbewegung (Erbkoordination)
  - Schlüsselreiz ↓ angeborener Auslösemechanismus (AAM) ↓ Effektor

2.) Beutefangverhalten des Frosches:

Suchen nach einem Reiz (Fliege) infolge einer inneren Stimmung (Hunger)

↓

Appetenzverhalten

Orientierungsbewegung (Taxis) nach Erkennen der Beute

Fangsprung, Zungenschlag und Schlucken der Beute bilden jeweils eine Instinktbewegung (Endhandlung)

Insekten (Kerbtiere, Hexapoda): eine Klasse der ↑Gliederfüßer mit drei Beinpaaren. In Deutschland gibt es rund 32 000, auf der Erde ca. 1 Million Arten, die sich alle Lebensräume erobert haben. Damit umfassen die I. beinahe 80% aller lebenden Tierarten. Die ältesten fossilen I. sind etwa 370 Millionen Jahre alt.

Der *Körper* der I. gliedert sich in drei Abschnitte, den Kopf (Caput, aus sechs miteinander verschmolzenen Körpersegmenten), die Brust (Thorax; mit den Segmenten Pro-, Meso- und Metathorax) und den Hinterleib (Abdomen; aus bis zu 11 Segmenten). Meist haben I. zwei Flügelpaare, je eines am Meso- und Metathorax. Bei manchen I. ist ein Flügelpaar zu ↑Halteren umgebildet; bei anderen sind, v.a. bei den Weibchen, alle Flügel mehr oder weniger stark rückgebildet. Jedes der 3 Brustsegmente trägt ein Beinpaar.

Am Kopf liegen die oft sehr großen ↑Facettenaugen. Daneben können noch auf der Stirn bzw. auf dem Scheitel bis zu drei Einzelaugen als Nebenaugen (Ocellen) vorkommen. Außerdem trägt der Kopf als umgebildete Gliedmaßen ein Paar Fühler (↑Antennen) und die ↑Mundwerkzeuge.

Die Atmung der I. erfolgt über ↑Tracheen. Als Exkretionsorgane fungieren die ↑Malpighi-Gefäße. Unter dem Darm liegt als Bauchmark ein Strickleiternervensystem (↑Bauchganglion).

Die *Entwicklung* der I. verläuft über eine ↑Metamorphose, wobei oft als vorletztes Entwicklungsstadium ein Puppenstadium vorkommen kann. Die ↑Larven besitzen meist stummelförmige Beinpaare, auch am Hinterleib (z.B. die Raupen der Schmetterlinge). Manche Larven (die ↑Maden) sind völlig beinlos. – Die Sinnesleistungen der I. sind i.A. hoch entwickelt. Libellen, Fliegen, Schmetterlinge und die Honigbiene können Farben sehen; der Geruchssinn ist besonders bei Schmetterlingen gut ausgebildet. Häufig kommt, v.a. bei Staaten bildenden I. (↑auch Tierstaaten), ↑Brutfürsorge bzw. ↑Brutpflege vor. Zu den I. gehören (als wichtigste Ordnungen): Urinsekten, Libellen, Schaben, Termiten, Heuschrecken, Wanzen, Pflanzenläuse (mit Blattläusen), Käfer, Hautflügler, Schmetterlinge und Zweiflügler.

Insektenfresser (Insektivoren):
- Tiere oder Pflanzen (↑Fleisch fressende Pflanzen), deren Nahrung vorwiegend aus Insekten besteht.
- Im systematischen Sinne sind die I. eine Ordnung meist kleiner, primitiver Säugetiere, die sich vornehmlich von Insekten ernähren und zu der u.a Igel, Spitzmäuse und Maulwürfe gehören.

Insektizide: chemische Substanzen, die gegen Insekten, die als Pflanzenschädlinge oder als Überträger von Infektionskrankheiten auftreten, eingesetzt werden (↑Schädlingsbekämpfung).

Insemination: ↑künstliche Befruchtung.

Instinkt: ein hierarchisch organisierter, nervaler Mechanismus, der auf bestimmte vorwarnende, auslösende und richtende, innere oder äußere Impulse anspricht und sie mit wohlkoordinierten, lebens- und arterhaltenden Bewegungen beantwortet. Die verschiedenen I. beeinflussen sich gegenseitig. Sie äußern sich im ↑Instinktverhalten, das wiederum in einzelne Instinktbewegungen (↑Erbkoordination) gegliedert wird.

Instinkthandlung: ↑Erbkoordination.

Instinktverhalten: artspezifisches, in der Regel lebens- und arterhaltendes Verhalten eines Lebewesens; I. ist ererbt, es kann jedoch, besonders bei höheren Tieren, durch Erfahrung modifiziert werden. Durch Stimulation übergeordneter Zentren des hierarchisch organisierten Instinktverhaltens können untergeordnete Zentren erregt oder gehemmt werden.

Eine Instinkthandlung setzt sich aus einer ↑Erbkoordination und einer Orientierungsbewegung (↑Taxis) zusammen. Eine einfache Instinkthandlung ist die

ten (und in einigen Fällen von bakteriell infizierten) Zellen gebildet werden und die Vermehrung verschiedener Virusarten verhindern. So kann die Gegenwart einer Virusart im Organismus eine Infektion durch ein zweites Virus unmöglich machen, wobei jedoch nur die noch nicht infizierten Zellen geschützt sind. Man unterscheidet α-, β- und γ-Interferon. Die ersten beiden wirken v.a. gegen Viren, während γ-Interferon je nach Bedingungen aktivierend oder hemmend auf die Antikörperproduktion, die Ausprägung zellulärer Oberflächenantigene sowie die Funktion von T-Lymphocyten, natürlichen Killerzellen und Makrophagen wirkt und somit die ↑Immunreaktion beeinflusst.

Interleukine: zu den ↑Cytokinen gehörende Substanzen, insbesondere das von Makrophagen gebildete Interleukin-1 und das von T-Helferzellen gebildete Interleukin-2.

intermediärer Erbgang: ein Erbgang, bei dem das Erscheinungsbild der F_1-Hybriden zwischen den beiden elterlichen Phänotypen liegt. So führt z.B. die Kreuzung eines rot blühenden mit einem weiß blühenden Löwenmäulchen zu rosa blühenden Nachkommen.

Internodium: der zwischen zwei Blattansatzstellen (Knoten) liegende, blattfreie Sprossabschnitt bei Pflanzen (z.B. bei Gräsern).

Interphase: Zustand des ↑Zellkerns zwischen zwei Teilungen (↑Arbeitskern, ↑Mitose). Die ↑Chromosomen sind nicht sichtbar. Der Kern steuert die Synthese von Proteinen und verdoppelt seinen DNA-Gehalt (↑Zellteilung).

Interphasekern: der ↑Arbeitskern.

Intersexe: Bezeichnung für Individuen, die nach ihren Geschlechtsorganen und sekundären Geschlechtsmerkmalen nicht eindeutig männlich oder weiblich sind, sondern zwischen den Geschlechtern stehen. Die Ursache für ihre Entstehung kann ein Versagen der Geschlechtsbestimmung durch Gene oder Hormone und andere Einflüsse sein. – ↑auch Zwitter.

Interzellularen (Zwischenzellräume):
◆ *Botanik:* luftgefüllte Lücken zwischen den Zellen, die ein inneres Durchlüftungssystem bilden, das mit den Spaltöffnungen oder den Lentizellen Verbindung hat. I. können so groß sein, dass das Gewebe schwammartig erscheint **(Aerenchym).**
◆ *Zoologie:* von Flüssigkeit (Interzellularflüssigkeit) oder **Interzellularsubstanz** (Kollagen, Elastin, Glykoproteine u.a.) erfüllte Lücken zwischen den Zellen der Tiere. Die Interzellularflüssigkeit verteilt Nährstoffe und führt Abfallstoffe ab. Bei Tieren mit offenem Blutkreislauf ist dies die Hämolymphe, bei Tieren mit geschlossenem Blutkreislauf die ↑Lymphe.

intrazelluläre Verdauung: Bei dieser Form der ↑Verdauung nehmen Zellen Nahrungspartikel durch Einstülpung und Abschnürung der Zellmembran nach innen (↑ Phagocytose, ↑Pinocytose) auf. In den so entstandenen Nahrungsvakuolen werden die Nahrungspartikel mithilfe von Enzymen abgebaut.

Intrinsic Factor: ↑Extrinsic Factor.

Intron: ↑Mosaikgen.

Inversion: Umkehrung eines Chromosomenabschnitts um 180 Grad. Da bei I. alle Gene eines Chromosoms erhalten bleiben und auch nicht verdoppelt werden, ist der Einfluss von I. auf den Phänotyp nur sehr gering.

Invertzucker: ↑Saccharose.

in vitro: Bezeichnung für biologische Vorgänge (Stoffwechselreaktionen, Zellwachstum), die außerhalb eines Organismus unter künstlichen Bedingungen ablaufen.

In-vitro-Fertilisation: ↑künstliche Befruchtung.

in vivo: Bezeichnung für biologische Prozesse oder auch biologische Experimente,wenn sie am oder im lebenden Organismus stattfinden.

Incisivi: die Schneidezähne (↑Zähne).

…ucht: Fortpflanzung durch Paarung von Individuen innerhalb einer Population, die enger miteinander verwandt sind als die Individuen der Population im Durchschnitt. Eine sehr ausgeprägte Form von I. ist die ↑Selbstbestäubung bei Pflanzen. Beim Menschen bezeichnet man die I. zwischen nächsten Verwandten (z.B. Geschwistern) als **Inzest.**

I. über mehrere Generationen, wie sie z.B. bei Labortieren üblich ist, um möglichst gleichartige Versuchstiere zu erhalten, führt zu fortschreitender Homozygotie der Nachkommen. Der erwünschten Erbgleichheit steht der Nachteil gegenüber, dass sich schädliche rezessive Allele im homozygoten Zustand plötzlich im Phänotyp, v.a. als Störung der Fortpflanzungsfähigkeit, auswirken können.

Iod (Jod): chemisches Element aus der Gruppe der Halogene. I. kommt in gebundener Form im Organismus vor. Bei den Wirbeltieren ist es Bestandteil des ↑Schilddrüsenhormons Thyroxin, das wesentlich in den Stoffwechsel eingreift. I. muss als **Iodid** mit der Nahrung oder dem Trinkwasser aufgenommen werden.

Iodmangel führt beim ungeborenen Kind zu irreparablen schweren Schädigungen und Entwicklungsverzögerungen (Kretinismus) und beim erwachsenen Menschen zu einer Unterfunktion der Schilddrüse und zur Kropfbildung, die durch Iodgaben erfolgreich behandelt werden können. I. wird v.a. von Meeresalgen aufgenommen und kann aus diesen gewonnen werden.

Iris: die ↑Regenbogenhaut.

Isogameten: ↑Geschlechtszellen.

Isogamie: eine Form der ↑Befruchtung.

Isolation: die teilweise oder vollständige Unterbindung der Paarung und damit des Genaustauschs zwischen Individuen einer Art oder zwischen verschiedenen ↑Populationen einer Art. I. wirkt dadurch als wichtiger Evolutionsfaktor. Räumliche I. ist eine wesentliche Voraussetzung der Rassenbildung (↑auch Darwinismus).

Man unterscheidet 2 verschiedene Formen der I.: Die **biologische I. (generative I.)** wird durch unüberwindliche, genotypisch bedingte Unterschiede (z.B. Polyploidie) bewirkt und führt zu einer Paarungseinschränkung, wie z.B. durch morphologische oder verhaltensbedingte Besonderheiten zwischen den Geschlechtern, Befruchtungssperren zwischen den Keimzellen, Unfruchtbarkeit der ↑Bastarde.

Die **geographische I. (räumliche I.)** ist durch ungleichmäßige und unzusammenhängende Verteilung der Individuen bedingt, wobei v.a. geographische Hindernisse wie Gewässer, Gebirge, Wüsten u.a. eine Rolle spielen.

Isoleucin: eine der essenziellen, aliphatischen α-Aminosäuren (↑Aminosäuren). I. findet sich in größeren Mengen im Hämoglobin, Casein und in den Serumproteinen.

Isomerasen: I. nennt man ↑Enzyme, die die Umwandlung isomerer Formen ineinander katalysieren.

Isopoda: die ↑Asseln.

isotonisch: I. nennt man Lösungen, die den gleichen osmotischen Druck besitzen. So ist z.B. eine physiologische Kochsalzlösung (0,9%ig) isotonisch in Bezug auf das Blut. Sie kann deshalb in die Blutbahn gespritzt werden, ohne den osmotischen Wert des Blutes zu verändern.

Istwert: ↑Regelkreis.

J

Jacob-Monod-Modell (Operonmodell): Das J.-M.-M. ist die wichtigste (für Bakterien prinzipiell bewiesene) Theorie, die die Genregulation (↑Gene) beschreibt.

Jacobson-Organ: ein ↑Geruchsorgan.

Jahresringe: die jährlichen Dickenzuwachszonen im Holz von Wurzeln und

Stämmen. Durch periodische Änderungen der Kambiumtätigkeit (↑Holz) wird dieser Zuwachs sichtbar. Im Spätsommer werden kleine, im Frühjahr große Zellen ausgebildet. Die Grenzen der aufeinander folgenden J. erscheinen auf einem Stammquerschnitt als konzentrische Ringe.
Die Breite der J. variiert außer im Jahreszeitenrhythmus auch je nach Baumart, Alter und Umwelteinflüssen bzw. Klimaschwankungen. Daher kann man durch Vergleich von Jahresringabfolgen verschieden alter Hölzer prähistorische und historische Ereignisse datieren (↑Dendrochronologie).

Jarowisation: die ↑Vernalisation.

Jochalgen: zu den ↑Grünalgen gehörende Algenordnung mit drei Familien. Die J. leben fast ausschließlich in der Bodenregion und im ↑Plankton des Süßwassers. Sie sind halbmond- oder sternförmige Einzeller oder unverzweigte Fäden. J. pflanzen sich geschlechtlich durch Konjugation fort.

Jod: allgemeinsprachliche Schreibweise für ↑Iod.

Johnston-Organe: eine Form der ↑Chordotonalorgane.

Joule [dschul] gesetzliche Einheit der Arbeit, Energie und Wärmemenge.
$1\,J = 1\,N \cdot m = 1\,W \cdot s = 1\,kg \cdot m^2 s^{-2}$,
Umrechnungsformel: $1\,J = 0{,}239$ cal (↑Kalorie).

Jungfernhäutchen (Hymen): eine etwa ringförmige Schleimhautfalte am Eingang der ↑Scheide, die diesen teilweise verschließt. Eine oder mehrere Öffnungen ermöglichen auch bei Unversehrtheit des J. das Abfließen des Menstruationsblutes und lassen meist auch die Benutzung eines Tampons zu. Das J. reißt meist beim ersten ↑Geschlechtsverkehr ein **(Entjungferung, Defloration).** Dies kann mit einer leichten Blutung verbunden und auch leicht schmerzhaft sein.

Jungfernzeugung (Parthenogenese): eine Sonderform der ↑geschlechtlichen Fortpflanzung, bei der sich unbefruchtete Eizellen zu vollständigen Individuen entwickeln. Bei Bienen, Wespen und Ameisen z.B. gehen aus befruchteten Eiern diploide Weibchen (Königin und Arbeiterinnen), aus unbefruchteten dagegen parthenogenetisch haploide Männchen (Drohnen) hervor. – Blattläuse erzeugen parthenogenetisch diploide Weibchen. Jungfernzeugung findet sich ebenfalls bei einigen Pflanzen (z.B. Nachtschatten, Stechapfel).

Juvenilhormon: der Gegenspieler des ↑Häutungshormons.

K

Käfer (Coleoptera): eine Ordnung der Insekten mit weltweit ca. 500 000 Arten (in Deutschland rund 5 700). K. besitzen meist einen harten Chitinpanzer. Ihre Vorderflügel sind zu harten **Elytren** geworden, die als Deckflügel (Flügeldecken) in Ruhestellung die zusammengefalteten, häutigen Hinterflügel und meist auch den ganzen Hinterleib überdecken. Das mittlere und letzte Brustsegment sind starr mit dem Hinterleib verschmolzen. Das vordere Brustsegment ist gelenkig abgesetzt; sein Rückenteil ist zu einem Halsschild vergrößert.
K. sind meist Pflanzenfresser und daher zum Teil schädlich (z.B. Kartoffelkäfer, Maikäfer, Borkenkäfer). Oft leben sie auch räuberisch (z.B. Marienkäfer, Gelbrandkäfer, Laufkäfer). Manche K. machen ihre Entwicklung (↑Metamorphose) in Aas oder in Kot durch (z.B. Mistkäfer). Einige K. sind nur etwa 0,25–2 mm lang und gehören damit zu den kleinsten Insekten überhaupt, andere können bis 16 cm lang werden.

Kaktusgewächse (Kakteen, Cactaceae): eine Familie der Zweikeimblättrigen Pflanzen mit rund 200 Gattungen und über 2 000 Arten in den tropischen und subtropischen Wüsten und Prärien Amerikas.

K

K. sind meist Stammsukkulenten (↑Sukkulenten) mit dornigen, borstigen oder behaarten reduzierten Kurztrieben **(Areolen).** Blätter sind nur selten entwickelt. Die Blüten werden von Insekten, Vögeln oder Fledermäusen bestäubt. Der unterständige Fruchtknoten wird zu einer Beere.

Einige K., z.B. der Feigenkaktus und der Riesenkaktus, sind wegen ihrer essbaren Früchte Nutzpflanzen. Viele Kakteen sind als Zier- und Treibhauspflanzen beliebt (z.B. Königin der Nacht, Weihnachtskaktus, Bischofsmütze und Schwiegermutterstuhl).

Kalkflieher (kalkmeidende Pflanzen): Pflanzen, die vorzugsweise auf kalkarmen, feuchten und kühlen Böden mit saurer Reaktion verbreitet sind (z.B. Besenginster, Saatwucherblume, Heidel- und Preiselbeere).

Kalotte: Teil des Schädeldachs (↑Schädel).

Kalkpflanzen (kalkliebende Pflanzen): Pflanzen, die vorzugsweise auf kalkreichen, warmen und trockenen Böden mit alkalischer Reaktion verbreitet sind. Echte K. sind Rittersporn, Aronstab, Akelei, Bingelkraut und viele Orchideen.

Bei den K. gibt es Übergänge zwischen echten K. und solchen Arten, die auf trockenen, warmen und sauren Böden anzutreffen sind. – ↑auch Bodenanzeiger.

Kallus:

- das Narbengewebe, mit dem Höhere Pflanzen Wunden verschließen.
- ein neues Knochengewebe, das sich bei Knochenbrüchen zwischen den Bruchstellen bildet und diese miteinander verbindet. Dabei wuchert der K. über die Bruchstelle hinaus.

Kalorie: die im amtlichen und geschäftlichen Verkehr seit 1969 nicht mehr zulässige Maßeinheit der Wärmemenge. Eine Kalorie (1 cal) ist definiert als die Wärme, die man benötigt, um 1 g Wasser von 14,5 °C auf 15,5 °C zu erwärmen. 1 000 cal sind 1 kcal (1 Kilokalorie). Der ↑Brennwert der Nahrungsstoffe wird jedoch noch vielfach in Kalorien angegeben. So liefert 1 g Kohlenhydrat 4,1 kcal = 17 kJ, 1 g Eiweiß 4,1 kcal = 17 kJ, 1 g Fett 9,3 kcal = 39 kJ. Als Energieeinheit (für alle Energieformen, auch für Wärme) ist nur noch das **Joule** (J) oder die Wattsekunde (Ws) erlaubt. Umrechnungsformel: 1 kcal = 4186,8 J; 1 J = 0,239 cal.

Kaltblüter: ↑wechselwarm.

Kälterezeptoren (Kältepunkte): Sinnesorgane, die in der Lederhaut (↑Haut) liegen und als sog. Krause-Endkolben »Kälte« wahrnehmen. Beim Menschen gibt es etwa 250 000 Kältepunkte, die ungleichmäßig über den Körper verteilt sind; z.B. Nasenspitze 13 K. pro cm^2, Oberkörper 9 K. pro cm^2, Gesicht 8 K. pro cm^2.

Wenn die Außentemperatur stark von der Körpertemperatur abweicht, wird hauptsächlich Schmerz empfunden. Die genaue Funktionsweise des Temperatursinns (Kälte- und Wärmepunkte) ist noch ungeklärt.

Kältestarre: eine hormonal gesteuerte und umkehrbare Herabsetzung des Stoffwechsels, die mit einer deutlichen Erniedrigung der normalen Körpertemperatur verbunden ist. Die K. dient vielen *wechselwarmen Tieren* wie Fischen, Lurchen, Reptilien, Insekten und Schnecken als Mittel zur Überwinterung. Ihr Eintritt ist artspezifisch an unterschiedliche Außentemperaturen gebunden. Während der K. sind die Tiere völlig bewegungsunfähig; es erfolgt weder Muskelkontraktion noch Nahrungsaufnahme.

Bei starker Abkühlung tritt auch bei *Pflanzen* K. ein, ihr Stoffwechsel wird langsamer oder kommt ganz zum Stillstand. Unter Umständen können dabei nicht wieder rückgängig zu machende Schäden auftreten.

Kambium: ein teilungsfähiges ↑Bildungsgewebe im randlichen Bereich von Spross und Wurzel der Nacktsamer (z.B. Nadelhölzer) und der zweikeim-

blättrigen Bedecktsamer. Bei diesen Pflanzen ist das K. Ausgangspunkt des sekundären ↑Dickenwachstums.
Durch tangentiale Teilungen (parallel zum Spross- bzw. Wurzelumfang) gibt das K. nach innen und außen neues Gewebe ab. Das Gewebe differenziert sich im Leitbündelbereich nach innen zu ↑Holz (Xylem) und nach außen zu ↑Bast (Phloem). Entsprechend verlängern sich durch Parenchymbildung die Markstrahlen, wodurch eine gleichmäßige Verdickung von Spross bzw. Wurzel erreicht wird. – Da das K. nach innen Zellen in größerer Zahl als nach außen abgibt, wird es immer mehr nach außen geschoben, je dicker die Sprossachse wird. Die Vergrößerung des Kambiumrings bezeichnet man als **Dilatation.**

Kammerlinge: die ↑Foraminifera.

Kammerwasser: eine Plasmaflüssigkeit, die im ↑Auge der Säuger und des Menschen die Räume zwischen Hornhaut und Linse einerseits und zwischen Linse und Ciliarkörper andererseits (also die vordere und die hintere Augenkammer) erfüllt. Durch Zu- und Abflusskanäle wird das K. etwa alle 10 Stunden erneuert und sein Druck konstant gehalten. Wird dieses Gleichgewicht so gestört, dass sich der Druck des Kammerwassers und somit der Augeninnendruck erhöht, entsteht der grüne Star (Glaukom).

Kannibalismus: das Fressen von Artgenossen, das bei vielen Tieren vorkommt. K. tritt häufig bei Übervölkerung und Nahrungsmangel sowie zeitweise auch bei Pflanzenfressern auf.

kanzerogene Stoffe: ↑Krebs.

Kapillaren (Haargefäße): die feinsten Verästelungen des Blutgefäßnetzes. K. haben einen Durchmesser von 0,008 mm (ein Haar ist 10-mal dicker!). Ihre Wandungen sind einschichtig und erlauben den Stoffaustausch. Nur an den Zellgrenzen der K. können die weißen Blutkörperchen (↑Blut) den Blutstrom verlassen. Hier wird auch ein Teil des Blutplasmas in die Zwischenzellräume gepresst.

Kapsel: eine Streufrucht (↑Fruchtformen).

Kardia: das ↑Herz.

Karyogramm: grafische Darstellung der einzelnen ↑Chromosomen des Chromosomensatzes einer Zelle.

Karyoplasma: das ↑Kernplasma.

Karyopse: ↑Fruchtformen.

karzinogene Stoffe: Krebs auslösende Stoffe (↑Krebs).

Karzinom: ↑Krebs.

Kaspar-Hauser-Versuch: Die neuere Verhaltensforschung gebraucht den Begriff K.-H.-V. für Versuche, bei denen Tiere isoliert von ihrer natürlichen Umwelt aufgezogen werden. Hierdurch erhofft man sich Antworten auf die Frage, ob bestimmte Verhaltensweisen erlernt oder angeboren sind. Die Aufzucht unter Erfahrungsentzug trägt ihre Bezeichnung nach einem Findelkind mit Namen Kaspar Hauser, das im Jahre 1828 in Nürnberg auftauchte und behauptete, in einem Kellerverlies gefangen gehalten worden zu sein.

Kambium

Sprossquerschnitt (Zweikeimblättrige Pflanze)

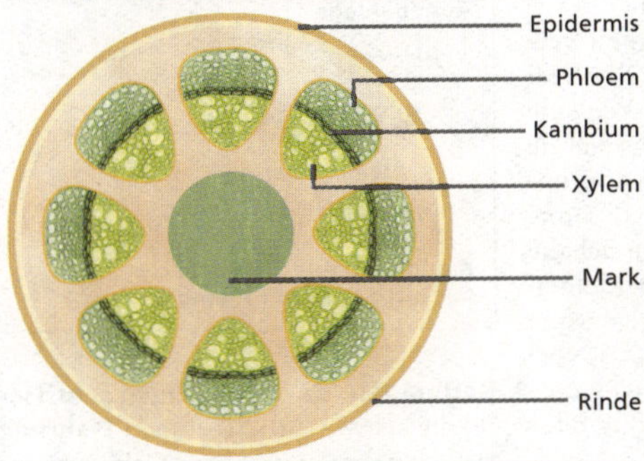

K

Kaste: eine an besondere Aufgaben angepasste Gruppe von Individuen einer Tierart. Die Staaten sozial lebender Insekten (↑Tierstaaten) bestehen aus Vertretern unterschiedlicher K., die nach Körperbau und Verhalten zu unterscheiden sind (↑Polymorphismus). Bei ↑Honigbienen gibt es 3 K.: Königin, Arbeiterinnen und Drohnen. Bei ↑Ameisen gibt es verschiedene Formen von Arbeiterinnen. Bei Termiten schließlich kommen mehrere K. sowohl bei den Weibchen als auch bei den Männchen vor.

Kastration: Bei der K. werden die Keimdrüsen (Hoden bzw. Eierstöcke) operativ entfernt oder durch Bestrahlung funktionsunfähig gemacht, im Unterschied zur Sterilisation (↑Empfängnisverhütung).

Erfolgt die K. vor Eintritt der ↑Geschlechtsreife, werden die sekundären ↑Geschlechtsmerkmale bei beiden Geschlechtern nicht ausgebildet. Die Gestalt eines Mannes ähnelt dann dem weiblichen Typus **(Eunuch).** Spätere K. hat, bis auf das Erlöschen der Zeugungsfähigkeit, kaum Auswirkungen.

Kastrierte Haus- und Nutztiere (z.B. Ochse, Kapaun = kastrierter Hahn) haben oft zarteres Fleisch und größeren Fettansatz, außerdem sind sie zahmer.

Bei Pflanzen werden bei der K. die Staubgefäße entfernt, um Selbstbestäubung (↑Bestäubung) zu verhindern.

Katabolismus: ↑Stoffwechsel.

Katalysatoren: in der Chemie Stoffe, die die Reaktionsgeschwindigkeit verändern, ohne das chemische Gleichgewicht zu verschieben. K. bewirken eine Herabsetzung der Aktivierungsenergie und liegen am Ende der Reaktion unverändert vor. Wenn keine Katalysatorgifte zugegen sind, verbrauchen sich die K. nicht und sind bereits in kleinen Konzentrationen in der Lage, große Substanzmengen umzusetzen.

Im biologischen Bereich gibt es entsprechend die Biokatalysatoren oder ↑Enzyme.

Katastrophentheorie: ↑Deszendenztheorie.

Kathepsine: Eiweiß spaltende Enzyme, die zur Gruppe der Endopeptidasen gehören. Sie kommen in Gewebszellen in großer Vielzahl vor. Ihre biologische Rolle ist noch nicht geklärt. Man findet sie häufig in den ↑Lysosomen der Zelle sowie im Magensaft und vermutet daher ihre Beteiligung an der ↑Autolyse.

Kätzchen: ↑Blütenstand.

Katzenschrei-Syndrom: Krankheitsbild bei Patienten, denen an einem der beiden Chromosomen Nr. 5 aufgrund von ↑Deletion der kurze Arm fehlt. Das Weinen der betroffenen Kinder ähnelt dem Schrei junger Katzen, vermutlich wegen vorübergehender Kehlkopfveränderungen. Es kommt zu allgemeinen Entwicklungsstörungen (Minderwuchs, Herzfehlbildungen, Gesichts- und Schädelfehlbildungen). Häufigkeit der Krankheit: 1 : 50 000 Neugeborene.

Kaulquappen: die im Wasser lebenden Larven der ↑Froschlurche. K. sind geschwänzt und besitzen innere Kiemen, Hornkiefer zum Abraspeln der Algennahrung sowie einen langen, spiralig aufgewundenen Darm. Sie sind anfangs beinlos, mit beginnender Metamorphose erscheinen als erstes die Hinterbeine des späteren Froschlurchs.

Kaulquappen

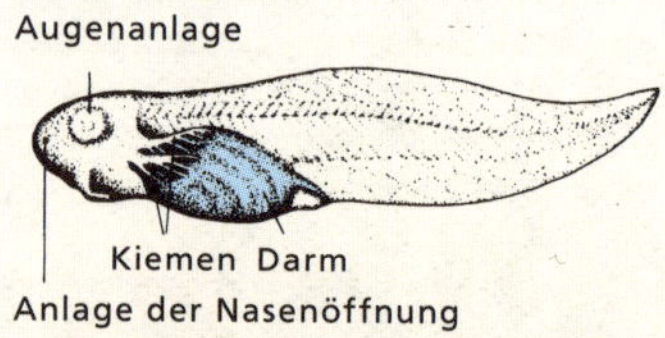

Kaulquappe des Grasfroschs mit noch äußeren Kiemen

Kaumagen: ein Vormagen, in dem Tiere, die schwer aufschließbare Nahrung zu sich nehmen und kein Gebiss zu deren Zerkleinerung besitzen, ihre Nahrung chemisch und mechanisch zerlegen. Der K. vieler Insekten besitzt z.B. Chitinzähne oder -leisten. Im K. der Vögel helfen mitgeschluckte Steinchen bei der Zerkleinerung.

Kautschuk: ein hochpolymerer Naturstoff mit gummiartiger Elastizität, der im Milchsaft verschiedener Pflanzen, v.a. bei Hevea brasiliensis (ein Wolfsmilchgewächs), vorkommt. **Rohkautschuk** erhält man durch Ausfällung aus dem **Latex** (Milchsaft). Er besteht aus rund 5 000 Isoprenmolekülen: $CH_2{=}C(CH_3){-}CH{=}CH_2$.
Durch Vulkanisieren (Hitzebehandlung mit Schwefel) werden elastische und nicht mehr klebrige Gummiwaren (z.B. Reifen) hergestellt.

Kehlkopf (Larynx): der oberste Teil der Luftröhre, an der sich diese und die Speiseröhre trennen. Der K. verschließt beim Schlucken die Luftröhre mit dem **Kehldeckel** (Epiglottis) und kann bei vielen Tieren mithilfe von Stimmbändern Laute erzeugen. Die Knorpelstützen des Kehlkopfs und das Zungenbein werden zusammen als **Kehlkopfskelett** bezeichnet.
Der K. des Menschen besteht aus drei unpaaren und einem paarigen Knorpel. Sie werden von Bändern zusammengehalten und sind innen von Flimmerepithel mit Schleimdrüsenzellen (Becherzellen) ausgekleidet.
Auf dem unteren Ringknorpel sitzen hinten die beiden Stellknorpel drehbar auf; vorn liegt der Schildknorpel darüber. Vor dem Schildknorpel liegt die ↑Schilddrüse. Innen liegt der knorpelige Kehldeckel dem Schildknorpel an. Zwischen Schildknorpel und Stellknorpel sind die **Stimmbänder** (Ligamenta vocalia) aufgespannt. Kleine Muskeln

Kehlkopf

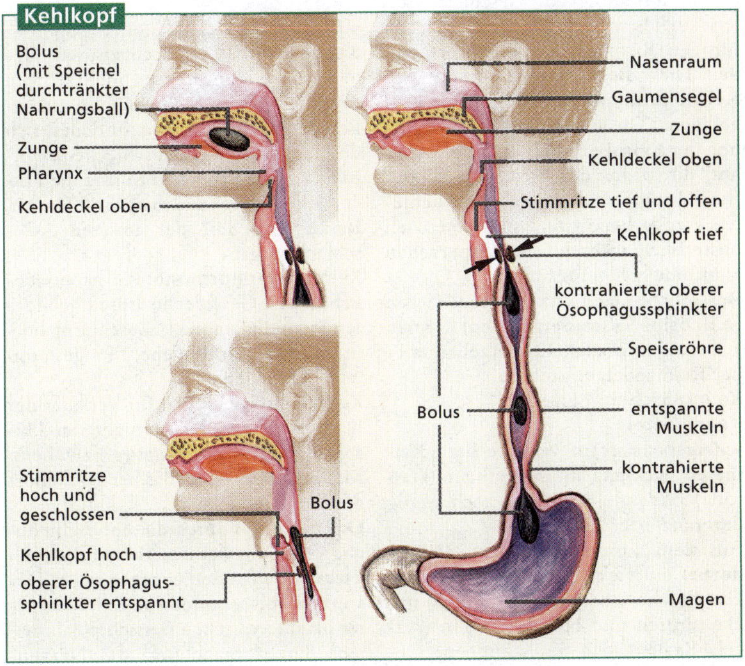

können den Kehldeckel verschließen, die Stellknorpel verdrehen sowie die Stimmbänder verstellen und anspannen. Zwischen den Stimmbändern liegt die **Stimmritze.** Sie ist bei normaler Atmung beim Mann 0,5 cm, bei heftiger Atmung bis 1,4 cm breit. Zum Sprechen wird die Stimmritze geschlossen. Die hindurchgepresste Luft bringt dann die Stimmbänder zum Schwingen. Die Tonhöhe wird von der Spannung der Stimmbänder und ihrer Länge (beim Mann 2,0–2,4 cm) bestimmt. Die Klangfarbe der Stimme hängt von der Form des Rachens, der Nasenhöhlen und der Nebenhöhlen ab.

Kehlkopfrachen: ↑ Schlund.

Keilbein: Knochen des ↑ Schädels.

Keilbeinhöhlen: ↑ Nasennebenhöhlen.

Keimbahn: Bei einigen Tieren sind bestimmte Zellen, die **Urkeimzellen (Urgeschlechtszellen),** während ihres gesamten Wegs von der ↑ Zygote bis zur erneuten Bildung der ↑ Geschlechtszellen durch besondere Merkmale von den übrigen Körperzellen zu unterscheiden. Diese Beobachtung wurde in der **Keimbahnhypothese** auf fast alle vielzelligen Tiere übertragen. Danach gehen die **Keimbahnzellen** (Urkeimzellen) direkt aus der befruchteten oder (bei ↑ Jungfernzeugung) unbefruchteten Eizelle hervor und sind potenziell unsterblich, während alle Körperzellen zugrunde gehen müssen.
Bei sehr einfach aufgebauten Tieren (z.B. beim Süßwasserpolypen) können auch aus normalen Körperzellen wieder Keimzellen entstehen.

Keimbläschen: ↑ Eizelle.

Keimblätter:

◆ *Zoologie:* sich im Verlaufe der ↑ Keimesentwicklung am Becherkeim (Gastrula) bildende Schichten noch wenig differenzierter Zellen.
Aus dem äußeren Keimblatt **(Ektoderm)** entwickeln sich später in der Hauptsache Oberhaut (Epidermis) mit Hautdrüsen und Hornbildungen (Nägel, Krallen, Haare, Schuppen, Gehörn), Augenlinse, Zahnschmelz, Nervensystem mit Sinneszellen, Irismuskulatur, Nebennierenmark und das Epithel des Vorder- und Enddarms.
Das innere Keimblatt heißt **Entoderm.** Es bildet die Auskleidung (Epithel) des Mitteldarms (Magen, Zwölffingerdarm, Dünndarm) und seiner Anhangsdrüsen (Speicheldrüsen, Bauchspeicheldrüse und Leber), der Schilddrüse, der Epithelkörperchen, des Thymus, des Atemapparats und der Harnblase.
Zwischen Ekto- und Entoderm entsteht als mittleres Keimblatt das **Mesoderm.** Es fehlt bei einigen Tieren (z.B. Hohltiere, Plattwürmer) oder ist als bindegewebiges Füllgewebe (Mesenchym) ausgebildet (Plattwürmer, Schlauchwürmer). Aus dem Mesoderm entwickeln sich u.a. Binde- und Stützgewebe, Skelett-, Darm- und Herzmuskulatur, Blutgefäße, Blut- und Lymphzellen, Nephridien, Nieren, Ei- und Samenleiter.

◆ *Botanik:* die ↑ Cotyledonen.

Keimdrüsen (Geschlechtsdrüsen, Gonaden): bei den meisten mehrzelligen Tieren und beim Menschen drüsenähnlich aufgebaute Organe, in denen sich die Keimzellen (↑ Geschlechtszellen) bilden. Die weiblichen K. sind die ↑ Eierstöcke, die männlichen die ↑ Hoden. Beide sind Teil der inneren ↑ Geschlechtsorgane.

Keimdrüsenhormone: die hauptsächlich in den Geschlechtsdrüsen gebildeten Steroidhormone (↑ Geschlechtshormone) wie ↑ Androgene, ↑ Progesteron und ↑ Östrogene.

Keimesentwicklung: Im Verlaufe der K. entsteht aus der befruchteten ↑ Eizelle (Zygote) das Jungtier bzw. beim Menschen das Kind, das bei der Geburt die Eihüllen verlässt.
Die Eizelle ist durch die unterschiedliche Verteilung der Reservestoffe je nach Tierart mehr oder weniger polar. Der animale Pol ist dotterarm. Er bildet später oft die typischen tierischen (animalen) Sinnesorgane und das Nerven-

system. Der dotterreiche vegetative Pol bildet dann das Darmsystem.

Durch Zellteilung (↑Mitose) entsteht aus der befruchteten Eizelle zunächst der kugelige, an eine Maulbeere erinnernde **Maulbeerkeim (Morula).** Im Innern dieses Zellhaufens bildet sich ein flüssigkeits- oder dottergefüllter Hohlraum **(Blastocoel, Furchungshöhle),** der später zur primären Leibeshöhle wird. Die Zellen wandern dabei nach außen zur Bildung eines einschichtigen, kugelförmigen Epithels **(Blastoderm),** das die Wandschicht des nunmehr erreichten Entwicklungsstadiums **(Blasenkeim, Blastula)** bildet. Die Teilungsvorgänge bis zur Entstehung der Blastula werden zusammenfassend als ↑Furchung bezeichnet.

Die Blastula stülpt sich während der **Gastrulation** am vegetativen Pol meist durch eine Fließbewegung der Zellen ein und bildet den zweischichtigen **Becherkeim (Gastrula).** Seine Eingangsöffnung ist der **Urmund.** Er bleibt bei den ↑Protostomiern als Mund erhalten, während er bei den ↑Deuterostomiern zum After wird.

Zwischen der äußeren Schicht der Gastrula (Ektoderm) und ihrer inneren Schicht (Entoderm) entsteht ein in der Regel einschichtiges mittleres Keimblatt, das Mesoderm (↑Keimblätter).

Auf der Rückenseite wölbt sich beim Wirbeltierkeim das Ektoderm in Längsrichtung ein und bildet zunächst die Neuralrinne, die sich schließlich zum **Neuralrohr (Medullarrohr)** schließt. Hieraus entsteht das Zentralnervensystem (↑Gehirn, ↑Rückenmark). Der Vorgang selbst wird **Neurulation** genannt. Die Festlegung, welche Funktionen die einzelnen Zellgruppen später zu übernehmen haben (↑Determination), erfolgt bei den meisten Tieren nach und nach im Laufe der Keimesentwicklung.

Beim Menschen wird die äußere Zelllage der Blastula zum Chorion (↑Embryonalhüllen), das sich in der Uteruswand festsetzt und die ↑Placenta bildet. Das Innere der Blastula ist hier nicht hohl, sondern es enthält zwei Zellgruppen, die den Embryo und die übrigen Embryonalhüllen bilden. Man nennt diese Form der Blastula **Blastocyste.** Die Zellgruppe, die den Embryo bildet **(Embryoblast),** spaltet sich in zwei Blasen, von denen eine zur **Amnionhöhle,** die andere zu ↑Dottersack und **Urdarm** (**Gastrocoel:** ein Hohlraum mit nur einer Öffnung, dem Urmund) wird. Das Amnionbläschen umwächst den Embryo vollständig.

Der Enddarm des Embryos bildet eine blasenförmige Ausstülpung, die Allantois (↑Embryonalhüllen). Der Dottersack bleibt im Wachstum zurück und verliert an Bedeutung. Nach 3 Wochen ist der ↑Embryo etwa 1,5 mm lang, nach 4 Wochen 5 mm. Aus dem Ei ist inzwischen eine etwa 15 mm große Kugel geworden. Nach 5 Wochen sind an dem 8 mm langen Keim die Anlagen für Arme, Beine, Herz und Augen zu erkennen. In der 8. Woche sind alle Organe angelegt. Nach 11 Wochen ist das Geschlecht erkennbar. Vom Ende der 12. Woche an nennt man den menschlichen Embryo ↑Fetus (veraltet: Fötus). Nach 4 Monaten ist der Fetus 16 cm lang und fast vollständig entwickelt. Seine knorpeligen Knochenanlagen beginnen zu verknöchern (Ersatzknochen). Er bewegt sich und ist dicht behaart.

Ein 4,5 Monate alter Fetus wiegt rund 180 g und ist etwa 20 cm lang. Bald ist sein schneller Herzschlag von außen zu hören. Mit 7 Monaten ist er so weit entwickelt, dass er als Frühgeburt bei intensiver Pflege am Leben erhalten werden kann. Die ↑Geburt erfolgt beim Menschen in der Regel nach 9 Monaten.

Keimpflanze: die aus dem Embryo **(Keimling)** hervorgehende Jungpflanze, die den Übergang zur eigentlichen Pflanze darstellt. Bei den Farnpflanzen erfolgt die Entwicklung der K. aus dem

K

Embryo ohne Ruhezeit. Bei den Samenpflanzen dagegen ruht der Embryo meist längere Zeit im Samen. Die Entwicklung der K. beginnt mit der ↑Keimung des Samens. Sie endet mit der Entfaltung der ersten Laubblätter (Primärblätter; gleichzeitig Beginn der ↑Fotosynthese) und der Ausbildung funktionsfähiger Wurzeln.

Keimruhe: ↑Keimung.

Keimscheibe: ein kleiner, scheibenförmiger Plasmabezirk aus Bildungsdotter, der am animalen Pol dotterreicher Eizellen (z.B. beim Vogelei) liegt. Die K. enthält den Zellkern der ↑Eizelle. Auch die an dieser Stelle durch Furchung entstehende, scheibenartige Zellgruppe, aus der sich der Embryo entwickelt, wird als K. bezeichnet.

Keimung: die ersten Entwicklungsvorgänge bei Pflanzen nach einer mehr oder weniger langen Ruhezeit **(Keimruhe).** Wird ein reifer Samen angefeuchtet, so quillt dieser auf, d.h., er vergrößert sein Volumen. Die Zellen des Embryos und des Nährgewebes werden mit Wasser durchtränkt, und die bisher ruhenden Zellen nehmen ihre Lebenstätigkeit wieder auf; sie beginnen zu keimen und bilden die ↑Keimpflanze.

Da die Gewebe des Embryos und das Nährgewebe stärker quellen als die abgestorbenen Zellen der Samenschale, wird diese dann gesprengt. Als Erstes erscheint die **Keimwurzel** (Primärwurzel), die den Embryo bald mit Wasser und Mineralsalzen versorgt. Die Wurzel selbst braucht für ihr Wachstum organische Nährstoffe, die sie aus den in den Samen liegenden Reservestoffen bezieht.

Es folgt die Streckung der Keimwurzel, die positiv geotrop in den Boden einwächst, Wurzelhaare ausbildet und sich verzweigt. Bei der Weiterentwicklung unterscheidet man zwei Formen:

1. Das ↑Hypocotyl verlängert sich und hebt den Samen aus der Erde heraus. Die Keimblätter werden grün und bilden sich zu den ersten Laubblättern um (**epigäische Keimung;** z.B. Linde, Rotbuche, Ahorn, Kürbis, Spinat, Tabak).

2. Der Samen bleibt in der Erde, das Hypocotyl bleibt verkürzt. Dagegen verlängert sich die Sprossspitze zwischen den Keimblättern und den ersten Laubblättern (**hypogäische Keimung;** z.B. Schmetterlingsblütler, Eiche, Walnuss, Rosskastanie).

Die K. ist beendet, wenn die Reservestoffe aufgebraucht sind und die ersten Blätter der jungen Pflanze mit der ↑Fotosynthese beginnen.

Keimzellen: die ↑Geschlechtszellen.

Keith-Flack-Knoten: ↑Herzautomatie.

Kelchblätter: meist grün gefärbte (chlorophyllhaltige) äußere Hüllblätter der ↑Blüte; sie bilden den **Kelch.**

Kennart: die ↑Charakterart.

Keratin: das ↑Horn.

Kerbtiere: eine andere Bezeichnung für die ↑Insekten, die sich auf deren eingeschnittenen Körper bezieht.

Kernkörperchen (Nucleolus): kugelige oder gelappte, membranlose Körper, die man meist als einzige Struktur lichtmikroskopisch im ↑Arbeitskern erkennen kann. Sie kommen zellspezifisch in Ein- oder Mehrzahl pro Chromosomensatz vor. Die Ausbildung der K. ist an einen bestimmten Chromosomenabschnitt, den Nucleolusbildungsort **(Nucleolusorganisator),** gebunden. Vor dem Einsetzen der ↑Mitose im Verlauf der Prophase werden sie aufgelöst, um in der Telophase neu gebildet zu werden.

Die K. bestehen aus Proteinen und RNA und fehlen nur bei Spermatozoen und frühembryonalen Zellen. Sie rücken bei der Interphase an die Kernmembran, um durch sie Stoffe ins Cytoplasma abzugeben. Man nimmt an, dass es sich um t-RNA, m-RNA und Ribosomen-RNA (↑RNA) handelt, die wichtige Informationen für die artspezifische Eiweißsynthese liefern.

Kernmembran: ↑Zelle.

Kernphasenwechsel: bei allen Lebewesen, die sich geschlechtlich fortpflanzen, der Wechsel zwischen einer ↑haploiden und ↑diploiden Entwicklungsphase. Diploide Organismen bilden in einer ↑Meiose haploide ↑Geschlechtszellen (Gameten). Durch die Befruchtung entsteht wieder eine diploide ↑Zygote. Die ↑Haplophase ist bei höheren Tieren äußerst kurz. Bei Pflanzen, z.B. den Moosen und Farnen, ist der Unterschied in der Dauer von Haplo- und ↑Diplophase weniger groß (↑Generationswechsel).

Kernplasma (Karyoplasma): die Gesamtheit des von der Kernmembran umschlossenen Inhalts des Zellkerns (↑Zelle).

Kernspindel: ein spindelförmiges Zellgebilde, dessen Fasern während der ↑Mitose oder der ↑Meiose die Chromosomen aus der Äquatorialebene zu den Polen transportieren. Spindelfasern sind dünne Röhrchen (Mikrotubuli), wie sie auch in Geißeln und Cilien vorkommen. Der gesamte Apparat (Spindelapparat) besteht aus Fasern zwischen den ↑Centromeren der Chromosomen und einem der Pole, solchen zwischen den Polen und anderen, die jeweils ein ↑Centriol sternförmig umgeben. Die Spindelfasern können sowohl von den Centromeren als auch von den Centriolen gebildet werden.
Der Bewegungsmechanismus, der die Chromosomen zu den Polen schiebt oder zieht, beruht wahrscheinlich auf dem Ab- und Aufbau der Fasern.

Kernteilung: ↑Mitose, ↑Meiose.

Kerntemperatur: ↑Körpertemperatur.

Ketopropansäure: andere Bezeichnung für die ↑Brenztraubensäure.

Ketosen: ↑Kohlenhydrate.

Kiefer:
◆ *Botanik:* ↑Nadelbäume.
◆ *Zoologie:* harte cuticuläre oder knochige Bildungen am Mund, die der Nahrungsaufnahme dienen.
Seeigel haben einen kompliziert gebauten kalkigen Kauapparat, der aus 5 mit einem Zahn endenden Kieferspangen besteht. Er wird »Laterne des Aristoteles« genannt.
Gliederfüßer haben Gliedmaßen zu ↑Mundwerkzeugen umgebildet.
Die K. der *Wirbeltiere* sind Teile des Kopfskeletts und tragen meist Zähne. Sie sind stammesgeschichtlich aus den vorderen Kiemenbögen hervorgegangen.
Die K. der *Vögel* sind zu einem zahnlosen, hornüberzogenen Schnabel geworden.
Bei den *Säugetieren* (einschließlich Mensch) ist ein sekundäres **Kiefergelenk** ausgebildet. Teile des primären Kiefergelenks übernehmen im Mittelohr als ↑Gehörknöchelchen eine neue Aufgabe. Beim *Menschen* ist der **Oberkiefer** (Oberkieferbein, **Maxilla**) fest mit dem Schädel verwachsen. Er bestimmt durch Form, Größe und Stellung die Gesichtsform mit. In seinem halbelliptisch geformten Zahnbogen befinden sich die Zahnfächer (Alveolen) zur Aufnahme der ↑Zähne.
Im Gegensatz zum Oberkiefer ist der **Unterkiefer** (Unterkieferbein, **Mandibula**) gelenkig mit dem Schädel verbunden. Er wird durch eine kräftige Kaumuskulatur bewegt, die in Zusammenarbeit mit dem Kiefergelenk Mahlbewegungen gestattet. Der Zahnbogen des Unterkiefers hat die gleiche Form wie der des Oberkiefers und trägt in den Zahnfächern die Zähne.

Kieferhöhle: ↑Nasennebenhöhlen.

Kiemen (Branchien): ↑Atmungsorgane von Tieren, die im Wasser leben. Meist sind es stark mit Körperflüssigkeit bzw. Blut versorgte Ausstülpungen der Körperwand **(äußere K.)** oder der Schleimhaut des Vorderdarms **(innere K.).** Im Allgemeinen sind die K. zur Vergrößerung ihrer Oberfläche stark gegliedert. Bei den *Borstenwürmern, Seesternen* und *Seeigeln* sind die K. nach außen freiliegend. Bei Weichtieren liegen sie frei in der Mantelhöhle, wobei man drei Typen unterscheidet: 1) Die K. spalten

K

sich in eine oder zwei Reihen einzelner **Kiemenblättchen** auf, die kammartig angeordnet sind (**Kammkiemen**; z.B. Schnecken). 2) Die K. sind fadenförmig und manchmal zusätzlich haarnadelförmig gebogen (**Fadenkiemen**, z.B. bei einigen Muscheln). 3) Die K. sind blattförmig und gitterartig durchbrochen **(Blattkiemen).** Sie sind entwicklungsgeschichtlich aus Fadenkiemen hervorgegangen, die durch Gewebsbrücken miteinander verwachsen sind. Blattkiemen (4 Stück) finden sich z.B. bei vielen Muscheln, bei denen sie zusätzlich als Filterapparat für die Nahrungsaufnahme tätig sind: Milliarden von Cilien (↑Wimpern) erzeugen hier einen Wasserstrom, der zugleich auch Nahrungspartikel zuführt und über die schleimig-klebrige Fläche der Blattkiemen führt. Kleine Nahrungs- und Abfallpartikel bleiben dort hängen. Der Schleim wird von weiteren Cilien zum Mund befördert, wo die Nahrungspartikel abgetrennt und der Schleim resorbiert wird (Austern filtern so bis zu 12 l Wasser/Std. und gewinnen dabei ihre Nahrung).

Die K. der *Krebse* sitzen an den Beinen. Die ständige Bewegung der Kieferfüße erzeugt einen Wasserstrom von hinten nach vorn, aus dem kleinere Krebse auch Nahrungsteile filtern. Wasserflöhe haben **Kiemensäckchen,** höhere Krebse **Büschelkiemen** (durch den Brustpanzer geschützt).

Manteltiere, Lanzettfischchen und Fische besitzen einen von Kiemenspalten durchbrochenen **Kiemendarm** (↑Kiemenbögen). Bei *Manteltieren* ist dieser zu einem **Kiemenkorb** erweitert. Cilien strudeln das Atemwasser über die Mundöffnung zum Kiemenkorb, der auch Nahrung ausfiltert, und über den Kloakenraum zur Ausströmöffnung. Der Kiemendarm beim *Lanzettfischchen* hat etwa 50–100 Kiemenspalten. Das Atemwasser wird von Cilien durch die Mundöffnung herangeführt, kommt über die Kiemenspalten in den Peribranchialraum und strömt durch einen Porus wieder aus dem Körper. Dabei wird ebenfalls Nahrung abfiltriert.

Die K. der Fische werden durch das knorpelige oder knöcherne Kiemenskelett der ↑Kiemenbögen gestützt. Die sehr stark durchbluteten K. sind in zahlreiche Kiemenblättchen aufgefiedert. Während bei den *Knorpelfischen* wie den Haien kein **Kiemendeckel** über den Kiemenspalten und den Kiemen liegt, ist bei den *Knochenfischen* ein solcher ausgebildet. – Die von im Wasser lebenden Insektenlarven ausgebildeten Atmungsorgane (↑Tracheenkiemen) entsprechen echten Kiemen.

Kiemenatmung: Bezeichnung für den ↑Gasaustausch durch dünnwandige und oberflächenreiche Hautausstülpungen (↑Kiemen) bei vielen im Wasser lebenden Tieren.

Um das erforderliche Konzentrationsgefälle für die auszutauschenden Gase aufrechtzuerhalten, muss das Wasser der Kiemenumgebung ständig erneuert werden. Hängen die Kiemen frei im Wasser (einige *Meeresringelwürmer*), genügt die natürliche Wasserströmung oder die Fortbewegung der Tiere. Sind die Kiemen dagegen in geschützten Höhlen untergebracht, so muss durch eine besondere Einrichtung ein ständiger Wasserstrom erzeugt werden.

Bei den *Fischen* wird das Atemwasser mit dem Maul aufgenommen und durch die Kiemenspalten der ↑Kiemenbögen über die Kiemenhöhle an den Kiemen vorbei nach außen abgeleitet. Die durch Blättchenbildung **(Kiemenblättchen)** stark vergrößerte Oberfläche (ähnlich der Oberfläche der Lungenbläschen) beträgt ein Vielfaches der Körperoberfläche der Fische. Wenn ein Fisch aus dem Wasser genommen wird, verkleben die Kiemenblättchen miteinander; dadurch wird die atmende Oberfläche so stark verkleinert, dass er erstickt. Die Kiemenblättchen sind äußerst stark durchblutet (ähnlich den Lungenbläschen). Das Kohlenstoffdi-

oxid diffundiert aus dem Blut durch die Membran ins Wasser, und der im Wasser gelöste Sauerstoff diffundiert durch die Membran der Blättchen ins Blut.
Aufgrund der gegenüber der Luft geringeren Sauerstoffkonzentration im Wasser müssen Kiemen eine besonders große Oberfläche besitzen.

Kiemenbögen: eine Gruppe von knorpeligen oder knöchernen Spangen, die die ↑Kiemen der Fische stützen (Kiemenskelett). Bei den Rundmäulern sind 5–15 (bei Neunaugen 7) Paar K. entwickelt, bei den meisten Fischen sind es fünf, von denen bei Knochenfischen das letzte Paar oft zurückgebildet ist.
Zwischen den K. liegen die **Kiemenspalten** als seitliche Durchbrüche. Der gesamte Raum wird als **Kiemendarm** (↑Kiemen) bezeichnet; er entspricht dem Vorderdarm. Ein solcher Kiemendarm wird auch noch bei den Larven der Amphibien und vorübergehend beim Embryo der Kriechtiere, Vögel und Säuger (einschließlich Mensch) angelegt.

Kiemendarm: ↑Kiemen, ↑Kiemenbögen.

Kiemendeckel: ↑Kiemen.

Kiemenherzen: sich zusammenziehende Gefäßabschnitte in den Kiemenbogengefäßen, die v.a. bei Weichtieren und Schädellosen (z.B. Lanzettfischchen) vorkommen.

Kiemenkorb: ↑Kiemen.

Kiemensäckchen: ↑Kiemen.

Kiemenspalten: zwischen den ↑Kiemenbögen liegende Hohlräume.

Kieselalgen (Diatomeae): eine etwa 6 000 Arten umfassende Ordnung der Goldbraunen Algen. Es sind mikroskopisch kleine, einzellige, durch ↑Chromatophoren braun gefärbte Algen, die im Süß- und Meerwasser leben. Die Zellen der K. haben einen schachtelartig ineinander gefügten, zweiteiligen Panzer aus Kieselsäure. Man unterscheidet zwei Hauptgruppen: 1. **Zentrale K.** haben kreisförmige Schalen. Sie sind unbeweglich und bilden einen großen Teil des Phytoplanktons. 2. **Pennale K.** sind meist beweglich, oft mit einem Längsspalt auf der Ober- und Unterseite und stab- oder schiffchenförmig.
Fossile K. sind seit der Kreide bekannt. Sie bildeten riesige Lager (↑Kieselgur), die abgebaut und zu technischen Zwecken verwendet werden.

Kieselgur (Diatomeenerde): eine weißliche, zerreibbare, äußerst poröse Masse aus den Panzern abgestorbener ↑Kieselalgen, die hauptsächlich aus Siliciumdioxid besteht. K. wird als mächtige Ablagerung z.B. in der Lüneburger Heide gefunden. Wegen ihrer Porosität kann K. Flüssigkeiten, z.B. Nitroglycerin (Gurdynamit), in großen Mengen absorbieren; sie wird auch als Filter- und Füllmaterial verwendet.

Kieselalgen: Rasterelektronenmikroskopische Aufnahme einer Art der Pennalen Kieselalgen

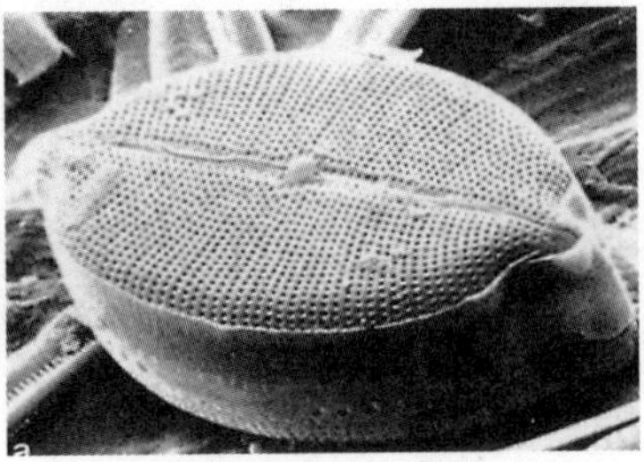

Kieselalgen: Eine ebensolche Aufnahme von einer Art der Zentralen Kieselalgen

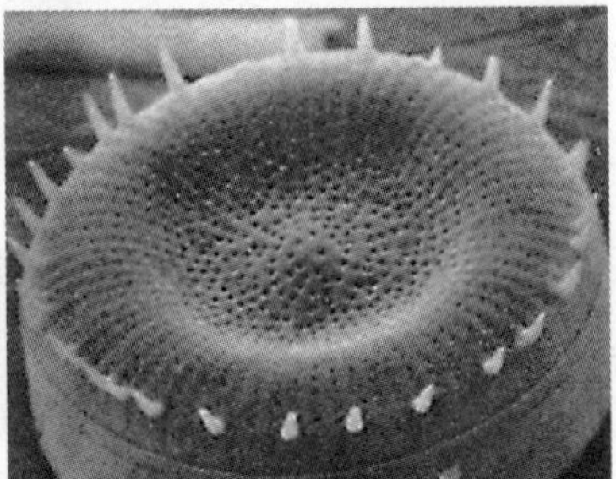

K

Kieselsäure: in der Biologie wird unter K. fälschlicherweise meist das Anhydrid der Metakieselsäure (H_2SiO_3), nämlich das **Siliciumdioxid** (SiO_2), verstanden. Es ist ein diamantartiger, nicht flüchtiger Stoff, der in der Natur kristallin (Bergkristall, Amethyst u.a.) und amorph (Achat, Opal u.a.) auftritt. Die Kristalle sind aus SiO_4-Tetraedern zusammengesetzt und besitzen einen hohen Schmelzpunkt (Quarz schmilzt bei 1 710°C). SiO_2 ist chemisch träge, löst sich nicht in Wasser und Säuren (außer Flusssäure). Siliciumdioxid ist das Skelettmaterial vieler Lebewesen; z.B. bei Kieselalgen (↑Kieselgur) und Radiolarien oder im Schachtelhalmstängel.

Killerzellen: besondere ↑T-Lymphocyten, die zellzerstörende Substanzen absondern und somit als fremd erkannte Zellen (z.B. Krebszellen) vernichten können. Sie werden durch ↑Interferone und ↑Interleukine aktiviert.

Kindchenschema: eine Reihe wirksamer ↑Schlüsselreize, die beim Menschen und wohl auch bei Tieren Brutpflegeverhalten (↑Brutpflege) auslösen. Hierzu zählen große Augen, Stupsnase, volle Wangen, rundliche Körperformen, betonter Hirnschädel (hohe, vorgewölbte Stirn) u.a. Merkmale.

Kinesen: ↑Orientierung.

Kinetosom: das ↑Basalkorn.

Kinine:

◆ *Botanik:* Bezeichnung für die Cytokinine (↑Wuchsstoffe).

◆ *Zoologie:* bei Tieren und beim Menschen vorkommende Gewebshormone (↑Hormone), die die Blutgefäße erweitern und deren Durchlässigkeit (Permeabilität) erhöhen; außerdem bewirken die K. die Kontraktion der glatten Muskulatur von Bronchien, Darm und Gebärmutter.

Kitzler (Klitoris): die reizempfindlichste Stelle der weiblichen ↑Geschlechtsorgane. Er liegt zwischen den kleinen ↑Schamlippen und besitzt wie das ↑Glied des Mannes, dem er homolog ist, eine Eichel. Schwellkörper vergrößern ihn bei geschlechtlicher Erregung.

Klammerreflex: bei den Jungtieren einiger Säugetiere und Tauchvögel das reflexartige Sichfestklammern am elterlichen, meist mütterlichen Körper. Bei Froschlurchen umklammern die paarungsbereiten Männchen vom Rücken her die Weibchen; meist sind dazu besondere Daumenschwielen ausgebildet (z.B. Geburtshelferkröte). Bei baumbewohnenden Vögeln verhindert ein

Kindchenschema

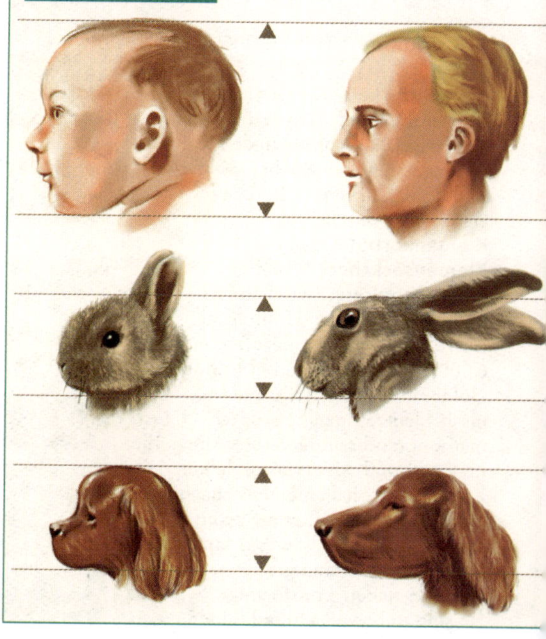

Kindchenschema

spezieller K. das Herunterfallen von Zweigen während des Schlafes.

Klapperschlangen (Crotalus): eine Gattung von Schlangen, die zu den (mit den Vipern nahe verwandten) Grubenottern gezählt wird. Die K. kommen in Amerika von Kanada bis Argentinien vor; ihr Gift ist blut- und gefäßzerstörend.

Charakteristisch und namengebend für die K. ist ihre Rassel **(Klapper)** am Schwanzende, die aus harten, nur lose miteinander verbundenen Hornringen besteht. Bei rasch vibrierenden Bewegungen des Schwanzendes verursachen die Ringe ein hell zischendes, durchdringendes Geräusch.

Klapperschlangen: Die Texas-Klapperschlange ist sehr angriffs- und beißfreudig

Klappfallenfänger: ↑ Fleisch fressende Pflanzen.

Kläranlage: ↑ Abwasserreinigung.

Klasse: in der biologischen ↑ Systematik eine taxonomische Einheit zwischen Stamm und Ordnung. So umfasst der Stamm der Wirbeltiere die K. Säugetiere, Vögel, Reptilien, Amphibien und Fische.

Kleberschicht: die ↑ Aleuronschicht.

Kleine Essigfliege: die ↑ Taufliege.

Kleine Menschenaffen: deutsche Bezeichnung für die ↑ Gibbons.

Kleinhirn: ↑ Gehirn.

kleistogame Blüten: ↑ Selbstbestäubung.

Klettern: ↑ Fortbewegung.

Kletterpflanzen (Lianen im weiteren Sinne): Pflanzen, die ihre Blätter ans Licht bringen, indem sie an einer Stütze, z.B. an anderen Pflanzen, emporklettern. K. fehlt ein eigener tragfähiger Stamm. Ihre Sprossachse enthält ungewöhnlich weite Gefäße und ist trotz ihrer Biegsamkeit sehr zugfest.

Spreizklimmer (z.B. Brombeere, Kletterrose) halten sich im Geäst durch starr seitlich abstehende Stacheln, Dornen, Seitensprosse u.Ä. fest und gelangen durch ihr starkes Längenwachstum rasch ans Licht. **Wurzelkletterer** (z.B. Efeu) haben besondere sprossbürtige Wurzeln, die zu Haft- und Kletterorganen **(Kletterwurzeln)** umgebildet sind. Bei **Schlingpflanzen** (z.B. Hopfen, Bohne) windet sich der lange, dünne Stängel um eine Stütze. Die verschiedenen **Rankenpflanzen** (Lianen im engeren Sinne) haben Blatt- oder Sprossteile (auch sprossbürtige Wurzeln) zu fadenförmigen Organen umgebildet, die auf einen Berührungsreiz hin (Haptotropismus; ↑ Tropismus) eine Stütze umfassen. Umgewandelte Sprossachsen (Rankenzweige) besitzt z.B. der Wein. Bei Kürbisgewächsen ist die Ranke aus der Blattmittelrippe entstanden. Die Erbse verwendet die oberen Blättchen ihres Fiederblatts (↑ Laub-

K

blatt). Bei einigen Arten des Wilden Weins, die auch an glatten Wänden klettern können, sind Rankenzweige mit Haftscheiben zu finden.

Klimafaktoren: die in einem ↑Biotop herrschenden und zu den abiotischen Faktoren zählenden Klimaelemente Luftfeuchtigkeit, Temperatur, Wind, Licht, Niederschläge usw. Die K. beeinflussen einerseits die Lebewesen eines Biotops in ihrer Aktivität. Andererseits vermögen aber auch die Lebewesen durch ihre Tätigkeiten das Klima kleinräumig zu verändern. So wird z.B. ein Teil des Regenwassers in pflanzlichen Geweben gespeichert. Durch Transpiration kann großräumig die Luftfeuchtigkeit erhöht werden, die wiederum das Material für die Wolkenbildung liefert. Die Lebewesen sind also direkt am Wasserkreislauf der Erde beteiligt.

Klimaregeln: eine Gruppe von Regeln, die besagen, dass das jeweilige Klima eines Biotops ganz bestimmte Auswirkungen auf physiologische und morphologische Prozesse hat, die bei verschiedenen Arten bzw. Populationen in gleicher Weise in Erscheinung treten; ↑Allen-Regel, ↑Bergmann-Regel, ↑Gloger-Regel.

Klimaxgesellschaft (Schlussgesellschaft): in der Geobotanik ursprünglich das (hypothetische) stabile Endstadium einer Vegetationsentwicklung, die nur von den großklimatischen Verhältnissen abhängt. Da aber die Vegetationsentwicklung (↑Sukzession) auch von bodenbedingten oder vom Menschen geschaffenen Faktoren beeinflusst wird, definiert man heute als K. jedes verhältnismäßig stabile Stadium der Vegetationsentwicklung. – Eine K. Mitteleuropas ist z.B. der sommergrüne Laubwald.

Klinefelter-Syndrom: ↑Chromosomenanomalien.

Klitoris: der ↑Kitzler.

Kloake: bei Vögeln, Lurchen, Kriechtieren und einigen Wirbellosen der Endabschnitt des Enddarms, in den die Ausführungsgänge der Exkretions- und der Geschlechtsorgane münden. Bei diesen Tiergruppen werden im Gegensatz zu den Säugetieren (Ausnahme ↑Kloakentiere) Kot und Harn nicht gesondert von den Geschlechtsprodukten ausgeschieden.

Kloakentiere: in Australien, Neuguinea und Tasmanien lebende, Eier legende Säugetiere (systematisch gesehen eine Unterklasse) mit vielen Primitivmerkmalen, z.B. Schnabel, zitzenlose Milchdrüsenflächen und ↑Kloake. Ihr behaarter, teils bestachelter Körper ist plump. Zu ihnen zählen Ameisenigel (Insektenfresser) und Schnabeltier (lebt von wasserbewohnenden Wirbellosen).

Klon: alle durch ungeschlechtliche Vermehrung (↑Fortpflanzung) aus einem einzigen Lebewesen hervorgegangenen Individuen. Sie sind genetisch vollkommen gleich. Unterschiede zwischen ihnen können nur durch Umwelteinflüsse entstanden sein.

Klonieren (Klonen): das Herstellen einer größeren Anzahl gleichartiger, genetisch identischer Nachkommen von einem Individuum (↑Klon). Die moderne Biologie arbeitet je nach Aufgabenstellung bzw. Organismengruppe mit verschiedenen Verfahren: 1. Selektion und Vermehrung eines einzelnen Bakteriums, das Träger für eine bestimmte Mutation ist; 2. Anregung einzelner Lymphocyten des Immunsystems zu Zellteilungen auf einen Reiz durch das Antigen hin; 3. Vermehrung von DNA-Stücken, d.h. von Genen, durch den Einbau in die ↑Plasmide von Bakterien; 4. Ersetzen von Zellkernen in befruchteten Eizellen durch Kerne aus Körperzellen eines anderen Tierembryos (v.a. Frösche und Mäuse, so wurde aber z.B. auch das Schaf »Dolly« erzeugt); 5. Heranziehen von vollständigen, normalen Pflanzen aus isolierten Zellen in einem Nährmedium durch bestimmte Wuchsstoffzusätze (Meristemkultur).

Knallgasbakterien (Wasserstoffbakterien): eine Gruppe von Bodenbakterien, die zur Energiegewinnung mithilfe des Enzyms Hydrogenase molekularen Wasserstoff oxidieren können. Formal entspricht dies der **Knallgasreaktion:** $2\,H_2 + O_2 \rightarrow 2\,H_2O$.
K. können Kohlenstoffdioxid assimilieren; liegen organische Substanzen vor, können sie sich auch ↑heterotroph ernähren.

Knäuel: ↑Blütenstand.

Kniesehnenreflex (Patellarsehnenreflex): ein Reflex, bei dem durch Schlag auf die Sehne, die über die Kniescheibe läuft, eine Streckung des angewinkelten Beines erreicht wird. Durch den Schlag wird der Kniestrecker gedehnt; diese Dehnung wird in den Muskelspindeln registriert, in Form einer Erregung zum Rückenmark geleitet und dort direkt auf den motorischen Nerv desselben Muskels umgeschaltet. Durch Kontraktion des gedehnten Muskels wird der Unterschenkel im Kniegelenk angehoben. Der K. ist ein unbedingter ↑Reflex.

Knochen (Ossa, Einzahl: Os): feste Stützelemente der Wirbeltiere, die meist über ↑Gelenke miteinander verbunden sind. In ihrer Gesamtheit bilden sie das ↑Skelett der Wirbeltiere.
Alle K. sind bis auf die Gelenkflächen und die Ansatzstellen von Sehnen und Bändern von **Knochenhaut** (Periost) umhüllt. Diese ist gut durchblutet und ernährt bzw. regeneriert den Knochen. Durch ihren Nervenreichtum kann sie schmerzempfindlich sein (z.B. am Schienbein).
Unter der Knochenhaut liegt die Knochensubstanz. Sie besteht beim 20-Jährigen zu einem Drittel aus der Grundsubstanz **Ossein** und zu zwei Dritteln aus eingelagertem Calciumphosphat und Calciumcarbonat. In der Jugend ist der Osseinanteil an der Grundsubstanz höher (die K. sind elastischer). Mit zunehmendem Alter aber »verknöchern« die K.: der Anteil der anorganischen Stoffe erhöht sich. Die K. werden dadurch spröder und brechen leichter.
Größere K. haben im Inneren eine **Markhöhle.** Wegen ihres röhrenförmigen Querschnitts nennt man diese K. auch ↑Röhrenknochen.
Alle kurzen oder flachen K. (Finger, Schädel, Brustbein, Rippen) enthalten **rotes Knochenmark.** Es bildet die Blutkörperchen. Das Mark der großen Röhrenknochen (Oberarm, Oberschenkel) besteht bei Erwachsenen im Wesentlichen aus Fettgewebe, das gelb ist. Das sog. **gelbe Knochenmark** kann sich bei gesteigertem Blutbedarf in rotes Knochenmark umwandeln.
Alle K. sind in »Leichtbauweise« ausgeführt: Sehr feste Deckschichten schließen eine lockere Trägerkonstruktion aus feinen **Knochenbälkchen** (Spongiosa) ein, die Druck- und Zugkräfte vom Gelenk auf den Schaft oder auf tragende Elemente ableiten.
Die **Knochenbildung** geht, was die Bindegewebsknochen (Deckknochen; z.B. Schädeldach, Gesichtsschädel) betrifft, von bestimmten Bindegewebszellen aus. Diese **Knochenbildungszellen (Osteoblasten)** scheiden in die Interzellularräume als Grundsubstanz des Knochens das Ossein ab: es besteht aus kollagenen Fibrillen (↑Kollagen) in einer sich verfestigenden Kittsubstanz. Ossein ist bei Erwärmung wasserlöslich und quillt daher beim Kochen auf (unter Dampfeinwirkung ergibt es den Knochenleim). Die Kittsubstanz wird durch Einlagerung von Kalksalzen (85% Calciumphosphat, 10% Calciumcarbonat, Calciumfluorid, Magnesiumphosphat u.a.) gehärtet.
Sind die Knochenbildungszellen allseits von Knochensubstanz umgeben, nennt man sie **Knochenzellen (Osteocyten).** Die Hohlräume, in denen sie liegen, sind die Knochenhöhlen. Die Knochenzellen stehen über Ausläufer, die in feinen Kanälchen (Knochenkanälchen) verlaufen, miteinander in Verbindung.

Während die Osteocyten den Knochen aufbauen, können gleichzeitig amöboide, vielkernige **Osteoklasten (Knochenzerstörungszellen)** Knochensubstanz wieder abbauen. Durch diesen Auf- und Abbau kann der Knochen der Art der jeweiligen Belastung am besten angepasst werden.

Die meisten K. sind **Ersatzknochen** aus Knochengewebe, das sich an einer Stelle ausgebildet hat, die zuvor von Knorpelgewebe eingenommen wurde. Von der Knorpel- bzw. (späteren) Knochenhaut oder auch vom Knorpelinneren her zerstören sog. **Chondroklasten** das Knorpelgewebe, das von Knochenbildungszellen durch Knochensubstanz ersetzt wird. Beim Röhrenknochen entsteht im Innern zuerst eine primäre Markhöhle, die dann von Knochenmark erfüllt wird. Dieses kann von einem feinen Maschenwerk aus Knochenbälkchen (Spongiosa) durchsetzt werden.

Die Knochensubstanz wird meist in Form von Lamellen angelegt. Um Gefäßkanälchen **(Havers-Kanäle)** herum sind die Lamellen konzentrisch angeordnet. Sie bilden dann das **Osteon.**

Die ↑Röhrenknochen wachsen an ihren Enden. Dort haben sie zwischen dem längeren Knochenschaft (Diaphyse) und den Gelenkenden (Epiphyse) eine Knorpelfuge (Epiphysenfuge). Von ihr aus scheiden die Osteoblasten Knochensubstanz nach beiden Seiten, vorwiegend aber zum Schaft hin, ab. Ist der Knochen ausgewachsen, verknöchert auch die Epiphysenfuge.

Knochenfische: Im Unterschied zu den ↑Knorpelfischen besitzen die K. ein teilweise oder vollständig verknöchertes Skelett und meist eine Schwimmblase. Die K. sind seit dem Unterdevon bekannt und haben sich vermutlich aus den Panzerfischen entwickelt. Ursprünglich waren sie mit Lungen ausgestattete Süßwasserbewohner, die erst im Mesozoikum in die Meere vordrangen. Zu den Knochenfischen zählen die meisten heutigen Fische. Die ↑Quastenflosser leiten zu den vierfüßigen Wirbeltieren über.

Knöllchenbakterien: aerob lebende Rhizobium-, Strahlenpilz- und auch Cyanobakterienarten, die in Symbiose mit Höheren Pflanzen den reaktionsträgen Luftstickstoff in organische Verbindungen überführen können (siehe S. 466). Die mit K. infizierten Pflanzen bilden – von diesen durch ↑Wuchsstoffe angeregt – an ihren Wurzeln Gewebswucherungen, die **Wurzelknöllchen,** in denen die Bakterien »im Tausch« v.a. mit Kohlenhydraten versorgt werden.

Besonders bekannt sind die Wurzelknöllchen von Rhizobiumarten an den Wurzeln von ↑Hülsenfrüchtlern. Auf stickstoffarmen Böden baut man deshalb Hülsenfrüchtler an und pflügt sie unter (Gründüngung).

Knollen: ober- oder unterirdische fleischige Verdickungen bei mehrjährigen Pflanzen. Sie dienen der Speicherung von Reservestoffen und als vegetative Fortpflanzungsorgane. Man unterscheidet: **Sprossknollen,** bei denen sich der Primärspross (z.B. Kohlrabi) oder das ↑Hypocotyl verdicken (**Hypocotylknollen,** z.B. Radieschen, Rote Rübe, Alpenveilchen) bzw. die unterirdischen Ausläufer knollenförmig anschwellen (z.B. Kartoffel, Topinambur); **Wurzelknollen,** bei denen sich die Nebenwurzeln verdicken (z.B. Dahlie, Orchideen, Batate).

Knollenblätterpilze: einige sehr giftige Arten der ↑Ständerpilze. Der **Grüne Knollenblätterpilz** (Amanita phalloides) hat einen grünlich weißen Hut und einen weißen Stiel mit weißer Manschette und großer Knolle. Die häufig mit dem Champignon verwechselte Art ist einer der giftigsten einheimischen Giftpilze.

Ähnliche Wirkung hinsichtlich des Giftes haben auch der **Weiße Knollenblätterpilz** (Amanita verna) und der **Spitzhütige Knollenblätterpilz** (Amanita virosa), die beide vollkommen weiß und seltener als der Grüne Knollenblätterpilz sind.

Knorpel: ein sehr elastisches Stütz- und Skelettgewebe der Wirbeltiere. Selten tritt es bei Wirbellosen auf. Bei den Embryonen der Wirbeltiere wird das Skelett aus K. angelegt. Bei höheren Wirbeltieren verknöchert es durch Einlagerung von Kalksalzen.

K. besteht aus **Knorpelzellen (Chondrocyten).** Diese haben in den Interzellularraum die **Knorpelsubstanz** (Kollagenfasern, eingebettet in eine Grundsubstanz) abgeschieden und liegen dann in **Knorpelhöhlen,** deren Wandung als **Knorpelkapsel** bezeichnet wird. Ihre Ernährung erfolgt vorwiegend durch Diffusion.

Hyaliner K. ist glasig und leicht bläulich (z.B. Skelett niederer Wirbeltiere; beim Menschen: Gelenkflächen, Rippenknorpel, Knorpelspangen der Luftröhre, ein Großteil der Kehlkopfknorpel). In die Zwischenzellsubstanz des gelblich aussehenden **elastischen Knorpels** sind zusätzlich dichte Netze elastischer Fasern eingelagert (z.B. Ohrmuschel, Kehldeckel).

Faserknorpel ist dicht von kollagenen Faserbündeln durchsetzt (z.B. Zwischenwirbelscheiben, Schamfugenknorpel).

Knorpelfische: bis maximal 18 m lange, fast ausschließlich im Meer lebende, relativ primitive Fische, die im Unterschied zu den ↑Knochenfischen ein knorpeliges Skelett haben. Dies kann allerdings teilweise verkalkt sein, jedoch nie verknöchert.

K. haben keine Schwimmblase. Sie besitzen meist ein unterständiges Maul und ein Spritzloch. Sie sind ovovivipar oder vivipar (↑Viviparie).

Zu den Knorpelfischen zählen v.a. die Haie und die abgeplatteten, am Boden lebenden Rochen.

Knospe: eine jugendliche, noch nicht voll entwickelte Sprossspitze Höherer Pflanzen. Knospen sind noch von Blattanlagen (manchmal auch von Knospenschuppen) umschlossen und enden im Vegetationspunkt. Je nach Art der aus der K. hervorgehenden Organe werden Laub-, Blüten- und gemischte Knospen unterschieden.

Am Ende des Hauptsprosses befindet sich die **End-** oder **Gipfelknospe.** Diese kann sehr groß werden, z.B. bei Köpfen von Weiß- und Rotkohl sowie Wirsing. In den Achseln von Laubblättern bilden sich **Achsel- oder Seitenknospen,** von denen die Verzweigung des Sprosssystems ausgeht. **Gemischte Knospen** sind solche, die Blüten mit Laub ausbilden.

K. treiben entweder im Jahr der Bildung als **Bereicherungsknospen** oder im folgenden Jahr als **Erneuerungsknospen** (Winterknospen) aus.

Knospenruhe: ein vorübergehender Zustand zwischen Anlage und Austrieb pflanzlicher ↑Knospen, in dem die Wachstumsaktivität der Pflanze vorübergehend eingestellt und die Stoffwechselaktivität herabgesetzt ist. Während der Vollruhe (bei einheimischen Laubbäumen ab Herbst) kann die K. nicht unterbrochen werden, bei der Vor- und Nachruhe dagegen durch bestimmte Eingriffe. Damit kann ein nicht zeitgerechtes Austreiben eingeleitet werden. Auch eine künstliche Verlängerung der K. ist möglich (z.B. durch Kälte).

Knospung: die ↑Sprossung.

Knoten: ↑Spross.

Koagulation: das Ausflocken (Gerinnen) von kolloidalen Stoffen aus einer Flüssigkeit. Fast alle löslichen Eiweiße koagulieren beim Erhitzen oder beim Zusatz verdünnter Säuren.

Kohlendioxid: das ↑Kohlenstoffdioxid.

Kohlenhydrate: K. stellen mengenmäßig den größten Anteil der organischen Naturstoffe. Ihr Grundkörper setzt sich meist aus Kohlenstoff, Wasserstoff und Sauerstoff nach der allgemeinen Formel $C_n(H_2O)_m$ zusammen. Es gibt jedoch auch K., in denen Was-

K

serstoff und Sauerstoff nicht im Verhältnis 2:1 auftreten, und solche, die außer den drei genannten Elementen noch Stickstoff oder Schwefel als Baustein enthalten.

K. sind mehrwertige Alkohole, die eine Aldehyd- oder Ketogruppe tragen. Sie lassen sich in zwei große Gruppen einteilen: Die **Einfachzucker** oder **Monosaccharide;** die **zusammengesetzten Zucker,** die unter Wasserabspaltung aus Monosaccharideinheiten entstehen (glykosidische Bindung): a) **Oligosaccharide,** die aus 2–7 Einheiten bestehen; b) **Polysaccharide,** die aus mindestens 8 Monosaccharideinheiten bestehen.

Die **Monosaccharide,** die Grundbausteine der K. erhalten ihren Namen nach der Anzahl ihrer C-Atome; z.B. Triose (C_3), Tetrose (C_4), Pentose (C_5), Hexose (C_6) usw. Außerdem unterscheidet man **Aldosen** und **Ketosen,** je nachdem ob eine Aldehyd- oder Ketogruppe im Molekül vorkommt. In der Natur und in der Nahrung spielen die **Pentosen** und **Hexosen** die wichtigste Rolle. Die häufigsten Hexosen sind die Aldohexosen: Glucose (↑Traubenzucker), ↑Galactose und Mannose. Die Fructose (↑Fruchtzucker) ist eine Ketohexose. Die Monosaccharide kommen in der Natur teilweise allein, meist jedoch gebunden in Pflanzen und Tieren vor. So ist z.B. die ↑Ribose bzw. die Desoxyribose Bestandteil der ↑Nucleinsäuren. Kondensationsprodukte aus Zuckern und Alkoholen sind die ↑Glykoside, die im Pflanzenreich häufig vorkommen. – Aus der Gruppe der **Oligosaccharide** haben die Disaccharide wie Maltose und Saccharose wohl die größte biologische Bedeutung. Von den **Polysacchariden** sind es v.a. die ↑Stärke (Makromolekül aus α-D-Glucose), die ↑Cellulose (Makromolekül aus β-D-Glucose) und das ↑Glykogen (Makromolekül aus α-D-Glucose mit Verzweigungen), die in der Natur eine wichtige Rolle spielen.

Die K. sind die wichtigsten *Energiequellen* für den Organismus. Fast alle Zellen nutzen Glucose als Energielieferanten; die Gehirnzellen z.B. sind ausschließlich auf Glucose angewiesen.

Eine weitere wichtige Funktion üben die Kohlenhydrate als *Reservestoffe* aus. Die wasserunlöslichen Polysaccharide machen den Organismus von den Zufälligkeiten der Nahrungszufuhr unabhängig.

Im Pflanzenreich spielt die ↑Cellulose als wichtigste *Stützsubstanz* eine große Rolle. Im Tierreich ist es das ↑Chitin; es dient vielen Insekten und Krebsen als *Skelettsubstanz.*

Die K. befinden sich im Körper in einem ständigen Auf-, Ab- und Umbau. Dabei besteht ein Wechselspiel zwischen der polymeren (hochmolekularen) Speicherform und der monomeren (niedermolekularen) Transportform der Glucose. Die Speicherform im menschlichen und tierischen Organismus ist das ↑Glykogen, das v.a. in der Leber und in den Muskelzellen vorkommt. Die verschiedenen Zuckerarten werden im Organismus in Glucose umgewandelt, andererseits vermag die Zelle aber auch für spezifische Funktionen andere Zuckerarten aus Glucose zu synthetisieren. Glucose kann auch aus Aminosäuren und Fetten aufgebaut werden. Auf diese Weise kann der Körper selbst bei Kohlenhydratmangel in der Nahrung die Funktion wichtiger Organe gewährleisten.

Kohlenmonoxid: das ↑Kohlenstoffmonooxid.

Kohlenstoffdioxid (Kohlendioxid, CO_2): ein farbloses, nicht brennbares, geruchloses Gas, das spezifisch schwerer ist als Luft. Seine Lösung enthält hauptsächlich physikalisch gelöstes CO_2 und relativ wenig zu **Kohlensäure** umgesetztes CO_2. K. wird mit Kalk- oder Barytwasser nachgewiesen, in dem es einen weißen Niederschlag verursacht. K. entsteht u.a. bei der Verbrennung kohlenstoffhaltiger Substanzen, bei der Gärung und bei der tierischen und pflanzlichen ↑Atmung.

Bei der ↑Fotosynthese wird CO_2 aus der Luft von den grünen Pflanzen zur Synthese von Traubenzucker verwendet. Die Pflanzen wandeln jährlich etwa ein Fünftel des Kohlenstoffdioxids der Luft in organische Substanz um (in der Atmosphäre sind rund 2,5 Billionen Tonnen CO_2 vorhanden, im Meerwasser etwa 60 Billionen Tonnen CO_2 gelöst). Durch Verbrennungen und die Atmung wird das atmosphärische CO_2 laufend ergänzt.

Der CO_2-Gehalt der Atmosphäre stieg von 0,029% am Anfang dieses Jahrhunderts auf gegenwärtig annähernd 0,036% und wird voraussichtlich noch weiter steigen. Die Auswirkungen einer derartigen CO_2-Zunahme wären, besonders im Nordpolargebiet, eine bodennahe Erwärmung und dadurch eine Verminderung der arktischen Meereisfläche (↑Treibhauseffekt). Da das offene Meer rund 80% der zugestrahlten Sonnenenergie absorbiert, muss dann mit einem völligen Abschmelzen des Meereises gerechnet werden. Dadurch verringert sich das Temperaturgefälle zwischen Äquator und Pol und mit ihm die Intensität der Zirkulation der Atmosphäre. Die Folge davon wäre eine Abnahme der Monsunregen und eine Zunahme der Dürren in den Steppengebieten. Eine Verdopplung des derzeitigen CO_2-Gehaltes, die bei andauernder heutiger Zuwachsrate in 100 Jahren erreicht wäre, würde eine Temperaturzunahme in der unteren Troposphäre in tropischen und mittleren Breiten von 2–3°C, in polaren Breiten von 6–8°C bewirken (bei gleichzeitiger Abkühlung der Stratosphäre).

K. findet in der Mineralwasserindustrie, als Kältemittel (Trockeneis) und als Feuerlöschmittel Verwendung. Da CO_2 von der menschlichen Haut aufgenommen wird und ihre Durchblutung fördert, kommt es als Kohlensäurebad therapeutisch zur Anwendung.

Kohlenstoffkreislauf: ↑Stoffkreisläufe.

Kohlenstoffmonooxid (Kohlenmonoxid, CO): ein Gas, das bei der Verbrennung kohlenstoffhaltigen Materials bei ungenügender Sauerstoffzufuhr entsteht. Es ist giftig, da es fester an ↑Hämoglobin bindet als Sauerstoff. Wird eine größere Menge CO eingeatmet, fallen sehr viele rote Blutkörperchen für den Sauerstofftransport (↑Atmung) aus, sodass ein lebensbedrohender Zustand eintreten kann (Bewusstlosigkeit, Herz- und Atemstillstand).

Koitus: der ↑Geschlechtsverkehr.

Kokken: rundliche, meist unbewegliche, grampositive oder gramnegative (↑Gramfärbung) Eubakterien, von denen einige Krankheitserreger sind. Die K. bleiben nach der Teilung häufig zusammen. Nach ihrer Anordnung unterscheidet man folgende Gruppen: **Diplokokken** treten paarweise auf (zu ihnen gehört der Erreger der Lungenentzündung). **Streptokokken** bilden Ketten (sie verursachen z.B. eitrige Entzündungen, Furunkel, Abszesse und Mittelohrvereiterung). **Staphylokokken** treten in Haufen auf (z.B. Eitererreger, Wundrose, Mandelentzündung), **Sarcinen** als Platten oder Pakete (Ethanolbildung). **Gonokokken** sind die Erreger der Gonorrhö, einer Geschlechtskrankheit.

Kokon: die Schutzhüllen von Eiern oder Larven der Gliederfüßer. **Eikokons** werden vom Weibchen hergestellt (z.B. Blattrollkäfer formen abgeschnittene Blätter zu »Tüten«; zahlreiche Spinnen tragen Eikokons bei sich). Viele Insektenlarven spinnen sich einen K., in dem sie sich verpuppen (z.B. Nachtpfauenauge; der Kokon der Seidenspinner der Gattung Bombyx liefert Naturseide).

Kolben: ↑Blütenstand.

Kokzidien: Gruppe der ↑Sporentierchen.

Kolibakterium: ↑Escherichia coli.

Kollagene: Gerüstproteine (Skleroproteine), die den Hauptbestandteil des

K

Konditionierung

Die Ratte lernt, bei Aufleuchten des Lichts den Hebel zu drücken, und wird danach mit Futter belohnt.

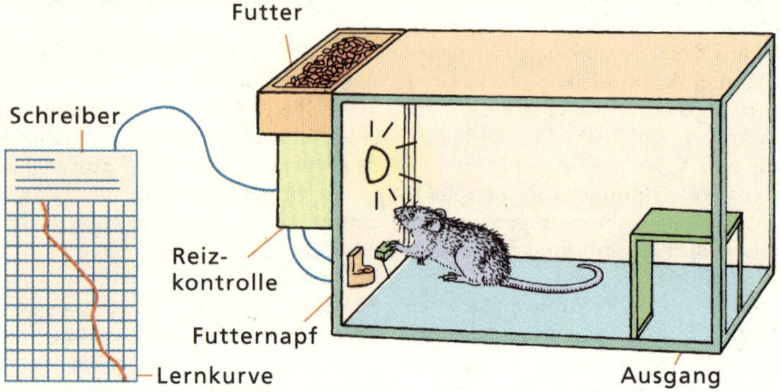

Bindegewebes (Sehnen) und der organischen Knochensubstanz bilden. Die K. enthalten viel Glycin, Prolin und Hydroxyprolin (↑ Aminosäuren). Kollagenfibrillen werden durch Zusammenlagerung des **Tropokollagens** gebildet. Dieses ist aus drei unterschiedlich langen, spiralisierten Aminosäureketten (je 1 000 Aminosäuren) zu einer Tripelhelix aufgebaut, an die Kohlenhydratreste glykosidisch angeknüpft werden.

Kollenchym: ↑ Festigungsgewebe.

Kolonie: bei Pflanzen und Tieren die mehr oder weniger enge Vergesellschaftung von Einzelorganismen der gleichen Art zu einer Lebensform höherer Ordnung, z. T. unter Aufgabe der eigenen Individualität. Beispiele: Korallen, Staatsquallen, die Grünalge Volvox (eine Zellkolonie aus bis zu 20 000 Zellen).

Kolostrum ↑ Milch, ↑ auch Brust.

Kommensalen: Tiere, die eng mit anderen Tierarten zusammenleben und regelmäßig an den Mahlzeiten ihres meist größeren Wirtes teilnehmen; manchmal lassen sie sich auch durch ihn fortbewegen. Der Nutzen dieser Gemeinschaft liegt allein beim Kommensalen, der jedoch seinen Wirt nicht schädigt (↑ auch Parasiten, ↑ Symbiose). Typische K. findet man bei sozial lebenden Insekten. Milbenarten z.B. holen sich ungestört einen Anteil am Nahrungstropfen bei ↑ Ameisen, die sich gegenseitig füttern.

Kommentkämpfe: bei Tierarten mit gefährlichen Waffen die Kämpfe zwischen Artgenossen (z.B. um die ↑ Rangordnung), die nach festen Regeln ablaufen, sodass ernsthafte Verletzungen i. A. nicht vorkommen. Hirsche z.B. greifen ihren Gegner nur von vorn an. Der Unterlegene ist oft von der Fortpflanzung ausgeschlossen. Wichtige Komponenten der K. sind ↑ Imponiergehabe, ↑ Drohgebärde, ↑ Demutsgebärde und ↑ Tötungshemmung.

Kommissuren: ↑ Nervensystem.

Kompartimente: innerhalb der Zelle befindliche, meist durch semipermeable Membranen räumlich und strukturell voneinander getrennte Reaktionsräume. Die **Kompartimentierung** bewirkt, dass in der Zelle unterschiedliche Stoffwechselprozesse unabhängig und unbeeinflussbar voneinander ablaufen können; z.B. Fettsäuresynthese im Cytoplasma, Fettsäureabbau in den Mitochondrien.

Komplementärfarbe: ↑Farbensehen.
Komplementsystem: ↑Immunität.
Komplexaugen: die ↑Facettenaugen.
Kondensor: ↑Lichtmikroskop.
Konditionierung: das Erlernen eines bestimmten Reiz-Reaktions-Musters: Auf einen bestimmten Reiz hin erfolgt eine entsprechende Reaktion. Bei der **klassischen K.** läuft der Lernvorgang in der Weise ab, dass ein ursprünglich neutraler Reiz zum Schlüsselreiz für eine bestimmte Verhaltensweise wird (Beispiele: Entstehung von Angstgefühlen beim Anblick eines Arztkittels, ↑pawlowscher Versuch). Bei der **operanten (instrumentellen) K.** erfolgt der Lernvorgang dadurch, dass eine bestimmte Aktion durch Belohnung verstärkt wird, also sozusagen neue Bewegungen andressiert werden (↑Skinner-Box).
Kondom: ↑Empfängnisverhütung.
Konidien: ungeschlechtliche Fortpflanzungskörper der Pilze. Sie werden als ↑Exosporen durch Abschnürung oder Sprossung seitlich und an der Spitze von Hyphen und Konidienträgern gebildet. K. entstehen meist in großen Mengen und dienen der Ausbreitung.
Konjugation:
◆ die Ausbildung einer Plasmabrücke zwischen zwei *Bakterien* (z.B. Escherichia coli). Durch sie wandert vom Spenderbakterium (Donator) zum Empfänger (Rezipienten) ein Teil von dessen genetischem Material.
◆ *Einzeller,* z.B. Wimpertierchen verwachsen zur K. am Mundfeld, tauschen Zellkerne aus und trennen sich wieder. Dabei zerfällt in jedem Tier der Großkern (Makronucleus); der Kleinkern (Mikronucleus) macht eine Reifungsteilung (↑Meiose) durch, an deren Ende 4 haploide Kerne vorliegen; 3 gehen zugrunde. Der übrig bleibende teilt sich noch einmal in einen weiblichen stationären Kern und einen männlichen Wanderkern. Die Wanderkerne werden über die Verwachsungsbrücke ausgetauscht. Sie verschmelzen mit den weiblichen Kernen, und die Tiere trennen sich. Der neue Kern teilt sich mitotisch und bildet wieder Groß- und Kleinkern.
◆ Vorgang der *Chromosomenpaarung* während der ↑Meiose.
Konnektive:
◆ *Botanik:* ↑Staubblatt.
◆ *Zoologie:* ↑Nervensystem.

Konjugation

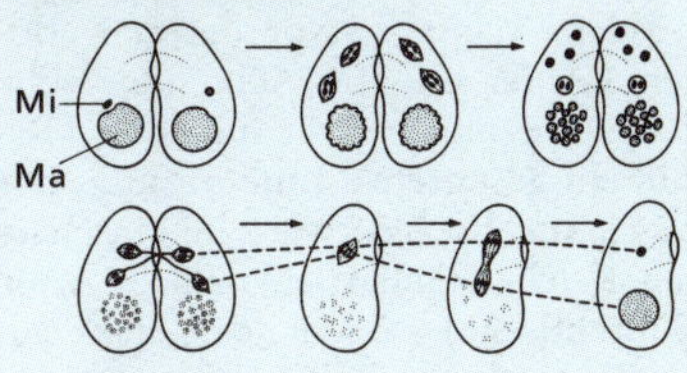

Konjugation bei Wimpertierchen; Mi Mikronucleus, Ma Makronucleus

Konstanz der Arten: ↑Deszendenztheorie.
Konsumenten: ↑Nahrungskette.
Kontaktgifte (Berührungsgifte): Gifte, die durch Berührung wirksam werden. Meist haben die in der ↑Schädlingsbekämpfung verwendeten Präparate zusätzlich noch Fraß- oder Atemgiftwirkung. DDT und Chlordan sind Berührungsgifte mit länger anhaltender Wirkung; sie sind in Deutschland verboten.
Kontakttiere: Tiere, die engen körperlichen Kontakt mit Artgenossen suchen. Häufig treiben sie soziale Hautpflege (z.B. Affen). – Gegensatz: ↑Distanztiere.
kontraktile Vakuole: die ↑pulsierende Vakuole.
Konturfedern: ↑Gefieder.
Konvergenz: die durch die Selektion in einer gleichartigen Umwelt bedingte Entwicklung von Organen, die in Gestalt und Funktion weitgehend übereinstimmen, sich aber aus völlig verschiedenen Organanlagen entwickelt haben. Organe, die eine solche K. in der Entwicklung zeigen, nennt man analog

(z.B. Flügel der Insekten und der Wirbeltiere; ↑Analogie).

Konzeption (Empfängnis): die ↑Befruchtung der Eizelle speziell beim Menschen.

Kopffüßer (Cephalopoda): kleine bis sehr große, meeresbewohnende Weichtiere, z.B. die achtarmigen Kraken und die zehnarmigen Tintenfische (Sepien). Bei dieser Tierklasse sind Kopf und Fuß miteinander verschmolzen und ragen aus dem Mantel hervor, der den übrigen Körper umgibt. Acht oder zehn Fangarme umgeben die mit einer ↑Radula ausgestattete Mundöffnung. Die Augen sind hoch entwickelte Linsenaugen. K. leben räuberisch; manche Arten (Tintenfische) stoßen bei Gefahr aus der Tintendrüse ein dunkelbraunes Sekret aus. – Fossil sind die ↑Ammoniten und ↑Belemniten bekannt.

Kopplungsgruppe: die auf einem Chromosom liegenden ↑Gene, die bei der Meiose gemeinsam verteilt werden.

Koprophagen: die ↑Kotfresser.

Kopulation: die ↑Begattung.

Korallen: meist Kolonien bildende Organismen, die zu den ↑Blumentieren gehören und im lichtdurchfluteten Wasser warmer Meere leben. Ihre ektodermalen Kalkausscheidungen und ihre im Mesenchym ausgebildeten Kalksklerite können als mehr oder minder kompakte Skelettbildungen, im Extremfall als mächtige, wallartige Riffe und Atolle in Erscheinung treten. Atolle sind ringförmige Korallenriffe im Randbereich ehemaliger Vulkaninseln, die allmählich absanken und vom Meer überflutet wurden, während die Korallenkolonie in gleichem Maße emporwuchs.

Korbblütler (Compositae): mit rund 21 000 über die ganze Erde verbreiteten Arten die größte Familie der Zweikeimblättrigen Pflanzen. Es sind vorwiegend krautige Pflanzen mit meist wechselständigen Blättern und fünfzähligen Blüten. Die Kronblätter sind verwachsen, entweder regelmäßig und fünfspaltig **(Röhrenblüten)** oder unregelmäßig und zungenförmig zu einer Seite verlängert **(Zungenblüten).** Die Blüten sind meist zwittrig und zu charakteristischen Blütenständen, den **Körbchen,** vereinigt; die Randblüten der Körbchen sind weiblich oder steril. Die K. werden hauptsächlich durch Insekten bestäubt. Der unterständige Fruchtknoten wird zu einer Nuss, deren Fruchtwand mit dem Samen verwächst (Achäne; ↑Fruchtformen).
Zu den Korbblütlern gehören viele Nutzpflanzen (Sonnenblume, Topinambur, Schwarzwurzel, Artischocke, Salat, Kamille, Wermut, Arnika, Beifuß, Estragon) und Zierpflanzen (Studentenblume, Ringelblume, Aster, Dahlie, Chrysanthemen). Wild wachsen u.a. Gänseblümchen, Wucherblume, Löwenzahn, Huflattich, Distel, Kletten und Kornblume. Geschützt sind Edelweiß und Silberdistel.

Kork: ein vom Korkkambium gebildetes sekundäres Abschlussgewebe. Kork ist ein Teil der äußeren Rindenschich-

Korallen

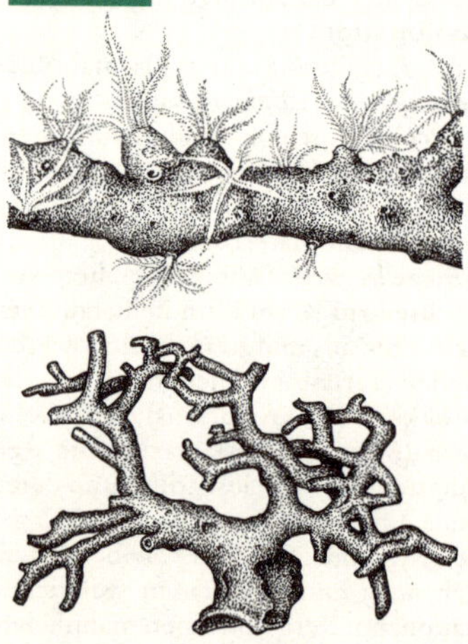

Kolonie mit Einzelpolypen (oben) und Achsenskelett (unten) der Edelkoralle

ten der Sprosse und Wurzeln mehrjähriger Samenpflanzen mit sekundärem ↑Dickenwachstum. Er wird vom Korkkambium nach außen abgegeben und besteht aus vielen Schichten regelmäßig angeordneter toter Zellen. Die Zellwände sind mit Cellulose und Suberin beschichtet und somit für Flüssigkeiten und Gase undurchlässig.

Durch eingelagerte fäulnishemmende Stoffe (Phlobaphene) ist der K. braun gefärbt und bildet bei den verschiedenen Pflanzen dünne Häute (Kartoffel, Birke) oder dicke, rissige Krusten (Korkeiche). Der notwendige Gasaustausch zwischen dem Inneren der Pflanze und der Außenwelt findet durch die **Korkporen (Lentizellen)** statt. Dies sind luftdurchlässige, nach außen warzenförmige Kanäle im Korkmantel. Korkporen werden unter den Spaltöffnungen angelegt, deren Aufgabe sie später übernehmen.

Kormophyten: die ↑Sprosspflanzen.

Koronargefäße: ↑Herzkranzgefäße.

Körpergewicht: das Gewicht bzw. die Körpermasse eines Organismus. Das K. von Individuen einer Art schwankt je nach Geschlecht, Alter, Ernährungszustand und Körpergröße.

Nach einer Faustformel (Broca-Formel) errechnet man das **Normalgewicht** eines erwachsenen Mannes aus seiner Körpergröße: Größe in cm minus 100 = Normalgewicht in kg (für Frauen etwas weniger). Für das im medizinischen Sinne günstigere **Idealgewicht** werden vom Normalgewicht beim Mann 10%, bei der Frau 15% abgezogen.

Körpergröße: die Größe eines Organismus. Die K. des Menschen wird in natürlicher Haltung gemessen. Sie beträgt beim Neugeborenen 48–54 cm und beim Erwachsenen 150–190 cm. Innerhalb der einzelnen Menschenrassen gibt es erhebliche Unterschiede in der Körpergröße, z.B. sind die Pygmiden besonders kleinwüchsig; bei ihnen liegt die K. unter 150–140 cm. Frauen wachsen bis zum 18.–20. Lebensjahr, Männer bis zum 25. Die Körpergröße schwankt zwischen Morgen und Abend je nach Tätigkeit um 1–3 cm. Im Alter nimmt die K. um bis zu 3% ab.

Körperkreislauf: der Teil des ↑Blutkreislaufs, der den Körper versorgt.

Körpertemperatur: die Temperatur im Körperinneren des tierischen und menschlichen Organismus. Dabei unterscheidet man grundsätzlich zwischen ↑wechselwarmen und ↑gleichwarmen Tieren.

Die Bluttemperatur und damit die K. der *wechselwarmen Tiere* (Wirbellose und unter den Wirbeltieren z.B. Fische, Lurche und Reptilien) ist von der Umgebungstemperatur abhängig. Doch können diese Tiere in ihrem Wachstadium durch eigene Wärmeproduktion ihre K. über die Temperatur der Umgebung erhöhen. Die kalte Jahreszeit überbrücken sie in der Winterstarre (↑Winterschlaf).

Die *gleichwarmen Tiere* (Vögel, Säugetiere, also auch der Mensch) halten ihre K. durch ständige eigene Energiefreisetzung konstant. Dabei ist die K. bei den einzelnen Arten verschieden. Bei den Säugern liegt sie zwischen 36°C und 39°C, bei den Vögeln bei 40 bis 43°C. Mit K. ist dabei immer die **Kerntemperatur** gemeint, die gegenüber der Temperatur der Körperschale wesentlich höher liegt. Sie wird durch die **Rektaltemperatur** (im After gemessene K.) annähernd richtig angezeigt. Außerdem lassen sich tageszeitliche Schwankungen der K. feststellen, wobei auch diese Rhythmik von Art zu Art verschieden ist und von den Aktivitätszeiten der Tiere mitbestimmt wird. Beim Menschen liegt die Kerntemperatur am Morgen bei etwa 36,6°C, gegen 18 Uhr bei 37,2°C. Die Konstanthaltung der K. wird durch einen komplizierten Regelmechanismus erreicht. Sinkt die Außentemperatur, so beginnen die Muskeln zu zittern, wodurch Wärme frei wird, aber auch der ↑Grundumsatz erhöht wird. Steigt dagegen die Außentemperatur an, so weiten sich die Hautgefäße, und die Schweißdrüsen erhöhen ihre Produktion; die Verdunstungswärme wird dem Körper entzogen. Das Regulativ dieses komplizierten Gefüges liegt im Zwischenhirn **(Temperaturzentrum)** und gibt über vegetative und motorische Nervenbahnen seine Impulse an Atmung, Muskulatur und Haut. Außerdem wirken an diesem Geschehen die Wärme- und Kälterezeptoren der Haut mit. – ↑auch Fieber.

Kosmopoliten: Pflanzen- und Tierarten, die weltweit verbreitet sind (z.B. Wanderratte, Stubenfliege).

Kot: die ↑Exkremente.

Kralle

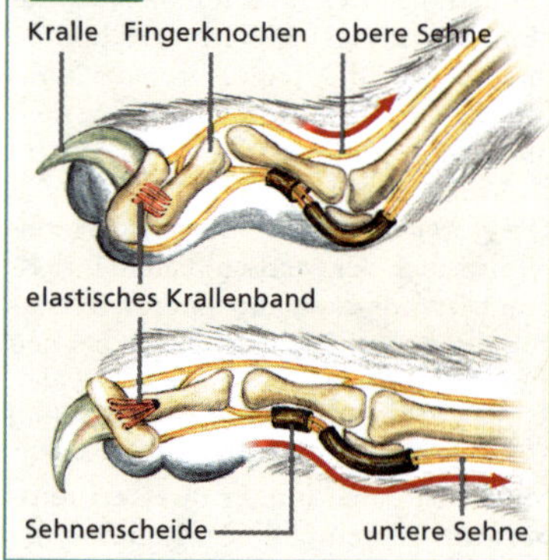

Kotfresser (Koprophagen): Tiere (v.a. Insekten), die sich von den Exkrementen anderer Tiere ernähren. K. sind z.B. die Mistkäfer: In ihren im Boden angelegten Gangsystemen und Brutstollen legen sie als Nahrungsvorrat wurst- oder kugelartig geformte Exkrementportionen vom Kot Pflanzen fressender Säugetiere ab.

Krabben (Brachyura): zu den höheren ↑Krebsen zählende Gruppe des Tierreichs. Die meisten K. sind Bewohner des Meeresgrundes. Ihr Hinterleib ist unter den übrigen Leib umgeschlagen. Drei Beinpaare dienen dem Ergreifen der Nahrung; das erste Paar ist zu großen Scheren umgebildet. Die folgenden fünf Paare sind Schreitbeine. – Viele Arten der K. werden gern gegessen, z.B. Strandkrabben und Taschenkrebse.

Kragengeißelzellen: ↑Schwämme.

Kraken (Octopoda): eine in allen Meeren verbreitete Ordnung achtarmiger ↑Kopffüßer. Einer der Fangarme des Männchens dient der Kopulation. Bei einigen Arten löst er sich vor oder während der Begattung ab und dringt durch Eigenbewegung in die Mantelhöhle des Weibchens ein. K. leben versteckt in Höhlen und Nischen der Küsten. Sie haben ein relativ hoch entwickeltes Gehirn.

Kralle: bei vielen vierfüßigen Wirbeltieren stark gekrümmte und zugespitzte Hornbildung an den Endgliedern der Zehen, die v.a. dem Beutefang dient. Diese Krallen tragen auf der weicheren **Krallensohle** die härtere **Krallenplatte.**

Klauen (Rinder) und ↑Hufe (Pferde) sind ebenso aufgebaut. Die Fingernägel (↑Nagel) sind durch starke Verbreiterung der Krallenplatte und Rückbildung der Krallensohle entstanden.

Oft werden ähnliche Bildungen an den Endgliedern der Beine Wirbelloser ebenfalls als K. bezeichnet. Sie bestehen z.B. bei Insekten aus Chitin.

Krause-Endkolben: ↑Kälterezeptoren.

Kreatin: eine organische Verbindung, die durch Biosynthese aus den ↑Aminosäuren Glycin und Arginin in der Zelle entsteht. **Kreatinphosphat** ist ein energiereiches Molekül, dessen Energie rasch zur Verfügung steht, um ↑ATP aus ADP zu bilden (besonders in der Muskulatur).

Krebs: im allgemeinen Sprachgebrauch übliche Sammelbezeichnung für bösartige Geschwülste. Beinahe alle Gewebe des Körpers können durch abnormes Wachstum einen **Tumor** (Geschwulst) bilden, wobei sich Aussehen und Stoffwechsel der betroffenen Zellen gegenüber normalen Körperzellen stark verändern. Während gutartige Tumoren auf den Ort ihres Ursprungs begrenzt bleiben, dringen bösartige Tumoren mit unkontrollierter Zellvermehrung unbeschränkt in die Umgebung vor und zerstören das angrenzende Gewebe. Je nach dem Ausgangsgewebe unterscheidet man dabei u.a. zwischen **Karzinomen** (von den epithelialen Deck- und Organgeweben ausgehend) und **Sarkomen** (von den mesenchymalen Stütz- und Bindegeweben ausgehend). Zu den Systemerkrankungen zählen die von den blutbildenden bzw. lymphatischen Zellen ausgehenden Hämoblastosen, z.B. ↑Leukämie. Bösartige Tumoren bilden v.a. auf dem Lymph- und Blutweg **Metastasen** (Tochtergeschwülste) in anderen Organen.

Maßgebend für die Beurteilung der Bösartigkeit eines Tumors ist die Gefährdung des Lebens, die in erster Linie von der Wachstumsgeschwindigkeit des Tumors bestimmt wird, aber auch von dem Ort seines Auftretens. Zwischen gutartigen und bösartigen Tumoren gibt es Übergänge. Die äußeren *Ursachen,* die zum Krebs führen können, sind vielfältig. Allen gemeinsam ist, dass sie eine Entartung der Körperzellen auslösen, die fortan beim Wachstum der Geschwulst selbstständig von Zelle zu Zelle weitergegeben wird. Die Entstehung einiger bösartiger Tumoren (z.B. der Vorsteherdrüse) ist hormonabhängig. Andere entstehen an Stellen, die durch Druck, Hitze, chronische Entzündungen u.a. gereizt werden und an denen sich das Gewebe dauernd erneuern muß. In einigen Fällen konnten Viren (Tumorviren) als krebsauslösend nachgewiesen werden. Rund 800 Chemikalien müssen als **Krebs erzeugende (kanzerogene, karzinogene) Stoffe** angesehen werden, z.B. die polyzyklischen Kohlenwasserstoffe (z.B. 3,4-Benzpyren), die sich bei unvollständiger Verbrennung von Erdölprodukten bilden (z.B. in Autoabgasen). Die ebenfalls gefährlichen Nitrosamine entstehen im Körper aus Nitraten (z.B. aus Nahrungsmitteln) und Aminen (aus dem Stoffwechsel). Zu den Krebs erzeugenden Stoffen rechnet man ferner u.a. Benzol, Asbest, Aflatoxine und Teerprodukte. Nachweislich lösen die beim Rauchen entstehenden Abbrandprodukte Lungenkrebs aus.

Da zu den Krebs erzeugenden Stoffen viele gehören, die zugleich ↑Mutagene sind und da auch mutationsauslösende Strahlen (Röntgen-, UV- und radioaktive Strahlung) Krebs hervorrufen, ist man heute geneigt, alle Entstehungsweisen generell auf eine Störung (d.h. auf eine ↑Mutation) im Steuermechanismus im Kern der Zelle zurückzuführen, der die Zahl der Teilungen normalerweise begrenzt (↑auch Onkogene). Dieser Fehler tritt wahrscheinlich häufiger im Leben eines Organismus auf. Durch ein intaktes Immunsystem werden jedoch die entarteten Zellen sofort erkannt und vernichtet. K. ist sicher nicht vererbbar. Allerdings kann manchmal eine gewisse Anfälligkeit für K. bei bestimmten Personengruppen festgestellt werden.

Für die *Behandlung* stehen heute noch die chirurgische Entfernung der Geschwulst mit allen verdächtigen Randzonen und die Anwendung ionisierender Strahlen (z.B. radioaktives Jod gegen Tumoren der Schilddrüse) im Vordergrund. Besonders bei örtlich nicht begrenztem Krebs (z.B. ↑Leukämie) helfen ↑Cytostatika, die das Wachstum sämtlicher Körperzellen hemmen und damit auch das der entarteten Zellen. Die Aussichten auf Heilung sind umso besser, je früher der K. erkannt (Vorsorgeuntersuchung) und behandelt wird.

Krebse (Crustacea): eine Klasse der ↑Gliederfüßer, deren Vertreter in der Regel durch ↑Kiemen atmen und meist einen sehr harten Chitinpanzer besitzen.

K

K. lebten schon im Unterkambrium (vor rund 600 Mill. Jahren). Man kennt heute rund 45 000 Krebsarten in allen Meeren und Süßgewässern; einige sind auch zu Landtieren geworden (↑Asseln).

Von den drei Körperabschnitten Kopf, Brust (Thorax) und Hinterleib (Abdomen) sind Kopf und Brust häufig zu einem Kopfbruststück **(Cephalothorax)** miteinander verschmolzen. Die Zahl der Körpersegmente kann zwischen etwa 10 und rund 50 variieren.

Im Unterschied zu den Insekten haben die K. zwei Paar Fühler (↑Antennen). Die Gliedmaßen können mannigfach abgewandelt sein. So kommen z.B. oft Scherenbildungen vor. Manche Gliedmaßen dienen als Kieferfüße (neben den eigentlichen ↑Mundwerkzeugen) zusätzlich der Nahrungsaufnahme, andere können zu ↑Kiemen umgestaltet sein.

K. sind getrenntgeschlechtig; ihre Entwicklung verläuft über mehrere Larvenstadien (z.B. Nauplius). Zu den K. gehören: Blattfuß-, Ruderfuß-, Muschelkrebse, Rankenfüßer und höhere Krebse (Malacostraca) mit Flohkrebsen, Asseln und Zehnfußkrebsen (Krabben, Garnelen, Hummer, Langusten, Flusskrebse).

Krebsgene: die ↑Onkogene.

Krebs-Zyklus: der ↑Citronensäurezyklus.

Kreuzblütler (Brassicaceae, Cruciferae): eine weltweit verbreitete, rund 3 000 Arten umfassende Familie der Zweikeimblättrigen Pflanzen. Es sind meist Kräuter oder Stauden mit wechselständigen Blättern und in Trauben angeordneten Blüten. Die Kelch- und Kronblätter stehen sich kreuzweise gegenüber. Die Frucht ist eine Schote (↑Fruchtformen) oder ein Schötchen (wenn sie weniger als dreimal so lang wie breit ist).

Zu den Kreuzblütlern gehören viele oft sehr alte Nutzpflanzen (z.B. Gartenkresse, Gemüsekohl, Rettich, Raps, Senf, Meerrettich), viele Zierpflanzen (z.B. Goldlack, Schleifenblume) und viele Wildkräuter (z.B. Hederich, Hirtentäschelkraut und Pfeilkresse).

Kreuzgang: ↑Fortbewegung.

Kreuzotter: ↑Giftschlangen.

Kreuzung: in der Genetik bzw. der Tier- und Pflanzenzüchtung die Paarung zwischen Organismen mit unterschiedlichen Erbanlagen. In der genetischen Schreibweise werden die ↑Allele meist mit ihren Anfangsbuchstaben – hierbei Großbuchstaben für dominante Allele – bezeichnet; für das Wildtypallel steht ein Pluszeichen (+). Die K. wird durch ein »x« ausgedrückt; z.B. AB x ab. – ↑auch Rückkreuzung.

Kriechen: ↑Fortbewegung.

Kriechtiere (Reptilia): wechselwarme, über Lungen atmende Wirbeltiere (eine Klasse der Amnioten). K. besitzen im Gegensatz zu den Lurchen eine drüsenarme Haut. Ihr Körper ist mit Hornschuppen oder Hornplatten bedeckt. Es können auch Hautknochen vorkommen. Die Hornschicht der Haut wird periodisch abgeworfen (Häutung) und erneuert. Als zusätzliches Auge kann ein funktionstüchtiges Scheitelauge (Parietalauge) ausgebildet sein. K. legen meist Eier; die Entwicklung erfolgt direkt, d.h. ohne Metamorphose.

Die ersten K. traten als schwerfällige Pflanzenfresser am Ende der Steinkohlenzeit (vor rund 300 Mill. Jahren) auf. Im Jura und in der Kreidezeit hatten sie ihre reichste Entfaltung. Neben zum Teil riesigen Wasser- und Landsauriern gab es auch Flugechsen. Viele lebten räuberisch. Aus den K. haben sich die Vögel und die Säugetiere entwickelt.

Die wichtigsten Gruppen der K. sind heute die ↑Echsen, ↑Schlangen, ↑Schildkröten und ↑Krokodile.

Krill: die zur Ordnung Leuchtkrebse gehörende Art Euphansia superba, die in riesigen Schwärmen im antarktischen Meer vorkommt und die Hauptnahrung der Bartenwale und zahlreicher Fischarten ist. Der K. stellt in den polarnahen Meeren die Hauptmasse des tierischen Planktons.

Kristallkegel: ↑Facettenaugen.

Krokodile (Crocodylia, Panzerechsen): in und an Süßgewässern der Tropen und Subtropen lebende ↑Kriechtiere (Reptilien). Man kennt 21 Arten, von denen einige bis 7 m lang werden können. Der muskulöse Ruderschwanz der K. ist seitlich abgeplattet und ihre Augen besitzen eine senkrechte Pupille. K. können über 1 Stunde lang tauchen, wobei Nase und Ohren verschlossen werden; sie fressen Fische, Vögel und Säugetiere. Alle K. sind in ihrem Bestand stark gefährdet.
Zur Ordnung der K. zählen auch die ↑Alligatoren und Gaviale. Im Gegensatz zu den Alligatoren ist bei den Echten K. der vierte Unterkieferzahn bei geschlossenem Maul sichtbar. Die Schnauze der Gaviale ist deutlich schmäler als die der Echten K. und Alligatoren.

Kronblätter: meist auffällig gefärbte und/oder geformte Blütenblätter (↑Blüte); sie bilden die **Krone**.

Kropf:

◆ (Ingluvies): Erweiterungen oder Ausstülpungen der Speiseröhre bei vielen Wirbellosen (z.B. Honigmagen der Bienen) und bei den Vögeln. Der K. dient der vorübergehenden Aufbewahrung von Nahrung sowie ihrer mechanischen oder chemischen (enzymatischen) Zerkleinerung.

◆ (Struma): die sehr starke Vergrößerung der Schilddrüse durch Jodmangel, Entzündungen oder Tumoren. Der K. tritt besonders häufig in Landschaften mit jodarmem Wasser auf (z.B. Schwarzwald, Alpentäler der Schweiz und Österreichs).

Kröten (Bufonidae): Familie der ↑Froschlurche mit 3 heimischen Arten (Erd-, Kreuz- und Wechsel-K.). K. haben einen plumpen und relativ kurzbeinigen Körper. Ihre meist warzige Haut enthält zahlreiche Drüsen, die Giftstoffe **(Krötengifte)** abscheiden. Einige Arten sind lebend gebärend. K. sind i.A. in der Dämmerung und während der Nacht aktiv. Sie fressen vorwiegend Nacktschnecken und Insekten und sind daher sehr nützliche Tiere.

Kryptogamen: die ↑blütenlosen Pflanzen.

Kryptophyten: die ↑Geophyten.

KTP: Abk. für die ↑**K**urz**t**ag**p**flanzen.

Kulturflüchter: Pflanzen- und Tierarten, die nur außerhalb des menschlichen Kulturbereichs gedeihen und daher mit dessen Ausbreitung verschwinden; z.B. bestimmte Orchideen, Sonnentau, Moorheide; Elch, Biber, Kranich, Schwarzstorch. – Gegensatz: ↑Kulturfolger.

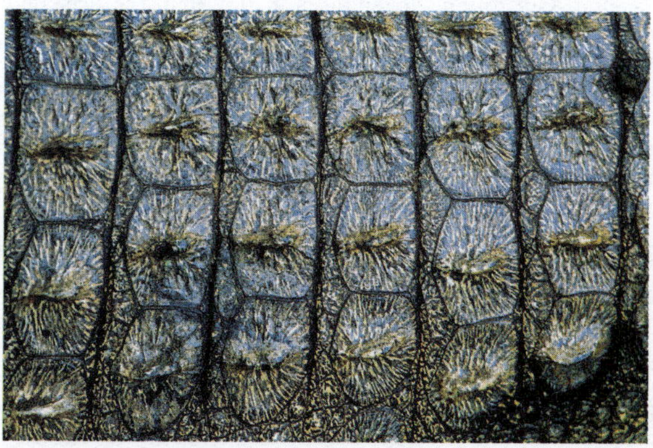

Krokodile: Haut eines Nilkrokodils

K

Kulturfolger: Pflanzen- und Tierarten, die aufgrund der günstigen Lebensbedingungen den menschlichen Kulturbereich als Lebensraum bevorzugen. Auch ihre Ausbreitung verdanken diese Arten z.T. dem Menschen; z.B. ↑ Adventivpflanzen, gewisse Unkräuter, Ruderalpflanzen (Pflanzen auf Schuttplätzen), Sperling, Rauch- und Mehlschwalbe, Amsel, Weißstorch (dessen Bestände allerdings durch Trockenlegung von Feuchtgebieten bedroht sind). – Gegensatz: ↑ Kulturflüchter.

Kulturpflanzen: Pflanzen, die vom Menschen planmäßig in Kultur genommen und weitergezüchtet werden. Alle K. stammen von Wildpflanzen ab. Sie wurden entweder direkt vom Menschen kultiviert (**primäre K.;** z.B. Weizen, Hirse, Erbse, Linse, Flachs, Mohn) oder sind auf dem Umweg über Unkräuter zu K. geworden (**sekundäre K.;** z.B. Roggen, Hanf, Möhre).

Die wichtigsten durch Chromosomenmutation entstandenen und durch Auslese und Züchtung stabilisierten Merkmale der K. gegenüber den Wildarten sind: 1. Riesenwuchs: führt zu Ertragssteigerung; 2. Verminderung der Fruchtbarkeit: führt zur Abnahme der Blüten-, Frucht- und Samenzahl (bis zur Samenlosigkeit bei der Weinrebe und einigen Citrusfrüchten) und zur Vergrößerung der Blüten und Früchte; 3. Verlust von Bitter- und Giftstoffen (Obst, Rüben, Lupine); 4. Veränderung des Lebenszyklus (Keimruhe, Blüh- und Fruchtreife): ermöglicht einfachere Bewirtschaftung und Ausbreitung in weniger günstige Klimazonen; 5. gesteigerte Formenmannigfaltigkeit (Kopfbildung bei Kohl und Salat, Farbvarianten bei Zierpflanzen).

künstliche Befruchtung:

◆ *Botanik:* die künstliche Bestäubung von Pflanzen bei ihrer gezielten ↑ Kreuzung. Hierzu werden die Blüten vor und nach der k. B. durch Tüten gegen eine unkontrollierte Bestäubung geschützt.

◆ *Zoologie/Medizin:* nicht ganz korrekte Bezeichnung für die künstliche Besamung oder Insemination. 1. **Insemination** (künstliche Samenübertragung): Sie wird v.a. in der *Tierzucht* angewandt, um mit einem einzigen Samenerguss eines Hochzuchttiers möglichst viele weibliche Tiere befruchten zu können. In der *Humanmedizin* versteht man unter Insemination das künstliche Einführen von Sperma in die weiblichen Geschlechtsorgane zum Zweck der Befruchtung; hierbei wird das Sperma durch Punktion oder Masturbation gewonnen und mithilfe einer Plastikkanüle in den Gebärmutterkörper oder den Gebärmutterhalskanal eingeführt. Prinzipiell wird unterschieden zwischen **homologer Insemination** mit Verwendung des Samens des Ehemannes und **heterologer Insemination,** bei der der Samen eines (bekannten oder anonymen) Spenders verwendet wird. Häufigste Indikation für die homologe Insemination ist die eingeschränkte Zeugungsfähigkeit des Mannes (z.B. zu wenige, zu wenig bewegliche oder zu wenig normal geformte Samenfäden). Da sich an der Familienstruktur nichts ändert, ist die homologe Insemination in Bezug auf ihre rechtlichen und psychologischen Konsequenzen für die Betroffenen wenig problematisch. Bei einer heterologen Insemination sind rechtliche und psychologische Konsequenzen wesentlich komplizierter, da durch die Verwendung fremden Samens massiv in die Familienstruktur eingegriffen wird; es liegt eine »doppelte« Vaterschaft vor: die genetische des Samenspenders und die rechtliche (allerdings anfechtbare) des Ehemannes. – 2. **In-vitro-Fertilisation** (extrakorporale Befruchtung; Abk. IVF): die außerhalb des Körpers in einer Nährlösung (in vitro) stattfindende Befruchtung der menschlichen Eizelle. Zur IVF werden reife Eizellen aus einem der (hormonell stimulierten) Eierstöcke durch Punktion oder einen Eingriff in die Bauchhöhle gewonnen, das Sperma durch Punktion oder Masturbation. Etwa 48–72 Stunden nach der Befruchtung werden 3–4 Embryonen (im 4- bis 8-Zellen-Stadium) in die Gebärmutterhöhle gebracht und die Einnistung durch Hormongaben unterstützt. Die IVF wird bei Frauen angewendet, bei denen der natürliche Weg zwischen Gebärmutter und Eierstock gestört oder nicht mehr vorhanden ist. Darüber hinaus wird die IVF mehr und mehr bei Fertilitätsstörungen des Mannes (anstelle einer Insemination) angewendet. Inwieweit die IVF medizinisch und ethisch vertretbar ist, ist umstritten.

Kupffer-Sternzellen: ↑ Leber.

Kurzfingrigkeit (Brachydaktylie): Verkürzung der Finger-, teilweise auch der Mittelhandknochen in unterschiedlich starkem Ausmaß. Es gibt verschiedene erbliche Formen mit sehr ähnlicher Ausprägung in der jeweiligen Familie (↑ Erbkrankheiten). Anhand einer Sonderform ist die autosomal-dominante Vererbung (↑ Dominanz) beim Menschen nachgewiesen.

Kurztagpflanzen, Abk. KTP: Bei manchen Pflanzen ist die Blütenbildung von einem täglichen Licht-Dunkel-Wechsel mit einer bestimmten Höchstdauer der Lichtperiode (12 Stunden oder kürzer) abhängig oder wird dadurch begünstigt. KTP blühen nur, wenn diese kritische Tageslänge unterschritten wird. Zu den KTP zählen zahlreiche in den Tropen beheimatete Pflanzen wie Reis, Hanf, Kartoffel, Baumwolle, verschiedene Tabaksorten und viele Herbstblüher. – Gegensatz: ↑ Langtagpflanzen.

Kurztriebe: pflanzliche Sprossachsenglieder (meist Seitenzweige der Holzgewächse), die durch frühzeitige Einstellung des Längenwachstums gestaucht bleiben und häufig nur eine beschränkte Lebensdauer haben. Bei einigen Holzgewächsen ist die Ausbildung von Blattorganen (z. B. Kiefer) oder von Blüten und Früchten (z. B. Sauerkirsche) auf diese K. beschränkt. K. können auch zu Dornen (beim Weißdorn) oder zu blattartigen Flachsprossen umgebildet sein.

Kybernetik: eine von dem amerikanischen Mathematiker N. WIENER (1894–1964) im Jahr 1948 begründete »Formalwissenschaft«, die mithilfe neutraler Begriffe übereinstimmende Strukturen und Funktionen in naturwissenschaftlichen, technologischen, mathematischen u. a. Forschungsbereichen zu ermitteln versucht. Neben der theoretischen K. unterscheidet man u. a. technische K., Informatik und ↑ Biokybernetik. – ↑ auch Regelkreis.

L

Labferment (Lab, Rennin): ein proteinspaltendes Enzym im Magen des Kalbs, dessen Hauptwirkung in der Milchgerinnung besteht. Dabei wird das Casein der Milch in Gegenwart von Ca^{2+}-Ionen in eine unlösliche Form überführt. – L. wird in der Käserei als Gerinnungsenzym verwendet.

Labiatae: die ↑ Lippenblütler.

Labien:
- die ↑ Lippen.
- die ↑ Schamlippen.
- ↑ Mundwerkzeuge.

Labmagen: ein Teil des Magens bei ↑ Wiederkäuern.

Labrum: ↑ Mundwerkzeuge.

Labyrinth: das Innenohr (↑ Ohr).

Lackmus: ein Farbstoff, der sich bei Anwesenheit einer Säure rot und bei Anwesenheit einer Base blau färbt. Der Umschlagbereich dieses in der Chemie häufig verwendeten Indikators liegt zwischen pH = 5 und pH = 8 (↑ pH-Wert). L. wird aus den **Lackmusflechten** hergestellt, die vergoren werden.

Lactate: ↑ Milchsäure.

Lactation: die Absonderung der Milch während der Stillperiode.

Lactoflavin: das ↑ Riboflavin.

Lactose: der ↑ Milchzucker.

Lagena: ein Abschnitt des Labyrinths (↑Ohr).

Lagerpflanzen (Thallophyten): Pflanzen, deren Vegetationskörper nicht in Wurzel, Spross und Blätter gegliedert ist. Der Pflanzenkörper (Thallus) ist ein- oder mehrzellig und besteht aus verzweigten oder unverzweigten Fäden. Zu den L. gehören die Algen, Pilze, Flechten und Moose.

Laich: die im Wasser abgelegten Eier von Weichtieren, Fischen und Amphibien. Sie werden einzeln, in Klumpen oder Schnüren frei ins Wasser abgegeben **(Freilaicher)** oder an Gegenständen (Pflanzen, Steine) angeheftet **(Haftlaicher)**.

Laichwanderungen: kurze bis mehrere 1000 km lange ↑Tierwanderungen zu einem meist dem Geburtsgewässer entsprechenden Laichgewässer. Lachse z.B. suchen zum Ablegen des ↑Laichs ihren Heimatbach auf. Umgekehrt streben Aale zum Meer. Aber auch bei Amphibien (z.B. Kröten) findet man L., da sich die Eier der Tiere nur im Wasser entwickeln können.

Lakunen: ↑Blutkreislauf.

Lamarckismus: eine heute abgelehnte Theorie über die Entwicklung der Lebewesen; ↑Deszendenztheorie.

Lamiaceae: die ↑Lippenblütler.

Lampenbürstenchromosomen: eine besondere Form der ↑Chromosomen. Bei einigen Tiergruppen, besonders deutlich bei Amphibien, findet man während der Prophase der ↑Meiose Chromosomen im Lampenbürstenstadium: Bestimmte Chromomeren der gepaarten Chromosomen sind entspiralisiert und als große Schleifen seitlich ausgestülpt. In diesem Stadium, das mehrere Monate dauern kann, wird an den Schleifen lebhaft RNA für ↑Ribosomen synthetisiert. Die Schleifen sollen den ↑Puffs der Riesenchromosomen entsprechen.

Landschaftspflege: ein Teilbereich der Landespflege, der für die Erhaltung und den Schutz der Landschaft außerhalb der Wohngebiete sorgt. In den Ländern ist die L. im Rahmen des ↑Naturschutzes geregelt.

Landschaftsschutzgebiet: Teilbereich des ↑Naturschutzes mit weniger strengen Schutzbestimmungen.

Larve

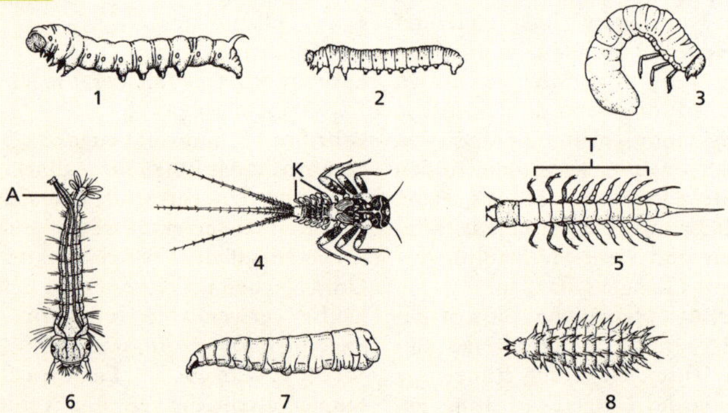

1 Schmetterlingsraupe, 2 Afterraupe, 3 Engerling, 4 Eintagsfliegenlarve, 5 Schlammfliegenlarve, 6 Stechmückenlarve, 7 Made der Großen Stubenfliege, 8 Made der Kleinen Stubenfliege; A Atemrohr, K Kiemenblättchen, T gliedmaßenartige Tracheenkiemen

Langerhans-Inseln: reich durchblutete Zellgruppen in der ↑Bauchspeicheldrüse, die die antagonistisch wirkenden Hormone Insulin (in sog. B-Zellen) und Glucagon (in sog. A-Zellen) erzeugen. Die Gesamtheit der L.-I. bildet eine Hormondrüse, das Inselorgan.

Langtagpflanzen, Abk. LTP: Pflanzen, die zur Blütenbildung eine längere Lichtperiode (etwa 14 Stunden) benötigen. Die Mindestbeleuchtungsdauer muss dabei stets länger sein als die jeweilige Dunkelzeit. Typische LTP sind in den gemäßigten Klimazonen anzutreffen. Dazu gehören viele Getreidearten, Zuckerrüben, Möhren, Bohnen und Spinat. – Gegensatz: ↑Kurztagpflanzen.

Langtrieb: pflanzliche Sprossachsenglieder (Haupt- und Seitensprosse), die durch ein unbegrenztes Streckungswachstum der Internodien (↑Spross) im Gegensatz zu den ↑Kurztrieben eine Normallänge erreichen. Sie bilden das Grundgerüst des Sprosssystems.

Langusten (Palinuridae): eine Familie der Zehnfußkrebse mit rund 40 Arten. L. haben sehr lange Antennen, jedoch keine Scheren. Eine der Arten zählt mit 60 cm Länge zu den größten Gliederfüßern überhaupt. Das Fleisch der L. ist als Delikatesse sehr geschätzt.

Langzeitpotenzierung: ↑Gedächtnis.

Lanzettfischchen (Amphioxus, Branchiostoma): Gattung der ↑Schädellosen mit 6 Arten. L. sind rund 3–7 cm lange, glashelle, seitlich flach gedrückte, lanzettförmige, fischähnliche Tiere. Sie leben als Strudler oberflächlich eingegraben im Sand der Küstengewässer warmer und gemäßigter Meere. L. zeigen eine innere Segmentierung (Muskulatur, Ausscheidungs- und Geschlechtsorgane). Rückenwärts der Chorda dorsalis besitzen sie ein Medullarrohr und bauchwärts einen Darmkanal mit Kiemenkorb (↑Kiemen).

Larve: Jugendstadien von Tieren, bei denen die Entwicklung vom Ei zum geschlechtsreifen Tier nicht direkt erfolgt, sondern durch ↑Metamorphose über ein oder mehrere Larvenstadien. Die Larven können sich im Körperbau, in ihren Organen und ihrer Lebensweise erheblich vom geschlechtsreifen Tier unterscheiden. Kriechtiere, Vögel und Säuger haben keine Larven. Beispiele: Aus den Eiern von Nesseltieren entwickeln sich frei bewegliche **Planulalarven** (↑Planula). Diese setzen sich fest und wandeln sich in eine polypenähnliche L. (Skyphopolyp) um, die schließlich an der Mundscheibe viele frei schwimmende Jungquallen **(Ephyralarven)** abschnürt. Larven der Insekten: ↑Raupen, ↑Maden; Larven der Lurche: ↑Kaulquappen.

Larynx: ↑Kehlkopf.

Latenzeier: die ↑Dauereier.

Latenzzeit:

◆ *Physiologie:* die Zeitspanne zwischen Erregungsbeginn und Beginn der beobachteten Reaktion. So beträgt z.B. die L. bei Skelettmuskeln 0,004–0,01 Sekunden.

◆ *Medizin:* unterschiedlich verwendeter Begriff; u.a. die Zeitspanne, die zwischen der Einwirkung eines Krebs erzeugenden Schadstoffs und dem Auftreten der Krankheit (bösartige Wucherung) liegt. Sie kann in diesem Fall zwischen 10 und 40 Jahren betragen. – ↑auch Inkubationszeit.

Lateralherzen: bei Wenigborstern muskulöse Regionen in den vorderen ringförmigen Blutgefäßen, die sich zusammenziehen und so Blut pumpen können. L. kommen z.B. beim Regenwurm vor, bei dem sie den Verdauungstrakt umgeben und das Rückengefäß mit dem Bauchgefäß verbinden. – Bild S. 292.

Laterne des Aristoteles: der Kauapparat der ↑Seeigel.

Latex: ↑Kautschuk.

Latimeria chalumnae: einzige noch lebende Art der ↑Quastenflosser.

Laubbäume: bedecktsamige Pflanzen mit verholzter Sprossachse (Stamm), die breitflächige ↑Laubblätter tragen

L

Lateralherzen

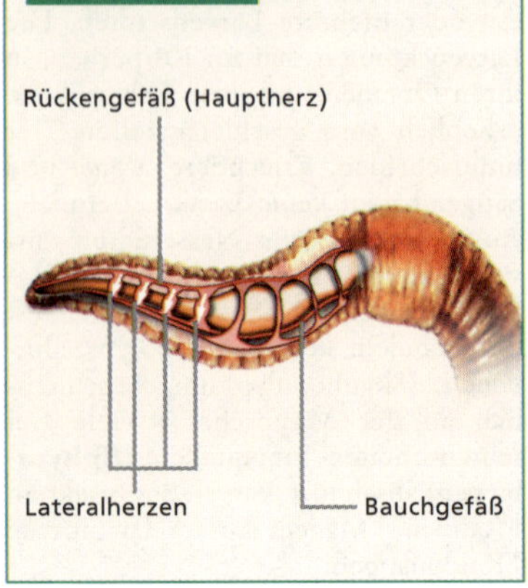

(im Gegensatz zu den ↑Nadelbäumen, die ↑Nadelblätter tragen).

Der anatomische Bau des ↑Holzes der L. ist komplizierter als der der Nadelbäume. Die baumförmige Wuchsform ist charakterisiert durch eine sympodiale Verzweigung, d.h., die Entwicklung der Hauptachse tritt hinter der der Seitenachsen zurück, wodurch ausladende Kronen entstehen. L., deren Blätter über mehrere Vegetationsperioden erhalten bleiben, nennt man **immergrün** (z.B. Stechpalme, Buchsbaum). Den Gegensatz dazu bilden die **sommergrünen** oder **laubwerfenden** L., bei denen die Blätter nur eine Vegetationsperiode tätig sind (z.B. Buche, Eiche). – L. sind in weiten Gebieten der Erde die vorherrschende Wuchsform der natürlichen Vegetation. – ↑auch Laubfall.

Laubblatt: grüne, ausschließlich der ↑Fotosynthese dienende und i.d.R. breitflächige Blätter. Die meisten Blätter der Samenpflanzen und Farne zählen, ungeachtet ihrer unterschiedlichen Formen, zu den Laubblättern. Außerdem unterschiedet man Keimblätter (↑Cotyledonen), ↑Hochblätter und ↑Niederblätter. Im typischen Fall besteht ein L. aus der meist flächig entwickelten Blattspreite, dem Blattstiel und dem Blattgrund.

Die **Blattspreite (Lamina)** ist bei einfachen Blättern ungeteilt, hat aber gewöhnlich einen mehr oder weniger stark konturierten Rand. Bei zusammengesetzten Blättern sitzen an der ursprünglichen Mittelrippe **(Blattspindel, Rhachis)** mehrere kleine Blattspreiten. Man bezeichnet die verschiedenen Formen als gefiedert, fingerförmig oder fußförmig. Normalerweise kann man Ober- und Unterseite gut unterscheiden. Die Blätter der Nacktsamer (z.B. der Nadelhölzer) sind nadel- oder schuppenförmig (↑Nadelblätter). Jede Blattspreite wird von den meist heller gefärbten Leitungsbahnen (**Blattadern**, auch Blattrippen und Blattnerven genannt) durchzogen, die sowohl der Versorgung als auch der Festigung der Spreite dienen. Bei Zweikeimblättrigen Pflanzen herrscht die verzweigte und fieder- oder netznervige Aderung vor, bei Einkeimblättrigen die parallelnervige. Die in den Blattadern verlaufenden ↑Leitbündel sind ähnlich gebaut wie die des Sprosses.

Auf der Oberseite und Unterseite der Spreite, die man i.d.R. gut unterscheiden kann, findet man eine meist einschichtige ↑Epidermis. Die Cutinschicht der oberen ist allerdings meist dicker als die der unteren. Den Hauptteil der Epidermis bilden die ineinander verzahnten Epidermiszellen, die nur wenige oder keine ↑Chloroplasten enthalten. Außerdem findet man die Schließzellen der ↑Spaltöffnungen mit Nebenzellen sowie Haarzellen, Korkzellen u.a.

Unter der oberen Epidermis liegt das **Palisadengewebe (Palisadenparenchym),** dessen lang gestreckte Zellen den weitaus größten Teil aller ↑Chloroplasten des Blatts enthalten und daher das Assimilationsgewebe darstellen. Die Zellen stehen wie Pfähle nebeneinander (Palisadenzellen) und sind senkrecht zur Blattfläche angeordnet. So kann das von oben einfallende Licht für die ↑Fotosynthese am besten genutzt

Laubblattformen

L

werden. Das Palisadenparenchym ist ein- bis dreischichtig.
Unter dem Palisadengewebe findet sich das **Schwammgewebe (Schwammparenchym),** das aus unregelmäßig geformten, chlorophyllärmeren Zellen besteht, zwischen denen sich große ↑Interzellularen ausbreiten, die der Wasserdampfabgabe und der Durchlüftung des Blatts dienen. Entsprechend der Anordnung der Gewebe sind die Spaltöffnungen, durch die O_2 und CO_2 mit der Atmosphäre ausgetauscht werden, häufig nur an der Blattunterseite zu finden. Die Trennung des zwischen oberer und unterer Epidermis liegenden **Mesophylls** in Palisaden- und Schwammgewebe ist in vielen Fällen undeutlich oder fehlt ganz (v.a. bei Pflanzen an sonnigen, trockenen Standorten).
Der Querschnitt durch ein Blatt der *Nadelhölzer* (↑Nadelblatt) erscheint kreis- oder halbkreisförmig. Die 1–2 Leitbündel in der Mitte sind von Transfusionsgewebe umgeben. Nach außen folgt eine Endodermis, das einheitliche Mesophyll und schließlich die mehrschichtige Epidermis mit stark verdickten Wänden. Im Mesophyll liegen die Harzgänge.
Der **Blattstiel** ist von seiner inneren Struktur her die Fortsetzung des Stängels. Er führt der Spreite Wasser und Mineralsalze zu und transportiert die Assimilationsprodukte ab. Durch Wachstumsbewegungen bringt er die Blattfläche in die günstigste Position zum Lichteinfall.
Bei einigen Pflanzen ist das obere oder untere Ende des Stiels verdickt und zum **Blattpolster** geworden, das wie ein Gelenk wirkt und dem Blatt eine große Beweglichkeit gibt (besonders bei der Mimose). Bei sehr vielen Einkeimblättrigen Pflanzen fehlt der Blattstiel. Bei einigen Arten (Akazie) übernimmt der verbreiterte Blattstiel die Aufgaben der fehlenden Spreite (↑Phyllodium). Die Waldrebe hat ihre Blattstiele zu Ranken umgebildet (weitere Beispiele für Umwandlung des Blattes ↑Blattmetamorphosen).
Bei den meisten Zweikeimblättrigen Pflanzen ist der **Blattgrund** gegenüber dem Stiel nur mäßig verdickt, trägt aber oft ein Paar **Nebenblätter.** Bei einigen von ihnen und vielen Einkeimblättrigen Pflanzen hat er sich zu einer **Blattscheide** entwickelt, die den Stängel umschließt und stabilisiert (z.B. bei den Gräsern). Die Gräser besitzen an der Übergangsstelle zwischen Blattgrund und Spreite zusätzlich das kleine, helle ↑Blatthäutchen. Die Blätter, die bei der jungen Pflanze auf die Keimblätter folgen, sind oft anders geformt als die späteren Laubblätter. Wasserpflanzen haben unter Wasser andere Blätter als über dem Wasser (↑Heterophyllie). An waagrecht wachsenden Sprossen sind die jeweils oberen und unteren Blätter nach Größe und Gestalt zu unterscheiden (↑Anisophyllie).
Blattentwicklung: Das Blatt entsteht als seitlicher Höcker neben dem Sprossvegetationspunkt. Der Höcker zeigt schon bald eine Einschnürung, die das **Oberblatt** (später Stiel und Spreite) vom **Unterblatt** (Blattgrund mit Nebenblättern) trennt. Das Unterblatt entfaltet sich meist schneller als das Oberblatt. Das ↑Meristem an der Spitze der Blattanlage wird beim typischen Blatt ersetzt durch teilungsfähige Zellen an der Basis von Blattgrund, Stiel und Spreite. Dadurch wächst das Blatt in die Länge. Bei Gräsern bleiben die Zellen lange Zeit teilungsfähig.
Das Breitenwachstum beginnt mit Zellen am Blattrand und wird später durch Spreitenteile zwischen den Hauptnerven unterstützt. Zusammengesetzte Blätter entstehen dadurch, dass die teilungsfähigen Zellen nur in bestimmten Zonen des Blattrandes vorkommen.
Die *Lebensdauer* der Laubblätter beträgt eine Vegetationsperiode (z.B. laubwerfende, sommergrüne Bäume) oder wenige Jahre (z.B. immergrüne Bäume). Der Blattfall (↑Laubfall) steht unter

dem Einfluss von ↑Wuchsstoffen und ist der Klimarhythmik angepasst (Kälte- oder Trockenperioden). – ↑auch Blattstellung.

Laubfall (Blattfall): die durch verschiedene Pflanzenhormone (↑Wuchsstoffe) gesteuerte Abtrennung von Blättern, die bei allen Holzgewächsen eine viel kürzere Lebensdauer als die Sprossachse haben. Auch Umweltfaktoren wie Licht, Temperatur, Wasser- und Nährstoffversorgung können den L. beeinflussen.

Stoffwechselveränderungen wie Abnahme des Chlorophyllgehalts, Zunahme der Anthocyane, Abtransport von Mineralstoffen sind die Vorerscheinungen beim Abwurf der Laubblätter. Die letzten zur Ablösung führenden Schritte sind Zellwand- bzw. Zellauflösungen.

Laubmoose (Musci): eine weltweit verbreitete Klasse der ↑Moose mit rund 16 000 Arten. L. besitzen einen ausgeprägten ↑Generationswechsel: der Gametophyt ist in Stämmchen und Blätter gegliedert. Die Blätter haben im Gegensatz zu den beblätterten ↑Lebermoosen meist eine Mittelrippe. Die Sporenkapsel entspricht dem Sporophyten.

Die L. sind von großer Bedeutung als Wasserspeicher in den Wäldern, als Indikatoren für bestimmte Bodenqualitäten und für den Aufbau der Torfmoore. Bekannte L. sind Goldenes Frauenhaarmoos, Drehmoos, Weißmoos, Etagenmoos und Torfmoos.

Laubwald: ein im Wesentlichen durch ↑Laubbäume aufgebauter Wald. L. ist in unseren geografischen Breiten die natürliche Form des Waldes; er wird meist durch Eichen und Buchen aufgebaut. Eingriffe des Menschen (Forstwirtschaft) haben die Laubbäume zugunsten der schnellerwüchsigen Nadelbäume (meist Fichten) zurückgedrängt. 1860 bestanden unsere Wälder noch zu 70% aus Laubhölzern, heute nur noch zu 30%.

Der Wald wirkt sich ganz allgemein durch Verbesserung des Klimas, Reinigung der Luft, Speicherung von Wasser, Erhöhung der Niederschläge günstig auf die Umwelt aus. Vor allem der L. mit seiner tief gehenden, kräftigen Durchwurzelung ist ein guter Wasserspeicher und damit der Ort vieler Wasserquellen. Falsche Waldnutzung, Waldzerstörung, Kahlschläge und das Anlegen von Monokulturen kann zum Versiegen der Quellen oder gar zu einer Bodenerosion (Auswaschung durch Regen) führen.

laubwerfend: ↑Laubbäume.

Lautäußerungen: bei vielen Tieren, besonders Gliederfüßern und Wirbeltieren, bestimmte Lautsignale, die der innerartlichen Verständigung dienen. Hierzu zählen z.B. Anlockung des Sexualpartners, Einschüchterung von Rivalen, Sicherung des sozialen Zusammenhalts **(Stimmfühlungslaute),** Warnung vor Gefahr. Vögel begrenzen durch **Gesang** ihr Revier. L. können auch zur Abschreckung von Feinden **(Drohlaute)** dienen. Bei manchen Tieren (z.B. Fledermäusen, Walen) stehen die L. im Dienste der räumlichen Orientierung.

Wirbeltiere, von den Fröschen bis zu den Säugetieren, haben v.a. **Blasorgane** zur Lauterzeugung, in denen Membranen oder Lippen durch anströmende Luft in Schwingung versetzt werden. Die harte Körperhaut der Gliederfüßer eignet sich gut für **Zirporgane.** Bei ihnen wird eine mit Zähnchen besetzte Fläche gegen eine harte Kante gerieben (wie ein Kamm an einer Tischkante). Einige Tiere trommeln auch z.B. gegen den Boden oder gegen hohle Bäume.

Nicht immer liegen die von Tieren erzeugten Laute im Frequenzbereich, der auch von Menschen wahrgenommen wird. Die Echolotpeilung der Fledermäuse und Delphine z.B. arbeitet mit höheren Tönen (Ultraschall).

Leben: Die Voraussetzung für L. ist das geordnete, komplizierte Zusammen-

L

spiel meist organischer chemischer Verbindungen eines offenen Systems (↑Lebewesen) mit chemischen und physikalischen Wechselwirkungen auf Dinge außerhalb dieses Systems.

Allen Lebewesen sind folgende *Merkmale des Lebens* eigen: 1. ↑Stoffwechsel; 2. ↑Fortpflanzung; 3. ↑Vererbung; 4. Veränderung der ↑genetischen Information (Mutation, Faktorenaustausch); 5. Aufbau aus einer oder mehreren ↑Zellen; 6. Besitz bestimmter Strukturen (↑Organellen) innerhalb der Zellen; 7. Reaktionen auf äußere und innere Reize (↑Reizbarkeit).

Diese Gemeinsamkeiten lassen auf einen einheitlichen Ursprung schließen, was besonders durch die Allgemeingültigkeit des ↑genetischen Codes und der Eiweißsynthese belegt wird.

Das L. ist vor etwa 3–4 Milliarden Jahren in der Uratmosphäre (Wasserstoff, Methan, Ammoniak, Wasserdampf, Schwefelwasserstoff u.a., jedoch kein Sauerstoff) unter der Einwirkung verschiedener Energieformen entstanden.

Der entscheidende Fortschritt im Laufe der Evolution (↑Deszendenztheorie) war die ständige Neukombination der ↑Gene durch ↑geschlechtliche Fortpflanzung, die natürliche Auslese, die Beschränkung der Lebensdauer eines Individuums und die Ausbildung von Sinneszellen mit dem zugehörigen Nervensystem.

Auf der Grenze zwischen belebter und unbelebter Materie stehen die ↑Viren. Sie besitzen keinen eigenen Stoffwechsel und sind zu ihrer Vermehrung auf andere Organismen angewiesen.

Nach Schätzungen von Astrophysikern gibt es im Universum noch viele Planeten, auf denen L. entstanden sein könnte.

lebende Fossilien: ↑Aussterben.

Lebendimpfstoffe: ↑Impfung.

Lebensdauer: die Zeitspanne zwischen Geburt und Tod, die für die verschiedenen Lebewesen sehr unterschiedlich ist. Nur unter günstigsten Voraussetzungen wird über ein natürliches ↑Altern ohne Kranksein die höchstmögliche L. erreicht. Viele innere (physiologische), v.a. erblich bedingte Faktoren sowie äußere Umwelteinflüsse verkürzen die Lebensdauer. Die einzigen Lebewesen, die potenziell unsterblich sind, da sie keinen Leichnam hinterlassen, sind die ↑Einzeller.

Angaben über die L. verschiedener Lebewesen beruhen in der Regel auf Einzelbeobachtungen oder statistischen Mittelwerten (beim Menschen die **Lebenserwartung**). Die höchsten Werte für die L. finden sich bei *Pflanzen:* z.B. Nadelbäume 300–500 Jahre, Buchen, Linden, Zedern bis 1 000 Jahre, Eichen bis maximal 1 200 Jahre, Zypressen bis 2 000 Jahre, Eiben bis 3 000 Jahre, Mammutbaum bis über 4 000 Jahre. – Sehr alt können auch *Sporen* und *Samen* werden; z.B. Bakteriensporen 300–1 000 Jahre, Samen von Lotosblumen (aus ostasiatischen Torfmooren) 1 000–2 000 Jahre und die Samen einer Lupinenart (aus einer arktischen Dauerfrostschicht) sogar mindestens 10 000 Jahre.

Bei den *Insekten* leben die Eintagsfliegen wenige Stunden bis Tage, bei Honigbienen die Arbeiterinnen 4–6, höchstens 8 Wochen, die Königin 3–5 Jahre, die Geschlechtstiere der Termiten 40–60 Jahre. – Unter den *Würmern* werden die Bandwürmer mit einer L. von 25–50 Jahren relativ alt; bei den Regenwürmern sind es 5–20 Jahre. – *Fische* können über 100 Jahre lang leben (z.B. Karpfen, Hechte). – Noch älter, nämlich bis 300 Jahre alt, werden große *Schildkrötenarten.* – Unter den *Vögeln* lebt der Wellensittich 10–13 Jahre lang, kleinere Singvögel bis 20, der Kanarienvogel bis 24, Gänse 40 bis über 60, Graupapageien 70–85 und große Greifvögel bis 100 Jahre. – Unterschiedlich alt werden die *Säugetiere:* z.B. Mäuse nur bis 1,5 Jahre, der Goldhamster etwa 3, Meerschweinchen 7, der Feldhamster 6–10, Hase, Reh,

Fuchs und Dachs 8–12, der Wolf 12–16, der Haushund sogar 15 bis maximal 25 Jahre; dieses Alter erreichen auch Rothirsch, Elch und Gämse. Die Hauskatze kann 30 Jahre alt werden, das Hauspferd 30–50, Elefanten 60–80 Jahre.

Lebensgemeinschaft: die ↑Biozönose.

Lebensraum: der ↑Biotop.

Leber (Hepar): Die L. ist das Zentralorgan des Stoffwechsels und die größte Drüse der Wirbeltiere, die beim Menschen rechts unter den Rippen bis über

Leber

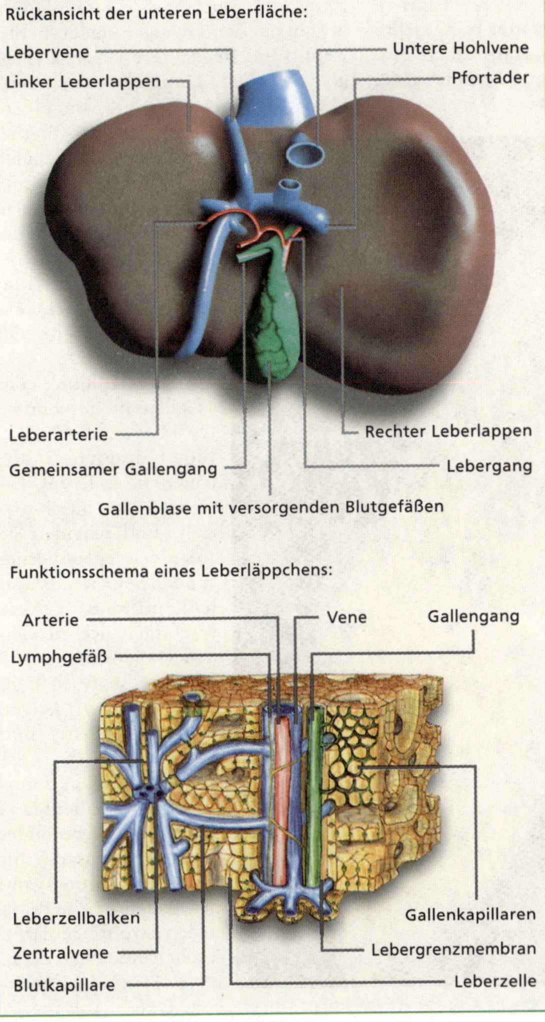

L

die Körpermitte hin liegt. Sie ist braun, gelappt, von einer bindegewebigen Hülle umgeben und wiegt etwa 1 500 Gramm. Auf ihrer Rückseite befindet sich als Anhängsel des Gallengangs die Gallenblase.
Die Eintritts- bzw. Austrittsstelle von Gefäßen, Nerven und Gallengang nennt man **Leberpforte.** Die **Leberarterie** versorgt die L. mit sauerstoffreichem Blut, die **Pfortader** bringt nährstoffreiches Blut vom Darm zu ihr. Eine gemeinsame Vene führt das Blut wieder dem ↑Blutkreislauf zu.

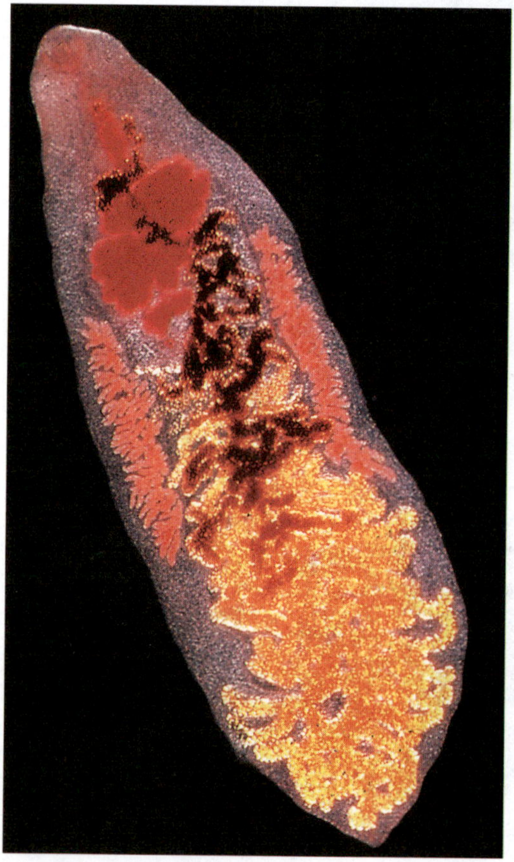

Leberegel: Lichtmikroskopische Aufnahme mit Kontrastmittel

Die L. besteht aus meist fünf- oder sechseckigen **Leberläppchen** von 1–2 mm Durchmesser und 2 mm Länge. An jeder Ecke des Läppchens verlaufen je ein Ästchen der Leberarterie, der Pfortader und des Gallengangs. Die Pfortaderästchen und die Arterienästchen bilden ein dichtes Kapillarnetz **(Lebersinusoide),** das sich zum Zentrum des Läppchens hin vereinigt und dort in die Zentralvene mündet. In den Kapillaren liegen Fresszellen (Phagocyten, hier **Kupffer-Sternzellen**). Die Lebersinusoide sind von einem lückenhaften Epithel (Endothel) ausgekleidet, wodurch das Blut direkt mit den Leberzellen in Kontakt treten kann. Die Stoffwechselvorgänge mit dem Blut spielen sich direkt auf der Blutgefäßseite der Leberzellen ab.
Für die Bildung des ↑Gallensafts entnehmen die Leberzellen dem Blut bestimmte Stoffe, bauen sie z.T. um, befördern sie durch die Zelle und scheiden sie auf der gegenüberliegenden Seite in die **Gallenkapillaren** ab. Diese vereinigen sich zu kleinen Gallengängen und münden schließlich in den 7–10 cm langen **Gallengang.** An ihm hängt seitlich die 8–12 cm lange, dünnwandige ↑Gallenblase. Der Gallengang mündet meist gemeinsam mit dem Ausführungsgang der Bauchspeicheldrüse in den Zwölffingerdarm. Täglich produziert die L. etwa 1 l Gallenflüssigkeit. Deren Aufgabe ist

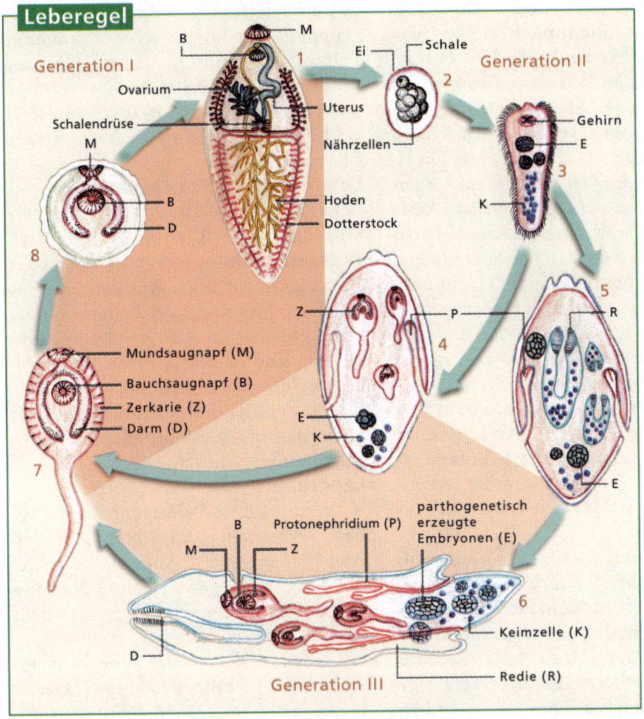

es, die Nahrungsfette in kleinste Tröpfchen zu zerlegen (zu emulgieren).

Die L. entgiftet das Blut, indem sie Abbauprodukte des Eiweißstoffwechsels in ↑Harnsäure (Kriechtiere, Vögel) oder ↑Harnstoff (Säugetiere) umwandelt. Außerdem baut sie Eiweiße und Fette in Kohlenhydrate um, speichert Kohlenhydrate in Form von Glykogen, synthetisiert Proteine (z.B. Fibrinogen, Plasmaalbumin, Prothrombin) aus Aminosäuren, baut überalterte rote Blutkörperchen ab, speichert das frei werdende Eisen sowie Vitamine und kann beim Menschen bis zu 20% der Gesamtblutmenge speichern (↑Blutspeicher).

Die Speicherung des Glykogens erfolgt unter dem Einfluss des Hormons Insulin, die Mobilisierung unter dem Einfluss des Hormons Adrenalin. Die L. baut auch Medikamente und andere Stoffe (z.B. Alkohol) ab.

Leberegel: nur wenige Zentimeter große, zwittrige ↑Saugwürmer, die im geschlechtsreifen Zustand vor allem in den Gallengängen der Leber von Säugetieren (z.B. Wiederkäuer, Schweine und Pferde), manchmal auch des Menschen (äußert sich in Magen-Darm-Störungen) parasitieren. Sie haben einen Mund- und einen Bauchsaugnapf und entwickeln sich über einen komplizierten Generations- und Wirtswechsel.

Leberfleck: Volkstümliche Bezeichnung für eine gutartige Wucherung der Pigmentzellen in der Haut. Leberflecke kommen v.a. am Rumpf und an den Oberarmen vor. Ihr Name bezieht sich auf das leberfarbige Äußere.

L

Lebermoose (Hepaticae): eine Klasse der ↑Moose mit rund 8 500 weltweit verbreiteten Arten. Nach dem Bau des ↑Thallus lassen sich zwei Gruppen unterscheiden: 1. Lebermoose mit flächigem, oft gabelig verzweigtem Thallus **(thallose L.)**; 2. Lebermoose, die in Stämmchen und Blätter, die im Gegensatz zu den ↑Laubmoosen keine Mittelrippe besitzen, gegliedert sind **(foliose, beblätterte L.)**. Die Sporenkapsel der L. hat meistens keine ↑Columella, oft aber Schleuderzellen (↑Elateren).
Ein bekanntes Lebermoos ist das an feuchten Standorten vorkommende Brunnenlebermoos.

Lebewesen: alle Strukturen bzw. Körper, die die Merkmale des ↑Lebens tragen. Man unterscheidet **Pflanzen,** zu denen auch die Pilze gezählt werden, und **Tiere,** zu denen auch der ↑Mensch gehört.
Die einfachsten L. sind die prokaryotischen ↑Archaebakterien, ↑Bakterien und ↑Cyanobakterien. Sie besitzen keinen Zellkern; ihre Erbinformation liegt ohne besondere Hülle im Zellplasma. Die eukaryotischen Pflanzen und Tiere besitzen einen von einer Kernmembran umgrenzten Zellkern. Sie gehen auf einen gemeinsamen Ursprung zurück. Pflanzen können sich, bis auf die Pilze und wenige Höhere Pflanzen, von anorganischen Stoffen ernähren, sind also ↑autotroph. Tiere brauchen für ihre Ernährung organische Substanz; sie sind ↑heterotroph.

Lecithine: eine Gruppe der ↑Phospholipide mit Cholin als organischer Base. L. sind wichtige Bestandteile aller Zellen bzw. der Zellmembranen. Sie kommen oft an Eiweiße gebunden oder frei vor und sind besonders reichlich im Eidotter, in Hülsenfrüchten, Hefen sowie im Hirn- und Nervengewebe vorhanden. L. spielen ein wichtige Rolle bei der Enzymaktivierung an Zellmembranen sowie als Phosphatüberträger bei Stoffwechselvorgängen. Sie sorgen für den Fettabtransport aus der Leber. L. sind Triglyceride, wobei 2 Hydroxygruppen des Glycerins mit höheren Fettsäuren (Palmitin-, Stearin-, Öl- oder Linolsäure), die dritte Hydroxygruppe jedoch mit Phosphorsäure verestert sind. Das Cholin hängt esterartig an der Phosphorsäure.

Lectine (Phytohämagglutinine): lösliche Proteine meist pflanzlicher Herkunft. Die L. binden spezifisch Zuckermoleküle und besitzen weder Enzymaktivität noch Antikörpereigenschaften. Sie sind zur Zellerkennung und Zelladhäsion, z.B. bei der Symbiose von Knöllchenbakterien und Hülsenfrüchtlerwurzeln, befähigt und werden in der Zellbiologie als Marker für zuckerhaltige Bestandteile der Zellmembranen benutzt.

Lederhaut:
◆ (Sclera): die weiße Augenhaut, die neben ↑Aderhaut und ↑Netzhaut den Augapfel umgibt (↑Augen). Sie bildet die derbe Bindegewebskapsel des Augapfels. Der Stoffwechsel der L. ist sehr träge, und sie ist kaum durchblutet.
◆ (Corium): die an die Oberhaut anschließende bindegewebige zweite Hautschicht der ↑Haut. – Aus der tierischen L. wird durch Gerben Leder hergestellt.

Leerlaufhandlung: Hat Tieren der auslösende Reiz (↑Schlüsselreiz) für eine bestimmte Handlung längere Zeit gefehlt, führen sie die entsprechenden Bewegungen plötzlich ohne äußerlich erkennbaren Anlass aus. Die andauernde Erregung hat sich aufgestaut und überwindet schließlich eine innere Sperre.

Leguminosae: die ↑Hülsenfrüchtler.

Leibesfrucht (Frucht): bei Säugetieren (Ausnahme: Schnabeltier, Schnabeligel) das sich aus der befruchteten Eizelle in der ↑Gebärmutter des weiblichen Tiers entwickelnde Junge, solange es sich im mütterlichen Körper befindet. – ↑auch Embryo, ↑Fetus.

Leibeshöhle: die Hohlräume zwischen den Organen des tierischen und

menschlichen Körpers. Man unterscheidet:
Die **primäre L. (Protocoel)** geht aus der Furchungshöhle (Blastocoel) des Blasenkeims hervor. Sie wird in der ↑ Keimesentwicklung durch die **sekundäre L. (Coelom, Deuterocoel)** weitgehend verdrängt. Die sekundäre L. ist von einem Epithel ausgekleidet und wird von den Ausführgängen der Ausscheidungs- und Geschlechtsorgane sowie des Verdauungssystems durchbrochen.
Die sekundäre L. der Weichtiere enthält nur Herz, Ausscheidungs- und Geschlechtsorgane. Bei den Gliedertieren besteht sie aus segmental angeordneten Abschnitten (Coelomkammern) mit paarigen Coelomsäckchen oberhalb und unterhalb des Darms. Bei Blutegeln und Gliederfüßern werden die zunächst angelegten Coelomsäckchen wieder aufgelöst, und es entsteht ein einheitlicher Hohlraum aus sekundärer und primärer L., das **Mixocoel (tertiäre L.;** ohne besonderes Epithel).
Bei Wirbeltieren und beim Menschen kleidet die äußere Wand der sekundären L. die Innenflächen der Körperhöhle aus; die innere Wand überzieht Darm, Herz und Lungen. Die L. der Säugetiere und des Menschen wird durch das Zwerchfell in ↑ Brusthöhle und ↑ Bauchhöhle geteilt.

Leichenstarre: die ↑ Totenstarre.

Leimrutenfänger: ↑ Fleisch fressende Pflanzen.

Leitbündel (Gefäßbündel): die strangförmig zusammengefassten Verbände des Leitgewebes in Höheren Pflanzen. Sie stellen ein verzweigtes, offenes Röhrensystem dar und durchziehen den ganzen Pflanzenkörper. Die Aufgabe der L. besteht im Transport von Wasser und den darin gelösten Mineralsalzen. Zusätzlich haben sie auch noch Festigungsfunktion.
Die beiden in den Leitbündeln vorkommenden Gewebearten sind Siebteil und Gefäßteil, einschließlich Grundgewebe (Bast- und Holzparenchym) und Festigungselemente (Bast- und Holzfasern). Der **Gefäßteil (Holzteil, Xylem)** leitet das von den Wurzeln aufgenommene Wasser mit den darin gelösten Mineralstoffen in den Gefäßen (Tracheen und Tracheiden; ↑ Holz) sprossaufwärts. Der **Siebteil (Bastteil,**

Leitbündel

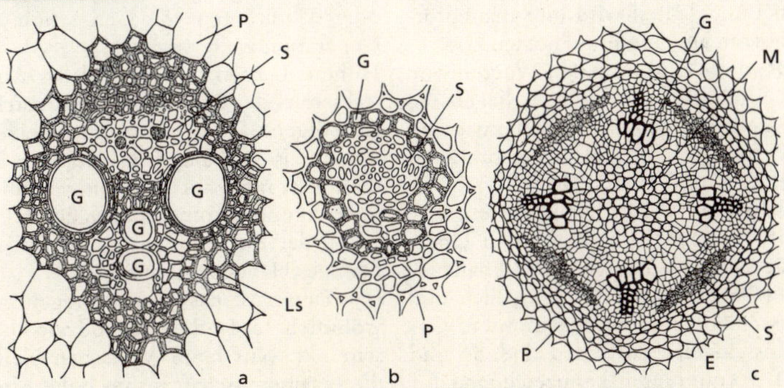

Leitbündel (Querschnitte). a kollaterales Leitbündel (Mais), b konzentrisches Leitbündel (Maiglöckchen), c radiales Leitbündel (Bohne); E Endodermis, G Gefäße des Xylems, Ls Leitbündelscheide, M Mark, P Parenchym, R Rinde, S Siebteil

Phloem) besteht aus lang gestreckten **Siebröhren** mit siebartig durchbrochenen Querwänden **(Siebplatte)** und plasmareichen, kernhaltigen Geleitzellen. Dieser Gewebeteil übernimmt den Transport der gelösten, in den Blättern gebildeten organischen Stoffe (Kohlenhydrate) zu den Orten des Verbrauchs. Die L. sind meist von einer Leitbündelscheide aus ↑Festigungsgewebe (Sklerenchym) umgeben. Je nach räumlicher Anordnung der beiden Leitbündelanteile unterscheidet man: 1. **Kollaterale L.** kommen in den meisten Sprossen und Blättern vor. Hier liegen Sieb- und Gefäßteil nebeneinander. Grenzen in kollateralen Leitbündeln Sieb- und Gefäßteil direkt aneinander, werden sie als geschlossen bezeichnet. **Geschlossene kollaterale L.** kommen in Sprossen von einjährigen Zweikeimblättrigen und Einkeimblättrigen sowie in Blättern vor. Werden Sieb- und Gefäßteil durch ein teilungsfähiges Bildungsgewebe (Leitbündelkambium) getrennt, nennt man sie offen. **Offene kollaterale L.** findet man in den Sprossen aller mehrjährigen Zweikeimblättrigen Pflanzen.

2. **Konzentrische L.** kommen bei Farnen, in ↑Rhizomen und in Stämmen einiger Einkeimblättriger Pflanzen vor. Ein Bündelanteil wird hier mantelförmig vom anderen umschlossen.

3. **Radiale L.** kommen in Wurzeln vor. Im Querschnitt betrachtet, liegen die Siebteile hier in den Buchten zwischen den sternförmig (radial) angeordneten Gefäßteilen. – Bild S. 301.

Leitformen: die ↑Charakterarten.

Leitfossilien: die versteinerten Überreste einiger ausgestorbener Pflanzen- oder Tierarten, die ausschließlich und massenhaft nur in bestimmten Gesteinsschichten zu finden sind. So sind z.B. ↑Ammoniten kennzeichnend für Ablagerungen aus dem Erdzeitalter Jura.

Leitpflanzen: Pflanzenarten, die ein bestimmtes Gebiet oder eine Pflanzengesellschaft kennzeichnen. Eine Leitpflanze ist z.B. der Glatthafer auf Talwiesen. Eine bestimmte Gruppe der L. sind die ↑Bodenanzeiger.

Lemuren (Makis): Auf Madagaskar verbreitete Gruppe der Halbaffen (↑Affen).

Lentizellen: ↑Kork.

Lepidoptera: die ↑Schmetterlinge.

Leptotän: erstes Stadium der ersten Prophase der ↑Meiose.

Lernen: Jeder Lernvorgang (beim Menschen wie auch bei Tieren) beruht letztlich auf einer Veränderung in Nervenzellen, die spätere Erregungsabläufe im gesamten Nervensystem und damit das Verhalten lenkt. Art, Anzahl und Verknüpfung der Nervenzellen legen das Ausmaß der Merk- und Lernfähigkeit fest.

Voraussetzung für jede Art von L. ist das mehr oder weniger gut entwickelte ↑Gedächtnis. Die ↑Prägung ist gekennzeichnet durch eine kurze, sensible Phase, extrem rasches L. und das lebenslange Behalten des Gelernten. Auch die Gewöhnung an Gegebenheiten der Umwelt ist Lernen. – Beim **Assoziationslernen** werden bedingte ↑Reflexe gebildet; hierzu wäre u.a. in der Natur die Selbstdressur durch **Versuch und Irrtum** zu rechnen. Durch **Nachahmung** werden Gewohnheiten oder Traditionen von Generation zu Generation weitergegeben.

Höhere Lernleistungen sind das Abstrahieren oder Zählen und die **Einsicht** (Intelligenz), die man umschreiben könnte als die Fähigkeit, komplexe Situationen nicht auf dem Umweg über Versuch und Irrtum, sondern durch Erfassen der Zusammenhänge und planmäßiges Handeln zu meistern.

Bei Tieren ist das Lernvermögen gewöhnlich auf die Jugendzeit beschränkt. Nur beim Menschen bleibt die Lernbereitschaft bis ins hohe Alter erhalten. Oft täuscht ein langsames Hineinwachsen in angeborene Verhaltensweisen ein L. vor. So fliegen z.B. junge Tauben, die ihre Flügel nie gebrauchen konnten, ab einem bestimmten Alter fast ebenso gut wie gleichaltrige freie Kontrolltiere.

Letalfaktoren: ↑Allele eines ↑Gens, die zum Absterben eines Lebewesens führen, bevor es fortpflanzungsfähig geworden ist. Sind beide Eltern Träger eines Letalfaktors, führt dies in den meisten Fällen nach der Befruchtung zum Tode des Embryos.

Leuchtbakterien: ↑Biolumineszenz.

Leuchtkäfer: Käfer aus verschiedenen systematischen Gruppen, die zu leuchten vermögen. Die geflügelten Männchen, die madenartigen Weibchen **(Glühwürmchen)** und/oder die Larven, besitzen an der Unterseite des Hinterleibs ↑Leuchtorgane, deren grünliches Leuchten (↑Biolumineszenz) die Geschlechter zusammenführt. In Deutschland sind die Tiere um Johannis (24. Juni) geschlechtsreif. Daher auch der Name Johanniskäfer.

Leuchtorgane (Fotophoren): spezielle Organe bei vielen Tiefseetieren und einigen Insekten (↑Leuchtkäfer), in denen diese durch ↑Biolumineszenz Licht erzeugen. L. sind z.T. mit Linsen, Reflektoren und Pigmenten ausgestattet und sollen Beutetiere oder Geschlechtspartner anlocken oder Feinde abschrecken.

Leucin: L. ist eine für Mensch und Tier essenzielle ↑Aminosäure. Als L-Leucin ist sie Bestandteil der Eiweiße in allen Organismen.

Leukämie: eine bösartige Erkrankung des die ↑weißen Blutkörperchen bildenden Gewebes in Knochenmark, Milz und Lymphknoten. Dabei werden große Mengen funktionsuntüchtiger Leukocyten in die Blutbahn abgegeben.

Leukocyten: die ↑weißen Blutkörperchen.

Leukoplasten: farblose, fotosynthetisch inaktive ↑Plastiden. L. befinden sich bevorzugt in den Speicherorganen der Pflanzen (besonders als Stärkebildner und -speicher: **Amyloplasten).**

Levatoren: ↑Muskeln.

Leydig-Zwischenzellen: ↑Hoden.

LH: Abk. für ↑**l**uteinisierendes **H**ormon.

Lianen: ↑Kletterpflanzen.

Libellen (Odonata, Wasserjungfern): Ordnung der Insekten mit rund 3 700 Arten, von denen in Deutschland rund 80 vorkommen. Die etwa 2–15 cm langen, schlanken, farbenprächtigen Tiere leben an Gewässern. Sie sind gewandte, sehr schnelle Flieger (Fluggeschwindigkeit bis 50 Stundenkilometer). Die vier häutigen, netzadrigen Flügel werden in Ruhestellung bei den **Großlibellen** seitlich vom Körper abgespreizt, bei den **Kleinlibellen** über den Körper zusammengeklappt.

L. machen im Flug Jagd nach anderen Insekten. Bei der Paarung bilden sie ein »Rad«, indem das Männchen mit seinem Hinterleibsende das Weibchen hinter dem Kopf festhält und dieses wiederum sein Hinterleibsende beim Männchen an ein Begattungsorgan (Samentasche) an der Unterseite des zweiten Hinterleibssegments ansetzt. Die Eier werden ins Wasser oder an Wasserpflanzen abgelegt.

Lichenes: die ↑Flechten.

Lichtatmung (Fotorespiration): bei Pflanzen die nur im Licht erfolgende Abgabe von Kohlenstoffdioxid (CO_2). Die L. beruht auf einer sauerstoffabhängigen Spaltung von Ribulose-1,5-bisphosphat zu Beginn der Fotosynthese unter Bildung von Glykolsäure, die in Peroxisomen zu Glycin und im Anschluss in Mitochondrien unter Abspaltung von CO_2 zu Serin umgesetzt wird. Die Lichtatmung wird als Entgiftungsmechanismus für Glykolsäure angesehen.

Lichtblätter (Sonnenblätter): dorsiventrale Blätter von Laubbäumen, die in ihrem inneren Aufbau eine starke Abhängigkeit vom Licht erkennen lassen. Aufgrund des höheren Lichtgenusses haben die L. der äußeren Baumkrone im Gegensatz zu den ↑Schattenblättern höhere und manchmal sogar in mehre-

L

ren Schichten übereinander geordnete Palisadenzellen (↑Laubblatt).

Lichtkeimer: Pflanzen, deren Keimung durch bestimmte Spektralbereiche des Lichts (630–680 nm) gefördert wird. Die Abhängigkeit der Keimung vom Licht wird von der Temperatur, dem Alter und Quellungsgrad des Samens sowie bestimmten reversiblen Fotoreaktionen der Phytochrome beeinflusst. Zu den Lichtkeimern zählen u.a. Tabak, Gartenkresse und Blutweiderich. – Gegensatz: ↑Dunkelkeimer.

Lichtmikroskop: ein Gerät, das im Gegensatz zum ↑Elektronenmikroskop Licht zur Abbildung kleiner, mit bloßem Auge nicht sichtbarer Strukturen benutzt. Das L. besteht im Prinzip aus zwei Sammellinsen kleiner Brennweite mit gemeinsamer optischer Achse. Die dem Gegenstand zugewandte Linse heißt **Objektiv,** die dem Auge zugewandte Linse **Okular.**

Das zu vergrößernde Objekt wird zwischen die einfache und die doppelte Brennweite des Objektivs (möglichst nahe der Brennebene) gebracht. Das Licht tritt, von **Linsen (Kondensor)** gebündelt, durch das Objekt hindurch. Dabei entsteht auf der anderen Seite des Objektivs außerhalb der doppelten Brennweite ein umgekehrtes, vergrößertes, reelles Bild (Zwischenbild). Dieses Zwischenbild wird nun durch das Okular wie durch eine Lupe betrachtet, d.h., dem Beobachter erscheint das Endbild (gegenüber dem Objekt) umgekehrt und vergrößert.

Die **Vergrößerung** eines Mikroskops ist gleich dem Produkt aus der Vergrößerung des Objektivs und des Okulars.

Außer der Vergrößerung spielt für die Qualität und Brauchbarkeit eines Mikroskops das ↑Auflösungsvermögen eine wesentliche Rolle. Das Auflösungsvermögen kann durch Verwendung eines Spezialobjektivs **(Ölimmersion)** verbessert werden. Dabei wird zwischen Objekt und Objektiv ein Öltropfen gebracht, wobei die Brechungszahl für das hindurchtretende Licht und dadurch das Auflösungsvermögen vergrößert wird. Dadurch liegt für sichtbares Licht die Grenze der Vergrößerung bei etwa 2 000. Darüber hinaus muss man ein spezielles Mikroskop für UV-Licht oder Elektronenstrahlen (Elektronenmikroskop) verwenden.

Für lebende und ungefärbte Objekte, die selbst nur wenig Licht absorbieren, eignet sich das **Phasenkontrastmikroskop,** bei dem die Phasenänderung der Lichtstrahlen beim Durchgang durch das Objekt zur Abbildung ausgenutzt wird.

Lichtreaktionen (Fotoreaktionen): die lichtabhängigen, also fotochemischen Reaktionen der ↑Fotosynthese.

Lichtsinn: die Fähigkeit fast aller Lebewesen, auf Licht zu reagieren. Bei Tieren und beim Menschen sind spezielle **Lichtsinneszellen** ausgebildet, die durch einen bei Licht erfolgenden chemischen Prozess im Sehpigment (z.B. im Sehpurpur) Licht in elektrische Impulsmuster umwandeln. Beim Menschen sind 10 Lichtquanten nötig, um eine gerade noch wahrnehmbare Lichtempfindung auszulösen.

Lichtsinneszellen können über die ganze Körperoberfläche verteilt oder an bestimmten Stellen, den ↑Lichtsinnesorganen, angereichert sein. Hilfsstrukturen (Linsen, Irisblenden, Pigmente) verbessern die Lichtaufnahme und die Bildschärfe erheblich. Dadurch ist eine hervorragende Orientierung in der Umwelt möglich.

Lichtsinnesorgane: ↑Augen.

Lichtsinneszellen: ↑Lichtsinn.

Lien: die ↑Milz.

Ligamente:

◆ (Bänder): aus kollagenem Material bestehende Stränge, die bei den höheren Wirbeltieren und beim Menschen als Verstärkungsbänder für die Gelenkkapseln, als Führungsbänder bei Bewegungen oder als Hemmungsbänder zur Einschränkung der Beweglichkeit dienen.

◆ ein elastisches, horniges Scharnierband, das die beiden Schalenklappen von Muscheln miteinander verbindet. Erschlaffen die Schließmuskeln, lässt das L. die Schalen aufklappen.

Ligasen: ↑Enzyme.

Lignin: neben ↑Cellulose und Hemicellulose ein Hauptinhaltsstoff des Holzes (Anteil ca. 30%). Chemisch ist L. eine hochpolymere Verbindung, die aus dem Kohlenhydratstoffwechsel stammt. Vorstufe des L. sind die ↑Aminosäuren Phenylalanin und Tyrosin. Höhere Pflanzen können L. nicht abbauen, dagegen sind eine Reihe von Mikroorganismen und Pilzen dazu in der Lage. Der Ligninabbau spielt bei der Humusbildung des Bodens eine wichtige Rolle.

Ligula: das ↑Blatthäutchen.

Liliaceae: die ↑Liliengewächse.

Liliatae: die ↑Einkeimblättrigen Pflanzen.

Liliengewächse (Liliaceae): eine weltweit verbreitete Familie der Einkeimblättrigen Pflanzen mit ca. 250 Gattungen und etwa 3 500 Arten. Die L. sind überwiegend ausdauernde Kräuter mit grundständigen Blättern. Als Speicherorgane bilden sie Zwiebeln, Knollen und Rhizome aus. Die Blüten sind durchweg dreizählig und radiär; der Fruchtknoten ist oberständig. Zu den L. zählen viele Nahrungs-, Gewürz- und Zierpflanzen, z.B. Lauch, Zwiebel, Knoblauch und Spargel sowie Lilie, Tulpe und Hyazinthe.

limbisches System: ↑Gehirn.

Limnologie (Seenkunde): ein Zweig der Gewässerkunde, der sich mit der Erforschung der Seen beschäftigt.

Linienzüchtung: ein Verfahren, das mithilfe der Inzucht im Laufe mehrerer Generationen zu genetisch sehr gleichartigen Individuen (einer **reinen Linie**) führt. Die solchermaßen gezüchteten Pflanzen oder Tiere besitzen die erwünschten Eigenschaften im besonderen Maße. Man kann auch die Angehörigen verschiedener Linien miteinander kreuzen und erreicht so in günstigen Fällen eine ↑Bastardwüchsigkeit.

Linolsäure: eine ungesättigte Fettsäure mit der Summenformel $C_{17}H_{31}COOH$. L. kommt besonders reichlich in einigen pflanzlichen Ölen vor, z.B. im Leinöl. Sie zählt zu den essenziellen ↑Fettsäuren, d.h., sie kann im Körper des Menschen und der anderen Säugetiere nicht aufgebaut werden. In der Literatur bezeichnet man die L. zusammen mit der **Linolensäure** als Vitamin F (↑auch Vitamine).

Linse: ↑Augen, ↑Lichtmikroskop.

Lipasen: ↑Hydrolasen.

Lipide: eine Gruppe von Naturstoffen, die zwar in ihrer chemischen Struktur sehr unterschiedlich sind, die jedoch in ihren physikalisch-chemischen Eigenschaften und ihren biologischen Funktionen große Gemeinsamkeiten aufweisen.

Grundsätzlich unterscheidet man solche L., die in ihrem Molekül Fettsäuren enthalten, wie ↑Fette, Wachse, ↑Lipoide (komplexe Lipide) und Phosphatide, und solche ohne Fettsäuren (↑Steroide und ↑Carotinoide). Letztere können nur im pflanzlichen Organismus synthetisiert werden und stellen für den tierischen Organismus ↑Vitamine dar.

Die L. sind in tierischen und pflanzlichen Organismen weit verbreitet und in fast allen Zellen zu finden.

Lipochrome: ↑Carotinoide.

Lipoide: eine vielfältige Stoffgruppe aus komplexen ↑Lipiden. L. kommen in jeder Körperzelle vor, wobei sie besonders im peripheren und zentralen Nervengewebe angereichert sind.

Die L. unterteilen sich in zwei große Gruppen: die Glycerinphosphatide (↑Phospholipide) und die Glykolipide. Die bekanntesten Glycerinphosphatide sind die ↑Lecithine.

Die Glykolipide, die in Cerebroside und Ganglioside unterteilt werden, sind phosphatfreie Substanzen, die v.a. im Gehirn, aber auch in anderen Geweben vorkommen. Im deutschen Sprachraum wurden früher die fettähnlichen Stoffe als L. von den Lipiden abgegrenzt. Diese Unterscheidung ist zwar sachlich vertretbar, jedoch international nicht üblich.

Lipoproteide: Eiweiß-Lipoid-Komplexe von großer physiologischer Bedeutung. Man findet sie im Blutplasma, in den Zellmembranen, in Mitochondrien, ferner z.B. auch im Eidotter.
Im Blutplasma kommen sie v.a. in den Globulinen vor, wo sie als Transportmittel für Fette, Fettsäuren und Cholesterin dienen.

Lippen:
◆ (Labien): paarige, bewegliche, weiche Verdickungen oder paarige Hautfalten am Mundrand besonders bei Säugern und beim Menschen. Die L. des Menschen sind drüsenreich (außen Talg- und Schweißdrüsen, innen Mundschleimhaut mit Speicheldrüsen). Sie werden von verschiedenen Muskeln durchzogen und sind stark durchblutet (Lippenrot!). Beim menschlichen Säugling tragen die L. innen einen feinen Zottensaum, der die Haftung an der Brustwarze verbessert.
Die L. dienen dem Saugakt und dem Erfassen der Nahrung. Ferner gestalten sie Mimik und Lautäußerungen mit.
◆ Als Oberlippe (Labrum) und Unterlippe (Labium) werden Teile der Insektenmundwerkzeuge (↑Mundwerkzeuge) bezeichnet.
◆ Bei Lippenblütlern werden Teile der ↑Blüte Ober- und Unterlippe genannt.

Lippenblütler (Labiatae, Lamiaceae): eine weltweit verbreitete Pflanzenfamilie mit rund 200 Gattungen und über 3 000 Arten. Es sind Kräuter oder Sträucher mit meist vierkantigem Stängel und kreuzgegenständigen Zweigen und/oder Blättern. Die Blüten **(Lippenblüten)** sind ↑dorsiventral gebaut. Sie bestehen aus einem zweiteiligen Kelch, einer langen, zweiteiligen Krone, zwei längeren und zwei kürzeren Staubblättern und einem Griffel mit zweiteiliger Narbe. Der oberständige Fruchtknoten entwickelt sich zu vier einsamigen Nüsschen.
Zu den Lippenblütlern gehören viele Heil- und Gewürzpflanzen, z.B. Melisse, Salbei, Lavendel, Thymian, Majoran, Rosmarin.

Liquor cerebrospinalis: die ↑Cerebrospinalflüssigkeit.

L-Ketten: ↑Immunglobuline.

Lockstoffe: bei Tieren ↑Duftstoffe, die der Anlockung des anderen Geschlechts dienen.

Lokomotion: die ↑Fortbewegung.

lophotrich: ↑peritrich.

LSD (**L**yserg**s**äure**d**iethylamid): ein Abkömmling (Derivat) der Lysergsäure, die als natürlicher Bestandteil der Mutterkornalkaloide vorkommt. Schon geringe Dosen (0,5–1,5 µg/kg Körpergewicht) rufen bewusstseinsverändernde, lang andauernde (6–12 Std.) Wirkungen hervor: Halluzinationen, intensiver wahrgenommene Sinnesempfindungen, heitere, ruhige und friedvolle Stimmungen; charakteristisch für die LSD-Wirkung sind ferner die Fehleinschätzung der eigenen Fähigkeiten, das Fehlen jeglicher objektiver Urteilskraft sowie angstvolle, grauenhafte Rauscherlebnisse (sog. Horrortrips). Die Rauscherlebnisse können sich seltsamerweise nach Wochen wiederholen, ohne dass die Droge erneut eingenommen wurde (Echorausch, Flash-back).
LSD wird häufig als ↑Droge (in Pillen- oder Pulverform) missbraucht und führt zur seelischen Abhängigkeit. Obwohl keine körperliche Abhängigkeit und keine körperlichen Entzugserscheinungen auftreten, können doch seelische und körperliche Schäden (LSD verursachte in Tier- und Pflanzenversuchen Chromosomenbrüche, löst also Mutationen aus) nicht ausgeschlossen werden.

LTH, Abk. für **l**uteo**t**ropes **H**ormon: das ↑Prolactin.

LTP: Abk. für die ↑**L**ang**t**ag**p**flanzen.

Luciferine: ↑Biolumineszenz.

Luftpflanzen: die ↑Phanerophyten.

L

Luftröhre (Trachea): ein biegsames Verbindungsrohr zwischen ↑Kehlkopf und ↑Lunge, das dieser die Atemluft zuführt. Die L. verzweigt sich in die beiden Bronchien und bei den Säugern weiter in die Bronchiolen. Knorpelspangen (bei Vögeln Knorpelringe) verstärken sie. Innen ist sie mit einem Flimmerepithel ausgekleidet, das Staubteilchen und Bakterien mit Schleim zum Kehlkopf befördert, wo er abgehustet wird. Der Kehldeckel verhindert, dass Speisen beim Schlucken in die L. gelangen.

Luftsäcke: ↑Lunge.

Luftverschmutzung: Die wichtigsten Quellen der durch den Menschen verursachten L. stellen die Abgase aus der Industrie, den privaten Heizungen und den Kraftfahrzeugen dar. Die Schmutzstoffe der Luft enthalten u.a. über 20 verschiedene Metalle, viele organische Verbindungen, Kohlenstoffmonooxid, Stickstoffoxide und Schwefeldioxid.

Unter den verunreinigenden Schwebstoffen der Luft liefern die ↑Aerosole einen erheblichen und wichtigen Anteil, wie z.B. Zementstaub, Flugasche, Quarz- und Asbeststaub, Ölrauch, Tabakrauch und radioaktive Aerosole. Für den lebenden Organismus sind diejenigen Aerosole besonders gefährlich, die aufgrund ihrer geringen Teilchengröße in die Lungenbläschen gelangen. Auf diese Weise wird die Lunge und damit der ganze Körper mit Schadstoffen belastet, was zu erheblichen akuten und chronischen Vergiftungen führen kann. Durch bestimmte Wetterlagen, bei denen leichte warme Luft über einer schweren Kaltluftschicht lagert und dadurch eine rasche Verteilung der verunreinigten Luft verhindert wird (Inversion), kann die Konzentration an Schmutzpartikeln stark erhöht werden. Dies führt in den Industrieballungsgebieten zum Smog.

Luftwurzeln: oberirdisch auftretende sprossbürtige Wurzeln bei verschiedenen Pflanzen. Im Gegensatz zu den Erdwurzeln dringen sie meist nicht in den Erdboden ein. L. haben unterschiedliche Funktionen: sie dienen als Haftwurzeln (↑Haftorgane), ↑Atemwurzeln und ↑Stelzwurzeln. Bei den ↑Epiphyten dienen sie der Befestigung und der Wasser- und Nährstoffversorgung der Pflanze.

Lunarperiodik: ↑Biorhythmus.

Lunge: das paarige ↑Atmungsorgan der Lurche, Reptilien, Vögel und Säuger. Entwicklungsgeschichtlich entsteht die L. aus Blindsäcken des Vorderdarms. Sie tritt erstmals bei den ↑Lungenfischen auf.

Die Atemluft wird der L. durch die ↑Luftröhre und weiter durch die ↑Bronchien zugeführt.

Lurche haben einfache, sackförmige L., die bei *Molchen* glattwandig, sonst

Lunge

Menschlicher Lungenflügel (Querschnitt)

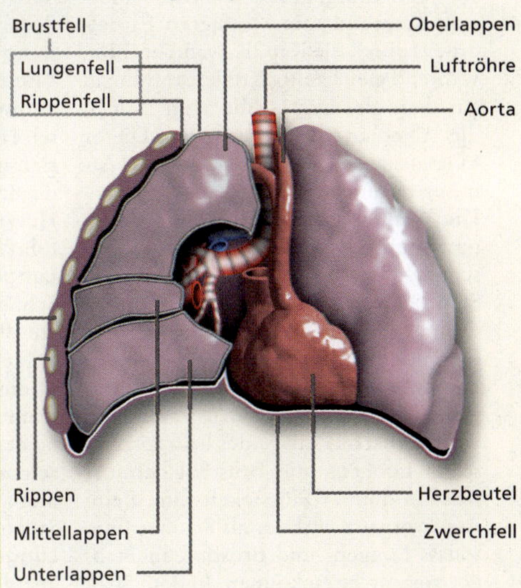

L

schwach gekammert sind. Die Atemluft wird meist durch Druckpumpenwirkung der Mundhöhle in die L. hineinbefördert. *Kriechtiere* besitzen bereits stark gekammerte L. mit Lungenbläschen. Bei *Schlangen* ist die rechte L. stark verlängert.

Säugetiere und *Mensch* haben sehr stark gekammerte Lungen. Beim Menschen sind sie kegelförmig und füllen fast den gesamten Brustraum aus. Die linke L. ist in 2, die rechte in 3 **Lungenlappen** (Lobi) unterteilt.

Bei einigen Reptilien, besonders aber bei vielen Säugetieren und beim Menschen ist die L. in viele **Lungenläppchen** (Lobuli; ca. 1–1,5 cm im Durchmesser) mit traubig angeordneten **Lungenbläschen (Alveolen)** aufgegliedert (Bild S. 307). Die rund 300 bis 450 Mill. Lungenbläschen beider L. haben jeweils einen Durchmesser von ca. 0,2 mm. Ihre Gesamtoberfläche beträgt etwa 80–120 m^2. Sie sind von einem stark verzweigten Kapillarnetz umgeben, das eine Fläche von rund 300 m^2 bedeckt.

Aus den Lungenbläschen tritt Sauerstoff aufgrund seines höheren Partialdrucks durch die Kapillarwand ins Blut, während gleichzeitig Kohlenstoffdioxid aus dem gleichen Grund vom Blut in die Alveolen abgegeben wird. Dieser ↑Gasaustausch wird als äußere ↑Atmung bezeichnet.

Die Wandung zwischen dem Kapillarnetz der Alveolen enthält sog. Nischenzellen. Sie können Bakterien, Staubteilchen, auch rote Blutkörperchen u.Ä. durch ↑Phagocytose aufnehmen und verarbeiten.

Die Lungen sind vom **Lungenfell** umgeben und liegen im Brustraum, der vom **Brustfell** ausgekleidet ist. Zwischen Lungen- und Brustfell befindet sich ein dünner Flüssigkeitsfilm. Beim Atemvorgang wirkt er als Schmierfilm, sodass Lungen- und Brustfell aneinander vorbeigleiten können. In dem Spalt herrscht ein Vakuum. Wird es durch eindringende Luft zerstört, fällt die Lunge durch den elastischen Zug ihrer gespannten Fasern zusammen **(Pneumothorax).**

Die Lungen der *Vögel* werden nicht mit Luft gefüllt, sondern von der Luft durchströmt. Die Luftröhrenästchen verzweigen sich bei diesen leistungsfähigsten L. immer weiter, bis sie feinste, dünnwandige und stark durchblutete Röhrchen, die **Lungenpfeifen,** bilden. In ihnen findet der Gasaustausch statt. Die durchströmende Luft wird in **Luftsäcken,** die in Röhrenknochen und zwischen den Eingeweiden liegen, gesammelt und beim Ausatmen durch die Lungenpfeifen zurückgeschickt.

Lungenarterien: Blutgefäße, die das sauerstoffarme (venöse!) Blut aus der rechten Herzkammer in die Lungenflügel transportieren. – ↑auch Blutkreislauf.

Lungenfische: eine seit dem Unterdevon bekannte Gruppe der ↑Knochenfische mit Kiemen- und Lungenatmung. Heute sind noch sechs Arten bekannt, die oft in zeitweise austrocknenden Süßgewässern Australiens, Afrikas und Südamerikas leben. – ↑auch Lunge.

Lungenkreislauf: derjenige Teil des ↑Blutkreislaufs, der das vom Körper kommende venöse Blut von der rechten Herzkammer über die Lungenarterien in die Lunge und von dieser über die Lungenvenen wieder zurück zum Herzen (in den linken Herzvorhof) führt.

Lungenschnecken: eine Gruppe von Schnecken, deren verschließbare und ein Blutgefäßnetz aufweisende Mantelhöhle als Lunge dient. Meist haben die L. ein gut entwickeltes Gehäuse. Man kennt rund 16 000 Arten, die sich in die beiden Ordnungen der **Landlungenschnecken** (z.B. Weinbergschnecke) und **Wasserlungenschnecken** (z.B. Schlammschnecken) gliedern lassen.

Lungenvenen: Blutgefäße, die das sauerstoffreiche (arterielle!) Blut von den Lungenflügeln in die linke Vorkammer des Herzens transportieren. – ↑auch Blutkreislauf.

Lurche (Amphibia): wechselwarme, 1 cm bis maximal über 1,5 m lange, meist vierfüßige Wirbeltiere (Klasse der Anamnier) mit drüsenreicher Haut und regelmäßigen Häutungen. Man kennt über 3 000 Arten, die sich in Blindwühlen, ↑Schwanzlurche und ↑Froschlurche gliedern lassen.

Die L. leben überwiegend im und am Wasser, wobei sich die Begattung und die Ei- und Larvenentwicklung fast stets im Wasser vollziehen. Manche Arten treiben ↑Brutpflege, einige sind lebend gebärend (z.B. Alpensalamander). Die Larven (↑Kaulquappe) besitzen innere oder äußere Kiemen; die erwachsenen Tiere haben Lungen.

Als älteste Landwirbeltiere, die von den ↑Quastenflossern abzuleiten sind, kennt man L. schon aus dem Devon.

Lutein: ↑Xanthophylle.

luteinisierendes Hormon, Abk. LH: ein Gonadotropin des Hypophysenvorderlappens (↑Geschlechtshormone), das im weiblichen Geschlecht (LH oder **Lutropin** genannt) und im männlichen Geschlecht (ICSH oder Interstitialzellen stimulierendes Hormon genannt) das Wachstum der interstitiellen Zellen des Eierstocks bzw. des Hodens fördert. Zusammen mit dem ↑follikelstimulierenden Hormon bewirkt es bei Weibchen die Sekretion von Östrogenen, den ↑Follikelsprung und die Bildung des ↑Gelbkörpers, bei Männchen regt es die Bildung von ↑Androgenen an.

luteotropes Hormon: das ↑Prolactin.

Luteotropin: das ↑Prolactin.

Lutropin: andere Bezeichnung für das ↑luteinisierende Hormon.

Luxurieren: ↑Bastardwüchsigkeit.

Lyasen: eine Gruppe der ↑Enzyme.

lymphatisches Gewebe (lymphoretikuläres Gewebe): die Bildungsstätte der Lymphocyten (↑weiße Blutkörperchen). Es stellt ein von diesen durchsetztes retikuläres (netzförmiges) Bindegewebe dar. Aus l. G. bestehen die sog. **lymphatischen Organe** wie Lymphknoten (↑Lymphgefäßsystem), ↑Milz, ↑Thymusdrüse und ↑Mandeln. L. G. kommt ferner inselförmig als **Lymphknötchen** (makroskopisch sichtbare Ansammlungen von Lymphocyten) in zahlreichen Schleimhäuten vor.

lymphatisches System (Lymphsystem): die Gesamtheit von ↑Lymphgefäßsystem und den lymphatischen Organen (↑lymphatisches Gewebe).

Lymphe: eine klare, blutplasmaähnliche Körperflüssigkeit bei Wirbeltieren (einschließlich Mensch). Sie enthält Eiweiße und Lymphocyten (↑weiße Blutkörperchen), die in den lymphatischen Organen entstehen und Abwehrfunktionen besitzen.

Die L. versorgt die Gewebe mit Nahrungsstoffen und entfernt nicht verwertbare Stoffe. Die **Darmlymphe** (↑Chylus) enthält die aus dem Dünndarm stammenden Fette.

Beim Menschen werden täglich rund 2 Liter Lymphe gebildet und durch das ↑Lymphgefäßsystem, v.a. über den Milch-Brust-Gang, in das Venensystem zurückgeführt.

Lymphgefäßsystem: ein Abflusssystem zur Ableitung der Zwischenzellflüssigkeit bzw. der ↑Lymphe, das aber auch an Abwehrfunktionen des Körpers beteiligt ist. Es stellt neben dem Blutgefäßsystem ein zweites Röhrensystem dar, das in der Körperperipherie mit einem dichten Netzwerk von **Lymphkapillaren** beginnt. Die Lymphkapillaren, die mit Endothelzellen ausgekleidet sind, beginnen gewebsseitig blind und führen über Leitgefäße, die zur Festlegung der Strömungsrichtung mit Klappen ausgestattet sind, in größere Transportgefäße von venenähnlichem Wandaufbau. Diese **peripheren Lymphgefäße** führen die Lymphe in einer den Venen parallelen Richtung über Sammelgefäße (zentrale **Lymphstämme**) in das Venensystem des ↑Blutkreislaufs. Der größte Lymphstamm ist der **Milch-Brust-Gang** (sie-

he Bild ↑Blutkreislauf) der den Brustraum durchzieht und zusammen mit dem Halslymphstamm in die linke Schlüsselbeinvene mündet.
Die *Fortbewegung* der Lymphe wird v.a. durch rhythmisches Sichzusammenziehen der mit glatter Muskulatur versehenen Lymphgefäßwände bewirkt. Auch die Skelettmuskulatur spielt dadurch eine Rolle, dass sie wechselnden Druck auf die Gefäße ausübt.
In das L. sind die **Lymphknoten** eingebaut. Es sind 0,2 bis 2 cm große, oft bohnenförmig aussehende und von einer bindegewebigen Kapsel umgebene Gebilde. Im Mark der Lymphknoten ist das lymphatische Gewebe zu Markstreifen angeordnet. Die peripheren Lymphgefäße treten durch die Kapsel in den Lymphknoten ein. Die zugeführte Lymphe fließt dann durch besondere Lymphbahnen zu den weniger zahlreichen und größeren **abführenden Lymphgefäßen.** Lymphknoten sind Abfangfilter mit der Fähigkeit zur ↑Phagocytose. Sie sind ferner zur Produktion von Lymphocyten (↑weiße Blutkörperchen) und zur Teilnahme an ↑Immunreaktionen befähigt.
Bei Entzündungsprozessen schwellen Lymphknoten an, werden heiß und sind druckempfindlich. Die Lymphgefäße werden daher als rote und meist druckempfindliche Streifen sichtbar. – ↑Krebs breitet sich auf dem Lymphweg im gesamten Körper aus; es bilden sich dabei häufig Tochtergeschwülste in den Lymphknoten (Metastasen).

Lymphknötchen: ↑lymphatisches Gewebe.

Lymphknoten: ein Teil des ↑Lymphgefäßsystems.

Lymphocyten: eine Form der ↑weißen Blutkörperchen.

lymphoretikuläres Gewebe: das ↑lymphatische Gewebe.

Lymphstämme: ein Teil des ↑Lymphgefäßsystems.

Lymphsystem: das ↑lymphatische System.

Lysergsäurediethylamid: Abk. für ↑LSD.

Lysosomen: Partikel mit Granula- und Bläschengestalt in zahlreichen tierischen und auch pflanzlichen Zellen. Sie enthalten viele ↑Hydrolasen wie Phosphatasen, Ribonucleasen, Lipasen, Proteasen, Glykosidasen. In den L. liegen die Enzyme verpackt und von ihren Substraten getrennt vor. Ihre Wirkung, die Auflösung der Zelle, können die Enzyme erst dann entfalten, wenn die Membran der L. zerstört wird. Die L. spielen eine wichtige Rolle bei der intrazellulären Verdauung, bei selbstauflösenden Prozessen und bei Entzündungsvorgängen.

Lysozyme: eine Gruppe von Enzymen (↑Hydrolasen), die Kohlenhydratketten spalten. Damit sind sie auch in der Lage, Bakterienwände und -kapseln aufzulösen. L. findet man in vielen Geweben und Sekreten, beim Menschen z.B. in Milz, Niere, Speichel, Tränen. Ihre besondere Bedeutung liegt in der Abwehr von Krankheitserregern.

M

Maden: die fußlosen Larven von Bienen, Fliegen, verschiedener sich z.B. im Holz entwickelnder Käfer und anderer Insekten.

Madenwürmer: harmlose, von Bakterien und Kot lebende Darmparasiten, die v.a. bei Kindern weit verbreitet sind. Diese etwa 1 cm langen ↑Fadenwürmer gehören zu den Pfriemenschwänzen (Oxyuren).
M. legen ihre 6 000 bis 17 000 Eier meist nachts außerhalb des Darms im Bereich des Afters ab, was einen starken Juckreiz verursacht. Die beim Kratzen unter die Fingernägel geratenden Eier können über den Mund zu neuer Infektion führen; ebenso unsaubere Wäsche und Lebensmittel sowie eingeatmeter, mit Wurmeiern verseuchter Staub.

Magen (Ventriculus): erweiterter, meist muskulöser Abschnitt des Verdauungskanals, der an die Speiseröhre anschließt und in dem die Eiweißverdauung mit Salzsäure und Verdauungsenzymen (s. u.) erfolgt.

Erweiterungen, in denen Nahrung nur gespeichert, durch Speichel enzymatisch aufbereitet oder mechanisch zerkleinert wird, werden als **Vormägen** bezeichnet, wenn der Mitteldarm die Aufgaben des Magens übernimmt (bei Insekten) oder ein eigentlicher M. noch folgt. Vormägen sind z.B. der ↑Kaumagen bei Insekten, der Honigmagen der Bienen, der Pansen, Netz- und Blättermagen im Magen der ↑Wiederkäuer sowie der ↑Kropf der Vögel.

Bei den Schnecken und Muscheln bilden besondere Anhangsdrüsen des Mitteldarms Verdauungsenzyme. Seesterne können ihren M. vorstülpen und aufgenommene Nahrung bereits außerhalb des Magens verdauen (extraintestinale ↑Verdauung). Spinnen verflüssigen das Innere ihrer Beute und saugen mithilfe eines muskulösen **Saugmagens** die verflüssigte Nahrung ein. Lanzettfischchen, Neunaugen, einigen Knochenfischen und auch Lungenfischen fehlt ein Magen.

Bei den Wirbeltieren lassen sich am M. oft verschiedene Bereiche unterscheiden, die eine recht unterschiedliche Schleimhautauskleidung besitzen. Besonders kompliziert ist der vierkammerige Magen der ↑Wiederkäuer gebaut.

Der *M. des Menschen* ist C-förmig, 20 cm lang und fasst rund 1,5 Liter. Die ↑Speiseröhre mündet etwas unterhalb der höchsten Stelle des Magens ein. Dadurch entsteht eine lufterfüllte Kuppel **(Magenblase).** Der **Magenausgang** ist in Form eines Ringmuskels, dem **Pförtner (Pylorus),** angelegt und führt in den Zwölffingerdarm.

Innen ist der M. faltig und von der **Magenschleimhaut** ausgekleidet. Diese produziert den **Magensaft,** eine wasserklare und saure (pH-Wert 0,8–1,5) Flüssigkeit. In Wasser enthält sie Schleim, Salze, 0,3 % Salzsäure und die Verdauungsenzyme ↑Kathepsine, ↑Pepsin und bei Neugeborenen ↑Labferment. Die Salzsäure wirkt keimtötend und wandelt die unwirksame Pepsinvorstufe Pepsinogen in Pepsin um. Kathepsin leitet die Eiweißverdauung ein, Pepsin führt sie fort; Lab lässt Milch gerinnen. Damit sich die Magenschleimhaut nicht selbst verdaut, geben Drüsen einen im Magensaft unlöslichen Schleim ab, der die Magenschleimhaut überzieht. Täglich produziert der M. etwa 1–7 l Magensaft.

Die ersten verschluckten Speisebrocken legen sich an die Magenwand, nehmen weitere Brocken zwischen sich und schützen sie so eine Weile vor dem Magensaft. Dadurch kann das ↑Ptyalin aus

M

dem Mundspeichel eine Zeit lang weiter Kohlenhydrate spalten. Eine Durchmischung des Mageninhalts scheint nicht stattzufinden, sondern nur eine Umschichtung. Alle 20 bis 30 Sekunden lässt der Pförtner etwa 1 ml Speisebrei in den Zwölffingerdarm passieren. Geruchs- und Geschmacksstoffe, die über den Parasympathikus des vegetativen Nervensystems den Magen anregen, lösen die Absonderung des Magensafts ebenso aus wie in den M. eingebrachte Speisen oder die im Dünndarm einsetzende Verdauung.
Großer Ärger und anderer Stress können über das vegetative Nervensystem so auf den Magen wirken, dass sein Selbstverdauungsschutz gestört ist und Magengeschwüre entstehen.

Magot: ↑Herrentiere.

Mahlzähne: ↑Zähne.

Maikäfer: eine Gattung der Käfer (Blatthornkäfer), von der es in Deutschland drei Arten gibt. Es sind 18–25 mm lange, gelblich braune Tiere, die seitlich am Hinterleib eine weiß behaarte, annähernd dreieckige Zeichnung besitzen. Die Entwicklung der 10–20 cm tief im Boden lebenden und sich von Wurzeln ernährenden ↑Engerlinge dauert durchschnittlich 4 Jahre.
Erwachsen sind M. v.a. im Mai auf Laubbäumen anzutreffen, wo sie als Schädlinge deren Blätter fressen.

Makis: die ↑Lemuren.

Makrophagen: Typ der ↑Phagocyten.

makroskopisch: M. nennt man Objekte und Vorgänge, die mit bloßem Auge sichtbar sind. Den Gegensatz dazu bilden die nur mithilfe eines Mikroskops erkennbaren **mikroskopischen** Objekte, wie z.B. die Mikroorganismen.

Makrosmaten: ↑Geruchssinn.

Malaria: durch einzellige Parasiten (↑Plasmodium) hervorgerufene Krankheit.

Malpighi-Gefäße: Ausscheidungsorgane von auf dem Land lebenden Gliederfüßern, die z.B. bei Insekten zwischen Mittel- und Enddarm in den

Malaria

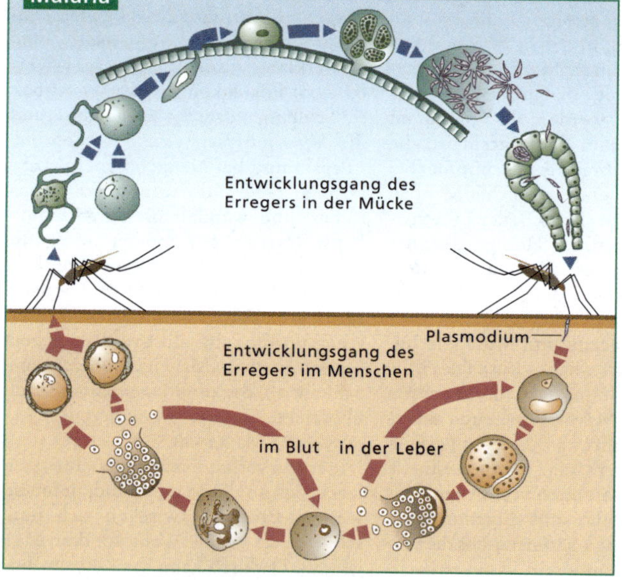

Darm münden. Ihre langen, meist unverzweigten und am Ende verschlossenen Schläuche ragen frei in die Leibeshöhle. Ihre Zellen entnehmen dem Blut v.a. Abbauprodukte des Eiweißstoffwechsels, bauen sie zu Harnsäure, Harnstoff, Carbonaten und Oxalaten um und scheiden sie in den Darm aus.

Malpighi-Körperchen: ↑Niere, ↑Urniere.

Malzzucker (Maltose): ein Disaccharid, das durch glykosidische Bindung aus 2 Molekülen α-D-Glucose zusammengesetzt ist. Die Bestandteile der ↑Stärke (Amylose und Amylopektin) sind Makromoleküle, die aus Maltose durch fortgesetzte 1,4-Verknüpfung gebildet werden. M. erhält man durch Hydrolyse der Stärke.

Mamma: die ↑Brust.

Mammalia: die ↑Säugetiere.

Mammute: eine gegen Ende des Pleistozäns (vor etwa 10 000 Jahren) ausgestorbene Art der Elefanten. Diese damals in Europa und Asien vorkommenden, bis 4 m hohen Tiere hatten eine dichte, lange Behaarung und bis 5 m lange, gebogene oder eingerollte Stoßzähne. Im Permafrostboden Sibiriens sind vollständig erhaltene M. gefunden worden.

Mandeln (Tonsillen): im Rachenbereich des Menschen an verschiedenen Stellen im Bindegewebe der Schleimhaut liegende Lymphorgane, die zahlreiche, der Oberflächenvergrößerung dienende Einsenkungen aufweisen. Man unterscheidet die mandelgroßen paarigen **Gaumenmandeln** zwischen den beiden Gaumenbögen, die unpaare **Zungenmandel** ganz hinten auf der Zunge und die unpaare, nur bei Kindern voll ausgebildete **Rachenmandel** im Nasen-Rachen-Raum oben hinter dem weichen Gaumen (mit Zäpfchen). Die Mandeln sind Abwehrorgane gegen Krankheitserreger.

Mandibeln (Oberkiefer): ↑Mundwerkzeuge.

Mandibula: ↑Kiefer.

Mandibulaten: die größte systematische Einheit der Gliederfüßer, zu der die Krebse, Tausendfüßer und Insekten gehören. Charakteristisch für die M. sind die Mandibeln (Oberkiefer) als erstes Mundgliedmaßenpaar.

Mangelmutanten: bei Mikroorganismen solche Individuen, die durch eine ↑Mutation die Fähigkeit zu bestimmten biochemischen Synthesen, wie z.B. der Bildung eines bestimmten Enzyms, verloren haben. Sie können daher ihr ursprüngliches Nährmedium nur mehr mangelhaft verwerten. Dies wird bei der Erforschung von Synthesewegen genutzt, weshalb M. von großem wissenschaftlichem Interesse sind.

Mannit: ein sechswertiger Alkohol (Hexit), den man durch Reduktion der Carbonylgruppe aus Mannose erhält. M. ist ein bei 20°C fester Stoff, der süß schmeckt. Rechtsdrehender M. findet sich in vielen Pflanzen.

Mannose: ein Monosaccharid, das mit Glucose stereoisomer ist. M. kommt in Pflanzen teils frei, häufiger jedoch gebunden vor. Im tierischen Organismus ist M. ein Bestandteil der Glykoproteide.

Mannschema: die Gesamtheit von bestimmten körperlichen Schlüsselreizen bei Männern (breite Schultern, schmale Hüften, starke Muskulatur, kantige Körper- und Gesichtsformen, Bart- und Brusthaare), die auf Frauen anziehend wirken. – Bild S. 314.

Mantelhöhle: bei Weichtieren ein zwischen Fuß und Mantel liegender Hohlraum. In der M. liegen die Atmungsorgane (Kiemen bei Wassertieren, reiches Blutgefäßnetz bei Lungenschnecken). Hier münden auch die Ausführungsgänge von Darm, Ausscheidungs- und Geschlechtsorganen.

Manteltiere (Tunicata): im Meer freischwimmende oder festsitzende, 0,1 cm bis über 30 cm lange Organismen, die zu den ↑Chordatieren gehören. Zu den M. werden die weltweit verbreiteten, glasklar durchsichti-

M

gen Appendikularien, ↑Seescheiden und ↑Salpen gezählt. Manche M. bilden Kolonien. Sie besitzen ein Gehäuse (Mantel) aus celluloseähnlicher Substanz und eine Ein- und Ausströmöffnung für das Atemwasser und die Planktonnahrung, die im Kiemenkorb (↑Kiemen) abfiltriert wird. Im Schwanz der kaulquappenähnlichen Larven und der erwachsenen Appendikularien befindet sich eine ↑Chorda dorsalis. M. sind Zwitter, z.T. mit Generationswechsel.

Marienkäfer: eine Familie weltweit verbreiteter, gut fliegender und z.T. in der biologischen Schädlingsbekämpfung eingesetzter Käfer. Ihr Körper ist fast halbkugelig hochgewölbt. Am bekanntesten in Deutschland ist der Siebenpunkt mit sieben schwarzen Punkten auf den roten Flügeldecken. Der Käfer und seine Larven vertilgen v.a. Blattläuse.

Marihuana: getrocknete und gehackte Pflanzenteile des Indischen Hanfs (↑Haschisch).

Markhöhle: ↑Knochen.

Markscheide: ↑Nervenzellen.

Markstrahlen: radial angeordnete Stränge aus Grundgewebe (Parenchymzellen) in pflanzlichen Sprossen, die zwischen den einzelnen ↑Leitbündeln liegen. Die Markstrahlen verbinden das Mark mit der Rinde **(primäre M.)** und vermitteln so den Stoffaustausch zwischen den inneren und äußeren Geweben des Sprosses, oder sie enden beiderseits blind im Leitgewebe **(sekundäre Markstrahlen).**

Marsupialia: die ↑Beuteltiere.

Marsupium: der ↑Brutbeutel.

Massenwechsel (Fluktuation): die starken Schwankungen einer Population im Laufe der Generationen. Sie werden durch eine unterschiedliche Zahl von inneren und äußeren Bedingungen

Mannschema

1 Männliche Figur (nach Polyklet)

2 Überbetonung breiter Schultern und schmaler Hüften (auf einer Wandmalerei aus Knossos, Kreta; 2. Jt. v. Chr.)

3 Betonung männlicher Proportionen durch Kleidung

verursacht, z.B. Konkurrenz, Nahrungsmangel, Klima.

Mastdarm: ↑Darmkanal.

Mastzellen: frei bewegliche Zellen im ↑Blut und im ↑Bindegewebe, die vor allem Heparin, aber auch Histamin und Serotonin enthalten. Diese Stoffe verhindern die ↑Blutgerinnung und sind an Entzündungsprozessen beteiligt. Im Bindegewebe bezeichnet man diese Zellen als M., im Blut rechnet man sie zu den ↑weißen Blutkörperchen und nennt sie basophile Granulocyten, da sie sich mit basischen Farbstoffen anfärben lassen.

Matrix: in der Biologie allgemein die Bezeichnung für eine Grundsubstanz, der eine innere Struktur fehlt. Die Bedeutung ist im Einzelfall recht verschieden: beim ↑Chromosom die Hüllsubstanz um die DNA-Fäden; der innere Raum eines ↑Mitochondriums; die Interzellularsubstanz zwischen tierischen Zellen.

Maulbeerkeim: ↑Keimesentwicklung.

Maulbrüter: Bezeichnung für einige Fischarten, die Eier und eine Zeit lang auch noch Jungfische in ihrem Maul schützend aufbewahren (↑Brutpflege). M. sind z.B. die als Aquarienfische beliebten tropischen Buntbarsche. Häufig werden M. zur Untersuchung angeborener Verhaltensweisen herangezogen.

Mauser (Federwechsel): bei Vögeln der allmähliche Austausch von ↑Federn, der meist in jahreszeitlichem Rhythmus, ausgelöst durch vermehrte Hormonausschüttung der Schilddrüse, erfolgt. Man unterscheidet besonders zwischen **Jugendmauser** (Jungvögel bekommen das Erwachsenenkleid; meist im ersten Herbst), **Brutmauser** und **Ruhemauser** (Übergang vom Brut- ins Ruhekleid). Nur selten werden Vögel durch die M. flugunfähig.
Auch der **Haarwechsel** (↑Haare) bei Säugetieren wird als M. (im weiteren Sinne) bezeichnet.

Maxilla: ↑Kiefer.

Maxillen (Unterkiefer): ↑Mundwerkzeuge.

mechanische Sinne: Sammelbezeichnung für eine Vielzahl von Sinnen, mit denen Menschen und Tiere mechanische Einwirkungen (Druck, Zug, Erdschwere, Bewegung, Schwingung usw.) wahrnehmen können. Die Erregungen der reizaufnehmenden ↑Mechanorezeptoren werden im Zentralnervensystem derartig verarbeitet, dass eine sinnvolle Reaktion auf die Umwelteinflüsse erfolgen kann. Zu den m. S. gehören: ↑Bewegungssinn, ↑Drucksinn, ↑Erschütterungssinn, ↑Gehörsinn, ↑Muskelsinn und ↑Schmerzsinn.

Mechanorezeptoren: Sinnesorgane, die mechanische Einwirkungen aufnehmen. M. bestehen aus einem nervalen Anteil (primäre und sekundäre Sinneszellen sowie freie Nervenendigungen) und anatomischen Hilfseinrichtungen (bewegliche Haare, schwingende Membranen), die die mechanischen Reize von anderen Reizen abtrennen und verstärken. – ↑auch mechanische Sinne.

Medianorgan: ↑Zirbeldrüse.

Medulla oblongata: das ↑verlängerte Mark.

Medullarrohr: während der ↑Keimesentwicklung eine Vorstufe des Zentralnervensystems.

Medulla spinalis: das ↑Rückenmark.

Medusen: die ↑Quallen.

Meeresleuchten: eine Erscheinung, die durch in großen Massen auftretende Meeresorganismen, z.B. der Dinoflagellaten Noctiluca miliaris (Nordsee) und Ceratium tripos, hervorgerufen wird. Besonders in tropischen Meeren werden die nächtlichen Leuchterscheinungen auch von bestimmten Medusen, Feuerwalzen u.a. hervorgerufen. Dieses Leuchten beruht auf biochemischen Stoffwechselprozessen (↑auch Biolumineszenz).

Mehltaupilze: ein mehlstaubähnliches Pilzmycel auf den Organen zahlreicher Pflanzen, das von Echten und Falschen Mehltaupilzen stammt.

M

1. **Echte M.** (Erysiphales) bilden eine Ordnung der ↑Schlauchpilze. Es sind obligate Pflanzenparasiten, die Blätter, Stängel und Früchte mit einem dichten Mycelgeflecht und daran gebildeten Konidien überziehen. Gefährliche Schadpilze sind z.B. Getreidemehltau, Apfelmehltau, Stachelbeermehltau und der Rebenmehltau.
2. **Falsche M.** (Peronosporales) gehören zu den ↑Algenpilzen. Die parasitisch (selten saprophytisch) lebenden Pilze bilden in den Interzellularen der Gewebe der befallenen Pflanze ein Mycel. Einige Hyphen dringen als Saugorgane in die Zellen ein. Die Sporangienträger dringen durch die Epidermis nach außen und überziehen die Wirtspflanze mit einem Schimmelrasen. Unter den Falschen Mehltaupilzen finden sich viele Erreger gefürchteter Pflanzenkrankheiten, z.B. Erreger der Krautfäule der Kartoffel, des Blauschimmels an Tabak- und Tomatenpflanzen und des Falschen Rebenmehltaus.

Mehrfachteilung: ↑ungeschlechtliche Fortpflanzung.

mehrjährige Pflanzen: ↑hapaxanthe Pflanzen.

Mehrlinge: mehrere gleichzeitig im Mutterleib heranwachsende Keimlinge (bei zwei Keimlingen spricht man von Zwillingen). Mehrlingsgeburten sind bei vielen Tieren eine normale Erscheinung, beim Menschen jedoch die Ausnahme. Unter 80–90 Geburten ist nur eine Zwillingsgeburt. Drillinge und Vierlinge sind sehr selten: Sie kommen einmal auf ca. 6 400 bzw. 510 000 Geburten vor.

Zweieiige Zwillinge entstehen aus zwei befruchteten Eizellen, die in einem oder beiden Eierstöcken heranreiften. Sie haben unterschiedliche Erbanlagen und können verschiedenen Geschlechts sein. **Eineiige Zwillinge** gehen aus einer befruchteten Eizelle hervor, die sich geteilt hat. Sie haben genau gleiche Erbanlagen, sind immer gleichen Geschlechts und ähneln einander zum Verwechseln. Unterschiede zwischen ihnen sind immer umweltbedingt.

Meibom-Drüsen: die Talgdrüsen des Augenlids. Ihre Entzündung bewirkt das sog. Gerstenkorn.

Meiose (Reduktionsteilung, Reifeteilung, Meiosis): Bei der Befruchtung verschmelzen die Kerne zweier Geschlechtszellen miteinander. Der dadurch verdoppelte Chromosomensatz muss im Laufe der Entwicklung eines Lebewesens wieder halbiert werden, da sonst die Zahl der ↑Chromosomen pro Zelle ins Unendliche wachsen würde. Bei höheren Lebewesen geschieht dies spätestens bei der erneuten Bildung der Geschlechtszellen, bei weniger hoch entwickelten Organismen liegt der Zeitpunkt für die M. in frühen Entwicklungsstufen (↑Generationswechsel).

Daneben dient die M. der zufallsgemäßen Neuverteilung väterlicher und mütterlicher Chromosomen auf die Tochterzellen (↑Rekombination).

Die Verringerung der Chromosomenzahl wird durch zwei kurz aufeinander folgende Teilungen erreicht, in denen sich einmal homologe Chromosomen und bei der anderen Teilung identische Schwesterchromatiden trennen.

Die Reihenfolge der beiden Teilungen ist nicht einheitlich festgelegt.

Verglichen mit der Prophase einer ↑Mitose, dauert die Prophase der M. sehr lange (Stunden bis Jahre). Nur in der M. treten Chiasmata (↑Chiasma) zwischen homologen Chromosomen auf. Die Interphasekerne (↑Arbeitskern) vor einer M. oder einer Mitose sind unter dem Mikroskop nicht zu unterscheiden.

Die **Prophase** *der ersten meiotischen Teilung* wird in mehrere Phasen aufgegliedert: 1. Im **Leptotän** werden die Chromosomen als lange, dünne Fäden ohne Längsspalt sichtbar.
2. Im **Zygotän** paaren sich, von den Enden her fortschreitend, die homologen

Meiose

Verschiedene Phasen der Meiose

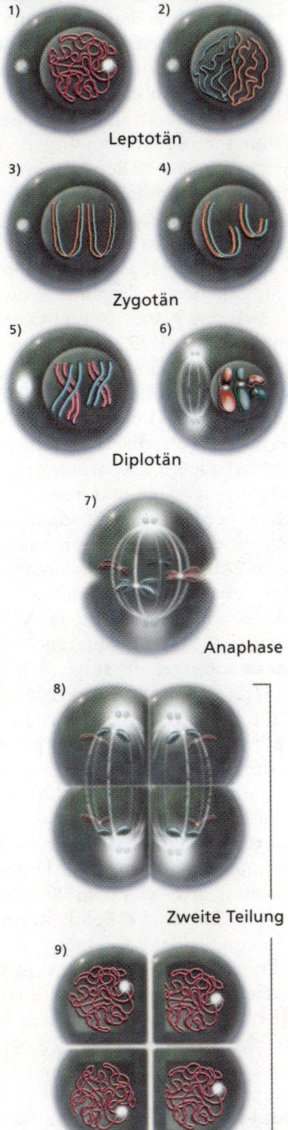

Chromosomen (Synapsis), wobei sie oft mit beiden Enden an der Kernmembran angeheftet sind. Zwischen den Chromosomen ist eine Struktur erkennbar, die wahrscheinlich für die exakte Paarung sorgt.

3. Im **Pachytän** ist die Paarung vollständig; die Chromosomen verkürzen sich stark, und ein Längsspalt lässt 2 Stränge in jedem Chromosom erkennen. Auch ↑ Geschlechtschromosomen legen sich trotz ihrer unterschiedlichen Gestalt aneinander. In dieser Phase werden die Chiasmata ausgebildet.

4. Im **Diplotän** sind deutlich 4 parallele Stränge zu erkennen (Vierstrangstadium, Tetrade), die zwei Paare bilden, die an den Chiasmata zusammenhängen. Die Chromosomen weichen bis auf die Überkreuzungsstellen auseinander. In dieser Phase sind die ↑ Lampenbürstenchromosomen zu finden.

5. In der **Diakinese** sind die Chromosomen stark verkürzt und gut unterscheidbar. Allmählich trennen sich die 4 Stränge paarweise; Chiasmata werden sichtbar und an die Enden verschoben.

In der ersten **Metaphase** werden die Chromosomen genau wie während einer Mitose im Bereich der **Äquatorialplatte** angeordnet und schließlich in der **Anaphase** mit den Centromeren voran zu den Polen transportiert. Die spiralisierten Chromosomen lockern sich während der Telophase etwas auf und werden von einer Kernhülle umgeben. Das nachfolgende Stadium, die **Interkinese,** ähnelt einer Interphase, allerdings ohne Verdopplung des DNA-Gehalts. In der **G_2-Phase** der Interphase wird die nächste Mitose vorbereitet.

Die *zweite meiotische Teilung* läuft in beiden Tochterzellen gleichzeitig nach dem Schema einer Mitose ab. Die noch vorhandenen Chromatidenpaare werden getrennt, sodass endgültig 4 Zellen entstehen, die jeweils einen ↑ haploiden Chromosomensatz haben. Bei der Eizellenbildung vieler Tiere wird nur ei-

ne einzige Zelle zum Ei, die anderen drei werden als sog. Polkörper abgeschnürt und gehen zugrunde.
Die komplizierten Mechanismen der M. erfordern für ihre Regulation während der Teilung zeitweise eine Syntheseaktivität des Kerns.

Melanine: gelbliche bis braune oder schwarze Farbstoffe, die im tierischen und menschlichen Organismus (Haut, Haare, Federn, Augen, Chitinpanzer der Insekten) zu finden sind und v.a. als Strahlenschutz wirken. Bei den Wirbeltieren und beim Menschen werden sie in einer Zellschicht unter der Epidermis gebildet und abgelagert. Bei Anhäufung von Melaninen kommt es zu Sommersprossen- und Leberfleckbildung. Vermehrung der Melaninbildung kann zu bösartigen Tumoren, den Melanosarkomen, führen.
Bei Pflanzen bewirken die M. z.B. die Dunkelfärbung an Schnitt- und Verletzungsstellen von Äpfeln und Kartoffelknollen.

Melanismus: eine starke Verdunklung der Grundkörperfärbung, die durch ↑Melanine hervorgerufen wird und bis zur völligen Schwärzung führen kann (z.B. die Hautfärbung bei negriden Menschen). Der M. ist in allen seinen Formen meist dominant vererbbar.

Melatonin: Hormon der Zirbeldrüse; bewirkt bei Fischen und Lurchen die Aufhellung der Haut (= Kontraktion der die Melanine tragenden Zellen). Bei Säugetieren und beim Menschen hemmt es die Schilddrüsenfunktion und die Sekretion des luteinisierenden Hormons.

Membranpotenzial: eine im Ruhezustand zwischen dem Zellinneren und dem Außenmilieu der meisten lebenden Zellen bestehende Potenzialdifferenz. Dieses M. **(Ruhepotenzial)** kann sich unterhalb eines gewissen Schwellenwerts im Sinne einer ↑Depolarisation oder Hyperpolarisation ändern, ohne dass ein ↑Aktionspotenzial ausgelöst wird.
Das M. kann mit winzigen Elektroden, die in die Zelle eingestochen werden, gemessen werden und beträgt z.B. bei Nerven- und Muskelfasern –70 mV bis –80 mV, bei Pflanzenzellen –160 mV bis –220 mV; das Zellinnere ist also negativ gegenüber dem Außenmilieu.
Das M. beruht auf der unterschiedlichen Verteilung von Ionen im Innen- und Außenmilieu der Zelle sowie auf der unterschiedlich großen Durchlässigkeit der semipermeablen Membran für bestimmte Ionen: Das Zellinnere enthält (bei Tieren) vorwiegend Kaliumionen und als Anionen vorliegende Proteine, dagegen wenig Natrium- und Chloridionen; außerhalb der Zelle befinden sich hauptsächlich Natrium- und Chloridionen. Da die Zellmembran stärker durchlässig für K^+-Ionen ist als für Na^+-Ionen und andererseits die K^+-Ionen das Bestreben haben, das Konzentrationsgefälle zwischen außen und innen auszugleichen, werden positive Ladungen auf die Außenseite der Membran transportiert, das Zellinnere wird dadurch negativ gegenüber dem Außenmilieu.
Diese Potenzialdifferenz ist das M., das gleichzeitig dem weiteren, dem Konzentrationsgefälle folgenden K^+-Ionen-Transport entgegenwirkt und sich auf einen Gleichgewichtszustand einstellt. – Eine kurzfristige positive Änderung (mit Ladungsumkehr außen/innen) des M. ist das ↑Aktionspotenzial.

Menarche: das Eintreten der ersten Regelblutung beim Mädchen (↑Menstruationszyklus) etwa vierzehn Tage nach dem ersten Eisprung (↑Follikelsprung). Der Zeitpunkt der M. hängt u.a. von Erbfaktoren, vom Lebensstil, vom Gesundheitszustand und vom Klima ab. Heute tritt die M. bei Mädchen in Mitteleuropa im Alter von etwa 12 3/4 Jahren und damit 1–2 Jahre eher als bei früheren Generationen ein.

Mendel-Regeln: die von dem österreichischen Forscher GREGOR MENDEL um 1865 erarbeiteten Grundsätze der Vererbung. Sie mussten jedoch erst von C. E. Correns (1864–1933), E. Tschermak und H. de Vries unabhängig voneinander neu entdeckt werden, bevor man sie um 1900 zur Kenntnis nahm. Mendel hat die Gesetzmäßigkeiten bei diploiden Organismen gefunden: Die Erbgänge sind hier gegenüber haploiden Organismen – für die die Regeln natürlich auch gelten – schwerer zu erkennen, weil bei Diplonten jedes Gen in zwei entweder gleichen (homozygoten) oder verschiedenen (heterozygoten) ↑Allelen vorkommt. Setzt sich ein Allel bei der Merkmalsausbildung stärker durch, ist es gegenüber dem schwächeren (rezessiven) Allel dominant. Selten überwiegt weder das eine noch das andere. Dominante Allele werden im Allgemeinen mit Großbuchstaben, rezessive mit Kleinbuchstaben bezeichnet. I.d.R. ist es bei Kreuzungsversuchen unerheblich, welches Allel vom Vater und welches Allel von der Mutter beigesteuert wird. – Man unterscheidet insgesamt drei Regeln:

1. *Uniformitätsregel:* Kreuzt man reinerbige (homozygote) Eltern (P-Generation) miteinander, die erbungleich sind in einem oder mehreren Allelpaaren, so sehen die Angehörigen der ersten Nachkommengeneration (F_1-Generation) alle gleich aus. War das eine Allel dominant, bestimmt es die äußere Erscheinung. Wenn die Nachkommen der F_1-Generation im Phänotypus zu gleichen Teilen beiden Elternteilen ähnlich sehen (z.B. Mischfarbe), spricht man von einem ↑intermediären Erb-

Mendel-Regeln

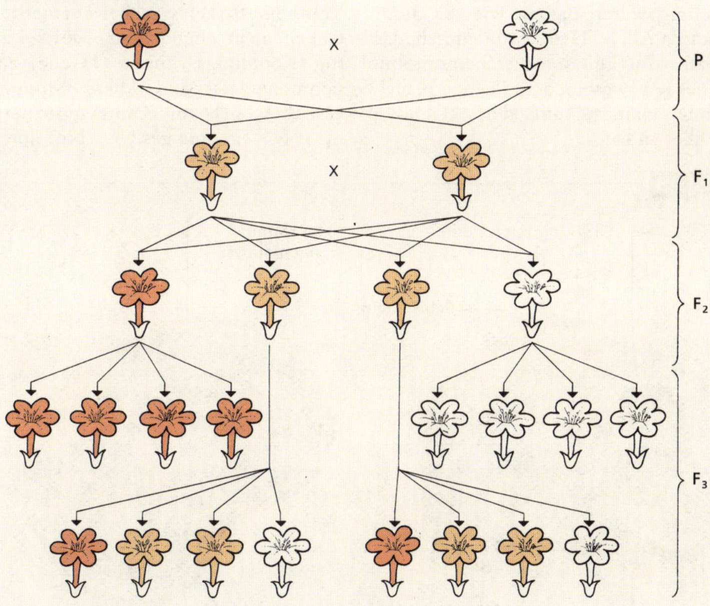

P Elterngeneration, F_1, F_2, F_3 erste, zweite, dritte Nachkommengeneration

M

gang. Bei einem ↑codominanten Erbgang treten beide elterlichen Allele »gleichberechtigt« für ein Merkmal in Erscheinung.

2. *Spaltungsregel:* Werden die Angehörigen der uniformen F_1-Generation untereinander gekreuzt, so ist die daraus hervorgehende F_2-Generation im betreffenden Merkmal nicht mehr einheitlich. Die Träger unterschiedlicher äußerer Erscheinungsbilder sind unter einer großen Zahl von Nachkommen immer in bestimmten Zahlenverhältnissen zu finden. Im intermediären Erbgang ist es das Verhältnis 1:2:1, im dominant-rezessiven 3:1, wenn man ein Allelpaar betrachtet.

Obwohl also die rezessiven Allele beim dominant-rezessiven Fall in der F_1-Generation nicht mehr zu erkennen waren, wurden sie doch während der ↑Meiose bei der Bildung der Geschlechtszellen genauso an die neuen Zellen weitergegeben wie die dominanten Allele. Hier wird deutlich, dass man vom äußeren Erscheinungsbild eines Lebewesens, dem Phänotyp, nicht ohne weiteres auf den ↑Genotyp schließen kann.

Mit einer ↑Rückkreuzung kann man prüfen, ob Individuen mit dem äußeren Merkmal des dominanten Allels homozygot oder heterozygot für dieses Allel sind.

3. *Freie Kombinierbarkeit der Gene (Unabhängigkeitsregel):* Werden die Kreuzungen mit Lebewesen durchgeführt, die sich nicht nur in einem Gen, sondern in 2 oder mehr Allelpaaren unterscheiden, werden die Allele in der Meiose für die F_2-Generation neu kombiniert; selbstverständlich erhält aber immer jede Zelle von jedem Gen ein Allel. Die Kombinationsmöglichkeiten können dem allgemein formulierten Schema einer Kreuzung mit zwei Genen entnommen werden. Bei insgesamt 9 Genotypen hängt die Zahl der unterschiedlichen Phänotypen von der Dominanz des einen oder anderen Allels ab. Bei rein intermediärem Verhalten gibt es 9 Phänotypen. Die freie Kombinierbarkeit wird bei den meisten Genen nicht eingehalten, weil sie zu sog. Kopplungsgruppen (↑Gene) zusammengefasst sind. Diese Gruppen verhalten sich im Kreuzungsexperiment wie ein einziges Gen. Nur durch

Menisken

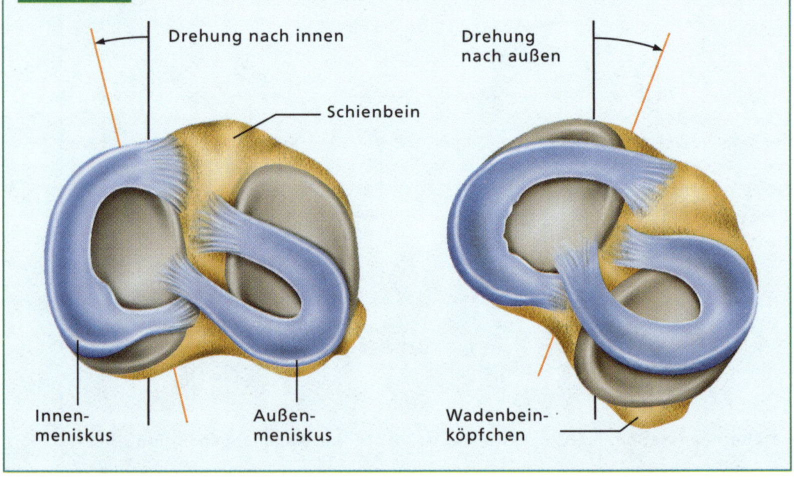

↑Crossing-over kommt es zu Neukombinationen.

Meningen: die ↑Hirnhäute.

Menisken (Einzahl: Meniskus): zwei halbmondförmig gebogene, verdickte Knorpelscheiben im Kniegelenk. Das Kniegelenk wird von Oberschenkelknochen und Schienbein gebildet. Die Gelenkfläche des Schienbeins ist fast eben, die des Oberschenkels hat zwei erhöhte Gelenkhügel, sodass beide Flächen nicht aufeinander passen. Zum Ausgleich liegen zwischen den Gelenkflächen der **innere M.** und der **äußere M.** Ihre Hauptaufgabe besteht im federnden Auffangen von Stoß und Druck beim Gehen, Laufen und Springen. Gewaltsame Drehbewegungen des Ober- oder Unterschenkels bei gebeugtem Knie können zu **Meniskusschäden** führen.

Menisken

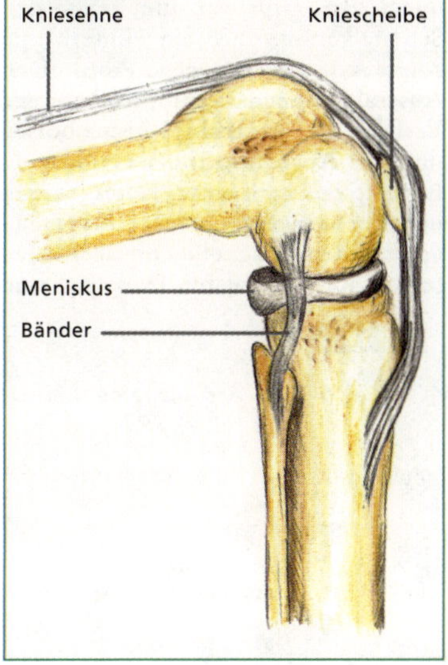

Menopause: ↑Menstruationszyklus.

Mensch (Homo sapiens): als Unterart Homo sapiens sapiens, die einzige noch lebende Art der Gattung Mensch (Homo), die zur Klasse der Säugetiere und (mit den Halbaffen und ↑Affen) zur Ordnung der ↑Herrentiere (Primaten) gehört. Charakteristisch für den M. sind sein aufrechter Gang und die Rückbildung des tierischen Haarkleids. Durch sein hoch entwickeltes, gegenüber den Vorfahren der Affen an Volumen vergrößertes Gehirn und die damit verbundenen Fähigkeiten zu denken, zu sprechen und seine Umwelt gezielt zu verändern, ist der Mensch das höchstentwickelte Lebewesen der Erde. Die Wissenschaft, die sich mit dem M. befasst, ist die ↑Anthropologie. Von besonderem Interesse im Rahmen der allgemeinen Biologie des Menschen **(Humanbiologie)** ist es zu wissen, woher der M. kommt und worauf seine heutige physische Existenz beruht. Dies ist die Aufgabe der Paläanthropologie, die sich mit der Abstammung und Entwicklung, d.h. der Evolution (↑Deszendenztheorie) des Menschen befasst. Der *Stammbaum des Menschen* (Bild S. 322) ist bis heute noch in weiten Teilen unvollständig. Die menschliche Evolutionslinie geht von menschenaffenähnlichen Formen (Propliopithecus und Aegyptopithecus) des frühen Oligozäns (seit rund 38 Mill. Jahren) aus. Aus dem unteren Miozän (vor 17–25 Mill. Jahren) liegen Reste von **Hominoiden** (gemeinsame Vorfahren der Hominiden, Menschenaffen und Gibbons) vor, unter denen der **Proconsul africanus** durch Funde am besten belegt ist. 1994 wurden in Äthiopien die Überreste des **Australopithecus ramidus** (Alter ca. 4,4 Mill. Jahre) und 1995 Reste eines **Australopithecus anamensis** (Alter rund 4,2 Mill. Jahre) entdeckt. Erste Interpretationen sehen diese beiden Arten als typische Vertreter des **Tier-Mensch-Übergangsfeldes** und damit als wichtige Zwischenglieder in der Entwicklung zum M. an. Gut belegt ist der zuerst 1973 entdeckte **Australopithecus afarensis** (u.a. »Lucy«), der bis vor knapp 3 Mill. Jahren nachweisbar ist. Um diese Zeit trat auch der

Australopithecus africanus auf, der nur 1,20 m groß war. Ihm fehlte der Scheitelkamm, und sein Hinterhaupt zeigte ein abgerundetes Profil. Der **Australopithecus aethiopicus** war ein Vorfahre des **Australopithecus boisei** und des **Australopithecus robustus.** Er hatte ein stark entwickeltes, bereits menschenartiges Gebiss; ein Knochengrat auf dem Scheitel diente als Ansatz für die Kaumuskulatur. Diese Art war Vegetarier und etwa 1,50 m groß. Funde von Beckenfragmenten legen nahe, dass diese **Australopithezinen (Urmenschen)** sich aufrecht fortbewegt haben. Ihre noch weitgehend affenähnlichen Schädel hatten nur ein geringes Volumen von gut 500 cm^3. Die evolutionäre Entwicklung der Australopithezinen endete in einer Sackgasse.

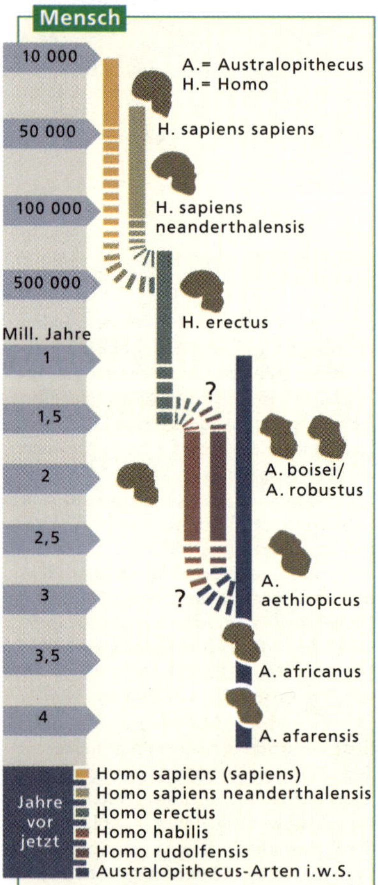

Zeitliches Auftreten der verschiedenen Menschen- und Vormenschenarten

Der vor etwa 2–2,5 Mill. Jahren erscheinende **Homo habilis** oder der zur gleichen Zeit erstmals belegte **Homo rudolfensis** werden an den Anfang der Entwicklungslinie gestellt, die zum heutigen M. geführt hat (Familie der **Hominiden**). Beiden Arten wurde erstmals die Herstellung von Steinwerkzeugen zugeschrieben. Die Entwicklungsstadien sind im Einzelnen strittig. Kein Zweifel besteht jedoch daran, dass zuerst die zweibeinige Körperhaltung und Fortbewegungsweise erworben wurde, bevor die Entfaltung des Gehirns weit über das bei höheren Affen erreichte Maß hinaus erfolgte.

Vor etwa 1,8 Mill. Jahren tauchte der **Homo erectus** auf, der schon weitgehend die Körpergestalt des heutigen M. hatte. Homo erectus wird auch zu den **Frühmenschen (Archanthropinen)** gezählt. Er war diejenige Art, die sich erstmals über Afrika hinaus nach Asien und Europa ausbreitete: Der erste Fund stammt aus Java (**Javamensch;** 1891). In Peking wurde der **Homo erectus pekinensis (Pekingmensch),** in Rhodesien der **Homo erectus rhodesiensis (Rhodesiamensch),** in Olduwai der **Homo erectus leakeyi (Olduwaimensch)** gefunden. Weitere Funde wie **Homo erectus heidelbergensis** (in der Nähe von Heidelberg; **Heidelbergmensch**) beweisen, dass die Frühmenschen die Tropen verlassen haben und in kühlere Klimagebiete vorgestoßen sind. Ihr Schädel wies mehr oder weniger starke Überaugenwülste auf, ihr Unterkiefer war kinnlos, ihr Gebiss durchaus menschlich. Das Gehirnvolumen schwankte zwischen 680 und 800 cm^3

Mensch I

Mittelschnitt durch Schädel mit Gehirn, Gesicht, Rachen und Hals

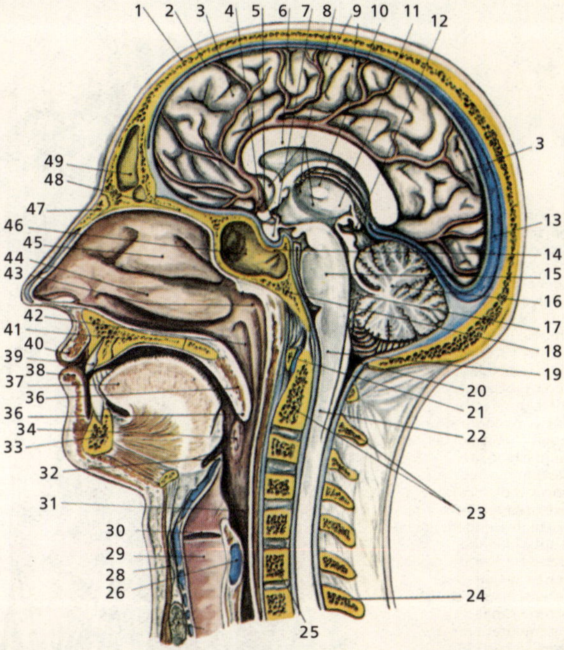

1 Kopfhaut (Cutis)
2 Hirnhäute (Meningen)
3 Großhirn (Cerebrum)
4 vordere Hirnschlagader (Arteria cerebralis anterior)
5 Hypothalamus mit Sehnervenkreuzung
6 Balken (Corpus callosum)
7 Hirnanhangdrüse (Hypophyse)
8 Zwischenhirn (Diencephalon) mit Sehhügel (Thalamus)
9 vordere Zentralwindung (Gyrus praecentralis) und hintere Zentralwindung (Gyrus postcentralis)
10 Mittelhirn-(Mesencephalon-)Gegend mit Rautenhirn (Rhombenencephalon)
11 dritte Hirnkammer (Ventriculus tertius)
12 Zirbeldrüse (Corpus pineale, Epiphyse)
13 Blutleiter der Hirnhaut (Sinus durae matris)
14 Türkensattel (Sella turcica)
15 Brücke (Pons)
16 Kleinhirn (Cerebellum)
17 vierte Hirnkammer
18 Körper des Hinterhauptsbeines (Os occipitale)
19 verlängertes Mark (Medulla oblongata)
20 Hinterhauptzisterne (Cisterna cerebromedullaris)
21 erster Halswirbel (Atlas)
22 Rückenmark (Medulla spinalis)
23 zweiter Halswirbel (Epistropheus, Axis)
24 Dornfortsätze (Processus spinales)
25 Wirbelkörper (Corpus vertebrae)
26 Schilddrüse (Glandula thyreoidea)
27 Ringknorpel (Cartilago cricoides)
28 Schildknorpel (Cartilago thyreoides)
29 Luftröhre (Trachea)
30 Stimmritze (Rima glottidis)
31 Speiseröhre (Ösophagus)
32 Kehldeckel (Epiglottis), hochgeklappt
33 Unterkiefer (Mandibula)
34 Gaumenmandel (Tonsilla palatina)
35 Zäpfchen (Uvula)
36 weicher Gaumen (Palatum molle)
37 Zunge (Lingua)
38 Unterlippe (Labium inferius)
39 Zähne (Dentes)
40 Oberlippe (Labium superius)
41 harter Gaumen (Palatum durum)
42 Rachen (Pharynx)
43 Rachenmandel (Tonsilla pharyngea)
44 untere Nasenmuschel (Concha nasalis inferior)
45 mittlere Nasenmuschel (Concha nasalis media)
46 Keilbeinhöhle (Sinus sphenoidalis)
47 Nasenbein (Os nasale)
48 Siebbeinplatte (Lamina cribriformis)
49 Stirnhöhle (Sinus frontalis)

Mensch II

Tiefe Schicht der Brust- und Baucheingeweide

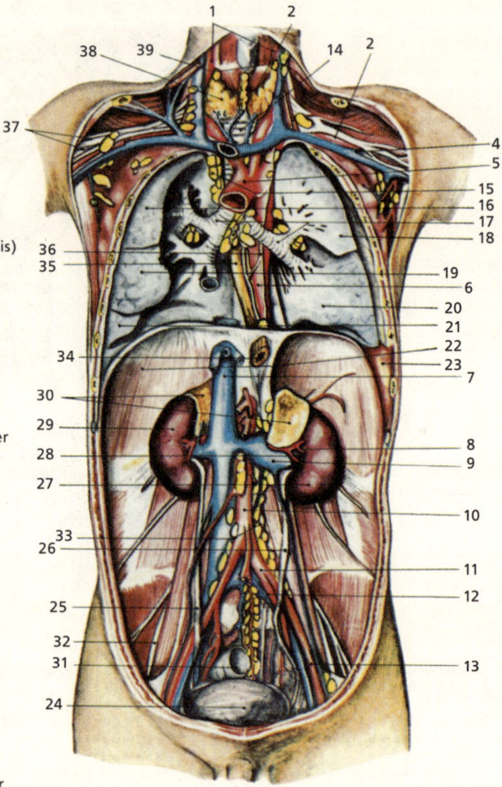

1 gemeinsame Kopfschlagader (Arteria carotis communis)
2 Anschnitt der oberen Sammelblutader (Hohlvene oder Vena cava superior)
3 Schlüsselbeinschlagader (Arteria subclavia)
4 Schlüsselbeinblutader (Vena subclavia)
5 aufsteigender Teil (Aorta ascendens) und Bogen (Arcus aortae) der Hauptschlagader
6 Brustkorbanteil (Aorta thoracica) des absteigenden Teils (Aorta descendens) der Hauptschlagader
7 untere Hohlvene (Vena cava inferior)
8 Nierenschlagader (Arteria renalis)
9 Nierenblutader (Vena renalis)
10 Bauchanteil (Aorta abdominalis) des absteigenden Teils der Hauptschlagader
11 gemeinsame Hüftschlagader (Arteria iliaca communis)
12 innere Beckenschlagader (Arteria iliaca interna)
13 äußere Beckenschlagader (Arteria iliaca externa)
14 Luftröhre (Trachea)
15 Lymphknoten des Lungenhilus, sog. Hilusdrüsen
16 rechter Lungenoberlappen (Lobus pulmonis dextri superior)
17 Hauptbronchien
18 linker Lungenoberlappen (Lobus pulmonis sinistri superior)
19 rechter Lungenmittellappen (Lobus pulmonis dextri medius)
20 linker Lungenunterlappen (Lobus pulmonis sinistri inferior)
21 rechter Lungenunterlappen (Lobus pulmonis dextri inferior)
22 Zwerchfell (Diaphragma)
23 sog. Komplementärraum des Rippenfells (Recessus pleurae)
24 Harnblase (Vesica urinalis)
25 rechter Harnleiter (Ureter dexter)
26 linker Harnleiter (Ureter sinister)
27 linke Niere (Ren sinister)
28 Nierenbecken (Pelvis renalis)
29 rechte Niere (Ren dexter)
30 Nebenniere (Corpus suprarenale)
31 Mastdarm (Rectum)
32 Oberschenkelnerv (Nervus femoralis)
33 Lymphknoten der Baucheingeweide (Mesenterialdrüsen)
34 Einmündung der Speiseröhre in den Magen (Magenmund, Kardia)
35 Speiseröhre (Ösophagus)
36 X. Hirnnerv (Nervus vagus)
37 Nervengeflecht des Armes (Plexus brachialis)
38 Schilddrüse (Glandula thyreoidea)
39 Nebenschilddrüse (Glandula parathyreoidea)

beim Olduwaimenschen und 1 250 cm^3 beim Rhodesiamenschen. Der Homo erectus pekinensis gebrauchte mit Sicherheit bereits das Feuer. Auch über die Kultur ist einiges bekannt. Im ostasiatischen Bereich besaß der Frühmensch sog. Haumesser. Der Olduwaimensch benutzte bereits den Faustkeil, und der Heidelbergmensch hatte eine Steingerätekultur. Die Frühmenschen lebten vorzugsweise von der Jagd; auch Kannibalismus kann nicht ausgeschlossen werden.

Im mittleren Pleistozän (vor ungefähr 250 000 Jahren) sind aus der Homo-erectus-Gruppe die **Altmenschen (Paläanthropinen)** hervorgegangen, die im oberen Pleistozän als die Gruppe der **Neandertaler (Homo sapiens neanderthalensis,** benannt nach dem Neandertal bei Düsseldorf) auftrat. Sie war ein Spättypus aus der letzten Eiszeit und konnte nur in Europa und Vorderasien nachgewiesen werden. Die Neandertaler starben vor rund 30 000 Jahren wieder aus. Ihre typischen Merkmale waren: starke Überaugenwülste, hohe, rundliche Augenhöhlenöffnungen, vorspringender, kinnloser Unterkiefer und ein geräumiger Hirnschädel mit einem Gehirnvolumen von 1 400 bis 1 600 cm^3. Der Neandertaler war untersetzt und hatte einen kräftigen Knochenbau. Seine Werkzeuge waren Faustkeile und Blattspitzen (blattförmige Steingeräte, z.B. als Messer).

Der Neandertaler ist nicht der direkte Vorfahre des Jetztmenschen. Sie hatten zwar eine gemeinsame Wurzel, trennten sich aber schon in der Mindel-Riss-Zwischeneiszeit.

Während der letzten Eiszeit vor rund 40 000 Jahren und noch vor dem allmählichen Verschwinden des Neandertalers, treten die **Jetztmenschen (Neanthropinen)** in Westeuropa auf. Es sind die ersten typischen Vertreter des Homo sapiens sapiens, die nach ihrem Fundort auch **Cro-Magnon-Mensch** genannt werden. Sie erscheinen in Europa an verschiedenen Stellen gleichzeitig und trugen die Kulturzüge der jüngeren Altsteinzeit. Ihr Gehirnvolumen betrug 1 400 cm^3. Es erreichte in wenigen Tausend Jahren eine Größe bis zu 1 500 cm^3. Diese schnelle Entwicklung des Gehirns ist für die ganze Menschwerdung von großer Bedeutung. Die Frage, ob der heutige M., der in Afrika (Südäthiopien, Südafrika) seit etwa 130 000 Jahren belegt werden kann, nur in Afrika enstanden ist (»Out-of-Africa-Theorie« oder »Eva kam aus Afrika«) und von hier aus die übrige Erde besiedelt hat (seit 100 000 Jahren im Nahen Osten) oder ob er sich auch auf anderen Kontinenten (Europa, Asien) aus Vorgängerformen entwickelt haben könnte, wird noch diskutiert.

Aufgrund verschiedenartiger Kombinationen erblicher Merkmale lässt sich der heutige M. in typologische Kategorien (Menschenrassen) einteilen. Die Kategorien bildeten sich während des späten Pleistozäns heraus und sind das Ergebnis des Zusammenwirkens einer Reihe von populationsgenetischen Faktoren wie ↑Mutation, ↑Selektion, ↑Isolation und ↑Migration. Die auffälligsten Unterscheidungsmerkmale sind neben der Haut-, Haar- und Augenfarbe (Komplex der Pigmentierung) bestimmte Körper-, Kopf- und Gesichtsformen. Daneben bestehen auch gewisse physiologische Unterschiede. Sie betreffen u.a. die Wärmeregulation, den Hormonhaushalt und Blutmerkmale. Heute werden mit den Europiden, Mongoliden, Negriden und Indianiden vier typologische Kategorien unterschieden. Die Australiden und Pygmiden nehmen aber eine Sonderstellung ein.

Die **Europiden** haben sich aus Homo-sapiens-Populationen des Neolithikums im eurasiatischen Raum entwickelt und im Verlauf der letzten Jahrtausende ganz Europa, Nordafrika und Südasien besiedelt. Charakteristisch für die gesamte Europidengruppe, die in zahlreiche geographische Unterkategorien (z.B. Nordide, Mediterranide, Orientalide, Indide) aufgegliedert wird, sind die folgenden Merkmale: von hellrötlich weiß (Nordeuropa) bis dunkelbraun (Nordafrika, Südasien) variierende Hautfarbe, welliges bis schlichtes, relativ dünnes Haar, variable Schädelform, relativ schmale und stark vorspringende Nase, dünne Lippen, reliefreiches Gesicht, hohe, gerade Stirn, deutlich ausgebildetes Kinn.

Die **Mongoliden** haben im Verlauf ihrer Geschichte ebenfalls weite Teile der Erde besiedelt und sich an unterschiedliche geographische und klimatische Bedingungen angepasst. Ihre Herausdifferenzierung erfolgte im asiatischen Raum. Charakteristisch für diese typologische Kategorie, die gleichfalls in eine Anzahl von Unterkategorien gegliedert wird, sind: flaches Gesicht mit niedriger Nasenwurzel, betonte Jochbögen, flach liegende Lidspalte (die oft schräg gestellt ist; sog. ↑Mongolenfalte), dickes, straffes, dunkles Haar, dunkle Augen, gelbbräunliche Haut, i.d.R. kleiner, untersetzter Wuchs. Zu dieser Kategorie werden auch die Eskimiden gerechnet, die sich im Laufe der letzten Jahrtausende im Norden Nordamerikas und auf Grönland herausdifferenziert haben.

Sehr heterogen ist das körperliche Erscheinungsbild der **Indianiden,** die aus den Mongoliden hervorgingen. Vor etwa 40 000 Jahren v. Chr. erreichten sie erstmals (vermutlich aus dem Raum Nordostasien) über die Beringstraße den amerikanischen Kontinent. Nach mehreren Einwanderungsperioden differenzierten sie sich hier in zahlreiche Unterkategorien.

Die **Negriden** werden als Anpassungsform an die tropischen Bedingungen Zentral- und Westafrikas verstanden. Ihre biologische Geschichte ist noch weitgehend unbekannt. Typisch für die Negriden sind die sehr dunkle Haut-, Augen- und Haarfarbe, dichtes, dickes und krauses Haar, wulstige Lippen, Prognathie (Vorstehen des Oberkiefers), geringe Gesichts- und Körperbehaarung.

Die **Australiden** sind gekennzeichnet durch mittelgroßen, hageren Wuchs, lange Beine, lange, schmale Kopfform, breites, derbes Gesicht mit starken Überaugenbögen, Prognathie, fliehende Stirn und fliehendes Kinn, dunkle Haut, dunkle Haare und dunkle Augen. Ein ähnliches Erscheinungsbild weisen die auf Neuguinea und in Melanesien lebenden Melanesiden auf, die mit den Australiden verwandt sind.

Die **Pygmiden** sind v.a. durch ihre geringe Körpergröße gekennzeichnet (Männer unter 150 cm, Frauen unter 140 cm). Sie kommen in Afrika und Asien vor; doch auch aus Südamerika sind kleinwüchsige M. bekannt. Man nimmt an, dass es sich bei diesen Gruppen um konvergente, voneinander unabhängige Entwicklungen handelt. Wahrscheinlich sind die Pygmiden Anpassungsformen an die Nahrungsarmut ihrer Lebensräume.

Menschenaffen (Pongidae): eine Familie der ↑Affen, deren Vertreter schwanzlos sind und die mit dem Menschen viele Merkmale gemeinsam haben, v.a. was die inneren Organe anbelangt. M. entstammen derselben Vorfahrenreihe wie der Mensch. Zu ihnen zählen ↑Schimpansen, ↑Gorilla und ↑Orang-Utan; zuweilen werden auch die ↑Gibbons dazugerechnet. M. benutzen Werkzeuge, lernen aus Erfahrung, können einsichtig handeln und kennen keine bestimmte Paarungszeit. Sie leben in Familien oder in kleinen Horden in den Wäldern West- und Zentralafrikas, Borneos und Sumatras. Beim Gehen auf dem Erdboden nehmen sie die Arme zu Hilfe; kurze Strecken laufen sie auch aufrecht.

M. haben einen kräftigen Schädel mit großem Gehirnteil, flacher Stirn (teils starke Überaugenwülste), starken Kiefern, nacktem Gesicht und verschiede-

Mensch III

Obere Schicht der Brust- und Baucheingeweide

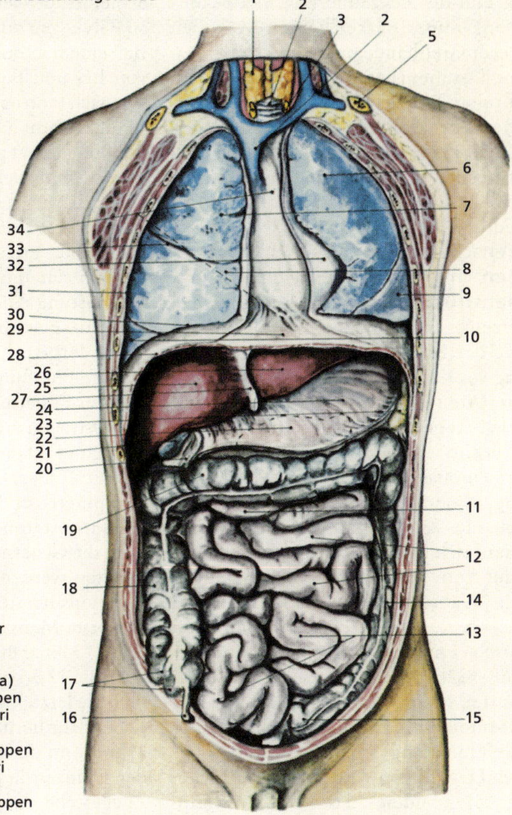

1 Schilddrüse (Glandula thyreoidea)
2 Luftröhre (Trachea)
3 Thymusdrüse
4 obere Sammelblutader (Hohlvene; Vena cava superior)
5 Schlüsselbein (Clavicula)
6 linker Lungenoberlappen (Lobus pulmonis sinistri superior)
7 rechter Lungenoberlappen (Lobus pulmonis dextri superior)
8 rechter Lungenmittellappen (Lobus pulmonis dextri medius)
9 linker Lungenunterlappen (Lobus pulmonis sinistri inferior)
10 rechter Lungenunterlappen (Lobus pulmonis dextri inferior)

Dünndarm
(Intestinum tenue; 11–13)
11 Zwölffingerdarm (Duodenum)
12 Leerdarm (Jejunum)
13 Krummdarm (Ileum)

Dickdarm
(Intestinum crassum; 14–19)
14 absteigender Ast (Colon descendens)
15 S-förmiger Anteil (Colon sigmoideum)
16 Wurmfortsatz (Appendix vermiformis)
17 Blinddarm (Intestinum caecum, Zäkum)
18 aufsteigender Ast (Colon ascendens)
19 quer verlaufender Ast (Colon transversum)
20 Magenausgang oder Pförtner (Pylorus)
21 Gallenblase (Vesica fellea)
22 Projektion der Bauchspeicheldrüse (Pankreas, hinter dem Magen liegend)
23 Milz (Lien)
24 Magen (Ventriculus)
25 rechter Leberlappen (Lobus hepatis dexter)
26 linker Leberlappen (Lobus hepatis sinister)
27 Bauchfellduplikator der Leber (Meso hepaticum)
28 Bauchfell (Peritonaeum)
29 Zwerchfell (Diaphragma)
30 Zwerchfellanteil des Brustfells (Pleura diaphragmatica)
31 eigentliches Rippenfell (Rippenanteil des Brustfells; Pleura costovertebralis)
32 Herzbeutel (Pericardium)
33 Lungenfell

nen Bartbildungen. Im Alter treten die Mundpartie immer mehr schnauzenartig und die Eckzähne (v.a. bei Männchen) immer stärker hervor. M. haben ferner Greifhände und -füße, bei denen der Daumen bzw. die Großzehe den übrigen Fingern bzw. Zehen gegenübergestellt (opponiert) werden kann. – M. ernähren sich vorwiegend von Früchten, Blättern und jungen Sprossen. Sie sind allesamt in ihrem Bestand bedroht.

Menschenrassen: ↑Mensch.

Menschwerdung: die ↑Hominisation.

Menstruationszyklus (Monatszyklus): Bezeichnung für die Zeit vom ersten Tag der Menstruation bis zum letzten Tag vor der nächsten. Die **Menstruation (Menses, Monatsblutung, Periode, Regelblutung)** ist bei der geschlechtsreifen Frau die regelmäßig etwa monatlich (im Abstand von 26–35 Tagen) auftretende Blutung aus der Scheide. Zu ihr kommt es nur dann, wenn sich in der Gebärmutterschleimhaut kein befruchtetes Ei eingenistet hat. Während der Menstruation wird die obere Schicht dieser Schleimhaut durch Enzyme aufgelöst und abgestoßen. Im M. bereitet sich die Gebärmutter sofort nach der Blutung unter Hormoneinfluss erneut auf die eventuelle Einnistung eines Eies vor.

Der Hypophysenvorderlappen (↑Hypophyse) sondert das ↑follikelstimulierende Hormon (FSH) ab. Dieses regt in einem der Eierstöcke ein Ei zur Reifung an. Gleichzeitig veranlassen ↑Östrogene die Gebärmutterschleimhaut zum Wachstum und zur Bildung zarter Drüsenschläuche. Andererseits hemmen Östrogene die Abgabe von FSH durch die Hypophyse und regen diese an, das ↑luteinisierende Hormon (LH) abzusondern. Unter dem Einfluss von LH beginnt das Eibläschen (Follikel) im Eierstock Progesteron (↑Gestagene) zu bilden. Progesteron veranlasst die Drüsenschläuche in der Gebärmutterschleimhaut, sich zu vergrößern und sich mit Sekret zu füllen (Durchsaftung, Sekretionsphase) und regt die Zellen der Schleimhaut (jetzt ↑Decidua genannt) an, Glykogen zu speichern.

Bei einem bestimmten Gleichgewicht von LH und FSH erfolgt etwa am 14. Tag nach Eintritt der letzten Blutung der ↑Follikelsprung. LH regelt nun die Umbildung des geplatzten Follikels zum ↑Gelbkörper, der jetzt vermehrt Progesteron absondert. Dieses hält das Ei auf seinem Weg durch den Eileiter am Leben und erhält die Gebärmutterschleimhaut, die nun vollständig auf die ↑Einnistung des Eies und seine Ernährung vorbereitet ist. Außerdem verhindert das luteinisierende Hormon weitere Eireifungen.

Ist kein Ei befruchtet, hört die Abgabe von Östrogenen auf; dadurch entfällt die Anregung auf die Hypophyse, LH abzusondern. Der Gelbkörper schrumpft (atrophiert) und stellt die Produktion von Progesteron ein. Ohne Progesteron kann die Gebärmutterschleimhaut nicht erhalten werden; sie wird in der Menstruation abgestoßen.

Die erste Menstruation im Leben einer Frau (↑Menarche) erfolgt durchschnittlich mit 12 3/4 Jahren bei Europäerinnen, die letzte **(Menopause)** um das 50. Lebensjahr herum.

Meristem: in den Wachstumszonen der Pflanzen liegendes teilungsbereites Zellgewebe, das neue Pflanzenteile hervorbringen kann. – ↑auch Bildungsgewebe.

Merkel-Zellen: ↑Tastkörperchen.

Merozoiten: ↑Plasmodium.

Mesencephalon: das ↑Mittelhirn.

Mesenchym: bei vielen Tieren ein lockeres, aus stern- oder netzförmigen Zellen aufgebautes Bindegewebe, das zwischen den ↑Keimblättern Ekto- und Entoderm entsteht. Platt- und Schlauchwürmer bilden als Füllgewebe nur M. aus, während höher entwickelte Tiere stattdessen meist ein Mesoderm in Form eines festen epithelialen Zellverbands aufbauen.

Menstruationszyklus

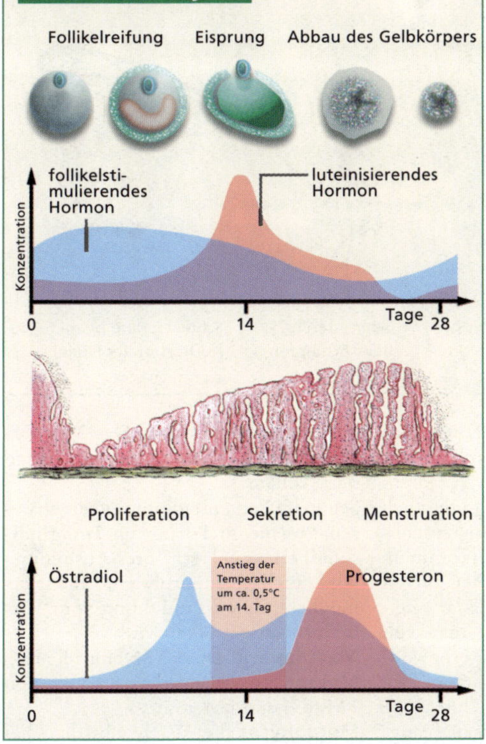

Mesenterien: ↑Bauchfell.

Meskalin: wasserlösliches Alkaloid aus dem mexikanischen Peyotlkaktus (Pellotekaktus). Als ↑Halluzinogen besitzt es ähnliche Wirkungen wie ↑Haschisch und ↑LSD; unangenehme Nebenwirkungen sind Kopfschmerzen, Schwindel und Übelkeit.

Mesoderm: das mittlere der drei ↑Keimblätter.

Mesogloea: ↑Hohltiere.

Mesonephros: die ↑Urniere.

Mesophyll: das Grundgewebe des ↑Laubblattes.

Mesozoa: Meerestiere, die vermutlich rückgebildete Formen einstiger Vielzeller sind. Ihr Körper ist ein geschlossener, einschichtiger Zellschlauch mit Fortpflanzungszellen im Inneren. Alle M. leben mindestens zeitweise parasitisch, z.B. in Weichtieren, Strudel- und Ringelwürmern.

Messenger-RNA, Abk. **m**-RNA: die Boten-RNA (↑RNA).

Metabolie: die ↑Metamorphose.

Metabolismus: der ↑Stoffwechsel.

Metagenese: ↑Generationswechsel.

Metamerie (Segmentierung): die Gliederung eines Tierkörpers in hintereinander liegende, von ihrer Anlage her gleichartige Abschnitte. – ↑auch Gliedertiere, ↑Ringelwürmer.

Metamorphose (Metabolie, Verwandlung): bei vielen Tieren das Durchlaufen jeweils anders gestalteter und vielfach anders organisierter Wachstumsstadien während ihrer Entwicklung vom Ei zum voll ausgebildeten, geschlechtsreifen Organismus (indirekte Entwicklung). M. gibt es z.B. bei Würmern, Krebsen, Manteltieren und Lurchen (↑Kaulquappe), besonders aber bei Insekten, d.h. bei allen Tieren, die ein Larvenstadium (↑Larve) durchlaufen.

Bei manchen Insekten sind die Larvenstadien dem der ↑Imago schon ähnlich und werden dieser von Häutung zu Häutung ähnlicher (Bild S. 330). Auch die Geschlechtsorgane und (bei geflügelten Insekten) die Flügelanlagen sowie die Flügelmuskulatur werden kontinuierlich herangebildet. Die Nahrung gleicht weitgehend der des erwachsenen Tiers (↑Hemimetabolie). Bei Urinsekten und Eintagsfliegen ist die M. am

Metamorphose

Holometabolie

ursprünglichsten ausgebildet **(Paläometabolie).** Ein Ruhe- oder Puppenstadium fehlt. Bereits im Larvenstadium sind die Merkmale der Imago deutlich ausgebildet. Aber noch im Imagostadium können Häutungen vorkommen. Tragen die der Imago ähnlichen Larven zugleich sekundäre, spezielle larveneigene Bildungen, so spricht man von **Heterometabolie.** Die wasserbewohnenden Libellenlarven besitzen z.B. Tracheenkiemen und an der Unterlippe ein vorschnellbares Greiforgan (Fangmaske) zum Fangen kleiner Insekten. Heterometabol sind auch Heuschrecken und Blattläuse.

Abweichend von diesen Typen einer unvollkommenen Metamorphose ist die **Neometabolie** der Blasenfüße, Tannenläuse und Mottenschildläuse: Das letzte oder die zwei letzten Larvenstadien im Anschluss an flügellose Stadien sind ein Ruhestadium. Nahrung wird keine mehr aufgenommen, und die ↑Nymphe ist nur wenig beweglich.

Bei der vollkommenen M. (↑Holometabolie) z.B. der Käfer, Flöhe, Hautflügler, Zweiflügler und Schmetterlinge unterscheiden sich die Larven in Gestalt von ↑Maden oder ↑Raupen völlig von der Imago. Ein Ruhestadium ohne Nahrungsaufnahme (↑Puppe) beendet die Jugendentwicklung. Das Tier verwandelt sich zum Vollinsekt (Imago oder Vollkerf).

Schon im Larvenstadium sind die späteren Organe in Form von **Imaginalscheiben** angelegt. Ihre Ausbildung wird durch Metamorphosehormone ermöglicht, deren Produktion vom Vorderhirn aus gesteuert wird.

Metanephridien: die ↑Nephridien.

Metaphase: das mittlere Stadium von ↑Mitose und ↑Meiose.

Metaphyse: die Wachstumsfuge bei noch im Wachstum befindlichen ↑Röhrenknochen.

Metazoa: die ↑Vielzeller.

Metencephalon: das ↑Hinterhirn.

Methanal: der ↑Formaldehyd.

Methanbakterien: mehrere Arten von anaeroben Mikroorganismen, die CO_2 und H_2 als einzige Kohlenstoff- und Energiequelle, alternativ auch Alkohole und organische Säuren zu Methan (CH_4) abbauen. Bei einigen an Vitamin B_{12} reichen Bakterien stammt der Kohlenstoff aus reduziertem Kohlenstoffdioxid (CO_2).

M. kommen im Faulschlamm (Sumpfgas), in Faulbehältern von Kläranlagen und als wesentlicher Bestandteil der Flora im Pansen von ↑Wiederkäuern vor. – Die M. gehören zu den vor über

20 Jahren entdeckten ↑Archaebakterien.

Methionin: eine schwefelhaltige, essenzielle ↑Aminosäure. Durch Transaminierung kann M. mithilfe von ATP in Cholin und Kreatin überführt werden. M. findet therapeutische Anwendung bei Lebererkrankungen, Verbrennungen und Schwermetallvergiftungen.

Microbodies: die ↑Peroxisomen.

Migration: die Wanderung von Individuen einer Pflanzen- oder Tierart von ihrem ursprünglichen Verbreitungsgebiet in das einer anderen artgleichen Population. M. begünstigt die Entstehung neuer Rassen und schließlich neuer Arten. Veränderte Selektionsbedingungen und der behinderte Genaustausch mit der Stammpopulation fördern diese Entwicklung. – ↑auch Tierwanderungen.

Mikroben: die ↑Mikroorganismen.

Mikrobiologie: ein Teilgebiet der Biologie, das sich mit Lebewesen beschäftigt, die als sehr uneinheitliche Gruppe der ↑Mikroorganismen nur aufgrund ihrer Kleinheit dem Tier- und Pflanzenreich gegenübergestellt werden. Entsprechend der Vielfalt der Organismen gibt es innerhalb der M. Teilgebiete: ↑Bakteriologie (Bakterien), ↑Mykologie (Pilze), Protozoologie (Einzeller), Phycologie (Algen). Zur M. gehört auch die Virologie (Viren).

Mit zunehmendem Wissen haben sich Spezialgebiete entwickelt, wie z.B. die **medizinische M.,** die sich besonders der Untersuchung der Krankheitserreger beim Menschen widmet. Die **industrielle M.** untersucht die Möglichkeiten, den Stoffwechsel einiger Mikroorganismen zur Produktion von Alkohol, Essig, Vitaminen, Insulin, Enzymen, Arzneimitteln (wie ↑Antibiotika und ↑Interferone) sowie für die Vergärung von Milchprodukten u.a. zu nutzen.

Mikroorganismen (Mikroben): kleine, einzellige, nur mit dem Mikroskop sichtbare Lebewesen. Zu den M. zählen Bakterien, Cyanobakterien und ↑Einzeller sowie einige Algen und Pilze. M. haben im allgemeinen Stoffkreislauf eine wichtige Aufgabe. Sie sorgen für den vollständigen Abbau organischen Materials zu anorganischen Stoffen (z.B. manche ↑Bodenorganismen). Andererseits bilden sie (z.B. Algen) den Anfang vieler ↑Nahrungsketten. Viele ↑Parasiten und Krankheitserreger sind M., die ↑Viren jedoch nicht.

Mikrophagen:

◆ Typ der ↑Phagocyten, die nur kleine Fremdkörper (v.a. Bakterien) aufnehmen.

◆ (Filtrierer): Tiere, die sich in Bezug auf ihre Körpergröße von winzigen Schwebeteilchen ernähren. Beispiele: Muscheln filtrieren Plankton, Bartenwale Krill.

Mikropyle: der von den Integumenten der ↑Samenanlage freigelassene Zugang zum Nucellus. Durch diese Öffnung dringt normalerweise der Pollenschlauch ein, um mit seinen vegetativen Kernen für die Befruchtung im Embryosack zu sorgen.

Mikroskop: ↑Elektronenmikroskop, ↑Lichtmikroskop.

Mikrosmaten: ↑Geruchssinn.

Metamorphose

Hemimetabolie

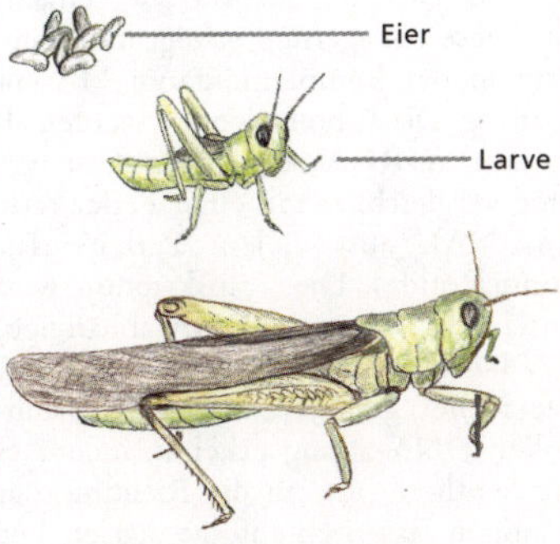

Erwachsene Heuschrecke

Merkmal ist in der Biologie die Bezeichnung für die sichtbare oder messbare Eigenschaft der Individuen, Arten, Gattungen u.a. Ein Merkmal wird hervorgerufen durch die Wirkung eines Gens oder mehrerer Gene.

Vom Gen zum Merkmal

Mensch, Regenwurm und Kartoffel sind Beispiele für Lebewesen, die sich in ihrem *Phänotyp* (=Erscheinungsbild: Gesamtheit der Körpermerkmale und Stoffwechselleistungen) sehr deutlich voneinander unterscheiden. Der Phänotyp ist praktisch das Resultat der Kombination vieler Einzelmerkmale.

Dieses Erscheinungsbild kann verglichen werden mit einem fertigen Puzzlebild, das Einzelmerkmal demzufolge mit einem Puzzlestein.

Abgesehen von Umwelteinflüssen, die den Phänotyp teilweise mitbestimmen, wird dieser im Wesentlichen durch den *Genotyp* (=Erbbild: Gesamtheit der Erbinformationen) festgelegt. Dabei wird nur in wenigen Fällen ein bestimmtes *Merkmal* von einer einzigen, ihm zugeordneten Erbanlage verursacht. Meistens sind mehrere *Gene* an der Ausbildung eines Merkmals beteiligt *(Polygenie).* Recht häufig nimmt ein Einzelgen auch Einfluss auf die Ausbildung verschiedener Merkmale *(Polyphänie).* Grundsätzlich kann man jedoch sagen, dass es einen »Weg vom Gen zum Merkmal« gibt. Hierbei spielen *Enzyme* – sozusagen als »Stoffwechselwerkzeuge« – eine entscheidende Rolle.

Um diesen Weg verstehen zu können, müssen folgende Fragen geklärt werden:

- Auf welche Weise werden Enzyme (oder umfassender: Proteine) nach der genetischen Anweisung hergestellt?
- Wie werden die genetischen Informationen bedarfsweise und situationsgerecht abgerufen, die Gene also reguliert?
- Wie können Enzyme Einfluss auf die Merkmalsausprägung nehmen?

Die Proteinbiosynthese

Bei der Herstellung spezifischer Eiweiße muss die genetische Information *(Basensequenz)* von DNA-Abschnitten sozusagen übersetzt werden in die »Eiweißsprache«, d.h. in die für das Protein charakteristische Aminosäuresequenz. Da die DNA nicht nur als Informationsquelle, als »Kochrezept« für die Eiweißsynthese dient, sondern auch andere Funktionen erfüllt (z.B. Weitergabe der Erbinformation von Generation zu Generation), muss sie zentral »abrufbar« sein. Die DNA befindet sich im Zellkern, den sie nicht verlässt. Die Proteinbiosynthese findet aber in den Ribosomen statt, also ist ein Vermittler erforderlich, der die genetische Information im Zellkern von der DNA übernimmt und zu den Ribosomen transportiert. Dieses Transportvehikel heißt *Boten-RNA* oder *messenger-RNA* (kurz: *m-RNA*).

Die m-RNA stellt eine transportable Kopie eines DNA-Abschnitts dar. Sie wird am DNA-Strang gebildet. Dieser Vorgang heißt *Transkription.* Dabei öffnet sich die DNA-Doppelhelix an der Stelle, wo das abzulesende Gen beginnt. An einem der beiden Einzelstränge lagern sich im Cytoplasma vorliegende freie Ribonucleotide (»Bausteine« aus den Komponenten Ribose, Triphosphat und jeweils einer der vier organischen Basen Adenin, Guanin, Cytosin oder Uracil) an. Diese Anlagerung erfolgt nach dem Prinzip der komplementären ↑Basenpaarung. Die Ribonucleotide werden also zum m-RNA-Strang zusammengefügt, vergleichbar mit einer Perlenkette (m-RNA) aus vielen Perlen (Ribonucleotide). Die Transkription wird durch das Enzym (DNA-abhängige) *RNA-Polymerase* (auch als *Transkriptase* bezeichnet) gesteuert, das auch den sinnvollen DNA-Strang erkennt, indem es die Synthese nur in die Richtung der richtigen Basenreihenfolge startet. Die fertig synthetisierte m-RNA trennt sich schließlich von der DNA und wandert durch die Poren der Kernmembran zu den Ribosomen. Die für die Proteinsynthese erforderlichen Aminosäuremoleküle werden an eine weitere im Cytoplasma vorliegende RNA, nämlich die *transfer-RNA* (kurz: *t-RNA*), gekoppelt und zu den Ribosomen transportiert. Die t-RNA hat zwei wichtige Funktionen zu erfüllen:

Sie darf nur eine bestimmte, zu ihr passende Aminosäure binden und sie muss diese in der im Ribosom entstehenden Eiweißkette an der richtigen Stelle einordnen. Eine t-RNA ist immer nur für eine Aminosäure spezifisch. Das Aminosäuremolekül wird an einer bestimmten Stelle der t-RNA an Adenosin gebunden. Hierzu wird die Aminosäure zunächst aktiviert, indem sie sich mit ATP unter Mitwirkung aktivierender Enzyme *(Aminoacyl-t-RNA-Synthetasen)* zum Aminoacyladenylat verbindet. Dabei erfolgt die Erkennung der Aminosäure zunächst durch das Enzym, da jede Aminosäure durch ein anderes Enzym aktiviert wird.

Dieses aktive Enzym bringt das Aminoacyladenylat zur t-RNA, wobei es die Bindung der Aminosäure an seine spezifische t-RNA steuert. An der t-RNA wird nun die Aminosäure mit einer freien OH-Gruppe der Ribose des Adenosins verestert. AMP und aktivierendes Enzym trennen sich dann wieder ab. Um ihre Aminosäure an der richtigen Stelle in die Proteinkette einzuordnen, muss die t-RNA das *Codon* (Triplett) auf der im Ribosom befindlichen m-RNA finden, das der betreffenden Aminosäure entspricht (↑auch Code-Sonne). Hierzu besitzt die t-RNA ein *Anticodon* mit komplementärem Basentriplett. Den Aufbau der Proteine im Ribosom, das heißt die Übersetzung der Basensequenz in die Aminosäuresequenz, bezeichnet man als *Translation.*

Zunächst erscheint auf der m-RNA ein freies Codon für eine Aminosäure des zu bildenden Proteins. Wenig später wird eine beladene t-RNA mit passendem Anticodon vom Ribosom so gebunden, dass eine Basenkopplung von Codon und Anticodon möglich ist. Nach dem gleichen Prinzip werden weitere RNA-Moleküle gebunden. Die Aminosäuremoleküle werden peptidartig miteinander verknüpft (↑Eiweiße). Diese Reaktion erfolgt unter dem katalytischen Einfluss des Enzyms *Peptidpolymerase.*

Nachdem die jeweilige Aminosäure in die Peptidkette eingebaut wurde, verlässt die entsprechende t-RNA das Chromosom wieder und steht somit als wieder aufladbares Transportvehikel für das nächste Aminosäuremolekül zur Verfügung.

Die m-RNA wandert während der Translation durch das Ribosom hindurch. Dabei kann sie sich nacheinander durch mehrere Ribosomen fädeln, was eine effektive Mehrfachproduktion des gleichen Proteins ermöglicht. Während der Proteinbiosynthese sind meist mehrere Ribosomen durch den m-RNA-Strang miteinander kombiniert. Sie bilden ein sog. *Polyribosom (Polysom).*

Wenn die Proteinkette ihre volle Länge erreicht hat, löst sie sich vom Ribosom ab. Selbstverständlich muss die Proteinsynthese genau gesteuert werden, da es sinnlos wäre, ein gerade nicht benötigtes Eiweiß zu produzieren. Die Kontrolle dieser zielgerichteten Eiweißsynthese setzt eine Regulation der Gentätigkeit voraus.

■ Genregulation

Eiweiße erfüllen ganz unterschiedliche Funktionen. Sie dienen z.B. der Strukturerhaltung (Strukturproteine), wirken als Katalysatoren (Enzyme), steuern Stoffwechselreaktionen (Hormone) oder transportieren Stoffe (Carrier).

Bei der Proteinbiosynthese ist eine gezielte Steuerung der Stoffproduktion erforderlich. Die Zelle muss gewissermaßen entscheiden, welche Art von Eiweiß und wie viel davon zu einem bestimmten Zeitpunkt hergestellt werden soll. Die hierzu erforderliche Genregula-

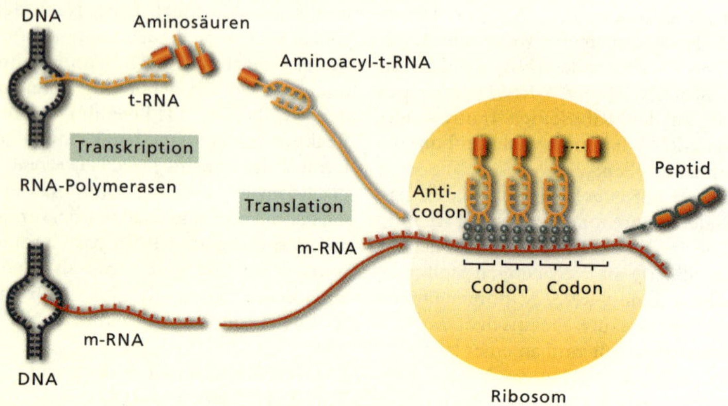

Protheinbiosynthese: Schematische Darstellung

tion wird ermöglicht durch ein sinnvolles Zusammenspiel von Genen mit verschiedenen Funktionen. *Strukturgene* bestimmen die Aminosäuresequenz eines zu synthetisierenden Eiweißes. *Operatorgene* legen fest, ob eine Transkription der Strukturgene erfolgt oder nicht. Ein Operatorgen besitzt zwei Wirkorte, eine Andockstelle für den sog. *Repressor* (das *Repressorprotein*) und eine Anlagerungsstelle für die m-RNA-Polymerasen. Letztere wird *Promotor (Promoter)* genannt.

Schließlich gibt es noch *Regulatorgene*, die in einer größeren Distanz zum Operon stehen können und für die Bildung des Repressors verantwortlich sind.

Der Repressor hemmt die Ablesung der Strukturgene. Niedermolekulare Verbindungen im Zellstoffwechsel steuern die Aktivität des Repressors.

Bei der Genregulation unterscheidet man zwei Grundprinzipien, die *Substratinduktion* und die *Endproduktrepression*. Im erstgenannten Fall veranlasst (induziert) ein bestimmter Stoff (das Substrat) seine eigene Umsetzung.

Dieses Modell zur Erklärung der Genregulation wurde von F. Jacob und J. L. Monod 1961 veröffentlicht *(Operon-Modell, Jacob-Monod-Modell)*. Es erklärt die beschriebenen Vorgänge recht anschaulich, ist aber möglicherweise zu einfach und spekulativ. Da es diesbezüglich noch viele ungelöste Fragen gibt, wird seine Korrektheit in manchen Punkten etwas angezweifelt.

Die Genregulation kann als Anpassung auf molekularer Ebene betrachtet werden. Ein Beispiel für hieraus resultierende praktische Konsequenzen im Hinblick auf die Anpassung an den Lebensraum: Bekanntlich keimen Samen im Erdboden, wo nur relativ wenig Sauerstoff zur Verfügung steht. Da die für den Keimungsvorgang erforderliche Energie nur durch Gärungsvorgänge gewonnen werden kann, bilden die Samen unter diesen Bedingungen zunächst die für die Gärungsreaktionen nötigen Enzyme. Sobald der Keimling jedoch die Oberfläche durchstoßen hat und ihm nun ausreichend Sauerstoff für die effektivere Energiegewinnung durch Zellatmung zur Verfügung steht, schaltet der Keimling sozusagen seine Stoffwechselvorgänge um und er bildet die entsprechenden Atmungsenzyme.

■ Ein-Gen-ein-Enzym-Hypothese (Ein-Gen-ein-Polypeptid-Hypothese)

Wie schon anfangs erwähnt, gibt es viele Beispiele für Polygenie und Polyphänie. Ein besonders beeindruckendes Beispiel für den Fall, dass tatsächlich nur ein Gen ein Merkmal bewirkt, stellt die bekannte Erbkrankheit Sichelzellenanämie dar.

Bei dieser Erkrankung sind die roten Blutzellen sichelförmig und werden von den weißen Blutzellen als Fremdkörper angegriffen und aufgelöst. Außerdem kommt es zu Kapillarverstopfungen in den Organen, da das kranke Blut eine höhere Viskosität hat.

Durch die Mutation eines Gens wird an einer ganz bestimmten Stelle in einer Eiweißkette des Hämoglobins die Glutaminsäure durch Valin ersetzt. Als Folge ergibt sich bei geringem Sauerstoffgehalt im Blut des Patienten die krankhafte Zellform.

Homozygote Träger des mutierten Allels leiden unter schwerer Anämie, heterozygote Träger haben nur geringe Beschwerden, da sie neben den Sichelzellen auch genügend gesunde Blutzellen besitzen. Interessanterweise zeigen heterozygote Träger eine relativ hohe Resistenz gegenüber Malaria.

Es gibt viele weitere Beispiele dafür, dass Enzyme durch Einzelgene determiniert werden können. Bereits im Jahr 1940 stellten G. W. BEADLE und E. L. TATUM – ausgehend von Stoffwechseluntersuchungen an einem Schimmelpilz (Neurospora crassa) – ihre *Ein-Gen-ein-Enzym-Hypothese* auf, die umfassender auch als *Ein-Gen-ein-Polypeptid-Hypothese* bezeichnet wird, da Gene nicht nur Enzyme determinieren.

Steht ein Enzym aufgrund einer Genmutation nicht zur Verfügung, so fällt der von diesem Enzym eigentlich katalysierte Stoffwechselschritt aus, das Endprodukt kann nicht gebildet werden.

Ein anschaulicher Vergleich: Bei der industriellen Fließbandfertigung hat jeder Fließbandarbeiter eine Aufgabe (= Enzyme). Fällt ein Mitarbeiter wegen Krankheit aus, wird der nach dem eigentlich erforderlichen Arbeitsschritt dieses Fließbandarbeiters folgende Fertigungsprozess gestört.

Während bei der industriellen Fertigung der erkrankte Mitarbeiter wohl relativ leicht durch eine andere Person ersetzt werden kann, führen Störungen (Enzymdefekte) in der »Fließbandproduktion« innerhalb der Stoffwechselreaktionsketten zu mehr oder weniger großen gesundheitlichen Beeinträchtigungen.

■ Vom Gen zum Merkmal – Ursache und Wirkung

Für den Evolutionsprozess und die Anpassung an die (wechselnden) Umweltbedingungen sind mutationsbedingte Merkmalsveränderungen von großer Bedeutung. Wenn der Mensch bewusst oder unbewusst genetisches Material verändert, können erwünschte oder auch unerwünschte Folgen auftreten. ■

NEURATH, MARKUS; XIAOJING, MA UND PETTERSSON, SVEN: *DNA-Protein-Interaktionen.* Heidelberg u.a. (Spektrum Akadem. Verlag) 1997 ■ REHM, HUBERT: *Der Experimentator: Proteinbiochemie.* Stuttgart u.a. (Spektrum Akadem. Verlag; Gustav Fischer) 1997

M

Mikrosomen: submikroskopisch kleine (ca. 50–150 nm) Zelltrümmer, die nach Entfernen der Kern- und Mitochondriensubstanz durch Zentrifugieren von Gewebebrei gewonnen werden. Diese Fraktionen bestehen aus lipoidreichen Bruchstücken des endoplasmatischen Reticulums und aus ribosomaler ↑RNA. M. stellen demnach Artefakte (d.h. Kunstprodukte) und keine eigentlichen Zellorganellen dar.

Mikrotubuli: sehr kleine röhrenartige Strukturen des Cytoskeletts (↑Cytoplasma), die von Protofilamenten aus Tubulin aufgebaut werden. Sie bilden u.a. Leitstrukturen für gerichtete Bewegungen von Zellorganellen, z.B. der Chromosomen bei der Mitose.

Mikrovilli: etwa 1 µm lange und 0,1 µm dicke fingerförmige Ausstülpungen der Zellmembran an der Oberfläche von Stoffe aufnehmenden tierischen und menschlichen Epithelien (z.B. Darm, Nierentubuli). M. vergrößern die resorbierende Oberfläche und erleichtern so den Stoffaustausch.

Milben (Acari): eine Ordnung der ↑Spinnentiere mit 20 000–30 000 sehr unterschiedlichen Arten. Ihr blasser, seltener bunt gefärbter Körper ist fast stets ohne deutliche äußere Segmentierung; er ist gedrungen sowie sack-, ei- oder wurmförmig gebaut. Die stummelartigen Beine (meist vier Paare) sind zu Kletter- oder Schwimmbeinen ausgebildet. Die ↑Mundwerkzeuge sind zum Beißen, Sägen oder Stechen sowie zum Saugen oder Kauen eingerichtet.

M. sind weltweit verbreitet. Sie leben auf dem Lande und in Süßgewässern, einige Arten auch im Meer. Sie ernähren sich als Räuber (z.B. **Meeresmilben**), als Pflanzen- und Allesfresser (z.B. **Käfermilben**) oder als Parasiten Saft saugend (an Pflanzen; z.B. **Rote Spinne**) oder auch Blut saugend an Mensch und Tier (z.B. ↑Zecken). Manche sind als Hornfresser (z.B. **Haarbalgmilbe**) oder Gewebefresser und Vorratsschädlinge **(Mehlmilbe, Käsemilbe)** bekannt. Unter den Blut saugenden M. gibt es viele Krankheitserreger.

Milch: eine von Säugetierweibchen während der Lactation (Milchabgabezeit, Stillzeit) in ↑Milchdrüsen abgesonderte Flüssigkeit, die der Aufzucht der Jungen dient. In idealer Zusammensetzung enthält M. Eiweiße, Kohlenhydrate, Fette, fast alle Vitamine, Salze, Geruchs- und Geschmacksstoffe sowie Farbstoffe (Carotinoide und Flavone). Die Inhaltsstoffe sind in Wasser gelöst oder liegen als Kolloide vor. Fette sind emulgiert und von einer Membran aus Eiweißstoffen und Lipoiden umgeben.

Die erste Milch, die bei Frauen nach der Entbindung abgegeben wird, nennt man **Kolostrum.** Sie enthält wesentlich mehr Eiweiß als später abgegebene Milch und zusätzlich Leukocyten.

Walmilch ist sehr fettreich (44 %), Rindermilch hat nur 3,4 % Fett.

Milch-Brust-Gang: ↑Lymphgefäßsystem.

Milchdrüsen: Hautdrüsen bei weiblichen Säugetieren, in denen diese, hormonell gesteuert, ↑Milch zur Aufzucht ihrer Jungen erzeugen.

Die M. der Kloakentiere (Schnabeltier und Schnabeligel) münden auf 2 **Milchfeldern** auf der Bauchseite. Die Milch muss von den Jungen abgeleckt werden. Bei allen höheren Säugern enden die M. in Zitzen (↑Euter) bzw. Brustwarzen (↑auch Brust).

↑Beuteltiere haben ihre M. im Beutel. Bei einigen (z.B. Känguru) beißen sich die fast einem Embryo gleichenden Jungen an der Zitze fest. Diese schwillt im Mund so an, dass sich für längere Zeit eine fast unlösbare Verbindung ergibt.

Die M. der anderen Säuger münden hinten am Bauch (Wiederkäuer, Pferde) oder vorn an der Brust (Elefanten, Fledermäuse, Affen). Säuger mit vielen Jungen haben auf dem Bauch 2 Reihen von Zitzen (Schweine, Nager, Insektenfresser, Raubtiere).

M

Milcheiweiß: das ↑Casein.

Milchfelder: ↑Milchdrüsen.

Milchgebiss: ↑Zähne.

Milchröhren: mit Milchsaft gefüllte, lebende, oft vielkernige Exkretzellen bei verschiedenen Pflanzenarten. Die **ungegliederten M.** gehen aus einer Zelle hervor, sind meist stark verzweigt und können mehrere Meter lang werden. Sie kommen z.B. bei Wolfsmilch-, Maulbeer- und Hundsgiftgewächsen vor. **Gegliederte M.** werden durch Querwandauflösung und Fusion mehrerer Zellen gebildet. Sie bilden unverzweigte Röhren oder Netzwerke und kommen z.B. beim Gummibaum und Löwenzahn vor.

Milchsäure (2-Hydroxypropansäure): eine Hydroxycarbonsäure mit der Formel $CH_3–CH(OH)–COOH$. Ihre Salze heißen **Lactate.**

M. entsteht durch die ↑Milchsäuregärung und kommt in zahlreichen Lebensmitteln vor, z.B. in Sauerkraut, Gurken, saurer Milch und Wein. – Von physiologischer Bedeutung ist ihr Auftreten im arbeitenden Muskel, in dem sie beim anaeroben Abbau durch Hydrierung der Brenztraubensäure als Endprodukt entsteht. Dabei erhöht sich auch der **Milchsäurespiegel** im Blut von 5 bis 20 mg auf 100 mg pro Deziliter.

Milchsäurebakterien: eine Gruppe kokken- oder stäbchenförmiger Bakterien, die auf anaerobem Weg Milchzucker und andere Kohlenhydrate in ↑Milchsäure umwandeln. Einige Arten siedeln sich auf Schleimhäuten und im Darmkanal von Mensch und Tier an.

Milchsäuregärung: der anaerobe Abbau von Hexose, Fructose, Mannose, Saccharose, Maltose und Lactose durch die ↑Milchsäurebakterien, bei dem die Gärungsmilchsäure entsteht. Die Vergärung der Hexosen läuft dabei bis zur Brenztraubensäure der ↑Glykolyse parallel. Die Brenztraubensäure dient hier selbst als Wasserstoffakzeptor, der während der Glykolyse auf NAD übertragen wurde, wobei sie unter der katalytischen Wirkung von Milchsäuredehydrogenase direkt zu Milchsäure reduziert wird.

Die M. hat eine große praktische Bedeutung. Auf ihr beruht die Herstellung von Sauermilchprodukten (Joghurt, Buttermilch usw.), ebenso von eingesäuertem Gemüse und Obst und von Sauerteig für die Brotherstellung.

Milchspaltzucker: die ↑Galactose.

Milchzähne: die ↑Zähne, die das Milchgebiss bilden. Die ersten M. wachsen dem Säugling im 6.–9. Lebensmonat. Danach erscheinen in bestimmter Reihenfolge die weiteren der insgesamt 20 Milchzähne.

Milchzucker (Lactose): ein Disaccharid, das aus ↑Traubenzucker (Glucose) und Milchspaltzucker (↑Galactose) besteht. M. ist Bestandteil der Milch aller Säugetiere (z.B. in Kuhmilch 4,5 %, in der Milch der Frau 6 %).

M. ist ein ideales Substrat für Fäulnisbakterien und Ausgangspunkt der ↑Milchsäuregärung.

Milz (Lien): ein lymphatisches Organ, das beim Menschen links seitlich des Magens liegt. Die M. ist weich, faustgroß, blaurot gefärbt und hat die Form einer Kaffeebohne. Bei einer Länge von 10–12 cm und einer Breite von 6–8 cm wiegt sie 150–200 g. Durchschneidet man die M., so kann man an der Schnittfläche eine blutige Masse, die »rote Pulpa«, abwischen. Ihre Reticulumzellen zerstören defekte rote Blutzellen. Nach dem Abspülen der Schnittfläche bleiben stecknadelkopfgroße, weiße Punkte (= Lymphknötchen) stehen. In ihrer Gesamtheit nennt man sie »weiße Pulpa«. Sie bildet in der Embryonalzeit rote und ↑weiße Blutkörperchen und beim Erwachsenen nur noch Lymphocyten. Die Plasmazellen der Milz bilden ↑Antikörper.

Die M. kann entfernt werden. Ihre Aufgaben werden dann von anderen Organen (Leber, Knochenmark, Lymphknoten) übernommen.

Mimese: eine Form der Schutzanpassung.

Mimik: Ausdrucksbewegungen und -formen, die mithilfe der Gesichtsmuskulatur erzeugt werden. Die M. hat sich erst bei Säugetieren und hier besonders bei den Primaten entwickelt. Einige der Bewegungen beim Menschen sind angeboren. Die Grundmuster z.B. des Weinens, des Lachens oder der Wut lassen sich nämlich, trotz unkontrollierter Nebenbewegungen, sogar bei blind geborenen Kindern finden; außerdem sind sie manchmal in ähnlicher Form und Bedeutung bei Affen nachzuweisen. In den meisten Fällen wird eine bestimmte M. von allen Menschen der Erde gleich ausgeführt und verstanden.
Muskeln, die während der ↑Keimesentwicklung zuerst in der embryonalen Halsmuskulatur und dann in der Kopfregion zunächst als Schließmuskeln an den Gesichtsöffnungen (wie Augen, Nase, Mund und Ohren) angelegt wurden, bilden die mimische Gesichtsmuskulatur aus. Es sind dünne, oberflächlich gelegene Muskelplatten. Sie entspringen an Knochen oder Sehnenblättern und setzen in der Haut oder Unterhaut an. Durch diese Gesichtsmuskeln kommt es zur Bildung von Falten und Grübchen, die den Gesichtsausdruck und die Ausdrucksbewegungen bewirken.

Mimikry: eine Form der ↑Schutzanpassung.

Mimosengewächse: eine Familie der ↑Hülsenfrüchtler mit rund 3 100 vorwiegend tropischen und subtropischen Arten. Es sind meist Sträucher oder Bäume mit doppelt und paarig gefiederten Blättern und kleinen Blüten.
Bekannte Gattungen sind Akazie und Mimose (Sinnpflanze). Die Art Mimosa pudica legt auf Berührungsreize ihre Blätter zusammen und senkt die Blattstiele (↑Nastien).

Minen: durch Larvenfraß bestimmter Insekten **(Minierer)** im Inneren von Pflanzenteilen entstehende kleine Hohlräume. Die M. werden nach der Stelle ihres Auftretens als **Blattminen, Stängelminen, Fruchtminen** usw. bezeichnet.
Es gibt fadenförmig dünne bis schlauchförmige **Gangminen** und mehr breite, höhlen- oder kammerartige **Platzminen.** Bei Aufwölbung der Cuticula entstehen **Blasenminen.** Durch Schlängelung, Abzweigungen und Kombinationen werden typische Formen gebildet, die neben der Art der Kotablagerungen in ihnen charakteristisch für die erzeugende Larvenart sind.
Minierer sind v.a. die Larven der sehr kleinen Minierfliegen (z.B. Rübenfliege) sowie von Miniermotten (z.B. Fliedermotte), einigen Hautflüglern (z.B. Halmwespe, Apfelwickler) und seltenen Käferarten (z.B. Kohltriebrüssler und Borkenkäfer).

Mineralisation: die Umwandlung von organischen (Boden-)Substanzen in mineralische Stoffe durch Mikroorganismen (Bakterien, Pilze) und Sauerstoff. Hierbei werden z.B. die Aminosäuren

Mimikry: Ungenießbarer Chrysippusfalter (oben) und genießbarer Nachahmer (unten)

in die körpereigene Substanz der Mikroorganismen eingebaut und später in eine pflanzenverfügbare, mineralische Form überführt. Die M. ist ein entscheidender Vorgang für die Erhaltung der Bodenfruchtbarkeit. – ↑ auch biologische Selbstreinigung.

Mineralsalze (Mineralstoffe): die bei tierischen und pflanzlichen Organismen für den Aufbau biologischer Substanz notwendigen anorganischen Verbindungen, z.B. Salze der Elemente Natrium, Kalium, Calcium, Magnesium, Eisen, Chlor und Phosphor für Mensch und Tier sowie Stickstoffverbindungen für die Pflanzen. Die M. müssen bei Mensch und Tier ständig mit der Nahrung zugeführt werden; bei Pflanzen werden sie dem Boden bzw. den Düngemitteln entnommen. – ↑ auch Spurenelemente.

Minipille: ↑ Empfängnisverhütung.

Miracidium: das erste Larvenstadium der ↑ Saugwürmer.

mischerbig (heterozygot): ein Zustand, bei dem eine diploide Zelle zwei unterschiedliche ↑ Allele desselben Gens besitzt. – Gegensatz: ↑ reinerbig.

Mischling: im völkerkundlichen Sprachgebrauch eine Person, deren Eltern verschiedenen typologischen Kategorien (Menschenrassen) angehören. Selten wird die Bezeichnung M. auch im Sinne von ↑ Bastard gebraucht.

Mischwald: ein Wald der sich aus mindestens 2 Laub- und/oder Nadelholzarten zusammensetzt. Ein M. ist weniger anfällig gegen Schädlinge und Windbruch als ein Reinbestand und besitzt einen höheren Erholungswert.

Missbildungen: stark von der Norm abweichende Ausprägungen eines Organs oder Körperteils. Für die während der ↑ Keimesentwicklung enstehenden M. bei Tieren und beim Menschen sind genetische und umweltbedingte Faktoren als Ursachen anzusehen.

M. gibt es sowohl im Skelett (z.B. fehlende, unvollständige oder überzählige Gliedmaßen) als auch bei inneren Organen (z.B. Verlagerung des Herzens nach rechts; Loch in der Herzscheidewand). Unter 1 000 Neugeborenen sind etwa 13–16 M. zu finden.

Auch bei M. von Pflanzen handelt es sich um Abweichungen von der normalen Organstruktur. Als Beispiele wären zu nennen: Durchwachsen der Blüte, Drehung oder Verbreiterung des Stängels, Laubblätter anstelle von Blütenteilen.

Missingelink: jede Übergangsform, die nach theoretischen Erwägungen in eine entwicklungsgeschichtliche Lücke zwischen frühen Ahnen und späteren abgeleiteten Arten passen würde, als Fossil aber noch nicht entdeckt wurde. Ursprünglich wurde der Begriff für das fehlende Glied in der Entwicklungsreihe von affenartigen Vorfahren zum Menschen geprägt.

Mistel (Viscum album): ein immergrüner Halbschmarotzer auf Laub- und Nadelbäumen. Sie hat gelb-grünliche Blüten und weiße Beerenfrüchte. Wasser und Mineralsalze nimmt die M. mit ↑ Haustorien auf, Kohlenhydrate kann sie durch die ↑ Fotosynthese selbst bilden.

Mitochondrien: Die M. sind neben dem Zellkern die konstantesten Zellstrukturen; sie kommen in allen pflanzlichen, tierischen und menschlichen Zellen vor.

M. sind meist von ovaler Gestalt und von zwei Membranen begrenzt. Jede dieser Hüllenmembranen ist wie die Cytoplasmamembran (=Elementarmembran) gebaut. Im Inneren sind die M. von einer Grundsubstanz, der **Matrix,** ausgefüllt. In diese Matrix ragen meist flächige, röhrenförmige oder unregelmäßig geformte Einstülpungen hinein **(Cristae),** die von der inneren Hüllenmembran gebildet werden und die der Oberflächenvergrößerung dienen.

Bei zahlreichen Einzellern sowie in der Nebennierenrinde, im Gelbkörper und in der Placenta haben die M. in ihrem

M

Lumen keine Lamellenstruktur, sondern sind mit kleinsten, röhrenartigen Gebilden (Tubuli) angefüllt.

Die Mitochondrienmembranen sind mit Millionen kleiner Körperchen besetzt, die auf der Innenmembran gestielt sind. Diese **Elementarpartikel** sind für die chemischen Aktivitäten der M. von großer Wichtigkeit. Sie bestehen aus Proteinen, Lipoiden, Phospholipoiden und enthalten die Enzyme der Atmungskette. Die M. erfüllen eine bedeutende Funktion im Rahmen des Zellstoffwechsels und werden häufig als die »Energiefabriken« der Zelle bezeichnet. Neben dem System der Atmungskettenenzyme finden sich im Matrixraum z.B. die Enzyme der oxidativen Decarboxylierung sowie des ↑Citronensäurezyklus.

Mitochondrien

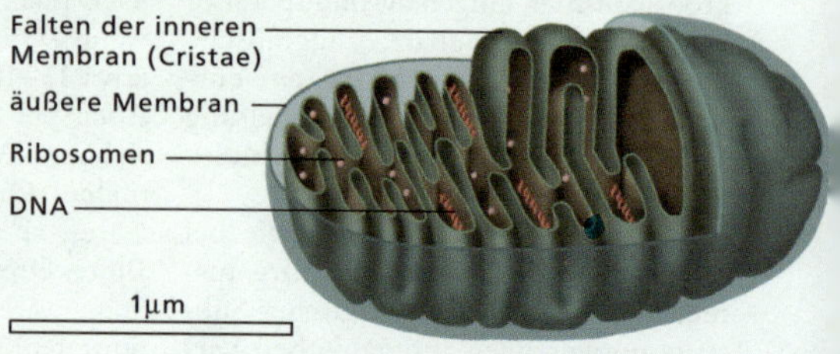

Wie die ↑Plastiden besitzen die M. ein eigenes, ringförmig angeordnetes Genom (mt-DNA), dessen Umfang jedoch nicht für ein eigenes Überleben ausreicht. M. stammen nach der ↑Endosymbiontentheorie daher wahrscheinlich von ehemals frei lebenden Prokaryoten ab. Die Entwicklung und Vermehrung der M. ist noch nicht restlos geklärt. Höchstwahrscheinlich erfolgt die Vermehrung durch Neubildung aus kleinen Vesikeln **(Promitochondrien).**

Mitose (Kernteilung, Äquationsteilung): Die Vermehrung von Einzellern und das Wachstum von mehrzelligen Tieren und Pflanzen beruhen auf Zellteilungen, in deren Verlauf nach Selbstverdopplung (↑DNA-Replikation) das Erbgut in den ↑Chromosomen durch eine M. so auf die beiden entstehenden Tochterzellen aufgeteilt wird, dass jede i.d.R. dieselbe vollständige Erbinformation erhält.

Diese Teilungen dienen auch der Regeneration von zerstörten Geweben oder verloren gegangenen Körperteilen. Die Regenerationsfähigkeit ist beim Menschen jedoch nur noch sehr eingeschränkt vorhanden. Die Teilungsfähigkeit der Körperzellen hört aus bisher unbekannten Gründen in einem bestimmten Alter endgültig auf. – Einen anderen Teilungsmechanismus findet man bei der Bildung der Geschlechtszellen (↑Meiose).

Den (selbstverständlich ununterbrochenen) Ablauf der M. gliedert man in 4 Phasen:

1. **Prophase:** Die Chromosomen werden als lange, dünne Fäden sichtbar, die sich schließlich durch Schraubung und Faltung zu ihrer Transportform verkürzen. Bei einigen Lebewesen, z.B. beim Menschen, können die einzelnen Chromosomen in diesem Stadium anhand ihrer Gestalt identifiziert werden. In tierischen Zellen trennen sich ↑Centriol und ↑Centrosom und wandern zu entgegengesetzten Polen. Bei Pflanzen findet man stattdessen Polkappen. Die ↑Kernspindel formt sich, die Kernmembran und der ↑Nucleolus verschwinden.

2. **Metaphase:** Die Spindelfasern zwischen den ↑Centromeren der Chromosomen, die schon einen Längsspalt erkennen lassen, und den Polen sind vollständig. Mit ihrer Hilfe ordnen sich die Chromosomen in einer Ebene zwischen den Polen **(Äquatorialplatte)** an.

3. **Anaphase:** Nun verdoppeln sich auch die Centromeren, und die ↑Chromatiden, jetzt Tochterchromosomen,

wandern entlang der Spindelfasern zu den Polen. Über den Mechanismus dieses Transports besteht noch Unklarheit. Die Wanderungsgeschwindigkeit der einzelnen Chromosomen ist unterschiedlich groß. Die Geschlechtschromosomen des Menschen folgen mit Verspätung.

4. **Telophase:** Haben sich alle Chromosomen an den Polen versammelt, wird eine neue Kernmembran gebildet; der Nucleolus erscheint wieder; der Spindelapparat wird abgebaut. Die Chromosomen werden lichtmikroskopisch unsichtbar, weil sie sich in die Arbeitsform des Interphasekerns (↑Arbeitskern) umwandeln.

Normalerweise folgt der M. die Teilung des Zellplasmas (↑Zellteilung). Werden die Kerne nicht durch eine Zellmembran getrennt, entsteht ein vielkerniges ↑Plasmodium, wie z.B. bei Schleimpilzen.

Neben anderen Faktoren bewirken Spindelgifte (z.B. ↑Colchicin), dass die Chromosomen nicht getrennt werden und die Kerne polyploid werden. Wird die M. in der frühen Prophase abgebrochen, spricht man von einer **Endomitose,** die häufig bei Pflanzen auftritt. – ↑Riesenchromosomen entstehen, wenn die M. nach der DNA-Replikation nicht eingeleitet wird.

Mitosegifte (Spindelgifte): chemische Substanzen, die den regulären Ablauf der ↑Mitose beeinträchtigen. Am bekanntesten ist das ↑Colchicin, ein giftiges Alkaloid der Herbstzeitlose.

Mitteldarm: ↑Darmkanal.

Mitteldarmdrüsen: ↑Darmkanal.

Mittelhirn (Mesencephalon): zwischen ↑Hinterhirn und ↑Zwischenhirn liegender Teil des ↑Gehirns, der entwicklungsgeschichtlich aus dem vorderen Abschnitt des ↑Rautenhirns hervorgegangen ist. Das M. schaltet die Verbindungen zwischen Sinnesorganen und Muskeln (Seh- und Hörreflexe, Pupillenreflex, Scharfstellen des Bildes auf der Netzhaut).

Mittellamelle: die äußerste aus Pektin, Hemicellulose und wachsartigen Substanzen bestehende Lamelle einer Zellwand. Die Zellwände zwischen benachbarten Pflanzenzellen haben einen nach beiden Seiten hin dreischichtigen Aufbau aus Primärwand, Sekundärwand und Mittellamelle. – Bild S. 342.

Mixocoel: ↑Leibeshöhle.

Modifikation: Veränderungen im äußeren Erscheinungsbild eines Lebewesens, die durch wechselnde Umweltbedingungen (z.B. Licht, Temperatur) hervorgerufen werden. Das Erbgut wird dabei nicht beeinflusst. Manche Modifikationen werden einige Generationen lang beibehalten, auch wenn sich die Umwelt längst wieder geändert hat (Beispiele Wunderblume, Russenkaninchen).

Molaren: die Backenzähne (↑Zähne).

Molche: ↑Schwanzlurche.

Mitose

Schematische Darstellung der vier Mitosephasen

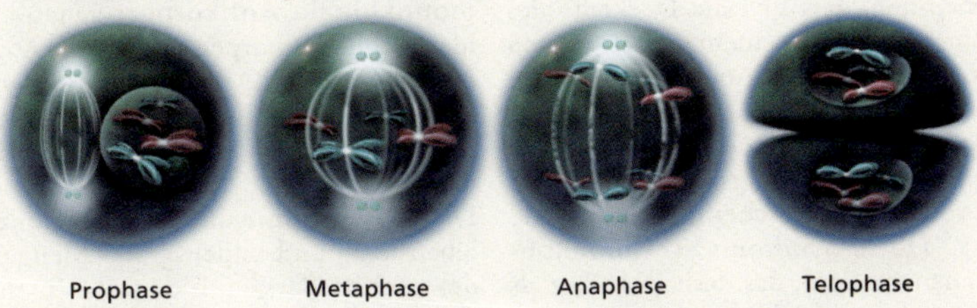

M

Mittellamelle

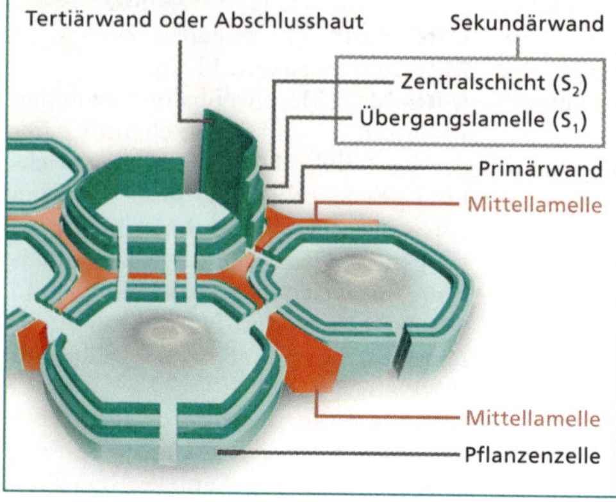

Molekularbiologie: eine zwischen der Biologie, Chemie und Physik stehende Forschungsrichtung, die die Lebenserscheinungen im molekularen Bereich, besonders im Bereich der Makromoleküle (z.B. ↑DNA, ↑RNA, ↑Proteine) untersucht. Die M. versucht dabei, Lebensvorgänge mit der physikalisch-chemischen Struktur, Funktion und Umwandlung dieser Moleküle zu erklären.

Molekulargenetik: ↑Genetik.

Mollusca: die ↑Weichtiere.

Molluskizide: gegen Schnecken eingesetzte Mittel zur ↑Schädlingsbekämpfung.

Monatsblutung: ↑Menstruationszyklus.

Monatszyklus: der ↑Menstruationszyklus.

Möndchen: ein halbmondförmiger Fleck unter dem ↑Nagel.

Mongolenfalte (Indianerfalte): die Erscheinung, dass sich die Deckfalte des Augenoberlids in einem sichelförmigen Bogen am inneren Augenwinkel bis an die Nasenhaut zieht. Die M. ist ein Merkmal der Mongoliden und Indianiden. Außerdem ist sie eines der körperlichen Erscheinungsmerkmale des Down-Syndroms (↑Chromosomenanomalien), das deshalb früher als Mongolismus bezeichnet wurde.

Mongolenfleck (Steißfleck): ein sehr unterschiedlich großer Pigmentfleck grauer bis bläulich grauer Farbe im Bereich der Lendenwirbel oder des Kreuzbeins, der häufig bei Mongoliden (↑Mensch), selten bei Europiden auftritt. Ist er bei Europiden bei der Geburt vorhanden, so verschwindet er in der Regel während der ersten Lebensjahre.

Mongolide: ↑Mensch.

Mongolismus: veraltete Bezeichnung für das Down-Syndrom (↑Chromosomenanomalien).

Monocotyledonae: die ↑Einkeimblättrigen Pflanzen.

Monocyten: Typ der ↑Phagocyten.

Monogamie (Einehe): das Zusammenleben von zwei Geschlechtspartnern für eine Fortpflanzungsperiode oder im Extrem für die Lebensdauer eines Partners. Der Mensch und auch viele Tiere (z.B. Singschwäne) leben in der Regel zeitlebens mit nur einem Geschlechtspartner zusammen. Die Ehe zwischen einem Mann und einer Frau nennt man monogam. In anderen Kulturen ist auch die Vielehe **(Polygamie)** möglich oder üblich. Die Ehe mit zwei Partnern **(Bigamie)** und die Polygamie sind in westlichen Kulturen gesetzlich verboten. – ↑auch Paarbindung.

Monohydroxybernsteinsäure: die ↑Äpfelsäure.

monoklonale Antikörper: genetisch identische Antikörper, die mit der sog. Hybridomtechnik hergestellt werden: Entartete Lymphocyten (sog. Myelomazellen) werden mit Antikörper bildenden Lymphocyten verschmolzen. Diese **Hybridome** sind fast unbegrenzt lebensfähig und bilden große Mengen des Antikörpers, auf den die Lymphocyten »programmiert« waren.

M

monophag: M. sind Tiere, die auf eine bestimmte Nahrung spezialisiert sind. Hierher gehören viele ↑Parasiten, z.B. die Kopf- und die Kleiderlaus (Blutsauger).

Monosaccharide: ↑Kohlenhydrate.

Monosomie: ↑Chromosomenanomalien.

monözisch: andere Bezeichnung für ↑einhäusig.

Moore: ein Lebensraum mit einer zumindest in Teilen Torf bildenden Vegetation. M. bestehen aus einer wenigstens 30 cm mächtigen Torfdecke mit 30% organischer Substanz. Sie entstehen bei großem Wasserüberschuss und ungestörtem Wachstum feuchtigkeitsliebender Pflanzen.

Man unterscheidet je nach ihrer Entstehung die bei der Verlandung von Seen (Schmelz- und Stauwasserseen der Eiszeit) gebildeten **Flachmoore** (Niedermoore) und die aus ihnen in niederschlagsreichen und verdunstungsarmen Gebieten entstehenden **Hochmoore**. Diese haben den Kontakt zum Grundwasser verloren und sind nur noch von Niederschlägen und darin gelösten Stoffen und Staub abhängig. Typische Pflanzen der Flachmoore sind Rohrkolben, Seggen, Schilf, Schwarzerle und Weide; Arten des Hochmoors sind Torfmoose, Wollgras, Glockenheide, Binsen und Haarsimse. Im **Übergangsmoor** treten Birke und Kiefer sowie unterschiedliche Anteile der Pflanzengesellschaften der Hoch- und Flachmoore auf.

Die heutigen Moore sind etwa 3 000–8 000 Jahre alt und haben bis zu 5 m hohe Lager aus **Torf** gebildet (an anderen Stellen der Erde bis zu 70 m). Der am stärksten zersetzte Hochmoortorf heißt Schwarztorf; der jüngere, weniger zersetzte Weißtorf. Früher wurde Torf als Brennmaterial oder zur Einstreu im Stall verwendet. Seit dem 16. Jh. werden Moore zunehmend ackerbaulich genutzt. Der Naturschutz bemüht sich um die Erhaltung der verbliebenen Restflächen.

Moose (Bryophyta): eine Abteilung der Sporenpflanzen mit rund 25 000 Arten. Es sind kleine, wurzellose, nur mit Rhizoiden ausgestattete autotrophe Pflanzen, die überwiegend auf dem Land vorkommen. Einige Arten sind weltweit verbreitet, die meisten jedoch auf einen kleineren Raum beschränkt. Man unterteilt die M. in die beiden Klassen ↑Laubmoose und ↑Lebermoose.

Typisch für die M. ist der heterophasische ↑Generationswechsel. Dabei stellt die unterschiedlich gestaltete und beblätterte Moospflanze den haploiden ↑Gametophyten dar, auf dem sich (erst-

Moose

Heteromorpher, heterophasischer Generationswechsel eines synözischen Laubmooses

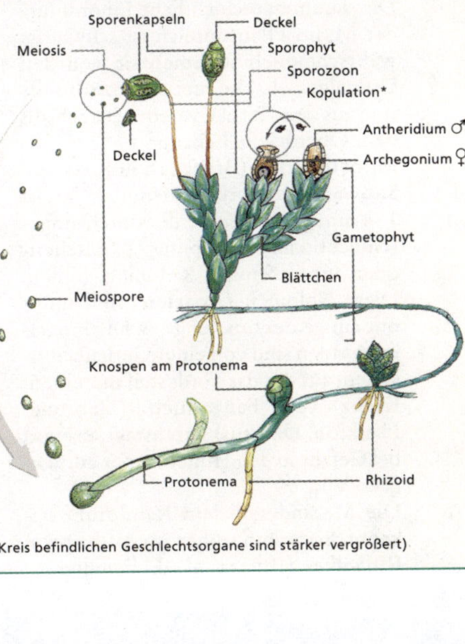

(*Die im Kreis befindlichen Geschlechtsorgane sind stärker vergrößert)

M

malig in der stammesgeschichtlichen Entwicklung der Pflanzen) die mit einer sterilen Hülle umgebenen männlichen und weiblichen Sexualorgane befinden. Der völlig anders gestaltete diploide ↑Sporophyt entsteht aus der befruchteten Eizelle und bleibt zeitlebens mit dem Gametophyten verbunden, von dem er auch ernährt wird. In der Kapsel des Sporophyten **(Mooskapsel)** erfolgt unter Reduktionsteilung die Bildung der **Moossporen,** die der Ausbreitung dienen. Pflanzengesellschaften, in denen die M. dominieren, sind nur die Hochmoore der niederschlagsreichen Gebiete mittlerer Breite. Zahlreiche M. leben epiphytisch auf Baumstämmen. M. auf trockenen Standorten bilden dichte Polster, die durch das Auftreten von chlorophyllfreien Blattspitzen **(Glashaare)** weiß erscheinen.

Die Moosdecken der Wälder spielen eine wichtige Rolle im Wasserhaushalt der Umgebung, da sie aufgrund ihres großen Wasserbindungsvermögens ausgleichend auf die Quellschüttung wirken.

Die stammesgeschichtliche Einordnung der M. im Pflanzenreich ist schwierig; wahrscheinlich stammen sie von den Grünalgen ab. Die meisten Fossilfunde sind aus dem Tertiär, vereinzelt auch aus dem Oberdevon, bekannt.

Moostierchen (Bryozoa): in Salz- und Süßwasser vorkommende, meist 1–4 mm große Tiere, die durch ungeschlechtliche Knospung bäumchen- oder moosförmige Kolonien bilden. Diese Kolonien **(Zoarien)** sind meist nur einige Zentimeter groß. Die Einzelindividuen sind von einer Cuticula umgeben, aus der das Vorderteil mit einem Kranz von Fangarmen (Nahrung: Plankton, Detritus) herausragt; er wird bei Gefahr in den Hinterkörper zurückgezogen.

Die M. sind seit dem Kambrium bekannt. Sie waren früher am Aufbau von Riffkalken (Bryozoenkalk) beteiligt.

Morgan-Einheit: Einheit für die Austausch- oder Crossing-over-Häufigkeit bei ↑Chromosomen.

Morphin (Morphium): das stark basische Hauptalkaloid des ↑Opiums (Opiat), aus dem halbsynthetisch ↑Heroin hergestellt wird. M. wird in der Medizin wegen seiner spezifisch schmerzlindernden Wirkung eingesetzt. Seine Anwendung unterliegt dem Betäubungsmittelgesetz, da es, als ↑Droge missbraucht, zur seelischen und körperlichen Abhängigkeit führt.

Morphologie (Gestaltlehre): ein Teilbereich der Biologie, der die äußere Körpergestalt, den Aufbau und die Lage der Organe bei Pflanzen und Tieren beschreibt. Der innere Aufbau ist Gegenstand der ↑Anatomie, der gewebliche Feinbau Gegenstand der Gewebelehre (↑Histologie). Die **vergleichende M.** (Typologie) untersucht verwandtschaftliche Beziehungen.

Morphose: bei Pflanzen oder Teilen von ihnen durch äußere Einflüsse hervorgerufene, nicht erbliche Änderungen im Aussehen (↑auch Modifikation). Beim Wasserhahnenfuß z.B. sind die Unterwasserblätter stark geschlitzt, während die Blätter oberhalb der Wasseroberfläche ganzrandig sind.

Morula: ↑Keimesentwicklung.

Mosaikeier: Eizellen mit determinierten Plasmabezirken, d.h., in der Eizelle ist bereits festgelegt, welche Organanlagen bzw. Gewebe im Laufe der Entwicklung aus den einzelnen in die Furchungszellen übergehenden Plasmaanteilen der Zelle hervorgehen werden (z.B. bei Seescheiden). – Gegensatz: ↑Regulationseier.

Mosaikgene: Gene, bei denen die Abschnitte, die die Information für ein Protein tragen **(Exon),** mosaikartig durch solche unterbrochen sind, die zumindest keine für dieses Protein erforderliche Informationen tragen (**Intron** oder intervenierende Sequenz).

motorische Endplatte (Endplatte, neuromuskuläre Endplatte): die ↑Synapsen der motorischen Nervenfasern. Im mitochondrien- und vesikelreichen Bereich der m. E. treten die Zellmembranen der Muskelfasern der quer gestreiften Muskulatur und der sie umspinnenden Nervenfasern in engen Kontakt. Unter Vermittlung der Überträgersubstanz ↑Acetylcholin werden an den m. E. die Nervenimpulse auf die Muskulatur übertragen.

motorische Fasern: Fasern, die die Erregung vom Gehirn oder vom Rückenmark zu den Erfolgsorganen leiten; ↑Nervenzellen.

motorische Nerven: die ↑Bewegungsnerven.

Motten: bis 3 cm spannende, weltweit verbreitete Kleinschmetterlinge, die durch dicht behaarte Körper und gefranste Flügel auffallen. Unter den M. finden sich viele Schädlinge, von denen die **Kleidermotte** am bekanntesten ist. Ihre Weibchen legen v.a. an Wollstoffen, Pelzen und Bälgen Eier ab, aus denen Larven schlüpfen. Diese Larven spinnen auf dem sie umgebenden Substrat an beiden Seiten offene Gespinströhrchen um sich, von wo aus sie weiterfressen.

m-RNA, Abk. für **M**essenger-RNA: ↑RNA.

Mücken (Nematocera): eine weltweit verbreitete Unterordnung der ↑Zweiflügler mit rund 48 000 Arten. M. sind meist schlanke, langbeinige Insekten mit langen, fadenförmigen Fühlern. Die erwachsenen M. ernähren sich hauptsächlich Blut saugend, z.B. die Weibchen der Stechmücken. Die Larven leben v.a. in stehenden Gewässern, in Pflanzengeweben und faulenden Pflanzenstoffen.

Müller-Gang: bei den meisten Wirbeltieren ein Kanal, der in beiden Geschlechtern embryonal neben jedem der beiden Urnierengänge angelegt ist und der im weiblichen Geschlecht zum ↑Eileiter wird. Bei den Säugetieren, auch beim Menschen, differenziert sich der M.-G. außer in den paarigen Eileiter durch Verschmelzung noch in die ↑Gebärmutter und den oberen Scheidenteil. Im männlichen Geschlecht wird der M.-G. reduziert.

multiple Zellteilung: ↑ungeschlechtliche Fortpflanzung.

Mund: ↑Darmkanal.

Mundflora: Mikroorganismen, die die Mundhöhle unter physiologischen Bedingungen besiedeln. Die ca. 30–40 vorkommenden Bakterienarten sowie Hefen üben z.T. eine Schutzfunktion aus. Ablaufender Speichel enthält etwa 10^8 Bakterien pro Milliliter.

Mundrachen: ↑Schlund.

Mundwerkzeuge: Gliederfüßer haben Gliedmaßen der 2.–6. Kopfsegmente zu M. umgewandelt.

Bei den *Krebsen* ist die Herkunft der M. von den Spaltfüßen noch deutlich zu erkennen. Der paarige Oberkiefer **(Mandibeln)** ist dreikantig und trägt an der Schneidkante zahnähnliche Bildungen. Die zwei Paar Unterkiefer **(Maxillen)** liegen dicht hinter dem Oberkiefer und tragen auch meist Kauplatten. Die 1.–3. Beinpaare der Brust dienen bei höheren Krebsen als Kieferfüße ebenfalls der Nahrungsaufnahme.

Die M. der *Insekten* sind je nach Art der Nahrung sehr unterschiedlich gebaut, sie gehen aber auf einen gemeinsamen Grundtypus zurück. Man unterscheidet beißend-kauende, leckend-saugende, saugende und stechend-saugende Mundwerkzeuge. – Bild S. 346.

Beißend-kauende M. (Steinfliegen, Libellen, Käfer, viele Insektenlarven, Heuschrecken): Eine unpaare Hautfalte bildet die Oberlippe **(Labrum).** Sie überdeckt den paarigen Oberkiefer **(Mandibeln),** der Schneidkanten trägt. Hinter ihm sitzt der stärker gegliederte und vielseitig bewegliche paarige Unterkiefer (1. **Maxillen**). Seitlich zweigen von ihm nach außen die Unterkiefertaster und nach innen die Kauladen ab. Das 2. Maxillenpaar ist zur Unterlippe **(Labium)** verschmolzen, die das Mundfeld nach hinten be-

M

Mundwerkzeuge

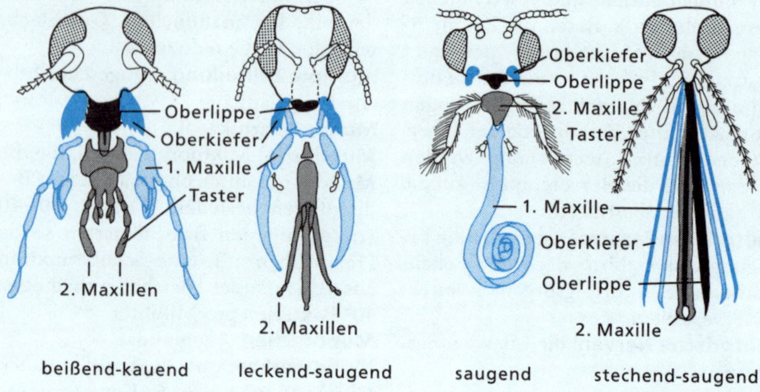

Mundwerkzeuge der Insekten

grenzt. Sie trägt seitlich ein Paar Lippentaster (Labialtaster).

Leckend-saugende M. (Biene): Teile der Unterlippe bilden die lange, röhrenförmige Zunge. Die Außenladen des Unterkiefers und die Lippentaster bilden um die Zunge ein Saugrohr.

Saugende M. (Schmetterlinge): Unterkiefer und Lippe sind zurückgebildet. Erhalten bleiben die Lippentaster. Die beiden Außenladen des Unterkiefers sind stark verlängert und rinnenförmig. Sie legen sich zu einem Saugrohr zusammen, das einrollbar ist.

Stechend-saugende M. (Stechmücke): Die Unterlippe bildet eine Rinne, die von der Oberlippe bedeckt wird. In ihr gleiten die Stechborsten. Diese sind aus dem Oberkiefer und den Kauladen des Unterkiefers entstanden.

Muscheln (Bivalvia): im Meer- und Süßwasser lebende ↑Weichtiere. Ihr Körper ist von einer zweiklappigen, verschließbaren Kalkschale umgeben. Ein eigentlicher Kopf fehlt. Mittels ↑Kiemen (meist Faden- oder Blattkiemen) werden aus dem Atemwasser Kleinlebewesen, Sink- und Abfallstoffe abgefiltert. Drüsen des muskulösen Fußes sondern ein fädiges, zähflüssiges Sekret ab, das im Wasser schnell erhärtet **(Byssus, Muschelseide).** Hiermit heften sich die Tiere an Felsen, Pfählen oder Holzbauten an.

M. sind meist getrenntgeschlechtig. Zur Befruchtung werden Eier und Spermien ins Wasser ausgestoßen, oder die Spermien werden vom Weibchen eingestrudelt. Austern wechseln ihr Geschlecht mehrmals.

Manche M., z.B. Miesmuschel und Auster, sind als Nahrungsmittel, Perlmuscheln wegen der Perlen von wirtschaftlicher Bedeutung. – Andere M. können wirtschaftlichen Schaden anrichten (z.B. der Schiffsbohrwurm am Holz von Hafenbauten oder Schiffen).

Musci: die ↑Laubmoose.

Muskelfasern: ↑quer gestreifte Muskeln.

Muskelfibrillen: ↑quer gestreifte Muskeln.

Muskelkater: Bei sehr starker oder ungewohnter Belastung bildet ein Muskel infolge ungenügender Sauerstoffzufuhr besonders viel Milchsäure, da er die benötigte Energie nur aus der anaeroben ↑Glykolyse gewinnen kann. Die Milchsäure und v.a. feinste Muskelfaserrisse infolge der Überbeanspruchung des Muskels verursachen beim M. die Schmerzen.

Muskelkontraktion: die willkürliche oder unwillkürliche Verkürzung des Muskels; M. werden durch Nervenimpulse (Aktionspotenziale) über die ↑motorische Endplatte (Muskelendplatte) vom Überträgerstoff ↑Acetylcholin ausgelöst. Sie sind ein Energie verbrauchender Prozess. Die benötigte Energie wird durch den anaeroben Abbau von Glykogen (↑Glykolyse) gewonnen. Dabei fällt Milchsäure an.

In den ↑quer gestreiften Muskeln bzw. deren Muskelfasern sind unter dem Mikroskop dunkle, anisotrope A-Banden und hellere, isotrope I-Banden zu erkennen. Durch die Mitte jeder I-Bande zieht sich als dunkler Strich eine Quermembran (Z-Linie). Diese Z-Linien grenzen in jeder Muskelfaser identische Struktureinheiten, die **Sarkomeren (Myomeren),** ein. Dies sind die eigentlichen kontraktilen Elemente des quer gestreiften Muskels. Die A-Banden bestehen aus dicken Fadenmolekülen **(Myosin).** Zwischen ihnen liegen dünnere Filamente (Fäden) hauptsächlich aus **Actin,** die durch die I-Banden laufen und an der Z-Linie enden. Bei der M. ziehen sich die Actinfilamente zwischen die Myosinfibrillen. Dabei verschwinden die I-Banden, und die Z-Linien gelangen an das Ende der Myosinfibrillen, d.h., die Sarkomeren verkürzen sich, indem die Actinfilamente zwischen die Myosinfilamente gleiten. Dabei wird Energie durch die Spaltung von ATP (Adenosintriphosphat) verbraucht. An diesem Vorgang sind außerdem Ca^{2+}-Ionen beteiligt; sie fördern die molekulare Bindung zwischen Actin- und Myosinfilament.

Fehlt ATP, wird die Bindung nicht mehr gelöst und der Muskel wird starr.

Muskelkoordination: das geordnete Zusammenspiel der Muskeln. Die M. wird durch das Kleinhirn gesteuert. Spezielle Sinneszellen **(Propriorezeptoren)** »messen« den jeweiligen Spannungszustand der Muskeln und melden ihn dem Kleinhirn. Dieses kann dann bei einer vom Großhirn eingeleiteten Bewegung diesen Spannungzustand (Tonus) berücksichtigen.

Muskeln: Alle Tiere mit Ausnahme der Einzeller und Hohltiere besitzen einkernige ↑Muskelzellen und meist auch vielkernige, quer gestreifte **Muskelfasern.** Diese bilden mit Bindegewebe zusammen das **Muskelgewebe.** I.d.R. sind sie zu größeren Gruppen zusammengefasst, indem sie netzartig miteinander verbunden sind und Schichten oder lockere, auch durch besondere bindegewebige Hüllen **(Muskelscheiden)** zusammengefasste Bündel bilden. Solche größeren Einheiten werden M. genannt. Die Gesamtheit der M. eines Organismus heißt **Muskulatur.**

Die M. können sich zusammenziehen (↑Muskelkontraktion) und dienen dadurch der ↑Fortbewegung. Sie halten den Körper im Schwerefeld der Erde aufrecht, können Hohlorgane verengen (Darm, Harnblase, Blutgefäße) oder wirken als Pumpe für die Körperflüssigkeit bzw. das Blut (Herzmuskel). Diesen Aufgaben entsprechend, sind die M. unterschiedlich mit Nerven versorgt und verschieden gebaut.

Die Fortbewegung erfolgt beim Menschen durch die ↑quer gestreiften Muskeln, die willkürlich, d.h. bewusst, gesteuert werden. Die inneren Hohlorgane werden von den unwillkürlichen ↑glatten Muskeln bewegt. Der **Herzmuskel** ist unwillkürlich und wird auch als eigener Muskeltyp angesehen.

M. können sich nur zusammenziehen, nicht jedoch selbstständig aktiv dehnen. Die der Kontraktion entgegengesetzte Bewegung erfolgt deshalb durch einen als Gegenspieler fungierenden anderen Muskel (z.B. Beuger und Strecker des Oberarms), durch elastische Bänder oder durch Flüssigkeitsdruck (bei den Blutgefäßen).

Tiere ohne Skelett bewegen sich v.a. durch das Zusammenspiel von Ring-

M

und Längsmuskeln, die gegen den Druck der Körperflüssigkeit arbeiten (beim ↑Hautmuskelschlauch der Würmer). Bei Tieren mit Außen- oder Innenskelett sind die M. meist so angeordnet, dass bei möglichst geringem Muskelweg eine möglichst weit greifende Bewegung des entsprechenden Skelettteils erreicht wird (Hebelarmprinzip).
M., die Gliedmaßen vom Körper wegbewegen, heißen Abspreizer (**Abduktoren;** z.B. ein Teil des dreieckigen Schultermuskels beim Arm, der diesen seitlich hebt; mittlerer und kleiner Gesäßmuskel sind die entsprechenden Muskeln des Beins). Diejenigen M., die Gliedmaßen zum Körper hinbewegen, werden **Adduktoren** genannt (z.B. der große Brustmuskel, der breite Rückenmuskel und der große runde Muskel für den Arm; für das Bein eine Gruppe von Schenkelanziehermuskeln). M., die eine Beugungsbewegung im Gelenk veranlassen, nennt man **Beugemuskeln** (**Flexoren;** so beugen z.B. der zweiköpfige Oberarmmuskel **[Bizeps]** und der Oberarmmuskel den Arm im Ellbogengelenk). Muskeln, die strecken, werden als **Streckmuskeln** bezeichnet (**Extensoren;** z.B. streckt der dreiköpfige Oberarmmuskel den Arm im Ellbogengelenk). **Hebemuskeln (Levatoren)** ziehen Organe nach oben (z.B. das Schulterblatt), **Senker (Depressoren)** bewegen ein Organ nach unten (z.B. den Unterkiefer). Für Drehbewegungen (v.a. der Hand und des Fußes) gibt es die **Einwärtsdreher (Pronatoren)** oder die **Auswärtsdreher (Supinatoren).** Ringförmige M. dienen als **Schließmuskeln** dem Verschließen von Ausführungsgängen. Schließmuskeln aus ↑quer gestreiften Muskeln sind dabei dem Willen unterworfen (z.B. am Mund, der Harnblase und dem Mastdarm), solche aus ↑glatten Muskeln öffnen sich reflektorisch auf Nervenreize hin (z.B. der Pförtner am Magen).

Muskelsinn: ein ↑mechanischer Sinn, der Tiere und den Menschen befähigt, Veränderungen der Muskellänge und -spannung wahrzunehmen. Die entsprechenden Rezeptoren **(Propriorezeptoren)** liegen in den Muskelspindeln der Skelettmuskulatur, wo sie die Länge und Längenzunahme wahrnehmen, und in den Sehnenorganen (Sehnenspindeln), wo sie die Muskelspannung registrieren.

Muskeltonus: die Grundspannung eines Muskels oder der gesamten Muskulatur. Der **plastische M.** oder Sperrtonus (vorwiegend bei glatten Muskeln) versperrt die Muskeleiweiße während der Kontraktion gegeneinander. Dabei wird nur Energie verbraucht, wenn der Spannungszustand geändert wird. Daher können z.B. Muscheln ohne besondere Anstrengung ihre Schalenklappen lange Zeit geschlossen halten.
Beim **kontraktilen M.** wird ständig ein kleiner Teil der gespannten Muskelfasern entspannt und ein anderer entspannter Teil wieder gespannt. Durch diesen ständigen Wechsel in der Spannung der einzelnen Fasern wird merklich Energie verbraucht. Dieser M. wird vom Nervensystem sehr fein geregelt. Die gesamte Muskulatur hat immer eine gewisse Grundspannung, die während des Schlafens herabgesetzt ist.

Muskelzellen: die meist aus Mesodermzellen hervorgegangenen Grundelemente von ↑Muskeln bei Wirbellosen und Wirbeltieren. Die Epithelmuskelzellen der Hohltiere z.B. sind zugleich Haut- und Muskelzellen und enthalten feine, kontraktile Eiweißfäden. Die M. der Wirbeltiere dagegen dienen ausschließlich der Bewegung.
Man unterscheidet **glatte M.,** aus denen sich die ↑glatten Muskeln zusammensetzen, und **quer gestreifte Muskelfasern** in den ↑quer gestreiften Muskeln. Die vielkernigen quer gestreiften Muskelfasern sind aus der Verschmelzung zahlreicher einzelner M. bzw. deren Vorstufen, den Muskelbil-

dungszellen, hervorgegangen. Charakteristisch für die M. ist ihre Fähigkeit, sich zusammenzuziehen (↑Muskelkontraktion).

Muskulatur: ↑Muskeln.

Mutagene: eine Vielzahl von Chemikalien (z.B. Senfgas, Formaldehyd, salpetrige Säure) und physikalischen Einwirkungen (z.B. UV-Licht, ionisierende Strahlung), die im Erbgut der Organismen ↑Mutationen auslösen. Welche Umwelteinflüsse als M. anzusehen sind, hängt v.a. von der nicht genau messbaren Zunahme der Mutationsrate gegenüber der natürlichen Rate ab.

Mutanten: Organismen, deren Erbgut in mindestens einem Gen gegenüber dem häufigsten ↑Genotyp, dem Wildtyp, verändert ist.

Mutation: eine plötzliche spontane oder durch ↑Mutagene hervorgerufene Veränderung des Erbgutes. M. kommen bei jedem Lebewesen sowohl in Körperzellen als auch in Zellen der ↑Keimbahn vor. Durch eine M. wird ein ↑Allel (oft das Wildallel) eines Gens in ein anderes, manchmal sich nachteilig auswirkendes Allel umgewandelt. Meistens verhalten sich die neuen Allele rezessiv (↑Rezessivität) gegenüber dem Wildtyp.

In der Keimbahn entstehen ↑Geschlechtszellen, die das mutierte Allel an die Nachkommen des Lebewesens weitergeben. Diese werden als ↑Mutanten bezeichnet. Werden Körperzellen während der Embryonalentwicklung getroffen, entwickeln sich Individuen mit einem »Mosaik« verschiedenartiger Zellgruppen in einem Gewebe.

Da Gene an bestimmte Strukturen auf den ↑Chromosomen gebunden sind, ist das Ausmaß des betroffenen DNA-Abschnitts von Bedeutung: **Genommutationen** verändern die Anzahl einzelner Chromosomen oder ganzer Chromosomensätze. **Chromosomenmutationen** führen zu lichtmikroskopisch erkennbaren Umbauten im Chromosom (↑Chromosomenanomalien). **Gen-** oder **Punktmutationen** schließlich betreffen einzelne Gene; am DNA-Molekül werden wenige oder nur ein Basenpaar verändert.

Die Häufigkeit von Mutationen wird durch mehrere Faktoren beeinflusst: *Temperaturerhöhung* vergrößert die Mutationsrate. *Chemikalien* lösen– soweit man ihre Wirkung versteht– meist Punktmutationen aus, indem sie die Basenfolge des DNA-Strangs stören. Ultraviolettes Licht wirkt bei vielzelligen Organismen nur auf die äußeren Zellschichten. *Ionisierende Strahlen* (Höhenstrahlung, Strahlung radioaktiver Elemente oder Röntgenstrahlung) dringen tiefer ein. Der Mutationseffekt hängt von der Dosis (Maß für die einem Körper zugeführte Strahlungsmenge) ab. Bei kleineren Dosen, die nicht sofort den Körper schädigen, summieren sich die einzelnen Treffer im Erbgut unabhängig von schon vorhandenen Veränderungen. Der Einfluss der aufgezählten Mutagene auf die Mutationsrate ist nicht leicht abzuschätzen, weil viele Mutationen spät, manchmal erst nach Generationen erkannt werden und weil winzige und daher unauffällige Änderungen eines Merkmals schwer zu fassen sind.

Aus dem Vorrat der Mutanten erhält die Evolution jedoch auch ständig Nachschub für die Selektion der am besten an die Umwelt angepassten Lebewesen.

Mutationszüchtung: die züchterische Selektion von Organismen, die mit ↑Mutagenen behandelt worden sind. Dadurch wird die Zahl von Veränderungen im Erbgut gegenüber normalen Verhältnissen stark erhöht. Unter vielen unbrauchbaren ↑Mutanten hofft man, einige zu finden, die ein gewünschtes Merkmal tragen.

Muton: ↑Gene.

Mutterkorn: das Dauermycel von Claviceps purpurea (Mutterkornpilz), der parasitisch in den Fruchtknoten von Gräsern (besonders Roggen) lebt. Die-

M

ser Pilz bildet im Fruchtknoten Fadensporen und scheidet einen süßen Saft ab, der von Insekten als Honigtau verzehrt wird. Durch die Insekten wird der Pilz ausgebreitet. Bei der Reife des Roggens wächst der infizierte Fruchtknoten zu einem schwarzbraunen Körper, dem M., aus, der auf dem Ackerboden überwintert.
M. enthält einige giftige Alkaloide sowie Histamin, Cholin und Acetylcholin. Die **Mutterkornalkaloide** bewirken eine Erhöhung des Spannungszustandes der Gebärmuttermuskulatur. Außerdem ist durch sie eine Hemmung der Adrenalinwirkung und des sympathischen Nervensystems nachgewiesen. Durch den Verzehr von mit M. verseuchtem Getreide traten in früheren Jahrhunderten oftmals tödlich endende Vergiftungen auf.

Mutterkuchen: die ↑Placenta.

Mutterkuchenhormone: die ↑Placentahormone.

Muttermund: der in die Scheide reichende Teil der ↑Gebärmutter.

Mycel: die Gesamtheit der ↑Hyphen eines Pilzes. Das M. formt das Pilzgeflecht oder den ↑Thallus und dient der Nährstoffaufnahme. Das locker vernetzte M. bildet beim Übergang zum Vermehrungsstadium oft unechte Gewebe, sog. **Plektenchyme,** die dem Fleisch der Hutpilze entsprechen.

Mycetophagen: Typ der ↑Pflanzenfresser.

Mycophyta: die ↑Pilze.

Mycoplasmen: sehr kleine, zellwandlose Bakterien ohne feste Gestalt. Sie leben im Boden, Abwasser sowie auf Schleimhäuten von Mensch und Tier. M. sind z.T. Krankheitserreger, auch bei Pflanzen.

Myelencephalon: das ↑Nachhirn.

Myelinscheide: ↑Nervenzellen.

Mykologie (Pilzkunde): Teilgebiet der Botanik bzw. Mikrobiologie, das sich mit Bau, Stoffwechsel, Systematik und Ökologie der ↑Pilze beschäftigt. Spezialgebiete befassen sich mit den Krankheitserregern bei Mensch, Tier und Pflanze.

Mykorrhiza: eine Symbiose zwischen den Wurzeln Höherer Pflanzen und Pilzfäden. Wesentlich für die M. ist der wechselseitige Stoffaustausch der beteiligten Partner. Die Pilze erhalten von den Höheren Pflanzen Kohlenhydrate, während die Höheren Pflanzen von ihnen mit Wasser und Mineralsalzen versorgt werden.
1. **Ektotrophe M.:** Diese liegt zumeist obligat zwischen den Wurzeln von Waldbäumen (Fichte, Lärche, Eiche) und bekannten Gift- und Speisepilzen vor. Das Mycel umspinnt hier mit einem dünnen Geflecht die Saugwurzeln, die daraufhin als Reaktion keine Wurzelhaare mehr ausbilden und zu einem keulig verdickten Wuchs angeregt werden.
2. **Endotrophe M.:** Hier wachsen die Hyphen in die Zellen der Pflanzen hinein; z.B. bei Heidekrautgewächsen und Orchideen. Die Samen der Orchideen keimen nur in Anwesenheit spezifischer Mykorrhizapilze.
Die M. ist bei mehr als 90% aller Höheren Pflanzen zu finden und muss als biologische Ganzheit angesehen werden, da sie eine besondere morphologisch-anatomische Differenzierung darstellt und jeder Partner für sich allein nicht oder nur unvollkommen entwicklungsfähig ist.

Myoglobin: das rote, Sauerstoff bindende Protein des Muskels. M. wurde erstmals 1932 von dem schwedischen Mediziner H. Theorell (1903–1982) isoliert. Wegen seiner Ähnlichkeit mit Hämoglobin wurde es auch **Myohämoglobin** genannt. Es dient jedoch nicht als Sauerstofftransporteur, sondern als Sauerstoffspeicher. – Besonders viel M. findet sich bei tauchenden Tieren. Der Herzmuskel der Robbe weist einen Myoglobingehalt von 7,7% auf, der des Hundes von nur 0,5%.

Myomeren (Sarkomeren): ↑Muskelkontraktion.

Myosin: ein Protein, das gebündelt als Myosinfilament im Sarkolemm der Muskelfasern eingebettet ist. Das Myosinmolekül ist ein lang gestrecktes Protein mit einem langen Schwanz und einem globulären Kopfteil, der ATPase-Aktivität besitzt. – ↑Globuline, ↑Muskelkontraktion.

Myxamöben: ↑Schleimpilze.

Myxomycotina: Unterabteilung der ↑Pilze.

N

Nabel: eine narbig verwachsene Grube, die am Bauch des Menschen aus der Wunde entsteht, die der etwa 3 cm lange Rest der ↑Nabelschnur nach seinem Vertrocknen und Abfallen (zwischen dem 5. und 12. Tag nach der Geburt) hinterlässt.

Nabelschnur (Nabelstrang): eine strangartige Verbindung, die sich zwischen Embryo und Mutterorganismus sowohl beim Menschen als auch bei allen höheren Säugetieren (mit ↑Placenta) ausbildet. Sie entsteht zunächst am Rücken des Embryos und gelangt im Verlauf der Entwicklung an dessen Bauchseite. Die N. umhüllt Gefäße, die einerseits den Embryo mit sauerstoff- und nährstoffreichem Blut versorgen, andererseits sauerstoffarmes und mit Stoffwechselendprodukten beladenes Blut abführen.

Nach der Geburt des menschlichen Neugeborenen wird die bis 60 cm lange N. durchtrennt; beim Abfallen der Reste entsteht der ↑Nabel. Säugetiere durchbeißen die N. und fressen sie häufig zusammen mit der ↑Nachgeburt auf.

Nachahmung: ↑Lernen.

Nachgeburt: ↑Geburt.

Nachhirn (Myelencephalon): entwicklungsgeschichtlich aus dem ↑Rautenhirn hervorgehender Abschnitt des Gehirns, der zum ↑Rückenmark weiterleitet. Das N. bildet zusammen mit dem ventralen (unteren) Teil des ↑Hinterhirns das verlängerte Mark (↑Gehirn).

nachtaktiv: Nachtaktive Tiere sind in Verhalten, Gestalt und Aussehen sowie hinsichtlich der Leistungsfähigkeit ihrer Sinnesorgane an ein Leben vorwiegend in der Dunkelheit angepasst. Wüstentiere z.B. sind durch nächtliche Lebensweise vor der Wirkung der hohen Tagestemperaturen geschützt. Der Wechsel von Aktivitäts- und Ruhephasen wird in erster Linie von der inneren ↑biologischen Uhr gesteuert, deren Rhythmus normalerweise dem Sonnentag entspricht.

Nachtblindheit: Beeinträchtigung des Dämmerungssehens durch einen Mangel an Vitamin A. In den Stäbchen der Netzhaut (↑Augen) wird kein Sehpurpur mehr gebildet. Angeborene N. wird dominant vererbt.

Nachtschattengewächse: eine weltweit verbreitete Familie der Zweikeimblättrigen Pflanzen mit rund 2 300 Arten. Es sind vorwiegend Kräuter mit einfachen, wechselständigen Blättern und fünfzähligen, regelmäßigen Blüten. Die Blüten werden von Insekten bestäubt. Der oberständige Fruchtknoten wird zu einer Kapsel oder Beere.

N. enthalten ↑Alkaloide. Viele Arten, z.B. Tollkirsche und Bilsenkraut, sind Giftpflanzen, werden aber auch als Arzneipflanzen verwendet. Wirtschaftlich wichtige Vertreter der N. sind Kartoffel, Tomate, Paprika, Tabak und Aubergine. Zu den bekannten Zierpflanzen dieser Familie gehören Judenkirsche und Petunie.

Nachtzieher: ↑Zugvögel.

Nacktfarne (Urfarne, Psilophyta): eine zu Beginn des Oberdevons ausgestorbene Klasse der ↑Farne. Sie sind die ältesten bisher bekannten Landpflanzen, die mit ↑Leitbündel und ↑Spaltöffnungen ausgestattet waren. Die Sprosse waren dichotom (gabelig) verzweigt, z.B. bei Rhynia, Blätter fehlten oder waren schuppenförmig, z.B. bei Asteroxylon.

N

Die ↑Sporangien wurden an den Sprossenden gebildet.

Nacktsamer (Gymnospermae): eine Entwicklungsstufe der ↑Samenpflanzen. Es sind ausschließlich Holzgewächse mit sekundärem Dickenwachstum. Die Blüten werden vom Wind bestäubt und sind getrenntgeschlechtig. Die ↑Samenanlagen sitzen offen an den Fruchtblättern. Der Samen ist nicht in einen Fruchtknoten eingeschlossen. Durch Gewebswucherung erscheinen gelegentlich fruchtähnliche Gebilde (z.B. bei der Steineibe).

Die heutigen N. werden in zwei Unterabteilungen eingeteilt: **fiederblättrige N. (Cycadophytina)** mit den ↑Samenfarnen, ↑Palmfarnen, Gnetum, Ephedra- und Welwitschiagewächsen; **gabel- und nadelblättrige N. (Coniferophytina)** mit den Gingkogewächsen und Nadelhölzern (↑Nadelbäume). Die N. stellen eine Übergangsstufe von den Farnpflanzen zu den Bedecktsamern dar. Vom späten Paläozoikum bis zum späten Mesozoikum waren sie vorherrschend; später wurden sie von den Bedecktsamern zunehmend verdrängt.

Nacktschnecken: volkstümliche Bezeichnung für eine Gruppe von Landlungenschnecken, die ihr Gehäuse (bis auf einige äußerlich nicht mehr sichtbare Reste) zurückgebildet haben. Da N. sich vorwiegend von Blättern und Knollen ernähren, sind sie große Schädlinge in Gartenbau und Landwirtschaft. Häufig vertreten sind die bräunliche Gemeine Ackerschnecke, die braun bis rot gefärbte Gemeine Wegschnecke und die schwärzliche Gartenwegschnecke.

NAD, Abk. für **N**icotinsäureamid-**a**denin-**d**inucleotid: ein freies Dinucleotid, das als Coenzym bei der Zellatmung eine wichtige Rolle spielt. Da es reversibel Wasserstoff aufnehmen kann, wirkt es als Wasserstoff übertragendes Coenzym vieler Dehydrogenasen. NAD besteht aus Nicotinsäureamid, Adenin, zwei Molekülen Ribose und zwei Phosphorsäureresten. Durch Reduktion geht es in seine hydrierte Form ($NADH_2$, $NADH + H^+$) über.

Nadelbäume (Coniferae): die wichtigste und artenreichste Unterklasse der heute lebenden nadelblättrigen ↑Nacktsamer. Es sind über die ganze Erde verbreitete Bäume, die v.a. auf der Nordhalbkugel einen fast geschlossenen Waldgürtel bilden.

N. sind reich verzweigte, oft harzreiche Bäume mit zahlreichen kleinen, nadel- oder schuppenförmigen Blättern. Die getrenntgeschlechtigen Blüten stehen in verschiedengestaltigen **Zapfen.** Die weiblichen Blüten sind stark reduziert und zu sog. **Samenschuppen** verschmolzen. Die männlichen Blüten sitzen oft in der Achsel der Schuppenblätter und bestehen aus mehreren Staubblättern, die unterseits die Pollensäcke tragen. Die weiblichen Zapfen verholzen meist.

Wichtige N. sind Kiefer, Fichte, Tanne, Lärche, Zypresse, Wacholder, Lebensbaum, Mammutbaum und Eibe. Auf der Südhalbkugel sind Araukarien- und Steineibengewächse verbreitet.

Nadelblatt: das Blatt der ↑Nadelbäume. Es weicht in seinem Bau stark von dem der normalen ↑Laubblätter (zu denen die N. gerechnet werden) ab. Der meist rundliche Querschnitt lässt die Unterscheidung einer typischen Ober- und Unterseite vermissen. Die ↑Epidermis besteht aus dickwandigen Zellen und scheidet nach außen eine Wachsschicht ab. Unter der Epidermis liegt eine Unterhaut (Hypodermis) aus Sklerenchym (↑Festigungsgewebe). Die Spaltöffnungen, die auf allen Seiten zu finden sind, liegen tief ins Blatt eingesenkt.

Die aufgezählten Eigentümlichkeiten des Nadelblatts setzen die Wasserverdunstung herab. Dies ist notwendig, da Nadelbäume auf trockenen Standorten wachsen und sie für den Winter, in dem es wenig flüssiges (kapillares) Wasser gibt, ihre Blätter nicht abwerfen. Unter der Hypodermis liegt das Assimilationsgewebe aus Zellen, deren Wände nach innen vorspringen (Armpalisaden). Um die 1–2 nur in Längsrichtung des Blatts verlaufenden Leitbündel in der Mitte des Querschnitts ist ein Transfusionsgewebe aus dünnwandigen Zellen angeordnet, das für den Stofftransport zwischen den Leitbündeln und dem umgebenden Gewebe sorgt.

Nadelwald: eine außerhalb des natürlichen Nadelwaldgürtels durch Aufforsten erreichte, nicht natürlich gewachsene Waldform. Schnellwüchsigkeit und verbesserte Erträge waren die Gründe für das Aufkommen der Nadelwälder besonders ab der Mitte des 19. Jahrhunderts. Diese meist aus Fichten bestehenden Monokulturen haben gegenüber dem ↑Laubwald oder ↑Mischwald zahlreiche Nachteile. Die Auswirkungen auf den Wasserhaushalt sind wenig günstig. Das Nadelpolster verschließt den Boden und saugt das Regenwasser auf. So gelangt nur ein kleiner Teil des Wassers in den Boden, der größte Teil fließt oberirdisch ab und kann nicht gespeichert werden.

Im Fichtenwald finden sich in geringer Tiefe bodenverdichtende Schichten, die unter der Einwirkung der Humussäuren (Huminsäuren) der zersetzten Nadeln entstehen und teilweise wasserundurchlässig sind. Daher wird der Abfluss des Wassers begünstigt und die Speicherwirkung verringert.

Nadelwälder sind als Monokulturen anfällig gegen Forstschädlinge, die sich hier sehr schnell vermehren können. Reine Nadelwaldbestände sind durch Windböen zudem viel stärker gefährdet als Mischwaldkulturen, da die Bäume alle dieselbe Höhe besitzen und ihre Schwerpunkte sehr hoch liegen.

NADP, Abk. für: **N**icotinsäureamid-**a**denin-**d**inucleotid**p**hosphat): NADP gehört wie ↑NAD zu den Pyridinnucleotiden. Es besitzt im Gegensatz zu NAD noch einen weiteren Phosphorsäurerest in der α-Stellung des Adenins. NADP ist neben NAD der wichtigste Wasserstoffüberträger der Zelle; beide unterscheiden sich durch die Wahl ihrer Dehydrogenasen (Apoenzyme).

Nagel:

◆ *Zoologie:* schützende Hornplatten auf den Endgliedern von Zehen und Fingern bei Affen und Menschen. Nägel sind den ↑Krallen und ↑Hufen homolog.

Der N. ist beim Menschen eine ca. 0,5 mm dicke Hornplatte der Epidermis. Er liegt auf dem **Nagelbett** und wird seitlich und hinten vom **Nagelwall** (Hautfalte) umgeben. Der N. wird an der halbrunden, etwa 5 mm tiefen **Nageltasche,** in der die **Nagelwurzel** liegt, gebildet. Nahe der Nageltasche schimmert ein halbmondförmiger Fleck **(Möndchen)** durch den Nagel. Bis hierher reicht die epidermale Matrix, aus der der N. täglich um 0,15–0,4 mm wächst. Hinten schiebt der Nagelwall ein dünnes Häutchen auf den Nagel.

◆ *Botanik:* ein langer, stielartig verschmälerter Teil bei manchen Blütenblättern, der diese in der Blüte befestigt (z.B. bei Nelken).

Nagetiere (Nager, Rodentia): Ordnung kleiner bis mittelgroßer Säugetiere mit rund 3 000 Arten. Es sind äußerst anpassungsfähige Tiere, die fast jeden Lebensraum erobert haben (sogar Gewässer, z.B. Biber und Bisamratte).

N. sind besonders durch die beiden mittleren, sehr kräftigen, meißelartig geformten Schneidezähne im Ober- und Unterkiefer, die **Nagezähne,** gekennzeichnet. Diese sind nur vorn durch Zahnschmelz geschützt und nutzen sich darum hinten schneller ab, wodurch die scharfe Meißelschneide entsteht. Nagezähne wachsen ständig nach und haben keine Wurzel. Ihre Zuwachsrate muss durch entsprechende Nagetätigkeit ausgeglichen werden.

N. sind vorwiegend Pflanzenfresser. Viele Arten (besonders aus den Untergruppen Mäuse, Wühlmäuse und Hamster) können durch Fraß an Kulturpflanzen (bzw. ihren Produkten) sehr schädlich werden. Zu den N. gehören weiterhin das Alpenmurmeltier, die teilweise zu Haustieren gewordenen Meerschweinchen und Goldhamster sowie das Eichhörnchen. – Nicht zu den N. werden Hasen, Kaninchen und die Spitzmäuse gezählt (↑Insektenfresser).

Nährgewebe: ein mit Reservestoffen angereichertes pflanzliches Gewebe. Es dient als ↑Endosperm bzw. als aus dem Nucellus entstandenes Perisperm der Ernährung des Keimlings.

Nährpolypen: ↑Staatsquallen.

Nahrungskette: durch Nahrungsbeziehungen voneinander abhängige Reihe von Organismen. Im Gegensatz zu grünen Pflanzen sind Tiere nicht in der Lage, aus anorganischen Stoffen und Sonnenenergie organische Verbindungen (wie Kohlenhydrate; ↑Fotosynthese) zur Deckung ihres Energie- und Baustoffbedarfs aufzubauen. Daher bilden die *grünen Pflanzen* als **Produzenten** das erste Glied der Nahrungskette. Im Wasser wird die pflanzliche Grundlage vorwiegend von grünen Algen gebildet, während auf dem Land die Höheren Pflanzen vorherrschen. Die folgenden Glieder der Nahrungskette sind die verschiedenen *Tiere,* die auch als **Konsumenten** bezeichnet werden: die ↑Pflanzenfresser und als nächstes Glied die ↑Fleischfresser (Räuber). Zwischen den Pflanzen- und Fleischfressern stehen die ↑Allesfresser. Zu ihnen zählt auch der Mensch.

Den Schluss der N. bilden die abbauenden Organismen **(Reduzenten, Destruenten);** das sind *Bakterien, Pilze* und viele *bodenbewohnende Tiere,* die sich von toter organischer Substanz ernähren, d.h. von dem, was von den oben genannten Gliedern der N. ausgeschieden wird bzw. übrig bleibt. Sie leben im Humus und produzieren anorganische Substanz, wie sie die Pflanze wiederum zum Leben benötigt. Bakterien und Pilze sind wichtig für die ↑Mineralisation. Da ein Großteil der Nahrung in der N. zur Energiegewinnung umgesetzt wird, nimmt das Gewicht eines Lebewesens nach grober Schätzung nur um ein Zehntel des Gewichtes der aufgenommenen Nahrungsmenge zu. Daraus folgt, dass der Mensch, wenn er z.B. 10 kg Hechtfleisch verzehrt, nur um 1 kg zunimmt. Damit der Hecht diese 10 kg produzieren kann, muss er 100 kg Karpfen fressen; die Karpfen benötigen dann 1 000 kg Algen, um entsprechend an Gewicht zuzunehmen.

Nahrungsnetz: ein System miteinander verbundener ↑Nahrungsketten, das auf den unterschiedlichen Nahrungsansprüchen der einzelnen beteiligten Organismen beruht. Je stärker das N. in einem Biotop ausgebildet ist, desto stabiler ist das in ihm herrschende ↑biologische Gleichgewicht.

Nahrungspyramide: die quantitative Darstellung der einzelnen Ernährungsstufen (trophischen Ebenen) einer ↑Nahrungskette bzw. eines ↑Nahrungsnetzes. Die Basis bilden i.d.R. die grünen Pflanzen, die Spitze die Endkonsumenten (»Spitzencarnivoren«).
Die Pyramidenform (Bild S. 356) verdeutlicht die meist stetige Abnahme sowohl der jeweiligen Biomasse (und damit der in ihr gebundenen Energie) als auch der Individuenanzahl von den Primärproduzenten bis zu den Endkonsumenten.

Nahrungsvakuole: ↑Pantoffeltierchen.

Nanịsmus: der ↑Zwergwuchs.

Narbe: Teil des Fruchtknotens, ↑Samenanlage.

Nase: Geruchsorgan vorn am Kopf der Wirbeltiere. Während Knorpel- und Knochenfische nur ein Paar **Riechgruben** (häufig mit getrennten, hintereinander liegenden Ein- und Ausströmöffnungen) besitzen, besteht bei allen anderen Wirbeltieren und auch beim Menschen eine Verbindung zwischen den beiden äußeren Nasenöff-

nungen **(Nasenlöcher)** und der Mund- bzw. Rachenhöhle. Dies wird dadurch möglich, dass im Anschluss an die beiden Nasenhöhlen zwei innere Nasenöffnungen, die ↑Choanen, entstanden sind. Bei den Luft atmenden Landwirbeltieren wird das Geruchsorgan N. auch oberster Teil des Atmungswegs. Die Nasenform wird beim Menschen durch das **Nasenbein** des Schädels und die daran ansetzenden vier gegeneinander beweglichen Nasenknorpel bestimmt. In der Falte der seitlich ansetzenden **Nasenflügel** sitzen Talgdrüsen. Die hauptsächlich knorpelige **Nasenscheidewand** teilt die N. in zwei Hälften, die beiden **Nasenhöhlen.** Ihr Vorderabschnitt, der **Nasenvorhof,** ist mit starken, nach außen gerichteten Nasenhaaren zum Schutz gegen Fremdkörper ausgestattet. Weiter hinten tragen die Nasenhöhlen zur Oberflächenvergrößerung seitlich drei übereinander liegende Vorsprünge, die **Nasenmuscheln** (Bild S. 357). Diese sind allgemein bei den Säugern ausgebildet. Hinter der unteren Nasenmuschel mündet ein Tränenkanal, über den Tränenflüssigkeit in die Nasenhöhlen gelangt.
Die N. ist mit Schleimhaut ausgekleidet, wovon ca. 2,5 cm² im Nasendach Riechepithel (↑Geruchsorgane) darstellen. Ansonsten trägt die Schleimhaut ein zweireihiges Flimmerepithel, das eingedrungene Staubpartikel rachenwärts transportiert. Von der N. bestehen Verbindungen zu den ↑Nasennebenhöhlen.

Nasennebenhöhlen (Nebenhöhlen): von den Nasenhöhlen aus in die angrenzenden Knochen hinein vordringende, mehr oder weniger große Lufträume. N. entwickeln sich im Laufe der Kindheits- und Jugendentwicklung bis etwa zum 12.–20. Lebensjahr. Die N. sind von Schleimhaut ausgekleidet. Über die Nasenhöhlen können Bakterien eindringen und Infektionen (Nasennebenhöhlenentzündung) verursachen.
Die **Kieferhöhlen** liegen beiderseits dicht oberhalb der Backenzähne im Oberkiefer und reichen bis unter die Augenhöhlen. Die meist unterschiedlich großen **Stirnhöhlen** liegen innerhalb des Stirnbeins. Die Siebbeine beider Augen werden von kleinen, bereits früh entwickelten **Siebbeinhöhlen** ausgehöhlt. Die **Keilbeinhöhlen** grenzen mit ihrem Dach dort an die Schädelbasis, wo die Hypophyse liegt.
Die N. beeinflussen als Resonatoren die Klangfarbe der Stimme.

Nasen-Rachen-Raum: ↑Schlund.

Nastien: die Bewegungen einer Pflanze oder ihrer Organe, die nicht in Beziehung stehen zu der Richtung, aus

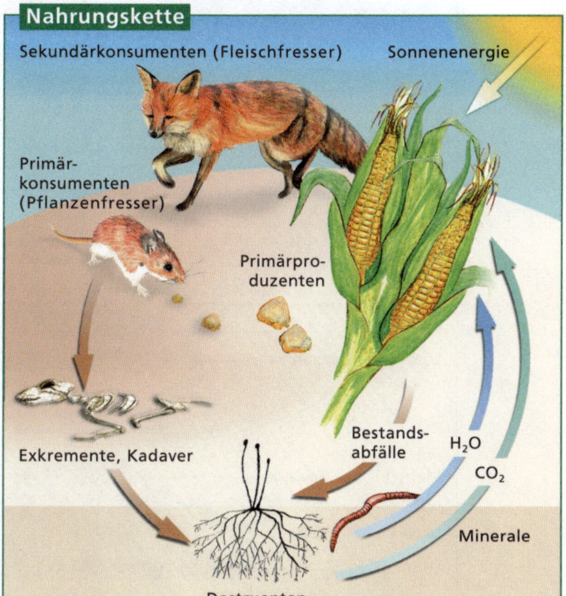

N

Nahrungspyramide

Ökologische Pyramiden

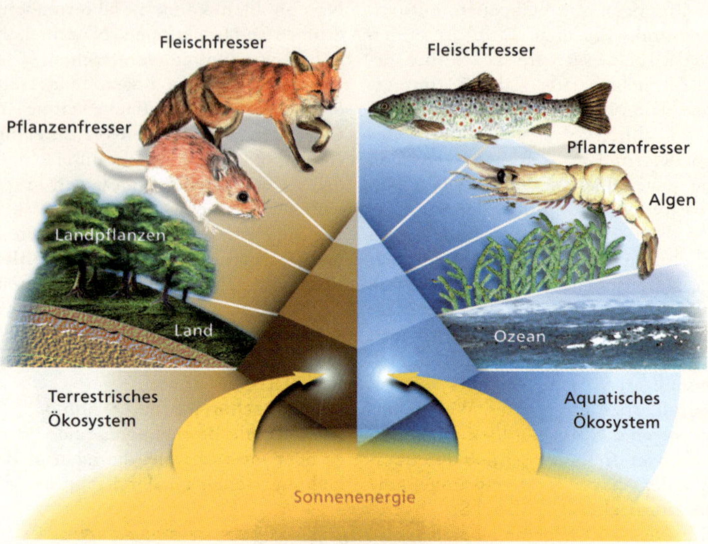

Zahlenpyramide

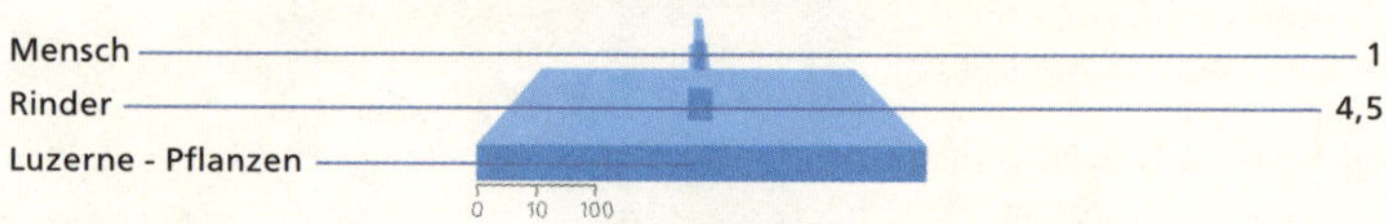

Massenpyramide

Energiepyramide

der ein auslösender Reiz einwirkt, sondern die allein vom Bau der Organe gelenkt werden (dagegen ↑Tropismen). N. kommen entweder durch verstärktes Wachstum der einen Seite eines Organs oder durch Turgorschwankungen zustande. Nach der Reizart unterscheidet man verschiedene Typen.

Die **Chemonastie** ist gut bekannt vom einheimischen »Fleisch fressenden« Sonnentau. Auf seinen Blättern sitzen klebrige Tentakeln, die sich nach Berührung mit Eiweißen oder deren Abbauprodukten krümmen. Da auch die Tentakeln der Umgebung mit diesen Wachstumsbewegungen reagieren, wird die Beute, meist Insekten, festgehalten. Nach 2 bis 3 Wiederholungen ist die Bewegung vorübergehend nicht mehr auslösbar.

Haptonastien sind ebenfalls von den Randtentakeln des Sonnentaublatts bekannt. Diese antworten auf die leiseste Berührung (nicht jedoch durch Regen) mit verstärktem Wachstum der Außenseite, sodass sie sich in Richtung zur Blattmitte hin krümmen.

Seismonastien beruhen im Gegensatz zu den meisten anderen Bewegungen von Pflanzen auf Änderungen des ↑Turgors bestimmter Zellen in ausgewachsenen Pflanzenteilen. Seismonastisch empfindliche Pflanzen reagieren auf jeden Stoß, der die Reizschwelle überschreitet. Ein bekanntes Beispiel sind die Bewegungen der Blätter tropischer Mimosen. Sie haben an den Stielen ihrer Blätter und der Fiederblättchen besondere Gelenke (Blattpolster), in denen die Leitbündel zu einem zentralen Strang verschmolzen sind. Stößt man eines der Fiederblättchen an, klappen diese nacheinander nach oben zusammen, die Fiederblattstiele neigen sich zueinander, und schließlich senkt sich der Blattstiel. War der Reiz stark genug, wird er mittels K^+- und Cl^--Strömen und daraus entstehenden Potenzialänderungen auf benachbarte Blätter des Sprosses weitergeleitet. Die Erregungsleitungsgeschwindigkeit nähert sich derjenigen langsamer Tiere. Nach 15–20 Minuten heben und öffnen sich die Blätter wieder. Seismonastien findet man auch bei Staubblättern und Narben.

Die Bewegungen der Blütenblätter der Tulpe liefern ein Beispiel für **Thermonastie.** Bringt man die Blüte aus dem Freien in einen um 10°C wärmeren Raum, öffnet sich die Blüte schon nach wenigen Minuten; umgekehrt schließt sich die Blüte durch Wachstumsbewegungen beim Absinken der Temperatur wieder. Eine typische **Fotonastie** zeigen die Blütenblätter von Seerosen. Wird es z.B. bei aufziehenden Gewitterwolken dunkler, schließen sich die Blüten auch am Tag. Die foto- und die thermonastischen Bewegungen sind i.A. schwer voneinander zu trennen, weil ein Rückgang der Sonneneinstrahlung gleichzeitig zur Abkühlung führt. Ebenfalls schwer von Fotonastien zu trennen sind die bei vielen Pflanzen vorkommenden **Nyktinastien (Schlafbewegungen),** d.h. Veränderungen der Blattstellung als Folge der bei Tag und

Nase

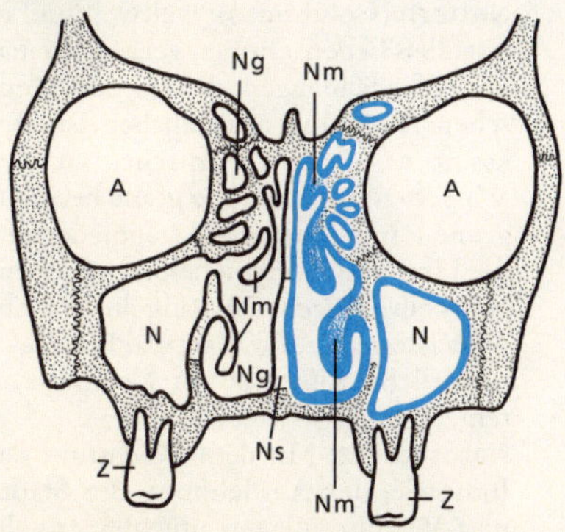

Frontalschnitt durch den menschlichen Schädel mit den Augenhöhlen (A) und Nasenhöhlen (N); die drei Nasenmuscheln (Nm) teilen die Nasenhöhle in die Nasengänge (Ng); Ns Nasenscheidewand, Z Zähne

N

Nacht verschieden starken Belichtung (z.B. das Zusammenklappen von Sauerkleeblättern am Abend). Zu solchen autonomen Bewegungen zählen auch die ↑Nutationen junger Ranken und Sprosse.

Nationalparks: ↑Naturschutz.

Natrium-Kalium-Pumpe (Na-K-Pumpe): Das Ionenungleichgewicht der Natrium- und Kaliumionen an der tierischen Membran (↑Membranpotenzial) wird durch die sog. Na-K-Pumpe erzeugt und aufrechterhalten. Dabei werden die extrazellulär in relativ hoher Konzentration vorhandenen Na^+-Ionen, die mit dem Konzentrationsgefälle in das Zellinnere sickern, unter Energieaufwand – Phosphorylierung eines Transportproteins – an das Transportprotein gebunden und ausgeschleust. Daraufhin wird das Na^+ unter Freisetzung der Phosphorylgruppe aus dem Transportprotein durch K^+ ersetzt. Die K^+-Ionen werden nun wieder in das Zellinnere, ohne Energieaufwand, transportiert. – Die Na-K-Pumpe ist ein gut untersuchtes Beispiel für einen einfachen direkten Transportmechanismus für Ionen durch biologische Membranen.

Nattern (Colubridae): weltweit und in fast allen Lebensräumen verbreitete Familie der Schlangen, die für den Menschen fast völlig ungefährlich ist. Bekannt ist die einheimische, zu den Wassernattern zählende graue bis graugrüne **Ringelnatter.** Sie trägt jederseits des Hinterkopfs einen halbmondförmigen, gelben Fleck. Die Ringelnatter lebt in Wassernähe und frisst v.a. Frösche.

natürliche Killerzellen: ↑Immunsystem.

Naturschutz: Mit dem Wachstum der Industrie, der Ausdehnung der Städte und Verkehrsanlagen und der zunehmenden Zersiedlung der Landschaft wurden ursprüngliche Naturlandschaften immer seltener. Bereits im Jahre 1900 wurden in verschiedenen Ländern Deutschlands staatliche Institutionen für N. und Landschaftspflege gegründet. Heute kennt man in der Hauptsache 6 gesetzliche Naturschutzkategorien.

Nationalparks sind großräumige Naturlandschaften, die durch ihre besondere Eigenart und weitgehende Unberührtheit oft keine Parallelen auf der Erde mehr besitzen. In Deutschland gibt es 12 Nationalparks. Als erste deutsche Nationalparks wurden 1970 der »Nationalpark Bayerischer Wald« und 1979 der »Nationalpark Berchtesgaden« gegründet; nach 1990 u.a. Hochharz, Sächsische Schweiz, Vorpommersche Boddenlandschaft, Müritz-Nationalpark und Jasmund.

Naturparks sind in sich geschlossene, sich durch ihre Schönheit auszeichnende Landschaften, die nur aufgrund ihrer Großräumigkeit und ihrer bedeutsamen Erholungsfunktion nicht mehr zu den Landschaftsschutzgebieten gezählt werden, z.B. Bayerischer Spessart, Rothaargebirge, Bergstraße-Odenwald, Lüneburger Heide, Altmühltal, Pfälzer Wald, Elbetal und Drömling.

Als **Landschaftsschutzgebiete** bezeichnet man geschützte Landschaftsteile, wie z.B. Waldgebiete, Seeufer, Heidelandschaften, die zur Schönheit und Belebung des Landschaftsbilds beitragen. Eine an die natürlichen Verhältnisse angepasste Entwicklung und eine ordnungsgemäße forst- und landwirtschaftliche Nutzung kann hier weiter betrieben werden.

Zu den **Naturschutzgebieten** zählen solche Bereiche, die in ihrer Natürlichkeit vollständig oder in einzelnen Teilen aus wissenschaftlichen, historischen, heimat- oder volkskundlichen Gründen oder wegen ihrer landschaftlichen Schönheit oder Eigenart geschützt werden, z.B. das Wollmatinger Ried, die Hallig Norderoog.

Aus ähnlichen Gründen schützenswert sind die **Naturdenkmale,** d.h. einzelne Schöpfungen der Natur, z.B. alte oder seltene Bäume und erdgeschichtliche Aufschlüsse.

Der **Arten- und Biotopschutz** soll den Artenreichtum an Tieren und Pflanzen in den einzelnen Ökosystemen sichern und gleichzeitig Landschaftsräume mit möglichst vielen natürlichen und naturnahen Ökosystemen schützen. – Unter N. können auch vom Aussterben bedrohte Tier- und Pflanzenarten gestellt werden. – ↑auch geschützte Tiere, ↑geschützte Pflanzen.

Neanthropine: ↑Mensch.

Neandertaler: ↑Mensch.

Nebenblätter: eine Bildung des Blattgrundes (↑Laubblatt).

Nebenhoden (Epididymis): den ↑Hoden oben und hinten anliegendes Anhangsgebilde. N. sind eine Zusammenfassung zahlreicher gewundener Kanälchen. Ihre ausführenden Samenkanälchen sammeln die in den Hodenkanälchen entstehenden Samenzellen. Ihr Flimmerepithel bewegt die noch unreifen Samenzellen weiter und sondert Reifungsstoffe ab. Die reifenden Samenzellen gelangen durch den stark gewundenen **Nebenhodengang** und werden im N. gespeichert. Saures Milieu und Sauerstoffmangel hemmen hier die Samenzellen in ihrer Beweglichkeit.

Nebenhöhlen: die ↑Nasennebenhöhlen.

Nebenniere: ein kappenartiges (beim Menschen ca. 10 g schweres) Organ, das jeder ↑Niere aufsitzt. Die N. sind Hormondrüsen, die aus der lebensnotwendigen, gelbbraunen breiteren Rinde (etwa 80% der N.) und dem grauweißen Mark bestehen. Rinde und Mark sind unterschiedlichen Ursprungs.

Nebennierenhormone: eine Gruppe von Hormonen, die eine große Bedeutung für das Stoffwechselgeschehen und die Reaktion des Organismus auf besondere Belastungen seelischer und körperlicher Art, auf Infektionen, Verletzungen u.a. besitzen.

Man unterscheidet die Hormone des Nebennierenmarks, ↑Adrenalin und ↑Noradrenalin, von den Corticoiden der Nebennierenrinde, zu denen hauptsächlich ↑Cortison, die in nur geringem Umfang gebildeten ↑Androgene, ↑Gestagene, ↑Östrogene und Aldosteron gehören. **Aldosteron** bewirkt das Zurückhalten von Natrium sowie die Kaliumausscheidung durch die Niere; dadurch werden der Ionenhaushalt des Körpers und die Wasserausscheidung der Nieren reguliert.

Die Produktion der Nebennierenrindenhormone wird durch ACTH (↑Hypophysenhormone) geregelt.

Nebenschilddrüse: die Gesamtheit von sehr kleinen, 8 mm langen **Epithelkörperchen,** die auf der Rückseite des Kehlkopfs an der ↑Schilddrüse liegen. Ihr ↑Parathormon reguliert den Phosphat- und Calciumstoffwechsel und regt die Osteoklasten zum Knochenabbau an (↑Knochen).

Negride: ↑Mensch.

Nekrophagen: die ↑Aasfresser.

Nektar: ein zuckerhaltiger Saft, der in den ↑Nektarien vieler Blüten abgeschieden wird und vielen Tieren (Insekten) als Nahrung dient. Gewöhnlich wird beim Aufnehmen des Nektars durch das Insekt die Blüte bestäubt.

Nektarien: besondere Drüsen, die ↑Nektar produzieren. N. kommen meist in der Blüte vor. Jedoch können Blattstiele oder Nebenblätter auch zu N. umgebildet sein.

Nekton: Sammelbezeichnung für alle (im Gegensatz zum ↑Plankton) aktiv im freien Wasser schwimmenden größeren Lebewesen, v.a. Fische, Kopffüßer und Robben.

Nematizide: gegen Fadenwürmer eingesetzte Mittel zur ↑Schädlingsbekämpfung.

Nematoda: die ↑Fadenwürmer.

Neometabolie: eine Form der ↑Metamorphose.

Neotenie: die Erscheinung, dass Tiere schon in einem jugendlichen Entwicklungsstadium geschlechtsreif werden, aber die äußerlichen jugendlichen Merkmale, z.B. die einer Larve, beibe-

N

halten. Ein bekanntes Beispiel ist der Molch **Axolotl,** der die gleichen Kiemenbüschel trägt wie die Kaulquappen verwandter Arten. Er kann allerdings durch Fütterung mit dem Schilddrüsenhormon Thyroxin oder durch Senken des Wasserspiegels in die auch äußerlich erwachsene Form umgewandelt werden.

Nephridien (Metanephridien): sehr unterschiedlich ausgebildete ↑Exkretionsorgane wirbelloser Tiere. Die meist segmental angeordneten, i.d.R. paarigen Ausscheidungsorgane v.a. der Ringelwürmer nehmen ihren Ausgang von einem Flimmertrichter **(Nephrostom),** der zur (sekundären) Leibeshöhle hin offen ist.

Nephron: ↑Niere.

Nephros: die ↑Niere.

Nephrostom: ein Teil der ↑Nephridien.

Nerven: ↑Nervenzellen.

Nervenbahnen: die Nervenfaserbündel im Zentralnervensystem (↑Nervenzellen).

Nervenfasern: ↑Nervenzellen.

Nervengifte: chemische Substanzen, die im Nervensystem (Nervenfasern, Synapsen des zentralen und peripheren Nervensystems) eingreifen und Veränderungen hervorrufen können.

N. sind Stoffe, die das Zentralnervensystem (ZNS) erregen, wie z.B. ↑LSD, ↑Haschisch, ↑Meskalin, Alkohol, ↑Morphin, wobei oft, v.a. bei hoher Dosierung, der Erregungseffekt von zentral lähmenden Wirkungen übertroffen wird. Auch Coffein, Amphetamin, Pentetrazol und Strychnin werden zu den ZNS-erregenden Stoffen gerechnet.

Andere Stoffe wirken auf das vegetative Nervensystem des Sympathikus und

Nervensystem

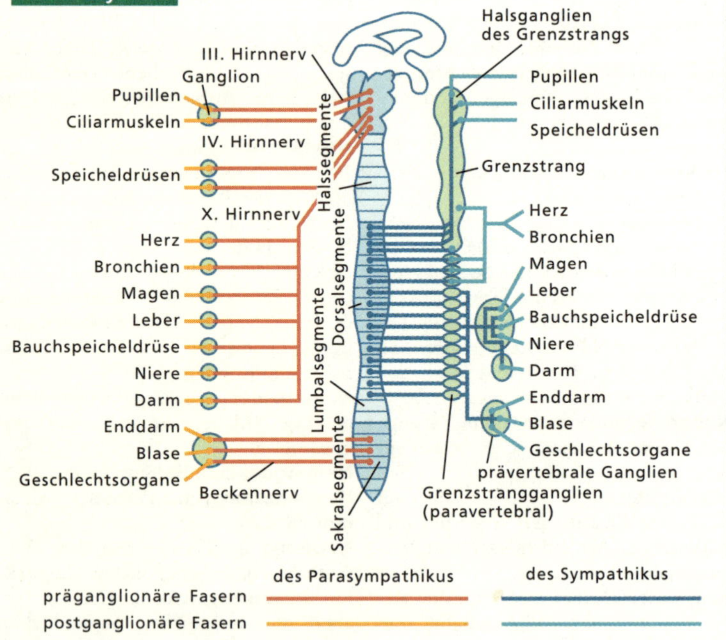

Parasympathikus. Bekannt ist ↑Atropin, ein Alkaloid, das zusammen mit dem ähnlich wirkenden Skopolamin in verschiedenen Nachtschattengewächsen vorkommt.
Als besonders gefährliche Nervengifte müssen Quecksilberverbindungen angesehen werden, da sie über Industrieabwässer ins Meer gelangen und dort von Speisefischen aufgenommen werden. – ↑auch Synapse.

Nervensystem: das Netzwerk der Nervenzellen bzw. das System der Nervenzellkomplexe eines Organismus. Aus einfachsten Nervensystemen haben sich im Laufe der Evolution komplizierte, äußerst leistungsfähige Strukturen entwickelt. Die ursprünglichste Art der Nachrichtenübermittlung findet sich bei den Einzellern, wo die gesamte Zelloberfläche die Reize aus der Umwelt aufnimmt und das Plasma die Erregungsleitung übernimmt. Bei einigen Gruppen sind bereits sensorische Organellen, z.B. Augenflecke, vorhanden. Die *Wimpertierchen* scheinen sogar über eine Art Erregungsleitungssystem aus besonderen Plasmastrukturen zu verfügen. Bei den *Schwämmen* erfolgt die Erregungsleitung von Zelle zu Zelle. Jedoch erst bei den *Hohltieren* kann mit dem Auftreten von besonderen ↑Nervenzellen von einem N. gesprochen werden. Es ist ein netzartiger Verband von Nervenzellen im Ento- und Ektoderm, ein sog. **diffuses N.** oder **Nervennetz.**
Bei den *Quallen* werden die Fortsätze der Nervenzellen bereits zu dickeren Strängen gebündelt, wobei es auch zu Ganglienbildungen an der Basis ihrer Sinnesorgane kommt.
Die nächste Höherentwicklung zeigt sich bei den *Strudelwürmern.* Hier konzentrieren sich die Nervenzellen in der Körpermitte entlang einer Längsachse. Diese Zentralisation schreitet fort, indem sich die Nervenzellen mit ihren Fortsätzen zu (den Holmen einer Leiter vergleichbaren) Längssträngen, den **Konnektiven,** vereinigen und auch über zahlreiche (den Sprossen eine Leiter vergleichbare) Querverbindungen **(Kommissuren)** miteinander in Verbindung treten. Es bildet sich ein sog. Strickleiternervensystem (↑Bauchganglien). Mit der Herausbildung eines Kopfs mit seinen Sinnesorganen (Augen, Tast-, Geruchs- und Geschmackssinnesorgane) konzentrieren sich immer mehr Neuronen in diesem Gebiet und vereinigen sich zu übergeordneten Motorik- und Assoziationszentren. Dieses sog. Cerebralganglion kann schon als ↑Gehirn bezeichnet werden.
Bei den *Gliedertieren* befindet sich ursprünglich in jedem Körpersegment auf der Bauchseite ein Ganglienpaar. Durch die Längs- und Querverbindungen zwischen diesen Ganglien kommt es auch bei ihnen zur Ausbildung eines Strickleiternervensystems.
Die *Gliederfüßer* schließlich besitzen neben dem Bauchmark in der Kopfregion noch ein **Oberschlundganglion,** das durch die Verschmelzung der den ersten drei Körpersegmenten entsprechenden Ganglien entstanden ist. Dieses »Gehirn« verarbeitet und koordiniert alle Erregungen, die von den Komplex- und Stirnaugen, den Fühlern und den anderen Sinnesorganen des Kopfs eintreffen. Das Oberschlundganglion ist außerdem durch zwei Konnektive mit einem sog. **Unterschlundganglion** verbunden, das ein Zentrum für die Tast- und Geschmackssinnesorgane sowie für die Mundwerkzeuge ist.
Bei den *Weichtieren* sind die Nervenzellen auf die paarigen Fuß-, Wand-, Seiten- und Gehirnganglien konzentriert. Letzteres ist bei den Tintenfischen besonders hoch entwickelt.
Eine ganz andere Ausbildung hat das N. der *Wirbeltiere* erfahren, das sich in ↑Zentralnervensystem und ↑peripheres Nervensystem gliedert (↑auch vegetatives Nervensystem). – auch Bild S. 362.

Nervenzellen (Ganglienzellen, Neuronen): Bauelemente und Schalteinheiten

N

Nervensystem

Nervensystem des Menschen (rot Zentralnervensystem; blau peripheres Nervensystem)

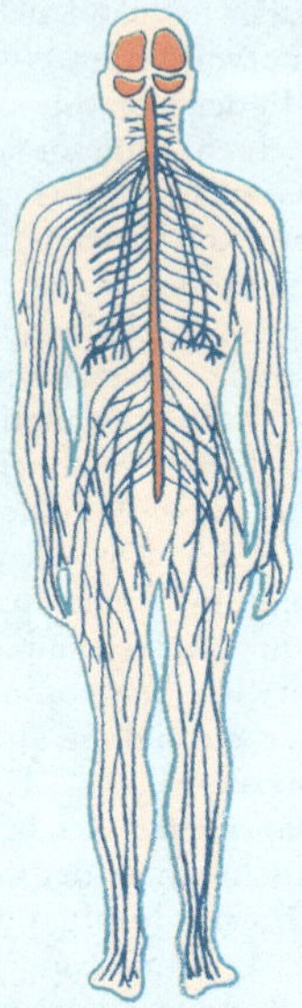

des ↑Nervensystems bei allen vielzelligen Tieren. N. entstehen aus den **Neuroblasten,** die sich aus dem Neuroektoderm entwickeln. Die Neuroblasten bilden sich in der epithelialen Wandung des Neuralrohrs (↑Medullarrohr), indem einige Zellen birnenförmige Gestalt annehmen und Zellfortsätze ausbilden.

N. mit nur einem Fortsatz nennt man **unipolare N.** Sie sind sehr selten. Meist besitzen die N. zwei Fortsätze, die einander gegenüberstehen **(bipolare N.)** oder sich an ihrem Ursprung vereinigen können **(pseudounipolare N.).** Sind mehr als zwei Fortsätze ausgebildet, so spricht man von **multipolaren N.;** diese bilden v.a. die diffusen Nervennetze im vegetativen Nervensystem.

Die längeren Nervenfortsätze heißen **Nervenfasern.** Sie bilden z.B. im Zentralnervenystem die weiße Substanz. Mehr als 1 m lang sind beim Menschen bestimmte, vom Rückenmark zu den Füßen ziehende, motorische Nervenfasern. Ein bestimmter Nervenfortsatz leitet bei jeder Nervenzelle die Erregung vom Zellkörper des Neurons weg (zentrifugale Leitung). Es ist dies der **Neurit** (s.u.). Alle anderen Fortsätze, die **Dendriten,** führen der Zelle Erregungen zu (zentripetale Leitung). Diese Dendriten sind gewöhnlich sehr viel kürzer und verzweigen sich meist früh, ausgenommen z.B. bei Spinalganglienzellen.

Im Zellkörper liegt der Zellkern, der bei hoch entwickelten Tieren und beim Menschen in ausgereiften N. nicht mehr teilungsfähig ist. Neben zahlreichen ↑Mitochondrien, Golgi-Körpern (↑Golgi-Apparat) mit fetthaltigen Vakuolen (Lipochondrien) und neben Pigmenten liegen im Cytoplasma (hier auch Neuroplasma genannt) besonders charakteristische Strukturen, die sog. **Nissl-Schollen.** Es handelt sich dabei um besonders große Membranstapel des ↑endoplasmatischen Reticulums mit zahlreichen ↑Ribosomen als Orten der Eiweißsynthese.

Nerven- oder **Neurofibrillen** durchziehen stützend das Cytoplasma der N.; elektronenmikroskopisch bestehen sie aus Mikrotubuli (Neurotubuli) und Mikrofilamenten (Neurofilamente), wie sie allgemein in fast allen Zellen vorkommen.

Der **Neurit** wächst bei der Entwicklung der N. zuerst aus. Er ist von einer besonderen Isolierschicht, der **Schwann-Scheide (Neurilemm),** umgeben. Damit wird der Neurit zum ↑Achsenzylinder (Axon) der Nervenfaser. Seine Membran als Teil der Zellmembran heißt Axolemm und besteht aus einer doppelmolekularen Lipidschicht zwischen zwei Proteinschichten. Im Axolemm bzw. in der Nervenzellenmembran läuft die Erregungsleitung ab. Die **Schwann-Scheide** wird von den Schwann-Zellen gebildet, die den

↑Gliazellen des Gehirns entsprechen. Sie verlassen ihren Ursprungsort (z.B. das Rückenmark) und überziehen zunächst schlauchartig den Neuriten.

Im Laufe der Entwicklung wickelt sich die Schwann-Zelle mehrfach spiralig um das Axon, wobei der Zellkern in der Peripherie der Hülle verbleibt. Schließlich liegen die Zellmembranen der Schwann-Zelle mehr oder weniger dicht gepackt übereinander. Sie bilden die dem Axolemm aufliegende **Markscheide (Myelinscheide).** Je nach der Anzahl der Umwicklungen entstehen **markarme** (unter dem Lichtmikroskop »marklos« erscheinende) oder **markreiche Nervenfasern,** bei denen mehrere in dieser Weise aufgerollte Schwann-Zellen in Längsrichtung aufeinander folgen. Zwischen diesen Zellen verbleibt eine marklose, nur vom Axolemm umhüllte Lücke, der **Ranvier-Schnürring.** Diese Schnürringe treten in regelmäßigen Abständen von 1–2 mm auf und haben eine wichtige Funktion bei der saltatorischen ↑Erregungsleitung. Häufig schließen sich Nervenfasern zu parallel verlaufenden, oft von einer gemeinsamen Bindegewebshülle umschlossenen Nervenbündeln oder Nervensträngen zusammen, die dann als **Nerven** bezeichnet werden. Makroskopisch sichtbare Nerven bestehen wiederum aus einer verschieden großen Anzahl von Nervenfaserbündeln. Innerhalb des Zentralnervensystems bezeichnet man die Faserbündel als **Nervenbahnen.** Angehäuft zusammenliegende Nervenzellkörper bilden die Ganglien (↑Ganglion). Die N. mit ihren Fortsätzen sind die eigentlichen Vermittler zwischen

Nervenzellen

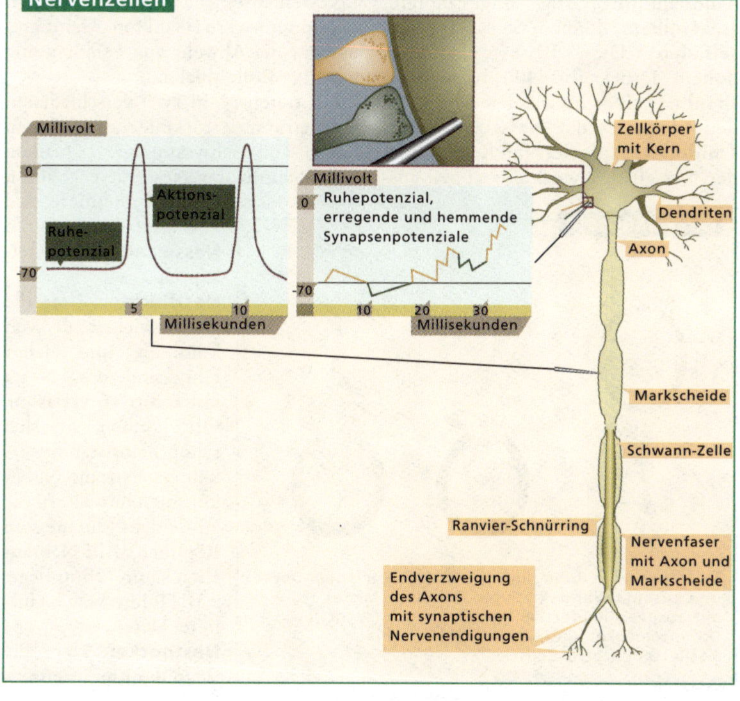

N

Empfangsorgan (↑Rezeptoren) und Erfolgsorgan (↑Effektoren; ↑auch Erregungsleitung). Man unterscheidet zwischen Nervenbahnen, die durch den Reiz von Sinneszellen erregt werden (↑afferente Nerven), und solchen, die die Erregung auf ein Erfolgsorgan übertragen (↑efferente Nerven).

Nesselkapseln: besondere Zellorganellen, die den ↑Nesseltieren zum Beutefang und zur Verteidigung dienen. N. sind die kompliziertesten Zellorganellen des Tierreichs und werden in besonderen Zellen, den **Nesselzellen (Cnidoblasten),** als Sekretionsprodukt gebildet. Sie liegen über den ganzen Körper verstreut, gehäuft in den Ektodermzellen der Fangarme (Tentakel), in die die Cnidoblasten eingewandert sind.

Die N. bestehen jeweils aus einer länglichen, doppelwandigen Giftblase mit handschuhfingerartig eingestülptem, aufgerolltem, dünnem Schlauch **(Nesselfaden).** Diese Blase steht unter hohem Druck (bis 100 bar). Beim Berühren eines nach außen vorragenden Fortsatzes der Nesselzellen, des **Cnidocils,** explodiert die Kapsel, d.h., der Nesselfaden wird blitzschnell ausgestülpt. Bei den Stilettkapseln (Penetranten) durchschlagen zuerst kleine, auseinander klappende »Messerchen« der Fadenbasis das Beutetier und halten es fest, worauf der Faden nachfolgt. Aus seinen Poren entströmt lähmendes Gift. Die Wickelkapseln (Volventen) schleudern unbewehrte Fäden aus, die sich um die Borsten der Beute wickeln und sie so festhalten. – Die Klebekapseln (Glutinanten) besitzen lange, klebrige Fäden und werden z.T. auch zum Festheften der Tentakeln bei der Fortbewegung des Tiers eingesetzt.

N. können nur einmal benutzt werden. Danach werden sie abgestoßen und durch neue ersetzt.

Nesseltiere (Cnidaria): ein besonders in Meeren vorkommender Stamm von ↑Hohltieren, die einen Kranz von Fangarmen um den Mund herum aufweisen. Diese Fangarme sind mit vielen ↑Nesselkapseln bestückt, die für den Nahrungserwerb (Plankton, Kleintiere) und für die Abwehr von Feinden eine wichtige Rolle spielen.

Meist treten N. in zwei verschiedenen Formen auf: als stockbildende ↑Polypen und als frei schwimmende ↑Quallen. Zum Stamm der Nesseltiere gehören u.a. ↑Blumentiere und ↑Staatsquallen.

Nesselzellen: ↑Nesselkapseln.

Nestflüchter: Tiere, die gut entwickelt zur Welt kommen und daher fähig sind, das »Nest« fast sofort zu verlassen. Oft können sie sich schon selbstständig ernähren. Extreme N. bekommen ihre Eltern nie zu Gesicht (die meisten Reptilien). Alle N. brauchen kaum ↑Brutpflege, z.B. Hühnervögel, Huftiere, Hasen.

Nesthocker: Tiere, die unvollkommen entwi-

Nesselkapseln

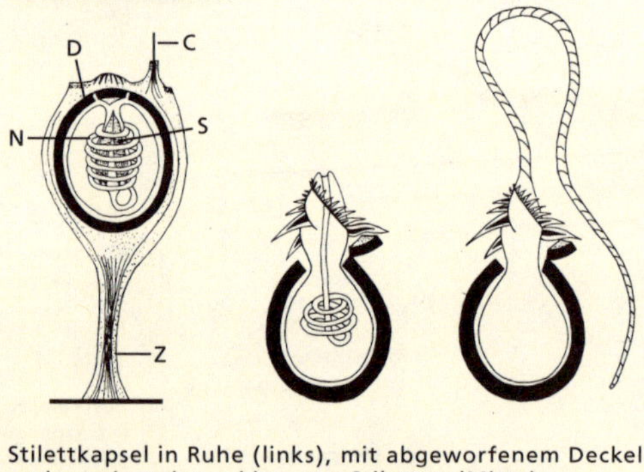

Stilettkapsel in Ruhe (links), mit abgeworfenem Deckel und auseinander geklappten Stiletten (Mitte), mit ausgeschleudertem Nesselschlauch (rechts); D Kapseldeckel, C Cnidocil, N Nesselschlauch, S Stilettapparat, Z Zellstiel

ckelt und hilflos zur Welt kommen. Sie müssen für eine längere Entwicklungszeit unter der Obhut ihrer Eltern bleiben. Bei diesen Tieren (z.B. Singvögel, Raubtiere, Nager) wird eine intensive ↑Brutpflege betrieben.

Nesträuber: Tiere, die sich von Eiern oder Jungtieren aus Nestern ernähren.

Netzhaut (Retina): diejenige Schicht in den ↑Augen, die die ↑Sehzellen enthält. Im menschlichen Auge ist sie ein höchstens 0,5 mm dickes Häutchen, durchsichtig wie Cellophan. Zur ↑Lederhaut hin ist sie durch eine dunkelbraune Pigmenthülle lichtdicht abgeschirmt. Die N. enthält Stäbchen und Zapfen.

Netzmagen: Teil des Magens bei ↑Wiederkäuern.

Neubürger: ↑Adventivpflanzen.

Neuralrohr: während der ↑Keimesentwicklung eine Vorstufe des Zentralnervensystems.

Neurilemm: ↑Nervenzellen.

Neuriten: ein Fortsatz bei ↑Nervenzellen, der die Erregung vom Zellkörper weg leitet.

Neuroblasten: die Vorstufen der ↑Nervenzellen.

Neurofibrillen: ↑Nervenzellen.

Neuroglia: ↑Gliazellen.

Neurohormone: Hormone oder hormonähnlich wirkende Substanzen, die in den Nervenzellen gebildet und von diesen ins Blut abgegeben werden. Ihre Bildung und Ausschüttung wird als Neurosekretion bezeichnet.

N. kommen bei Wirbellosen und Wirbeltieren und auch beim Menschen vor und sind wahrscheinlich stammesgeschichtlich älter als die Hormone der Hormondrüsen. Zu den N. gehören die Freisetzungsfaktoren des Hypothalamus und die Hypophysenhormone ↑Oxytocin und ↑Vasopressin.

neuromuskuläre Endplatte: die ↑motorische Endplatte.

Neuronen: die ↑Nervenzellen.

Neurotoxine: Gifte (z.B. ↑Schlangengifte), die besonders auf das Nervensystem wirken.

Neurotransmitter: die ↑Transmitter.

Neurulation: ↑Keimesentwicklung.

Neuston: Sammelbezeichnung für die Organismen des Wassers, die das Oberflächenhäutchen zur Anheftung oder als Lauffläche nutzen, z.B. Wasserläufer, Stechmückenlarven und Euglena.

Nichtschwellenstoffe: ↑Exkretion.

Nichtschwesterchromatiden: ↑Chromatiden zweier homologer ↑Chromsomen, die nicht demselben Chromosom angehören.

Nickhaut: oft durchsichtige Bindehautfalte, die vom inneren Augenwinkel aus durch besondere Muskeln schräg nach unten außen über den Augapfel ausgebreitet werden kann. Ist auch ein oberes und unteres Augenlid vorhanden, so liegt die N. darunter. Eine N. kommt bei verschiedenen Fischen, bei Fröschen, Reptilien, Vögeln und einigen Säugern, z.B. den Huftieren, vor. Bei Letzteren ist in diese sog. **Blinzhaut** Knorpel eingelagert. Bei den meisten Säugern, auch beim Menschen, ist sie zu einer halbmondförmigen Bindehautfalte rückgebildet.

Nicotin: ein Alkaloid der Tabakpflanze ($C_{10}H_{14}N_2$; 3-(1-Methyl-2-pyrrolidinylpyridin). N. ist eine in Wasser lösliche, giftige Flüssigkeit, deren Siedepunkt bei 247°C liegt.

N. wird beim *Rauchen* ins Blut aufgenommen und zeigt Wirkungen auf die verschiedensten Organe: Die *Hauttemperatur,* die normalerweise bei 35°C liegt, fällt nach dem Rauchen einer Zigarette durch die Kontraktion der Hautgefäße bis auf 25°C ab. Der *Puls* wird während des Rauchens z.B. von 70 auf 80–85 Schläge pro Minute beschleunigt. Beides kommt durch Erregung des Sympathikus zustande.

Eine weitere Wirkung beruht auf der vermehrten Sekretion von Vasopressin aus dem Hypophysenhinterlappen, wodurch eine verstärkte Wasserrückresorption in der Niere und damit eine *Unterdrückung der Wasserausscheidung* bewirkt wird.

Während geringe Nicotindosen von 1 bis 3 mg eine Erregung des Sympathikus und des Parasympathikus bewirken, führen höhere Dosen zu entsprechenden Hemmungen. Da N. nämlich dem ↑Acetylcholin verwandt ist, kann es dessen Wirkungsorte, die Acetylcholinrezeptoren, besetzen und damit die Erregungsleitung blockieren.

N. bewirkt eine Ausschüttung von ↑Adrenalin und ↑Noradrenalin aus der Nebenniere. N. wirkt ferner auf die den Kreislauf und die Atmung antreibenden Chemorezeptoren der großen Arterien und auf das Kreislaufzentrum im verlängerten Mark.

Das Wechselspiel zwischen den (je nach Dosis) erregenden und hemmenden Nicotinwirkungen im Bereich des vegetativen Nervensystems wird dadurch besonders kompliziert, dass Sympathikus und Parasympathikus an vielen Organen als Antagonisten (Gegenspieler) auftreten. So kann z.B. die Herzschlagfolge durch N. über die Erregung sympathischer oder über die Hemmung parasympathischer Ganglien erhöht werden, was beim Rauchen tatsächlich geschieht. N. könnte die Herzfrequenz durch Hemmung der sympathischen und Erregung der parasympathischen Ganglien auch vermindern.

N. wirkt auch auf den Magen-Darm-Kanal. Es erhöht den Tonus und die Peristaltik bis zum Auftreten eines vorübergehenden Durchfalls.

N. wirkt für den Raucher stimmungshebend im Bereich des Großhirns. Dies führt zu einer psychischen Abhängigkeit nicht nur von der Rauchgewohnheit (als bedingtem Reflex), sondern auch vom N. selbst. – ↑auch Drogen.

Nicotinsäureamid (PP-Faktor): wie auch die **Nicotinsäure** selbst ein Vitamin der B_2-Gruppe. N. ist Bestandteil der Coenzyme NAD^+ bzw. $NADP^+$, die im tierischen und pflanzlichen Organismus Wasserstoffüberträger sind.

Nidation: die ↑Einnistung.

Niederblätter: kleine, meist schuppenförmige, selten grüne Blattorgane, die reduzierten ↑Laubblättern entsprechen. Sie treten fast nur an der Sprossbasis sowie an Ausläufern und Rhizomen auf. Bei den N. ist fast immer nur der Blattgrund (nicht dagegen Blattstiel und Blattspreite) voll ausgebildet.

Niedere Pflanzen: Algen, Pilze, Flechten und Moose werden zusammenfassend als Niedere Pflanzen bezeichnet. – ↑auch Höhere Pflanzen.

Niere (Ren, Nephros): das paarige Ausscheidungsorgan (↑Exkretionsorgane) der Wirbeltiere. Das ursprünglichste Nierenorgan erstreckt sich von vorn nach hinten fast über den ganzen Körper. Es ist der **Holonephros,** der heute nur noch bei einigen Fischlarven vorübergehend vorkommt. Sein vorderer Teil ist die ↑Vorniere, die jedoch während der Embryonalentwicklung der Wirbeltiere wieder verschwindet. Aus dem hinteren Teil des Holonephros, der Hinterniere **(Opisthonephros),** gehen zuerst die ↑Urniere und dann nach dem Körperende zu die **Nachniere (Metanephros)** hervor. Die Nachniere ist das bleibende Ausscheidungsorgan der Reptilien, Vögel und der Säugetiere (einschließlich des Menschen).

Die bohnenförmigen **Nieren des Menschen** liegen beiderseits der Wirbelsäule in der Lendengegend, z.T. von den Rippen verdeckt. Sie sind etwa 12 cm lang, 6 cm breit, 3 cm dick und wiegen (jede für sich) rund 150 g. Von ihrer eingedellten Seite her **(Nierenhilus)** erfolgt die Versorgung der N. mit Blut und Nerven. Hier liegt auch das **Nierenbecken.**

Im Längsschnitt zeigt die N. außen die körnige **Nierenrinde** und darin eingebettet 10–20 pyramidenförmige Nierenmarkbereiche **(Nierenlappen, Nierenpyramiden).** Ihre Spitzen, die **Nierenpapillen,** ragen in je eine Aussackung des Nierenbeckens, die **Nie-**

renkelche, hinein. Diese nehmen den Harn aus dem Sammelrohr der Nierenpapillen auf. Durch peristaltische Bewegungen des bleistiftstarken ↑Harnleiters wird der Harn aus dem Nierenbecken in die Harnblase weitergeleitet.

In der Nierenrinde liegen als die Funktionseinheiten der N. etwa 1 Million **Nierenkörperchen (Malphigi-Körperchen).** Ein jedes von ihnen enthält einen Knäuel (**Glomerulus;** Glomeruli finden sich auch in Vor- und Urniere) aus zahlreichen Blutkapillarschlingen, der von einer Kapsel **(Bowman-Kapsel)** umgeben ist.

Von ihr führt ein 3–4 cm langes, gewundenes Nierenkanälchen **(Nierentubulus)** in den Bereich des **Nierenmarks.** Hier verengt es sich und bildet eine sehr dünne, U-förmige Schleife **(Nierenschleife, Henle-Schleife),** erweitert sich in der Nierenrinde wieder und geht zusammen mit den **Nierenkanälchen** weiterer Nierenkörperchen in ein Sammelröhrchen über, die im einheitlichen Sammelrohr der Nierenpapille zusammenkommen. Die Nierenkanälchen werden von den Haargefäßen, die aus dem Glomerulus kommen, umsponnen. Eine solche Ausscheidungseinheit aus Nierenkörperchen und Nierentubulus nennt man **Nephron.**

Im Nierenkörperchen wird Blutflüssigkeit mit gelösten Stoffen, aber ohne die größeren Moleküle, aus den Blutgefäßen in die Bowman-Kapsel durch den Blutdruck abgepresst. Dieser Primärharn durchläuft nun das Nierenkanälchen mit der Nierenschleife. Hier werden von den Haargefäßen alle noch brauchbaren Stoffe sowie Wasser wieder ins Blut zurückgeholt. Der so konzentrierte Endharn wird ausgeschieden. Die Nieren werden täglich von durchschnittlich 1 600 l Blut durchflossen. Daraus werden rund 170 l Primärharn abgepresst, von dem ca. 140 l Flüssigkeit in den Nierenschleifen und etwa 28 l im anschließenden Teil des Nierenkanälchens und in den Sammelröhrchen wieder zurückgeholt werden. Diese Rückresorption wird vom Hypophysenhinterlappenhormon Adiuretin (↑Vasopressin) gesteuert. – Als Kappen

Niere

Längsschnitt durch die Niere des Menschen (links) und durch eine Nierenpapille; schematische Darstellung eines Nephrons (rechts)

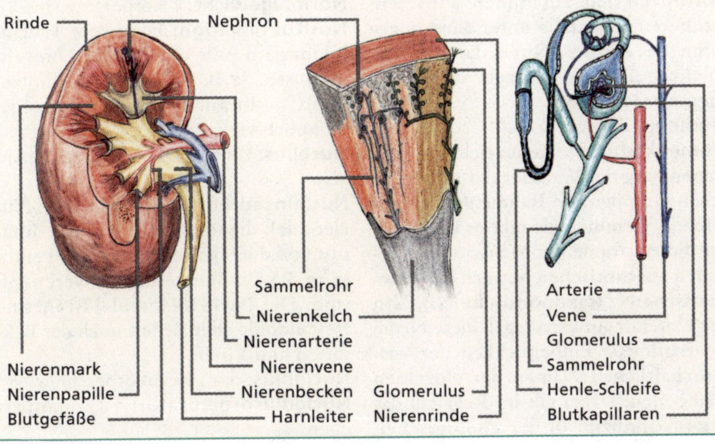

N

liegen den Nieren die ↑Nebennieren auf.

Nissl-Schollen: ↑Nervenzellen.

Nitratbakterien: Arten der Gattung Nitrobacter, die regelmäßig in Gesellschaft mit Nitritbakterien (v.a. Nitrosomonas) im Boden zu finden sind. Beide gewinnen aus der Oxidation anorganischer Substanzen Energie. Nitritbakterien oxidieren Ammoniak zu Nitriten; diese werden von Nitratbakterien zu Nitraten umgewandelt (↑Nitrifikation). Auf diese Weise wird der Stickstoff aus tierischen Abfällen (z.B. Dung, Jauche) wieder in eine Verbindung überführt, die von Pflanzen aufgenommen werden kann.

Nitratpflanzen: Pflanzen, die auf stickstoffreichen, warmen Böden verbreitet sind und dort oft geschlossene Massenbestände bilden. N. sind Große Brennnessel, Klebkraut, Weidenröschen, Vogelmiere, Glanzkraut sowie viele ↑Schuttpflanzen.

Nitrifikation: ein mikrobieller Prozess, der sich im Boden abspielt und bei dem Nitrite und Nitrate hergestellt werden. Bei der Zersetzung der Eiweiße entsteht Ammoniak (NH_3). Die Nitritbakterien oxidieren diesen unter Energiegewinn zu salpetriger Säure (HNO_2). Die Nitratbakterien, die stets mit den Nitritbakterien zusammen auftreten, oxidieren (ebenfalls unter Energiegewinn) das Nitrit zu Nitrat, das dann von Pflanzen über die Wurzeln aufgenommen werden kann.

Nodien: ↑Spross.

Nomenklatur: die Kennzeichnung und Benennung der Vertreter der systematischen Gruppen. Im Rahmen der biologischen Terminologie gibt es außer der für die Anatomie des Menschen festgelegten **anatomischen N.** noch die **systematische N. (taxonomische N.).** Von der Unterart aufwärts regelt diese N. die internationale Einheitlichkeit der wissenschaftlichen Namen der einzelnen Kategorien. Dabei gilt im Regelfall das Prioritätsprinzip: In der **zoologischen N.** gilt jeweils der erste, einem Tier ab dem 1. Jan. 1758 gegebene wissenschaftliche Name. Die **botanische N.** entspricht weitgehend der zoologischen. Ausgangspunkt ist hier das Jahr 1753.
Die Benennung der Arten ist bei Tieren und Pflanzen binär **(binäre N.),** d.h., dem Namen der Gattung folgt das Artepitheton; beide zusammen bilden den Artnamen. Hinzugefügt wird häufig noch der (abgekürzte) Name der Person, die den eigentlichen Artnamen in Verbindung mit der wissenschaftlichen Beschreibung gegeben hat, sowie das Jahr, in dem der wissenschaftliche Name erstmals veröffentlicht wurde (z.B. Wolf: Canis lupus L., 1758; L. = Linné). Bei Unterarten wird dem Gattungsnamen und Artepitheton noch die wissenschaftliche Bezeichnung der Unterart beigefügt (z.B. Europäischer Wolf: Canis lupus lupus L., 1785).

Noradrenalin (Arterenol): eine Verbindung, die wie ↑Adrenalin im Nebennierenmark und v.a. an bestimmten Nervenendigungen des Sympathikus, wo es als ↑Transmitter wirkt, freigesetzt wird. Seine Wirkung ist der des Adrenalins ähnlich: Es beeinflusst die Herzleistung nur wenig, wirkt aber stärker gefäßverengend auf die Haut- und Darmkapillaren.

Normalgewicht: ↑Körpergewicht.

Notfruktifikation: besondere Fruchtbildung im Falle ungünstiger Umwelteinflüsse (z.B. bilden Nadelhölzer unter bestimmten Umständen ungewöhnlich viele Zapfen).

Nucellus: zentraler Teil der ↑Samenanlage.

Nucleinsäuren: Polynucleotide (↑Nucleotide), die über den Phosphorsäurerest und die Hydroxygruppe der Pentose in 3,5-Bindung esterartig verknüpft sind. Die N. ↑DNA und ↑RNA sind Bestandteile aller Zellen, auch der Bakterien und Viren.

Nucleolus: das ↑Kernkörperchen.

Nucleolusorganisator: ↑Kernkörperchen.

Nucleoside: Verbindungen, die aus einer organischen Base (Pyrimidin- oder Purinbase) und einem Kohlenhydrat (Pentose) bestehen. Je nach ihrer Base heißen sie Adenosin, Thymidin, Cytidin, Uridin und Guanosin. Freie N. spielen in der Zelle im Zwischenstoffwechsel eine bedeutende Rolle.

Nucleosom: ↑ Chromosomen.

Nucleotide: die Phosphorsäureester der ↑ Nucleoside, wobei ein Molekül Phosphorsäure esterartig an das C-Atom (in 3'- oder 5'-Stellung) der Pentose bindet.

Die N. sind die Einzelbausteine der **Polynucleotide** (= ↑ Nucleinsäuren). Sie kommen aber auch frei in den Zellen vor. Bei den freien N. können auch 2 oder 3 Phosphatreste miteinander verknüpft sein. Die am besten bekannten freien N. sind ↑ ATP, ↑ NAD und ↑ FAD.

Nucleus: ↑ Zelle.

Nuss: ↑ Fruchtformen.

Nüsschen: kleine Schließfrüchte, die z.B. bei der Erdbeere auf der fleischig gewordenen Blütenachse sitzen und eine Sammelfrucht bilden; ↑ Fruchtformen.

Nutationen: Bewegungen von Pflanzen, die ohne erkennbaren äußeren Anlass von selbst ablaufen. Es handelt sich um arttypische pendelnde oder kreisende Bewegungen junger Sprosse, die durch ungleichmäßig starkes Wachstum an den verschiedenen Seiten der Pflanzenteile zustande kommen. Die Coleoptilen von Gräsern oder die Blütenschäfte der Küchenzwiebel führen Pendelbewegungen aus. Die Kreisbewegung **(Circumnutation)** hingegen findet man oft als »Suchbewegung« bei jungen Ranken oder Sprossen von Kletterpflanzen.

Nymphe: mehr oder minder bewegliche Larven mit Flügelstummeln, die bei der Metamorphose bestimmter Insekten nach den flügellosen Stadien auftreten (z.B. bei Blasenfüßen und Schildlausmännchen). N., die das letzte bzw. vorletzte Stadium vor der Imago sind, gibt es nur bei Insekten mit Hemimetabolie (↑ Metamorphose).

O

Oberblatt: ↑ Laubblatt.

Oberflächenpflanzen: die ↑ Hemikryptophyten.

Oberflächenschmerz: ↑ Schmerzsinn.

Oberhaut (Epidermis): die bei Wirbellosen einschichtige, bei Wirbeltieren dagegen mehrschichtige obere Lage der ↑ Haut. Als O. wird auch die ↑ Epidermis der Pflanzen bezeichnet.

Oberschlundganglion: ↑ Nervensystem.

Objektiv: Teil des ↑ Lichtmikroskops.

Ocellen: die ↑ Ozellen.

Octopoda: die ↑ Kraken.

Odonata: die ↑ Libellen.

Odontoblasten: Zellen, die die Grundsubstanz der Zähne (↑ Zahnbein) bilden.

Ohr: das Gehör- und Gleichgewichtsorgan der Wirbeltiere. Es wird paarig angelegt und ist bei den Säugetieren (einschließlich Mensch) am höchsten entwickelt. Man unterscheidet **Außenohr** (↑ Ohrmuschel und ↑ Gehörgang), **Mittelohr** (Paukenhöhle mit ↑ Gehörknöchelchen) und **Innenohr.** – Bild S. 370.

Am inneren Ende des Gehörgangs liegt das ↑ Trommelfell, das durch das davor liegende ↑ Ohrenschmalz geschmeidig gehalten wird. Das Trommelfell hat die Form eines nach innen gezogenen Trichters. Die Trommelfellmembran wird durch die ankommenden Schallwellen in Schwingungen versetzt und überträgt diese auf die drei Gehörknöchelchen im Mittelohr. Die gelenkig verbundenen Knöchelchen wirken dabei als Hebelsystem und verstärken den Druck der Schallwellen, die das Trommelfell treffen, etwa um das Anderthalbfache. Der Steigbügel gibt über das **ovale Fenster** (eine elastische Membran) die Schallwellen an die Flüssigkeit im Innenohr weiter. Das Trommelfell besitzt etwa die 20-30fache Fläche des ovalen Fensters. Dadurch wird eine Verstärkung des Schalldrucks auf das 20-25fache erreicht.

Die **Paukenhöhle** ist durch die Ohrtrompete (↑Eustachi-Röhre) mit der Rachenhöhle verbunden; sie dient dem Druckausgleich.

Das Innenohr **(Labyrinth)** umfasst außer dem eigentlichen Hörorgan (Schnecke) das Schweresinnes- und das Bewegungssinnesorgan (**Sacculus, Utriculus** und **Bogengänge**).

Bei der **Schnecke** unterscheidet man einen knöchernen und einen häutigen Anteil. Der *knöcherne Anteil* besteht aus der Achse und einer Knochenleiste, die beide weitporig sind und in ihrem Inneren die Fasern des Hörnervs enthalten. Der *häutige Teil* der Schnecke (Schneckengang) ist mit einer Flüssigkeit, der **Endolymphe,** gefüllt und mit seinem spitzen Ende an der Knochenleiste befestigt. Durch diese Anordnung wird der Innenraum der Schnecke in »Treppen« aufgegliedert; der obere Raum ist die **Vorhoftreppe.** Er ist vom Vorhof her hinter dem ovalen Fenster zugänglich. Der untere Raum endet am runden Fenster gegen die Paukenhöhle und heißt **Paukentreppe.**

Beide Räume, Vorhoftreppe und Paukentreppe, stehen an der Spitze der Schnecke miteinander in Verbindung und sind mit **Perilymphe** gefüllt. Diese Flüssigkeit entspricht der Hirnflüssigkeit, mit der sie durch einen Gang in Verbindung steht (Infektionsweg vom Ohr zum Gehirn!). Die häutige Schnecke wird mit zwei Membranen gegen die beiden Treppen abgegrenzt. Die Begrenzung gegen die Vorhoftreppe **(Reissner-Membran)** besteht aus einer zarten, gefäßlosen Haut mit dünnen, elastischen Fasern. Gegen die Paukentreppe wird die Begrenzung von der **Basilarmembran** gebildet.

Auf der Basilarmembran liegt das eigentliche schallaufnehmende Organ **(Corti-Organ).** Die Sinneszellen (Hörzellen) des Corti-Organs (beim Menschen rund 16 000 bis 23 000) liegen zwischen Stützzellen und tragen am Ende feine Sinneshärchen. Unmittelbar über den Sinneszellen befindet sich die Deckmembran, die wahrscheinlich mit den Sinneshärchen verwachsen ist und so die Sinneszellen durch Schwingungen reizen kann. Die Basilarmembran ist am Grunde der Schnecke dünn und straff gespannt, während sie nach der Spitze zu an Breite und Dicke zunimmt und schlaffer wird. Die Schwingungen des Steigbügels werden durch das ovale Fenster auf die Perilymphe übertragen und pflanzen sich über die Vorhoftreppe zur Spitze der Schnecke und von da über die Paukentreppe zum runden Fenster hin fort. Da sich keine Luft in der Schnecke befindet, wird durch das runde

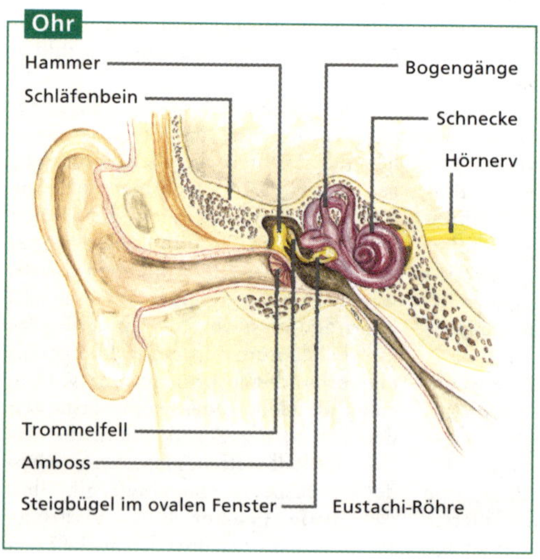

Fenster ein Druckausgleich erreicht. Die schwingende Perilymphe überträgt ihre Schwingungsenergie auch auf die häutige Schnecke, sodass auch Basilarmembran und Deckmembran Schwingungen ausführen. Daher kommt es zu Relativbewegungen zwischen Basilar- und Deckmembran, sodass die Sinneszellen über die Sinneshaare gereizt werden, wobei die tiefen Töne (niedere Frequenzen) von den Sinneszellen an der Spitze der Schnecke und die hohen Töne (hohe Frequenzen) an der Basis der Schnecke aufgenommen werden. Dies führt zu einer Aufspaltung des Klangbildes nach Tonhöhen.

Da zwei Hörorgane zur Verfügung stehen, kommt es zur Fähigkeit des räumlichen Hörens. Trifft der Schall nicht von vorn, sondern von einer Seite auf unsere Ohren, so gelangt er in das eine Ohr immer ein wenig früher als in das andere. Dieses Zeitintervall genügt, um die Richtung, aus der der Schall kommt, zu bestimmen. Der kleinste unterscheidbare Winkel beträgt 3°.

Sacculus, Utriculus und die drei **Bogengänge** mit ihren Ausbuchtungen (Ampullen) stellen das Gleichgewichtsorgan der Wirbeltiere dar und dienen der Aufrechterhaltung des *Gleichgewichts* sowie der *Orientierung im Raum.* Man unterscheidet das Schweresinnesorgan, das durch den Statolithenapparat in säckchenförmige Sacculus und bläschenförmige Utriculus dargestellt wird, und das Bewegungssinnesorgan, das der Orientierung im Raum dient und in den drei senkrecht zueinander stehenden Bogengängen mit ihren drei Ampullen zu finden ist.

Der **Statolithenapparat** besteht aus Sinnes- und Stützzellen. Auf diesen liegt eine Gallertschicht, in die kleine Kristalle von Calciumcarbonat (**Statolithen;** bei Krebsen z.B. auch miteinander verklebte Sandkörnchen) eingebettet sind. In die Gallertschicht ragen »Haarschöpfe« hinein, die als Fortsätze der Sinneszellen anzusehen sind. Wird auf die Statolithen eine Kraft ausgeübt (Schwerkraft, Linearbeschleunigungskraft), drücken sie auf die Haarschöpfe, und die Sinneszellen werden gereizt. Da die Haarschöpfe in Sacculus und Utriculus in verschiedenen Ebenen liegen, vermitteln sie die Vorstellung von »oben« und »unten« und geben die Lage des Kopfes an.

Die drei **Bogengänge** sind in den drei Ebenen des Raums angeordnet. Sie sind mit Endolymphe gefüllt. Ihr Sinnesapparat besteht aus der **Cupula,** einer kuppelartigen, leicht beweglichen Gallertmasse, die in jede Ampulle hineinragt und an ihrer Basis Sinneshaare und Sinneszellen trägt. Der spezifische Reiz für diese Sinneszellen wird durch die Bewegung der Endolymphe ausgelöst. Bei Drehungen des Kopfes, nicht bei geradliniger Beschleunigung, kommt es wegen der Trägheit der Endolymphe zu einer Relativbewegung der Bogengänge gegen die Endolymphe. Diese verschiebt die Cupula. Die Sinneshaare am Grunde der Cupula werden gebogen und damit die Sinneszellen gereizt. Wird die Drehbewegung plötzlich gestoppt, fließt die Endolymphe wegen ihrer Trägheit weiter und löst hierdurch die Empfindung einer Bewegung in umgekehrter Richtung aus (sog. Drehschwindel).

Bei den *übrigen Wirbeltieren* findet man ähnliche Verhältnisse. Niedere Wirbeltiere (z.B. Fische) besitzen nur ein inneres Ohr. Von den Amphibien an ist auch ein Mittelohr ausgebildet. Das eigentliche *Hörorgan der Wirbeltiere* ist aus dem Bauprinzip der Gleichgewichts- und Schweresinnesorgane abgeleitet. Bei Fischen sind Schweresinnesorgan und Hörorgane noch identisch: In der Gallerte des **Sacculus** und in der **Lagena,** zwei Abschnitten des Labyrinths, befinden sich Gehörsteinchen (Statolithen) über einem Büschel von Sinneshaaren. Als schallaufnehmender Apparat dient die ↑Schwimmblase. Bei den karpfenartigen Fischen dienen einige

Knöchelchen **(Weber-Knöchelchen)** als Schallleiter von der Schwimmblase zum Labyrinth. – Auch bei *Amphibien* beruht das Hören noch auf der Erregung der Sinneshaarbüschel in Sacculus und Lagena. Bei Reptilien, *Vögeln* und *Säugern* ist die Lagena zum reinen Hörorgan umgestaltet (bei Säugern zur Schnecke aufgerollt).
Die Hörorgane der Insekten sind die ↑Tympanalorgane und ↑Chordotonalorgane.

Ohrenschmalz (Cerumen): eine Absonderung der schweißdrüsenähnlichen Ceruminaldrüsen und Talgdrüsen des äußeren ↑Gehörgangs. Das O. fängt den in den Gehörgang eingedrungenen Staub ab und hält das Trommelfell geschmeidig.

Ohrmuschel: der äußerste Teil des Außenohrs bei Säugetieren und beim Menschen (↑Ohr), der, mit Ausnahme des Ohrläppchens, aus Knorpel besteht. Die O. hat die Form eines flachen Trichters, der die auftreffenden Schallwellen sammelt und in den Gehörgang weiterleitet.
Beim Menschen sind die Muskeln der Ohrmuschel, die bei den gut hörenden Säugetieren die Ohrmuscheln in Schallrichtung einstellen können, weitgehend verkümmert. Die O. ist beim Menschen ein nicht lebenswichtiges Organ und zeigt daher große Verschiedenheit in Größe, Form und Stellung. Diese Ohrmerkmale sind großteils erblich und spielen in der Humangenetik eine erhebliche Rolle (Vaterschaftsuntersuchungen).

Ohrtrompete: die ↑Eustachi-Röhre.

Ohrwürmer (Dermaptera): weltweit verbreitete, nachtaktive ↑Insekten mit kauenden Mundwerkzeugen, zu einer Zange umgebildeten Schwanzborsten und kleinen Resten ursprünglicher Vorderflügel. O. leben meist in Ritzen und Spalten und ernähren sich von tierischer oder pflanzlicher Kost. Am bekanntesten ist der 9–16 mm lange **Gemeine Ohrwurm,** der bei Massenauftreten an Kulturpflanzen schädlich wird. Er besitzt voll entwickelte Hinterflügel, fliegt aber äußerst selten.

Ökologie: ein Teilgebiet der Biologie, das einzelne Organismen bzw. zusammenlebende Organismen in ihren Wechselbeziehungen zur Umwelt erforscht. Die Ö. untersucht dabei z.B. die zeitliche Entfaltung sowie Krisen in der Entwicklung der Organismen oder Mechanismen der Wiederherstellung von Gleichgewichten.
Die Ö. wird unterstützt von der **Systemforschung,** die aus der wirtschaftlichen Betriebsanalyse hervorgegangen ist. Die Systemforschung liefert der Ö. die mathematischen Grundlagen für die Modellierung von ↑Ökosystemen.
Darüber hinaus bedient sich die Ö. der Erkenntnisse jeder speziellen Grundlagenforschung, indem sie die gewonnenen Einzeldaten zu einem Gesamtverständnis verbindet und damit die Bedingungen und Möglichkeiten für stabile Entwicklungen in der Zukunft aufzeigt. Die Ö. kann Auskunft geben über die Belastbarkeit von Ökosystemen (z.B. Flüsse, Seen, Wälder, landwirtschaftliche Anbaugebiete). Sie kann die Folgen einseitiger Eingriffe (z.B. durch chemische Schädlingsbekämpfung) verdeutlichen. Gegenüber den Spezialwissenschaften leistet die Ö. auch einen ideellen Beitrag: Sie erzieht zu kooperativem Denken.
Die Ö. bedarf der Mitwirkung zahlreicher anderer Fächer, die Sozial- und Geisteswissenschaften eingeschlossen. Die so erweiterte Ö. ist das Feld der **Humanökologie** (sie untersucht die Beziehungen zwischen Mensch und Umwelt).

ökologische Nische: die Wechselbeziehungen, die zwischen einer Art und ihren biotischen Umweltfaktoren (z.B. Nahrung, Konkurrenten, Symbionten) und abiotischen Faktoren (z.B. Temperatur, Strahlung) bestehen. Die ö. N. ist kein Raum, sondern ein Beziehungsgefüge.

Beispiel: Ringeltaube und Hohltaube nisten auf demselben Baum, die Hohltaube in einer Spechthöhle, die Ringeltaube im Geäst. Die Hohltaube frisst Eicheln, Fichtensamen und Beeren, die sie in weitem Umkreis vom Nistplatz findet; die Ringeltaube frisst Raupen, Würmer, Schnecken, aber auch Eicheln und Bucheckern, die sie in nächster Umgebung sucht. Beide Arten stehen also nicht im gegenseitigen Wettbewerb; jede hat ihre eigene ökologische Nische.

ökologische Potenz: Anpassungsbreite einer Art gegenüber einem Umweltfaktor. Beispielsweise liegt die ökologische Potenz von Mais gegenüber der Temperatur zwischen +10°C und +40°C. Nur in diesem Temperaturbereich zeigen die Pflanzen Wachstum und Fruchtansatz. Die ökologische Potenz wird gelegentlich auch als **ökologische Valenz** bezeichnet.

ökologisches Gleichgewicht: ein Zustand, der dadurch gekennzeichnet ist, dass jede Veränderung in einem ↑Ökosystem selbsttätig über eine Regelkreisbeziehung eine entsprechende Gegenveränderung auslöst, die den alten Zustand weitgehend wiederherstellt. So sind z.B. bei Wühlmäusen oder Hasen deutliche Populationswellen zu verzeichnen, die darauf zurückzuführen sind, dass sich beim Anwachsen der Population entweder die Nahrungsgrundlage verknappt oder dass die Fressfeinde und Parasiten ebenfalls zunehmen.

Dieses Gleichgewicht ist bedingt durch die gegenseitige Konkurrenz. Lebensgemeinschaften mit großem Artenreichtum besitzen ein stabiles, wenig störanfälliges ökologisches Gleichgewicht.

ökologische Valenz: ↑ökologische Potenz.

Ökosystem: ein Wirkungsgefüge von Lebensgemeinschaften (↑Biozönose) und nicht biologischen Umweltfaktoren. Ö. sind z.B. Wald, Savanne oder Meer. Zu den nicht biologischen Umweltfaktoren zählen z.B. Niederschlag, Temperatur und Boden.

Ökosysteme sind offene Systeme, die ihre Energie aus der Strahlung der Sonne beziehen. Die Stoffkreisläufe in einem Ö. sind ausgeglichen, sodass sich ein ↑Fließgleichgewicht einstellt, indem sich z.B. die Konzentration der beiden an der Fotosynthese der Pflanzen beteiligten Gase Kohlenstoffdioxid und Sauerstoff langfristig nicht ändert.

Okular: ein Teil des ↑Lichtmikroskops.

Oligodendrocyten: ↑Gliazellen.

Oligosaccharide: ↑Kohlenhydrate.

oligotroph: O. nennt man Gewässer und Böden, die arm an Nährstoffen sind (z.B. Dünen). Organismen, die an o. Standorten leben können, heißen **oligotrophent**.

Ölimmersion: ↑Lichtmikroskop.

Ölpest: Ausgelaufenes Öl breitet sich sehr schnell über große Flächen auf der Wasseroberfläche aus und beeinträchtigt den Gasaustausch sowie andere Lebensfunktionen des Lebensraumes »Wasser« erheblich. Innerhalb von ein bis zwei Wochen verfliegen die leichter flüchtigen Bestandteile des Öls, die schwerer flüchtigen Komponenten bilden mit dem Meerwasser eine zähe, braune Substanz, die nach einigen Wochen entweder auf den Meeresgrund absinkt oder als Teerklumpen zu den Stränden treibt.

Chemische Verfahren, diese Ölschicht durch Dispersionsmittel zum Absinken zu bringen, sind sehr umstritten, da sie besonders in flachen Küstengewässern möglicherweise die Organismen des Meeresbodens vergiften.

Omegatier: ↑Rangordnung.

Ommatidien: die Einzelaugen des ↑Facettenauges.

Omnivoren: die ↑Allesfresser.

Onkogene (Krebsgene, Tumorgene): ↑Gene, die eine krebsartige Entartung von Zellen bewirken. **Zelluläre O.** sind die durch äußere oder innere Einflüsse veränderten Formen normaler, im Erbgut jeder Zelle vorhandener **Proto-O.;**

O

diese bringen durch fehlerhafte Codierung eines Proteins das geregelte Zellwachstum außer Kontrolle und transformieren die Zellen zu Tumorzellen. **Virale O.** sind Gensequenzen von Tumorviren, die nach Eindringen in eine Zelle die Bildung von Tumorzellen hervorrufen können. Die Umwandlung von Proto-Onkogenen zu transformierenden zellulären Onkogenen kann durch Mutationen verursacht werden.

Ontogenese (Ontogenie, Individualentwicklung): die gesamte Entwicklung eines Individuums. Sie reicht von der befruchteten (bei der Parthenogenese auch unbefruchteten) ↑ Eizelle über die ↑ Keimesentwicklung, das Heranwachsen zum fortpflanzungsfähigen Alter, das Altern bis hin zum Tod des Individuums.

Onychophora: die ↑ Stummelfüßer.

Oogamie: eine Art der ↑ Befruchtung.

Oogenese: die ↑ Eireifung.

Oogonien:

◆ *Botanik:* ↑ Gametangien, in denen Lagerpflanzen mit geschlechtlicher Fortpflanzung und Oogamie (↑ Befruchtung) die Eizellen entwickeln.

◆ *Zoologie:* Während der Embryonalentwicklung werden in den Eierstöcken die Ureizellen oder O. gebildet, von denen bei der geschlechtsreifen Frau etwa alle 28 Tage eine zur Eizelle reift. – ↑ auch Keimbahn.

Oomycota: die ↑ Algenpilze.

Operator: ein DNA-Abschnitt am Ableseanfang eines Operons (↑ Gene), an den die vom Regulatorgen gebildeten Proteine (Repressoren oder Aktivatoren) binden, um die zugehörigen Strukturgene zu blockieren oder zu aktivieren. Der O. kontrolliert den Zugang der RNA-Polymerase zu den Strukturgenen und erfüllt so eine Art Schalterfunktion.

Operon: ↑ Gene.

Opiate: die im ↑ Opium enthaltenen ↑ Alkaloide, die gereinigt als Arzneimittel (außer ↑ Heroin) verwendet werden; z.B. ↑ Morphin, ↑ Codein und Papaverin. Sie werden oft als ↑ Drogen missbraucht.

Opisthonephros: ↑ Niere.

Opium: der getrocknete, geknetete Milchsaft, der aus den angeritzten, unreifen Kapseln des Schlafmohns gewonnen wird. Er enthält zahlreiche ↑ Alkaloide, die medizinisch in gereinigter Form als ↑ Opiate verwendet werden.

Orang-Utan (Pongo pygmaeus): eine Art der ↑ Menschenaffen. Der O.-U. ist ein typischer Schwingkletterer von 1,25 bis 1,50 m Größe und bis 100 kg (♂) bzw. 40 kg (♀) Gewicht. Er besitzt ein langes, dichtes, rötliches bis dunkel- oder hellbraunes Fell, und sein Gesicht ist fast nackt. Alte Männchen haben oft einen ausgeprägten Bart. O.-U. sind in Familienverbänden oder einzeln lebende Waldbewohner, die sich von Früchten, Blättern und Knospen ernähren.

Orchideen (Orchidaceae): eine der größten Pflanzenfamilien mit rund 20 000 Arten in über 600 Gattungen. O. kommen überwiegend in den Tropen und Subtropen der Alten und Neuen Welt vor. Es sind einkeimblättrige, ausdauernde Stauden, die in den Tropen meist als ↑ Epiphyten, in Mitteleuropa am Erdboden und dort gelegentlich als ↑ Saprophyten leben. Die **epiphytischen O.** haben um die Luftwurzeln einen Mantel aus toten, mit großen Poren versehenen Zellen **(Velamen).** Damit nehmen sie das Niederschlagswasser und die darin gelösten Mineralstoffe auf. O. haben längliche, oft fleischige oder ledrige Blätter und z.T. prächtig gefärbte, kompliziert gebaute Blüten. Diese stehen einzeln oder in ährigen oder traubigen Blütenständen. Die Bestäubung geschieht durch Insekten.

Die Vermehrung von O. erfolgt durch sehr kleine Samen ohne Nährgewebe. Eine Fruchtkapsel enthält mehrere Millionen Samen. Die Embryonen sind nur dann entwicklungsfähig, wenn bestimmte Mykorrhizapilze anwesend sind. Bekannte Gattungen der O. sind

Frauenschuh, Knabenkraut, Ragwurz und als Nutzpflanze die Vanille. Die O. sind wegen ihrer Blüten sehr beliebte Schnittblumen. Alle einheimischen Arten stehen unter Naturschutz.

Ordnung: eine systematische Einheit, die verwandte Tier- oder Pflanzenfamilien zusammenfasst. – ↑auch Systematik.

Organe: bei ↑Vielzellern bestimmte Körperteile, die durch ihre spezifische Funktion, durch entsprechende Morphologie und zellige Feinstruktur gekennzeichnet sind. Als Beispiele seien für Mensch und Tier angeführt: Muskeln, Lunge, Kiemen, Nieren, Augen; für Pflanzen: Wurzeln, Blätter und Blüte.

Im Unterschied zu den ↑Organellen bauen sich alle O. aus vielen Zellen auf, wobei es zur Bildung von ↑Geweben kommt.

Man unterscheidet **vegetative O.,** die im Dienste der Ernährung, Ausscheidung und Fortpflanzung stehen, von **animalischen O.** (Sinnesorgane, Bewegungs- und Nervensystem). – **Rudimentäre O.** verharren in ihrer Anlage funktionslos (z.B. Zehenreste beim Pferd, Beckengürtel bei Schlangen).

Organellen: Dauerstrukturen in Zellen bzw. einzelligen Organismen, die bestimmte Aufgaben erfüllen. Sie sind den ↑Organen von vielzelligen Pflanzen und Tieren analog. Durch eine Membran abgegrenzte O. sind z.B. Zellkern, ↑Mitochondrien, ↑Plastiden (↑auch Endosymbiontentheorie). Offene O. sind v.a. ↑endoplasmatisches Reticulum und ↑Golgi-Apparat.

Organismen: alle Lebewesen, die durch funktionelles Zusammenspiel ihrer ↑Organe bzw. ↑Organellen Lebenserscheinungen wie Ernährung, Wachstum, Fortpflanzung und Reizbarkeit zeigen. Sie stehen mit ihrer Umwelt in engster Beziehung und vermögen sich ihr im Laufe der Zeit durch ↑Selektion anzupassen. – Früher verstand man als Organismen nur vielzellige Lebewesen (↑Vielzeller), denen man heute die ↑Mikroorganismen als Einzeller entgegensetzt.

Die Einzahl **Organismus** wird im Sinne von »Gesamtsystem der eine funktionelle Einheit bildenden Organe des lebenden Körpers« gebraucht.

Orgasmus: Höhepunkt der sexuellen Lust mit dem nachfolgenden Gefühl einer besonders angenehmen Entspannung (»Befriedigung«). Der O. ist ein vielschichtiges und seelisches Geschehen mit erheblichen Geschlechtsunterschieden. Beim Mann tritt er zusammen mit dem erst in der Pubertät möglichen ↑Samenerguss ein und wird gewöhnlich mit der Ejakulation gleichgesetzt. Der weibliche Orgasmus ist im Wesentlichen gekennzeichnet durch mehrere (meist 5–10) rhythmische Zusammenziehungen der Scheiden- und Gebärmuttermuskulatur, manche Frauen haben dabei ebenfalls eine Ejakulation. Der Mann benötigt im Anschluss an den O. eine Erholungsphase bis zu einem erneuten O., während viele Frauen ohne die sog. Rückbildungsphase zu einem neuen Höhepunkt bereit sind. Der O. wird i.A. begleitet von einer Anspannung fast der gesamten Körpermuskulatur, von einer vermehrten Durchblutung insbesondere des Becken- und Genitalbereichs sowie einer deutlichen Erhöhung der Puls- und Atemfrequenz.

Orientierung: Mithilfe ihrer Sinnesorgane sind Tiere (auch der Mensch) in der Lage, auf verschiedene Reize aus der Umwelt hin Orte mit günstigen Lebensbedingungen ausfindig zu machen. Die Reaktionen *fest sitzender Tiere* auf solche Reize beschränken sich auf ein gerichtetes Wachstum (ähnlich den ↑Tropismen der Pflanzen).

Einige *frei bewegliche Tiere* bewegen sich in einem günstigen Milieu nur langsam, während sie umgekehrt in ungünstiger Umgebung heftige, allerdings ungerichtete Bewegungen ausführen. Auch solche **Kinesen** führen schließlich zu

O

einer Ansammlung von Tieren in einem günstigen Milieu.
Bei höheren Tieren mit gut entwickelten Sinnesorganen überwiegen die Taxien (↑Taxis), die eine Beziehung zur Reizquelle erkennen lassen.
In erster Linie hängt die Präzision der O. von der Leistungsfähigkeit der Sinnesorgane ab. So kann der Mensch z.B. mithilfe des ↑Gleichgewichtsorgans ortsunabhängig den Bewegungszustand sowie die Lage im Raum (oben und unten) »erkennen«. Mit den Augen werden diese Größen gleichzeitig in Beziehung zur Umwelt gesehen; darüber hinaus lenken die Augen unsere Bewegungen auf ein bestimmtes Ziel hin.
Viele einfache, aber auch einige kompliziertere Orientierungsvorgänge (z.B. ↑Bienensprache, Echolotpeilung der Fledermäuse) werden heute gut verstanden. Bei anderen Orientierungen, meist Fernorientierungen, weiß man bis heute nicht genau, wie sie zustande kommen (z.B. Vogelzug, Laichwanderungen der Lachse).

Ornithologie (Vogelkunde): ein Teilgebiet der Zoologie, das Bau, Lebensweise, Verhalten und Verwandtschaft der Vögel erforscht.

Orthosympathikus: der Sympathikus im engeren Sinne (↑vegetatives Nervensystem).

Os: der ↑Knochen.

Osmoregulation: ↑Exkretion.

Osmose: Bezeichnung für eine einseitig gerichtete Diffusion zwischen zwei Substanzen (gewöhnlich Flüssigkeiten) durch eine semipermeable (halbdurchlässige) Membran. Ein solcher Diffusionsvorgang tritt immer auf, wenn zwei Lösungen unterschiedlicher Konzentration durch eine semipermeable Membran getrennt sind und durch diese nur die kleineren Moleküle (z.B. die Moleküle des Lösungsmittels) hindurchtreten können, während die größeren (z.B. die Moleküle oder Ionen des gelösten Stoffs) zurückgehalten werden.
Durch das Bestreben, eine statistische Gleichverteilung der gelösten Teilchen in beiden Lösungen zu erreichen, diffundieren mehr Lösungsmittelmoleküle in die stärker konzentrierte Lösung als umgekehrt. Die höher konzentrierte Lösung wird daher so lange verdünnt, bis gleich viele Lösungsmittelmoleküle in beide Richtungen diffundieren (dynamisches Gleichgewicht).
Wegen der trennenden Membran kommt es nicht zu einem Konzentrationsausgleich. Das wird besonders deutlich, wenn sich auf der einen Seite der Membran das reine Lösungsmittel befindet. In dieses können die Moleküle des gelösten Stoffs wegen ihrer Größe nicht gelangen.
Die in Lösung befindlichen Moleküle üben auf die für sie undurchlässige Membran einen Druck aus, der wie bei Gasmolekülen als Summe der einzelnen Stöße auf die Wand verstanden werden kann. Man nennt ihn den **osmotischen Druck.** Dieser osmotische Druck verringert sich durch das Eindringen der Lösungsmittelmoleküle (Volumenzunahme), weil die Zahl der Stöße pro Zeiteinheit durch die Verlängerung der Diffusionswege kleiner wird. Da in jeder Lösung, auch bei nicht vorhandener Membran, die gelösten Moleküle durch ihre Stöße auf die Gefäßwand einen Druck erzeugen, kann man jeder Lösung einen osmotischen Wert zuordnen, der ihrer Konzentration proportional ist.
Bei der O. kann man auch von einem Sog sprechen; man meint damit die Druckdifferenz zwischen dem herrschenden osmotischen Druck der Lösung und dem hydrostatischen Druck der osmotischen Zelle, der durch das Hineindiffundieren des Lösungsmittels ständig erhöht wird. Wenn der **hydrostatische Druck (Wanddruck)** dem osmotischen Druck gleich ist, ist das dynamische Gleichgewicht erreicht.
O. spielt eine große Rolle in den pflanz-

lichen Zellen mit Zellvakuolen, wobei das Plasma als semipermeable Membran aufgefasst werden kann.

Ösophagus: die ↑Speiseröhre.

Ossein: die Grundsubstanz der ↑Knochen.

Osteoblasten: die Knochenbildungszellen (↑Knochen).

Osteocyten: ↑Knochen.

Osteoklasten: den ↑Knochen abbauende Zellen. – ↑auch Phagocyten.

Osteon: ↑Knochen.

Ostien: ↑Herz.

Östrogene (Estrogene): unter den ↑Geschlechtshormonen eine Gruppe von Steroidhormonen. Ihr Strukturelement ist das **Östran** (Estran). Die wichtigsten Ö. sind **Östradiol** (Estradiol), **Östron** (Estron) und **Östriol** (Estriol). Die Ö. werden in den ↑Follikeln und im ↑Gelbkörper sowie in der Nebennierenrinde synthetisiert. Sie kommen bei beiden Geschlechtern vor. Vor der Geschlechtsreife bewirken sie die Entwicklung der weiblichen Geschlechtsorgane und der sekundären ↑Geschlechtsmerkmale.

Bei geschlechtsreifen Frauen bewirken sie die Wucherung der Gebärmutterschleimhaut (↑Menstruationszyklus) und die Aufrechterhaltung der Schwangerschaft, wobei gleichzeitig in einem Rückkopplungssystem (↑Regelkreis) die Produktion von Gonadotropinen und luteinisierendem Hormon aus der Hypophyse gehemmt wird.

Östrus: die ↑Brunst.

Ottern: die ↑Vipern.

ovales Fenster: eine elastische Membran im Bereich des Innenohrs (↑Ohr).

Ovarialhormone: diejenigen ↑Geschlechtshormone, die im Eierstock (Ovarium) gebildet werden, v.a. die ↑Östrogene und ↑Gelbkörperhormone.

Ovarium: der ↑Eierstock.

Overshoot: Wird eine Nervenzelle stark genug gereizt, so kommt es zu einem ↑Aktionspotenzial. Die im Ruhezustand innen gegenüber außen negativ geladene Membranseite wird nun positiv geladen. Die Überschreitung der 0 mV-Grenze bezeichnet man als Overshoot.

Oviparie: die Ablage von einzelligen, unentwickelten Eiern. Die Befruchtung der Eier erfolgt entweder außerhalb des mütterlichen Körpers (viele Fische, Lurche) oder während der Eiablage, z.B. durch gespeicherte Samenzellen (Insekten, Spinnen). – Gegensatz: ↑Viviparie.

Ovoviviparie: Bei der O. verläuft die Eientwicklung teilweise oder ganz im mütterlichen Körper innerhalb der Eihüllen. Die Jungen schlüpfen entweder nach oder noch vor der Eiablage (z.B. bei Fischen, Lurchen, Eidechsen, Schlangen), oder die Eier müssen noch bebrütet werden (Vögel). – Gegensatz: ↑Viviparie. – ↑auch Oviparie.

Ovulation: der ↑Follikelsprung.

Ovum: die ↑Eizelle.

Oxalsäure (Ethandisäure): einfachste Dicarbonsäure (COOH–COOH). Sie kommt als Kaliumhydrogenoxalat (Kleesalz) oder als Calciumoxalat in einigen Pflanzen (z.B. Sauerklee) und im Harn vor. O. und ihre Salze sind mittelstarke Gifte. Bei **Oxalsäurevergiftung** stellen sich starke Schmerzen im Magen und Darm ein. Meist ist der Stuhl blutig. Es kommt zu Krämpfen und der Puls ist schwach.

Oxidasen: ↑Flavoproteine.

Oxidationspotenzial: ↑Redoxpotenzial.

Oxidoreduktasen: ↑Enzyme der biologischen Oxidation und Reduktion.

Oxyhämoglobin: ↑Hämoglobin.

Oxytocin: ein zyklisches Peptid des Hypophysenhinterlappens. Es ist kein eigentliches ↑Geschlechtshormon, hat jedoch große Bedeutung für das Einsetzen der Wehenkontraktionen der Gebärmutter und der Milchsekretion aus den Milchdrüsen nach der Geburt.

Oxyuren (Pfriemenschwänze): eine Gruppe parasitischer Fadenwürmer, zu der v.a. die ↑Madenwürmer gehören.

P

Ozellen: einfache ↑Augen, die aus einer oder mehreren Lichtsinneszellen bestehen, die teilweise von Pigmentzellen gegen seitlichen Lichteinfall geschützt sind (z.B. **Pigmentbecherozellen** der Lanzettfischchen). Die O. der Gliederfüßer **(Punktaugen)** besitzen eine Linse.

P

P: Abk. für **P**arentalgeneration (↑Elterngeneration).

Paarbindung: im Tierreich die Paarungsbeziehung zwischen Männchen und Weibchen. Bei den meisten niederen und bei vielen höheren Tieren, auch bei Säugetieren, herrscht **Ehelosigkeit** vor, d.h. die Wahl des Partners erfolgt regellos und rein zufällig. Geschlechtstrieb, Brutpflegeinstinkte und soziale Triebe können aber auch bei Tieren zu einem Zusammenleben zweier Geschlechtspartner über die Dauer der Begattung hinaus führen. Bei vielen Vögeln existiert eine P. für die Dauer der Brutbetreuung. Bei den Gänsen z.B. oder auch beim Orang-Utan kann die P. auf Lebenszeit bestehen (**Dauerehe;** ↑auch Monogamie). Sonderformen des Zusammenlebens sind die **Polygynie** (Vielweiberei; z.B. bei Huftieren, Pavianen) und die **Polyandrie** (Vielmännerei; z.B. bei der Goldschnepfe).

Paarhufer (Paarzeher, Artiodactyla): Ordnung bis 4 m langer Säugetiere, die, mit Ausnahme der Flusspferde, mit zwei verlängerten Zehen (der dritten und vierten) auftreten. Deren Endglieder sind mit einer hufartigen Hornmasse **(Klaue)** umgeben. P. sind meist in Herden lebende, zu Lauftieren spezialisierte Pflanzenfresser. Zu ihnen gehören u.a. ↑Wiederkäuer, Schweine, Flusspferde und Kamele. Die ersten P. traten vor rd. 50 Millionen Jahren (Eozän) auf. – ↑auch Unpaarhufer.

Paarung: die ↑Begattung.

Paarzeher: die ↑Paarhufer.

Pachytän: drittes Stadium der ersten Prophase der ↑Meiose.

Paläanthropine: ↑Mensch.

Paläometabolie: Form der ↑Metamorphose.

Paläontologie: die Wissenschaft von den Fossilien. In der P. werden die versteinerten Reste von Tieren **(Paläozoologie),** Pflanzen **(Paläobotanik)** sowie der Vorfahren des Menschen **(Paläoanthropologie)** aus früheren Erdzeitaltern untersucht. Die P. bestimmt den Bau und die Zugehörigkeit der Fossilien sowie deren geologisches Alter.

Das Hauptziel der P. ist es, Klarheit über die stammesgeschichtliche Entwicklung der Lebewesen bis zu den heutigen Formen zu schaffen. Die Aufgabe der P. besteht im Aufsuchen, Beschreiben und Einordnen der Überreste, die in den meisten Fällen nur aus den harten Körperteilen wie Knochen oder Schalen bestehen. In Ablagerungen werden manchmal auch Abdrücke von Weichteilen gefunden. In den seltenen Fällen, in denen ein Organismus unmittelbar in konservierende Substanzen wie in Baumharz (Bernstein mit Insekten) oder Eis (Mammutkadaver in Sibirien) eingeschlossen wurde, sind beinahe vollständige Lebewesen erhalten. Im Torf oder in Kohlelagern sind recht gut erhaltene verkohlte Pflanzenteile zu finden.

Palinuridae: die ↑Langusten.

Palisadengewebe: im typischen ↑Laubblatt das unter der Epidermis der Blattoberseite gelegene Gewebe.

Palmfarne (Cycadales): Ordnung der fiederblättrigen ↑Nacktsamer. Sie sind gekennzeichnet durch einen säulenartigen Stamm und durch Fiederblätter, die in einem Schopf schraubig angeordnet sind. Die zweihäusigen Blüten stehen in zapfenartigen Blütenständen.

P. sind fossil seit Beginn des Mesozoikums bekannt und erreichten in der Trias den Höhepunkt ihrer Entfaltung. Heute gibt es noch rd. 200 Arten in den

P

Tropen und Subtropen der Alten und Neuen Welt. Wegen ihres urtümlichen Baus zählen die P. zu den bekanntesten »lebenden Fossilien« im Pflanzenreich, die zwischen Farnen und Bedecktsamern stehen.

Palpen: die ↑Taster.

Panaschierung: Bei vielen Zierpflanzen (aber auch unter natürlichen Verhältnissen) findet man Pflanzen, deren Blätter nicht gänzlich grün sind, sondern mehr oder weniger ausgebreitete, manchmal regelmäßig geformte weiße Flächen zeigen. Neben Lichtmangel und Viruserkrankungen kommen auch Mutationen in den Chloroplasten als Ursache hierfür infrage. Dies zeigt, dass es bei Pflanzen auch Erbfaktoren gibt, die nicht in Chromosomen lokalisiert sind und daher nicht den klassischen genetischen Verteilungsregeln folgen (↑Vererbung).

Pankreas: die ↑Bauchspeicheldrüse.

Pansen: Der erste Teil des Magens der ↑Wiederkäuer.

Pantoffeltierchen (Paramecium): Gattung einzelliger, ovaler bis pantoffelförmiger ↑Wimpertierchen, von denen mehrere Arten in stark eutrophierten, d.h. mit organischen Substanzen angereicherten, stehenden Süßgewässern vorkommen.

Der häufigste Bewohner von Heuaufgüssen (↑Aufgusstierchen) ist das bis 0,3 mm lange **Paramecium caudatum.** Der ganze Zellleib ist von ↑Wimpern umgeben, die der ↑Fortbewegung dienen. An einer Seite findet sich ein trichterförmiges Mundfeld **(Peristomfeld),** dessen unteres (inneres) Ende einen Zellmund **(Cytostom)** als Öffnung in der ↑Pellicula aufweist. Die auf dem Mundfeld befindlichen Wimpern sorgen für einen »Nahrungsstrom«, aus dem der Zellmund Mikroorganismen (v.a. Bakterien) aufnimmt. Die aufgenommene Nahrung wird von einer **Nahrungsvakuole** eingeschlossen, in der die Verdauung stattfindet. Dabei wandert die Nahrungsvakuole vom Zellmund durch die Zelle, scheidet in der Nähe des anderen Pols die unverdaulichen Nahrungsreste aus und löst sich wieder auf.

Ein weiteres Organell ist die ↑pulsierende Vakuole, die überschüssiges Wasser und u.U. auch Exkrete aus der Zelle entfernt.

Pantoffeltierchen

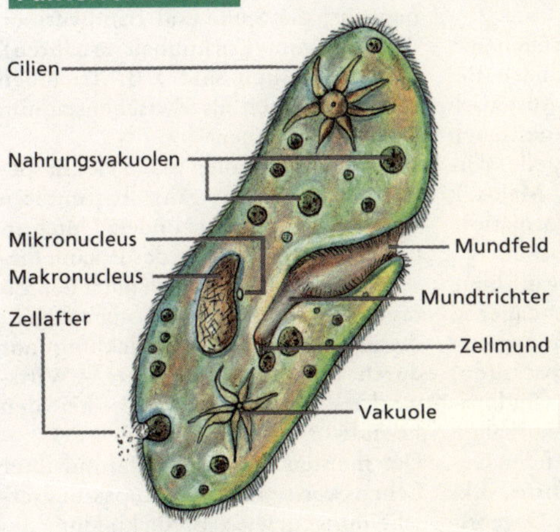

In der Mitte des Zellleibs liegen der Stoffwechselprozesse steuernde, nierenförmige Großkern (Makronucleus) und der generative Kleinkern (Mikronucleus). Meist teilen sich P. ungeschlechtlich durch Querteilung; die geschlechtliche Fortpflanzung erfolgt durch ↑Konjugation.

Panzerechsen: die ↑Krokodile.

Papageien: Familie etwa 0,1–1 m langer Vögel, die vorwiegend in Wäldern und Feldern der alt- und neuweltlichen Tropen und Subtropen vorkommen. Sie sind i. A. gekennzeichnet durch buntes Gefieder und einen hakenförmigen, aktiv am Nasenbein beweglichen Oberschnabel, der nicht nur zum Öffnen harter Früchte und Samen, sondern auch beim Klettern auf Bäumen benutzt wird. Die Greiffüße werden außer beim Klettern auch zum Ergreifen und Festhalten der Nahrung eingesetzt. P. sind meist Höhlenbrüter, die 1–10 weiße Eier ablegen. Die Jungvögel (↑Nesthocker) werden mit Nahrung gefüttert, die vorher im Kropf der Elterntiere aufgeweicht und enzymatisch aufbereitet wurde.

Bezogen auf ihr Verhalten und die Entwicklung des Gehirns gehören die P. zu den höchstentwickelten Vögeln. Ihr Stimmorgan befähigt sie zu außerordentlich modulationsfähigen Lautäußerungen, die bei einigen Arten zum »Nachsprechen« von ganzen Sätzen führen können. Die P. bilden nach der Brut vielfach große Schwärme, die an Nutzpflanzen schädlich werden können.

Zu den größten P. gehören Aras und Kakadus, kleinere bis kleine Formen sind Loris und Sittiche.

Papilionaceae: die ↑Schmetterlingsblütler.

Papillen: ↑Haut.

Paramecium: das ↑Pantoffeltierchen.

Parasexualität (Protosexualität): Bei Prokaryoten und Viren der Austausch und die Rekombination genetischen Materials ohne typische sexuelle Vorgänge (Kernverschmelzung, Meiose); man unterscheidet ↑Transformation, ↑Transduktion und ↑Konjugation.

Parasiten (Schmarotzer): Organismen, die sich vorübergehend oder dauernd auf dem Körper oder in leicht zugänglichen Körperhöhlen (Ektoparasiten) oder im Inneren des Körpers (Endoparasiten) anderer Organismen aufhalten und Nährstoffe aus deren lebenden Geweben entnehmen. **Parasitismus,** d.h. eine Beziehung, bei der ein Organismus (Parasit) auf Kosten eines anderen (Wirt) lebt, ist im Pflanzen- und Tierreich weit verbreitet. Beispiele für *pflanzliche P.* sind die Mehltaupilze sowie die Rost- und Brandpilze, die an Kulturpflanzen große Schäden hervorrufen. Auch viele Bakterien gehören hierher, deren schädliche Wirkung weniger auf der Wegnahme von Nahrung beim Wirt als vielmehr auf der Abscheidung giftiger Stoffwechselprodukte (Toxine) beruht. P. unter den Höheren Pflanzen sind z.B. die vollparasitische Orchidee Sommerwurz, die meist die Wurzeln ihrer Wirtspflanze (Ginster, Klee) anzapft, oder die blatt- und wurzellose Kleeseide, die schon kurz nach der Keimung einen Wirt aufsucht (↑auch Vollschmarotzer, ↑Halbschmarotzer).

Ektoparasiten bei den *Säugern* und beim *Menschen* sind z.B. Flöhe, Bettwanzen, Läuse, Zecken, die Blut saugen und dabei oft Krankheiten übertragen. **Endoparasiten** sind u.a. die im Blut parasitierenden Malariaerreger (↑Plasmodium) und die Erreger der Schlafkrankheit (↑Trypanosoma), die durch Blut saugende Insekten übertragen werden. Im Darm des Menschen findet man als P. u.a. Einzeller und Würmer (z.B. Entamoeba als Erreger der Amöbenruhr; die Spul- und Bandwürmer, die sich vom Darminhalt ernähren). Muskelparasiten sind z.B. Trichinen und die Finnen als Zwischenstadium der ↑Bandwürmer.

In den meisten Fällen ist ein Parasit spezifisch an einen ganz bestimmten **Wirtsorganismus** gebunden. Durch eine Massenvermehrung des P. kann dieser sterben, wobei jedoch auch der Parasit zugrunde geht. Es gibt aber auch P., deren vollständige Entwicklung nur durch einen oder mehrere ↑Wirtswechsel möglich ist, z.B. bei den ↑Bandwürmern.

Die meisten P. zeigen aufgrund ihrer Lebensweise ähnliche Anpassungserscheinungen, wie z.B. Rückbildung des Bewegungsapparats und der Sinnesorgane, Verlust der Pigmentierung, Rückbildung der Mundwerkzeuge und des Verdauungsapparats (v.a. bei Darm- und Blutparasiten). Die Erhaltung der Art wird durch eine große Zahl der Eier (beim Spulwurm ca. 50 Millionen), durch vegetativ sich vermehrende Larvenstadien (Hundebandwurm) oder Zwittrigkeit (Bandwürmer) gesichert.

Parasympathikus: ein Untersystem des ↑vegetativen Nervensystems.

Parathormon (Parathyrin): in der Nebenschilddrüse sezerniertes Hormon, das den Blutcalciumspiegel konstant hält, indem es bei Bedarf Ca^{2+}-Ionen aus den Knochen mobilisiert. Sein Gegenspieler ist das Calcitonin der ↑Schilddrüse.

Parazoa: die ↑Schwämme.

Pärchenegel (Schistosoma): Gattung 1–2 cm langer ↑Saugwürmer in Afrika und Asien. Das Männchen trägt das Weibchen in einem von seinen Körperseiten gebildeten Kanal (Dauerbegattung). P. sind Parasiten des Menschen, die während ihres ↑Generationswechsels Wasserschnecken als Zwischenwirte benutzen. Ins freie Wasser entlassene Larvenstadien bohren sich in die Haut badender Menschen ein. Die Weibchen legen ihre Eier hauptsächlich in den Eingeweide- und Blasenvenen ab, was zu Entzündungen in Blase, Darm oder Leber führt **(Schistosomiasis** oder **Bilharziose).** Schließlich gelangen die Eier mit dem Harn oder Kot wieder ins Wasser.

In gemäßigten Zonen können sich die P. nicht ausbreiten, da die Wassertemperatur für die Entwicklung in den Schnecken nicht ausreicht.

Parenchym:

◆ bei *Pflanzen* das **Grundgewebe,** ein ↑Dauergewebe aus lebenden, wenig differenzierten Zellen, in dem die wichtigsten Stoffwechselprozesse ablaufen und das den krautigen Pflanzen ihre Festigkeit verleiht. Häufig liegen im Pflanzenparenchym ausgedehnte Interzellularräume. Zu diesem pflanzlichen Grundgewebe gehört v.a. das Assimilationsgewebe der Blätter (↑Laubblatt).

◆ Bei *Tieren* und beim *Menschen* wird das Gewebe, das für ein kompakteres, keine größeren Hohlräume aufweisendes Organ spezifisch ist, P. genannt (z.B. Leberparenchym).

◆ Bei bestimmten *Würmern,* v.a. Plattwürmern, ist die primäre Leibeshöhle zwischen Darm und Körperwand von einem bindegewebigen Parenchym erfüllt.

Parentalgeneration: die ↑Elterngeneration.

Parietalorgan: bei niederen Wirbeltieren eine Ausstülpung des Zwischenhirns, die Einzelaugen ausbilden kann. – ↑auch Zirbeldrüse.

Parthenogenese: die ↑Jungfernzeugung.

Passgang: eine Form der ↑Fortbewegung.

Pasteurisieren: Empfindliche Nahrungsmittel kann man durch Teilentkeimung für längere Zeit haltbar machen, indem man durch Erhitzen auf 60–80°C während 5–10 Minuten die vegetativen Formen (nicht die Sporen) der Mikroorganismen abtötet. Dieses Verfahren stammt von L. PASTEUR.

Patagium: die ↑Flughaut.

Patellarsehnenreflex: der ↑Kniesehnenreflex.

Paukenhöhle: Hohlraumsystem des Mittelohrs (↑Ohr).

Paukentreppe: ↑Ohr.

pawlowscher Versuch: Der russische Biologe I. P. PAWLOW sprühte Hunden Fleischpulver (unbedingter Reiz) ins Maul und regte auf diese Weise ihren Speichelfluss an. Unmittelbar zuvor läutete er mit einer Glocke bzw. ließ ein Metronom ticken (neutraler Reiz). Nach mehrmaliger Versuchswiederholung reagierten die Hunde schon allein auf das Geräusch mit vermehrter Speichelsekretion. Die Versuchstiere hatten gelernt, den neutralen Reiz mit dem unbedingten zu assoziieren (klassische ↑Konditionierung).

P

pawlowscher Versuch

Die Entstehung der bedingten Reaktion nach I. P. Pawlow

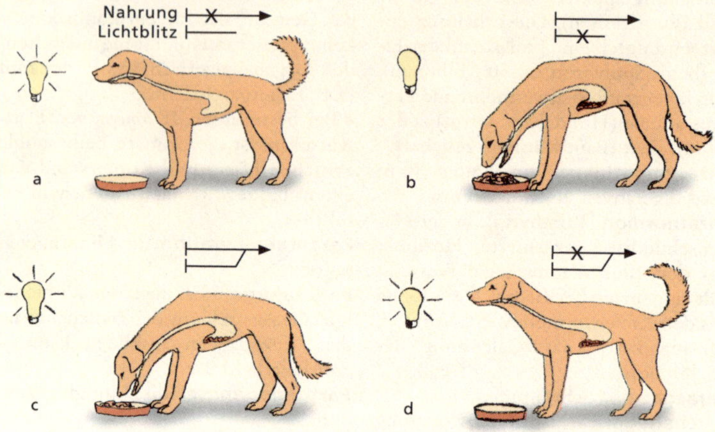

Peak: relativ spitzes Maximum im Verlauf einer Kurve (z.B. bei einem Aktionspotenzial).
Pedicellarien: ↑Seeigel.
Pedipalpen: das zweite Extremitätenpaar im Bereich der Mundöffnung bei ↑Spinnentieren, das für unterschiedliche Aufgaben abgewandelt sein kann. Bei Schwertschwänzen sind die P. Laufbeine, bei Webspinnen Taster, bei Geißelspinnen Greiforgane und bei Spinnenmännchen auch Begattungsorgan, bei Skorpionen große Scheren.
Pekingmensch: ↑Mensch.
Pektine: Polyuronide aus 20–100 Glucuronsäuremolekülen, die teilweise oder ganz mit Methanol verestert sind. Dabei sind die einzelnen Ketten untereinander vernetzt, indem zwei Carboxy-Gruppen durch Ca^{2+}-Ionen verbunden sind.
P. sind im Pflanzenreich weit verbreitet und Hauptbestandteil der Mittellamelle (Trennschicht zwischen zwei ↑Zellen). Wegen ihres ausgeprägten Geliervermögens finden die P. in der Lebensmittelindustrie vielfache Verwendung.
Pellicula: eine feste, formbeständige Zellhülle bei manchen Einzellern. Sie schränkt den Stoffaustausch ein bzw. lässt ihn nur an bestimmten Poren zu.
Pelvis: das ↑Becken.
Penicilline: eine Gruppe der ↑Antibiotika, die aus den Schimmelpilzen **Penicillium notatum** und **Penicillium chrysogenium** gewonnen werden. Sie hemmen die Neubildung der Zellwand bei Bakterien. P. sind wenig toxisch, können aber Allergien hervorrufen.
Penis: das männliche ↑Glied.
Pentosen: ↑Kohlenhydrate.
Pepsin: zur Gruppe der ↑Hydrolasen gehörendes Enzym. Es ist bis zu einem Anteil von 0,5% im Magensaft enthalten. In der Magenschleimhaut entsteht zunächst als inaktive Vorstufe das **Pepsinogen,** das sich im sauren Magensaft auf autokatalytischem Wege in das aktive P. umwandelt, wobei ein hochmolekulares Polypeptid abgespalten wird.
Peptidasen: früherer Name der Exopeptidasen (↑Hydrolasen).
Peptidbindungen: ↑Eiweiße.
Peptide: Verbindungen aus zwei oder mehreren ↑Aminosäuren, die über die

Peptidbindung miteinander verbunden sind. Je nach der Zahl der verknüpften Aminosäuren bezeichnet man sie als Di-, Tri-, Tetrapeptide usw.; **Polypeptide** besitzen etwa 80–100 Aminosäurereste, noch höhermolekulare Verbindungen werden Proteine genannt (↑Eiweiße).

perennierende Pflanzen: die ↑ausdauernden Pflanzen.

Perianth: eine Form der Blütenhülle (↑Blüte).

Perigon: eine Blütenhülle (↑Blüte) mit gleichartigen Gliedern.

Perikambium: ↑Wurzeln.

Perikard: der Herzbeutel (↑Herz).

Perilymphe: ↑Ohr.

Periode: die Monatsblutung (↑Menstruationszyklus).

Periost: die Knochenhaut (↑Knochen).

peripheres Nervensystem: der Teil des ↑Nervensystems, der vorwiegend der Weiterleitung von Informationen dient, diese aber nicht selbst verarbeitet. Das p. N. besteht also hauptsächlich aus Leitungsbahnen. Die afferenten Fasern leiten Erregungen von sensiblen Endstellen zum Rückenmark und Gehirn, efferente Fasern leiten sie vom Zentralnervensystem zu den Muskeln und Drüsen. Afferenzen und Efferenzen befinden sich zwar in unterschiedlichen Axonen (Nervenfasern), sind aber meist in einem dickeren Strang (Nerv) zusammengefasst.

Zum p. N. gehören auch die Ganglien, in denen die Zellkörper der peripheren Nerven liegen und wo die synaptische Umschaltung zwischen Nervenzellen stattfindet. Typische paarige **Spinalganglien** sind im Bereich jedes Rückenmarksegments vorhanden und stehen durch eine ventrale Wurzel (aus motorischen Fasern) und eine dorsale Wurzel (aus sensiblen Fasern) mit dem Rückenmark in Verbindung.

Die beiden Wurzeln vereinigen sich bei den meisten Wirbeltieren zum **Spinalnerv,** der sich sofort wieder in einzelne Äste aufspaltet. Der Spinalnerv und seine Hauptäste sind gemischte Nerven, d.h., sie enthalten efferente und afferente Fasern.

In den Extremitäten kommt es zu komplizierten Geflechten, sodass die Skelettmuskeln von mehreren peripheren Nerven versorgt werden können.

Peristaltik: Unter P. versteht man das wellenförmige Sichzusammenziehen der glatten Muskulatur in den Wänden röhrenförmiger Hohlorgane, wodurch deren Inhalt transportiert oder durchmischt wird. Die P. wird durch das vegetative Nervensystem gesteuert. Beispiele: Die Speiseröhre transportiert Nahrungsbrocken, der Darm Speisebrei, der Harnleiter Harn. – Die **peristaltischen Bewegungen** (↑Fortbewegung) mancher wurmförmiger Tiere beruhen auf willkürlichen Muskelbewegungen.

Peristomfeld: ↑Pantoffeltierchen.

peritrich: Peritrich begeißelt nennt man Bakterien, bei der mehrere einzelne Geißeln über die Zelloberfläche verteilt sind; im Unterschied dazu besitzen **lophotrich** begeißelte Bakterien an einem Zellpol ein Geißelbüschel und bei

Pedipalpen

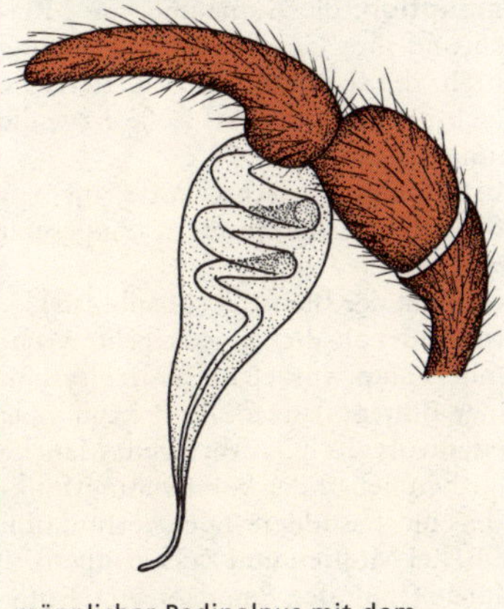

männlicher Pedipalpus mit dem blasenförmigen Begattungsorgan

peritrich

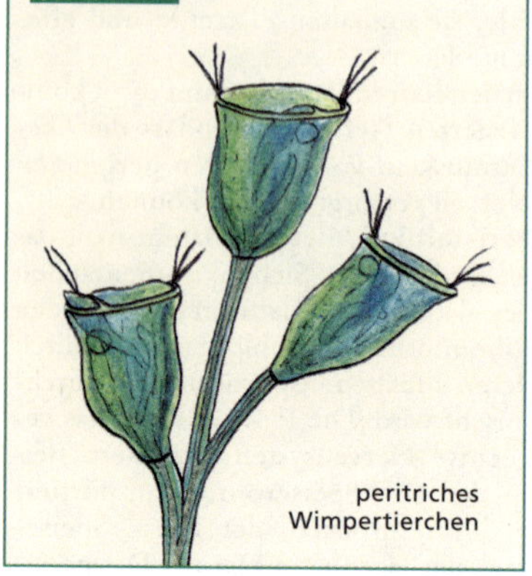
peritriches Wimpertierchen

amphitricher Begeißelung finden sich Geißelbüschel an beiden Zellpolen.

Perizykel: ↑ Wurzeln.

Permeabilität: die Durchlässigkeit von Membranen für Stoffe (meist Ionen und Moleküle); ↑ Osmose.

perniziöse Anämie: ↑ extrinsic factor.

Peroxisomen (Microbodies): kleine Zellorganellen in pflanzlichen und tierischen Zellen, die neben Peroxidasen, Dehydrogenasen und flavinhaltigen Oxidasen v. a. Katalase enthalten (↑ auch Flavoproteine).

Perzeption: die Aufnahme von ↑ Reizen und ihre Umsetzung in Erregung durch die pflanzliche und tierische (auch die menschliche) Zelle bzw. die Sinnesorgane.

Pestizide: chemische Stoffe, die zur ↑ Schädlingsbekämpfung eingesetzt werden.

Petiolus: der Blattstiel (↑ Laubblatt).

Pfahlwurzel: dicke, senkrecht wachsende Hauptwurzel im Wurzelsystem einer Blütenpflanze. Die P. kann viele Seitenwurzeln hervorbringen. Manche P. haben neben der Verankerungsfunktion eine besondere Speicherfunktion (z. B. bei Möhren und Zuckerrüben).

Pferde (Einhufer, Equidae): eine Familie großer, in Steppen und Savannen verbreitet vorkommender ↑ Unpaarhufer, zu denen auch Zebras und Esel gehören.

P. sind schnell laufende, hochbeinige, Gras fressende Säugetiere, bei denen die dritte (also mittlere) Zehe der Vorder- und Hinterbeine stark verlängert ist, während die übrigen Zehen völlig oder teilweise rückgebildet sind.

Die P. haben sich vor rd. 60 Millionen Jahren aus einer etwa fuchsgroßen Stammform in Amerika **(Eohippus)** entwickelt. Sie waren zunächst waldbewohnende Laubfresser und wurden später Grasfresser der offenen Landschaften. Vor rd. 2,5 Millionen Jahren gelangte ein Seitenzweig nach Asien, wohingegen in Amerika alle P. nach der Eiszeit auf ungeklärte Weise ausstarben; in prähistorischer Zeit waren sie noch Zeitgenossen der Indianer. Von der Alten Welt gelangten die P. dann mit Seefahrern wieder nach Amerika.

Aus dem eurasiatischen Stamm der P. wurden die verschiedenen Rassen der **Hauspferde** gezüchtet.

Pflanzen: formenreiche eukaryotische Organismengruppe, die in der biologischen Systematik in ein eigenes Reich **(Plantae)** gestellt wird. Die Abgrenzung der P. ist im Bereich der ↑ Flagellaten schwierig und erst auf höherer Organisationsstufe, vorwiegend aufgrund der Ernährungsweise und des Zellbaues möglich. In ihrer *Ernährungsweise* sind Pflanzen autotroph, d. h. sie bauen mithilfe des Sonnenlichts (↑ Fotosynthese) ihre organische Körpersubstanz aus anorganischem Material auf. P. schaffen somit die Existenzvoraussetzungen für alle ↑ heterotrophen Organismen. (Die heterotrophen ↑ Pilze werden nur noch traditionellerweise zu den P. gezählt.)

Pflanzliche *Zellen* zeichnen sich dadurch aus, dass sie ↑ Plastiden und eine große zentrale ↑ Vakuole besitzen sowie eine Zellwand aus ↑ Cellulose ausbilden. Nährstoffe werden von P. ausschließlich in gelöster Form aufgenommen, im Unterschied zu den tierischen

Zellen (↑Tiere), die feste Nährstoffe aufnehmen.

Die *äußere Form* ist der autotrophen Lebensweise durch Ausbildung großer äußerer Oberflächen, wie Blättern und verzweigter Spross- und Wurzelsysteme, zur Aufnahme von Energie und Nährstoffen am Standort angepasst. P. sind festsitzend und besitzen daher keine Bewegungsorgane oder Systeme zur Bewegungskoordination. Das Wachstumssystem der P. ist offen, d.h. sie wachsen zeitlebens (meist an zahlreichen Vegetationspunkten) weiter. Ihre Fähigkeit zur Regeneration ist groß, denn jeder Vegetationspunkt kann prinzipiell zu einer neuen Pflanze auswachsen. P. besitzen keine zentralen Organe, dementsprechend müssen die im Stoffwechsel anfallenden Abfallprodukte von jeder Zelle einzeln beseitigt werden. Die Koordination der einzelnen Organe und Zellen der P. wird über Pflanzenhormone gesteuert, der Wasser- und Stofftransport findet in ↑Leitbündeln statt. P. versorgen nicht nur die heterotrophen Lebewesen mit Nährstoffen, sondern ermöglichen dank der Freisetzung von Sauerstoff bei der Fotosynthese die Atmung aller Organismen. Darüber hinaus prägen sie entscheidend das Landschaftsbild der Erde.

Pflanzenfallen: Blüten oder Blätter mit besonderen Einrichtungen zum Fangen oder Gefangenhalten von Insekten und anderen Kleintieren.

Die *Blütenfallen* dienen zur Sicherung der Bestäubung. Bei der Schwalbenwurz z.B., einer etwa meterhohen Staude, tragen die Staubbeutel über der Narbe sog. Klemmkörper. Gerät ein Insekt beim Nektarsaugen mit dem Rüssel oder den Beinen in diese Klemmkörper, so reißt es beim Versuch, sich zu befreien, diese mit den Pollinien heraus, womit die Bestäubung gesichert ist **(Klemmfallenblume).**

Bei der Osterluzei befinden sich die Geschlechtsorgane der Pflanze in einer kesselförmigen Erweiterung, aus der das besuchende Insekt erst nach vollzogener Bestäubung entweichen kann **(Kesselfallenblume).**

Beim Aronstab ist der männliche und weibliche Organe tragende Kolben von einem tütenförmigen Hüllblatt umgeben, auf dessen Innenfläche das anfliegende Insekt wie auf einer Gleitbahn auf die Blütenanlage hinabrutscht **(Gleitfallenblume).** *Blattfallen* sind bei den ↑Fleisch fressenden Pflanzen angelegt.

Pflanzenfarbstoffe: Außer den an die Plastiden gebundenen Blattfarbstoffen, die großteils für die ↑Fotosynthese verantwortlich sind, enthalten viele Pflanzen in verschiedenen Teilen farbige Substanzen, die z.T. schon im Altertum zur Färbung von Textilien und für Kosmetika verwendet wurden. Bekannt ist das Alizarin in den Wurzeln der Krapp-Pflanze, die früher wegen ihres roten Farbstoffs angebaut wurde. Die Indigopflanze, bei der sich erst durch chemische Umsetzungen in den abgeschnittenen Teilen der blaue Farbstoff, das Indigo, entwickelt, hat durch die Erfindung des synthetischen Indigos heute keine wirtschaftliche Bedeutung mehr. Auch Hölzer können Farbstoffe bilden, wie z.B. Blau- oder Campecheholz, dessen roter Kern das Hämatoxylin bildet. – ↑auch Anthocyane, ↑Blütenfarbstoffe, ↑Carotinoide.

Pflanzenfresser (Phytophagen): Bezeichnung für alle Tiere, die sich vornehmlich von Pflanzen bzw. bestimmten Pflanzenteilen ernähren.

Durch Mikroorganismen in besonderen Bildungen ihres Magen-Darm-Kanals gelingt es vielen P., auch die Cellulosezellwände der Pflanzen aufzuschließen und auf diese Weise zu verdauen. Häufig haben die P. einen besonders langen Darm.

Die hauptsächlich von krautigen oder grasartigen Pflanzen lebenden P., wie z.B. die ↑Wiederkäuer, heißen **Herbivoren,** die Früchtefresser **Fructivoren,** die Holzfresser **Xylophagen.** Daneben

P

gibt es u.a. noch ausgesprochene Pilzfresser **(Mycetophagen)** sowie Algen- und Flechtenfresser.

Pflanzengallen: die ↑Gallen.

Pflanzengeographie: Wissenschaft, die die Verbreitung der Pflanzen auf der Erde erforscht. Man unterscheidet 4 Teilgebiete: Die **floristische P.,** die sich mit der Verbreitung einzelner systematischer Pflanzeneinheiten befasst, die ↑Pflanzensoziologie, die **ökologische P.,** die heute der ↑Ökologie zugeordnet ist, und die **historische P.,** die die Verbreitung der Pflanzen in früheren erdgeschichtlichen Perioden untersucht.

Pflanzengesellschaft: eine Gemeinschaft von Pflanzen, die Standorte mit gleichen oder ähnlichen ökologischen Bedingungen besiedelt. Die Pflanzen einer P. stellen eine mehr oder weniger gleiche, durch Wettbewerb und Auslese entstandene Vergesellschaftung dar. P. geben der Landschaft ihr Gepräge und sind zeitlich stabil, solange nicht durch Klimaänderungen, geologische Vorgänge, menschliche Eingriffe oder durch Zuwanderung neuer Arten neue Wettbewerbsbedingungen und dadurch Änderungen in der Artenzusammensetzung verursacht werden.

Vom Menschen unbeeinflusste P. (z.B. im Bereich von Seen, Mooren, Watten) werden heute unter Naturschutz gestellt, da sie durch sog. Halbkulturgesellschaften (Wiese, Weide) und Kulturgesellschaften verdrängt werden.

Pflanzenhormone: ↑Wuchsstoffe.

Pflanzenkunde: die ↑Botanik.

Pflanzensoziologie: Die P. ist ein Teilgebiet der ↑Pflanzengeographie. Sie untersucht die Einflüsse abiotischer (z.B. Klima, Boden) und biotischer Faktoren (z.B. Vermehrung, Ausbreitung der Samen, Behauptungsfähigkeit) auf ↑Pflanzengesellschaften.

Pflanzenzüchtung: die Schaffung neuer Kulturpflanzensorten, die den besonderen Standortverhältnissen oder den veränderlichen Anbaumethoden und Ansprüchen des Menschen angepasst sind. Hierbei wird die erbliche Veränderung von Kulturpflanzen angestrebt, v.a. durch Neukombination von Erbmerkmalen und durch Auslösung von Mutationen.

Das Prinzip der **Auslese,** nach dem nur die Samen der besten Pflanzen wieder ausgesät werden, ist das älteste, auch heute noch angewandte Verfahren der P. Sehr aufwendig und zeitraubend ist die Suche nach geeigneten Mutanten mit bestimmten Eigenschaften (z.B. bitterstofffreie Lupinen), da diese oft nur ein einziges Mal unter Millionen anderen Pflanzen auftreten. Die Mutationsrate zu erhöhen (z.B. durch radioaktive Bestrahlung) ist nur selten erfolgreich.

Durch ↑Kreuzung zweier Arten, die je ein günstiges Merkmal tragen, lassen sich diese Merkmale in einer Pflanzenart vereinen. Sehr wichtig ist z.B. die Rückkreuzung von Getreidesorten mit krankheits-, frost- und auswuchsresistenten Wildformen. Beim Mais nutzt man die ↑Bastardwüchsigkeit aus, die auftritt, wenn man zwei reine Linien (homozygot in vielen Genen) miteinander kreuzt. Viele sehr ertragreiche Kulturpflanzen sind ↑polyploid. Die Erhaltung bewährter Sorten durch kontrollierte Vermehrung gehört ebenfalls zu den Aufgaben der Pflanzenzüchtung.

Pflasterepithel: Form des ↑Deckgewebes.

Pfortader: ↑Leber.

Pfortaderkreislauf: ↑Blutkreislauf.

Pförtner: Ringmuskel am Ausgang des ↑Magens.

Pfriemenschwänze: die ↑Oxyuren.

P-Generation, Abk. für: **P**arentalgeneration: ↑Elterngeneration.

Phaeophyceae: die ↑Braunalgen.

Phagen: die ↑Bakteriophagen.

Phageninfektion: die ↑Transfektion.

Phagocyten (Fresszellen): Im Blut und in den Zwischenzellräumen der Gewebe frei bewegliche Zellen, die sich wie

Amöben fortbewegen können. Durch ↑Phagocytose sind die Ph. für den tierischen und menschlichen Körper von großer Bedeutung.

Unter den Fresszellen, die als **Makrophagen** relativ große, körperfremde oder körpereigene Partikel (Bakterien, Zelltrümmer von verletztem bzw. infiziertem Gewebe) aufnehmen, unterscheidet man die im Gewebe vorkommenden Gewebsmakrophagen **(Histiocyten)** von den zu den ↑weißen Blutkörperchen zählenden Blutmakrophagen **(Monocyten).** Gewebsmakrophagen finden sich gehäuft in den Lymphknoten. Ebenfalls weiße Blutkörperchen darstellende Ph. sind die neutrophilen **Granulocyten,** die jedoch nur kleinere Fremdkörper, v.a. Bakterien, beseitigen und daher **Mikrophagen** genannt werden.

Die Monocyten und neutrophilen Granulocyten haben die Fähigkeit, die Wände der Adern zu durchwandern, um in entzündetes Gewebe zu gelangen; sie bilden dort nach ihrem Absterben den Eiter.

Bei der Knochenbildung bauen spezielle Ph., die **Chondroklasten,** das Knorpelgewebe ab (↑Knochen). Bei der Umbildung des Knochens zerstören die **Osteoklasten** als Ph. Knochensubstanz. Während der Metamorphose von Tieren (z.B. Insekten, Lurche) bauen Ph. die Larvenorgane ab; die Abbaustoffe dienen wieder für den Aufbau der neu zu bildenden Organe.

Bei niederen Tieren (Hohltiere, Schwämme, Plattwürmer) verdauen Ph. die Nahrung und verteilen die Nährstoffe im Körper.

Phagocytose: Phagocyten (Fresszellen) und Einzeller (z.B. Amöben) stülpen zur Nahrungsaufnahme die Plasmamembran ihres Zellkörpers mit dem aufzunehmenden Partikel nach innen ein und schnüren das entstandene Bläschen als Nahrungsvakuole ins Zellplasma ab. Enzyme werden in diese Vakuole abgegeben, die den Inhalt verdauen. Durch die Ph. der ↑Phagocyten werden zugleich im Körper vorhandene Schadpartikel, Bakterien u.Ä. beseitigt. – ↑auch Pinocytose.

Phanerophyten (Luftpflanzen): Holzgewächse mit Sprossknospen, die oberhalb der schützenden Schneedecke überwintern, d.h. alle Bäume (z.B. Buche, Eiche) und Sträucher (z.B. Haselnussstrauch) außer den Zwergsträuchern (↑Chamaephyten).

Phänotyp: Das äußerlich sichtbare Merkmal, sei es morphologischer oder auch physiologischer Natur, wird bei diploiden Organismen von zwei eventuell verschiedenen Allelen desselben Gens bestimmt. Häufig richtet es sich nur nach einem (dominanten) Allel, wobei es keine Rolle spielt, ob es vom Vater oder von der Mutter stammt. Daher lässt das Erscheinungsbild eines Lebewesens, der Phänotyp, nicht ohne weiteres Rückschlüsse auf die Allelkombinationen, den ↑Genotyp, zu. Außerdem wirken auf den Ph. noch Umwelteinflüsse verändernd ein.

Pharynx: der ↑Schlund.

Phasenkontrastmikroskop: ↑Lichtmikroskop.

Phenylketonurie: Stoffwechselkrankheit, die auf einem genetisch bedingten Defekt des Leberenzyms Phenylalanin-Monooxygenase beruht. Hierdurch ist der Umbau der Aminosäure Phenylalanin zu Tyrosin gestört, was zu einer Anhäufung im Blut und teilweise zu einer Umwandlung über Nebenwege des Stoffwechsels v.a. zu Phenylbrenztraubensäure, einer alpha-Ketosäure, führt. Sie ist Ursache schwerwiegender Schädigungen, die sich u.a. in Minderwuchs, Mikrocephalie (Verkleinerung von Schädelumfang und -inhalt) und einer unterschiedlich starken geistigen Behinderung äußern. Die Behandlung besteht in einer phenylalaninarmen Kost.

Pheromone (Ektohormone): in kleinsten Mengen hochwirksame tierische Stoffe, die die Verhaltensabläufe und das Stoffwechselgeschehen von Indivi-

P

duen der gleichen Art beeinflussen, z.B. die ↑Duftstoffe (u.a. Sexuallockstoffe).

Phloem: der Siebteil der ↑Leitbündel.

phobische Reaktion: ↑Taxis.

Pholidota: die ↑Schuppentiere.

Phosphatasen: Enzyme aus der Gruppe der Esterasen, die durch Wassereinlagerung aus Phosphorsäureestern oder Polyphosphaten Phosphorsäure abspalten. In der Biologie spielen sie als Nucleinsäure spaltende Enzyme **(Nucleasen)** eine besondere Rolle. Am häufigsten sind die Nucleasen, die ↑DNA oder ↑RNA depolymerisieren.
Viele dieser Enzyme finden sich als Verdauungsenzyme in der Bauchspeicheldrüse und in den ↑Lysosomen der Zellen, aus denen sie bei ↑Autolyse oder ↑Phagocytose freigesetzt werden.
Als eigentliche Ph. werden meist die **Phosphomonoesterasen** bezeichnet, die Zuckerphosphate spalten. Man findet sie im Dünndarm, im Knochen und in der menschlichen Prostata.

Phosphate: die Salze und Ester der Phosphorsäuren. Die Phosphorsäureester sind in der Natur als Bausteine von Phospholipiden und Nucleoproteiden von großer Bedeutung. Calciumphosphat ist Baustoff von Knochen und Zähnen. Ph. sind außerdem wichtige Pflanzennährstoffe.
Die wichtigsten anorganischen Ph. im Boden sind Calcium-, Aluminium- und Eisenphosphate. Außerdem werden Ph. auch an Bodenkolloide angelagert. Die Pflanzenwurzeln können durch besondere Ausscheidung selbst Ph. in ihrer Umgebung mobilisieren. Das aufgenommene Ph. wandert besonders in junge Pflanzenteile und wird sehr schnell v.a. in Phospholipide umgewandelt.
Eine vergleichbar wichtige Rolle spielen Ph. im tierischen Organismus. Der Phosphatspiegel ist stark altersabhängig und unterliegt den Einflüssen der Nebenschilddrüse, der Schilddrüse und der Nierentätigkeit. Phosphat wird vorwiegend zusammen mit Calcium im Dünndarm resorbiert.

Phospholipide (Phospholipoide, Phosphatide): eine Gruppe der ↑Lipoide. Am längsten bekannt sind die **Glycerinphosphatide** der Lecithin- und Kephalingruppe. Bei den Glycerinphosphatiden sind die primäre und sekundäre Hydroxy-Gruppe des Glycerins mit Fettsäure, die zweite primäre Hydroxy-Gruppe dagegen mit Phosphat verestert.
Die Ph. sind Lösungsvermittler für die hydrophilen Zellbestandteile und am Aufbau aller pflanzlichen und tierischen Membranen beteiligt.

Phosphomonoesterasen: ↑Phosphatasen.

Phosphor: ein Nichtmetall, das im Boden in anorganischen und organischen Verbindungen vorkommt, meist in Form von Orthophosphaten, seltener als Diphosphate.
Für die Pflanze ist die Mineralisation des organisch gebundenen Ph. von besonderer Bedeutung, der in humusreichen Böden 50% des Phosphorgehaltes ausmacht.

Phosphorylierung: Bezeichnung für die enzymatische Einführung eines Phosphorsäurerestes in ein Substrat, das dadurch biochemisch aktiviert wird (↑Atmungskette, ↑Fotosynthese).

Phragmobasidiomycetes: Unterklasse der ↑Ständerpilze.

pH-Wert: Der pH-Wert ist der negative Zehnerlogarithmus des Zahlenwertes der in mol/l ausgedrückten Oxoniumionen-Konzentration ($-\log[CH_3O^+]$) und damit ein Maß für den sauren ($pH<7$), neutralen ($pH=7$) oder basischen ($pH>7$) Charakter einer Lösung. Er spielt in chemischen bzw. in biochemischen Reaktionen eine bedeutende Rolle. So entfalten z.B. die verschiedenen ↑Enzyme nur in bestimmten pH-Bereichen ihre größte katalytische Aktivität. Der pH-Wert des Blutes beträgt z.B. 7,4, der des Darmsafts 8,3, der des Magensafts 0,5–1,5.

Die Messung des pH-Werts erfolgt am einfachsten durch bestimmte Farbstoffe (Indikatoren), die in Lösung eine vom pH-Wert abhängige Färbung zeigen.

Phycoerythrin: ↑Rotalgen.

Phyllocladium: ein flächenhaft verbreiterter Kurztrieb, der die Funktion der meist fehlenden Blätter übernimmt (↑auch Sprossmetamorphosen).

Phyllodium: Bezeichnung für den flächenhaft verbreiterten **Blattstiel** (↑Laubblatt) als Hauptassimilationsorgan, wobei meist die eigentliche Blattspreite unentwickelt bleibt (z.B. bei Akazien-Arten).

Phylogenese (Phylogenie, Stammesentwicklung): die stammesgeschichtliche Entwicklung der Arten sowie die Erforschung der diesbezüglichen Gesetzmäßigkeiten. Dazu werden fossile und rezente (noch lebende) Arten verglichen sowie an rezenten Arten z.B. Vergleiche des Körperbaus, biochemischer Vorgänge oder der ↑Keimesentwicklung durchgeführt. Über die Rekonstruktion der Ph. einer Organismengruppe können die Verwandtschaftsbeziehungen der zugehörigen Arten aufgeklärt und so ein phylogenetisches (=natürliches) System aufgestellt werden (↑auch Systematik).

Physiologie: ein Teilgebiet der Biologie, das die Funktionen des pflanzlichen und tierischen Körpers und seiner Einzelteile (Zelle, Gewebe, Organe) erforscht. Innerhalb der Ph. gibt es verschiedene Richtungen. Die **allgemeine Ph.** befasst sich mit den Grundlagen der Lebensvorgänge der Pflanzen **(Pflanzenphysiologie),** der Tiere **(Tierphysiologie)** und des Menschen **(Humanphysiologie).** Die **spezielle Ph.** untersucht physiologische Teilgebiete (z.B. Muskelphysiologie).

physiologische Kochsalzlösung: Eine 0,9%ige wässrige Lösung von NaCl besitzt denselben osmotischen Druck, der normalerweise im Blut herrscht. Sie wird meist verwendet, wenn man den Flüssigkeitsverlust nach starken Blutungen schnell ausgleichen muss.

physiologische Uhr: ↑biologische Uhr.

Phytochrome: Chromoproteide, deren prosthetische Gruppe eine dem Biliverdin (↑Gallenfarbstoffe) verwandte Verbindung ist. Ph. spielen bei lichtabhängigen Entwicklungsvorgängen von Pflanzen eine Rolle.

Eine Form des Phytochroms absorbiert Licht der Wellenlänge 660 nm (hellrot), eine andere Licht der Wellenlänge 730 nm (dunkelrot). Beide Isomere, auch als Hellrot-Dunkelrot- oder Phytochrom-System bezeichnet, können durch Licht der entsprechenden Wellenlänge reversibel ineinander umgewandelt werden. Das Phytochrom-System ist beteiligt an der Blütenbildung, Keimung der Samen, Fotomorphogenese, am Fotoperiodismus und am vegetativen Wachstum.

Phytohämagglutinine: die ↑Lectine.

Phytohormone: die Pflanzenhormone (↑Wuchsstoffe).

Phytophagen: die ↑Pflanzenfresser.

Phytoplankton: der pflanzliche Anteil des ↑Planktons.

Pia mater: die weiche Hirnhaut (↑Hirnhäute).

Pigmentbecherozellen: ↑Augen.

Pigmente: Farbstoffe, die im pflanzlichen (↑Pflanzenfarbstoffe), im tierischen und im menschlichen Organismus auftreten. Sie sind bei Tieren bzw. bei den Menschen in der Haut, in Haaren, Schuppen, Federn oder im Chitinpanzer eingelagert und bewirken die jeweilige Färbung.

P. spielen in vielen Fällen eine wichtige Rolle im Sexual- und Abwehrverhalten der Tiere. Viele P. haben aber auch eine wichtige physiologische Funktion. So dienen sie z.B. als Atempigmente (Hämoglobin) dem O_2- oder CO_2-Transport. Andere spielen bei den fotochemischen Reaktionen in den Sehzellen eine Rolle (z.B. Rhodopsin). Schließlich werden sie auch als Stoffwechselabfallprodukte in bestimmten Struktu-

ren oder Regionen gespeichert. Da P. Licht von bestimmter Wellenlänge absorbieren können, haben sie auch eine große Bedeutung als Schutz vor UV-Strahlung.
Tierische Pigmente sind die ↑Gallenfarbstoffe, die ↑Melanine und die ↑Carotinoide.

Pigmentzelle: ↑Augen.

Pille: Mittel zur ↑Empfängnisverhütung.

Pilze (Mycophyta): eine Abteilung vorwiegend auf dem Land lebender Pflanzen mit rd. 100 000 bekannten Arten. Sie sind den ↑Lagerpflanzen zuzuordnen. Die Abteilung der P. wird in zwei Unterabteilungen gegliedert: **Myxomycotina** mit den ↑Schleimpilzen und **Eumycotina** (Echte Pilze; rd. 90 000 Arten) mit den ↑Algenpilzen, ↑Schlauchpilzen und ↑Ständerpilzen.
Alle P. besitzen einen echten Zellkern. Da ihnen Chlorophyll fehlt, sind sie heterotrophe Parasiten bei Pflanze, Tier und Mensch oder Saprophyten (↑Saprobionten) auf toten Organismen (Tiere und Pflanzen). Als Reservestoffe speichern sie Glykogen und Fett. Die Zellwand der P. besteht aus Chitin, nur bei wenigen Arten (z.B. Schleimpilze) kommt auch Cellulose vor. Mi t der Erforschung der P. befasst sich ein Spezialgebiet der Biologie, die ↑Mykologie.
Die Vegetationskörper der P. bestehen in der Regel aus Hyphen, die zu einem ↑Mycel verflochten sind. Echte Gewebe fehlen völlig. – Die ungeschlechtliche Vermehrung erfolgt durch Exosporen (↑Konidien) oder Endosporen, bei Wasserbewohnern durch nackte, d.h. zellwandlose Schwärmsporen. Bei der geschlechtlichen Fortpflanzung kommen Iso-, Aniso- und Oogamie mit zahlreichen Zwischen- und Reduktionsformen vor; außerdem gibt es Gametangiogamie (ganze Gametangien kopulieren) und Somatogamie (Pseudomixis; zwei vegetative Zellen vereinigen sich). Einige Pilze vermehren sich auch durch Zerfall des Mycels in einzelne Zellen (Oidien). Die bekanntesten **Echten P.** bilden charakteristische Fruchtkörper. Unter den Echten P. gibt es zahlreiche essbare Arten, die wegen ihrer Geschmacks- und Aromastoffe geschätzt werden (z.B. Champignon, Steinpilz, Trüffel). Der Vitamin- und Mineralstoffgehalt entspricht etwa dem der übrigen pflanzlichen Nahrungsmittel. Einige Arten (z.B. Champignon, Schiitakepilz) werden heute in großem Maßstab angebaut. – Jeder, der Pilze sammelt, sollte auch die giftigen Arten sehr gut kennen.
Unter den Echten P. gibt es viele Arten, die mit dem Wurzelsystem verschiedener Waldbäume in Symbiose (↑Mykorrhiza) leben. ↑Rostpilze und ↑Brandpilze vernichten alljährlich einen erheblichen Teil der Weltgetreideernte. Auch die Erreger von Pflanzenkrankheiten in Wein- und Obstkulturen (z.B. ↑Mehltaupilze) verursachen große Schäden.
Die Hefepilze (↑Hefen) spielen bei der Wein- und Bierbereitung und im Bäckereigewerbe eine große Rolle. Andere Schlauchpilze werden industriell in großem Maßstab gezüchtet und zur Gewinnung von ↑Antibiotika, organischen Säuren, Gibberellinen (↑Wuchsstoffe) und Enzymen verwendet. Der Mutterkornpilz liefert die Mutterkornalkaloide (↑Mutterkorn).
Neben den Bakterien sind die P. die bedeutendsten ↑Destruenten, die durch ihre Tätigkeit beim Abbau organischer Substanzen den Stoffkreislauf in der Natur aufrechterhalten.

Pilzkunde: die ↑Mykologie.

Pinealorgan: ↑Zirbeldrüse.

Pinocytose: Unter P. versteht man die Aufnahme von Flüssigkeitströpfchen (»Trinken«) durch die Zelle. Dabei bildet die Zellmembran an bestimmten Stellen bläschen- oder schlauchförmige Einstülpungen, die dann abgeschnürt werden und ins Plasma wandern. Die Pinocytosebläschen übertragen die in der Flüssigkeit gelöste Substanz (Ionen,

Proteine, Glucose) ins Zellplasma. – ↑auch Phagocytose.

Pionierpflanzen: Bezeichnung für Pflanzen, die als Erste einen bis dahin vegetationsfreien Standort besiedeln. Dazu gehören z.B. ↑Flechten, die auf Felsflächen, neu entstandenen Böschungen und Baumrinden wachsen.

Pisces: die ↑Fische.

Pithecanthropus: ↑Mensch.

Placenta:

◆ (Mutterkuchen): Die Embryonen der *höheren Säugetiere* einschließlich des Menschen (↑Placentatiere) werden in der ↑Gebärmutter über eine P. ernährt. Diese stellt ein gefäßreiches embryonales Gewebe aus der engeren Verbindung der Zottenhaut (Chorion) des Embryos mit der Gebärmutterschleimhaut dar. Zwischen mütterlichem und kindlichem Blut findet hier ein Stoffaustausch statt. Von der Mutter kommen Nährstoffe und Sauerstoff sowie Vitamine und Immunstoffe, vom Embryo über die ↑Nabelschnur v.a. Kohlenstoffdioxid und Stoffwechselschlacken. In der Nabelschnur verlaufen zwei Arterien und eine Vene. Mütterliches und kindliches Blut bleiben stets durch Membranen voneinander getrennt.

Die P. ist auch Bildungsstätte von Hormonen, indem sie ↑Choriongonadotropin bildet sowie (beim Menschen etwa vom 4. Monat ab) die Produktion von Follikelhormonen (Östrogene) und des Gelbkörperhormons ↑Progesteron übernimmt. Diese Hormone regeln u.a. das Uteruswachstum, die Milchbildungsbereitschaft der Milchdrüsen und gegen Ende der Schwangerschaft mittelbar die Auslösung der Wehentätigkeit. Die reife menschliche P. hat einen Durchmesser von etwa 18 cm und ist 450–500 g schwer.

Man kann bei den ↑Placentatieren verschiedene Placentatypen unterscheiden, je nachdem, ob die Chorionzotten gleichmäßig verteilt sind oder ob sie einzelne oder zahlreiche, besonders angeordnete oder geformte Zottenfelder bilden oder mehr oder weniger fest in der Gebärmutterschleimhaut verankert sind. Es lassen sich daraus jedoch keine stammesgeschichtlichen Rückschlüsse ziehen. Vorformen einer P. kommen bereits bei den lebend gebärenden Haien in Form einer ↑Dottersackplacenta vor.

Nach der Geburt wird die P. durch Wehen samt den ↑Embryonalhüllen, dem Rest der Nabelschnur und der obersten Uterusschleimhautschicht (↑Decidua) als Nachgeburt ausgestoßen.

◆ Bei *Pflanzen:* ↑Samenanlage.

Placentahormone (Mutterkuchenhormone): Sammelbezeichnung für die Hormone, die während einer Schwangerschaft von der ↑Placenta gebildet werden und die der Erhaltung der Schwangerschaft dienen. Sobald die Einnistung stattgefunden hat, bildet der Trophoblast (äußere Schicht des Embryos im Stadium der Blastocyste) zwei Hormone: das ↑Choriongonadotropin und das HPL (von englisch **h**uman **p**lacental **l**actogen), dessen Wirkung der des ↑Prolactin entspricht. Durch den Einfluss dieser beiden Hormone steigert der ↑Gelbkörper die Sekretion von ↑Progesteron, das die Abstoßung der Gebärmutterschleimhaut verhindert. Hat sich gegen Ende des 1. Schwangerschaftsmonats der Gelbkörper zurückgebildet, übernimmt die Placenta selbst die Produktion von Progesteron und verschiedenen ↑Östrogenen, die für die Erhaltung der Schwangerschaft erforderlich sind. Choriongonadotropin wird bereits unmittelbar nach Beginn der Schwangerschaft im Urin ausgeschieden und kann so zum Nachweis einer Schwangerschaft dienen (Schwangerschaftstest).

Placentatiere (Placentalia): Unterklasse der Säugetiere, zu der alle Säugetiere (einschließlich des Menschen) mit Ausnahme der ↑Kloakentiere und der ↑Beuteltiere gehören. Die Embryonen der P. werden in der Gebärmutter über

P

eine ↑Placenta vom mütterlichen Organismus ernährt. Die Jungen werden in weit entwickeltem Zustand geboren. Drei der 23 Ordnungen der P. sind an das Leben im Wasser angepasst (Wale, Seekühe und Robben), eine andere Ordnung (↑Fledertiere) hat Flugfähigkeit entwickelt.

Planarien (Tricladida): eine Gruppe meist 0,2–40 mm langer, weißlicher bis sehr dunkel gefärbter ↑Strudelwürmer, die entweder in Süßgewässern **(Süßwasserplanarien)**; in Meeren **(Meeresplanarien)** oder im Humus und unter Blättern auf dem Land vorkommen **(Landplanarien).** An ihrem Vorderende ist oft durch eine halsartige Einschnürung ein Kopf abgesetzt.

P. können schädlich werden entweder in Aquarien an abgelegten Fischeiern und der daraus schlüpfenden Brut (»Scheibenwürmer«) oder in Gewächshäusern an Pflanzen.

Planarien

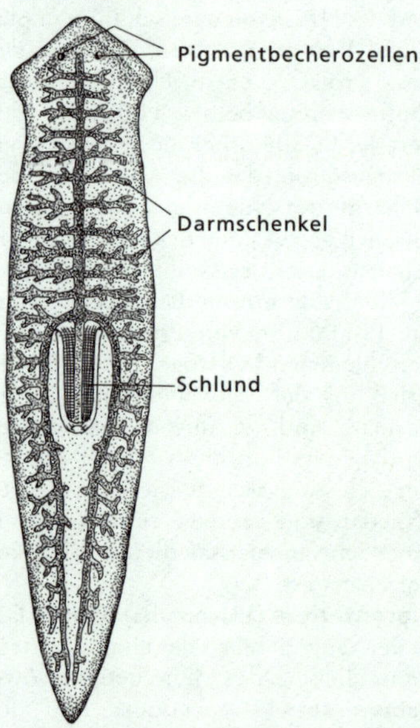

Dorsalansicht (schematisch)

Plankton: Sammelbezeichnung für alle im Wasser (Süßwasser oder Meer) schwebenden Lebewesen **(Planktonten, Plankter),** die keine oder nur eine geringe Eigenbewegung haben, sodass Ortsveränderungen (insbesondere in horizontaler Richtung) ausschließlich oder ganz überwiegend durch Wasserströmungen erfolgen.

Vertikale, aktive Bewegungen, also ein Auf- und Absteigen des Planktons im Verlauf des Tages bzw. der Nacht in Abhängigkeit von Licht, Temperatur u.a. sind dagegen bei vielen Planktonorganismen sehr ausgeprägt entwickelt (Vertikalwanderungen).

Kennzeichnend für Planktonorganismen sind Sonderbildungen, die das Schweben im Wasser erleichtern, indem sie die Absinkgeschwindigkeit verringern (insbesondere lange Körperfortsätze, Ölkugeln oder Gasblasen im Körper).

Zum P. zählen neben zahllosen (v.a. pflanzlichen) Einzellern besonders viele Hohltiere und Krebse (↑auch Krill) sowie Larvenstadien der verschiedensten Tiergruppen, v.a. im Meer (z.B. Larven der Weichtiere, Ringelwürmer, Stachelhäuter). Das P. ist ein außerordentlich wichtiger Ernährungsfaktor für manche Tiergruppen, insbesondere für viele Fische und Wale.

Pflanzliche Planktonlebewesen werden insgesamt als **Phytoplankton,** tierische als **Zooplankton** bezeichnet. Daneben unterscheidet man Meeresplankton **(Haliplankton)** und Süßwasserplankton **(Limnoplankton).**

Plantae: in der biologischen Systematik das Reich der ↑Pflanzen.

Planula: länglich ovale, durch Bewimperung frei bewegliche, zweischichtige Larvenform der Nesseltiere, die durch Entodermbildung aus der Blastula hervorgeht. Die P. setzt sich nach einiger Zeit fest und wird zu einem Polypen, oder sie bleibt frei schwimmend und wird zur bewimperten, mit Tentakeln versehenen **Actinula,** einem zweiten

Larvenstadium, aus dem Medusen (↑Quallen) entstehen.

Plasmalemma: ↑Zelle.

Plasmaströmung: eine gerichtete Bewegung des Protoplasmas (↑Cytoplasma) innerhalb fast aller pflanzlicher Zellen. Man unterscheidet: **Plasmarotation,** bei der das Cytoplasma nur noch als dünner Wandbelag vorhanden ist und in gleich bleibender Richtung fließt, und **Plasmazirkulation,** bei der das Plasma die Zelle netzartig durchzieht und in den einzelnen Strängen in verschiedenen Richtungen strömt.

Die P. wird durch Eiweiße, die den Muskeleiweißen Actin und Myosin ähnlich sind, verursacht. Gut zu sehen ist die P. in Zellen von Arten der Gattungen Vallisneria und Tradescantia.

Plasmide: frei (d.h. außerhalb der Chromosomen) im Bakterienplasma vorkommende, kleine Ringe aus doppelsträngiger DNA, die sich als Replikationseinheiten unabhängig von den Chromosomen vermehren und oft wichtige Gene, z.B. Resistenzgene (Resistenzfaktoren) gegen Antibiotika und Sulfonamide, tragen. In der Gentechnologie dienen sie als Transportmittel und als Hilfsmittel der Genvermehrung (↑auch Klonieren; ↑Gentechnologie).

Plasmodium:

◆ Gattung der ↑Sporentierchen, die in Blutzellen von Wirbeltieren schmarotzen und zu der u.a. die Erreger der **Malaria** gehören.

Die Sporen **(Sporozoite)** von P., die den Speichel infizierter Anophelesmücken besiedeln, gelangen beim Stich der Mücke mit ihrem Speichel in den Menschen und reifen in Leber, Milz, Knochenmark und Gefäßwänden während 1–6 Wochen zu **Schizonten** heran. Diese teilen sich ungeschlechtlich in **Merozoiten,** die ins Blut geschwemmt werden und die roten Blutkörperchen befallen. Hier kommt es wiederum zur Schizogonie. Die Merozoiten werden beim Zerfall der roten Blutkörperchen frei, was einen Fieberanfall hervorruft. Sie dringen dann in neue Blutkörperchen ein.

Nach einigen Vermehrungszyklen entstehen Geschlechtsformen, die mit aufgenommenem Blut in den Darm von Anophelesmücken gelangen. Die befruchtete Eizelle (Zygote) durchdringt die Darmwand und setzt sich an der Darmaußenwand fest, wo aus ihr durch Mehrfachteilung die Sporozoite hervorgehen, die u.a. in die Speicheldrüsen der Mücke wandern. Bei Temperaturen unter 15°C können sich die Sporozoite nicht entwickeln. – siehe Bild S. 312.

Man unterscheidet drei Malariaformen, die durch jeweils eine andere Art von P. hervorgerufen werden: **Malaria tertiana** (Schizontenentwicklung innerhalb von 48 Stunden; Fieberanfall jeweils nach einem fieberfreien Tag), **Malaria quartana** (Fieberanfall alle 72 Stunden) und **Malaria tropica,** bei der die Fieberanfälle in unregelmäßigen Abständen auftreten und deren Folgeschäden am schwersten sind, z.T. mit tödlichem Ausgang.

◆ vielkerniger Plasmakörper, der durch aufeinander folgende vielfache Teilung eines Zellkerns ohne nachfolgende Zellteilungen zustande kommt. Plasmodien kommen v.a. bei ↑Schleimpilzen vor.

Plasmolyse: Bringt man Pflanzenzellen in eine im Vergleich zu ihrer Zellflüssigkeit hypertonische (d.h. höher konzentrierte) Außenlösung, so findet ein Wasserausstrom aus der Vakuole ins Außenmedium statt. Die Vakuole schrumpft, wobei sich das Zellplasma von der Zellwand ablöst. Den Beginn dieses Vorgangs nennt man **Grenzplasmolyse,** den gesamten Vorgang, der reversibel ist, Plasmolyse. Bringt man Pflanzenzellen in reines Wasser, das im Vergleich zum Zellsaft hypotonisch ist, so strömt dieses wegen der höheren Konzentration des Zellsaftes osmotisch in die Vakuole ein **(Deplasmolyse).**

P

Plasmolyse

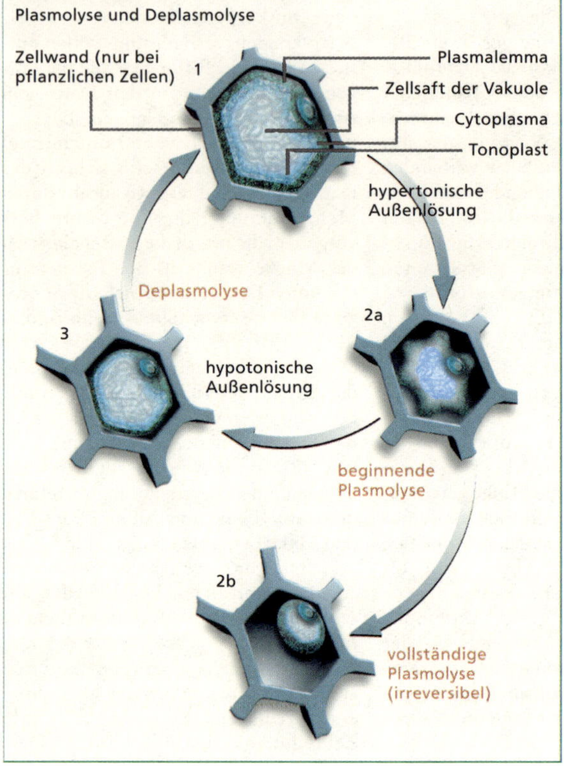

Die Vakuole vergrößert ihr Volumen und übt schließlich einen Druck (Turgor) auf die Zellwand aus. P. und Deplasmolyse sind Zeichen für die Lebendigkeit von Zellen, da die Biomembranen (Tonoplast, Plasmalemma) die für den Ablauf der Prozesse erforderliche Semipermeabilität verlieren, wenn die Zellen absterben.

Plasmodesmen: bei Pflanzen plasmatische Verbindungen zwischen benachbarten Zellen (↑Tüpfel).

Plastiden: charakteristische Zellorganellen aller fotoautotrophen Pflanzen mit Ausnahme der Cyanobakterien. Man unterscheidet die gelb bis orange gefärbten ↑Chromoplasten, die grünen ↑Chloroplasten und die farblosen ↑Leukoplasten.

Die P. entstehen aus zunächst undifferenzierten **Proplastiden.** Sie besitzen eine eigene doppelsträngige DNA, die ihnen innerhalb der Pflanzenzelle eine gewisse genetische Selbstständigkeit verleiht.

Plathelminthes: die ↑Plattwürmer.

Plattenepithel: ↑Deckgewebe.

Plattwürmer (Plathelminthes): ein mit über 16 000 Arten weltweit verbreiteter Stamm wirbelloser Tiere. Ihr Körper ist wurmförmig. Die Körperhöhle zwischen Hautmuskelschlauch und dem afterlosen oder völlig reduzierten Darm (Bandwürmer) ist von lockerem, wabenartigem Bindegewebe (Parenchym) erfüllt. Blutgefäßsystem und Atmungsorgane fehlen. P. sind meist Zwitter mit relativ hoch entwickelten Geschlechtsorganen. Sie leben teils im Meer, teils im Süßwasser, selten an Land. P. sind frei lebend (fast alle ↑Strudelwürmer) oder parasitisch (↑Saugwürmer und ↑Bandwürmer).

Plektenchym: ↑Gewebe, ↑Mycel.

Plurienne: Typ der ↑hapaxanthen Pflanzen.

Pneumothorax: ↑Lunge.

Poaceae: die ↑Gräser.

poikilotherm: ↑wechselwarm.

Polarität: Jeder Organismus und jede Zelle besitzen ein Gegensatzpaar der Struktur bzw. Struktureigenschaften, ein »Vorne und Hinten«, »Oben und Unten«, »Rechts und Links«, z.B. Sprosspol und Wurzelpol. Die P. ist oft entscheidend für Wachstums- bzw. Entwicklungsvorgänge, die Richtung einer Fortbewegung, auch für die Reizaufnahme und Reizbeantwortung bzw. das Verhalten eines Organismus.

Polkappen: Bei bedecktsamigen Pflanzen und in den meisten Eizellen findet man während der ↑Mitose und ↑Meiose keine ↑Centriolen und ↑Centrosomen. Die Spindelfasern werden bei ihnen, ausgehend von Cytoplasmabereichen, den P., an den Zellpolen gebildet.

pollakanthe Pflanzen: Bezeichnung für ↑ausdauernde Pflanzen, die mehrmals blühen und fruchten. – Gegensatz: ↑hapaxanthe Pflanzen.

Pollen: der ↑Blütenstaub.

Pollenanalyse: Die Pollenkörner (↑Blütenstaub) vieler Pflanzenarten bzw. -gattungen sehen unterschiedlich aus; man kann daher aus einem Pollenfund die Pollen erzeugende Pflanze ermitteln. Diese Tatsache nutzt man zur P. aus, indem man fossilen Blütenstaub, der besonders in Moorablagerungen gut erhalten vorgefunden wird, untersucht. Es handelt sich dabei meist um Pollen von windblütigen Pflanzen (Bäume), seltener von insektenblütigen.
Man kann aus der quantitativen Zusammensetzung der Pollenmengen auf die Zusammensetzung der damaligen Wälder schließen und durch Vergleich mit dem heutigen Pollenniederschlag auch feststellen, wie sich die Baumartenzusammensetzung im Laufe der Erdgeschichte verändert hat.

Pollensack: Teil des ↑Staubblatts.

Pollenschlauch: ↑Samenanlage.

Pollination: die ↑Bestäubung.

Pollinium: die Gesamtheit aller Pollenkörner (↑Blütenstaub) eines Pollensacks, wobei eine Verklebung stattfindet und das P. als Ganzes ausgebreitet wird. Man findet Pollinien z.B. bei den Orchideen.

Polyandrie: ↑Paarbindung.

Polycythämie: eine Erkrankung, die durch starke Vermehrung v.a. der Erythrocyten, aber auch der Leukocyten und Thrombocyten gekennzeichnet ist. Die Kranken zeigen eine auffallend rote Haut mit bläulichem Schimmer und neigen zu Thrombosen. Die Ursache der Erkrankung ist unbekannt.

Polyembryonie: ↑ungeschlechtliche Fortpflanzung.

Polygamie: ↑Monogamie.

Polygynie: eine Form der ↑Paarbindung.

Polymerase-Kettenreaktion (polymerase chain reaction, Abk. PCR): eine Methode, die in der Gentechnologie zur Vervielfältigung von DNA-Abschnitten eingesetzt wird. Hierzu wird eine doppelsträngige DNA mit der gewünschten Sequenz bei 94°C denaturiert und in die Einzelstränge gespalten. Nach Abkühlung auf 50°C hybridisieren zugesetzte Primer (künstliche Oligonucleotide) mit den komplementären Basensequenzen des gesuchten DNA-Abschnitts, der nun genau bestimmt ist. Anschließend wird die

P

Temperatur auf 75°C erhöht und eine hitzestabile (bakterielle) DNA-Polymerase zugesetzt. Die DNA-Polymerase stellt nun die Kopie der Ausgangs-DNA her. Die Denaturierung des erhaltenen DNA-Doppelstrangs durch Erhitzen auf 94°C beendet den Prozess, der bis zu 40-mal hintereinander wiederholt werden kann.

Polymorphismus: das regelmäßige Vorkommen unterschiedlich gestalteter Individuen einer Art. In vielen Insektenstaaten (z.B. Bienen, Ameisen, Termiten) bilden sich im Zuge der Arbeitsteilung verschiedene ↑Kasten. Bei den Honigbienen z.B. bestimmt die Art der Fütterung der Larve, ob daraus eine Arbeiterin oder ein voll entwickeltes Weibchen (Königin) wird. Bei anderen Tieren (z.B. Wasserflöhe, Blattläuse) beeinflussen die Schwankungen von Temperatur und Licht die Gestalt **(Saisondimorphismus).** Sehen die beiden Geschlechter einer Art verschieden aus, spricht man von ↑Geschlechtsdimorphismus.

Bei manchen Arten treten sogar innerhalb einer Population, in der die Kreuzungsmöglichkeiten nicht behindert sind, gleichzeitig und dauerhaft unterschiedliche Phänotypen in stabilen Zahlenverhältnissen auf.

Polypen:

◆ *Zoologie:* die fest sitzende Form der ↑Nesseltiere, die sich i.A. durch ungeschlechtliche Knospung fortpflanzt und dadurch oft große Tierstöcke (z.B. Korallenriffe) bildet. Ihr Körper ist schlauchförmig und sitzt mit einer Fußscheibe am Untergrund fest. Die der Fußscheibe gegenüberliegende Mundöffnung ist von Fangarmen umgeben, die mit zahlreichen ↑Nesselkapseln bestückt sind. Häufig schnüren P. ↑Quallen ab, die der Ausbreitung dienen. Bestimmte Individuen der stark differenzierten, meerbewohnenden ↑Staatsquallen werden nach ihrer Funktion als Nähr- bzw. Geschlechtspolypen bezeichnet.

◆ *Medizin:* Bezeichnung für gestielte, meist gutartige Schleimhautgeschwülste, z.B. im Magen, in der Gebärmutter, in der Nase und besonders zahlreich im Darm.

Polypeptide: ↑Peptide mit 10–100 Peptidbindungen.

polyphag: P. nennt man Individuen mit einem breiten, pflanzlichen wie auch tierischen Nahrungsspektrum. Sie werden als ↑Allesfresser bezeichnet.

Polyploidie: Bezeichnung für den Sachverhalt, dass Zellen in ihrem Kern mehr Chromosomen haben, als dem normalen arttypischen doppelten (diploiden) Chromosomensatz von Körperzellen entspricht. Sind nur einzelne Chromosomen zu viel oder zu wenig vorhanden, spricht man von **Aneuploidie** (z.B. ein Chromosom zu viel = ↑Trisomie).

Bei **Euploidie** ist der gesamte Chromosomensatz mehrfach vorhanden **(Autopolyploidie),** wobei oft Vielfache einer Grundzahl auftreten (z.B. zweifach = diploid = 2n, vierfach = tetraploid = 4n, achtfach = octoploid = 8n usw.). Solche geradzahligen Reihen sind häufig bei den Rassen einer Art oder den Arten einer Gattung mit Wild- und Nutzpflanzen (Weizen, Tabak, Pfingstrose u.a.) zu finden. Da es bei Triploiden (3n) in der ↑Meiose Paarungsschwierigkeiten gibt, kommen sie nur bei Nutzpflanzen vor, die mit menschlicher Hilfe vermehrt und fortgepflanzt werden.

In Ausnahmefällen bilden Artbastarde, die i.d.R. steril sind, funktionsfähige, jedoch diploide Geschlechtszellen. Aus der Verschmelzung solcher Gameten gehen fortpflanzungsfähige tetraploide Individuen hervor, die den diploiden Chromosomensatz jeder Ausgangsart in sich vereinen (**Allopolyploidie;** z.B. Kohl-Rettich-Bastard).

P. ist nur bei Pflanzen weit verbreitet, und zwar besonders bei solchen, die sich in unwirtlichen Klimazonen behaupten müssen. In Grönland sind 80%

aller Pflanzen polyploid, in Mitteleuropa nur 50%.
Polyploide Körperzellen allerdings sind auch bei Tieren zu finden **(Endopolyploidie).** Leberzellen der Ratte sind tetraploid. In den ↑Riesenchromosomen einiger Insekten liegen über tausend Chromosomensätze vor (↑Endomitose). Da P. meist zur Vergrößerung der Zellen bzw. des ganzen Organismus führt, ist sie für die ↑Pflanzenzüchtung von großer Bedeutung.

Polysaccharide: ↑Kohlenhydrate.

Polysomen: Zusammenlagerung von mehreren ↑Ribosomen.

Pongidae: die ↑Menschenaffen.

Pongo pygmaeus: der ↑Orang-Utan.

Population: die Gesamtheit aller Individuen einer Art oder Rasse in einem geographisch begrenzten Verbreitungsgebiet, wobei die Einzelindividuen unbegrenzt untereinander fortpflanzungsfähig sind. Mit der Dichte und der Entwicklung einer P. befasst sich die ↑Populationsgenetik.

Populationsdynamik: Teilgebiet der Ökologie, in dessen Rahmen die zeitlichen Schwankungen in der Individuendichte einer Population in Abhängigkeit von abiotischen (z.B. Witterung) und biotischen Umwelteinflüssen (z.B. Nahrungsangebot, Feinde) erforscht werden.

Populationsgenetik: Teilgebiet der Ökologie, in dem untersucht wird, welchen Gesetzmäßigkeiten die Vererbung bestimmter Merkmale in einer ↑Population folgt. Da sie nicht nur Einzelindividuen berücksichtigt, liefert sie mithilfe statistischer Methoden Modelle für die Vorstellungen über die Evolution.

Porphyrine: Naturfarbstoffe, in denen vier Pyrrolringe über Methingruppen (=CH–) miteinander verbunden sind. P. bilden (mit verschiedenen Substituenten an den Pyrrolringen) das Porphyrinsystem, das dem roten Blutfarbstoff (↑Hämoglobin), den ↑Cytochromen und dem ↑Chlorophyll zugrunde liegt.

Prachtkleid: das ↑Hochzeitskleid.

Prägung: ein Lernvorgang, bei dem ein Tier Auslöser für bestimmte Verhaltensweisen, oft in der Partnerbeziehung, kennen lernt. Die P. ist dadurch gekennzeichnet, dass extrem rasch und nur während einer sensiblen Phase gelernt wird. Geht diese Phase vorüber, ohne dass der Lernvorgang ablaufen konnte, ist auch die Prägungsbereitschaft vorüber. Das Gelernte wird lebenslang behalten; nur selten ist eine Umprägung möglich.
Manchmal sind die Merkmale des Prägungsobjekts äußerst einfach. So laufen Gänseküken einem piepsenden, bewegten Fußball nach, weil er nach dem Schlüpfen das erste Objekt war, das sie als Mutter ansehen konnten. Auch beim Menschen spielt wahrscheinlich die Prägung auf eine Bezugsperson im Säuglingsalter eine wichtige Rolle für die Persönlichkeitsentwicklung.

Prämolaren: die Vorbackenzähne (↑Zähne).

Präputium: die Vorhaut des männlichen ↑Glieds.

Präservativ: das Kondom (↑Empfängnisverhütung).

Präzipitine: bestimmte ↑Antikörper, die mit dem spezifischen Antigen ein Präzipitat (Niederschlag) bilden. Dabei ist die Bildung des Präzipitats durch eine weiße Trübung erkennbar.

Primärfollikel: Eifollikel im unreifen Stadium (↑Eireifung).

Primärstruktur: die Aminosäuresequenz der ↑Eiweiße.

Primärwand: Teil der Zellwand der pflanzlichen ↑Zelle.

Primärwurzel: ↑Keimpflanze.

Primates: die ↑Herrentiere.

Proconsul: Vorfahre des Menschen (↑Mensch).

Produzenten: Bezeichnung für die grünen Pflanzen und die autotrophen Algen. Als erstes Glied der ↑Nahrungskette produzieren sie durch Fotosynthese organische Stoffe.

Progenoten: die ↑Protobionten.

P

Progesteron: Gelbkörperhormon, das v.a. im ↑Gelbkörper, aber auch in der ↑Placenta und in geringen Mengen in den Nebennieren gebildet wird. P. ist an der Regulation aller Funktionen der weiblichen Fruchtbarkeit beteiligt im Zusammenwirken mit den ↑Östrogenen. Dazu gehören die Befruchtung der Eizelle, der Eitransport, die Vorbereitung der Gebärmutterschleimhaut zur Einnistung des Eies, die schwangerschaftserhaltende Wirkung und der zyklische Auf- und Abbau der Gebärmutterschleimhaut während des ↑Menstruationszyklus.
Proglottiden: die Körperabschnitte der ↑Bandwürmer.
Projektionsfelder: ↑Rindenfelder.
Prokaryoten: Organismen, bei denen die DNA ohne begrenzende Kernmembran in das Zellplasma eingelagert ist. P. sind ↑Archaebakterien, ↑Bakterien und ↑Cyanobakterien.
Prolactin (luteotropes Hormon, Abk. LTH, Lutropin): ein Hormon, das im Vorderlappen der ↑Hypophyse gebildet wird. P. setzt in der Schwangerschaft nach vorheriger Wirkung von ↑Östrogenen und ↑Progesteron in den Milchdrüsen die Milchsekretion in Gang.
Proliferation:
◆ die Bildung von Gewebswucherungen durch fortschreitende mitotische Zellteilungen (z.B. bei der Wundheilung).
◆ die Aufbauphase der menschlichen Gebärmutterschleimhaut während der ersten 14 Tage nach Einsetzen der Regelblutung (↑Menstruationszyklus).
Prolin: eine zyklische ↑Aminosäure, die besonders reichlich in den Kollagenen vorkommt. P. kann vom tierischen Organismus aus Ornithin selbst synthetisiert werden.
Promotor: ↑Gene.
Pronatoren: ↑Muskeln.
Pronephros: die ↑Vorniere.
Prophase: das erste Stadium von ↑Mitose und ↑Meiose.
Proportionsregel: die ↑Allen-Regel.
Propriorezeptoren: ↑Muskelsinn. – ↑auch Muskelkoordination.
Prosencephalon: das ↑Vorderhirn.
Prostaglandine: aus essenziellen, ungesättigten Fettsäuren in zahlreichen Organen gebildete Hormone mit gefäßerweiternder (d.h. blutdrucksenkender), Wehen auslösender und eine Erschlaffung der Bronchialmuskulatur hervorrufender Wirkung. P. dienen als blutdrucksenkende Mittel, Antiasthmatika und Wehenmittel.
Prostata: die ↑Vorsteherdrüse.
prosthetische Gruppe: die am Apoenzym (↑Enzyme) fest gebundenen Gruppen. Sind Proteine mit einer prosthetischen Gruppe verknüpft, so nennt man sie Proteide (↑Eiweiße).
Proteasen: zu den ↑Hydrolasen gehörende Enzyme, die die Knüpfung oder Spaltung der Peptidbindungen katalysieren.
Proteide: ↑Eiweiße.
Proteinasen: früherer Name der Endopeptidasen (↑Hydrolasen).
Proteinbiosynthese: die Eiweißsynthese. – siehe S. 332.
Proteine: die ↑Eiweiße.
Prothallium (Vorkeim): haploider, aus einer Spore entstandener Vorkeim (Gametophyt) der Farnpflanzen. An ihm entstehen die männlichen und weiblichen Fortpflanzungsorgane.
Prothrombin: ↑Blutgerinnung.
Protista: die ↑Einzeller.
Protobionten (Progenoten): die ersten im Verlauf der biologischen Evolution entstandenen Zellen mit der Fähigkeit zur Selbstvermehrung.
Protocoel: ↑Leibeshöhle.
Protocyte: die prokaryotische Zelle.
Protonephros: die ↑Vorniere.
Protophyten: die einfachsten Organisationsstufen pflanzlichen Lebens. Hierzu zählen die z.T. noch wandlosen pflanzlichen ↑Einzeller, die aus lockeren Zellverbänden bestehenden Coenobien (z.B. Bakterienketten, Schraubenalgen) und die Plasmodien der ↑Schleimpilze.

Protoplasma: ↑ Cytoplasma.

Protoplast: Bezeichnung für wandlose Zellen, die aus pflanzlichen Geweben oder aus grampositiven Bakterien durch Zerstörung der Zellwände gewonnen werden.

Protosexualität: die ↑ Parasexualität.

Protostomier (Urmundtiere): Bei den Tieren dieser Stammgruppe wird während der ↑ Keimesentwicklung der Mund aus dem Urmund entwickelt, und der After wird sekundär neu gebildet. Das Nervensystem liegt, anders als bei den ↑ Deuterostomiern, bauchseits. Zu den Protostomiern zählen v.a. Weichtiere, Gliedertiere, Tentakelträger, Platt- und Rundwürmer.

Protozoa (Urtierchen): mikroskopisch kleine Einzeller, die ein Unterreich der Tiere mit rd. 20 000 Arten bilden. Die P. vermehren sich in der Regel ungeschlechtlich durch Zweiteilung, andere durch Vielteilung oder ↑ Knospung, selten auch geschlechtlich durch ↑ Konjugation.

P. bewegen sich mithilfe von ↑ Scheinfüßchen, ↑ Geißeln oder ↑ Wimpern fort. Manche P. leben als Innenparasiten (↑ Parasiten) und zeigen einen Generationswechsel, oft verbunden mit einem Wirtswechsel. Viele von ihnen sind Krankheitserreger (z.B. ↑ Amöben).

Zu den P. gehören Geißeltierchen, Wurzelfüßer, Sporentierchen und Wimpertierchen.

Provitamine: die inaktiven Vorstufen von ↑ Vitaminen, die vom Organismus aufgenommen und in das jeweilige Vitamin umgewandelt werden müssen.

Pseudomonaden: eine Ordnung der Bakterien mit stäbchen- oder schraubenförmigen, gramnegativen, polar begeißelten Arten, die keine Sporen bilden. Hierher gehören u.a. ↑ Nitratbakterien, denitrifizierende Bakterien (↑ Denitrifikation), ↑ Essigsäurebakterien, Leuchtbakterien (↑ Biolumineszenz), im weiteren Sinne auch ↑ Spirillen und ↑ Vibrionen.

Pseudopodien: die ↑ Scheinfüßchen.

Psilophyta: die ↑ Nacktfarne.

Pteridophyta: die ↑ Farnpflanzen.

Pteridopsida: die ↑ Farne.

Pteridospermae: die ↑ Samenfarne.

Ptyalin: eine α-Amylase (↑ Amylasen), die außer beim Menschen noch bei anderen Allesfressern und bei Pflanzenfressern vorkommt, nicht jedoch bei ↑ Fleischfressern. – ↑ auch Speicheldrüsen.

Puffs [pʌffs]: Lockert sich die Spiralisierung der DNA-Fäden in ↑ Riesenchromosomen im Bereich der Querscheiben auf, entstehen Aufblähungen, die als P. oder (v.a. die größeren) als **Balbiani-Ringe** bezeichnet werden. In ähnlicher Weise entspiralisieren sich wahrscheinlich die Chromomeren normaler Chromosomen; nur ist dies dort nicht zu sehen.

Puffs

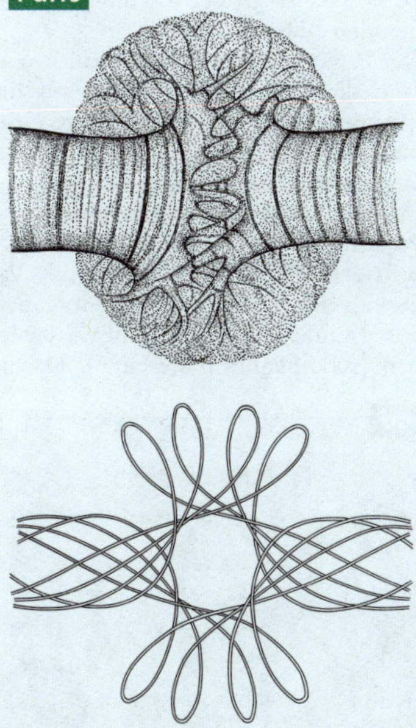

In einem Polytänchromosom ausgebildeter Puff (oben) und schematisierter Verlauf der chromosomalen Fibrillen (unten)

P

Bei Riesenchromosomen lassen sich unterschiedliche Messenger-RNA-Sorten isolieren, die an diesen P. gebildet werden. Verfolgt man die Verteilung der P. auf den Chromosomen in einzelnen Entwicklungsstadien eines Insekts, stellt man fest, dass sie im Laufe der Zeit an einigen Stellen verschwinden und dafür in charakteristischem Wechsel in anderen Chromomeren neue auftauchen. Dies deutet u.a. darauf hin, dass die P. das sichtbare Kennzeichen verschiedener Syntheseaktivitäten der Chromosomenabschnitte während der Transkription sind.

Pulmonalklappe: ↑Herz.

Pulpahöhle: ↑Zähne.

Puls: eine fühlbare rhythmische Dehnung der Gefäßwand, hervorgerufen durch die systolische Pulswelle (↑Herz). Die Geschwindigkeit der Pulswelle ist größer als die des strömenden Bluts.

Der P. wird gewöhnlich so gefühlt, dass man die Fingerkuppe leicht auf die Daumenseite des Unterarms legt. Normal sind 70–80 Pulsschläge pro Minute, entsprechend dem Rhythmus der Kontraktionen der Herzkammer.

Pulsadern: die ↑Arterien.

pulsierende Vakuole (kontraktile Vakuole): eine bläschenartige Zellorganelle bei Einzellern, die im Süßwasser leben (z.B. ↑Pantoffeltierchen). Da die Konzentration osmotisch wirksamer Substanzen in deren Zellkörper höher ist als im umgebenden Wasser, dringt ständig Wasser in die Zelle ein. Das überschüssige Wasser wird, meist über ein kleines Kanalsystem, in der pulsierenden Vakuole gesammelt und durch deren rhythmische Kontraktionen wieder nach außen entleert. Dabei werden möglicherweise auch Exkretstoffe ausgeschieden.

Punktaugen: ↑Ozellen.

Pupille: das Sehloch, das die Regenbogenhaut frei lässt. Die P. erscheint schwarz, weil das Augeninnere das einfallende Licht fast vollständig absorbiert. Muskeln in der Regenbogenhaut verändern je nach Lichteinfall den Durchmesser der Pupille **(Pupillenreaktion, Pupillenreflex).** Er vergrößert sich reflektorisch bei zunehmender Helligkeit, bei abnehmender Helligkeit verkleinert er sich dagegen. Bei größter Helligkeit beträgt er beim Menschen 2 mm, bei Dunkelheit bis 8 mm. Wird nur ein Auge belichtet, so reagieren trotzdem beide Pupillen (konsensuelle Pupillenreaktion). – Die ↑Augen einiger Reptilien und z.B. der Katzen haben senkrechte, spaltförmige Pupillen.

Puppe: das vorletzte Entwicklungsstadium bestimmter Insektengruppen, wie z.B. Käfer, Schmetterlinge, Fliegen, Hautflügler (↑auch Metamorphose). Das Insekt ist hier in eine stark chitinisierte Hülle eingebettet und durchläuft ein Ruhestadium ohne Nahrungsaufnahme. Während der Puppenruhe findet die Umwandlung von larvalen Organen in Organe des voll ausgebildeten Insekts statt.

Die **freie P.,** bei der Flügel, Beine und Fühler unbeweglich, aber frei auf der Körperoberfläche liegen, kommt bei den meisten Käfern und Hautflüglern vor. Eine Sonderform der freien P. stellt die sog. **Tönnchenpuppe** (mit Cuticulakokon) vieler Fliegen dar.

Bei der **Mumienpuppe** liegen Flügel, Beine und Fühler durch die erhärtende

Puppe

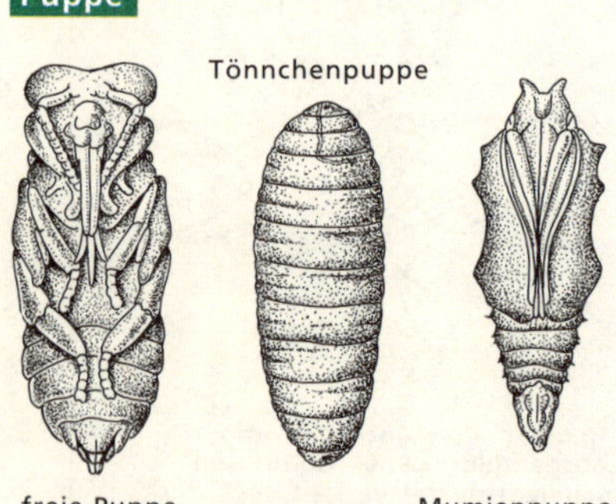

Häutungsflüssigkeit fest dem Rumpf an. Sie findet sich besonders bei Schmetterlingen, Marienkäfern und Mücken. Als Sonderformen treten hier auf: die **Gürtelpuppe,** die mit einigen Gespinstfäden um die Körpermitte (»Gürtel«) an steilen Gegenständen befestigt ist und z.B. beim Schwalbenschwanz und Kohlweißling vorkommt, und die **Stürzpuppe,** die mit einem kurzen Hinterleibsstiel befestigt ist und (mit dem Kopf nach unten) fast senkrecht herabhängt (typisch z.B. für Flecken- und Augenfalter).
Um viele Puppen herum ist ein ↑Kokon gesponnen, der z.B. beim Seidenspinner wirtschaftlich genutzt wird.

Puppenruhe: Stadium bei Insekten mit vollständiger Metamorphose (↑Holometabolie), in dessen Verlauf eine innere Umwandlung stattfindet. Aus sog. Imaginalscheiben bilden sich, ins Körperinnere eingestülpt, Flügel und Genitalanhänge.

Purine

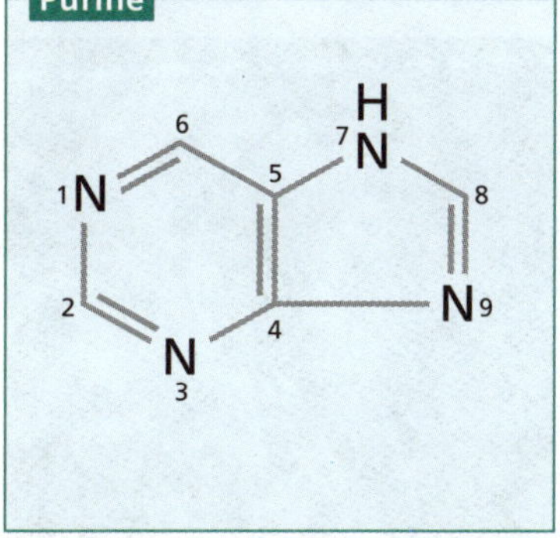

Purine: Substanzen, die sich vom Ringsystem des Purins ableiten. Hierzu gehören die organischen Basen Adenin und Guanin **(Purinbasen),** die bei der ↑DNA und ↑RNA eine Schlüsselrolle spielen, sowie die Harnsäure oder auch die **Purinalkaloide** wie das Coffein.

Purkinje-Fasern: ↑Herzautomatie.

Pygmide: ↑Mensch.

Pylorus: ein Ringmuskel am Ausgang des ↑Magens.

Pyramidenbahn: die wichtigste der motorischen Bahnen. Die P. leitet die Impulse für die Bewegungen der willkürlichen Muskulatur und ist an der Regulation des Muskeltonus sowie am Ablauf der Eigenreflexe (↑Reflexe) beteiligt. Ihr erstes (zentrales) Neuron verläuft von Arealen der Großhirnrinde jeder Hemisphäre über die innere Kapsel durch die Großhirnschenkel bis zur Brücke (Pons) und der Pyramide bzw. zum verlängerten Mark. Dort (an der Grenze zum Rückenmark) kreuzt der größte Teil der Neuriten zur Gegenseite **(Pyramidenbahnkreuzung)** und läuft weiter im seitlichen Rückenmark abwärts (als paarige **Pyramidenseitenstrangbahn).** Ein kleiner Teil bleibt im Vorderstrang des Rückenmarks und kreuzt erst kurz vor der Synapse zur motorischen Vorderhornzelle (↑Rückenmark), der Umschaltstelle für beide Teile der Pyramidenbahn. – ↑auch Gehirn.

Pyranose: ↑Traubenzucker.

Pyridoxolgruppe: Gruppe natürlich vorkommender Pyridinabkömmlinge (Pyridoxol, Pyridoxal, Pyridoxamin = Adermin), die zusammenfassend auch als Vitamin B_6 bezeichnet werden. Vitamin B_6 spielt im Aminosäurestoffwechsel bei der Übertragung von Aminogruppen eine Rolle; sein Mangel ruft wenig typische Krankheitserscheinungen (z.B. Hautveränderungen, Übererregbarkeit) hervor. Vitamin B_6 ist in tierischen und pflanzlichen Nahrungsmitteln (Leber, Hefe, Getreidekeimlingen, Kartoffeln) weit verbreitet.

Pyrimidine: auf das Pyrimidin, eine sechsgliedrige heterozyklische Verbindung mit 2 Stickstoffatomen zurückgehende Gruppe von Verbindungen. Hierzu gehören zahlreiche Naturstoffen, so z.B. Vitamin B_1 (Thiamin) und die Nucleinsäurebasen **(Pyrimidinbasen)** Cytosin, Uracil und Thymin (↑DNA, ↑RNA). – Bild S. 402.

Q

Pyrimidine

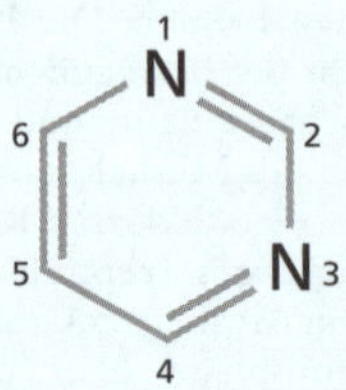

Pyrogene: ↑Immunität.

Pyruvat: das Salz der ↑Brenztraubensäure.

Q

Quallen (Medusen): die frei schwimmende Geschlechtsgeneration der ↑Nesseltiere. Der Körper der Q. hat eine glocken- oder schirmförmige Gestalt und besteht aus gallertartiger bis knorpeliger Substanz. Ein zentral nach unten hängender, klöppelartiger Magenstiel enthält den Hauptteil des Verdauungsraums; er besitzt unten eine Mundöffnung.

Q. schwimmen nach dem Rückstoßprinzip, indem sie ihren Schirm pulsierend zusammenziehen und dabei Wasser durch eine Öffnung nach unten ausstoßen, sodass sie nach oben schwimmen. Danach lassen sie sich wieder mithilfe der Schwerkraft nach unten fallen. – Am Schirmrand haben die meisten Q. mehrere z. T. ziemlich lange ↑Fangarme, die mit ↑Nesselkapseln versehen sind und dem Beutefang dienen.

Q. entstehen meist durch ungeschlechtliche ↑Sprossung aus ↑Polypen und erzeugen ihrerseits wieder Polypen (↑auch Generationswechsel). Nur selten entstehen auf geschlechtlichem Wege wieder neue Quallen, wobei dann die Polypengeneration wegfällt. – ↑auch Staatsquallen.

Quastenflosser (Crossopterygii): eine Ordnung sehr urtümlicher Fische, die zu den vierfüßigen Wirbeltieren überleitet. Sie sind seit dem Devon bekannt und seit dem Beginn des Tertiärs fast völlig ausgestorben. Der einzige heute noch im Indischen Ozean als ca. 1,5 m langer und bis zu 78 kg schwerer Bodenfisch lebende Vertreter ist **Latimeria chalumnae.** Er besitzt sehr große Schuppen, eine stark rückgebildete Lunge und Flossen, die einen muskulösen, beschuppten Stiel aufweisen. Latimeria wurde 1938 entdeckt und gilt als lebendes Fossil (↑Aussterben) sowie als zoologische Sensation des 20. Jahrhunderts.

Quartärstruktur: ↑Eiweiße.

Quellung: ein Vorgang, bei dem ein Stoff durch Aufnahme einer Flüssigkeit eine Volumenvergrößerung erfährt. Dabei werden Flüssigkeitsmoleküle mit erheblichen Kräften in die Hohlräume (Kapillaren) der meist kolloidal vorlie-

Quallen: Einige Quallen können badenden Menschen gefährlich werden

Quastenflosser: Die Quastenflosser galten bis in unser Jahrhundert als ausgestorben

genden Substanz gesaugt. Im Bereich der Biologie kommt als Quellungsmittel ausschließlich Wasser infrage. Die fein verteilten, kapillarenreichen Substanzen sind dabei Eiweiße (Samen) oder Polysaccharide (Holz).

Der **Quellungsdruck** reicht z.B. aus, die Samenschale zu sprengen und so der Keimwurzel den Austritt aus dem Samen zu ermöglichen. Auch viele Öffnungsmechanismen bei Samenkapseln und Sporenbehältern sind auf Quellungsvorgänge zurückzuführen.

quer gestreifte Muskeln: die (mit bestimmten Ausnahmen) dem Willen unterliegenden (willkürlichen) ↑Muskeln der Wirbeltiere setzen sich aus zahlreichen gebündelt liegenden Muskelfasern zusammen, die unter dem Mikroskop eine Querstreifung zeigen. Zwischen den Fasern liegt lockeres, blutkapillarenreiches Bindegewebe.

Diese zylindrisch geformten **Muskelfasern** können bis 30 cm, beim Menschen bis 12 cm lang sein. Sie entstehen durch Verschmelzung sehr vieler einzelner ↑Muskelzellen und besitzen daher mehrere bis zahlreiche randständige Zellkerne. Jede Muskelfaser ist von einer Bindegewebsmembran umhüllt. Das Plasma der Faser enthält viele Mitochondrien und ist von **Muskelfibrillen** erfüllt, die in einander entsprechende Struktureinheiten, die Sarkomeren, gegliedert sind; dies sind die Elemente der ↑Muskelkontraktion.

Die **Sarkomere** der Fibrillen einer quer gestreiften Muskelfaser haben alle die gleiche Anordnung. Jedes Sarkomer besteht aus einem Bündel streng geordneter Myosin- und Actinfäden. Durch die unterschiedliche Dicke dieser versetzt angeordneten Fäden kommt es zur Ausbildung dunklerer und hellerer Querbanden und damit zu einer Querstreifung der ganzen Muskelfaser.

Quer gestreifte Muskeln arbeiten sehr rasch und sind äußerst leistungsfähig. Deshalb ist auch der **Herzmuskel** quer gestreift, obwohl er nicht dem Willen unterliegt. Sein Bau weicht etwas von dem der quer gestreiften Skelettmuskeln ab. So bestehen die Herzmuskelfasern aus hintereinander geschalteten Herzmuskelzellen, die durch sog. Glanzstreifen gegeneinander abgegrenzt sind. Dies sind jedoch keine echten Zellmembranen. Außerdem geben die Fasern in spitzem Winkel Verbindungsfasern zueinander ab. 1 mm^3 quer gestreiftes Muskelgewebe des Menschen enthält rund 200 Muskelfasern und 700 Blutkapillaren. Diese lassen gerade so viel Blut passieren, dass der Muskel ausreichend ernährt wird. Bei starker Muskelarbeit können sie die 700- bis 800fache Blutmenge durchlassen.

Quirl: eine Form der ↑Blütenstände.

R

Rachen: der ↑Schlund.

Rachitis: ↑Calcium.

Rädertiere (Rotatoria): eine Klasse meist 0,1–1 mm langer Rundwürmer, die vorwiegend in Süßgewässern, z.T. auch in Moosen und im Meerwasser vorkommen. Ihre Größe entspricht etwa der der ↑Wimpertierchen; sie unterscheiden sich aber von diesen durch eine Vielzahl von Zellen. Ihr Körper ist bei Pflanzen bewohnenden Arten fast wurmförmig, bei Wasserbewohnern sackförmig.

Rädertiere

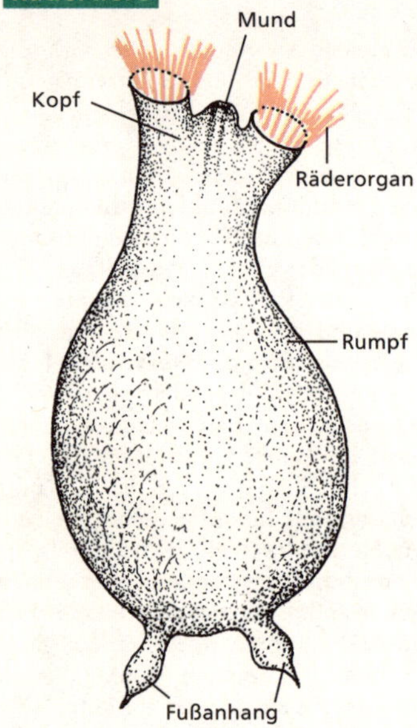

Wasserbewohnendes Rädertier

Am Körper der R. lassen sich in der Regel 3 Abschnitte unterscheiden: Der Kopf trägt zwei Wimpernkränze (das sog. **Räderorgan**), die der Fortbewegung und dem Herbeistrudeln von Nahrung dienen. Der Rumpf ist mit einer starken Cuticula gepanzert. Der muskulöse Fuß weist zwei lappige Anhänge auf, in denen zwei Klebdrüsen ausmünden, die das Sichfestheften der Tiere ermöglichen. Kopf und Fuß können in den Rumpf eingezogen werden. Der Schlund der R. ist als ↑Kaumagen ausgebildet. – Einige Arten bewohnen extreme Lebensräume, z.B. die Antarktis oder bis 50°C heiße Quellen. Landbewohnende R. können bei Austrocknung 3 bis 4 Jahre in Trockenstarre überdauern.

Radiolaria: die ↑Strahlentierchen.

Radiolarienschlamm: durch ↑Strahlentierchen entstandene Ablagerung.

Radula (Reibplatte, Reibzunge): mit bis zu 75 000 Chitinzähnchen besetzte Chitinmembran in der Mundhöhle fast aller Weichtiere (außer Muscheln). Die R. dient dem Zerkleinern der Nahrung und wird zur Nahrungsaufnahme von vorn nach hinten bewegt. Dabei raspelt sie von der Nahrung kleine Teilchen ab. Die R. wächst aus einem Schlundblindsack ständig nach.

Rangordnung: die soziale Hierarchie in einer Tiergesellschaft, in der jedes Tier auf seinem Rangplatz eine bestimmte Funktion erfüllt. In ihrer stärksten Ausprägung (bei Vögeln und Säugetieren) ist die R. dadurch gekennzeichnet, dass sich die Gruppenmitglieder untereinander individuell kennen. Die Tiere an der Spitze der Gruppe genießen Vorrechte (z.B. bei Paarungsverhalten und Nahrungsaufnahme), haben aber auch Pflichten (z.B. als Anführer oder Wächter).

Eine R. bildet sich über Rangordnungskämpfe aus, die meist ritualisiert sind (↑Kommentkämpfe). Die hierbei entstehende R. wird dabei sowohl von den übergeordneten als auch von den untergeordneten Gruppenmitgliedern durch angriffshemmende Signale (↑Demutsgebärde, ↑Beschwichtigungsgebärde) aufrecht erhalten, sodass ernstere Auseinandersetzungen in der Folge höchstens noch zwischen Rangnachbarn vorkommen. I.A. lässt das ranghöchste **Alphatier** das rangtiefste **Omegatier** in Ruhe. Ein rangniedrigeres Tier kann durch die Provokation von Rangordnungskämpfen (die es gewinnen muss) oder auch durch Sich-

verbünden mit Ranghöheren in der R. aufsteigen.
Man unterscheidet R. mit häufigem Rangwechsel (z.B. bei den Rindern), weitgehend starre R. (z.B. die ↑Hackordnung der Hühner) und R., in denen ein »Despot« absolut dominiert (z.B. bei den Affen).
Die Rangordnungskämpfe sind von den Kämpfen um ein ↑Revier zu unterscheiden, da diese auch bei nicht gesellig lebenden Tieren vorkommen.

Ranidae: die ↑Frösche.

Ranken: fadenförmige, meist lange, z.T. verzweigte Klammerorgane verschiedener höherer Pflanzen (↑Blattranken, ↑Sprossmetamorphosen).

Rankenpflanzen: ↑Kletterpflanzen.

Ranvier-Schnürringe: Unterbrechungen der Myelinscheide an den Axonen von ↑Nervenzellen.

Rasse:
◆ in der *biologischen Systematik* die ↑Unterart.
◆ In der *Tier-* und *Pflanzenzucht* sind Rassen v.a. durch künstliche Auslese entstandene ↑Varietäten. Man spricht auch von »Sorten«, »Linien« und »Schlägen«.

Raubtiere (Carnivora): eine weltweit verbreitete Ordnung wiesel- bis bärengroßer Säugetiere, die in fast allen Lebensräumen vorkommen. Es sind tag- oder nachtaktive Tiere, die gekennzeichnet sind durch ein Gebiss, bei dem große Eckzähne und scharfe Reißzähne (die Backenzähne) entwickelt sind. Da R. vorwiegend ↑Fleischfresser sind, dienen diese Zähne dem Töten und Aufreißen auch größerer Säugetiere. – Ausbildung und Form der Krallen können stark variieren.
Die Sinnesorgane der R. sind hoch entwickelt, insbesondere Geruchs- und Gehörsinn. Auch die Augen sind in der Regel gut entwickelt.
Zur Anlockung und sexuellen Anregung der Weibchen sowie zur Revierbegrenzung werden von den Männchen (v.a. bei Mardern und Schleichkatzen) stark riechende Sekrete der **Analdrüsen** (im oder am After mündende Drüsen) abgesondert.
R. halten keinen ↑Winterschlaf, manche jedoch (v.a. die Bären) eine Winterruhe.
Zu den Raubtieren gehören (neben den schon erwähnten Gruppen) Katzen, Hyänen, Füchse und Hunde.

Raubvögel: in der wissenschaftlichen Terminologie nicht mehr gebräuchliche zusammenfassende Bezeichnung für Greifvögel und Eulen.

räumliches Sehen: Tiere, die andere Tiere durch gezieltes Zupacken im Sprung (Katzen) oder Flug (Eulen) jagen oder die im Geäst hangeln und springen (Affen), müssen Entfernungen

Radula

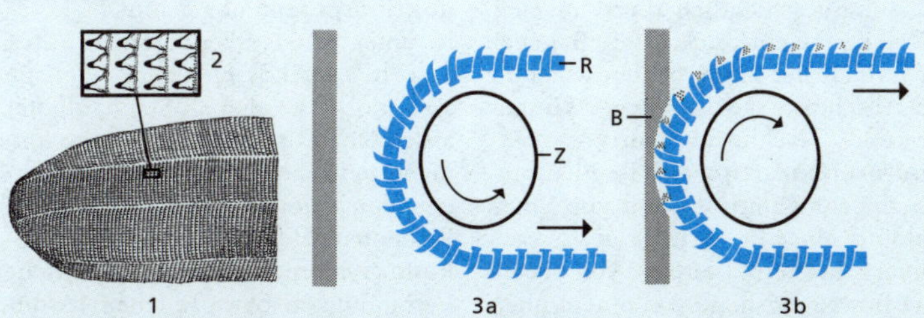

1 Radula einer Schnecke; 2 Anordnung der Zähnchen (vergrößerter Ausschnitt); 3 Schema der Radulabewegung: a Die Radula (R) wird um den Zungenknorpel (Z) nach unten gezogen, b darauf nach vorn an das Blatt (B) geschoben und dann mit abgerissenen Blattteilen nach oben zurückgezogen

genau abschätzen können. Dazu wird der betreffende Gegenstand mit beiden Augen zugleich angeschaut. Das Gehirn ermittelt aus den Differenzen zwischen den Bildern des linken und des rechten Auges (Parallaxe) die Entfernung.
Bei Lebewesen mit räumlichem Sehen liegen die Augen vorn in einer Ebene im Kopf (Eulen, Mensch, Affen). Fluchttiere, für die ein rechtzeitiges Wahrnehmen des Feindes wichtig ist, haben die Augen seitlich am Kopf. Sie sehen entweder gar nicht räumlich oder nur in einem sehr kleinen Bereich (Pferde!). – ↑auch Gesichtssinn.

Raupen: die ↑Larven der Schmetterlinge und Blattwespen (Afterraupen); R. haben beißende Mundwerkzeuge, der Kopf trägt ein Paar kleine Fühler und Kaukiefer sowie Punktaugen. Die 3 Brustsegmente besitzen je ein Paar gegliederte echte Beine. Zusätzlich haben das 3.–6. (bei Afterraupen das 2.–8.) Hinterleibssegment oft je ein Paar Stummelfüße, und das zehnte und letzte Segment trägt ein Paar »Nachschieber«. – Die Raupen der Schmetterlinge sind nackt oder behaart (Brennhaare), bedornt, mit Warzen versehen und oft bunt gefärbt.

Rauschgifte: im allgemeinen Sprachgebrauch wenig verwendete, aber juristisch korrekte Bezeichnung für ↑Drogen.

Rautenhirn (Rhombencephalon): der zusammen mit dem ↑Vorderhirn entwicklungsgeschichtlich zuerst angelegte Teil des ↑Gehirns. Aus dem R. gehen im Verlaufe der Embryonalentwicklung die Abschnitte ↑Mittelhirn, ↑Hinterhirn und ↑Nachhirn hervor.

Reafferenzprinzip: ein Regulationsprinzip zur Kontrolle und zur Rückmeldung eines Reizerfolgs an das Zentralnervensystem. Beispiel: Von der für eine Bewegungsfolge von einem übergeordneten nervösen Zentrum ausgehenden Erregung (Efferenz) wird in bestimmten untergeordneten Zentren eine »Kopie« (Efferenzkopie) hergestellt, die in Wechselwirkung mit der vom Effektor kommenden, afferenten Rückmeldung (Reafferenz) über den Bewegungserfolg tritt. Damit können Bewegungsabfolgen, die von anderen übergeordneten Zentren oder von außen beeinflusst werden, kontrolliert und geregelt werden.

Reaktion:

◆ in der *Biologie* und *Medizin* die durch äußere oder innere ↑Reize hervorgerufene Veränderung eines Organs oder Gewebes.

◆ in der *Chemie* und *Biochemie* Bezeichnung für Stoffumsetzungen.

Receptaculum seminis: die ↑Samentasche.

Recon: ↑Gene.

Rectum: der Mastdarm (↑Darmkanal).

Redien: die »Infektionskeime« der Saugwürmer (↑Sporocyste).

Redoxpotenzial: im weiteren Sinne das elektrochemische Potenzial eines Redoxsystems (Redoxpaars) gegenüber einer Wasserstoffelektrode, im engeren Sinne die elektrochemischen Potenziale in Lösung befindlicher Redoxpaare. Je negativer das Potenzial eines Redoxpaars ist, desto stärker wirkt die reduzierte Form des Redoxpaars reduzierend; je positiver das Potenzial ist, desto stärker oxidierend wirkt die oxidierte Form des Redoxpaars. Das R. eines oxidierend wirkenden Systems wird daher auch **Oxidationspotenzial,** das eines reduzierend wirkenden Systems **Reduktionspotenzial** genannt.
R. unter Standardbedingungen (25°C, 1 013 hPa, Aktivität aller Teilchen a = 1 mol/l) werden als Standardpotenziale (Normalpotenziale), solche unter nicht dem Standardzustand entsprechenden Versuchsbedingungen als Realpotenziale bezeichnet.

Redoxsystem: System von chemischen Verbindungen bzw. Teilchen (Atome, Moleküle, Atom-Ionen, Molekül-Ionen), das zugleich Elektronen abgeben (Reduktionsmittel) und Elektronen aufnehmen kann (Oxidationsmittel).

R

Reflexe

Schema eines Eigenreflexes

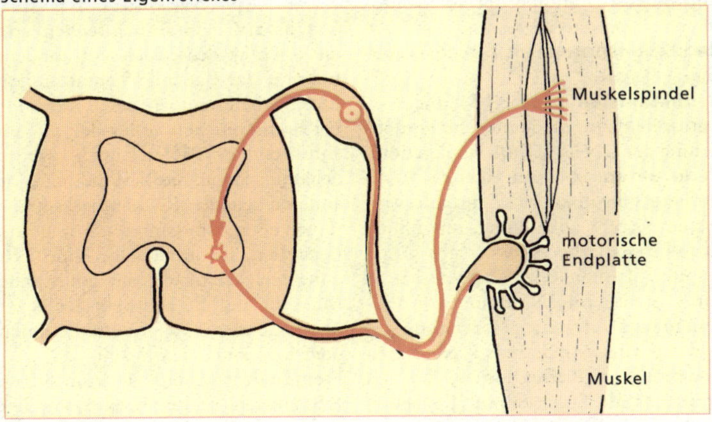

Schema eines Fremdreflexes

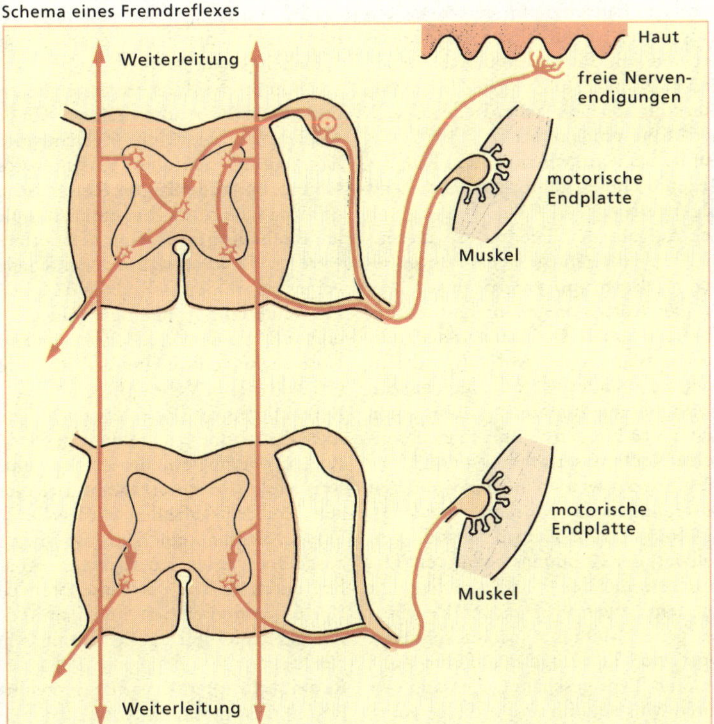

R

Solche biochemisch wichtigen Systeme sind z.B. die ↑Cytochrome.

Reduktasen: Gruppe der ↑Flavoproteine.

Reduktionspotenzial: ↑Redoxpotenzial.

Reduktionsteilung: die ↑Meiose.

Reduplikation: die identische Verdoppelung der DNA (↑DNA-Replikation).

Reduzenten: ↑Nahrungskette.

Reflexe: eine über das ↑Zentralnervensystem (ZNS) ablaufende, unwillkürlich-automatische Antwort des Organismus auf einen Reiz. Charakteristisch für R. ist, dass im ZNS immer von afferenten auf efferente Nerven umgeschaltet wird. Mindestens 2 Neuronen bilden einen **Reflexbogen,** der das empfangende Sinnesorgan (Rezeptor) über die zuführenden Nervenfasern mit der Schaltstation im nervösen Zentrum, meist im ↑Rückenmark, verbindet und von dort über eine ableitende Faser zum Erfolgsorgan (Effektor) führt. Ein solch einfacher Reflex ist z.B. der ↑Kniesehnenreflex.

Ein R., bei dem, wie in diesem Fall, der Rezeptor im Erfolgsorgan liegt, heißt **Eigenreflex.**

Die Aufgabe der Eigenreflexe, die immer nur eine einzige Schaltstation besitzen (also **monosynaptisch** sind), ist es, den Körper in einem bestimmten Tonus zu halten. Der Sollwert des Dehnungszustandes der Muskelspindel ist nicht unveränderlich festgelegt; er wird vielmehr von höheren, willkürlichen Teilen des Nervensystems über besondere Nervenfasern eingestellt. Über diese Fasern werden auch alle anderen Bewegungen des Muskels eingeleitet: Ein Impuls vom Gehirn verstellt den Sollwert der Dehnungsrezeptoren. Dadurch stimmt der Sollwert nicht mehr mit dem Istwert überein. Die Rezeptoren geben Meldung ans Rückenmark. Dort wird die Erregung auf eine Faser anderen Typs geschaltet, die dann erst durch Muskelkontraktion die gewollte Bewegung hervorruft.

Beim **Fremdreflex** sind Rezeptorort und Effektor anatomisch voneinander getrennt **(polysynaptischer Reflex).** So führt z.B. beim **Bauchdeckenreflex** die Reizung der Bauchhaut zur Kontraktion der Bauchdeckenmuskulatur. Entsprechend enthält der Reflexbogen bei Fremdreflexen außer den zu- und abführenden Fasern noch weitere Schaltneuronen, die Verbindungen zur anderen Seite des Rückenmarks und zu seinen oberen und unteren Abschnitten herstellen. Dadurch kann eine Erregung gleichzeitig die antagonistischen Muskeln und die Muskeln der gegenüberliegenden Körperhälfte hemmend oder fördernd beeinflussen.

Fremdreflexe dienen oft zum Schutz, z.B. Husten- und Niesreflex, Pupillenreaktion, Tränensekretionsreflex. Bei der Nahrungsaufnahme (v.a. des Säuglings) helfen der Saug-, Schluck- und Speichelsekretionsreflex.

Die Unterscheidung in bedingte und unbedingte R. beruht nicht auf den beschriebenen nervösen Mechanismen. Sie stammt aus der Verhaltensforschung. Ein **unbedingter Reflex** ist angeboren (alle oben genannten Beispiele). Ein **bedingter Reflex** muss erlernt werden. Er kann daher auch wieder vergessen werden. – Bild S. 407.

Die Einteilung in bedingte und unbedingte R. wurde von I.P. Pawlow nach Untersuchungen an Hunden eingeführt (↑pawlowscher Versuch).

Refraktärphase (Refraktärzeit): diejenige Zeitspanne nach einem gesetzten Reiz, in der eine erneute Reizung ohne Reizerfolg (Reaktion) bleibt. Bei Nerven- und Muskelzellen wird während der R., in der kein Aktionspotenzial ausgelöst werden kann, die Erregbarkeit durch Aufbau des Ruhepotenzials (↑Membranpotenzial) und damit die Fähigkeit zur ↑Erregungsleitung wieder hergestellt.

Regelblutung: ↑Menstruationszyklus.

Regelkreis: In einem R. werden technische oder biologische Vorgänge so beeinflusst (geregelt), dass bestimmte vorgegebene Größenwerte ohne größere Schwankungen erhalten bleiben. Mit den Aufgaben und der Wirkungsweise biologischer Regelkreise befasst sich die ↑Biokybernetik.

Ein R. setzt sich aus einer Reihe von Elementen zusammen. Die Größe, die innerhalb eines engen Schwankungsbereichs konstant gehalten werden soll, wie z.B. die Temperatur eines Ofens oder die Konzentration des Blutzuckers, nennt man die **Regelgröße.** Jede Regelung setzt eine laufende Messung der gerade vorliegenden Regelgrößenwerte **(Istwert)** voraus; dies besorgt der Fühler oder das Messwerk. Der **Fühler** überträgt den Istwert auf den **Regler,** der ihn mit dem **Sollwert** (das ist eine außerhalb des Regelkreises festgelegte Größe) vergleicht. Der Regler gibt dann eine Information (auch **Stellgröße** genannt) an das **Stellglied,** das den Istwert der Regelgröße so verändert, dass er sich dem Sollwert nähert. Dabei wird wiederum der Regelgrößenwert vom Fühler gemessen und nach dem vorliegenden Messergebnis das Stellglied informiert, ob die Regelgröße weiter verändert werden soll oder nicht.

Dieses Prinzip, bei dem das Ergebnis des Eingriffs gemessen wird und dieses auf das Regelgeschehen entsprechend zurückwirkt, nennt man ↑Rückkopplung. Dabei liegt bei einem Regelvorgang immer ein Kreisprozess vor. Entscheidend für einen R. ist die Information, die der Regler erhält. Nur durch sie kann er das Stellglied über die Stellgröße zum Eingreifen an der Regelstrecke veranlassen. Die Regelgröße kann von außen durch eine **Störgröße** beeinflusst werden, was ein sofortiges Einsetzen des Regelmechanismus zur Folge hat. Jeder Regler braucht eine gewisse Zeit vom Aufnehmen des Istwerts bis zur Ausführung der Regelung **(Totzeit).**

Komplizierter werden die Verhältnisse, wenn sich die Außenbedingungen während des Regelprozesses ändern; denn dann kann eine an den neuen Verhältnissen orientierte Veränderung an der Regelstrecke nicht mehr innerhalb des Regelkreises bewirkt werden; jetzt muss eine Sollwertverstellung eintreten, die nur durch einen zweiten R., die **Führungsgröße,** möglich ist.

Ein einfaches und gut erforschtes Beispiel eines einfachen Regelkreises aus der Biokybernetik ist die *Regulation der Blutgase.* Der Mensch nimmt bei der Atmung Sauerstoff auf und gibt Kohlenstoffdioxid ab. Ohne Einfluss des Willens werden dabei die Atemfrequenz und die Atemtiefe den körperlichen Erfordernissen (Ruhe oder sportliche Betätigung) angepasst. Dies wird durch Regelvorgänge bewerkstelligt. Die Konzentration von Sauerstoff und Kohlenstoffdioxid ist hier die Regelgröße. Die vorgegebenen Sollwerte liegen bei 20 ml O_2 und 51 ml CO_2 in 100 ml arteriellem Blut. Die tatsächlich vorhandene Konzentration muss laufend ge-

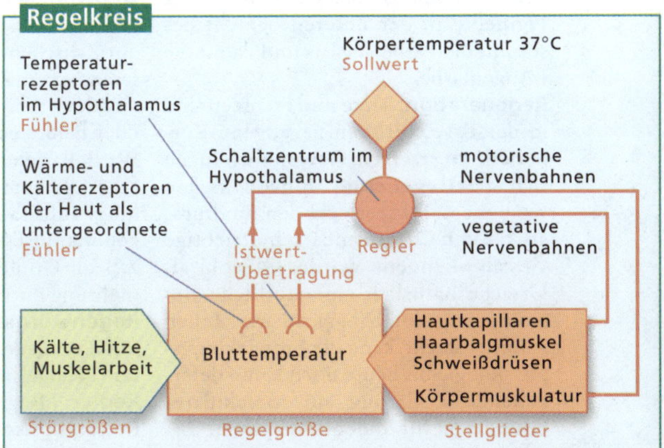

R

messen werden. Das geschieht mittels ↑Chemorezeptoren, die man im Glomus caroticum (Abzweigung der Halsschlagader) entdeckt hat. Aus dem Glomus caroticum führt ein sensibler Nerv zum Atemzentrum im verlängerten Mark, der bei Überschreitung des Sollwerts der CO_2-Konzentration durch eine entsprechende Erhöhung der Frequenz seiner ↑Aktionspotenziale das Atemzentrum informiert. Die Chemorezeptoren stellen die Fühler in diesem R. dar. Das Atemzentrum seinerseits veranlasst die Atemmuskulatur, die als Stellglied des Regelkreises anzusehen ist, über eine Stellgröße (Reizung und Erregungsleitung der zu den Muskeln ziehenden Nerven) die Atemfrequenz zu steigern. Der R. reagiert auch auf eine dem Sollwert gegenüber zu geringe CO_2-Konzentration mit Verlangsamung der Atemfrequenz.
Ein weiteres Beispiel für einen komplizierten R. ist die Regulation der Körpertemperatur.

Regenbogenhaut (Iris): Die zweischichtige R. regelt die Menge des in die ↑Augen einfallenden Lichtes. Sie lässt beim Menschen in der Mitte die kreisrunde ↑Pupille frei. Ein Ringmuskel in der R. verengt die Pupille, strahlenförmig angeordnete Muskelfasern der R. erweitern sie. Die Menge der Pigmente in der unteren Schicht bestimmt die Farbe der Iris und damit die ↑Augenfarbe.

Regeneration: Tiere und Pflanzen sind in der Lage, verloren gegangene Körperteile zu ersetzen. Gewöhnlich fügen sich die **Regenerate** sinnvoll in den Körper ein. Das erweckt den Eindruck, als ob der Organismus seine richtige Gestalt »kennen« würde. Obwohl als Ursache natürlich eine stoffliche Beeinflussung durch benachbarte Zellen dahinter steckt, kann die Entwicklungsphysiologie bis heute noch keine tiefergehende Erklärung auf molekularer Grundlage für die beobachteten Erscheinungen anbieten.
Tiere haben sehr unterschiedliche Regenerationsfähigkeiten. Bei Hohltieren, Plattwürmern, Regenwürmern und Seesternen wird aus einem recht kleinen Abschnitt wieder ein ganzes Lebewesen. Molche, manche Insekten und Krebse können Organe (Augen, Beine) neu bilden.
Bei allen Tiergruppen ist die Verheilung von Verletzungen in Geweben möglich. Sind neue Zellteilungen nicht mehr möglich, können nur Teile der Zellen ersetzt werden (z.B. die Fasern von Nervenzellen der Wirbeltiere). R. kann auch im Anschluss an ↑Autotomie erfolgen. Die Erneuerung der obersten Hautschichten, die Neubildung von Blutzellen oder die Häutung bei Insekten können ebenfalls als R. angesehen werden. I. A. nimmt die Regenerationsfähigkeit mit fortschreitender Individualentwicklung des Lebewesens stark ab.
Bei den *Höheren Pflanzen* ist die vollständige Regenerationsfähigkeit sogar aus Einzelzellen eher die Regel als eine Ausnahme. Oft wachsen anstelle des verlorenen Organs bereits vorgebildete, bisher ruhende embryonale Anlagen aus (z.B. Achselknospen). Bei einigen Pflanzen wachsen regelmäßig oder nach Verletzungen aus einzelnen Zellen an ausdifferenzierten Organen vollständige neue Pflanzen heran. Häufig geht ein Zwischenstadium aus vielen undifferenzierten Zellen, ein Kallus, voraus, aus dem schließlich Sprosse, Wurzeln oder beides entstehen. Der herbstliche Blattfall vieler einheimischer Pflanzen kann als eine Art »Selbstverstümmelung« aufgefasst werden. Die große Regenerationsfähigkeit der Pflanzen ist z.B. die Grundlage der vegetativen Vermehrung durch Stecklinge.

Regenwürmer: Sammelbezeichnung für verschiedene Arten der Wenigborster (↑Ringelwürmer).

Regler: ↑Regelkreis.

Regulationseier: Im Gegensatz zu den ↑Mosaikeiern besitzen die R. in ihrem

Cytoplasma keine determinierten Bezirke. Die Determination der späteren Furchungszellen bzw. embryonaler Zellgruppen des Keims wird vielmehr schrittweise vollzogen. Schädigungen kann ein solcher **Regulationskeim** weitgehend ausgleichen, sodass sich noch ein vollständiger Organismus entwickeln kann.

Reibplatte (Reibzunge): die ↑Radula.

Reifeteilung: die ↑Meiose.

reinerbig (homozygot): Im homozygoten Zustand besitzen die Zellen eines diploiden Organismus zwei gleiche ↑Allele des untersuchten Gens. – Gegensatz: ↑mischerbig.

Reissner-Membran: im ↑Ohr die Begrenzungsmembran zwischen der häutigen Schnecke und der Vorhoftreppe des Innenohrs.

Reiz: diejenigen Einwirkungen von Strahlungsenergie sowie von elektrischer, mechanischer, chemischer und thermischer Energie auf erregbare Strukturen (Nerven, Muskeln), die an diesen nach Erreichen einer bestimmten Stärke (Reizschwelle) eine Zustandsänderung **(Erregung)** hervorrufen.

Der Erregung folgt entweder unmittelbar nach der Reizaufnahme **(Perzeption)** oder nach einer Weiterleitung der Erregung (Erregungsleitung) über andere erregbare Strukturen die meist spezifische Reizantwort **(Reaktion).** Bei Tieren und beim Menschen finden sich besonders differenzierte Zellen, die einzelne Reizarten bevorzugt aufnehmen (↑Rezeptoren) und die oft zu mehreren in besonderen Sinnesorganen zusammenstehen.

Reizbarkeit: die Eigenschaft der Lebewesen bzw. von Teilen von ihnen, auf ↑Reize mit Reaktionen zu antworten.

Reizleitung: unkorrekte Bezeichnung für ↑Erregungsleitung.

Reizschwelle: die Eigenschaft der ↑Rezeptoren, erst auf ↑Reize eines bestimmten ↑Schwellenwertes mit Auslösung eines Aktionspotenzials, d.h. mit Erregung, zu antworten.

Rekombination: der wechselseitige Austausch von ↑Genen zwischen zwei Chromosomensätzen (dem väterlichen und dem mütterlichen). R. erhöht die Wahrscheinlichkeit, dass vorteilhafte Gene in einem Lebewesen vereinigt werden, das dann besonders gute Aussichten hat, sich bei der Selektion zu behaupten.

Bei Organismen mit einem echten Zellkern findet die R. während der Vorgänge bei der ↑geschlechtlichen Fortpflanzung statt. Hierbei spielt es keine Rolle, wie lange die ↑Diplophase dauert. Wichtig ist nur, dass in der Zygote zwei verschiedene Chromosomensätze vereinigt werden. Die ↑Chromosomen werden in der irgendwann folgenden ↑Meiose nicht in derselben Zusammenstellung wie vorher getrennt, sondern zufällig auf die vier haploiden Produkte verteilt.

Neben dieser R. ganzer Chromosomen können zusätzlich durch ↑Crossingover Allele zwischen homologen Chromosomen ausgetauscht werden. Dies ist z.B. nach einer Kreuzung daran zu erkennen, dass ursprünglich gekoppelte Allele mehrerer Gene in verschiedenen Organismen zu finden sind. Die Rekombinationshäufigkeit bei dieser Art der R. ist arttypisch und wird durch besondere Gene und die durch diese codierten Enzyme kontrolliert. Der Austausch von Chromatidenstücken findet auch in Körperzellen statt, wenn die homologen Chromosomen nahe genug beieinander liegen. Die Erzeugung von rekombinierter DNA im Reagenzglas ist eine wichtige Methode der ↑Gentechnologie.

Die Vorteile, die sich aus der R. des Erbguts für Eukaryoten ergeben, werden von Bakterien auf andere Weise ohne ausgeprägte Sexualität erreicht. Ihnen stehen für die Übertragung der Information von einem Genom zum anderen folgende Mechanismen zur Verfügung: ↑Konjugation, ↑Transduktion und ↑Transformation.

R

Rekrete: ↑Ballaststoffe.

Rektaltemperatur: ↑Körpertemperatur.

Releasing-Hormone: Gruppe der ↑Hypophysenhormone.

Ren: die ↑Niere.

Rennin: das ↑Labferment.

Reptilia: die ↑Kriechtiere.

Reservestoffe: dem Stoffwechsel vorübergehend entzogene Speicherstoffe, die in bestimmten Zellen oder Geweben im tierischen oder pflanzlichen Organismus gespeichert werden, um bei mangelnder oder ausbleibender Nahrung zur Verfügung zu stehen. Als R. dienen v.a. Kohlenhydrate, Eiweiße und Fette.

Resistenz: die Widerstandsfähigkeit eines Organismus gegen Schädigung durch Parasiten, andere Schädlinge oder Umweltfaktoren wie Kälte, Hitze, Trockenheit oder chemische Gifte.

Die tiefsten Temperaturen werden von trockenen Samen ertragen (–258°C). Bei Temperaturen bis –60°C können arktische Pflanzen leben. Sie erreichen dies, indem sie durch Wasserentzug die Salzkonzentration im Cytoplasma erhöhen, wodurch der Gefrierpunkt sinkt. – Noch bei 80°C und sogar höheren Temperaturen leben Cyanobakterien und Archaebakterien in heißen Quellen; diese Temperatur wird sonst nur noch von Dauerstadien ertragen. Das Archaebakterium Pyrodictium occultum hat sein Wachstumsoptimum bei 105°C.

Die Zunahme der R. von Schädlingen gegen chemische Substanzen, die sie vernichten sollten, bereiten der Landwirtschaft und der Medizin Schwierigkeiten. Da die Schädlinge in den Monokulturen vieler Nutzpflanzen, aber auch bei enger Stallbelegung hervorragende Ausbreitungsmöglichkeiten haben, müssen sie, will man die ungünstigen Anbau- bzw. Haltungsbedingungen beibehalten, mit Pestiziden, Insektiziden, Fungiziden (↑Schädlingsbekämpfung) und ↑Antibiotika bekämpft werden. Selbst wenn nur wenige Schädlinge diese Aktionen überleben, geben sie die R., die bei ihnen auf eine Mutation zurückzuführen ist, an ihre Nachkommen oder bei Bakterien sogar durch ↑Rekombination auf andere Arten weiter. Die Tatsache, dass R. vererbt werden kann, macht man sich andererseits in der ↑Pflanzenzüchtung zunutze.

Oft beruht die R. auf einer Störung der wechselseitigen Beziehungen zwischen Parasit und Wirt in biochemischer Hinsicht, sodass der Parasit zwar eindringen kann, sich dann jedoch aus bisher ungeklärten Ursachen nicht mehr vermehrt. Trotz aller Ähnlichkeiten ist die R., die nur selten gegen bestimmte Schädlinge gerichtet ist, zu unterscheiden von der ↑Immunität, da sie nicht auf einer Antigen-Antikörper-Reaktion beruht.

resorbierendes Epithel: ↑Deckgewebe.

Resorption: die Aufnahme von Stoffen in das Blut oder in die Lymphe. Resorptionsvorgänge spielen in erster Linie bei der Aufnahme von Nahrungsstoffen eine Rolle. Fette, Kohlenhydrate und Eiweiße werden im Verdauungstrakt (Mund, Magen, Darm) durch ↑Enzyme in kleine Moleküle zerlegt. Diese werden beim Menschen und bei Säugetieren z.B. im Dünndarm über die Darmzotten resorbiert; der aus Kohlenhydraten stammende Traubenzucker und die als Spaltprodukte der Eiweiße anfallenden Aminosäuren gelangen direkt ins Blut und damit in die Leber, während die Fettsäuren und Glycerin, in der Darmwand wieder zu Fett vereinigt, in die Lymphe gelangen. Dieser Resorptionsvorgang erfolgt oft gegen das Konzentrationsgefälle und ist daher hauptsächlich ein aktiver, durch spezielle Proteine vermittelter Transportvorgang. Das Wasser, das durch die Verdauungssäfte in den Darm gelangt, wird im Dickdarm resorbiert.

Giftstoffe oder Arzneimittel können durch Schleimhäute, seltener durch die

Oberhaut in den Körper resorbiert werden.

Respiration: die äußere ↑Atmung.

Respirationsorgane: die ↑Atmungsorgane.

respiratorischer Quotient: ↑Atmung.

Retardation: Sowohl eine Verlangsamung der körperlichen und/oder geistigen Entwicklung eines einzelnen Menschen als auch eine allgemeine Verzögerung des Entwicklungstempos im Verlauf der Stammesgeschichte werden als R. bezeichnet.

Für den Menschen außerordentlich wichtig ist die (gegenüber vergleichbaren Tieren wie den Menschenaffen) besonders starke Verlangsamung des Wachstums vom zweiten Lebensjahr nach der Geburt an (zunächst bis zur Pubertät, während der ein Wachstumsschub einsetzt, und wieder nach Abschluss der Geschlechtsreife). Die damit verbundenen langen Phasen der Kindheit und Jugend sind v.a. für die geistige Entwicklung des Menschen von entscheidender Bedeutung.

Retikulocyten: noch nicht ausgereifte rote Blutkörperchen (↑Blut).

retikuloendotheliales System: ein Komplex von Zellen, die in den Stoffwechselvorgängen und bei Abwehrvorgängen im menschlichen Körper eine Rolle spielen. Solche Retikulumzellen befinden sich in Leber, Milz, Gehirn, Knochenmark, Lymphe und im Bindegewebe. Bakterien oder andere fremde Stoffe werden von ihnen aus dem Blut »weggefangen«, gespeichert oder vernichtet.

Auch bei der Bildung von ↑Antikörpern sind sie von Bedeutung. Dabei bilden sich Plasmazellen aus Retikulumzellen der Milz und der Lymphknoten, die bei der Aufnahme von ↑Antigenen stimuliert werden. Außerdem sind sie in der Leber am Abbau der roten Blutkörperchen im Rahmen der ↑Blutmauserung und am Aufbau von ↑Gallenfarbstoffen beteiligt sowie an der Speicherung von Vitaminen.

Retina: die ↑Netzhaut.

Retinomotorik: die Änderung der Stellung der Lichtrezeptoren in der Netzhaut je nach Belichtung. Eine solche R. findet sich insbesondere bei vielen niederen Wirbeltieren; bei Säugetieren und vielen Vögeln sind retinomotorische Vorgänge relativ schwach ausgeprägt.

Bei stärkerer Belichtung tauchen die Rezeptorpole der Stäbchen zwischen die Mikrovilli der Pigmentschicht, während sich die Zapfen kontrahieren und somit dem Licht ausgesetzt sind. Bei Schwachlicht ziehen sich hingegen die Stäbchen zusammen und die Zapfen treten zwischen die Mikrovilli. Des Weiteren können die Farbstoffgranula der Pigmentschicht in Abhängigkeit von den Lichtverhältnissen wandern: Bei Starklicht verschieben sie sich in die Mikrovilli, bei Schwachlicht ziehen sie sich zurück.

Retroviren: von einer zweiten Proteinhülle (Kapsid) umhüllte tier- und menschenpathogene RNA-Viren, die eine **reverse Transkriptase** (virusspezifische RNA-abhängige DNA-Polymerase) besitzen und damit an RNA-Matrizen doppelsträngige DNA synthetisieren lassen. Sie kehren somit den üblichen genetischen Informationsfluss um. (Der Namensbestandteil Retro steht im Lateinischen für »rückwärts, zurück«.) Zu den R. gehören u.a. die **Onkoviren,** zu denen die viel untersuchten RNA-Viren unter den Tumorviren, gehören sowie die **Lentiviren.** Letztere verursachen die sog. Slow-Virus-Infektionen mit jahre- bzw. jahrzehntelanger Inkubationszeit, zu denen u.a. auch das von HIV-1 und HIV-2 ausgelöste ↑Aids gehört.

Revier (Territorium): ein Gebiet, in dem ein Tier dauernd lebt, seine Nahrung findet, sein Nest baut, sich fortpflanzt usw.; Reviere dieser Art werden gegen Artgenossen abgegrenzt und verteidigt. Das Markieren des R. erfolgt bei Säugern häufig durch Absetzen von ↑Duftmarken, bei Vögeln durch spezi-

R

fischen Gesang. – ↑auch Territorialverhalten.

Revierverhalten: das ↑Territorialverhalten.

Reviermarkierung: ↑Territorialverhalten.

rezent: Tier- oder Pflanzenarten, die im Gegensatz zu den ausgestorbenen (↑fossilen) Arten heute noch vorkommen, werden als r. bezeichnet.

Rezeptoren:

◆ *Physiologie:* im einfachsten Fall marklose Endigungen von Nervenfasern oder aber besonders spezialisierte Zellen, die ↑Reize aufnehmen und in Erregungen umwandeln (d.h. Aktionspotenziale auslösen). Der Rezeptor antwortet auf einen Reiz erst, wenn dieser eine bestimmte Intensität (Schwellenwert) erreicht hat, dann allerdings nach dem ↑Alles-oder-nichts-Gesetz in einer bestimmten Aufeinanderfolge von Aktionspotenzialen (Frequenz). – Die zunehmende Stärke eines Reizes wird vom einzelnen R. mit ansteigender Aktionspotenzialfolge, von mehreren gleichartig reagierenden R. mit einer steigenden Anzahl erregter R. beantwortet.

◆ *Molekularbiologie:* meist auf oder in der Zellmembran liegende Glykoprotein- oder Gangliosidmoleküle oder -molekülkomplexe, die die Fähigkeit besitzen, spezifische chemische Gruppen oder Zellen zu erkennen, sie spezifisch und reversibel zu binden und in der Zelle eine bis mehrere Folgereaktionen auszulösen. Elektrische und chemische Vorgänge sind mitbeteiligt. Letztendlich wird dann eine bestimmte Stoffwechselaktivität bewirkt. – Es gibt Hormon-, Transmitter-, Lectin-, Toxin- und Virusrezeptoren. Antikörper sind Rezeptoren, die auf der Zelloberfläche sitzen.

Rezeptorpotenzial: das ↑Generatorpotenzial.

Rezessivität: Bezeichnung für das Phänomen, dass sich das rezessive Allel eines ↑Gens bei der Gestaltung des Merkmals im ↑Phänotyp gegenüber dem dominanten Allel (↑Dominanz) nicht durchsetzen kann. – ↑auch Mendel-Regeln.

RGT-Regel, Abk. für **R**eaktions**g**eschwindigkeit-**T**emperatur-Regel (van't-Hoff-Regel): Die RGT-Regel gilt als Faustregel bei chemischen Reaktionen und besagt, dass sich die Reaktionsgeschwindigkeit bei einer Temperaturerhöhung um 10°C etwa verdoppelt, das heißt, dass zwischen Reaktionsgeschwindigkeit und Temperatur eine exponentielle Abhängigkeit besteht. Es gibt jedoch viele Ausnahmen von der RGT-Regel, sodass sie nur begrenzt Gültigkeit hat.

Rhabdom: Stapel von Pigmentplatten (Rhabdomere) in einem Ommatidium (↑Facettenauge).

Rhabdomer: Pigmentplatte eines Ommatidiums (↑Facettenauge).

Rhachis: ↑Laubblatt.

Rhesusfaktor (Rh-Faktor): wichtiger Teilfaktor (Hauptantigen) eines Systems erblicher Blutkörperchenmerkmale des Menschen (↑Blutgruppen). Der R. wurde 1940 von K. LANDSTEINER und A. S. WIENER entdeckt, die feststellten, dass nach Immunisierung von Versuchstieren mit Rhesusaffenblut gewonnene Antikörper gegen Erythrocytenantigene auch menschliche Erythrocyten agglutinierten. Das wichtigste, am stärksten immunogen wirksame Erythrocytenantigen wird als D bezeichnet, die Träger als **rhesus-positiv** (Rh oder Rh^+), der Genotyp ist DD oder Dd; D kommt bei rd. 85% aller weißen Menschen vor. Bei rd. 15% fehlt das Antigen D (Genotyp dd), diese Individuen werden als **rhesus-negativ** (rh oder Rh^-) bezeichnet. Rhesus-negative Menschen bilden erst Antikörper, wenn ihr Blut in Kontakt mit Rh-positivem Blut kam und dadurch eine Primärantwort des Immunsystems ausgelöst wurde. Erst nach erneutem Kontakt (z.B. Transfusion, Schwangerschaften mit Rh-ungleichen Feten) mit Rh-positivem Blut werden so viele Antikörper ausgebildet, dass es zu lebensbedrohenden Schädigungen kommen kann. Ist z.B. eine rh-negative Frau erstmals mit einem Rh-positiven Fetus schwanger, so kann in der späten Schwangerschaft oder v.a. während der Geburt kindliches Blut mit dem mütterlichen Kontakt haben und die Mutter bildet Rh-Antikörper. Meist ist diese erste Immunantwort der Mutter relativ schwach, sodass für das Kind keine Gefahr besteht. Bei einer weiteren Schwangerschaft mit einem Rh-positiven Kind erfolgt bei Kontakt mit dem kindlichen Blut eine sehr viel stärkere zweite Immunantwort. Die dabei in großer Menge gebildeten und im mütterlichen Blut zirkulierenden Antikörper gehören nun zur Immunglobulinklasse IgG (Gammaglobuline) und können daher durch die Placenta in den kindlichen Blutkreislauf gelangen. Sie führen dort zur Hämolyse der roten Blutkörperchen des Fetus. Die Antikörperbildung kann durch Gabe von Gammaglobulinen gleich nach der Geburt unterdrückt werden, da diese die kindlichen Erythrocyten, die beim Geburtsvorgang in den Blutkreislauf der Mutter gelangten, zerstören, bevor das Immunsystem der Mutter durch Antikörperbildung reagieren kann.

Rhizobium: Gattung im Boden lebender, luftstickstoffbindender Eubakterien. R. sind begeißelte, gramnegative, aerobe Stäbchen, die mit Hülsenfrüchtlern in Symbiose leben (↑Knöllchenbakterien).

Rhizodermis (Wurzelhaut): das Abschlussgewebe der Wurzel. Sie ist ein- oder mehrschichtig und hat keine Cuticula und keine Spaltöffnungen. In älteren Wurzelteilen wird sie durch die ↑Exodermis ersetzt. Die R. bildet die Wurzelhaare (↑Wurzeln). Bei vielen Wasser- und Sumpfpflanzen, die keine Wurzelhaare haben, übernimmt die R. die Aufnahme von Wasser und Nährsalzen.

Rhizoide: wurzelähnliche Strukturen bei Niederen Pflanzen (z.B. Algen und Moosen) und bestimmten Entwicklungsstadien (z.B. Farnprothallien). Im Gegensatz zu echten ↑Wurzeln haben R. nur eine Verankerungsfunktion und nehmen keine Stoffe auf.

Rhizom (Wurzelstock): Ein R. ist ein unterirdisch oder dicht über dem Boden wachsender, ausdauernder Spross bei vielen Stauden (z.B. Spargel und Maiglöckchen). R. wachsen an der Spitze beständig fort, während sie von hinten allmählich absterben. Charakteristisch für sie ist das Fehlen einer Hauptwurzel. Die Wurzeln entstehen auf der Unterseite, die Blätter und Sprosse auf der Oberseite. R. sind meist mit ↑Reservestoffen angefüllt und spielen eine Rolle bei der Ausbreitung.

Rhizopoda: die ↑Wurzelfüßer.

Rhodophyta: die ↑Rotalgen.

Rhodopsin: der ↑Sehpurpur.

Rhombencephalon: das ↑Rautenhirn.

Riboflavin: Das auch als **Vitamin B_2** bezeichnete R. kommt in den Zellen in Form von FMN (Flavinmononucleotid) und ↑FAD vor. Somit spielt es eine wichtige Rolle bei der Zellatmung. Wegen seines reichen Vorkommens in der Milch und im Käse hatte es früher den Namen **Lactoflavin.**

Ribonucleinsäure: die ↑RNA.

Ribose: Die R. gehört wie auch die **Desoxyribose** zu den Bausteinen der ↑Nucleinsäuren. Es handelt sich in beiden Fällen um Monosaccharide aus der Reihe der Pentosen.

Ribosomen: aus ribosomaler ↑RNA (r-RNA) und Proteinen bestehende, eiförmige Zellorganellen, die v.a. am ↑endoplasmatischen Reticulum zu finden sind, aber auch frei in der Zelle vorkommen. Die Mehrzahl der R. liegt in Form größerer Funktionseinheiten, der **Polysomen,** vor.

Die R. enthalten zu etwa 40% Proteine und zu etwa 60% r-RNA. Die R. sind die Orte der Eiweißsynthese (Proteinbiosynthese).

R

Ribulosebisphosphat: Verbindung, die als CO_2-Akzeptor im Calvin-Zyklus (↑ Fotosynthese) fungiert.

Rickettsien: Gruppe kleiner Bakterien, die sich ausschließlich innerhalb von Wirtszellen vermehren können. Obwohl sie nur so groß sind wie Viren und trotz ihres ausgeprägten Parasitismus, besitzen sie sowohl DNA als auch RNA, eine Zellwand und einen eigenen Stoffwechsel. Sie rufen beim Menschen verschiedene Arten von Fleckfieber hervor und werden von Zecken, Milben, Flöhen und Läusen übertragen.

Riechepithel: Teil der Nasenschleimhaut, in dem Sinneszellen eingesenkt sind, deren Riechhärchen von Schleim bedeckt sind. Im Schleim gelangen die gelösten Geruchsstoffe an die Sinneshärchen. Durch das Sekret besonderer »Spüldrüsen« werden sie wieder entfernt. – ↑ auch Geruchssinn.

Riechepithel

Menschliches Riechepithel: 1 Schleimfilm, 2a–e Riechzelle (2a Riechhärchen, 2b Riechkolben, 2c peripherer Zellfortsatz, 2d Zellkörper der Sinneszelle mit Zellkern, 2e Riechfädchen, gehen in die Riechnerven über), 3 Stützzellen, 4 Basalzellen, 5 Basalmembran, 6 Bindegewebe

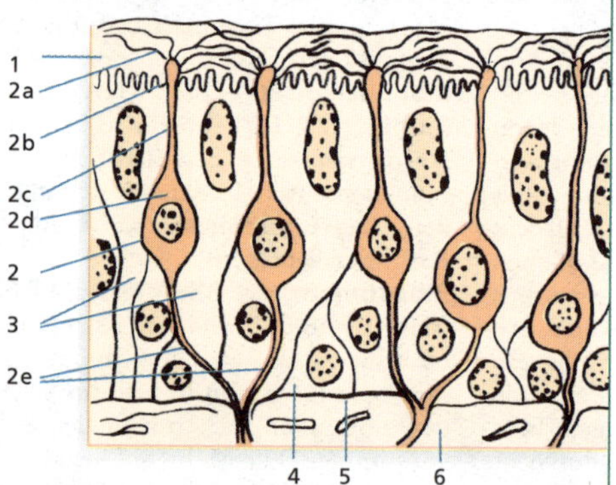

Riechgrube: ↑ Nase.

Riechnerv: der erste der ↑ Hirnnerven.

Riechsinn: der ↑ Geruchssinn.

Riechstoffe: die ↑ Duftstoffe.

Riesenchromosomen: durch wiederholte Chromosomenverdopplung ohne nachfolgende Trennung der Tochterchromosomen (Endomitose) entstandene Chromosomen. Nach höchstens 9 bis 10 Verdopplungsschritten liegen hundert bis tausend Chromatidenfäden gebündelt nebeneinander. Der Durchmesser nimmt dabei 10 000fach, die Länge 70- bis 110fach zu.

R. sind während der ↑ Interphase gut sichtbar. Nicht selten sind die Schwesterchromosomen gepaart, sodass nur ein haploider Chromosomensatz zu erkennen ist.

R. kommen in den Zellkernen von Speicheldrüsen und anderen Organen von Zweiflüglern (u.a. Taufliege), in den großen Kernen der Wimpertierchen, in den Samenanlagen vieler Blütenpflanzen und sogar bei der Maus vor.

Außer der Größe machen zwei auffallende Kennzeichen die R. für die Forschung interessant: Sie zeigen ein Banden- oder Querscheibenmuster, das durch die nebeneinander liegenden ↑ Chromomeren entsteht. Da diese Chromosomenabschnitte funktionelle Einheiten sind, können Daten der Genetik, z.B. über ↑ Chromosomenaberrationen, mit dem cytologischen Bild verglichen werden. Die andere Besonderheit ist die sichtbare Entspiralisierung einzelner Abschnitte des Riesenchromosoms. Diese Stellen erscheinen wie aufgebläht und werden als ↑ Puffs bezeichnet. An ihnen wird intensiv ↑ RNA synthetisiert (↑ auch Lampenbürstenchromosomen).

Riesenwuchs (Gigantismus): Eine Überproduktion von Wachstumshormon (Somatotropin) in der ↑ Hypophy-

Riesenchromosomen

a Riesenchromosom aus der Speicheldrüse einer Fliege; b Aufbau (schematisch) aus zahlreichen Chromonemen, auf denen perlschnurartig die Chromomeren (Ch) angeordnet sind

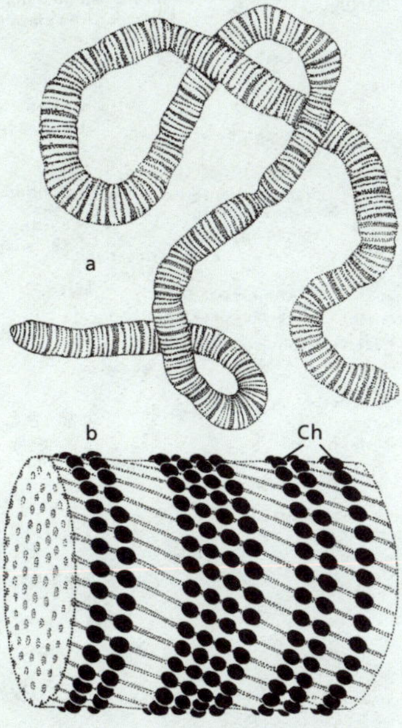

se während der Phase der körperlichen Entwicklung lässt den Menschen über das normale Maß hinaus wachsen.

R. tritt auch bei Nutz- und Zierpflanzen auf. Dort ist er Folge der Vervielfachung des DNA-Gehalts der Zellkerne (↑ Polyploidie).

Rima pudendi: die ↑ Schamspalte.

Rinde:

◆ Bei *Pflanzen* wird das Gewebe, das in der Wurzel und im Spross den Zentralzylinder umgibt, als **primäre R.** bezeichnet. Sie wird von der Epidermis nach außen abgegrenzt. Zwischen Epidermis und R. kann Speicherparenchym oder grünes Assimilationsgewebe liegen. Durch sekundäres ↑ Dickenwachstum wird die primäre R. zerstört und durch die **sekundäre R.** (↑ Bast) ersetzt.

◆ (Cortex): Bei *Tieren* und beim *Menschen* wird die äußere Schicht mancher Organe als R. bezeichnet; z.B. Nebennierenrinde, Nierenrinde, Großhirnrinde (↑ Gehirn).

Rindenfelder: Bereiche der Großhirnrinde (↑ Gehirn), die unterschiedliche Funktionen haben. Bei Schädigungen dieser R. kommt es zu Ausfallserscheinungen.

Jeder Sinneseindruck wird zunächst **Wahrnehmungsfeldern** (z.B. Hörzentrum, Sehzentrum) zugeleitet. Hier wird die Wahrnehmung mit Bekanntem verglichen und »erkannt«. Die Wahrnehmung wird an andere Zentren weitergeleitet. In besonderen ↑ Assoziationsfeldern z.B. erfolgt in Zusammenarbeit mit anderen Großhirnbereichen mithilfe von Denkvorgängen die weitere Analyse des Wahrgenommenen. Hier werden auch Entscheidungen gefällt. Soll gehandelt werden, so regen die Assoziationsfelder die **motorischen R.** an. Diese steuern alle bewussten Verhaltensweisen wie Sprechen, Schreiben, Fortbewegung. – Als **Projektionsfelder** bezeichnet man R., in denen motorische Leitungsbahnen ihren Ursprung haben oder in denen sensorische Bahnen enden. Das Projektionsfeld für den Gesichtssinn liegt z.B. im Hinterhauptslappen (Sehzentrum). – Bild S. 418.

Ringelwürmer (Gliederwümer, Annelida): ein Stamm lang gestreckter, runder oder abgeflachter Würmer, deren sekundäre ↑ Leibeshöhle in hintereinander liegende, durch Scheidewände getrennte Abschnitte (Segmente) gegliedert ist. Typisch für diese Segmente ist die stets paarweise Wiederholung von bestimmten Organen (Metamerie; wie Ganglien und Exkretionsorgane). Diese Gliederung ist äußerlich an Ringfurchen erkennbar. Die Körperwand setzt sich aus einer äußeren Ring- und einer darunter liegenden Längsmuskel-

R

Rindenfelder

Rindenfelder des Menschen. In dem rechteckig eingerahmten Feld liegen die sensorischen und motorischen Projektionsfelder

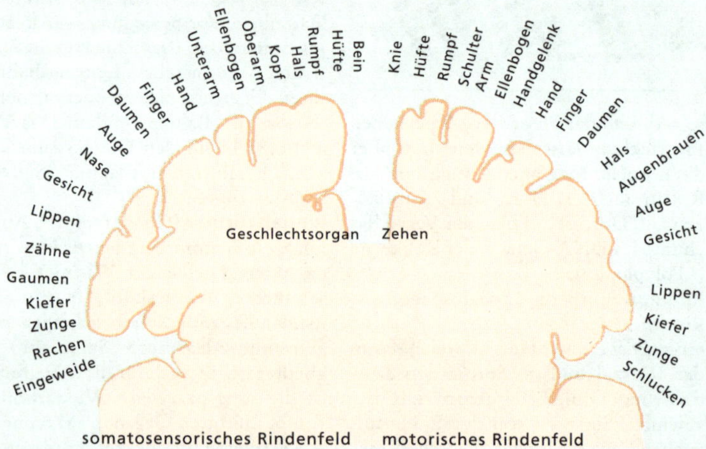

Diese Schemazeichnung zeigt einen kleinen Teil der funktionalen Architektur des menschlichen Gehirns. Gewisse Teile der Großhirnrinde sind gesetzmäßig Körperteilen zugeordnet. Links sind die somatosensorischen, rechts die motorischen Felder gezeigt.

schicht zusammen (↑Hautmuskelschlauch), die die Tiere zur Fortbewegung befähigen. Unter dem den Körper gerade durchziehenden Darm der R. liegt ein Strickleiternervensystem.
Besonders borstenreich sind die fast ausschließlich meerbewohnenden **Borstenwürmer (Vielborster),** wohingegen die in Süßgewässern und am Land lebenden **Wenigborster** borstenarm sind; hierher gehören z.B. Regenwürmer und Tubifex (eine beliebte Fischnahrung) sowie die völlig borstenlosen **Blutegel.**

Rispe: ein zusammengesetzter ↑Blütenstand.

Ritualisierung: Es ist von Vorteil, wenn Verhaltensweisen, die der gegenseitigen Verständigung von Artgenossen dienen, möglichst deutlich und auffällig als Signal (Auslöser) zu erkennen sind. Die Selektion begünstigt Veränderungen an bestimmten Bewegungen und Instinkthandlungen, die in dieser Richtung wirken. Dieser Wandel im Dienste der Signalbildung wird als R. bezeichnet. Er kann sich auf unterschiedliche Weise vollziehen: Das Verhalten verliert die ursprüngliche Funktion. Aus dem Futterlocken der Hühner werden z.B. Balzbewegungen des Pfaus. Bewegungen werden mimisch übertrieben, oft durch Wiederholung. Manchmal werden sie zu bloßen »Stellungen«. So resultiert die Drohstellung (↑Drohgebärde) aus den einander entgegengesetzten Antrieben zur Flucht oder zum Angriff. Das Bewegungsmuster wird vereinfacht und läuft immer gleich ab. Die ursprüngliche Orientierung der Bewegung geht verloren. Das Darbieten des Hinterkopfs als ↑Demutsgebärde bei vielen Vogelarten ist aus der Drohgebärde entstanden; der gefährliche Schnabel wird hierbei nämlich demonstrativ weggewendet.
Beim Menschen sind die Sprachen grundsätzlich durch R. entstanden. Auch viele Grußformen sind als ritualisierte Bewegungen anzusehen.

RNA, Abk. für engl. **R**ibo**n**ucleic **a**cid (Ribonucleinsäure): neben der ↑DNA die wichtigste, in jeder Zelle vorkommende Nucleinsäure. RNA ist ein Polynucleotid aus organischen Basen, Ribose und Phosphorsäure. Am Aufbau der RNA sind die Purinbasen Adenin und Guanin sowie die Pyrimidinbasen Cytosin und Uracil beteiligt.
Bei einigen Viren ist die RNA anstelle der DNA Erbsubstanz. Außer bei diesen wird die RNA stets an der DNA im Zellkern gebildet, wobei unter Mitwirkung der RNA-Polymerase Triphosphonucleotide unter Abspaltung von Diphosphorsäure verknüpft werden.
Die RNA besitzt i. A. ein Molekulargewicht zwischen 30 000 und 2 Millionen. Besonders reichlich vorhanden ist sie im Nucleolus und in den ↑Ribosomen. In Letzteren stellt sie als **ribosomale RNA (r-RNA)** neben den Proteinen einen Anteil von 60%. Die r-RNA entsteht vermutlich im Nucleolus und unterliegt bis zum Einbau in die Ribosomen einer komplizierten Umwandlung. Ihre Rolle bei der Eiweißsynthese ist noch nicht völlig geklärt.
Eine zweite Form der RNA ist die **Boten-RNA (Messenger-RNA, m-RNA).** Ihr Molekulargewicht kann bis zu 1 Million betragen. Sie wird unter Mitwirkung der RNA-Polymerase an der DNA im Zellkern gebildet. Diese Synthese nennt man Transkription. Die m-RNA ist eine genaue Kopie des abgelesenen DNA-Abschnitts, der einem oder mehreren Genen entspricht; an die Stelle des Thymins der DNA tritt jedoch Uracil. Die m-RNA übernimmt die ↑genetische Information von der DNA und bringt sie zu den Ribosomen, mit denen sie sich bei der Eiweißsynthese auf noch ungeklärte Weise verbindet.
Im Plasma der Zelle liegt außerdem die **Transfer-RNA (t-RNA)** vor, die ein Molekulargewicht von rund 30 000 besitzt. Sie dient der Aktivierung der ↑Aminosäuren, die sie anheftet und zu

den Ribosomen transportiert. Dort werden die Aminosäuren in entsprechender Sequenz (↑Aminosäuresequenz) zu Proteinen verknüpft. RNA liegt überwiegend als Einzelstrang vor. Durch Wasserstoffbrückenbindungen können innerhalb des Moleküls noch zusätzliche Verknüpfungen entstehen und zu einer unregelmäßigen Sekundärstruktur führen. Auf diese Weise kommt es zur sog. Kleeblattstruktur der t-RNA.

RNA-Polymerasen: Enzyme, die in allen Zellen, auch in Bakterien, vorkommen und die Bildung der ↑RNA aus Polynucleotiden katalysieren. Die Enzymwirkung ist von der Gegenwart von Mg^{2+}-Ionen und von der ↑DNA abhängig. Diese spielt dabei als Cofaktor des Enzyms eine noch unbekannte Rolle.

Rodẹntia: die ↑Nagetiere.

Röhrenblüte: ↑Korbblütler.

Röhrenknochen: lange ↑Knochen (z.B. Oberarm, Elle, Speiche, Oberschenkel), die aus einem röhrenförmigen Schaft **(Diaphyse)** und den Gelenkenden **(Epiphyse)** bestehen. Solange der Knochen noch wächst, befindet sich zwischen Diaphyse und Epiphyse eine nicht verknöcherte Wachstumsfuge, die **Metaphyse.** Im Schaft aus massivem Material befindet sich die Markhöhle, die rotes oder weißes Knochenmark enthält. Die Knochenenden haben außen ebenfalls kompakte Knochensubstanz, die nach innen aber sehr bald in ein dichtes Netzwerk von Knochenbälkchen (Spongiosa) übergeht. Diese Bälkchen sind so angeordnet, dass sie wie eine Brückenkonstruktion Zug- und Druckkräfte in idealer Weise auf den Schaft übertragen oder von ihm ableiten.

Röhrenquallen: die ↑Staatsquallen.

Rohrzucker (Saccharose): ein Disaccharid ($C_{12}H_{22}O_{11}$), das aus dem Zuckerrohr oder der Zuckerrübe gewonnen wird, aber auch in anderen Pflanzen anzutreffen ist. R. ist aus Glucose (↑Traubenzucker) und Fructose (↑Fruchtzucker) aufgebaut. Die Fructose liegt hier in der Furanoseform vor, die weniger beständig ist; daher kann R. leicht in seine Bestandteile zerlegt werden, ein Vorgang, den man Inversion (**Invertzucker;** Bestandteil des ↑Honigs) nennt. Bei dieser Trennung wird der Polarisationswinkel von −66° (Rohrzucker) auf −20° gedreht, da die Fructose eine stark linksdrehende Verbindung ist. Im Körper wird die Saccharose von einem Enzym (Saccharase) gespalten.

Rollnerv: einer der ↑Hirnnerven.

Rosengewächse (Rosaceae): eine Familie der Zweikeimblättrigen Pflanzen mit rd. 2 000 Arten, die hauptsächlich in kalten und gemäßigten Gebieten verbreitet sind. Es sind krautige Pflanzen oder Holzgewächse mit wechselständigen Blättern und meist fünfzähligen Blüten. Nebenblätter (spreitenartig entwickelte Anhangsorgane am Blattgrund) sind immer vorhanden. Als Früchte kommen Balg- und Steinfrüchte sowie Nüsschen vor.

Zu den Rosengewächsen gehören viele Nutz- und Zierpflanzen. Bekannte Gattungen sind: Apfelbaum, Birnbaum, Kirsche, Himbeere, Erdbeere, Eberesche, Fingerkraut, Nelkenwurz, Frauenmantel, Wiesenknopf, Rose.

Rostpilze (Uredinales): weltweit verbreitete Ordnung der ↑Ständerpilze. R. sind sehr kleine Pilze, die in den Interzellularräumen der Blätter von Höheren Pflanzen schmarotzen und ↑Haustorien in die Zellen entsenden. Sie durchwuchern meist nicht die ganze Pflanze, sondern breiten sich nur um die Infektionsstelle aus. R. werden an Kulturpflanzen schädlich. Bekannt sind Schwarzrost, Gelbrost und Braunrost an Getreide. R. können auch ↑Hexenbesen verursachen.

Rotalgen (Rhodophyta): eine rd. 8 000 Arten umfassende Klasse der ↑Algen. R. leben fast ausschließlich im Meer; nur wenige Arten im Süßwasser.

Die Zellen der R. sind durch **Phycoerythrin** rot bis violett gefärbt. Der Thallus ist fast immer vielzellig und sitzt mit einer Haftscheibe oder mit Haftfäden am Untergrund fest. Ein echtes Gewebe ist nicht vorhanden.
Die ungeschlechtliche Vermehrung erfolgt durch unbewegliche Sporen, die geschlechtliche durch Oogamie (↑Befruchtung).
Einige Arten der R. werden wirtschaftlich und z.B. zur Herstellung von Agar-Agar verwendet oder dienen als Nahrungsmittel (v.a. in Ostasien) sowie zur Gewinnung von Leimen, Düngemitteln und Iod.

Rotatoria: die ↑Rädertiere.

Rotblindheit: eine Form der ↑Farbenfehlsichtigkeit.

rote Blutkörperchen (Erythrocyten): flache, verformbare, zellkernlose und beiderseits eingedellte scheibchenförmige Zellen, die den roten, dem Sauerstofftransport dienenden Blutfarbstoff ↑Hämoglobin enthalten. 1 mm³ ↑Blut enthält rund 5 Millionen r. B. ihre Lebensdauer beträgt etwa 4 Monate. Bei Aufenthalt in größeren Höhen setzt bereits nach wenigen Tagen unter dem Einfluss des Hormons Erythropoietin eine verstärkte Produktion der r. B. ein und innerhalb von 3 bis 4 Wochen steigen die Zahl der r. B., der ↑Hämatokritwert und die Hämoglobinkonzentration stark an **(Höhenadaptation).** Die dadurch bedingte Zähflüssigkeit des Blutes ist mitunter ziemlich belastend für Herz und Kreislauf.

Rote Liste: eine Zusammenstellung gefährdeter Pflanzen- und Tierarten, die ständig überarbeitet und erweitert wird und eine der Grundlagen für den ↑Artenschutz ist. – ↑auch geschützte Tiere – ↑geschützte Pflanzen.

Rote Spinne: Art der ↑Milben.

RQ, Abk. für **r**espiratorischer **Q**uotient: ↑Atmung.

Rückenmark

Die Lage des Rückenmarks im Wirbelkanal

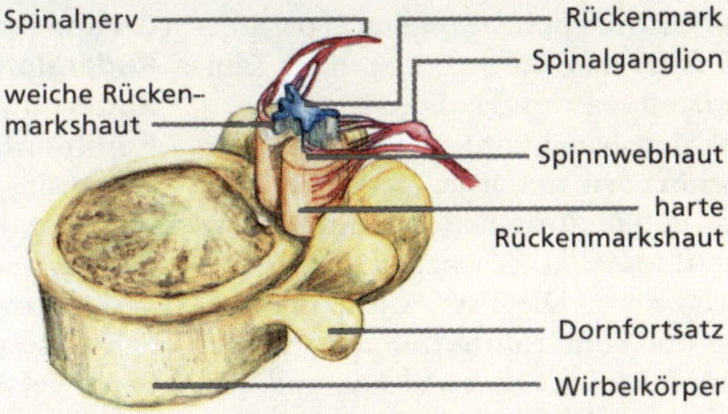

Zusammenspiel zwischen Rückenmark und Oberschenkelmuskel beim Kniesehnenreflex

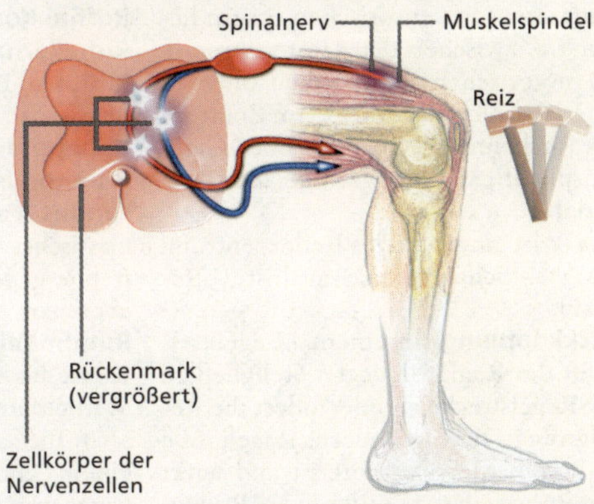

Rückenmark (Medulla spinalis): Dieser etwa bleistiftstarke Teil des ↑Zentralnervensystems liegt im **Rückenmarkskanal** der ↑Wirbelsäule und wird von den gleichen Häuten geschützt wie das Gehirn (↑Hirnhäute). Zwischen den Wirbeln treten 31 Paar

R

Rückenmarksnerven in das R. ein oder aus ihm heraus.

Durchschnitten zeigt das R. zum Rand hin ↑weiße Substanz, im Innern eine schmetterlingsförmige Figur aus ↑grauer Substanz. Die graue Substanz enthält rd. 350 000 Nervenzellen. In die auf der Rückenseite liegenden paarigen **Hinterhörner** dieser Figur münden je Nerv und Seite rd. 12 000 sensorische (afferente) Nervenfasern. Ihre zugehörigen Zellkörper liegen außerhalb des Rückenmarks in Verdickungen der Nerven, den Spinalganglien (↑peripheres Nervensystem). Bei spinaler Kinderlähmung werden diese zerstört.

Aus den bauchseitigen paarigen **Vorderhörnern** treten je Nerv und Seite rd. 6 000 motorische (efferente) Fasern aus. Ihre Zellkörper liegen in den Vorderhörnern. Die Fasern je eines Vorder- und Hinterhorns treten vereint aus dem Rückenmarkskanal aus und verzweigen sich außerhalb.

Die im R. außen liegende weiße Substanz enthält etwa 10 Millionen Nervenfasern. Die sensorischen Fasern liegen v.a. zwischen den Hinterhörnern, die motorischen meist seitlich und zwischen den Vorderhörnern. Im Zentrum des Rückenmarks liegt der mit ↑Cerebrospinalflüssigkeit gefüllte **Zentralkanal.**

Das R. ist ein wichtiges Reflexzentrum, das v.a. Schutzreflexe auslöst (↑Reflexe).

Rückkopplung: In einem ↑Regelkreis greift der Regler über das Stellglied an der Regelstrecke an und ändert die Regelgröße. Diese geänderte Regelgröße wird vom Messwerk erfasst und wirkt damit auf das regulierende Prinzip zurück, indem der Regler dem Stellglied neue, der veränderten Regelgröße angepasste Informationen gibt. Eine solche Verknüpfung nennt man R. In den Körpern der Organismen werden zahlreiche Vorgänge über Rückkopplungsmechanismen reguliert **(Biofeedback);** im menschlichen Körper z.B. Blutdruck, Herzschlag, Körpertemperatur, Hormonhaushalt.

Rückkreuzung: die ↑Kreuzung zwischen der ersten Tochtergeneration (F_1) und den Eltern. Mithilfe einer R. kann man bei einem dominant/rezessiven Allelpaar entscheiden, ob ein Individuum der uniformen F_1-Generation reinerbig ist für das dominante Allel. Man kreuzt das fragliche Individuum mit dem homozygot-rezessiven Elter, der nur rezessive Allele trägt. Spalten sich die Nachkommen der R. im Verhältnis 1:1 auf, ist das untersuchte Lebewesen mischerbig.

Ruderalpflanzen: die ↑Schuttpflanzen.

Ruderflug: ↑Fortbewegung.

Rudimentärorgane: Organe, die als Anpassung an die Lebensbedingungen im Laufe der Entwicklung ihre Funktion z.T. oder ganz verloren haben und deshalb rückgebildet sind. R. können Hinweise auf die jeweilige Stammform bzw. Verwandtschaften mit anderen Organismengruppen geben. R. sind z.B. die stummelförmigen Hinterextremitäten bei Riesenschlangen.

Ruffini-Körperchen: ↑Tastkörperchen.

Ruhekern: irreführende, weil nicht korrekte Bezeichnung für den ↑Arbeitskern.

Ruhepotenzial: ↑Membranpotenzial.

Ruhetonus: ↑Tonus.

rundes Fenster (Schneckenfenster): elastisches Häutchen, das die Paukentreppe gegen die Paukenhöhle (↑Ohr) abgrenzt.

Rundmäuler (Cyclostomata): eine Klasse bis 90 cm langer, fischähnlicher Wirbeltiere in Süß- und Meeresgewässern. Ihr aalförmiger Körper wird von einem knorpeligen Innenskelett gestützt und weist ein Saugmaul auf, das innen mit kräftigen Hornzähnen bestückt ist. Mit diesem Saugmaul saugen sich die (erwachsenen) Tiere außen an Fischen fest und raspeln mithilfe ihrer Hornzähnchen die Haut auf, um Blut von dem Fisch zu saugen. Sie besitzen einen Kiemendarm mit 5 bis 15 Kiemenspalten (↑Kiemenbögen).

Zu den Rundmäulern gehören die **Neunaugen,** deren wurmförmige Larven (Ammocoeteslarven) sich meist im Sand eingraben und sich von Mikroorganismen des Wassers ernähren.

Rundtanz: ↑Bienensprache.

Rundwürmer (Schlauchwürmer, Aschelminthes): eine uneinheitliche größere Gruppe meist wurmartiger, drehrunder, ungegliederter Tiere. Die kleinsten sind weniger als 0,1 mm, die größten mehrere Meter lang. Ihr Körper ist von einer dicken Cuticula bedeckt. Zwischen dem Darm und dem äußeren ↑Hautmuskelschlauch liegt ein aus der primären Leibeshöhle hervorgehender, flüssigkeitserfüllter Raum (also keine sekundäre Leibeshöhle). Oft ist die Zahl der Körperzellen konstant (v.a. bei den ↑Rädertieren).
Viele Arten der R. sind Parasiten (z.B. Fadenwürmer wie Trichinen, Hakenwürmer, Madenwürmer, Spulwürmer und Älchen).

Rütteln: ↑Fortbewegung.

S

Saccharomyces cerevisiae (Saccharomyces carlsbergensis): die ↑Bierhefe.

Saccharose: der ↑Rohrzucker.

Sacculus: eine bläschenförmige Struktur im Labyrinth des Innenohrs der Wirbeltiere (↑Ohr).

Saisondimorphismus: ↑Polymorphismus.

Salamander: ↑Schwanzlurche.

Salmonellen: größere Gruppe von darmbewohnenden Eubakterien, die bei Tier und Mensch zahlreiche Krankheiten hervorrufen. Die peritrich begeißelten S. sind sehr widerstandsfähig gegen Austrocknung und Abkühlung. Beim Menschen werden Typhus und Paratyphus von S. verursacht, die mit infiziertem Wasser oder infizierten Nahrungsmitteln wie Obst, Eiern und v.a. Milch und Milchprodukten (Speiseeis) übertragen werden.

Salpen (Thaliacea): meist frei schwimmende, 0,1 bis 10 cm große, tonnenförmige ↑Manteltiere mit Generationswechsel (Metagenese); die ungeschlechtliche Generation bildet häufig Tierstöcke, die geschlechtliche Generation oft bis 25 m lange Reihen von Geschlechtstieren **(Kettensalpen).**

Salpeterpflanzen: die ↑Nitratpflanzen.

Salzpflanzen (Halophyten): Pflanzen, die an salzreichen Standorten (z.B. Meeresküsten, Ränder von Salzquellen sowie Salzpfannen in Steppen und Wüstengebieten) wachsen. Dem hohen Salzgehalt des Bodenwassers haben sich die S. durch Aufnahme entsprechend hoher Natriumchloridmengen in den Zellsaft angepasst. So nehmen die Zellen der dickfleischigen (sukkulenten) Blätter und Sprosse so viel Salz auf, bis in ihnen etwa die gleiche Konzentration vorliegt wie im umgebenden Medium.
Manche S. (z.B. Tamarisken) scheiden über Drüsen hochkonzentrierte Salzlösungen aus. – Eine bekannte Salzpflanze ist der an der Nordseeküste vorkommende Queller.

Samen:

◆ *Pflanzen:* Aus der befruchteten ↑Samenanlage geht der S. hervor. Er enthält einen Embryo, der von einer schützenden Samenschale umgeben ist. Die für die Keimung erforderlichen Nährstoffe sind entweder in den Keimblättern oder einem besonderen Nährgewebe, dem ↑Endosperm gespeichert. Dieses kann vorwiegend Stärke (Getreidekorn), Öl (Sonnenblume) oder Eiweiß (Hülsenfrüchte) enthalten.
Die Samenschale kann sehr verschieden gestaltet sein und Anhänge zur ↑Samenausbreitung besitzen (z.B. Fallschirmchen beim Löwenzahn). Oft bleibt der S. in einer ↑Frucht eingeschlossen. Durch Keimung entsteht nach Wasseraufnahme aus dem S. eine neue Pflanze.
Die Samenbildung bietet biologische Vorteile: Schutz und Ernährung des

S

Keimlings (bei Samenruhe und Keimung), leichte Ausbreitung.

◆ *Tiere:* in der Umgangssprache Bezeichnung für die Samenflüssigkeit (Sperma), die in einem Sekret aus den ↑Bläschendrüsen und der ↑Vorsteherdrüse die ↑Samenzellen enthält.

Samenanlage

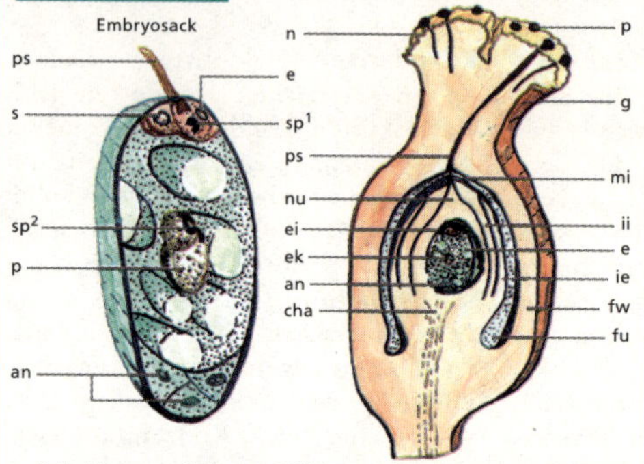

p = Pollenkörner, n = Narbe, g = Griffel, ps = Pollenschlauch, mi = Mikropyle, ei = Eiapparat, ek = Embryosackkern, an = Antipoden, cha = Chalaza, e = Embryosack, ii = inneres Integument, ie = äußeres Integument, fu = Samenanlage mit Funiculus, fw = Fruchtknotenwand, nu = Nucellus, s = Synergiden, e = Eizelle mit Eikern, sp^1 und sp^2 = Spermakerne

Samenanlage: Organ der ↑Samenpflanzen, das im Dienst der ↑geschlechtlichen Fortpflanzung steht, und u.a. die befruchtungsfähige Eizelle der Samenpflanze erzeugt. S. kommen ausschließlich bei Samenpflanzen vor und können mit den Makrosporangien der Gefäßsporenpflanzen (Farne, Schachtelhalme u.a.) verglichen werden. Die S. geht aus einem besonderen Bildungsgewebe auf dem Fruchtblatt, der **Placenta,** hervor. Man unterscheidet frei liegende Samenanlagen und von einem oder mehreren Fruchtblättern (Fruchtknoten) eingeschlossene Samenanlagen. Erstere sind ein typisches Merkmal der Nacktsamer (Nadelhölzer, Ginkgo), Letztere ein Merkmal der Bedecktsamer (Ein- und Zweikeimblättrige Pflanzen).

Die S. ist meist von 2 Hüllen **(Integumenten)** bedeckt, die eine kleine Öffnung **(Mikropyle)** für den Eintritt des Pollenschlauchs freilassen. Das von den Integumenten bedeckte Gewebe ist der **Nucellus,** der entwicklungsgeschichtlich dem Makrosporangium der Farnpflanzen entspricht. Er bildet u.a. eine größere Zelle aus, die man Embryosackmutterzelle nennt. Durch ↑Meiose werden vier haploide Zellen gebildet, von denen drei zugrunde gehen und nur eine übrig bleibt, die Embryosackzelle. Diese bildet durch ↑Mitosen acht Kerne aus, von denen je drei zu den Polen des **Embryosacks** wandern, während zwei Kerne im Zentrum verbleiben und zum diploiden sekundären Embryosackkern verschmelzen.

Die an den Polen befindlichen Kerne umgeben sich mit Plasma und einer Membran und bilden somit Zellen. Von den drei Zellen, die sich in unmittelbarer Nähe der Mikropyle befinden, ist eine die Eizelle. Ihre beiden Begleiter nennt man **Synergiden,** während die drei Zellen am entgegengesetzten Ende des Embryosacks **Antipoden** heißen.

Gelangen Pollenkörner auf die klebrige **Narbe** des Fruchtknotens (Bestäubung), beginnen sie, **Pollenschläuche** zu bilden, die über den **Griffel** durch das Gewebe des Fruchtknotens in Richtung S. wachsen und in der Regel durch die Mikropyle in den Embryosack eindringen.

Im Pollenkorn hat sich inzwischen der haploide Kern mitotisch geteilt; dabei entstehen eine vegetative und eine generative Zelle. Die generative Zelle teilt sich nochmals unter starker Plasmaverringerung in die beiden **Spermakerne.** Alle drei Kerne wandern in der Spitze des Pollenschlauchs zum Embryosack. Nachdem der Pollenschlauch in den

Embryosack eingedrungen ist, öffnet er sich durch die Wirkung von Enzymen aus den Synergiden. Der vegetative Kern geht zugrunde, während die beiden Spermakerne sich selbstständig auf den Eikern und den sekundären Embryosackkern zubewegen, die beide befruchtet werden. Daher spricht man bei den Bedecktsamern von einer Doppelbefruchtung, deren Ergebnis eine diploide ↑Zygote ist, aus der der spätere Embryo hervorgeht, und ein triploider Endospermkern, der das spätere Nährgewebe des Samens bildet.
Aus der befruchteten Samenanlage geht durch Bildung des Embryos, des Nährgewebes und der Samenschale (aus den Integumenten) der ↑Samen hervor, der bei den Bedecktsamern von der Fruchtwand eingeschlossen ist und mit dieser die Frucht bildet.

Samenausbreitung: der Transport reifer Samen bei Samenpflanzen zum Zweck der Vermehrung und Ausbreitung der Arten. Die S. kann nach Freigabe des Samens aus der Frucht (Öffnungsfrüchte) oder zusammen mit der Frucht (Schließfrüchte) stattfinden. Der Bau der Früchte bzw. der Samen steht meist in engem Zusammenhang mit der Samenausbreitung.
Bei *Ausbreitung durch den Wind* tragen die Samen bzw. Früchte oft Anhänge, die ein Schweben in der Luft ermöglichen, z.B. Haare (bei Baumwolle, Löwenzahn) oder Flügel (Ahorn, Linde). Ebenso sind sehr kleine, leichte Samen zur Windausbreitung geeignet (Orchideen, Nachtkerzen).
Die *Ausbreitung durch Tiere* erfolgt entweder über das Verzehren der Samen und Früchte oder über ihr Anhaften ans Tierfell. Im ersteren Fall ist z.B. der Samenmantel fleischig und auffallend gefärbt (Eibe) oder die Fruchtwand ist fleischig und wohlschmeckend (viele Früchte, Beeren u.a.). Um sich ans Tierfell anzuheften, besitzen manche Früchte Hafteinrichtungen, z.B. Stacheln oder Widerhaken (Klette).
Zur *Ausbreitung durch Wasser* können die Samenschalen einen lufthaltigen Sack ausbilden, der diesen schwimmfähig macht (Seerose) und Früchte können lufthaltige Zwischengewebsräume besitzen, die denselben Zweck erfüllen.
Ein Sonderfall ist die *Ausbreitung durch Schleuderbewegungen* oder *hygroskopische Bewegungen* der Streufrüchte. So führt beim Springkraut die geringste Berührung der reifen Frucht zum Auslösen eines Schleudermechanismus, durch den sich die einzelnen Fruchtblätter nach innen schneckenartig einrollen und die Samen weit weg schleudern. Auslöser ist eine hohe Gewebsspannung im Fruchtgehäuse, die wiederum durch einen extrem hohen ↑Turgor (20 bar) des äußeren dünnwandigen Parenchyms verursacht wird, dessen Ausdehnungsbestreben die innen liegenden Faserschichten Widerstand entgegensetzen. Viele Fruchtkapseln öffnen sich, wenn die Fruchtwandzellen austrocknen (Entquellung) und schließen sich wieder, wenn sie feucht werden. Umgekehrt kann aber auch durch Wasseraufnahme (Quellung) eine Öffnung der Frucht ausgelöst werden (z.B. bei Wüstenpflanzen).

Samenbläschen: die ↑Bläschendrüse.

Samenerguss (Ejakulation): Durch Reizung der Eichel des erigierten männlichen ↑Glieds kommt es zum Samenerguss. Die glatte Muskulatur von ↑Nebenhoden, ↑Samenleiter, ↑Bläschendrüse und ↑Vorsteherdrüse zieht sich ruckartig zusammen. Dabei werden die Samenzellen mit dem Sekret des Samenbläschens und der Vorsteherdrüse als Samenflüssigkeit (Samen, Sperma) durch die Harn-Samen-Röhre nach außen gepresst. – Bei einem S. werden bis zu 2–3 ml Samenflüssigkeit **(Sperma)** als Ejakulat ausgestoßen. Sie enthält etwa 300 Millionen Samenzellen, von denen etwa 10–20% noch nicht reif oder überaltert sind.
Besonders bei heranwachsenden Jugendlichen kommt es während der Pu-

S

bertät häufig zu unwillkürlichen nächtlichen Samenergüssen. Diese werden als **Pollution** bezeichnet.

Samenfaden: die ↑Samenzelle.

Samenfarne (Lyginopteridae, Pteridospermae): eine ausgestorbene Klasse der fiederblättrigen ↑Nacktsamer, die im Karbon bis Jura auftraten. Die farnähnlich aussehenden S. besaßen keine Blüten; die Samenanlagen und Pollen wurden an bestimmten Blattabschnitten gebildet.

Samenleiter (Ductus deferens): paarige Fortsetzung der Nebenhodengänge in Form zweier 3 mm dicker und bis zu 60 cm langer Schläuche, die im Hodensack aufwärts und durch den Leistenkanal in den Bauchraum ziehen. Dieser teilweise im ↑Samenstrang verlaufende Kanal besitzt eine sehr muskulöse Wandung. Vor und beim ↑Samenerguss verkürzen sich seine Muskeln, wodurch sich sein Querschnitt erweitert. Dadurch werden die Samenzellen aus dem ↑Nebenhoden angesaugt. Durch wellenförmiges Zusammenziehen der ringförmigen Muskeln wird dann der Samen zunächst in eine Erweiterung des Samenleiters gedrückt und anschließend durch den die Prostata durchziehenden **Spritzkanal** (Ausspritzungsgang, Ductus ejaculatorius) in die Harn-Samen-Röhre gepresst.

Samenmantel (Arillus): ein den Samen von Samenpflanzen umhüllendes Gewebe unterschiedlicher Herkunft. Bei der Eibe ist der Samenmantel rot, fleischig und als einziger Teil der Pflanze nicht giftig. Bei den Samen der Seerose ist der S. ein lufthaltiger Sack, der den Samen schwimmfähig macht.

Samenpakete: die ↑Spermatophoren.

Samenpflanzen (Angiospermae): vollständig an das Landleben angepasste Sprosspflanzen, die durch Blüten- und Samenbildung charakterisiert sind. Die S. bilden die höchstentwickelte Abteilung des Pflanzenreichs. Die S. wurden früher auch als **Blütenpflanzen** (Anthophyta) bezeichnet. Da einige hoch entwickelte Farne jedoch ebenfalls Blüten bilden, sollten diese Ausdrücke vermieden werden.

Der Pflanzenkörper der S. ist gegliedert in Wurzel, Sprossachse und Blätter. Die Organe für die Fortpflanzung sind die ↑Blüten. Sie enthalten Staub- und Fruchtblätter. Ein ↑Generationswechsel ist kaum sichtbar, da der Gametophyt vom Sporophyten umschlossen ist. Der männliche Gametophyt besteht aus dem gekeimten Pollenkorn mit dem Pollenschlauch. Der weibliche Gametophyt (der Embryosack) wird von der ↑Samenanlage ernährt. Nach der Befruchtung wird die Samenanlage zum ↑Samen. Im Samen liegt der durch die Samenschale geschützte Embryo.

Die S. werden in zwei Gruppen unterteilt: Bei den **Nacktsamern** (Gymnospermae; rd. 800 Arten) sind die Samenanlagen nicht in einen Fruchtknoten eingeschlossen, sondern liegen offen auf den Fruchtblättern. Die Blüten sind eingeschlechtig, bestehen also nur aus Staub- oder Fruchtblättern. Sie sind meist in Zapfen angeordnet. Die bekanntesten Nacktsamer sind die ↑Nadelbäume. Bei den **Bedecktsamern** (Angiospermae; rd. 250 000–300 000 Arten) sind die Samenanlagen in einen Fruchtknoten eingeschlossen. Eine Narbe nimmt den Blütenstaub auf. Die Blüten sind vorwiegend zwittrig und stehen meist in Blütenständen. Zu den Bedecktsamern gehören die ↑Einkeimblättrigen Pflanzen und die ↑Zweikeimblättrigen Pflanzen.

Samenreifung (Spermatogenese): Die männlichen Keimzellen (↑Samenzellen) entwickeln sich in den ↑Hoden. Dort werden während der Embryonalentwicklung oder in der Kindheit (beim Menschen das ganze Leben hindurch) aus ↑Urkeimzellen (↑auch Keimbahn) durch rasche mitotische Zellteilungen diploide **Ursamenzellen (Spermatogonien)** gebildet (Vermehrungsphase). Da die Zellen ihr Plasma dabei nicht ergänzen, werden sie immer kleiner.

In der Wachstumsphase erfolgt nun die Vermehrung des Plasmas. Es entstehen die **Spermatocyten erster Ordnung.** Während der folgenden ersten Reifungsteilung (↑Meiose) entstehen aus einem Spermatocyten erster Ordnung zwei **Spermatocyten zweiter Ordnung** und aus diesen bei der zweiten Reifungsteilung insgesamt vier haploide unreife Samenzellen, die **Spermatiden.** Diese bilden sich dann in einem komplizierten Entwicklungsgang zu reifen Samenzellen um.

Diese Samenzellen werden in den Hodenkanälchen von Hilfszellen **(Sertoli-Zellen)** so lange ernährt, bis sie in die Nebenhoden kommen. Die rund 1 000 Millionen Ursamenzellen eines menschlichen Hodens können täglich bis zu 200 Millionen Samenzellen erzeugen.

Samenruhe: Bestimmte Samen keimen nicht sofort nach der Samenbildung, obwohl die Embryonen entwickelt sind. Im Laufe der Samenreifung treten eine Verminderung der Stoffwechselprozesse und Wasserverlust der Samengewebe ein, was zu einer Ruhezeit führt.

Während der S., die kurze Zeit bis mehrere Jahre dauern kann, sind die Samen widerstandsfähig gegen ungünstige Außenbedingungen wie Hitze, Kälte und chemische Einflüsse. Ausgenutzt wird dies z.B. bei der Saatgutbeizung gegen Krankheitserreger.

Pflanzen, deren Samen eine S. durchmachen, sind z.B. Apfelbaum und Weißdorn.

Samenschuppen: ↑Nadelbäume.

Samenstrang: Bezeichnung für den bis zu 20 cm langen Strang, der vom oberen Hodenpol bis zum inneren Leistenring zieht. Er besteht aus den Hodenhüllen (↑Hoden), dem ↑Samenleiter und den begleitenden Blut- und Lymphgefäßen sowie Nerven und ist im ↑Hodensack tastbar.

Samentasche (Receptaculum seminis): bei vielen wirbellosen Tieren ein blasen- bis sackförmiges Organ zur Aufnahme und Speicherung des bei der ↑Begattung aufgenommenen Samens. Bei Würmern, Schnecken, Spinnen und Insekten ist die S. ein Anhangsorgan der weiblichen Geschlechtsorgane, bei den Ringelwürmern eine Einstülpung der Körperoberfläche. Das Vorhandensein einer S. ermöglicht nach einer einmaligen Begattung eine vielfache Eibefruchtung über längere Zeit, da der Samen an die jeweils herangereiften Eier portionsweise zur Besamung weitergegeben wird.

Samenträger: Pakete aus Samenzellen, die ↑Spermatophoren.

Samenzelle (Samenfaden, Spermatozoon, Spermium): männliche Geschlechtszellen mit einfachem (haploidem) Chromosomensatz und meist starker Eigenbeweglichkeit, die in den männlichen Keimdrüsen, den Hoden (↑Samenreifung) gebildet werden. Form und Größe sind charakteristisch für die einzelnen Arten. S. bestehen i.A. aus einem meist ovalen, abgeflachten, daher von der Kante her keilartig zugespitzt erscheinenden Kopf, dem Hals, einem Mittelstück und dem dünnen, langen Schwanz.

Beim Menschen sind die Spermien über 50 µm lang. Der *Kopf* (beim Menschen 3–5 µm lang) enthält den Kern mit den Chromosomen und sehr wenig Plasma. In seiner schneidenförmigen Spitze liegt als dünne Kappe auf dem Kern das vom Golgi-Apparat gebildete Akrosom. Es enthält Enzyme (Hyaluronidase), die die S. am Ei verankern und durch Auflösen der Zellmembran ihr Eindringen ermöglichen.

Hinter dem Kopf, im *Hals,* liegen zwei Centriolen (bei manchen Tieren auch mehr). Im anschließenden *Mittelstück* (6 µm) umgeben spiralig angeordnete Mitochondrien den Anfangsteil des Achsenfadens der Geißel.

Die Geißel oder der *Schwanz* der S. (1 µm Durchmesser, 30–40 µm Länge) enthält im Achsenfaden 20 Mikrotu-

S

buli, zwei davon im Zentrum, die übrigen ringförmig und paarweise um diese herum angeordnet.

Die Fortbewegung des Spermiums erfolgt durch schlängelnde Bewegungen des Schwanzes (Geschwindigkeit bis etwa 3,5 mm pro Minute bei etwa 1 000 Schlägen). – Die Lebensdauer der menschlichen Samenzellen beträgt in den Geschlechtswegen 1–3 Tage, in der Scheide nur etwa eine Stunde. Saures Milieu hemmt die Beweglichkeit der Samenzellen, basisches regt sie zur Eigenbeweglichkeit an. In den Hoden herrscht deshalb saures, im ↑Samenleiter basisches Milieu. – ↑auch Samenerguss.

Sammelfrucht: ↑Fruchtformen.

Saprobiestufen: Einteilungsschema zur Charakterisierung der Gewässergüte bzw. Gewässerbelastung mithilfe von Indikatororganismen, den Saprobien oder Saprobionten.

Saprobionten (Saprobien, Fäulnisbewohner): heterotrophe Lebewesen an Standorten mit faulenden bzw. verwesenden Substanzen. Man unterscheidet die **Saprozoen** als tierische S. (z.B. Aasfresser, Regenwürmer, Nacktschnecken) von den **Saprophyten** oder pflanzlichen S. (z.B. Pilze). Von besonderem Interesse in der Hydrobiologie und zur Beurteilung der Wasserqualität sind die saproben Mikroorganismen unterschiedlich stark verunreinigter Gewässer. Man unterteilt diese S. in **Polysaprobionten** (leben in sehr stark verschmutzten Gewässerzonen), **Mesosaprobionten** (finden sich in mittelstark verschmutzten Gewässerbereichen) und **Oligosaprobionten** (ertragen nur einen geringfügigen Verschmutzungsgrad).

Sapropel: der ↑Faulschlamm.

Saprophyten: die pflanzlichen ↑Saprobionten.

Saprozoen: die tierischen ↑Saprobionten.

Sarkolemm: die Plasmamembran der Muskelzelle einschließlich der sie umgebenden, v.a. aus Kollagen bestehenden Basallamina und den anliegenden Gitterfasern.

Sarkom: ↑Krebs.

Sarkomer: die kontraktile Einheit der ↑quer gestreiften Muskeln (↑auch Muskelkontraktion).

Sarzinen: ↑Kokken.

Sättigungszentrum: ↑Hunger.

Sauerstoff: ein geruch- und farbloses Gas, das eine Dichte von 1,429 g/l besitzt und bei –183 °C flüssig wird. S. kommt gebunden in der Erdrinde (47 Gew.-%) und im Wasser (89 Gew.-%) vor. In der Luft liegt er mit 20,9 Vol.-% elementar vor; auch im Wasser ist er als Element geringfügig (bei 0 °C 4,9 ml/100 ml Wasser) gelöst. Der molekulare S. (O_2) spielt bei allen aeroben Prozessen (↑Atmung) eine lebenswichtige Rolle (↑auch Dissimilation). – Nahezu der gesamte freie S. und der in den Gewässern gelöste S. sind durch die Tätigkeit fotosynthetisch aktiver Organismen entstanden.

Sauerstofftransport: Im Blut der Wirbeltiere und auch mancher Wirbelloser wird Sauerstoff zu den Geweben transportiert (↑auch Atmung). Der Sauerstoff diffundiert bei den höheren Wirbeltieren (Reptilien, Vögel, Säugetiere, Mensch) in der Lunge durch die feuchte Membran der Lungenbläschen in das Blut, wird dort von den roten Blutkörperchen aufgenommen und an das Hämoglobin gebunden. Bei Fischen erfolgt die Aufnahme des Sauerstoffs in den Kiemen.

Der lebensnotwendige S. im Blut kann eingeschränkt werden oder ganz unterbleiben, wenn das Hämoglobin der roten Blutkörperchen durch chemische Stoffe (z.B. H_2S) zerstört oder wenn z.B. Kohlenstoffmonooxid (CO) statt Sauerstoff (O_2) an das Hämoglobin gebunden wird. Vergiftungen mit diesen beiden Gasen können deshalb zum Tode führen. So sind bei einem Gehalt von 0,025 % CO in der Luft 27 % des Hämoglobins (Hb) in CO–Hb übergеgangen, bei 0,5% CO-Gehalt bereits 88%, sodass der für den S. verbleibende Hb-Anteil für die Atmung nicht mehr ausreicht.

Säugetiere (Mammalia): die am höchsten entwickelte Klasse der Wirbeltiere. S. sind mit mehr als 4000 Arten in 20 Ordnungen und 130 Familien weltweit verbreitet. Vor rd. 200 Millionen Jahren (also in der Trias des Erdmittelalters) lebten säugetierähnliche Kriechtiere, aus denen sich die heutigen S. entwickelt haben.

S. sind warmblütige Wirbeltiere, bei denen sich die Körpertemperatur (mit Ausnahme einiger Fledermäuse und Winterschläfer) annähernd auf gleicher Höhe hält. Sie besitzen ein (mit den Vorkammern) vierkammeriges ↑Herz, dessen vollständige Scheidewand zwischen den Herzkammern arterielles (mit Sauerstoff beladenes) ↑Blut von venösem (sauerstoffarmem) Blut trennt. Mit Sauerstoff »aufgeladen« wird das verbrauchte Blut durch das Einatmen von Luftsauerstoff über die ↑Lungen. Für die Atembewegungen ist die Ausbildung eines ↑Zwerchfells notwendig, das Brust- und Bauchhöhle voneinander trennt und das als wichtiger Atemmuskel dient.

Weitere Merkmale der S. sind das Vorhandensein einer ↑Placenta (außer bei Kloaken- und Beuteltieren) und eines sekundären Kiefergelenks (↑Kiefer) sowie die Ausstattung mit ↑Haaren, wobei sich allerdings bei bestimmten, sekundär wieder zum Wasserleben übergegangenen Tieren (z.B. Wale, einschließlich Delphine, Seekühe und Robben) das Haarkleid im erwachsenen Zustand stark zurückgebildet hat. In der Regel haben S. vier ↑Gliedmaßen, die – je nach Lebensweise – starken Umwandlungen unterworfen sind (z.B. Greifhand der Affen, Fledermausflügel).

Mit Ausnahme der ↑Kloakentiere gebären S. stets lebende Junge, deren Mütter sie zunächst mit körpereigener Milch (↑Milchdrüsen) ernähren. Die Jungtiere werden nicht selten in hilflosem Zustand geboren, besonders bei solchen Arten, deren Gehirnentwicklung längere Zeit in Anspruch nimmt (z.B. bei Affen, Menschenaffen und beim Menschen), sodass die Jungen lange Zeit bei der Mutter bleiben, um von ihr ernährt und geschützt zu werden. – S. sind sehr anpassungsfähige Tiere, die sich fast alle Lebensräume erobert haben.

Zu den Säugetieren gehören (neben den Unterklassen ↑Kloakentiere und ↑Beuteltiere) u.a. die in der Unterklasse Placentatiere zusammengefassten Ordnungen: ↑Insektenfresser, ↑Fledertiere, ↑Raubtiere (mit Landraubtieren und Robben), Wale, ↑Paarhufer, ↑Unpaarhufer, Elefanten, Seekühe, Schuppentiere, ↑Nagetiere, Hasentiere und ↑Herrentiere.

Saugfüßchen: Seesterne und Seeigel besitzen zahlreiche kleine S., die durch den Wasserdruck aus dem Wassergefäßsystem über Muskelkontraktionen bewegt werden können. Bei ↑Seesternen sitzen die S. in mehreren Reihen an der Unterseite der Arme, bei ↑Seeigeln in fünfzähliger Anordnung in Reihen zwischen den Stacheln.

S. dienen v.a. der Fortbewegung, bei den Seesternen auch dem Nahrungserwerb: Mithilfe der S. heften Seesterne ihre Arme an den Schalen von Muscheln fest und öffnen diese. – Bild S. 430.

Saugmaul: ↑Rundmäuler.

Saugnapf: Viele niedere Tiere haben Saugnäpfe entwickelt, mit denen sie sich an einer Unterlage festheften (Bandwürmer, Saugwürmer, Egel, Schwimmkäfer). Bei den Kopffüßern sind die Fangarme auf einer Seite dicht mit kräftigen Saugnäpfen besetzt, die z.T. zusätzliche Hakenkränze zum Festhalten der Opfer tragen. Die Saugnäpfe von Riesenkraken können bis 40 cm im Durchmesser erreichen. – ↑auch Haftorgane.

S

Saugfüßchen

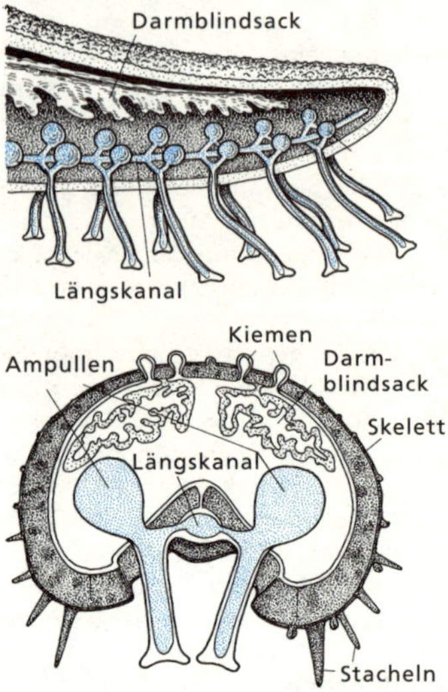

Saugfüßchen (blau) eines Seesterns (oben) und eines Seeigels (unten)

Saugreflex: unbedingter ↑Reflex bei neugeborenen Kindern, etwa bis zum Ende des 1. Lebensjahres. Der S. wird ausgelöst bei Berührung von Lippen und Zungenspitze, worauf das Kind mit Saugbewegungen reagiert.

Saugwürmer (Trematodes): Klasse etwa 0,5–10 mm langer, meist flach abgeplatteter ↑Plattwürmer, die als Außen- und Innenschmarotzer, v.a. bei Land- und Wasserwirbeltieren, vorkommen. Ihr Körper ist farblos und von einer Cuticula bekleidet. Zur Festheftung an den Wirtstieren haben sie ↑Saugnäpfe oder Haken. Häufig kommen Wirts- und Generationswechsel vor. Besonders die Innenschmarotzer (z.B. ↑Leberegel) benötigen mehrere Zwischenwirte und bilden zwei Larvenformen (wie **Miracidium** und ↑Cercarie). Weitere Innenschmarotzer sind Arten des tropischen ↑Pärchenegels, die in den Venen des Menschen leben und die Bilharziose hervorrufen.

saurer Regen: Bei der Verbrennung von Kohle, Öl oder Gas gelangen Schwefeldioxid und Stickstoffoxide in die Atmosphäre und werden dort z.T. in Schwefel- und Salpetersäure umgewandelt. Diese gelangen mit den Niederschlägen als s. R. wieder auf die Erde zurück, wo sie als schädliche Umweltfaktoren (Immissionen) auf Lebewesen, Boden, Gewässer und Gebäude einwirken. – ↑auch Waldsterben.

Saurier: ausgestorbene größere bis sehr große Reptilien des Mesozoikums (vor 225 bis 67 Millionen Jahren), zu denen u.a. die ↑Dinosaurier und die ↑Ichthyosaurier gehörten.

Schachtelhalme (Sphenophyta): Klasse der Farnpflanzen, die während des Karbons (vor rd. 330 Millionen Jahren) mit baumähnlichen Formen ihre größte Verbreitung hatten. Die einzige rezente Gattung ist der **Schachtelhalm** mit rd. 30 Arten.

Sch. sind meist krautige, mehrjährige Pflanzen mit Rhizomen, die aufrechte Stämmchen mit Quirlen zurückgebildeter Blätter tragen. Die grüne Sprossachse ist fotosynthetisch aktiv. Die Sporophylle (Sporangien tragende Blätter) stehen in Ähren.

Eine bekannte Art der Sch. ist der **Ackerschachtelhalm,** der früher als »Zinnkraut« wegen seines Kieselsäuregehalts zum Putzen von Zinngeschirr genommen wurde.

Schädel (Cranium): Die Schädelknochen bilden als Teil des ↑Skeletts die knöcherne Grundlage des Kopfes beim Menschen und bei den Wirbeltieren.

Der Sch. des *Menschen* besteht aus 23 Einzelknochen (ausschließlich Gehörknöchelchen und Zungenbein), die – mit Ausnahme des Unterkiefers – fest miteinander verzahnt sind, obwohl dazwischen liegende Nähte **(Suturen)** eine Abgrenzung und auch eine (allerdings nicht einfach zu bewältigende) mechanische Trennung der einzelnen Schädelknochen ermöglichen. Beim

Menschen und bei den meisten Wirbeltieren ist der Sch. über Gelenkhöcker beweglich mit der ↑Wirbelsäule verbunden. Er hat Ein- und Ausgänge für Nerven und Gefäße sowie für die Speise- und Atemwege.
Man unterscheidet zwischen einem Gehirnschädel, der das ↑Gehirn umkapselt, und einem Gesichtsschädel, der die knöcherne Grundlage des Gesichts bildet. Zu den wichtigsten Knochen des *Gehirnschädels* gehören das **Stirnbein,** das die oberen Ränder der beiden Augenhöhlen und die paarige Stirnhöhle (↑Nasennebenhöhlen) bildet; weiterhin auf beiden Schädelseiten je ein **Scheitelbein** (die zwei Scheitelbeine bilden den wesentlichen Teil des **Schädeldachs,** die **Kalotte**). Ebenfalls beidseitig liegt je ein **Schläfenbein,** in dem sich das Gehör- und Gleichgewichtsorgan befinden. Im **Hinterhauptsbein** liegt das ovale große Hinterhauptsloch, durch das das ↑verlängerte Mark verläuft. Das **Keilbein** steht mit allen Knochen des Gehirnschädels und den meisten Knochen des Gesichtsschädels in Verbindung. Es besitzt eine Grube, in die die ↑Hypophyse eingebettet ist.
Die Hauptteile des *Gesichtsschädels* sind die Knochen des Nasenskeletts (Nasenbein, Tränenbein, Pflugscharbein u.a.) sowie Ober- und Unterkiefer (↑Kiefer). Als **Schädelbasis** bezeichnet man die Gesamtheit aller Schädelknochen ohne Schädeldach und Unterkiefer. Die Schädelbasis wird sichtbar, wenn man das Schädeldach durch einen horizontalen Schnitt durchtrennt und damit die **Schädelhöhle** eröffnet.
Das **Schädelvolumen (Schädelkapazität)** erlaubt Rückschlüsse auf das Gehirnvolumen von fossilen Vorfahren des Menschen und der Affen und ist somit eine wichtige Größe in der Paläoanthropologie.

Schädellose (Acrania): Die Schädellosen bilden die primitivste Gruppe (Unterstamm) der ↑Chordatiere. Es sind kleine, fischähnliche Meerestiere mit ungegliedertem, als ↑Chorda dorsalis ausgebildetem Achsenskelett. Sie besitzen weder Schädel noch Gliedmaßen. Bekannteste Vertreter sind die ↑Lanzettfischchen, von denen Branchiostoma lanceolatum häufig bei Helgoland, der Doggerbank und in Kattegat vorkommt.

Schädel

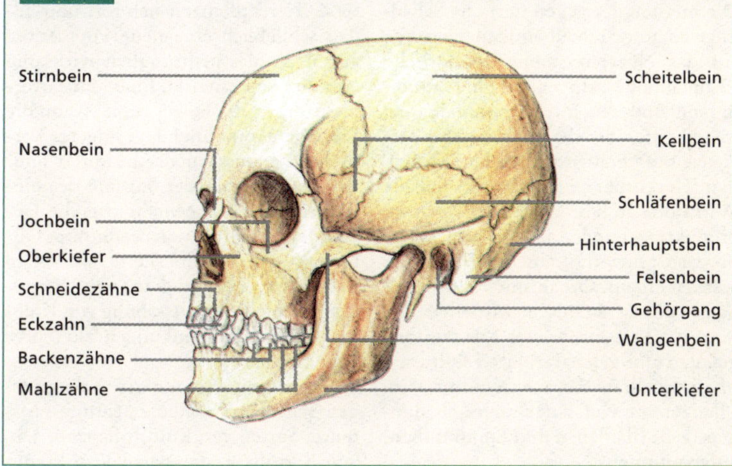

S

Schädlingsbekämpfung: die gezielte Bekämpfung von als Schädlingen angesehenen Pflanzen, Tieren und Mikroorganismen, die dadurch auf ein für den Menschen annehmbares Maß begrenzt werden sollen. Die Maßnahmen der Sch. erstrecken sich auf den Pflanzenschutz, die Bekämpfung von Krankheiten übertragenden Schädlingen, Vorrats- und Materialschädlingen sowie die Seuchenbekämpfung. Nach Art der Maßnahmen und Mittel unterscheidet man zwischen **mechanischer Sch.,** z.B. durch Abfangen (Absammeln, Leimfallen, Fallen), Abwehr (Barrieren) und Abschrecken (Vogelscheuchen), **physikalischer Sch.** durch Hitze-, Kälte- oder Strahlenanwendung, z.B. beim Konservieren oder durch den Einsatz akustischer Signale, **chemischer Sch.,** d.h. der Anwendung von auf die Schädlinge giftig wirkenden Substanzen **(Pestizide** oder **Biozide)** sowie ↑biologischer Schädlingsbekämpfung.

Die Mittel werden meist in flüssiger Form im Spritz-, Sprüh- oder Nebelverfahren, aber auch als Stäubemittel oder Granulate eingesetzt; manche Materialien, Vorräte (Getreide) oder Pflanzen (Blumenzwiebeln, Gehölze) werden in geschlossenen Kammern begast. Die meisten der gegen tierische Schädlinge eingesetzten Chemikalien wirken auf das Nervensystem. Lipidlösliche ↑Kontaktgifte dringen über die Sinnesorgane und die Intersegmentalhäute, ↑Atemgifte über die Stigmen und Tracheen und ↑Fraßgifte über den Darm in den Tierkörper ein. Dort werden die Wirkstoffe an bestimmte Stoffwechselprodukte gebunden und an den Wirkort transportiert. Manche Wirkstoffe werden erst im Organismus aktiviert.

So genannte systemische Mittel werden über das Leitgewebe der Pflanze fortgeleitet und gelangen durch Diffusion in die Zellen. Sie werden mit dem Pflanzensaft von saugenden Schädlingen (z.B. Blattläuse und Spinnmilben) aufgenommen.

Je nach Anwendungsbereich wird unterschieden zwischen Mitteln, die gegen Insekten wirken **(Insektizide),** solchen gegen Milben **(Akarizide),** gegen Schnecken **(Molluskizide),** gegen Fadenwürmer **(Nematizide),** weiterhin den gegen Pilze wirksamen **Fungiziden,** die v.a. im Obst- und Weinbau sowie als Beizmittel für Saatgut verwendet werden, und den ↑Herbiziden, die der Bekämpfung von als Unkräuter angesehenen Pflanzen dienen.

Die chemische Sch. hat große Erfolge in der Seuchenbekämpfung und, zusammen mit anderen Maßnahmen der Pflanzenproduktion, eine hohe Ertragssteigerung in der Landwirtschaft ermöglicht. Gleichwohl bringt sie eine Reihe unerwünschter Nebenwirkungen mit sich.

So werden nicht nur Schädlinge, sondern auch andere Tiere durch den Einsatz von chemischen Mitteln getötet. Durch die Dezimierung solcher natürlicher Begrenzungsfaktoren der Schädlinge erleidet die Biozönose gefährliche Störungen. Eine andere schwerwiegende ökologische Wirkung ist die Resistenzbildung bei Schädlingen als Folge von Mutationen. Mit jedem neuen Gifteinsatz überleben gegen das Gift resistente Tiere, pflanzen sich fort und bilden schließlich eine neue Population, gegen die das ursprünglich wirksame Gift nicht mehr wirkt. Eine Massenvermehrung ist die Folge, zumal wenn die Nützlinge mit ohnehin geringerer Vermehrungsrate ebenfalls dezimiert sind.

Zu dieser Gefahr der Störung des biologischen Gleichgewichts tritt die Gefahr der Akkumulation bestimmter Gifte in der ↑Nahrungskette, die beim Menschen endet und schwere Vergiftungen sowie die Entstehung von Krebs und anderen Erkrankungen zur Folge haben kann.

Der sicherste, aber teuerste Schutz gegen Schädlinge ist die Züchtung resistenter Sorten von Kulturpflanzen, z.B. von Kartoffeln, die gegen Viruskrankheiten und den Kartoffelkäfer oder von Getreidesorten, die gegen Rostpilze resistent sind.

Zur **ökologischen Sch.** gehört das Anlegen von Hecken und anderen Nistgelegenheiten als Brutstätten für Insekten fressende Vögel, auch der Anbau von Mischkulturen und zweckmäßige Fruchtfolgen, die der Ausbreitung bzw. Massenansammlung von Schädlingen entgegenwirken. Allgemein ist die Umwelt umso stabiler gegenüber Schädlingen, je vielseitiger gegliedert die Landschaft und je artenreicher die Lebensgemeinschaft ist (↑auch biologisches Gleichgewicht).

Schafhaut: eine der ↑Embryonalhüllen.

Schaft: ↑Glied.

Schallblase: ausstülpbare Häute bei Tieren, die in aufgeblasenem Zustand als Resonanzboden für Schallwellen dienen. Viele männliche Froschlurche tragen die Sch. in einem Längsschlitz hinter den Mundwinkeln. Beim Quaken, den Paarungsrufen, treten sie weit nach außen vor. Als **innere Sch.** liegen sie bei Unken unter der Kehlhaut.

Schamlippen (Labien): die zwei paarigen Hautfalten der weiblichen Scham (die Gesamtheit der äußeren weiblichen ↑Geschlechtsorgane). Die außen liegenden **großen Sch.** (Labia majora) sind behaart und umschließen die **kleinen Sch.** (Labia minora). Zwischen den kleinen Sch. münden ↑Harnröhre und ↑Scheide. Ventral zwischen den kleinen Sch. liegt der ↑Kitzler. Bei geschlechtlicher Erregung vergrößern Schwellkörper die Sch. und die ↑Bartholin-Drüsen sondern eine Flüssigkeit ab, die das Eindringen des männlichen Glieds erleichtert.

Schamspalte (Rima pudendi): Als Sch. bezeichnet man die zwischen den großen ↑Schamlippen gelegene Spalte der äußeren weiblichen Geschlechtsorgane.

Schattenblatt: eine Anpassungsform der ↑Laubblätter an schattige Standorte, z.B. an einem schattigen Nordhang und im Inneren der Krone von Bäumen. Ein Sch. ist meist viel dünner und zarter als ein ↑Lichtblatt; Cuticula, Festigungsgewebe und Mesophyll sind schwächer entwickelt. Die unterschiedliche Ausbildung der Blätter ist auf die unterschiedliche Beleuchtungsstärke und die damit verbundenen Veränderungen der Nährstoffversorgung und Transpiration zurückzuführen.

Scheide (Vagina): ein elastischer und häutig-muskulöser Schlauch, der im ausgewachsenen Zustand 7–11 cm lang ist. Die Sch. gehört zu den inneren ↑Geschlechtsorganen, bildet die weibliche Geschlechtsöffnung und mündet in den Scheidenvorhof. Sie dient dem Abführen des Menstruationsblutes, beim Geschlechtsverkehr der Aufnahme des männlichen ↑Glieds und ist der letzte Teil des Geburtskanals. Nahe ihrem hinteren Ende ragt die ↑Gebärmutter mit dem Gebärmutterhals in die Sch. Sie besitzt an ihrem Ausgang keinen Schließmuskel, ihr vorderer Teil ist aber von 3 willkürlichen Muskeln umgeben, die Scheide, Harnröhre und After verengen können und sich bei der Geburt sehr dehnen müssen. In der Sch. herrscht normalerweise ein saures Milieu, das Bakterien abtötet und Samenzellen »lähmt«. Die basischen Bestandteile der Samenflüssigkeit können die Säurewirkung vorübergehend aufheben.

Bis zum Erreichen der Geschlechtsreife ist die Scheidenwand beim Mädchen sehr dünn und verletzlich. Durch eine Mischflora hat sie ein basisches Milieu, das kaum gegen krankheitserregende Mikroorganismen schützt. Deshalb ist die Sch. durch das ↑Jungfernhäutchen teilweise verschlossen und somit geschützt. Erst in der Pubertät wird die Sch. unter Einfluss der ↑Östrogene für ihre zukünftigen Aufgaben ausgebildet.

Scheidenbakterien: die ↑Chlamydobakterien.

Scheindolde: ↑Blütenstände.

S

Scheinfrucht: ein Fruchtstand, der eine Einzelfrucht vortäuscht; ↑Fruchtformen.

Scheinfüßchen (Pseudopodien): Bei den einzelligen ↑Wurzelfüßern fließen Teile des Zellplasmas in einer bestimmten Richtung vom Zellkörper weg und bilden dünne, fadenförmige, auch netzartig untereinander in Verbindung stehende oder ganz kurze bis lappenartige Fortsätze. Da diese v.a. der Fortbewegung dienen, jedoch Zellorganellen darstellen, werden sie Sch. genannt. Sie nehmen aber auch (durch ↑Phagocytose) Nahrungspartikel auf.

Sch. werden nur vorübergehend gebildet. Immer wieder fließt das Protoplasma in den Zellkörper zurück, oder dessen Plasma fließt in das Sch. hinein nach, sodass es zu einer Fortbewegung kommt. An der Plasmaströmung sind auf noch nicht völlig geklärte Weise Fibrillen aus Myosin und Actin beteiligt.

Scheinfüßchen

Scheinfüßchen (rot) verschiedener Amöbenarten

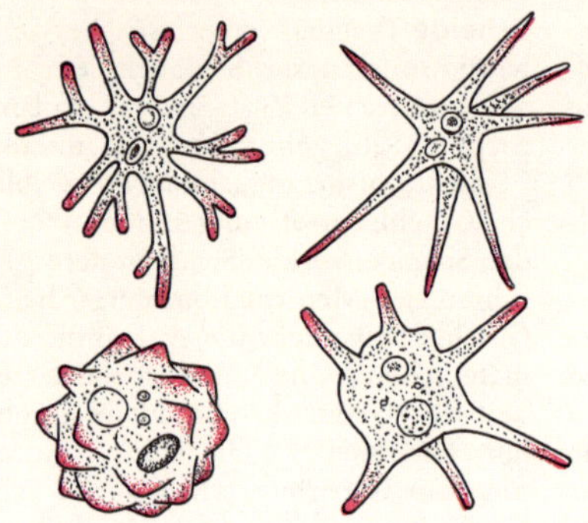

Scheitelauge: lichtempfindlicher Hirnfortsatz bei der Brückenechse (↑Zirbeldrüse).

Scheitelbein: Knochen des ↑Schädels.

Scheitelorgan: ↑Zirbeldrüse.

Scheitelzelle: ↑Vegetationskegel.

Schiffchen: Teil der Blüte der ↑Schmetterlingsblütler.

Schilddrüse (Glandula thyreoidea): eine aus zahllosen Bläschen sich zusammensetzende Hormondrüse im Halsbereich der Luftröhre. Sie kommt bei allen Wirbeltieren (also auch beim Menschen) vor. Beim Menschen ist die Sch. mit 20–60 g Gewicht die größte Hormondrüse. Sie produziert die ↑Schilddrüsenhormone und ↑Calcitonin (↑auch Calcium).

Schilddrüsenhormone: in der ↑Schilddrüse gebildete und gespeicherte Hormone, insbesondere **Thyroxin** und **Triiodthyronin**. Unter Einfluss des Sympathikus (↑vegetatives Nervensystem) werden sie ausgeschüttet und ins Blut abgegeben. Der Blutspiegel der Sch. wird durch einen negativen Rückkopplungsmechanismus (↑Regelkreis) unter Einfluss des ↑thyreotropen Hormons der Hypophyse je nach Bedarf eingestellt. Die Sch. wirken stoffwechselregulierend: Sie erhöhen den ↑Grundumsatz, mobilisieren die Kohlenhydrat- und Fettspeicher, wirken wasserausschwemmend (diuretisch) und können eine Übererregbarkeit des Zentralnervensystems verursachen. Beide Sch. werden im Blut an Trägereiweiße (Globuline, Albumine) gebunden transportiert. Ihr Abbau erfolgt in Leber und Niere.

Schildkröten (Testudines): seit rd. 200 Millionen Jahren (Trias) vorkommende Ordnung der ↑Kriechtiere. Ihr Körper ist am Bauch und Rücken von einem Knochenpanzer eingehüllt, wobei der Bauchpanzer flach und der Rückenpanzer nach oben gewölbt ist. Der Knochenpanzer besteht aus einzelnen Knochenplatten, auf denen von außen Hornschilder aufgelagert sind. Die Dornfortsätze der Wirbelsäule sind mit dem Rückenpanzer verwachsen. Auch Kopf, Gliedmaßen und Schwanz sind mit Schuppen bedeckt; diese Körperteile können zudem in den Knochenpanzer eingezogen werden. Dadurch sind Sch. vor Feinden (z.B. Raubtiere) besonders geschützt. Dies erklärt auch, weswegen sie sich seit der Trias so gut wie kaum verändert haben.

Die heute noch lebenden Sch. sind weltweit verbreitet. Sie sind vorwiegend Pflanzenfresser; Wasser- und Meeresschildkröten sind auch Fleischfresser. Ihre Panzerlänge liegt zwischen 10 cm und 2 m Länge. Die größte Schildkröte ist mit 2 m Panzerlänge und 600 kg Gewicht die Lederschildkröte in Meeren der warmen und gemäßigten Regionen. Die Fortpflanzung der Sch. erfolgt (nach innerer Befruchtung) durch Ablage von Eiern an Land. Dies gilt auch für Meeres- und Wasser- bzw. Sumpfschildkröten. Dabei legt das Weibchen in eine von ihm selbst ausgescharrte Sandhöhlung viele Eier ab, scharrt die Höhlung wieder zu und überlässt das »Ausbrüten« den wärmenden Sonnenstrahlen.

Schimmelpilze: zusammenfassende Bezeichnung für saprophytisch lebende Pilze, die zu verschiedenen systematischen Gruppen gehören. Sch. überziehen hauptsächlich feste Substrate mit einem Belag, der als **Schimmel** bekannt ist. Zu den Schimmelpilzen gehören z.B. der Köpfchenschimmel (Algenpilz), Gießkannenschimmel und Pinselschimmel (Schlauchpilze).

Aus einigen Schimmelpilzen werden ↑Antibiotika gewonnen.

Schimpansen: Gattung der ↑Menschenaffen mit 2 Arten, die in Großfamilien in afrikanischen Regenwäldern und Savannen leben. Ihr Fell ist in der Regel schwarzbraun bis schwarz. Sch. fressen hauptsächlich Früchte, gelegentlich aber auch tierische Nahrung. Sie bauen sich Schlafnester in Bäumen.

Sch. haben ein ausgeprägtes Sozialverhalten. Einsichtiges Handeln und Werkzeuggebrauch sind sehr verbreitet. Sie vermögen auch Wörter und deren Bedeutung zu erlernen. Neben dem Menschen, dem er von allen Menschenaffen verwandtschaftlich am nächsten steht, ist der Schimpanse das höchstentwickelte Säugetier.

Man unterscheidet zwei Arten: den größeren, häufig in zoologischen Gärten zu sehenden **Gewöhnlichen Schimpansen** und den **Zwergschimpansen** (Bonobo).

Schistosoma: die ↑Pärchenegel.

Schistosomiasis: durch die ↑Pärchenegel verursachte Erkrankung.

Schizogonie: eine Form der ↑ungeschlechtlichen Fortpflanzung bei Einzellern, v.a. bei den ↑Sporentierchen. Dabei entstehen im Zellkörper aus dem ursprünglichen Kern durch einfache Mitosen zahlreiche Tochterkerne, aus denen (nach Zerfall der Mutterzelle, des **Schizonten)** neue Individuen hervorgehen.

Schizomycetes: die ↑Bakterien.

Schizonten: Vermehrungsstadien im Entwicklungszyklus der ↑Sporentierchen, z.B. bei ↑Plasmodium, dem Erreger der Malaria.

Schlaf: Im Schlaf befindet sich der gesamte Organismus in einem Erholungsvorgang mit herabgesetztem oder aufgehobenem Bewusstsein, entspannter Ruhelage und Umstellung verschiedener vegetativer Körperfunktionen (Verlangsamung der Atmung, Erniedrigung des Blutdrucks).

Lückenhaft sind noch die Einsichten in die Bedeutung des Schlafs als Erholungsphase des Organismus, inbesondere des Zentralnervensystems. Schlaf ist nicht einfach ein Ausdruck von Inaktivität und Ruhe im Bereich größerer Gehirngebiete, sondern eher eine Umstellung der Gehirnfunktionen.

Ebenso wie die Aufmerksamkeit im Wachen variieren kann, ändert sich auch die **Schlaftiefe,** kenntlich an der Stärke des zur Unterbrechung des Schlafes erforderlichen Weckreizes. Mithilfe des Elektroencephalogramms

(EEG) lassen sich die folgenden **Schlafstadien** unterscheiden: **Tiefschlaf** (Stadium E): fast ausschließlich mit langsamen, großamplitudigen Deltawellen; **mitteltiefer Schlaf** (Stadium D): mit Deltawellen und K-Komplexen; **Leichtschlaf** (Stadium C): mit Deltawellen und sog. Schlafspindeln; **Einschlafen** (Stadium B): mit flachen Thetawellen (und Rückgang des Alpharhythmus); das entspannte **Wachsein** (Stadium A) schließlich ist durch Vorherrschen des Alpharhythmus gekennzeichnet. Während einer Nacht werden die verschiedenen Schlafstadien (bei insgesamt abnehmender Schlaftiefe) drei- bis fünfmal durchlaufen, begleitet von phasischen Schwankungen zahlreicher vegetativer Funktionen. Auffallende vegetative Schwankungen werden beobachtet, wenn das Stadium B durchlaufen wird: Der Muskeltonus erlischt und auch die Weckschwelle ist hoch (ganz ähnlich wie im Stadium E), obwohl das EEG Einschlafcharakteristika aufweist **(paradoxer Schlaf).** Bezeichnend ist ferner das salvenartige Auftreten rascher Augenbewegungen (englisch »**r**apid **e**ye **m**ovements«), daher auch die Bezeichnung **REM-Phase** des Schlafs oder **REM-Schlaf** für den paradoxen Schlaf (dauert mehrere Minuten bis etwa 1/2 Stunde, drei- bis sechsmal während der Nacht), im Gegensatz zu den übrigen Phasen, dem **NREM-Schlaf** (von **N**icht-REM-Schlaf), der auch synchronisierter oder **S**low-**w**ave-Schlaf (SW-Schlaf) genannt wird. Charakteristisch für den REM-Schlaf ist außerdem die lebhafte Traumtätigkeit, jedoch kommen Träume auch während des NREM-Schlafes vor.

Im Verlauf des menschlichen Lebens nimmt die Schlafdauer ab (beim Neugeborenen täglich etwa 16 Stunden, beim Kleinkind 14–13, bei Kindern und Jugendlichen 12–8, bei Erwachsenen bis zu 40 Jahren 8–7 und im späten Alter etwa sechs Stunden). Mit dem Lebensalter nimmt nicht nur die Gesamtschlafzeit, sondern auch der Anteil des REM-Schlafs an der Schlafzeit ab (bei Neugeborenen etwa 50%, bei Kindern und Jugendlichen etwa 25–20%, bei Erwachsenen etwa 20% der Gesamtschlafzeit).

Schlafbewegungen: eine Form der ↑Nastie.

Schlagadern: die ↑Arterien.

Schlängeln: Form der ↑Fortbewegung.

Schlangen (Serpentes): eine Unterordnung lang gestreckter ↑Kriechtiere ohne Extremitäten, bei denen die Anzahl der Wirbel stark vermehrt ist (bis zu 435 Wirbel). Jeder Wirbel trägt ein Paar Rippen, was für das »Schlängeln« (↑Fortbewegung) von großer Bedeutung ist. Die Vorfahren der heute lebenden Sch. müssen Gliedmaßen gehabt haben, denn einige primitive Gruppen (z.B. die Riesenschlangen) weisen an ihrem Skelett noch Reste eines Beckengürtels auf. – Wie alle Kriechtiere müssen sich auch Sch. mehrmals im Jahr häuten (↑Häutung). Alle Sch. leben ausschließlich von Tieren, die als Ganzes verschlungen werden und nicht zerkaut werden können. Riesenschlangen erwürgen das Beutetier durch Umwinden mit ihrem Leib, wohingegen ↑Giftschlangen lange ↑Giftzähne entwickelt haben, mit denen das Opfer getötet wird. Zum Auffinden ihrer Beutetiere »züngeln« Sch., wobei die Spitzen der langen, gespaltenen Zunge durch die Aufnahme von Geruchsspuren in das Jacobson-Organ (↑Geruchsorgane) das Beutetier verfolgen. – ↑auch Nattern.

Schlangengifte: Die umgewandelten Speicheldrüsen der ↑Giftschlangen produzieren verschiedene giftig wirkende Substanzgemische, die zum großen Teil Enzyme (Proteasen, Cholinesterasen), z.T. toxisch wirkende Polypeptide u.a. biologisch aktive Stoffe enthalten.

Man unterscheidet die Sch. nach ihrer Wirkung: **Neurotoxine** (Nervengifte) lähmen über das Nervensystem die Atmung. **Hämorrhagine** zerstören die

Wandungen der Blutgefäße. **Hämolysine** lösen die roten Blutkörperchen auf. **Cytolysine** greifen Gewebe an.
Die wirksamen Bestandteile der Seren gegen Schlangenbisse sind die Antikörper gegen die entsprechenden Gifteiweiße.

Schlauchpilze (Ascomycetes): eine Klasse der ↑Pilze mit rd. 30 000 meist terrestrisch lebenden Arten. Das Mycel besteht aus verzweigten, septierten Hyphen. Die Zellwände dieser Hyphen sind aus Chitin. Die Fortpflanzung der Sch. erfolgt geschlechtlich durch Verschmelzung der Gametangien (Gametangiogamie) oder vegetativen Hyphen (Somatogamie). Die meist acht Ascosporen entwickeln sich in schlauchförmigen Sporangien, den Asci (Einzahl **Ascus**). Die ungeschlechtliche Fortpflanzung erfolgt durch ↑Konidien.
Die Sch. werden in vier Unterklassen eingeteilt: u.a. ↑Hefen und **Taphrinales** (einige Arten verursachen ↑Hexenbesen und Narrentaschenkrankheit), die keine Fruchtkörper bilden; die Zygote wird zum Ascus. Die Sch. im engeren Sinne bilden geschlossene Fruchtkörper, sodass die Ascosporen erst nach dem Zerfallen der Fruchtkörper frei werden. Hierzu gehören Echte ↑Mehltaupilze, viele ↑Schimmelpilze, Mutterkornpilz (↑Mutterkorn), Morcheln, Lorcheln und Trüffeln.

Schlauchwürmer: die ↑Rundwürmer.

Schleimbeutel: ↑Gelenke sind von einem Sch. umgeben. Er enthält die **Gelenkschmiere,** eine klare, fadenziehende Flüssigkeit, die als Schmiermittel dient und die Knorpel der Gelenkflächen ernährt.

Schleimpilze (Myxomycetes): eine Klasse der Pilze mit rd. 600 Arten in ca. 60 Gattungen. Charakteristisch für die Sch. ist ihr Vegetationskörper, der eine vielkernige, querwandlose Protoplasmamasse **(Plasmodium)** ist. Dieses Plasmodium entsteht durch Verschmelzung vieler amöboider Zellen, die zu Fruchtkörpern (Sporangien) werden.
Die ungeschlechtliche Vermehrung der Sch. erfolgt durch in den Fruchtkörpern gebildete Sporen, die auf feuchtem Untergrund zu **Schwärmern** (Myxoflagellaten) auskeimen. Diese können sich zu einer Zygote vereinigen oder sich durch Geißelverlust zu kriechenden **Myxamöben** entwickeln, die sich ihrerseits durch einen Geschlechtsakt zu einer Zygote vereinigen. Schwärmer und Myxamöben können sich auch durch Teilung vermehren.
Die meisten Arten der Sch. leben saprophytisch. Die Plasmodien kommen erst bei der Sporenbildung ans Licht.

Schleuderfrucht: Frucht, deren Samen durch Schleuderbewegungen ausgestreut werden (z.B. Springkraut); ↑Samenausbreitung.

Schließfrüchte: ↑Fruchtformen.

Schließmuskeln: ringförmige ↑Muskeln, die dem Verschließen von Ausführungsgängen dienen. Sch. aus ↑quer gestreiften Muskeln sind dem Willen unterworfen, z.B. der Sch. des Mundes, der Harnblase, des Mastdarms. Sch. aus ↑glatten Muskeln öffnen sich reflektorisch auf Nervenreize hin, z.B. der Sch. des Pförtners am ↑Magen.

Schließzellen: Schließzellen sind spezialisierte, Chloroplasten führende Epidermiszellen, die paarweise die Öffnungsweite der ↑Spaltöffnungen regulieren.

Schlingpflanzen: ↑Kletterpflanzen.

Schluckreflex: angeborener Reflexvorgang, der in drei Phasen vor sich geht. Die erste Phase des Schluckaktes erfolgt (willkürlich) mithilfe der Zunge, die die Speise durch Andrücken an den Gaumen in den Rachen drängt. In der zweiten Phase werden die Speisen durch den im Rachen entstehenden Überdruck reflektorisch in die Speiseröhre geschleudert (feste Speisen) oder gespritzt (flüssige Speisen). Die dritte Phase besteht im (ebenfalls reflektorisch ausgelösten) Transport durch die Speiseröhre, wobei peristaltische Bewegungen nachhelfen.

S

Der Transport funktioniert auch gegen die Schwerkraft.
Beim Schlucken wird der hintere Zugang zur Nasenhöhle durch Heben des Gaumensegels verschlossen. Ein Eindringen der Speisen in die Luftröhre wird dadurch verhindert, dass der Kehlkopf nach vorn unter die Zunge hochgezogen wird (äußerlich sichtbar). Der Kehldeckel, der sich dabei nach hinten legt, ist ein zusätzlicher, aber nicht notwendiger Schutz.

Schlund (Rachen, Pharynx): Abschnitt des Verdauungstrakts bei den *Wirbeltieren* (also auch beim Menschen), der aus dem Kiemendarm (↑Kiemenbögen) hervorgegangen ist. Er beginnt beim Menschen hinter dem weichen Gaumen und nimmt den mit Schleimhaut ausgekleideten und mit besonderen Schluckmuskeln versehenen Bereich zwischen Nasenhöhle, Mundhöhle und Speiseröhre ein. Sein oberer, mit Flimmerepithel ausgekleideter Teil heißt **Nasenrachenraum** (Epipharynx). Der mittlere Teil ist der hinter der Mundhöhle gelegene **Mundrachen** (Mesopharynx). Darunter, hinter dem Kehlkopf, folgt der **Kehlkopfrachen** (Hypopharynx).
Bei den *wirbellosen Tieren* wird der vorderste Teil des Vorderdarms zwischen Mundöffnung bzw. Mundraum und der ↑Speiseröhre als Schlund bezeichnet.

Schlupfwespen: eine Gruppe der ↑Hautflügler, die ihre Eier mit einem meist langen Legebohrer in andere Insektenlarven ablegen.

Schlüsselreiz: ein Reiz, der über einen angeborenen ↑Auslösemechanismus wirkt und eine artspezifische Instinkthandlung (↑Instinktverhalten) auslöst. Sch. und ausgelöstes Verhalten wurden von K. LORENZ mit »Schlüssel und Schloss« verglichen. Der gut sehende Gelbrandkäfer z.B. reagiert nicht auf die rein körperlichen Merkmale einer Kaulquappe, die ihm in einem Reagenzglas gezeigt wird, sondern nur auf den Geschmack (Geruch) von Fleischsaft, der im Wasser verteilt wird, mit Beutefangverhalten.
Aus der Vielzahl der Reize, die von den Sinnesorganen der Tiere aufgenommen werden, haben nur einige Signalcharakter. Sie müssen unter natürlichen Bedingungen so selten sein, dass das ausgelöste Verhalten des Tiers sinnvoll und von Nutzen ist. Häufig handelt es sich um eine Kombination von angeborenen und erlernten Reizen, die sich ergänzen. Durch ↑Attrappenversuche lassen sich aus der Fülle einige einfache Sch. aussondern.

Schlussgesellschaft: die ↑Klimaxgesellschaft.

Schmarotzer: die ↑Parasiten.

Schmecksinn: der ↑Geschmackssinn.

Schmelzfalten: besonderes Oberflächenmuster auf den Backenzähnen mancher Tiere (z.B. Pferde und Rinder), durch das die Mahlleistung der Zähne verbessert wird. Besondere Ausprägungsformen der Sch. ermöglichen Aussagen zur Evolution der jeweiligen Tiergruppe.

Schlüsselreiz

Der rote Fleck an der unteren Schnabelspitze bei Silbermöwen sowie die Attrappe (der Stab mit der roten Spitze) wirken auf die Küken als Schlüsselreiz: sie picken danach und werden daraufhin von den Eltern gefüttert

Schmelzfalten

Kaufläche eines Backenzahnes

Schmelzglocken (Schmelzorgane): ↑ Zähne.

Schmerzsinn: Die **Schmerzempfindung** wird durch (wahrscheinlich) freie Nervenendigungen in der Haut **(Schmerzpunkte),** in der Muskulatur und in den inneren Organen vermittelt, die oft auch spezifisch auf mechanische (↑ mechanische Sinne), elektrische, chemische und Wärmereize ansprechen. Eigentümlich sind dem Sch. die hohe Reizschwelle und die Erregung der Schmerzrezeptoren durch Schmerzstoffe (z.B. Histamin), die bei einer Gewebsschädigung freigesetzt werden. Der schnelle, stechende, örtlich begrenzte **Oberflächenschmerz** und der dumpfe, schwer zu lokalisierende **Tiefenschmerz** (Eingeweideschmerz) üben eine wichtige Schutz- und Warnfunktion aus.

Schmetterlinge (Falter, Lepidoptera): eine Ordnung der Insekten mit rd. 150 000 Arten. Der Körper der Sch. gliedert sich in drei Abschnitte: Am *Kopf* (Caput) sitzen ↑ Facettenaugen, ↑ Mundwerkzeuge und ↑ Antennen. Letztere sind Träger eines gut ausgeprägten Geruchssinns, mit dem Männchen Weibchen oft auf große Entfernungen wahrnehmen können.

Der *Brustabschnitt* (Thorax) weist 2 (fein beschuppte) Flügel- und 3 Beinpaare auf. Außerdem finden sich hier häufig paarige Gehörorgane. Verschiedene Nachtfalter vermögen auf die von Fledermäusen ausgestoßenen Ultraschalltöne zu reagieren: Sie lassen sich im Fluge fallen und entgehen so ihrem Feind.

Im *Hinterleib* (Abdomen) liegen die Verdauungs- und Geschlechtsorgane. Die Fortpflanzung erfolgt geschlechtlich durch innere Befruchtung. Die aus den Eiern schlüpfenden Larven (↑ Raupen) machen eine vollkommene ↑ Metamorphose durch.

Die Raupen müssen sich während des Wachstums öfter häuten. Die letzte ↑ Häutung führt zur ↑ Puppe.

Sch. sind z.T. sehr gute Flieger, die als Wanderfalter weite Strecken (z.B. über die Alpen) zurücklegen. Als Säftesauger leben sie überwiegend von Nektar, Honig und Obstsäften. Der Saugrüssel ist bei manchen Arten (z.B. bei vielen Spinnern) teilweise oder völlig rückgebildet, sodass die Imagines keine Nahrung mehr aufnehmen können; er ist am längsten bei den Schwärmern.

Die Sch. werden eingeteilt in **Tag-** und **Nachtschmetterlinge** (Tag- bzw. Nachtfalter). Zur ersten Gruppe gehören z.B. Weißlinge, Zitronenfalter, Tagpfauenauge und Schwalbenschwanz, zur zweiten Gruppe werden u.a. ↑ Schwärmer, Spinner (u.a. mit den ↑ Seidenspinnern) sowie die Eulenfalter und Bärenspinner gerechnet.

Schmetterlingsblütler (Papilionaceae, Fabaceae): eine weltweit verbreitete Familie der Zweikeimblättrigen Pflanzen mit rd. 11 300 Arten aus der Ordnung der ↑ Hülsenfrüchtler. Sch. sind Bäume, Sträucher oder Kräuter mit gefiederten Blättern und schmetterlingsförmigen Blüten. Diese bestehen aus einem fünfblättrigen, verwachsenen Kelch und fünf verschieden gestalteten Kronblät-

S

tern. Von diesen wird das größte als **Fahne,** die beiden seitlichen als **Flügel** und die beiden vorderen als **Schiffchen** bezeichnet.
Die Staubblätter der Sch. sind zu einer Röhre verwachsen. Die Blüten werden von Insekten, einige auch von Vögeln bestäubt. Die Frucht ist eine vielsamige Hülse mit hartschaligen Samen. Die Keimblätter sind kräftig entwickelt und enthalten Stärke, Eiweiß und Fett. Die Samen vieler Arten werden deshalb als Nahrungs- und Futtermittel verwendet. Bekannte Sch. sind: Erbse, Linse, Bohne, Klee, Lupine, Wicke, Sojabohne, Erdnuss, Indigo und der sehr giftige Goldregen.

Schnabelkerfe: Überordnung der Insekten mit den drei Ordnungen ↑ Wanzen, Zikaden und Pflanzensauger. Sch. sind Landtiere, die sich von Pflanzensäften ernähren und durch die toxische Wirkung ihres Speichels Gallbildungen (↑ Gallen) und Wachstumsanomalien hervorrufen können. Ihre Verwandlung ist unvollständig (↑ Hemimetabolie).

Schnecke: das eigentliche Hörorgan des Innenohrs; ↑ Ohr.

Schnecken (Gastropoda): eine Klasse der ↑ Weichtiere, die an Land und in Süß- und Meeresgewässern vorkommen. – Sch. sind Zwitter mit kompliziert gebauten Geschlechtsorganen und einer Larvenentwicklung, die bei landbewohnenden Arten in der Eihülle erfolgt.
Grundsätzlich besitzen Sch. drei Körperabschnitte: Der *Kopf* trägt die Mundöffnung (meist mit ↑ Radula), Fühler und (z. T. auf diesen liegenden) Augen; der als Kriechsohle ausgebildete *Fuß* schiebt das Tier vorwärts, indem seine Muskeln zahlreiche nach rückwärts verlaufende Wellen hervorrufen (↑ auch Fortbewegung); der auf dem Fuß sitzende, asymmetrisch-spiralig gewundene *Eingeweidesack* ist von einer Hautfalte, dem Mantel, umhüllt, der nach außen eine Kalkschale ausbilden kann. Die Asymmetrie des Eingeweidesacks entsteht erst im Anschluss an die embryonale Entwicklung, wobei verschiedene Organe (wie Kiemen, Geschlechtsöffnung, Nieren, Herzvorhöfe) auf die Körpervorderseite gelangen **(Vorderkiemer).** In diese Gruppe gehören die meisten Meeresschnecken, als heimische Süßwasserschnecke z. B. die Sumpfdeckelschnecke. Bei einer anderen Gruppe kommt es wieder zu einer Rückdrehung des Eingeweidesacks, sodass die Kiemen hinter das Herz zu liegen kommen (**Hinterkiemer;** fast ausschließlich Meeresschnecken).
Eine dritte Gruppe bildet die Kiemen völlig zurück, wandelt dafür aber einen Teil der ↑ Mantelhöhle zu einem blutgefäßreichen Gewebe um, das als Lunge fungiert **(Lungenschnecken).** Hierher gehören alle Landschnecken, darunter auch die Weinbergschnecke und die ↑ Nacktschnecken.

Schneckenfenster: das ↑ runde Fenster.

Schönauge: die Gattung ↑ Euglena.

Schossen: das Austreiben einer Pflanze.

Schote: die Frucht der Kreuzblütler (↑ Fruchtformen).

Schraubel: ↑ Blütenstände.

Schraubenbakterien: die ↑ Spirillen.

Schreckreaktion: eine Form der ↑ Taxis.

Schritt: ↑ Gangarten.

Schrittmacher: zur autonomen Erregungsbildung befähigte Zellen des Herzens (↑ Herzautomatie).

Schuppen:

◆ *Botanik:* Knospen werden bei vielen Pflanzen durch **Schuppenblätter** geschützt. Nadelhölzer haben an ihren Zapfenblüten **Deck-** und **Samenschuppen,** später die harten, verholzten **Zapfenschuppen.** Bei manchen Pflanzen sind auch ↑ Haare zu Sch. umgebildet.

◆ *Zoologie:* morphologisch sehr unterschiedliche Bildungen der Haut bei zahlreichen Tieren.
Insekten, besonders Schmetterlinge, bilden abgeplattete, hohle Haarformen

aus. Diese bestehen aus Chitin und tragen Farbstoffe oder erzeugen Interferenzfarben (Schillerfarben). Sie können mit Duftdrüsen **(Duftschuppen)** oder Sinneszellen **(Sinnesschuppen)** in Verbindung stehen.

Die Sch. der *Wirbeltiere* werden von unterschiedlichen Hautschichten gebildet. Haie und Rochen entwickeln **Placoidschuppen** (Hautzähne), die den Zähnen höherer Wirbeltiere homolog sind. Sie bestehen aus einem kegelförmigen Dorn aus Zahnbein (Dentin), der schräg auf einer drachenförmigen Grundplatte (Basalplatte) sitzt und von Zahnschmelz überzogen ist. Die Placoidschuppen bedecken den ganzen Körper und sind am Kopf recht groß. Sie machen die Haut sehr rau.

Die übrigen Fische tragen **Knochenschuppen,** die von der Lederhaut gebildet werden und dachziegelartig übereinander liegen. Sie werden von der Epidermis überzogen. Ihre konzentrischen Zuwachsstreifen gestatten eine Altersbestimmung. Nach der Form dieser **Fischschuppen** unterscheidet man rhombische Ganoidschuppen (Flösselhechte, Knochenhechte), rundliche **Zykloidschuppen** oder am Hinterrand kammartig gestaltete **Ctenoidschuppen.**

Reptilien und die übrigen Wirbeltiere besitzen **Hornschuppen,** Bildungen der Oberhaut. Bei Reptilien bedecken sie den ganzen Körper, sind z.T. verbreitert (»Schilder«) oder mit Knochen unterlegt (z.B. bei Krokodilen).

Bei Beuteltieren, Insektenfressern und Nagern trägt der Schwanz kleine Sch. Auch die Füße (Läufe) der Vögel sind beschuppt. Von den Säugern sind nur die Schuppentiere und Gürteltiere ganz durch Sch. geschützt.

Schuppentiere (Pholidota): eine Ordnung bis 1,8 m langer Säugetiere im tropischen Afrika und in Südasien. Sch. sind nachtaktive, v.a. Ameisen und Termiten fressende Tiere mit kräftigen Grabklauen. Sie schlafen tagsüber in selbst gegrabenen Bauen. Ihre Körperoberseite ist mit großen, dachziegelartig angeordneten Hornschildern bedeckt, die ihnen einen guten Schutz vor Feinden bieten, insbesondere, wenn sich die Sch. bei Gefahr kugelförmig zusammenrollen. Mit einer Gesamtlänge von etwa 140 cm ist das in Afrika lebende Riesen-Sch. die größte Art; am häufigsten ist das Weichbauchschuppentier.

Schuttpflanzen (Ruderalpflanzen): Pflanzen, die an Schuttplätzen und Wegrändern bewohnter Orte wachsen. Diese bevorzugten Standorte sind reich an anorganischen Stickstoffverbindungen und meist auch an anderen Mineralsalzen. Häufig speichern Sch. Nitrate in ihren Blättern.

Bekannte Sch. sind Brennnessel, Stechapfel und Weiße Taubnessel.

Schutzanpassung: siehe S. 442.

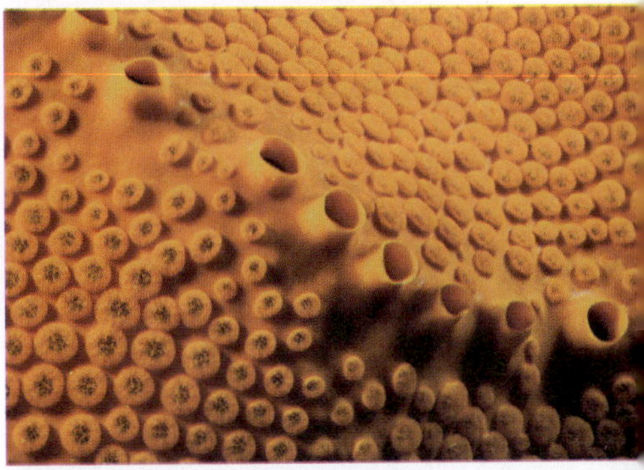

Schwämme: Die Schwämme sind seit 570 Millionen Jahren nachgewiesen

Schwämme (Parazoa): ein Stamm äußerst einfach gebauter Tiere, die keine echten Organe und keine echten Sinnes-, Nerven- und Muskelgewebe ausbilden. Ihre Größe (1 mm bis 2 m) ist ebenso variabel wie ihre Körperform (klumpen-, becher-, krusten-, baum- oder strauchförmig). Sch. leben meist am Meeresgrund oder in Korallenriffen.

Schutzanpassungen sind Anpassungsmechanismen der verschiedensten Art, um eine Tierart vor der Vernichtung durch Feinde möglichst gut zu bewahren. Der Ausdruck »Kampf ums Dasein« wird dabei oft missverstanden als Überleben des körperlich Stärksten. Da eine Population von Lebewesen viel mehr Nachkommen erzeugen kann als ihr Lebensraum bezüglich Nahrungs- und Platzangebot zulässt, ist eine natürliche Regulation der Individuenzahl unerlässlich. Es kommt also zwingend zu Konkurrenzverhalten zwischen Individuen derselben Art einerseits und Individuen verschiedener Arten andererseits. Lebewesen unterliegen einem sog. Vernichtungsdruck, den es herabzusetzen gilt. Dies geschieht wohl auch dadurch, dass beispielsweise Hörner tragende Männchen einer Art sich durch körperliche Auseinandersetzungen (Kämpfe) das Paarungsrecht erobern, meist aber werden andere Strategien im Konkurrenzverhalten entwickelt. Diese Strategien sind – abgesehen von der Fluchtreaktion – meist passiver Natur.

Lebewesen können auf vielfältige Art dem Druck durch ihre Feinde begegnen. Bekannte Beispiele sind die mechanische Abwehr durch Ausbildung besonderer Körpereinrichtungen (z.B. Stachelkleid des Igels und Panzer der Reptilien) und chemische Abwehr (z.B. Duft des Stinktiers und hochgiftige Blausäure bestimmter Tausendfüßerarten). Mit Sicherheit am interessantesten sind allerdings die vielfältigen, ideenreichen und oft bis ins kleinste Detail ausgeklügelten Möglichkeiten der optischen Abwehr.

Tarnen und Warnen

Tarnen und Warnen, Mimen und Bluffen sind über Jahrmillionen Evolutionsgeschichte entwickelte Überlebensstrategien. Im Folgenden werden hierzu Beispiele vorgestellt, die zeigen, wie facettenreich die Anpassung von Pflanzen und Tieren sein kann. Dass Schneehase, Schneeleopard, Schneehuhn und Schneeeule ein weißes Fell bzw. Gefieder besitzen, ist wohl kein Zufall. Für die Gestaltauflösung durch Tarnfärbung gibt es zahlreiche Beispiele. Der Birkenspanner fällt auf der schwarz-weiß gefleckten Rinde einer Birke kaum auf, während ein Schwärzling von einem Fressfeind schnell entdeckt werden kann.

Auch japanische Sumoringer greifen auf Warn- und Drohrituale zurück

Manche Falter in stark belasteten Industriegebieten haben eine Flügelfarbe entwickelt, die der von Schmutz gleicht, sie sehen geradezu »dreckig« aus – wie ihr Lebensraum. Fangschrecken ähneln in Gestalt und Farbe bestimmten Pflanzenteilen (z.B. Blüten, grünen Blättern, welken Blättern). Besonders beeindruckend ist das Wandelnde Blatt, eine Heuschreckenart, bei der alle Körperteile Blattform angenommen haben – ein perfekter Bluff. Das Chamäleon und die Scholle können bedarfsweise ihre Körperfarbe und Musterung innerhalb kürzester Zeit ihrer Umgebung anpassen. Der zwischen Seetang lebende Fetzenfisch, ein Verwandter des Seepferdchens, sieht zottelig wie Seetang aus (Bild S. 444). Die Rückenfüßer unter den Krabben benutzen sogar andere Lebewesen als »Tarnwerkzeug«. Diese Krabben halten mit ihren Beinpaaren Muscheln und Schwämme über dem Rücken fest (Bild S. 445).

Florfliegen, auf deren Speisezettel hauptsächlich Blattläuse stehen, entwickeln sich auf geradezu raffinierte Weise. Die Florfliegenlarven kleistern sich mit dem wollartigen Wachssekret von Blattläusen ein. Ameisen, die sich Blattläuse sozusagen als Haustiere halten, weil die Blattläuse wohlschmeckenden Zuckersaft (Honigtau) absondern, entdecken die geschickt getarnten Florfliegenlarven nicht. Diese können sich also problemlos zu erwachsenen Florfliegen entwickeln, deren Lieblingsnahrung sich in greifbarer Nähe befindet. In Experimenten wurde festgestellt, dass ungetarnte Florfliegenlarven von Ameisen direkt angegriffen werden.

Tarnung findet man nicht nur bei Tieren, sondern auch im Pflanzenreich. Die zu den Mittagsblumengewächsen gehörenden »Lebenden Steine« besitzen kugelige Blätter, die echten Steinen zum Verwechseln ähnlich sehen. Manche Unkrautpflanzen gleichen Kulturpflanzen und werden vom Bauer nicht entdeckt. Gelegentlich betrifft die Nachahmung von Merkmalen sogar das Samenstadium einer Pflanze. So sehen die Samen einer für den Menschen nicht nutzbaren Unterart des Leindotters zwar anders aus als die Samen der Öl liefernden Kulturart des Leindotters (Saatleindotter), sie werden jedoch von der Samenreinigungsmaschine nicht wie andere unerwünschte Fremdsamen aussortiert. Auf diese Weise gelangen die Unkrautsamen ins Kultursaatgut für die nächste Saison – die Erhaltung der Unkrautart ist so gesichert.

Eine zur Tarnung geradezu gegensätzliche, aber genauso erfolgreiche Überlebensstrategie ist die Warnung. Andere einzuschüchtern ist uns aus dem menschlichen Alltag hinlänglich bekannt: man schreit andere an, zeigt ihnen die geballte Faust, zieht die Augenbrauen drohend zusammen und macht ein böses Gesicht. Sumoringer stampfen vor dem Kampf mit den Füßen, um den Gegner einzuschüchtern, Gorillas trommeln auf die Brust.

Nachahmen und Fälschen

Die Evolution hat wirksame Mittel erfunden, durch die sich essbare und wehrlose Arten durch Nachahmung ungenießbarer bzw. wehrhafter Arten schützen können. Dieses Phänomen wird als Mimikry (Signalfälschung) bezeichnet.

Nicht immer geht es um das Wechselspiel zwischen Fressfeind und Beute. Im weiteren Sinne versteht man unter Mimikry die Fälschung von Körpersignalen für unterschiedliche Zwecke. Harmlose Schwebfliegen sehen wegen ihrer schwarz-weißen Körpermusterung

Bei den Lebenden Steinen sind die Blattpaare zu geschlossenen Körperchen verwachsen, die Kieselsteinen ähnlich sehen

wie Wespen aus und werden daher von Vögeln als Futter gemieden. Selbst Menschen verwechseln Schwebfliegen und Wespen nicht selten miteinander, was dann für die Schwebfliegen eventuell von Nachteil sein kann. Hornisse und Hornissenschwärmer gleichen sich fast wie ein Ei dem anderen. Falter sind offensichtlich besonders »einfallsreich« im Bluffen. Die Raupe des Weinschwärmers plustert bei Gefahr Kopf- und Brustteil auf und ahmt so eine Giftschlange mit großen, bedrohlichen Augen nach. Der Io-Falter besitzt große Augenmuster auf seinen Flügeln. Diese werden dem Fressfeind demonstriert, der daraufhin für kurze Zeit verblüfft reagiert. In dieser Schrecksekunde kann der Falter fliehen.

Einige ungenießbare Nachtfalterarten erzeugen warnende Klickgeräusche, wenn sie vom Ultraschallbündel einer Fledermaus getroffen werden. Eine Reihe genießbarer Schmetterlinge klicken ebenfalls in dieser Situation und werden von der Fledermaus gemieden.

Eine bestimmte Schwarzkäferart macht bei Bedrohung einen Kopfstand und spritzt dem Feind aus der Hinterleibsdrüse ein Abwehrsekret entgegen. Eine andere Schwarzkäferart, die im selben Gebiet vorkommt, ahmt die Abwehrstellung nach, kann aber kein Sekret abgeben. Der Trick klappt fast immer! Harmlose Schlangenarten ahmen durch ihre Körperfarbe giftige Schlangen nach. Signalfälschung kann aber auch andere Funktionen haben. Männliche Skorpionsfliegen bieten den Weibchen andere Insekten als Hochzeitsgeschenk an. Einige Männchen machen es sich sehr einfach und ersparen sich die Arbeit des

Der Fetzenfisch lebt im Tang und sieht mit seinen lappenartigen Fortsätzen aus wie eine schwimmende Tangpflanze

Der Einsiedlerkrebs ist durch die auf einem Schneckengehäuse fest sitzenden Blumentiere perfekt getarnt

Beutefangs, indem sie Weibchen nachahmen und sich von getäuschten Männchen Hochzeitsgeschenke überreichen lassen. Diese werden dann als Geschenk an echte Weibchen weitergegeben.

Witwenvögel sind Brutparasiten von Prachtfinken. Die Jungtiere sehen denen der Wirtsart im Gefieder und in der charakteristischen Zeichnung des Sperrrachens sehr ähnlich.

Die Larven bestimmter Ameisengäste ahmen das Bettelverhalten von Ameisenlarven nach und werden deshalb vom Wirt wie eigene Larven behandelt.

Signalfälschung kommt interessanterweise auch bei Pflanzen vor. Bestimmte Orchideenarten besitzen Blüten, die wie Fliegen, Hummeln oder Bienen aussehen. Dadurch getäuscht, versuchen Männchen der entsprechenden Insekten, sich mit der Blüte zu paaren. Dabei wird die Blüte bestäubt.

Der Stinkende Ordensstern sieht aus und riecht wie verwesendes Fleisch. Aas liebende Insekten suchen die Blüten auf und bestäuben sie. Auch der bekannte Aronstab stinkt nach Aas – mit dem gleichen Erfolg. Das Rote Waldvögelein, eine nektarlose Orchidee, ahmt die Blüten einer nektarreichen Glockenblumenart nach. Auf diesen Trick fallen Blattschneiderbienen prompt herein. Die Bestäubung ist gesichert. Obwohl die Blüten von Orchidee und Glockenblume unterschiedlich gefärbt sind und vom menschlichen Auge leicht unterschieden werden können, sehen die Blüten für Bienen gleich aus. Bienenaugen können UV-Licht wahrnehmen und sehen daher Blüten in einer anderen Farbe als das menschliche Auge. Spektraluntersuchungen haben gezeigt, dass den Bienen die Orchideen- und Glockenblumenblüten zum Verwechseln ähnlich sehen. Manche Blüten haben sogar Sexuallockstoffe, die mit dem eigentlichen Lockstoff der Blütenbesucher verwechselt werden können. Also »paart« sich das Insekt mit der Blüte: das Insekt ist hereingefallen, die Blüte jedoch bestäubt. ■

SOWLER, SANDIE und YOUNG, JERRY: *Die Tarnung der Tiere.* Hildesheim (Gerstenberg) 1992 ■ *Im Reich der Insekten. Über die bunte Wunderwelt der Tarnungskünstler und Akrobaten der Lüfte,* bearbeitet von HANS PETER THIEL und MARCUS WÜRMLI. Mannheim u.a. (Meyers Lexikonverlag) 1997 ■ NAHKE, PETER: *Tricks im Riff. Tarnung, Täuschung und Partnerschaften.* Hamburg (Jahr) 1998 ■ EIBL-EIBESFELDT, IRENÄUS: *Grundriß der vergleichenden Verhaltensforschung. Ethologie.* München u.a. (Piper) ⁸1999.

Der Körper der Sch. besteht aus einer äußeren und einer inneren Epithelschicht und zahlreichen dazwischen liegenden Zellen, die in eine gallertartige Grundsubstanz eingebettet sind. Diese wird stets durch eine Stützsubstanz aus Kalk **(Kalkschwämme),** Kieselsäure **(Kieselschwämme)** oder aus hornartigem Material (**Hornschwämme,** darunter der Badeschwamm) gestützt.
Sch. besitzen eine oder mehrere Ausströmöffnungen; ihre Körperwand ist von zahlreichen Poren durchsetzt. Der höhlenförmige Binnenraum und die Porenkanäle werden von einer Schicht **Kragengeißelzellen** ausgekleidet. Durch die synchrone Tätigkeit von deren Geißeln wird eine Strömung erzeugt, die Wasser durch die Poren einströmen und durch die Ausströmöffnungen ausströmen lässt. Die dabei mitgeführten Kleinstlebewesen und Gewebeteilchen bleiben am klebrigen, die Geißel umgebenden Plasmakragen der Geißelzellen haften und werden dem Körper als Nahrung zugeführt.

Schwammgewebe: ↑ Laubblatt.

Schwangerschaft (Gravidität): die Zeitspanne von der ↑ Einnistung eines befruchteten Eies bis zur ↑ Geburt eines Kindes. Die Sch. dauert im Mittel 280 Tage, gerechnet vom ersten Tag der letzten Monatsblutung (↑ Menstruationszyklus).
Aus *biologischer* Sicht beginnt die Sch. mit der Besamung der Eizelle und der nachfolgenden ↑ Befruchtung. Unter Annahme eines durchschnittlichen Menstruationszyklus von 28 Tagen erreicht der ↑ Blasenkeim die Gebärmutterhöhle gewöhnlich am 18. Zyklustag, wenn die Befruchtung am 14. Zyklustag stattgefunden hat. Die ↑ Einnistung des Blasenkeims in die Gebärmutterschleimhaut beginnt wahrscheinlich am 20.–22. Zyklustag und ist etwa am 27. Zyklustag beendet. Etwa vier Tage später schließt sich der Keim an die mütterlichen Blutgefäße an und die Ausbildung der ↑ Placenta beginnt. Die etwa am 28. Zyklustag erwartete Monatsblutung bleibt infolge der Hormonproduktion des Gelbkörpers normalerweise aus (↑ auch Keimesentwicklung).
Während der Sch. unterliegt der mütterliche Körper einer Reihe von Veränderungen, die v.a. durch die hormonellen Umstellungen, insbesondere durch die Funktion der Placenta als Hormondrüse, zu erklären sind. Hieraus resultieren auch die Schwangerschaftszeichen.
Sichere *Schwangerschaftszeichen* sind der Nachweis der kindlichen Herztöne und das Ertasten des kindlichen Körpers. Eine Sch. gilt als wahrscheinlich, wenn sich Schamlippen und Scheide bläulich rot verfärben, die Regel ausbleibt und die Brust an Größe zunimmt. Charakteristische Anzeichen einer Sch. sind ferner zunehmender Leibesumfang, verstärkter nächtlicher Harndrang, morgendliche Übelkeit (während der ersten Monate) und ungewöhnliche Essgelüste. Darüber hinaus kommt es am Herz-Kreislauf-System der Mutter zu einer Verlagerung und Vergrößerung des Herzens, zur Zunahme des Blut- und Herzzeitvolumens und zu einer höheren Pulsfrequenz. Das wachsende Kind verursacht schließlich eine Zunahme des Venendrucks in den unteren Körperpartien, die zudem durch die Weitstellung aller Gefäße in der Sch. die Entstehung von Krampfadern in den Beinen fördert. Auch die Atemtätigkeit ist um rd. 20% gesteigert. Die Körpertemperatur bleibt durch die vermehrte Sekretion von ↑ Progesteron für die Dauer von etwa vier bis sechs Monaten erhöht.
Bis zum Ende der Sch. nimmt die Muskelmasse der ↑ Gebärmutter durch Vergrößerung der glatten Muskelzellen von etwa 50 g auf über 1000 g zu; entsprechend wird auch ihre Durchblutung erhöht. In der 36. Woche erreicht sie ihren höchsten Stand am Rippenbogen, sinkt aber in den letzten Schwangerschaftswochen wieder ein bis zwei

Fingerbreiten ab, da der kindliche Kopf nun tiefer tritt.

Der Embryo bzw. Fetus wird während der Sch. über die Placenta ernährt. Diese ist zugleich auch durchlässig für Immunglobuline, manche Medikamente, Alkohol, Nicotin und für die Erreger mancher Krankheiten oder ihre Gifte, was zu Schädigungen des Kindes führen kann.

Die Sch. endet mit der ↑Geburt des Kindes und der folgenden Nachgeburt.

Schwangerschaftsnachweis: biologische oder immunologische Untersuchung, mit der man frühzeitig eine Schwangerschaft feststellen kann.

Sobald sich der Blasenkeim in die Gebärmutter eingenistet hat, bildet er das Hormon ↑Choriongonadotropin, das im Blut und Urin der Schwangeren mithilfe einer Antigen-Antikörper-Reaktion leicht nachweisbar ist. Über die Messung der Basaltemperatur kann ebenfalls ein Sch. durchgeführt werden. Wenn nach dem ↑Follikelsprung, bei einem regelmäßigen Zyklus von 28 Tagen, die Temperatur länger als 16 Tage nicht absinkt, ist eine Schwangerschaft zu vermuten. Eine wirklich sichere Diagnose bringt jedoch erst die Untersuchung beim Frauenarzt. Dieser kann schon durch die Tastuntersuchung, durch eine Blutuntersuchung und ganz sicher durch den Nachweis der Herztätigkeit des Embryos mittels Ultraschalluntersuchung eine Schwangerschaft feststellen.

Schwann-Scheide: Isolierschicht, die den Neuriten einer ↑Nervenzelle umgibt.

Schwann-Zellen: spezielle Form der ↑Gliazellen.

Schwänzeltanz: ↑Bienensprache.

Schwanzlurche (Urodela): Ordnung etwa 4 cm bis 1,5 m langer ↑Lurche an oder in Süßgewässern Eurasiens und Nordamerikas. Sch. sind gekennzeichnet durch einen langen Schwanz, der bei Arten, die vorwiegend im Gewässer leben (wie **Molche**), von einem Hautkamm umsäumt ist. Sch. ernähren sich v.a. von Würmern und Insekten.

Zur Fortpflanzung gehen fast alle Sch. ins Wasser. Das Männchen setzt am Gewässergrund eine ↑Spermatophore ab, die vom Weibchen aufgenommen wird. – Die mittels Kiemen atmenden Larven der Sch. leben bis zur ↑Metamorphose im Wasser.

Zu den Schwanzlurchen gehören auch die **Salamander** (mit Feuer- und Alpensalamander).

Schwärmer:

◆ eine Familie bis 20 cm spannender, häufig bunter Nachtschmetterlinge, die mit ihrem sehr langen Rüssel Nektar aus Blüten saugen, indem sie durch schnelle Flügelschläge (ähnlich wie die Kolibris) im Flug still vor Blüten stehen (Rüttelflug). Weitere Kennzeichen aller Sch. sind die langen, schmalen Vorderflügel bei den Faltern und eine hornförmige Bildung am Hinterende der Raupen.

Zu den Schwärmern gehören u.a. der Totenkopfschwärmer, das Taubenschwänzchen und der Ligusterschwärmer.

◆ Sporen der ↑Schleimpilze.

Schwärmsporen: die ↑Zoosporen.

Schwarmtraube: ↑Honigbiene.

Schwefelbakterien: Sammelbezeichnung für Bakterien verschiedener systematischer Gruppen, die Energie gewinnen, indem sie aerob oder anaerob Schwefelwasserstoff (H_2S) und andere Schwefelverbindungen zu elementarem Schwefel oder letztlich auch zu Sulfat oxidieren. Sie kommen daher häufig in Gewässern vor, an deren Grund organisches Material fault.

Schweiß: wässrige, neutral bis sauer reagierende Absonderung der Säugerhaut. Das Exkret der ↑Schweißdrüsen enthält außer Wasser (98 %) v.a. Kochsalz, Sulfate, Phosphate, Kalium, Calcium, Ammoniak, Harnstoff, Milchsäure, Eiweiß, etwas Cholesterin sowie einige niedere Fettsäuren (Ameisen-, Butter-, Caprylsäure).

S

Sch. dient in erster Linie der Wärmeregulierung des Körpers (Wärmeabgabe durch Entzug von Verdunstungswärme) und dem Aufbau des Säureschutzmantels der Haut, der das Bakterienwachstum hemmt.
Täglich sondert der Mensch je nach Tätigkeit und Außentemperatur zwischen 0,5 und 5 l, in den Tropen bis zu 15 l Schweiß ab.

Schweißdrüsen: der Absonderung von Schweiß dienende Drüsen bei Säugetieren. In der Haut des Menschen liegen mehr als 2 Millionen knäuelförmig aufgewundene, tubulöse ekkrine Sch. Besonders dicht (bis zu 400 Sch. pro cm^3) sitzen sie im Bereich der Stirn, der Handflächen und der Fußsohlen. Ihre Ausführgänge kann man bei der Schweißabsonderung an kleinen, glänzenden Pünktchen an der Handinnenfläche erkennen.
Viele Tiere besitzen keine Sch. (Vögel, Kloakentiere, Hunde, viele Nager). Huftiere haben wenige (Rind, Schaf) bis viele Sch. (Pferd, Esel).
Die Schweißabsonderung nennt man ↑ Transpiration.

Schwellenstoffe: ↑ Exkretion.

Schwellenwert: die messbare Stärke eines ↑ Reizes, z.B. die in mV messbare Spannung eines elektrischen Stromstoßes, die an einem Rezeptor eine Reizantwort (↑ Aktionspotenzial) nach dem ↑ Alles-oder-nichts-Gesetz hervorruft. Der Sch. ist in Abhängigkeit von der Rezeptorart, der Stärke des Reizes und der Stellung des Rezeptors innerhalb eines gleichartigen Rezeptorfelds unterschiedlich hoch.

Seeigel: Seeigel sind halbkugelige Stachelhäuter, die ihre Mundseite dem Untergrund zuwenden. Ihre Skelettplatten tragen Stacheln

Schwellkörper: Bezeichnung für die schwammartigen Gewebe in den männlichen (↑ Glied) und weiblichen Geschlechtsorganen (↑ Kitzler, ↑ Schamlippen, Scheidenvorhof), deren Hohlräume sich bei sexueller Erregung mit Blut füllen.

Schwerekörperchen: die ↑ Statolithen.

Schweresinn: Der Sch. spricht auf die Erdschwere als Reiz an und ist in den ↑ Gleichgewichtsorganen der Tiere und des Menschen lokalisiert. Die Baueigentümlichkeiten der reizaufnehmenden Organe (↑ Statolithen, ↑ Statocysten) weisen den Sch. als ↑ mechanischen Sinn aus.

Schwesterchromatiden: das Chromatidenpaar eines ↑ Chromosoms.

Schwimmblase: ein gasgefülltes Organ, das bei den meisten Knochenfischen vorkommt und mit dessen Hilfe die Fische ihr spezifisches Gewicht so einstellen können, dass sie im Wasser schweben. Der Gasvorrat entspricht in seiner Zusammensetzung ungefähr der atmosphärischen Luft und kann bei Jungfischen und einigen Altfischen durch Luftschlucken ergänzt werden.
Die meisten Fische geben mithilfe eines Kapillarnetzes O_2, CO_2 oder N_2 (Fische der Tiefengewässer) in die Sch. ab oder nehmen Gase daraus auf.
Bei Welsen und Weißfischen übertragen Gehörknöchelchen (Weber-Knöchelchen) Erschütterungen von der Sch. auf ein Gehörorgan im Schädel. – In einigen Fällen dient die Sch. als Resonanzraum bei der Lauterzeugung. Bei manchen Knochenfischen (Bodenfische, Makrelen) ist die Sch. rückgebildet. – Aus der Sch. geht die Lunge der Luft atmenden Wirbeltiere hervor.

S

Schwimmen: Form der ↑Fortbewegung.
Schwimmglocken: ↑Staatsquallen.
Schwingkölbchen: die ↑Halteren.
Sclera: die ↑Lederhaut in den ↑Augen.
Scolex: der Kopf der ↑Bandwürmer.
Scrotum: der ↑Hodensack.
Seeanemonen: die zu den Blumentieren gehörenden ↑Seerosen.
Seegurken: die ↑Seewalzen.
Seeigel (Echinoidea): Klasse meist abgeflacht kugeliger ↑Stachelhäuter, deren Körperwand aus großen Kalkplatten besteht. Auf diesen von einer Oberhaut überzogenen Skelettplatten stehen durch Muskeln bewegbare, lange Stacheln.
Im Körperinneren der S. verläuft ein Wassergefäßsystem, dessen nach außen mündende ↑Saugfüßchen der Fortbewegung dienen. Der Körper ist außen vollständig von kleinen, dreiklappigen Greifzangen, den **Pedicellarien,** bedeckt, die der Abwehr (oft mit Giftdrüsen), der Reinigung und zusammen mit den Saugfüßchen der Nahrungsaufnahme dienen. Ein Teil der S. besitzt einen kräftigen, kompliziert gebauten Kauapparat **(Laterne des Aristoteles),** der aus fünf radiär angeordneten Zähnen besteht, mit denen, ähnlich wie mit den Flügelgreifern eines Greifbaggers, der Untergrund abgeweidet wird.
Die Geschlechtsprodukte werden ins Wasser abgegeben, wo die Befruchtung stattfindet. Die Entwicklung der S. erfolgt über eine bilateralsymmetrische Schwimmlarve.
Seenkunde: die ↑Limnologie.
Seerosen (Seeanemonen, Actiniaria): eine Gruppe sehr lebhaft gefärbter ↑Blumentiere, die in allen Meeren leben. Die zahlreichen, langen Fangarme sind dicht mit ↑Nesselkapseln besetzt und brechen leicht ab.
Seescheiden (Ascidiacea): eine Klasse fest sitzender, oft Stöcke bildender ↑Manteltiere. S. haben einen schlauch- bis sackförmigen Körper mit einer dicken, gallertigen oder lederartigen Hülle (Mantel). Die frei schwimmenden geschwänzten Larven besitzen eine ↑Chorda dorsalis.
Seesterne (Asteroidea): seit dem Silur bekannte Klasse der ↑Stachelhäuter, deren Körper 5 Arme in sternförmiger Anordnung aufweist. Die Körperwand, v.a. im Bereich der Arme, ist (im Gegensatz zum starren Innenskelett der ↑Seeigel) aus kleinen, einzelnen, gegeneinander beweglichen Kalkplättchen aufgebaut. S. bewegen sich wie Seeigel durch ↑Saugfüßchen fort.
S. kommen im Küstenbereich und bis in 7 000 m Meerestiefe vor. Sie ernähren sich v.a. von Muscheln und Schnecken. Die Verdauung erfolgt i.A. außerhalb der Tiere (extraintestinale ↑Verdauung).

Seesterne: Seesterne sind sternförmige Stachelhäuter mit meist fünf langen, unverzweigten Armen

Seewalzen (Seegurken, Holothuroidea): eine Klasse meist walzenförmiger ↑Stachelhäuter, deren Körperlängsachse (Mund–After) im Gegensatz zu der aller übrigen Stachelhäuter lang gestreckt ist.
Bei vielen S. setzt sich der Enddarm in blinddarmartigen, reich verzweigten Ausstülpungen fort, die der Atmung dienen und als **Wasserlunge** bezeichnet werden. Bei Gefahr kann diese Wasserlunge zusammen mit dem Darmtrakt ausgestoßen werden.

S

Segelklappen: ↑Herz.

Segmentierung: in der Zoologie die ↑Metamerie.

Sehnen: strangförmige oder fächerförmige Strukturen aus straffem Bindegewebe, in dem die kollagenen Faserbündel parallel zur Zugrichtung verlaufen. S. verbinden die Muskeln mit den Knochen.

Sehnerv: ↑Hirnnerven.

Sehpurpur (Rhodopsin): Licht absorbierender Farbstoff in den Stäbchen (↑Sehzellen) der ↑Netzhaut der ↑Augen. S. besteht aus dem Protein Opsin und aus 11-cis-Retinal, einem Stereoisomeren des Vitamins A. Lichtquanten geeigneter Wellenlänge bewirken nun die Umlagerung der Retinalmoleküle zu den lang gestreckten Molekülen des sog. all-trans-Retinals und schließlich dessen Ablösung vom Opsin. Dabei verliert der S. seine Farbe (Bleichung des Sehfarbstoffs), und an der Membran der Sehzelle wird durch Potenzialumkehr eine Erregung ausgelöst.

Die *Regeneration des Sehpurpurs* erfolgt auf 2 Wegen: Bei Helligkeit wird durch weitere Lichtquanten das all-trans-Retinal wieder zum 11-cis-Retinal umgelagert und dieses von einem Enzym erneut mit dem Opsin verknüpft. Bei Dunkelheit wird Vitamin A_1 zu 11-cis-Vitamin A_1 und in weiteren Reaktionen zu 11-cis-Retinal umgelagert; Letzteres wird dann von einem Enzym mit Opsin verbunden.

Sehpurpur

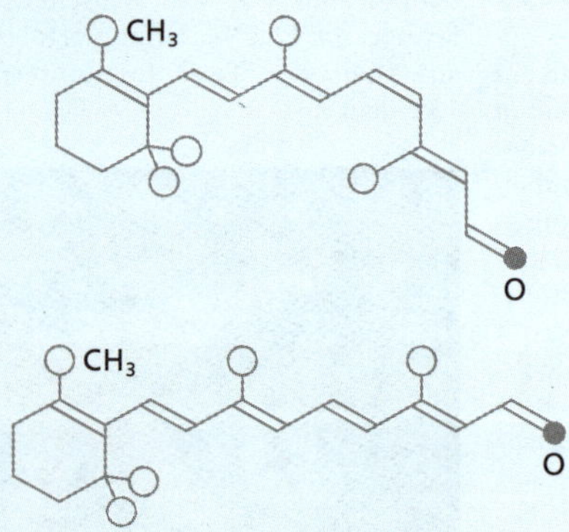

Sehzellen: primäre Sinneszellen in den ↑Augen.

Sehzentrum: Über den Sehnerv gelangen die Seheindrücke vom ↑Auge zum Hinterhauptslappen des Großhirns. Hier werden sie verarbeitet. Dieses S. ist das Projektionsfeld des Auges und steht über Leitungsbahnen v.a. mit den Assoziationsfeldern der Großhirnrinde in Verbindung. – ↑auch Augen, ↑Rindenfelder.

Seidenspinner (Bombycidae): Familie der Schmetterlinge mit 300 v.a. tropischen Arten. Die bekannteste Art ist der **Maulbeerseidenspinner.** Vor rund 4 000 Jahren begannen in China die ersten Zuchten dieses cremefarbenen Schmetterlings. Die Raupen, die nur von Maulbeerblättern leben, spinnen kurz vor der Verpuppung den Puppenkokon, von dem der über 1 000 m lange einzelne Seidenfaden für die Seidengewinnung abgewickelt wird.

Seitenlinienorgane: Hautsinnesorgane bei wasserbewohnenden Wirbeltieren (Fische, wasserlebende Amphibien und Amphibienlarven). S. sitzen in linienförmiger Anordnung an Kopf und Körper, bevorzugt an den Längsseiten. Sie sind Sitz des ↑Strömungssinns, dienen also der Wahrnehmung von Richtung und Geschwindigkeit von Wasserströmungen. Die S. bestehen aus Gruppen sekundärer Sinneszellen auf der Oberhaut (frei stehend oder eingesenkt), deren lange Sinneshaare in eine elastische Gallertsäule hineinragen. Die

Gallertsäule wird durch kleinste Wasserbewegungen abgebogen, wodurch die Sinneszellen erregt werden.

Sekret: Produkt einer Drüse, das nach außen oder innen abgesondert wird (↑Sekretion) und für den tierischen oder menschlichen Organismus verwertbar ist (Speichel, Magensaft, Bauchspeichel).

Die Cuticula vieler Tiere ist z.B. ein verfestigtes S.; weitere S. sind Duft-, Lock-, Nähr-, Farb- und Schutzstoffe sowie Gifte der ↑Gifttiere. Häufig ist es schwierig zu entscheiden, ob eine ausgeschiedene Substanz noch verwertet werden kann. Im Fall der Ausscheidung von Stoffwechselendprodukten, die keine betimmte Funktion mehr erfüllen, spricht man auch von ↑Exkreten.

In gewissem Sinne kann man auch bei Pflanzen von S. sprechen, so z.B. im Falle der zuckerhaltigen Lösungen in den Nektarien der Blüten oder der Verdauungsenzyme der ↑Fleisch fressenden Pflanzen.

Sekretin: von der Schleimhaut des Zwölffingerdarms sezerniertes Hormon. S. regt über den Blutweg die Bauchspeicheldrüse an, ein enzymarmes, stark alkalisches Sekret zur Neutralisation des aus dem Magen kommenden sauren Speisebreis abzusondern.

Sekretion (Absonderung): bei Zellen die Produktion bestimmter Stoffe, die dann entweder ins Körperinnere oder nach außen abgegeben werden.

◆ Bei *Pflanzen* ist es schwierig, zwischen S. und ↑Exkretion zu unterscheiden. S. im engeren Sinne liegt z.B. im Falle der Produktion von Verdauungsenzymen bei Fleisch fressenden Pflanzen vor (↑Sekrete). Generell speichern Pflanzen nicht mehr benötigte oder nicht mehr verwertbare Stoffe oder solche, die nur außerhalb der Zelle gebraucht werden, in Vakuolen oder scheiden sie über Drüsenzellen oder Drüsenorgane aus. Der Sauerklee speichert z.B. Calciumoxalatkristalle in den Blättern; der Diptam verdunstet ätherische Öle; der Sonnentau scheidet an Drüsenhaaren Verdauungssäfte ab.

◆ Bei *Tieren* und dem *Menschen* können bestimmte Einzelzellen oder Zellgruppen Sekrete herstellen, die sie entweder ins Blut, in die Lymphe oder in die Gehirn-Rückenmarks-Flüssigkeit (↑Cerebrospinalflüssigkeit) abgeben **(innere S.)** oder die sie in den Verdauungskanal oder auch nach außen absondern **(äußere S.)**. An der vom Zellkern gesteuerten Sekretbildung sind in den Zellen v.a. Ribosomen, Mitochondrien und der Golgi-Apparat beteiligt. – ↑auch Neurohormone.

Sekretionsphase: ↑Menstruationszyklus.

sekundäre Rinde: der ↑Bast.

Sekundärfollikel: ein Follikelstadium während der ↑Eireifung.

Sekundärstruktur: die Anordnung der Aminosäureketten in den ↑Eiweißen.

Sekundärwand: Teil der Zellwand der pflanzlichen ↑Zelle.

Selbstauflösung: die ↑Autolyse.

Selbstbefruchtung (Autogamie): Die S. ist eine Folge der ↑Selbstbestäubung, d.h., bei einer zwittrigen Blüte kann der Pollenschlauch des eigenen Pollens in die ↑Samenanlage eindringen, und die beiden Spermakerne können die Doppelbefruchtung von Eizelle und sekundärem Embryosackkern durchführen.

Selbstbestäubung: Von S. spricht man bei den zwittrigen Blüten, bei denen der Pollen (↑Blütenstaub) auf die Narbe des Fruchtknotens der gleichen Blüte gelangt und dort zum Pollenschlauch auskeimen kann.

In vielen Fällen wird durch mannigfaltige Einrichtungen eine S. vermieden (↑Bestäubung). In anderen Fällen, so z.B. bei den sog. **kleistogamen Blüten** (das sind Blüten, die sich nicht öffnen; viele Veilchenarten, Sauerklee), kann eine Bestäubung nur als S. erfolgen, ebenso bei mangelndem Insektenbesuch. Auch bei der Erbse und Bohne ist

S

S. die Regel. Daher eignen sich solche Pflanzen hervorragend für Kreuzungsversuche in der Genetik, da kein fremdes Genom durch den Pollen bei der Fortpflanzung eingeschleust werden kann.
Bei einhäusigen Pflanzen mit getrenntgeschlechtlichen Blüten findet eine S. zwischen den Blüten desselben Individuums statt.

Selbstinkompatibilität: Bezeichnung für die Fähigkeit einiger Pflanzenarten, eine ↑Befruchtung durch eigenen Pollen oder denjenigen nahe verwandter Arten zu verhindern.

Selbstung: Der Ausdruck S. wird in der Genetik häufig im Sinne von ↑Selbstbestäubung bzw. ↑Selbstbefruchtung gebraucht. – ↑auch Inzucht.

Selbstverstümmelung: die ↑Autotomie.

Selektion (Auslese): das Phänomen, dass bei unterschiedlicher Merkmalsausprägung (Phänotyp) Individuen, die an die herrschenden Umweltbedingungen gut angepasst sind, zu höherem Fortpflanzungserfolg kommen und somit in der folgenden Generation stärker vertreten sind, als weniger gut angepasste Individuen. – ↑Darwinismus.

Selektionstheorie: ↑Darwinismus.

semipermeabel (halbdurchlässig): S. nennt man Membranen (einschließlich der tierischen und pflanzlichen Zellmembranen), die für bestimmte, meist kleine Moleküle oder Ionen durchlässig sind, für andere, meist größere dagegen nicht. – ↑auch Osmose.

Senker: ↑Muskeln.

sensorische Fasern: die ↑afferenten Fasern. – ↑auch Erregungsleitung.

Sepioidea: die ↑Tintenfische.

Serin: eine aliphatische, nicht essenzielle ↑Aminosäure.

Serosa: eine der ↑Embryonalhüllen.

Serpentes: die ↑Schlangen.

Sertoli-Zellen: Hilfszellen bei der ↑Samenreifung.

Serum: allgemein der von mikroskopischen Teilchen freie, nicht mehr gerinnbare flüssige Teil von ↑Blut, Lymphe, Milch.

Sexchromatin: ↑Barr-Körperchen.

Sexualdimorphismus: der ↑Geschlechtsdimorphismus.

Sexualhormone: die ↑Geschlechtshormone.

Sexualität (Geschlechtlichkeit):

◆ Im rein biologischen Sinn versteht man unter S. das Phänomen, dass Lebewesen in zwei Geschlechtern (männlich, weiblich) vorkommen und sich geschlechtlich fortpflanzen. Hierbei verschmelzen die durch Reduktionsteilung (↑Meiose) entstehenden geschlechtlich differenzierten Keimzellen (↑Geschlechtszellen) miteinander (↑Befruchtung). Auf diese Weise dient die S. der Rekombination von Erbanlagen, ohne dass damit eine tatsächliche Veränderung (↑Mutation) des Erbguts eintritt. Durch Bildung neuer Rekombinanten kann die S. zur besseren ↑Anpassung von Lebewesen an (sich ändernde) Umweltbedingungen beitragen. S. ist jedoch keine generelle Voraussetzung für die ↑Fortpflanzung (↑auch ungeschlechtliche Fortpflanzung).

◆ Im weiteren Sinn werden Gefühle bzw. Bedürfnisse sowie entsprechende Verhaltensweisen von Menschen (oder Tieren), die den **Geschlechtstrieb** (seelischer Antrieb für geschlechtliche Beziehungen) betreffen – insbesondere im Hinblick auf die Befriedigung dieses ↑Triebs – begrifflich unter der Sammelbezeichnung S. zusammengefasst. In erster Linie bezieht sich S. auf das Verhältnis zwischen männlichen und weiblichen Individuen; dies wird auch als **Heterosexualität** bezeichnet. Bei Beziehungen zwischen gleichgeschlechtlichen Partnern spricht man dagegen von **Homosexualität.**
Im *Tierreich* ist das Sexualverhalten weitgehend noch instinktgesteuert. Sexuelle Handlungen sind also bestimmte, für eine Tierart charakteristische und präformierte Verhaltensweisen in Be-

zug auf ein »Objekt«, das der Partner des entgegengesetzten Geschlechts darstellt. Die Handlungen erfolgen mit dem Ziel der ↑Begattung.
Die von vielen Tierarten hierzu entwickelten Varianten des Paarungsverhaltens (zu dem bereits die »Einleitung« dieses Verhaltens, etwa die ↑Balz, zählt) laufen ebenfalls weitgehend instinktiv ab. Doch ist bereits in durchaus noch als taxonomisch zu bezeichnenden Tierreihen häufig eine Vermischung ererbter und erlernter Verhaltensprogrammierungen zu beobachten, die insbesondere in der Primatenreihe von den Halbaffen zu den Menschenaffen sehr weit fortgeschritten ist. Wo der Anteil der Keimdrüsenhormone und der Instinktprogrammierung an der Steuerung des Verhaltens einerseits abnimmt und andererseits der Anteil der (bewussten) Großhirnsteuerung zunimmt, spielen Lernvorgänge die dominierende Rolle. Dann wird auch das Sexualverhalten plastischer und variabler.
Die wichtigsten Varianten der Befriedigung des Geschlechtstriebs beim Menschen finden sich bereits bei Tierprimaten: homosexuelle Kontakte, Selbstbefriedigung, Reizspiele zur Einleitung des Koitus, sexuelle Spiele bereits in der Vorreifezeit (wo sie schon zunehmend der Einübung sexueller Verhaltensweisen dienen). Die Initiative kann sowohl vom Weibchen als auch vom Männchen ausgehen. Bei den höheren Primaten verwischen sich auch schon die Zyklen der ↑Brunst; sexuelles Interesse und sexuelle Betätigung gehen durch fast alle Jahreszeiten. Innerhalb der Primaten nimmt mit zunehmender Höherentwicklung außerdem die Wahllosigkeit bezüglich der Paarungspartner ab. Sehr deutlich ist z.B. bei den Schimpansen eine gewisse Bevorzugung bestimmter Partner festzustellen. Zu beobachten ist ferner, dass die sexuelle Aktivität sowohl bei den in Gefangenschaft lebenden als auch bei den domestizierten Tieren zunimmt. Es ist daher nicht ausgeschlossen, dass die erhebliche Sexualisierung des Menschen mit seiner Selbstdomestikation zusammenhängt.
An der S. des *Menschen* ist nahezu der gesamte Komplex körperlicher und seelisch-geistiger Beziehungen beteiligt. Außer von individuellen seelischen Erwartungen und Wünschen, geistigen Einstellungen und Erfahrungen wird sie besonders von kulturellen und gesellschaftlichen Verhältnissen, Normen und Institutionen beeinflusst. – ↑auch Geschlechtsverkehr.

Shuttle-Transfer (Elektronen-Shuttle): Bezeichnung für einen vom Stoffwechsel der Zelle regulierten Elektronentransport innerhalb von Zellkompartimenten und an intrazellularen Membranen, bei dem die beteiligten chemischen Verbindungen bei Aufnahme der Elektronen reduziert, bei Abgabe wieder oxidiert werden. $NADH + H^+$ z.B. wird in den Mitochondrien reoxidiert, indem die Elektronen des im Cytoplasma befindlichen $NADH + H^+$ auf das mitochondriale NAD^+ unter Vermittlung von Malat/Oxalacetat übertragen werden. Weitere Beispiele für den S.-T. sind die ↑Atmungskette und die nichtzyklische Fotophosphorylierung der ↑Fotosynthese.

Sichel: ↑Blütenstände.

Sichelzellenanämie: eine Sonderform der ↑Anämie.

Siebbeinhöhlen: ↑Nasennebenhöhlen.

Siebplatte: Struktur des Siebteils (↑Leitbündel).

Siebröhren: Struktur des Siebteils (↑Leitbündel).

Siebteil: Teil der ↑Leitbündel.

Siliciumdioxid: das Anhydrid der ↑Kieselsäure.

Sinneshaare:
◆ in *Sinneszellen,* die auf mechanische Reize ansprechen, feine Haare, die als Rezeptoren fungieren, z.B. die Schwere- und Hörsinneszellen im ↑Ohr.

S

◆ bei *Insekten* am Körper gelenkig eingesetzte Chitinhaare, die mit Sinneszellen in Verbindung stehen.

◆ die Schnurrhaare (Sinushaare) v.a. nachtaktiver *Raubtiere,* die als Mechanorezeptoren auf Berührungs- und Erschütterungsreize ansprechen.

Sinnesnervenzellen: ↑ Sinneszellen.

Sinnesorgane: der Aufnahme von Reizen dienende Organe. S. nehmen mechanische (↑ Mechanorezeptoren, ↑ mechanische Sinne), optische (↑ Fotorezeptoren, ↑ Lichtsinn) oder chemische Reize (↑ Chemorezeptoren, ↑ chemische Sinne) auf und formen sie in Nervenimpulse um, die ein Nervensystem verarbeitet.

Die Reizaufnahme in den S. erfolgt stets durch ↑ Sinneszellen bzw. freie Nervenendigungen. Dabei können die Sinneszellen diffus über die Körperoberfläche verteilt oder an bestimmten Stellen zu Sinnesorganen vereint sein. Zur Reizaufnahme besitzen S. fast immer Hilfseinrichtungen, die nur ganz bestimmte Reize zu den Nervenzellen gelangen lassen.

Sinneszellen: zur Reizaufnahme befähigte Zellen, die einzeln oder zu ↑ Sinnesorganen zusammengefasst auftreten. Sie wandeln bestimmte Reize in Nervenimpulse um.

Primäre S. leiten den Reiz durch eine eigene Nervenfaser weiter (z.B. Riechzellen der Wirbeltiere). **Sekundäre S.** wandeln den Reiz nur um, und ↑ Synapsen übertragen die Nervenimpulse auf die Endfasern einer Nervenzelle, die die S. umgeben (z.B. Geschmackssinneszellen der Wirbeltiere). Freie Nervenendigungen **(Sinnesnervenzellen)** sind stark verzweigte Endfasern von Nervenzellen (z.B. Tastkörperchen).

Jede Sinneszelle ist für ihren spezifischen Reiz (adäquater Reiz) besonders empfindlich (niedrige ↑ Reizschwelle), für fremde Reize weit unempfindlicher (hohe Reizschwelle), antwortet aber auf starke Fremdreize so, als wäre es ein adäquater Reiz (Beispiel: ein Schlag aufs Auge erzeugt eine Lichtempfindung). Da bereits sehr schwache Reize eine Empfindung auslösen können, müssen die S. den Reiz verstärken (Reizschwelle für das menschliche Ohr: $8 \cdot 10^{-18}$ W, Energiebedarf für einen Nervenimpuls: 10^{-11} W).

Sinusknoten: der primäre Schrittmacher der höheren Wirbeltiere bei der ↑ Herzautomatie.

Siphonaptera: die ↑ Flöhe.

Skelett: äußeres oder inneres Stützsystem, das dem tierischen Körper Form und Halt gibt und den bewegenden Muskeln Ansatzstellen bietet.

Ein **Außenskelett (Exoskelett)** aus Chitin (Chitinskelett) kommt bei den ↑ Gliederfüßern vor. Es besteht aus einzelnen röhren- oder plattenförmigen Teilen, die durch dünne Gelenkhäute miteinander verbunden sind. Von innen setzen Muskeln an diesen Skelettteilen an und bewegen sie. Die Teile des Außenskeletts sind starr und können nicht mitwachsen. Deshalb wird beim Wachstum unter dem alten Chitinskelett ein neues, noch weiches aufgebaut. Das alte, verfestigte wird vollständig abgestreift (↑ Häutung).

Ein **Innenskelett (Endoskelett)** besitzen alle Wirbeltiere. Es besteht stets aus zahlreichen Teilen, die meist durch ↑ Gelenke miteinander verbunden sind. Bei den Knorpelfischen (Haie, Rochen) ist das S. noch knorpelig, bei den übrigen Wirbeltieren dagegen ist es knöchern.

Das S. des *Menschen* wird in Schädel-, Rumpf- und Gliedmaßenskelett eingeteilt. Die Knochen des Schädelskeletts sind beim Erwachsenen durch Nähte miteinander fest verbunden (↑ Schädel). Hauptstütze des Rumpfskeletts ist die ↑ Wirbelsäule. Am Kreuzbein liegt ihr das ↑ Becken an und bildet den Beckengürtel, der vom S. der Beine getragen wird. Im Brustbereich sitzen an der Wirbelsäule 12 Paar Rippen, die mit dem Brustbein den Brustkorb (↑ Brust) aufbauen. Das S. der beiden

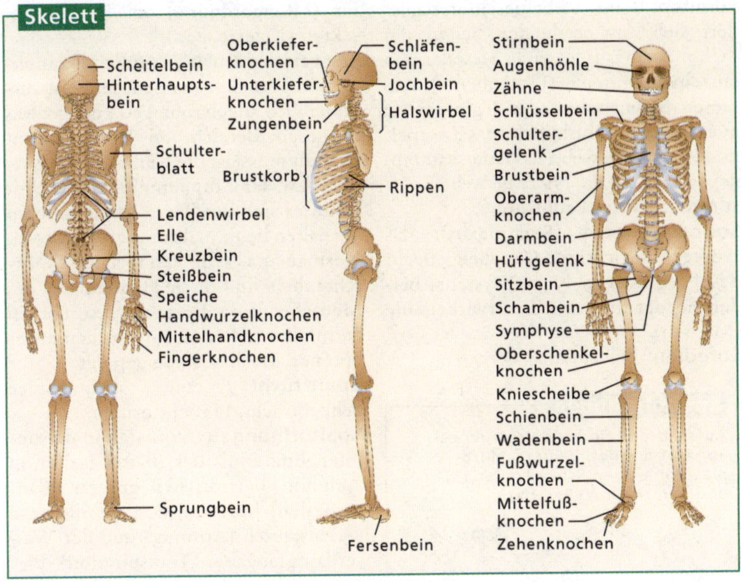

Arme wird mithilfe des Schultergürtels (Schulterblätter, Schlüsselbeine) am Rumpfskelett befestigt (↑Gliedmaßen).

Skinner-Box: Experimentierkäfig mit Hebeln, Drucktasten oder Pickscheiben sowie einem Futterspender. Mithilfe einer S.-B. können Lernvorgänge untersucht werden, bei denen bestimmte Aktionen eines Tieres durch Belohnung (Futter) verstärkt werden (operante oder instrumentelle ↑Konditionierung).

Sklera: die ↑Lederhaut der ↑Augen.

Sklerenchym: ein Typ des ↑Festigungsgewebes.

Skleroproteine: Eiweißverbindungen, die u.a. das ↑Horn aufbauen.

Smegma: käsige Absonderung der Talgdrüsen der Eichel und der Vorhaut beim männlichen ↑Glied sowie beim ↑Kitzler und den kleinen ↑Schamlippen.

Sohlenbürste: ein ↑Haftorgan bei vielen Käfern.

Solarplexus: Bereich des vegetativen Nervensystems, ↑Sonnengeflecht.

Solenoid: Verpackungsform der ↑Chromosomen.

Sollwert: ↑Regelkreis.

Somatostatin: im Hypothalamus, dem Magen-Darm-Trakt und in der Bauchspeicheldrüse gebildetes Polypeptid aus 14 Aminosäuren, das als Releasing-Hormon (↑Hypophysenhormone) die Freisetzung des Somatotropins und gleichzeitig auch die von Thyreotropin, Insulin, Glucagon, Gastrin und Pankreozymin hemmt.

Somatotropin (Wachstumshormon): ein ↑Hypophysenhormon aus dem Hypophysenvorderlappen. Es fördert das Wachstum sämtlicher Körpergewebe und damit den Aufbaustoffwechsel. Sein Ausfall bewirkt ↑Zwergwuchs, seine übermäßige Produktion ↑Riesenwuchs im jugendlichen Alter und Akromegalie (übermäßiges Wachstum von Körperendigungen, z.B. der Füße) im Erwachsenenalter.

Somazellen: die Gesamtheit der diploiden Körperzellen ohne Keimzellen.

S

Somiten: Beim Wirbeltierembryo gliedert sich das zu beiden Seiten der ↑Chorda dorsalis liegende Mesoderm in einzelne Segmente (Ursegmente). Aus diesen S. entstehen die segmentierte quer gestreifte Muskulatur, das Knorpel- und Knochengewebe, das Unterhautbindegewebe und das Nierengewebe.
sommergrün: ↑Laubbäume.
Sonnengeflecht (Solarplexus): das größte und wichtigste Gangliengeflecht des ↑vegetativen Nervensystems beiderseits der mittleren Brustwirbelsäule (Mensch).
Soredien: ↑Flechten.

Spaltöffnungen

Aufsicht auf einen Spaltöffnungsapparat mit den beiden chloroplastenhaltigen Schließzellen (S) und den Nebenzellen (N)

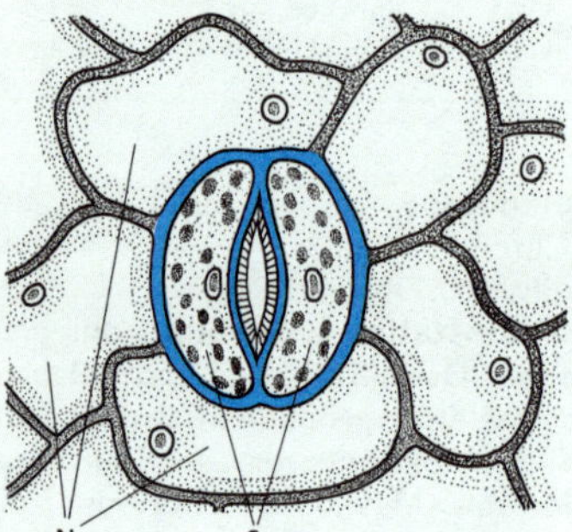

Sorus: eine Ansammlung von Sporangien (↑Sporangium) auf der Blattunterseite bzw. am Blattrand der meisten Farne. Die Anordnung und das Aussehen der Sori dienen zur Unterscheidung der Farngattungen.
Sozialverhalten: Bezeichnung für das Verhalten von Individuen (Menschen und Tieren), soweit es auf die anderen Gruppenmitglieder bezogen ist und auf deren Reaktionen zielt. Es gibt nur sehr wenige Tiere, die nicht in irgendeiner Form mit einem oder mehreren Artgenossen in Kontakt treten. Am ausgeprägtesten ist das S. bei den Wirbeltieren (↑Rangordnung) und bei den Insekten (↑Tierstaaten).
Die verschiedenen, oft äußerst komplizierten Verhaltensweisen, sind fast ausschließlich angeboren. Das Einzige, was in diesem Bereich von Tieren gelernt werden muss, ist die Kenntnis des Partners bzw. der Gruppenmitglieder, selbst wenn es sich um Tiere handelt, deren Verhalten beim Nahrungserwerb, beim Nestbau u.a. sehr variabel ist. Wahrscheinlich sind auch Handlungen des Menschen in der Beziehung zu anderen zumindest teilweise von solchen angeborenen Mechanismen geprägt.
Spaltfrucht: eine mehrsonnige Schließfrucht, ↑Fruchtformen.
Spaltöffnungen (Stomata): in der unteren Epidermis der Blätter (selten in anderen oberirdischen grünen Pflanzenteilen) liegende Organe, die dem Gasaustausch (Atmung) und der Wasserdampfabgabe (Transpiration) dienen. Es handelt sich dabei um Paare meist bohnenförmig gestalteter Zellen **(Schließzellen),** die einen Spalt (Porus) zwischen sich frei lassen und damit die Spaltöffnung bilden. Die Sp. befinden sich an charakteristischen Stellen des Blattes, und zwar entweder an der Blattunterseite (hypostomatische Blätter; bei den meisten Samenpflanzen), an der Blattoberfläche (epistomatische Blätter, bei Schwimmblattgewächsen), an der gesamten Blattoberfläche (amphistomatische Blätter; bei Gräsern) oder sie fehlen überhaupt (astomatische Blätter; bei Unterwasserpflanzen).
Die an die Schließzellen angrenzenden Epidermiszellen **(Nebenzellen)** sind ebenfalls an der Funktion der Sp. beteiligt. Nebenzellen und Sp. bilden zusammen den Spaltöffnungsapparat. Der Spalt unterbricht die lückenlose Epidermis und stellt eine Verbindung zwischen den ↑Interzellularen und der Außenluft her. Die direkt unter der Spaltöffnung liegende Interzellulare wird als Atemhöhle bezeichnet.

Die Zellwände der Schließzellen sind ungleich verdickt. Die beiden am Spalt liegenden Zellwandteile haben eine vorspringende Verdickungsleiste ausgebildet, während die anderen Teile dünnwandig sind. Die Schließzellen können ihre Gestalt durch aktive Turgoränderungen verändern, sodass sich der Spalt zwischen ihnen schließt oder öffnet. Nimmt der ↑Turgor zu, so werden die dünnwandigen Enden gedehnt. Dadurch rücken die starren Mittelstücke auseinander.

Durch Assimilation wird in den Chloroplasten der Schließzellen die Stärke in Zucker umgewandelt. Dadurch steigt die Saugkraft der Schließzellen, und den Nebenzellen wird Wasser entzogen. Die unverdickten Zellwandteile der Schließzellen geben dem Druck nach und ziehen die verdickten Zellwandteile mit zurück. Sinkt der Druck wieder ab, so schließt sich die Spaltöffnung.

Spaltungsregel: die zweite der ↑Mendel-Regeln.

Species: die ↑Art.

Speiballen: das ↑Gewölle der Greifvögel.

Speiche: neben der ↑Elle der zweite Knochen des Unterarms.

Speicheldrüsen: in die Mundhöhle mündende, den Speichel absondernde, seröse, muköse oder gemischte ↑Drüsen. Im Mund wird die Speise durch **Speichel** gleitfähig gemacht und durch das darin enthaltene, Stärke bis zur Maltose abbauende Enzym ↑Ptyalin vorverdaut. Der schwach saure Speichel wird von exokrinen Sp. abgesondert (täglich bis 1,5 l). Neben drei großen paarigen Sp. (der unterhalb des Ohrs gelegenen, auf der Wangeninnenseite mündenden **Ohrspeicheldrüse,** der **Unterkiefer-** und der **Unterzungenspeicheldrüse**) gibt es zahlreiche kleine Sp., die Lippen-, Wangen-, Zungen- und Gaumendrüsen.

Die kleinen Sp. geben vorwiegend einen fadenziehenden, zähen, salz- und eiweißarmen **Gleitspeichel** ab. Aus den großen Sp. kommt dagegen v.a. ein dünnflüssiger, salz- und eiweißreicher, enzymhaltiger **Verdauungs-** und **Verdünnungsspeichel.**

Bestimmte weiße Blutkörperchen treten aus den Mandeln und der Mundschleimhaut in den Speichel über, wo sie Enzyme und Schutzstoffe abgeben und Bakterien zerstören.

Speicheldrüsenchromosomen: stark vergrößerte Chromosomen in den Zellen der Speicheldrüsen und in einigen anderen Geweben der Zweiflügler (↑Riesenchromosomen).

Speichergewebe: allgemein Bezeichnung für tierische und pflanzliche Gewebe, die der Speicherung von Reservestoffen dienen.

◆ *Pflanzen* speichern Wasser oder Reservestoffe im Speicherparenchym (z.B. Spross, Blätter, Knollen, Samen). – ↑auch Endosperm.

◆ *Tiere* speichern v.a. Fett im Fettgewebe, Glykogen und andere Stoffe in der Leber.

Speiseröhre (Ösophagus): Teil des Vorderdarms (↑Darmkanal), der dem Nahrungstransport dient und bei den Wirbeltieren mit Schleimhaut und gut entwickelter Muskulatur versehen ist. Dieser beim Menschen 25–30 cm lange Muskelschlauch befördert den Speisebrei auf reflektorischem Weg (↑Schluckreflex), unterstützt durch peristaltische Bewegungen, in den Magen. Die Sp. ist mit Plattenepithel (↑Deckgewebe) ausgekleidet.

Sperma: die tierische und menschliche Samenflüssigkeit (Samen); ↑Samenerguss.

Spermakern: ↑Samenanlage.

Spermatiden: die unreifen Samenzellen. – ↑auch Samenreifung.

Spermatocyten: unreife Stadien bei der ↑Samenreifung.

Spermatogenese: die ↑Samenreifung.

Spermatogonien: die bei der ↑Samenreifung aus ↑Urkeimzellen hervorgehenden Ursamenzellen.

S

Spermatophoren (Samenträger, Samenpakete): durch Kittsubstanz oder Hüllen, die von den Anhangsdrüsen der männlichen Geschlechtsorgane produziert werden, zusammengehaltene Pakete aus Samenzellen. Die Sp. werden entweder in die Geschlechtsöffnung des Weibchens eingebracht oder außen angeheftet oder auch über einen Stiel auf den Boden abgesetzt und dann vom Weibchen aufgenommen (z.B. bei Molchen).

Spermatozoid: in Anlehnung an die Verhältnisse bei Tieren, Bezeichnung für die kleine, bewegliche männliche ↑Geschlechtszelle vieler Pflanzen (z.B. Algen, Moose, Farnpflanzen, Palmfarne und Ginkgobaum).

Spermatozoon: die ↑Samenzelle.

Spermium: die ↑Samenzelle.

Sphagnum: das ↑Torfmoos.

S-Phase: Phase des Zellzyklus (↑Zellteilung).

Sphenophyta: die ↑Schachtelhalme.

Spike:

◆ englische Bezeichnung für das ↑Aktionspotenzial.

◆ in Vielzahl auftretende knopfartige Oberflächenstrukturen bei HI-Viren, mit deren Hilfe sich die Viren an Oberflächenrezeptoren von T-Helferzellen anheften.

Spinalganglien: seitlich des Rückenmarks gelegene Nervenzellansammlungen des ↑peripheren Nervensystems.

Spinalnerven: die vom Rückenmark ausgehenden Nerven (↑peripheres Nervensystem).

Spindelgifte: die ↑Mitosegifte.

Spinnentiere (Arachnida): seit dem Silur (vor rd. 400 Millionen Jahren) bekannte Klasse v.a. landbewohnender und räuberisch lebender ↑Gliederfüßer. 1 mm bis 18 cm lange Tiere, deren Kopf und Brust äußerlich zu einem einheitlichem Körperteil **(Cephalothorax)** verschmolzen sind, die im Gegensatz zu den Insekten und Krebsen aber 8 Laufbeine besitzen.

Außer ↑Milben, ↑Zecken, Weberknechten und Skorpionen gehören zu den Spinnentieren v.a. die **Spinnen,** die in nahezu fast allen festländischen Lebensräumen vorkommen. Einige Arten, wie z.B. die Wasserspinne, sind auch zum Wasserleben übergegangen.

Am Ende ihres sackförmigen Hinterleibs finden sich bei Spinnen Spinndrüsen, aus deren Sekreten viele Arten, wie z.B. die Kreuzspinne, feinmaschige Netze spinnen, um Beutetiere (v.a. Insekten) zu fangen.

Spinnwebhaut: die mittlere der drei ↑Hirnhäute.

Spirale: ↑Empfängnisverhütung.

Spirillen (Schraubenbakterien): bewegliche, schraubenförmige, zum Teil sehr große (0,1 mm) Bakterien, deren Geißeln unter dem Phasenkontrastmikroskop gut zu beobachten sind. Sie leben in verschmutzten Gewässern oder als Parasiten.

Spirochäten: Ordnung der Bakterien, die innerhalb dieser Gruppe eine Sonderstellung einnimmt. Sp. haben keine feste Zellwand, keine Pigmente und keine Geißeln, bilden keine Sporen und passieren Filter, die normalerweise Bakterien zurückhalten. Das hervorstechendste Merkmal der Sp. ist ihr Achsenfaden, der zusammen mit dem spiralig um ihn gewundenen Zellleib die typische schraubenförmige Gestalt aufrechterhält. – Einige Sp. ernähren sich von totem Material, andere kommen als mehr oder weniger harmlose Parasiten in Körperhöhlen und im Blut vor. Zur Gattung **Treponema** gehören die Erreger der Syphilis, einer Geschlechtskrankheit.

Spirre: ↑Blütenstände.

Spitzenpotenzial: ↑Aktionspotenzial.

Sporangium: Sporenbehälter, in dem die Sporen der Niederen Pflanzen gebildet werden.

Das Sp. kann als einfache Zelle (z.B. bei Algen, Pilzen) oder als kapselartiges, in Gruppen stehendes Organ (↑Sorus) ausgebildet sein.

S

Sporen:
◆ (Agameten): ungeschlechtliche Fortpflanzungszellen Niederer Pflanzen, die in Sporangien (↑Sporangium) gebildet werden.
◆ Bezeichnung für die derbwandigen Cysten (↑Dauerformen) v.a. bei Bakterien und anderen Einzellern.

Sporenpflanzen: die ↑blütenlosen Pflanzen.

Sporentierchen (Sporozoa): Klasse mikroskopisch kleiner, einzelliger, endoparasitisch lebender Protozoen. Viele Arten verursachen durch Ausbildung von Infektionskeimen mit chitiniger Hülle (»Sporen«) schwere Krankheiten bei Tieren.
Hierher gehören in erster Linie die **Kokzidien,** die in Epithelzellen sowohl des Verdauungstrakts als auch der Leber und Niere von Haustieren parasitieren (Kokzidiose).
Weiterhin ist die Gruppe der **Babesien** zu erwähnen, die in die Blutkörperchen besonders von Huftieren eindringen und dadurch verschiedene Krankheiten (z.B. Texasfieber) hervorrufen.
Die Arten der Gattung ↑Plasmodium verursachen beim Menschen die Malaria.

Sporocyste: Bei innen schmarotzenden ↑Saugwürmern (z.B. beim ↑Leberegel) bezeichnet man das aus dem Miracidium, dem ersten Larvenstadium, hervorgehende Entwicklungsstadium als Sp. Das Miracidium hat sich aktiv in den ersten Zwischenwirt eingebohrt, verliert sein Wimperkleid, bekommt eine sack- oder sporenförmige Gestalt und dient der Vermehrung der als Redien bezeichneten »Infektionskeime«.

Sporophyt: im ↑Generationswechsel der Pflanzen die Generation, die sich ungeschlechtlich durch Sporen fortpflanzt. Der diploide Sp. ist unterschiedlich gut entwickelt. Bei ↑Moosen ist er noch farblos und auf die Ernährung durch das grüne Moospflänzchen, den ↑Gametophyten, angewiesen. Bei ↑Farnpflanzen und bei ↑Samenpflanzen hat er sich zur eigentlichen, kräftigen Pflanze entfaltet.

Sporozoa: die ↑Sporentierchen.

Sporozoite: besondere Infektionszellen bei Sporentierchen (↑Plasmodium).

Spreizklimmer: ↑Kletterpflanzen.

Springen: Form der ↑Fortbewegung.

Spross: der Teil einer Sprosspflanze, der meist oberirdisch dem Licht zugewandt wächst und aus Sprossachse und Blättern besteht. Der Sp. ist mehr oder weniger stark verzweigt und wird durch die ↑Wurzeln im Boden verankert. Die **Sprossachse,** die sehr unterschiedlich ausgeprägt sein kann (z.B. Stängel bei Stauden, Halm bei Gräsern, Stamm bei Bäumen), bildet Seitensprosse und trägt die Blätter (↑Laubblatt), die allerdings manchmal stark zurückgebildet sind. Wenn der sonst grüne Sp. unterirdisch wächst (↑Rhizom), bleibt er farblos. **Hauptspross** und **Seitensprosse** bilden Blütenknospen. Die Sprossachse entwickelt sich von einem an ihrer Spitze gelegenen Vegetationskegel aus. In diesem meist nur unter dem Mikroskop sichtbaren Urmeristem werden durch Teilung laufend Zellen nach unten und seitlich abgegliedert. Kurz hinter dieser Zone entstehen die Anlagen für Seitensprosse und Blätter, die als kleine Höcker zu erkennen sind. Es folgt die Zone des größten Längenwachstums, das auf dem ↑Streckungswachstum der Zellen sowie auf der Bildung neuer Zellen in interkalaren Vegetationszonen (eingeschobene Wachstumszonen) von kurzer Lebensdauer beruht (damit richten sich geknickte Gräser wieder auf). Gleichzeitig erfolgt die Differenzierung der Zellen.
Die Blattanlagen stehen an den verdickten **Knoten (Nodien),** während man die blattfreien, streckungsfähigen Abschnitte als **Internodien** bezeichnet. Diese Gliederung lässt sich z.B. bei Gräsern gut erkennen, da die Knoten dort verdickt sind. Anfangs sind die Internodien noch kurz. Dadurch überdecken ältere Blattanlagen, die zunächst

S

etwas schneller wachsen als der Stängel, den empfindlichen Vegetationskegel mit den ganzen jungen Blättern (↑Knospe).

Die Länge der Internodien bestimmt die Wuchsform der Pflanze: Beispiele für kurze, »gestauchte« Internodien sind Erdbeeren, Löwenzahn und Wegerich **(Ganzrosetten).** Bei Rettich, Zuckerrüben oder Petersilie hingegen verlängern sich die oberen Abschnitte der Sprossachse, bevor sie Blüten bilden **(Halbrosette).** Andere Beispiele für gestauchte Internodien findet man bei Zwiebeln oder Sprossknollen (Kohlrabi). Im Gegensatz dazu sind sie bei windenden ↑Kletterpflanzen besonders verlängert. Die ↑Ausläufer der Erdbeere sind stark verlängerte Seitensprosse, die am Boden liegend wachsen, weil sie sich nicht aufrecht halten können. In einiger Entfernung von der Mutterpflanze treiben Achselknospen an den Knoten junge Pflanzen mit sprossbürtigen Nebenwurzeln.

An einem Querschnitt durch eine Sprossachse ist die Differenzierung in Epidermis, ↑Rinde und Zentralzylinder mit Kambium (bei ausdauernden Pflanzen) und ↑Leitbündeln zu erkennen.

Eine nachträgliche Verdickung der Sprossachse, die bei den Bäumen gewaltige Ausmaße erreicht, ist nur bei dem Sprossaufbau möglich, wie ihn die Zweikeimblättrigen Pflanzen haben. Die Einkeimblättrigen Pflanzen (z.B. Palmen) können ähnliche Stämme nur durch primäres ↑Dickenwachstum im Vegetationskegel erreichen. Für das sekundäre Dickenwachstum besitzen die Zweikeimblättrigen Pflanzen eine Schicht dauernd teilungsfähiger Zellen (↑Kambium).

Sprossmetamorphosen: Im Dienste bestimmter Aufgaben und als Anpassung an besondere Umweltbedingungen hat sich bei vielen Pflanzen die Gestalt des Sprosses verändert: Bei den Zwiebeln (Küchenzwiebel, Tulpe) sind die Internodien so gestaucht, dass die fleischigen Blätter an einer dicken Scheibe sitzen. Ebenfalls zur Nährstoffspeicherung werden die unterirdisch wachsenden Rhizome (Spargel, Iris) oder Knollen (Kartoffel) benutzt. Mit ihnen überstehen diese Pflanzen ungünstige Jahreszeiten. Sprossknollen werden auch oberirdisch gebildet (z.B. Kohlrabi).

Bei einigen Pflanzen trockener Standorte sind ↑Dornen vorhanden, die aus Seitensprossen gebildet werden. Weinreben und Passionsblumen haben neben anderen Kletterpflanzen Sprosse zu ↑Ranken umgebildet.

Blattartige, chlorophyllhaltige Seitensprosse (↑Phyllokladien) übernehmen die Assimilationsaufgaben der Blätter, z.B. beim Mäusedorn.

Sprosspflanzen (Cormophyta): Sammelbezeichnung für Farn- und Samenpflanzen im Hinblick auf ihre gemeinsame hohe Organisationsstufe, die sie von den ↑Lagerpflanzen unterscheidet. Der Vegetationskörper der Sp. ist an das Landleben angepasst. Er ist in Wurzelsystem, Sprossachse (einschließlich Seitenachsen) und Blätter gegliedert. Diese Grundorgane können in vielfach abgewandelter Form (Metamorphosen) auftreten. Anatomisch sind neben dem Grundgewebe funktionsgebundene Dauergewebe, wie z.B. Abschluss- und Festigungsgewebe, ausdifferenziert.

Sprossung (Knospung): eine Form der ↑ungeschlechtlichen Fortpflanzung bei verschiedenen niederen Lebewesen, v.a. bei Algen, Pilzen, Schwämmen, Hohltieren, Manteltieren und den Finnen mancher Bandwürmer. Dabei werden besondere Zellkomplexe als Körperauswüchse (Knospen) mehr oder weniger weitgehend abgeschnürt und zu Tochterindividuen (↑auch Strobilation). Verbleiben diese am Mutterorganismus, so entstehen Kolonien bzw. Tierstöcke. – Bei Hefen bildet sich vor der Kernteilung von der Mutterzelle aus ein Auswuchs. Dann erfolgen die Einwanderung des (sehr kleinen) Tochterkerns und die Abschnürung der (kleineren) Tochterzelle.

Sprossvegetationspunkt: meist spitzenständig (apikal) gelegene Region aus besonders teilungsaktivem Gewebe, das das Längenwachstum der Pflanze ermöglicht. Neben dem Sp. gibt es an den Wurzelspitzen auch Wurzelvegetationspunkte mit vergleichbarer Funktion (↑ Wurzeln).

Spule: ↑ Federn.

Spulwürmer (Ascarididae): eine Familie bis 40 cm langer ↑ Fadenwürmer, die im Darm von Amphibien, Reptilien, Vögeln, Säugetieren und Menschen schmarotzen. Ihre Eier gelangen mit dem Kot ins Freie und werden mit verschmutzter Nahrung aufgenommen. Nachdem die Larven im Darm geschlüpft sind, durchbohren die Jugendstadien die Darmwand, gelangen in den Blutstrom und über Lunge, Bronchien und Speiseröhre wieder in den Darm. Dort werden sie geschlechtsreif. – Bei stärkerem Befall kann es (besonders durch die Stoffwechselprodukte der Sp.) zu Gesundheitsstörungen des Wirts kommen. Ein Massenbefall kann einen Darmverschluss verursachen.

Spurenelemente: lebenswichtige chemische Elemente, die Pflanzen, Tiere und der Mensch nur in geringen Spuren benötigen. Bei Pflanzen sind dies z.B. die Schwermetalle und Eisen, Mangan, Kupfer, Molybdän und Zink sowie Chlor und Bor.

Einige Sp. werden im Organismus zur Enzymbildung benötigt. Bei Mangel treten Krankheiten auf, z.B. bei Manganmangel die Dörrfleckenkrankheit des Getreides, bei Bormangel die Herzfäule der Rüben. Bei extremem Kupfermangel unterbleibt die Ähren- oder Rispenbildung des Getreides.

Normalerweise sind genügende Mengen Sp. im Boden vorhanden und werden Jahr für Jahr aus den Mineralien frei. Eine mittlere Getreideernte entzieht 1 ha Ackerboden z.B. nur 20 bis 30 g Kupfer. Auf Mangelböden wird das fehlende Element im Dünger mitgegeben. Der *Mensch* benötigt als Sp. v.a. Eisen, Kupfer, Zink, Kobalt, Mangan, Molybdän, Iod, Fluor und Selen. Sie machen nur etwa 1% der anorganischen Körpersubstanz aus. Eisen ist das Zentralatom des Porphyrinsystems im ↑ Hämoglobin und der Atmungsfermente in den Mitochondrien. Der Eisengehalt des menschlichen Körpers beträgt 4 bis 5 g. – Kobalt ist in das Vitamin B_{12} eingebaut (↑ Vitamine), das die perniziöse ↑ Anämie verhindert. Auch Kupfer spielt bei der Blutbildung eine Rolle.

Staatsquallen

Schema einer Kolonie:
F Fresspolyp, Fa Fangfäden,
G Gasblase, Ge Geschlechtsglocke,
S Schwimmglocken, U Ursprungspolyp

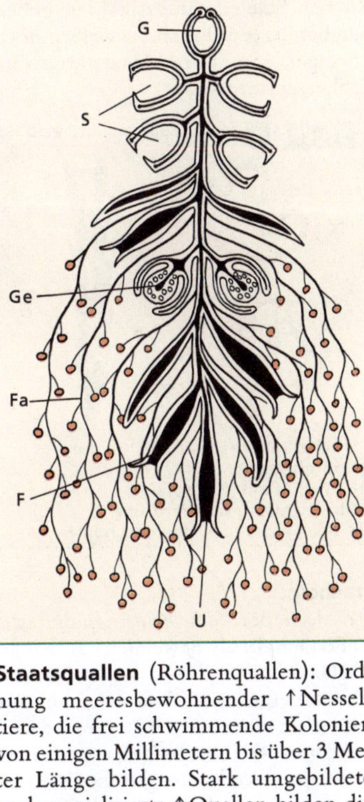

Staatsquallen (Röhrenquallen): Ordnung meeresbewohnender ↑ Nesseltiere, die frei schwimmende Kolonien von einigen Millimetern bis über 3 Meter Länge bilden. Stark umgebildete und spezialisierte ↑ Quallen bilden die

S

Schwimmglocken und **Geschlechtsglocken** (Bildungsstätten der Eier und Samenzellen) der Tierkolonie. Die Polypen bilden Fangfäden aus und werden als **Fresspolypen (Nährpolypen)** bezeichnet.

Stäbchen: die hell-dunkel-empfindlichen Sehzellen (↑Augen).

Stachelhäuter (Echinodermata): ein Stamm meeresbewohnender Tiere, deren Hauptkörperachse (Mund–After), außer bei den ↑Seewalzen, stark verkürzt ist, sodass ihr Körper von oben nach unten ziemlich abgeflacht ist. Die erwachsenen Tiere sind (im Gegensatz zu den zweiseitig-symmetrischen Larven) sekundär fünfstrahlig-radiärsymmetrisch und meist getrenntgeschlechtig.

Zu den Stachelhäutern zählen neben den bereits erwähnten Seewalzen noch ↑Seeigel, ↑Seesterne, Haarsterne und Schlangensterne.

Stacheln

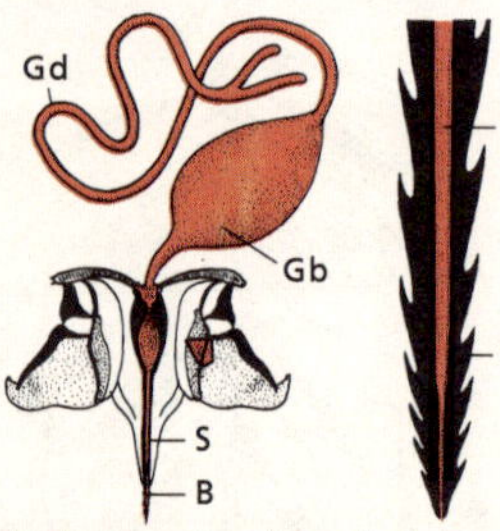

Stachelapparat und Stachel der Honigbiene:
B Stachel mit Widerhaken,
Gb Giftblase, Gd Giftdrüse,
R Stachelrinne, S Stachelscheide

Stacheln:

◆ *Zoologie:* Bei *Stachelhäutern* finden sich **Kalkstacheln** als bewegliche Anhänge des Hautskeletts.

Manche *Insektenweibchen* haben am Hinterleib einen aus der Legeröhre entstandenen **Giftstachel,** der mit einer Giftblase in Verbindung steht (Bienen, Wespen). Er wird zur Verteidigung benutzt. Der **Bienenstachel** hat Widerhäkchen. Im Chitinpanzer von Insekten kann er von der Biene wieder herausgezogen werden, nicht jedoch aus der elastischen Wirbeltierhaut: Samt anhängender Giftblase bleibt er hier vielmehr stecken, und die Biene stirbt nach dem Stich.

Bei *Wirbeltieren* (z.B. beim Igel, Ameisenigel, beim Stachelschwein) sind die dicken, starren St. stark verhornte Haare oder (bei Fischen) umgebildete Schuppen oder Flossenstrahlen.

◆ *Botanik:* meist unregelmäßig angeordnete, harte, spitze Bildungen der Oberhaut bei manchen Pflanzen (z.B. den Rosen). – ↑auch Dornen.

Staminodien: ↑Staubblatt.

Stamm: eine systematische Einheit, die mehrere ↑Klassen umfasst (↑Systematik).

Stammesentwicklung: die ↑Phylogenese.

Stammhirn: der ↑Hirnstamm.

Stammniere: die ↑Vorniere.

Ständerpilze (Basidiomycetes): die höchstentwickelte Klasse der Pilze. St. haben ein ausdauerndes, umfangreiches Mycel aus vielen septierten Hyphen; die Zellwände bestehen aus Chitin. Die geschlechtlich entstehenden Sporen **(Basidiosporen)** werden nach außen von einer Zelle **(Basidie)** abgeschnürt. Bei einigen Arten (z.B. Champignon, Bovist) sind die Basidien in Gruppen zu Fruchtkörpern zusammengefasst.

Die St. werden untergliedert in die Unterklassen **Holobasidiomycetes** und **Phragmobasidiomycetes.** Erstere besitzen unseptierte Basidien. Hierzu gehören die bekannten Gift- und Speisepilze sowie die Bauchpilze. Die Phragmobasidiomycetes haben septierte Basidien. Zu ihnen gehören u.a. ↑Rostpilze und ↑Brandpilze.

Standvögel: Vögel, die auch nach der Brut an ihren Standorten bleiben, also nicht wegziehen wie ↑Zugvögel oder Teilzieher. Zu den St. gehören z.B. Buchfink, Haussperling und Kohlmeise.

Stärke: ein ↑Polysaccharid, das aus vielen α-D-Glucosemolekülen zusammengesetzt ist. St. entsteht als kurzlebiges, erstes sichtbares Assimilationsprodukt innerhalb der Chloroplasten. Diese schwer lösliche Assimilationsstärke wird in der Nacht durch Wirkung der α- und β-Amylase zur wasserlöslichen Glucose abgebaut und zu den Leukoplasten als Speicherorten transportiert. Im Inneren des Stärkekorns wird die St. in Form von Amylose (eine unverzweigte Kette), in der Hülle in Form von Amylopektin (verzweigte Kette) gespeichert.
Die **tierische St.** ist das ↑Glykogen, das v.a. in den Leber- und Muskelzellen als Reservestoff eingelagert wird. – ↑auch Kohlenhydrate.

Statocysten: Gleichgewichtsorgane bei manchen Tieren (z.B. Muscheln, Plattwürmer, Krebse). St. sind mit Flüssigkeit gefüllte Bläschen, die einen ↑Statolithen enthalten.

Statolithen (Schwerekörperchen):
◆ in manchen *Pflanzen* frei bewegliche Stärkekörnchen oder auch andere feste Einschlüsse, die durch die Schwerkraft eine Ausrichtung nach unten erfahren. Vermutlich vermittelt ihr Reiz auf die Zellmembran oder das endoplasmatische Reticulum der Pflanze die Schwerkraftrichtung.
◆ Strukturen in den ↑Gleichgewichtsorganen vieler Tiere und des *Menschen* (↑Ohr).

Statolithenapparat: ↑Ohr.

Staubblatt (Staubgefäß): die männlichen Geschlechtsorgane einer ↑Blüte. St. sind umgebildete Blattorgane. Ihre Gesamtheit nennt man Androeceum.
Aufbau eines Staubblatts der Bedecktsamigen Pflanzen: Es besteht aus dem **Staubfaden (Filament)** und dem oben ansitzenden **Staubbeutel (Anthere),** dem fertilen Teil des Staubblatts. Die Anthere setzt sich aus zwei **Theken (Thecae)** zusammen, die über ein Mittelstück, das **Konnektiv,** miteinander und mit dem Filament in Verbindung stehen. Jede Theca enthält zwei **Pollensäcke.** In den insgesamt vier Pollensäcken entwickeln sich aus den diploiden Pollenmutterzellen durch Reifeteilung je vier Pollenkörner, die zunächst aus einer haploiden Zelle bestehen. Bei der Reife öffnen sich die Pollensäcke durch einen bestimmten Kohäsionsmechanismus und entlassen den Pollen (↑Blütenstaub), der bei windblütigen Formen trocken, bei insektenblütigen durch »Pollenkitt« klebrig ist.

Stärke

Stärkekörner der Kartoffel (a), des Hafers (b) und der Bohne (c)

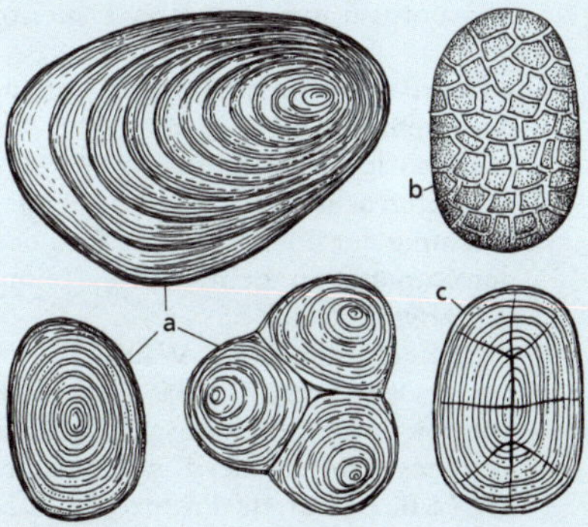

In manchen Blüten sind die Staubblätter unfruchtbar (steril) geworden. Sie sehen dann manchmal blumenblattähnlich aus (z.B. in den gefüllten Blüten) und werden **Staminodien** genannt.

Steadystate: das ↑Fließgleichgewicht.

Stechmücken: ↑Zweiflügler.

Steckling: ein beblättertes Sprossstück, das von einer Pflanze abgetrennt wird und sich im Boden oder in Hydrokultur bewurzelt. Viele Zimmer- und Zierpflanzen werden fast ausschließlich durch St. vermehrt. V.a. bei Laubhölzern ist eine Vermehrung durch St. an bestimmte Jahreszeiten gebunden (meist im Herbst).

S

Steigbügel: eines der drei ↑Gehörknöchelchen.
Steinfrucht: Schließfrucht mit teils fleischiger (Kirsche, Pflaume), teils verholzter (Mandel, Walnuss) Fruchtwand (↑Fruchtformen).
Steißfleck: der ↑Mongolenfleck.
Stellglied: ↑Regelkreis.
Stellgröße: ↑Regelkreis.
Stelzwurzeln (Stützwurzeln): große, den Stamm nach den Seiten abstützende, sprossbürtige ↑Luftwurzeln. Sie kommen z.B. bei Arten der Mangroven und bei Schraubenbaumarten vor.
Stempel: Teil der ↑Blüte.
steril:
◆ *Mikrobiologie:* keimfrei, d.h. frei von Mikroorganismen und deren Dauerformen.
◆ *Genetik:* unfruchtbar, also unfähig, Nachkommen zu zeugen.
Sterilisation (Sterilisierung):
◆ das Unfruchtbarmachen durch Unterbrechung der Eileiter bei der Frau oder der Samenleiter beim Mann (↑Empfängnisverhütung).
◆ das Keimfreimachen. Während es bei der ↑Desinfektion nur darauf ankommt, eine Infektionsgefahr durch gezieltes Abtöten aller Krankheitserreger (z.B. Bakterien, Protozoen, Pilze) zu beseitigen, werden bei einer St. neben pathogenen (krank machenden) auch nicht pathogene Mikroben einschließlich ihrer ↑Dauerformen abgetötet.
Sterilmännchen: ↑biologische Schädlingsbekämpfung.
Sterkobilin: ↑Gallenfarbstoffe.
Sternum: das ↑Brustbein.
Steroide: eine Gruppe von Verbindungen, die sich zusammen mit den ↑Carotinoiden als Isoprenpolymere (Isoprenoide) auffassen lassen. Zu den Steroiden zählt man biochemisch wichtige Stoffe, wie die Sterine (z.B. ↑Cholesterin), die Provitamine D (↑Vitamine), das ↑Häutungshormon, die ↑Nebennierenhormone Cortison, Aldosteron und Cortexon, die ↑Steroidhormone sowie die Gallensäuren (↑Gallensaft). Pflanzliche St. sind einige Saponine, Digitalisglykoside und Alkaloide von Nachtschattengewächsen (z.B. Solanin).
Steroidhormone: die Steroidabkömmlinge unter den ↑Geschlechtshormonen und den Nebennierenrindenhormonen.
Stickstoffkreislauf: ↑Stoffkreisläufe.
Stigma:
◆ der bei manchen Einzellern ausgebildete ↑Augenfleck.
◆ Bei den Gliederfüßern sind die Stigmen die Tracheenöffnungen (↑Atemöffnungen) seitlich am Körper.
Stimmbänder: ↑Kehlkopf.
Stimmfühlungslaute: ↑Lautäußerungen.
Stimmritze: im ↑Kehlkopf der Spalt zwischen den Stimmbändern.
Stirnbein: Knochen des ↑Schädels.
Stirnhöhle: eine der ↑Nasennebenhöhlen.
Stoffkreisläufe: siehe S. 466.
Stoffwechsel (Metabolismus): die Gesamtheit der im Organismus ablaufenden chemischen Reaktionen, die allesamt enzymatisch gesteuert sind.
Man unterscheidet den **Anabolismus** (Aufbaustoffwechsel, Baustoffwechsel) vom **Katabolismus** (Abbaustoffwechsel, Betriebsstoffwechsel). Die anabolischen und die katabolischen Vorgänge sind allerdings durch den ständigen Um-, Ab- und Aufbau, dem die Nahrungsstoffe im Organismus unterliegen, so eng miteinander verknüpft, dass eine scharfe Trennung zwischen dem Schicksal der aufgenommenen Nahrungsstoffe und dem Schicksal der Stoffe, die aus Körperzellen stammen, hinfällig wird.
Grundsätzlich ist der anabolische Prozess stets mit einem Energieverbrauch, der katabolische dagegen mit einem Energiegewinn verbunden. In einem speziellen Sinne ist der anabolische Prozess den autotrophen Organismen (grüne Pflanzen, manche Bakterien) zuge-

ordnet, die mithilfe von ↑ Fotosynthese und ↑ Assimilation ihre Körpersubstanz aus anorganischem Material unter Ausnutzung der Sonnenenergie aufbauen. Demgegenüber sind die heterotrophen Organismen (also alle Tiere, der Mensch, Pilze u.a.) als katabol anzusehen, weil sie kompliziert gebaute organische Substanzen, darunter die bei der Fotosynthese gewonnenen energiereichen pflanzlichen Endprodukte, als Nährstoffe nutzen, die sie zum Zweck der Energiegewinnung wieder abbauen (↑ auch Dissimilation).

In der Bilanz des Stoffwechsels interessieren die Menge und die Art der Stoffe, die aufgenommen und ausgeschieden werden, und v.a. der Energiebedarf und die Energieabgabe des Organismus unter verschiedenen Bedingungen. Zwischen den Ausgangs- und Endprodukten liegen zahlreiche chemische Reaktionen, die unter der Bezeichnung **intermediärer St.** (Zwischenstoffwechsel) zusammengefasst werden.

Die aufgenommenen Nährstoffe dienen dem Körper als Energiequellen zum Aufbau und zur Erneuerung der Zellen und zur Gewährleistung ihrer Funktion sowie als unmittelbare Teilnehmer am Zwischenstoffwechsel. Somit ist die wissenschaftliche Erforschung der Ernährung von größter Wichtigkeit. Dabei sind bei der Beurteilung jedes Nahrungsbestandteils folgende Punkte wichtig: Ist er essenziell? Wie hoch ist die erforderliche Minimalzufuhr? Kann ein Zuviel Nachteile bringen?

Der größte Teil der menschlichen Nahrung besteht aus ↑ Kohlenhydraten, die etwa 60% der Kalorien liefern. Sie können in gewissem Umfang durch Eiweiß und Fette ersetzt werden. Die ↑ Fette erfüllen bei der Ernährung drei Aufgaben: Sie sind Kalorienträger mit hohem Brennwert, sie sind notwendig zur Resorption fettlöslicher Vitamine oder Provitamine, sie liefern dem Körper die essenziellen Fettsäuren. – Die ↑ Eiweiße sind sehr wichtige Nahrungsbestandteile, da sie die ↑ essenziellen Aminosäuren und die Körpersubstanz liefern.

Bei gesunder Ernährung besteht ein Gleichgewicht zwischen Stickstoffaufnahme und -ausscheidung. Im Hungerzustand tritt eine negative Stickstoffbilanz ein, d.h., die Stickstoffausscheidung ist größer, da Körpereiweiß abgebaut wird.

Für viele Körperfunktionen ist der **Mineralstoffwechsel** von großer Bedeutung. Die Mineralstoffe, die nur in Form von Ionen vom Organismus verwertet werden können, umfassen dabei die folgenden chemischen Elemente: Natrium, Kalium, Calcium, Phosphor sowie als ↑ Spurenelemente u.a. Kupfer, Zink, Mangan und Iod. Eine Zwischenstellung nimmt wegen seiner Funktion u.a. beim Sauerstofftransport im Blut (↑ Hämoglobin) das Eisen ein.

Im Hungerzustand sind sämtliche Glykogenreserven verbraucht, und es treten daher Veränderungen im gesamten St. auf **(Hungerstoffwechsel).** In erster Linie wird das Fettgewebe angegriffen, dann Leber, lymphatische Gewebe und Muskeln. Das gesamte Hormongleichgewicht wird umgestellt. Außerdem kommt es zum Absinken des ↑ Grundumsatzes **(Erhaltungsstoffwechsel)** auf bis zu 40% unter den Normalwert. – Jede körperliche Tätigkeit erhöht den St. wesentlich.

Stolonen: die ↑ Ausläufer.

Stomata: die ↑ Spaltöffnungen.

Störgröße: ↑ Regelkreis.

Strahlenpilze (Actinomycetes): eine Ordnung der ↑ Bakterien. Es sind grampositive, stäbchenförmige, unbewegliche Zellen, die oft echt verzweigt oder zu hyphenartigen Fäden zusammengelagert sind. Häufig werden Sporen ausgebildet.

Einige Arten der St. rufen entzündliche Schleimhauterkrankungen bei Menschen und Tieren hervor **(Actinomykose).** Auf das durch strahlige Strukturen im befallenen Gewebe geprägte

Stoffkreisläufe sind die durch Auf- und Abbau biologischer Substanzen in einem Ökosystem bewirkten Kreisläufe der chemischen Elemente.

Der Kohlenstoffkreislauf

Der auf etwa $26 \cdot 10^{15}$ t geschätzte Gesamtvorrat an Kohlenstoff auf der Erde liegt fast vollständig in Form anorganischer Verbindungen vor, davon über 99% im Sedimentreservoir (Carbonatgesteine mit etwa 18% biogenem Anteil; vgl. Bild); der Rest findet sich als gelöstes Kohlenstoffdioxid (CO_2) sowie in Form von Hydrogencarbonat- bzw. Carbonationen in Gewässern und als gasförmiges CO_2 in der Atmosphäre. Der organisch gebundene Anteil (0,05%) ist zu 64% in fossilen Lagerstätten (Torf, Kohle, Erdöl, Erdgas), zu 32% in organischen Abfällen (Tier- und Pflanzenreste, Humus) und nur etwa zu 4% in der Biomasse zu finden. Die Kästchen im Bild geben die Poolgrößen in 10^9 t Kohlenstoff, die Pfeile die jährlichen Umsätze in 10^9 t Kohlenstoff an.

Der Kohlenstoffkreislauf wird im Wesentlichen durch die Organismen in Gang gehalten. Etwa 6–7% des in der Atmosphäre und im Oberflächenwasser vorhandenen CO_2 werden jährlich von autotrophen *Pflanzen fotosynthetisch* in organischen Verbindungen festgelegt; davon kehrt ein Drittel über die pflanzliche Atmung sofort wieder in die Luft bzw. das Wasser zurück, während zwei Drittel in die Nahrungsketten der heterotrophen Land- und Wasserorganismen mit ihren speziellen Ernährungsweisen (Ernährungsebenen) – Pflanzenfresser, Fleischfresser und Zersetzer (Pilze, Mikroorganismen) – eintreten, in deren Ablauf alle Kohlenstoffverbindungen über Atmung, Gärung und Verwesung wieder in CO_2 umgewandelt und freigesetzt werden; nur ein kleiner Teil wird dem Kohlenstoffkreislauf durch Humus- und Torfbildung, Verschüttung u.a. vorübergehend entzogen.

Auch die *tierischen Organismen* und der *Mensch*, die die Fähigkeit zur Kohlenstoffassimilation nicht besitzen, tragen durch ihre *Atmung* zur Rückführung des Kohlenstoffs in die Atmosphäre bei. Ein erwachsener Mensch z.B. atmet in 24 Stunden rund 330 Liter bzw. 1 kg CO_2 aus.

Kohlenstoffkreislauf

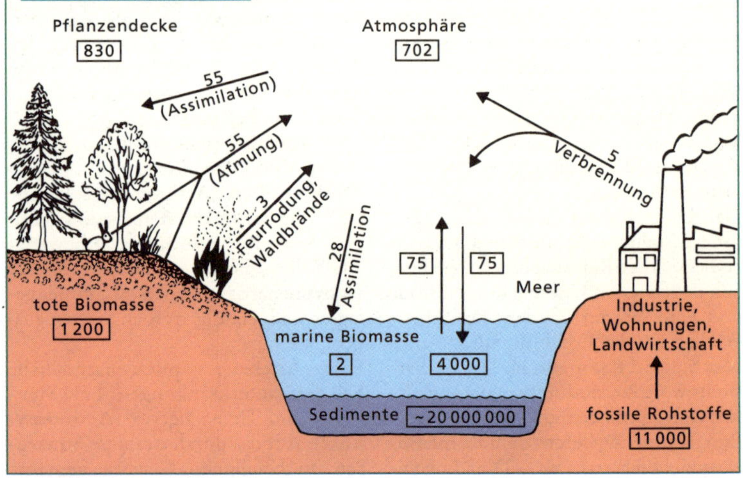

Terrestrischer und mariner Kreislauf sind über den CO_2-Austausch zwischen Atmosphäre (Lufthülle) und Hydrosphäre (Wasserhülle) verknüpft, wobei Letztere aufgrund der guten Löslichkeit von CO_2 in Wasser einen Speicher hoher Kapazität auch für den geochemischen Anteil des Kohlenstoffkreislaufs darstellt, der durch Rauchgase u.a. Abgase industrieller Prozesse, vulkanische Exhalationen sowie CO_2-Freisetzung bei Carbonatverwitterung gespeist wird. Im Gegenzug findet, besonders am Grund der Ozeane, eine fortlaufende Bindung von Kohlenstoff durch Sedimentation pflanzlicher und tierischer Reste (Schalen, Knochen) statt.

Seit Beginn der Industrialisierung sind durch Verbrennung fossiler Kohlenstoffverbindungen lange Zeit dem Zyklus entzogene Vorräte wieder in den Umlauf eingeschleust worden (jährlich etwa 10–15 % der fotosynthetisch umgesetzten Menge), woraus ein geringer *Anstieg des atmosphärischen CO_2-Gehaltes* resultiert (von 0,030 Vol.-% auf 0,035 Vol.-%, lokal auch auf 0,050 Vol.-%). Die Auswirkungen einer weiteren Erhöhung sind schwer abschätzbar; sie könnte z.T. durch Bindung in der Biomasse mittels gesteigerter Fotosynthese kompensiert werden (»CO_2-Düngung«), da der gegenwärtige CO_2-Gehalt der Atmosphäre ein begrenzender Faktor für die Fotosynthese ist.

Andererseits stehen mögliche *Temperaturerhöhungen* in der Atmosphäre bzw. an der Erdoberfläche infolge erhöhter Absorption langwelliger Strahlung durch das CO_2 (Treibhauseffekt) mit unabsehbaren Folgen für die Stabilität des Klimas und der polaren Eiskappen zur Diskussion.

Der Stickstoffkreislauf

Stickstoff tritt als wichtiges Strukturelement in vielen Stoffen von Lebewesen (z.B. Aminosäuren, Proteine, Chlorophyll, DNA, Wuchsstoffe) auf. Im Gegensatz zu Sauerstoff (O_2) und Kohlenstoffdioxid (CO_2) kann Stickstoff nicht im molekularen Zustand (als N_2) von Pflanzen aufgenommen werden. Für Pflanzen verfügbare Formen sind Nitratstickstoff *(NO_3^-)* und Ammoniumstickstoff *(NH_4^+)*.

Der zu rund 78 % als Hauptbestandteil in der Atmosphäre vorkommende elementare Stickstoff besteht aus sehr stabilen, also reaktionsträgen N_2-Molekülen. In diesen sind die beiden N-Atome durch eine Dreifachbildung miteinander verbunden (N≡N). Trotz ihrer hohen Stabilität können N_2-Moleküle auf verschiedene Weise »geknackt« und zur Reaktion gebracht werden.

- Elektrische Entladungen bei Gewitterblitzen liefern so viel Energie, dass die N-Atome voneinander getrennt werden und mit O-Atomen (aus ebenfalls gespaltenen O_2-Molekülen der Luft) zu NO_3^--Ionen weiterreagieren. Daher hat der nitrathaltige Gewitterregen – ähnlich wie Düngemittel – eine wachstumsfördernde Wirkung.
- Bestimmte Bodenbakterien (Knöllchenbakterien; siehe später) können den Luftstickstoff in die für Pflanzen nutzbare Form NH_4^+ überführen.
- Bei hohen Verbrennungstemperaturen (ca. 1 000 °C), wie sie beispielsweise in Automotoren und Verbrennungsanlagen auftreten, reagieren N_2-Moleküle zu unerwünschten Stickstoffoxiden (NO_x).

Mineralischer Stickstoff *(NO_3^-, NH_4^+)* entsteht auch aus organisch gebundenem Stickstoff durch mikrobielle Tätigkeit (Mineralisation; siehe unten).

Sozusagen in umgekehrter Richtung erfolgt die sog. Stickstoffassimilation, d.h. der Einbau von Nitrat- bzw. Ammoniumstickstoff in organische Substanz. NO_3^- muss zur Überführung in organische Bindung (z.B. als Aminostickstoff $-NH_2$) reduziert werden. Bekanntlich verlaufen Oxidationsreaktionen unter Energiefreisetzung, also exotherm (Beispiele: Verbrennungsvorgänge liefern Wärmeenergie, der oxidative Abbau von Glucose liefert chemische Energie).

Reduktionsreaktionen müssen folglich unter Energieverbrauch (endotherm) verlaufen. Außerdem ist ein Reduktionsmittel erforderlich.

Als Reduktionsmittel dient Wasserstoff, der über die als Transportvehikel fungierenden Coenzyme NAD^+ bzw. $NADP^+$ als $NADH+H^+$ bzw. $NADPH+H^+$ angeliefert wird. Da eine Reduktion grundsätzlich mit einer Elektronenaufnahme verbunden ist, müssen auch Elektronen zur Verfügung gestellt werden. Für den Ablauf der endothermen Reaktion wird Energie in Form von ATP bereitgestellt. Die Stickstoffassimilation erfolgt in einer dreistufigen Reaktionskette, an der spezielle Enzyme als Katalysatoren beteiligt sind.

Die Aminosäure ↑ Glutamin dient u.a. als NH_2-Donator bei der Synthese stickstoffhaltiger Biomoleküle (z.B. andere Aminosäuren).

Folgendes Bild gibt einen Überblick über den Stickstoffkreislauf. Bemerkenswert ist die Tatsache, dass ein völlig geschlossener Kreislauf keine Möglichkeit der Neubildung stickstoffhaltiger organischer Substanz bieten würde. Folglich ist ein Stickstoffnachschub aus der Atmosphäre zwingend erforderlich.

Die Bindung des Luftstickstoffes durch spezialisierte Bodenbakterien hat eine große Bedeutung für den gesamten Stickstoffkreislauf und wird daher im Folgenden noch genauer beschrieben.

An den Wurzeln bestimmter Pflanzenarten (z.B. bei manchen Schmetterlings-

Stickstoffkreislauf

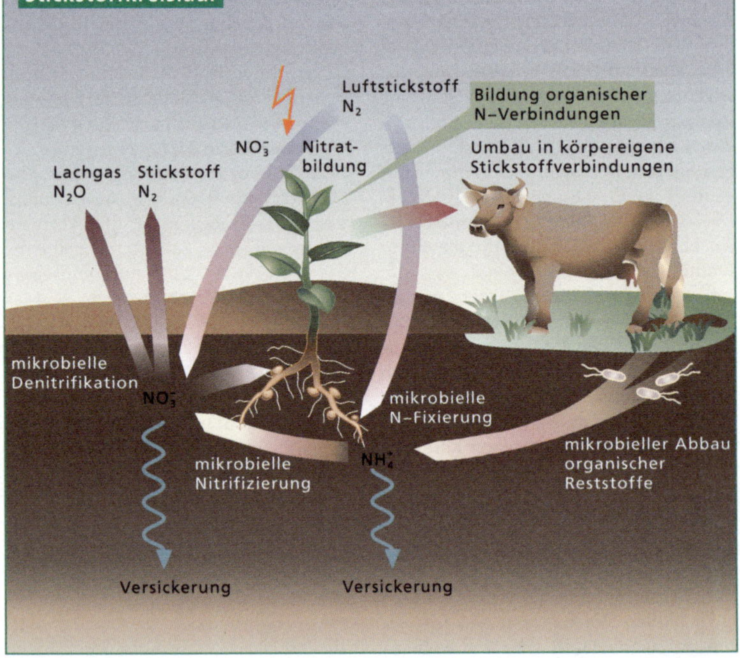

blütlern) findet man kleine, rundliche Verdickungen, sog. Wurzelknöllchen. In ihrem Innern leben ↑Knöllchenbakterien, die mithilfe des Enzyms Nitrogenase und unter ATP-Verbrauch Luftstickstoff (N_2) zu Ammoniumstickstoff *(NH_4^+)* reduzieren. Die *NH_4^+*-Ionen werden ans Cytoplasma der Knöllchenzellen abgegeben und dort unter Mitwirkung des Enzyms Glutaminsynthetase in die Aminosäure Glutamat eingebaut. Dadurch entsteht die Aminosäure Glutamin. Das gebildete Glutamin gelangt anschließend in die Leitgefäße des Xylems und wird auf diese Weise dem Transpirationsstrom der Wirtspflanze zugeführt.

Über den Transpirationsstrom verteilt sich das Glutamin in der gesamten Pflanze und kann somit seine schon erwähnte Funktion als NH_2-Spender in sämtlichen Bereichen der Wirtspflanze erfüllen. Als Gegenleistung in dieser Lebensgemeinschaft (↑Symbiose) erhalten die Bakterien von ihrer Wirtspflanze durch Fotosynthese gewonnene energiereiche Assimilate.

Die Stickstofffixierung durch die Knöllchenbakterien ist nur möglich unter dem katalytischen Einfluss von Nitrogenase. Da die Wirkung dieses Enzyms durch Sauerstoff gehemmt wird, muss die Konzentration an freiem Sauerstoff in den Wurzelknöllchen niedrig gehalten werden. Dies wird ermöglicht durch das sauerstoffbindende Leghämoglobin (Leg steht für Leguminosen). Leghämoglobin ist ein mit dem Hämoglobin des Blutes verwandtes Proteid, das aus einem Farbstoff- und einem Eiweißanteil zusammengesetzt ist (↑Eiweiße).

Es erfüllt zwei Funktionen:

- Es liefert den reversibel gebundenen Sauerstoff für die Zellatmung und die damit verbundene ATP-Synthese. ATP wird für die N_2-Fixierung benötigt.
- Es hält – wie gesagt – die O_2-Konzentration im Bereich der Nitrogenase niedrig und ermöglicht somit die ungehinderte Enzymwirkung.

Die Wechselbeziehung zwischen Wirtspflanze und Knöllchenbakterien ist ein Beispiel für eine perfekte Symbiose. Dies zeigt sich auch in Kooperation der beiden Symbiosepartner bei der Synthese des Leghämoglobins. Sie erfolgt im Cytoplasma der Wirtszellen. Die Erbinformation für die Herstellung der Farbstoffkomponente Häm stammt jedoch höchstwahrscheinlich aus den Genen der Knöllchenbakterien.

Knöllchenbakterien können unter besonders günstigen Bedingungen so viel Stickstoff fixieren, dass sie den Überschuss an *NH_4^+*-Ionen ausscheiden. Dadurch wird die Bodenfruchtbarkeit auch für Nichtleguminosen erhöht. Der Landwirt nutzt dies für den Anbau nach dem Prinzip des Fruchtwechsels. In einem Jahr wird eine Nichtleguminosenart (z.B. Mais) angebaut, im Folgejahr eine Leguminosenart (z.B. Luzerne). Letztere stellt die erforderliche Konzentration an mineralischem Stickstoff wieder her. Die Leguminosen werden nicht geerntet, sondern einfach untergepflügt (Gründüngung). Auch auf diese Weise greift der Mensch in den Stickstoffkreislauf ein. ■

Lehrbuch der Botanik für Hochschulen, begründet v. EDUARD STRASBURGER u.a., neubearbeitet von PETER SITTE u.a. Stuttgart u.a. (G. Fischer) [34]1998.

S

Erscheinungsbild einer Rinder-Aktinomykose ist der eigentlich falsche Name »Strahlenpilze« zurückzuführen. Arten der Gattung Mycobacterium verursachen Tuberkulose beim Menschen und bei Tieren. Die Ausscheidungsprodukte einiger Arten werden als ↑Antibiotika verwendet.

Strahlentierchen (Radiolaria): eine Gruppe einzelliger, im Meer lebender Tiere, die zu den ↑Wurzelfüßern gehören. Ihr meist kugeliger Zellleib bildet aus Strontiumsulfat oder Kieselsäure zwei konzentrische Gehäuse, deren äußeres von zahlreichen Öffnungen durchsetzt ist, durch die die Tiere zur Nahrungsaufnahme (Einzeller, kleine Algen) fadenförmige oder verzweigte ↑Scheinfüßchen hindurchstecken.

Kommen in einem Gebiet St. in großen Massen vor, so können die Kieselskelette der abgestorbenen Tiere den sog. **Radiolarienschlamm** bilden (eine rote, tonige Meeresablagerung in Bereichen von unter 4 000 m Wassertiefe).

Strahlentierchen

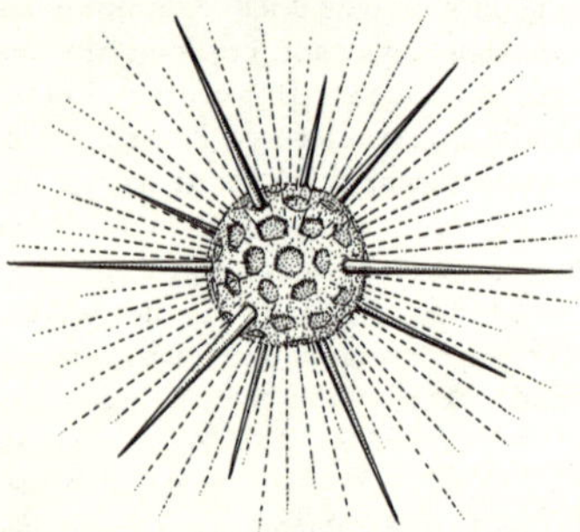

Strahlentierchen mit starren Radiärstacheln und feinen, fadenförmigen Scheinfüßchen

Stratum corneum: die Hornschicht (↑Haut).

Stratum germinativum: die Keimschicht (↑Haut).

Streckmuskeln (Extensoren): Bezeichnung für ↑Muskeln, die gebeugte Glieder in den Gelenken strecken. Der dreiköpfige Oberarmmuskel (Musculus triceps brachii) streckt z.B. den Arm im Ellbogengelenk. – ↑auch Beugemuskeln.

Streckungswachstum: Form des Pflanzenwachstums, bei der sich das Volumen der Zelle vergrößert. Gleichzeitig ist damit eine plastische Dehnung der Zellwand und nachfolgendes ↑Appositionswachstum verbunden. Die Volumenvergrößerung erfolgt durch Wasseraufnahme und durch Ausbildung von Vakuolen.

Das St. der Zelle wird durch hormonartige Wirkstoffe, wie Giberelline und Auxine (↑Wuchsstoffe), beeinflusst. Nur junge, undifferenzierte Zellen sind streckungsfähig. Diese Zellen befinden sich in den **Streckungszonen** (Wachstumszonen). In den Sprossen Höherer Pflanzen liegt die Streckungszone unterhalb des Vegetationskegels. In der Wurzel liegt der Ort der Streckung unmittelbar hinter der Wurzelspitze.

Streifenhügel: ↑Gehirn.

Stress: von H. SELYE geprägter Begriff für ein charakteristisches Reaktionsmuster (Anpassungssyndrom), das Tiere und Menschen als Antwort auf erhöhte Beanspruchung zeigen. Dabei kann unterschieden werden zwischen **Eustress,** der einer notwendigen Aktivierung des Organismus entspricht, und **Disstress** im Sinne eines schädigenden Übermaßes an Anforderungen an den Organismus. Die schädigenden Reize **(Stressoren, Stressfaktoren)** können physikalischer (Kälte, Hitze, Lärm), chemischer (Schadstoffe, Drogen), medizinischer (Infektionen, Verletzungen) oder psychischer Art (Isolation, Prüfungen, Leistungsdruck, Über- oder Unterforderung) sein.

In einer Stresssituation kommt es durch Nervenimpulse des ↑Hypothalamus zu einer Aktivierung des Nebennierenmarks, mit der Folge, dass ↑Adrenalin und ↑Noradrenalin vermehrt ausgeschüttet werden. Dies führt durch

Adrenalin u.a. zu einer erhöhten Herzschlagfrequenz, einer stärkeren Durchblutung der Skelettmuskulatur und einer Beschleunigung der Blutgerinnung und durch Noradrenalin zu einer Erhöhung des Blutdrucks. Über einen weiteren Mechanismus wird über eine Aktivierung des Hypophysenvorderlappens eine vermehrte Ausschüttung von ACTH (↑Hypophysenhormone) veranlasst, das die Produktion von Hormonen der Nebennierenrinde (↑Nebennierenhormone), insbesondere von Glucocorticoiden anregt. Diese führen u.a. zu einer Erhöhung des Blutzuckerspiegels.

Hält der St. lange an, kommt es erst zu einer Schwächung des Immunsystems und damit zu erhöhter Infektionsanfälligkeit und bei weiterhin andauerndem St. zu einer Erschöpfungsreaktion des Organismus. Die oben beschriebenen Reaktionen, die bei kurz andauerndem Stress reversibel sind, treten jetzt irreversibel auf und können im Zusammenwirken mit anderen Risikofaktoren zur Ausbildung organischer Erkrankungen, wie Magen-Darm-Geschwüren, Bluthochdruck, Arteriosklerose, Herzinfarkt und sogar zum Tod führen.

Streufrüchte: ↑Fruchtformen.

Strichvögel: Vögel, die nach der Brutzeit (besonders auch im Winter) in weitem Umkreis umherschweifen. St. sind z.B. der Grünfink und die Goldammer. – ↑Standvögel, ↑Zugvögel.

Strickleiternervensystem: ↑Bauchganglien.

Stridulationsorgane: Strukturen, die der artspezifischen Lauterzeugung dienen. St. erzeugen Laute durch Reiben einer Kante über einen mit Zähnchen besetzten Kamm. Verbreitet sind St. besonders bei Krebsen und Insekten (als Schrillapparate, Zirporgane); sie treten dort an den verschiedensten Körperabschnitten auf. So reiben z.B. Feldheuschrecken die Hinterschenkel an den Flügeladern des Vorderflügels, Laubheuschrecken reiben die Flügel aneinander. Auch Wirbeltiere (Fische) können Teile des Innenskeletts, Zähne, Kiefer, Schlundknochen u.Ä. als St. benutzen.

Strobilation: Art der ↑ungeschlechtlichen Fortpflanzung beim Generationswechsel bestimmter Nesseltiere (der Scyphozoa): Vom oberen Ende des Polypenstadiums (Scyphopolyp) werden durch ringförmige Einschnürungen (terminale Knospung) scheibenförmige Vorstufen der späteren Medusengeneration (der Scyphomedusen) abgegliedert.

Strömungssinn: ein in den ↑Seitenlinienorganen befindlicher Ferntastsinn bei Fischen, im Wasser lebenden Lurchen und Lurchlarven. Mit dem St. können Gegenstände durch die Wahrnehmung der von ihnen reflektierten Druckwellen geortet werden.

Strudelwürmer (Turbellaria): Klasse der ↑Plattwürmer mit rd. 3 000 Arten, die fast alle frei lebend und marin sind. Eine bekannte Gruppe der St. sind die ↑Planarien.

Struma: der ↑Kropf.

Stummelfüßer (Onychophora): ursprünglicher Stamm der ↑Gliedertiere in feuchten tropischen Biotopen. Die bis 15 cm langen wurmförmigen, eng geringelten St. besitzen gering gegliederte Extremitätenanhänge mit Chitinklauen und einfache Tracheen.

Stützgewebe: bei den Tieren und beim Menschen ↑Bindegewebe und bei den Pflanzen das ↑Festigungsgewebe.

Stützwurzeln: die ↑Stelzwurzeln.

Subcutis: die Unterhaut (↑Haut).

Suberin: wachsartiger Stoff, der in die Zellwände mancher Zellen (z.B. von Endodermiszellen) eingelagert wird und diese praktisch undurchlässig für Gase und Flüssigkeiten macht.

Subitaneier: die Sommereier (↑Dauereier).

Subspecies: die ↑Unterart.

Substrat:

◆ *Biochemie:* ein Stoff, der von einem spezifisch wirkenden ↑Enzym chemisch umgesetzt wird. So ist ein Fett das Substrat für die ↑Lipasen. Auch Bezeichnung für eine von einem Carrier transportierte Substanz.

◆ *Mikrobiologie:* Nährmedium für die Anzucht von Mikroorganismen.

Substratspezifität: ↑Enzyme.

Sucht: im allgemeinen Sprachgebrauch Bezeichnung für eine durch Missbrauch zustande kommende Abhängigkeit von bestimmten Drogen und Arzneimitteln, aber auch von Genussmitteln. Mittlerweile gebräuchlich, weil eindeutiger, ist der Begriff Drogenabhängigkeit (↑Drogen).

Sukkulenten: trockenresistente Pflanzen (↑Xerophyten), die im Bau ihres Vegetationskörpers spezielle Anpassungen an die Trockenheit ihrer Standorte zeigen, und so vor größeren Wasserverlusten durch Transpiration geschützt sind. S. besitzen Wasser speichernde Gewebe **(Hydrenchyme)** in Blättern, Wurzeln oder Sprossachsen. Während der Feuchtigkeitsperioden werden diese Gewebe mit Wasser aufgefüllt. – Man unterscheidet **Blattsukkulenten** (z.B. Dickblatt- und Agavengewächse), **Stammsukkulenten** (wie Kakteen- und Wolfsmilcharten) und **Wurzelsukkulenten** (wie einige Pelargonienarten).

Sukzession: die zeitliche Abfolge der an einem Standort einander ablösenden Pflanzen- und/oder Tiergesellschaften, verursacht durch einseitig gerichtete Umweltveränderungen; z.B. Verlandung eines Sees, Besiedlung einer neuen Straßenböschung.

Superpositionsauge: Bautyp des ↑Facettenauges.

Supinatoren: ↑Muskeln.

Suprarenin: das ↑Adrenalin.

Suturen: die Schädelnähte (↑Schädel).

Symbiose: das Zusammenleben zweier Organismen verschiedener Artzugehörigkeit, wobei jeder Partner **(Symbiont)**, im Gegensatz zum Parasitismus (↑Parasiten), Nutzen aus dieser Verbindung zieht. Häufig sind ein ↑autotrophes und ein ↑heterotrophes Lebewesen zu einer S. vereint. Bekannte Beispiele für Symbiosen sind ↑Flechten, ↑Mykorrhiza und die Luftstickstoff bindenden ↑Knöllchenbakterien bei Schmetterlingsblütlern.

Tiere, die von einseitiger und zudem noch schwer verdaulicher Nahrung leben, gehen häufig eine S. mit Bakterien und Protozoen ein. Cellulose z.B. kann unmittelbar nur von wenigen Pflanzenfressern (manche Schnecken, Holz fressende Käferlarven) verdaut werden. Viele Pflanzenfresser, darunter die Huftiere und Termiten, lassen die Cellulose von Bakterien abbauen (↑auch Wiederkäuer).

Bei Nagern sind diese Bakterien im ↑Blinddarm angesiedelt. Nager scheiden dessen Inhalt als Kot aus, den sie dann fressen müssen, damit die im Blinddarm vorverdaute Nahrung samt der mitausgeschiedenen Symbionten nochmals den Dünndarm für die Endverdauung passieren kann. – Häufig können diese Tiere ohne ihre Symbionten nicht leben, nicht nur weil diese ihnen die Nährstoffe aufschließen, sondern weil sie ihnen v.a. auch Vitamine liefern. – Vielfältige Symbiosen gibt es auch bei ↑Ameisen.

Manche Einzeller, z.B. das Pantoffeltierchen, enthalten in ihrem Zellleib Grünalgen als Symbionten und nutzen deren Fotosyntheseprodukte, während die Algen selbst wohl hauptsächlich von Kohlenstoffdioxid aus der Atmung ihres Wirts profitieren.

Die Zahl der Beispiele für Symbiosen ist sehr groß. Allerdings ist die Unterscheidung, ob es sich nicht doch eher um ein reines Nebeneinander der betreffenden Lebewesen oder gar um Parasitismus handelt, nicht immer ganz einfach. Vielleicht hat sich die S. ursprünglich aus einem Parasitismus entwickelt, indem sich die Kontrahenten allmählich einander angepasst haben.

Sympathikus: ein Untersystem des ↑vegetativen Nervensystems.

S

Synapse

Schematische Darstellung einer chemischen Synapse

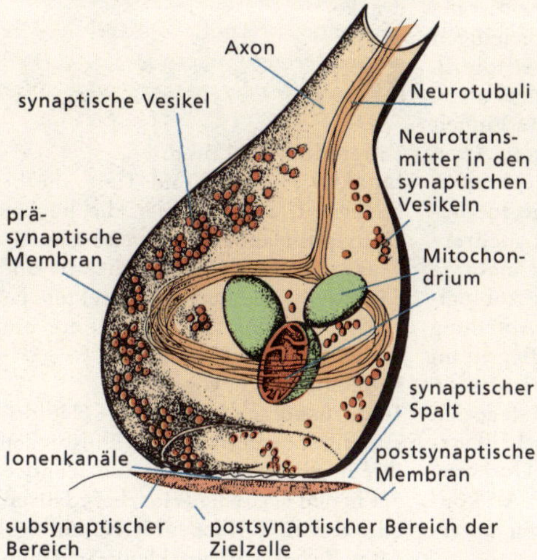

symptothermale Methode: ↑Empfängnisverhütung.

Synapse: die Kontaktstelle zwischen zwei ↑Nervenzellen bzw. zwischen Sinneszellen und Nervenzellen oder zwischen Nervenzellen und einem Erfolgsorgan (Drüsenzelle, Muskelfaser). Die S. besteht aus **Präsynapse** und **Postsynapse.** Dazwischen bzw. zwischen präsynaptischer und postsynaptischer Membran befindet sich der **synaptische Spalt.** Die Erregung wird bei der **elektrischen S.** über diesen mittels Strom leitender Strukturen durch fortgeleitete ↑Aktionspotenziale übertragen. Bei der häufigeren **chemischen S.** (Beispiel: ↑motorische Endplatte) erfolgt die Erregungsübertragung mithilfe von Transmittern: Die Präsynapse wird durch ein ankommendes Aktionspotenzial depolarisiert, was – nach Einströmen extrazellulärer Ca^{2+}-Ionen – eine Freisetzung der Transmittersubstanz in den synaptischen Spalt bewirkt; die Transmittermoleküle diffundieren zur subsynaptischen Membran (dem Teil der postsynaptischen Membran, der der präsynaptischen gegenüberliegt) und binden dort an spezifische Rezeptoren, die wiederum Ionenkanäle aktivieren; der dabei entstehende postsynaptische Strom bewirkt ein postsynaptisches Potenzial, das bei Überschreiten eines Schwellenpotenzials ein Aktionspotenzial auslöst (↑auch Erregungsleitung).

Die Erregungsübertragung kann durch an verschiedenen Stellen angreifende **Synapsengifte** unterbrochen werden, z.B. durch ↑Muscarin, das ↑Bakteriengift Botulin, das Insektizid E 605 oder das Pfeilgift Curare.

Syncytium: vielkernige Plasmamassen, die aus der Verschmelzung vieler einzelner Zellen entsteht (↑auch Plasmodium).

Syndrom: Krankheitsbild, das sich aus dem Zusammentreffen verschiedener charakteristischer Symptome (Krankheitszeichen) ergibt.

Synergiden: Bezeichnung für die beiden Zellen, die sich neben der Eizelle in der ↑Samenanlage befinden.

Synergisten: Muskeln, Nerven oder andere Teile des Organismus, die gleichsinnig zusammenwirken.

Synözie: ↑Vergesellschaftung.

Synthasen: ↑Enzyme, die Kondensationsreaktionen katalysieren, jedoch kein ATP oder GTP als Energiequelle benötigen.

Synthetasen: ↑Enzyme, die Kondensationsreaktionen katalysieren, im Unterschied zu den ↑Synthasen jedoch ATP oder eine andere Energiequelle für die Reaktion benötigen.

Systematik: ein Teilgebiet der Biologie, das sich mit den verwandtschaftli-

S

chen Beziehungen der Lebewesen und ihrer hierarchischen Gliederung beschäftigt.
Die systematische Grundeinheit ist die ↑Art. In einer Art werden diejenigen Organismen zusammengefasst, die in allen wesentlichen Merkmalen übereinstimmen. Die nächsthöhere Einheit ist die ↑Gattung, in der mehrere Arten zusammengefasst werden. Mehrere Gattungen bilden eine **Familie,** mehrere Familien eine **Ordnung,** mehrere Ordnungen eine **Klasse** und mehrere Klassen eine **Abteilung.** Die zoologische S. kennt die Kategorie Abteilung nicht oder verwendet diesen Begriff im Sinne von **Stamm** (Phylum).
Reichen die systematischen Kategorien (Taxa) nicht aus, werden Zwischenkategorien (z.B. Unterfamilie, Unterart) eingeschoben. Innerhalb einer Art können geographische Unterarten unterschieden werden.
Nach dem verwendeten Ordnungsprinzip unterscheidet man künstliche Systeme, in denen die Organismen nach Ähnlichkeit und natürliche Systeme, in denen die Organismen nach ihrem jeweiligen Verwandtschaftsgrad eingeordnet sind.
Die wissenschaftliche S. arbeitet mit der vergleichenden Morphologie. Sie erlaubt es, die auf gemeinsamer Abstammung beruhenden Ähnlichkeiten (↑Homologien) von Konvergenzen (↑Analogien) zu unterscheiden. Zur genauen Aufklärung der verwandtschaftlichen Beziehungen werden außerdem noch die Cytologie, Anatomie, Embryologie, Biochemie und Genetik herangezogen.
Nur die richtige Einordnung der rezenten und ausgestorbenen Lebewesen (↑Taxonomie) erlaubt die exakte Bestimmung des Individuums. Die Voraussetzung für die richtige Benennung ist die Befolgung der Regeln der ↑Nomenklatur und eine eindeutige Beschreibung und gegebenenfalls Abbildung.

Systemforschung: ↑Ökologie.

Systole: Stadium der Kontraktion des Herzmuskels (↑Herz). – ↑auch Blutdruck.

T

Tabanidae: die ↑Bremsen.

tagaktiv: Tagaktiv sind Tiere, die bei Helligkeit, also tagsüber, die höchste Stoffwechselaktivität aufweisen, im Gegensatz zu Tieren, die ↑nachtaktiv sind. Tagaktive Tiere sind viele Insekten, fast alle Vögel und viele Säugetiere einschließlich des Menschen.

Tagzieher: ↑Zugvögel.

Talgdrüsen: schlauchförmige Hautdrüsen mit beerenförmigen Endstücken. Ihre Ausführungsgänge münden entweder in den Haarbalg **(Haarbalgdrüsen)** oder als freie T. (Lippenrot, Nasenflügel, After, Eichel, Vorhaut, kleine Schamlippen). T. sind holokrine ↑Drüsen, d.h., einzelne Drüsenzellen wandeln sich als Ganzes in Sekret um. Dieser Hauttalg enthält Neutralfette und Fettsäuren. – ↑auch Haut.

Tange: Sammelbezeichnung für besonders große, im Meer vorkommende Arten der ↑Braunalgen. Manchmal werden auch noch Arten der Grün- und Rotalgen dazugezählt. An der Nord- und Ostseeküste kommen neben dem Blasentang die Meereiche (beides Braunalgen) und der Meersalat (eine Grünalge) vor.

Tanne: ↑Nadelbäume.

Taphrinales: eine Unterklasse der ↑Schlauchpilze.

Target-Organe: zusammenfassende Bezeichnung für die in einem Organismus liegenden Zielorgane einer natürlichen physiologischen oder induzierten, z.B. therapeutischen (medikamentösen), Einwirkung. So sind z.B. Schilddrüse, Nebennierenrinde und Keimdrüsen T.-O. der Hormone des Hypophysenvorderlappens.

Tarntracht: ↑Schutzanpassungen.

Taschenklappen: ↑Herz.

Taster (Palpen): v.a. dem Tasten, aber auch dem Riechen oder Schmecken dienende Anhänge am Kopf verschiedener wirbelloser Tiere. T. befinden sich oft in Mundnähe, bei den Gliederfüßern sind die T. mehrgliedrige Anhänge der Mundgliedmaßen.

Tastkörperchen: spezielle Rezeptorstrukturen in der Haut von Wirbeltieren, die im Dienste des Tastsinns stehen.

Meißner-T. sind kleine, eiförmige Gebilde aus übereinander gestapelten, flachen Tastzellen, die um den Zellkern verdickt sind. Zwischen den Tastzellen liegen die kleinen Nervenfasern, die in Endknöpfchen oder zarten Netzen enden. Die Meißner-T. liegen in den Papillen der Lederhaut (↑Haut) und dienen der Oberflächensensibilität, d.h., sie nehmen v.a. die feinen Tastempfindungen, wie Oberflächenrauigkeit u.Ä., wahr. Sie erzeugen auch die Empfindung des Kitzels. In der Unterhaut v.a. der Handballen und der Fußsohle, im Gekröse der Eingeweide und an anderen Stellen des Körpers liegen die **Vater-Pacini-Lamellenkörperchen.** Diese bis 4 mm langen, eiförmigen Gebilde bestehen aus zahlreichen zwiebelschalenartig angeordneten Lamellen. In ihrem Zentrum liegt ein Innenkolben. Er enthält die Endverzweigungen eines Nervs und ein kleines Blutgefäß. Diese T. dienen der Vibrationsempfindung. Außerdem liegen in der Keimschicht der Haut einzeln oder in Gruppen die sog. **Merkel-Zellen** als Druckrezeptoren. Die ebenfalls in den oberen Hautschichten liegenden **Ruffini-Körperchen** sprechen auf Dehnung der Haut an.

Die T. der Vögel heißen **Herbst-Körperchen** und entsprechen in ihrem Aufbau etwa den Vater-Pacini-Lamellenkörperchen.

Tastsinn: der wichtigste ↑mechanische Sinn für die Orientierung der Tiere und des Menschen in der Umwelt und für die Wahrnehmung der Lage und Stellung der eigenen Körperteile im Raum. Als reizaufnehmende Sinnesorgane kommen bei fast allen Tieren (auch beim Menschen) primäre Sinneszellen (meist mit Sinnesstiften) und freie Nervenendigungen an (unbehaarten) Körperoberflächen und in inneren Organen vor. Bei Gliederfüßern und Wirbeltieren finden sich auch Sinnesborsten und Sinneshaare, deren Basis von Nervengeflechten umsponnen ist.

Der angemessene (adäquate) Reiz ist die leichte Berührung durch feste Körper, Flüssigkeiten oder gasförmige Stoffe, die eine Deformation der Haut oder Lageveränderungen der Sinneshaare bzw. -borsten bewirkt. – ↑auch Drucksinn, ↑Strömungssinn.

Taufliege (Drosophila melanogaster, Kleine Essigfliege): eine Art der Zweiflügler, die wohl das meistverwendete Versuchstier der Grundlagenforschung in der klassischen Genetik sowie in der modernen Entwicklungsphysiologie ist. Einige ihrer Organe enthalten Zellen mit ↑Riesenchromosomen (z.B. die Speicheldrüse).

T. lassen sich leicht in Gefäßen ziehen, deren Boden mit einer dicken Schicht aus Maismehl, Hefeextrakt, Zucker und Agar-Agar bedeckt ist, in der die Ma-

Taufliege

Normales Weibchen (links) und stummelflügelige Form mit kurzen Fühlern (rechts)

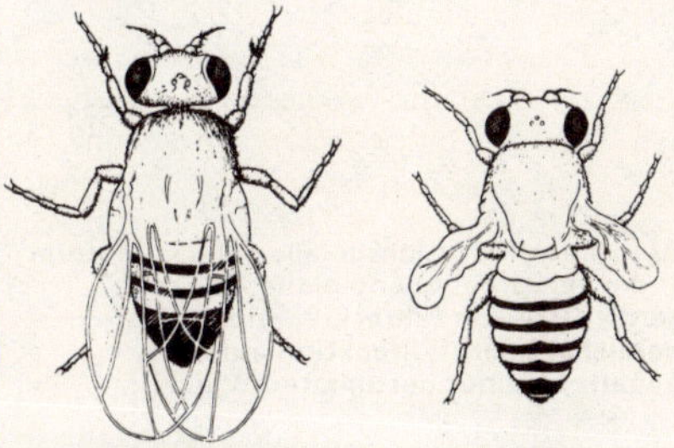

T

den leben. Eine Generationszeit dauert bei Zimmertemperatur nur etwa 2 Wochen. Von der T. sind inzwischen Hunderte von Mutationen bekannt und in die Chromosomenkarte der 4 Chromosomen eingetragen.

Taxis: die Ortsbewegung frei beweglicher tierischer und pflanzlicher Lebewesen (und ihrer männlichen Fortpflanzungszellen), die von der Richtung abhängt, aus der ein Reiz auf den Organismus einwirkt. Bewegt sich das Lebewesen zur Reizquelle hin, spricht man von **positiver Taxis,** bewegt es sich von der Reizquelle fort, von **negativer Taxis.**

Wird die Reizquelle auf dem kürzesten Weg angesteuert, handelt es sich um eine **topische Reaktion.** Bei der **phobischen Reaktion** dagegen **(Schreckreaktion, Phobotaxis)** wird das Ziel erreicht, indem das Lebewesen beim richtungslosen Umherirren jedes Mal zurückschreckt und eine Wendung macht, wenn es in einen Bereich kommt, der ihm weniger angenehm ist.

Die Benennung der Taxien richtet sich nach der Art des Reizes: Im Falle der **Chemotaxis** reagieren Organismen (z.B. viele Einzeller und Spermatozoide) mit phobischen oder topischen Orientierungsbewegungen im Wasser auf ein Konzentrationsgefälle der unterschiedlichsten Substanzen. **Fototaxis** ist die Reaktion auf einseitig einfallendes Licht. Wird die Beleuchtung zu stark, wandelt sich die meist positive Fototaxis in eine negative um.

Berührt z.B. ein Pantoffeltierchen beim Umherschwimmen ein Hindernis, wendet es sich sofort ab (negative **Thigmotaxis**). Mithilfe kleiner, fester Inhaltskörper im Cytoplasma ist es darüber hinaus in der Lage, die Richtung der Schwerkraft festzustellen; unter bestimmten Bedingungen bewegt es sich von ihr fort (negative **Geotaxis**). – Ist Wärme der auslösende Reiz spricht man von **Thermotaxis,** und wenn es Feuchtigkeit ist, von **Hydrotaxis.** Besitzt ein Tier ein Sinnesorgan doppelt, kann sein Weg einen bestimmten Winkel mit der direkten Richtung zur Reizquelle bilden **(Tropotaxis).** – Die T. ist eine Komponente einer Instinkthandlung (↑ Instinktverhalten).

Taxonomie: Teilgebiet der ↑ Systematik, dessen Schwerpunkte die Abgrenzung verschiedener Organismengruppen gegeneinander sowie ihre Klassifizierung und Benennung sind. Die so gebildeten Organismengruppen

Taxis

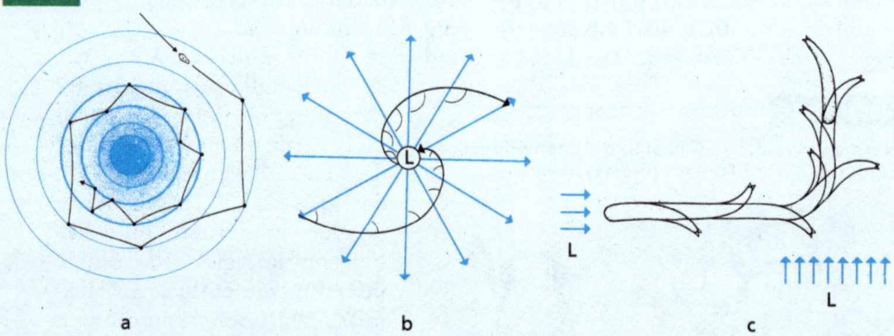

a positive Chemotaxis eines Pantoffeltierchens in einem Diffusionsgefälle auf das Zentrum (blau) der höchsten Stoffkonzentration hin; die hervorgehobene blaue Ringzone bezeichnet den Optimumbereich, die Punkte die Orte von Schreckreaktionen bei Annäherung an niedrigere Konzentrationsbereiche; b Einstellreaktion auf eine punktförmige Lichtquelle (L) hin unter Beibehaltung eines bestimmten Winkels; c negative Fototaxis einer Planarie; L Licht

(Taxa; Einzahl **Taxon)** stellen Einheiten dar, deren Vertreter in stammesgeschichtlicher Hinsicht unmittelbar miteinander verwandt sind. Das elementare Taxon ist die ↑Art.

Teilungsgewebe: das ↑Bildungsgewebe.

Teilzieher: Vögel, die im Winter nur z.T. ihr Brutgebiet verlassen und nach Süden ziehen. Hierher gehört z.B. der Star. – ↑auch Zugvögel, ↑Vogelzug.

Telencephalon: das ↑Endhirn.

Telophase: das abschließende Stadium von ↑Mitose und ↑Meiose.

Temperatursinn: der Empfindung von Temperaturänderungen dienender Sinn, der auf Warmsensoren (↑Thermorezeptoren) und Kaltsensoren (↑Kälterezeptoren) beruht, die als freie Endigungen dünner Nervenfasern in der Haut (v.a. des Gesichtes) liegen und die insbesondere auf Temperaturänderungen ansprechen.

Temperaturzentrum: Bereich im Zwischenhirn, der die Regulation der ↑Körpertemperatur kontrolliert.

Tentakel: die ↑Fangarme.

Terminator: ↑Gene.

Termiten: Ordnung der Insekten mit rd. 2 000 Arten, die umgangssprachlich auch als »weiße Ameisen« bezeichnet werden, obwohl sie nicht mit diesen verwandt sind.

Die weißen oder braunen, 2–20 mm langen Tiere kommen fast ausschließlich in den Tropen und Subtropen vor, im Mittelmeergebiet sind nur noch zwei Arten vertreten.

Die T. sind Staaten bildend (↑Tierstaaten). Die bei manchen Arten bis 7 m hohen Nester **(Termitenburgen)** bestehen aus Erde, die durch Sekrete steinhart wird. In Holz legen die T. gekammerte Nester an. Sie sind deshalb gefürchtete Nutzholzschädlinge.

Terrarium: Behälter, der v.a. der Haltung von Lurchen und Kriechtieren dient. Im Inneren eines solchen Terrariums müssen die natürlichen Lebensbedingungen hinsichtlich Temperatur, Feuchtigkeit und Durchlüftung für die jeweiligen Tiere gegeben sein. Auch Pflanzen sollten als Sauerstofflieferanten in einem T. vorkommen.

Territorialverhalten (Revierverhalten): Sehr viele Tiere besitzen dauernd oder zeitweise ein Territorium (↑Revier), das sie gegen Artgenossen verteidigen und dessen Grenzen sie auf arttypische Weise markieren.

Während z.B. ein Hamster, mit Ausnahme der Brunstzeit, allein lebt, verteidigen viele Vögel und manche Säuger ihr Territorium als Pärchen. Andere Tiere halten in größeren Gruppen ein bestimmtes Gebiet besetzt, das sie gegen Gruppenfremde verteidigen (z.B. Ratten).

Da die Kampfbereitschaft mit der Entfernung vom Zentrum des Territoriums abnimmt, die Fluchtbereitschaft dagegen zunimmt, kommen sich die Nachbarn i.A. nur so nahe, dass bei beiden gerade ein Gleichgewicht zwischen Kampf- und Fluchtbereitschaft besteht. Nach anfänglichen Kämpfen werden die Reviergrenzen bei bloßem Drohen schon respektiert. Meist sind diese Grenzen nur Zonen, in denen sich die Tiere nur selten aufhalten, damit sie dem Nachbarn nicht begegnen. Trotzdem werden sie häufig markiert **(Reviermarkierung).** Zahlreiche Säuger setzen mit Duftstoffen aus besonderen Drüsen (↑Duftmarken) oder mit Kot und Harn Geruchsmarkierungen. – Eine optische, durch den Menschen geschaffene Abgrenzung ist z.B. der Zaun oder die Hecke. Vögel begrenzen ihr Territorium durch ihren Gesang.

Innerhalb ihres Territoriums bewegen sich die Tiere meist auf gleich bleibenden Pfaden und suchen immer wieder bestimmte Stellen zum Ruhen und Schlafen oder zum Trinken und Baden auf. Durch die gleichmäßige, nicht zufällige Verteilung der Tiere über ein Gebiet wird gewährleistet, dass für jeden gerade ausreichend Lebensraum und Nahrung vorhanden sind. Überweidung oder andersartige totale Ausbeutung der Nahrungsgrundlage werden verhindert.

Territorium: das ↑Revier.

Tertiärfollikel: der Graaf-Follikel (↑Eireifung).

Tertiärstruktur: ↑Eiweiße.

Tertiärwand: Teil der Zellwand der pflanzlichen ↑Zelle.

Testes: die ↑Hoden.

Testosteron: zu den ↑Androgenen gehörendes ↑Geschlechtshormon.

Testudines: die ↑Schildkröten.

Tetanie: ↑Calcium.

Tetrade (Vierstrangstadium): Stadium im Verlauf der Prophase I der Meiose, in dem sich die bereits in Schwesterchromatiden längs gespaltenen homologen Chromosomen paaren. Da pro Chromosomenpaar vier Chromatiden dicht nebeneinander liegen, spricht man von T. (von griechisch tetra = vier).

Tetrapoda (Vierfüßer): zusammenfassende Bezeichnung für Wirbeltiere (Ausnahme: Fische), die vier Extremitäten ausgebildet haben. Diese ↑Gliedmaßen können mannigfach umgebildet sein, z. B. als flossenförmige Extremitäten bei Robben und Walen, z. T. als Flügel bei Vögeln und Fledermäusen; sie können auch nur noch als embryonale Anlagen erkennbar und bei erwachsenen Tieren völlig reduziert (z. B. bei Schlangen) sein.

Thalamus: Der zusammen mit dem ↑Hypothalamus im Zwischenhirn lokalisierte Th. ist das wichtigste unbewusste Verarbeitungszentrum der allgemeinen körperlichen Sensibilität, wie Tasten, Temperaturempfindung, Schmerz, Sehen und Riechen. Er schaltet die sensiblen Bahnen zur Großhirnrinde und steuert Mimik und Gebärden.

Thaliacea: die ↑Salpen.

Thallophyten: die ↑Lagerpflanzen.

Thallus: die typische Gestalt Niederer Pflanzen, v. a. der ↑Algen und ↑Pilze. Der Th. ist nicht in Spross und Wurzel gegliedert und da er i. d. R. auch keine Festigungselemente enthält, liegen die Pflanzen am Boden (↑Lagerpflanzen). Bei vielen Algen und Pilzen ist der Th. nur ein fädiges, mehr oder weniger verzweigtes Geflecht (z. B. Mycel). In einigen Fällen, z. B. bei den großen Meeresalgen oder den Ständerpilzen, findet man schon Gewebe, z. B. wurzelähnliche Haftorgane (Rhizoide) oder riesige blattartige Gebilde (↑Tange). Hochdifferenzierte Thalli besitzen die ↑Moose.

Thecae: ↑Staubblatt.

Thein: das ↑Coffein.

Theken: ↑Staubblatt.

T-Helferzellen: Gruppe der ↑T-Lymphocyten.

Thermoregulation: die Fähigkeit gleichwarmer Tiere und des Menschen, die ↑Körpertemperatur konstant zu halten.

Thermorezeptoren: Temperaturänderungen werden vom Organismus mit großer Wahrscheinlichkeit mit freien Nervenendigungen oder (nur bei Wirbeltieren) mit besonderen Sinnesorganen, ↑Kälterezeptoren und **Wärmerezeptoren,** in der Haut aufgenommen. Die im Verhältnis zu den Wärmerezeptoren zahlreicheren Kälterezeptoren liegen in tieferen Schichten der Lederhaut.

Therophyten: die einjährigen (↑Annuelle) und die zweijährigen Pflanzen (Bienne; ↑hapaxanthe Pflanzen).

Thiamin (Aneurin): ein in der Natur weit verbreitetes ↑Vitamin (Vitamin B_1). Bei ausschließlicher Ernährung mit poliertem Reis tritt als Vitamin-B_1-Avitaminose die **Beriberi** auf, die sich in Funktionsstörungen des peripheren und vegetativen Nervensystems und der Magen- und Darmfunktion äußert. Auch bei chronischen Alkoholikern findet man Symptome des Thiaminmangels (sog. Alkoholpolyneuritis).

Thorax:

- der ↑Brustkorb.
- das Bruststück der ↑Krebse und ↑Insekten.

Thrombin: ↑Blutgerinnung.

Thrombocyten: die ↑Blutplättchen.

Thrombokinase (Thromboplastin): das beim Zerfall der Blutplättchen frei werdende Enzym (eine Protease), das in Gegenwart von Ca^{2+} über die Umwandlung von Prothrombin in Thrombin die Fibrinbildung aus der Vorstufe Fibrinogen veranlasst; Faktor III der ↑Blutgerinnung.

Thylakoide: in den Chloroplasten lokalisierte Membranstapel, in denen Elektronen- und Protonentransport und die Lichtreaktion der Fotosynthese sowie die ATP-Bildung ablaufen.

Thymusdrüse: in einzelne Läppchen gegliederte Drüse, die beim Menschen hinter dem Brustbein liegt. Die Rindenschicht der Th. ist reich an ↑Lymphocyten, ihr blutgefäßreiches Mark enthält zwiebelschalenartig angeordnete, stark verzweigte Bindegewebszellen (Retikulumzellen).

Die Th. erreicht zur Zeit der Geburt den Höhepunkt ihrer Entwicklung. Mit zunehmendem Alter verfettet sie. Sie ist v.a. ein Bildungsort für Lymphocyten und daher ein wichtiges Immunorgan. Die Th. produziert mehrere Peptide mit Hormonwirkung; diese stimulieren die Bildung von ↑T-Lymphocyten aus Lymphocyten und besitzen eine antagonistische Wirkung zu den Gonadotropinen.

Thyreocalcitonin: das ↑Calcitonin.

Thyreoidea: die ↑Schilddrüse.

thyreotropes Hormon (Thyreotropin): Hormon des Hypophysenvorderlappens (↑Hypophysenhormone), das die Funktion der Schilddrüse kontrolliert. Es fördert ihre Iodidaufnahme und die Ausschüttung von Thyroxin

Thrombokinase

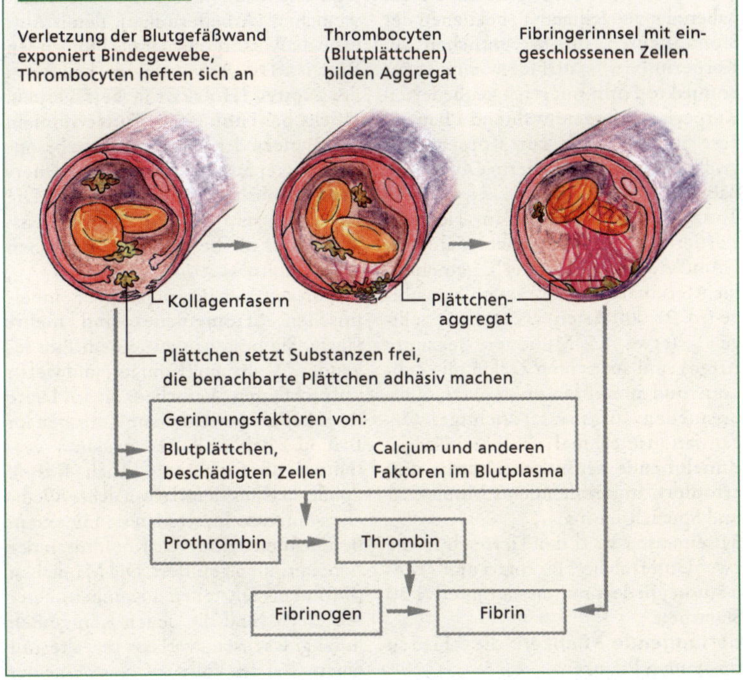

T

(↑Schilddrüsenhormone). Die Produktion des thyreotropen Hormons wird durch ein Neurohormon des ↑Hypothalamus reguliert.

Thyroxin: ein iodhaltiges ↑Schilddrüsenhormon.

Tiere (Animalia): die Gesamtheit der eukaryotischen Organismen, die im Tierreich zusammengefasst sind und den Pflanzen gegenübergestellt werden. Hierbei ist die Ernährungsweise wohl das Hauptunterscheidungsmerkmal: Pflanzen sind (mit Ausnahme der Pilze) ↑autotroph und Tiere sind durchweg ↑heterotroph.

Deutlich werden die Unterschiede zwischen Pflanzen und T. bei den vielzelligen Organismen, wobei die Strukturmerkmale in vielem als Anpassung an die heterotrophe Ernährungsweise und die (im Gegensatz zu den Pflanzen) meist frei bewegliche Lebensweise gesehen werden können. Grundsätzlich haben die vielzelligen T., bei denen der Stoffaustausch im Wesentlichen im Körperinnern stattfindet, eine eher kompakte Form mit reich gegliederten Körperhohlräumen, während Pflanzen eine im Vergleich zur Körpermasse große und reich gegliederte Oberfläche haben.

Trotz der großen Vielfalt im Tierreich existiert nur eine begrenzte Zahl von Grundbauplänen, da viele T. gemeinsame Merkmal besitzen. Sowohl einzellige (rd. 27 000 Arten) als auch vielzellige T. (etwa 1,5 Millionen bekannte Arten) sind aus echten Zellen mit Zellkern und membranumgrenzten Zellorganellen aufgebaut. Wichtiges Organisationsmerkmal ist die Größe: Zunehmende Größe ermöglicht und erfordert zunehmende Komplexität und Spezialisierung.

Systematisch wird das Tierreich in die zwei Unterreiche ↑Protozoa und ↑Metazoa gegliedert mit insgesamt etwa 30 Stämmen.

tierfangende Pflanzen: die ↑Fleisch fressenden Pflanzen.

Tiergärten: die ↑zoologischen Gärten.

Tiergeographie: Die T. untersucht die geographische Verbreitung der Tierwelt und ihre räumliche Abgrenzung. Sie liefert konstruktive Beiträge zur Evolutionslehre, z.B. mit den Untersuchungen geographisch isolierter Tiergruppen, wie sie insbesondere auf vielen Inseln sowie in Australien vorkommen. – ↑auch Isolation.

Tierkunde: die ↑Zoologie.

Tier-Mensch-Übergangsfeld: ↑Mensch.

Tierstaaten: geschlossene Verbände aus Individuen einer Tierart, die einen sehr hohen Organisationsgrad haben. Die T. einiger Insekten gehören zu den kompliziertesten Formen des sozialen Zusammenlebens im Tierreich.

Eine einfache Staatsform findet man bei *Wespen* und *Hummeln.* Aus den ersten Eiern, die das Weibchen im Frühjahr legt, entstehen hier nur sterile Hilfsweibchen (Arbeiterinnen), deren Aufgabe die Versorgung der nachfolgenden Brut ist. Die Arbeitsteilung beim Bau des Nestes (Holzkarton bei Wespen, Wachs bei Hummeln), Futtersammeln und Füttern der Larven ist nicht besonders ausgeprägt. Später entstehen normale Weibchen und Männchen. Die Kolonien sind in Mitteleuropa einjährig; nur die befruchteten Weibchen überwintern.

Die Staaten der *Bienen* (z.B. der einheimischen ↑Honigbiene) sind mehrjährig. Sie bestehen aus einem Eier legenden Weibchen (Königin) und vielen unfruchtbaren Weibchen, die im Laufe ihres Lebens verschiedene Aufgaben im Bau oder bei der Futtersuche und -verteilung übernehmen (↑auch Kaste). Sollen sich aus den Larven echte Weibchen entwickeln, werden sie mit einem bestimmten Sekret der Kopfdrüsen der Arbeiterinnen gefüttert. Die Männchen (Drohnen) entstehen aus unbefruchteten Eiern. Sind die neuen Königinnen herangewachsen, verlässt die alte mit einem Teil des Volks das Nest. Eine der neuen Königinnen übernimmt den alten Bau. – Da Bienen nicht in Kältestarre verfallen, müssen sie sich für den Winter Nahrungsvorräte anlegen. In einem dicht zusammengedrängten Klumpen erzeugen sie Wärme durch Muskelzittern und regeln dadurch die Temperatur des Schwarms auf 26°–30°C.

Ähnlich aufgebaut sind die Staaten der *Ameisen;* hier können jedoch mehrere Weibchen einen Stock bewohnen. Die Gliederung in Kasten ist viel stärker ausgeprägt, weil einige Arbeiterinnen für bestimmte Aufgaben spezialisiert sind. Die großköpfigen »Soldaten« einiger Arten sind auf das Knacken hartschaliger Samen eingerichtet. Einige australische und mexikanische Arten füttern zu Zeiten des Überflusses junge Arbeiterinnen, sodass deren gefüllter Kropf den Hinterleib bis zu Erbsengröße auftreibt (»Honigtöpfe«). – Die Gründung neuer Staaten erfolgt durch befruchtete Weibchen, die nach dem gemeinsamen Hochzeitsflug mit den Männchen ihre Flügel abwerfen. Teilweise beteiligen sich die Weibchen anfangs an den Brutpflegemaßnahmen. Manchmal schleppen sie beim Hochzeitsflug an den Beinen kleine Arbeiterinnen mit, die diese Aufgaben danach übernehmen. Ameisen brauchen keine größeren Vorräte anzulegen, da sie im Winter in Kältestarre verfallen.

Die Bauten der *Termiten* erreichen oft enorme Ausmaße; entsprechend groß ist die Anzahl der Tiere darin. Während bei Bienen und Ameisen die Männchen nach der Begattung sterben, leben sie bei den Termiten mit einem Weibchen zusammen als Königspaar im Inneren des Nests weiter. Der Hinterleib der Weibchen schwillt durch das Wachstum der Eierstöcke bis zu einer Länge von 10 cm an. Sie legen etwa alle 2 Sekunden ein Ei und leben ca. 10 Jahre.

Das Zusammenleben in T. sichert den Tieren eine gleich bleibend gute Versorgung mit Nahrung, es bietet ihnen Schutz und weitgehende Unabhängigkeit von klimatischen Schwankungen der Umwelt (z. B. Temperaturregelung bei Bienen). Diese Vorteile werden von vielen Gastlebewesen (z. B. ↑Ameisengäste) und ↑Parasiten ausgenutzt. – Während die *Kommunikation* bei Ameisen und Termiten vorwiegend auf mechanischen und geruchlichen Signalen beruht, findet man bei Bienen die vielfältigen Ausdrucksmöglichkeiten der ↑Bienensprache.

Die Arbeitsteilung und die Beseitigung von Störungen im Gleichgewicht des Staats wird von Hormonen gesteuert, über die bisher nur wenig bekannt ist.

Tierversuche: Eingriffe oder Behandlungen an Tieren oder deren Erbgut zu Versuchszwecken, wenn sie mit Schmerzen oder Schäden für die Tiere verbunden sein können. Nach dem Tierschutzgesetz dürfen T. nur durchgeführt werden, wenn sie der Gesunderhaltung von Mensch und Tier bzw. zum Erkennen von Umweltgefährdungen dienen, für die Grundlagenforschung oder zur Prüfung von Substanzen auf gesundheitliche Unbedenklichkeit (bei Mensch und Tier) und auf Wirksamkeit gegen tierische Schädlinge als unerlässlich erachtet werden.

Tierwanderungen: die regelmäßigen oder gelegentlichen Ortsbewegungen von Tieren, die durch Außenfaktoren wie z. B. Kälte, Trockenheit, Nahrungsmangel, Überbevölkerung oder durch endogene Rhythmen ausgelöst werden. Viele Gebirgstiere wandern mit einsetzendem Winter in tiefere Lagen ab, z. B. Gämse in den Alpen, Kolibris in den Anden. Bisons und Rentiere wandern aus dem gleichen Anlass nach Süden, wobei sie weite Strecken zurücklegen. Robben und Pinguine kommen zur Fortpflanzung, Meeresschildkröten zur Eiablage an Land. Ebenfalls zwischen Land und Wasser wandern die Amphibien, die Jahr für Jahr zum selben, manchmal total veränderten Tümpel zum Ablaichen streben (↑Laich-

T

wanderung). Aale leben zunächst in Binnengewässern und suchen zur Laichzeit das Meer auf; Lachse dagegen steigen zum Laichen aus dem Meer in die Binnengewässer auf, wobei sie über 3 000 km zurücklegen können. Zugvögel können auf ihren Wanderungen ebenfalls sehr weite Strecken (bis zu 10 000 km) überwinden (↑ Vogelzug). Bei den **Wanderheuschrecken** entsteht kurz vor dem Schwärmen eine besondere Wanderform, was mit einer stärkeren Vermehrung der Heuschrecken zusammenhängt. Da die Schwärme dem Wind ausgeliefert sind, haben sie weder ein Zugziel, noch ist eine aktive Rückwanderung zu beobachten. – Ein weiteres Beispiel für gelegentliche Wanderungen ohne Rückkehr bieten die Züge der Lemminge.

Tintenfische (Sepioidea): Ordnung der ↑ Kopffüßer mit über 150 Arten in allen Weltmeeren. Von den zehn Armen sind zwei zu langen, vorstreckbaren Fangarmen mit endständigen, mit Saugnäpfen besetzten Keulen umgewandelt. Alle T. besitzen einen Tintenbeutel als Anhangsdrüse des Enddarms. Der Tintenbeutel enthält hochkonzentrierte ↑ Melanine, die bei Gefahr als Wolke ausgestoßen werden.

T-Lymphocyten (T-Zellen): an der zellulären Immunität (↑ Immunreaktion) beteiligte Lymphocyten, deren lymphatische Stammzellen im Knochenmark entstehen und die ihre spezifische immunologische Aktivität erst beim Passieren der Thymusdrüse (daher T-Lymphocyten) erhalten. Die T-L. bilden keine Antikörper, sondern besitzen an ihrer Membranoberfläche spezifische Rezeptoren für Antigene, v.a. von Viren und Bakterien. Sie unterteilen sich in **T-Helferzellen** (wirken aktivierend auf die ↑ B-Lymphocyten, und damit auf die Antikörperbildung), **T-Suppressorzellen** (hemmen die Teilung der B-Lymphocyten und die Bildung von T-Killerzellen) und **T-Killerzellen** (erkennen und vernichten körpereigene virusbefallene Zellen und körperfremde Zellen). – ↑ auch Immunsystem.

Tochtergeneration (Filialgeneration, Abk. F): sämtliche aufeinander folgende Generationen der Nachkommen eines Elternpaars. Die erste T. nennt man F_1-Generation, deren Nachkommen F_2-Generation usw.

Tonoplast: die Umgrenzungsmembran der großen zentralen ↑ Vakuole in der pflanzlichen ↑ Zelle.

Tonsillae: die ↑ Mandeln.

Tonus: die Grundspannung der Muskeln. Der T. ist auch in Ruhe vorhanden **(Ruhetonus).** Er wird v.a. durch Erregungen aus Sinneszellen der Haut, der Muskeln selbst, der Gelenke, des Labyrinths und des Hirnstamms aufrechterhalten. – ↑ auch Muskeltonus.

topische Reaktion: ↑ Taxis.

Torf: ↑ Moore.

Torfmoose (Sphagnum): eine sehr artenreiche Laubmoosgattung, deren Vertreter auf sumpfigem Boden Polster bilden, wobei die Pflanzen an ihrem oberen Ende ständig weiterwachsen und an ihrem unteren Ende absterben. Auf diese Weise bildet sich Torf (↑ Moore).

Totenstarre (Leichenstarre): Nach dem Tod eines Tiers bzw. eines Menschen tritt nach einer gewissen Zeit die T. ein. Die Muskeln sind dabei stark verkürzt, völlig verhärtet und kaum dehnbar. Dies beruht darauf, dass ↑ ATP beim Tod verbraucht ist und deshalb am Myosin die Bindungsstellen für Actin nicht mehr besetzen kann. Dadurch verliert es seine ursprüngliche Weichmacherwirkung. Myosin und Actin bilden dann feste irreversible Verbindungen, und die Muskeln werden starr.

Totimpfstoffe: ↑ Impfung.

Totipotenz: ↑ Differenzierung.

Tötungshemmung: das Phänomen, dass bei Tieren, die sich untereinander mit ihren Waffen tödliche Verletzungen beibringen könnten, die Aggression, zumindest zwischen Mitgliedern derselben Gruppe, durch ein Instinkt-

verhalten gebremst ist. Die T. wird ausgelöst durch Demuts- oder Beschwichtigungsgebärden des Schwächeren.
Auch beim Menschen gibt es eigentlich diese T.; sie wird jedoch nicht mehr wirksam, weil die Entwicklung eines entsprechenden angeborenen Verhaltens nicht mit der Entwicklung der Wirksamkeit seiner Waffen Schritt halten konnte. Daher nimmt die T. mit zunehmendem Abstand zwischen Täter und Opfer ab.

Totzeit: ↑Regelkreis.

Toxine: in der Natur vorkommende, teilweise eiweißartige, spezifisch wirkende **Giftstoffe.** Als ↑Antigene führen sie zur Antikörperbildung (Antitoxinbildung). Von einigen krankheitserregenden Bakterien werden äußerst giftige Stoffwechselprodukte als **Exotoxine** in ihre Umgebung ausgeschieden, z.B. das Tetanustoxin von Wundstarrkrampferregern, das Botulinustoxin bei Wurstvergiftung und das Diphtherietoxin. – **Endotoxine** sind ↑Bakteriengifte, die erst bei Zerstörung des Bakterienkörpers frei werden. Sie kommen z.B. bei Typhus- und Paratyphuserregern vor. – Ebenfalls als T. werden die Gifte der ↑Giftpflanzen und ↑Gifttiere bezeichnet.

Toxoidimpfstoffe: ↑Impfung.

Toxoplasma: Gattung der ↑Sporentierchen, deren Vertreter von bogenförmiger bis ovaler, zyklisch veränderlicher Gestalt sind. Sie sind die Erreger der **Toxoplasmose.** Als Infektionsquelle kommen v.a. befallene Haustiere (besonders Katzen als spezifischer Wirt) infrage, der Mensch ist Zwischenwirt. Beim Erwachsenen verläuft die Krankheit i.A. harmlos oder gar unbemerkt. Gefährlich ist sie für Säuglinge, die sich schon im Mutterleib bei der erkrankten Mutter angesteckt haben. Die Erreger befallen das Zentralnervensystem, wo sie mitunter zum Tode führende Schädigungen verursachen.

Trab: ↑Gangarten.

Trachea: die ↑Luftröhre.

Tracheen:
◆ *Zoologie:* meist röhrenförmige, bei Stummel- und Gliederfüßern (den **Tracheaten**) vorkommende Einstülpungen der Körperhaut nach innen, zwischen die Organe. Sie dienen der Verteilung der Atemluft und sind daher stets luftgefüllt. T. verzweigen sich im Körperinnern stark und stehen meist untereinander in Verbindung. Dickere Röhren sind durch feine Chitinfäden spiralig verstärkt. Die feineren Verzweigungen enden schließlich in sehr dünnen Tracheenkapillaren **(Tracheolen),** in denen der Gasaustausch mit dem Gewebe bis hin zu den einzelnen Körperzellen erfolgt.

Tracheen

Tracheen (schematisch):
Ez Tracheenendzelle, G Gewebe,
S Spiralfaden aus Chitin im Inneren der Trachee, Tr Trachee, Trl Tracheolen

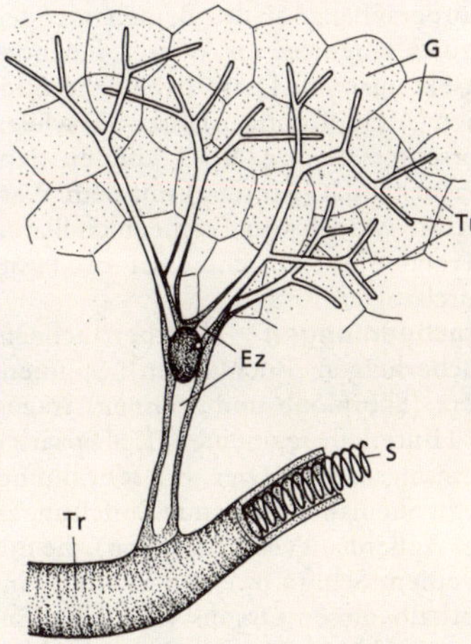

Die Auskleidung der T. besteht aus Chitin und gehört zur Cuticula; deshalb wird sie mit Ausnahme der sehr dünnen Tracheolenauskleidung bei jeder Häutung mitgehäutet.
Mit der Außenluft stehen die T. über die **Atemöffnungen (Stigmen)** in Ver-

bindung. Diese tragen oft komplizierte Verschlussmechanismen gegen das Eindringen von Fremdkörpern. – Der Wechsel der Atemluft erfolgt durch Diffusion oder rhythmisches Zusammenziehen des Hinterleibs (»Pumpen«).
Bei vielen wasserbewohnenden Insektenlarven sind ↑Tracheenkiemen ausgebildet. Manchmal (z.B. bei Mückenlarven) enden die Stigmen in besonderen Körperfortsätzen, den Siphonen, die über die Wasseroberfläche hinausragen und der Aufnahme von Atemluft aus der Atmosphäre dienen.
◆ *Botanik:* großlumige Gefäße (↑Holz), die meist als Röhrensystem die ganze Pflanze durchziehen.

Tracheenkiemen: sehr zarte, z.T. durch Muskeln bewegliche paarige Körperanhänge an den Beinen oder den Brustsegmenten im Wasser lebender Insektenlarven. Diese haben die Stigmen (Atemöffnungen) ihrer ↑Tracheen verschlossen und die T. dienen dem Gasaustausch (Atmung) mit dem Wasser. Sie werden von Tracheenkapillaren (**Tracheolen;** Durchmesser ca. 1 μm) durchzogen.

Tracheenlungen (Fächertracheen, Fächerlungen, Buchlungen): Spinnentiere (Skorpione und Spinnen) tragen in Hinterleibssegmenten T. als paarige Atmungsorgane. Dies sind sehr dünne, dicht aneinander liegende Einfaltungen der Außenhaut **(Atemtaschen),** die mit je einem Schlitz in einen »Vorhof« innerhalb dieses Organs münden. Von diesem Vorhof führt ein Stigmenschlitz nach außen. Die einzelnen Atemtaschen werden durch kurze Zwischenstützen (Epidermissäulchen) gegeneinander abgestützt. Durch den so entstehenden Zwischenraum fließt die Körperflüssigkeit (Hämolymphe), die den Gastransport im Körper übernimmt.

Tracheiden: englumige Gefäße im Holzteil (↑Holz) der ↑Leitbündel.

Tracheolen: ein Bestandteil der ↑Tracheenkiemen.

Tränendrüsen: dicht unter dem oberen Knochenbogen der Augenhöhle auf der Schläfenseite liegende Drüsen, die bei allen Landwirbeltieren eine salzig schmeckende, leicht alkalische Flüssigkeit **(Tränenflüssigkeit)** erzeugen. Diese dient zur Befeuchtung und Reinigung des Auges und hat aufgrund ihres Gehalts an ↑Lysozymen eine bakterizide Wirkung. Der unwillkürliche Lidschlag feuchtet die Augen immer wieder an. Überflüssige Tränenflüssigkeit gelangt durch den Tränen-Nasen-Gang in die Nasenhöhle.

Transduktion: ein das Erbgut verändernder Prozess bei Bakterien. Dabei übertragen ↑Bakteriophagen Merkmale von ihrem letzten Wirtsbakterium auf das neu infizierte Bakterium. Somit werden durch die T. kleine Stücke des Bakteriengenoms überführt, was zu einer ↑Rekombination führt.

Transfektion (Phageninfektion): Unter T. versteht man das Eindringen der Phagen-DNA in ein geeignetes Bakterium, während die Proteinhülle des Phagen an der Oberfläche des Bakteriums haften bleibt. Die Phagen-DNA leitet dann im Bakterium die Phagenreproduktion ein.

Transferasen: ↑Enzyme.

Transformation: Manche Bakterien können die isolierte DNA verwandter Arten vollständig und intakt aufnehmen und in ihr Genom einbauen. Sie eignen sich durch diese T. neue Eigenschaften an, z.B. die Resistenz gegen Antibiotika. Eine Sonderform ist die ↑Transfektion.

transgene Organismen: Organismen, in deren Genom Gene aus einer anderen Organismenart eingebaut wurden und die die Fremdgene **(Transgene)** stabil in ihr Erbgut integriert haben. Zur Erzeugung von t. O. werden entweder als spezielle Vektoren (Überträger) dienende Viren oder ↑Plasmide oder, v.a. zur Erzeugung transgener Tiere, die Methode der Mikroinjektion angewandt. Bei dieser Methode wird

DNA mithilfe einer feinen Glaskapillare in die Zelle (meist eine befruchtete Eizelle) eingeführt, die anschließend in die Gebärmutter eines (aufgrund von Hormongaben) scheinträchtigen Tieres eingesetzt wird. Die Körperzellen der entstehenden Nachkommen tragen meist z. T. das normale Genom, z. T. das Transgenom. Durch nachfolgende Kreuzungen von transgenen Tieren, die das Transgen in die Keimzellen integriert haben, wird versucht, in Bezug auf das Transgen reinerbige Tiere zu züchten.

Transkription: die Synthese der m-RNA (↑ RNA) an der ↑ DNA im Kern, wobei die m-RNA die ↑ genetische Information des Gens »abschreibt«. – ↑ Merkmal.

Translation: das »Übersetzen« der ↑ Basensequenz der m-RNA (↑ RNA) in die ↑ Aminosäuresequenz der Proteine, ein Vorgang, der an den Ribosomen stattfindet. – ↑ Merkmal.

Translokation: die Verlagerung von Chromosomenabschnitten innerhalb desselben Chromosoms oder an nicht homologe Chromosomen. Erfolgt der Austausch der Chromosomenregionen wechselseitig, so spricht man von **reziproker Translokation.**

Meist betreffen T. immer nur eines der homologen Chromosomen der beteiligten Chromosomenpaare. So entstehen bei diploiden Organismen **Translokationsheterozygote.** Kommt es dagegen zu T. in beiden Chromosomen der beteiligten Paare, liegen **Translokationshomozygote** vor.

Bei der T. wird der Genbestand der Zelle nicht verändert; die translozierten Gene befinden sich danach lediglich in einer anderen Kopplungsgruppe. Die T. bei nicht homologen Chromosomen ist eine Chromosomenmutation (↑ auch Mutation). Reziproke Translokationen spielen bei der Entstehung von Arten eine Rolle (↑ Artbildung).

Transmitter (Überträgersubstanzen, Neurotransmitter): chemische Substanzen, die die Erregung an den ↑ Synapsen und der ↑ motorischen Endplatte übertragen und sehr schnell enzymatisch abgebaut bzw. wieder von der Nervenendigung resorbiert werden (Noradrenalin, Adrenalin).

↑ Acetylcholin wird bei Erregung aus den Endknöpfchen aller präganglionären Fasern des vegetativen Nervensystems, von den postganglionären parasympathischen Fasern, von den sympathischen Nerven, die die Schweißdrüsen versorgen, und von den gefäßerweiternden sympathischen Fasern in der Muskulatur freigesetzt.

Sämtliche anderen efferenten Fasern des vegetativen Nervensystems übertragen die Erregung durch Freisetzung von ↑ Noradrenalin (selten auch von ↑ Adrenalin).

Als T. in den cerebralen Synapsen wurden Noradrenalin, Dopamin, Aminobuttersäure, Substanz P, Glutamat, Glycin und Serotonin nachgewiesen; in neuerer Zeit wurden die Gase Stickstoffmonooxid und Kohlenstoffmonooxid als T. identifiziert.

Die Wirkung der T. ist z. T. depolarisierend, z. T. hyperpolarisierend (↑ Depolarisation).

Transpiration: die Wasserdampfabgabe aus lebendem Gewebe. Neben der Verdunstung von Wasser im Bereich von Wasserflächen und des Bodens spielt v. a. die T. der Pflanzen auf dem Festland eine besondere Rolle. Die T. hängt stark von klimatischen Faktoren (relative Feuchte, Temperatur und Bewegung der Luft) und vom Wassersättigungsgrad der Pflanze ab; da jedoch ein lebendes System regelnde Funktionen ausübt, sind nicht nur physikalische Gesetze wirksam. Die physiologische Regulation erfolgt durch den Öffnungsgrad der meist auf den Blattunterseiten angeordneten Spaltöffnungen (↑ auch Wasser), die auch den Gasaustausch ermöglichen.

Durch die T. wird bei Pflanzen und bei Tieren (auch beim Menschen) eine Abkühlung (Verdunstungskälte) der Körperoberfläche erreicht (↑Schweißdrüsen) und dadurch eine Überhitzung v.a. bei temperaturkonstanten Tieren vermieden (↑Schweißsekretion).

Transplantation: beim Menschen, bei Tieren und bei Pflanzen die Übertragung von Geweben oder Organen an eine andere Stelle desselben Organismus oder auf einen fremden Organismus derselben oder einer anderen Art. Bei Pflanzen ist dies eine allgemein übliche gärtnerische Maßnahme (Veredlung).

Medizinisch ist die T. von Interesse, wenn funktionsunfähige Organe auf diese Weise ersetzt werden können. Ein wesentliches Hindernis für einen dauerhaften Erfolg ist bis jetzt immer noch die ↑Immunreaktion gegen das fremde Organ. Die **Abstoßungsreaktion** ist umso heftiger, je »fremder« das Transplantat für den Empfänger ist. Hauttransplantationen am Körper desselben Menschen und Transplantationen zwischen eineiigen Zwillingen verlaufen deswegen ohne diese Komplikation.

Einer T. zwischen fremden Personen gehen umfangreiche Prüfungen der ↑Gewebsverträglichkeit voraus. Nach der T. versucht man mit Medikamenten (Cytostatika und Corticosteroide) oder Bestrahlungen die Bildung von Zellen des Immunsystems zu unterdrücken (Immunsuppression). Leider wird dadurch auch die Abwehr des Körpers gegen Infektionen geschwächt.

Transposone: Bezeichnung für Gene bzw. Gengruppen, die ihre Position zwischen verschiedenen Chromosomen oder zwischen einem Chromosom und einem Plasmid gewechselt haben.

Traube: ↑Blütenstände.

Traubenzucker (Glucose): das wichtigste Monosaccharid der Hexosereihe ($C_6H_{12}O_6$). Er kommt (stets in der D-Form) in den meisten Früchten, im Honig, in Samen und in Blättern vor. Auch im tierischen und menschlichen Organismus findet man reinen T., z.B. im Blut des Menschen (↑Blutzucker). T. ist wesentlich am Aufbau der Disaccharide und Polysaccharide beteiligt.

T. ist ein Produkt der ↑Fotosynthese und der Ausgangsstoff bei der ↑Dissimilation. Zur Darstellung der Struktur sind die kettenförmige Aldehyd- und die ringförmige Halbacetalform **(Pyranose)** gebräuchlich.

Durch das erste asymmetrische Kohlenstoffatom in der Ringformel des Traubenzuckers ergeben sich die α- und die β-Konfiguration der Glucose. Diese Konfigurationsunterschiede spielen eine große Rolle bei der Bildung der Polysaccharide.

In der ↑Cellulose liegt die β-D-Glucose, in ↑Stärke (Amylose und Amylopektin) die α-D-Glucose vor. Auch viele Disaccharide enthalten die D-Glucose, so z.B. ↑Rohrzucker und ↑Milchzucker.

Treibhauseffekt: Bezeichnung für den Einfluss der Erdatmosphäre auf den Strahlungs- und Wärmehaushalt der Erde, der der Wirkung eines Gewächshausdachs ähnelt. Wasserdampf und ↑Kohlenstoffdioxid in der Atmosphäre lassen die kurzwellige Sonnenstrahlung mit relativ geringer Abschwächung zur Erdoberfläche gelangen, absorbieren bzw. reflektieren (als atmosphärische Gegenstrahlung) jedoch den von der Erdoberfläche ausgehenden langwelligen Wärmestrahlungsanteil. Folge ist die globale Erwärmung der Erdatmosphäre. Weitere Treibhausgase sind Methan (CH_4), Chlor-Fluor-Kohlenstoffe (CFK), Distickstoffmonooxid (N_2O) und Ozon (O_3).

Trematodes: die ↑Saugwürmer.

Treponema: Gattung der ↑Spirochäten.

Tricarbonsäurezyklus: der ↑Citronensäurezyklus.

Trichine (Trichinella spiralis): eine Art der ↑Fadenwürmer, die als Parasit in Fleisch fressenden und alles fressenden Säugetieren und im Menschen vorkommt. T. sind 1,5 (♂) bis 4 mm (♀)

lang und, eingekapselt in Muskelgewebe, jahrelang lebensfähig. Durch den Genuss trichinösen Fleisches gelangen sie in den Darm und werden dort (als **Darmtrichinen**) geschlechtsreif. Die begatteten Weibchen gebären dann in der Darmwand über 1 000 Larven, die mit der Lymphe und dem Blut in die Muskeln, v.a. die stark durchbluteten, gelangen **(Muskeltrichinen),** um nach ihrer Weiterentwicklung im Muskelgewebe eingekapselt zu werden. Die Trichineninfektion verursacht neben allergischen Erscheinungen und Ödemen schwere Hirnhaut-, Lungen- und Herzmuskelentzündungen.

Trichomonas: Gattung birnenförmiger tierischer ↑Flagellaten, die überwiegend als harmlose Parasiten im menschlichen Darm oder (seltener) in der Mundhöhle leben. Eine Art wird durch Geschlechtsverkehr, aber auch z.B. über Handtücher oder Untersuchungsinstrumente, übertragen. Sie führt gelegentlich zu Entzündungen von Scham und Scheide **(Trichomoniasis)** und, bei Frauen und Männern, zur Harnröhrenentzündung.

Tricladida: die ↑Planarien.

Trieb: in der *Verhaltensforschung* und *Psychologie* die Bereitschaft, eine bestimmte Handlung (insbesondere ein ↑Instinktverhalten) ablaufen zu lassen. Die innere Erregung dafür wird nach den Vorstellungen der modernen Verhaltenslehre fortlaufend zentralnervös produziert und staut sich auf (Triebstau). Bei starkem Triebstau reicht schon ein schwacher spezifischer Reiz (↑Auslöser, ↑Schlüsselreiz) aus, der die innere Sperre über einen angeborenen ↑Auslösemechanismus beseitigt, um die Handlung ablaufen zu lassen **(Triebbefriedigung).**

Bleibt der Reiz aus, wird die angestaute Erregung in einer ↑Leerlaufhandlung aufgebraucht. Erfolgt eine Instinkthandlung mehrmals hintereinander, kann sie schließlich auch durch sehr starke Reize nicht mehr ausgelöst werden.

Zuweilen wird begrifflich zwischen T. und Drang unterschieden. Dann wird als T. der angestaute, als **Drang** der bereits ausgelöste bzw. durch Reize angeregte Erregungszustand bezeichnet.

Triiodthyronin: ↑Schilddrüsenhormone.

Trilobita (Dreilappkrebse): nach dem Paläozoikum ausgestorbene Klasse der Gliederfüßer. T. sind wichtige Leitfossilien, v.a. zur Gliederung des Kambriums. Sie lebten auf dem Meeresboden. Ihr stark gepanzerter Körper bestand aus drei Abschnitten, dem Kopfschild, Rumpf und Schwanzschild. T. häuteten sich während des Wachstums mehrmals und besaßen bis zu 30 Larvenstadien.

Triple-X-Syndrom: Symptomenkomplex beim Vorliegen von 3 X-Chromosomen (↑Chromosomenanomalien).

Trisomie: das Vorliegen eines überzähligen Chromosoms (↑Chromosomenanomalien).

Trittpflanzen: Bezeichnung für trittfeste Pflanzen, die auf Wegen existieren können, ohne einen nennenswerten Schaden zu nehmen (z.B. der Wegerich).

Trochophora: das Larvenstadium von Borstenwürmern (marine Ringelwürmer) und vielen marinen Schnecken und Muscheln. Diese Larven schwimmen in der Regel frei im Wasser. Ihr Körper ist etwa birnenförmig. Um die breiteste Stelle laufen zwei Wimpernkränze, zwischen denen die Mundöffnung liegt.

Bei der T. der Ringelwürmer bildet der hintere, längliche Teil des Körpers bei der Weiterentwicklung die Körpersegmente aus. – Bei der T. der ↑Weichtiere entstehen statt der Segmente Fuß und Mantel.

Trockenpflanzen: die ↑Xerophyten.

Trockenresistenz: bei Pflanzen die Fähigkeit, Trockenzeiten ertragen und überleben können. In Bezug auf ihre morphologisch-anatomischen Merkmale ist die T. artspezifisch und vererbbar. Bis zu einem gewissen Grad

T

kann sie jedoch auch durch Umweltbedingungen beeinflusst werden. Die Vererbung der T. wird zur Züchtung ertragreicher trockenresistenter Kulturpflanzensorten ausgenutzt. Trockenresistent sind z.B. die ↑Sukkulenten.

Trommelfell: elastische Membran, die die Paukenhöhle zum äußeren Gehörgang hin abschließt. Das T. wird durch Schallwellen in Schwingungen versetzt und gibt die Schwingungsenergie an die ↑Gehörknöchelchen weiter (↑Ohr). – Ein T. kommt auch bei bestimmten Gehörorganen der Insekten (↑Tympanalorgane) vor.

Trommelfellorgane: die ↑Tympanalorgane.

Trompetentierchen: ↑Wimpertierchen.

Trophiestufen: Die Arten eines Ökosystems können nach ihrer Hauptnahrungsquelle verschiedenen Ernährungsebenen (trophischen Ebenen), den T., zugeordnet werden: Die autotrophen Pflanzen sind die Produzenten und die heterotrophen Tiere (Pflanzen- und Fleischfresser) sind die Konsumenten.

Tropismus: die Bewegung ortsfester Pflanzen oder ihrer Organe, die eine Beziehung zur Richtung des einfallenden Reizes erkennen lässt (Gegensatz: ↑Nastie). Krümmt sich eine Pflanze zum Reiz hin ein, spricht man von einem **positiven Tropismus,** wendet sie sich von der Reizquelle ab, von **negativem Tropismus.** Auch die Einstellung in einen bestimmten Winkel zur Reizrichtung kommt vor. Die Bewegungen beruhen auf unterschiedlichem Wachstum der Seiten eines Organs oder (selten) auf Schwankungen des ↑Turgors.

Da das Licht für Pflanzen wesentliche Bedeutung hat, ist der **Fototropismus** sehr häufig. Die Sprossachse krümmt sich meist zum Licht hin, die Wurzeln reagieren dagegen negativ fototrop, die Blätter stellen sich i. A. mit ihrer Oberseite zum Licht hin ein. Die Krümmung des Sprosses kommt durch starkes Wachstum der Schattenseite zustande (↑auch Wuchsstoffe). Im Laufe der Entwicklung kann sich die Richtung der fototropen Bewegung umkehren: Zur Blütezeit sind z.B. die Blütenstiele des Zymbelkrauts zum Licht hin orientiert, während der Fruchtreife werden sie negativ fototrop und legen so die Samen in Mauerritzen ab.

Ähnlich weit verbreitet ist der **Geotropismus** (durch die Schwerkraft bestimmter Tropismus). Die Hauptsprosse sind meist negativ, die Hauptwurzeln meist positiv geotrop. Seitensprosse und Seitenwurzeln stellen sich in einem bestimmten Winkel zur Schwerkraftrichtung, z.B. senkrecht (Transversalgeotropismus), ein. Die Wirkung der Schwerkraft lässt sich nachweisen, indem man z.B. Bohnensamen auf einer waagrechten Scheibe keimen lässt, die sich so schnell dreht, dass die Zentrifugalkraft gerade so groß ist wie die Schwerkraft. Spross und Wurzel der Keimlinge wachsen dann genau in Richtung der Winkelhalbierenden zwischen den beiden Kräften. Der Schwerereiz wirkt auf die Stärkekörner in den Zellen (Statolithen).

Die Ranken der Kletterpflanzen reagieren auf einseitige Berührung mit stärkerem Wachstum der gegenüberliegenden Seite **(Haptotropismus, Thigmotropismus).** Der berührte Gegenstand wird umschlungen, wobei Berührung durch Flüssigkeiten von den Pflanzen nicht als haptotroper Reiz empfunden wird. **Chemotropismus** ist bei Pilzen häufig zu finden. Sind bestimmte Substanzen in der Umgebung der Pilzfäden ungleichmäßig verteilt, ziehen sie diese an (Zucker, Fleischextrakt) oder stoßen sie ab (Säuren). Bei höheren Pflanzen wird die Wachstumsrichtung der Pollenschläuche zur Samenanlage chemotrop gelenkt. Viele Wurzeln lassen ein Krümmungswachstum zu Orten höherer Feuchtigkeit erkennen **(Hydrotropismus).** – Wahrscheinlich ist beim **Thermotropismus**

T

(durch Wärmereize ausgelöster Tropismus, z.B. bei Kompasspflanzen) noch zusätzlich ein Chemotropismus beteiligt.

Tropophyten: an wechselfeuchten Standorten vorkommende Pflanzen. Neben dem Wechsel von Feucht- und Trockenzeiten kommt dort auch ein Wechsel zwischen warmen und kalten Jahreszeiten vor. An Trockenzeiten anpassen müssen sich die T. insofern, als sie während der Frostperioden kein Wasser aus dem gefrorenen Boden aufnehmen können. Holzgewächse werfen in den Kälte- und Trockenzeiten die Blätter ab und schützen die Knospen durch Knospenschuppen vor dem Austrocknen. Arten, die xeromorph gebaute Blätter besitzen (z.B. Nadelbäume), behalten diese. Stauden und zweijährige Pflanzen überdauern mit Erdsprossen (↑ Rhizome) und unterirdischen Erneuerungsknospen. Einjährige Pflanzen überdauern ausschließlich durch ihre Samen.

Trugdolde: ↑ Blütenstände.

Trypanosoma: Gattung spindelförmiger Geißeltierchen (↑ Flagellaten), die im Blut der Wirbeltiere und des Menschen parasitieren und gefährliche Krankheiten, wie z.B. Schlafkrankheit, Nagana und Beschälseuche, hervorrufen können.

Trypsin: ein ↑ Enzym, dessen Vorstufe in der Bauchspeicheldrüse produziert wird und das im Dünndarm den von dem Enzym ↑ Pepsin im Magen begonnenen Eiweißabbau (↑ Verdauung) bis zu Oligopeptiden fortsetzt. T. ist nur aktiv bei einem pH-Wert > 7, also im alkalischen Bereich.

Tryptophan: eine essenzielle α-Aminosäure (↑ Aminosäuren). T. kommt in nur geringen Mengen in den Eiweißen vor. Der Abbau von T. führt zu Nicotinsäure, was für die Biosynthese von ↑ Nicotinsäureamid von Bedeutung ist.

T-Suppressorzellen: Gruppe der ↑ T-Lymphocyten.

Tuba auditiva: die ↑ Eustachi-Röhre.

Tuben: die ↑ Eileiter.

Tumor: ↑ Krebs.

Tumorgene: die ↑ Onkogene.

Tunicata: die ↑ Manteltiere.

Tüpfel: Bleiben einzelne Stellen der sekundären pflanzlichen Zellwand unverdickt, entstehen Aussparungen oder Tüpfel. T. benachbarter Zellen werden auf beiden Seiten der Mittellamelle an einander genau entsprechenden Stellen angelegt. Durch die Schließhaut (= Mittellamelle) werden sie voneinander getrennt. Mehrere T. können sich zu einem **Tüpfelkanal** vereinigen. Die T. werden von Plasmasträngen **(Plasmodesmen)** durchzogen und dienen v.a. dem Stoffaustausch zwischen den Zellen.

Turbellaria: die ↑ Strudelwürmer.

Turgor:

◆ *Botanik:* Im Innern einer pflanzlichen Zelle herrscht ein bestimmter Druck (Wanddruck), mit dem der Protoplast an die aus Cellulose bestehende Zellwand gedrückt wird. Für diesen T. sind osmotische Vorgänge verantwortlich (↑ Osmose), indem durch den semipermeablen, wandständigen Protoplasten Wasser in die salz- und zuckerhaltige Vakuolenflüssigkeit diffundiert.

Turgeszent nennt man solche Zellen, deren T. groß ist. Von **deturgeszenten** Zellen spricht man dagegen, wenn durch Wasserabwanderung nach außen der T. klein wird (z.B. das Welken der Pflanzen). Die Festigkeit krautiger Pflanzen beruht auf einem genügend großen T. der einzelnen Zellen.

◆ *Medizin:* Spannungsgefühl (neben Rötung, Schmerz und Wärme) bzw. Spannungszustand eines Gewebes als Symptom einer Entzündung.

Turner-Syndrom: ↑ Chromosomenanomalien.

Tympanalorgane (Trommelfellorgane): v.a. bei lauterzeugenden Insekten vorkommende Gehörorgane, die sich von den ↑ Chordotonalorganen ableiten. Charakteristisch ist, dass sie eine dünne Chitinmembran als Trommelfell

T

(Tympanum) im Bereich der Chitincuticula besitzen. Darunter liegt der blasenartig erweiterte Teil einer Trachee als Resonanzteil.
Die T. liegen seitlich in den Körpersegmenten, in den Vorderbeinen oder in der Flügelbasis.

Tyrosin: eine α-Aminosäure (p-Hydroxyphenylalanin; ↑Aminosäuren) mit einem aromatischen Rest. T. kommt in fast allen Proteinen vor. Der Abbau von T. führt über Dihydroxyphenylalanin (Dopa) zu ↑Dopamin, das von großer physiologischer Bedeutung ist. Dopamin ist das Ausgangsprodukt für Hormone (Adrenalin und Noradrenalin; ↑auch Transmitter); Dopa ist Ausgangssubstanz für ↑Melanine.

T-Zellen: die ↑T-Lymphocyten.

U

Überaugenwulst: Bei den Affen sowie den Vor-, Ur-, Früh- und Altmenschen ist bzw. war der Teil des Stirnbeins (Schädel), der direkt über den Augen liegt, wulstartig nach vorn gewölbt.

Übersprunghandlung: Bewegungen, die plötzlich in eine Instinkthandlung eingeschoben werden. Sie leiten sich von anderen Verhaltensweisen ab und treten ohne erkennbaren Anlass auf. Häufig werden in Konfliktsituationen die gestauten Erregungen auf diese Weise abgeleitet.
Bekannt ist das Futterpicken bei Hähnen: Überwiegt bei etwa gleich starken Hähnen weder Kampf- noch Fluchttrieb, weichen sie in das »unverfängliche« Picken aus, bis einer der Triebe wieder die Oberhand gewinnt. – ↑auch Leerlaufhandlung.

Überträgersubstanzen: die ↑Transmitter.

Ulna: die ↑Elle, ein Unterarmknochen.

umkippen: Gewässer kippen um, wenn durch Eutrophierung (↑eutroph) der Sauerstoffgehalt so stark reduziert wird bzw. ganz verbraucht ist, dass kein aerobes Leben mehr möglich ist. Durch Erwärmung wird dieser Vorgang noch beschleunigt. – ↑auch biologische Selbstreinigung.

Umwandlungsmännchen: männliche Individuen bestimmter Tierarten, die durch Umwelteinflüsse das Geschlecht ändern. Man nennt diesen Vorgang auch modifikatorische Geschlechtsbestimmung.
Beispielsweise sind die Jungtiere eines im Meer lebenden Ringelwurms der Gattung Ophryotrocha alle männlich. Sie werden zu Weibchen, wenn sie ein Wachstumsstadium von rd. 20 Körpersegmenten erreicht haben. Schneidet man diese Weibchen auf 5–10 Segmente zurück, so wandeln sich die (zur Regeneration fähigen) Tiere wieder zu Männchen um. Auch unter natürlichen Bedingungen (Nahrungsmangel, Veränderung der chemischen Zusammensetzung des Meerwassers) werden aus Weibchen wieder männliche Tiere. Hält man zwei Weibchen in einer Kulturschale, dann wird das weniger Eier tragende Weibchen zum U., dass das

Übersprunghandlung:
Die menschliche Verlegenheitsgeste des Sich-an-den-Kopf-Fassens

U

Gelege des Partners besamt. Vermutlich werden von den Eiern vermännlichende Stoffe gebildet.

Umweltfaktoren: alle Bedingungen, die außerhalb eines Organismus gegeben sind und auf sein Leben Einfluss nehmen. U. sind z.B. Klima (Temperatur, Licht, Feuchtigkeit, Wind) und Bodenbeschaffenheit (Wasserführung, chemische Bestandteile, pH-Wert). Hierzu gehören aber auch die Lebensäußerungen von Pflanzen, Tieren und den Menschen sowie deren Beziehungen untereinander. Die U. beeinflussen in erheblichem Maß die Zusammensetzung von Tier- und Pflanzengesellschaften.

Umweltschutz: die Gesamtheit aller Maßnahmen, die dazu dienen, die natürlichen Lebensgrundlagen von Pflanze, Tier und Mensch zu erhalten bzw. ein gestörtes ökologisches Gleichgewicht wieder auszugleichen. Im engeren Sinne ist U. das Bestreben, die Auswirkungen früherer, jetziger und zukünftiger Tätigkeiten des Menschen so zu gestalten bzw. zu beeinflussen, dass die menschliche Gesundheit gewahrt wird und die Natur sich möglichst uneingeschränkt entwickeln kann.

ungeschlechtliche Fortpflanzung (vegetative Fortpflanzung, asexuelle Fortpflanzung): Die u. F. geht nicht wie die ↑geschlechtliche Fortpflanzung von haploiden Keimzellen aus, sondern von i.d.R. diploiden Körperzellen des mütterlichen Organismus, bei Einzellern von deren einziger Körperzelle. Die Tochterindividuen haben daher dieselben Chromosomensätze und mitunter dasselbe plasmatische Erbgut wie das Lebewesen, von dem sie über mitotische Zellteilungen (↑Mitose) abstammen.

Bei Einzellern beruht die u. F. auf einer einfachen mitotischen Zweiteilung oder (z.B. bei Amöben) auf einer **multiplen Zellteilung** (Vielfachteilung, Mehrfachteilung), bei der sich die Mutterzelle in mehrere bis viele Tochterzellen aufteilt, nachdem sich ihr Kern zuvor entsprechend oft nacheinander geteilt hat. Diese Art der ungeschlechtlichen Fortpflanzung wird z.B. bei den Sporentierchen auch ↑Schizogonie genannt.

Bei tierischen Mehrzellern kann die u. F. durch ↑Sprossung (↑auch Strobilation) oder durch Polyembryonie erfolgen. Bei der **Polyembryonie** teilt sich der junge, meist erst wenigzellige Keim (z.T. auch schon die befruchtete Eizelle) in mehrere, zu selbstständigen Embryonen heranwachsende Teile auf. Dies kommt v.a. bei Schlupfwespen und Gürteltieren vor. Auch eineiige Zwillinge bzw. ↑Mehrlinge entstehen auf diese Weise.

Bei mehrzelligen Pflanzen sind die Bildung von ↑Sporen, ↑Brutknospen, ↑Knollen, ↑Zwiebeln, ↑Ausläufern und ↑Rhizomen Formen der ungeschlechtlichen Fortpflanzung.

Ungulata: die ↑Huftiere.

Uniformitätsregel: die erste der ↑Mendel-Regeln.

unit membrane ['ju:nit membrein]: aus dem Englischen stammende Bezeichnung für die ↑Einheitsmembran.

Unpaarhufer: eine Ordnung großer, nicht wiederkäuender, Pflanzen fressender Säugetiere, die durch eine unpaare Anzahl huftragender Zehen gekennzeichnet ist. Die dritte Zehe ist stark entwickelt, die anderen Zehen mehr oder weniger zurückgebildet (z.B. bei Tapiren und Nashörnern) oder völlig reduziert (z.B. bei ↑Pferden). U. sind seit dem Alttertiär (Eozän) bekannt.

Unterart (Subspecies, Rasse): eine systematische Einheit (↑Systematik), in der innerhalb einer Tier- oder Pflanzenart Individuen mit auffallend ähnlichen Merkmalen zusammengefasst werden. Mehrere U. einer Art unterscheiden sich durch ihren Genbestand voneinander. Individuen verschiedener U. einer Art können sich untereinander fruchtbar kreuzen. Eine U. kann noch

U

in ↑Varietäten oder Sorten untergliedert werden.

Unterblatt: ↑Laubblatt.

Unterhaar: ↑Haare.

Unterhaut: die auf die Lederhaut folgende Gewebsschicht unter der ↑Haut.

Unterschlundganglion: ↑Nervensystem.

Unverträglichkeit: die ↑Inkompatibilität.

unwillkürliche Muskeln: Bezeichnung für Muskeln, die nicht dem Willen unterworfen sind. U. M. sind die ↑glatten Muskeln und der Herzmuskel (↑quer gestreifte Muskeln).

Uracil: eine organische, vom Pyridin abstammende Base. U. spielt in der Natur als Baustein der Ribonucleinsäure (↑RNA) eine wichtige Rolle. Seine komplementäre Base ist ↑Adenin (↑auch genetischer Code).

Urdarm: ↑Keimesentwicklung.

Urease: im Jahr 1926 als erstes Enzym in reiner, kristallisierter Form dargestellte ↑Hydrolase, die die Spaltung von Harnstoff in Kohlenstoffdioxid und Ammoniak katalysiert. U. ist weit verbreitet im Pflanzenreich, in Pilzen und Bakterien.

Uredinales: die ↑Rostpilze.

Ureizellen: die ↑Oogonien der tierischen Organismen.

Ureter: der ↑Harnleiter.

Urethra: die ↑Harnröhre.

Urfarne: die ↑Nacktfarne.

Urgeschlechtszellen: ↑Keimbahn.

Urin: der ↑Harn.

Urinsekten: in einer Ordnung zusammengefasste, nicht näher miteinander verwandte Unterklassen der Insekten, die sich durch urtümliche Merkmale (z.B. Flügellosigkeit, die Ausbildung von gliedmaßenähnlichen Extremitäten an den Hinterleibssegmenten) auszeichnen. Zu den U. gehören z.B. das Silberfischchen sowie die Spring- und Doppelschwänze.

Urkeimzellen: ↑Keimbahn.

Urmund: Bei der Ausbildung der Gastrula (↑Becherkeim) entsteht der U. als Eingangsöffnung in die Gastrulahöhle (Urdarm). Je nachdem, ob der U. später zum definitiven Mund oder zum After wird, unterscheidet man ↑Protostomier und ↑Deuterostomier.

Urmundtiere: die ↑Protostomier.

Urniere (Mesonephros): der Ausscheidung dienendes Organ, das bei Fischen und Lurchen vorkommt und bei den Embryonen der Kriechtiere, Vögel und Säuger (einschließlich Mensch) angelegt, später aber dann von der Nachniere (↑Niere) abgelöst wird.

Wie bei der früher angelegten ↑Vorniere ragen offene Wimperntrichter in die sekundäre Leibeshöhle. Von ihrem Gang ausgehend oder als Neubildung haben sich jedoch, abgetrennt von der Leibeshöhle, Nierenkörperchen **(Malpighi-Körperchen)** gebildet. Diese bestehen aus einem feinen Haargefäßknäuel (Glomerulus), das von einer Kapsel (Bowman-Kapsel) umgeben ist. Ein stark gewundenes Nierenkanälchen führt zum **Urnierengang** (Wolff-Gang), dem primären Harnleiter. Dieser wird bei den männlichen Kriechtieren sowie bei Vögeln und Säugern zum Harn-Samen-Leiter.

Die Harnbereitung erfolgt ähnlich wie bei der ↑Niere des Menschen.

Urobilin: Abbauprodukt des Bilirubins; ↑Gallenfarbstoffe.

Urodela: die ↑Schwanzlurche.

Urogenitalsystem: zusammenfassende Bezeichnung für die Geschlechts- und Ausscheidungsorgane, zwischen denen enge entwicklungsgeschichtliche und auch räumliche Beziehungen bestehen.

Ursuppe: Bezeichnung für eine Mischung aus Wasser, Schwefelwasserstoff, Methan und Ammoniak, die der Biochemiker St. Miller elektrischen Entladungen aussetzte und auf diese Weise die Bildung von Biomolekülen (z.B. Aminosäuren) hervorrief. Mit diesem Experiment gelang ihm im Jahr 1953 ein Nachweis dafür, dass organische Substanzen unter den Bedingungen von Uratmosphäre und Urozean entstehen konnten.

Urtierchen: die ↑Protozoa.

Urwald: ein vom Menschen nicht oder wenig beeinflusster Wald.

Uterus: die ↑Gebärmutter.

Utriculus: eine säckchenförmige Struktur an der Basis der Bogengänge im Innenohr (↑Ohr).

V

Vagina: die ↑Scheide.

Vakuole: ein wesentlicher Bestandteil der differenzierten Pflanzenzelle. In jungen Zellen finden sich zahlreiche kleine, safterfüllte Räume, die sich in der ausgewachsenen Pflanzenzelle zu einer großen V. vereinigen. Der Protoplast wird dabei bis auf einen dünnen Wandbelag zurückgedrängt. Die V. wird durch eine dünne Plasmahaut **(Tonoplast)** vom Plasma getrennt.
Der Inhalt der V. ist unterschiedlich. Meist ist es ein Zellsaft, in dem Zucker, organische Säuren, Proteine und Salze gelöst sind. Durch diese Inhaltsstoffe werden die osmotischen Eigenschaften der Pflanzenzelle bestimmt (↑Osmose, ↑Turgor). Die V. wird aber auch als Speicher für Exkrete benutzt. So können Farbstoffe (Anthocyane), Gerbstoffe, Öle, Kristalle (Oxalate), Alkaloide oder Kautschuk gespeichert werden.
In der **tierischen** ↑**Zelle** unterscheidet man je nach ihrer Aufgabe Nahrungs- und ↑pulsierende Vakuolen, die bei den Einzellern Verdauungs- bzw. Ausscheidungsfunktion haben.

Vampire: artenarme Familie nachtaktiver, Blut saugender ↑Fledermäuse in den Tropen und Subtropen Amerikas. Mithilfe von messerscharfen Schneidezähnen fügen sie v.a. großen Säugetieren (gelegentlich auch dem Menschen) winzige Hautwunden zu, aus denen sie mit der Zunge das austretende Blut auflecken. Dadurch vermögen V. Krankheiten (u.a. Tollwut) zu übertragen. Die Vampire sind die einzigen bis jetzt bekannten Warmblüter, die nicht an Tollwut erkranken.

van't-Hoff-Regel: die ↑RGT-Regel.

Variation: das Auftreten erblicher oder nichterblicher Unterschiede bei Individuen einer Art oder einer Population. Die V. ist ein Ergebnis der Verschiedenartigkeit und Veränderlichkeit der einzelnen Merkmale. Die Entstehung abweichender Merkmalsausprägungen kann auf Umwelteinflüsse, auf Neukombination der elterlichen Erbanlagen oder auf ↑Mutation zurückzuführen sein. Das Ausmaß dieser Schwankungen, etwa vom kleinsten zum größten Individuum wird als **Variationsbreite** bezeichnet.

Varietät (Abart): eine unter der ↑Unterart stehende systematische Kategorie (↑Systematik). In einer V. werden diejenigen Individuen zusammengefasst, die sich aus verschiedenen Gründen deutlich von den anderen Individuen derselben Unterart unterscheiden.

Vasopressin (Adiuretin): eines der neurosekretorischen Hormone des Hypophysenhinterlappens. V. hemmt die Diurese, d.h., es fördert die Rückresorption des Wassers in der Niere und bewirkt damit die Konzentrierung des Harns. Außerdem wirkt V. blutdrucksteigernd.

Vasotonin: das ↑Adrenalin.

Vater-Pacini-Lamellenkörperchen: ↑Tastkörperchen.

Vaterschaftsnachweis: Der häufigste V. beruht auf der Erblichkeit von Blutfaktoren, insbesondere der Blutgruppen. Die Allele A und B sind dominant über 0. Ein Elter mit der Blutgruppe A kann also Geschlechtszellen nur eines Typs, nämlich mit dem Allel A, oder, wenn er mischerbig ist, zwei Typen bilden, nämlich mit dem Allel A oder dem Allel 0.
Da die Blutgruppen nach den ↑Mendel-Regeln vererbt werden, kann man theoretisch die möglichen Erbgänge bei

V

beliebigen Eltern zusammenstellen und bestimmte Blutgruppen ausschließen.

Vegetationskegel: An den Spitzen des Sprosses und der Wurzel liegt je ein V., der aus einem Urmeristem besteht, das seit der Keimung der Pflanze tätig ist. In ihm liegen Zellen **(Initialzellen),** die sich laufend entweder parallel oder senkrecht zur Oberfläche des Vegetationskegels teilen. Die nach hinten abgegliederten Zellen differenzieren sich nach einem Streckungswachstum zu den verschiedenen Gewebetypen. Der V. der ↑Wurzeln wird durch die Wurzelhaube geschützt. Bei Höheren Pflanzen besteht der V. aus mehreren Zellen. Bei Niederen Pflanzen (bei den meisten Farnpflanzen) findet man oft nur eine einzige Zelle **(Scheitelzelle).**

Vegetationsperiode: der Zeitraum, in dem eine Pflanze wächst, blüht und Samen bildet. Die Zeit der Vegetationsruhe ist in unseren Breiten meist der Winter.

vegetative Fortpflanzung: die ↑ungeschlechtliche Fortpflanzung.

vegetativer Pol: ↑Eizelle.

vegetatives Nervensystem (Vegetativum, autonomes Nervensystem, Eingeweidenervensystem): Teil des Nervensystems der Wirbeltiere, das v.a. die Eingeweide, Blutgefäße, das Herz, die Ausscheidungs- und Geschlechtsorgane und die Drüsen innerviert. Es dient dazu, das innere Milieu konstant zu halten und die Prozesse im Körperinneren bei Belastung des Organismus anzupassen. Das v. N. unterliegt nicht der direkten willkürlichen Kontrolle. Die zentralen Anteile des v. N. liegen im Rückenmark (Seitenhörner) und im Gehirn (verschiedene Zentren und Kerne, Teile des Hirnstamms und v.a. Hypothalamus); die peripheren Anteile sind in drei Untersystemen wirksam, dem sympathischen und dem parasympathischen Nervensystem sowie dem Darmnervensystem.

Die Ganglien des **sympathischen Systems (Sympathikus)** bilden beiderseits der Wirbelsäule eine Kette (**Grenzstrang, Orthosympathikus,** Sympathikus im engeren Sinne). Ihre Zellen empfangen Erregungen über die motorischen Wurzeln des Rückenmarks und leiten sie zu den Erfolgsorganen, wobei meist in den Ganglien der Körperhöhle (z.B. Ganglion stellatum und Ganglion coeliacum oder Solarplexus) eine weitere Umschaltung stattfindet. An den Synapsen sind Adrenalin und Noradrenalin die ↑Transmitter.

Zum **parasympathischen System (Parasympathikus)** gehören vier vom Hirnstamm ausgehende ↑Hirnnerven, von denen drei den Kopfbereich versorgen und der X. Hirnnerv, der Nervus vagus, praktisch den gesamten Brust- und Bauchraum parasympathisch innerviert und Nervenzellen in den Seitenhörnern der untersten Segmente des Rückenmarks die Geschlechtsorgane, die Blase und den Mastdarm versorgen. Die efferenten Bahnen ziehen zu Ganglien in der Nähe oder im Inneren der Erfolgsorgane. Transmitter ist Acetylcholin.

Das **Darmnervensystem** steuert die Darmbewegungen zum Transport und der Durchmischung des Darminhalts und die Sekretion der Drüsen in der Darmwand. Die Nervenzellen (sensorische, motorische, Interneurone zwischen beiden und Cajal-Zellen, vermutlich mit Schrittmacherfunktion) des Darmnervensystems bilden Geflechte (Plexus) in der Darmwand. Das Darmnervensystem ist prinzipiell unabhängig von Sympathikus und Parasympathikus, kann aber von diesen beeinflusst werden.

Das v. N. arbeitet bei starker Belastung (Hunger, Flucht, Angst usw.) als Ganzes. Muss der Körper auf Aktion eingestellt werden, so arbeitet der Sympathikus: Herz, Kreislauf, Atmung und die Hormonausschüttung werden aktiviert, dagegen wird der Blutstrom zum Darm und den Exkretionsorganen gedrosselt. Das Nebennierenmark, ein

umgewandeltes sympathisches Ganglion, schüttet bei Erregung ein Gemisch aus Adrenalin und Noradrenalin in den Kreislauf aus, wodurch Glucose und freie Fettsäuren als »Brennstoffe« bereitgestellt werden.
Bei Ruhe arbeitet der Parasympathikus: Der Herzschlag wird verringert, die Darmtätigkeit aktiviert.

Velamen: ↑ Orchideen.

Venen (Blutadern): alle zum Herzen führenden ↑ Blutgefäße. Venenklappen in den V. verhindern ein Zurückfließen des Blutes. – ↑ auch Blutkreislauf.

Venolen: die Blutgefäße, die das Blut zum Herzen hin transportieren und deren Größe zwischen denen einer Vene und einer Kapillare liegt.

Ventriculus: der ↑ Magen.

Ventrikel:

- die Herzkammer (↑ Herz).
- vier im ↑ Gehirn liegende, untereinander und mit dem Zentralkanal des Rückenmarks verbundene Hohlräume, die mit der ↑ Cerebrospinalflüssigkeit gefüllt sind.

Verdauung (Digestion): die Umwandlung der mit der Nahrung aufgenommenen Makromoleküle mithilfe von Enzymen in niedermolekulare, wasserlösliche Stoffe, sodass sie (bei Protozoen) durch die Membranen der Verdauungsvakuole in das Zellplasma bzw. (bei höheren Tieren) durch die Membranen der Verdauungsorgane in die Transportflüssigkeiten, Blut oder Lymphe, passiv hindurchtreten oder aktiv hindurchtransportiert werden können.
Beim Verdauungsvorgang werden Kohlenhydrate von Carboxylasen zu Monosacchariden, Eiweiße von Proteasen zu Aminosäuren und Fette von Lipasen zu Glycerin und Fettsäuren hydrolytisch gespalten.
Bei *Einzellern* und vielen *Wirbellosen* (Schwämme, Hohltiere, Strudelwürmer, einige Muscheln und Schnecken) erfolgt die V. innerhalb der Zellen **(intrazelluläre V.)** in sog. **Verdauungsvakuolen,** in die vom ↑ Golgi-Apparat her Verdauungsenzyme abgesondert werden.
Bei höheren Tieren erfolgt die V. im Darm **(extrazelluläre V.).** Dabei kann die Nahrung bereits außerhalb des Körpers durch nach außen abgegebene Verdauungsenzyme vorverdaut und dann verflüssigt in den Darm aufgenommen werden (**extraintestinale V.;** z.B. bei Seesternen und Spinnen).
Bei *Wirbeltieren* spaltet das im Mundspeichel enthaltene Enzym ↑ Ptyalin Kohlenhydrate. Durch die ↑ Speiseröhre gelangt der zerkleinerte und stark eingespeichelte Nahrungsbrei in den ↑ Magen. Solange er vom sauren Magensaft noch nicht durchtränkt ist, läuft die im Mund begonnene Spaltung der Kohlenhydrate weiter. Dann setzt bei einem pH-Wert von 3 bis 1,5 v.a. durch das Enzym ↑ Pepsin die Eiweißspaltung ein.
In kleinen Portionen entlässt der Magenpförtner am Magenausgang den Speisebrei in den Zwölffingerdarm, in dem der ↑ Gallensaft Fette in kleinste Tröpfchen zerlegt (emulgiert) und der Bauchspeichel zunächst die Säure des Magensaftes neutralisiert (durch ↑ Sekretin), den Brei alkalisch macht und anschließend weiterverdaut (↑ Bauchspeicheldrüse).
Der sich an den Zwölffingerdarm anschließende Dünndarm vollendet die begonnene V. mithilfe des Darmsafts. Der Dünndarm entzieht dem Nahrungsbrei die Nährstoffe und gibt sie an Blut und Lymphe weiter. – Der Dickdarm entzieht dem unverdaulichen Rest Wasser und Salze, dickt ihn dabei ein und formt ihn im Mastdarm zu Kotballen, die durch den After ausgeschieden werden.
Bei reinen Pflanzenfressern (Wiederkäuer, Flusspferde, Faultiere, einige Affenarten) wird v.a. die sonst unverdauliche Cellulose in einem oder mehreren ↑ Vormägen durch Mikroorganismen aufgeschlossen (verdaut). Diese Mikroorganismen werden dann später als Ei-

V

weißlieferanten selbst verdaut (↑auch Wiederkäuer).

Verdauungsorgane: alle Organe, die der ↑Verdauung der Nahrung und ihrer Resorption sowie der Ausscheidung der unverdaulichen Substanzen dienen.

Verdauungsspeichel: ↑Speicheldrüsen.

Verdünnungsspeichel: ↑Speicheldrüsen.

Verdunstung: die ↑Evaporation.

Vererbung: die Übertragung von genetischer Information von den Elternindividuen auf deren Nachkommen bei Mikroorganismen, Pflanzen, Tieren und dem Menschen. Die V. erfolgt nach bestimmten von der Genetik erforschten Gesetzmäßigkeiten (z.B. nach den ↑Mendel-Regeln).

Die genetische Information (↑genetischer Code) liegt in den meisten Fällen in Form einer großen Zahl von Genen auf einem fadenförmigen DNA-Molekül. Bei Lebewesen mit einem echten Zellkern sind diese DNA-Moleküle in die Chromosomen eingebettet, während sie bei ↑Bakterien und ↑Cyanobakterien frei (ohne Hüllmembran) in der Zelle liegen. Einige ↑Viren haben anstelle der DNA ein RNA-Molekül. Die Chromosomen werden bei der Zellteilung durch die ↑Mitose geordnet an die Nachkommen weitergegeben. Bei der geschlechtlichen Fortpflanzung werden die Erbanlagen im Verlauf der ↑Meiose neu kombiniert.

Neben dem Zellkern enthalten auch ↑Mitochondrien und ↑Plastiden in geringen Mengen DNA und daher auch genetische Information, die im Rahmen der Fortpflanzung und V. weitergegeben wird. Da in den meisten Fällen nur von dem weiblichen Organismus in den Eizellen größere Plasmamengen an die Nachkommen weitergegeben werden, folgt diese **plasmatische Vererbung** nicht den klassischen Vererbungsgesetzen.

Nicht vererbt werden erworbene Eigenschaften eines Lebewesens; sie können allerdings als Dauermodifikationen auf noch ungeklärte Weise über einige Generationen lang weitergegeben werden. Veränderungen im Erbgut sind nur durch Mutationen und Rekombinationen möglich.

Vererbungslehre: die ↑Genetik.

Vergeilung (Etiolement): das Phänomen, dass Pflanzen bei Lichtmangel ungewöhnlich lange Internodien bilden und nur kleine Blätter sowie fast kein Chlorophyll aufweisen (z.B. Spargel, Dunkelkeimung der Kartoffeln).

Vergesellschaftung (Soziation): jede Form des Zusammenlebens von Individuen der gleichen Art oder verschiedener Arten, die u.a. durch gleiche oder ähnliche Ansprüche an Umweltbedingungen und Lebensort bedingt ist. Das Zusammenleben oder die V. von Tieren oder Pflanzen zeigt gewisse Gesetzmäßigkeiten. Grundsätzlich sind sowohl bei Pflanzengesellschaften als auch bei Tiergesellschaften die für die Zusammensetzung bestimmenden Faktoren die gleichen (↑Biozönose, ↑Ökosystem). Bei *Pflanzen* ist der Einfluss der abiotischen Faktoren (Licht, Temperatur, Wasser, Boden) deutlicher (↑Pflanzensoziologie).

Bei *Tieren* sind die Beziehungen der Arten untereinander besser zu erkennen. Sie reichen von dem völlig neutralen Nebeneinanderwohnen **(Synözie)** über den Kommensalismus (↑Kommensalen), das Räuber-Beute-Verhältnis bis zu den komplizierten Formen der ↑Symbiose und des Parasitismus (↑Parasiten). Vielfach verändern sich Vergesellschaftungen im Laufe der Zeit durch Zuwanderung neuer Arten oder durch Änderung der Standortverhältnisse, die oft von den Lebewesen selbst verursacht werden (z.B. Verlandung eines Sees). Diese Erscheinung wird als ↑Sukzession bezeichnet, wobei tagesperiodische oder jahreszeitliche Änderungen nicht hierzu zählen.

Verhaltensforschung (Ethologie): der von K. LORENZ begründete Forschungsbereich der Biologie, der das objektiv beobachtbare Verhalten von Tieren und Menschen untersucht. Das Verhalten wird hierbei v.a. in der natürlichen Umwelt beobachtet und entweder rein beschreibend dargestellt **(deskriptive V.)** oder mit dem Verhalten anderer Arten verglichen **(vergleichende V.)**. Werden die Versuchsbedingungen verändert, um Zusammenhänge von Ursachen und Wirkungen aufzuspüren, spricht man von **experimenteller V.,** wie sie z.B. die Verhaltensphysiologie praktiziert. Von der **allgemeinen V.** werden besonders die stofflichen Grundlagen des Verhaltens (Nervenzellen, Schaltungen, Sinnesorgane) untersucht, während die **spezielle V.** ein bestimmtes Verhalten (z.B. Brutpflege, Nahrungserwerb, soziales Verhalten) erforscht. Das Teilgebiet der vergleichenden V., das sich mit dem Menschen, seinen angeborenen Verhaltensmustern und ihren Wirkungen befasst, wird **Humanethologie** genannt.

Verhaltensmuster: Bezeichnung für eine Reihe funktionaler Verhaltenseinheiten, die sich aus trennbaren kleineren (gleichzeitig oder unmittelbar aufeinander folgenden) Verhaltensweisen zusammensetzen. Ein V. ist z.B. das bei Säuglingen und Kleinkindern aufgrund von Schmerz oder lauten Geräuschen beobachtbare »Schreckmuster«, das aus einzelnen typischen unwillkürlichen und z.B. sehr heftigen motorischen und vegetativen Reaktionen besteht.

Verholzung: eine sekundäre Veränderung der pflanzlichen Zellwände durch Einlagerung von ↑Lignin in das Cellulosegerüst. Die Dehn- und Quellbarkeit der Zellwände wird verringert, gleichzeitig wird aber die Druckfestigkeit erhöht. Die Durchlässigkeit für Wasser und gelöste Salze bleibt erhalten.

Verhütungsmittel: alle mechanischen, chemischen oder hormonellen Mittel zur ↑Empfängnisverhütung.

Verkorkung: eine sekundäre Veränderung der pflanzlichen Zellwände durch Auflagerung von dünnen Lamellen aus ↑Suberin. Verkorkte Zellwände sind fast undurchlässig für Wasser und Gase und verringern die Verdunstung.

verlängertes Mark (Medulla oblongata): entwicklungsgeschichtlich aus dem ventralen (unteren) Teil des ↑Hinterhirns und dem ↑Nachhirn hervorgehender Teil des ↑Gehirns.

Vermehrung: die Erhöhung der Individuenzahl im Rahmen der ungeschlechtlichen oder geschlechtlichen ↑Fortpflanzung.

Vernalin: ↑Blühhormon.

Vernalisation (Jarowisation): das Auslösen der Blütenbildung v.a. bei zweijährigen und winterannuellen Pflanzen nach der Einwirkung niedriger Temperaturen über mehrere Wochen. Eine V. kann man z.B. bei Wintergetreide auch künstlich erreichen, indem man die Samen in gequollenem Zustand einige Wochen bei ca. 0°C liegen lässt.

Verstärkung: ein Begriff der Lernpsychologie. Durch Erfolg oder Belohnung **(positive V.)** wird die Motivation oder Handlungsbereitschaft für einen Lernvorgang erhöht. Misserfolg oder Bestrafung **(negative V.)** haben den entgegengesetzten Effekt.

Versuch und Irrtum: ↑Lernen.

Vertebrata: die ↑Wirbeltiere.

Verwandlung: die ↑Metamorphose.

Verwesung: die Zersetzung toter organischer Substanz bei ungehindertem Luftzutritt durch aerobe Bakterien und Pilze. Die organischen Stoffe werden dabei vollständig oxidiert. Tierleichen (feucht, stickstoffreich) verwesen rascher als pflanzliche Reste (trocken, stickstoffarm). – ↑auch Fäulnis.

Vesica fellea: die ↑Gallenblase.

Vesica urinaria: die ↑Harnblase.

Vibrionen: kommaförmige Bakterien, die zur Ordnung der ↑Pseudomonaden gehören. V. leben in Süß- und Salzgewässern; einige sind pathogen. **Vibrio cholerae** ist der Erreger der Cholera.

Vielborster: Gruppe der ↑Ringelwürmer.

V

Vielzeller (Metazoa): Unterreich der Tiere, die sich (im Unterschied zu den einzelligen ↑Protozoa) aus mehreren bis vielen Zellen aufbauen. Hierher gehören ↑Schwämme, ↑Mesozoa und die echte ↑Gewebe aufweisenden Gewebetiere.

Vierfarbentheorie: ↑Farbensehen.

Vierfingerfurche: die ↑Affenfurche.

Vierfüßer: die ↑Tetrapoda.

Vierstrangstadium: die ↑Tetrade.

Vipern (Viperidae, Ottern): Familie der ↑Schlangen mit ca. 60 Arten. Die V. zählen zu den ↑Giftschlangen und besitzen einen aufrichtbaren Giftzahn im stark verkürzten Oberkiefer. Es sind meist bodenbewohnende Arten. Heimisch ist z.B. die Kreuzotter.

Viren: winzige Teilchen, die aus einem Nucleinsäurefaden (DNA oder RNA) und einer aus Eiweißen bestehenden Kapsel unterschiedlicher Form bestehen, die noch Anhänge tragen kann. V. (Einzahl: der oder das **Virus**) sind im gewöhnlichen Lichtmikroskop nicht sichtbar.

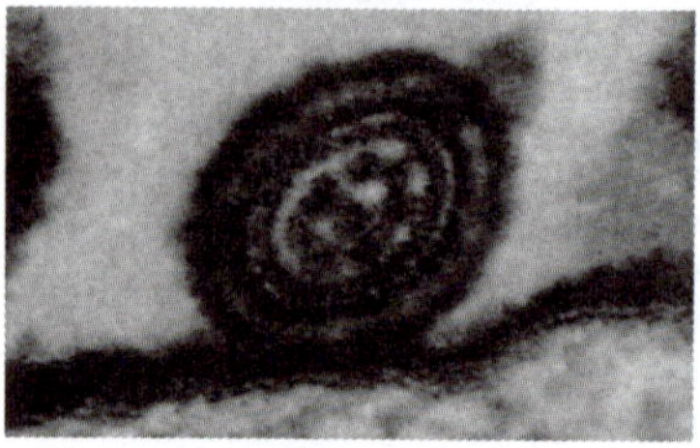

Viren: Influenzavirus (220 000fache Vergrößerung)

Da V. keinen eigenen Stoffwechsel besitzen, müssen sie fremde Zellen dazu veranlassen, neue V. zu produzieren (↑Transfektion). Benutzen sie dazu Bakterien, werden sie als ↑Bakteriophagen oder abgekürzt als Phagen bezeichnet.

V. sind als Krankheitserreger bei Tieren und Pflanzen von erheblicher Bedeutung. Bisher gibt es kein Medikament, das spezifisch gegen Viren wirkt. Es gibt lediglich natürliche Abwehrstoffe (↑Interferone), die innerhalb der Zelle die Verdopplung der Viren-DNA bzw. -RNA verhindern.

Viroide: die kleinsten bisher bekannten infektiösen Agenzien. V. sind ausschließlich Erreger von Pflanzenkrankheiten. Sie bestehen aus nackter einsträngiger, ringförmig geschlossener RNA, d.h., sie besitzen keine Proteinhülle.

virulent:

◆ *Mikrobiologie:* die Eigenschaft (eines Virus), die befallene Zelle aufzulösen, nachdem sie große Mengen neuer Viren produziert hat (↑Bakteriophagen).

◆ *im allgemeinen Sprachgebrauch* bedeutet v. aktiv, schädlich, krank machend (auf Erreger bezogen).

Virus: ↑Viren.

Vitalkapazität: maximales Luftvolumen, das von einer Person ein- und ausgeatmet werden kann (bei jungen Frauen ca. 3 400 ml, bei jungen Männern ca. 4 800 ml). Im voll eingeatmeten Zustand enthalten die Lungen mehr als die V; da jedoch die Alveolen beim Ausatmen nicht vollständig kollabieren, bleibt stets ein sog. Residualvolumen übrig, selbst wenn man mit Anstrengung so viel Luft wie möglich ausatmet.

Vitamine: niedermolekulare Stoffe, die für viele Stoffwechselvorgänge, für Wachstum und Fortpflanzung unentbehrlich sind. Da der tierische und menschliche Organismus V. i. d. R. nicht selbst synthetisieren kann, müssen sie mit der Nahrung aufgenommen werden.

Die Vitamineigenschaft bezieht sich nicht auf eine bestimmte chemische Struktur, sondern allein darauf, ob der betreffende Stoff von einem Tier (bzw. vom Menschen) gebraucht wird. ↑Ascorbinsäure z.B. ist für Menschen, Affen und Meerschweinchen ein V., nicht jedoch für Ratten, die es selbst synthetisieren können.

Als Vitaminquelle fungieren die Pflanzen. Zum Teil liegen in ihnen die chemischen Vorstufen für die V. vor, sog. **Provitamine,** die erst durch eine chemische Umwandlung im tierischen und menschlichen Körper in das eigentliche Vitamin überführt werden. So werden z.B. die ↑Carotine durch Leberenzyme in Vitamin A umgewandelt.

Die meisten V. wirken als Coenzyme und prosthetische Gruppen von ↑Enzymen. Sog. **Antivitamine** konkurrieren mit den Vitaminen um die Bindungsstellen am Apoenzym und gehen mit ihnen inaktive Komplexe ein, was zur Entstehung eines Vitaminmangels führt.

Vitaminmangel ruft fast ausschließlich Wachstumsstörungen im Säuglings-, Kindes- und Jugendalter hervor. Auch die Haut reagiert sehr empfindlich auf das Fehlen von Vitaminen. Vitaminmangel beruht immer auf einem Missverhältnis in der Nahrungszusammensetzung. Bei völligem Fehlen eines Vitamins spricht man von **Avitaminose.** Vitaminmangel kann Folge von Fehl- oder Mangelernährung sein, aber auch aufgrund pathologischer Zustände entstehen, so z.B. durch Magen- und Darminfektionen, Umstellung der Darmflora, Erkrankungen der Leber oder Stoffwechselstörungen als Nebenwirkung von Arzneimitteln.

Hypervitaminosen (also krankhafte Störungen durch ein Zuviel an Vitaminen) sind von fettlöslichen Vitaminen bekannt und meist die Folge einer falschen Dosierung bei Vitamintherapie.

Viviparie:

◆ *Botanik:* die Erscheinung, dass Samen bereits auf der Mutterpflanze so weit auskeimen, dass sie als voll entwickelte Jungpflanzen abfallen (z.B. bei Mangroven).

◆ *Zoologie:* die Erscheinung, dass Nachkommen schon frei von den Eihüllen geboren werden. Bei solchen viviparen (lebend gebärenden) Tieren (auch der Mensch ist vivipar) erfolgt die Embryonalentwicklung bereits im Mutterleib durch engen Kontakt mit dem mütterlichen Gewebe (z.B. über eine ↑Placenta). Vor oder bei der Geburt verlassen die Jungen die ↑Embryonalhüllen; es werden also keine Eier abgelegt.

Vivipar sind manche Fische und Kriechtiere und alle Säugetiere, mit Ausnahme von Schnabeltier und Schnabeligel. – ↑auch Oviparie, ↑Ovoviviparie.

Vögel (Aves): eine mit 8 600–9 000 Arten weltweit verbreitete Klasse warmblütiger, befiederter (↑Federn), meist flugfähiger Wirbeltiere, deren Vordergliedmaßen unter starker Reduktion der fünf Finger zu Flügeln umgebildet sind. Einige Arten (z.B. Strauß, Nandus, Pinguine, Galapagoskormoran) haben sekundär das Flugvermögen verloren. Die Hintergliedmaßen sind meist zum Laufen und/oder Schwimmen entwickelt. Das Skelett ist, um das Körpergewicht gering zu halten, teilweise lufthaltig. V. legen stets mit einer Kalkschale versehene Eier in vielfach kunstvoll gebaute Nester, die von den Elterntieren bebrütet werden (↑Brüten). Die schlüpfenden Jungvögel sind entweder ↑Nesthocker oder ↑Nestflüchter. – Die V. stammen von den Reptilien ab (↑Archäopteryx).

Vogelkunde: die ↑Ornithologie.

Vogelzug: eine ↑Tierwanderung, die einerseits in Beziehung steht zur Fortpflanzung der Vögel und andererseits zu jahreszeitlichen Klimaveränderungen. Die »Zugunruhe« wird durch ein Zusammenspiel von Ernährungslage (abhängig von der Dauer des Tages), von der Temperatur und von inneren Faktoren, wie Stoffwechselrhythmen und veränderter Hormonproduktion, ausgelöst.

Zur *Orientierung* während des Flugs werden mehrere Verfahren angewendet. Einige Vögel (z.B. Störche) halten sich an Landmarken. Andere orientieren sich am Sonnenstand bzw. (nachts) an den Sternen (z.B. Grasmücken). Für Rotkehlchen und Dorngrasmücken ist das Magnetfeld der Erde richtungswei-

V

send. Die Kenntnis des »Zugziels« muss einigen Vögeln (z.B. den allein fliegenden Blaukehlchen) angeboren sein. Fliegen die Jungtiere mit den Erwachsenen (z.B. Störche), kann der Flugweg gelernt werden. Viele kleine Singvögel fliegen in Gruppen, Enten, Gänse und Kraniche immer in Keilformation um Energie zu sparen.

Vollinsekt: die ↑Imago.

Vollschmarotzer: Pflanzen, die im Gegensatz zu den Halbschmarotzern heterotroph sind, d.h. kein Chlorophyll und oft keine bzw. reduzierte Blätter und Wurzeln besitzen, z.B. Sommerwurz, Kleeseide, Rafflesien. – ↑auch Parasiten.

Voltẹrra-Gesetze: von dem italienischen Mathematiker und Physiker V. VOLTERRA formulierte Gesetze. Diese besagen, dass sich bei Nahrungsbeziehungen zwischen zwei Arten periodisch schwankende, phasenverschobene Populationsdichtekurven ergeben. Die Populationsdichten schwanken um feste Mittelwerte. Gleichsinnige äußere Einflüsse auf beide Arten wirken sich auf die Feindart nachhaltiger aus als auf die Beuteart.

Vorderdarm: ↑Darmkanal.

Vorderhirn (Prosencephalon): der zusammen mit dem ↑Rautenhirn entwicklungsgeschichtlich zuerst angelegte vordere Teil des ↑Gehirns. Aus dem V. gehen im Verlauf der Embryonalentwicklung die Abschnitte ↑Endhirn und ↑Zwischenhirn hervor.

Vorderhorn: ↑Rückenmark.

Vorderkiemer: Gruppe der ↑Schnecken.

Vorhaut: Teil des männlichen ↑Glieds.

Vorhoftreppe: ↑Ohr.

Vorkammer: ↑Herz.

Vorkeim: das ↑Prothallium.

Vorniere (Pro[to]nephros, Stammniere): ursprüngliches Ausscheidungsorgan der Wirbeltiere, das den ↑Nephridien der Ringelwürmer ähnlich ist. Eine V. wird bei allen Wirbeltierembryonen angelegt, ist aber nur bei den Rundmäulern neben der ↑Urniere funktionsfähig. – ↑auch Niere.

Vorsteherdrüse (Prostata): die größte Anhangsdrüse der männlichen ↑Geschlechtsorgane. Sie liegt unterhalb der Harnblase und ist mit ihr verwachsen. Sie umschließt die Harnröhre, in die innerhalb der Prostata die ↑Samenleiter durch den Spritzgang münden. Das dünnflüssige, milchige Sekret der V. regt die Samenzellen zu erhöhter Beweglichkeit an.

Während der ↑Erektion verschließt die V. die Harnröhre so fest, dass ein Wasserlassen fast unmöglich wird. – Mit zunehmendem Alter verhärtet und vergrößert sich die V. und kann den Abfluss des Harns mitunter erheblich beeinträchtigen.

W

Waben: ↑Honigbiene.

Wachstum: die irreversible Massen- und Volumenzunahme einer Zelle oder eines Organismus bis zu einer genetisch festgelegten Endgröße. W. beruht auf dem Aufbau körpereigener Substanz und ist daher eine Grundeigenschaft des Lebens, also gekoppelt an Stoffwechsel- und Differenzierungsvorgänge; es wird (zumindest bei mehrzelligen Organismen) hormonell gesteuert. Das W. und die Wachstumsintensität sind abhängig von äußeren (v.a. Ernährung, Temperatur, bei Pflanzen auch Licht) und inneren Faktoren (z.B. Zellteilungsaktivität, Kern-Plasma-Relation). Einzellige Lebewesen hören bei einer bestimmten Kern-Plasma-Relation auf zu wachsen. Bei mehrzelligen Tieren und beim Menschen beruht das W. (v.a. Zunahme der Körperlänge bzw. -höhe) auf Zellvermehrung und ist zeitlich begrenzt; bei Pflanzen dagegen hält das W. die gesamte Lebensdauer über an, bewirkt durch ständig teilungsfähige, undifferenzierte (embryonale) Zellen; im Unterschied zu den Tieren beruht das W. der Pflanzen jedoch weniger auf Zellvermehrung, sondern überwiegend auf einer starken Streckung der Zellen **(Streckungswachstum),** die durch Volumenvergößerung durch Wasseraufnahme und Vakuolenbildung sowie durch Zellwanddehnung zustande kommt.

Wachstumshormon:
◆ *Zoologie:* das ↑ Somatotropin.
◆ *Botanik:* ↑ Wuchsstoffe.

Wachstumszone: ↑ Wurzeln.

Wahrnehmungsfelder: ↑ Rindenfelder.

Wald: natürliche Lebensgemeinschaft und Ökosystem von dicht stehenden Bäumen mit speziellen anderen Pflanzen und einer speziellen Tierwelt, v.a. aufgrund besonderer Klima- und Bodenbedingungen.

Hinsichtlich der Entstehung des Waldes unterscheidet man zwischen dem **Naturwald** (Urwald), dem nach menschlichen Eingriffen (z.B. Rodung) natürlich wieder nachgewachsenen **Sekundärwald** und dem **Wirtschaftswald** (Forst), hinsichtlich des Baumbestandes zwischen Reinbestand (nur eine Baumart) und Mischbestand (Mischwald).

In der Pflanzensoziologie wird nach der Höhe des Bewuchses zwischen Moos-, Kraut-, Strauch- und Baumschicht unterschieden. Die Pflanzen stehen miteinander in ständiger Wechselbeziehung, indem sie sich gegenseitig fördern oder miteinander um Licht, Wasser und Nährstoffe konkurrieren. Als Tief- und Flachwurzler schließen sie den Boden auf, verändern und entwickeln das Bodenprofil und schaffen einen Oberboden, in dem jeweils eine spezielle Mikroflora und Mikrofauna gedeihen und ihre Wirkung entfalten kann.

Das *Waldklima* zeichnet sich im Verhältnis zum Klima offener Landschaften durch gleichmäßigere Temperaturen, höhere relative Luftfeuchtigkeit, geringere Lichtintensität und schwächere Luftbewegung aus. Der W. hat einerseits eine sehr hohe Transpirationsrate, andererseits vermag er in seinen Boden große Wassermengen schnell aufzunehmen und darin zu speichern.

Unter entsprechenden Klimabedingungen ist der W. die dominierende pflanzliche Formation. Er entwickelt sich ganz allmählich in größeren Zeiträumen. Im Naturwald der Nordhalbkugel z.B. stellt sich diese Entwicklung wie folgt dar: Ein **Vorwald** (Pionierbaumarten sind z.B. Birke, Robinie, Espe, Erle, Pappelarten) besiedelt ein baumfreies Gelände. Der dadurch verbesserte Frost- und Strahlungsschutz lässt zunehmend Schatten ertragende Baumarten (Zwischenwald) gedeihen. Diese wachsen zum Gefüge des **Hauptwaldes** heran, bis das oberste Kronendach keinen Jungwuchs mehr aufkommen lässt. Wird dieser Schlusswald etwa durch Feuer, Sturm oder Schädlingskatastrophen zerstört, so wiederholt sich der ganze Vorgang der Waldbildung.

In der Randzone eines Waldes (**Waldmantel, Waldsaum,** Waldtrauf), in der die Bäume gewöhnlich fast bis zum Boden beastet sind, wächst eine reichhaltige Strauch- und Krautvegetation. Die Randzone bietet somit Schutz gegen Wind, übermäßige Sonneneinstrahlung und Bodenerosion.

Die Ausbreitung des natürlichen Waldes wird durch waldfeindliche klimatische Faktoren begrenzt (↑ Waldgrenze). Die Wälder der Erde unterscheiden sich wesentlich in ihrem Baumbestand, der durch die jeweils unterschiedlichen ökologischen Faktoren bedingt ist (z.B. Regenwald, Mangrove, Galeriewald, regengrüner Wald, Monsunwald, Trockenwald, Hartlaubvegetation, borealer Nadelwald).

Der größte Teil der *Waldfläche* entfällt auf die breiten (heute nicht mehr ganz geschlossenen) Gürtel des tropischen Regenwaldes und des borealen Nadelwaldes (Taiga), die 80% des Gesamtwaldbestandes der Erde ausmachen.

In *Deutschland* gibt es, von gewissen Naturwaldreservaten abgesehen, nur den nach waldbaulichen Grundsätzen angelegten Wald. Dabei unterscheidet man als Bewirtschaftungsformen Niederwald (niedrigwüchsige, vielstämmige Bäume), Hochwald (hochwüchsige, einstämmige Bäume) und die Mischform des Mittelwaldes. Deutschland (mit ca. 30% Waldanteil an der Gesamtfläche) liegt in der Zone des sommergrünen Laubwaldes, in den montane Nadelwaldgebiete eingestreut sind. Über seine Funktion als Holzlieferant und Lebensstätte des Wildes hinaus kommen dem W. u.a. noch wichtige landeskulturelle und soziale Funktionen zu, z.B. als Schutzwald und als Erholungsraum. Alle diese Funktionen scheinen durch das ↑Waldsterben gefährdet zu sein.

Wanzen

a geflügelte Schildwanze; b Bettwanze; c Kopf der Bettwanze mit Ansicht des Saugrüssels von unten

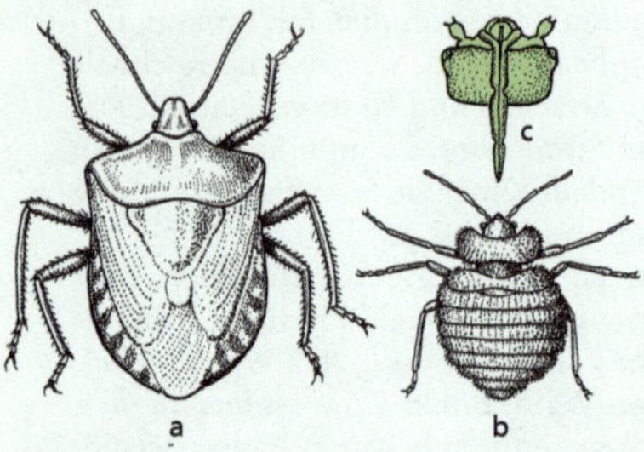

Waldgrenze: Grenze des geschlossenen Waldes gegen baumlose bzw. nur mit einzelnen Bäumen bestandene Gebiete (↑Baumgrenze). Die W. tritt entweder infolge zu geringer (Sommer-)Temperaturen (**Kälte-W.;** v.a. in polaren und alpinen Zonen) oder infolge von Trockenheit (**Trocken-W.;** z.B. Waldsteppen, Savannen) auf.

Waldsterben (Baumsterben): das großflächige Absterben von Nadel- und Laubbäumen, v.a. in weiten Bereichen Europas und Nordamerikas. Auffällige Symptome des W. sind lichter Werden der Baumkronen sowie die Vergilbung der Nadeln und Blätter. Außerdem sind meist das Wurzelsystem und die im Waldboden lebenden Bodenorganismen geschädigt. Wahrscheinliche Ursachen sind Nährstoffarmut und Übersäuerung des Bodens (↑auch saurer Regen), Immissionen von Schwefeldioxid, Stickstoffoxiden, Fluor- und Chlorverbindungen, Ozon. Es wird vermutet, dass die über Jahre dauernde Kombination dieser Schadwirkungen auch in Verbindung mit geringen Niederschlägen die Bäume in ihrer Vitalität so beeinträchtigt, dass sie für Schädlinge und durch sie verursachte Krankheiten anfällig werden.

Wanddruck: ↑Osmose.

Wanderheuschrecken: ↑Tierwanderungen.

Wanzen (Heteroptera): seit dem Perm nachgewiesene, weltweit verbreitete wasser- oder landbewohnende Insekten. Sie zählen zu den ↑Schnabelkerfen. Durch die bis zur Hälfte ledrig ausgebildeten Vorderflügel, den Halsschild und das sich oft bis über den Hinterleib erstreckende Schildchen zwischen den Vorderflügeln haben die W. mit ihren stark abgeplatteten Körpern ein fast käferartiges Aussehen. Sie haben stechend-saugende ↑Mundwerkzeuge. Die meisten W. ernähren sich von Pflanzensäften.

Die Rübenblatt-, Kohl- und Getreidewanze sind bekannte Pflanzenschädlinge. Die **Wasserläufer** leben auf dem Oberflächenhäutchen des Wassers. Einige Wanzen sind Blutsauger, z.B. die flügellose **Bettwanze.**

Warmblüter: Bezeichnung für Tiere, die ↑gleichwarm sind.

Wärmerezeptoren: ↑Thermorezeptoren.

Warntracht: ↑Schutzanpassungen.

Wasser: siehe S. 504.

Wasserhaushalt: ↑Wasser.

Wasserjungfern: die ↑Libellen.
Wasserläufer: wasserlebende Gruppe der ↑Wanzen.
Wasserlunge: Atmungsorgan der ↑Seewalzen.
Wasserpflanzen (Hydrophyten): an das Leben im Wasser angepasste Pflanzen. Entsprechend ihrer Lebensweise sind sie unterschiedlich gebaut. Man unterscheidet ganz untergetaucht (submers) lebende W., mit Schwimmblättern auf der Wasseroberfläche aufliegende und amphibische Wasserpflanzen. Letztere können als Wasserform im Wasser und mit einem Teil ihrer Sprosse als Landform über der Wasseroberfläche und am Rand eines Gewässers leben.
Die Gewebe und Organe der W. haben dünne, zarte Zellwände. Die Blattoberfläche ist groß, weil die Gaskonzentration im Wasser geringer ist. Festigungsgewebe und Wasser leitende Gefäße fehlen. Auffallend sind die großen ↑Interzellularen. Sie dienen als Luftspeicher und erhöhen so den Auftrieb; andererseits ermöglichen sie die Gasdiffusion im Inneren des Gewebes.
Zu den W. gehören u.a. Hornblatt, Wasserschlauch, Wasserlinse, Seegras, Seerose und Wasserhahnenfuß.
Wasserstoffbakterien: die ↑Knallgasbakterien.
Weber-Knöchelchen: ↑Ohr.
Wechseltierchen: die ↑Amöben.
wechselwarm: W. sind Tiere, deren ↑Körpertemperatur weitgehend derjenigen der Umgebung entspricht **(Kaltblüter).** Mit Ausnahme der ↑gleichwarmen Säugetiere und Vögel sind alle Tiere wechselwarm.
Wechselzahl: ↑Enzymaktivität.
Wehen: Bezeichnung für die schmerzhaften Zusammenziehungen der Gebärmuttermuskulatur während der ↑Schwangerschaft und v.a. während der ↑Geburt. Bei den während der Schwangerschaft auftretenden W. unterscheidet man zwischen den sog. **vorzeitigen Wehen,** die zu einer Frühgeburt führen können und den **Vorwehen** oder **Senkwehen,** die als unregelmäßige W. in den letzten Wochen vor der Geburt die Senkung des Leibes und die richtige Lage des kindlichen Köpfchens im Becken bewirken.
Die wichtigste Form der W. sind die **regelmäßigen Wehen** während der Geburt, durch die der ↑Muttermund geöffnet und das Kind in Richtung Geburtskanal geschoben wird. Als **Presswehen** werden die Wehen während der Austreibungsphase bezeichnet. Sie werden durch aktive Anspannung der Bauchdeckenmuskulatur unterstützt. **Nachwehen** sind die Zusammenziehungen der Gebärmutter in der ersten Zeit nach der Geburt. Sie werden v.a. durch das Stillen angeregt und fördern die Rückbildung der Gebärmutter.
Weichtiere (Mollusca): Stamm der wirbellosen Tiere (↑Wirbellose) auf dem Land und in Meeres- und Süßgewässern. Ihr Körper ist in vier Abschnitte eingeteilt. Der *Kopf,* an dem Augen und meist Fühler sitzen, beherbergt das Zentralnervensystem. In der Mundhöhle ist häufig eine ↑Radula ausgebildet. Der *Fuß* ist ein vom ↑Hautmuskelschlauch hergeleitetes muskulöses Fortbewegungsorgan, das bei den ↑Kopffüßern zu Armen und einem (der Fortbewegung dienenden) Trichter umgebildet ist. Ein ↑Eingeweidesack kommt bei ↑Schnecken und ↑Kopffüßern vor. Der *Mantel* ist eine den Eingeweidesack umhüllende Hautfalte, die (besonders bei ↑Schnecken und ↑Muscheln) eine schützende Kalkschale abscheidet.
Weisel: die Königin der ↑Honigbiene.
Weiselwiege (Weiselzelle): Brutkammer, in der sich die zukünftige Bienenkönigin entwickelt (↑Honigbiene).
weiße Blutkörperchen (Leukocyten): farblose, kernhaltige Blutzellen (↑Blut), die sich amöboid, auch gegen den Blutstrom, fortbewegen. Sie dienen der Abwehr von Krankheitserregern durch ↑Phagocytose und können dazu die

Wasser besitzt eine Reihe außergewöhnlicher Eigenschaften. Aufgrund ihres Zusammenwirkens spielt Wasser eine herausragende Rolle für die Natur und ihre Lebewesen.

■ Warum ist Wasser ein besonderer Stoff?

Obwohl Wassermoleküle (H_2O) auf den ersten Blick recht einfach gebaut zu sein scheinen, zeigen sie bemerkenswerte strukturelle Besonderheiten und dadurch bedingte Wechselwirkungen untereinander. In den Molekülen sind die beiden Wasserstoffatome und das Sauerstoffatom nicht linear angeordnet, sondern gewinkelt.

linear **H—O—H** gewinkelt $^{H}_{H}{>}O$

Da die elektrisch negativ geladenen Bindungselektronen aus bestimmten Gründen vom Sauerstoffatom stärker als von den beiden Wasserstoffatomen angezogen werden, sind die Bindungen polar. Die erhöhte negative Ladungsdichte am Sauerstoffatom kann wie folgt dargestellt werden:

$^{H}_{H}{>}O$

Es gibt also eine positive und eine negative Molekülseite. Anders ausgedrückt: Das Wassermolekül ist ein Dipol mit elektrisch positiver und elektrisch negativer Ladung (abgekürzt mit δ^+ und δ^-; δ ist der griechische Buchstabe Delta):

$\delta^+ \, ^{H}_{H}{>}O \, \delta^-$

Da die elektrischen Ladungen im Molekül aufgeteilt sind, spricht man in diesem Fall von Teilladungen oder Partialladungen. Wegen des Dipolcharakters ziehen sich Wassermoleküle gegenseitig an, sie bilden so genannte Wasserstoffbrücken aus. Durch die Bewegung der Wassermoleküle werden ständig gerade bestehende Wasserstoffbrücken gespalten und neue ausgebildet. Obwohl eine Wasserstoffbrücke i. d. R. nur einige billionstel Sekunden existiert, sind zu einem bestimmten Zeitpunkt doch relativ viele Wassermoleküle mit ihren unmittelbaren Nachbarmolekülen verbunden, die Moleküle hängen sozusagen zusammen. Dieses Phänomen nennt man Kohäsion. Die Kohäsion ist eine wichtige Voraussetzung zum Beispiel für den Wassertransport in den Pflanzen. In diesem Zusammenhang ist auch die Adhäsion erwähnenswert. Darunter versteht man das Aneinanderhaften zweier unterschiedlicher Stoffe (z.B. von Wasser und anderen Verbindungen) aufgrund elektrischer Wechselwirkungen. An späterer Stelle wird nochmals auf Kohäsion und Adhäsion eingegangen.

Auch die Oberflächenspannung von Wasser ist auf der Basis zwischenmolekularer Wechselwirkungen zu erklären. Die Oberflächenspannung ermöglicht es einigen Tierarten (z.B. den Wasserläufern und bestimmten Leguanen), über die Wasseroberfläche zu laufen ohne einzusinken. Eine weitere markante Eigenschaft von Wasser ist seine ungewöhnlich hohe spezifische Wärmekapazität. Damit meint man diejenige Wärmemenge, die ein Stoff aufnehmen bzw. abgeben muss, damit sich die Temperatur von einem Gramm dieses Stoffes um 1 °C erhöht bzw. erniedrigt. Da Wasser im Vergleich zu anderen Stoffen eine außerordentlich hohe spezifische Wärmekapazität besitzt, verändert sich seine Temperatur bei Änderung der Umgebungstemperatur relativ wenig. Eine große Wassermasse kann also eine riesige Wärmemenge von der Sonne aufnehmen, ohne dass sich die Wassertemperatur in nennenswerter Weise ändert. Bei absinkender Lufttemperatur (z.B. in der Nacht) vermag das sich nur langsam abkühlende Wasser seine gespeicherte Wärmeenergie wieder an die Luft abzugeben. Dies gilt nicht nur kurzfristig für das Temperaturgefälle zwischen Tag und Nacht, sondern auch langfristig für den Wechsel zwischen den Jahreszeiten. Die

1.) Wasserstoffbrücken zwischen Wassermolekülen.

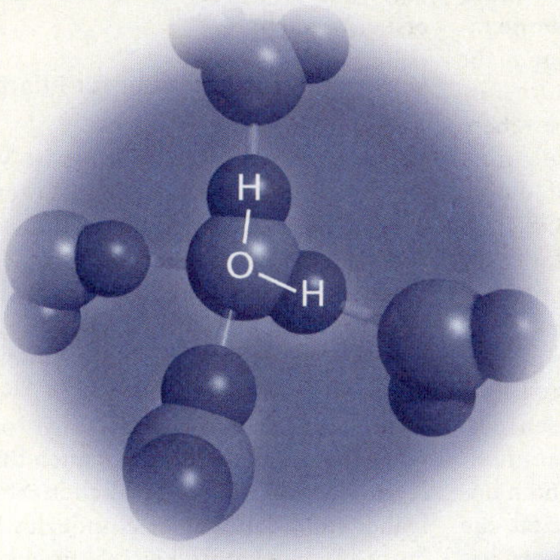

Die geladenen Regionen eines polaren Wassermoleküls werden von den entgegengesetzt geladenen Anteilen benachbarter Moleküle angezogen (der Sauerstoff ist partiell negativ geladen, die Wasserstoffatome sind partiell positiv geladen). Jedes Molekül kann Wasserstoffbrücken zu maximal vier Partnern ausbilden. Zu jedem Zeitpunkt sind in flüssigem Wasser bei 37 °C (Körpertemperatur des Menschen) etwa 15 Prozent aller Moleküle in kurzlebigen Clustern mit vier Partnern verbunden.

2.) Die Struktur von Eis.

Jedes Wassermolekül bildet in einem dreidimensionalen Eiskristall Wasserstoffbrücken zu vier Nachbarn aus, dazwischen bleiben Kanäle frei. Da die Wasserstoffbrücken den Kristall voluminös machen, enthält Eis weniger Moleküle als das gleiche Volumen Wasser. Anders ausgedrückt, Eis ist weniger dicht als Wasser.

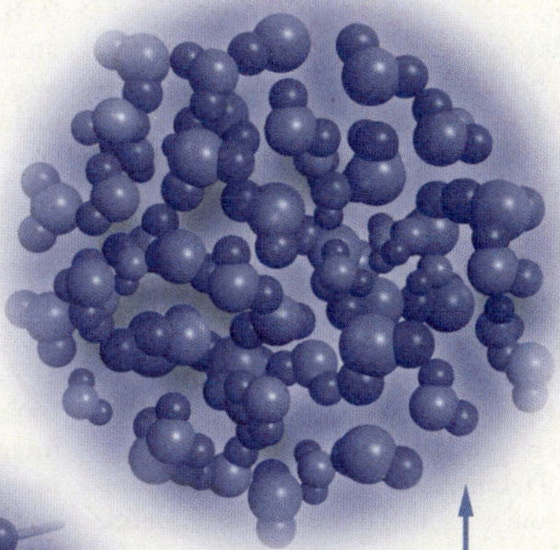

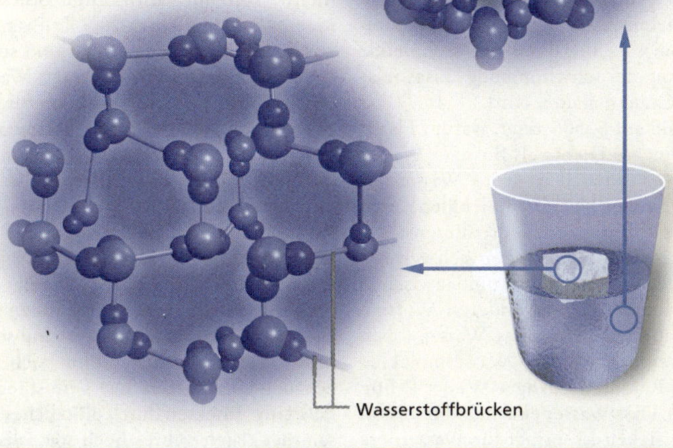

Wasserstoffbrücken

temperaturregulierende Funktion des Wassers trägt maßgeblich zur Bewohnbarkeit der Erde für Lebewesen bei. Im Übrigen schwanken die Körpertemperaturen von Lebewesen nur in einem für sie erträglichen Bereich, da die Organismen hauptsächlich aus Wasser bestehen. Beim Verdunsten von Wasser nehmen die Moleküle Wärmeenergie auf, die sie ihrer Umgebung entziehen. Dadurch wird Verdunstungskälte erzeugt, die für Lebewesen – insbesondere warmer Landregionen – außerordentlich wichtig ist. Auch dieses Phänomen wird an späterer Stelle nochmals diskutiert. Es sei aber schon jetzt darauf hingewiesen, dass die Verdunstungskälte im Zusammenspiel mit der oben bereits erwähnten hohen spezifischen Wärmekapazität die Temperaturkonstanz von Gewässern bedingt.

Auch bezüglich der Dichteänderung bei verschiedenen Temperaturen unterscheidet sich Wasser deutlich von anderen Stoffen. Während die Dichte anderer Stoffe bei Abkühlung ständig zunimmt – die Stoffe ziehen sich zusammen –, hat Wasser seine höchste Dichte bei 4°C. Diese als Anomalie des Wassers bezeichnete Eigenschaft ist insbesondere für Wassertiere bei tiefen Umgebungstemperaturen lebenswichtig. Gewässer gefrieren i. d. R. nicht bis zum Grund zu. Das Tiefenwasser besitzt eine Temperatur von 4°C, die durch die isolierende Wirkung des schwimmendes Eises relativ konstant gehalten wird.

Das Bild auf S. 505 zeigt, warum Eis eine geringere Dichte als flüssiges Wasser hat: Im Eiskristall ist jedes Wassermolekül mit vier Nachbarmolekülen durch Wasserstoffbrücken dreidimensional vernetzt. Dadurch ergeben sich verhältnismäßig große Hohlräume zwischen den Molekülen. Mit anderen Worten: Ein Raumteil gefrorenes Wasser (oben links) enthält weniger Wassermoleküle als ein Raumteil flüssiges Wasser (Mitte rechts). Dass Wasser eine lichtdurchlässige Flüssigkeit ist, bringt für Wassertiere und -pflanzen lebenswichtige Vorteile. Somit werden die Lichtorientierung der Tiere und die Fotosynthese der Pflanzen erst ermöglicht.

Wasser – Lebenselixier für Pflanze und Tier

Wegen seines Dipolcharakters ist Wasser ein ideales Transport- und Lösemittel für Salze, Kohlenhydrate und viele andere Stoffe. Salze bestehen aus elektrisch geladenen Ionen, Kohlenhydrate aus Molekülen mit polaren Gruppen. Sowohl Ionen als auch polare Moleküle treten mit Wassermolekülen in Wechselwirkung, sie verhalten sich hydrophil (wasserfreundlich). Dies gilt auch für alle anderen in Wasser löslichen Stoffe. Daher stellt das Wasser ein ideales Medium für biochemische Reaktionen dar (z.B. Glykolyse, Citronensäurezyklus und Fotosynthese). Dabei dient das Wasser unter bestimmten Umständen nicht nur als Lösemittel, sondern auch als Reaktionspartner. Beispielsweise wird es in Anwesenheit geeigneter Enzyme durch Lichtenergie gespalten (Fotolyse bei den Primärreaktionen der Fotosynthese).

Durch den oft sehr hohen Wassergehalt in Zellen besitzen diese einen gewissen Innendruck (Turgor), der im Zusammenwirken mit bestimmten Stützelementen in den pflanzlichen Zellwänden zur Stabilisierung der Zellen und somit des gesamten Gewebes beiträgt. Wasser übt also auch eine Stützfunktion für den Pflanzenkörper aus. Manche Pflanzenarten (z.B. Mimose und Venusfliegenfalle) haben sich derart spezialisiert, dass sie durch gerichtete Wasserverfrachtung sogar bestimmte Teile aktiv bewegen können, ohne Muskeln zu besitzen. Die Mimose kann bei starkem Regen und Sturm innerhalb weniger Sekunden ihre Fiederblätter zusammenlegen und sogar ihre Zweige abknicken, um sich vor Schäden zu schützen. Die Venusfliegenfalle fängt Insekten durch plötzliches Zusammenklappen ihrer hoch spezialisierten Blattfallen. Sowohl Pflanzen als auch Tiere nutzen die Verdunstungskälte zum Schutz vor Überhitzung.

■ Wie passen sich Pflanzen und Tiere an das Wasserangebot der Umgebung an?

Pflanzen feucht-heißer Regionen können es sich »leisten«, viel Wasser abzugeben und sich durch die dadurch erzeugte Verdunstungskälte vor Überhitzung zu schützen. Eine besonders hohe Verdunstungsrate findet man bei Pflanzen mit emporgehobenen Spaltöffnungen. Interessant ist auch der Zusammenhang zwischen dem Standort der Pflanze und der Lage der Spaltöffnungen an den Blättern. Pflanzen gemäßigter Breiten haben ihre Spaltöffnungen meist an der Unterseite der Blätter. Gräser besitzen ihre Spaltöffnungen sogar auf beiden Blattseiten. Übrigens kann eine Pflanze die Wasserdampfabgabe innerhalb gewisser Grenzen auch direkt regulieren, indem sie ihre Spaltöffnungen mehr oder weniger öffnet oder schließt.
Eine weitere Möglichkeit der Anpassung an das Wasserangebot der Umgebung besteht in der Ausgestaltung des Wurzelwerks. Besonders bemerkenswert ist die Ausbildung meist sehr langer Wurzeln bei Trockenpflanzen. Diese Wurzeln dringen tief in den Boden ein und können Tiefenwasser aufnehmen. In heiß-trockenen Gebieten mit seltenen, kurzen Regengüssen ist ein stark und fein verzweigtes Wurzelsystem mit großer Oberfläche von Vorteil. Dieses kann das Wasser wie ein Schwamm aufsaugen.
Tiere ohne isolierende Körperbedeckung (z.B. Regenwürmer, Frösche und Nacktschnecken) müssen sich vor allzu starker Verdunstung schützen, indem sie sich ständig in einem feuchten Lebensraum aufhalten. Schnecken mit Gehäuse können sich bei Bedarf in diese zurückziehen und Dürrezeiten überleben, indem sie das Gehäuse mit einem Schleimpfropf verschließen. Andere Tiere sind durch eine gut isolierende Körperbedeckung geschützt. Insekten besitzen einen mit einer Wachsschicht überzogenen Chitinpanzer, Reptilien einen Hornpanzer, Säugetiere ein Fell und Vögel ein Federkleid.
Der Wasserverlust mit der Atemluft kann beträchtlich sein. Er nimmt mit Steigerung der Ventilation zu. Zum Beispiel kann durch das Hecheln eines Hundes, das der Wärmeregulation dient, das pro Minute ventilierte Luftvolumen von 5 Liter auf 50–75 Liter gesteigert werden, was einem Wasserverlust von ca. 200 Gramm pro Stunde entspricht.
Bei Insekten treten Wasserverluste hauptsächlich über das Tracheensystem auf. Bis zu einem gewissen Grad kann dieser Prozess reguliert werden, indem das Insekt in trockener Luft seine Tracheenöffnungen mehr als gewöhnlich geschlossen hält.
Die Wasserverluste durch Abgabe von Kot und Urin werden bei den meisten Reptilien und Vögeln extrem eingedämmt. Der Harn der Schlangen, Eidechsen und Vögel ist infolge starker Wasserrückresorption breiartig.
Wenn ein Tier trotz aller Anpassungstricks doch einmal an Wassermangel stirbt, profitieren immerhin noch die Aasfresser, denn auch Kadaver sind wasserhaltig. ■

Klee, O.: *Angewandte Hydrobiologie.* Stuttgart u.a. (Thieme) ²1991 ■ *Lehrbuch der Botanik für Hochschulen,* begründet v. Eduard Strasburger u.a., neubearbeitet von Peter Sitte u.a. Stuttgart u.a. (G. Fischer) ³⁴1998.

W

Blutbahn verlassen. Normalerweise sind in 1 mm^3 Blut rund 7 000 w. B. enthalten.

Man unterscheidet drei Typen von w. B.: Die **Granulocyten** (ca. 65 %) haben ein feinkörniges, unterschiedlich anfärbbares Cytoplasma. Die **Monocyten** (rd. 4 %) sind große Fresszellen (↑Phagocyten). **Lymphocyten** (rd. 31 %) dagegen sind relativ großkernig und finden sich auch in der Lymphe, im lymphoretikulären Gewebe und in der Umgebung chronischer Entzündungsherde. Sie können z.T. Antikörper bilden (↑B-Lymphocyten, ↑T-Lymphocyten).

weiße Substanz: Im ↑Rückenmark umhüllt die w. S. die ↑graue Substanz. In der weißen Substanz verlaufen die Nervenbahnen vom ↑Gehirn zum Körper und umgekehrt. Im Großhirn bildet die w. S. das **Großhirnmark.** Es besteht ausschließlich aus Nervenfasern, die die rund 14 Milliarden Nervenzellen des Großhirns miteinander verbinden. Würde man alle diese Nervenbahnen aneinander legen, ergäbe sich eine Strecke von rund 500 000 km Gesamtlänge!

Weißscheckung:
◆ *Zoologie, Medizin:* ↑Albinismus.
◆ *Botanik:* ↑Panaschierung.

Welken: der Verlust des ↑Turgors und das dadurch verursachte Erschlaffen der Blätter und junger Triebe. W. kommt dadurch zustande, dass mit der Transpiration mehr Wasser abgegeben als aufgenommen wird.

Wenigborster: Gruppe der ↑Ringelwürmer.

Wickel: ↑Blütenstände.

Wiederkäuer: Gruppe der ↑Paarhufer, die als hoch spezialisierte Pflanzenfresser einen mehrkammerigen Magen entwickelt haben. Zu den Wiederkäuern gehören in erster Linie Rinder (mit den vom Auerochsen abstammenden Hausrindern), Antilopen und Hirsche (einschließlich Reh) sowie Giraffen.

Der **Wiederkäuermagen** ist vierkammerig: Pansen, Netzmagen und Blättermagen dienen als ↑Vormagen. Erst im Labmagen erfolgt die eigentliche Verdauung.

Die schlecht gekaute Nahrung (nährstoffarmes Gras) gelangt zuerst in den **Pansen.** Dort spalten Bakterien die sonst unverdauliche Cellulose, während

Wiederkäuer

Der Weg der Nahrung im Wiederkäuermagen ist durch Pfeile gekennzeichnet

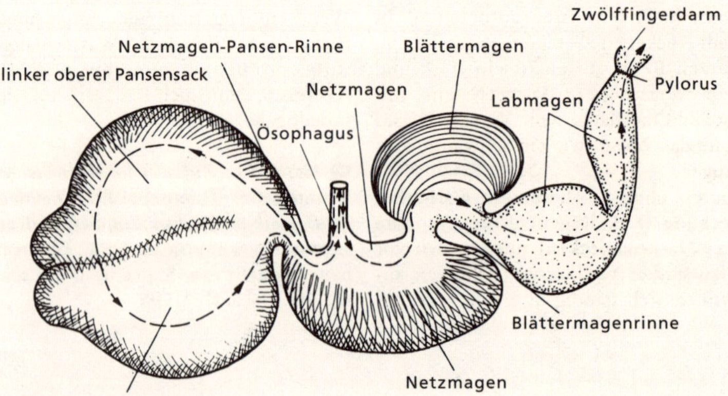

W

andere Einzeller in ihrem eiweißreichen Protoplasma Glykogen speichern. Der Pansen durchknetet die Nahrung intensiv. Sie wird außerdem zur Zerkleinerung und Durchmischung zwischen Pansen und Netzmagen hin- und herbewegt.

Der **Netzmagen** (Haube) befördert die Nahrung portionsweise durch rückläufige peristaltische Bewegungen der Speiseröhre in den Mund. Hier wird sie mehrfach gekaut, reichlich mit Speichel versetzt und erneut geschluckt. Dabei wandert das gekaute Gras wieder in den Pansen, während sein flüssiger Anteil über die Schlundrinne direkt in den Blättermagen gelangt. Der im Pansen befindliche Nahrungsbrei wird kräftig geknetet und gärt weiter. Er wird schließlich ebenfalls dem Blättermagen zugeleitet.

Der **Blättermagen** entzieht mit seiner blattartig vergrößerten Oberfläche der Nahrung Wasser, dickt den Speisebrei also ein und befördert ihn in den Labmagen. Der **Labmagen** setzt Eiweiß verdauende Enzyme (Pepsin, Salzsäure) zu, die auch die Mikroorganismen mitverdauen und diese zu den Hauptlieferanten für Eiweiß werden lassen. – Die ↑Resorption der Nährstoffe erfolgt schließlich im sehr langen Darm der Wiederkäuer.

Bei *Kälbern* wird die geschluckte Milch direkt dem Labmagen zugeleitet, wo sie durch das ↑Labferment gerinnt und mithilfe von Pepsin und Salzsäure verdaut wird.

Wildtyp: Bezeichnung für ein Lebewesen, das sämtliche Merkmale besitzt, die für die Individuen einer natürlichen Population charakteristisch sind. Die Allele seiner Gene werden in der Schreibweise der Genetik durch ein + gekennzeichnet.

willkürliche Muskeln: Bezeichnung für die Muskeln, die dem Willen unterworfen sind. W. M. sind alle ↑quer gestreiften Muskeln mit Ausnahme des Herzmuskels.

Wimpern:
◆ (Augenwimpern): kräftige Haare, die am Vorderrand der Augenlider bei vielen Säugetieren und beim Menschen sitzen. In Verbindung mit dem Lidschlussreflex schützen sie vor dem Eindringen von Fremdkörpern.
◆ (Cilien): mit den ↑Geißeln in ihrer Grundstruktur übereinstimmende Zellfortsätze, die jedoch sehr viel feiner und kürzer als die sie tragende Zelle und stets in größerer Zahl vorhanden sind. W. bewegen Einzelzellen (z.B. ↑Wimpertierchen), vielzellige Organismen (z.B. Strudelwürmer) oder bilden ein ↑Flimmerepithel für den Transport von Substanzen.

Wimpertierchen

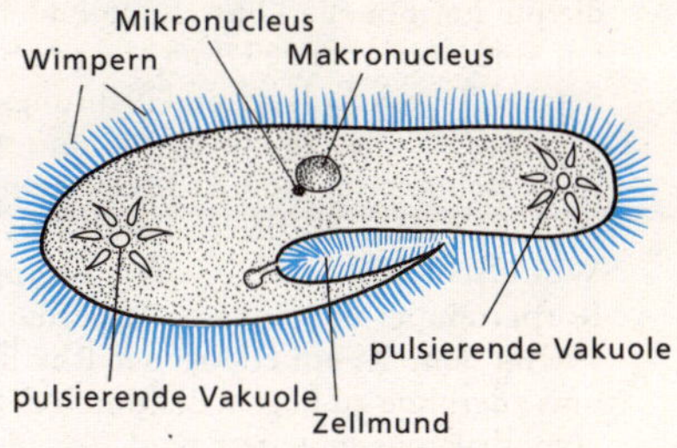

Wimpertierchen (Ciliata): die höchstorganisierte Klasse der ↑Protozoa, die in Süß- und Meeresgewässern weit verbreitet ist und z.T. auch im Körperinnern höherer Tiere (z.B. im Pansen von Rindern; ↑Wiederkäuer) vorkommt. W. sind gekennzeichnet durch stark differenzierte Organellen, wie z.B. ↑Wimpern, Nahrungsvakuole, ↑pulsierende Vakuole, Makro- und Mikronucleus.

W. leben entweder festsitzend auf einer Unterlage (z.B. die **Glockentierchen** und die trichterförmigen **Trompetentierchen**) oder sie sind frei beweglich, wie z.B. das ↑Pantoffeltierchen. Zur Fortpflanzung folgt bei den W. auf eine

W

Reihe von ungeschlechtlichen Teilungen meist eine ↑Konjugation.

Wintergäste: Vögel aus kälteren Regionen, die in gemäßigten oder wärmeren Regionen nur den Winter über anzutreffen sind, werden als W. bezeichnet (bei uns z.B. Seidenschwänze).

Winterschlaf: schlafähnlicher, meist etwa 5–6 Monate dauernder Zustand, der bei manchen Säugetieren v.a. der gemäßigten Klimazonen und der Gebirge in der kalten Jahreszeit auftritt. Der W. wird hormonell gesteuert, der Stoffwechsel und damit die Wärmeproduktion werden dabei stark eingeschränkt. Dementsprechend sind Atmung und Kreislauftätigkeit sehr verlangsamt, die Körpertemperatur sinkt bis nahe 0°C ab. Äußere Faktoren, die die hormonelle Umstellung einleiten, sind abnehmende Umgebungstemperatur, Tageslichtdauer und Nahrungsangebot. So setzt ab einer bestimmten Außentemperatur (sog. kritische Temperatur) die Wärmeregulation des Winterschläfers aus, sodass seine Körpertemperatur abfällt. Außerdem scheint dem W. ein endogener Rhythmus zugrunde zu liegen, der durch den Hypothalamus gesteuert wird. Sowohl die Temperaturregulation als auch die Hirnwellentätigkeit während des W. zeigen große Ähnlichkeit mit den für den Non-Rem-Schlaf (↑Schlaf) typischen Mustern. Wird der Körper etwa bei Temperaturen unter –5°C weiter abgekühlt, sterben nur Fledermäuse, andere Tiere wachen bei einer solchen Minimaltemperatur auf und ihre Thermoregulation setzt wieder ein, wodurch die Körperwärme schnell wieder ansteigt und die Tiere geeignetere Überwinterungsplätze aufsuchen können. Viele Tiere leben während dieser Zeit nur von ihrem Körperfett (z.B. Igel). Andere (z.B. der Hamster) legen sich Nahrungsvorräte an, von denen sie während des Winters von Zeit zu Zeit zehren. Dachs, Bär und Eichhörnchen halten nur eine **Winterruhe,** wobei sie die kältesten Zeiten zwar verschlafen, ihre Körpertemperatur in dieser Zeit aber nicht absinkt. Sie wachen häufig auf. Die Bärin wirft während dieser Zeit sogar ihre Jungen.

Wechselwarme Tiere (Kriechtiere, Lurche, Schnecken u.a.) ziehen sich bei Einbruch des Winters in Schlupfwinkel zurück und fallen in ↑Kältestarre.

Wirbellose: zusammenfassende Bezeichnung für alle ↑Vielzeller mit echten Geweben, mit Ausnahme der ↑Wirbeltiere. W. sind meist kleine bis mittelgroße Tiere, die keine stützende ↑Wirbelsäule besitzen. Hierher gehören z.B. ↑Hohltiere, ↑Ringelwürmer, ↑Gliederfüßer, ↑Stachelhäuter, ↑Manteltiere und ↑Weichtiere.

Wirbelsäule: das ↑Achsenskelett der Wirbeltiere. Die W., die im Verlauf der Embryonalentwicklung die ursprünglich angelegte ↑Chorda dorsalis verdrängt, besteht aus einzelnen **Wirbeln.** Knorpelfische (Haie, Rochen) haben noch knorpelige, Knochenfische und alle höheren Wirbeltiere knöcherne Wirbel. Lurche und Kriechtiere entwickeln zwischen den Wirbelkörpern Gelenkflächen. Vögel besitzen zwischen den Wirbeln Gelenke mit Sattelflächen.

Die Wirbel der Säuger sind auf beiden Seiten fast eben. Zwischen ihnen liegen die ↑Bandscheiben, in deren Zentrum noch ein Rest der Chorda dorsalis zu finden ist. Die Bandscheiben geben der Wirbelsäule zusammen mit besonderen Gelenkflächen an Fortsätzen eine begrenzte Beweglichkeit. Alle Wirbel besitzen auf der Rückenseite einen Neuralbogen, diese bilden den Wirbelkanal, der das Rückenmark schützend umgibt. Zwischen den Wirbeln verlassen die Spinalnerven das Rückenmark.

Die W. des *Menschen* ist durch ihre Doppel-S-Form und die Bandscheiben in der Lage, Stöße aufzufangen. Sie besteht aus 7 Hals-, 12 Brust-, 5 Lenden-,

W

5 verwachsenen Kreuzbein- und 4–5 verkümmerten Steißbeinwirbeln. Die Brustwirbel tragen die Rippen, die Kreuzbeinwirbel das Becken. Eine Sonderstellung nehmen die beiden obersten Halswirbel, Dreher und ↑Atlas, ein.

Wirbeltiere (Vertebrata): Die W. bilden die höchstentwickelte, zu den ↑Chordatieren zählende Tiergruppe, zu denen auch der Mensch gehört. Sie besitzen einen bilateral-symmetrischen Körper, ein festes Innenskelett (↑Wirbelsäule) mit Schädel, ursprünglich zwei Paar Gliedmaßen und eine mehrschichtige Oberhaut. Das ↑Gehirn ist stets deutlich vom übrigen Nervensystem abgegliedert, und die Sinnesorgane sind hoch entwickelt.

W. sind fast immer getrenntgeschlechtig. Je nach Fehlen oder Vorhandensein von Embryonalhüllen werden Anamnier (niedere Wirbeltiere; mit Rundmäulern, Fischen und Lurchen) und ↑Amnioten (höhere Wirbeltiere.; mit Kriechtieren, Vögeln und Säugetieren) unterschieden.

Wirkort: ↑Enzyme.

Wirkstoffe: in der Physiologie werden ↑Enzyme, ↑Vitamine und ↑Hormone als W. zusammengefasst, da sie gegenüber anderen Stoffen in sehr geringen Mengen wirken.

Wirkungsspezifität: ↑Enzyme.

Wirtsorganismus (Wirt): Als W. bezeichnet man ein Lebewesen (Mensch, Tier oder Pflanze), in oder an dem ein ↑Parasit lebt. So ist z.B. ein Mensch, in dessen Darm ein Bandwurm lebt, der Wirt des Bandwurms.

Wirtswechsel: der bei vielen ↑Parasiten regelmäßig mit Erreichen eines bestimmten Entwicklungsstadiums stattfindende Übergang von einem Wirtsorganismus zum anderen. Beim letzten Wirt **(Endwirt)** erreicht der Parasit seine Geschlechtsreife. Alle vorausgehenden Wirte, bei denen die Jugendstadien parasitieren, heißen **Zwischenwirte.**

Bei manchen Parasiten kann ein W. auch nur gelegentlich vorkommen. Typische Beispiele für Parasiten mit W. sind der Rinderbandwurm (↑Bandwürmer) und die ↑Leberegel.

Wolf-Syndrom: nach dem deutschen Humangenetiker U. WOLF (*1933) benanntes Krankheitsbild bei Menschen, denen an einem der beiden Chromosomen Nr. 4 der kurze Arm fehlt, da er durch Deletion verloren ging. Die Folgen sind schwere körperliche Schäden v.a. an Augen, Geschlechtsorganen, Nieren, Herz. Vom W.-S. betroffene Säuglinge sterben zu 90 % innerhalb des ersten Lebensjahres. Das W.-S. tritt im Durchschnitt bei einem von 50 000 Neugeborenen auf.

Wuchsstoffe: organische Substanzen, die die Steuerung des Wachstums übernehmen (Wachstumsregulatoren). W. wirken schon in geringen Konzentrationen und werden im Leitungssystem der Pflanze transportiert; sie haben also gewisse Ähnlichkeiten mit den ↑Hormonen der Tiere bzw. des Menschen und werden daher auch als **Phytohormone** bezeichnet.

Auxine fördern v.a. das Streckungswachtum von Sprossen und hemmen das Längenwachstum der Wurzeln. Das wichtigste Auxin ist **β-Indolylessigsäure** (Indol-3-essigsäure, IES, IAA), die bei Höheren Pflanzen aus Tryptophan gebildet und unter dem Einfluss von Licht abgebaut wird. IES wird in der Sprossspitze synthetisiert und nach unten geleitet. Es verhindert das Austreiben der Seitensprosse.

Gibberelline haben eine sehr komplizierte chemische Struktur. Die Gibberellinsäure wurde bei einer Krankheit des Reises, bei der sich dieser abnorm in die Länge streckt, als wirksames Gift eines Pilzes entdeckt. Ihre Wirkung ist in Abhängigkeit von der Konzentration unterschiedlich. Wichtig ist die Aktivierung von Stärke spaltenden Enzymen in Samen. Der Embryo entsendet Gibberellinsäure in die äußerste Schicht

W

des Endosperms. Dort werden Gene aktiviert, die Amylase für die Hydrolyse der Stärke bilden.

Cytokinine (z.B. Kinetin, Zeatin) sind Abkömmlinge des Adenins. Sie werden hauptsächlich in der Wurzel gebildet und fördern in Wechselwirkung mit IES das Zellteilungs- und Streckungswachstum; sie verzögern die Blattalterung (Hemmung des Chlorophyllabbaus), bewirken die Umwandlung von Proplastiden zu Chloroplasten sowie die Aufhebung der durch Hemmstoffe hervorgerufenen Samenruhe.

Abscisinsäure hemmt Wachstum und Samenkeimung; es reguliert mit anderen W. zusammen (durch Auflösung der Mittellamelle bei den Trenngeweben) den Blattfall, das Abfallen von reifen Früchten, beschleunigt das Altern von Zellen und löst die Winterruhe der Knospen aus.

Viele Wirkungen sind wahrscheinlich auch auf die Bildung von ↑Ethylen in der Pflanze zurückzuführen, das ebenfalls Wuchsstoffwirkungen hat und auch das Altern von Laubblättern und das Reifen von Früchten fördert.

Einige künstlich hergestellte W. werden bei der Unkrautbekämpfung (2,4-Dichlorphenoxyessigsäure = 2,4-D) oder zur Förderung der Bewurzelung von Stecklingen (Naphthylessigsäure = NES) verwendet.

Wundernetz (Rete mirabile): netzartig verzweigte, arteriovenöse Blutgefäße, die als Gegenstrom-Wärmeaustauscher wirken. Beispielsweise besitzen einige schnell schwimmende Fischarten (wie z.B. Thunfische) eine um 10°C höhere Körpertemperatur als die umgebende Wassertemperatur. Dies wird durch den intensiven Wärmeaustausch zwischen Muskulatur und dazwischenliegenden W. ermöglicht.

W. befinden sich auch in den Füßen von Enten. Sie ermöglichen ihnen, auf zugefrorenen Wasserflächen zu übernachten, ohne Kälteschäden zu erleiden.

Wundschorf: ↑Blutgerinnung.

Wurmfortsatz: Teil des ↑Darmkanals des Menschen.

Wurzelfüßer (Rhizopoda): Stamm mikroskopisch kleiner, einzelliger Tiere (↑Protozoa), v.a. in Süß- und Meeresgewässern, bei denen meist die Fortbewegung, jedoch stets die Nahrungsaufnahme mithilfe von ↑Scheinfüßchen erfolgt. Zu den W. gehören die ↑Amöben, ↑Foraminiferen und ↑Strahlentierchen.

Wurzelhaare: Ausstülpungen der Rhizodermis der ↑Wurzeln.

Wurzelhaube: zarte Haube auf dem Vegetationspunkt der ↑Wurzeln.

Wurzelhaut: die Wurzel der ↑Zähne umgebende kollagenreiche Schicht.

Wurzelkanal: in die Zahnhöhle (↑Zähne) führender Kanal, in dem Nerven und Gefäße laufen.

Wurzelkletterer: ↑Kletterpflanzen.

Wurzelknöllchen: ↑Knöllchenbakterien.

Wurzelmetamorphosen: Die Wurzeln mancher Pflanzen übernehmen neben ihren Hauptaufgaben der Wasser- und Mineralsalzaufnahme sowie der Verankerung der Pflanze im Boden noch andere Funktionen, die zu charakteristischen Abweichungen von der normalen Gestalt der Wurzel führen.

Dienen die Wurzeln als Speicherorgan, so nehmen sie an Umfang zu (z.B. Mohr- und Zuckerrübe). Zwei- und mehrjährige Rosettenpflanzen, z.B. Petersilie, Kümmel, Enzian, aber auch die Rhizome des Spargels, haben **Zugwurzeln,** die durch Kontraktion die Sprossachsen der Pflanzen langsam in den Boden ziehen. Dadurch bleibt die Rosette immer am Boden liegen, und die jungen Knospen sind vor Frostschäden geschützt.

Weitere W. sind die ↑Luftwurzeln und Haftwurzeln (↑Haftorgane). Bei Dahlien oder Orchideen entstehen aus Seitenwurzeln die **Wurzelknollen,** die den Sprossknollen ähnlich sehen, aber keine Blattanlagen (»Augen«) besitzen.

Wurzeln: die Teile der ↑Sprosspflanzen, die meist in die Erde wachsen. Sie befestigen die Pflanze im Boden und entnehmen dort Wasser und Mineralsalze und leiten sie in den Spross. Außerdem können sie wie die Sprossachse und die Blätter Reservestoffe speichern. Der morphologische Unterschied zwischen W. und Spross besteht darin, dass W. keine Blatt- und Knospenanlagen ausbilden. Der anatomische Unterschied beruht auf der zentralen Anordnung der ↑Leitbündel in den W.
An der noch wachsenden W. können schon äußerlich drei Zonen unterschieden werden: der an der **Wurzelspitze** liegende Vegetationspunkt, die sich anschließende Wachstumszone und die darauf folgende Zone der Wurzelhaare. Der Vegetationspunkt hat zum Schutz für die zarten embryonalen Zellen eine **Wurzelhaube (Calyptra)** ausgebildet. Die äußeren Zellen der Haube lösen sich nach Verschleimung der Mittellamellen ab, werden aber immer wieder vom Urmeristem nachgebildet. Die verschleimten, abgestoßenen Zellen erleichtern der W. das Weiterkriechen im Boden. Die **Wachstumszone** beginnt an der Basis des ↑Vegetationskegels. In ihr erfolgt die Umwandlung der jungen Zellen in Dauerzellen bei einem gleichzeitigen ↑Streckungswachstum.

Die Wachstumszone geht über in die Zone der **Wurzelhaare.** Diese sind Ausstülpungen der ↑Rhizodermis, die den W. die Wasser- und Mineralsalzaufnahme erleichtern, indem sie die Oberfläche vergrößern. Wurzelhaare leben nur wenige Tage und werden immer wieder nachgebildet. Wasser- und Sumpfpflanzen haben keine Wurzelhaare, weil sie sehr leicht Wasser aufnehmen. Auch Pflanzen mit ektotropher ↑Mykorrhiza haben an den befallenen Wurzelteilen keine Wurzelhaare.

Innerer Bau der W.: Die jungen Wurzelteile werden nach außen durch eine Wurzelhaut (↑Rhizodermis) begrenzt. Ebenso wie die Wurzelhaare stirbt die Rhizodermis bald ab. Dafür bildet sich nun ein sekundäres Abschlussgewebe, die ↑Exodermis. Das noch restliche Gewebe wird in Rinde (mit ↑Endodermis) und **Zentralzylinder** eingeteilt.

Die äußerste Zellschicht des Zentralzylinders ist das **Perikambium** oder **Perizykel.** Es ist für die nachträgliche Bildung neuer Zellen, für die Ausbildung der Seitenwurzeln sowie eines sekundären Abschlussgewebes beim sekundären ↑Dickenwachstum verantwortlich. Die Leitungsbahnen sind im Zentralzylinder als zentrales, radiales ↑Leitbündel angeordnet. Die Seitenwurzeln bilden mit der **Hauptwurzel** ein Wurzelsystem.

Am Spross ausgebildete W. heißen sprossbürtig. Gehören **sprossbürtige W.** zum normalen Entwicklungsverlauf, bezeichnet man sie als **Nebenwurzeln.** Werden sprossbürtige Wurzeln dagegen künstlich erzeugt, nennt man sie Adventivwurzeln.

Wurzelstock: das ↑Rhizom.

X

Xanthophylle: zu den ↑Carotinoiden gehörende, Hydroxy- oder Ketogruppen enthaltende Substanzen. Blattxanthophyll oder **Lutein** leitet sich vom α-Carotin, der Maisfarbstoff **Zeaxanthin** vom β-Carotin ab. Die rote Farbe gekochten Hummers wird durch das sauerstoffreiche **Astaxanthin** hervorgebracht.

X. finden sich meist in den Plastiden der pflanzlichen Zelle und sind stets Begleiter der ↑Chlorophylle a und b.

X-Chromosom: ↑Geschlechtschromosomen.

Xerophyten (Trockenpflanzen): auf zeitweise trockenen Standorten wachsende Pflanzen. X. sind **xeromorph** gebaut, d.h., sie haben Einrichtungen zur dauernden oder vorübergehenden Hemmung der Wasserabgabe. Meist

X

sind zusätzlich noch sehr lange Wurzeln ausgebildet, die eine noch ausreichende Wasseraufnahme aus dem wasserarmen Boden gestatten. Ein Teil der die Transpiration herabsetzenden Einrichtungen dient auch zum Schutz gegen zu starke Wärmestrahlung.

Transpirationseinschränkende Einrichtungen sind die verdickte Epidermis und die Ausbildung von Wachs- und Harzüberzügen. Die ↑Spaltöffnungen werden verkleinert und versenkt oder mit Haaren überzogen. Der wirksamste Transpirationsschutz ist die Verkleinerung der transpirierenden Oberflächen (z.B. Blattabwurf zu Beginn der Trockenzeit). Auch eine Verzwergung (Nanismus) der ganzen Pflanzen kommt vor. Mit einer Verkleinerung der Blattoberfläche nimmt auch die Assimilation ab. Um diesen Verlust auszugleichen, besitzen auch die Sprossachsen Assimilationsgewebe.

Viele X. (z.B. ↑Sukkulenten) schränken nicht nur die Transpiration ein, sondern speichern außerdem während der kurzen Regenzeiten Wasser für die längeren Trockenzeiten. – ↑auch Tropophyten.

Xylem: Teil der ↑Leitbündel.

Y

Y-Chromosom: ↑Geschlechtschromosomen.

Z

Zahnbein (Dentin): Die Grundsubstanz der ↑Zähne ist das lebende Zahnbein. Es wird von zahnbildenden Zellen, den **Odontoblasten,** erzeugt. Elfenbein ist das Z. der Elefanten.

Zähne: harte Gebilde in der Mundhöhle (manchmal am Gaumen) der Wirbeltiere und damit auch beim Menschen. Sie dienen dem Festhalten, Abbeißen und Zerkleinern der Nahrung. Einem solchen Zweck dienen auch entsprechende Bildungen bei einigen wirbellosen Tieren, z.B. die Zähnchen am Kauapparat (Laterne des Aristoteles) der ↑Seeigel, die Chitinzähnchen der ↑Radula bei Schnecken und des ↑Kaumagens bei manchen Insekten.

Die Z. der Wirbeltiere **(Dentes)** sind den Plakoidschuppen (Hautzähne) der Haie homolog. – Die Gesamtheit der Z. der Mundhöhle heißt ↑Gebiss.

Äußerlich gliedern sich die Z., wie das Bild zeigt, in die aus dem Zahnfleisch ragende **Zahnkrone** (Krone), den im Zahnfleisch sitzenden **Zahnhals** und die im Zahnfach **(Alveole)** des Kieferknochens verankerte **Zahnwurzel.** An der Wurzelspitze liegt die Öffnung zum **Wurzelkanal,** in dem Gefäße und Nerven zur Zahnhöhle **(Pulpahöhle)** verlaufen, um dort zusammen mit lockerem Bindegewebe und Zahnbeinzellen die **Zahnpulpa** (Pulpa, Zahnmark; im Volksmund: »Zahnnerv«) zu bilden.

Der Kern des Zahns besteht aus lebendem, knochenähnlichem ↑Zahnbein. Die Wurzel ist außen von einer dünnen Schicht geflechtartiger Knochensubstanz, dem **Zahnzement,** umgeben, von dem aus Kollagenfasern der bindegewebigen, gefäß- und nervenreichen Wurzelhaut zum Zahnfach des Kiefers ziehen und den Zahnhalteapparat bilden; die Wurzelhaut stellt für den Zahn ein elastisches »Kissen« dar. Die Krone ist von **Zahnschmelz,** der härtesten Substanz des Körpers überhaupt, dünn überzogen. Am Zahnhals stoßen Zahnzement und Zahnschmelz aneinander.

Bei den Schneidezähnen der Nagetiere ist nur die vordere Seite von Zahnschmelz überdeckt. Dadurch nutzt sich das dahinter liegende weichere Zahnbein schneller ab, und die (ständig nachwachsenden) Nagezähne erhalten Meißelform. Auch die Kauflächen der Mahlzähne vieler Tiere sind nur teilweise durch Schmelz geschützt, wo-

Zähne

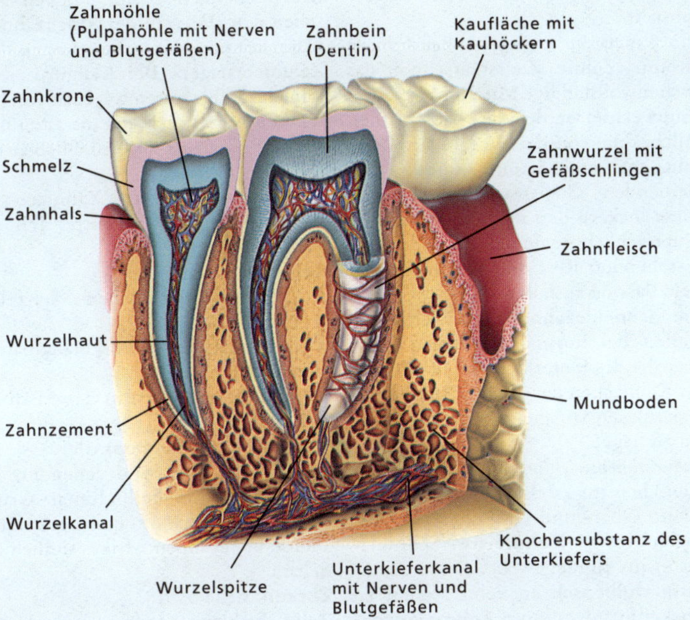

durch mit der Zeit scharfe Schmelzkanten neben dem stärker abgenutzten Zahnbein stehen bleiben. Solche Zähne können je nach Abnutzungsgrad zur Feststellung des Lebensalters dienen (z.B. bei Pferden).

Die Z. des *Menschen* bilden in Ober- und Unterkiefer je einen **Zahnbogen.** In jeder Hälfte liegen vorn 2 Schneidezähne, Eckzahn, 2 Vorbackenzähne und 3 Backenzähne, insgesamt also 32 Z. im bleibenden Gebiss. Dem Milchgebiss fehlen die Backenzähne, sodass es nur aus 20 Z. besteht.

Die **Schneidezähne (Incisivi)** besitzen eine scharfe Schneidkante zum Abbeißen der Nahrung. Sie haben eine lang gezogen-dreieckige Form und nur eine Wurzel. – Die **Eckzähne (Canini)** stehen bei den Tieren mehr oder weniger stark vor (**Fangzähne,** Imponierzähne). Sie sind durch eine sehr lange Wurzel im Kiefer verankert und meist vorn zugespitzt. – Die **Vorbackenzähne** (Vormahlzähne, **Prämolaren)** zerkleinern die Nahrung mit ihrer beim Menschen zweihöckrigen Krone. Die unteren sind mit einer, die oberen mit zwei Wurzeln im Kiefer befestigt. – Die **Backenzähne** (Mahlzähne, **Molaren)** zermahlen mit ihrer beim Menschen vierhöckrigen Krone die Nahrung. Die oberen Mahlzähne haben drei, die unteren zwei Wurzeln. Spitzhöckerige Vorbacken- oder Backenzähne, die bei Raubtieren dem Zerteilen der Beute dienen, nennt man **Reißzähne.** Die hintersten (dritten) Backenzähne **(Weisheitszähne)** des Menschen werden erst im 4. oder 5. Lebensjahr angelegt. Ihr manchmal mit Komplikationen wie Entzündungen einherge-

Z

hender Durchbruch (der auch ausbleiben kann) erfolgt nach dem 16. Lebensjahr.

Die meisten Säuger bekommen zweimal Zähne. Zuerst erscheint das noch unvollständige **Milchgebiss.** Zum Zahnwechsel werden die relativ kleinen Milchzähne von der Wurzel her abgebaut, während darunter die Z. des bleibenden Gebisses heranwachsen. Diese lockern den noch vorhandenen, hauptsächlich nur noch aus der Krone bestehenden Rest der Milchzähne so weit, dass sie ausfallen.

Die Schneidezähne des Oberkiefers greifen bei normalem Gebiss etwas über die des Unterkiefers. Die Höcker der Kauflächen der oberen Backenzähne kommen vor die Höcker der unteren zu liegen.

Zur *Zahnentwicklung* senkt sich beim Menschen im zweiten Embryonalmonat im Ober- und Unterkiefer je eine bogenförmige **Zahnleiste** (Schmelzleiste) ins Bindegewebe. Diese Zahnleiste wölbt sich an zehn Stellen zu glockenförmigen sog. **Schmelzorganen (Schmelzglocken)** auf, die innen wie eine Negativform die Gestalt der späteren Zahnkrone annehmen. Von unten her wächst embryonales Bindegewebe mit Nerven und Blutgefäßen (Pulpa) in die Schmelzorgane ein. Im vierten Monat bildet die Pulpa Dentin und Zahnzement. Das innere Epithel der Schmelzorgane sondert den Zahnschmelz ab.

Zahnhals: im Zahnfleisch steckender Teil der ↑Zähne.

Zahnkrone: aus dem Zahnfleisch herausragender Teil der ↑Zähne.

Zahnleiste: Struktur, die sich während der Zahnentwicklung bildet (↑Zähne).

Zahnnerv: umgangssprachliche Bezeichnung für die Zahnpulpa (↑Zähne).

Zahnschmelz: Diese härteste Substanz des menschlichen Körpers überzieht die Krone der ↑Zähne.

Zahnwechsel: Der Z. erfolgt während des Übergangs vom Milchgebiss zum bleibenden ↑Gebiss. Die Zahnanlagen der bleibenden ↑Zähne liegen zwischen den Wurzeln der Milchzähne. – Haie können das ganze Leben lang Zähne ersetzen. Bei Kängurus, Seekühen und Elefanten wachsen von hinten her Zähne nach, die die alten nach vorn drängen, bis sie schließlich ausfallen.

Zahnwurzel: der im Zahnfach des Kieferknochens verankerte Teil der ↑Zähne.

Zapfen:
- die farbempfindlichen Sehzellen (↑Augen).
- die Samenstände der ↑Nadelbäume (↑auch Blütenstände).

Zapfenblindheit: Form der ↑Farbenfehlsichtigkeit.

Zeaxanthin: ↑Xanthophylle.

Zebras: Gruppe wild lebender, auf weißlichem bis hellbraunen Grund dunkel bis schwarz quer gestreifter Pferde in Savannen Afrikas südlich der Sahara.

Zecken: siehe S. 518.

Zelle: die kleinste lebens- und vermehrungsfähige Einheit, die alle für ein Eigenleben notwendigen Strukturelemente enthält und alle Eigenschaften des Lebens zeigt. Dies wird besonders deutlich bei den Einzellern. Bei allen anderen Lebewesen schließen sich Zellen zu Zellverbänden bzw. Geweben und Organen zusammen, womit eine Arbeitsteilung verbunden ist.

Spezielle Funktionen der Z. sind an bestimmte Zellstrukturen und Zellorganellen gebunden. Alle Zellen sind im Prinzip gleich gebaut; eine Ausnahme bilden nur die Zellkörper der ↑Archaebakterien, ↑Bakterien und ↑Cyanobakterien, die als ↑Prokaryoten z.B. keinen echten Zellkern besitzen. Im Einzelnen zeigen sich auch Unterschiede zwischen tierischen und pflanzlichen Zellen.

Tierische Zelle: Die Zellen der Tiere sind nur von der dünnen Zellmembran begrenzt, die das Protoplasma (↑Cytoplas-

Zelle

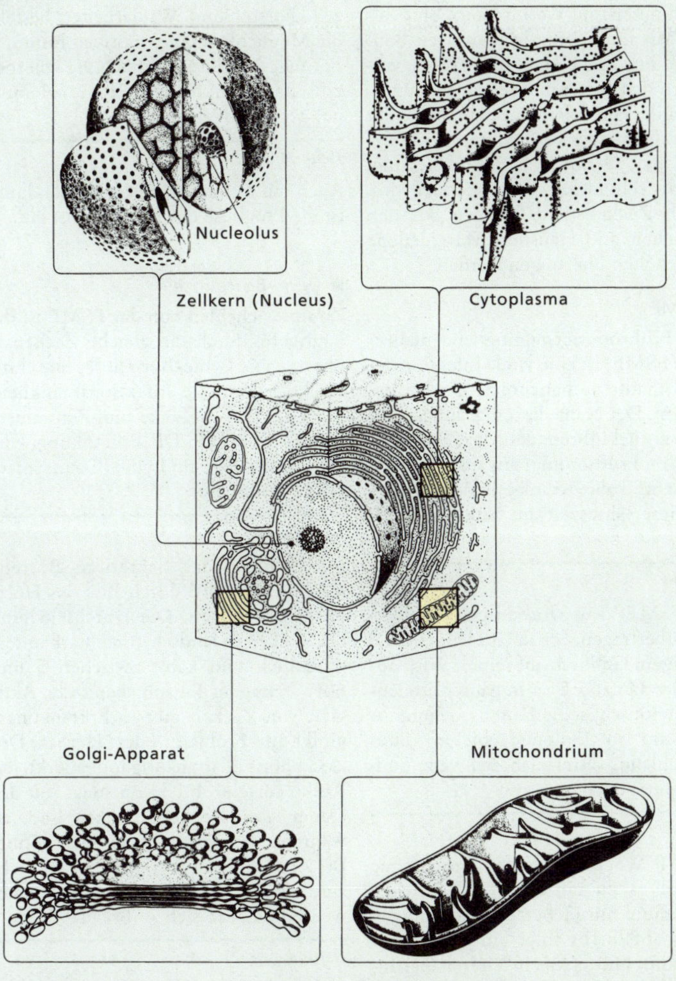

Schematisierte elektronenmikroskopische Ansicht von Zelle und Zellorganellen

ma) umschließt. Neben oft im Zellplasma eingeschlossenen Reservestoffen (z.B. Fetttröpfchen) sowie Fibrillen (v.a. in Muskelzellen) liegen im Protoplasma die verschiedenen **Zellorganellen.**

Der **Zellkern (Nucleus)** nimmt meist eine zentrale Lage ein. Befindet sich der Kern nicht in Teilung, so sind die ↑Chromosomen als aufgelockertes Netzwerk (Chromatingerüst; ↑Chromatin) erkennbar. Gegen das Cytoplas-

Die Zecken sind eine Gruppe der ↑Milben, die als Außenparasiten an Kriechtieren und Warmblütern Blut saugen. Mit ihren Mundwerkzeugen bohren sie sich in die Haut ihres Wirts, verankern sich dort, um tagelang zu saugen, wobei ihr Hinterleib stark anschwillt. In Deutschland sehr verbreitet ist der Holzbock, der, wenn er an Hunden saugt, auch als »Hundezecke« bezeichnet wird. Durch Zeckenstiche können auf den Menschen und Haustiere verschiedene Krankheiten übertragen werden.

FSME

Die Frühsommermeningoencephalitis (Abk. FSME) ist eine virale Infektion der Gehirnhäute, manchmal auch des Gehirns. Der Name lässt sich auf die Tatsache zurückführen, dass die Zeckenaktivität im Frühsommer am ausgeprägtesten ist und die Krankheit demzufolge um diese Jahreszeit am häufigsten auftritt.

Ursache

Das FSME-Virus wird durch den Holzbock übertragen, der an Grashalmen und niedrigem Gebüsch auf seinen Wirt lauert. Der Holzbock ist in ganz Mitteleuropa heimisch, seine Durchseuchung ist aber nur in Endemiegebieten (Süddeutschland, Österreich, Schweiz, Südosteuropa) hoch.

Befund

Etwa 1 Woche nach der Ansteckung kommt es zu einem grippeähnlichen Vorstadium mit Fieber, das nach einigen Tagen abfällt. Es folgt ein fieberfreier Zeitraum. Nur etwa ein Viertel aller Infizierten macht das nun folgende zweite Stadium durch, das mit einem erneuten Fieberanstieg und Hirnhautentzündung (Meningitis) einhergeht, die durch Kopfschmerzen am Hinterkopf und Nackendehnungsschmerz gekennzeichnet ist. Die gleichzeitige Entzündung des Gehirns (Encephalitis) kann mit epileptischen Krampfanfällen oder einer Bewusstseinstrübung einhergehen. Für Menschen mit erhöhter Gefährdung, z.B. Förster und Waldarbeiter, besteht die Möglichkeit einer passiven Immunisierung, d.h. die Verabreichung von spezifischen Antikörpern (Immunglobuline) gegen das Virus.

Behandlung

Auch ohne eine spezifische Behandlung ist die Prognose der FSME meist gut.

Lyme-Borreliose

Zu unterscheiden von der FSME ist die häufigere, durch die gleiche Zeckenart übertragene Lyme-Borreliose, eine chronische bakterielle Infektionskrankheit, die v.a. Haut, Gelenke und Zentralnervensystem befällt. Die Erkrankung wurde erstmals 1976 im Lyme (Connecticut, USA) beobachtet.

Ursache

Der Erreger, das Bakterium Borrelia burgdorferi, wird durch Biss des Holzbocks übertragen. Die Durchseuchung der Zecken ist landschaftlich stark unterschiedlich und kann zwischen 5 und 60% betragen. Entsprechend der Aktivität von Zecken gibt es Erkrankungsgipfel im Frühjahr oder Herbst. Der Zeckenbiss bleibt häufig unbemerkt, das Risiko für eine Infektion steigt mit der Dauer des Zeckenkontakts und ist während der ersten 24 Stunden gering. Bei Zeckenbissen wird der Erreger nicht automatisch übertragen, sondern dann, wenn die Zecke sich »erbricht«.

Befund

Die Erkrankung verläuft in drei Stadien, wobei aber auch jedes Stadium fehlen kann und die Übergänge von einem ins nächste nicht zwingend erfolgen müssen. In der Frühphase kann sich um die Bissstelle eine sich kreisförmig ausbreitende Rötung (»Wanderröte«) bilden. Gelegentlich bestehen gleichzeitig grippeartige Allgemeinbeschwerden. Im

Spätstadium, üblicherweise nach mehr als einem Jahr, können Organentzündungen z.B. der Gelenke (Arthritis) oder des Herzens (Herzmuskelentzündung) auftreten. Bei manchen Betroffenen schreitet die Erkrankung in ein chronisches Stadium mit typischer Verdünnung und Fältelung der Haut (»Pergamenthaut«) und Entzündungen des Gehirns und des gesamten Nervensystems fort. Unbehandelt kann sich dieser Verlauf über Jahrzehnte hinziehen.

Behandlung

In der Frühphase der Erkrankung ist eine Behandlung mit Antibiotika in Tablettenform ausreichend, ab dem Spätstadium muss die Antibiotikagabe als Infusion meist im Krankenhaus erfolgen. Oft sind aufgrund der Hartnäckigkeit der Infektion mehrere Behandlungszyklen erforderlich, wobei der Verlauf durch regelmäßige Kontrollen der Antikörper gegen Borrelien im Blut und Nervenwasser kontrolliert wird. ■

Holzbock: Das Weibchen hat eine Länge bis 4mm (rechts voll gesogen bis 11mm lang)

Die saugende Zecke sollte vorsichtig behandelt werden; die Anwendung von Öl oder Klebstoffen ist nicht sinnvoll. Zecken werden am besten mit einer feinen Pinzette am Kopf (knapp über der Haut an der Bissstelle) gegriffen und vorsichtig mit einer Drehbewegung gegen den Uhrzeigersinn (wie beim Herausdrehen einer Schraube) aus der Haut entfernt.

Man kann sich auch vorbeugend bei Wald- und Wiesenspaziergängen durch geeignete Kleidung (lange Hosen, langärmeliges Hemd, festes Schuhwerk) schützen und sich nachher gegenseitig am ganzen Körper nach Zecken absuchen.

SATZ, NORBERT: *Klinik der Lyme-Borreliose.* Bern u.a. (Huber) 1993 ■ STANEK, GEROLD UND HOFMANN, HANNS: *Krank durch Zecken. FSME und Lyme-Borreliose. Prävention, Infektion, Therapie.* Wien u.a. (Maudrich) 1994 ■ BENZAIA, DIANA: *Kleiner Biß mit bösen Folgen. Erkennung, Verhütung und Behandlung von Zeckeninfektionen.* München (Ehrenwirth)[2]1995 ■ *Durch Zecken übertragbare Erkrankungen FSME und Lyme-Borreliose. 3. Potsdamer Symposium,* hg. v. JOCHEN SÜSS. Schriesheim (Weller) 1995 ■ WELD, VERA: *Zeckenstich. Erzählung einer FSME-Entzündung nach Tatsachen.* Innsbruck (Gesellschaft für Information und Medienvielfalt) 1996.

Z

ma wird der Kern durch eine Doppelmembran abgegrenzt. Diese Kernmembran (Kernhülle) enthält Poren, durch die vermutlich die ↑genetische Information über die Boten-RNA (↑RNA) aus dem Kern zu den Ribosomen in der Z. gelangt. Die Chromosomen liegen im Kern eingebettet im Kernplasma **(Karyoplasma).** Außerdem findet man in jedem Interphasekern wenigstens ein ↑Kernkörperchen (Nucleolus). In der Nähe des Kerns befindet sich das ↑Centrosom, das bei der Zellteilung von großer Bedeutung ist. In enger Beziehung zum Zellkern bzw. zur (doppelten) Kernmembran steht das ↑endoplasmatische Reticulum mit den ↑Ribosomen. Vermutlich eng verknüpft mit dem endoplasmatischen Reticulum ist der ↑Golgi-Apparat. Die bestuntersuchten Organellen der Z. sind die ↑Mitochondrien. Weiterhin findet man in der Z. die ↑Lysosomen, die beim Platzen ihrer Membran (vermutlich erst beim Zelltod) zellauflösende Enzyme freisetzen.

Pflanzliche Zelle: Der augenfälligste Unterschied zur tierischen Z. ist das Vorhandensein einer **Zellwand** (statt nur einer Zellmembran), die bei der ausgewachsenen Z. ein starres Gebilde ist und für das osmotische System der Pflanzenzelle mit seinem beträchtlichen Binnendruck ein Stabilisierungselement darstellt. Sie gliedert sich von außen nach innen in vier Schichten:

Die erste Schicht, die **Mittellamelle,** besteht aus Pektinen und bildet sich bei der Zellteilung zwischen den beiden Tochterzellen aus. Die der Mittellamelle aufliegende **Primärwand,** in deren Grundsubstanz (Pektin und Hemicellulosen) Cellulosefäden netzartig eingelagert sind (Streuungstextur), ist in jungem Zustand elastisch und dehnbar und zeigt Wachstum durch Anlagerung von Lamellen von innen her. Auf eine dünne Übergangslamelle folgt die **Sekundärwand.** Diese kann z.B. in Festigungsgeweben durch starke Einlagerung von Cellulose (unter Einengung des Zelllumens) besonders massiv werden, wobei mehrere Schichten mit Paralleltextur entstehen. Außerhalb der Primärwand kann sich bei Zellen der Pflanzenoberfläche durch Ausbildung einer Cuticula oder einer Korkschicht zusätzlich noch eine weitgehend cellulosefreie Wandschicht ausbilden. Abschließend nach innen folgt die **Tertiärwand,** die wiederum aus Pektin und Hemicellulosen besteht, chemisch besonders resistent ist und eine eigene Textur aufweist.

Als weitere Besonderheit besitzt die differenzierte Pflanzenzelle eine große, mit Zellsaft gefüllte Zellvakuole, die das Cytoplasma, d.h. den Protoplasten, an die Wand drückt. Dieser wird von zwei Zellmembranen begrenzt, zur Tertiärwand hin vom **Plasmalemma,** zur ↑Vakuole hin vom Tonoplasten. Im Protoplasten findet man die gleichen Strukturen bzw. Organellen wie in der tierischen Z., außerdem noch die ↑Plastiden in Form von Chloro-, Chromo- und Leukoplasten.

Zellenlehre: die ↑Cytologie.

Zellkern: Struktur der eukaryotischen ↑Zelle.

Zellmembran: ↑Cytoplasma.

Zellorganellen: durch Membranen abgegrenzte Funktionseinheiten in der ↑Zelle.

Zellplasma: das ↑Cytoplasma.

Zellteilung: die Teilung einer Zelle in zwei oder mehr Tochterzellen, die entweder gleich **(äquale Z.)** oder voneinander verschieden sind **(inäquale Z.).** Der Z. geht bei Zellen mit echten Kernen fast immer eine Kernteilung (↑Mitose oder ↑Meiose) voraus. Auch in Archaebakterien, Bakterien und Cyanobakterien wird der DNA-Faden vor der Z. verdoppelt.

I. A. wird sofort nach der Telophase der Kernteilung mit der Bildung einer neuen Zellmembran zwischen den beiden Kernen begonnen. Bei Tieren schnürt sich die Zellmembran vom Rande her

Z

ein, bei Pflanzen wird vom Golgi-Apparat an dieser Stelle Material angeliefert, das die erste Zellwand bildet. Nicht immer folgen auf Kernteilungen auch Zellteilungen; in diesen Fällen entstehen vielkernige Zellen (↑Plasmodium). Zwischen zwei Kernteilungen befindet sich die Zelle in der Arbeitsphase, d.h., der Kern synthetisiert RNA, und im Cytoplasma werden Proteine gebildet. Diese Phase (Interphase) ist bei den meisten Zellen in drei Abschnitte zu gliedern: Sofort auf die Mitose folgt die **G_1-Phase,** die die nachfolgende Chromosomenverdopplung vorbereitet. Diese findet in der **S-Phase** statt, wo DNA synthetisiert wird. Darauf folgt die **G_2-Phase,** in der die nächste Mitose vorbereitet wird. Das Durchlaufen der einzelnen Phasen, von Mitose zur nächsten Mitose, wird als **Zellzyklus** bezeichnet.

zellvermittelte Immunität: ↑Immunsystem.

Zellwand: der Zellwand aufgelagerte Wand der pflanzlichen ↑Zelle.

Zellzyklus: ↑Zellteilung.

Zentralkörperchen: das ↑Centriol.

Zentralnervensystem (Abk. ZNS): übergeordneter, zentralisierter Teil des Nervensystems. Eine Zentralisation des Nervensystems findet man schon bei den Wirbellosen als Bauchmark (↑Bauchganglien), als Ober- und Unterschlundganglion bei Gliederfüßern und am weitesten entwickelt bei den Kopffüßern (↑Nervensystem). Das ZNS der Wirbeltiere umfasst das ↑Gehirn und das ↑Rückenmark. Gehirn und Rückenmark sind die zentralen Stätten der Reizverarbeitung und Auslösung von Reizantworten und spontanen Handlungen. Die ↑Erregungsleitung zum und vom Gehirn bzw. Rückenmark erfolgt durch das periphere Nervensystem (↑periphere Nerven).

Zentralzylinder: bei Sprosspflanzen der von der primären Rinde umschlossene Gewebekomplex in Sprossachse (↑Spross) und ↑Wurzeln, der aus Grundgewebe, den ↑Leitbündeln und aus ↑Festigungsgewebe besteht.

zentripetale Nerven: ↑afferente Nerven.

Zerumen: das ↑Ohrenschmalz.

Zirbeldrüse (Epiphyse): bei Wirbeltieren vorkommendes unpaares Organ mit neurosekretorischer Funktion. Während der Embryonalentwicklung der Wirbeltiere bilden sich vom Zwischenhirndach aus zwei unpaare Hirnfortsätze, die Scheitelorgane oder **Medianorgane,** die bei urtümlichen, ausgestorbenen Wirbeltieren vermutlich Lichtsinnesorgane waren und bei heute lebenden Neunaugen noch nachzuweisen sind.

Als lichtempfindliches **Scheitelauge** (Median-, Parietalauge) ist der vordere Hirnfortsatz **(Parietalorgan)** bei der Brückenechse und einigen Reptilien auch heute noch erhalten geblieben. Der andere Fortsatz **(Pinealorgan)** wird zur Epiphyse, die beim Menschen die etwa 12 mm lang werdende Z. darstellt, die jedoch schon nach dem 7. Lebensjahr wieder zurückgebildet wird. Ihre hormonelle Rolle ist noch umstritten. Vielleicht hemmt sie das Geschlechtsreifwerden beim Kind.

Zirporgane: ↑Lautäußerungen.

Zitzen: die Saugwarzen am ↑Euter.

ZNS: Abk. für: ↑Zentralnervensystem.

Zoarien: ↑Moostierchen.

Zonulafasern: feine Bindegewebsfasern, die den Aufhängeapparat der Augenlinse bilden; ↑Augen.

Zoologie (Tierkunde): die Wissenschaft von den Tieren, deren Bau und Lebensäußerungen, und als solche ein Teilgebiet der ↑Biologie.

zoologische Gärten (Zoos, Tiergärten): öffentliche oder private Einrichtungen zur Haltung von (v.a. fremdländischen) Tieren. Z. G. haben Bedeutung als Erholungseinrichtung sowie als Bildungseinrichtung und sind, v.a. als Ergänzung zur Feldforschung, wichtige Stätten der wissenschaftlichen Forschung. Deren Ziele sind einerseits

Z

die Optimierung der Lebensbedingungen der Tiere in z. G., andererseits die Erhaltung von vom Aussterben bedrohter Tierarten durch Nachzucht und z.T. anschließender Auswilderung. Kritiker der z. G. halten bei einer Reihe von Tierarten eine artgemäße Haltung im Zoo für ausgeschlossen. – Als ältester z. G. Europas gilt der 1752 im Park von Schönbrunn angelegte spätere z. G. Wiens.

Zooplankton: die tierischen Schwebeorganismen des ↑Planktons.

Zoosporen (Schwärmsporen): aktiv bewegliche, begeißelte Sporen vieler ↑Algen; dienen der ungeschlechtlichen Fortpflanzung.

Zucker: Allgemein werden Monosaccharide und Oligosaccharide (↑Kohlenhydrate) als Z. bezeichnet.

Zugvögel: Vögel, die auf der Nordhalbkugel alljährlich im Herbst in südliche Winterquartiere ziehen und im Frühjahr aus diesen wieder in ihr Brutgebiet zurückkehren. Neben den ↑Teilziehern unterscheidet man echte Z., bei denen alle Individuen einer Art (im Herbstzug) ihr Brutgebiet verlassen. Unter diesen werden wiederum **Tagzieher** (z.B. Nachtigall, Pirol) von **Nachtziehern** (z.B. Grasmücken, viele Enten) unterschieden. – ↑auch Vogelzug.

Zugwurzeln: ↑Wurzelmetamorphosen.

Zunge: meist muskulös ausgebildetes Organ am Boden der Mundhöhle der meisten Wirbeltiere einschließlich des Menschen. Die Z. fungiert als wichtiger Hilfsapparat für die Nahrungsaufnahme, das Kauen und Schlucken sowie als Geschmacksorgan, wofür sie entsprechend angepasst sein kann. Außerdem wird sie für die eigene und die soziale Körperpflege eingesetzt und kann bei den Lautäußerungen mitwirken (v.a. bei der Artikulation der menschlichen Sprache).

Unter den Wirbeltieren ist die Z. bei den Fischen nur wenig entwickelt. Die Z. der Säugetiere (einschließlich des Menschen) besitzt zahlreiche Drüsen sowie sehr stark entwickelte ↑quer gestreifte Muskeln (die Muskelmasse bei den großen Walen beträgt z.B. 200–400 kg), die die große Beweglichkeit der Säugerzunge bewirken. Der Zungenrücken trägt neben vielen freien Nervenendigungen, die die Z. zu einem empfindlichen Tastorgan machen, zahlreiche verschiedenartige Papillen, die teils dem ↑Geschmackssinn, teils Tastfunktionen zuzuordnen sind.

Zungenblüte: ↑Korbblütler.

Zungenmuskel-Nerv: der XII. der ↑Hirnnerven.

Zungen-Schlund-Nerv: der IX. der ↑Hirnnerven.

zusammengesetzte Zucker: ↑Kohlenhydrate.

zweieiige Zwillinge: ↑Mehrlinge.

Zweiflügler (Diptera): Ordnung der ↑Insekten, bei denen nur das vordere Flügelpaar ausgebildet ist, wohingegen die hinteren Flügel zu ↑Halteren reduziert sind. Die Larven der Z. heißen ↑Maden.

Zu den Zweiflüglern gehören die ↑Fliegen und die durch stechend-saugende ↑Mundwerkzeuge gekennzeichneten ↑Mücken. Die Vertreter dieser letzten Gruppe vermögen an Pflanzen ↑Gallen **(Gallmücken)** hervorzurufen und bei Tieren und Menschen Blut zu saugen **(Stechmücken),** wobei gefährliche Krankheiten (z.B. die durch ↑Plasmodium verursachte Malaria) übertragen werden können.

zweihäusig (diözisch): Z. nennt man Pflanzen, bei denen männliche und weibliche Blüten auf verschiedenen Individuen verteilt sind. Hierzu gehören z.B. Eibe und Weide. – Gegensatz: ↑einhäusig.

zweijährige Pflanzen: ↑hapaxanthe Pflanzen.

Zweikeimblättrige Pflanzen (Dicotyledonae): eine Klasse der ↑Samenpflanzen, deren Keimling (bis auf wenige Ausnahmen) zwei Keimblätter ausbildet. Die offenen ↑Leitbündel haben ein ↑Kambium, sodass ein sekundäres ↑Dickenwachstum erfolgen kann. Im Stängelquerschnitt sind die Leitbündel ringförmig angeordnet. Weitere Kennzeichen sind die meist deutlich gestielten netznervigen Laubblätter und die überwiegend zwittrigen, meist aus fünf Wirteln bestehenden Blüten.

Zu den Z. P. gehören alle Holzgewächse (mit Ausnahme der Palmen die meisten Sträucher und Bäume), Stauden und Kräuter, z.B. Gemüsearten und Zierpflanzen.

Zwerchfell (Diaphragma): Zwischen Brusthöhle und Bauchhöhle liegt bei den Säugern und damit auch beim Menschen diese im erschlafften Zustand kuppelförmig nach oben gewölbte, dünne Muskelplatte. In ihrer Mitte ist sie sehnig. Zum Einatmen (↑Atmung, ↑Bauchatmung) ziehen sich ihre glatten Muskelfasern zusammen, verringern damit die Wölbung und vergrößern den Brustraum.

Zwergmännchen: ↑Geschlechtsdimorphismus.

Zwergsträucher: die ↑Chamaephyten.

Zwergwuchs (Nanismus): Beim *Menschen* spricht man von Z., wenn er kleiner als 136 cm (erwachsener Mann) bzw. 124 cm (erwachsene Frau) bleibt. Die Ursachen sind vielfältige, teilweise erbliche Stoffwechsel- und Hormonstörungen (z.B. Mangel an ↑Somatotropin). – Bei den Pygmiden (↑Mensch) ist die geringe Körperhöhe ein Erbmerkmal und normal.

Bei *Pflanzen* tritt Z. als Mutation auf. Da Zwergformen durch Behandlung mit Gibberellinen (↑Wuchsstoffe) normalwüchsig werden, betreffen die Mutationen anscheinend die innere Wuchsstoffproduktion. Z. kann auch Folge von Nährstoffmangel sein.

Zwiebel:

◆ (Bulbus): ein meist unterirdischer Spross mit gestauchter Achse, an der innen in gedrängter Anordnung fleischig verdickte Blattorgane mit Speichergewebe stehen. – ↑auch Blattmetamorphosen.

◆ (Küchenzwiebel): Die auch als **Speisezwiebel** bezeichnete Lauchart ist in Kultur zweijährig. Die Pflanze wächst im ersten Jahr vegetativ, wobei die Z. gebildet wird. Im zweiten Jahr entwickeln sich dann die Blüten. Das Kraut trägt grünlich weiße Blüten in einer kugeligen Trugdolde.

Zwillinge: ↑Mehrlinge.

Zwischenhirn (Diencephalon): entwicklungsgeschichtlich aus dem ↑Vorderhirn hervorgehender Abschnitt des ↑Gehirns. In ihm sind ↑Thalamus und ↑Hypothalamus lokalisiert.

Zwischenwirbelscheiben: die ↑Bandscheiben.

Zwischenwirt: ein Organismus, der die Larvenform oder Jugendstadien eines ↑Parasiten aufnimmt (↑Wirtswechsel).

Zwischenzellräume: die ↑Interzellularen.

Zwitter: Sehr viele niedere Tiere und fast alle Zweikeimblättrigen Pflanzen sind Z., besitzen also gleichzeitig männliche und weibliche Geschlechtsorgane. Im Unterschied zu den tierischen und menschlichen ↑Intersexen, die oft auch als **Hermaphroditen** bezeichnet werden, sind echte Z. von Natur aus zweigeschlechtig; ihre beiderlei Geschlechtsorgane sind voll funktionstüchtig.

Zwölffingerdarm: der vordere Abschnitt des Dünndarms (↑Darmkanal).

Zygotän: Stadium der ersten ↑Prophase einer ↑Meiose.

Zygote: die befruchtete ↑Eizelle, die aus der Vereinigung einer männlichen und einer weiblichen ↑Geschlechtszelle hervorgeht. Sie enthält immer einen doppelten Chromosomensatz (2n), ist also diploid. Durch die ↑Keimesentwicklung entsteht daraus ein neues Individuum.

Zylinderepithel: Form des ↑Deckgewebes.

Zymase: ↑alkoholische Gärung.

A

Abel, John Jacob: * Cleveland 1857, † Baltimore 1938; amerikanischer Biochemiker, erforschte die Nebennierenrindenhormone, isolierte Adrenalin, stellte Insulin kristallin dar.

Adrian, Edgar Douglas: * London 1889, † Cambridge 1977; englischer Physiologe, führte bedeutende Experimente zur Elektro- und Sinnesphysiologie durch, formulierte das Alles-oder-nichts-Gesetz.

Aranzi, Giulio Cesare: * Bologna 1530, † Bologna 1589; italienischer Anatom, entdeckte den Botalli-Gang beim Fetus.

Arber, Werner: * Gränichen 1929; schweizerischer Mikrobiologe, entdeckte die Restriktionsenzyme.

Aschoff, Ludwig: * Berlin 1866, † Freiburg im Breisgau 1942; deutscher Pathologe, beschrieb erstmals die Erregungsleitung des Herzens, entdeckte den Aschoff-Tawara-Knoten.

Avery, Oswald Theodore: * Halifax 1877, † Nashville (USA) 1955; kanadischer Bakteriologe, bewies durch seine Transformationsversuche an Pneumokokken die Bedeutung der DNA als genetisches Material, Begründer der modernen Molekulargenetik.

Axelrod, Julius: * New York 1912; amerikanischer Biochemiker, untersuchte die elektrochemischen Vorgänge bei der Erregungsübertragung an Synapsen und erforschte den Zusammenhang zwischen Bildung, Freisetzung und Abbau der Neurotransmitter.

B

Balfour, Francis Maitland: * Edinburgh 1851, † (bei Besteigung des Montblanc) 1882; englischer Zoologe, führte den Stamm der Chordatiere ein.

Banting, Sir Frederick Grant: * Alliston (Ontario) 1891, † Musgrave Harbour (Neufundland; Flugzeugabsturz) 1941; kanadischer Arzt und Physiologe, untersuchte die Langerhans-Inseln der Bauchspeicheldrüse und entdeckte das Insulin.

Bárány, Robert: * Wien 1876, † Uppsala 1936; ungarisch-österreichischer Pathologe, erforschte die Physiologie des Bogengangsystems beim menschlichen Ohr.

Barcroft, Sir Joseph: * Newry (Irland) 1872, † Cambridge 1947; britischer Physiologe, Forschungsarbeiten über die Funktion des Blutes beim Atmen.

Bary, Heinrich Anton de: * Frankfurt am Main 1831, † Straßburg 1888; deutscher Arzt und Botaniker, begründete die wissenschaftliche Pilzkunde, arbeitete über die sexuelle Fortpflanzung der Pilze, prägte den Begriff »Symbiose«.

Basedow, Karl Adolph von: * Dessau 1799, † Merseburg (Saale) 1854; deutscher Mediziner, untersuchte die Schilddrüsenüberfunktion und führte die Iodtherapie ein.

Bates, Henry Walter: * Leicester 1825, † London 1892; englischer Naturforscher, erforschte die Schutzanpassung hauptsächlich der Schmetterlinge und prägte den Begriff »Mimikry«.

Bateson, William: * Whitby (Yorkshire) 1861, † Merton (Surrey) 1926; englischer Biologe, wies die gekoppelte Weitergabe mancher Erbmerkmale nach, prägte den Begriff »Genetik«.

Baur, Erwin: * Ichenheim 1875, † Müncheberg 1933; deutscher Genetiker und Botaniker, hervorragende Forschungsarbeiten in der Pflanzengenetik.

Bayliss, William Maddock: * London 1860, † London 1924; englischer Physiologe, führte Untersuchungen zur Enzymtätigkeit durch und entdeckte die Beeinflussung von Stoffwechselreaktionen durch Botenstoffe.

Beadle, George Wells: * Wahoo (Nebraska) 1903, † Pomona (Kalifornien) 1989; amerikanischer Biologe, stellte die Ein-Gen-ein-Enzym-Hypothese auf (zusammen mit E.L. TATUM).

Behring, Emil Adolph von: * Hansdorf (Westpreußen) 1854, † Marburg 1917; deutscher Bakteriologe, begründete die passive Schutzimpfung.

Beijernick, Martinus Willem: * Amsterdam 1851, † Gorssel (Gelderland) 1931; niederländischer Mikrobiologe und Botaniker, Forschungen auf dem Gebiet der Bakterienphysiologie, entdeckte die Knöllchenbakterien.

Bell, Sir Charles: * Doun in Monteath (Schottland) 1774, † Hallow Park bei Worcester 1842; britischer Anatom und Physiologe, untersuchte die Verteilung der motorischen und sensiblen Nerven im Rückenmark.

Belon, Pierre: * Le Mans 1517, † Paris 1564; französischer Naturforscher, stellte als Erster Bauähnlichkeiten (Homologien) bei Wirbeltierskeletten fest.

Benacerraf, Baruj: * Caracas 1920; venezolanisch-amerikanischer Mediziner, erforschte immunbiologische Zusammenhänge.

Beneden, Edouard von: * Löwen 1846, † Lüttich 1910; belgischer Cytologe, machte fundamentale Entdeckungen bezüglich der Konstanz der Chromosomenzahl und der Chromosomenzahl in Keimzellen, entdeckte die Mesozoen.

Berg, Paul: * New York 1926; amerikanischer Molekularbiologe und Biochemiker, schuf wichtige Grundlagen zur Entwicklung der Gentechnologie.

Bergmann, Carl: * Göttingen 1814, † Genf 1865; deutscher Anatom und Physiologe, untersuchte den Wärmehaushalt der Tiere, prägte die Begriffe »homoiotherm« und »poikilotherm«, formulierte die »Bergmann-Regel«.

Bernard, Claude: * Saint-Julien (Rhône) 1813, † Paris 1878; französischer Physiologe, wies die nervöse Regulation von Stoffwechselvorgängen nach, erkannte die Tätigkeit der innersekretorischen Drüsen und prägte den Begriff »inneres Milieu«.

Bischoff, Gottlieb Wilhelm: * Bad Dürkheim 1797, † Heidelberg 1854; deutscher Botaniker, klassifizierte erstmals die Moose in Laub- und Lebermoose, prägte die Begriffe »Archegonium« und »Antheridium«.

Blumenbach, Johann Friedrich: * Gotha 1752, † Göttingen 1840; deutscher Zoologe und Anatom, teilte die Menschheit in die Großrassen ein.

Bonnet, Charles de: * Genf 1720, † Landgut Genthod bei Genf 1793; schweizerischer Naturforscher und Philosoph, entdeckte die Parthenogenese bei Blattläusen, führte anatomische Studien (z.B. bei Bandwürmern) durch.

Bonnier, Gaston: * Paris 1853, † Paris 1922; französischer Botaniker, erforschte den Gaswechsel bei Pflanzen und klimatische Einflüsse auf die pflanzliche Entwicklung.

Botallo, Leonardo: * Asti 1530, † um 1571; italienischer Anatom, entwickelte Amputationstechniken, nach ihm benannt wurde der Botalli-Gang.

Boveri, Theodor: * Bamberg 1862, † Würzburg 1915; deutscher Zoologe, begründete die Chromosomentheorie der Vererbung, beschrieb das Centrosom, förderte intensiv die Entwicklung der Genetik, Cytologie und Entwicklungsgeschichte.

Brehm, Alfred Edmund: * Renthendorf (bei Gera) 1829, † Renthendorf 1884; deutscher Zoologe, verfasste viele Reiseberichte und populärwissenschaftliche Publikationen, besonders bekannt wurde sein »Tierleben«.

Brown, Robert: * Montrose (Schottland) 1773, † London 1858; englischer Botaniker, klassifizierte erstmals die höheren Pflanzen in Angiospermen und Gymnospermen.

Brücke, Ernst Wilhelm Ritter von: * Berlin 1819, † Wien 1892; österreichischer Anatom und Physiologe, entdeckte die quer gestreifte Muskulatur und die Automatie des Herzens, führte vielfältige Untersuchungen an Muskeln, Nerven, Plasma und über die Blutgerinnung und Verdauung durch.

Buchner, Paul Ernst Christof: * Nürnberg 1886, † auf Ischia 1978; deutscher Cytologe und Zoologe, erforschte die Symbiose zwischen Tieren und pflanzlichen Mikroorganismen, prägte den Begriff »Endosymbiose«.

Bütschli, Otto: * Frankfurt am Main 1848, † Heidelberg 1920; deutscher Zoologe, entdeckte die Mitose bei Tieren, untersuchte insbesondere Fadenwürmer vergleichend-anatomisch.

C

Calvin, Melvin: * Saint Paul 1911; amerikanischer Chemiker, entschlüsselte wichtige Fotosyntheseschritte und Zwischenprodukte der Fotosynthese (Calvin-Zyklus), erkannte den CO_2-Akzeptor Ribulose-1,5-biphosphat, isolierte das Rhesus-Antigen.

Castellani, Marchese Alto: * Florenz 1874, † Lissabon 1971; italienischer Tropenmediziner, entdeckte den Erreger der Schlafkrankheit (Trypanosoma).

Caventon, Joseph Bienaimé: * Saint Omer 1795, Paris 1877; französischer Pharmakologe, erforschte den grünen Blattfarbstoff und nannte ihn Chlorophyll, entdeckte u.a. Chinin, Strychnin, Coffein und Colchicin.

Cech, Thomas, Robert: * Chicago 1947; amerikanischer Biochemiker, entdeckte die katalytische Wirkung der »RNA-Enzyme« (Ribonucleinsäuren) und widerlegte damit die ursprüngliche Auffassung, dass die Katalyse biochemischer Reaktionen nur von Eiweißen (Enzymen) bewerkstelligt werden kann.

Chain, Sir Ernst Boris: * Berlin 1906, † Castlebar (Mayo, Irland) 1979; russisch-britischer Biochemiker, klärte Struktur und biochemische Wirkung von Penicillin auf.

Chargaff, Erwin: * Tschernowzy 1905; österreichisch-amerikanischer Biochemiker und Schriftsteller, untersuchte die relative Zusammensetzung von Nucleinsäuremolekülen aus Purin- und Pyrimidinbasen und schuf dadurch die Voraussetzungen zur Aufstellung des Watson-Crick-Modells der DNA.

Claude, Albert: * Longlier (heute zu Neufchâteau) 1899, † Brüssel 1983; belgischer Biochemiker, entwickelte wichtige Methoden zur elektronenmikroskopischen Untersuchung von Zellen, entdeckte die Mitochondrien (Ultramikrotomie, fraktionierte Zentrifugation).

Cohn, Ferdinand Julius: * Breslau 1828, † Breslau 1898; deutscher Botaniker und Bakteriologe, ordnete als Erster die Bakterien dem Pflanzenreich zu, führte sterilisierte Nährböden in der Bakteriologie ein.

Crick, Francis Harry Compton: * Northampton 1916; britischer Biochemiker, entwickelte zusammen mit J. D. WATSON ein Modell der räumlichen Spiralstruktur der DNA.

Cuvier, Georges Baron de: * Mömpelgard (heute Montbéliard) 1769, † Paris 1832; französischer Naturforscher, begründete die wissenschaftliche Paläontologie und vergleichende Anatomie, stellte die sog. »Katastrophentheorie« auf.

D

Dahl, Friedrich: * Rosenhofer Brök (Holstein) 1856, † Greifswald 1929; deutscher Biologe, prägte den Begriff »Biotop«.

Dale, Sir Henry Hallet: * London 1875, † Cambridge 1968; britischer Physiologe und Pharmakologe, lieferte bedeutende Arbeiten zur Hormontherapie, entdeckte die chemische Erregungsübertragung an einer Synapse (Neurotransmitter).

Darwin, Charles Robert: * The Mount (bei Shrewsbury) 1809, † Down House (heute zu London-Bromley) 1882; britischer Naturforscher, Begründer der modernen Evolutionstheorie. Sein berühmtes Werk »Die Entstehung der Arten durch natürliche Zuchtwahl« stellte einen Wendepunkt in der Geschichte der Biologie dar. Darwin erklärte mithilfe der Selektionstheorie die zweckmäßigen Anpassungen der Lebewesen an die Umwelt.

Delbrück, Max Ludwig Henning: * Berlin 1906, † Pasadena 1981; deutsch-amerikanischer Biophysiker und Molekularbiolge, begründete die moderne Bakteriophagenforschung und legte den Grundstein für die Bakteriengenetik, entdeckte die genetische Rekombination bei Bakteriophagen.

Döllinger, Ignaz: * Bamberg 1770, † München 1841; deutscher Anatom, stellte aufgrund vergleichend-anatomischer Untersuchungen die Keimblättertheorie auf.

Donné, Alfred: * Noyon 1801, † Paris 1878; französischer Hämotologe, entdeckte u.a. die Blutplättchen.

Down, John Langdon Haydon: * Torpoint (bei Plymouth) 1828, † Teddington (London) 1896; britischer Arzt, befasste sich mit geistigen Behinderungen, beschrieb die nach ihm benannte mongoloide Idiotie (Down-Syndrom).

Driesch, Hans Adolf Eduard: * Bad Kreuznach 1867, † Leipzig 1941; deutscher Zoologe und Naturphilosoph, initiierte die Entwicklungsphysiologie, untersuchte insbesondere die Embryologie des Seeigels (Regulationseier).

Dubois, Eugéne: * Eisden (Provinz Limburg) 1858, † Halen (Provinz Limburg) 1940; niederländischer Anatom und Militärarzt, entdeckte Reste des ersten Pithecanthropus und untersuchte die stammesgeschichtliche Entwicklung des Säugerhirns.

Dutrochet, Henri Joachim: * Néon (Poitou) 1776, † Paris 1847; französischer Physiologe, entdeckte (als einer der Ersten) die Zellteilung.

Duve, Christian René de: * Thames Ditton (Surrey) 1917; belgischer Biochemiker, arbeitete zunächst über Insulin und Glucagon und befasste sich später mit der biochemischen Zellfraktionierung und elektronenmikroskopischen Aufklärung der Zellstruktur, entdeckte die Lysosomen und Peroxisomen.

E

Eibl-Eibesfeldt, Irenäus: * Wien 1928; österreichischer Verhaltensforscher, untersuchte die inner- und zwischenartliche Kommunikation bei Mensch und Tier, Gruppenbindung und Aggression, Kontrolle; begründete die Humanethologie als eigene Disziplin.

Embden, Gustav: * Hamburg 1874, † Nassau 1933; deutscher Physiologe und Biochemiker, entdeckte die Bildung von Milchsäure aus Traubenzucker, erkannte die Bedeutung von Milchsäure und Phosphorsäure bei der Muskelkontraktion, entdeckte Glucose-6-phosphat und Adenosinmonophosphat, stellte die Glykolyse im Muskel schematisch dar.

Enders, John Franklin: * West Hartford (Connecticut) 1897, † Waterford (Connecticut) 1985; amerikanischer Virologe und Bakteriologe, kultivierte den Erreger der Poliomyelitis (Kinderlähmung) auf Nährböden und schuf die Voraussetzungen für die gentechnische Produktion eines vorbeugenden Impfstoffs gegen Kinderlähmung.

Engelmann, Theodor Wilhelm: * Leipzig 1843, † Berlin 1909; deutscher Physiologe, arbeitete über die Erregungsleitung im Herzen, entdeckte den Einfluss des Lichtes auf die Zapfen der Augen und die Pigmente der Netzhaut.

Escherich, Theodor: * Ansbach 1857, † Wien 1911; deutscher Mediziner, entdeckte das nach ihm benannte Coli-Bakterium (Escherichia coli), ein Darmbakterium, das in der Molekularbiologie eine bedeutende Rolle spielt.

Eustachi, Bartolomeo: * San Severino Marche (bei Macerata) 1520, † Fossombrone (bei Urbino) 1574; italienischer Anatom, schrieb ein Pionierwerk über Zahnheilkunde, entdeckte die Eustachi-Röhre.

Falloppio, Gabriele: * Modena 1523, † Padua 1562; italienischer Anatom, beschrieb erstmals das Zusammenwirken von Gehörknöchelchen, Trommelfell, Schnecke und Bogengängen, entdeckte die Eileiter, prägte die Begriffe »Placenta« und »Epiphyse«.

Fleming, Sir Alexander: * Lochfield (Schottland) 1881, † London 1955; britischer Bakteriologe, entdeckte das Penicillin und das Lysozym und setzte damit den Grundstein für Antibiotikaforschung und -therapie.

Flemming, Walter: * Sachsenberg (bei Schwerin) 1843, † Kiel 1905; deutscher Anatom, untersuchte Kern- und Zellteilung, entdeckte das Chromatin, prägte die Begriffe »Mitose« und »Chromatin«, verbesserte die histologische Färbe- und Konservierungstechnik.

Frisch, Karl Ritter von: * Wien 1886, † München 1982; österreichischer Zoologe, viele Arbeiten zur Sinnes- und Verhaltensphysiologie der Tiere, entdeckte die Tanzsprache der Bienen.

Fuhlrott, Johann Carl: * Leinefelde 1803, † Elberfeld (heute zu Wuppertal) 1877; deutscher Naturforscher, fand das erste Skelett eines Neandertalers und leistete damit Pionierarbeit für die Paläanthropologie.

Funk, Casimir: * Warschau 1884, † Albany (New York) 1967; polnisch- amerikanischer Biochemiker, prägte die Begriffe »Vitamin« und »Avitaminose«, lieferte zahlreiche Beiträge über Vitaminmangelkrankheiten, ihre Verhütung und Behandlung.

G

Gallo, Robert Charles: * Waterbury (Connecticut) 1937; amerikanischer Mikrobiologe, vermutete als einer der Ersten den Erreger der erworbenen Immunschwäche (Aids) in der Gruppe der Retroviren, identifizierte (fast zeitgleich mit L. MONTAGNIER) das HI-Virus (HIV).

Golgi, Camillo: * Corteno (Provinz Brescia) 1844, † Pavia 1926; italienischer Histologe, entwickelte neue Färbemethoden der Histologie, gewann wichtige Erkenntnisse über den Feinbau des Nervensystems, beschrieb den sog. Golgi-Apparat.

Graaf, Reinier de: * Schoonhoven 1641, † Delft 1673; niederländischer Anatom, beschrieb die nach ihm benannten Graaf-Follikel und erforschte die Bedeutung des Bauchspeichels.

Gram, Hans Christoph Joachim: * Kopenhagen 1853, † Kopenhagen 1938; dänischer Pathologe, Pharmakologe und Internist, entwickelte die nach ihm benannte Gramfärbung, eine Färbemethode zur Untersuchung von Bakterien und sonstigen Zelleinschlüssen im menschlichen Gewebe.

Grassi, Giovanni Battista: * Rovellasca (bei Como) 1854, † Rom 1925; italienischer Zoologe, stellte als Malariaüberträger die Mücke Anopheles fest und führte die Chininbehandlung zur Malariaprophylaxe ein.

Guillemin, Roger Charles Louis: * Dijon 1924; französisch-amerikanischer Physiologe und Biochemiker, führte bedeutende Versuche am Hypothalamus durch und extrahierte wichtige Stoffe aus dem Hypothalamus (»Releasefaktor«, TSH-RF; Somatostatin).

H

Haberlandt, Gottlieb Johann Friedrich: * Ungarisch-Altenburg (heute zu Mosonmagyaróvár) 1854, † Berlin 1945; österreichischer Botaniker, grundlegende Arbeiten zur Pflanzenanatomie und -physiologie, Mitbegründer der Statolithentheorie des Geotropismus.

Haeckel, Ernst Heinrich Philipp August: * Potsdam 1834, † Jena 1919; deutscher Zoologe, Naturphilosoph und Mediziner, verfasste bedeutende morphologische, systematische und entwicklungsgeschichtliche Arbeiten, führte zahlreiche Begriffe ein (z.B. Phylogenie, Ontogenie, Ökologie, Biodynamik, Protisten, Cölom, Herrentiere) und formulierte die sog. biogenetische Grundregel.

Hales, Stephen: * Bekesbourne (Kent) 1677, Teddington (bei London) 1761; englischer Theologe und Naturwissenschaftler, wichtige Arbeiten über Pflanzenernährung, Transpiration und Wasserverfrachtung in Pflanzen, entdeckte die pflanzliche Atmung.

Hall, Marschall: * Basford (Nottinghamshire) 1790, † Brighton 1857; britischer Physiologe und Arzt, wichtige Untersuchungen über Reflexe, erkannte das Rückenmark als Ort der Reflexentstehung.

Hanstein, Johannes Ludwig: * Potsdam 1822, † Bonn 1880; deutscher Botaniker, erforschte die Keimentwicklung bei Ein- und Zweikeimblättrigen Pflanzen, beschrieb den Befruchtungsvorgang und die Entwicklung der Farne.

Harden, Sir Arthur: * Manchester 1865, † London 1940; britischer Biochemiker, untersuchte die alkoholische Gärung und die daran beteiligten Enzyme, entdeckte die Zymase und NAD, fand die Bildung von Zuckerphosphaten (z.B. Fructose-1,6-biphosphat).

Harvey, William: * Folkestone 1578, † Hampstead 1657; englischer Anatom und Arzt, entdeckte den großen Blutkreislauf, vermutete Verbindungen (Kapillaren) zwischen Venen und Arterien.

Heberer, Gerhard: * Halle (Saale) 1901, † Göttingen 1973; deutscher Zoologe und Anthropologe, zahlreiche Arbeiten zur Evolutionsforschung, insbesondere zur Stammesgeschichte des Menschen, prägte den Begriff »Tier-Mensch-Übergangsfeld«.

Heidenhain, Rudolf Peter Heinrich: * Marienwerder 1834, † Breslau 1897; deutscher Physiologe, führte als Erster die Drüsensekretion auf Zellvorgänge zurück, entdeckte die Wirkung des Vagus auf die Herzfrequenz, wies die Wärmefreisetzung bei Muskelbewegungen nach.

Hérelle, Félix Hubert d': * Montreal 1873, † Paris 1949; kanadischer Bakteriologe, entdeckte die Bakteriophagen.

Hering, Karl Ewald Konstantin: * Altgersdorf (heute zu Neugersdorf) 1834, † Leipzig 1918; deutscher Physiologe und Arzt, entdeckte die Selbststeuerung der Atmung, befasste sich mit optischen Täuschungen und stellte die Vierfarbentheorie des Farbensehens auf.

Hermann, Ludimar: * Berlin 1838, † Königsberg (heute Kaliningrad) 1914; deutscher Physiologe, bewies die anaerobe Muskelkontraktion, stellte die »Strömchentheorie« der Erregungsleitung bei Nerven auf.

Herophilos: * Chalkedon um 335 v. Chr., † um 260–250 v. Chr.; griechischer Anatom und Arzt, entdeckte die Nerven, unterschied Arterien und Venen, erkannte den Zusammenhang zwischen Puls und Herztätigkeit.

Hershey, Alfred Day: * Owosso (Michigan) 1908, † Syosset (New York) 1997; amerikanischer Molekularbiologe, untersuchte Antigen-Antikörper-Reaktionen, Bakterienwachstum, Bakteriophagengenetik und die Chemie der Nucleinsäuren; wies nach, dass die DNA und nicht ein Protein Träger der Erbinformation sein muss.

Hertwig, Oscar Wilhelm August: * Friedberg (Hessen) 1849, † Berlin 1922; deutscher Biologe und Anatom, beobachtete als Erster die Befruchtung am Seeigelei, beschrieb die Chromosomenreduktion bei der Reifeteilung und erkannte (mit anderen) den Zellkern als Träger der Vererbung.

Hess, Walter Rudolf: * Frauenfeld 1881, † Muralto (Tessin) 1973; schweizerischer Neurophysiologe, erfand die Methode der elektrischen Hirnreizung verschiedener Gehirnregionen, entdeckte die Bedeutung des Zwischenhirns als Organ der Steuerung vegetativer Funktionen (wie z.B. Schlafen und Wachsein, Fressverhalten).

Hill, Archibald Vivian: * Bristol 1886, † Cambridge 1977; britischer Physiologe, lieferte bedeutende Erkenntnisse über die Energetik der Muskelkontraktion, prägte den Begriff »Sauerstoffschuld« (Sauerstoffdefizit).

Hirszfeld, Ludwik: * Warschau 1884, † Breslau 1954; polnischer Mediziner und Mikrobiologe, erkannte die Blutgruppenvererbung.

Holst, Erich Walther von: * Riga 1908; † Herrsching a. Ammersee 1962; deutscher Zoologe, untersuchte die spontane Erregungsbildung und die Anatomie des Zentralnervensystems, erkannte die Muskelspindeln als Glied eines Regelkreises und lieferte durch seine Hirnreizungsversuche an Haushühnern wichtige Erkenntnisse für die Verhaltensforschung.

Huxley, Sir Andrew Fielding: * London 1917; britischer Physiologe, wies am Tintenfischaxon nach, dass elektrische Impulse der Nervenleitung durch Ionenwanderungen an der Nervenzellmembran ausgelöst und weitergeleitet werden.

Huxley, Sir Julian Sorell: * London 1887, † London 1975; englischer Biologe und Schriftsteller, forschte auf den Gebieten der Embryologie, Entwicklungsbiologie (z.B. Metamorphose bei Amphibien), Ökologie, Genetik, Evolution und Ethologie, definierte den Begriff »Ritualisierung«.

I

Iungenhousz, Jan: * Breda 1730, † Bowood (Wiltshire) 1799; niederländischer Arzt, entdeckte die Fotosynthese und Atmung bei Pflanzen, führte das Deckglas in der Mikroskopiertechnik ein.

J

Jacob, Francois: * Nancy 1920; französischer Physiologe und Genetiker, entdeckte die Regulatorgene bei der Enzym- und Virussynthese, prägte den Begriff »Operon«.

Jerne, Nils Kaj: * London 1911, † Castillon-du-Gard (Südfrankreich) 1994; dänischer Biochemiker und Immunologe, grundlegende Arbeiten über den Aufbau und die Steuerung des Immunsystems und das Prinzip der monoklonalen Antikörper.

Johannsen, Wilhelm Ludwig: * Kopenhagen 1857, † Kopenhagen 1927; dänischer Botaniker und Genetiker, prägte die Begriffe »Gen«, »Genotypus« und »Phänotypus«, führte die mathemische Statistik in der Genetik ein.

Jussien, Antoine Laurent de: * Lyon 1748, † Paris 1836; französischer Botaniker, teilte die Bedecktsamer in die Klassen Einkeimblättrige und Zweikeimblättrige ein.

K

Kamen, Martin David: * Toronto 1913; kanadisch-amerikanischer Biochemiker, isolierte das ^{14}C-Isotop, das heute eine große Rolle bei biochemischen Untersuchungen und Altersbestimmungen spielt; wies unter Verwendung des ^{18}O-Isotops nach, dass der bei der Fotosynthese freigesetzte Sauerstoff aus dem Wasser und nicht aus dem Kohlenstoffdioxid stammt.

Karrer, Paul: * Moskau 1889, † Zürich 1971; schweizerischer Biochemiker, entdeckte den enzymatischen Abbau von Chitin und Cellulose, lieferte wegweisende Arbeiten zur Vitaminforschunng (Strukturaufklärung und Synthese wichtiger Vitamine).

Kendell, Edward Calvin: * South Norwalk (Connecticut) 1886, † Princeton 1972; amerikanischer Biochemiker, entdeckte das Thyroxin und stellte das Cortison rein dar, isolierte Glutathion.

Khorana, Har Gobind: * Raipur (Indien) 1922; indisch-amerikanischer Biochemiker, trug Wesentliches zur Entschlüsselung des genetischen Codes bei, entwickelte Methoden zur Totalsynthese von Genen.

Kleine, Friedrich Karl Berthold: * Stralsund 1869, † Johannesburg (Südafrika) 1951; deutscher Tropenmediziner, erforschte den Entwicklungszyklus von Trypanosomen und führte die Behandlung mit Germanin ein.

Knight, Thomas Andrew: * Wormsley Grange (Herefordshire) 1759, † London 1838; englischer Botaniker, entdeckte den Tropismus (Geo-, Hydro- und Fototropismus).

Knoop, Franz: * Schanghai 1875, † Tübingen 1946; deutscher Biochemiker, Entdecker der β-Oxidation der Fettsäuren im tierischen Organismus und Mitentdecker des Citronensäurezyklus.

Köhler, Georges Jean Franz: * München 1946, † Freiburg im Breisgau 1995; deutscher Immunologe, revolutionierte die theoretische und angewandte Immunforschung mit den von ihm erstmals hergestellten monoklonalen Antikörpern.

Kornberg, Arthur: * Brooklyn 1918; amerikanischer Biochemiker, isolierte ein DNA-synthetisierendes Enzym (Kornberg-Polymerase).

Kowalewskij, Aleksandr Onufrijewitsch: * Vārkava (Lettland) 1840, † Sankt Petersburg 1901; russischer Zoologe und Embryologe, grundlegende Arbeiten über die Entwicklung des Lanzettfischchens, entdeckte die Chorda dorsalis als gemeinsames Organisationsmerkmal bei den Wirbeltieren und schlug die Einführung des Stammes der Chordatiere vor.

Kowalewski, Wladimir Onufrijewitsch: * Vārkava (Lettland) 1842, † Moskau 1883 (Freitod); russischer Paläontologe, umfassende Arbeiten zur Evolution der Pferde.

Krebs, Sir Hans Adolf: * Hildesheim 1900, † Oxford 1981; deutsch-britischer Biochemiker, erforschte die intrazelluläre Umwandlung von Nahrungsstoffen in Energie, entdeckte den Harnstoffzyklus (Ornithinzyklus) und den Citronensäurezyklus (Krebs-Zyklus).

Kries, Johannes Adolf von: * Roggenhausen (Westpreußen) 1853, † Freiburg im Breisgau 1928; deutscher Arzt und Physiologe, untersuchte die Physiologie der Sinnesorgane und ihrer Rezeptoren (z.B. Zapfen und Stäbchen).

Kühn, Alfred: * Baden-Baden 1885, † Tübingen 1968; deutscher Zoologe und Genetiker, neben dem experimentellen Beweis der Dressierbarkeit von Bienen auf Spektralfarben gelang ihm u.a. der erste Nachweis der Verpuppungshormone bei Schmetterlingen.

Kühne, Wilhelm Friedrich: * Hamburg 1837, † Heidelberg 1900; deutscher Physiologe, isolierte Trypsin aus Bauchspeichel, entdeckte die motorische Endplatte bei Muskeln.

L

Lamarck, Jean-Baptiste Antoine Pierre de Monet: * Bazentin (Somme) 1744, Paris 1829; französischer Naturforscher, prägte die Begriffe »Biologie«, »Wirbeltiere« und »Wirbellose«, klassifizierte als Erster die Wirbellosen genauer, stellte die Theorie von der Unveränderlichkeit der Arten infrage (Lamarckismus).

Landsteiner, Karl: * Wien 1868, † New York 1943; österreichischer Bakteriologe und Serologe, entdeckte das AB0-System der menschlichen Blutgruppen und zusammen mit A. S. Wiener den Rhesusfaktor, außerdem Arbeiten über Infektionskrankheiten.

Langerhans, Paul: * Berlin 1847, † Funchal (Madeira) 1888; deutscher Anatom und Pathologe, entdeckte die sog. Langerhans-Inseln der Bauchspeicheldrüse, erkannte aber noch nicht ihre funktionelle Bedeutung.

Laveran, Charles Louis Alphonse: * Paris 1845, † Paris 1922; französischer Mediziner, entdeckte den Erreger von Malaria (Plasmodium malariae) und erforschte die Schlafkrankheit.

Leakey, Louis Sesmour Bazett: * Kabete (bei Nairobi) 1903, † London 1972; britisch-kenianischer Paläontologe, entdeckte primitive Steinwerkzeuge und menschlische Schädelreste, einen fossilen Menschenaffen (Proconsul) sowie den Kenyapithecus.

Leakey, Mary Douglas: * London 1913, † Nairobi 1996; britische Archäologin und Anthropologin, Ehefrau von Louis Leakey, fand in der Olduwai-Schlucht fossile Reste des »Nussknackermenschen« Zinjanthropus, ferner hominide Fußspuren in Laetoli (Tansania).

Leakey, Richard Erskine Frere: * Nairobi 1944; kenianischer Anthropologe, Sohn von Louis und Mary Leakey, entdeckte zwei Schädel von Homo sapiens, fand wichtige Vormenschenreste (Australopithecus, Homo habilis, Homo erectus).

Leeuwenhock, Antony van: * Delft 1632, † Delft 1723; niederländischer Naturforscher, fertigte viele Mikroskope, entdeckte Einzeller, Bakterien, Erythrocyten, die Querstreifung der Muskulatur und die menschlichen Spermien.

Leloir, Luis Federico: * Paris 1906, † Buenos Aires 1987; französisch-argentinischer Biochemiker, arbeitete über Hexosephosphate, Zuckernucleotide und Biosynthesen (Glykogen, Stärke u.a.), klärte die Funktion der Zuckernucleotide bei der Synthese der Polysaccharide auf.

Leuckart, Rudolf Karl Georg Friedrich: * Helmstedt 1822, † Leipzig 1898;

deutscher Zoologe, lieferte bedeutsame Erkenntnisse über die Lebens- und Fortpflanzungsweise der Protozoen, erkannte parasitäre Einzeller als Krankheitserreger, untersuchte u.a. Trichinen und Leberegel.

Linné, Carl von: *Råshult (Småland) 1707, †Uppsala 1778; schwedischer Naturforscher, schuf die Grundlage der modernen biologischen Systematik, führte die binäre Nomenklatur und die Zeichen ♂ (männlich) und ♀ (weiblich) ein, stellte erstmals den Menschen unter der Bezeichnung Homo sapiens in die Ordnung »Herrentiere«.

Lipmann, Fritz Albert: *Königsberg (heute Kaliningrad) 1899, †Ponghkeepsie (New York) 1986; amerikanischer Mediziner und Biochemiker, erforschte die Energetik des Stoffwechsels, entdeckte die zentrale Rolle von ATP, das Coenzym A und das GTP.

Loewi, Otto: *Frankfurt am Main 1873, †New York 1961; deutsch-amerikanischer Physiologe und Pharmakologe, entschlüsselte die chemische Erregungsübertragung durch Acetylcholin.

Lorenz, Konrad: * Wien 1903, †Wien 1989; österreichischer Verhaltensforscher, erforschte v.a. die stammesgeschichtliche Entwicklung des den Tieren angeborenen Verhaltens (u.a. Untersuchungen an Graugänsen). Er erkannte die Bedeutung des Zusammenwirkens angeborener und erworbener (andressierter) Anteile im Verhalten höherer Tiere (Instinkt-Dressur-Verschränkung) und entdeckte das Phänomen der ethologischen Prägung.

Lower, Richard: *Tremeer (Cornwall) 1631, †London 1691; britischer Arzt, stellte in Tierversuchen den Unterschied zwischen arteriellem und venösem Blut fest.

Lynen, Feodor Felix Konrad: *München 1911, †München 1979; deutscher Biochemiker, arbeitete hauptsächlich über den Cholesterin- und Fettsäurestoffwechsel, isolierte das Coenzym A (»aktivierte Essigsäure») aus Hefezellen.

M

Macleod, John James Rickard: *Cluny (Schottland) 1876, †Aberdeen 1935; britisch-kanadischer Physiologe, Mitentdecker der blutzuckersenkenden Wirkung des Insulins.

Magnus, Heinrich Gustav: *Berlin 1802, †Berlin 1870; deutscher Physiker und Chemiker, führte erstmals eine quantitative Analyse der Blutgase Sauerstoff und Kohlenstoffdioxid durch.

Magnus, Rudolf: *Braunschweig 1873, †Pontresina 1927; deutscher Pharmakologe und Physiologe, erforschte durch das Zentralnervensystem beeinflusste Reflexe (Stell- und Stehreflexe).

Mayow, John: *bei London 1640, †London 1679; englischer Physiologe, erkannte die vergleichbare Bedeutung eines bestimmten Luftbestandteils für den Atmungs- und Verbrennungsvorgang; vermutete, dass dieser Stoff über die Lunge aufgenommen und mit dem Blutstrom zu allen Körperregionen transportiert wird.

Mendel, Gregor (Ordensname, eigentlich Johann): *Heinzendorf (bei Odrau, Nordmähren) 1822, †Brünn 1884; österreichischer Botaniker, Genetiker und Augustinermönch, führte grundlegende Kreuzungsversuche bei Pflanzen durch und formulierte die »Mendel-Regeln« für die Vererbung einfacher Merkmale.

Meyerhof, Otto: *Hannover 1884, †Philadelphia 1951; deutscher Biochemiker und Physiologe, lieferte wichtige Erkenntnisse über den intermediären Kohlenhydratstoffwechsel und über die enzymatischen Vorgänge in Muskelzellen, entwarf ein neues Schema der Glykolyse und der alkoholischen Gärung.

Michel, Hartmut: *Ludwigsburg 1948; deutscher Biochemiker, arbeitete über Membranproteine, klärte zusammen mit anderen die dreidimensionale Struktur des fotosynthetischen Reaktionszentrums von Purpurbakterien auf.

Miescher, Johann Friedrich: *Basel 1844, †Davos 1895; schweizerischer Biochemiker, isolierte erstmals Nucleinsäuren und Histone, entdeckte die die Atmung regulierende Wirkung von CO_2 im Blut.

Miller, Jacques Francis Albert Pierre: * Nizza 1931; französisch-australischer Mediziner, klärte die Funktion der Thymusdrüse auf.

Miller, Stanley Lloyd: * Oakland 1930; amerikanischer Biochemiker, wies in seinem berühmten »Miller-Versuch« nach, dass in der »Ursuppe« organische Verbindungen (z.B. Aminosäuren) entstehen konnten und daher eine Art Urzeugung denkbar ist.

Milstein, César: * Bahía Blanca 1927; argentinischer Molekularbiologe, entwickelte zusammen mit anderen eine Methode zur Produktion monoklonaler Antikörper durch Zellhybridisierung.

Mitchell, Peter Dennis: * Mitcham (Surrey) 1920, † Bodmin (Cornwall) 1992; britischer Biochemiker, untersuchte die Bioenergetik von Zellen, stellte die chemiosmotische Theorie der Phosphorylierung auf und erklärte damit die ATP-Bildung an der inneren Mitochondrienmembran.

Möbius, Karl August: * Eilenburg 1825, † Berlin 1908; deutscher Zoologe, prägte den Begriff »Biozönose« (Lebensgemeinschaft).

Mohl, Hugo von: * Stuttgart 1805, † Tübingen 1872; nannte die lebende, kolloide Zellsubstanz »Protoplasma« (Begriffsprägung jedoch von PERKINJE).

Monod, Jacques Lucien: * Paris 1910, † Cannes 1976; französischer Biochemiker, erforschte Stoffwechselvorgänge und Kinetik des Bakterienwachstums, entdeckte mehrere Enzyme, lieferte wichtige Grundlagen zum Mechanismus der Genexpression, der Genregulation (Operon-Modell, Jacob-Monod-Modell) und der allosterischen Proteinumwandlung.

Montagnier, Luc: * Chabris (Mittelfrankreich) 1932; französischer Virologe, isolierte – unabhängig von R. CH. GALLO – erstmals den Erreger von Aids (HI-Virus).

Moore, Stanford: * Chicago 1913, † New York 1982; amerikanischer Biochemiker, klärte die Struktur der Ribonuclease auf und erklärte die Wirkungsweise dieses Enzyms.

Morgan, Thomas Hunt: * Lexington (Kentucky) 1866, Pasadena 1945; amerikanischer Genetiker, führte die Taufliege Drosophila melanogaster als Versuchstier in die Genetik ein, entdeckte die geschlechtsgebundene Vererbung, die lineare Anordnung der Gene auf Chromosomen und den Faktorenaustausch (Crossing-over).

Müller, Fritz: * Windischholzhausen (bei Erfurt) 1821, † Blumenau (Brasilien) 1897; deutscher Zoologe, arbeitete u.a. über die Mimikry.

N

Naegeli (Nägeli), Carl Wilhelm von: * Kilchberg (bei Zürich) 1817, † München 1891; schweizerischer Botaniker, erkannte den Pollenschlauch als männliches Organ, entdeckte färbbare Zellbestandteile (die Chromosomen) und die Spermatozoiden bei Farnen.

Nathans, Daniel: * Wilmington (Delaware) 1928; amerikanischer Mikrobiologe und Biochemiker, lieferte bedeutsame Erkenntnisse über die Anwendung von Restriktionsenzymen in der Molekulargenetik, erstellte eine detaillierte Genkarte.

Nawaschin, Sergei Gawrilowitsch: * Zarewstschin 1857, Detskoje (bei Leningrad) 1930; russischer Botaniker, entdeckte die doppelte Befruchtung bei Pflanzen.

Neher, Erwin: * Landsberg a. Lech 1944; deutscher Biophysiker, erforschte zusammen mit B. SAKMANN zelluläre Ionenkanäle, besonders für die Entwicklung einer Methode zur Messung kleinster elektrischer Ströme in Ionenkanälen.

Northrop, John Howard: * Yonkers (New York) 1891, † Wickenberg (Arizona) 1987; amerikanischer Biochemiker, arbeitete über Aufbau, Eigenschaften und Kinetik von Enzymen, isolierte und kristallisierte Pepsin, Chymotrypsin,

Trypsin, Trypsinogen und den ersten Antikörper (Diphterieantitoxin).

Nüsslein-Volhard, Christiane: * Magdeburg 1942; deutsche Entwicklungsbiologin, leistete bahnbrechende Arbeiten über die Steuerungsmechanismen der Embryonalentwicklung bei der Taufliege; Ergebnisse ihrer Forschungstätigkeit können für die Krebstherapie und Verhinderung von Missbildungen bei Neugeborenen verwendet werden.

O

Ochoa, Severo: * Luarca (Provinz Oviedo) 1905, † Madrid 1993; spanisch-amerikanischer Biochemiker, Arbeiten über den Intermediärstoffwechsel der Kohlenhydrate und Fettsäuren, entdeckte die oxidative Phosphorylierung und das Enzym Polynucleotid-Phosphorylase, In-vitro-Synthese von Ribonucleinsäure, Mitbeteiligung an der Entschlüsselung des genetischen Codes.

Oparin, Aleksandr Iwanowitsch: * Uglitsch 1894, † Moskau 1980; sowjetischer Biochemiker, lieferte bedeutende Beiträge zur Frage der Entstehung des Lebens auf der Erde (Urzeugung).

Owen, Sir Richard: * Lancester 1804, † Sheen Lodge (bei Richmond upon Thames) 1892; britischer Anatom und Paläontologe, Pionierarbeiten zu Paläontologie der Wirbeltiere, erkannte die Bedeutung des Archäopteryx, prägte die Begriffe »Analogie« und »Homologie« und schlug die Bezeichnung »Dinosaurier« vor.

P

Pacini, Filippo: * Pistoia 1812, † Florenz (?) 1883; italienischer Anatom, entdeckte besondere Tastkörper wieder, die erstmals von A. VATER identifiziert worden waren (Vater-Pacini-Lamellenkörperchen).

Palade, George Emil: * Jassy 1912; rumänisch-amerikanischer Biochemiker, untersuchte die Feinstruktur der Mitochondrien und des endoplasmatischen Reticulums (ER), identifizierte das raue ER als Ort für die Proteinsynthese und entdeckte die Ribosomen.

Pasteur, Louis: * Dole 1822, † Villeneuve-l'Étang (bei Paris) 1895; französischer Chemiker und Mikrobiologe, wies Mikroorganismen als Verursacher der alkoholischen Gärung und der Milchsäuregärung nach und erkannte das Erhitzen als Verfahren zur Abtötung von Mikroorganismen (Pasteurisieren).

Pawlow, Iwan Petrowitsch: * Rjasan 1849, † Leningrad 1936; russischer Physiologe, Experimente mit Hunden führten zur Unterscheidung zwischen unbedingtem und bedingtem Reflex und zur Erforschung des konditionierten Lernens.

Porter, Rodney Robert: * Newtonle-Willows (Lancashire) 1917, † Winchester 1985; britischer Biochemiker, befasste sich v.a. mit der Strukturanalyse der an der Immunabwehr beteiligten Antikörper (Immunglobuline); wies nach, dass ein Antikörpermolekül aus zwei Kettenpaaren aufgebaut ist.

Pringsheim, Nathanael: * Wziesko bei Landsberg (Oberschlesien) 1823, † Berlin 1894; deutscher Botaniker, entdeckte und erklärte die sexuelle Fortpflanzung bei Pflanzen (Algen) und untersuchte die Rolle des Chlorophylls.

R

Reichstein, Tadeusz: * Włocławek 1897, † Basel 1996; polnisch-schweizerischer Chemiker, führte die erste Totalsynthese von Vitamin C durch, isolierte Cortison und klärte seine Struktur auf.

Remak, Robert: * Posen 1815, † Bad Kissingen 1865; deutscher Zoologe und Neurologe, erkannte als Erster, dass sich Zellen durch Teilung vermehren; entdeckte die marklosen Nerven und das Axon markhaltiger Nerven.

Roberts, Richard John: * Derby 1943; englischer Chemiker, stellte den mosaikartigen Aufbau von Genen aus Exonen und Intronen fest.

Romer, Alfred Sherwood: * White Plains (New York) 1894, † Cambridge 1973; amerikanischer Zoologe und Paläontologe, lieferte wichtige Beiträge zur Evolution der Fische, Reptilien und Amphibien.

Rose, William Cumming: * Greenville (South Carolina) 1887, † 1976; amerikanischer Biochemiker, untersuchte die für Ratten und für den Menschen essenziellen Aminosäuren.

Ross, Sir Ronald: * Almora (Indien) 1857, † Putney Health (heute zu London) 1932; britischer Tropenmediziner und Bakteriologe, lieferte den Nachweis, dass Stechmücken die Malaria übertragen.

Roux, Pierre Paul Émile: * Confolens (Charente) 1853, † Paris 1933; französischer Bakteriologe, isolierte das Diphterie-Toxin und schuf somit die Grundlagen für die Diphterie-Schutzimpfung.

Roux, Wilhelm: * Jena 1850, † Halle (Saale) 1924; deutscher Biologe und Anatom, begründete die Entwicklungsphysiologie, wies erstmals auf die Bedeutung der Chromosomen als Träger der Erbinformation hin.

Ruska, Ernst August Friedrich: * Heidelberg 1906, † Berlin 1988; deutscher Physiker und Elektrotechniker, konstruierte (zusammen mit MAX KNOLL) das erste Elektronenmikroskop mit magnetischen Linsen.

S

Sabin, Albert Bruce: * Białystok 1906, † Washington (D. C.) 1993; polnisch-amerikanischer Kinderarzt und Virologe, entwickelte den Schluckimpfstoff gegen Kinderlähmung.

Sachs, Hans: * Kattowitz (Oberschlesien) 1877, Dublin 1945; deutscher Serologe, lieferte wichtige Beiträge zur Immunforschung (z.B. über Immuneigenschaften des Blutserums).

Sachs, Julius: * Breslau 1832, † Würzburg 1897; deutscher Botaniker und Pflanzenphysiologe, arbeitete über Ernährung, Assimilation, Einfluss von Wärme und Licht auf Wachstum und Blütenbildung, erkannte die Stärkebildung mithilfe von Chlorophyll und unter Lichteinfluss, formulierte die Summengleichung der Fotosynthese.

Sakmann, Bert: * Stuttgart 1942; deutscher Mediziner, erforschte zelluläre Ionenkanäle und entwickelte eine Methode zur Messung der die Ionenkanäle durchfließenden kleinsten elektrischen Ströme.

Sanger, Frederick: * Rendcomb (Gloucestershire) 1918; englischer Biochemiker, untersuchte Struktur und Synthese von Proteinen und Nucleinsäuren, klärte die Struktur von Insulin auf.

Saussure, Nicolas Théodore de: * Genf 1767, † Genf 1845; schweizerischer Pflanzenphysiologe, erforschte die Ernährung und Atmung bei Pflanzen, untersuchte die CO_2-Assimilation quantitativ und war Mitbegründer der Pflanzenphysiologie.

Schally, Andrew Victor: * Wilna 1926; polnisch-amerikanischer Physiologe und Biochemiker, lieferte bedeutende Erkenntnisse über Peptidhormone des Gehirns, isolierte und synthetisierte das Hormon LH-RH.

Schaudinn, Fritz Richard: * Rösening (Ostpreußen) 1871, † Hamburg 1906; deutscher Zoologe und Mikrobiologe, forschte an Protozoen (Befruchtungsvorgänge, Generationswechsel, Wirtswechsel), entdeckte den Erreger der Syphilis und der Amöbenruhr, prägte den Begriff »Mikrobiologie«.

Scheunert, Carl Arthur: * Dresden 1879, † Basel 1957; deutscher Physiologe, zeigte die Bedeutung der Darmbakterien für enzymatische Spaltungsvorgänge und Vitaminsynthese auf, bedeutende Forschungsergebnisse über die Zusammenhänge von Verdauung, Stoffwechsel und Ernährung.

Schlotheim, Ernst Friedrich von: * Allmenhausen (Thüringen) 1764, † Gotha 1832; deutscher Botaniker und Paläontologe, erkannte die Bedeutung von Versteinerungen als Leitfossilien.

Schoenheimer, Rudolf: * Berlin 1898, † New York 1941; deutsch-amerikanischer Biochemiker, entwickelte die Methode der radioaktiven Isotopenmarkierung von Molekülen zur Verfolgung von

Stoffwechselwegen, Arbeiten über das Cholesterin.

Schultze, Max Johann Sigismund: * Freiberg 1825, † Bonn 1874; deutscher Biologe, erkannte erstmals Cytoplasma und Kern als notwendige Bestandteile einer lebenden Zelle, begründete die Keimblattlehre, unterschied die Zapfen und Stäbchen der Netzhaut, beschrieb erstmals die Thrombocyten.

Schwalbe, Gustav: * Quedlinburg 1844, † Straßburg 1916; deutscher Anatom und Anthropologe, erhielt wichtige Forschungsergebnisse über die Abstammung des Menschen, erkannte die Bedeutung des Neandertal-Fundes.

Schwann, Theodor: * Neuss 1810, † Köln 1882; deutscher Arzt und Naturforscher, Mitbegründer der Zellenlehre, lieferte wichtige Forschungsbeiträge (z.B. über Muskeln) und entdeckte das Pepsin.

Schwendener, Simon: * Buchs (SG, Schweiz) 1829, † Berlin 1919; deutsch-schweizerischer Botaniker, erkannte Flechten als Symbiose von Algen und Pilzen.

Senebier, Jean: * Genf 1742, † Genf 1809; schweizerischer Naturforscher, erforschte den Einfluss des Sonnenlichts auf Pflanzen und untersuchte die pflanzliche Atmung.

Sherrington, Sir Charles Scott: * London 1857, † Eastbourne 1952; englischer Neurophysiologe, entdeckte, dass aufgrund reziproker Innervierung die Stimulation eines Muskels zur gleichzeitiger Hemmung seines Gegenspielers führt, prägte den Begriff »Synapse«.

Siebold, Karl Theodor Ernst von: * Würzburg 1804, † München 1885; deutscher Arzt und Zoologe, erkannte die Protozoen als eigenen Stamm, beschrieb die Entwicklung der Medusen und entdeckte die Jungfernzeugung (Parthenogenese) bei Insekten.

Skinner, Burrhus Frederic: * Susquehanna (Pennsylvania) 1904, † Cambridge 1990; amerikanischer Psychologe, Verhaltens- und Lernforscher, wurde berühmt durch seine Lernexperimente mit Tauben und Ratten mit besonders präparierten Versuchskäfigen (Skinner-Box).

Smith, Michael: * Blackpool (England) 1932; britisch-kanadischer Biochemiker, schuf durch seine gentechnischen Versuche grundlegende Voraussetzungen für die Biotechnologie.

Sömmering, Samuel Thomas von: * Thorn 1755, † Frankfurt am Main 1830; deutscher Anatom und Naturforscher, beschrieb erstmals den gelben Fleck im Auge, führte die Begriffe »Hypophyse« und »Bauchspeicheldrüse« ein.

Spallanzani, Lazzaro: * Scandiano (bei Reggio nell'Emilia) 1729, † Pavia 1799; italienischer Biologe, wies experimentell die Befruchtung von Eiern durch Spermien nach und führte die erste künstliche Besamung (bei Hunden) durch.

Spemann, Hans: * Stuttgart 1869, † Freiburg im Braisgau 1941; deutscher Zoologe, gewann durch seine berühmten Schnürungs- und Transplantationsexperimente an Lurchkeimen wesentliche Erkenntnisse über die Entwicklung tierischer Organanlagen.

Sprengel, Christian Konrad: * Brandenburg an der Havel 1750, † Berlin 1816; deutscher Botaniker, Begründer der Blütenökologie, lieferte zahlreiche Beweise für die Sexualität der Pflanzen, zeigte detaillierte Kenntnisse der Bestäubungsvorgänge, erkannte die Nützlichkeit der Bienen.

Stomley, Wendell Meredith: * Ridgeville (Indiana) 1904, Salamanca 1971; amerikanischer Biochemiker und Virologe, isolierte erstmals ein Virus (Tabakmosaikvirus) und analysierte dessen Struktur.

Stensen, Nils: * Kopenhagen 1638, † Schwerin 1686; dänischer Anatom, Geologe und Naturforscher, entdeckte den Ausgang der Ohrspeicheldrüse, beschrieb die Funktion des Tränenkanals, der Eierstöcke und des Herzens, wies die biologische (organische) Herkunft der Fossilien nach.

Strasburger, Eduard Adolf: *Warschau 1844, †Bonn 1912; deutscher Botaniker, arbeitete auf den Gebieten der Histologie und Cytologie, erkannte den eigentlichen Befruchtungsvorgang bei Pflanzen, beschrieb die Funktion der vegetativen und generativen Kerne im Pollenschlauch, wies die Kernteilung als Voraussetzung für die Zellteilung nach.

Sumner, James Batcheller: *Canton (Massachusetts) 1887, †Buffalo 1955; amerikanischer Biochemiker, arbeitete vor allem über Enzyme, isolierte die Urease als erstes kristallines Enzym, wies den Proteincharakter der Enzyme nach.

Sutherland, Earl Wilbur: *Burlingame (Kansas) 1915, †Miami 1974; amerikanischer Physiologe, arbeitete über die Regulation im Glykogenstoffwechsel in der Leber, entdeckte das cyclo-AMP.

Svedberg, The (Theodor): *Valbo (bei Gävle) 1884, †Kopparberg (Mittelschweden) 1971; schwedischer Chemiker, konstruierte erstmals Ultrazentrifugen, mit denen er Proteine sedimentieren und ihre Molekülmassen bestimmen konnte.

Swammerdam, Jan: *Amsterdam 1637, †Amsterdam 1680; niederländischer Arzt und Naturforscher, Mitbegründer der mikroskopische Anatomie, entdeckte die Erythrocyten.

T

Tatum, Edward Lawrie: *Boulder (Colorado) 1909, †New York 1975; amerikanischer Biochemiker und Genetiker, zeigte, dass biochemische Reaktionen und Enzyme durch Gene kontrolliert werden, stellte die Ein-Gen-ein-Enzym-Hypothese auf.

Teilhard de Chardin, Marie-Joseph Pierre: *Landsitz Sarcenat (bei Clermont-Ferrand) 1881, †New York 1955; französischer Paläontologe und Geologe, Mitentdecker des Sinantropus (= Homo erectus pekinensis).

Ternin, Howard Martin: *Philadelphia 1934, †Madison 1994; amerikanischer Biologe, erkannte die Funktion des Enzyms reverse Transkriptase.

Tinbergen, Nikolaas (Niko): *Den Haag 1907, †Oxford 1988; niederländisch-britischer Zoologe, Mitbegründer der Verhaltenslehre, erforschte das Verhalten von Insekten, Fischen und Vögeln.

Todd, Sir Alexander Robertus: *Glasgow 1907, †Cambridge 1997; britischer Biochemiker, arbeitete über Pflanzenfarbstoffe, Alkaloide, Vitamine, Nucleinsäuren u.a., synthetisierte ATP, FAD, UTP und ermittelte die Struktur der Vitamine B_1, B_{12} und E; klärte die Konstruktion von Nucleotiden und Nucleotid-Coenzymen auf.

Treviranus, Ludolph Christian: *Bremen 1779, †Bonn 1864; deutscher Botaniker, entdeckte die Interzellularen im Pflanzengewebe.

Tschermak, Erich Edler von Seysenegg: *Wien 1871, †Wien 1962; österreichischer Botaniker, Wiederentdecker der Mendel-Regeln, die er später planmäßig auf die Züchtung von Kulturpflanzen anwandte.

Tswet, Michail Semjonowitsch: *Asti 1872, †Woronesch 1919; russischer Botaniker, wies nach, dass Chlorophyll aus zwei Komponenten besteht, prägte den Begriff »Chromatographie« und gilt als Begründer dieses Verfahrens.

U

Uexküll, Jakob Johann Baron von: *Gut Keblas (Estland) 1864, †Capri 1944; baltischer Zoologe, Begründer der Umweltlehre, definierte den Begriff »Funktionskreis«, prägte die Bezeichnungen »Umwelt« (aus naturwissenschaftlicher Sicht), »Merkwelt«, »Wertewelt« und »Kumpan«.

Unna, Paul Gerson: *Hamburg 1850, †Hamburg 1929; deutscher Mediziner und Dermatologe, entdeckte die Plasmazellen.

V

Vigneaud, Vincent du: *Chicago 1901, †White Plains (New York) 1978; amerikanischer Biochemiker, klärte die Struktur von Biotin auf, analysierte die Aminosäuresequenz von

Oxytocin und Vasopressin, entdeckte die biologische Transmethylierung.

Virchow, Rudolf: * Schivelbein 1821, † Berlin 1902; deutscher Pathologe und Anthropologe, Begründer der Zellularpathologie, Förderer der Hygiene, berühmt ist sein noch heute gültiger Satz »Omnis cellula e cellula«.

Volterra, Vito: * Ancona 1860, † Rom 1940; italienischer Mathematiker und Physiker, beschrieb mithilfe mathematischer Gleichungen Räuber-Beute-Beziehungen.

Vries, Hugo de: * Haarlem 1848, † Lunteren 1935; niederländischer Botaniker und Genetiker, seine umfangreichen Vererbungsstudien führten ihn zur Wiederentdeckung der Mendel-Regeln und zur Aufstellung seiner Mutationstheorie.

W

Wagner, Rudolf: * Bayreuth 1805, † Göttingen 1864; deutscher Physiologe und Anthropologe, entdeckte den Keimfleck in der menschlichen Eizelle.

Waksman, Selman Abraham: * Priluki (bei Kiew) 1888, † Hyannis (Massachusetts) 1973; russisch-amerikanischer Mikrobiologe, isolierte antibiotisch wirkende Stoffe (Actinomycin, Streptomycin), prägte den Begriff »Antibiotikum«.

Wald, George: * New York 1906, † Cambridge 1997; amerikanischer Biochemiker, entdeckte Vitamin A, klärte die biochemischen und physiologischen Prozesse beim Sehvorgang auf, entschlüsselte die Funktion des Rhodopsins.

Waldeyer-Hartz, Heinrich Wilhelm Gottfried von: * Hehlen 1836, † Berlin 1921; deutscher Anatom, prägte die Begriffe »Chromosom« und »Neuron«.

Wallace, Alfred Russel: * Usk (Wales) 1823, † Broadstone (Dorset); britischer Zoologe und Botaniker, seine Veröffentlichung über die natürliche Zuchtwahl durch Auslese im Kampf ums Dasein veranlasst CH. R. DARWIN zur Publikation seiner eigenen Forschungsergebnisse; führte die Bezeichnung »Darwinismus« ein.

Wallenfels, Kurt: * Marburg 1910, † Freiburg im Breisgau 1995; deutscher Biochemiker, erforschte die Enzyme des Kohlenhydratstoffwechsels, stellte NAD^+ kristallin dar.

Watson, James Dewey: * Chicago 1928; amerikanischer Biochemiker, postulierte (zusammen mit F. H. C. CRICK) das Modell der DNA-Doppelhelix.

Weismann, August Friedrich Leopold: * Frankfurt am Main 1834, † Freiburg im Breisgau 1914; deutscher Arzt und Zoologe, prägte die Begriffe »Polzellen«, »Reduktionsteilung« und »Äquationsteilung»; entwickelte die Vorstellung von der potenziellen Unsterblichkeit der Eizelle.

Wilkins, Maurice Hugh Frederick: * Pangora (Neuseeland) 1916; britischer Biochemiker und Biophysiker, schuf durch seine Röntgenstrukturanalyse des Erbmaterials die Grundlage zur Aufklärung der Doppelhelix-Struktur der DNA.

Wilson,Edmund Beecher: * Geneva (Illinois) 1856, † New York 1939; amerikanischer Zoologe, entdeckte die Geschlechtschromosomen bei Insekten.

Winogradskij, Sergej Nikolaewitsch: * Kiew 1856, † Paris 1953; russischer Mikrobiologe, lieferte bedeutende Erkenntnisse über die Bakterienphysiologie (z.B. Energie liefernde Prozesse), Begründer der Bodenmikrobiologie.

Wittmann, Heinz-Günter: * Stürlack (Ostpreußen) 1927, † 1990; deutscher Biochemiker, erforschte den genetischen Code und das Tabakmosaikvirus, lieferte bedeutende Beiträge zur Ribosomenstruktur, untersuchte die Wirkung von Antibiotika auf die Proteinbiosynthese.

Abk.	Abkürzung	t	Tonnen
bzw.	beziehungsweise	u. a.	und andere, unter anderem
ca.	circa	u. Ä.	und Ähnliches
d. h.	das heißt	usw.	und so weiter
evtl.	eventuell	v. a.	vor allem
ggf.	gegebenenfalls	v. Chr.	vor Chrsitus
hg.	herausgegebenen	vgl.	vergleiche
i. A.	im Allgemeinen	Vol.-%	Volumenprozent
i. d. R.	in der Regel	z. B.	zum Beispiel
Jh.	Jahrhundert	z. T.	zum Teil
Mill.	Millionen	♂	männlich (nach dem römischen Kriegsgott Mars)
n. Chr.	nach Christus		
rd.	rund	♀	weiblich (nach dem Spiegel der römischen Göttin Venus)
S.	Seite		
sog.	so genannt		

BAVARIA Bildagentur, Gauting: *62, 129, 214, 287, 402, 441, 444, 448, 449.* – BONGARTS Sportfotografie, Hamburg: *442.* – Photo- und Presseagentur FOCUS, Hamburg: *15, 20.* – Ch. Hellhake, München: *34.* – IFA-Bilderteam, Taufkirchen: *121, 443.* – Jura-Museum, Eichstätt: *403.* – Lichtbildarchiv Keil, Neckargemünd: 298. – Bildagentur Mauritius, Mittenwald: *254, 273.* – Tierbilder Okapia, Frankfurt am Main: *23, 92, 445.* – Robert Koch-Institut des Bundesgesundheitsamtes: *498.* – F. S. Rothenberg (+), Korbach: *27.* – Georg Thieme Verlag, Stuttgart: *271.* – ZEFA - Zentrale Farbbild Agentur, Düsseldorf: *490.*

Biologie. Lehrbuch für die Oberstufe, Gesamtband, begründet von Hermann Linder. Hg. von Horst Bayerhuber u.a. Hannover (Schroedel) [20]1998.

Biologie heute SII. Ein Lehr- und Arbeitsbuch, hg. von Wolfgang Miram u.a. Neuausgabe Hannover (Schroedel) 1998.

Campbell, Neil A.: Biologie. Neudruck Heidelberg u.a. (Spektrum) 1998.

Christner, Jürgen: Abiturwissen Nerven, Sinne und Hormone. Stuttgart u.a. (Klett) [10]1999.

Dimensionen der modernen Biologie, hg. von Walter Nagl u.a., 7 Bände. Darmstadt (WBG) 1995.

Evolution. Die Entwicklung von den ersten Lebensspuren bis zum Menschen. Heidelberg (Spektrum der Wissenschaft) [7]1988.

Die Fundgrube für den Biologie-Unterricht. Das Nachschlagewerk für jeden Tag, hg. von Walter Kleesattel. Berlin (Cornelsen Scriptor) 1997.

Gehirn und Nervensystem. Heidelberg (Spektrum der Wissenschaft) [9]1988.

Geschichte der Biologie. Theorien, Methoden, Institutionen, Kurzbiographien, hg. von Ilse Jahn. Jena u.a. (Fischer) [3]1998.

Jahrhundertwissenschaft Biologie. Die großen Themen, hg. von Peter Sitte. München (Beck) 1999.

Klausur- und Abiturtraining Biologie, hg. von Joachim Jaenicke und Wolfgang Jungbauer, 5 Bände. Köln (Aulis-Verlag Deubner) [1-3]1992–1996.

Kleiner Leitfaden Biologie, hg. von Christa Pews-Hocke. Berlin (Paetec) 1996.

Kurtze, Wolfgang: Bio-Lernkartei, 3 Teile. Braunschweig (Westermann) 1996–1998.

Lexikon der Biologie, hg. von Rolf Sauermost, auf 15 Bände berechnet. Heidelberg (Spektrum Akad. Verlag) 1999 ff.

Meyer, Hartmut und Daumer, Karl: Evolution. München (Bayerischer Schulbuchverlag) [6]1996.

Natura. Evolution, bearbeitet von Roland Frank u.a. Stuttgart u.a. (Klett) 1997.

Natura. Genetik und Immunbiologie, bearbeitet von Roland Frank u.a. Stuttgart u.a. (Klett) 1997.

Natura. Neurobiologie und Verhalten, bearbeitet von Horst Bickel u.a. Stuttgart u.a. (Klett) 1997.

Natura. Ökologie, bearbeitet von Inge Kronberg u.a. Stuttgart u.a. (Klett) 1997.

Natura. Stoffwechsel, bearbeitet von Horst Bickel u.a. Stuttgart u.a. (Klett) 1995.

Natura. Zellbiologie, bearbeitet von Gert Haala u.a. Stuttgart u.a. (Klett) 1996.

Natura. Zelle, Stoffwechsel, Ökologie, bearbeitet von Horst Bickel u.a. Stuttgart u.a. (Klett) 1998.

Paul, Claus-Dieter: Biologie für Schule und Beruf. Haan (Europa-Lehrmittel) [2]1997.

Rothfuchs, Gerd: Grundwissen Biologie. Lichtenau (AOL-Verlag) 1999.

Strathern, Paul: Crick, Watson & die DNA. Frankfurt am Main (Fischer-Taschenbuch-Verlag) 1998.

Vogel, Günter und Angermann, Hartmut: dtv-Atlas zur Biologie. Tafeln und Texte, 3 Bände. München (dtv) [9-10]1998.

Wissensspeicher Biologie, hg. von Siegfried Brehme und Irmtraut Meincke. Neudruck Berlin (Volk und Wissen) 1999.

Internet-Adressen

http://www.biologie.de
Große Datenbank mit aktuellen Informationen und vielen Links

http://www.biologie-lk.de
Abituraufgaben, Hausaufgaben, Referate uvam.